LOIS, DÉCRETS,

ORDONNANCES, RÉGLEMENS,

AVIS DU CONSEIL-D'ÉTAT.

TOME DIX-HUITIÈME.

DE L'IMPRIMERIE DE A. GUYOT,

IMPRIMEUR DU ROI, DE LA MAISON D'ORLÉANS,

ET DE L'ORDRE DES AVOCATS AUX CONSEILS ET A LA COUR DE CASSATION,

Rue Neuve-des-Petits-Champs, N° 37.

COLLECTION COMPLETE

DES

LOIS,

Décrets, Ordonnances, Réglemens,

AVIS DU CONSEIL-D'ÉTAT,

PUBLIÉE SUR LES ÉDITIONS OFFICIELLES DU LOUVRE; DE L'IMPRIMERIE NATIONALE, PAR BAUDOUIN; ET DU BULLETIN DES LOIS;

(Depuis 1788, par ordre chronologique),

Avec un choix d'*Actes inédits*, d'*Instructions ministérielles*, et des Notes sur chaque Loi, indiquant : 1° les Lois analogues; 2° les *Décisions* et *Arrêts* des Tribunaux et du Conseil-d'État; 3° les *Discussions* rapportées au Moniteur;

SUIVIE D'UNE TABLE ANALYTIQUE ET RAISONNÉE DES MATIÈRES,

PAR J. B. DUVERGIER,

Avocat à la Cour royale de Paris.

TOME DIX-HUITIÈME.

Deuxième Edition.

PARIS,

CHEZ A. GUYOT ET SCRIBE, LIBRAIRES-ÉDITEURS,

RUE NEUVE-DES-PETITS-CHAMPS, N° 37.

1836.

COLLECTION COMPLÈTE

DES

LOIS, DÉCRETS,

ORDONNANCES, RÉGLEMENS,

ET

AVIS DU CONSEIL-D'ÉTAT,

DEPUIS 1788 JUSQU'A 1830.

GOUVERNEMENT IMPÉRIAL.

1er SEPTEMBRE 1811. — Avis du Conseil-d'Etat relatif à l'acquisition faite par le maire de la commune de Bonnefoy, département de l'Orne, au nom de cette commune, et de celle des Desgenettes, d'une maison destinée à loger le desservant de la succursale. (4, Bull. 390, n° 7216.)

Le Conseil-d'Etat, qui, d'après le renvoi ordonné par sa majesté, a entendu le rapport de la section de l'intérieur sur celui du ministre de ce département, tendant à confirmer l'acquisition faite, le 29 décembre 1809, par le maire de la commune de Bonnefoy, département de l'Orne, au nom de cette commune et de celle de Desgenettes, qui lui est réunie pour le culte, et moyennant la somme de trois mille neuf cent quarante francs soixante centimes, de l'ancienne maison presbytérale, estimée trois mille quatre cent quatre-vingt-quatorze francs, sans la cour et le jardin, et destinée à loger le desservant de la succursale;

Vu la délibération du conseil municipal de la commune de Desgenettes, en date du 4 mai 1810, de laquelle il résulte que ce conseil paraît n'avoir été convoqué par le sous-préfet, que pour délibérer sur les moyens de faire payer aux habitans leur quote-part de l'acquisition; que le maire de Desgenettes a déclaré n'avoir point été appelé aux opérations préliminaires de l'acquisition projetée, ni avoir pris une part directe ni indirecte, ni même en avoir eu connaissance; que le devis mis sous les yeux de ce conseil municipal ne renfermait point de détails et de description suffisante, et que même postérieurement à ce devis on a ajouté au projet l'acquisition des objets qui n'y étaient pas compris;

Considérant que les communes de Bonnefoy et de Desgenettes étant réunies pour le culte, ayant un intérêt commun dans l'acquisition du presbytère, devant en acquitter proportionnellement la dépense, leurs autorités respectives devaient concourir également aux opérations préliminaires, et que les deux conseils municipaux devaient être mis également en mesure pour discuter la convenance de l'acquisition;

Considérant, d'ailleurs, que la somme des contributions payées par les deux communes ne s'élève en capital qu'à trois mille deux cent quatre-vingt-huit francs; que le prix de l'acquisition projetée s'élèverait à trois mille neuf cent quarante francs soixante centimes, tous les frais compris, et qu'en imposant extraordinairement ladite somme sur les deux communes, en trois années, leurs habitans se trouveraient ainsi surchargés de quarante centimes en sus de leurs contributions directes, ce qui paraît devoir leur être extrêmement onéreux,

Est d'avis,

Que les opérations préliminaires à l'acquisition projetée doivent être reprises, de manière à ce que les deux maires et les deux conseils municipaux y concourent également dans leur intérêt respectif; qu'il doit être cherché les moyens de rendre la charge d'une telle dépense moins forte pour les habitans, en répartissant le montant sur un plus grand nombre d'années, ou de toute autre manière, pour être ensuite, sur le vu des nouveaux documens que produira cette information, et sur le rapport du ministre de l'intérieur, statué ce qu'il appartiendra.

1er SEPTEMBRE 1811. — Décret qui détermine le costume de l'intendant, du trésorier et du secrétaire-archiviste de l'Hôtel des invalides. (4, Bull. 390, n° 7217.)

Art. 1er. Le costume de l'intendant, du trésorier et du secrétaire-archiviste de notre Hôtel impérial des Invalides, est fixé ainsi qu'il suit :

L'intendant portera la broderie des commissaires ordonnateurs, le trésorier celle des payeurs généraux des armées, et le secrétaire-archiviste celle des adjoints aux commissaires des guerres, sur un habit de drap bleu national, dont les boutons de métal, plaqués en argent, seront timbrés d'un aigle en relief.

2. Notre ministre de la guerre est chargé de l'exécution du présent décret.

1er SEPTEMBRE 1811. — Décret qui fixe les cautionnemens des greffiers et huissiers des cours et tribunaux et des justices de paix des départemens de Rome et du Trasimène. (4, Bull. 388, n° 7189.)

1er SEPTEMBRE 1811. — Décrets qui autorisent l'acceptation d'offres de découvrir, au profit des pauvres du canton de Reinbach et d'établissemens de bienfaisance non désignés, des biens celés à la régie du domaine. (4, Bull. 393, nos 7264 et 7265.)

---

3 SEPTEMBRE 1811. — Avis du Conseil-d'Etat portant que les demandes d'acquisition de maisons ou terrains nécessaires à l'embellissement ou à l'utilité des villes ou communes, doivent être précédées d'un plan ou projet de plan d'alignement. (4, Bull. 390, n° 7219.)

Voy. ordonnance du 29 FÉVRIER 1816.

Le Conseil-d'Etat, qui, en exécution du renvoi ordonné par sa majesté, a entendu le rapport de la section de l'intérieur sur celui du ministre de ce département, présentant un projet de décret tendant à homologuer l'acquisition faite par l'arrêté du 13 février 1809 du préfet du département de la Seine, au nom de la ville de Paris, de deux maisons situées rue de la Huchette, n° 40, qui appartenaient à la demoiselle Lasteyrie-du-Saillant, et dont partie était destinée à être démolie pour former un quai;

Considérant que, conformément à l'art. 52 de la loi du 16 septembre 1807, le conseil de sa majesté ne peut autoriser des acquisitions *pour l'ouverture de nouvelles rues, pour l'élargissement des anciennes, ou pour tout autre objet d'utilité publique*, que pour les communes dont les projets de plans auront été *arrêtés en Conseil-d'Etat*.

Est d'avis :

1° Que le ministre de l'intérieur soit invité, avant de proposer à sa majesté un projet d'acquisition de maisons ou terrains nécessaires à l'embellissement ou à l'utilité soit de la ville de Paris, soit de toute autre ville ou commune de l'empire, à faire précéder cette demande, soit du plan des alignemens déjà arrêtés légalement, s'il y en a eu, soit d'un projet de plan d'alignement, pour ledit plan être arrêté en Conseil-d'Etat, en exécution de l'article 52 de la loi du 16 septembre 1807;

2° Que, pour la ville de Paris spécialement, il est important de mettre de la régularité dans les alignemens qui sont quelquefois donnés maison par maison et sans système général, et qu'à cet effet, le préfet du département de la Seine, dans les attributions duquel est ce travail, doit faire présenter, dans le plus court délai possible, au ministre de l'intérieur, le plan des alignemens, et, autant qu'il se pourra, des nivellemens pour la ville de Paris, et que, pour faire jouir plus tôt ses habitans des avantages et de la sécurité qui en résulteront, ce plan soit présenté successivement et par quartiers, quand la chose sera possible, pour, sur le rapport du ministre de l'intérieur, y être statué par sa majesté, aux termes dudit article 52.

---

3 SEPTEMBRE 1811. — Décret qui ordonne la publication des lois et réglemens sur le régime hypothécaire, dans la commune de Lommel, réunie au canton d'Achel, département de la Meuse-Inférieure. (4, Bull. 388, n° 7191.)

---

3 SEPTEMBRE 1811. — Décret relatif aux conditions requises pour pouvoir être nommé notaire dans les départemens anséatiques. (4, Bull. 388, n° 7190.)

---

3 SEPTEMBRE 1811. — Décret relatif aux archives des couvens et corporations supprimés dans les départemens de Rome et du Trasimène. (4, Bull. 390, n° 7218.)

---

3 SEPTEMBRE 1811. — Décrets qui autorisent l'acceptation de dons et legs faits aux pauvres et hospices de Coulommiers, Fossano, Houdan, Limoges et Paris. (4, Bull. 393, nos 7266 à 7270.)

---

3 SEPTEMBRE 1811. — Décrets qui autorisent l'acceptation d'offres de découvrir, au profit des pauvres, hospices, séminaires et églises de Paris, Anvers, Bruxelles, Rocourt, Stegem, Castillon, Aix-la-Chapelle, Hécinnes, Namur et Forêts, des biens, rentes, etc., célés à la régie du domaine. (4, Bull. 393, nos 7271 à 7277, 7279 à 7282.)

---

3 SEPTEMBRE 1811. — Décrets qui envoient le bureau de bienfaisance d'Oevel et les trésoriers des églises succursales de Crossey, Glimes, Teralphène et Zellemberg, en possession de biens célés à la régie du domaine. (4, Bull. 393, nos 7278 et 7283 à 7285.)

---

9 SEPTEMBRE 1811. — Décret qui ordonne la formation de quatre nouveaux cantons dans le département des Apennins. (4, Bull. 388, n° 7192.)

---

9 SEPTEMBRE 1811. — Décret qui ordonne la publication dans les départemens de Rome et du Trasimène, des lois, réglemens et décrets qui n'y auraient pas encore été déclarés exécutoires. (4, Bull. 388, n° 7193.)

---

9 SEPTEMBRE 1811. — Décret relatif à l'instruction et au jugement des affaires criminelles du département de l'Ems-Oriental. (4, Bull. 388, n° 7194.)

---

9 SEPTEMBRE 1811. — Décrets qui établissent des foires à Saint-Geniès et à Villers-Cotterêts. (4, Bull. 393, nos 7286 et 7287.)

---

9 SEPTEMBRE 1811. — Décrets qui ordonnent le paiement d'une somme de trois mille six francs, pour pensions accordées à vingt veuves de militaires. (4, Bull. 393, n° 7288.)

---

9 SEPTEMBRE 1811. — Décrets qui autorisent l'acceptation de dons et legs faits aux pauvres et hospices de Mas-Cabardès, Toulon, Beziers et Sezanne. (4, Bull. 393, nos 7289 et 7290, et Bull. 394, nos 7296 à 7298.)

---

9 SEPTEMBRE 1811. — Décret qui accorde des primes à divers particuliers pour fabrication de sucre de raisin. (Mon. n° 256.)

---

10 SEPTEMBRE 1811. — Avis du Conseil-d'Etat. (Tribunaux de douanes. — Conservation des hypothèques.) *Voy.* 16 SEPTEMBRE 1811.

---

12 SEPTEMBRE 1811. — Décret relatif aux droits d'entrée à percevoir sur les ouvrages en langue française ou autres langues vivantes, imprimés à l'étranger. (4, Bull. 389, n° 7200.)

Art. 1er. Les droits à l'entrée en France, établis par les articles 34 et 35 de notre décret du 5 février 1810, sur les livres latins et français imprimés à l'étranger, et réglés par les articles 1 et 2 de celui du 14 décembre suivant, à raison de 150 francs par quintal métrique, ne seront perçus à l'avenir que sur les ouvrages en langue française.

2. Il sera perçu sur les ouvrages en langues vivantes étrangères imprimés à l'étranger, un droit de 75 centimes par kilogramme pesant.

3. Il n'est rien changé à celles des dispositions de nos décrets précités, non abrogées par le présent.

4. Nos ministres de l'intérieur et des finances sont chargés de l'exécution du présent décret.

---

12 SEPTEMBRE 1811. — Décret qui confère au grand-maître de l'Université impériale le pouvoir d'autoriser les poursuites en expropriation forcée. (4, Bull. 391, n° 7220.)

Voy. décret du 17 MARS 1808.

N.... considérant que le droit de poursuite en expropriation est la conséquence naturelle du droit qui appartient à tout créancier de se faire payer sur tous les biens de son débiteur, et que la loi elle-même déclare propriétaire le poursuivant qui reste adjudicataire de l'immeuble faute de surenchérisseur;

Considérant qu'une acquisition faite de cette manière ne peut se comparer à une acquisition faite directement et de plein gré; et qu'ainsi les lois qui assujétissent les établissemens publics à ne pouvoir se rendre propriétaires sans une autorisation préalable du Gouvernement, ne sont point applicables au cas d'une expropriation forcée;

Notre Conseil-d'Etat entendu,

Nous avons décrété et décrétons ce qui suit:

Art. 1er. Le grand-maître de notre Université impériale pourra autoriser, après une délibération du conseil, toute poursuite en expropriation forcée.

2. Notre grand-maître fera connaître, chaque année, à notre ministre de l'intérieur, les immeubles dont l'Université sera

devenue propriétaire par voie d'expropriation sur ses créanciers, et il sera par nous statué sur la conservation ou l'aliénation desdits immeubles.

3. Notre ministre de l'intérieur est chargé de l'exécution du présent décret.

---

12 SEPTEMBRE 1811. — Décret portant création d'un tribunal de première instance dans la ville de Rovigno, province d'Istrie. (4, Bull. 391, n° 7221.)

---

12 SEPTEMBRE 1811. — Décret qui établit deux foires annuelles à Saint-Santin. (4, Bull. 394, n° 7299.)

---

12 SEPTEMBRE 1811. — Décrets qui autorisent l'acceptation d'offres de découvrir, au profit du collége de Maestricht et de l'hospice de Fontenay, des biens et rentes célés à la régie du domaine. (4, Bull. 394, n°s 7300 et 7302.)

---

12 SEPTEMBRE 1811. — Décret qui permet aux sieurs Richer frères d'établir une manufacture de soude artificielle à Noirmoutiers. (4, Bull. 394, n° 7301.)

---

12 SEPTEMBRE 1811. — Décrets qui autorisent l'acceptation de dons et legs faits aux pauvres et hospices de Charlieu, Rabastens, Laon, Trévoux, Vienne, Grand-Ballet, Lormes, Saint-Jean-d'Angély, Vendôme, Toulon et Bavières, de Verviers. (4, Bull. 394, n°s 7303 à 7306, et Bull. 395, n°s 7314 à 7321.)

---

15 SEPTEMBRE 1811. — Décret relatif à l'organisation administrative et judiciaire de l'arrondissement de la Madigliana, créé dans le département de l'Arno, par décret du 9 mai dernier. (4, Bull. 391, n° 7222.)

---

16 SEPTEMBRE 1811. — Décret qui règle le mode d'administration des bâtimens militaires appartenant aux communes, dans les places de guerre, et celle des bâtimens appartenant aux communes ou à l'Etat, dans les villes non fortifiées, conformément aux bases posées dans le décret du 23 avril 1810. (4, Bull. 389, n° 7201.)

Voy. décret du 23 AVRIL 1810.

TITRE Ier. Dispositions générales.

Art. 1er. Les bâtimens ou établissemens militaires qui appartiennent aux communes sont et demeurent placés :

1° Sous l'administration de notre ministre de l'intérieur, dans tout ce qui tient aux travaux et dépenses, à la conservation des immeubles et du mobilier qui en dépend, à l'exercice des droits et à l'accomplissement des obligations des communes, d'après les décrets de concession ;

2° Sous l'administration de notre ministre de la guerre, dans tout ce qui tient au rapport des travaux avec le logement ou le service des troupes, au service et à la police militaires dans les bâtimens ou établissemens, et à l'exécution des clauses stipulées par les décrets de concession, à la charge ou en faveur du département de la guerre.

2. Les bâtimens ou établissemens militaires des places de guerre qui appartiennent aux communes seront administrés conformément aux règles établies ci-après, titre II.

Ceux des villes non fortifiées qui appartiennent, soit aux communes, soit à l'Etat, seront administrés conformément aux règles établies ci-après, titre III.

TITRE II. Des places de guerre.

§ Ier. *Des travaux et dépenses d'entretien.*

3. Chaque année, le maire, le commandant du génie, et, dans les cas prévus par le réglement du 22 germinal an 4, le commissaire des guerres, feront ensemble la visite des bâtimens ou établissemens militaires, et des effets d'ameublement qui appartiennent à la commune, et constateront dans un procès-verbal les réparations et remplacemens nécessaires.

Ils y distingueront les travaux suivant leur degré d'urgence, de nécessité ou de simple utilité, le signeront, et y consigneront leur avis commun ou leurs opinions respectives.

Le commandant du génie rédigera ensuite, et annexera au procès-verbal de visite, l'état nominatif détaillé des réparations et remplacemens, en suivant l'ordre et les distinctions établis dans le procès-verbal.

4. Chaque année, il sera alloué dans le budget de la commune, une somme destinée à faire face aux dépenses indiquées dans l'article précédent, dans le rapport déterminé soit par l'urgence des travaux, soit par l'article 3 du décret du 23 avril 1810, et par le décret de concession.

5. Les travaux seront exécutés sous la direction du commandant du génie, soit par l'entrepreneur des fortifications ou le gérant, soit par adjudication particulière, sur la proposition du maire approuvée par le préfet.

Les adjudications générales ou spéciales desdits travaux seront toujours passées devant le maire, en présence du commandant du génie et du commissaire des guerres. Dans le devis qui sera dressé à cet effet, on se conformera au devis général des places de guerre et au devis particulier de chaque place actuellement en vigueur. Avant d'arrêter définitivement le devis et le cahier des charges, le maire y insérera toutes les clauses relatives aux conditions du paiement et autres intérêts de la commune comme propriétaire.

6. Les mandats d'à-compte seront délivrés par le maire à l'adjudicataire ou au gérant, sur la présentation des certificats d'avancement des travaux, donnés par le commandant du génie.

7. Les comptes généraux ou toisés desdits travaux d'entretien seront arrêtés par le commandant du génie, et remis au maire, pour être vérifiés, soumis à l'approbation du préfet, et compris dans la comptabilité de la commune.

8. En cas de difficultés sur l'adjudication, le paiement ou quelque autre point de l'administration des travaux, il en sera rendu compte par le maire au préfet et au sous-préfet, et par le commandant du génie au directeur des fortifications. Le préfet et le directeur se concerteront, ou en référeront à nos ministres de l'intérieur et de la guerre.

§ II. Des constructions neuves et grosses réparations.

9. Les règles déterminées dans le paragraphe précédent pour les projets et l'exécution des travaux d'entretien seront appliquées aux constructions neuves, reconstructions, changemens de distribution et grosses réparations, sauf les exceptions ci-après.

10. Les projets, devis, plans et autres détails des travaux, annexés au procès-verbal de visite, seront communiqués par le préfet au directeur des fortifications, qui y joindra ses apostilles, transmis par le préfet à notre ministre de l'intérieur, et communiqués par notre ministre de l'intérieur à notre ministre de la guerre, pour être examinés sous les rapports militaires, et, s'il y a lieu, soumis à notre approbation dans un conseil d'administration tenu conformément aux règles prescrites par nos décrets des 28 février et 20 juin 1810, sur les travaux mixtes.

11. Les mêmes communications auront lieu pour l'examen et la vérification du compte général ou toisé desdits travaux.

§ III. De la conservation.

1° *Des portiers-concierges.*

12. Les portiers-concierges des bâtimens ou établissemens appartenant à la commune seront payés sur ses fonds : et leur traitement formera un article du budget annuel de la commune.

13. Les portiers-concierges desdits bâtimens ou établissemens seront choisis à l'avenir par le maire parmi les militaires en retraite sachant lire et écrire, conformément à notre décret du 8 mars 1811. Les nominations seront soumises à l'approbation du préfet.

14. Les portiers-concierges desdits bâtimens ou établissemens seront comptables en nature, envers la commune, de tout ce que les bâtimens renferment, conformément aux états des lieux et aux inventaires qui en seront dressés, et dont une expédition leur sera remise.

15. En cas de vols, dégradations ou autres délits commis par des particuliers, ils en dresseront procès-verbal, et en remettront une copie signée au maire, qui fera poursuivre les délits, s'il y a lieu, et le paiement des dégradations.

Lorsque les dégradations auront été commises par les troupes ou par les employés militaires qui occupent les bâtimens, le maire transmettra le procès-verbal au commandant du génie, qui en fera le devis et en poursuivra le paiement dans la forme ordinaire. Il en sera de même des réparations locatives qui sont à la charge des corps, des militaires, des employés ou autres personnes qui occupent les bâtimens.

Lorsqu'il s'agira d'un délit militaire, le procès-verbal sera renvoyé au commandant d'armes, qui fera exécuter les lois de discipline ou le Code pénal.

Il n'est rien changé d'ailleurs aux lois et réglemens sur le mode de réception et de remise des bâtimens ou effets militaires, et des procès-verbaux relatifs.

16. Le maire s'adressera pareillement, et suivant les cas, au commandant d'armes, au commandant du génie ou au commissaire des guerres, pour faire lever les difficultés relatives à l'assiette du logement des troupes ou des employés militaires, conformément aux lois et réglemens militaires, et aux instructions de notre ministre de la guerre.

17. Pour tout le reste de leur service, les portiers-concierges seront entièrement assimilés à ceux des bâtimens ou établissemens de l'Etat, conformément aux lois et réglemens sur le service et la police desdits bâtimens ou établissemens.

18. Ils seront distingués par un médaillon en cuivre placé sur la poitrine, portant une clef et une épée en sautoir.

19. Leurs commissions seront enregistrées, comme celles des gardes du génie, au greffe de la mairie et du tribunal de première instance, et foi sera ajoutée en justice à leurs procès-verbaux ou rapports, jusqu'à inscription de faux, à la charge par eux d'affirmer leurs procès-verbaux dans les vingt-quatre heures de leur rédaction, devant le juge-de-paix du canton, et, à son défaut, devant le maire, ou, en son absence, devant l'adjoint à la mairie.

2° Des conservateurs.

20. Lorsque le nombre des bâtimens ou établissemens militaires à la charge de la commune, et les détails du mobilier qui leur appartient, exigeront que le maire soit secon-

dé dans cette administration par un agent spécial, il pourra être nommé, sur le vœu du conseil municipal, un conservateur des bâtimens militaires. Ce conservateur sera chargé, sous les ordres du maire :

1° De la surveillance des portiers-concierges dans toutes les parties de leur service qui intéressent la commune,

2° De l'administration des bâtimens ou établissemens non occupés par les troupes, et spécialement de ceux dont la commune aura disposé momentanément, conformément aux dispositions du § IV ci-après;

3° De la comptabilité générale des effets d'ameublement, d'après les états des lieux et les inventaires prescrits par l'article 14;

4° De la remise aux troupes des bâtimens et effets, de leur réception en cas de départ, et les diligences à faire pour le paiement des réparations locatives, dégradations et consommations;

5° Des détails du logement des troupes chez l'habitant.

21. Les conservateurs seront nommés par le maire, avec l'approbation du préfet, et choisis parmi les officiers ou sous-officiers en retraite, conformément à notre décret du 8 mars 1811.

Leur traitement sera fixé par un article du budget de la commune.

22. Les conservateurs porteront l'habit bleu avec l'épée, des trèfles en or sur les épaules, et la clef et l'épée en sautoir, brodées sur la poitrine.

§ IV. Des bâtimens ou établissemens disponibles.

23. Lorsque la commune voudra, conformément à l'article 5 de notre décret du 23 avril 1810, employer définitivement et sans retour à une autre destination, les bâtimens ou établissemens militaires qui lui appartiennent, à la charge de pourvoir au logement ou au service des troupes qui se trouveront dans leur enceinte, le vœu du conseil municipal sera accompagné d'un procès-verbal de visite, et, s'il doit en résulter des travaux et dépenses, d'un projet rédigé suivant les règles générales établies ci-dessus, pour nous être rendu compte du tout par notre ministre de la guerre.

24. Lorsque nous aurons accordé notre autorisation, si la commune ne peut pourvoir de suite, et suivant le nouveau mode, au logement ou au service des troupes, elle ne pourra changer la destination du bâtiment ou de l'établissement remis à sa libre disposition, qu'après que le remplacement en aura été consommé.

25. Lorsque la commune, conformément aux décrets de concession, voudra employer momentanément à son service particulier un bâtiment militaire non occupé, notre ministre de la guerre n'accordera son autorisation qu'à la condition qu'il n'y sera rien changé ni rien fait qui puisse l'empêcher d'être rendu, d'un moment à l'autre, à sa destination première.

26. Les communes seront tenues d'entretenir les bâtimens non occupés, ou employés à leur service, dans le meilleur état de réparation locative, et de les maintenir dans leur distribution première, de sorte qu'ils puissent toujours être rendus immédiatement au logement ou au service des troupes.

TITRE III. Des villes non fortifiées.

CHAPITRE Ier. *Des bâtimens militaires à la charge des communes.*

§ Ier. Des travaux et de la conservation.

27. Les travaux, l'administration et la conservation des bâtimens ou établissemens militaires qui appartiennent aux communes, et des effets d'ameublement qui en dépendent, seront, dans les villes non fortifiées, comme dans les places de guerre, soumis aux règles prescrites titre II, sauf les modifications ci-après.

28. Conformément à l'article 4 de notre décret du 23 avril 1810, le commandant du génie et le directeur des fortifications seront remplacés, pour la direction des travaux, par les ingénieurs ordinaires et en chef des ponts-et-chaussées ou par les architectes des communes, et, pour le service et la police militaires dans les bâtimens, par les commissaires ordinaires et ordonnateurs des guerres.

Les gardes du génie y seront entièrement remplacés par les conservateurs et les portiers-concierges.

29. Les visites ordonnées par l'article 3 seront faites et les procès-verbaux signés par le maire, le commissaire des guerres et l'ingénieur ordinaire des ponts-et-chaussées.

30. Les directeurs des fortifications resteront uniquement chargés de faire les inspections ordonnées par nos décrets de concession, aux époques qui seront réglées par notre ministre de la guerre, et suivant le mode déterminé ci-après, § II.

Pour ce service, les villes de garnison dépendront des directions du génie, d'après la carte et le tableau que notre ministre de la guerre en fera dresser, en suivant, autant que possible, les limites des divisions militaires et des départemens ou arrondissemens.

§ II. Des inspections.

31. Les inspections que les directeurs des fortifications doivent faire, aux termes de l'article 30, seront spécialement employées :

1° A indiquer sous les rapports militaires, et d'après les clauses des décrets de concession, les travaux et dépenses qu'il importe le plus de proposer dans les projets de l'année suivante;

2° A examiner sous les mêmes rapports, et d'après les mêmes clauses, le travail fait en vertu du budget de l'exercice courant ou antérieur;

3° A vérifier si les clauses de nos décrets de concession et les dispositions de l'article 5 de notre décret du 23 avril 1810, relatives aux travaux de démolition et de construction, distribution ou destination nouvelle, ont été bien et dûment exécutées.

32. Dans chaque ville de garnison, le directeur des fortifications fera une inspection détaillée des bâtimens ou établissemens militaires, et de la partie d'ameublement qui dépend du service du génie.

Il sera accompagné, dans cette visite, du commissaire des guerres, du maire, et de l'ingénieur des ponts-et-chaussées.

Il rédigera, et signera conjointement avec eux, un procès-verbal d'inspection constatant le résultat de sa visite et des renseignemens qui lui auront été donnés sur les points déterminés en l'article précédent.

Il transmettra copie de ce procès-verbal, avec ses observations particulières, au préfet et au commissaire ordonnateur.

Il adressera copie du tout à notre ministre de la guerre, avant son rapport général d'inspection.

33. Les préfets et les commissaires ordonnateurs feront, de leur côté, les inspections nécessaires pour s'assurer, en ce qui les concerne, de l'exécution de notre décret du 23 avril 1810, de nos décrets spéciaux de concession, et des lois et réglemens sur le logement et le service des troupes; et ils rendront compte au ministre de la guerre des résultats de leur visite.

CHAPITRE II. Des bâtimens à la charge de l'Etat.

§ Ier. *Des travaux et dépenses.*

34. Dans les villes non fortifiées où il restera des bâtimens et établissemens militaires à la charge de l'Etat, les projets, l'exécution et la comptabilité des travaux auront lieu conformément aux règles établies chapitre Ier du présent titre, sauf les dispositions ci-après.

35. Les projets seront renvoyés par le préfet au commissaire ordonnateur, qui les adressera au ministre de la guerre.

36. Ces projets seront compris dans le budget du génie, et formeront, dans le budget spécial des bâtimens ou établissemens militaires à la charge de l'Etat, un chapitre particulier.

37. Le budget arrêté par nous dans les conseils du génie sera exécuté comme celui des bâtimens ou établissemens militaires des communes, sauf les modifications ci-après, savoir :

1° Les mandats de paiement seront délivrés par le commissaire-ordonnateur, sur les certificats d'avancement des travaux donnés par l'ingénieur en chef des ponts-et-chaussées, et visés par le préfet.

2° Les comptes généraux seront rédigés et arrêtés par les ingénieurs ordinaires ou architectes, vérifiés par les ingénieurs en chef des ponts-et-chaussées et les commissaires des guerres, visés par le préfet et l'ordonnateur, et soumis d'ailleurs à toutes les règles de comptabilité des travaux des fortifications.

38. Les dispositions du présent chapitre s'appliqueront, avec les modifications jugées nécessaires par nos ministres de la guerre et de l'intérieur, aux travaux dont la dépense se fait en partie sur les fonds de la guerre, et en partie sur les fonds des communes.

§ II. De la conservation et de l'administration.

39. Dans les villes non fortifiées, et à compter de la publication du présent décret, les commissaires-ordonnateurs et ordinaires seront seuls chargés de la conservation et de l'administration des bâtimens ou établissemens militaires qui restent à la charge de l'Etat, conformément aux dispositions générales du chapitre Ier du présent titre, et aux dispositions ci-après.

40. Les conservateurs et portiers-concierges desdits bâtimens seront à la charge du département de la guerre, nommés par notre ministre de la guerre, sur la présentation des ordonnateurs, et soumis exclusivement aux ordres des commissaires des guerres : ils seront pris parmi les militaires en retraite, conformément au décret du 8 mars 1811.

41. Dans les villes où il y a un conservateur pour les bâtimens militaires à la charge de la commune, notre ministre de la guerre pourra lui confier, sous les ordres des commissaires des guerres, le service des bâtimens à la charge de l'Etat.

42. Nos ministres de l'intérieur, de la guerre, de l'administration de la guerre et du Trésor impérial, sont chargés de l'exécution du présent décret, qui sera inséré au Bulletin des Lois, ainsi que notre décret du 23 avril 1810 (1).

(1) *Voy.* ce dernier décret à sa date.

16 SEPTEMBRE 1811. — Décret contenant des dispositions additionnelles à celles du décret du 5 août 1810, relatives au remboursement de la dette publique des ci-devant Etats romains. (4, Bull. 389, n° 7203.)

N...... vu notre décret du 5 août 1810.

Art. 1er. Les mentions faites en exécution de l'article 42 de notre susdit décret, sur les ordonnances délivrées pour *luoghi* ou créances grevées d'hypothèques ou d'oppositions, vaudront inscription sur les biens adjugés et payés avec les rescriptions représentant lesdites ordonnances, et conserveront sur lesdits biens, au profit des tiers intéressés, tous droits et hypothèques résultant desdites mentions.

2. Au moyen des bordereaux qui leur seront adressés par l'administration de la dette, les conservateurs des hypothèques mentionneront sur leurs registres que les biens demeureront grevés des charges et hypothèques inscrites dans les livres de la dette publique, et portées auxdits bordereaux.

3. Dans le délai de trois années, à compter de la publication de notre présent décret, tous les tiers-créanciers et ayans-droit devront avoir renouvelé directement leurs inscriptions aux divers bureaux respectifs de la situation des biens adjugés, dans les formes prescrites par le Code civil.

4. Faute d'avoir renouvelé leurs inscriptions dans le délai ci-dessus, celle générale, prise d'office, cessera de valoir et de conserver à leur profit le rang et la date acquis à leurs créances.

5. Les droits d'hypothèque devant être acquittés par les adjudicataires, il ne sera perçu, lors du renouvellement des inscriptions partielles, que les frais dus aux conservateurs.

6. Notre grand-juge, ministre de la justice, et notre ministre des finances, sont chargés de l'exécution du présent decret.

---

16 SEPTEMBRE 1811. — Avis du Conseil-d'Etat relatif au rang des présidens des tribunaux ordinaires des douanes. (4, Bull. 389, n° 7204.)

Le Conseil-d'Etat, qui, en exécution du renvoi ordonné par sa majesté, a entendu le rapport de la section de l'intérieur sur celui du ministre de ce département, tendant à faire régler le rang des présidens des tribunaux ordinaires des douanes;

Considérant que le décret du 1er juin dernier, rendu sur le rapport du grand-juge, ministre de la justice, règle, art. 3, le rang des tribunaux des douanes après les tribunaux de première instance;

Que le rang des présidens des tribunaux ordinaires des douanes se trouve réglé conséquemment et implicitement par le même article 3, et fixé après les présidens des tribunaux de première instance;

Est d'avis que les présidens des tribunaux ordinaires des douanes doivent, d'après les dispositions de l'article 3 du décret du 1er juin, sur les tribunaux qu'ils président, marcher après les présidens des tribunaux de première instance, et que le présent avis soit inséré au Bulletin des Lois.

---

16 SEPTEMBRE 1811. — Décret sur un référé de la Cour de cassation, relatif au mode d'application d'un décret du Roi de Westphalie, dans le jugement d'une saisie de sucre faite à Quakenbruck, avant la réunion de cette ville à la France. (4, Bull. 391, n° 7223.)

N...... vu le rapport à nous fait par notre grand-juge, ministre de la justice, sur un référé de notre Cour de cassation, et duquel il résulte,

Que, le 10 mai 1810, des sucres bruts ont été saisis chez le sieur Dehne, marchand à Quakenbruck, arrondissement d'Osnabruck, faisant alors partie du département du Weser, l'un de ceux du royaume de Westphalie;

Que cette saisie a été motivée sur une contravention à une loi décrétée le 6 mars précédent par les Etats de Westphalie, sur la proposition du Roi, et promulguée par le Roi le 10 du même mois;

Que néanmoins elle a été déclarée nulle par un jugement en dernier ressort du tribunal de première instance d'Osnabruck, du 27 juillet de la même année, sur le motif qu'à l'époque où elle avait eu lieu, le numéro du Bulletin des Lois du royaume de Westphalie, contenant la loi du 6 mars, n'était pas encore parvenu dans le département du Weser, et qu'aux termes de l'article 3 du décret royal du 27 janvier 1808, « les décrets royaux insérés au Bulletin des Lois ne sont obligatoires dans chaque département que le lendemain du jour où le Bulletin est arrivé au chef-lieu du département; »

Mais que, sur le recours en cassation formé par l'administration générale des contributions indirectes, il est intervenu, le 21 novembre 1810, un arrêt du Conseil-d'Etat du royaume de Westphalie, faisant fonctions de Cour de cassation, par lequel ce jugement a été cassé, comme contraire, 1° à l'article 1er du Code civil, portant que « les lois sont exécutoires dans tout le royaume, en vertu de la promulgation qui en est faite par le Roi, et qu'elles sont exécutées dans chaque partie du royaume, du moment où la promulgation pourra en être connue; » 2° au décret royal du 27 janvier 1808, portant, art. 1er: « La loi étant réputée connue dans le département de notre résidence un jour après celui de sa promulgation, elle sera réputée connue dans les autres départemens, à raison de la distance de leurs chefs-lieux à la ville de notre résidence, savoir : dans les

« départemens de. . . . . le surlendemain « du jour où elle est réputée connue à Cassel; « dans le département du Weser, le quatriè- « me jour; — art. 2 : Le jour de sa promulga- « tion ne devant pas être compté, et devant « y avoir un jour entre celui de la promul- « gation et celui où la loi devient exécutoire, « si la promulgation est par exemple le 1er « du mois, l'exécution doit avoir lieu. . . . « dans le département du Weser le 7; »

Que, par le même arrêt, le fond de la contestation a été renvoyé au tribunal de première instance de Minden;

Que, le 26 février 1811, ce tribunal, devenu français comme celui d'Osnabruck, par la réunion de ces deux arrondissemens au département de l'Ems-Supérieur, mais demeurant obligé de juger les anciennes contestations d'après les lois antérieures à la réunion, a rendu un jugement conforme à celui du tribunal d'Osnabruck du 27 juillet 1810, et motivé de même;

Et que le directeur des contributions indirectes de Quakenbruck s'est pourvu contre ce nouveau jugement, devant notre Cour de cassation;

Vu le décret du Roi de Westphalie, du 14 février 1810, portant, article 7 : « Si le nou- « veau jugement est conforme au premier « (précédemment cassé), et attaqué par les « mêmes moyens, il y aura lieu à interpréta- « tion de la loi, qui sera donnée dans la forme « d'un réglement d'administration publique; »

Vu pareillement la loi du 6 mars 1810, décrétée par les Etats de Westphalie, sur la proposition du Roi; l'article 1er du Code civil; les articles 1, 2 et 3 du décret du Roi de Westphalie, du 27 janvier 1808;

Vu enfin le jugement du tribunal de l'arrondissement d'Osnabruck, du 27 juillet 1810; l'arrêt du Conseil-d'Etat du royaume de Westphalie, du 21 novembre suivant, et le jugement du tribunal de l'arrondissement de Minden, du 26 février 1811;

Notre Conseil-d'Etat entendu,

Nous avons décrété et décrétons ce qui suit :

Art. 1er. Les articles 1, 2 et 3 du décret du Roi de Westphalie, du 27 janvier 1808, doivent être entendus en ce sens, que les articles 1 et 2 s'appliquent à tout acte législatif décrété par les états, sur la proposition du Roi, et que l'article 3 n'est applicable qu'aux décrets rendus par le Roi, soit de son propre mouvement, soit après avoir entendu son conseil, mais toujours sans la participation des états.

2. Notre grand-juge, ministre de la justice, est chargé de l'exécution du présent décret.

---

16 SEPTEMBRE 1811. — Avis du Conseil-d'Etat relatif au salaire des conservateurs des hypothèques. (4, Bull. 391, n° 7224.)

Le Conseil-d'Etat, qui, d'après le renvoi ordonné par sa majesté, a entendu le rapport de la section des finances sur celui du ministre de ce département, tendant à prononcer, par addition au n° 6 du tarif annexé au décret du 21 septembre 1810, relatif au salaire des conservateurs des hypothèques, que les états des inscriptions subsistantes sur individus ou immeubles, que les conservateurs sont tenus de délivrer en exécution de l'article 2196 du Code civil et de l'article 752 du Code de procédure civile, donnent ouverture, lorsqu'ils sont clos par le certificat qu'il n'en existe pas d'autres, à deux salaires distincts, l'un à raison du nombre d'inscriptions, et l'autre à raison du nombre d'individus dont la situation hypothécaire est attestée;

Vu le décret du 21 septembre 1810 et le tarif y annexé, ensemble les articles 2183, 2196 et 2197 du Code civil, et les articles 695, 752 et 834 du Code de procédure civile;

Considérant que, par le décret du 21 septembre 1810, il a été pourvu à l'insuffisance du tarif qui l'avait précédé, en accordant aux conservateurs des hypothèques un salaire qui puisse les dédommager du péril de leurs fonctions; mais qu'il n'est point dans l'esprit ni la lettre de ce décret de leur attribuer plusieurs salaires distincts pour une même formalité;

Est d'avis,

Que, conformément au n° 6 du tarif annexé au décret du 21 septembre 1810, il n'est dû aux conservateurs des hypothèques que le salaire d'un franc par chaque extrait d'inscription hypothécaire, compris au cahier des charges, qu'ils sont tenus de délivrer aux parties requérantes, sans qu'il puisse être rien exigé pour tout certificat de clôture, attestant que les inscriptions délivrées sont les seules subsistantes sur les individus grevés, et que le salaire d'un franc pour le certificat négatif ne leur est dû que dans le seul cas où il n'existerait aucune inscription hypothécaire sur l'individu qui en est l'objet.

---

16 SEPTEMBRE 1811. — Décret qui autorise l'acceptation d'offres faites par le sieur Levasseur et par la dame Allain, veuve du sieur Fouquet, de verser à la caisse de l'hospice des Quinze-Vingts, l'un, une somme de mille deux cent cinquante francs, et l'autre une somme de mille francs, aux conditions imposées. (4, Bull. 395, n° 7322.)

---

16 SEPTEMBRE 1811. — Décret relatif à l'inscription des hypothèques dont sont grevés les *luoghi di monte*. (Mon. n° 276.)

17 SEPTEMBRE 1811. — Avis du Conseil-d'Etat. (Vente administrative.) *Voy.* 26 SEPTEMBRE 1811.

---

18 SEPTEMBRE 1811. — Décret portant création d'un corps de sapeurs-pompiers pour la ville de Paris. (4, Bull. 392, n° 7254.)

Voy. arrêté du 17 MESSIDOR an 9.

TITRE Ier. Composition du corps des sapeurs-pompiers.

Art. 1er. Il sera formé, avant le 1er janvier 1812, un bataillon de sapeurs, qui sera chargé spécialement du service des pompes à incendie dans notre bonne ville de Paris.

2. Ce bataillon de sapeurs sera divisé en quatre compagnies de cent quarante-deux hommes chacune.

3. Il sera sous les ordres et l'administration du préfet de police, et sous l'autorité de notre ministre de l'intérieur.

TITRE II. Organisation.

4. L'état-major du bataillon sera composé ainsi qu'il suit: un chef de bataillon, un ingénieur ayant grade de capitaine, un adjudant-major, un quartier-maître, un chirurgien-major, un garde-magasin, deux maîtres-ouvriers; total, 8.

5. Chaque compagnie sera organisée ainsi qu'il suit: un capitaine, un lieutenant, un sergent-major, quatre sergens, un caporal-fourrier, dix caporaux, dix appointés, cent douze sapeurs-pompiers, deux tambours; total, 142.

TITRE III. *Solde, masses et revues.*

6. Le traitement des officiers, sous-officiers et sapeurs-pompiers, est fixé, savoir:

1 chef de bataillon, à	6,000f 00c
1 ingénieur, à.	3,000 00
1 adjudant-major, à	2,000 00
1 quartier-maître, à	1,500 00
1 chirurgien-major, à	1,800 00
1 garde-magasin, à.	1,500 00
4 capitaines, à 3,000 fr.	12,000 00
4 lieutenans, à 18,000 fr. . . .	7,200 00
4 sergens-major, à 769 fr. 75 c.	3,079 00
16 sergens, à 587 fr. 25 c. . . .	9,396 00
4 caporaux-fourriers, à 587f 25c	2,349 00
2 maîtres-ouvriers, à 550f 75c	1,101 50
40 caporaux, à 550 fr. 75 c. . .	22,030 00
40 appointés, à 514 fr. 25 c. . .	20,570 00
448 sapeurs-pompiers, à 477f 75c	214,032 00
8 tambours, à 514 fr. 25 c. . .	4,114 00
576	311,671 50
Frais de bureau	3,000 00
	314,671 50

7. La solde sera payée avec les masses, sous la seule dénomination de *solde*, ainsi qu'il suit:

GRADES.	SOLDE DE PRÉSENCE		MASSE			TOTAL PAR AN.	SOLDE D'ABSENCE	
	JOURNALIÈRE.	MENSUELLE.	d'habillement.	de chauffage et lumière.	de boulangerie.		en semestre.	à l'hôpital.
Chef de bataillon.	16 43 11/100	500 00	"	"	"	6,000 00	8 00 0	11 00 0
Ingénieur.	8 21 91/100	250 00	"	"	"	3,000 00	4 16 6	4 33 3
Adjudant-major.	5 47 94/100	166 66	"	"	"	2,000 00	2 77 7	3 55 5
Quartier-maître.	4 10 95/100	125 00	"	"	"	1,500 00	2 08 3	2 11 1
Chirurgien-major	4 93 15/100	150 00	"	"	"	1,800 00	2 50 0	3 50 0
Garde-magasin. .	4 10 95/100	125 00	"	"	"	1,500 00	2 08 3	2 11 1
Capitaines	8 21 91/100	250 00	"	"	"	3,000 00	4 16 6	4 33 3
Lieutenans. . . .	4 93 15/100	150 00	"	"	"	1,800 00	2 50 0	3 50 0
Sergens-majors. .	1 75	53 22 91/100	54	22	55	769 75	0 40 0	0 10 0
Sergens.	1 25	38 02 8/100	54	22	55	587 25	0 31 0	0 10 0
Caporaux-fourrrs	1 25	38 02 8/100	54	22	55	587 25	0 22 5	0 10 0
Maîtres-ouvriers.	1 15	34 97 91/100	54	22	55	550 75	0 20 0	0 10 0
Caporaux.	1 15	34 97 91/100	54	22	55	550 75	0 20 0	0 10 0
Appointés	1 05	31 93 75/100	54	22	55	514 25	0 18 0	0 10 0
Sapeurs-pomprs.	0 95	28 89 58/100	54	22	55	477 75	0 15 0	0 10 0
Tambours	1 05	31 93 75/100	54	22	55	514 25	0 18 0	0 10 0

8. Le chef de bataillon, l'ingénieur, le chirurgien-major et les capitaines seront tenus d'avoir constamment un cheval de main; ils recevront une ration de fourrage fixée à un franc cinquante centimes.

9. La solde de présence pour les sous-officiers, sapeurs-pompiers et tambours, sera employée, savoir :

A la masse de linge et chaussure, ci. .	20ᶜ
A l'ordinaire.	40
Retenue pour retraites et pensions . .	5

Le surplus sera mis à leur disposition comme deniers de poche.

10. La retenue pour former la masse de linge et chaussure de chaque sous-officier et sapeur-pompier sera de dix centimes, tant pour les journées de présence que pour celles d'absence. Le décompte en sera fait tous les trois mois.

Le complet de la masse de linge et chaussure sera, pour les sous-officiers, de quarante francs; et pour les sapeurs-pompiers, de trente francs.

11. L'ordinaire, dans les chambres, sera géré et surveillé ainsi qu'il est prescrit par les réglemens militaires.

12. Il sera accordé une somme de cent francs, à titre de première mise, pour chaque sapeur-pompier nouvellement admis.

13. Les hommes entrans dans les hôpitaux quelle que soit la maladie dont ils auront été traités, paieront, par jour, à l'administration des hospices, soixante-quinze centimes, qui seront retenus sur leur solde. Moyennant cette rétribution, les hospices civils de Paris seront tenus de les recevoir et traiter dans toutes leurs maladies sans aucun supplément.

14. Il sera fait, chaque mois, sur les soldes de quinze cents francs et au-dessus, une retenue de cinq centimes par francs; et de cinq centimes par jour sur la solde des sous-officiers et sapeurs-pompiers.

Cette retenue formera un fonds de retraites, pensions et secours, en faveur de ceux qui en seront susceptibles, ou de leurs veuves et orphelins: elles seront accordées ainsi qu'il sera déterminé ci-après.

15. La solde journalière et le montant des masses seront ordonnancés, chaque mois, par le préfet de police, d'après les états de revue certifiés par l'inspecteur aux revues.

Le directeur du génie de Paris fera les fonctions d'inspecteur d'armes du corps des sapeurs-pompiers; il les passera en revue, les fera manœuvrer, et il examinera leur comptabilité. Il fera du tout un rapport qu'il adressera à notre ministre de l'intérieur, et remettra, par écrit, au préfet de police, ses observations résultant de chaque revue.

L'administration et la comptabilité en seront suivies et dirigées par les inspecteurs aux revues, conformément aux réglemens sur l'administration des corps de la ligne, et ainsi qu'il est prescrit pour les compagnies de réserve.

Les capitaines enverront, toutes les semaines, l'état de situation de leur compagnie au directeur du génie de Paris, lequel pourra se faire remettre cet état aussi souvent que le bien du service l'exigera.

Les rapports de cet officier supérieur avec le préfet de police et le commandant du bataillon des sapeurs-pompiers seront réglés, pour tout ce qui concerne l'inspection de ce bataillon, conformément aux dispositions de l'article 22 de notre décret du 24 floréal an 13, portant création des compagnies de réserve.

TITRE IV. Habillement, équipement, armement.

16. L'uniforme des sapeurs-pompiers sera réglé par le préfet de police, avec l'approbation de notre ministre de l'intérieur. Le bouton sera aux armes de notre bonne ville de Paris; il aura pour légende : *Sapeurs-pompiers de Paris.*

Ils seront armés d'un sabre et d'un fusil avec baïonnette.

17. Les armes seront fournies par le département de la guerre; le prix en sera remboursé par notre bonne ville de Paris.

Ces armes seront entretenues aux dépens de la masse générale du bataillon; elles seront renouvelées à fur et à mesure du besoin constaté par l'inspecteur du bataillon.

L'équipement militaire sera fourni et renouvelé aux dépens de la masse générale du bataillon.

TITRE V. Recrutement.

18. Le bataillon des sapeurs-pompiers de la ville de Paris sera recruté par des enrôlemens volontaires, sous la direction du préfet de police :

1° Parmi les pompiers qui composent les trois compagnies actuellement existantes, et qui seront reconnus, d'après un examen préalable du commandant, de l'ingénieur et du chirurgien-major, avoir les qualités requises pour le service des sapeurs-pompiers;

2° Parmi les sous-officiers et soldats de l'armée, munis de congés en bonne forme, et reconnus aptes à ce service;

3° Parmi tous les citoyens non sujets à la conscription qui auront les qualités nécessaires.

19. Un fonds de dix-huit mille francs est affecté à ce recrutement. Il sera pris sur les trois premiers versemens de six mille francs chacun, qui, en exécution de l'article 48 ci-après, devront être versés par la caisse municipale pour le fonds de retraites.

TITRE VI. Avancement.

20. Tous les officiers seront nommés par nous, sur le rapport du ministre de l'intérieur et la présentation du préfet de police.

Ils seront pris de préférence parmi d'anciens officiers pompiers, ou officiers d'artillerie, de mineurs-sapeurs, et officiers d'ouvriers d'artillerie, réformés ou en retraite, d'un grade supérieur ou au moins égal à l'emploi vacant.

Les officiers du bataillon des sapeurs-pompiers qui jouiraient d'un traitement de réforme ou de retraite, pourront cumuler ce traitement avec celui d'activité.

21. Le chirurgien-major, le quartier-maître et le garde-magasin seront nommés par le préfet de police.

22. Les sous-officiers seront choisis par le préfet de police, sur une liste double, d'après la proposition des capitaines et la présentation du chef de bataillon.

TITRE VII. De l'administration du corps des sapeurs-pompiers.

23. L'administration du bataillon sera confiée à un conseil composé ainsi qu'il suit:

Du chef de bataillon, de l'adjudant-major, de l'ingénieur, de deux capitaines, d'un lieutenant.

Le quartier-maître y fera les fonctions de secrétaire, et sera chargé de la tenue des registres.

24. Les capitaines et lieutenans seront, à tour de rôle et pendant un an, membres du conseil d'administration; ils seront toujours pris dans des compagnies différentes.

En cas d'absence ou d'empêchement, les membres du conseil seront remplacés, savoir: le chef de bataillon par le plus ancien capitaine, et les autres membres par les officiers qui les suivront dans leurs grades respectifs.

25. La direction et l'emploi du fonds des masses seront confiés au conseil d'administration.

Il y aura, pour les fonds du bataillon, une caisse à trois clefs, qui sera déposée chez le préfet de police.

26. Chaque année, la comptabilité du bataillon sera définitivement arrêtée par le directeur du génie, de Paris.

27. Les frais de bureau seront réglés, chaque année, par le conseil, et ne pourront, dans aucun cas, dépasser la somme fixée pour cet objet à l'article 6 du présent décret.

28. Le préfet de police assistera aux conseils toutes les fois qu'il le jugera convenable, et en ce cas les présidera. Toutes les délibérations, même celles prises en sa présence, lui seront adressées pour être par lui approuvées, s'il y a lieu. Aucune ne pourra être exécutée sans être revêtue de son approbation spéciale.

29. Le bataillon des sapeurs-pompiers sera soumis aux mêmes réglemens, pour les revues et la comptabilité que le reste de l'infanterie.

TITRE VIII. Casernement et distribution des postes.

30. Le bataillon des sapeurs-pompiers sera caserné par compagnie, aux frais de notre bonne ville de Paris:

1° Le chef-lieu actuel des pompiers, établi près la préfecture de police, en y ajoutant les deux maisons attenantes, rue de Nazareth, servira de caserne pour la première compagnie et l'état-major du bataillon;

2° La deuxième compagnie sera casernée dans la partie des bâtimens des Blancs-Manteaux, rue des Guillemites, appartenant au sieur Rousseau;

3° La troisième compagnie sera casernée rue Napoléon, dans le seizième lot du ci-devant couvent des Capucines, dont la vente est annoncée;

4° La quatrième compagnie sera casernée aux ci-devant bâtimens des Jacobins de la rue Saint-Jacques.

31. Tous les bâtimens et emplacemens désignés dans les paragraphes 1, 2, 3 et 4 de l'article ci-dessus, s'ils n'appartiennent point à la ville de Paris, seront acquis par elle, conformément à la loi du 8 mars 1810.

32. Outre les casernes, il y aura au moins trente postes de sapeurs-pompiers distribués dans la ville et dans les faubourgs de Paris: les points où ils devront être placés et leur force respective seront réglés par le préfet de police.

TITRE IX. Du service, discipline et police du bataillon des sapeurs-pompiers.

33. Outre le service spécial pour prévenir et arrêter les incendies, les sapeurs-pompiers doivent encore concourir au service de police et de sûreté publique, dans notre bonne ville de Paris et ses faubourgs; le tout sous les ordres du préfet de police.

34. A cet effet, il y aura dans chaque caserne un piquet de quinze hommes au moins, commandés par un lieutenant ou un sergent, qui passera la nuit tout habillé, prêt à partir à la première alerte, non-seulement en cas d'incendie, mais même pour tout service public, pour la police et la sûreté de la ville.

Les postes de pompiers ne pourront jamais être appelés que pour le feu, s'ils n'ont reçu pour la police un renfort extraordinaire, lequel, seul, pourra être appelé comme il est dit au paragraphe précédent.

35. Toutes les nuits, il partira, de trois heures en trois heures, de chaque caserne,

une patrouille commandée par un caporal ou un appointé.

36. Les officiers et sous-officiers du bataillon des sapeurs-pompiers prendront rang à la gauche des troupes de ligne.

A égalité de grade, et lorsqu'il s'agira d'un service étranger aux incendies, ils seront commandés par les officiers et sous-officiers desdites troupes.

37. Outre le service ordinaire de la ville et de ses faubourgs, le bataillon des sapeurs-pompiers fera, pour les incendies, celui de tous les spectacles et bals publics : il fournira, en outre, les sapeurs-pompiers qui pourront être demandés ou qui seront jugés nécessaires par le préfet de police, pour bals et fêtes particulières. Le préfet de police réglera le nombre d'individus qui sera accordé ou commandé pour ces divers services, et la rétribution qui sera due à chacun d'eux.

La moitié de la rétribution déterminée par le préfet de police sera donnée à celui ou ceux qui auront fait ce service ; et l'autre moitié sera retenue pour être répartie de trois mois en trois mois, à raison d'un tiers pour les officiers (le chef de bataillon excepté), et les deux autres tiers pour les sous-officiers et sapeurs-pompiers. La distribution sera faite au prorata de la solde.

38. Les sapeurs-pompiers seront instruits par leurs officiers et sous-officiers dans les manœuvres nécessaires pour éteindre les incendies, et au service des pompes établies sur bateaux pour la sûreté des approvisionnemens en combustibles garés sur la rivière.

Ils seront également occupés dans les casernes, sous les ordres de l'ingénieur et la surveillance des capitaines et autres officiers, à l'entretien et réparation des pompes, sceaux, tuyaux, et autres agrès servant à l'extinction des incendies.

Ils seront, de plus, instruits du maniement d'armes et des manœuvres de l'infanterie, jusques et compris l'école de bataillon.

39. L'ingénieur fera toutes les visites, vérifications, levées de plans et rapports qui lui seront demandés par le préfet de police.

Le directeur des eaux de Paris lui remettra le plan des aqueducs et de la distribution des eaux.

40. Le chirurgien-major visitera gratuitement les sapeurs-pompiers malades ou blessés, et leur donnera les soins nécessaires.

Dès qu'il se manifestera un incendie, autre que les simples feux de cheminée, il sera tenu de se transporter au lieu de l'incendie pour y donner les premiers soins aux sapeurs-pompiers qui pourraient en avoir besoin.

41. Les sapeurs-pompiers sont soumis aux lois, réglemens et arrêtés relatifs à la discipline, police et justice militaires, de la même manière que les compagnies de réserve le sont sous l'autorité des préfets.

TITRE X. Des récompenses et encouragemens.

42. Il sera accordé des gratifications aux officiers, sous-officiers et autres individus composant le bataillon des sapeurs-pompiers qui s'en seront rendus dignes par leur zèle, leur dévouement et leur intrépidité.

A cet effet, il sera mis, chaque année, à la disposition du préfet de police, une somme de dix mille francs sur les fonds communaux, laquelle sera ordonnancée par lui comme il sera dit au titre ci-après.

TITRE XI. De l'acquit des dépenses du bataillon des sapeurs-pompiers.

43. La totalité des dépenses du bataillon des sapeurs-pompiers, de l'acquisition et construction des casernes, de leur entretien et réparation, des locations, réparations, ameublement et entretien des corps-de-garde, et des constructions, entretien et réparations des pompes et agrès, sera à la charge de notre bonne ville de Paris, jusqu'à l'établissement d'une compagnie d'assurances contre les incendies.

44. Notre ministre de l'intérieur, sur le compte qui lui sera rendu par le préfet de police, nous fera, sous un mois, un rapport sur l'achat et la construction ou réparation des casernes ordonnés par le présent décret, et sur les moyens de paiement, pour y être statué en Conseil-d'Etat.

TITRE XII. Des retraites qui seront accordées aux individus qui composeront le corps des sapeurs-pompiers.

45. Les officiers et sapeurs-pompiers n'auront droit à une pension de retraite qu'après trente ans de service effectif, pour lesquels on comptera le temps d'activité à l'armée ou dans un corps de pompiers.

La pension pourra cependant être accordée, avant trente ans, à ceux que des accidens, des blessures ou des infirmités rendraient incapables de continuer leur service.

46. La pension des officiers et sapeurs-pompiers sera réglée comparativement avec leur solde, d'après les bases déterminées par les lois et réglemens militaires.

47. Les veuves et enfans des individus qui perdront la vie dans l'exercice de leurs fonctions auront droit à des pensions d'après les bases et le taux déterminés par notre décret du 25 octobre 1806, pour les veuves et enfans des employés de la préfecture de police.

48. Les fonds provenant des retenues déterminées par l'article 14 pour retraites et pensions seront versés, chaque mois, dans la caisse du mont-de-piété, qui en paiera l'intérêt à cinq pour cent ; l'intérêt sera, tous les six mois, accumulé aux capitaux.

Il sera versé, en outre, pendant dix ans, par le receveur municipal, une somme de six mille francs par année, à compter du 1er janvier prochain, pour former le premier fonds de retraites et pensions, et représenter les services passés sur lesquels il n'y a point eu de retenue.

Le montant net des soldes de tout grade pendant les vacances d'emploi qui n'excéderont pas un mois sera ajouté au fonds de retraites.

Les retraites qui seront accordées seront payées d'abord sur les intérêts, et, s'il est besoin, sur les capitaux déposés au mont-de-piété, et subsidiairement sur les revenus de la ville de Paris, ou sur les fonds de la compagnie d'assurance, après son établissement.

Le directeur du mont-de-piété adressera, chaque année, au préfet de police, un compte général des fonds versés à la caisse.

49. L'état de situation adressé par la caisse du mont-de-piété, et le tableau motivé des retraites qui aura été formé par le conseil d'administration, l'état et le montant des soldes de retraites existantes, nous seront remis et approuvés par nous en Conseil-d'Etat.

50. Nos ministres de l'intérieur et de la guerre sont chargés de l'exécution du présent décret.

---

18 SEPTEMBRE 1811. — Décret relatif à la vente en cas de saisie pour contravention à la loi sur les douanes, des chevaux, mulets et autres moyens de transport de marchandises, et des objets de consommation susceptibles de se détériorer. (4, Bull. 392, n° 7255.)

Voy. décret du 18 OCTOBRE 1810.

Art. 1er. En cas de saisie de chevaux, mulets et autres moyens quelconques de transport de marchandises en contravention à la loi sur les douanes, dont la remise sous caution aura été offerte par procès-verbal, et n'aura pas été acceptée par la partie, il sera, à la diligence de l'administration des douanes, en vertu de la permission du juge-de-paix le plus voisin, ou du juge d'instruction, procédé, dans le délai de huitaine au plus tard de la date dudit procès-verbal, à la vente par enchère des objets saisis.

Il sera pareillement, dans le même délai, et en vertu de la même permission, procédé à la vente des objets de consommation qui ne pourront être conservés sans courir le risque de la détérioration; sauf, néanmoins, l'exécution des articles 25 et 26 du décret du 18 octobre 1810, en ce qui concerne les marchandises prohibées.

2. L'ordonnance portant permis de vendre sera signifiée dans le jour à la partie saisie, si elle a un domicile réel ou élu dans le lieu de l'établissement du bureau de la douane, et, à défaut de domicile connu, au maire de la commune, avec déclaration qu'il sera immédiatement procédé à la vente, tant en absence qu'en présence, attendu le péril de la demeure.

L'ordonnance du juge-de-paix ou du juge d'instruction sera exécutée nonobstant appel ou opposition.

3. Le produit de la vente sera déposé dans la caisse de la douane, pour en être disposé ainsi qu'il sera statué en définitive par le tribunal chargé de prononcer sur la saisie.

4. Il n'est pas dérogé, pour le jugement du fond, aux dispositions de notre décret du 18 octobre 1810.

5. Notre grand-juge, ministre de la justice, et notre ministre des finances, sont chargés de l'exécution du présent décret.

---

18 SEPTEMBRE 1811. — Décret qui augmente le nombre des commis assermentés du tribunal de première instance de Paris. (4, Bull. 392, n° 7257.)

Art. 1er. Le nombre des commis assermentés du tribunal de première instance de Paris, fixé à douze par l'article 16 de notre décret du 30 janvier 1811, est porté à quinze.

2. Les trois commis assermentés qui seront nommés seront employés au service près les trois nouveaux juges d'instruction institués par notre décret du 8 mars dernier.

3. Leur traitement sera le même que celui des autres commis assermentés, et tel qu'il est fixé par la loi et par nos décrets.

4. Notre grand-juge, ministre de la justice, est chargé de l'exécution du présent décret.

---

18 SEPTEMBRE 1811. — Décret qui détermine la marque des savons. (4, Bull. 393, n° 7258.)

Voy. décret du 22 DÉCEMBRE 1812.

Art. 1er. La marque pour le savon fabriqué à l'huile d'olive sera de forme concave ovale, et portera dans le milieu, en lettres rentrées, ces mots: *huile d'olive.*

Celle pour le savon fabriqué à l'huile de graines sera de forme concave carrée, et portera dans le milieu, aussi en lettres rentrées, ces mots: *huile de graines.*

La marque pour le savon au suif ou à la graisse sera de forme concave triangulaire, et devra porter également dans le milieu, aussi en lettres rentrées, ces mots: *suif* ou *graisse.*

A la suite de chaque marque, qui devra être en caractères assez gros pour être aperçus sans difficulté, sera le nom du fabricant et de la ville où il fait sa résidence.

2. A compter du 1er avril prochain, il ne pourra plus être vendu par les fabricans, de savons destinés aux blanchisseries, aux teintures et aux dégraissages, s'ils ne sont revêtus des marques prescrites par l'article précédent. Tout fabricant qui sera convaincu d'en avoir versé dans le commerce qui ne seraient pas marqués, sera puni, pour la première fois, d'une amende de mille francs; en cas de récidive, cette amende sera double.

3. Les contraventions à l'article ci-dessus seront portées devant nos cours et tribunaux, comme matière de police.

4. Notre ministre de l'intérieur est chargé de l'exécution du présent décret.

---

18 SEPTEMBRE 1811. — Décret qui supprime la place de greffier en chef de la cour spéciale de Paris. (4, Bull. 392, n° 7256.)

Art. 1er. La place de greffier en chef de la cour spéciale de Paris, créée par l'article 32 de la loi du 20 avril 1810, est supprimée.

2. Les fonctions et attributions de la place de greffier de la cour spéciale sont déférées au greffier en chef de notre cour impériale de Paris.

3. Une partie des fonds affectés aux émolumens du greffier en chef de la cour spéciale sera employée au paiement d'un nouveau commis assermenté, dont le traitement sera le même que celui des autres commis-greffiers de la cour impériale, ainsi qu'il est déterminé par l'article 6 de notre décret du 30 janvier 1811.

4. Ce nouveau commis assermenté partagera les travaux et fera le service de la cour d'assises de Paris, concurremment avec le commis-greffier qui en est actuellement chargé, et le suppléera, en cas d'absence, maladie ou empêchement quelconque.

5. Le commis assermenté déjà nommé près la cour spéciale, en exécution de l'article 11 de notre décret du 30 janvier 1811, sera employé comme suppléant près les chambres d'accusation et des appels correctionnels, et sera chargé particulièrement du service de la cour spéciale, pendant ses séances.

6. Notre grand-juge, ministre de la justice, est chargé de l'exécution du présent décret.

---

18 SEPTEMBRE 1811. — Décret qui réunit le canton de Piccino à la province d'Istrie. (4, Bull. 393, n° 7259.)

---

18 SEPTEMBRE 1811. — Décrets qui autorisent l'acceptation d'offres de découvrir, au profit des fabriques des églises succursales d'Alet, Glimes, Wambeck, Saint-Wendel, Trèves, Saint-Mathias, et des pauvres de Vaelbeck, des biens et rentes célés au domaine. (4, Bull. 395, nos 7323 à 7326.)

---

18 SEPTEMBRE 1811. — Décrets qui autorisent l'acceptation de dons et legs faits aux pauvres et hospices de Bellou, Alais, Loches, Pay, Faux-le-Duc, Courtivron, Nieukerken, Noyal-sur-Seiche, Rouffach, Peveragno, Pompidon, Thisy, Puymirol, Vermanton, Beaugency, Châteauneuf-sur-Loire, Mans, Redon et Rouen. (4, Bull. 395, nos 7327 à 7333, et Bull. 397, nos 7342 à 7353.)

---

18 SEPTEMBRE 1811. — Décret qui envoie la commission administrative de l'hospice de Bessé en possession de divers biens célés au domaine, et autorise cette administration à accepter l'offre faite par un inconnu, de découvrir une rente au profit de cet hospice. (4, Bull. 397, n° 7354.)

---

24 SEPTEMBRE 1811. — Avis du Conseil-d'Etat. (Droit de cri public.) *Voy.* 3 OCTOBRE 1811.

---

26 SEPTEMBRE 1811. — Décret qui déclare applicable aux fermiers du droit de pesage et mesurage, le décret du 15 novembre 1810, relatif au recouvrement des recettes de l'octroi. (4, Bull. 394, n° 7291.)

Art. 1er. Les dispositions du décret du 15 novembre 1810, qui ordonne que le recouvrement des recettes de l'octroi sera poursuivi par voie de contrainte, sont applicables aux fermiers du droit de pesage et mesurage.

2. Notre ministre de l'intérieur est chargé de l'exécution du présent décret.

---

26 SEPTEMBRE 1811. — Avis du Conseil-d'Etat portant qu'il n'y a pas lieu d'autoriser le préfet de la Seine à faire vendre administrativement une maison indivise entre le Gouvernement et les héritiers de la dame Bourseret. (4, Bull. 394, n° 7293)

Le Conseil-d'Etat, qui, d'après le renvoi ordonné par sa majesté, a entendu le rapport de la section des finances sur celui du ministre de ce département, tendant à autoriser le préfet du département de la Seine à faire procéder, dans les formes prescrites pour l'aliénation des domaines nationaux, à la vente d'une maison située à Paris, rue de la Tixeranderie, n° 68, et indivise entre le Gouvernement et les héritiers de la dame Bourseret;

Vu les pièces produites, le procès-verbal de l'architecte du domaine, constatant le mauvais état de la maison dont il s'agit;

La demande du préfet du département de la Seine, ayant pour objet d'être autorisé à faire vendre ladite maison par voie administrative, en raison de son peu de valeur;

Ensemble les observations et avis du conseiller d'Etat directeur général de l'administration des domaines;

Considérant,

1° Que le Gouvernement, à l'époque actuelle, n'a que la jouissance de la portion qui lui est échue par suite de la déshérence, et qu'il n'en peut disposer comme d'une propriété à lui appartenant, attendu qu'il représente, dans l'administration des biens, les héritiers du sieur Bourseret, qui ne sont point connus;

2° Que le mode de vendre administrativement, bien que paraissant moins dispendieux, pourrait laisser craindre aux héritiers inconnus et aux créanciers quelque atteinte à leurs droits,

Est d'avis,

Que la vente de la maison dont il s'agit doit être faite devant les tribunaux, dans les formes prescrites par le titre VII du livre II du Code de procédure civile.

---

26 SEPTEMBRE 1811. — Décret qui autorise la publication de feuilles et d'écrits périodiques dans différentes villes de l'empire. (4, Bull. 395, n° 7308.)

Voy. décret du 14 DÉCEMBRE 1810.

Art. 1er. La publication d'une feuille périodique d'affiches, annonces et avis divers, dans les villes dont le tableau est joint au présent décret, sous le n° 1, est définitivement autorisée.

2. Il sera pris des informations ultérieures sur la demande de maintenir des feuilles périodiques d'affiches, annonces et avis divers, dans les villes dont le tableau est joint n° 2, pour savoir combien elles ont d'abonnés, quel est leur bénéfice annuel d'après l'état des dépenses et des recettes, et si, d'après la population du chef-lieu de l'arrondissement, les intérêts commerciaux ou autres motifs, elles sont nécessaires.

3. Les feuilles d'affiches, annonces et avis divers, seront publiées séparément des journaux des départemens; en conséquence leur impression continuera d'appartenir aux imprimeurs qui en étaient chargés avant notre décret du 3 août 1810.

4. Ces feuilles, bornées aux seuls objets indiqués par leur titre, ne pourront contenir aucun article de nouvelles politiques ou de littérature.

5. Pour faciliter l'exécution des publications prescrites par le Code de procédure civile, articles 683, 962 et 964, elles pourront avoir lieu dans les feuilles d'arrondissement de sous-préfecture, comme dans celles de départemens; mais les annonces dans les feuilles de département seront suffisantes pour l'exécution de la loi.

6. Dans les départemens où l'usage des deux langues est conservé, les feuilles d'affiches seront imprimées sur deux colonnes, dont l'une française, et l'autre allemande, hollandaise ou italienne, suivant les lieux.

Les journaux politiques de ces départemens sont assujétis à la même règle, à l'exception de ceux de la ci-devant Toscane.

7. Notre ministre de l'intérieur, sur la proposition de notre directeur général de la librairie, réglera le format des affiches, leur justification, et le prix de l'insertion par ligne. L'imprimeur ne pourra percevoir au-dessus de la fixation, sous peine de concussion.

8. Les écrits périodiques désignés dans le tableau joint au présent décret sous le n° 3 pourront être publiés, sous la surveillance de notre ministre de l'intérieur, dans les villes indiquées audit tableau.

9. Nos ministres de l'intérieur, de la police générale et des finances, sont chargés de l'exécution du présent décret.

N° I.

Etat des villes dans lesquelles une feuille d'affiches, annonces et avis divers, est définitivement autorisée.

Abbeville, Aix, Alexandrie, Alkmaer, Amiens, Amsterdam, Angers, Arles, Arras, Avignon, Beaune, Besançon, Beziers, Bonn, Boulogne, Bourges, Breda, Bremen, Bruges, Cambray, Carcassonne, Casal, Castres, Clermont (Puy-de-Dôme), Coblentz, Colmar, Coni, Courtrai, Creutznach, Creveldt, Delft, Deux-Ponts, Dieppe, Dijon, Dordrecht, Douai, Dunkerque, Emden, Epernay, Florence, Gand, Gênes, Genève, Grasse, Grenoble, Groningue, Hambourg, Harlem, La Haye, Jever, Laval, Leuwarden, Leyden, Liége, Limoges, Livourne, Lorient, Lubeck, Maestricht, Le Mans, Mayence, Metz, Mons, Montauban, Montpellier, Mulhausen, Munster, Namur, Nancy, Nice, Niort, Nîmes, Orléans, Osnabruck, Parme, Pise, Plaisance, Poitiers, Pont-l'Evêque, Rennes, Reims, Rotterdam, Saint-Etienne, Sarrebruck, Schelestadt, Sens, Sienne, Spire, Tours, Troyes, Utrecht, Verceil, Versailles, Vienne, Wissembourg, Zierickzée.

N° II.

Etat des villes pour lesquelles on a proposé de conserver une feuille d'affiches, annonces et avis divers, et pour lesquelles il sera pris des informations préalables.

Altkirch, Asti, Avallon, Bayeux, Belley, Brignolles, Châtillon-sur-Seine, Kayserslautern, Louvain, Lunebourg, Meaux, Mondovi, Oldenbourg, Omlanden, Pontarlier, Savigliano, Soissons, Stadt, Ypres.

N° III.

État des journaux affectés aux sciences, à la littérature et aux arts, dont la publication est définitivement autorisée.

Ouvrage périodique pour les hommes de lettres . . . . Amsterdam.
Journal des Sciences et Arts du département du Zuiderzée. . Amsterdam.
Décisions notables de la cour impériale de Bruxelles, . . . Bruxelles.
Giornale enciclopedico di Firenze. . . . . Florence.
Collezione d'opusculi scientifici e letterarj . . . . Florence.
Journal utile et amusant. . . . Hambourg.
L'Orient . . . . Hambourg.
Courrier général des arts et des lettres . . . . Harlem.
Giornale scientifico e letterario dell' academia italiana di scienze, lettere ed arti . . . . Livourne.
Annales cliniques, Journal des Sciences médicales . . . . . . Montpellier.
Journal des Audiences de la cour impériale de Montpellier . . . . Montpellier.
Giornale della societa medico-chirurgica di Parma . . . . . Parme.
Jurisprudence de la cour impériale de Trèves. . . . . Trèves.

---

26 SEPTEMBRE 1811. — Décret qui fixe le traitement des membres du tribunal de première instance de Brême. (4, Bull. 394, n° 7292.)

---

26 SEPTEMBRE 1811. — Décrets qui autorisent l'acceptation de dons et legs faits aux pauvres et hospices de Peveragno, Beziers, Bruyères, Bessenay, Beaucaire, Abbeville, Livourne, Mans, Marmande, Rambervilliers, St.-Pierre-sur-Dives et Toulouse. (4, Bull. 397, n°s 7355 à 7366.)

---

26 SEPTEMBRE 1811. — Décrets qui autorisent l'acceptation d'offres de découvrir au profit des pauvres et hospices de Vieux-Hervelé, Lovenjoul, Neer-Yssche, Lutzerath et Coblentz. (4, Bull. 397, n°s 7367 à 7369.)

---

26 SEPTEMBRE 1811. — Décrets qui établissent des foires à Borzonasca, Moconesi et Cerilly. (4, Bull. 397, n°s 7370 et 7371.)

---

30 SEPTEMBRE 1811. — Décret qui fixe le traitement et le rang des artistes vétérinaires dans les troupes à cheval. (4, Bull. 395, n° 7310.)

Voy. décret du 15 JANVIER 1813, titre IV.

Art. 1er. A dater du 1er janvier 1812, les artistes vétérinaires, dans les corps des troupes à cheval, jouiront d'un traitement de cent francs par mois.

En garnison, lorsqu'ils n'auront pas de logement en nature, ils recevront douze francs par mois, à titre d'indemnité.

2. Ils prendront rang à la suite des adjudans sous-officiers du régiment, sans néanmoins avoir d'assimilation avec un autre grade militaire. Notre ministre de la guerre déterminera l'uniforme qu'ils doivent porter.

3. Leur traitement de retraite, dans les cas prévus par les lois et réglemens militaires, leur sera payé à raison de six cents francs par an.

---

30 SEPTEMBRE 1811. — Décret contenant de nouvelles dispositions sur l'organisation judiciaire et l'administration de la justice, la publication et la mise en activité des lois françaises dans les provinces illyriennes. (4, Bull. 396, n° 7334.)

Voy. décret du 15 AVRIL 1811.

CHAPITRE Ier. Dispositions préliminaires.

Art. 1er. Toutes les autorités judiciaires actuellement établies en Illyrie, dans les provinces de la Carniole, la Carinthie, l'Istrie, la Croatie civile, la Dalmatie et la province de Raguse, sous quelques titres et dénominations qu'elles existent, sont et demeureront supprimées à compter du jour de l'installation de chaque cour d'appel de Laybach, Zara et Raguse.

A partir du même jour, la justice, dans les six provinces, sera rendue par les tribunaux institués par notre décret du 15 avril dernier.

2. La justice sera rendue gratuitement dans nos provinces illyriennes.

Tout fonctionnaire public de l'ordre judiciaire qui aurait agréé des offres ou promesses, ou reçu des dons ou présens, pour faire un acte de sa fonction ou de son emploi, même juste, mais non sujet à salaire, sera puni des peines portées par les articles 177 et 178 du Code pénal.

Les juges-de-paix ni aucun autre magistrat ne pourront aussi recevoir ni demander aucun salaire, sous prétexte du temps qu'ils auraient employé, ou du travail qu'ils auraient fait pour parvenir à concilier les parties, à quelque titre que ce soit, même de transaction ou d'arbitrage; le tout sous peine de restitution de la somme reçue, d'une amende double de ladite somme, et en outre, en cas de récidive, de destitution.

CHAPITRE II. De l'administration de la justice en Illyrie.

SECTION Ire. *Des justices de paix.*

3. En cas d'empêchement simultané d'un juge-de-paix et de ses suppléans, le tribunal de première instance dans l'arrondissement duquel est située la justice de paix renverra les parties devant le juge-de-paix du canton le plus voisin, sur la demande présentée au tribunal, ainsi qu'il est prescrit par la loi du 7 mai 1804.

4. Indépendamment du traitement fixé par notre décret du 15 avril, les juges-de-paix jouiront des droits d'actes et vacations qui sont alloués à ceux de France par nos décrets du 16 février 1807, et, en outre, d'un droit de vacation pour les inventaires dont la confection leur est confiée par ledit décret du 15 avril; lequel droit sera provisoirement réglé par un arrêté de notre gouverneur général, pris sur l'avis du commissaire général de justice, lequel sera transmis à notre grand-juge ministre de la justice.

5. Les greffiers des juges-de-paix, outre leur traitement fixe, percevront encore les émolumens qui leur sont attribués par la loi du 21 prairial an 7, et par nos décrets du 16 février 1807, ainsi que ceux qui seront déterminés pour le droit d'assistance à la confection des inventaires dont sont chargés les juges-de-paix.

SECTION II. Des tribunaux de première instance.

6. Les jugemens des tribunaux de première instance ne pourront être rendus que par le concours de trois juges, qui prononceront à la pluralité des voix.

7. Outre le traitement fixe dont jouiront les greffiers des tribunaux de première instance, ils percevront encore les droits qui leur sont attribués par les lois de l'empire.

SECTION III. Des tribunaux de commerce.

8. Les fonctions des juges des tribunaux de commerce sont gratuites.

9. Les jugemens des tribunaux de commerce ne pourront, comme ceux des tribunaux de première instance, être rendus par un nombre moindre de trois juges, qui prononceront également à la pluralité des voix.

10. Dans les arrondissemens où il n'y a pas de tribunaux de commerce, les tribunaux de première instance connaîtront, chacun dans l'étendue de son ressort, de toutes les matières de commerce, et ils les jugeront dans les mêmes formes que les tribunaux de commerce.

11. La disposition de l'article 7 du présent décret, concernant les greffiers des tribunaux de première instance, est applicable aux greffiers des tribunaux de commerce.

SECTION IV. Des cours d'appel.

12. Les arrêts des cours d'appel ne pourront être rendus que par le concours de cinq juges au moins, qui prononceront à la pluralité des voix.

13. Dans les causes où la valeur en litige ne sera pas déterminée par sa nature, le demandeur originaire, s'il est partie capable de transiger, pourra, en cause d'appel, pour fixer la compétence du petit conseil, en cas que l'arrêt à intervenir donne lieu à une demande en cassation, déclarer qu'il restreint sa demande à deux cent mille francs, ou autre somme inférieure, avec option au défendeur originaire de délaisser l'objet en nature; moyennant quoi, soit qu'il s'agisse d'une action mobilière ou immobilière, il ne pourra rien être adjugé au-delà.

14. Les greffiers des cours d'appel percevront aussi, outre leur traitement, les droits d'expédition et autres qui leur sont attribués par les lois françaises.

Au moyen de ces traitemens et droits d'expédition, les greffiers des justices de paix, des tribunaux de première instance, de commerce, et des cours d'appel, ne pourront rien prétendre pour dépenses de greffe et frais de commis.

SECTION V. Des huissiers.

15. Les huissiers n'ont aucun traitement fixe; il leur est seulement accordé le même salaire qu'à ceux de France, à raison des actes confiés à leur ministère.

SECTION VI. Des formes à observer dans l'instruction et le jugement des procès criminels.

16. Les cours prévôtales et les tribunaux ordinaires jugeant en matière criminelle observeront, dans la poursuite, l'instruction et le jugement des affaires, la procédure qui doit être observée devant les cours spéciales de France, d'après le Code d'instruction criminelle du 17 novembre 1808.

17. Ce Code sera d'ailleurs observé en Illyrie, en tout ce qu'il ne contient pas de contraire à notre décret du 15 avril dernier.

SECTION VII. Du recours en cassation.

18. Le recours en cassation, dans toutes les affaires dans lesquelles la valeur de l'objet en contestation excédera deux cent mille francs, ou dont la valeur ne sera pas déterminée par la nature de l'objet, ou par une déclaration conforme à celle dont il est parlé à l'article 13 du présent décret, sera porté à la Cour de cassation de l'empire.

19. Le petit conseil aura, pour les autres affaires, la même compétence et les mêmes attributions que notre Cour de cassation de l'empire, qu'il remplace à cet égard.

20. Le petit conseil connaîtra, en outre, des prises à partie qui, d'après le Code de procédure civile, doivent en France être portées devant la haute-cour impériale, conformément à l'article 101 de l'acte des constitutions de l'empire, du 28 floréal an 12.

21. Les formalités à observer dans l'exercice du recours en cassation, et les délais pour se pourvoir tant en matière civile qu'en matière criminelle, seront également les mêmes que ceux fixés par les lois de l'empire.

22. Néanmoins le délai fixé par les lois françaises pour se pourvoir en cassation dans les provinces où la loi autorise ce recours, ne commencera à courir que du jour où ces lois seront publiées en Illyrie, pour tous les jugemens antérieurs à leur publication, et postérieurs au traité du 14 octobre 1809, portant cession des provinces illyriennes, et à l'occupation de ces provinces en vertu de ce traité.

23. Les demandeurs en cassation seront tenus de consigner une amende égale à celle prescrite dans les divers cas par les lois françaises.

24. Si le commissaire général de justice apprend qu'il a été rendu en dernier ressort un jugement contraire aux lois, ou dans lequel il y a eu excès de pouvoir, contre lequel cependant aucune des parties n'a réclamé dans le délai légal, ou qu'il a été fait par une cour, un tribunal ou un juge dans l'exercice de ses fonctions, un acte qui est hors de leurs attributions, et dans lequel il y a eu excès de pouvoir, il en fera son rapport au petit conseil, qui cassera, s'il y a lieu, ce jugement ou cet acte, sans que les parties puissent se prévaloir de cette cassation, et seulement pour le maintien de la loi.

Les procureurs généraux des cours d'appel pourront, dans les mêmes circonstances, requérir la cassation des actes et jugemens contraires aux lois ou incompétemment faits et rendus par les juges-de-paix.

Chapitre III. Mesures concernant les archives et le mobilier des anciennes cours, tribunaux et justices supprimés.

25. Immédiatement après l'installation des nouvelles cours, tribunaux et justices de paix, les intendans et subdélégués apposeront les scellés sur les greffes, archives et autres dépôts des papiers et minutes des anciennes cours, tribunaux et justices supprimés.

26. Dans les lieux où les salles des anciennes juridictions seront destinées aux nouvelles, les registres, papiers et minutes, ainsi que les dépôts d'argent et autres de toute nature qui existeront dans lesdits greffes ou archives, seront déposés dans une salle particulière où les scellés seront apposés. Il en sera dressé, sans délai, un état ou inventaire, au pied duquel le greffier se chargera de ces objets.

27. Dans le mois de leur installation, ou plus tôt, si faire se peut, nos procureurs, de concert avec les intendans et subdélégués, feront remettre les registres, papiers et minutes des anciennes juridictions, dans les greffes auxquels ils devront appartenir d'après la nature des affaires que ces registres et papiers concernent, et autres de toute nature qui existeront dans les greffes et archives des anciennes cours, tribunaux et justices supprimés.

28. La remise des objets mentionnés dans l'article précédent sera faite par le bref état ou inventaire sommaire dressé contradictoirement avec les anciens dépositaires, qui recevront pour leur décharge un double de l'inventaire; un autre double restera dans les mains du nouveau dépositaire, et un troisième sera remis aux archives de l'intendance.

29. Les frais d'inventaire, de dépôt, de triage, de classement, d'emballage, de transport, et tous autres relatifs auxdits objets, seront acquittés par les préposés des domaines comme frais généraux de justice, sur mémoires détaillés, rendus exécutoires par les présidens de nos tribunaux de première instance, visés par nos procureurs et ordonnancés par le intendans.

30. Les sceaux des anciennes juridictions seront compris dans les inventaires ci-dessus prescrits; ils seront transmis aux greffes des cours d'appel, et y demeureront déposés sous la garde et responsabilité du greffier, jusqu'à ce que, sur le rapport que notre commissaire général de justice en fera à notre grand-juge, ministre de la justice, il en soit autrement ordonné.

31. Le mobilier des anciennes juridictions sera inventorié par les intendans et subdélégués, de concert avec nos procureurs. Les portions de ce mobilier qui pourront servir à l'usage des juridictions nouvellement établies seront mises à leur disposition : l'emploi du surplus sera ultérieurement déterminé.

Chapitre IV. De l'usage des langues italienne et allemande dans les actes et jugemens.

32. Les langues italienne et allemande pourront être employées concurremment avec la langue française dans les tribunaux et dans les actes publics et privés.

33. Ceux qui présenteront à l'enregistrement des actes, soit publics, soit sous seing privé, rédigés en langue italienne ou allemande, seront tenus d'y joindre, à leurs frais ou aux frais de leurs commettans, une traduction française desdits actes, certifiée par un traducteur juré.

34. De même, dans toutes les affaires portées devant le petit conseil et la Cour de cas-

sation de l'empire, les parties ou leurs avocats seront également tenus de joindre, à leurs frais ou à ceux de leurs commettans, une traduction française, certifiée par un traducteur juré, des actes et mémoires qu'ils produiront en langue italienne ou allemande.

CHAPITRE V. Publication des lois et décrets dans les provinces illyriennes.

35. Les lois et décrets impériaux qui seront rendus à compter du 1er janvier 1812, époque à laquelle, d'après l'article 250 de notre décret du 15 avril dernier, les lois françaises doivent être mises à exécution dans nos provinces illyriennes, deviendront obligatoires dans lesdites provinces, savoir: les lois, selon les règles établies par l'article 1er du Code civil; et nos décrets, aux époques déterminées par l'avis de notre Conseil-d'Etat du 12 prairial an 13, approuvé par nous le 25 du même mois.

36. A l'avenir, le Bulletin des Lois sera transmis dans nos provinces illyriennes de la même manière que dans les départemens de l'empire.

Il sera de plus envoyé un exemplaire de la collection générale des lois de l'empire à nos cours d'appel de Laybach, Zara et Raguse, et à chacun des tribunaux de première instance de leur ressort, ainsi qu'aux intendans et subdélégués des provinces.

CHAPITRE VI. Application des lois anciennes dans les provinces illyriennes.

SECTION Ire. *Des droits civils résultant des lois et conventions antérieures à la mise en activité des lois françaises.*

37. Les droits civils résultant des lois et usages en vigueur dans les provinces illyriennes, ainsi que ceux résultant des actes et conventions d'une date certaine, antérieure à la mise en activité du Code civil dans lesdites provinces, sont et demeurent assurés aux parties, même en ce qu'ils auraient de contraire aux dispositions dudit Code, et lors même que la jouissance de ces droits ne s'ouvrirait qu'après sa mise en activité, sauf les modifications portées aux articles suivans.

SECTION II. Des droits relatifs des époux et de leurs enfans.

38. Les droits des époux mariés avant la mise en activité du Code civil, encore que la dissolution du mariage n'arrive qu'après cette époque, seront réglés d'après les dispositions de leur contrat de mariage.

S'il n'y a pas de contrat de mariage, ils le seront conformément aux lois sous l'empire desquelles le mariage aura été célébré.

39. Si, dans les lieux où la communauté de tous les biens était établie et se continuait entre le survivant et ses enfans, et même ceux de son conjoint, cet époux survivant contractait un nouveau mariage, la communauté sera considérée comme dissoute au jour du nouveau contrat; et le partage en sera réglé d'après les anciennes lois entre toutes les parties intéressées.

La nouvelle communauté contractée par le survivant ne pourra être réglée, et sa succession partagée, que conformément aux dispositions du Code civil, et sans que les enfans de ce mariage qui voudront prendre part à ladite succession soient tenus de rapporter la portion qu'ils auraient eue dans la première communauté.

SECTION III. Des enfans naturels.

40. Lorsque l'état et les droits des enfans naturels n'auront pas été fixés, soit par des actes irrévocables ayant une date certaine, soit par des jugemens passés en force de chose jugée avant la mise en activité du Code civil, ils le seront conformément aux dispositions de ce Code.

SECTION IV. Des séparations de corps et du divorce.

41. Les demandes en séparation de corps et en divorce, faites antérieurement à la mise en activité du Code civil, continueront d'être instruites d'après les anciennes formes. Les séparations de corps et les divorces seront également prononcées, et auront leur effet conformément à la loi existante lors de la demande.

SECTION V. Des testamens et autres dispositions de dernière volonté.

42. Les testamens et autres actes de dernière volonté, d'une date certaine, antérieure à la mise en activité du Code civil, s'ils ont été faits dans les formes usitées dans le pays, seront valables quant à la forme, encore que le testateur ne décède qu'après la mise en activité dudit Code.

Dans ce dernier cas, ils ne vaudront, quant au fond, que jusqu'à concurrence des avantages autorisés par ce même Code.

43. Notre décret du 2 avril 1808, qui attribue aux juges-de-paix de la province de Dalmatie qui ne résident pas dans un lieu où se trouve un tribunal de première instance, les fonctions que l'article 1007 du Code civil donne aux présidens de ces tribunaux, aura son effet dans toutes nos provinces illyriennes.

SECTION VI. Des substitutions.

44. Les substitutions de la nature de celles qui sont prohibées par le Code civil cesseront d'avoir leur effet à compter du 1er janvier 1812.

Néanmoins les substitutions faites antérieurement à la mise en activité de ce Code tiendront au profit du premier appelé, né avant cette époque.

N'entendons déroger par cette dernière disposition à l'article 10 du traité de Vienne du 14 octobre 1809.

SECTION VII. De la preuve testimoniale.

45. Dans la partie des provinces illyriennes où la preuve testimoniale était admise, à quelque somme que s'élevât l'objet en litige, elle ne pourra être reçue, après la mise en activité du Code civil, à l'égard des conventions antérieures, que sous les deux conditions suivantes :

1° Si la convention se rattache à un acte d'une date certaine avant la mise en activité du Code civil, il est accordé deux ans pour se pourvoir en reconnaissance de ladite convention;

2° Si elle ne se rattache à aucun acte de cette nature, le délai pour se pourvoir est borné à six mois.

SECTION VIII. Des priviléges et hypothèques.

46. Les priviléges et hypothèques, de quelque nature qu'ils soient, acquis conformément aux lois qui étaient en vigueur dans nos provinces illyriennes avant la mise en activité du Code civil, conserveront les effets que leur assuraient ces lois, en se conformant néanmoins aux dispositions de notre décret du 8 novembre 1810, relatif au droit de privilége et hypothèque acquis dans les départemens des Bouches-du-Rhin et des Bouches-de-l'Escaut avant la mise en activité du Code civil dans ces départemens, lequel est déclaré commun à nos provinces illyriennes.

CHAPITRE VII. Dispositions diverses.

47. Les cours d'appel de Laybach, Zara et Raguse, et les tribunaux de leur ressort, appliqueront aux crimes et délits les peines prononcées par les lois qui leur étaient applicables au moment où ils ont été commis; néanmoins, si la nature de la peine prononcée par le nouveau Code pénal était moins forte que celle prononcée par lesdites lois, les peines du nouveau Code seront appliquées; dans le concours de deux peines afflictives temporaires, celle qui emporterait la marque sera toujours réputée la plus forte.

48. Tous recours autorisés par les lois de l'empire seront ouverts contre les arrêts et jugemens, tant en matière civile qu'en matière criminelle et de police correctionnelle, qui interviendront à compter de l'installation de nos cours et tribunaux, sauf ce qui a été dit dans notre décret du 15 avril à l'égard des cours prévôtales.

49. Les arrêts ou jugemens de condamnation dont l'exécution se trouverait suspendue, aux termes de l'art. 444 du Code pénal autrichien et autres lois du pays, jusqu'à la décision du souverain, seront déférés à notre grand-juge, ministre de la justice.

50. Notre grand-juge, ministre de la justice, est chargé de l'exécution du présent décret.

---

30 SEPTEMBRE 1811. — Décret qui ordonne le desséchement de marais et terrains marécageux situés sur la rivière de Souche et ses affluens, et dans la vallée des Barentons, département de l'Aisne. (4, Bull. 397, n° 7338.)

N...., sur le rapport de notre ministre de l'intérieur;

Vu les lois du 5 janvier 1791 et du 16 septembre 1807;

Vu les soumissions souscrites par le sieur Danès de Montardat, les 4 octobre 1808, 15 janvier et 24 avril 1810, par lesquelles il sollicite la concession du desséchement : 1° des marais situés sur la rivière de Souches et ses affluens, depuis Sissone jusqu'à Froidmont, de ceux situés dans la vallée dite *des Barentons*, depuis la forêt de Salmouci jusqu'à Barenton-sur-Serre, le tout département de l'Aisne, sous les clauses et conditions qui y sont énoncées, notamment d'obtenir, à titre d'indemnité, les quatre cinquièmes de la plus-value pour les marais proprement dits, et les trois cinquièmes de la plus-value des prés, bois et autres propriétés qui profiteront du desséchement, se soumettant à exécuter ledit desséchement dans l'espace de temps et d'après toutes les autres conditions ou modifications qui lui seront prescrits;

Vu la soumission du sieur Deplace, l'un des entrepreneurs, qui a exécuté les travaux d'art du canal de Saint-Quentin, par laquelle il s'oblige solidairement avec le sieur Danès à opérer ledit desséchement aux conditions susdites;

Vu les plans, projets de travaux et devis estimatifs dressés par l'ingénieur du soumissionnaire; ensemble le rapport donné sur lesdits plans, projet et devis, par l'inspecteur divisionnaire des ponts-et-chaussées, le 3 avril 1810;

Vu enfin l'avis donné par le préfet du département de l'Aisne, dans une lettre du 27 octobre 1808, et dans un mémoire adressé à notre ministre de l'intérieur le 2 avril 1810;

Notre Conseil-d'Etat entendu,

Nous avons décrété et décrétons ce qui suit :

Art. 1er. Les marais et terrains marécageux situés sur la rivière de Souche et ses affluens, depuis le pont de Sissone jusqu'à Froidmont, et ceux situés dans la vallée des Barentons, depuis la forêt de Salmouci au-delà de l'étang de la Pêcherie jusqu'au pont de Barenton-sur-Serre, département de l'Aisne, seront desséchés.

2. La concession de l'entreprise de ces desséchemens est faite au sieur Danès de Montardat et au sieur Deplace, leurs héritiers ou ayans-cause, à la charge de l'exécution, à leurs frais, dans l'espace de six ans à compter de la notification du présent décret, sans préjudice de la réserve portée en l'art. 19 ci-après, et à la charge de se conformer aux dispositions suivantes.

3. Avant de commencer le desséchement, les concessionnaires seront tenus de faire reconnaître, par l'ingénieur en chef des ponts-et-chaussées du département, et approuver par le conseil général des ponts-et-chaussées, leurs plans, travaux et devis, et d'y joindre tous nivellemens, sondes et autres opérations qui seront jugés nécessaires.

Cette reconnaissance, et autres travaux préliminaires, s'il en est besoin, seront terminés dans le délai de six mois, à compter aussi de la notification du présent décret.

4. Les terrains des marais à dessécher seront divisés en classes, et le périmètre de chaque classe sera tracé sur le plan cadastral. Les plans, ainsi préparés, seront publiés et communiqués à tous ceux qui prétendraient avoir des réclamations à former sur l'étendue donnée aux limites du desséchement, ou sur le classement des terres; il sera ensuite procédé à l'estimation de chaque classe, eu égard à la valeur actuelle des terrains, par des experts nommés respectivement par les concessionnaires et par les syndics des propriétaires intéressés; enfin le procès-verbal de cette estimation sera publié et homologué, le tout conformément au titre II de la loi du 16 septembre 1807.

5. Pour la nomination des experts, il sera formé un seul syndicat de neuf membres pour les vallées de la Souche et de ses affluens, lesquels seront choisis, par le préfet, parmi les propriétaires les plus imposés à raison des terrains à dessécher.

Il sera formé, de la même manière, un syndicat particulier pour la vallée des Barentons, lequel sera composé de cinq membres.

6. Une seule et même commission spéciale sera établie conformément au titre X de la loi du 16 septembre 1807, pour les marais de la Souche et de ses affluens, et pour les marais des Barentons, à l'effet d'exercer les différentes attributions déterminées par l'article 46 de cette loi.

7. Les moulins et autres usines dont l'existence serait reconnue incompatible avec le plan du desséchement, ou devoir y préjudicier, seront supprimés ou modifiés : la nécessité de ces suppressions ou modifications sera constatée par l'ingénieur en chef des ponts-et-chaussées.

Les résultats de cette vérification seront mis sous nos yeux, et nous statuerons, par un nouveau décret, sur les suppressions ou modifications desdites usines, selon qu'il y aura lieu, et toujours à la charge par le concessionnaire d'en payer préalablement le prix d'estimation.

8. Les travaux de desséchement seront commencés dans l'année, et exécutés sous la direction et surveillance de l'ingénieur en chef du département.

Ils ne pourront être suspendus pour cause de contestations entre les concessionnaires et les prétendans-droit à la propriété des marais, lesquelles seront jugées par les tribunaux.

9. Les concessionnaires sont autorisés à acquérir, au prix de la première estimation, tous les terrains nécessaires, soit pour l'ouverture des fossés et rigoles de desséchement, soit pour l'élargissement ou le redressement des canaux actuellement existans, et pour le nouveau lit des rivières et ruisseaux dans les parties où leur cours devra être changé.

Ils feront construire ou reconstruire, à leurs frais, sur lesdits canaux, le nombre de ponts qui sera jugé nécessaire pour la communication et la culture des terrains.

10. Les anciens canaux supprimés appartiendront, à titre d'indemnité, aux concessionnaires; mais les propriétaires riverains pourront se prévaloir de leur emplacement, chacun pour une moitié, dans la longueur de leurs propriétés contiguës, à la charge d'en payer la valeur aux concessionnaires, à dire d'experts.

11. Les experts nommés en vertu de l'article 4 du présent décret, conjointement avec deux syndics, et avec l'assistance du maire de chaque commune, détermineront l'emparquement des portions de marais que les concessionnaires seront tenus de laisser aux communes pour le pacage de leur bestiaux, annuellement, et proportionnellement au nombre des troupeaux.

Les fossés de limite de ces embarquemens seront faits aux frais des concessionnaires.

12. L'extraction de la tourbe, à l'égard des communes ou des propriétaires qui ont le droit d'en extraire dans les marais, sera dirigé de manière à ne pas préjudicier aux travaux de desséchement, et de manière que les eaux aient toujours leur écoulement, sans préjudicier à l'exécution de l'art. 84 de la loi du 21 avril 1810, concernant les mines, minières et carrières.

13. Les parties de marais dont le desséchement n'aurait pas été opéré ne donneront lieu à aucune répétition de la part des concessionnaires.

Si, pendant le cours de l'entreprise, les travaux étaient abandonnés par vice d'exécution, défaut de moyens ou autres causes provenant du fait des concessionnaires, ils seront déchus de leur concession : si le Gouvernement juge convenable de continuer ou faire continuer les travaux, il pourra les faire faire ou les concéder, sauf le remboursement du montant de ceux qui seront reconnus utilement faits.

14. Si quelques portions de terrain se trouvent sensiblement améliorées au bout de trois ans après le commencement des travaux, il sera accordé aux concessionnaires, conformément à l'article 16 de la loi du 16 septembre 1807, une portion en deniers du produit des fonds qui auront les premiers profité des travaux.

Cette portion sera fixée annuellement par la commission, sur l'excédant du revenu primitif, et suivant les circonstances.

15. Après que les travaux auront été terminés, il sera procédé à l'estimation de la nouvelle valeur des terrains qui auront profité du desséchement, eu égard à l'espèce de culture et de produits dont ils seront susceptibles : cette nouvelle estimation sera comparée avec celle antérieure au desséchement, et leur différence formera la plus-value.

16. Les concessionnaires obtiendront pour indemnité de leurs dépenses, savoir, les quatre cinquièmes de la plus-value relative aux marais de la Souche, et les deux tiers de celle des marais des Barentons.

Cette quotité de plus-value pourra leur être payée par les propriétaires intéressés, et d'après le mode indiqué aux articles 21 et 22 de la loi du 16 septembre 1807.

17. L'inspecteur des ponts-et-chaussées de la première division rendra compte annuellement des progrès des ouvrages; et lorsqu'ils seront terminés, la réception en sera faite par les commissaires ou ingénieurs qui seront désignés par notre ministre de l'intérieur.

18. Les terrains desséchés jouiront de l'exemption de la contribution foncière, telle qu'elle est déterminée par les lois.

19. La présente concession n'aura d'effet, en ce qui concerne les marais des Barentons, qu'après que les propriétaires intéressés en auront été avertis, et faute par eux de s'entendre pour demander la préférence, en se soumettant à exécuter le desséchement dans le même délai et sous les mêmes conditions, et, en outre, à la charge de rembourser aux concessionnaires le montant des travaux préliminaires par eux légitimement faits.

20. A cet effet, il sera apposé dans les communes de la situation des marais des Barentons des affiches par lesquelles les parties intéressées seront averties qu'ampliation de notre présent décret a été déposée, avec les plans et projet de travaux de desséchement, au secrétariat de la préfecture, où elles pourront en prendre connaissance et faire leur soumission, le tout dans le délai préfix de trois mois, passé lequel lesdits intéressés seront déchus de cette faculté, et la concession présentement faite au sieur Danès et Deplace demeurera pure et simple.

21. Les concessionnaires donneront, pour garantie de l'entière et bonne exécution des travaux, un cautionnement, en terre ou deniers, de cent mille francs, savoir : soixante mille francs pour les marais de Souche, et quarante mille francs pour ceux des Barentons. Ce cautionnement sera discuté et reçu par le préfet du département : il demeurera affecté aux droits et recours de toutes parties intéressées, jusqu'après l'année révolue de la réception des travaux.

Pour l'exécution du présent article, les concessionnaires pourront transporter au Gouvernement tout cautionnement qu'ils auront reçu de leurs entrepreneurs ou de tous autres avec qui ils auront traité.

22. Les concessionnaires ne pourront aliéner aucun des terrains ou droits qui leur appartiendront par suite de l'exécution du desséchement, qu'à la charge du privilége du Gouvernement et des intéressés pour l'accomplissement des obligations des concessionnaires.

23. Notre ministre de l'intérieur est chargé de l'exécution du présent décret.

---

30 SEPTEMBRE 1811. — Décret portant réduction du nombre des membres de la chambre des notaires de Kayserslautern. (4, Bull. 395, n° 7309.)

---

30 SEPTEMBRE 1811. — Décret contenant brevet d'institution publique des sœurs de la Providence de Lisieux, et approbation de leurs statuts. (4, Bull. 397, n° 7341.)

---

30 SEPTEMBRE 1811. — Décrets qui autorisent l'acceptation de legs faits aux pauvres et hospices de Dijon et de Fécamp. (4, Bull. 397, n°s 7372 et 7373.)

---

3 OCTOBRE 1811. — Avis du Conseil-d'Etat portant qu'il n'y a pas lieu d'approuver l'établissement d'un droit de cri public dans la commune de Rosoy-sur-Serre, département de l'Aisne. (4, Bull. 395, n° 7311.)

Le Conseil-d'Etat, qui, d'après le renvoi ordonné par sa majesté, a entendu le rapport de la section de l'intérieur sur celui du ministre de ce département, tendant à établir dans la commune de Rosoy-sur-Serre, département de l'Aisne, un droit de cri public;

Vu le tarif dudit droit, qui établit une taxe à percevoir sur les affiches de vente de meubles et immeubles, sur les annonces de location et d'objets de curiosité publique, sur celles d'effets perdus et sur les adjudications des ventes publiques,

Est d'avis,

Qu'il n'y a pas lieu d'approuver l'établissement du droit dont il s'agit, dans la commune de Rosoy-sur-Serre, département de l'Aisne.

---

3 OCTOBRE 1811. — Décret qui fixe l'indemnité des chefs d'escadron de gendarmerie, pour les tournées qu'ils sont tenus de faire chaque trimestre. (4, Bull. 395, n° 7312.)

Art. 1er. A dater du 1er janvier 1812, les chefs d'escadron de gendarmerie recevront, à titre d'indemnité, pour les tournées auxquelles ils sont assujétis chaque trimestre, savoir :

Cent francs par département et par arrondissement maritime, autre que celui de leur résidence, pour la tournée du mois d'avril;

Et cinquante francs, également par département et par arrondissement maritime, y compris celui de leur résidence, pour les tournées des mois de janvier, juillet et octobre.

2. Nos ministres de la guerre et du Trésor impérial sont chargés de l'exécution du présent décret.

---

3 OCTOBRE 1811. — Décret portant rejet d'une requête à fin de révision d'un décret impérial rendu en matière contentieuse, contradictoirement avec le requérant. (4, Bull. 396, n° 7335.)

N..... sur le rapport de notre commission du contentieux;

Vu la requête du sieur Geoffroy Schmitz, du 2 décembre 1808, et celle du 9 novembre 1810, par laquelle le requérant nous demande la révision de notre décret du 31 mai 1807, confirmatif d'un arrêté de conseil de préfecture du département de Rhin-et-Moselle, lequel a déclaré qu'une certaine portion de bois et broussailles ne faisait point partie de l'adjudication des biens de la commanderie de Muffendorff, dont ledit Geoffroy Schmitz s'est rendu acquéreur;

Considérant que le décret du 31 mai 1807 a été rendu contradictoirement avec le sieur Schmitz;

Que la demande en révision qu'il a présentée n'est pas recevable, aux termes de l'article 32 du décret du 22 juillet 1806;

Qu'elle ne pourrait l'être, suivant cet article, qu'autant que le susdit décret aurait été rendu sur pièces fausses, ou par le défaut de représentation d'une pièce décisive retenue par l'adversaire du demandeur, ce qui n'est pas même allégué dans l'espèce actuelle;

Qu'une semblable demande tend à renouveler l'exercice de l'action anciennement connue sous le nom de *proposition d'erreur*, action proscrite par l'art. 42 du titre V de l'ordonnance de 1667, par le Code de procédure civile, et par les réglemens en matière contentieuse devant le Conseil-d'Etat;

Que les seuls cas où la loi ait autorisé la révision d'un procès sont ceux que les articles 443 et 444 du Code d'instruction criminelle ont spécialement prévus, et que cette loi d'exception et de faveur, introduite en matière criminelle seulement, ne saurait, sans de graves inconvéniens, être étendue aux affaires civiles;

Notre Conseil-d'Etat entendu,

Nous avons décrété et décrétons ce qui suit :

Art. 1er. Le sieur Geoffroy Schmitz est déclaré non-recevable dans sa demande, et sa requête est rejetée.

2. Défenses sont faites aux avocats près notre Conseil-d'Etat de signer à l'avenir de semblables requêtes, sous les peines portées par les réglemens.

3. Notre grand-juge, ministre de la justice, et notre ministre des finances, sont chargés de l'exécution du présent décret.

---

3 OCTOBRE 1811. — Décret qui ordonne, pour causes y énoncées, la perception d'un droit de vingt-cinq francs, sur chaque prestation de serment des avocats qui seront reçus à la cour impériale de Paris. (4, Bull. 396, n° 7336.)

Voy. décret du 7 AOUT 1812.

Art. 1er. A compter de la publication de notre présent décret, il sera perçu un droit de vingt-cinq francs sur chaque prestation de serment des avocats qui seront reçus à notre cour impériale de Paris.

2. Le produit de ce droit sera spécialement affecté :

1° Aux dépenses de la bibliothèque des avocats, et du bureau de consultation gratuite;

2° Aux secours que l'ordre des avocats jugera convenable d'accorder à d'anciens confrères qui seraient dans le besoin, ainsi qu'à leurs veuves ou orphelins.

3. La perception ci-dessus ordonnée sera faite par le greffier en chef de notre cour impériale, qui en remettra le produit au trésorier de l'ordre des avocats.

4. Notre grand-juge, ministre de la justice, est chargé de l'exécution du présent décret.

---

3 OCTOBRE 1811. — Décret qui prohibe l'entrée du fil de laiton poli. (4, Bull. 396, n° 7337.)

Art. 1er. A compter du jour de la publication du présent décret, l'entrée du fil de laiton poli dans l'empire est prohibée.

Le droit de vingt-quatre francs par quintal métrique sur le fil de laiton noir est maintenu.

2. Nos ministres de l'intérieur et des finances sont chargés de l'exécution du présent décret.

---

3 OCTOBRE 1811. — Décrets qui autorisent l'acceptation d'offres de révéler, au profit de l'église cathédrale de Liége, du séminaire diocésain de la même ville et de celui de Namur, des biens et rentes célés à la régie du domaine. (4, Bull. 398, nos 7381 et 7382.)

---

3 OCTOBRE 1811. — Décrets qui autorisent l'acceptation de dons et legs faits aux pauvres et hospices de Castel-Saint-Pietro, Corio, Paulmery, St.-Pierre-Monterozzo, Digne, Comps, Mantes, Moncalvo, Paris et Obernay. (4, Bull. 398, nos 7383 à 7390, et Bull. 399, nos 7395 à 7397.)

---

4 OCTOBRE 1811. — Avis du Conseil-d'Etat. (Vols.) *Voy.* 10 OCTOBRE 1811.

---

8 OCTOBRE 1811. — Décret relatif à la tenue et à l'établissement des foires de Neuenhoven et de Phalzdorff. (4, Bull. 399, nos 7398 et 7399.)

---

8 OCTOBRE 1811. — Décret qui autorise l'acceptation d'une donation faite par la demoiselle Ecard à l'hospice de Gondrecourt. (4, Bull. 399, n° 7400.)

---

8 OCTOBRE 1811. — Décrets qui autorisent l'acceptation d'offres de révéler, au profit des églises de Saint-Barthélemy et de Sainte-Foi de Liége, de celle de Warème, et de la fabrique de Schuersheim, des biens et rentes célés à la régie du domaine. (4, Bull. 399, nos 7401 et 7402.)

---

8 OCTOBRE 1811. — Décrets qui autorisent les trésoriers des fabriques des églises d'Herinnes, Rebecq, Gatteville, Bael et Esschem, à se mettre en possession de biens célés à la régie du domaine. (4, Bull. 399, nos 7403 à 7405.)

---

10 OCTOBRE 1811. — Décret relatif au paiement des arrérages de la dette publique en Hollande. (4, Bull. 394, n° 7295.)

Art. 1er. Pour tous les effets de la dette publique hollandaise, dont l'inscription au grand-livre de Hollande n'aura pas été faite au 22 septembre 1811, notre conseiller d'Etat, intendant général des finances et du Trésor impérial en Hollande, fera remettre à chaque créancier, à commencer de ladite époque, par les receveurs généraux actuellement chargés de l'émission de certificats des arrérages de la dette publique, un certificat des rentes dues pour le semestre échu le 22 septembre 1811, pareil à celui qui aura été émis pour le semestre du 22 mars, et conformément aux dispositions contenues dans les art. 2 et 3 de notre décret du 6 février 1811.

2. Pour les arrérages de la dette hollandaise dus aux habitans de la Zélande, du Brabant et du quartier de Nimègue, dont nous avons ordonné le paiement par notre décret du 23 février 1811, et pour les emprunts faits sur les domaines en Hollande qui ont été déclarés faire partie de la dette publique hollandaise, par notre décret du 20 août 1811, seront également émis des certificats des rentes dues pour le semestre échu le 22 septembre 1811, et ce par les anciens comptables chargés du paiement de ces dettes, et sous la surveillance de notre conseiller d'Etat intendant général des finances et du Trésor impérial en Hollande.

3. Les effets désignés par l'article 3 de notre décret en date du 20 août dernier, comme faisant partie de la dette publique de Hollande, sont assimilés, par rapport au paiement des rentes arriérées, à ce qui est statué à cet égard par le décret du 23 septembre 1810. Le paiement des rentes desdits effets échus le 22 septembre 1811 se fera de la manière qu'il a été prescrit par les articles précédens.

4. Le maître des requêtes, directeur du grand-livre de la dette publique de Hollande, fera délivrer des certificats pareils, à chaque porteur d'inscription, à ladite époque du 22 *septembre*.

5. Le paiement des certificats émis pour le semestre du 22 septembre se fera de suite en numéraire par le payeur des dépenses diverses à Amsterdam, et sous les précautions ordonnées par l'article 6 de notre susdit décret du 6 février 1811.

6. Le maître des requêtes, directeur de la caisse centrale à Amsterdam, fera effectuer le paiement dont le payeur des dépenses diverses à Amsterdam est chargé, sur les listes hebdomadaires des certificats émis, qui lui seront transmises en conformité de l'article 7 de notre susdit décret.

7. Il sera accordé aux receveurs généraux chargés du paiement des rentes à la charge de la Hollande, une indemnité des frais occasionés par l'émission des certificats pour le paiement du semestre échu le 22 septembre 1811.

Il est mis pour cet objet, à la disposition de notre conseiller d'Etat intendant général des finances et du Trésor impérial en Hollande, une somme de trente-sept mille francs, à prendre sur les fonds qui seront accordés pour la liquidation de l'ancienne administration hollandaise en 1812.

La répartition de cette somme sera soumise à l'approbation de notre ministre des finances.

8. Nos ministres du Trésor impérial et des finances sont chargés de l'exécution du présent décret.

---

10 OCTOBRE 1811. — Avis du Conseil-d'Etat qui décide que la peine de réclusion, portée par l'article 386 du Code pénal, contre les vols commis dans une auberge ou hôtellerie, est applicable aux vols commis dans une maison ou hôtel garni. (4, Bull. 398, n° 7374.)

Le Conseil-d'Etat, qui, d'après le renvoi ordonné par sa majesté, a entendu le rapport de la section de législation sur celui du grand-juge, ministre de la justice, ayant pour objet de faire décider si la peine de réclusion, prononcée par l'article 386 du Code pénal, à raison des vols commis dans les auberges ou hôtelleries, est également applicable à ceux commis dans les maisons ou hôtels garnis;

Vu, 1° les arrêts des cours impériales de Paris, d'Orléans et d'Amiens, lesquels ont successivement, et sur les mêmes motifs, renvoyé devant la police correctionnelle la nommée Bornand, femme Colin, prévenue d'avoir commis un vol dans une maison garnie où elle était logée;

2° Deux arrêts de la Cour de cassation, le premier, du 4 avril, qui casse celui de la cour impériale de Paris; le second, du 27 juin dernier, rendu en sections réunies sous la présidence du grand-juge, ministre de la justice, lequel casse également celui de la cour impériale d'Orléans;

3° Le référé par lequel la même Cour de cassation, aux termes de l'art. 5 de la loi du 16 septembre 1807, se pourvoit en interprétation dudit art. 386 du Code pénal;

Considérant que les motifs qui ont dicté la peine portée contre les vols commis dans une auberge ou hôtellerie s'appliquent évidemment aux vols commis dans une maison ou hôtel garni; qu'il résulte d'ailleurs des articles 73, 154 et 475 du Code pénal, que le législateur a employé indistinctement, tantôt les expressions d'aubergistes et hôteliers, comme dans le premier de ces articles, tantôt celles de logeurs et aubergistes, comme dans le second, tantôt celles d'aubergistes, hôteliers, logeurs ou loueurs de maisons garnies, comme dans le troisième, pour assujétir les personnes désignées sous ces différentes dénominations aux mêmes obligations et à la même responsabilité; qu'ainsi, si les mots de maison ou hôtel garni ne se trouvent pas littéralement répétés dans l'article 386, on ne peut douter qu'ils n'y soient implicitement compris sous les expressions génériques d'auberge ou hôtellerie,

Est d'avis,

Que la peine de réclusion, portée par l'article 386 du Code pénal contre les vols commis dans une auberge ou hôtellerie, est applicable aux vols commis dans une maison ou hôtel garni.

---

10 OCTOBRE 1811. — Décret contenant rectification de limites entre les départemens de Saône-et-Loire et de l'Ain. (4, Bull. 398, n° 7375.)

N..... sur le rapport du ministre de l'intérieur;

Vu la loi du 4 mars 1790, celle du 24 germinal an 6, l'arrêté du Directoire exécutif du 29 nivose an 7, notre arrêté du 14 fructidor an 11;

Vu les procès-verbaux de circonscription des départemens de Saône-et-Loire et de l'Ain, des 6 et 15 février 1790;

Notre Conseil-d'Etat entendu,

Nous avons décrété et décrétons ce qui suit:

Art. 1er. Les départemens de Saône-et-Loire et de l'Ain sont délimités par le milieu du lit de la Saône.

2. En conséquence, les parties de terrains situés sur la rive gauche de la Saône, contestées par les communes d'Ucchisy et d'Arbigny, attenant à la commune d'Arbigny, département de l'Ain, feront partie du territoire de la commune d'Arbigny, et seront administrées par elle.

3. La commune d'Ucchisy sera dégrevée de la portion de contribution à laquelle était assujétie la partie de son territoire qu'elle perd; et le montant dudit dégrèvement sera reporté sur le contingent de la commune d'Arbigny.

4. Chacune des deux communes conservera la propriété de ses biens communaux, et les droits de parcours, vaine pâture et autres dont elle jouissait précédemment sur les terrains contentieux.

5. L'arrêté du Gouvernement du 18 brumaire an 12 est rapporté.

6. Notre grand-juge, ministre de la justice, et notre ministre de l'intérieur et des finances, sont chargés de l'exécution du présent décret.

---

10 OCTOBRE 1811. — Décret qui attribue à la cour impériale de La Haye la connaissance des saisies faites en Hollande, et des captures faites par des corsaires et autres bâtimens armés. (4, Bull. 394, n° 7294.)

---

10 OCTOBRE 1811. — Décret qui approuve l'institution et les statuts de la maison de refuge établie à Saint-Brieuc, département des Côtes-du-Nord. (4, Bull. 397, n° 7339.)

---

10 OCTOBRE 1811. — Décret qui permet aux sieurs Delobel de maintenir en activité, pen-

dant trente ans, la verrerie située à Ghlin, arrondissement de Mons. (4, Bull. 399, n° 7407.)

---

10 OCTOBRE 1811. — Décrets qui autorisent l'acceptation de dons et legs faits aux pauvres et hospices de Marcigny, Salies, Cassaigne, Corcelles, Gumières, Lovendeghem, Munster et Seclin. (4, Bull. 399, n° 7406, et Bull. 400, n°s 7415 à 7421.)

---

10 OCTOBRE 1811. — Décret qui permet au sieur Gérard Fallon d'établir à perpétuité, sur le ruisseau de Molignée ou de Moulin, commune de Haut-le-Wastia, arrondissement de Dinant, deux laminoirs destinés à la fabrication des tôles de différentes espèces, et principalement des semelles qui doivent servir à la formation du fer-blanc. (4, Bull. 400, n° 7414.)

---

11 OCTOBRE 1811. — Avis du Conseil-d'Etat. (Echange.) *Voy.* 19 OCTOBRE 1811.

---

14 OCTOBRE 1811. — Décret relatif à la recherche et à la punition des déserteurs. (4, Bull. 398, n° 7376.)

Voy. décrets du 19 VENDÉMIAIRE an 12, du 23 NOVEMBRE 1811.

Art. 1er. Il ne sera plus rendu de jugemens par contumace pour le délit de désertion; mais tout chef de corps ou de détachement devra, sous peine de dix jours d'arrêt, et de plus forte peine, s'il y a lieu, signaler le déserteur, dans les vingt-quatre heures de son absence, au directeur général des revues et de la conscription militaire, et au premier inspecteur général de la gendarmerie, pour qu'il soit recherché et arrêté.

2. Tout sous-officier ou soldat qui aurait été conduit comme déserteur ou réfractaire à l'un de nos régimens de Walcheren, de la Méditerranée, de l'île de Ré ou de Belle-Ile, ou à l'un des dépôts généraux de réfractaires, qui en déserterait ou qui abandonnerait son détachement pendant la route, en se rendant de ce dépôt au régiment ou au corps auquel il serait destiné, et pendant les six premiers mois de l'année, sera puni des peines suivantes.

3. Si, d'après l'arrêté du 19 vendémiaire an 12, et les autres lois ou décrets répressifs de la désertion, il a encouru la peine des travaux publics, il sera condamné à dix ans de boulet; et s'il a encouru la peine du boulet, il sera condamné à dix ans de double boulet.

4. Les ministres de la guerre, de la police et de la justice, sont chargés de l'exécution du présent décret.

---

14 OCTOBRE 1811. — Décret qui règle les attributions respectives du conseil du sceau des titres, et de l'intendant général du domaine extraordinaire, relativement aux dotations créées sur ledit domaine. (4, Bull. 398, n° 7377.)

Voy. décrets du 1er MARS 1808, art. 11; sénatus-consulte du 30 JANVIER 1810, tit. II; décrets du 24 MARS 1815, du 3 JANVIER 1812, du 24 AOUT 1812: ordonnance du 15 JUILLET 1814. *Voy.* les ordonnances indiquées sur cette dernière.

Art. 1er. Notre conseil du sceau des titres est maintenu dans toutes les attributions que lui accordent nos statuts et décrets relativement aux majorats fondés avec notre permission par des particuliers.

2. A l'égard de la création et de l'investiture des dotations créés par nous sur notre domaine extraordinaire, il sera procédé ainsi qu'il est dit article 28 du sénatus-consulte du 30 janvier 1810.

3. Les demandes relatives aux ventes, échanges et remplois provisoires et définitifs des biens composant lesdites dotations, seront adressées à notre intendant, pour y être procédé, et statué ainsi qu'il est prescrit par notre décret du 13 février 1811.

4. En cas de décès du titulaire, nous entendons que l'héritier appelé à recueillir le majorat ou la dotation, soit, aux termes de l'article 724 de notre Code civil, saisi de plein droit des biens qui le composent, ainsi que des droits et actions du défunt sur ses biens, et qu'en conséquence il puisse s'en mettre immédiatement en possession.

5. Tout prétendant à recueillir un majorat ou dotation créé sur notre domaine extraordinaire, sera néanmoins tenu, dans les six mois du décès du titulaire, de présenter à l'intendance de notre domaine extraordinaire sa demande d'être reconnu pour ayant-droit de recueillir ledit majorat ou dotation, et de présenter les pièces justificatives de sa demande.

6. Si d'après l'examen de la demande et des pièces, le droit du demandeur est reconnu, elle sera renvoyée au conseil du sceau, avec l'avis de l'intendant, pour y être procédé conformément à l'article 14 de notre décret du 4 mai 1809.

7. S'il s'élève des contestations sur l'état et la qualité de l'héritier, soit de la part de notre intendant, soit de la part de tout autre prétendant-droit, nous voulons qu'elles soient portées devant nos cours et tribunaux.

8. Lorsque la pension réclamée par la veuve, aux termes des articles 48 et 49 de notre décret du premier mars 1808, doit être supportée soit par l'héritier titulaire d'un majorat sur demande, soit, en cas d'extinction ou de transfert dudit majorat, par ceux qui recueilleront les biens qui le composent, s'il s'élève des débats entre eux, nous voulons également que ces débats soient soumis à nos cours et tribunaux.

9. Il en sera de même tant que la pension réclamée sera à la charge de l'héritier appelé à recueillir un majorat ou une dotation créée sur notre domaine extraordinaire.

10. La surveillance sur les dotations appartient à l'intendant de notre domaine extraordinaire. En cas d'extinction et de retour à notre domaine desdites dotations, nous voulons qu'il se mette en possession des biens qui les composent, et que, dans ce cas, la pension des veuves ne puisse être fixée que par une décision de notre part, prise sur le rapport de notredit intendant, auquel les demandes à cet effet devront être adressées.

11. Nos ministres, notre conseil du sceau des titres et notre intendant sont chargés de l'exécution du présent décret.

---

14 OCTOBRE 1811. — Décret qui autorise la direction générale de l'imprimerie et de la librairie à publier un journal d'annonces de toutes les éditions d'ouvrages imprimés ou gravés. (4, Bull. 404, n° 7459.)

Art. 1er. La direction générale de l'imprimerie et de la librairie est autorisée à publier, à dater du 1er novembre prochain, un journal dans lequel seront annoncées toutes les éditions d'ouvrages imprimés ou gravés qui seront faites à l'avenir, avec le nom des éditeurs et des auteurs, si ces derniers sont connus, le nombre d'exemplaires de chaque édition et le prix de l'ouvrage.

Elle y fera aussi insérer, avant la publication des ouvrages, les déclarations qui auront été faites par les libraires, pour la réimpression des livres du domaine public.

2. Les fonds provenant des abonnemens au journal de la librairie seront affectés aux dépenses de la direction générale.

3. Conformément aux dispositions de l'article 12 de l'arrêt du Conseil du 16 avril 1785, il est défendu à tous auteurs et éditeurs, directeurs et rédacteurs des gazettes, journaux, affiches, feuilles périodiques, et autres papiers publics, tant à Paris que dans les départemens, même de ceux étrangers dont la distribution est permise dans l'empire, d'annoncer, sous quelque prétexte que ce puisse être, aucun ouvrage imprimé ou gravé, national ou étranger, si ce n'est après qu'il aura été annoncé par le journal de la librairie, en se conformant, pour le prix de l'ouvrage, à celui qui aura été indiqué dans ce journal, à peine de 200 francs d'amende pour la première contravention; et d'amende arbitraire ainsi que de déchéance de leurs permissions en cas de récidive, même de telle autre peine qu'il appartiendra, s'il s'agissait d'ouvrages non permis ou prohibés.

4. Notre ministre de l'intérieur est chargé de l'exécution du présent décret.

---

14 OCTOBRE 1811. — Décret qui fixe le contingent de chacun des cantons des arrondissemens de Cherbourg et de Valognes, pour compléter le nombre des membres qu'ils doivent avoir dans le collége électoral d'arrondissement à l'époque de la prochaine session. (4, Bull. 399, n° 7391.)

---

14 OCTOBRE 1811. — Décrets qui établissent des foires à Dronero et à Porentruy. (4, Bull. 400, nos 7422 et 7423.)

---

14 OCTOBRE 1811. — Décrets qui autorisent l'acceptation des offres faites par les sieurs Gérard Ange de Raet, Bremmer, Marchot, Huart et Jooghe, de découvrir, au profit des pauvres d'Anvers, de l'hospice civil d'Aix-la-Chapelle, de l'hospice de Charleroi, des orphelins de la Légion-d'Honneur, de l'hospice des Quinze-Vingts et des établissemens de bienfaisance et d'instruction publique du département de la Charente-Inférieure, divers biens et rentes celés à la régie du domaine. (4, Bull. 400, n° 7424.)

---

14 OCTOBRE 1811. — Décret qui autorise l'acceptation d'un legs fait par la demoiselle Gex, aux pauvres honteux de la paroisse Saint-Etienne de Toulouse. (4, Bull. 400, n° 7425.)

---

18 OCTOBRE 1811. — Décret portant création de l'ordre impérial de la Réunion. (4, Bull. 415, n° 7606.)

Voy. décrets du 9 MARS 1812, du 12 MARS 1813; ordonnance du 28 JUILLET 1815.

N..... sur le compte qui nous a été rendu de l'institution créée dans nos départemens de la Hollande, sous la dénomination de l'*Ordre royal de l'Union*, nous avons reconnu que cet ordre était virtuellement éteint par l'effet des changemens intervenus dans le gouvernement de ce pays, comme l'ont été tous les ordres existant en Piémont, en Toscane, dans les Etats romains et autres pays successivement réunis à l'empire;

En même temps que nous prononçons cette extinction, nous avons voulu saisir l'occasion de faire connaître que les services rendus, selon l'ordre des devoirs publics, au souverain et à la patrie, dans les Etats qui depuis ont passé sous notre domination, conservent leur mérite à nos yeux, lors même qu'ils auraient été à notre préjudice;

Dans ces vues, nous avons senti l'utilité de créer un nouvel ordre, et nous y avons été déterminé, d'une manière plus particulière, en considérant que l'extension de notre empire a fait croître le nombre de ceux de nos sujets qui se distinguent dans l'exercice des fonctions judiciaires, dans l'administration et dans les armes; qu'ainsi les services de tout genre, que nous nous plaisons à récompenser, se sont multipliés au point que les limites de la Légion-d'Honneur ont été déjà dépassées, et que notre institution de l'ordre des Trois-Toisons d'or ne peut y suppléer que d'une manière partielle, attendu qu'elle est spécialement destinée à récompenser les services militaires:

A ces causes, notre Conseil-d'Etat entendu, nous avons décrété et ordonné, décrétons et ordonnons ce qui suit:

TITRE Ier. De la création de l'ordre de la Réunion, de son organisation et de son administration.

Art. 1er. Nous créons et instituons, par les présentes, l'*Ordre impérial de la Réunion*.

2. L'ordre de la Réunion est destiné à récompenser les services rendus par tous nos sujets dans l'exercice des fonctions judiciaires ou administratives, et dans la carrière des armes.

3. Le titre et le droit de grand-maître de l'ordre impérial de la Réunion seront exclusivement attribués à nous et à nos successeurs.

4. L'ordre de la Réunion sera composé,
De deux cents grands-croix;
De mille commandeurs,
De dix mille chevaliers.

Il y aura, pour ledit ordre, un grand-chancelier et un grand-trésorier, qui auront le rang de grand-croix et qui porteront la décoration de ce grade.

5. Le conseil de l'ordre sera présidé par nous ou par un prince de notre sang, ou par un prince grand-dignitaire grand-croix de l'ordre, que nous désignerons à cet effet. Il sera composé de sept grands-croix, du grand-chancelier et du grand-trésorier.

6. Le conseil s'assemblera nécessairement une fois par an, pour entendre les rapports du grand-chancelier et du grand-trésorier, sur la situation de l'ordre et l'administration des biens qui lui seront affectés.

La proclamation des nominations aura lieu dans l'une des séances du conseil; et ceux qui auront été nouvellement nommés y prêteront serment entre nos mains, ou entre celles du président que nous aurons délégué, s'ils sont présens; et, en cas d'absence, de la manière dont il sera pourvu.

7. Le grand-chancelier sera chargé de la tenue du registre des délibérations du conseil, de la rédaction des procès-verbaux, de l'expédition des brevets et de celle de la correspondance.

8. Le grand-trésorier administrera les biens de l'ordre.

9. Le serment que prêteront les membres de l'ordre de la Réunion sera conçu ainsi qu'il suit:

« Je jure d'être fidèle à l'Empereur et à sa « dynastie; je promets, sur mon honneur, « de me dévouer au service de sa majesté, à « la défense de sa personne, et à la conserva- « tion du territoire de l'empire dans son in- « tégrité; de n'assister à aucun conseil ou « réunion contraire à la tranquillité de l'Etat; « de prévenir sa majesté de tout ce qui se « tramerait à ma connaissance contre son « honneur, sa sûreté, ou de tout ce qui ten- « drait à troubler l'union et le bien de l'em- « pire. »

TITRE II. De la décoration.

10. Les décorations de l'ordre impérial de la Réunion seront conformes au dessin des modèles annexés aux présentes, et qui est revêtu de notre approbation.

11. Les grands-croix porteront la croix suspendue à un large ruban bleu de ciel, attaché en baudrier de droite à gauche; ils auront aussi, sur le côté gauche de leur habit et manteau, la plaque en broderie d'argent.

Les commandeurs porteront une croix pareille, mais de moindre grandeur, suspendue à un ruban bleu de ciel.

Les chevaliers porteront la croix attachée à un ruban bleu de ciel, au côté gauche de la poitrine.

TITRE III. Dispositions générales.

12. L'ordre royal de l'Union est éteint et supprimé.

Les grands-croix, commandeurs, et chevaliers dudit ordre feront partie, dans leurs qualités respectives, de l'ordre impérial de la Réunion.

13. Tous les ordres des autres pays réunis à notre empire depuis le commencement de notre règne, sont également supprimés. Tous ceux de nos sujets qui ont été décorés desdits ordres sont habiles à être admis dans l'ordre de la Réunion. A cet effet, ils sont autorisés à se retirer devant le grand-chancelier de l'ordre impérial de la Réunion, à l'effet de solliciter de notre grace leur admission.

14. Les dispositions de l'arrêté du 24 ventose an 12, relatif à la perte de la qualité et à la suspension de l'exercice des droits de membre de la Légion-d'Honneur, sont applicables aux membres de l'ordre de la Réunion.

15. Notre grand-chancelier de l'ordre de la Réunion est chargé de l'exécution du présent décret.

---

18 OCTOBRE 1811. — Avis du Conseil-d'Etat. (Inspecteurs des vins.) *Voy.* 23 OCTOBRE 1811.

---

19 OCTOBRE 1811. — Décret additionnel à celui du 27 février 1811, concernant les soldes de retraite et les pensions de trois mille francs et au-dessus. (4, Bull. 399, n° 7392.)

N...... vu les lois des 14 et 24 messidor an 3, l'arrêté du 3 prairial an 7, les lois des 28 fructidor an 7 et 15 germinal an 11, et notre décret du 27 février 1811, etc.

Art. 1er. Les soldes de retraite de trois mille francs et au-dessus, inscrites au grand-livre des pensions, d'après notre décret du 27 février 1811, continueront à pouvoir être cumulées avec les traitemens attachés aux fonctions civiles; mais elles seront toujours incompatibles avec la solde ou les traitemens d'activité attribués à un service militaire permanent, conformément à la loi du 28 fructidor an 7.

2. Les titulaires des soldes de retraite inscrites au grand-livre des pensions ne seront tenus, pour en toucher les arrérages, que de produire un certificat de vie contenant déclaration qu'ils ne jouissent d'aucun *traitement ou solde militaire d'activité.*

3. Notre ministre du Trésor fera payer, dans leur consistance actuelle, les sept pensions portées dans l'état joint au présent décret, et dont le montant se compose de la réunion qui a été faite en exécution de notre décret du 27 février 1811, des pensions déjà inscrites sur le grand-livre des pensions, et de celles qui avaient été accordées sur les fonds du ministère de l'intérieur.

4. Le présent décret servira de règle à la cour des comptes dans l'examen des comptes du payeur général de la dette publique.

5. Nos ministres des finances et du Trésor impérial sont chargés de l'exécution du présent décret.

Etat nominatif des savans et gens de lettres dont les pensions inscrites au Trésor s'élèvent au-dessus de trois mille francs.

N° 3,904, Bernardin de Saint-Pierre, 3,400 fr.; n° 3,909, Guillard, 4,000 fr.; n° 3,915, Morellet, 4,708 fr.; n° 3,919, De Ximénès, 4,800 fr.; n° 3,920, Grétry, 4,000 fr.; n° 3,925, De Vitry, 4,333 fr.; n° 3,998, Mentelle, 3,800 fr.

---

19 OCTOBRE 1811. — Décret qui détermine les cas où la gendarmerie française peut faire des arrestations sur le territoire du royaume d'Italie, et réciproquement la gendarmerie italienne sur le territoire de l'empire. (4, Bull. 399, n° 7393.)

Art. 1er. Tout individu surpris en flagrant délit, poursuivi par la clameur publique, ou contre lequel il aura été décerné un mandat d'arrêt ou un mandat d'amener, et qui se sera réfugié sur le territoire de notre royaume d'Italie, pourra être arrêté sur ledit territoire par la gendarmerie française; et réciproquement, tout individu de notre royaume d'Italie, qui, dans les cas déterminés ci-dessus, se serait réfugié sur le territoire français, pourra être arrêté par la gendarmerie italienne.

2. Les gendarmes seront tenus de conduire l'individu arrêté devant le maire ou le juge-de-paix du lieu où l'arrestation aura été faite.

3. Le maire ou le juge-de-paix dressera un procès-verbal qui sera signé par les gendarmes, et contiendra les motifs de l'arrestation; une expédition de ce procès-verbal sera aussitôt adressée au procureur impérial près le tribunal dans le ressort duquel l'arrestation a eu lieu. Le procureur impérial transmettra cette expédition au grand-juge, ministre de la justice.

4. Nos grands-juges, ministres de la justice, et nos ministres des relations extérieures de France et d'Italie, sont chargés de l'exécution du présent décret.

---

19 OCTOBRE 1811. — Avis du Conseil-d'Etat relatif à un échange proposé pour la commune de Condé-sur-Iton, département de l'Eure (1). (4, Bull. 404, n° 7460.)

Le Conseil-d'Etat, qui, d'après le renvoi ordonné par sa majesté, a entendu le rapport de la section de l'intérieur sur celui du ministre de ce département, tendant à faire approuver l'acquisition à titre d'échange, par la commune de Condé-sur-Iton, département de l'Eure, d'une maison pour servir de presbytère;

A la charge par la commune de céder, en contre-échange: 1° des biens communaux; 2° le droit de pêche dans la rivière d'Iton, le long du terrain communal appelé les *Prés-Morins*: le tout estimé deux mille deux cents francs;

Considérant que le droit de pêche appartenant à la commune sur la rivière d'Iton résulte pour elle de la propriété des terrains communaux, et en est une dépendance indivisible;

Qu'elle ne peut aliéner à perpétuité ce

---

(1) Il importe de remarquer que de cet avis il résulte qu'un droit de pêche sur une rivière (non navigable) dérive de la propriété des terrains qui bordent la rivière; qu'il en est une dépendance indivisible, tellement que le droit de pêche ne peut être aliéné en conservant la propriété (S. 12, 2, 141).

droit exclusif de pêche, en conservant la propriété du terrain d'où ce droit découle,

Est d'avis,

1° Qu'il n'y a pas lieu à autoriser ledit échange;

2° Et que le présent avis soit inséré au Bulletin des Lois.

---

19 OCTOBRE 1811. — Décrets qui autorisent l'acceptation d'offres de découvrir, au profit des pauvres et hospices de Trèves, Bruxelles, Anderlecht, Cochem, Taviers, et d'établissemens de bienfaisance du département de l'Ourte non désignés, des biens et rentes célés à la régie du domaine. (4, Bull. 400, nos 7426 à 7430, et Bull. 401, n° 7435.)

---

21 OCTOBRE 1811. — Décret relatif à l'établissement des contributions de la France dans les sept départemens formés du territoire de la Hollande. (4, Bull. 397, n° 7340.)

TITRE Ier. Dispositions générales.

Art. 1er. Les contributions de toute nature établies dans les départemens du Zuyderzée, des Bouches-de-la-Meuse, des Bouches-de-l'Yssel, de l'Yssel-Supérieur, de Frise, de l'Ems-Occidental et de l'Ems-Oriental, seront remplacées par les contributions de l'empire, au 1er janvier 1812.

2. Pourront seulement être conservées, si les préfets le jugent utile, les taxes établies sur les bestiaux par les lois hollandaises, des 26 décembre 1799, 30 mai 1806 et 18 avril 1809, et qui sont spécialement affectées à l'encouragement de l'agriculture. Lesdites taxes continueront d'être fixées d'après les déclarations faites aux maires par les propriétaires; et la perception en sera faite par les percepteurs des contributions directes, en vertu d'un rôle rendu exécutoire par le préfet. Le produit en sera versé dans la caisse des receveurs généraux, pour être transmis à la caisse d'amortissement, où il sera tenu à la disposition de notre ministre de l'intérieur, pour être exclusivement appliqué à l'amélioration et à l'encouragement de l'agriculture dans les sept départemens.

3. Les sommes restant dues sur les contributions actuelles pour 1811 et années antérieures continueront d'être perçues, et leur recouvrement poursuivi jusqu'à leur entier apurement, conformément aux lois qui les régissent.

4. La ligne des douanes qui sépare lesdits départemens du reste de l'empire sera levée avant le 1er juillet 1812.

5. Les lois, décrets et réglemens concernant les contributions directes et indirectes de toute nature qui se perçoivent en France, seront incessamment publiés dans les sept nouveaux départemens, à la seule exception de ceux concernant la loterie.

TITRE II. De la fixation de la contribution foncière de 1812.

6. La contribution foncière des sept départemens de la Hollande, portée au budget de l'année 1811 pour la somme de dix-neuf millions deux cent mille francs, est fixée, en principal, pour l'année 1812, à celle de quinze millions quatre cent mille francs.

Ladite somme de quinze millions quatre cent mille francs est répartie entre les sept départemens, ainsi qu'il suit :

Département du Zuyderzée	Maisons et bâtimens	3,350,000f	5,350,000f
	Biens ruraux	2,000,000	
Département des Bouches-de-la-Meuse	Maisons et bâtimens	1,950,000	4,050,000
	Biens ruraux	2,100,000	
Département des Bouches-de-l'Yssel	Maisons et bâtimens	190,000	690,000
	Biens ruraux	500,000	
Département de l'Yssel-Supérieur	Maisons et bâtimens	250,000	1,050,000
	Biens ruraux	800,000	
Département de Frise	Maisons et bâtimens	410,000	2,480,000
	Biens ruraux	2,070,000	
Département de l'Ems-Occidental	Maisons et bâtimens	300,000	1,300,000
	Biens ruraux	1,000,000	
Département de l'Ems-Oriental	Propriétés bâties et non bâties		480,000
		Total général	15,400,000

7. La répartition de la somme ci-dessus sera faite, pour 1812, entre les arrondissemens, par les conseils généraux de département, et entre les communes par les conseils d'arrondissement, comme dans le reste de l'empire.

Dans le cas où lesdits conseils ne se seraient pas réunis avant le 1er décembre prochain pour procéder auxdites opérations, elles seront faites par les préfets pour l'année 1812 seulement.

Le contingent de chaque commune sera réparti entre les propriétaires par un conseil composé du maire, et de trois répartiteurs choisis par le conseil général de la commune parmi les propriétaires les plus capables et les plus instruits.

8. Le produit des terres sera estimé, pour asseoir la contribution, sans avoir égard aux dîmes dont elles seraient grevées. Les propriétaires auront, en conséquence, le droit de faire, sur les dîmes dont ils sont chargés, la retenue d'un cinquième, pour raison de la contribution foncière qu'ils auront acquittée à la décharge des possesseurs de dîmes.

9. Les matrices cadastrales faites dans les six départemens autres que l'Ems-Oriental, pour les maisons et bâtimens, serviront de base, après déduction d'un cinquième de leur cotisation en 1811, pour la fixation de la somme à imposer sur lesdites maisons et bâtimens, dans chaque arrondissement et dans chaque commune. Ainsi, le contingent de chaque arrondissement devra se composer :

1° Du montant, déduction faite d'un cinquième, des cotisations cadastrales des maisons et bâtimens de toutes les communes de l'arrondissement ;

2° De la somme pour laquelle le préfet jugera que les propriétaires des terres des mêmes arrondissemens devront contribuer dans le contingent assigné au département.

10. Dans le département de l'Ems-Oriental où le cadastre n'a point été commencé, le préfet prendra les renseignemens nécessaires pour parvenir à la plus juste répartition entre les propriétés bâties et les propriétés non bâties, du contingent assigné à ce département.

11. Les maisons qui n'auraient pas été habitées depuis le 1er juillet 1811 jusqu'au 1er janvier 1812 ne seront point imposées pour l'année prochaine.

12. Il sera imposé en sus du principal de la contribution foncière :

1° Deux centimes pour fonds de non-valeur;

2° Dix-sept centimes pour les dépenses fixes et variables administratives et judiciaires ;

3° Les quatre centimes facultatifs ;

4° Un trentième ou trois centimes un tiers pour la confection des parcellaires pour le cadastre.

13. Les communes auront en outre la faculté d'imposer additionnellement au principal de la contribution foncière, jusqu'à concurrence de cinq centimes pour les dépenses communales, indépendamment des taxations des percepteurs, qui ne pourront également excéder cinq centimes par franc.

14. Le cadastre sera exécuté pour les maisons et pour les terres dans le département de l'Ems-Oriental, et pour les terres seulement dans les six autres départemens où le cadastre des maisons se trouve achevé.

15. Les liquidations cadastrales des maisons étant terminées, et une grande partie du produit de ces liquidations ayant déjà été versée dans la caisse du syndicat de Hollande, le recouvrement de ce qui reste à rentrer desdites liquidations sera poursuivi pour être versé dans la même caisse, et être employé, jusqu'à due concurrence, au remboursement des bons du syndicat, après qu'il aura été satisfait aux restitutions qui se trouveront dues.

16. Les dispositions de la loi du 24 février 1809, concernant la confection des liquidations cadastrales sur les terres, sont rapportées, et la remise en est accordée aux propriétaires. Pour suppléer au produit de ces liquidations, il sera perçu, pendant huit années, à partir du 1er janvier 1812 :

1° Cinq centimes additionnels au principal de la contribution foncière sur les propriétés bâties et non bâties dans le département de l'Ems-Oriental, et sur les terres seulement dans les six autres départemens ;

2° Seize centimes additionnels aux droits perçus tant par la régie de l'enregistrement que par celle des droits réunis, à l'exception du dixième des octrois ;

3° Moitié en sus du principal de la contribution personnelle et mobilière, et de celle sur les portes et fenêtres. Le produit de ces perceptions temporaires sera versé directement, tant par les receveurs généraux que par les directeurs des droits réunis, dans la caisse du syndicat, comme fonds spécial, pour être appliqué au remboursement du capital et au paiement des intérêts des bons émis par cette caisse.

Titre III. De la fixation de la contribution personnelle et mobilière, et de celle des portes et fenêtres pour 1812.

17. La contribution personnelle et mobilière, et celle des portes et fenêtres, sont fixées en principal dans lesdits départemens, pour 1812, ainsi qu'il suit :

Département	Contributions	Montant	Total
Département du Zuyderzée	Contribution personnelle et mobilière	700,000 f	1,245,000 f
	Portes et fenêtres	545,000	
Département des Bouches-de-la-Meuse	Contribution personnelle et mobilière	560,000	925,000
	Portes et fenêtres	365,000	
Département des Bouches-de-l'Yssel	Contribution personnelle et mobilière	140,000	195,000
	Portes et fenêtres	55,000	
Département de l'Yssel-Supérieur	Contribution personnelle et mobilière	190,000	265,000
	Portes et fenêtres	75,000	
Département de Frise	Contribution personnelle et mobilière	200,000	300,000
	Portes et fenêtres	100,000	
Département de l'Ems-Occidental	Contribution personnelle et mobilière	200,000	305,000
	Portes et fenêtres	105,000	
Département de l'Ems-Oriental	Contribution personnelle et mobilière	110,000	165,000
	Portes et fenêtres	55,000	
		Total général	3,400,000

18. Au principal de la contribution personnelle et mobilière, il sera ajouté deux centimes pour fonds de non-valeurs, dix-sept centimes pour les dépenses fixes et variables, administratives et judiciaires, et les quatre centimes facultatifs.

19. Les communes auront, en outre, la faculté d'imposer additionnellement au principal de la contribution personnelle et mobilière, jusqu'à concurrence de cinq centimes pour les dépenses communales, indépendamment des taxations des percepteurs, qui ne pourront également excéder cinq centimes par franc.

20. Au principal de la contribution des portes et fenêtres, il sera ajouté dix centimes additionnels, pour frais de confection de rôles et pour dégrèvement.

21. Les patentes seront établies et perçues sur le même pied qu'en France.

22. Toutes les opérations relatives à la répartition de la contribution foncière, de celle personnelle et mobilière et des portes et fenêtres, devront être terminées avant le 1er février 1812, de manière à ce qu'il puisse être procédé de suite à la confection des rôles.

23. Il y aura, pour chacun des sept départemens, un directeur des contributions directes, un inspecteur, et le nombre de contrôleurs qui sera jugé nécessaire.

24. Le conseiller d'Etat, intendant général des finances et du Trésor, à Amsterdam, continuera, pendant l'année 1812, de diriger, sous les ordres de notre ministre des finances, tout ce qui concerne l'établissement des contributions directes françaises. Il correspondra à cet effet directement avec les préfets et les directeurs, et leur transmettra toutes les instructions nécessaires.

25. Les contributions directes seront perçues par douzième et par mois, comme dans le reste de l'empire, savoir : pour l'année 1812, à partir du 1er avril de ladite année, et pour les années suivantes, à partir du 1er janvier de chaque année.

26. Il y aura, au chef-lieu de chaque département, un receveur général réunissant les fonctions de receveur particulier pour l'arrondissement chef-lieu, et un receveur particulier pour chacun des autres arrondissemens.

27. Les receveurs généraux et particuliers fourniront des cautionnemens en numéraire, dont l'intérêt leur sera payé par la caisse d'amortissement sur le pied de cinq pour cent par an. Ces cautionnemens seront du douzième du montant des contributions directes.

Les receveurs généraux fourniront de plus, aux mêmes conditions, un cautionnement particulier du trentième du montant des contributions indirectes dont le recouvrement leur sera confié.

28. Les receveurs généraux souscriront des soumissions et des obligations payables par mois, ainsi qu'il se pratique dans les autres départemens de l'empire. Ils feront souscrire aux receveurs d'arrondissement, des traités correspondans aux termes de leurs soumissions, à la différence de quinze jours d'avance pour chaque terme.

29. Il sera établi, pour le 1er avril 1812, des percepteurs à vie, pour le recouvrement des contributions directes dans les communes. Ces percepteurs seront tenus de fournir à la caisse d'amortissement un cautionnement en numéraire, du douzième du mon-

tant de leurs recettes : l'intérêt leur en sera payé sur le pied de cinq pour cent par an.

Titre IV. De l'enregistrement et des domaines.

30. Les droits d'enregistrement, de timbre, de greffe et d'hypothèque, seront établis et perçus dans les sept départemens, à partir du 1er janvier 1812, conformément aux lois et réglemens de l'empire.

31. La régie sera chargée de la perception de tous les revenus des domaines nationaux, corporels et incorporels, ainsi que des droits de port d'armes et de passeports.

32. Il y aura, pour chaque département, un directeur de l'enregistrement, avec le nombre d'inspecteurs et autres préposés que a localité exigera.

Titre V. Des droits réunis.

§ Ier. *Des boissons.*

33. Les départemens du Zuyderzée, des Bouches-de-la-Meuse, des Bouches-de-l'Yssel, de l'Yssel-Supérieur, de Frise, de l'Ems-Occidental et de l'Ems-Oriental, seront assimilés, pour la perception des droits de mouvement sur les boissons, établis par la loi du 25 novembre 1808, aux départemens compris dans la quatrième classe du tarif annexé à ladite loi.

34. Les boissons existantes au 1er janvier prochain dans les entrepôts d'octroi et dans les caves, celliers ou magasins des dénommés en l'article 31 de la loi du 24 avril 1806, seront prises en charge par les employés.

Il sera fait application de l'article 12 de notre décret du 21 décembre 1808, à celles prises en charge dans les lieux sujets aux droits d'entrée. Les boissons qui, à la même époque, existeront chez les débitans, seront soumises aux droits d'entrée, si le débitant demeure dans le lieu sujet; et, dans tous les cas, au droit de détail lors de la vente.

35. Les bières fabriquées et les vinaigres de toute espèce, avec ou sans ébullition, qui, au 1er janvier 1812, existeront chez les brasseurs, marchands en gros ou débitans, seront, sous la déduction de six pour cent, soumis aux droits de deux francs par hectolitre.

A dater de cette même époque, ils jouiront des déductions fixées par la loi.

36. Les eaux-de-vie de grains qui, à ladite époque, existeront chez les distillateurs ou autres détenteurs qui ne justifieraient pas avoir acquitté le droit de fabrication fixé pour les départemens de la Hollande, par notre décret du 30 janvier 1811, seront soumises à celui fixé par l'article 10 de la loi du 20 avril 1810.

37. La formalité de l'acquit-à-caution pourra être appliquée au transport des vins, eaux-de-vie et liqueurs, toutes les fois que notre régie des droits réunis le jugera nécessaire.

38. Les redevables de toutes les classes seront tenus de fournir les ouvriers et ustensiles nécessaires aux inventaires, aux épalemens des chaudières et autres opérations manuelles.

39. Lors de la prise en charge des boissons les vaisseaux de toute espèce seront jaugés, les tonneaux marqués et les bouteilles cachetées, en conséquence des dispositions de notre décret du 5 mai 1806.

§ II. Des cartes.

40. Les cartes revêtues de la bande du contrôle hollandais seront revêtues de la bande à timbre sec française.

Au 1er juillet 1812, il ne pourra plus circuler en Hollande que des cartes fabriquées en papier filigrané, comme dans les autres départemens de l'empire.

§ III. Du droit de navigation.

41. Le droit de navigation créé dans le département des Bouches-du-Rhin, par notre décret du 21 décembre 1810, continuera d'être perçu, conformément à ce décret, jusqu'au 1er janvier 1812.

42. A partir du 1er janvier 1812, tous droits de péage, toutes impositions ou rétributions, sous quelques dénominations qu'ils soient établis ou perçus, sont abolis, et quiconque se permettrait, à quelque titre que ce fût, de percevoir sur la navigation du Wall, du Bas-Rhin, du Leck, de l'Yssel, supérieur et inférieur, de l'Ems, dans les départemens des Bouches-du-Rhin, des Bouches-de-la-Meuse, du Zuyderzée, de l'Yssel-Supérieur, des Bouches-de-l'Yssel, de l'Ems-Oriental et de l'Ems-Occidental, sera poursuivi et puni comme concussionnaire.

43. Sont également supprimés tous droits perçus ou prétendus sur les chemins de halage, soit en montant, soit en descendant, en sorte qu'il ne puisse être apporté aucun obstacle au passage des hommes et animaux employés à la manœuvre des bateaux sur les rives du fleuve.

44. Il sera établi, sur lesdits fleuves et rivières, treize bureaux pour la perception de l'octroi de navigation, savoir : pour le Wall, à Emmerich, à Nimègue, Rossum, Gorcum et Dordrecht;

Pour le Rhin, le Leck et la Meuse, à Arnhem, Wick et Schoonhoven;

Pour l'Yssel, à Gouda, Zutphen et Campen; et pour l'Ems, à Meppel et Leer :

45. A partir du 1er janvier 1812, indépendamment du droit sur les denrées ou mar-

chandises dont il sera parlé ci-après, il sera perçu dans chaque bureau de l'octroi, pour chaque embarcation, chargée ou non chargée, du port de cinquante quintaux et au-dessus, qui passera devant un bureau, en montant ou en descendant, un droit de reconnaissance réglé par le tarif qui suit :

Pour une embarcation de		
	50 à 300 quintaux	0f 10c
	300 à 600 quintaux	1 00
	600 à 1000 quintaux	2 00
	1000 à 2000 quintaux	6 00
	2000 à 2500 quintaux	9 00
	2500 quintaux et au-dessus	15 00

46. Les mesures et les poids dont il sera fait usage sont ceux usités en France, savoir : le mètre pour les mesures linéaires, le litre pour les mesures de capacité, et le kilogramme pour les poids. Dix kilogrammes formeront un myriagramme.

47. Par le mot *quintal*, on entendra le poids de cinquante kilogrammes ou cinq myriagrammes, équivalant au poids particulier d'Amsterdam de cent une livre trois onces, et à l'ancien poids de France, de cent deux livres deux onces deux gros et demi.

48. Le droit d'octroi sera rapporté, pour toutes les marchandises, au quintal désigné dans l'article précédent. En conséquence, pour rapporter au poids les mesures en usage pour les boissons ou autres liquides, le tableau dressé à cet effet pour les départemens supérieurs du Rhin sera applicable à toutes les branches du Rhin inférieur, ainsi que le tableau semblable pour les grains et autres matières sèches que l'on n'est par dans l'usage de peser.

49. La perception du droit d'octroi se fera toujours en monnaie de France.

50. Le droit d'octroi sur toutes les marchandises transportées par le Rhin sera perçu dans chaque bureau, conformément au tarif suivant, qui a été calculé à raison des distances d'un bureau à l'autre, et d'après la proportion établie dans les départemens supérieurs, mais sans admettre de fraction au-dessous du dixième de centime.

Tarif de ce que paiera le quintal de cinq myriagrammes de marchandises pour la navigation du Rhin-Inférieur et de ses embranchemens.

NAVIGATION D'EMMERICH A GORCUM PAR LE WALL ET LA MEUSE;

En descendant.

D'Emmerich à Nimègue	0f 18c
De Nimègue à Rossum	0 21
De Rossum à Gorcum	0 14
A Gouda	0 9

En remontant.

De Dordrecht à Gorcum	0 14
De Gorcum à Rossum	0 21
De Rossum à Nimègue	0 32
De Nimègue à Emmerich	0 26

NAVIGATION PAR LE RHIN ET LE LECK.

En descendant.

D'Emmerich à Arnhem	0 18
D'Arnhem à Wyck	0 17
De Wyck à Schoonhoven	0 36

En remontant.

De Rotterdam à Wyck	0 54
A Gouda	0 14
De Dordrecht à Wyck	0 54
De Wyck à Arnhem	0 28
D'Arnhem à Emmerich	0 26

NAVIGATION DE L'YSSEL.

En descendant.

D'Emmerich à Zutphen	0 18
De Zutphen à Campen	0 17

En remontant.

De Gouda à Wyck	0 21
De Gouda à Dordrecht	0 14

NAVIGATION DE L'EMS.

En descendant et en remontant.

A Meppel	0 17
De Meppel à Leer	0 18

51. Le droit d'octroi sur les bois de charpente et de construction se percevra au mètre cube. Le mètre-cube de bois de chêne, orne, frêne, cerisier, poirier, pommier, cornier, paiera à chaque bureau, si c'est en remontant, autant que deux quintaux et demi de marchandises, conformément au premier des deux tarifs ci-dessus, et si c'est en descendant, autant que quatre quintaux de marchandises, conformément au second des deux tarifs.

Le mètre-cube de bois de pin, sapin, mélèze, hêtre, tremble, peuplier, érable, aune, et autres bois blancs ou bois résineux, paiera de même, si c'est en remontant, autant qu'un quintal et un quart de marchandises, conformément au premier tarif, et si c'est en descendant, autant que de deux quintaux, conformément au second tarif.

52. Les yachts, diligences d'eau et autres embarcations destinés expressément au transport des voyageurs, soit qu'ils aient ou non des passagers, paieront le droit d'octroi comme s'ils étaient chargés du quart des marchandises qu'ils pourraient embarquer en rai-

3.

son de leur tonnage : ainsi un yacht pouvant porter quatre cents quintaux de marchandises paiera comme s'il était chargé de cent quintaux, conformément au tarif ci-dessus, et ainsi à proportion.

53. Aucun objet transporté par le Rhin et ses embranchemens, de quelque nature qu'il soit, ne passera les bureaux de l'octroi en exemption totale du droit de navigation : mais, pour l'avantage de la navigation et de l'industrie, les modérations suivantes seront admises, ainsi qu'il va être expliqué.

54. Lorsqu'un bateau sera chargé en totalité ou en partie des articles suivans, savoir : terre à pots, à pipes, à foulon, pierre à bâtir, sable et gravier, pavés pour les rues et chemins, engrais et amendemens pour les terres, tels que fumiers, marne ou cendres lessivées, paille ou chaume, foin, fascines à épis, joncs et roseaux, lait, fromage et beurre frais, œufs et volailles, fruits et légumes frais, racines, comestibles, il ne sera perçu sur ledit bateau, pour tout droit d'octroi, que le double de ce que le même bateau eût acquitté pour le droit de reconnaissance, conformément à l'article 45, s'il eût fait la même route étant vide.

Mais si, sur le même bateau, conjointement avec les articles ci-dessus spécifiés, il s'en trouve quelques autres non favorisés, ils paieront les droits dus pour chacun d'eux.

55. Il ne sera perçu par quintal qu'un vingtième du droit réglé pour chaque bureau par les deux tarifs, pour les articles suivans :

Plâtre et chaux, briques, ardoises, tuiles et carreaux de terre, ciment provenant de tuiles ou carreaux, poterie commune, houille ou charbon de terre et de pierre, tourbe, bois à brûler, fagots, charbon de bois ou de tourbe, minerai métallique, pierres alumineuses et vitrioliques ; le poids approximatif de chacun de ces objets sera rapporté à la mesure ci-dessus énoncée.

56. Il ne sera perçu par quintal que le quart du droit réglé pour chaque bureau par les deux tarifs ci-dessus, pour les articles suivans, savoir :

Minerai de calamine, pierres à meules et pierres à carreler, sel de mer ou de salines, raffiné ou non raffiné, fer à gueuse, froment, seigle, orge, avoine, millet, fèves, pois et autres grains ou graines légumineuses, farine et gruaux de toute espèce, écorce à tan, poix et goudron ; le poids de chacun de ces objets sera déterminé comme en l'article précédent.

57. Aucune demande en modération ou exemption des droits ci-dessus ne sera admise, quelles que soient la nature, l'origine et la destination des embarcations des effets et marchandises, à quelques personnes que les uns et les autres appartiennent, comme aussi pour quelque service et par quelque ordre que le transport s'en effectue, et ce nonobstant tous priviléges et usages contraires.

58. Si une embarcation, son chargement ou partie d'icelui, après avoir acquitté des droits en un ou plusieurs bureaux, viennent à être avariés ou même à périr entièrement, par quelque cause que ce puisse être, aucune demande en tout ou en partie de la restitution des droits d'octroi perçus ne pourra être admise, nonobstant tous réglemens ou usages contraires.

59. Les réglemens et dispositions en usage dans la partie supérieure du Rhin pour la perception du droit d'octroi, sa surveillance et son régime, seront appliqués dans toute leur étendue aux départemens des Bouches-du-Rhin, des Bouches-de-la-Meuse, du Zuyderzée, de l'Yssel-Supérieur, des Bouches-de-l'Yssel, de l'Ems-Oriental et de l'Ems-Occidental.

§ IV. Des droits sur les voitures publiques.

60. Les voitures sans roues, celles non suspendues, les traîneaux, bateaux ou bâtimens faisant le service des voitures publiques, et partant d'occasion et à volonté, seront soumis aux dispositions de la loi du 9 vendémiaire an 6.

Notre régie des droits réunis est en conséquence autorisée à passer des abonnemens ou à percevoir le droit fixe et proportionnel sur lesdits moyens de transport, d'après les tarifs annexés à ladite loi.

§ V. Des tabacs.

61. Dès le 1er novembre 1811, les cultivateurs, négocians, fabricans, marchands, débitans et tous autres dépositaires seront tenus de déclarer aux préposés des droits réunis les quantités, origine et qualités des tabacs en feuilles existans en leur possession ; ils seront inventoriés, mis sous les scellés, achetés par la régie, et payés comptant en bons sur la caisse centrale d'Amsterdam.

L'achat en sera fait d'après le cours de la place d'Amsterdam, depuis le 1er juillet 1811, jusques et compris le 30 septembre de la même année.

Les tabacs seront classés en trois qualités ; on appliquera,

A la première classe, le prix le plus élevé du cours pendant le trimestre, d'après l'origine du tabac ;

A la deuxième qualité, le prix moyen ;

Et à la troisième qualité, le prix le plus bas du même cours, pendant le même temps.

A l'égard des tabacs qui ne se trouveraient pas susceptibles d'être classés dans l'une de ces trois divisions, il en sera traité de gré à gré par la régie; et, à défaut de conciliation, la valeur en sera déterminée par des experts, conformément à notre décret du 29 décembre 1810.

62. Il sera établi deux manufactures impériales pour la fabrication des tabacs, l'une à Amsterdam et l'autre à Rotterdam. Les bâtimens publics ou particuliers qui seront reconnus les plus propres à l'établissement de ces manufactures seront, sur la demande du commissaire de la régie en Hollande, mis par les préfets des deux départemens à sa disposition. L'affectation des bâtimens publics sera soumise à notre approbation par notre ministre des finances.

L'acquisition des bâtimens particuliers sera faite conformément à l'article 15 de notre décret du 11 janvier 1811.

63. Notre directeur général des droits réunis prendra les mesures convenables pour faire fabriquer à l'avance, dans ces manufactures, les tabacs nécessaires à la consommation.

64. Les tabacs fabriqués, restés invendus chez les fabricans, marchands, débitans et autres dépositaires, au 1er janvier 1812, seront déclarés de la même manière que les tabacs en feuilles, inventoriés et mis sous les scellés. L'achat en sera fait par notre régie, d'après les bases fixées par l'article 7 de notre décret transitoire du 29 décembre 1810, si mieux n'aiment les propriétaires en faire la livraison dès le 1er novembre.

65. Seront considérées comme approvisionnement des particuliers, et exemptées de la déclaration, les quantités de dix kilogrammes et au-dessous de tabac fabriqué, par famille.

66. Notre régie des droits réunis est autorisée à se conformer, dans la fabrication des tabacs dans les sept nouveaux départemens, aux procédés en usage, et à y employer les quantités, qualités et espèces de feuilles exotiques qui seront jugées nécessaires.

Notre ministre des finances nous proposera, avant le 1er janvier prochain, un tarif particulier pour la vente des tabacs fabriqués avec ces mêmes feuilles.

§ VI. Des sels.

67. Les sels existans, au 1er janvier 1812, chez les négocians, marchands et autres dépositaires, seront déclarés : il en sera fait inventaire par les préposés hollandais et français. Les deux administrations se concerteront tant pour cette opération, que pour parvenir au paiement du droit de deux décimes par kilogramme, fixé par l'article 139 de notre décret du 18 décembre 1810, qui, à cette époque se trouvera dû aux deux administrations.

Il ne sera rien perçu, soit par l'administration des droits réunis, soit par celle des douanes, en ce qui la concerne, sur les sels pour lesquels il sera justifié du paiement des droits, soit en France, soit en Hollande.

§ VII. Octrois.

68. Il sera établi pour le 1er janvier prochain, dans les villes et communes de la Hollande où les revenus ordinaires sont insuffisans, des octrois municipaux et de bienfaisance.

Pour en accélérer l'établissement, les tarifs et réglemens arrêtés par les préfets seront provisoirement approuvés par le prince gouverneur général.

§ VIII.

69. Il y aura, pour chaque département, un directeur des droits réunis faisant fonctions de receveur général, avec le nombre d'inspecteurs et autres préposés nécessaire.

TITRE VI.

70. La loterie hollandaise est maintenue provisoirement pour l'année 1812. Notre ministre des finances prendra tous les renseignemens nécessaires pour se mettre en état de nous faire, avant le 1er octobre de l'année prochaine, un rapport sur le parti définitif à prendre relativement à cette branche de revenu.

71. Nos ministres de la police, de l'intérieur, des finances et du Trésor, sont chargés de l'exécution du présent décret.

---

21 OCTOBRE 1811. — Décret contenant circonscription définitive des départemens, arrondissemens, cantons et communes de la Hollande. (4, Bull. 398, n° 7378.)

---

21 OCTOBRE 1811. — Décret relatif à la classification des routes de la Hollande, et aux péages qui s'y perçoivent. (Mon. n° 306.)

---

21 OCTOBRE 1811. — Décret qui ordonne la construction de trois maisons de détention pour les sept départemens de l'ancienne Hollande, et pour le département de la Lippe. (Mon. n° 306.)

---

21 OCTOBRE 1811. — Décret qui conserve l'institut d'Amsterdam. (Mon. n° 306.)

---

22 OCTOBRE 1811. — Décret qui règle l'emploi des centimes additionnels affectés aux dépenses administratives et judiciaires des départemens pour l'année 1811. (4, Bull. 398, n° 7379.)

N...., vu l'article 5, titre III, de la loi du 20 avril 1810, ainsi conçu :

« Il sera imposé en 1811, tant pour les « dépenses fixes que pour les dépenses variables, administratives et judiciaires, le nombre de centimes fixé pour 1810. Ce nombre « sera réduit dans les départemens où le « taux général avait été excédé par le passé, « à 17 centimes, comme dans les autres départemens. La répartition et l'application « du produit des 17 centimes au paiement « des dépenses auxquelles il est destiné se« ront faites par le Gouvernement. »

Nous avons décrété et décrétons ce qui suit :

Art. 1er. Les dépenses variables ordinaires des départemens sont réglées pour 1811, ainsi qu'il suit, et conformément au tableau annexé au présent décret :

Abonnement des frais d'administration des préfectures		5,219,500
Loyers de quelques préfectures placées dans des bâtimens appartenant à des particuliers		122,344
Dépenses des pépinières, artistes vétérinaires, élèves sages-femmes, et cours d'accouchemens		386,166
Abonnemens des frais d'administration, des auditeurs sous-préfets de chefs-lieux des départemens		491,400
Idem des autres sous-préfets		1,575,200
Répartition du fonds accordé pour subvenir à une partie des dépenses des enfans-trouvés		4,029,500
Dépenses ordinaires des prisons	6,215,925f	8,007,575
Dépenses ordinaires des maisons centrales de détention	469,350	
Dépenses ordinaires des dépôts de mendicité	1,322,300	
Dépenses ordinaires du casernement de la gendarmerie impériale		1,125,543
Loyers, frais d'entretien et réparations locatives des bâtimens et du mobilier des cours et tribunaux	443,343	1,794,133
Menues dépenses des cours et tribunaux	1,350,790	
Fonds réservés pour les dépenses imprévues		1,336,840
Total général des dépenses variables		24,088,201

2. Pour subvenir au paiement de ces dépenses, il sera,

1° Prélevé sur la masse totale des dix-sept centimes additionnels qui ont été imposés en 1811, et qui est de		43,598,742	
Une somme égale au montant des centimes additionnels qui ont été accordés par notre décret impérial du 11 juin 1810, pour couvrir les dépenses variables dudit exercice : cette somme est de		22,510,752	23,815,232
2° Fourni par notre Trésor impérial pour les sept départemens de la Hollande	1,164,350	1,304,480	
Pour celui de la Lippe	90,030		
Et pour celui du Simplon	50,100		

3. Comme il résulte de la répartition qui est faite par le tableau cité à l'article 1er de notre présent décret des vingt-deux millions cinq cent dix mille sept cent cinquante-deux francs, que soixante-quatre départemens, en comparant la portion qui est attribuée à chacun dans cette somme au montant de leurs dépenses variables, éprouveront un déficit dont le total serait de 1,198,978 fr.;

Et comme cinquante autres départemens auront un reste libre qui s'élèverait à 926,009 fr.,

Ce déficit, s'il se réalise, lorsqu'il aura été légalement constaté, sera ajouté à celui de 1810; et il sera pris ultérieurement des mesures pour l'anéantir.

Quant aux fonds qui resteraient libres après le paiement de toutes les dépenses variables, ils seront employés, sur notre autorisation, à acquitter les dettes arriérées, et affectés à des dépenses d'utilité publique.

4. Ce qui restera libre sur la fixation faite par le présent décret, pour quelques dépenses variables dans divers départemens, pourra aussi être appliqué, avec l'autorisation de notre ministre de l'intérieur, aux autres dépenses pour lesquelles les fonds réglés se trouveraient insuffisans.

5. Les dépenses fixes des départemens sont réglées pour la même année 1811, conformément au même tableau cité à l'article 1er de notre présent décret, à . . . . 25,213,98[illegible]

6. Ces dépenses seront acquittées :

1° Avec ce qui reste libre sur les dix-sept centimes additionnels après le prélèvement des fonds accordés par l'article 2 du présent décret, pour subvenir aux dépenses variables;

		Report	25,213,984^f
Ces dix-sept centimes étant de		43,598,742	
Et le prélèvement fait pour les dépenses variables, de.		22,510,752	
Le restant libre à affecter aux dépenses fixes est de.		21,087,990	22,644,954
2° Avec les fonds qui seront fournis par notre Trésor impérial,			
Pour les sept départemens de la Hollande.	1,429,670		
Pour celui de la Lippe	98,960	1,556,964	
Et pour celui du Simplon	28,334		

7. Le déficit de. 2,569,030

qui résulte de la comparaison du montant des dépenses fixés aux fonds accordés par l'article précédent pour les acquitter, sera couvert par notre Trésor impérial; et il sera pris, en 1812, des mesures pour le remboursement de cette avance.

8. Notre Trésor impérial ayant à fournir, par les articles 2 et 6 de notre présent décret, pour les dépenses fixes et variables des sept départemens de la Hollande, de celui de la Lippe et de celui du Simplon 2,861,444

Sur laquelle somme il a déjà été compris :		
1° Au crédit de notre grand-juge	1,305,000	2,025,000
2° A celui de notre ministre de l'intérieur.	720,000	

Il sera ajouté au crédit de notre ministre de l'intérieur. 836,444

9. Les préfets rendront compte à notre ministre de l'intérieur, après l'année expirée, de tous les fonds qui auront été mis à leur disposition en vertu du présent décret.

10. Il sera statué par un autre décret, sur l'emploi des centimes facultatifs pour 1811, d'après les notes des conseils généraux des départemens.

11. Nos ministres de l'intérieur, des finances, du Trésor impérial, et notre grand-juge, ministre de la justice, sont chargés de l'exécution du présent décret.

---

22 OCTOBRE 1811. — Décret relatif aux habitans des provinces illyriennes qui possèdent des vignes sur la rive gauche de la Save, ou sur les territoires de l'Autriche et de la Bavière. (4, Bull. 398, n° 7380.)

Les dispositions des articles 7, 8 et 9 de la loi du 1er pluviose an 13, relatives aux transports des récoltes de vignes possédées sur la rive droite du Rhin par les habitans de la rive gauche, sont applicables aux habitans de nos provinces illyriennes qui possèdent des vignes sur la rive gauche de la Save, ou sur les territoires de l'Autriche et de la Bavière.

---

22 OCTOBRE 1811. — Décret qui fixe le prix des tabacs des manufactures d'Amsterdam et de Rotterdam, pour l'année 1812. (4, Bull. 401, n° 7432.)

Art. 1er. Le tarif du prix des tabacs de nos manufactures impériales d'Amsterdam et de Rotterdam, est réglé, pour l'année 1812, ainsi qu'il suit, savoir :

Ceux livrés par les manufactures aux entreposeurs,

La 1re qualité	à	30^f 00^c le kilogr.
La 2e *idem*	à	20 00 *idem.*
La 3e *idem*	à	12 50 *idem.*
La 4e *idem*	à	6 50 *idem.*
La 5e *idem*	à	2 50 *idem.*

Et ceux vendus par les débitans aux consommateurs,

La 1re qualité	à	33^f 00^c le kilogr.
La 2e *idem*	à	22 00 *idem.*
La 3e *idem*	à	14 00 *idem.*
La 4e *idem*	à	7 20 *idem.*
La 5e *idem*	à	3 00 *idem.*

2. Notre ministre des finances est chargé de l'exécution du présent décret.

---

22 OCTOBRE 1811. — Décret qui établit, dans les départemens de la Hollande deux académies de l'Université impériale. (Mon. n° 306.)

---

22 OCTOBRE 1811. — Décret relatif à l'organisation de la garde nationale en Hollande, et à l'établissement d'une garde soldée à Amsterdam. (Mon. n° 306.)

---

22 OCTOBRE 1811. — Décret qui crée une trentième conservation forestière composée des sept départemens de la Hollande et du département de la Lippe. (Mon. n° 306.)

---

22 OCTOBRE 1811. — Décret relatif à la liquidation des pensions à accorder aux anciens employés de l'administration financière en Hollande. (Mon. n° 306.)

---

22 OCTOBRE 1811. — Avis du Conseil-d'Etat. (Perceptions.) *Voy.* 4 NOVEMBRE 1811.

---

23 OCTOBRE 1811. — Décret qui fixe les droits d'entrée de la litharge et du plomb ouvré, laminé et en grenaille, et qui permet la sortie des plombs ouvrés, laminés et en grenaille fabriqués en France. (4, Bull. 400, n° 7408.)

Art. 1er. A compter de la publication du présent décret, la litharge et le plomb ouvré, laminé et en grenaille, venant de l'étranger, paieront les droits réglés ainsi qu'il suit :

La litharge 10 fr. par quintal métrique.

Le plomb ouvré, laminé et en grenaille 24 fr. *idem.*

Il n'est rien changé au tarif des douanes de l'empire, relativement au droit sur le plomb brut et en saumon, sur le vieux plomb et sur les oxides de même métal, non désignés au présent décret.

2. A compter de la même époque, les plombs ouvrés, laminé et en grenaille, fabriqués en France, pourront sortir de l'empire, en acquittant seulement le droit de balance du commerce.

3. Il nous sera fait un rapport par notre ministre de l'intérieur, sur la convenance de laisser entrer, francs de droits, les plombs provenant de nos provinces illyriennes.

4. Nos ministres de l'intérieur et des finances sont chargés de l'exécution du présent décret.

---

23 OCTOBRE 1811. — Décret relatif au cas où un gouvernement étranger demanderait l'extradition d'un Français prévenu d'avoir commis un crime contre des étrangers sur le territoire de ce Gouvernement (1). (4, Bull. 400, n° 7409.)

Voy. décret du 19 FÉVRIER 1791.

N...... sur le rapport de notre grand-juge, ministre de la justice, ayant pour objet de faire statuer sur le cas où un Français se serait réfugié en France après avoir commis un crime sur le territoire d'une puissance étrangère;

Vu les articles 5 et 7 de notre Code d'instruction criminelle, portant,

Le premier : « Tout Français qui se sera « rendu coupable hors du territoire de France « d'un crime attentatoire à la sûreté de l'Etat, « de contrefaction du sceau de l'Etat, de « monnaies nationales ayant cours, de papiers nationaux, de billets de banque autorisés par la loi, pourra être poursuivi, « jugé et puni en France, d'après les dispositions des lois françaises ; »

Le second : « Tout Français qui se sera « rendu coupable hors du territoire de l'empire, d'un crime contre un Français, pourra, « à son retour en France, y être poursuivi « et jugé s'il n'a pas été poursuivi et jugé en « pays étranger, et si le Français offensé « rend plainte contre lui ; »

Considérant que, dans la question présentée, il ne s'agit que de crimes commis par un Français, hors de France et contre des étrangers ;

Que le Français prévenu d'un tel crime ne peut, lorsqu'il s'est réfugié en France, être livré, poursuivi et jugé en pays étranger que sur la demande d'extradition qui nous sera faite par le Gouvernement qui se prétend offensé;

Que si, d'un côté, il est de notre justice de ne pas apporter d'obstacle à la punition du crime, lors même qu'il ne blesse ni nous, ni nos sujets; d'un autre côté, la protection que nous leur devons ne nous permet pas de les livrer à une juridiction étrangère sans de graves et légitimes motifs, reconnus et jugés tels par nous;

Notre Conseil-d'Etat entendu,

Nous avons décrété et décrétons ce qui suit :

Art. 1er. Toute demande en extradition faite par le Gouvernement étranger contre un de nos sujets prévenu d'avoir commis un crime contre des étrangers sur le territoire de ce Gouvernement nous sera soumise par notre grand-juge, ministre de la justice, pour y être par nous statué ainsi qu'il appartiendra.

2. A cet effet, ladite demande, appuyée de pièces justificatives, sera adressée à notre ministre des relations extérieures, lequel la transmettra, avec son avis, à notre grand-juge, ministre de la justice.

3. Notre grand-juge, ministre de la justice, et notre ministre des relations extérieures, sont chargés de l'exécution du présent décret.

---

23 OCTOBRE 1811. — Avis du Conseil-d'Etat portant qu'il n'y a pas lieu de créer des inspecteurs des eaux-de-vie et esprits-de-vin, et que ceux qui existeraient actuellement doivent être supprimés. (4, Bull. 400, n° 7410.)

Le Conseil-d'Etat, qui, d'après le renvoi ordonné par sa majesté, a entendu le rapport de la section de l'intérieur sur celui du ministre de ce département, tendant :

1° A autoriser la création de deux inspecteurs des eaux-de-vie et esprits-de-vin dans les villes de Beaucaire et Saint-Gilles;

2° A autoriser la perception d'un droit sur ces denrées, pour l'entretien des inspections dont il s'agit;

---

(1) *Voy.* Dissertation sur l'extradition et le droit d'asile; S. 24, 2, 106.

3° A régulariser l'existence de deux inspections semblables, existantes dans les villes de Cette et de Beziers, et la perception établie à leur profit d'un droit sur les eaux-de-vie et esprits-de-vin;

Considérant que, par l'institution dont il s'agit, le commerce des eaux-de-vie et esprits-de-vin, dans les départemens formés des provinces composant le ci-devant Languedoc, se trouve entravé, soumis à un impôt spécial, et placé ainsi hors du droit commun;

Que cet assujétissement, en n'offrant qu'une très-faible et très-insuffisante garantie pour le commerce étranger et intérieur, contre les fraudes des fabricans, s'il y en avait, ne procure à ceux-ci aucun avantage réel;

Que le véritable intérêt de ces fabricans doit suffire pour les porter à la bonne foi, sous peine de perdre leur crédit; qu'en outre la vérification de la qualité des eaux-de-vie par l'aréomètre et le thermomètre combinés est aujourd'hui d'un usage universel et facile,

Est d'avis, 1° de supprimer toute fonction d'inspecteur, s'il en existe actuellement, sur les vins et eaux-de-vie; ce qui n'aurait lieu que par abus;

2° De défendre toute perception de taxe ou impôt perçu pour pourvoir aux frais de ces inspections, attendu que sa majesté n'a donné aucune autorisation à cet effet;

3° Qu'il n'y a pas lieu d'accorder la création d'inspecteurs des eaux-de-vie et esprits-de-vin demandée par le ministre de l'intérieur.

---

23 OCTOBRE 1811. — Décrets qui autorisent l'acceptation d'offres de découvrir, au profit des séminaires d'Aix-la-Chapelle, de Tours, du bureau de bienfaisance de Gammerage et des églises de Vouvray, la Ferté-Saint-Aubin, Liége et Huy, diverses rentes, pièces de terres, argent, célés à la régie du domaine. (4, Bull. 401, nos 7439 à 7443.)

---

23 OCTOBRE 1811. — Décrets qui autorisent l'acceptation de dons et legs faits aux pauvres et hospice d'Autun, Semur et Berg-op-Zoom. (4, Bull. 401, nos 7436 à 7438.)

---

23 OCTOBRE 1811. — Décret qui ordonne le paiement de trois mille cinq cent cinq francs, pour pensions accordées à dix-huit veuves de militaires. (4, Bull. 401, n° 7444.)

---

26 OCTOBRE 1811. — Décret qui élève la ville de La Haye au rang des bonnes villes. (4, Bull. 399, n° 7394.)

---

29 OCTOBRE 1811. — Avis du Conseil-d'Etat. (Inscriptions hypothécaires.) *Voy.* 12 NOVEMBRE 1811.

4 NOVEMBRE 1811. — **Avis du Conseil-d'Etat relatif à un déficit du sieur Smeesters, ex-percepteur à Montaigu, département de la Dyle.** (4, Bull. 400, n° 7411.)

Le Conseil-d'Etat, qui, d'après le renvoi ordonné par sa majesté, a entendu le rapport de la section des finances sur celui du ministre de ce département, tendant à faire imputer, sur le fonds de non-valeurs de 1812, le débet envers le Trésor public du sieur Smeesters, ex-percepteur de Montaigu, département de la Dyle, montant à la somme de quatre mille cinq cent soixante-dix-huit francs quatre-vingts centimes, déduction faite de son cautionnement;

Vu l'état de situation du sieur Smeesters pour les années 14, 1806, 1807, 1808 et 1809, dressé le 26 avril 1810 par le contrôleur des contributions, duquel il résulte effectivement un déficit de cinq mille huit cent dix-neuf francs envers le Trésor public, sauf la déduction du cautionnement, et celui de six cent quatre-vingt-neuf francs envers la caisse des communes de la perception;

Vu les différentes contraintes décernées contre le percepteur par le receveur particulier, en date des 15 mai, 21 août, 20 septembre, 1er décembre 1809, 28 avril 1810, et un procès-verbal de carence;

Vu le compte rendu du contrôleur des contributions, duquel il résulte que, le 5 mai 1808, l'arriéré sur 1807 était de deux mille quatre-vingt-trois francs quatre-vingt-quatorze centimes; que cependant le receveur particulier avait remis les rôles au percepteur, malgré la connaissance qu'il avait de ce déficit, et qu'au 18 février 1809, le percepteur était encore redevable de deux mille cinq cent quatre-vingt-six francs, ce qui n'empêcha pas le receveur particulier de lui faire encore la remise de ses rôles comme en 1808;

Vu la lettre du receveur particulier de l'arrondissement au sous-préfet, en date du 11 septembre 1810, dans laquelle ce receveur fait observer qu'il avait été trompé par le percepteur, qui avait de même trompé l'inspecteur du Trésor public, *en n'émargeant point les divers paiemens à lui faits*, quoique ayant cependant délivré les quittances; qu'en outre il n'avait pas fait arrêter ledit percepteur, sous prétexte qu'il avait droit aux actes d'indulgence et de bienfaisance accordés à l'occasion du mariage de sa majesté;

Considérant que la première contrainte dont justifie le receveur particulier est datée du 15 mai 1809, époque à laquelle le percepteur était déjà redevable de quatre douzièmes;

Que, si les vérifications et poursuites nécessaires eussent été faites antérieurement à cette époque, le sieur Smeesters n'aurait pu induire en erreur le receveur particulier, en n'émargeant point ses recettes; qu'on aurait alors reconnu sur-le-champ l'infidélité dudit percepteur, et prévenu un déficit aussi considérable, en le faisant sur-le-champ remplacer d'office;

Considérant que le receveur n'a point décerné de contrainte par corps contre le percepteur; qu'ainsi les formalités prescrites par le décret du 20 juillet 1808 n'ont pas été remplies;

Considérant enfin combien il est important, pour assurer la rentrée des deniers publics, de maintenir avec rigueur le principe relatif à la responsabilité des receveurs, consacré par les décrets des 16 thermidor an 8 et 20 juillet 1808.

Est d'avis qu'il n'y a point lieu d'imputer sur les fonds de non-valeurs de 1812 le déficit de caisse montant à quatre mille cinq cent soixante-dix-huit francs quatre-vingts centimes, du sieur Smeesters, ex-percepteur à Montaigu, département de la Dyle; que le receveur particulier de l'arrondissement est responsable de la rentrée de cette somme au Trésor public.

---

4 NOVEMBRE 1811. — Décret portant que les dépenses pour réparations foncières à la charge des donataires de Bayreuth, Erfurt, Fulde et Hanau, réunis en société, seront supportées en commun par les sociétaires. (4, Bull. 400, n° 7412.)

Art. 1er. Les dépenses pour réparations foncières à faire aux biens que tiennent de notre munificence les donataires de Bayreuth, Erfurt, Fulde et Hanau, réunis en société, seront supportées en commun par les sociétaires, et acquittées sur les fonds sociaux, de la même manière qu'il a été statué pour les dépenses pour réparations locatives, par l'article 6 du titre Ier de notre décret du 23 septembre 1810.

2. Notre ministre d'Etat, intendant général de notre domaine extraordinaire, est chargé de l'exécution du présent décret.

---

4 NOVEMBRE 1811. — Décrets qui autorisent l'acceptation d'offres de découvrir, au profit de la commune de Dinant et des pauvres et hospices de Douai, Mons, Flins, Huy, Courthuin et Glous, des biens et rentes célés à la régie du domaine. (4, Bull. 401, nos 7445 à 7448.)

---

4 NOVEMBRE 1811. — Décrets qui autorisent l'acceptation de dons et legs faits aux pauvres et hospices de Saint-Avold, Laubepin, Monestiers, Sestré, Brugnato et Saint-Haon-le-Châtel. (4, Bull. 401, nos 7449 à 7451, et Bull. 405, nos 7474 et 7475.)

---

5 NOVEMBRE 1811. — Avis du Conseil-d'Etat. (Incompétence.) *Voy.* 12 NOVEMBRE 1811.

---

12 NOVEMBRE 1811. — Décret portant création d'une compagnie d'ouvriers militaires, pour être attachée à l'arsenal du génie à Metz. (4, Bull. 401, n° 7433.)

TITRE Ier. Formation, composition et solde.

Art. 1er. Il sera créé une compagnie d'ouvriers militaires du génie pour être exclusivement attachée à l'arsenal du génie à Metz.

2. La composition de cette compagnie et la solde attribuée aux différens grades seront déterminées ainsi qu'il suit :

	TEMPS		SOLDE	
	de paix.	de guerre.	par jour.	par an.
Capitaine en premier	1	1	« «	2,500
Capitaine en second	1	1	« «	2,000
Lieutenant en premier	1	1	« «	1,500
Lieutenant en second	1	1	« «	1,300
Sergent-major	1	1	1 79	
Sergens	4	4	« 98	
Fourrier	1	1	« 98	
Caporaux	6	12	« 88	
Maîtres-ouvriers	6	6	« 83	
Ouvriers de première classe	20	46	« 73	
Ouvriers de seconde classe	28	50	« 58	
Apprentis	54	56	« 48	
Tambours	2	2	« 46	
	126	182		

3. Les quatre officiers à nommer pour la formation de la compagnie d'ouvriers militaires du génie seront choisis parmi les officiers de sapeurs, sur la présentation qui en sera faite à notre ministre de la guerre par le premier inspecteur du corps impérial du génie.

4. La compagnie d'ouvriers militaires du génie sera formée de sous-officiers, caporaux et ouvriers qui seront tirés de nos bataillons de mineurs et de sapeurs, parmi ceux qui possèdent la connaissance de quelque métier en fer et en bois.

5. Cette compagnie se recrutera à l'avenir comme les autres troupes de l'empire.

TITRE II. De l'avancement et du rang dans l'armée.

6. Pour être promu au grade de caporal dans la compagnie d'ouvriers militaires du génie, il faudra être bon ouvrier en fer et en bois, et savoir lire et écrire couramment.

7. Pour être fourrier ou sergent, il faudra connaître les principaux détails de la comptabilité d'une compagnie, les quatre règles d'arithmétique, le calcul décimal, ainsi que les principales dispositions du Code pénal militaire; savoir, en outre, un peu dessiner, et être instruit de la construction des voitures et des outils.

8. Pour être sergent-major, il faudra savoir l'arithmétique jusqu'aux règles de trois inclusivement, avoir une connaissance complète de la comptabilité d'une compagnie et de toutes les dispositions du Code pénal militaire; il faudra, en outre, savoir le dessin, et avoir des données exactes sur les détails des constructions qui se font à l'arsenal du génie.

9. Pour être lieutenant en second, il sera nécessaire de joindre aux connaissances exigées pour être sergent-major, toutes celles que doit avoir un officier de ce grade dans les sapeurs; il faudra être particulièrement instruit sur le dessin, les levées d'usines et les constructions de toutes espèces. Le sujet postulant sera examiné par un jury, qui sera composé du directeur de l'arsenal du génie, du sous-directeur et du capitaine en chef employé.

10. Les sujets dans le cas d'être promus à un grade supérieur à celui dont ils sont revêtus seront examinés sur les connaissances nécessaires pour occuper ce grade.

11. L'examen sera fait, pour les sous-officiers, par le commandant de la compagnie, assisté du capitaine en second, d'un lieutenant, du sergent-major ou d'un sergent. Ce jury sera présidé par le sous-directeur de l'arsenal, ou, à son défaut, par le capitaine en chef employé.

Procès-verbal de l'examen sera dressé et remis au directeur de l'arsenal, qui nommera à l'emploi de sous-officier vacant.

12. Dans le cas où la place de sergent-major, devenue vacante, ne pourrait pas être remplie par un des sergens de la compagnie, le directeur de l'arsenal en informera sur-le-champ le ministre de la guerre, qui prendra les mesures nécessaires pour qu'il soit nommé à cette vacance, en faisant choix, parmi les sergens de mineurs et de sapeurs, d'un sujet réunissant les connaissances exigées par l'article 8.

13. La compagnie d'ouvriers militaires du génie prendra rang dans l'armée immédiatement après les sapeurs.

TITRE III. De l'habillement, de l'armement et de l'administration.

14. L'habillement pour la compagnie d'ouvriers militaires du génie est déterminé ainsi qu'il suit :

15. L'uniforme des officiers sera pareil à celui des officiers de mineurs et de sapeurs, à l'exception du bouton, qui portera la légende, *Ouvriers du génie*.

16. Les sous-officiers et ouvriers porteront un habit-veste de drap bleu impérial, agrafant sur la poitrine, revers, paremens et collet de panne noire, doublure et passe-poil de serge rouge, les basques retroussées par une agrafe et ornées d'une grenade en drap bleu; boutons de métal jaune, conformes au modèle adopté pour les troupes du génie, avec la légende, *Ouvriers du génie;*

Gilet à manches, de même drap que l'habit-veste;

Pantalon de tricot bleu;

Caleçon long en toile;

Guêtres noires;

Veste de travail, de même drap que l'habit-veste, boutonnant sur le devant; paremens et collet de panne noire; boutons d'uniforme;

Pantalon en toile treillis pour le travail;

Bonnet de police de drap bleu, liseré rouge;

Capote dite redingote, de même drap que l'habit-veste, à taille croisée sur la poitrine, collet seulement en panne noire, liseré rouge, boutons uniformes;

Shako tel que le portent les mineurs;

Pompon rond en laine rouge, surmonté d'une petite aigrette en crin noir.

17. Le petit équipement sera le même que pour les mineurs et sapeurs.

18. Chaque sous-officier et ouvrier sera armé d'un fusil court, dit de dragon, avec baïonnette, d'une petite giberne, porte-giberne, et d'un sabre-briquet, avec baudrier comme les mineurs.

19. Le conseil d'administration de la compagnie d'ouvriers militaires du génie sera composé conformément à l'article 13 de no-

tre décret du 21 décembre 1808, relatif à la formation des conseils d'administration des corps.

20. Nos ministres de la guerre, directeur de l'administration de la guerre et du Trésor impérial, sont chargés de l'exécution du présent décret.

---

12 NOVEMBRE 1811. — Avis du Conseil-d'Etat sur une requête de la commune de Brest, tendant à faire annuler, comme incompétent, un arrêt rendu par la cour d'appel de Rennes, dans une cause en instance entre cette commune et les héritiers Lemayer. (4, Bull. 403, n° 7453.)

Avis du Conseil-d'Etat du 24 MARS 1812.

Le Conseil-d'Etat, qui, d'après le renvoi ordonné par sa majesté, a entendu le rapport de la commission du contentieux, sur une requête de la commune de Brest, tendant à ce qu'il plaise à sa majesté:

1° Casser et annuler, comme incompétent, un arrêt rendu par la cour d'appel de Rennes, le 4 juillet 1808, dans la cause en instance entre ladite commune et les héritiers Thomas Lemayer-de-la-Villeneuve;

2° En conséquence, ordonner que les lettres-patentes des 15 mars et 10 avril 1685, portant réunion du domaine de Traonjoli à la commune de Brest, ainsi que l'arrêt du Conseil du 24 mars 1698, qui a réglé l'indemnité due pour ladite réunion à Thomas Lemayer-de-la-Villeneuve, propriétaire originaire dudit domaine, seront exécutés selon leurs forme et teneur, et qu'en exécution desdites lettres-patentes et arrêt du Conseil, la commune de Brest sera maintenue dans la possession des diverses parties du domaine de Traonjoli réunis à la ville, avec défenses aux héritiers Lemayer et à tous autres de l'y troubler;

Vu l'arrêt de la cour d'appel de Rennes, du 4 juillet 1808;

Vu un arrêt de la Cour de cassation du 24 octobre 1809, portant qu'il sera sursis à statuer sur le pourvoi de la commune de Brest envers l'arrêt de la cour de Rennes, jusqu'à ce qu'il ait été prononcé par le Conseil-d'Etat sur la question de savoir si l'affaire dont il s'agit est de la compétence de l'autorité administrative;

Vu les mémoires produits par les héritiers Lemayer, lesquels soutiennent que la cour de Rennes était compétente pour statuer sur la question qui lui était soumise;

Considérant que, si, par les dispositions de l'article 3 de la loi du 7 = 14 octobre 1790, de l'article 27 de la loi du 21 fructidor an 3, et de l'article 11 de l'arrêté du 5 nivose an 8, c'est au Gouvernement qu'il appartient de prononcer sur la compétence des tribunaux ou des corps administratifs, cette règle n'est applicable néanmoins qu'aux seuls cas où il existe un conflit *positif* résultant de la revendication faite par l'autorité administrative, ou un conflit *négatif* résultant de la déclaration faite par les autorités judiciaires et administratives, que l'affaire n'est pas dans leurs attributions respectives;

Que, hors ce cas, l'autorité supérieure dans la hiérarchie, soit judiciaire, soit administrative, doit prononcer sur les exceptions d'incompétence qui lui sont présentées, et qu'ainsi la Cour de cassation a le droit d'annuler les arrêts et jugemens qui auraient violé les règles sur la compétence, comme les autres lois dont la garde et la conservation sont confiées à cette cour;

Que, dans l'affaire de la commune de Brest contre les héritiers Lemayer, il n'existait aucun conflit ni positif ni négatif, mais seulement la commune avait proposé, contre l'arrêt de la cour d'appel de Rennes, des moyens d'incompétence sur lesquels la Cour de cassation est autorisée à prononcer, en statuant sur l'admission ou sur le rejet du pourvoi;

Que l'arrêt de sursis prononcé par cette cour n'a pu la dépouiller d'un droit de juridiction qui lui appartient essentiellement, puisqu'en pareille circonstance le Gouvernement lui-même lui a renvoyé la connaissance de jugemens qui paraissaient contraires aux règles de compétence, ainsi que cela résulte d'un arrêté du 2 germinal an 5, inséré au Bulletin des Lois,

Est d'avis qu'il n'y a lieu de prononcer sur la requête de la commune de Brest, et de faire droit à l'arrêt de renvoi rendu par la Cour de cassation, devant laquelle la commune devra se retirer, pour faire statuer sur tous les moyens présentés à l'appui de son pourvoi, contre l'arrêt de la cour d'appel de Rennes du 4 juillet 1808.

---

12 NOVEMBRE 1811. — Décret qui, en autorisant les dérivations d'un cours d'eau, et l'établissement d'un moulin construit sur ce cours d'eau par le sieur Loison, ordonne que ledit Loison sera poursuivi pour raison de contraventions par lui commises, tant en altérant les prises d'eau qu'en faisant construire ses usines sans autorisation légale. (4, Bull. 405, n° 7467.)

Art. 1er. L'établissement du moulin construit dans la commune de Montaterre, département de l'Oise, par le sieur Loison (au point *H* du plan), sur le cours d'eau traversant ses propriétés, et alimenté par la prise faite dans la rivière du Thérain, au point *C*, ainsi que les dérivations dudit cours d'eau par les points *DD*, sont autorisés et maintenus.

2. Néanmoins, et attendu les contraventions commises à diverses reprises par le sieur Loison, tant en altérant les prises d'eau

qu'en faisant construire ses usines sans autorisation légale, ledit sieur Loison est renvoyé par-devant notre procureur général impérial près la cour impériale d'Amiens, pour être poursuivi conformément aux lois et réglemens.

3. Le sieur Loison sera tenu de rendre l'eau à la sortie de sa propriété, dans son ancien cours d'eau vers Montaterre, sans qu'il lui soit permis d'ouvrir d'autres prises que celles actuelles.

4. Le concessionnaire sera tenu de construire à ses frais, à l'emplacement actuel de son ancienne prise, un pertuis solide, en maçonnerie ou en charpente, qui aura deux mètres quatre-vingt-douze centimètres de largeur entre ses bajoyers, sur un radier dont la plate-forme sera établie à deux mètres cinquante-quatre centimètres en contre-bas du repère ci-après désigné.

5. Il sera marqué et gravé, aux frais du sieur Loison, d'après l'indication de l'ingénieur, deux repères, l'un à l'angle de la cage du moulin à foulon du sieur Dastier, un mètre quatre-vingt-treize centimètres en contre-bas du déversoir du sieur Dastier; l'autre repère sera au même niveau que le précédent, et sera placé à l'angle du moulin du sieur Loison.

6. Les vannes de décharge du sieur Loison, et celles mouloires de son moulin, seront réglées à leur sommet, de manière qu'étant entièrement fermées, elles ne puissent excéder la hauteur du déversoir du sieur Dastier.

Le sieur Loison ne pourra faire écouler l'eau par ses vannes de décharge, ou par l'une d'elles seulement, que lorsque les vannes mouloires de son moulin seront entièrement fermées.

7. Le concessionnaire ne pourra, en aucun temps ni sous aucun prétexte, réclamer indemnité pour chômage de son usine, envers le sieur Dastier ou ses ayans-cause, attendu que les retenues du moulin Dastier, sans lesquelles le sieur Loison ne peut avoir de chute, existaient et continueront d'exister indépendamment de celle du sieur Loison, qui se trouve dépendre absolument de la retenue du sieur Dastier : celui-ci continuera d'avoir la faculté de la détruire ou d'en baisser la hauteur à sa volonté.

8. Cependant, s'il arrivait que cette chute fût supprimée par le sieur Dastier ou ses successeurs, le sieur Loison ou ses ayans-cause pourront alors construire, à leurs frais, un barrage avec vannes de décharge, vis-à-vis de leurs propriétés, pour maintenir l'eau à la hauteur ci-devant prescrite.

9. Enfin, pour l'exécution entière et parfaite du pertuis ordonné, le sieur Dastier sera tenu, s'il est besoin, de mettre ses moulins en chômage, sauf une juste indemnité qui lui sera payée, à dire d'experts, par le sieur Loison : ce dernier ne pourra, au surplus, mettre son moulin en activité que lorsque les travaux ci-dessus prescrits auront été reçus par les ingénieurs.

10. Le sieur Dastier sera tenu, en outre, d'enlever les attérissemens que ses constructions auraient amoncelés dans le canal, au-dessous des poncelets, lorsqu'elles auront été dûment constatées.

11. Pour pouvoir maintenir en intégrité la largeur et les bords de la rivière du Thérain, et les vérifier au besoin, les sieurs Dastier et Loison y feront planter et sceller, à leurs frais, chacun de leur côté, cinq bornes en pierres de taille, conformément au plan annexé.

12. Il n'y a lieu à statuer sur les entreprises faites par le sieur Loison, relativement aux poncelets L M, dont la propriété a été établie par l'arrêt de notre cour d'appel d'Amiens.

Le sieur Dastier est maintenu dans tous les droits résultant dudit arrêt, tant en ce qui concerne les dommages et intérêts qu'il peut avoir à exiger contre les auteurs des susdites entreprises, qu'en ce qui concerne les travaux à exécuter pour l'avenir.

Il est réservé à la commune de Montaterre de faire valoir également les droits qu'elle pourrait avoir à la pleine conservation de l'abreuvoir situé entre les deux poncelets.

13. Aussitôt la confection des ouvrages, il en sera dressé procès-verbal, aux frais du concessionnaire par l'ingénieur d'arrondissement : un double en sera remis au secrétariat de la préfecture, et copie aux archives de la municipalité du lieu, pour y avoir recours au besoin.

14. Dans aucun cas, ni sous aucun prétexte, il ne pourra être prétendu indemnité, chômage, ni dédommagement par le concessionnaire ou ses ayans-cause, par suite des dispositions que le Gouvernement jugera convenable de faire pour l'avantage de la navigation, du commerce ou de l'industrie, sur le cours d'eau où se trouve situé ledit moulin, même en cas de démolition.

15. Les plan et nivellement dressés par les ingénieurs des ponts-et-chaussées, le 20 octobre 1808, seront annexés au présent décret.

16. Notre grand-juge, ministre de la justice, et notre ministre de l'intérieur, sont chargés de l'exécution du présent décret.

---

12 NOVEMBRE 1811. — Avis du Conseil-d'Etat portant qu'il peut être pris inscription hypothécaire en vertu des contraintes décernées par l'administration des douanes, en exécution de l'article 32 de la loi du 6 = 22 août 1791. (4, Bull. 429, n° 7899.)

Voy. loi du 6 = 22 AOUT 1791, titre XIII, art. 32, et avis du Conseil-d'Etat du 25 THERMIDOR an 12.

Le Conseil-d'Etat, qui, d'après le renvoi

ordonné par sa majesté, a entendu le rapport de la section des finances sur celui du ministre de ce département, présentant la question de savoir s'il peut être pris inscription hypothécaire en vertu des contraintes que l'article 32 de la loi du 6 = 22 août 1791 autorise l'administration des douanes à décerner, pour le recouvrement des droits dont il est fait crédit, et pour défaut de rapport des certificats de décharge des acquits-à-caution;

Vu 1° les articles 32 et 33 de la loi précitée;

2° L'avis du Conseil-d'Etat approuvé par sa majesté le 25 thermidor an 12, duquel il résulte que « les administrateurs auxquels les « lois ont attribué, pour les matières qui y « sont désignées, le droit de prononcer les « condamnations, ou de décerner des con« traintes, sont de véritables juges, dont les « actes doivent produire les mêmes effets et « obtenir la même exécution que ceux des « tribunaux ordinaires;

« Qu'en conséquence les condamnations « et les contraintes émanées des administra« teurs, dans les cas et pour matières de leur « compétence, emportent hypothèque de la « même manière et aux mêmes conditions « que celles de l'autorité judiciaire; »

Considérant que la question proposée par le ministre est décidée par l'avis précité; mais que cet avis n'a point été inséré au Bulletin des Lois, et qu'il est nécessaire de lui donner la publicité légale, afin que les parties intéressées en aient connaissance,

Est d'avis que des ordres soient donnés par sa majesté pour que l'avis du Conseil, approuvé le 25 thermidor an 12, soit inséré au Bulletin des Lois.

---

12 NOVEMBRE 1811. — Décrets d'institution publique de diverses sœurs hospitalières, et approbation de leurs statuts. (4, Bull. 406, n° 7477.)

---

12 NOVEMBRE 1811. — Décrets qui autorisent l'acceptation de dons et legs et de fondations faits aux églises de Castel-Sarrazin, Autun, Neufmaisons, Champlitte, Champlitte-la-Ville, Louhans, Ainay (de Lyon), Hermillon, Plessis-Dumée, Saint-Sulpice, Coume; des séminaires de Montpellier et de Lyon, et de l'hospice de Tournon. (4, Bull. 406, n°s 7481, 7483, et Bull. 407, n°s 7488 à 7498.)

---

12 NOVEMBRE 1811. — Décret relatif aux obligations du sieur Paquo, relativement à la concession de l'alunière de Flosne, près Huy. (4, Bull. 406, n° 7482.)

---

12 NOVEMBRE 1811. — Décret qui autorise l'érection de l'église de l'ancien collége d'Autun en chapelle. (4, Bull. 403, n° 7454.)

---

12 NOVEMBRE 1811. — Avis du Conseil-d'Etat (Ardoises. — Pensions de retraite.) *Voy.* 17 NOVEMBRE 1811. — (Débets des comptables.) *Voy.* 24 MARS 1812.

---

13 NOVEMBRE 1811. — Décret qui ordonne le paiement d'une somme de deux mille deux cent quatre-vingt-neuf francs, pour pensions accordées à neuf veuves de militaires. (4, Bull. 405, n° 7476.)

---

14 NOVEMBRE 1811. — Décret portant suppression de toutes les corporations religieuses dans le département de la Lippe. (4, Bull. 401, n° 7434.)

Voy. loi du 18 AOUT 1792; décret du 3 JANVIER 1812, du 23 JANVIER 1813.

Art. 1er. Les chapitres, et toutes les corporations de religieux et de religieuses, et ordres monastiques, de quelques congrégations qu'ils soient, dotés ou mendians, existant dans le département de la Lippe, sont et demeurent supprimés.

2. Tous les biens, de quelque espèce qu'ils soient, appartenant à la main-morte, savoir, évêques, bénéficiers, chanoines, chapitres, etc., etc., excepté les curés ayant charge d'ames, font partie du domaine de l'Etat, et il en sera pris, sans délai, possession en notre nom, par l'administration de l'enregistrement et des domaines.

3. Pour prévenir toute distraction d'effets, registres, titres et papiers des corporations et ordres monastiques supprimés, le préfet du département de la Lippe fera apposer les scellés sur lesdits effets, registres, titres et papiers, par des commissaires qu'il déléguera à cet effet, et dont il réglera les opérations, de manière que l'apposition des scellés ait lieu partout le même jour et à la même heure, et que cette mesure soit prise avant la publication du présent décret.

4. Il sera procédé ensuite, par les commissaires que le préfet aura choisis, assistés des préposés de l'administration des domaines, à la levée des scellés: lesdits commissaires se feront représenter tous les registres et comptes de régie des biens, les arrêteront, et formeront un résultat des revenus et des époques de leur échéance, dresseront sur papier libre, et sans frais, un état et description sommaire de l'argenterie des églises et chapelles, effets de sacristies, bibliothèques, livres, manuscrits, médailles et tableaux, en présence des possesseurs actuels, dont ils recevront les déclarations sur l'état présent de leurs maisons, leurs possessions foncières, rentes constituées ou provenant de capitaux placés, dettes mobilières et immobilières, et des titres qui les constatent. Lesdits commissaires recevront particulièrement du grand-

chapitre de Munster la déclaration des biens dont l'administration est abandonnée à chaque chanoine, ainsi que de ceux qui seraient régis par les agens des princes médiatisés; et il en sera pris possession en notre nom.

5. Les mêmes commissaires feront dresser un état des chanoines et chanoinesses, des religieux et religieuses de chaque maison, et de ceux et de celles qui y seraient affiliés, avec leurs noms et prénoms, ceux de religion, leur âge et lieu de naissance.

Tous ces états et déclarations seront certifiés véritables, et signés par chacun des individus intéressés, lesquels seront solidairement responsables de la fidélité de leur contenu.

6. Le directeur général de l'enregistrement et des domaines enverra dans le plus court délai, au ministre des finances, une expédition des procès-verbaux et des états ci-dessus prescrits.

7. L'administration de tous les biens mentionnés dans l'article 2 est confiée, dès ce moment, à la régie des domaines, sous la surveillance du préfet; et tous leurs produits seront versés dans la caisse de ladite régie.

8. Les comptes des chapitres et couvens, ainsi que ceux de leurs fermiers et locataires, seront communiqués aux maires et sous-préfets, pour être ensuite vérifiés et apurés par la régie des domaines.

9. Toutes quittances ou reconnaissances de paiemens prétendus faits par anticipation, aux chapitres et couvens, par les fermiers, locataires, emphytéotes ou détenteurs des biens dont ils cesseront d'avoir la jouissance en suite du présent décret, sont nulles et de nul effet.

10. Tous dépositaires d'argent, meubles et denrées de toute nature appartenant aux corporations supprimées, seront tenus, dans le mois de la publication du présent décret, d'en faire leur déclaration aux maires des communes dans l'arrondissement desquels ils résident, à peine d'être considérés comme rétentionnaires de deniers publics, et poursuivis comme tels. Les maires transmettront ces déclarations aux sous-préfets, et ceux-ci aux préfets.

11. Tous dépositaires de titres, papiers, documens appartenant auxdites corporations, et relatifs à la propriété ou administration de leurs biens, seront tenus, sous les mêmes peines et dans le même délai, d'en faire le dépôt aux archives de la préfecture.

12. Les membres des corporations supprimées, qui seraient convaincus d'avoir distrait des effets appartenant à leurs maisons, seront poursuivis suivant la rigueur des lois, et le paiement de leurs pensions sera suspendu jusqu'à la restitution des objets distraits ou de leur valeur.

13. Il est sursis à l'instruction et au jugement de toutes causes, instances et procès, ainsi qu'à toute saisie-exécution, ventes de fruits et de meubles, et autres poursuites quelconques dirigées contre les établissemens supprimés par le présent décret; et tous les meubles et effets mobiliers qui pourraient avoir été saisis seront laissés à la garde de la régie des domaines, qui en rendra compte ainsi et à qui il appartiendra.

14. Les poursuites mentionnées dans l'article précédent ne pourront être reprises, s'il y a lieu, que dans les formes prescrites par la loi du 28 octobre = 5 novembre 1790 et autres relatives.

15. Toutes les dettes et créances à la charge des corporations supprimées seront liquidées par le préfet.

16. Les créanciers desdits établissemens seront tenus de remettre, à cet effet, leurs demandes en liquidation, ainsi que les titres et pièces justificatives de leurs créances, au préfet, avant le 1er avril 1812; passé lequel délai, ils ne seront plus admis à les produire, et seront définitivement déchus de leurs droits.

17. Le préfet procédera à la liquidation de ces créances, et en adressera l'état, avec les pièces à l'appui, à notre ministre des finances, pour être soumis à notre approbation.

18. Dans le mois qui suivra le jour de la publication du présent décret, les membres des couvens supprimés seront tenus d'évacuer les maisons qu'ils occupent.

A compter de cette époque, il ne sera plus permis aux religieux et religieuses de porter le costume de leur ordre.

19. Chacun d'eux pourra, en quittant la maison à laquelle il se trouve attaché, emporter le mobilier de sa chambre ou cellule, ainsi que les linges et généralement tous les meubles et effets qui auront été jusqu'alors à son usage exclusif ou personnel.

20. Les linges, meubles ou effets dont l'usage aura été commun entre plusieurs membres desdites maisons, autres que les effets inventoriés en exécution de l'article 4, seront partagés entre eux.

21. Les effets mobiliers inventoriés en exécution de l'article 4 seront déposés, dans chaque sous-préfecture, dans un magasin général indiqué par le préfet; il sera sous la garde et la responsabilité d'un préposé nommé par lui.

22. Tous ces religieux et religieuses seront tenus de se rendre immédiatement dans le lieu de leur naissance; les religieux prêtres se présenteront à leurs curés respectifs, et seront mis à la suite de la cure, pour assister le curé dans les fonctions ecclésiastiques.

23. Il sera compté à chacun desdits religieux et religieuses, une somme de cent francs pour frais de route, si la distance du lieu auquel ils doivent se rendre n'excède pas cinquante lieues, et cent cinquante francs si la distance est plus grande.

24. Quant aux religieux et religieuses qui sont nés hors du territoire de l'empire, ils seront tenus d'en sortir et de se retirer dans leur pays.

25. Les membres des couvens supprimés, qui sont nés dans le département de la Lippe, ou *dans les autres départemens de l'empire français*, et qui continueront d'y habiter, recevront une pension annuelle et viagère, savoir :

1° Les religieux prêtres profès et religieuses professes, de six cents francs pour chacun des individus qui ont soixante ans accomplis, et de cinq cents francs pour tous ceux d'un âge inférieur ;

2° Les frères lais profès et non profès, ainsi que les sœurs converses professes ou non professes, de quatre cents francs pour chacun des individus de cette classe qui ont soixante ans, et de trois cents francs pour ceux d'un âge inférieur.

26. Ces pensions seront liquidées par le préfet du département dans lequel les religieux et religieuses sont nés et se seront retirés.

Cette liquidation sera faite d'après les pièces suivantes :

1° Par le préfet du département de la Lippe, de l'état nominatif dressé par les commissaires, en exécution de l'article 5 du présent décret, constatant les noms et prénoms du réclamant, celui de religion, son âge et sa qualité de religieux profès ou laïque.

2° Son acte de naissance ;

3° Un certificat du maire et du sous-préfet, constatant sa résidence ;

4° Les religieux prêtres devront, en outre, justifier qu'ils sont à la suite de la cure, et assistent le curé dans ses fonctions ecclésiastiques, ainsi que le prescrit l'article 22 du présent décret ;

5° Les religieux profès ou laïques seront tenus de produire un certificat du maire de leur domicile, visé du sous-préfet, constatant leur serment d'obéissance aux constitutions de l'empire, et de fidélité à notre personne.

27. Il sera formé, par les préposés de la régie de l'enregistrement, des états, d'une année commune, prise sur les cinq dernières années du revenu des prébendes, chapitres d'hommes et de femmes. Ces états, vérifiés et visés par le préfet, nous seront soumis par notre ministre des finances, et nous réglerons, en conséquence, les pensions des membres desdits établissemens.

28. Les membres desdits chapitres conserveront, leur vie durant, la jouissance des maisons particulières qui étaient affectées à chaque canonicat.

29. Lesdits membres de chapitres seront tenus de justifier de la prestation du serment prescrit aux religieux par l'article 26.

30. Les églises des couvens supprimés dans le département de la Lippe, qui servent de paroisses, seront conservées avec tout ce qui en peut dépendre, et affectées au service du culte ; à la charge par les prêtres qui desservent ces églises, de vivre comme simples séculiers, de cesser toute correspondance directe ou indirecte avec les ci-devant supérieurs de leur ordre, et de demeurer soumis à l'évêque diocésain.

31. Nos ministres des finances et des cultes sont chargés de l'exécution du présent décret.

---

15 NOVEMBRE 1811. — Décret concernant le régime de l'Université. (4, Bull. 402, n° 7452.)

Voy. décrets du 17 MARS 1808, du 17 SEPTEMBRE 1808, du 4 JUIN 1809, du 13 AOUT 1813 ; ordonnances du 22 JUIN 1814 et 17 FÉVRIER 1815, du 29 FÉVRIER 1816.

CHAPITRE Ier.

TITRE Ier. *Des lycées.*

Art. 1er. Le nombre des lycées, dans toute l'étendue de l'empire, sera porté à cent : ceux qu'il faudra ériger, en conséquence, seront établis dans le plus court délai possible, et de manière qu'il y ait au moins quatre-vingts lycées en activité dans le cours de 1812, et les vingt autres dans le cours de 1813.

2. Le grand-maître de l'Université, d'après les renseignemens fournis par les recteurs, de l'avis des inspecteurs généraux, et sur délibération du conseil de l'Université, proposera, d'ici au 1er mars, le tableau des colléges qui devront être érigés en lycées, lesquels seront pris parmi ceux des villes les mieux situées, les mieux pourvues de locaux et de moyens, et qui auront montré le plus de zèle pour favoriser l'instruction, pour être par nous statué en notre Conseil-d'Etat, et sur le rapport de notre ministre de l'intérieur.

3. Les communes dont les colléges seront érigés en lycées continueront à pourvoir aux dépenses de premier établissement, et à l'entretien des locaux, en ce qui concerne les grosses réparations.

4. Les locaux des lycées existans seront, dans le courant de l'année, mis en état de contenir, autant que possible, trois cents élèves. S'il est à cet effet besoin de fonds à fournir par les villes ou arrondissemens, il y sera statué comme il est dit à l'article précédent.

5. Les locaux des lycées nouvellement érigés seront de nature à contenir au moins deux cents élèves pensionnaires, et seront disposés dans le plus court délai pour les recevoir.

6. Il sera dressé, des travaux à faire en exécution des articles 3, 4 et 5 ci-dessus, des plans et devis avec détails estimatifs, lesquels

devront être approuvés par notre ministre de l'intérieur.

7. Les réglemens déjà faits seront observés dans tous les lycées.

8. Il n'y aura qu'un lycée dans la même ville.

Sont exceptées les villes de soixante mille ames et au-dessus, où il pourrait y avoir un lycée et un ou plusieurs colléges.

9. Il sera établi à Paris quatre nouveaux lycées ; et les deux lycées qui n'ont point de pensionnaires seront mis en état d'en recevoir dans le cours de 1812.

TITRE II. Des colléges

10. Les colléges seront divisés en deux classes, selon le degré d'enseignement autorisé dans chacun de ces établissemens.

11. Les traitemens des régens et maîtres des colléges seront réglés et arrêtés par nous en Conseil-d'Etat, sur l'avis du conseil de l'Université et le rapport de notre ministre de l'intérieur, et classés parmi les dépenses fixes et ordinaires des villes.

Il en sera de même du traitement des principaux desdits colléges, toutes les fois qu'ils ne tiendront pas le collége pour leur propre compte.

12. Les sommes qui devront être fournies par les communes respectives pour leurs colléges continueront à être, chaque année, arrêtées par nous dans le budget de ces communes, toutefois après qu'on nous aura fait connaître s'il existe un pensionnat, si ce pensionnat est en régie ou en entreprise, et quel est le résultat économique de son administration.

Le conseil de l'Université donnera préalablement son avis, conformément à notre décret du 4 juin 1809.

13. Les comptes des dépenses des colléges qui seront à la charge des communes seront rendus, chaque année, par le principal à un bureau composé du maire, président, d'un membre du conseil de l'académie ou autre délégué du recteur, de deux membres du conseil de département ou d'arrondissement, et de deux membres du conseil municipal.

Ces quatre derniers seront désignés, chaque année, par le préfet.

14. A compter du 1er janvier 1812, les élèves pensionnaires des colléges porteront un habit bleu, dont la forme sera déterminée par le grand-maître.

TITRE III. Institutions et pensions.

§ Ier. *Des institutions.*

15. Les institutions placées dans les villes qui n'ont ni lycées ni colléges ne pourront élever l'enseignement au-dessus des colléges d'humanités.

Les institutions placées dans les villes qui possèdent un lycée ou un collége ne pourront qu'enseigner les premiers élémens qui ne font pas partie de l'instruction donnée dans les lycées ou colléges, et répéter l'enseignement du collége ou du lycée pour leurs propres élèves, lesquels seront obligés d'aller au lycée ou collége, et d'en suivre les classes.

§ II. Des pensions.

16. Les pensions placées dans les villes où il n'y a ni lycée ni collége ne pourront élever l'enseignement au-dessus des classes de grammaire et des élémens d'arithmétique et de géométrie.

Dans les villes qui possèdent un lycée ou collége, elles ne pourront que répéter les leçons du lycée ou du collége jusqu'aux classes de grammaire, et aux élémens de l'arithmétique et de la géométrie inclusivement.

Elles devront envoyer leurs élèves au lycée ou collége.

§ III. Règles communes aux institutions et aux pensions.

17. A compter du 1er novembre 1812, les chefs d'institution et les maîtres de pension ne pourront avoir de pensionnaires à demeure dans leurs maisons au-dessus de l'âge de neuf ans, qu'autant que le nombre des pensionnaires que peut recevoir le lycée ou le collége établi dans la même ville ou dans la résidence du lycée, se trouverait au complet.

18. A cet effet, le nombre de pensionnaires que peut recevoir le lycée ou le collége sera constaté par le préfet, sur le rapport du proviseur ou du principal ; et le procès-verbal en sera transmis au grand-maître de l'Université.

19. Les chefs d'institution et les maîtres de pension ne pourront, en conséquence, recevoir des élèves à demeure au-dessus de l'âge de neuf ans, que dans le cas où le proviseur ou le principal déclarerait que le nombre d'élèves déterminé par l'article ci-dessus est au complet, et que l'élève serait porteur de cette déclaration.

20. Les articles ci-dessus seront applicables aux nouveaux lycées, à compter du commencement de l'année scolaire qui en suivra l'établissement.

21. A compter de la prochaine rentrée des classes, tous les élèves reçus dans les institutions et les pensions porteront l'habit d'uniforme des lycées, à peine de clôture des établissemens. Les inspecteurs feront les visites nécessaires pour s'assurer de l'observation de cette discipline.

22. Dans les villes où il y a lycée ou collége, les élèves des institutions et pensions, au-dessus de l'âge de dix ans, seront conduits par un maître aux classes des lycées ou colléges.

23. Les étudians qui se présenteront pour prendre des grades dans les lettres ou les sciences seront tenus de représenter le certificat d'études dans une école de la même ville, à moins qu'ils ne prouvent avoir été élevés par un instituteur, par leur père, oncle ou frère.

TITRE IV. Des écoles secondaires consacrées à l'instruction des élèves qui se destinent à l'état ecclésiastique (1).

24. Les écoles plus spécialement consacrées à l'instruction des élèves qui se destinent à l'état ecclésiastique sont celles où ces élèves sont instruits dans les lettres ou dans les sciences, conformément à notre décret du 9 avril 1809.

25. Toutes ces écoles seront gouvernées par l'Université; elles ne pourront être organisées que par elle, régies que sous son autorité, et l'enseignement ne pourra y être donné que par des membres de l'Université étant à la disposition du grand-maître.

26. Les prospectus et les réglemens de ces écoles seront rédigés par le conseil de l'Université, sur la proposition du grand-maître.

27. Il ne pourra pas y avoir plus d'une école secondaire ecclésiastique par département. Le grand-maître désignera, avant le 15 décembre prochain, celles à conserver; toutes les autres seront fermées à dater du 1er janvier.

28. A dater du 1er juillet 1812, toutes les écoles secondaires ecclésiastiques qui ne seraient point placées dans les villes où se trouve un lycée ou un collége, seront fermées.

29. Aucune école secondaire ecclésiastique ne pourra être placée dans la campagne.

30. Toutes les maisons et meubles des écoles ecclésiastiques qui ne seront pas conservées seront saisis par l'Université, pour être employés dans les établissemens d'instruction publique (2).

31. Nos préfets et nos procureurs généraux près nos cours impériales tiendront la main à ce que l'Université fasse exécuter les dispositions contenues dans les quatre articles précédens.

32. Dans tous les lieux où il y a des écoles ecclésiastiques, les élèves de ces écoles seront conduits au lycée ou au collége pour y suivre leurs classes.

Les élèves des écoles secondaires ecclésiastiques porteront l'habit ecclésiastique; tous les exercices se feront au son de la cloche.

TITRE V. De la surveillance administrative sur les établissemens dirigés par l'Université impériale.

33. Il n'est pas dérogé, par les dispositions précédentes, au droit qu'ont nos préfets et au devoir qui leur est imposé de surveiller les établissemens d'instruction placés dans leurs départemens respectifs.

34. Ils s'attacheront spécialement à examiner si les dispositions de nos décrets sur le régime de ces établissemens sont exactement observées; si les mœurs et la santé des élèves sont convenablement soignées.

35. Ils visiteront, en conséquence, de temps à autre les lycées, colléges, institutions et pensions de leurs départemens.

36. Ils pourront déléguer les sous-préfets pour les visites des lycées ou colléges placés hors du chef-lieu.

37. Les préfets pourront être accompagnés et assistés, dans leurs visites, du maire de la ville.

38. Les proviseurs, principaux et chefs des divers établissemens leur donneront tous les documens propres à les éclairer dans leurs recherches, conformément aux art. 2 et 3 ci-dessus.

39. Ils pourront recevoir, exiger au besoin les renseignemens des professeurs, maîtres, employés des établissemens et des pères de famille.

40. Nos préfets ne pourront rien ordonner, rien changer à l'ordre administratif des lycées ou colléges, ni rien prescrire; mais ils seront tenus d'adresser à notre ministre de l'intérieur les informations qu'ils auront recueillies, et ils les accompagneront de leurs observations, et en instruiront le grand-maître.

CHAPITRE II. De la discipline et juridiction de l'Université.

TITRE Ier. *De la compétence.*

§ Ier. De la compétence quant au personnel.

41. En conséquence du décret du 17 mars 1808, l'Université impériale aura juridiction sur ses membres en tout ce qui touche l'observation de ses statuts et réglemens, l'accomplissement des devoirs et des obligations de chacun, les plaintes et les réclamations contre ses membres, relativement à l'exercice de leurs fonctions, les injures, diffamations et scandales entre les membres, et l'application des peines encourues par les délinquans (3).

---

(1) *Voy.* décret du 9 avril 1809; ordonnance du 16 juin 1828.

(2) *Voy.* décret du 29 août 1813.

(3) Un membre de l'Université, cité devant le conseil royal de l'instruction publique, jugeant disciplinairement, n'a pas la faculté de

42. Cette juridiction sera exercée par le grand-maître et par le conseil de l'Université, conformément aux statuts et réglemens.

43. Lorsqu'il y aura lieu d'infliger aux membres de l'Université qui auront manqué à leurs devoirs les peines mentionnées en l'art. 57 du décret du 17 mars 1808, le grand-maître jugera seul en la forme et sur les instructions déterminées aux titres.

44. Le conseil de l'Université pourra seul infliger aux membres de l'Université la peine de la réforme ou celle de la radiation du tableau de l'Université, conformément à l'article 79 du décret du 17 mars.

45. Le conseil de l'Université est seul juge des plaintes des supérieurs et des réclamations des inférieurs, aux termes de l'art. 78 du même décret, quand il s'agit d'abus d'autorité, d'excès de pouvoir, et en général de l'interprétation des réglemens.

46. Dans les cas où le conseil de l'Université devra être juge, le grand-maître pourra, s'il y a urgence, ordonner provisoirement, par de simples arrêtés, la suspension, les arrêts, ou autres mesures semblables qui n'excèdent point sa compétence; il pourra y autoriser les recteurs, à la charge de l'en informer sur-le-champ.

§ II. De la compétence en matière de comptabilité.

47. Les comptes de ceux qui reçoivent les deniers de l'Université, dans chaque académie, seront vérifiés et arrêtés par le conseil de l'académie.

48. Les arrêtés du conseil de l'académie seront exécutoires, par provision, contre le comptable en débet.

49. Tous les comptes seront envoyés directement au trésorier, revus et définitivement approuvés par le conseil de l'Université.

50. En cas de contestation de la part du comptable, le conseil de l'Université sera juge, sauf le recours à notre Conseil-d'Etat, par la voie de la commission du contentieux; le délai pour se pourvoir courra du jour de la notification de la décision du conseil de l'Université (1).

§ III. De la compétence en matière de droits dus à l'Université.

51. Les conseils d'académie vérifieront et arrêteront les états de pensionnaires et de prix de pension fournis par les instituteurs et maîtres de pension, aux termes de l'article 119, § IV, titre IV, pour le paiement des droits dus à l'Université.

52. Le recteur, chargé de l'exécution, décernera contre les instituteurs et maîtres de pension en retard, des contraintes exécutoires par provision, sans préjudice de ce qui est porté à l'art. 63, au cas de fausses déclarations (2).

53. Les instituteurs et maîtres de pension pourront se pourvoir, tant contre l'arrêté que contre la contrainte, en celle de nos cours impériales dans le ressort de laquelle sera située l'académie à laquelle ces maîtres appartiendront. Le pourvoi aura lieu dans les délais établis pour l'appel par le Code de procédure civile; ces délais courront à dater du jour de la notification de l'arrêté ou de la contrainte.

TITRE II. Des contraventions, des délits et des peines.

SECTION Ire. *De ceux qui enseignent publiquement en contravention aux lois et aux statuts de l'Université, et de la clôture de leurs écoles.*

54. Si quelqu'un enseigne publiquement et tient école sans l'autorisation du grand-maître, il sera poursuivi d'office par nos procureurs-impériaux, qui feront fermer l'école, et, suivant l'exigence des cas, pourront décerner un mandat d'arrêt contre le délinquant.

55. Si notre procureur impérial négligeait de poursuivre, le recteur de l'académie et même le grand-maître seront tenus de dénoncer l'infraction à nos procureurs généraux, qui tiendront la main à ce que les poursuites soient faites sans délai, et rendront compte à notre grand-juge de la négligence des officiers de nos tribunaux inférieurs.

56. Celui qui enseignera publiquement et tiendra école sans autorisation sera traduit, à la requête de notre procureur impérial, en

faire assister d'un défenseur; il doit se défendre lui-même. Les débats devant le conseil royal de l'instruction publique, appelé à prononcer comme juridiction disciplinaire, doivent avoir lieu à huis clos, et non publiquement (4 mai 1830, décision du conseil royal de l'instruction publique; S. 30, 2, 161).

(1) Aucun recours ne peut être directement adressé au Roi, en son Conseil-d'Etat, par les parties intéressées, contre les décisions du conseil de l'instruction publique, si ce n'est en matière de comptabilité, dans les cas prévus par cet article (4 août 1824, ord. Mac. 6, 503). — *Voy.* art. 149.

(2) *Voy.* décret du 13 août 1813.

L'économe d'un collége royal, prétendu responsable de la perte d'une somme considérable, peut être jugé et condamné sur cette question de responsabilité, tout aussi bien que sur une pure question de comptabilité, par la juridiction du conseil royal de l'Université (31 mars 1825, ord. S. 25, 2, 359; Mac. 7, 189).

police correctionnelle, et condamné à une amende qui ne pourra être au-dessous de cent francs ni de plus de trois mille francs, dont moitié applicable au trésor de l'Université, et l'autre moitié aux enfans-trouvés; sans préjudice de plus grandes peines, s'il était trouvé coupable d'avoir dirigé l'enseignement d'une manière contraire à l'ordre et à l'intérêt public (1).

57. Conformément à l'article 105 de notre décret du 17 mars 1808, et indépendamment des poursuites ordonnées par les articles précédens, le grand-maître, après information faite et jugement prononcé par le conseil de l'Université dans les formes prescrites aux titres IV et V ci-après, fera fermer les institutions et pensions où il aura été reconnu des abus graves et où l'enseignement serait dirigé sur des principes contraires à ceux que professe l'Université.

SECTION II. De l'exécution des jugemens du conseil de l'Université en cette partie.

58. Le grand-maître adressera expédition en forme de l'ordonnance ou du jugement qui prononcera la clôture d'un établissement d'instruction, à notre procureur impérial près le tribunal du domicile du délinquant, lequel sera tenu de le faire exécuter dans les vingt-quatre heures, à sa diligence.

59. Lorsqu'il y aura lieu de faire fermer une école, institution ou pension, le grand-maître en donnera préalablement avis, au moins huit jours avant, au recteur dans l'arrondissement duquel elle sera établie, pour qu'il se concerte avec le procureur impérial, avec lequel il prendra les mesures nécessaires dans l'intérêt des élèves et de leurs familles.

60. Lorsque ce sera notre procureur impérial près le tribunal du domicile du contrevenant, qui croira devoir poursuivre d'office celui qui enseignerait sans autorisation, il en informera pareillement le recteur préalablement, et il en instruira le grand-maître, auquel il communiquera les motifs d'urgence qui auront déterminé sa poursuite d'office.

61. Le recteur prévenu, par le procureur impérial, que la clôture d'une école, institution, ou pension, doit avoir lieu, enverra l'inspecteur de l'académie, ou, en son absence, déléguera un membre du conseil académique, lequel se concertera avec le procureur impérial, comme il est dit ci-dessus, article 60, pour que les parens ou tuteurs des élèves soient avertis, et pour que les élèves pensionnaires dont les parens sont trop éloignés pour les retirer de suite, soient, en attendant, recueillis avec leurs effets dans une maison convenable. En cas de diversité d'opinions, le procureur impérial décidera.

62. Dans tous les cas où il y aura lieu de fermer une école, pension ou institution, s'il se présente quelqu'un, membre de l'Université, ou même un particulier ayant les qualités requises et méritant toute confiance, qui offre de se charger des élèves, soit externes, soit pensionnaires, jusqu'à ce qu'il y ait été autrement pourvu, le recteur, avec l'approbation du procureur impérial, pourra l'y autoriser provisoirement, et le grand-maître conférera toujours, en pareil cas, au recteur les pouvoirs nécessaires. Le procureur impérial pourra donner cette autorisation de son chef et sans le concours du recteur.

SECTION III. Des contraventions aux obligations et aux devoirs; des délits et des peines.

§ Ier. *Des contraventions aux devoirs envers l'Université.*

63. Les maîtres de pension et les chefs d'institution autorisés qui feront de fausses déclarations sur le nombre de leurs élèves, sur le prix de la pension et sur le degré d'instruction qui a lieu dans leurs maisons, seront tenus à la restitution des rétributions dont ils auraient privé l'Université, et condamnés, par forme d'amende, envers l'Université, à payer une somme égale à celle qu'ils paient pour leur diplôme; ils seront de plus censurés : en ce cas, l'exécution aura lieu à la diligence de notre procureur impérial, comme il est dit à la section précédente, art. 58.

64. Tout maître de pension ou chef d'institution, tout membre de l'Université, qui s'écartera des bases d'enseignement prescrites par les lois et réglemens, sera censuré, ou sera puni par la suspension de ses fonctions, par la réforme, ou par la radiation du tableau, selon la nature et la gravité de l'infraction.

65. Les professeurs, censeurs régens, agrégés et maîtres d'études qui, sans cause légitime, et sans en avoir prévenu les proviseurs dans les lycées, ou les doyens dans les facultés, se dispenseront de faire leurs leçons ou de remplir leurs fonctions, seront pointés, et

(1) L'instituteur primaire autorisé seulement à enseigner les principes de lecture et de calcul, s'il enseigne le latin, est punissable de l'amende; sortir des bornes de l'autorisation donnée, c'est agir sans autorisation (18 juillet 1823; Cass. S. 23, 1, 423).

Voy. notes sur l'article 113 du décret du 17 mars 1808.

Le droit qu'a le recteur d'accorder l'autorisation aux instituteurs primaires ne lui donne pas le droit de suspendre les poursuites contre les instituteurs qui enseignent sans autorisation. Le ministère public peut poursuivre nonobstant l'intention manifestée par le recteur de ne pas poursuivre (5 mars 1825; Cass. S. 26, 1, 53).

subiront une retenue proportionnelle sur leur traitement par chaque jour d'absence : en cas de récidive, ils seront réprimandés, et pourront même être suspendus de leurs fonctions, avec privation de traitement, pendant le temps qui sera arbitré par le grand-maître, sur l'avis du conseil académique.

66. Tout membre de l'Université qui manquera à la subordination établie par les statuts et réglemens, et au respect dû aux supérieurs, sera réprimandé, censuré, ou suspendu de ses fonctions, selon la gravité des cas.

67. En aucun cas, la suspension avec ou sans privation de traitement ne pourra excéder trois mois.

68. Si un membre de l'Université est repris pour des faits portant le scandale dans la maison à laquelle il appartient, ou blessant la délicatesse et l'honnêteté, il sera rayé, réformé, censuré ou réprimandé, selon les cas.

69. Le membre de l'Université qui abandonnera ses fonctions sans avoir observé les conditions exigées par l'article 43 du décret du 17 mars sera rayé du tableau de l'Université, conformément à l'article 44 du même décret, et sera, en outre, condamné à une détention proportionnée pour sa durée à la gravité des circonstances, et qui ne pourra excéder un an.

Le jugement qui la prononcera sera adressé à tel de nos procureurs qu'il appartiendra, lequel sera tenu d'en suivre l'exécution sans délai.

70. Si un membre de l'Université divertit les deniers qui lui auront été confiés, il sera rayé du tableau, et condamné à la restitution, sans préjudice de l'action criminelle qui sera poursuivie dans les tribunaux, selon les cas.

§ II. Des délits entre les membres de l'Université.

71. Entre les membres de l'Université, les injures verbales ou par écrit seront punies, sur la plainte de la partie offensée, par la réprimande ou la censure, suivant les cas : il sera fait d'ailleurs à l'offensé telle excuse et réparation que le conseil estimera convenable.

72. Si un membre de l'Université se permettait des voies de fait contre un autre membre de l'Université, il sera, sur la plainte de l'offensé, puni par la censure, et par la suspension de ses fonctions, qui, en ce cas, ne pourra être au-dessous d'un mois, avec privation de traitement : si les voies de fait avaient lieu d'un inférieur à un supérieur, le coupable sera rayé du tableau de l'Université.

73. Si un membre de l'Université se rendait coupable de diffamation, de calomnie envers un autre membre, il sera puni par la suspension de ses fonctions, avec privation de traitement pendant trois mois, même par radiation du tableau de l'Université, avec affiche de l'ordonnance, suivant la gravité des cas.

74. Tout membre de l'Université qui, sous prétexte de punition, se serait permis à l'égard des élèves des peines interdites par les réglemens, ou aucun mauvais traitement, sera puni, selon l'exigence des cas, de la censure, de la suspension ou de la destitution ; le tout sans préjudice de la poursuite devant les tribunaux, dans le cas où les parens voudraient s'y pourvoir, ou dans le cas de poursuites d'office du ministère public.

75. Le supérieur qui aura abusé de son autorité envers son inférieur sera réprimandé ou censuré, selon les circonstances.

§ III. Des délits commis par les élèves.

76. Les élèves des lycées ou des colléges au-dessous de seize ans ne seront justiciables, pour délits par eux commis dans l'intérieur de ces maisons, que de l'Université, sans préjudice de ce qui sera dit ci-après, titre VII, articles 158 et suivans.

77. Ils seront punis, selon la gravité des cas, d'une détention de trois jours à trois mois dans l'intérieur du lycée ou du collége, dans un local destiné à cet effet.

78. Si les père, mère ou tuteur s'opposaient à l'exécution de ces mesures, l'élève leur sera remis, et ne pourra plus être reçu dans aucu autre lycée ou collége de l'Université, et sera renvoyé, le cas échéant, à la justice ordinaire.

79. Pour les délits commis par les élèves au dehors, dans les sorties et promenades faites en commun, la partie lésée conservera le droit de poursuivre, si elle le veut, ses réparations par les voies ordinaires : dans tous les cas, l'action sera dirigée contre le chef de l'établissement auquel l'élève appartiendra, lequel chef sera civilement responsable, sauf son recours contre les père et mère ou tuteur, en établissant qu'il n'a pas dépendu des maîtres de prévoir ni d'empêcher le délit.

§ IV. Dispositions générales.

80. Toute récidive pourra être punie de la peine immédiatement supérieure à celle qui aura été antérieurement infligée.

81. Tout membre de l'Université qui refusera de se soumettre aux ordonnances ou jugemens qui le concerneront, après en avoir été sommé et avoir été préalablement averti de la peine, sera contraint de le faire par justice.

82. Dans le cas où des tiers seraient intéressés dans la contestation, elle sera portée devant les tribunaux, si les tiers ne consentent pas à s'en rapporter au jugement du grand-maître ou du conseil de l'Université.

TITRE III. Des réclamations et des plaintes.

83. Les réclamations auront lieu de la part des inférieurs, en cas d'abus d'autorité et d'excès de pouvoir des supérieurs ou de fausse application des réglemens; elles auront lieu de la part des personnes chargées de la perception des rétributions de l'Université, en cas de refus, de retard ou de fraude de la part des maîtres d'institution ou de pension redevables.

84. Les plaintes auront lieu pour les contraventions aux devoirs et les délits mentionnés au titre précédent.

85. Les réclamations et les plaintes contre les membres de l'Université seront portées devant le recteur de l'académie dans le ressort de laquelle le membre inculpé exerce ses fonctions.

86. Elles pourront être adressées aux doyens des facultés, aux proviseurs des lycées, aux principaux des colléges, ou autres chefs des maisons où le membre inculpé exerce ses fonctions : ceux-ci les feront passer au recteur, et, dans le ressort de l'Académie de Paris, au grand-maître, avec les renseignemens qu'ils auront pu se procurer, et leur avis motivé.

87. Elles pourront toujours être portées directement devant le grand-maître.

88. Elles seront faites par écrit, datées et signées par celui qui les présentera, et enregistrées sur un registre à ce destiné, avec un numéro sous lequel il en sera donné récépissé aux parties.

89. Les inspecteurs généraux et les inspecteurs des académies devront porter plainte des abus, contraventions et délits venus à leur connaissance; les inspecteurs d'académies les porteront devant le recteur, les inspecteurs généraux devant le grand-maître.

90. Les recteurs des académies auront le droit de suspendre provisoirement de leurs fonctions, en en rendant compte sans délai au grand-maître, les membres de l'Université contre lesquels l'inculpation portée pourrait donner lieu à la réforme ou à la radiation.

91. Les plaintes portées contre les élèves seront toujours adressées au recteur.

TITRE IV. De l'instruction.

§ Ier. *De l'instruction dans les affaires de la compétence du grand-maître seul.*

92. Dans les cas mentionnés en l'article 57 du décret du 17 mars 1808, et où le grand-maître juge seul, il prononcera d'après les instructions et rapports des conseils académiques, à lui envoyés par les recteurs, et, dans le ressort de l'académie de Paris, sur les instructions et rapports des inspecteurs.

§ II. Des affaires attribuées au conseil de l'Université.

93. Les affaires dont la compétence est attribuée, par l'article 79 du même décret, au conseil de l'Université, et qui s'élèveront dans l'arrondissement d'une académie autre que celle de Paris, seront portées, par le recteur, devant le conseil de l'Académie, où l'affaire s'instruira ainsi qu'il suit.

94. Lorsqu'une réclamation sera faite ou une plainte portée contre un membre de l'Université, de la nature de celles qui doivent être jugées par le conseil de l'Université, elle sera soumise par le recteur à l'examen du conseil académique, qui, sur les conclusions de l'inspecteur chargé du ministère public, jugera si elle est recevable, et s'il y a lieu d'instruire.

95. Si le conseil estime qu'il n'y a pas lieu, le mémoire ou la supplique sera renvoyé à celui qui l'aura présenté, avec l'avis motivé du conseil. Le réclamant pourra se pourvoir contre la décision devant le chancelier, qui soumettra la réclamation au conseil de l'Université.

96. Si la réclamation ou la plainte est adressée directement au grand-maître, elle sera par lui renvoyée au chancelier, qui la communiquera à la section du contentieux du conseil de l'Université, laquelle en fera son rapport au conseil. Si le conseil estime qu'il n'y a pas lieu de suivre, le mémoire sera renvoyé comme il est dit ci-dessus.

97. S'il est jugé qu'il y a lieu de suivre, le conseil arrêtera que le mémoire sera communiqué à celui que la réclamation concerne, pour y répondre dans huitaine. Le mémoire sera renvoyé à cet effet au recteur, et par le recteur au chef de la maison à laquelle appartient le membre de l'Université mis en cause, qui lui en donnera son récépissé.

98. Faute par celui-ci de remettre sa réponse dans le délai, il sera fait droit sur la production du réclamant.

99. S'il y a lieu d'entendre les parties, le conseil académique, et à Paris le conseil de l'Université chargé de l'instruction, ordonnera leur comparution; leurs aveux et déclarations seront consignés par écrit : elles seront requises de les signer. Le président et le secrétaire signeront le procès-verbal.

100. Lorsqu'il y aura lieu de prononcer la réforme ou la radiation, le prévenu sera nécessairement entendu en personne ou appelé pour l'être; s'il comparaît, il sera dressé procès-verbal de ses réponses.

101. Lorsqu'il y aura lieu de constater des faits par visite des lieux, vérification de pièces ou d'effets mobiliers, ou par déclaration de témoins, le recteur commettra, à cet effet, un conseiller ou un inspecteur, lequel dressera un procès-verbal où il fera mention de

déclarations qui auront été faites, et des faits qu'il aura recueillis.

102. Il sera donné copie des procès verbaux, des mémoires et pièces, aux parties intéressées : elles seront averties, par apostille sur la copie même des pièces, d'y fournir réponse dans la huitaine; sinon il sera jugé sur ce qui sera produit.

103. A Paris, où il n'y a point de conseil académique, les affaires seront portées directement au conseil de l'Université.

104. Elles seront d'abord communiquées au chancelier faisant fonctions du ministère public près le conseil de l'Université, et renvoyées, avec ses conclusions ou réquisitions, à la section du conseil de l'Université chargée du contentieux, qui en fera son rapport au conseil.

105. Dans toute affaire, il sera d'abord examiné par le conseil de l'Université, et sur les conclusions du ministère public, quelle est la peine applicable à la contravention ou au délit dont il y aura plainte, afin de déterminer si le jugement appartient à l'Université ou au grand-maître.

106. Lorsqu'il sera jugé que la connaissance de l'affaire appartient au conseil de l'Université, l'instruction sera renvoyée à la section du contentieux, avec les conclusions du ministère public; elle en fera son rapport et donnera son avis au conseil.

107. Si la section du contentieux estime que l'affaire n'est pas suffisamment instruite, elle en fera son rapport au conseil, et celui-ci ordonnera le complément d'instruction jugé nécessaire.

108. Si l'affaire vient d'un conseil académique, elle sera renvoyée au recteur, pour être reportée à ce conseil, à l'effet d'y compléter l'instruction.

109. Dans le cas de plainte portée contre un élève, le recteur déléguera l'inspecteur d'académie, et à son défaut un membre du conseil, pour se transporter sur le lieu, faire les informations nécessaires, entendre l'élève dans ses réponses, et dresser du tout procès-verbal.

110. Tous les actes de discipline, d'administration intérieure et de juridiction de l'Université, seront sur papier libre.

§ III. De l'instruction en matière de comptabilité.

111. Les comptes pour l'Université et les établissemens en dépendant seront vérifiés et arrêtés en la forme établie par les statuts et par les réglemens sur l'administration économique des établissemens de l'Université.

112. Si le compte est débattu et contredit par le conseil académique, les débats seront communiqués au comptable par le recteur, avec avertissement de fournir ses réponses dans un délai qui ne pourra être de moins de huitaine, ni de plus d'un mois, selon les distances de la demeure du comptable.

113. Faute par le comptable de fournir ses réponses dans le délai donné, il sera passé outre à l'apurement et à l'arrêté du compte.

114. Aux termes des articles 68 et 88 de notre décret du 17 mars 1808, les procès-verbaux et rapports des conseils académiques seront adressés au grand-maître, qui les communiquera au trésorier; les comptes seront adressés directement au trésorier, qui fera son rapport et donnera son avis au conseil de l'Université.

115. Le trésorier entendu, l'examen du compte sera renvoyé à la section de comptabilité du conseil de l'Université, qui en fera son rapport au conseil.

§ IV. Instruction et poursuites contre les débiteurs des droits dus à l'Université.

116. Le recouvrement des droits dus à l'Université par tous les instituteurs, maîtres de pension et directeurs d'écoles, tant de leur chef que pour le compte des élèves, sera fait à la diligence des recteurs (1).

117. Les instituteurs et maîtres verseront les droits dus pour leurs élèves, par trimestre et d'avance.

118. Ils seront tenus d'envoyer par chaque trimestre, un mois à l'avance, au recteur, l'état signé par eux, et certifié véritable, du nombre de leurs élèves pensionnaires et externes, avec le prix qu'ils paient pour leurs pensions.

119. Les états seront visés par le maire de la commune où la pension est établie, lequel pourra, dans ses visites, constater le nombre des élèves, et communiquera au recteur tous les renseignemens qu'il se sera procurés sur le prix de la pension.

120. Ces états seront exécutoires contre les instituteurs, maîtres de pension et directeurs d'écoles en retard d'en acquitter le montant, en vertu de la contrainte décernée par le recteur, conformément à l'article 52 du présent décret.

121. Faute par les instituteurs et maîtres de pension d'envoyer les états dont il s'agit, après sommation à eux faite à la requête du recteur, ils seront, sur sa dénonciation, poursuivis à la diligence de notre procureur impérial, qui pourra ordonner la clôture de leur école (2).

122. Il en sera de même à l'égard des instituteurs et maîtres de pension refusant ou en retard d'acquitter les droits par eux dus personnellement, aux termes des statuts et réglemens (3).

(1, 2 et 3) *Voy.* décret du 13 août 1813.

123. En cas de recours à nos cours impériales, contre les arrêtés et les contraintes, comme il est dit ci-dessus, § III, titre Ier, article 54, il sera procédé en nos cours sommairement et sur simple mémoire, ainsi qu'il en est usé pour l'administration des domaines.

TITRE V. Du ministère public, et de ses fonctions.

124. Dans toutes les affaires de juridiction, le chancelier de notre Université impériale remplira près du conseil les fonctions du ministère public. Il devra être entendu dans ses conclusions, lesquelles seront textuellement rappelées dans tous les jugemens du conseil.

A son défaut, il sera remplacé par le membre du conseil inscrit le dernier dans l'ordre du tableau.

125. Il pourra dénoncer d'office au conseil de l'Université toutes les contraventions et infractions ou les délits qui seraient venus à sa connaissance.

Le conseil de l'Université sera tenu d'y statuer.

126. Un inspecteur d'académie exercera près de chaque conseil académique les fonctions du ministère public, dans les cas et de la manière ci-dessus établis pour l'exercice de ce ministère près le conseil de l'Université.

127. Cet inspecteur correspondra directement, pour l'exercice des fonctions qui viennent de lui être attribuées, avec le chancelier de l'Université.

TITRE VI. Des jugemens et de leur exécution.

§ Ier. *Des ordonnances et jugemens.*

128. Les actes de la juridiction émanés du grand-maître seul seront qualifiés d'*ordonnances*; ceux émanés du conseil de l'Université porteront le titre de *jugemens*.

129. Les jugemens du conseil de l'Université seront rendus au nom du grand-maître et du conseil de l'Université, en ces termes : *En vertu des articles 77 et suivans du décret du 17 mars 1808 et des statuts de l'Université impériale, le conseil de l'Université a jugé, et nous, grand-maître, ordonnons.*

130. Les ordonnances du grand-maître seront rendues en son nom seul, en ces termes : *En vertu de l'article 57 du décret du 17 mars 1808; vu le rapport, etc., nous grand-maître, etc....... ordonnons.*

131. Les ordonnances du grand-maître et les jugemens du conseil de l'Université exprimeront toujours le fait et les motifs.

132. Les jugemens du conseil et les ordonnances du grand-maître seront signés par le grand-maître et par le secrétaire général; ils seront scellés et signés par le chancelier.

Le chancelier exerçant les fonctions du ministère public, si le grand-maître est absent, le Trésorier présidera, et signera les jugemens; en l'absence du trésorier, le doyen des conseillers présidera.

133. Les minutes des ordonnances et des jugemens ci-dessus seront signées, sans délai, par le grand-maître et par le secrétaire général.

134. Elles seront transcrites sur deux registres différens tenus à cet effet par le secrétaire général, et dont les feuillets seront numérotés et paraphés par le chancelier.

135. Les minutes seront remises par le secrétaire général à la chancellerie, le dernier jour de chaque mois; le chancelier en donnera décharge.

136. Il pourra être délivré des expéditions aux parties intéressées qui le requerront.

137. Les recteurs pourront délivrer, en la même forme, des copies collationnées sur les expéditions à eux envoyées par le grand-maître.

138. Les jugemens et les ordonnances seront expédiés sur papier ordinaire, frappés seulement du cachet de l'Université.

139. Les minutes et registres ne pourront être communiqués qu'au grand-maître, au chancelier, au trésorier et aux membres du conseil.

§ II. De l'exécution des ordonnances et des jugemens.

140. Les expéditions seront envoyées aux recteurs, qui seront chargés de l'exécution des jugemens dans tous les établissemens dépendans de leurs académies, et qui en rendront compte au grand-maître.

141. Les pièces adressées par les recteurs au grand-maître leur seront renvoyées avec l'expédition de l'ordonnance ou du jugement qu'ils auront à faire exécuter.

142. Le jugement ou l'ordonnance sera notifié par le recteur au membre de l'Université qu'il concernera, aussitôt sa réception. Cette notification se fera en lui remettant copie de l'ordonnance, certifiée conforme à l'expédition par le recteur, et de lui signée, avec injonction d'y satisfaire.

143. Si le jugement ou l'ordonnance concerne un membre de faculté, la notification lui en sera faite par le recteur, qui le mandera à cet effet : si la faculté est séante hors du chef-lieu, la notification sera faite par le doyen; si elle concerne un membre de lycée, elle le sera par le proviseur, et dans les colléges par le principal, à qui le recteur l'adressera à cet effet.

144. S'il s'agit d'un maître de pension ou d'un chef d'institution qui ne réside pas

chef-lieu, le recteur déléguera le proviseur ou le principal le plus voisin, ou tel autre fonctionnaire de l'Université qu'il jugera convenable, selon les circonstances, lequel rendra aussitôt compte au recteur de la notification et du jour qu'elle aura été faite.

145. Le recteur fera mention de la notification et du jour qu'elle aura été faite, sur l'expédition demeurée en ses mains: l'expédition sera par lui déposée aux archives de l'académie, et le dépôt sera inscrit sur un registre destiné à cet effet.

146. Le membre de l'Université condamné par ordonnance du grand-maître, ou par jugement du conseil de l'Université, à la réprimande, à la censure, ou à toute autre peine portée au statut du 17 mars 1808 et au présent décret, autre que la réforme ou la radiation du tableau, sera tenu de comparaître en personne au conseil de l'académie, pour y entendre la prononciation de son jugement, et à Paris au conseil de l'Université, au jour qui lui sera fixé par la notification qui lui sera faite.

147. Si, au jour fixé par la notification, le membre de l'Université ne satisfait pas à l'ordonnance, il sera sommé d'y obéir dans un nouveau délai de huitaine, avec avertissement de la peine à laquelle il s'expose en n'obéissant pas, ainsi qu'il est porté en l'art. 82 du présent décret.

Cette sommation lui sera faite par le recteur, par le proviseur ou par le principal, selon les cas. Il en sera rendu compte par le proviseur ou par le principal au recteur, et par le recteur au grand-maître.

148. Si un membre de l'Université est condamné à la réforme ou à la radiation du tableau, le jugement sera envoyé pour l'exécution, par le chancelier, au procureur général de la cour impériale du ressort, pour être, à sa diligence, lu au condamné en audience publique.

149. Il pourra y avoir recours à notre Conseil-d'Etat, contre les jugemens du conseil de l'Université en matière de contravention aux devoirs et de délits entre les membres, lorsque le jugement prononcera la peine de la radiation du tableau, sans préjudice de l'action judiciaire, quand il y aura lieu.

Ce recours ne sera pas admis pour toute autre peine (1).

150. Tous les trois mois, copie des jugemens et ordonnances rendus dans les cas ci-dessus sera adressée par le secrétaire général de l'Université à notre ministre de l'intérieur.

§ III. De l'exécution des jugemens en matière de comptabilité.

151. Lorsqu'un comptable de l'Université sera constitué en débet ou en retard, le débet sera acquitté d'abord sur son cautionnement, puis sur la retenue de ce qui sera dû au comptable sur son traitement, et, en cas d'insuffisance, sur ses biens.

152. Le comptable constitué en débet sera poursuivi, à la requête du trésorier, à la diligence du recteur.

153. Il en sera de même pour les recouvremens des droits dus à l'Université.

154. Tous actes conservatoires pourront être faits et toutes inscriptions pourront être prises au profit de l'Université, contre ceux qui ont la recette de ces deniers, du moment qu'ils entreront en fonctions pour cette recette.

155. L'article 2121 du Code civil, qui établit l'hypothèque légale au profit des établissemens publics, sera applicable à l'Université.

156. Il n'est rien innové, au surplus, relativement aux actes judiciaires concernant l'exécution des arrêtés et des jugemens dont il s'agit, dont la connaissance appartient aux tribunaux, selon les formes établies par les lois générales.

TITRE VII. De l'action de la justice et de la police ordinaire dans l'intérieur des établissemens publics appartenant à l'Université.

157. Hors les cas de flagrant délit, d'incendie ou de secours réclamés de l'intérieur des lycées, colléges et autres écoles publiques appartenant à l'Université, aucun officier de police ou de justice ne pourra s'y introduire pour constater un corps de délit ou pour l'exécution d'un mandat d'amener ou d'arrêt dirigé contre des membres ou élèves de ces établissemens, s'il n'en a l'autorisation spéciale et par écrit de nos procureurs généraux, de leurs substituts, ou de nos procureurs impériaux.

158. Nos cours impériales exerceront leur droit à raison des délits ou crimes commis dans les établissemens de l'Université, lesquels n'auront à cet égard d'autre privilége que ceux accordés pour les cas prévus par le présent décret.

159. Toutefois nos procureurs généraux sont spécialement chargés de l'examen et

---

(1) Le recours au Conseil-d'Etat n'est recevable que dans le cas prévu par cet article (4 août 1824, ord. Mac. 6, 503. — 9 juin 1830, ord. Mac. 12, 309).

. . . . Ainsi, le professeur agrégé qui a conservé ce titre, avec le traitement attaché à ce grade, mais auquel on a retiré seulement les honoraires qu'il recevait à raison des fonctions temporaires dont il était chargé dans un collége royal, n'est pas recevable à se pourvoir contre le jugement de l'Université (25 juillet 1827, ord. Mac. 9, 411). — *Voy.* art 50.

poursuite, s'il y a lieu, de tout ce qui pourrait se passer dans lesdits établissemens propre à donner lieu à l'application des lois pénales, pour qu'il soit procédé de manière à concilier les ménagemens convenables envers les établissemens de l'Université avec l'intérêt de la société blessée et de la justice offensée.

160. Nos procureurs généraux pourront requérir et nos cours ordonner que des membres de l'Université ou étudians prévenus de crimes ou délits soient jugés par lesdites cours, ainsi qu'il est dit, pour ceux qui exercent certaines fonctions, à la loi du 20 avril, article 10, et au Code d'instruction criminelle, art. 479.

161. Nos procureurs généraux et impériaux sont également tenus de poursuivre, en cas de négligence ou retard des officiers de l'Université, les individus qui en sont membres, à raison des délits et contraventions portés au titre II, chapitre II, articles 54, 63, 69, 74 et 79 du présent décret.

162. Dans toute affaire intéressant des membres ou élèves de l'Université, nos procureurs généraux seront tenus d'en rendre compte à notre grand-juge, ministre de la justice, et d'en instruire notre ministre de l'intérieur et le grand-maître de notre Université.

163. Si un membre de l'Université était repris de justice et condamné pour crime, il cesserait, par le fait même de sa condamnation, d'être membre de l'Université: sa dégradation lui sera prononcée par le président après sa condamnation, et il sera aussitôt rayé du tableau, sur l'avis qui en sera donné au grand-maître par le procureur général près la cour saisie du procès.

En cas de contumace, il sera provisoirement rayé du tableau, sauf à lui à se représenter dans les délais fixés au Code de justice criminelle.

164. Celui qui aura subi une condamnation du ressort de la police correctionnelle pourra, selon les circonstances, être réprimandé, censuré, réformé, ou rayé du tableau (1).

Chapitre III. Du rang des recteurs et des corps académiques.

165. Le corps de l'académie, composé du recteur, des inspecteurs, du conseil académique et des facultés, prendra rang immédiatement après le corps municipal.

166. Lorsqu'une faculté résidera dans un chef-lieu de département qui ne sera pas chef-lieu d'académie, elle prendra le même rang.

Le doyen marchera à la tête de la faculté.

167. Les proviseurs des lycées assisteront aux cérémonies publiques, et marcheront avec l'académie ou la faculté, au rang de leur grade dans l'Université.

Chapitre IV.

Titre Ier. *Des dotations et fondations provenant des universités, académies et colléges, tant de l'ancien que du nouveau territoire de l'empire, attribuées à l'Université impériale.*

168. Conformément au décret du 11 décembre 1808, l'Université sera remise en possession, sans retard, de ceux des biens mentionnés audit décret qui ne lui ont pas encore été délivrés.

169. Le grand-maître nous soumettra l'état de ceux des biens déjà recouvrés qui ne sont point affectés à des fondations de bourses, et qui, consistant en bâtimens en mauvais état et sans utilité, en terres ou en rentes éparses seraient plus à la charge que profitables à l'Université, pour être par nous autorisé à les aliéner, et à en employer le produit à des établissemens de l'Université, ou en accroissement de dotation.

170. Les fondations et dotations de bourses créées pour l'instruction d'élèves dans les universités, académies et colléges, et autres établissemens d'instruction publique supprimés, tant de l'ancien que du nouveau territoire, dont les revenus n'ont point été perçus jusqu'à présent par la régie des domaines, par la caisse d'amortissement, ou par aucun établissement concessionnaire, et qui, à compter de la publication du présent décret, seront découvertes et pourront être recouvrées par l'Université impériale, lui appartiendront, pour être par elle appliquées à leur destination, conformément aux titres.

171. Le grand-maître recevra les déclarations qui lui seraient faites de l'existence de ces fondations et des dotations, et acceptera, après délibération du conseil de l'Université, les offres et les conditions proposées pour rétablir le cours des revenus et rentes affectés à ces fondations, et en restituer les titres; toutefois sous notre autorisation spéciale donnée en Conseil-d'Etat, et sur le rapport du ministre de l'intérieur.

---

(1) Le ministre de l'instruction publique, grand-maître de l'Université, et président, en cette qualité, du conseil royal de l'instruction publique, ne peut être considéré comme *partie* dans la poursuite disciplinaire exercée contre un membre du corps enseignant, à raison d'une condamnation correctionnelle qu'il a encourue, par cela seul que cette condamnation a été prononcée pour avoir excité au mépris et à la haine du Gouvernement, dont est membre le ministre grand-maître. En conséquence, la récusation exercée contre lui sur ce motif ne doit pas être admise (4 mai 1830, décision du conseil royal de l'instruction publique; S. 30, 2, 161).

172. Lorsque les fondations auront été faites à condition que les bourses seraient à la nomination des fondateurs, ou qu'elles seraient données de préférence dans leur famille, ces dispositions seront maintenues, et le grand-maître les fera observer.

173. Lorsque les fondations auront été faites en faveur d'enfans originaires d'une ville ou d'une contrée déterminée, elles ne pourront être données à d'autres qu'à défaut de sujets de la qualité de ceux indiqués par les titres.

174. Lorsqu'il vaquera des bourses de l'espèce de celles désignées en l'article précédent, ou dont la fondation ne serait faite en faveur d'aucune personne ou d'aucun lieu déterminé, et dont les fondateurs ne se seront pas réservé la nomination, ou n'auront pas laissé d'héritiers de leurs droits, elles seront données par nous sur la présentation qui nous sera faite de trois sujets par notre ministre de l'intérieur, sur l'avis du grand-maître, lesquels seront pris de préférence parmi ceux qui prouveraient qu'il appartenait à leur famille des bourses fondées dans des universités, académies ou colléges supprimés, dont les dotations sont perdues pour ces familles.

Titre II. Des dotations et fondations qui seront faites à l'avenir.

175. Le grand-maître pourra être autorisé à accepter, après délibération du conseil de l'Université, les donations et fondations qui seront faites à l'avenir à l'Université, en observant les formes et conditions prescrites pour les acceptations de donations et legs faits aux communes et aux hospices par nos arrêtés et décrets sur cette matière, dont les dispositions sont déclarées applicables aux legs et donations faits à l'Université impériale.

176. Les donateurs et fondateurs pourront mettre à leurs dons toutes les conditions qui ne seront pas contraires aux dispositions du titre V du décret du 17 mars 1808, à la police de l'Université, et aux règles du droit commun.

177. Les fondations des bourses contiendront l'exacte désignation des biens qui y seront affectés; et si ce sont des biens-immeubles, lors de la passation de l'acte, toutes les formes voulues par les lois sur les hypothèques seront remplies.

178. La grosse du titre sera remise aux archives de l'Université, et une expédition au chef-lieu de l'académie dans l'arrondissement de laquelle sera situé le lycée ou le collége auquel la fondation s'appliquera.

179. Si le fondateur a désigné des administrateurs du bien affecté à la fondation, cette administration aura lieu sous la surveillance du recteur de l'académie, dans l'arrondissement de laquelle l'objet de la fondation devra être rempli; et il pourra s'en faire rendre compte chaque année.

180. Les dispositions des articles 172, 173 et 174, sont applicables aux fondations de bourses qui seraient faites à l'avenir.

181. Les noms des donateurs et fondateurs seront inscrits aux archives de l'Université sur un registre à ce destiné; ils seront proclamés à la distribution générale des prix du lycée ou du collége auquel la fondation sera appliquée, et à Paris à la distribution générale des prix de tous les lycées. Ils auront, eux, et après eux leur héritier principal, une place de distinction à la distribution des prix, aux exercices publics, et aux fêtes et cérémonies qui pourront avoir lieu dans le lycée ou le collége auquel ils auront affecté la fondation, et à Paris, s'ils y résident, en s'y faisant reconnaître.

182. Les communes autres que celles comprises dans notre décret du 10 mai 1808, portant création de bourses dans les lycées, qui voudront fonder particulièrement des bourses dans les lycées pour des élèves de leur collége, ou des enfans originaires de la commune, pourront être admises à le faire, par décret rendu en Conseil-d'Etat, d'après une délibération du corps municipal, approuvée par le préfet du département, et communiquée au grand-maître de l'Université, qui prendra l'avis du conseil de l'Université, et le transmettra au ministre de l'intérieur pour nous en faire un rapport.

183. La délibération du corps municipal contiendra l'exposé de la nature de la fondation projetée, des conditions sous lesquelles on proposera de la faire, et l'indication précise des fonds sur lesquels on l'asseoira.

184. L'acte de fondation ne sera passé qu'après que la délibération, faite et approuvée conforme aux articles qui précèdent, aura été revêtue de notre autorisation : cet acte sera fait devant notaire, et signé par le maire de la commune fondatrice; on y annexera expédition de la délibération et du décret d'autorisation.

185. Les communes dont il s'agit pourront se réserver la nomination aux bourses par elles fondées; à défaut, la nomination sera faite conformément à l'article 3 de notre décret du 2 mai 1811.

186. Les nominations des communes seront faites par délibération du corps municipal, approuvée par le préfet du département.

Chapitre V. Dispositions générales.

187. Le conseil de l'Université présentera un projet dans lequel il indiquera les professions auxquelles il conviendra d'imposer l'obligation de prendre des grades dans les diverses facultés.

188. Le conseil de l'Université présentera un projet de décret pour régulariser l'instruction et la réception des officiers de santé.

189. Le grand-maître de l'Université rendra compte, dans le plus bref délai, de la situation actuelle des facultés de droit situées dans les diverses villes de notre empire, des progrès qu'elles ont faits depuis leur réunion à l'Université impériale. Il proposera les moyens de mettre leurs revenus propres en équilibre avec leurs dépenses, soit par la réduction des dépenses, soit par la translation ou la suppression de celles de ces facultés qui n'auraient pu avoir un nombre suffisant d'élèves, soit enfin par l'élévation du taux des rétributions établies pour les inscriptions et les diplômes, afin d'être ensuite, sur le tout, et d'après le rapport de notre ministre de l'intérieur, statué ce qu'il appartiendra.

190. Le grand-maître de l'Université rendra compte également à notre ministre de l'intérieur, qui nous en fera un rapport, des mesures prises pour l'exécution des articles 107 et 108 des statuts de l'Université impériale, du 17 mars 1808, en ce qui concerne l'instruction primaire, et des résultats obtenus.

191. Notre ministre de l'intérieur nous soumettra aussi un rapport relatif au mode particulier de surveillance que l'Université pourra exercer sur les maîtres d'école ou sur les instituteurs des écoles primaires. Ce rapport devra proposer les moyens d'accorder avec la surveillance de l'Université, l'autorité que doivent conserver les préfets, les sous-préfets et les maires, sur les maîtres et instituteurs des petites écoles.

192. Jusqu'à ce qu'il ait été par nous ultérieurement statué sur les moyens d'assurer et d'améliorer l'instruction primaire dans toute l'étendue de notre empire, les préfets, sous-préfets et maires continueront à exercer leur surveillance sur les écoles, et devront en adresser leur rapport à l'autorité supérieure à eux. Néanmoins le grand-maître continuera d'instituer les maîtres. Les inspecteurs d'académie veilleront à ce que les maîtres ne portent point leur enseignement au-dessus de la lecture, l'écriture et l'arithmétique, à ce qu'ils observent les réglemens établis qui y sont relatifs.

193. Nos ministres sont chargés de l'exécution du présent décret.

---

15 NOVEMBRE 1811. — Lettres de création des dépôts de mendicité des départemens du Léman, de l'Allier et de la Gironde. (4, Bull. 403 et 404, nos 7455, 7461, et Bull. 405, n° 7468.)

---

17 NOVEMBRE 1811. — Décret relatif au remplacement des titulaires de cures en cas d'absence ou de maladie. (4, Bull. 403, n° 7456.)

---

§ Ier. Du remplacement des titulaires de cures en cas d'absence.

Art. 1er. Dans le cas où un titulaire se trouverait éloigné temporairement de sa paroisse, un ecclésiastique sera nommé par l'évêque pour le remplacer provisoirement; et cet ecclésiastique recevra, outre le casuel auquel le curé ou desservant aurait eu droit, une indemnité.

§ II. Du traitement du remplaçant, quand le titulaire est éloigné par mauvaise conduite.

2. Si le titulaire est éloigné pour cause de mauvaise conduite, l'indemnité du remplaçant provisoire sera prise sur le revenu du titulaire, soit en argent, soit en biens-fonds.

3. Si le revenu est en argent, l'indemnité du remplaçant sera, savoir :

Dans une succursale, de deux cent cinquante francs par an, au prorata du temps du remplacement;

Dans une cure de deuxième classe, de six cents francs, et dans une cure de première classe, de mille francs.

Cette indemnité sera prélevée au besoin, en partie ou en totalité, sur la pension ecclésiastique du titulaire.

4. Si le titulaire est doté, partie en biens-fonds, par exception à la loi de germinal an 10, partie en supplément pécuniaire, pour lui compléter un revenu de cinq cents francs, l'indemnité du remplaçant sera de deux cent cinquante francs, à prendre d'abord sur le supplément pécuniaire, et, en cas d'insuffisance, sur les revenus en biens-fonds.

5. Si le titulaire, ayant moins de cinq cents francs de revenu en biens-fonds, jouit d'une pension ecclésiastique, au moyen de laquelle il n'a point à recevoir de supplément, l'indemnité de deux cent cinquante francs du remplaçant sera d'abord prise sur la pension, et au besoin sur les biens-fonds.

6. Si le titulaire jouit d'un revenu de cinq cents francs entièrement en biens-fonds, l'indemnité du remplaçant sera également de deux cent cinquante francs, à prendre entièrement sur les revenus.

7. Si le revenu du titulaire en biens-fonds excède cinq cents francs, l'indemnité du remplaçant sera de trois cents francs, lorsque ce revenu sera de cinq cents francs à sept cents francs; et des deux tiers du revenu, au-dessus de sept cents francs.

§ III. Du traitement en cas d'absence des titulaires pour cause de maladie.

8. Dans le cas d'absence pour cause de maladie, il sera conservé aux titulaires de succursales et de cures de deuxième classe, et, dans les cures dotées en biens-fonds, à tous les curés dont la dotation n'excéderait pas

douze cents francs, un revenu jusqu'à concurrence de sept cents francs.

9. Le surplus de l'indemnité du remplaçant ou la totalité de l'indemnité, si le revenu n'est que de sept cents francs, sera, comme le paiement des vicaires, à la charge de la fabrique de la paroisse, et, en cas d'insuffisance du revenu de la fabrique, à la charge de la commune, conformément au décret du 30 décembre 1809, concernant les fabriques.

10. Cette indemnité, à la charge de la commune ou de la fabrique, est fixée, dans les succursales, à deux cent cinquante francs; dans les cures de deuxième classe, à quatre cents francs; dans les cures dont le revenu, soit entièrement en biens-fonds, soit avec un supplément pécuniaire, s'élève à cinq cents francs, à deux cent cinquante francs; lorsque le revenu en biens-fonds s'élève de cinq cents francs à sept cents francs, à trois cents francs; de sept cents francs à mille francs, à trois cent cinquante francs; et de mille francs à douze cents francs, à quatre cents francs.

11. Lorsque le titulaire, absent pour cause de maladie, est curé de première classe, ou que le revenu de sa cure en biens-fonds excède douze cents francs, l'indemnité du remplaçant sera à sa charge.

Cette indemnité est fixée, savoir:

Dans une cure de première classe, à sept cents francs;

Dans les cures dont la dotation en biens-fonds s'élève plus haut que mille cinq cents francs jusqu'à deux mille francs, à huit cents francs; et au-dessus de deux mille francs, à mille francs.

§ IV. Règles générales.

12. L'absence d'un titulaire, pour cause de maladie, sera constatée au moyen d'un acte de notoriété, dressé par le maire de la commune où est située la paroisse.

13. Quelle que soit la cause de l'éloignement du titulaire, lorsque l'indemnité du remplaçant, dans les cures dotées entièrement en biens-fonds, doit être fixée d'après le produit des revenus fonciers, le montant de ce produit sera évalué au moyen d'un acte de notoriété semblable.

14. Toutes les fois que, dans les cures dotées en biens-fonds, par une dérogation autorisée par nous à la loi de germinal an 10, l'indemnité du remplaçant étant à la charge du titulaire, une partie ou la totalité doit en être imputée sur les revenus de la cure, le remplaçant sera créancier privilégié du titulaire, et sur les revenus de la somme qui lui en revient.

§ V. Du cas d'infirmité des curés ou desservans.

15. Lorsqu'un curé ou desservant sera devenu, par son âge ou ses infirmités, dans l'impuissance de remplir seul ses fonctions, il pourra demander un vicaire qui soit à la charge de la fabrique, et, en cas d'insuffisance de son revenu, à la charge des habitans, avec le traitement tel qu'il est réglé par l'article 40 du décret du 30 décembre 1809 sur les fabriques.

16. Nos ministres des cultes et du Trésor impérial sont chargés de l'exécution du présent décret.

---

17 NOVEMBRE 1811. — Avis du Conseil-d'Etat sur un rapport du ministre de l'intérieur tendant à faire autoriser une commune du département des Ardennes à concéder à des particuliers un droit exclusif d'extraction de pierres à ardoises par galeries souterraines. (4, Bull. 404, n° 7462.)

Le Conseil-d'Etat, qui, d'après le renvoi ordonné par sa majesté, a entendu le rapport de la section de l'intérieur sur celui du ministre de ce département, ayant pour objet d'autoriser le maire de la commune de Monthermé, département des Ardennes, à concéder aux sieurs Chayeux et Roussy: 1° cinquante ares de terrain dans le bois dit la Waibetu, pour y établir leur atelier, creuser les puits et déposer les débris d'ardoise; 2° le droit exclusif d'extraire, par galeries souterraines, la pierre propre à fabriquer des ardoises, dans six hectares trente-deux ares cinq centiares de terrain situés au même lieu;

Considérant que l'article 82 et le titre V de la loi du 21 avril 1810 soumettent les carrières par galeries souterraines à la surveillance de l'administration des mines; qu'en vertu de ces dispositions, et spécialement de l'article 50, les travaux pourraient être interdits s'ils étaient de nature à compromettre la sûreté publique, celle des habitations, celle des ouvriers, etc.;

Considérant que les documens annexés au rapport paraissent annoncer qu'il y a eu des oppositions de la part d'individus qui se prétendent en droit d'exploiter la susdite carrière en vertu de titres antérieurs;

Que, par l'effet de ces deux circonstances, la commune de Monthermé pourrait, dans la transaction dont il s'agit, s'exposer à ne point recueillir les avantages qu'elle se promet, d'autant plus que, dans le projet de concession proposé, le concessionnaire est assujéti à lui fournir une redevance du seizième millier de toutes les ardoises fabriquées;

Que le Gouvernement, comme tuteur des communes, ne doit point les laisser engager dans des opérations qui pourraient ne leur apporter que des avantages illusoires, ou même les exposer à des difficultés ruineuses, avant d'avoir employé les moyens qui sont en son pouvoir, pour s'éclairer sur l'utilité réelle d'une semblable transaction;

Considérant d'ailleurs qu'un procès-verbal d'information *de commodo et incommodo*, en date du 29 décembre 1810, avait donné des résultats contraires au projet présenté; que le second procès-verbal d'information du 2 avril 1811, quoique plus favorable, est essentiellement irrégulier :

1° En ce que le commissaire, au lieu d'entendre, comme il le devait, les habitans un à un, les a réunis tous à la fois dans la maison commune, réunion d'ailleurs prohibée par les lois, et s'est contenté d'obtenir leur adhésion en masse et comme par acclamation;

2° En ce que le commissaire, au lieu d'interroger et de recueillir les déclarations, comme il devait le faire, a au contraire cherché à persuader aux habitans que la transaction projetée leur était avantageuse,

Est d'avis:

1° Qu'il convient de prendre préalablement l'avis de l'administration des mines sur l'utilité ou les inconvéniens de l'exploitation projetée, tant dans l'intérêt de la commune que sous les rapports généraux;

2° Que les oppositions existantes et les titres sur lesquels elles se fondent doivent être produits et discutés;

3° Qu'il doit être procédé à une nouvelle information *de commodo et incommodo*, conformément aux lois et aux réglemens,

Pour être ensuite, sur le vu desdites pièces et information, et sur un nouveau rapport du ministre, statué ce qu'il appartiendra.

---

17 NOVEMBRE 1811. — Avis du Conseil-d'Etat relatif aux pensions de retraite des employés qui, sans être directement attachés au ministère de l'intérieur, dépendent d'une administration départementale ou municipale. (4, Bull. 404, n° 7463.)

Le Conseil-d'Etat, qui, d'après le renvoi ordonné par sa majesté, a entendu le rapport de la section de l'intérieur sur celui du ministre de ce département, tendant à faire accorder : 1° au sieur Thomas, ex-employé à la caisse municipale de Bruxelles, département de la Dyle, une pension de trois cents francs par an; 2° au sieur de Sjonghers, instituteur primaire, une pension de six cents francs;

Vu le décret du 4 juillet 1806, qui pose les règles d'après lesquelles doivent être accordées les pensions de retraite aux employés dépendant du ministère de l'intérieur;

Considérant que, quant au sieur Thomas, il n'a été employé que pendant cinq ans et demi, et que, vu la brièveté de ses services, il n'a droit à aucune pension; que, quant au sieur Sjonghers, instituteur primaire, aucune pièce n'établit la durée de ses services,

Est d'avis:

1° Que le décret du 4 juillet 1806 doit servir de règle pour accorder des pensions de retraite à tous les employés qui, sans être directement attachés au ministère de l'intérieur, dépendent de quelque administration départementale ou municipale;

2° Qu'attendu que les sieurs Thomas et Sjonghers ne justifient pas d'une durée de service assez longue pour avoir droit à une pension, il n'y a pas lieu à la leur accorder;

3° Que si ces employés méritent quelque exception, en raison de leurs services ou de leurs infirmités, il peut leur être accordé seulement quelque secours sur les fonds de dépenses imprévues.

---

17 NOVEMBRE 1811. — Décrets qui autorisent l'acceptation de legs faits à la commune de Nogent-le-Rotrou et aux pauvres de Mejanès. (4, Bull. 407, n°s 7499 et 7500.)

---

21 NOVEMBRE 1811. — Décret contenant proclamation de brevets d'invention, de perfectionnement et d'importation délivrés pendant le troisième trimestre de 1811. (4, Bull. 404, n° 7464.)

---

22 NOVEMBRE 1811. — Décret portant que les ventes publiques de marchandises pourront être faites dans tous les cas par les courtiers de commerce. (4, Bull. 404, n° 7465.)

Voy. loi du 27 VENTOSE an 9, et décret du 17 AVRIL 1812.

Art. 1er. Les ventes publiques de marchandises, à la bourse et aux enchères, que l'article 492 du Code de commerce autorise les courtiers de commerce à faire en cas de faillite, pourront être faites par eux dans tous les cas, même à Paris, avec l'autorisation du tribunal de commerce donnée sur requête (1).

2. Notre grand-juge, ministre de la justice, et nos ministres de l'intérieur, des finances et du Trésor impérial, sont chargés de l'exécution du présent décret.

---

(1) Les courtiers de commerce peuvent, dans tous les cas, procéder à la vente aux enchères publiques des marchandises portées sur des tableaux arrêtés par les tribunaux de commerce, à l'exclusion des commissaires-priseurs, encore que la vente ait lieu après saisie (10 juin 1823; Cass. S. 23, 1, 287).

22 NOVEMBRE 1811. — Décret concernant les bains et sources minérales d'Aix-la-Chapelle. (4, Bull. 404, n° 7466.)

Art. 1er. Les bains et sources minérales d'Aix-la-Chapelle, ainsi que les maisons et terrains qui en dépendent, sont déclarés propriétés de l'Etat.

2. Néanmoins la transaction passée le 24 novembre 1810, entre la commune d'Aix-la-Chapelle et les engagistes des maisons de bains, est approuvée et recevra son exécution; à cet effet, le produit des maisons de bains est abandonné, pour l'espace de vingt-cinq années, à ladite commune, à la charge par elle d'exécuter toutes les dispositions de ladite transaction.

3. A l'expiration de ces vingt-cinq années, il sera accordé à la ville d'Aix-la-Chapelle, à titre d'indemnité pour la privation de ses établissemens thermaux, une somme annuelle de cinq mille francs, sur le produit desdits établissemens.

4. Nous accordons, pour la reconstruction des bains de la Rose à Aix-la-Chapelle, et pour la construction d'un grand édifice thermal sur l'emplacement de l'ancien couvent des Capucins, une somme de trois cent mille francs, à prendre sur les fonds alloués dans les budgets du ministère de l'intérieur, des exercices de 1810 et 1811, pour la restauration des établissemens thermaux. Le surplus des fonds nécessaires pour couvrir la dépense sera imputé sur les exercices suivans.

5. Les projets présentés pour la construction desdits édifices seront recomposés sans délai, conformément aux avis du conseil des bâtimens civils, des 17 juin et 1er juillet 1811.

6. Notre ministre de l'intérieur est chargé de l'exécution du présent décret.

---

22 NOVEMBRE 1811. — Décret concernant l'organisation du mont-de-piété de la ville de Parme. (4, Bull. 405, n° 7469.)

---

22 NOVEMBRE 1811. — Décrets qui autorisent l'acceptation de dons et legs faits aux séminaires diocésains de Troyes et de Metz, et aux églises de Castel-Sarrazin, Metz, Verceil, Nieukerken, Rouen et Clamecy. (4, Bull. 407, nos 7501 à 7505, et Bull. 409, nos 7511 et 7512.)

---

23 NOVEMBRE 1811. — Décret relatif à la punition des déserteurs et réfractaires qui, après avoir obtenu grace ou pardon, ne se rendraient pas à leurs corps, ou déserteraient après s'y être rendus. (4, Bull. 403, n° 7457.)

Voy. décrets du 14 OCTOBRE 1811, du 30 NOVEMBRE 1811.

Art. 1er. Tout sous-officier ou soldat qui, après avoir obtenu grace pour crime de désertion, ne se rendra pas au corps qui lui aura été assigné, ou qui en désertera après s'y être rendu, sera puni de mort.

2. Tout sous-officier et soldat qui, en vertu du pardon que nous avons accordé par notre ordre du 5 mars 1811, aurait été conduit comme déserteur ou réfractaire à l'un de nos régimens de Walcheren, de la Méditerranée, de l'île de Ré ou de Belle-Ile, ou à l'un des dépôts généraux de réfractaires, et qui ne se rendra pas au nouveau corps qui lui aura été assigné, ou qui en désertera dans les six premiers mois de son incorporation, sera puni de mort.

3. La condamnation à mort, prononcée d'après les articles ci-dessus, sera exécutée dans les vingt-quatre heures, à moins d'un ordre contraire émané de nous, ou à moins que le commandaut d'armes ou le général de brigade qui aura convoqué le conseil de guerre n'ordonne un sursis à l'exécution, en raison des circonstances qui pourraient atténuer le crime du condamné.

4. Dans ce dernier cas, ledit général ou commandant adressera à la direction générale des revues et de la conscription militaire, une copie du jugement de condamnation, au bas de laquelle il inscrira les motifs qui l'ont déterminé à prononcer le sursis.

5. Notre ministre de la guerre est chargé de l'exécution du présent décret.

---

29 NOVEMBRE 1811. — Lettres de création du dépôt de mendicité du département de l'Ombrone. (4, Bull. 406, n° 7478.)

---

30 NOVEMBRE 1811. — Décret qui fixe la valeur de quelques monnaies étrangères ayant cours dans les quatre départemens réunis de la rive gauche du Rhin, et dans ceux de la ci-devant Belgique. (4, Bull. 405, n° 7470.)

Art. 1er. A dater de la publication du présent décret, les monnaies désignées au tarif ci-annexé auront cours dans les départemens de la Roër, de la Sarre, de Rhin-et-Moselle, du Mont-Tonnerre, de la Dyle, de l'Escaut, des Forêts, de Jemmape, de la Lys, de la Meuse-Inférieure, des Deux-Nèthes, de l'Ourte et de Sambre-et-Meuse, pour la valeur fixée par ledit tarif.

2. Nul ne pourra être obligé de recevoir en paiement les monnaies désignées audit tarif et à celui du 18 août, savoir : celles au-dessous de la valeur de un franc, que pour appoint du franc, et celles de un franc à un franc cinquante centimes, que jusqu'à concurrence de cinq francs.

3. L'arrêté du préfet du département de Sambre-et-Meuse, du 17 janvier dernier, est annulé.

4. Nos ministres des finances et du Trésor impérial sont chargés de l'exécution du présent décret.

Tarif des monnaies étrangères dans les départemens de la Roër, de la Sarre, de Rhin-et-Moselle, du Mont-Tonnerre, de la Dyle, de l'Escaut, des Forêts, de Jemmape, de la Lys, de la Meuse-Inférieure, des Deux-Nèthes, de l'Ourte et de Sambre-et-Meuse.

Monnaies de Brabant.

Pièces de huit sous neuf deniers de Brabant.	0f 75c
Idem de cinq plaquettes.	1 50

Monnaies de Luxembourg.

Pièces de douze sous.	0 85
Idem de six sous.	0 40

Monnaies d'Aix-la-Chapelle (argent et billon).

Double poqueux ou double présent de trente-deux marcs ou vingt-quatre sous.	1 50
Poqueux de seize marcs ou de douze sous.	0 70
Idem de huit marcs ou de six sous. . . .	0 35

---

30 NOVEMBRE 1811. — Décret relatif à la subordination des officiers de santé militaires. (4, Bull. 405, n° 7471.)

Art. 1er. Les officiers de santé militaires ne sont subordonnés, pour tout ce qui est relatif à l'art de guérir, qu'à leurs chefs respectifs.

2. Les chirurgiens des corps ne reçoivent d'ordre que des conseils d'administration, pour ce qui concerne leur placement auprès des bataillons ou escadrons, détachemens ou dépôts ; mais ils sont subordonnés, pour tout ce qui tient à leur service et à la discipline militaire, aux commandans des corps ou détachemens, et à leurs chefs directs, c'est-à-dire, les sous-aides aux aides-majors, et les aides aux chirurgiens-majors.

Tous les ordres relatifs au service seront donnés par les conseils d'administration ou commandans des corps et de détachemens, au chirurgien le plus élevé en grade, qui les transmettra à ses subordonnés.

3. Les officiers de santé attachés, en vertu d'ordre du ministre, au service des ambulances ou hôpitaux militaires, et les chirurgiens des corps qui y sont appelés en exécution de l'article 4 de l'arrêté du 9 frimaire an 12, sont, pour tout ce qui concerne le service, l'administration et l'exécution des réglemens, sous la police des intendans généraux de nos armées, des commissaires-ordonnateurs et ordinaires de guerre.

4. Les officiers de santé en chef des armées et les officiers de santé principaux des corps d'armée pourront être punis des arrêts simples ou forcés ; et même, si le cas est grave, être suspendus provisoirement de leurs fonctions, par les intendans généraux ou commissaires-ordonnateurs en chef d'armée.

Les officiers de santé principaux pourront être punis des mêmes peines et suspendus provisoirement de leurs fonctions, par les commissaires-ordonnateurs des corps d'armée ou d'arrondissement.

Les officiers de santé des grades inférieurs pourront être punis des arrêts simples ou forcés, et suspendus provisoirement, par les intendans généraux ou commissaires-ordonnateurs en chef d'armée, et les commissaires-ordonnateurs des corps d'armée ou d'arrondissement.

Les commissaires des guerres ne pourront infliger de punitions qu'aux officiers de santé attachés aux hôpitaux ou ambulances dont ils ont la police, et qui n'auraient pas le titre d'officiers de santé en chef ou principaux des armées, ou d'officiers de santé en chef d'hôpitaux.

5. Lorsqu'un commissaire-ordonnateur de corps d'armée ou d'arrondissement aura infligé une punition de discipline à un officier de santé principal, il en rendra compte à l'intendant général ou à l'ordonnateur en chef de l'armée.

Tout commissaire des guerres qui aura puni un officier de santé d'un grade subalterne, attaché à l'hôpital ou à l'ambulance dont il a la police, devra en rendre sur-le-champ un compte motivé au commissaire-ordonnateur de l'arrondissement.

6. Les officiers de santé du même corps et ceux attachés au service du même hôpital ou de la même ambulance, sont aussi, quant à la discipline, subordonnés entre eux dans la hiérarchie des grades de même profession.

Un officier de santé d'un grade supérieur ne peut infliger à ses subordonnés que trois jours d'arrêts simples. Celui qui aura prononcé cette peine devra en prévenir, dans les vingt-quatre heures, le commissaire des guerres ayant la police de l'établissement, ou le chef du corps.

7. Tout officier de santé qui aura à se plaindre du service d'un officier de santé d'une autre profession, s'adressera d'abord au chef du service auquel appartient l'officier de santé : s'il n'en obtient pas justice, il s'adressera au commissaire des guerres sous la police duquel il se trouve.

8. Nos ministres de la guerre et de l'administration de la guerre sont chargés de l'exécution du présent décret.

30 NOVEMBRE 1811. — Décret relatif aux sous-officiers ou soldats accusés de désertion qui seront arrêtés ou se représenteront après l'expiration du délai accordé au repentir, par l'acte du Gouvernement du 19 vendémiaire an 12. (4, Bull. 405, n° 7472.)

Voy. décret du 19 VENDÉMIAIRE an 12.

Art. 1er. Tout sous-officier ou soldat accusé de désertion, qui sera arrêté ou se représentera après l'expiration du délai accordé au repentir par l'acte du Gouvernement du 19 vendémiaire an 12, sera conduit à son corps, pour y être jugé contradictoirement; mais, si le dépôt de son corps est au-delà du Rhin, des Alpes ou des Pyrénées, et que le prévenu soit arrêté en-deçà, il sera conduit et jugé au dépôt du corps le plus voisin du lieu de son arrestation.

2. Notre ministre de la guerre est chargé de l'exécution du présent décret.

---

30 NOVEMBRE 1811. — Décret qui autorise l'acceptation d'une donation faite à l'hospice civil de Varzy. (4, Bull. 409, n° 7513.)

---

30 NOVEMBRE 1811. — Avis du Conseil-d'Etat. (Legs.) *Voy* 2 DÉCEMBRE 1811.

---

2 DÉCEMBRE 1811. — Décret qui fixe les droits d'importation des laines venant des Etats du Nord. (4, Bull. 405, n° 7473.)

Art. 1er. Les laines mérinos pures ou métisses, lavées, paieront, venant des Etats du Nord, à l'entrée de l'empire, un droit de trente francs par quintal métrique.

2. Les laines communes venant des mêmes pays paieront un droit de dix francs, aussi par quintal métrique.

3. Nos ministres de l'intérieur et des finances sont chargés de l'exécution du présent décret.

---

2 DÉCEMBRE 1811. — Décret portant abolition des droits d'aubaine et de détraction à l'égard des sujets prussiens. — Suit la teneur de l'ordonnance du Roi de Prusse, en date du 6 août 1811. (4, Bull. 406, n° 7479.)

Voy. lois du 6=18 AOUT 1790 et du 14 JUILLET 1819.

N..... considérant que sa majesté le Roi de Prusse, par une ordonnance en date du 6 août de cette année, qui a été officiellement communiquée à notre cabinet, et dont copie est annexée au présent décret, a formellement confirmé les lettres de cabinet, des 12 juillet 1791, 19 juillet 1798 et 8 août 1801, qui suppriment, dans ces Etats, l'exercice du droit d'aubaine à l'égard de nos sujets, ainsi que le droit de détraction sur les héritages et legs échus à des Français dans les Etats prussiens; et, voulant faire jouir les sujets prussiens d'une parfaite réciprocité,

Notre Conseil-d'Etat entendu,

Nous avons décrété et décrétons ce qui suit:

Art. 1er. Le droit d'aubaine ne sera point exercé en France à l'égard des sujets de sa majesté le Roi de Prusse.

2. Il ne sera perçu aucun droit de détraction sur les héritages et legs échus ou à échoir dans nos Etats à des sujets prussiens.

3. Nos ministres sont chargés de l'exécution du présent décret.

Ordonnance du Roi de Prusse, en date du 6 août 1811.

Nous, Frédéric-Guillaume, par la grace de Dieu, Roi de Prusse, etc.

Savoir faisons et déclarons par les présentes qu'après être convenu avec sa majesté l'Empereur des Français de faire subsister à l'avenir, contre réciprocité parfaite, l'abolition,

1° Du droit d'aubaine (*jus albinagii*),

2° Du droit de détraction (*gabella hereditaria*),

Dans le cas d'héritages et legs à exporter hors de nos Etats en France, telle que cette abolition a été ordonnée précédemment par nos lettres du cabinet, du 12 juillet 1791, du 19 juillet 1798 et du 8 août 1801, et de notre part constamment suivie depuis,

Nous voulons et ordonnons par les présentes que cette abolition ait lieu comme par le passé, vis-à-vis de l'empire français, et déclarons, en conséquence, expressément que les exportations d'héritages et de legs hors de nos Etats en France seront entièrement exemptes du droit de détraction (*gabella hereditaria*), sans distinction, soit que la perception de ce droit revienne au fisc, ou aux communes, ou aux juridictions patrimoniales.

Nous voulons que la présente ordonnance soit publiée, et que toutes les autorités s'y conforment strictement.

En foi de quoi nous l'avons signée de main propre, et l'avons fait munir de notre sceau royal.

---

2 DÉCEMBRE 1811. — Avis du Conseil-d'Etat portant qu'il n'y a pas lieu d'accepter un legs fait par la dame Béraud à l'hospice civil de Saint-Martin de la ville de Castellane (Basses-Alpes). (4, Bull. 407, n° 7486.)

Le Conseil-d'Etat, qui, d'après le renvoi ordonné par sa majesté, a entendu le rapport de la section de l'intérieur sur celui du ministre de ce département, tendant à autoriser l'hospice civil de Saint-Martin de la ville de Castellane, département des Basses-Alpes, à accepter le legs fait par la dame Madelaine-Adélaïde Girard, épouse du sieur François Béraud, de tout ce dont la loi lui laisse la liberté de disposer;

Considérant qu'il résulte des renseignemens demandés, que le montant du legs n'excède pas la somme de trois cents francs, et que le mari de la testatrice est un cultivateur qui a peu de fortune,

Est d'avis qu'il n'y a pas lieu d'accepter le legs dont il s'agit.

---

2 DÉCEMBRE 1811. — Décret qui fixe les traitemens et menues dépenses du tribunal de première instance de Modigliana, département de l'Arno. (4, Bull. 407, n° 7484.)

---

2 DÉCEMBRE 1811. — Décret qui autorise la commune de Mont-sur-Brenne à reprendre son ancien nom de Saint-Remy. (4, Bull. 407, n° 7485.)

---

2 DÉCEMBRE 1811. — Décret qui autorise l'acceptation d'une donation faite à la fabrique de l'église de Saint-Etienne de Lille. (4, Bull. 409, n° 7514.)

---

2 DÉCEMBRE 1811. — Décrets relatifs à la tenue et à l'établissement des foires de Lesparre, Corfessem, Rohrbach, Monteluncio, Serralunga, Moissac, Turenne, Dole, Gendrey, Schifferstadt et Bourgneuf. (4, Bull. 409, n°s 7515 et 7516, et Bull. 410, n°s 7517 à 7521, et 7527 à 7530.)

---

2 DÉCEMBRE 1811. — Décret contenant le tableau des foires du département du Léman. (4, Bull. 410, n° 7531.)

---

4 DÉCEMBRE 1811. — Décret relatif à la navigation du Zuyderzée. (Mon. n° 353.)

---

5 DÉCEMBRE 1811. — Décret qui ordonne le paiement de mille cinq cent quatre-vingt-quatre francs, pour pensions accordées à dix-sept veuves de militaires. (4, Bull. 410, n° 7532.)

---

9 DÉCEMBRE 1811. — Décret portant abolition de la féodalité dans les départemens des Bouches-de-l'Elbe, des Bouches-du-Weser et de l'Ems-Supérieur. (4, Bull. 408, n° 7506.)

TITRE Ier. De l'abolition du régime féodal.

Art. 1er. Le régime féodal est aboli dans les départemens de l'Ems-Supérieur, des Bouches-du-Weser et des Bouches-de-l'Elbe.

CHAPITRE Ier. Des effets généraux de l'abolition du régime féodal.

2. Toutes distinctions honorifiques, supériorité ou puissance, résultant du régime féodal, sont abolies, sans préjudice des dispositions du décret du 26 août 1811.

3. Sont pareillement abolies les justices seigneuriales. En conséquence, tous les signes extérieurs des justices seigneuriales seront abattus dans les deux mois de la publication du présent décret. Faute aux seigneurs de l'avoir fait dans ce délai, la destruction se fera à la diligence du procureur impérial près le tribunal de première instance, et du maire, aux frais de la commune, laquelle profitera des matériaux.

4. La loi ne reconnaît que des biens allodiaux. En conséquence, tous les fiefs situés dans l'étendue des trois départemens, quelles que soient leur nature et leur dénomination, soit qu'ils relevassent précédemment de souverains étrangers, soit que le domaine direct (*lehen herrschfa*, *lehen herrlischkeit*) en appartienne à des particuliers (*lehenherrn*), qu'ils soient fiefs immédiats ou arrière-fiefs, sont convertis en francs-alleux, et affranchis de tout devoir et de toute sujétion résultant du lien féodal, de manière que les possesseurs les puissent librement aliéner ou hypothéquer.

5. Sont pareillement abolis les droits de succession féodale, de quelque nature qu'ils soient.

Néanmoins, la succession féodale aura lieu une dernière fois au profit des successibles existans au moment de la publication de la loi westphalienne du 28 mars 1809, pour les pays ci-devant westphaliens, et pour les autres pays faisant partie des trois départemens lors de la publication de notre présent décret.

6. Dans le cas où, à l'ouverture de la succession, celui qui se trouvait appelé à la recueillir féodalement à l'époque de la publication de la loi du 28 mars 1809, ou à celle de la publication du présent décret, suivant la distinction portée à l'article précédent, n'y aurait plus été appelé, le régime féodal subsistant, ou ne l'aurait été que pour une certaine portion, la succession sera réglée allodialement, soit pour le tout, soit pour la portion relativement à laquelle sa vocation aura cessé.

7. Les droits seigneuriaux et féodaux sont supprimés sans indemnité, ou conservés jusqu'au rachat, suivant les distinctions établies ci-après.

CHAPITRE II. Droits seigneuriaux et féodaux supprimés.

8. Tout servage est supprimé sans indemnité.

9. Sont réputés actes de servage:

1° Le droit de contraindre le colon et ses enfans à servir le maître comme domestiques (*gesinde-zwand-recht*);

2° Les droits du maître sur l'éducation des enfans du colon, l'obligation de rester attaché à telle profession et à tel sol;

3° L'obligation de demander au seigneur son consentement pour se marier, et les droits qu'il pouvait exiger au sujet du mariage (*bedemund, brautlauf, klanenthaler, etc.*);

4° Les droits qui se payaient au seigneur pour pouvoir construire des usines, exercer des professions, ou faire des actes qui doivent être libres à tout le monde;

5° Le serment de fidélité ou de soumission à prêter au maître;

6° L'incapacité d'acquérir en toute propriété, d'aliéner, de disposer entre-vifs ou par acte de dernière volonté, d'ester et défendre en jugement;

7° Le droit sur une portion de l'hérédité mobilière du colon ou de sa femme, appelé droit mortuaire (*sterbfall, betthaupt, carmede*);

8° L'usufruit des biens des vassaux, tenanciers ou censitaires, pendant leur minorité.

10. Est également supprimé sans indemnité,

Le droit qu'avaient les seigneurs de s'approprier les successions des étrangers, des bâtards, des personnes décédées sans héritiers, les biens vacans, meubles et immeubles, les terres vaines et vagues; les landes, les effets naufragés, sans préjudice tant des droits acquis aux seigneurs qui ont déjà fait acte de propriété, que des droits de propriété et d'usage que les seigneurs, les communes ou les particuliers peuvent avoir en vertu de titres indépendans de la justice seigneuriale.

11. Le retrait féodal, et généralement tout droit en vertu duquel un seigneur se faisait subroger à l'acquéreur, est aboli sans indemnité.

12. Sont également supprimés sans indemnité,

Les droits levés sur les personnes, à raison de la résidence, du nombre des bestiaux, ou à tout autre titre qui ne tiendrait qu'à la protection et non à une concession de fonds, en propriété ou en usage;

Les droits sur les ventes de meubles;

Les droits de pesage, mesurage, inspection, étalage, entrepôt, transport des denrées et marchandises.

Toutefois les bâtimens et halles continueront d'appartenir aux ci-devant seigneurs qui en sont actuellement propriétaires, sauf à la commune à les acheter ou à les louer, et si elle ne le fait pas, à exiger un tarif des droits d'entrée, d'entrepôt ou de séjour des denrées et marchandises. Les difficultés qui pourraient s'élever à ce sujet seront portées devant les conseils de préfecture, sauf le recours à notre Conseil-d'Etat.

13. Sont supprimés sans indemnité:

Les droits de péage, passage et autres semblables, sauf la décharge, pour les seigneurs, des obligations auxquelles ils étaient assujétis à raison de ces droits.

Sont exceptés, quant à présent, ceux de ces droits qui ont été concédés aux seigneurs, soit pour frais de construction de ponts, canaux et autres ouvrages construits sous cette condition, soit pour indemnité de bâtimens et établissemens quelconques supprimés pour cause d'utilité publique.

Les droits exceptés par le présent article continueront provisoirement d'être perçus, suivant les titres et le tarif de leur création primitive, reconnus et vérifiés par les préfets des lieux où ils se perçoivent, jusqu'à ce que, d'après leur avis, et sur le rapport de notre ministre de l'intérieur, il ait été par nous statué définitivement à cet égard: à cet effet, les ci-devant seigneurs, possesseurs desdits droits, seront tenus, dans l'année à compter de la publication du présent décret, de représenter leurs titres aux préfets, à défaut de quoi les perceptions demeureront suspendues.

14. Sont pareillement supprimés:

Les droits exclusifs de pêche dans les rivières non navigables ni flottables, et ceux de chasse, lesquels sont réservés aux propriétaires, chacun sur son terrain, sauf à se conformer aux lois et réglemens de police;

Les droits sur les chemins publics, rues et places, et sur les arbres y plantés, sans préjudice, tant pour les seigneurs que pour les propriétaires riverains, de la propriété des arbres actuellement existans et par eux plantés; sauf le droit, soit des propriétaires riverains, soit des communes, de racheter, suivant estimation d'experts, les arbres appartenant au seigneur, à l'effet de quoi celui-ci devra les avertir, par affiches, deux mois à l'avance, de l'abattage et de la vente desdits arbres.

15. Le droit que pouvaient avoir les seigneurs de s'approprier tout ou partie des biens des communes, et les redevances qu'ils percevaient pour la vaine pâture, sont abolis sans indemnité.

Si les seigneurs prouvent avoir concédé des fonds en propriété ou des usages, le fonds concédé ou le droit d'usage continuera d'être assujéti à la redevance primitivement stipulée.

16. Sont encore supprimés sans indemnité:

Tous droits de banalité, ensemble les sujétions accessoires et les redevances payées à titre d'abonnement.

Sont exceptées les banalités établies au profit d'individus non seigneurs, et celles attribuées aux seigneurs, en vertu d'une convention par laquelle le seigneur aura fait à la commune quelque avantage autre que celui de tenir en état les moulins, fours et autres objets banaux.

17. Sont supprimées également sans indemnité,

Les corvées personnelles imposées par la seule raison que les personnes étaient vassales ou habitaient certaines localités (*personal frohnen*);

Toutes autres corvées, même réelles, pour lesquelles il ne serait pas prouvé, par titres en bonne forme, qu'elles proviennent d'une concession de fonds ou de droit réel;

Les corvées, même réelles et appuyées de titres, si elles sont indéterminées à défaut des conditions prescrites par l'article 20.

18. Ne sont point comprises dans la disposition de l'article précédent les corvées communales (*commun frohnen, gemerude frohnen*) dues pour le service des communes, et les corvées publiques (*burgfersen landes frohnen, land folge*) dues pour le service de l'Etat, jusqu'à ce qu'autrement il y ait été pourvu, non plus que les battues de chasse imposées aux communes ou aux particuliers pour la destruction d'animaux malfaisans.

19. Sont réputées indéterminées (*ungemestene dieusté*) les corvées pour lesquelles l'une des trois choses suivantes n'est pas déterminée par le titre de concession ou par les reconnaissances passées aux terriers, savoir: 1° la quantité des travaux; 2° le nombre de jours; 3° l'étendue des fonds pour l'exploitation desquels la corvée est due, ce qui s'appliquera à toute obligation de travailler et de charier, même en fait de construction.

Si le nombre des jours est déterminé, mais que le genre du travail ne le soit pas, même par l'usage, les corvéables ne pourront refuser d'employer ces journées au travail qui leur sera demandé, pourvu qu'il soit relatif à la culture ou à l'exploitation des terres.

En cas de contestation sur le genre de travail demandé, il y sera statué par le juge-de-paix, sauf l'appel.

20. Le corvéable employé pour un service public le jour où il doit travailler pour le ci-devant maître n'est tenu ni de se faire remplacer, ni de rendre une autre journée, à moins que le service public ne soit exigé de lui à raison d'autres biens que ceux sujets à la corvée particulière.

21. Si les corvées n'existent que pour le besoin des biens du propriétaire, elles ne peuvent être affermées ni vendues sans ces biens; mais, s'il est permis de s'en servir autrement que pour la culture et l'exploitation desdits biens, elles pourront être affermées et vendues, pourvu que la condition des corvéables n'en devienne pas plus dure.

22. Les corvées actuellement existantes ne pourront être augmentées. Il est défendu d'en établir de nouvelles, même pour concession de fonds.

23. L'abolition prononcée ci-dessus comprend également le droit de contraindre les colons par des peines corporelles ou pécuniaires, sans recourir à la justice, à remplir les obligations non supprimées (*idienstewang*), et tous autres droits de ce genre.

24. Les redevables des droits supprimés ne pourront réclamer ceux qu'ils auraient déjà acquittés.

Il en sera de même des seigneurs à l'égard des droits qui se trouveraient encore dus.

25. Lorsque les possesseurs des droits conservés par les articles 10, 12, 13, 14, 15, 16 et 17 ci-dessus ne seront pas en état de représenter le titre primitif, ils pourront y suppléer par deux reconnaissances conformes, énonciatives d'une plus ancienne non contredite par des reconnaissances antérieures, données par la communauté des habitans, s'il s'agit des droits généraux, ou par les individus intéressés, si elles concernent les droits particuliers; pourvu qu'elles soient soutenues d'une possession actuelle qui remonte sans interruption à quarante ans, à partir de la loi westphalienne du 28 mars 1809, pour les pays ci-devant westphaliens, et dans les autres parties des trois départemens, à courir de la publication du présent décret, et qu'elles rappellent soit les conventions, soit les concessions relatées dans les articles susmentionnés.

26. Lorsqu'il y aura, pour raison d'un même héritage, plusieurs titres ou reconnaissances, le moins onéreux au tenancier sera préféré, sans avoir égard au plus ou moins d'ancienneté de leurs dates; sauf l'action en blâme ou réformation, de la part du ci-devant seigneur, contre celles desdites reconnaissances qui n'en seront pas encore garanties par la prescription, lorsqu'il n'y aura été partie ni en personne, ni par un fondé de procuration.

27. Ceux qui auraient acquis de particuliers des droits abolis sans indemnité ne pourront exiger aucune restitution de prix ni dommages-intérêts; ceux qui auraient acquis du domaine de l'Etat n'auront droit qu'à la restitution, soit des finances par eux avancées, soit des autres objets ou biens par eux cédés à l'Etat.

28. Il sera libre aux fermiers qui ont pris à bail aucun des mêmes droits, sans mélange d'autres biens ou de droits conservés, de remettre leurs baux; et, dans ce cas, ils ne pourront prétendre d'autre indemnité que la restitution des pots-de-vin et la décharge des loyers ou fermages, au prorata de la non-jouissance causée par la suppression desdits droits. Ceux qui auront pris à bail aucuns droits abolis, conjointement avec d'autres biens ou avec des droits rachetables, pourront seulement demander une réduction de leurs

pots-de-vin et fermages, proportionnée à la quotité des objets supprimés.

Néanmoins, si cette quotité, fixée d'après les évaluations faites comme il sera dit titre II, chap. II, forme au moins le dixième du fermage annuel, le fermier sera libre de résilier le bail.

29. Les preneurs à rente d'aucuns droits abolis pourront, suivant les distinctions de l'article précédent, demander la décharge ou une réduction proportionnelle, relativement aux redevances dont ils sont chargés; mais ils ne pourront rien réclamer sur les deniers d'entrée.

CHAPITRE III. Des droits seigneuriaux rachetables.

30. Ne sont point compris dans l'abolition ci-dessus prononcée, mais seront rachetables et continueront d'être payés jusqu'au rachat effectué, tous les droits féodaux ou censuels utiles qui sont le prix et la condition d'une concession primitive de fonds.

31. Sont présumées telles, sauf la preuve contraire, toutes redevances et obligations qui forment le prix de la concession du domaine utile, telles que les cens, rentes, emphytéoses, dîmes, et, en général, toute prestations en argent ou en nature, sous quelque dénomination que ce soit, qui ne se paient et ne sont dues, même à un seigneur, que par le propriétaire ou possesseur des fonds, tant qu'il est propriétaire ou possesseur, et à raison de la durée de la possession.

Sont comprises dans ces obligations, et continueront d'être acquittées comme par le passé, les rentes et redevances foncières imposées à quelques fiefs (*Zinslehen*) en faveur du ci-devant seigneur direct.

32. Sont également maintenus jusqu'au rachat tous les droits casuels qui, sous les noms de *droits d'entrée*, de *lods*, ou sous toute autre dénomination, étaient dus aux mutations par vente, ou lors des mutations par décès, soit des seigneurs, soit des propriétaires ou possesseurs; et ceux dus dans les cas déterminés par les contrats et les terriers.

33. Les contestations sur l'existence et la quotité des droits énoncés aux articles 31 et 32 ci-dessus seront décidées d'après les preuves autorisées par les lois générales concernant les droits fonciers, sans que, hors des lieux où le statut local en dispose autrement, l'enclave puisse servir de prétexte pour assujétir un héritage à des prestations qui ne sont point énoncées dans les titres directement applicables à cet héritage, quoiqu'elles le soient dans les titres relatifs aux héritages dont il est environné et circonscrit.

34. La disposition de l'article 26 ci-dessus est commune aux redevances comprises aux articles 30, 31 et 32.

35. A moins de stipulation contraire, les débiteurs de rente sont autorisés à une retenue dans la proportion de la contribution foncière, excepté s'il s'agit de biens appelés *Meierguter, erbleihe und zinsguter, etc.* dont la contribution était mise, par les anciennes lois et usages, à la charge du preneur; auquel cas il faudra stipulation formelle pour faire peser la contribution sur le bailleur.

36. Lorsque la concession en fief ou en rôture sera sujette, par le titre ou par la coutume des lieux, à un droit de retour en faveur du seigneur, ce droit sera remplacé par une indemnité réglée de la manière et au taux établis par l'article 90 ci-après.

37. Pour sûreté de l'acquittement des redevances maintenues jusqu'au rachat et du capital du rachat, les propriétaires auront, sur les fonds grevés, un privilége qui s'exercera immédiatement après celui du fisc pour les contributions, pourvu que, dans deux ans à compter du 20 avril 1810 pour les pays ci-devant westphaliens, et pour les autres parties, à partir de la publication du présent décret, il ait été par eux pris inscription au bureau des hypothèques.

Cette inscription conservera ledit privilége pour les arrérages échus à partir desdites époques, jusqu'à concurrence de deux années.

38. La même inscription conservera pour la suite le privilége à l'égard de deux années d'arrérages, pourvu qu'elle soit renouvelée aux époques fixées par l'article 2154 du Code civil.

39. Le titre exigé par l'article 2148 du Code civil pour opérer l'inscription, pourra consister, pour les redevances de toute nature, à défaut du titre primitif, dans les reconnaissances ou déclarations des redevables passées aux terriers.

40. A défaut de titres, les possesseurs de redevances pourront faire assigner, à leurs frais, les redevables par-devant le juge-de-paix, pour obtenir leur déclaration sur la prestation desdites redevances.

41. Tous les habitans d'une commune pourront être assignés en la personne du maire, par exploit dont l'original sera visé sans frais par le maire ou l'adjoint.

42. Si les redevables se déclarent débiteurs ou ne comparaissent pas, le procès-verbal que le juge-de-paix sera tenu d'en dresser vaudra titre pour opérer l'inscription, sauf le droit des défaillans de contester la redevance inscrite.

43. S'il y a contestation, le juge-de-paix renverra les parties aux tribunaux compétens.

44. Les inscriptions conservent le droit du propriétaire, mais n'y ajoutent rien, et ne font aucun obstacle à ce qu'il soit contesté.

45. Quant aux arrérages échus lors de la publication du présent décret, les propriétaires continueront de jouir des priviléges

qui leur étaient accordés par les lois et coutumes des pays auxquels ils appartenaient avant leur réunion à l'empire, sauf qu'à cet égard l'inscription devra être prise dans les trois mois de la publication du présent décret, si fait n'a déjà été.

TITRE II. Du rachat.

CHAPITRE Ier. *Dispositions communes à toute espèce de redevances et prestations.*

46. Tous les droits conservés par le présent décret sont essentiellement rachetables.

47. Le droit d'exercer le rachat est imprescriptible.

48. Le rachat ne pourra être exigé par le propriétaire de la redevance ou prestation.

49. Celui qui devait plusieurs espèces de redevances ou prestations au même propriétaire pourra demander le rachat de toutes cumulativement, ou de chaque espèce séparément; mais il ne pourra faire le rachat des charges et redevances annuelles en totalité ou en partie, sans racheter en même temps les droits casuels.

50. Les redevables qui rachèteront des prestations ou redevances quelconques seront tenus de payer avec le capital dû pour le prix du rachat, tous les arrérages échus au moment du rachat, sauf les prescriptions de droit.

51. Sur les évaluations du produit annuel qui auront lieu pour fixer le prix du rachat, l'on déduira pour contribution foncière, dans les cas où l'article 35 prononce la retenue, la somme imposée pour l'année dans laquelle se fera le rachat.

52. Si les redevances ou prestations rachetées étaient affermées avec d'autres objets, les fermiers ne pourront que déduire du prix de leur fermage les intérêts à cinq pour cent du capital acquitté aux bailleurs, à moins que le taux annuel de la redevance ou prestation ne constitue au moins le dixième du fermage, auquel cas ils pourront quitter la ferme à la fin de l'année; à l'effet de quoi, notification sera faite au fermier par le bailleur du rachat ou de la conversion en rente dans la quinzaine, et le fermier devra faire sa déclaration dans le mois de la remise de son bail, au cas où il est autorisé à la faire.

53. Toute offre de rachat sera signifiée par exploit au propriétaire du droit rachetable, à personne ou domicile.

54. Si les parties ne peuvent se régler de gré à gré, le redevable fera citer le propriétaire en conciliation devant le juge-de-paix de son domicile, en la forme et de la manière établies par le Code de procédure civile.

55. Si le juge-de-paix ne peut les concilier, il les réglera définitivement sans appel ou à la charge d'appel, lorsque le capital du rachat n'excédera par sa compétence, sous l'un ou l'autre de ces rapports; autrement, il les renverra devant les tribunaux.

56. Tout propriétaire de droits, redevances ou prestations à qui le rachat sera offert, devra dénoncer l'offre dans les trois jours au propriétaire du fief dont il relève, à personne ou domicile, en ajoutant un jour par trois myriamètres de distance, à peine de restitution du double de la somme pour laquelle le seigneur supérieur sera intéressé dans le rachat.

57. Tout tiers intéressé au rachat comme seigneur supérieur, successible féodal, fidéicommissaire ou créancier, pourra, pendant trois mois, du jour de la publication du présent décret, former, au bureau des hypothèques de l'arrondissement de la situation du bien sujet aux droits, redevances ou prestations rachetables, opposition au remboursement de toutes sommes provenant du rachat, sans préjudice des inscriptions qu'auront pu prendre les créanciers ayant hypothèque sur les biens ou droits fonciers sujets au rachat.

58. Il ne pourra être formé par le tiers intéressé qu'une seule opposition générale au remboursement de toutes sommes provenant des rachats qui seraient offerts, sans qu'aucune opposition particulière puisse être faite entre les mains du redevable, à peine de nullité et de tous dépens, dommages et intérêts.

59. Cette opposition contiendra la dénomination ou désignation des fiefs, domaines, droits seigneuriaux ou fonciers sur lesquels l'opposant prétend droit, et les noms, qualités et demeures des propriétaires desdits fiefs, domaines ou droits, à peine de nullité.

60. Ces oppositions dureront trente ans; ceux qui auront négligé d'en former ne pourront exercer aucun recours contre les redevables qui auront effectué le paiement de leur rachat, sans préjudice de leur action directe contre les propriétaires desdits fiefs, domaines ou droits.

61. Les redevables ne pourront effectuer le paiement de leur rachat sans s'être assurés qu'il n'existe aucune opposition : s'il en existe, ils s'en feront délivrer extrait par le conservateur, qui tiendra un registre particulier de ces oppositions; et ils dénonceront cet extrait à l'opposant et à celui sur lequel l'opposition sera faite, sans aucune autre procédure.

Les redevables pourront répéter le coût des extraits et actes de dénonciation.

62. Les droits du conservateur pour l'enregistrement des oppositions seront d'un franc pour l'opposition: de pareille somme pour chaque extrait, quel que soit le nombre des opposans, et pour certificat de non-opposition.

63. Un mois après la dénonciation, le redevable, sur la représentation de l'acte de dénonciation en bonne forme, sera autorisé par le tribunal à consigner, sans que les tiers intéressés soient reçus à critiquer le rachat, ni à se rendre opposans aux jugemens qui l'auront

réglé, et sans qu'il soit besoin de les appeler à la consignation.

64. Si aucun des intéressés au rachat comparaît pour le contester, le redevable dont les offres seront conformes aux règles établies par le présent décret sur le taux du rachat, sera autorisé par le tribunal à consigner.

65. Il n'est point dérogé, par les dispositions ci-dessus, aux lois sur la manière de conserver et de purger les hypotèques.

Chapitre II. Dispositions particulières au rachat des différentes redevances.

§ Ier. *Rachat des redevances fixes en nature ou en argent.*

66. Il sera dressé, dans chaque arrondissement, par le sous-préfet, le maire du chef-lieu et les membres du conseil général d'arrondissement qui résident dans le chef-lieu, un tableau du prix commun des grains, pailles, denrées et animaux qui entrent dans les redevances en nature existantes dans l'arrondissement.

Ledit tableau sera soumis à l'approbation du préfet.

67. Ce tableau sera composé d'après le prix commun desdits objets dans l'arrondissement depuis trente ans, déduction faite des deux années les plus fortes et des deux années les plus faibles.

Ce prix pourra être réglé d'après les mercuriales du chef-lieu d'arrondissement, ou, à défaut, du marché le plus voisin.

68. Les rachats de redevances en nature sur lesquels on n'aura pu convenir de gré à gré auront lieu conformément audit tableau, sur le pied de vingt-cinq fois la redevance annuelle; le tout sans déroger aux évaluations portées par les titres.

69. Le taux du rachat pour les redevances en argent sera de vingt fois leur montant annuel, à moins que le capital ne soit déterminé par les titres.

70. Si le redevable a l'option de payer en argent ou en nature, le rachat sera opéré, conformément à l'article précédent, en prenant pour base de l'évaluation le taux en argent porté par les titres.

Si la faculté d'exiger le paiement en argent ou en nature appartient au propriétaire de la redevance, le rachat s'opérera, suivant l'article 68, en prenant pour base le taux en nature porté aux titres.

§ II. Rachat des dîmes et autres redevances proportionnelles.

71. Pour le rachat des dîmes ou autres redevances proportionnelles qui consistent en une portion des fruits récoltés sur les fonds, si les parties ne peuvent s'arranger de gré à gré, il devra être fait par des experts un rapport constatant la quantité de grains, paille, denrées et animaux que la redevance peut produire, année commune, en supposant que les terres sont cultivées sans travail ni dépenses extraordinaires, mais selon la coutume du pays, avec les alternats et assolemens d'usage.

72. Ces experts seront nommés dans la quinzaine de la signification des offres de rachat, l'un par les redevables, l'autre par le propriétaire, le troisième par les deux parties de concert, et, à défaut, par le président du tribunal de première instance.

73. Les frais d'expertise seront à la charge des redevables, à moins qu'ils n'aient fait antérieurement au propriétaire des offres suffisantes par lui refusées, et justifiées par le rapport des experts; auquel cas tous les frais seront à la charge du propriétaire.

74. Le produit annuel ainsi déterminé, le rachat aura lieu comme de redevances en nature, sur le pied de vingt-cinq fois le produit.

75. Chaque décimable ou censitaire pourra exercer individuellement le rachat, sans qu'il soit besoin que les autres décimables ou censitaires s'unissent à lui; ce qui, toutefois, ne s'appliquera pas à des cohéritiers ou copropriétaires par indivis, qui ne pourront offrir le rachat divisément pour leur part et portion, mais seront tenus de racheter pour le tout, sauf leur recours. Il n'est point, au surplus, dérogé aux principes de la solidarité, dans le cas où les redevances seront dues solidairement.

§ III. Rachat des corvées et autres prestations.

76. Pour le rachat des corvées et autres prestations de même nature non supprimées, il sera dressé par les mêmes fonctionnaires désignés en l'article 66 ci-dessus, un tableau du prix ordinaire des journées d'hommes, de chevaux, bêtes de travail, de somme et de voiture, dans l'arrondissement.

77. Ce tableau sera composé comme il est dit article 67 ci-dessus; seulement il ne portera que sur les dix dernières années, et sera renouvelé tous les dix ans.

78. Les corvées et autres prestations qui consistent dans des obligations non prévues par ledit tableau seront évaluées par trois experts nommés comme il est prescrit par l'art. 72 ci-dessus.

79. Les experts prendront pour base de l'évaluation la dépense à laquelle le propriétaire serait entraîné pour obtenir les journées, soit d'hommes, soit d'animaux, ou les travaux qui lui étaient dus en vertu des corvées.

80. On déduira toujours, dans les estimations, les rétributions en nature (*proven*) ou en argent que les propriétaires étaient tenus de donner aux corvéables, d'après les usages reçus.

81. L'article 73 ci-dessus, relatif aux dîmes et redevances proportionnelles, concernant les frais d'expertise, est commun aux corvées.

82. Chaque corvéable pourra exercer le rachat individuellement, à moins que la corvée ne soit due collectivement par une communauté d'habitans; auquel cas, il pourra être requis par la majorité des corvéables obligés à travailler pour le même domaine, et la minorité sera obligée de s'y conformer: audit cas, le capital à rembourser sera réparti entre lesdits corvéables, proportionnellement à leurs obligations.

83. Le rachat des corvéees et autres prestations de même nature aura lieu conformément aux dispositions du § Ier du présent titre, sur les redevances en nature.

84. Le mode d'évaluation établi par le présent chapitre s'appliquera aux banalités non supprimées, sauf que la base de l'évaluation sera la diminution que le four, moulin, pressoir, ou autre usine, pourra éprouver dans son produit annuel, par l'effet de la suppression de la banalité.

Quant aux redevances payées pour abonnement de banalité, elles seront rachetables d'après le taux fixé par l'art. 69 du présent titre.

85. Les dispositions de l'article précédent ne sont pas applicables, s'il existe quelque titre qui prouve la quotité du paiement fait ou de la dette remise aux habitans, lors de l'établissement de la banalité; auquel cas le rachat ne sera autre que celui porté dans ce titre.

§ IV. Rachat des profits casuels.

86. Pour fixer le prix du rachat des droits d'entrée ou de lods, on procédera ainsi qu'il suit: on supposera qu'il arrive tous les trente ans un décès, et tous les cinquante une aliénation; en conséquence, on divisera par trente la somme à payer en cas de mutation par décès, et par cinquante celle à payer pour mutation par aliénation; on additionnera les deux quotiens, et leur somme formera la base du prix de rachat, à raison de trois pour cent de ce prix, de sorte que le tenancier qui, d'après l'addition des deux quotiens ci-dessus, serait censé payer annuellement trois francs, se libérerait à perpétuité moyennant cent francs payés une fois pour toutes.

87. Si le droit de mutation pour vente se paie selon le titre ou la coutume, proportionnellement au prix, l'évaluation du droit aura lieu sur le prix de la dernière vente faite du fonds dans le cours des dix années antérieures; et, à défaut de vente dans cet espace de temps, il sera fait des offres, et, en cas de refus, une estimation par experts; de laquelle les frais seront supportés par celui qui aura fait les offres, ou celui qui les aura refusées, suivant la distinction établie ci-dessus par l'article 73.

88. Le propriétaire qui a affermé des droits casuels avec d'autres biens, et qui a ensuite reçu le rachat de ces droits, doit compte au fermier des mutations survenues postérieurement au rachat, sauf la déduction néanmoins d'un quart sur le montant du droit.

§ V. Du droit de retour.

89. Pour tenir lieu du droit de retour mentionné en l'article 36 ci-dessus, il en sera payé, à celui en faveur de qui ce droit pouvait s'ouvrir, une indemnité qui sera réglée ainsi qu'il suit.

90. Le domaine ou le droit foncier sujet au retour sera évalué de gré à gré, ou par experts nommés comme il est dit en l'article 72, déduction faite de toutes ses charges; et, supposant le retour au terme de cent années, on prendra le centième de l'évaluation pour base du rachat, qui s'effectura en payant un capital sur le pied de vingt fois ce centième.

91. Ce capital produira intérêt à quatre pour cent jusqu'au remboursement.

§ VI. Du rachat des redevances ou prestations dues au domaine de l'Etat et de la couronne, et au domaine extraordinaire.

92. Les redevables des droits, redevances ou prestations dus au domaine de l'Etat, à celui de notre couronne, ou à notre domaine extraordinaire, exerceront le rachat en adressant au préposé de l'enregistrement et des domaines de l'arrondissement leur soumission à cet effet. Ce préposé en fera la liquidation, et l'adressera au directeur du département, qui l'approuvera ou la rectifira, et la renverra au préposé pour être exécutée par le soumissionnaire; en cas de contestation, il y sera statué par les tribunaux dans les formes observées en matières domaniales.

93. Les rachats seront au surplus réglés au taux et de la manière portés aux paragraphes précédens.

94. Les remboursemens seront faits à la caisse du receveur du domaine du chef-lieu du département, qui, en faisant ces versemens à la caisse du receveur général du département, distinguera, dans ses bordereaux, ce qui sera versé pour le domaine de l'Etat, pour celui de la couronne, pour notre domaine extraordinaire, et pour chaque donataire.

95. Le receveur général versera au Trésor de l'extraordinaire les sommes provenant des remboursemens de droits appartenant au domaine extraordinaire et non compris dans les dotations affectées aux titulaires, et versera à la caisse d'amortissement celles qui proviendront de remboursemens faits aux titulaires de dotations au-dessus de quatre mille francs, et à la caisse de l'administration de la société pour les donataires de quatrième et de cinquième classes.

96. Le directeur de l'enregistrement sera tenu de transmettre, dans la quinzaine du remboursement, un double de la liquidation et

de la quittance à l'intendant de notre domaine extraordinaire pour les remboursemens faits audit Domaine, ou au directeur général de l'enregistrement et des domaines pour les remboursemens faits au Domaine impérial.

97. Les art. 25 et 39 du présent décret ne sont point obligatoires pour les droits, redevances ou prestations faisant partie des biens par nous réservés, appartenant à notre Domaine extraordinaire ou composant des dotations, pour lesquels les procès-verbaux de lotissement et de prise de possession, et les baux, pour ce qui en est susceptible, serviront de titre à défaut de tout autre.

98. Notre domaine extraordinaire et nos donataires seront indemnisés de la suppression des droits abolis sans indemnité, ainsi et de la manière qui sera par nous déterminée, sur le rapport de notre intendant général de notre domaine extraordinaire.

TITRE III. Des colonats (Meier-recht, Erbmeir, Erbleihe, Erbzinsguter).

99. Les colons jouiront, à titre de propriété pleine et entière, du colonat et de toutes ses dépendances, sous les réserves et distinctions portées aux articles qui suivent, relativement aux bois de construction et de haute-futaie; le tout à la charge d'indemnité envers le bailleur.

100. Les colons conserveront, à titre de propriété, tous les bois de construction et de haute-futaie dépendant du colonat, et dont ils ont eu seuls la jouissance jusqu'à ce jour.

Ils auront également la propriété pleine et entière, et sans avoir égard aux rapports qui existaient ci-devant entre eux et le seigneur, de tous le bois de construction et de haute-futaie qui se trouve dans l'enclos de la ferme, et répandu isolément sur les terres du colonat.

101. S'il se trouve des bois de construction et de haute-futaie dépendans du colonat, autres que ceux désignés à l'article précédent, et dont la jouissance ait été commune entre le seigneur et le colon, ou pour lesquels il ait été réservé que l'un ne pourrait pas faire des coupes sans le consentement de l'autre, ces bois seront partagés par portions égales entre le seigneur et le colon.

102. Si le seigneur a seul le droit de procéder aux coupes des bois de construction et de futaie compris à l'article précédent, à la charge de fournir au colon la quantité de bois nécessaires pour l'entretien des bâtimens, les clôtures et entourages, et pour les instrumens aratoires, le sol et le bois seront partagés, savoir:

Deux tiers au seigneur, et un tiers au colon.

103. Le partage aura lieu dans les mêmes proportions pour le sol et le bois accru à la superficie, si le colon avait seulement la jouissance de tout ou de partie de la glandée.

104. Les forêts qui contiennent en même temps des bois de construction et de haute-futaie, et des bois taillis, seront partagées de manière que le seigneur obtienne la propriété d'une partie de sol et de bois, sans distinction d'espèce proportionnée à la valeur du bois de haute-futaie et de construction que produit la forêt entière; et le colon, la propriété de l'autre partie de sol et de bois, proportionnée à la valeur du bois taillis.

105. L'indemnité mentionnée en l'art. 99 sera réglée de gré à gré entre les deux parties, ou suivant une estimation d'après le mode déterminé par les articles 71, 72, 73 et 74 ci-dessus; et en calculant, 1° les chances de retour plus ou moins favorables qui existaient en faveur du seigneur à l'époque de l'estimation; 2° les charges dont le colon était grevé envers le seigneur, à raison du colonat.

S'il s'élève des contestations, il sera procédé comme il est dit aux articles 54 et 55.

106. L'indemnité une fois déterminée, il en sera passé reconnaisance devant notaire; une grosse dudit acte sera remise au seigneur, aux frais du colon.

107. Jusqu'à ce que l'indemnité soit payée, le seigneur conservera sur le colonat, au moyen d'une inscription faite conformément au livre III, titre XVIII, chapitre IV, du Code civil, le même privilége que l'article 2103 dudit Code accorde au vendeur ou bailleur de fonds.

108. Quant au privilége pour les arrérages échus lors de la publication du présent décret, l'art. 50 ci-dessus est déclaré commun aux colonats.

109. Le colon ne sera point tenu de rembourser au seigneur le montant de ladite indemnité, tant que le bien restera dans son intégrité entre ses mains : il suffira qu'il paie l'intérêt à quatre pour cent, lequel commencera à courir de la publication du présent décret.

110. Il en sera de même de l'héritier du colon, si cet héritier est un de ses descendans en ligne directe et, de plus, sous la condition portée au précédent article.

111. Aussitôt que le bien sera divisé entre les héritiers, quels qu'ils soient, ou que le bien, même sans être divisé, passera entre les mains de tout autre que celui qui a le droit de recueillir, le capital composant l'indemnité sera exigible par le seigneur.

112. Dans l'année du jour où le capital composant l'indemnité sera devenu exigible, le colon ou ceux qui le représentent seront tenus d'en faire l'offre au propriétaire.

Les frais de cette offre et tous autres qui peuvent en être la suite seront à la charge du colon.

Faute d'avoir satisfait à la présente disposition dans le délai prescrit, le colon sera passible de tous dépens, dommages et intérêts.

TITRE IV. Dispositions générales.

113. Tous procès pendans pour les droits abolis sans indemnité sont éteints, et chaque partie supportera les frais par elle faits ou avancés.

114. Tous jugemens, même en dernier ressort, qui auront maintenu des droits abolis par le présent décret, sont comme non avenus.

115. Toutes conventions arrêtées entre les redevables, les propriétaires et autres intéressés, et tout jugement définitif intervenu avant la publication du présent décret, en conséquence des lois sur l'abolition du régime féodal et sur le rachat des droits conservés, promulguées dans le royaume de Westphalie, dans le grand-duché de Berg, le duché d'Aremberg ou autres Etats dont les pays qui composent les départemens de l'Ems-Supérieur, des Bouches-du-Weser et des Bouches-de-l'Elbe faisaient alors partie, continueront d'être exécutés.

116. Nos ministres sont chargés de l'exécution du présent décret.

---

9 DÉCEMBRE 1811. — Décret qui détermine la forme des lettres-patentes à délivrer en exécution des décrets des 26 et 28 août 1811. (4, Bull. 408, n° 7507.)

Voy. décret du 3 MARS 1812.

Art. 1er. Les lettres-patentes que nous délivrerons en exécution des titres Ier et IV de notre décret du 26 août 1811, seront conformes aux modèles annexés au présent, numéros 1 et 2;

Celles que nous délivrerons en exécution de l'article 5 de notre décret du 28 dudit mois, seront conformes au modèle annexé aussi au présent décret, n° 3.

2. Notre grand-juge, ministre de la justice, est chargé de l'exécution du présent décret.

N° Ier.

Lettres-patentes portant autorisation au sieur de se faire naturaliser sujet (ou citoyen) de

Napoléon, etc. à tous ceux qui ces présentes lettres verront, salut.

N (*noms, prénoms, lieu de naissance, âge, titres, qualités ou profession de l'impétrant*) nous ayant fait exposer les circonstances et les motifs qui le portent à vouloir acquérir la qualité de sujet (*ou de citoyen*) de et nous ayant très-humblement supplié de lui accorder notre autorisation pour cet effet, nous avons bien voulu prendre sa demande en considération.

En conséquence, sur le rapport de notre grand-juge, ministre de la justice, nous avons accordé et par ces présentes accordons audit sieur la permission de se faire naturaliser sujet (*ou citoyen*) de voulons qu'aux termes du titre Ier de notre décret du 26 août 1811, il jouisse du droit de posséder, de transmettre des propriétés et de succéder dans l'étendue de notre empire; mais que ses enfans nés dans les Etats soient considérés en France comme étrangers, qu'ils ne puissent recouvrer la qualité de Français qu'en remplissant les formalités prescrites par les articles 9 et 10 du Code civil, et que néanmoins ils puissent recueillir les successions et exercer tous les droits qui seront ouverts à leur profit, pendant leur minorité et dans les dix ans qui suivront leur majorité accomplie : faisons très-expresses inhibitions et défenses audit sieur de jamais porter les armes contre nous et nos alliés, sous peine d'être traduit devant nos cours et condamné aux peines portées au Code pénal, livre III, articles 75 et suivans. En foi de quoi nous avons aux présentes, signées de notre main, contre-signées par notre ministre secrétaire d'état, et visées par notre cousin le prince archi-chancelier, fait apposer le sceau de l'empire. Mandons et ordonnons que lesdites présentes soient insérées au Bulletin des Lois et enregistrées à notre cour impériale du dernier domicile de l'impétrant.

Donné en notre palais impérial de le du mois d de l'an de grace

(*Place pour la signature de sa majesté.*)

Par l'Empereur :

Le ministre secrétaire d'Etat.

Vu par nous *archi-chancelier de l'empire.*

Délivré par nous *grand-juge, ministre de la justice*,

N° II.

Lettres-patentes portant autorisation au sieur d'entrer au service de

N..... à tous ceux qui ces présentes lettres verront, salut.

N (*noms, prénoms, lieu de naissance, âge, titres, qualités ou profession de l'impétrant*) nous ayant fait exposer les circonstances et les motifs qui le portent à vouloir entrer au service de et nous ayant très-humblement supplié de lui accorder notre autorisation pour cet effet, nous avons bien voulu avoir égard à sa demande. En conséquence, sur le rapport de notre grand-juge, ministre de la justice, nous avons accordé et par ces présentes accordons audit sieur la permission d'entrer au service de sous les conditions exprimées au titre IV de notre décret du 26 août 1811, et spécialement de revenir si nous le rappelons, soit par une disposition générale, soit par un ordre direct; comme aussi de ne prêter serment à que sous la réserve de ne jamais porter les armes contre nous, ni contre aucun de nos alliés, et de quitter ledit service, même sans être rappelé, dans le cas où la guerre, ce qu'à Dieu ne plaise, viendrait éclater entre nous et le tout à peine d'être traduit devant nos cours, et condamné aux peines qu'il aurait encourues aux termes de nos décrets des 6 avril 1809 et 26 août 1811. En foi de tout quoi, nous avons aux présentes, signées de notre main, contre-signées par notre ministre secrétaire d'Etat, et visées par notre cousin le prince archi-chancelier, fait apposer le sceau de l'empire. Mandons et ordonnons que lesdites présentes soient insérées au Bulletin des Lois, et enregistrées à notre cour impériale du dernier domicile de l'impétrant.

Donné en notre palais impérial de le du mois de de l'an de grace

(*Place pour la signature de sa majesté.*)

Par l'Empereur:
Le ministre secrétaire d'Etat,

Vu par nous *archi-chancelier de l'empire*,

Délivré par nous *grand-juge, ministre de la justice*,

N° III.

Lettres-patentes portant réintégration de dans ses droits et qualités de Français.

N...... à tous ceux qui ces présentes lettres verront, salut.

N (*noms, prénoms, lieu de naissance, âge, titres, qualités ou profession de l'impétrant*), après avoir justifié de la déclaration par lui faite le devant de l'intention où il est de reprendre ses droits et qualité de Français, auxquels il avait renoncé dans les termes de l'article 9 du traité de Campo-Formio, nous a très-humblement supplié d'ordonner sa réintégration, et de lui accorder, pour cet effet, nos lettres-patentes; vu l'article 5 de notre décret du 28 août 1811; voulant favorablement traiter ledit nous lui avons accordé et accordons sa réintégration pleine et entière dans la qualité de Français et dans tous les droits qui y sont attachés, sans qu'il puisse être aucunement repris pour sa conduite passée; n'entendons toutefois lui donner la faculté d'exercer des droits de successions et autres de même nature ouverts avant la publication des présentes. Et, afin que ce soit chose ferme et stable à toujours, nous avons aux présentes, signées de notre main, contre-signées par notre ministre secrétaire d'Etat, et visées par notre cousin le prince archi-chancelier, fait apposer le sceau de l'empire. Mandons et ordonnons que lesdites présentes soient insérées au Bulletin des Lois, et enregistrées à notre cour impériale du lieu où l'impétrant établira son domicile.

Donné en notre palais impérial de le du mois de de l'an de grace

(*Place pour la signature de sa majesté.*)

Par l'Empereur,
Le ministre secrétaire-d'Etat,

Vu par nous *archi-chancelier de l'empire*,

Délivré par nous *grand-juge, ministre de la justice*,

---

9 DÉCEMBRE 1811. — Décret qui détermine les limites dans lesquelles il ne peut être élevé aucune construction autour des places de guerre et postes militaires. (4, Bull. 408, n° 7508.)

Voy. loi du 8 = 10 JUILLET 1791; décret du 24 DÉCEMBRE 1811; ordonnance du 24 DÉCEMBRE 1817; loi du 17 JUILLET 1819.

N...... vu la loi du 8 = 10 juillet 1791, le réglement du 22 germinal an 4, et les autres lois et ordonnances relatives au service des places et aux fortifications;

Vu nos décrets du 10 fructidor an 13, des 20 février et 20 juin 1810, et du 4 août 1811, relatifs aux travaux publics;

Considérant que ces lois, ordonnances et décrets fixent à un kilomètre (cinq cents toises) la distance à laquelle il ne peut être fait autour des places de guerre, ni chemins, ni levées ou chaussées, ni fossés, ni amas de décombres et d'engrais, sans l'intervention de l'autorité militaire, et que nous avons étendu ces dispositions à tous les travaux publics;

Qu'il n'importe pas moins qu'il ne soit fait dans ce même rayon aucun bâtiment et clôture, spécialement autour des places de première ligne et de dépôt, et devant les fronts d'attaque des autres places; notre Conseil-d'Etat entendu, nous avons décrété et décrétons ce qui suit :

Art. 1er. Il ne pourra être élevé à l'avenir, et sous peine de démolition aux frais des contrevenans, aucun bâtiment, clôture, ou autres constructions de quelque nature qu'elles puissent être, dans le rayon kilométrique :

1° Des places de guerre et postes militaires en première ligne, sur les frontières et les côtes ;

2° Des places de premier ordre, et des places de dépôt des frontières et des côtes qui renferment un arsenal et autres établissemens d'armée, sur quelques lignes qu'elles soient situées ;

3° Du front d'attaque et des fronts collatéraux des places et postes situés en deuxième et en troisième lignes.

2. Autour des autres fronts des places de deuxième et troisième lignes, et de toute autre place plus reculée des anciennes frontières, les dispositions de la loi du 8 = 10 juillet 1791 continueront d'être exécutées suivant ce qui est réglé ci-après :

1° Il ne sera construit aucun bâtiment en bois dans le rayon de deux cents à cinq cents mètres, sans notre permission, et il ne sera jamais employé dans ces constructions, ni terre, ni maçonnerie, ni aucune autre espèce de matériaux incombustibles ;

2° Il ne sera construit, entre la place et la ligne tracée à deux cents mètres de la crête des chemins couverts, aucun bâtiment, clôture, ni fait de constructions d'aucune espèce, autres que des usines, et seulement avec notre permission, et après qu'il aura été constaté dans un procès-verbal tenu entre le commandant du génie, l'ingénieur des ponts-et-chaussées et le maire, qu'il s'agit d'un moulin ou autre semblable usine, qu'elle est d'utilité publique, et que son emplacement dans le rayon de deux cents mètres est nécessairement déterminé par quelque circonstance locale qui ne peut se rencontrer au-delà de cette même limite.

3. Les dispositions qui précèdent s'appliqueront aux restaurations et réparations des bâtimens, clôtures et autres constructions existantes, sauf les modifications que nous jugerons n'être pas contraires à la défense.

Dans ce cas même, et à compter de la publication du présent décret, les propriétaires des bâtimens, clôtures et autres constructions restaurées ou réparées, ne pourront prétendre à aucune indemnité pour démolition en cas de siége.

4. Les généraux commandant les divisions militaires et les départemens, et les directeurs des fortifications dans leurs tournées, les commandans d'armes officiers et employés de l'état-major des places, et les commandans, officiers et gardes du génie, veilleront, par de fréquentes visites, à l'exécution du présent décret.

En cas de construction dans l'intérieur des bâtimens et enclos, les visites auront lieu avec le concours des autorités civiles et judiciaires, conformément aux lois et décrets sur les visites domiciliaires.

5. Les préfets, les sous-préfets et les maires, les procureurs généraux et impériaux, les commissaires de police, les officiers et sous-officiers de gendarmerie, et tous autres officiers ou agens de la police civile et judiciaire, rempliront, tant pour l'exécution des dispositions du présent décret que pour la conservation des fortifications, bâtimens et terrains militaires, toutes les fonctions que les lois et décrets leur attribuent, à l'effet de réprimer, constater et poursuivre les délits contre la conservation des monumens publics et autres dépendances du domaine de l'Etat, soit qu'ils aient lieu d'agir à la réquisition de l'autorité militaire, ou d'office, et en se concertant avec elle, conformément à la loi du 8 = 10 juillet 1791, au réglement du 22 germinal an 4, à nos décrets du 10 fructidor an 13, des 20 février et 20 juin 1810, et du 4 août 1811, et aux anciennes ordonnances sur le service et la police des places de guerre, lesquelles seront exécutées en tout ce qui n'est pas prévu par les lois, réglemens et décrets précités, et par le présent décret.

Notre grand-juge, ministre de la justice, et nos ministres de l'intérieur et de la guerre, sont chargés de l'exécution du présent décret.

---

9 DÉCEMBRE 1811. — Décret contenant dispense d'âge en faveur de ceux des juges-de-paix et suppléans de juges-de-paix dans les départemens anséatiques, nommés par décret du 11 juillet dernier, qui, à cette époque, n'avaient pas trente ans accomplis. (4, Bull. 407, n° 7437.)

N..... avons décrété ce qui suit :

Art. 1er. Nous accordons dispense d'âge à tous les juges-de-paix et leurs suppléans des départemens des Bouches-du-Weser, des Bouches-de-l'Elbe, et de l'Ems-Supérieur, nommés par notre décret du 11 juillet dernier, et qui à cette époque n'avaient pas trente ans accomplis.

En conséquence, tous lesdits juges-de-paix sont confirmés dans leur nomination.

2. A l'avenir on se conformera aux lois de l'empire pour les présentations qui nous seront faites des sujets destinés à remplir des

fonctions de juge-de-paix dans les trois départemens ci-dessus.

3. Notre grand-juge, ministre de la justice, est chargé de l'exécution du présent décret.

---

9 DÉCEMBRE 1811. — Décret relatif à la première formation du tableau des avocats près la cour impériale de Hambqurg. (4, Bull. 408, n° 7509.)

---

9 DÉCEMBRE 1811. — Décret qui rétablit dans le tableau des foires du département de Saône-et-Loire, les trois foires annuelles qui existaient avant 1790, dans la commune de Saint-Désert. (4, Bull. 410, n° 7533.)

---

9 DÉCEMBRE 1811. — Décrets qui autorisent l'acceptation de dons et legs faits à la commune d'Ecommoy, aux églises de Cartigny, Gondrexange, Saint-Chinian, Mantes; aux pauvres et hospices de Saint-Aubin, Savignac, Carville-la-Fossetière, Saint-Waast-de-Dieppedalle, Cette, Cotignac, Rouen, Saint-Quentin, Charnod, Niort, Tournon, Gy, et aux séminaires diocésains d'Agen et d'Avignon. (4, Bull. 410, n°s 7534 à 7542; Bull. 411, n°s 7545 à 7549, et Bull. 412, n°s 7551 et 7552.)

---

12 DÉCEMBRE 1811. — Décret portant que les détenus dans les prisons de la cour impériale de Hambourg, qui se trouvent sous le poids d'une condamnation aux travaux publics prononcée par les anciens tribunaux, seront envoyés dans les bagnes. (4, Bull. 410, n° 7522.)

---

12 DÉCEMBRE 1811. — Décrets qui autorisent l'acceptation de dons et legs faits aux pauvres et hospices de Nancy, Ooteghem, Rieux, Alise, Beaune, Cadière, Nice, Orange, Saint-Brieuc, Bordeaux, Censeau, Marseille, Meonnes, Montbrison, Moerscke, Mornant, Sanve, Spaarnwonde, Toulouse et Antrain. (4, Bull. 412, n°s 7553 à 7562, et Bull. 413, n°s 7567 à 7577.)

---

16 DÉCEMBRE 1811. — Décret relatif aux cuirs venant de l'étranger. (4, Bull. 410, n° 7523.)

Art. 1er. Les dispositions de notre décret du 23 août dernier, relatives aux cuirs de bœuf, de vache et de cheval, secs et en poil, de Buénos-Aires, Caraques et de Fernambourg, seront applicables à tous les cuirs de bœuf, de vache et de cheval, secs et en poil, qui seront introduits dans notre empire, quelle qu'en soit l'origine.

2. Nos ministres de l'intérieur et des finances sont chargés de l'exécution du présent décret.

---

16 DÉCEMBRE 1811. — Décret contenant réglement de police des polders dans les départemens de l'Escaut, des Bouches-de-l'Escaut, de la Lys, des Deux-Nèthes, des Bouches-du-Rhin et de la Roër. (4, Bull. 410, n° 7524.)

Voy. décret du 11 JANVIER 1811.

Art. 1er. La surface des digues sera entretenue de manière qu'elle soit unie et solide dans toutes ses parties, que la végétation soit favorisée, et que le gazon qui la recouvre soit conservé.

2. Les fouilles et les trous faits par des particuliers dans le corps d'une digue extérieure seront punis par une amende de 25 fr.

3. L'amende sera double, si ces dégradations ont lieu la nuit.

Les dégradations qui auraient été faites au talus extérieur, de jour ou de nuit, seront, en outre de cette double amende, punies d'une détention qui ne pourra être de moins de trois jours, et de plus d'un mois.

4. Les arbres existans sur les digues, et les haies de clôture qui s'y trouvent, seront arrachés par les propriétaires avant les tournées périodiques de la direction, qui fera arracher et extirper tout ce qu'elle trouvera de semblable dans chaque inspection.

Les propriétaires en retard, ou leurs fermiers, paieront à la caisse du polder une amende équivalente au double des frais de cette main-d'œuvre. Le préfet réglera et rendra exécutoire l'état de ces frais.

5. Toute plantation ultérieure d'arbres ou de haies sera punie d'une amende de 1 franc par arbre ou par mètre courant de haie, outre les frais d'arrachement et ceux de réparation des parties plantées.

6. Les rampes établies sur les talus des digues, dans des endroits destinés au passage des hommes et des voitures, devront former saillie sur le corps de la digue.

Il ne pourra en être établi de nouvelles qu'avec la permission écrite de la direction du polder, et au moyen de remblais.

Toute contravention au présent article sera punie d'une amende de vingt francs pour les rampes ayant moins d'un mètre de large, et cinquante francs pour celles qui auraient une largeur d'un mètre et au-dessus.

7. Toute construction existante dans le corps d'une digue extérieure sera détruite, et la digue convenablement réparée aux frais des propriétaires, à moins qu'elle ne puisse être suffisamment renforcée par les mêmes propriétaires.

S'ils négligent d'exécuter à cet égard les ordres de la direction, l'ouvrage sera exécuté à leurs frais, et ils seront en outre punis d'une amende de cinquante francs.

8. Toute digue extérieure servant de chemin vicinal sera appropriée à cet usage, aux frais du polder; et son terre-plein, convenablement rechargé de sable, gravier ou autres matériaux semblables, sera bordé intérieure-

ment d'un bourlet ou épaulement de cinquante centimètres au moins d'élévation.

Le passage des voitures, chevaux et bestiaux sur les contre-digues extérieures, donnera lieu à une amende de six francs pour une voiture; de deux francs pour un cheval, et d'un franc pour une bête à corne.

9. Le propriétaire d'un cochon trouvé sur la digue paiera une amende de douze francs, outre le double des frais de réparation du dommage. En cas de récidive, il y aura, en outre, lieu à saisir et vendre le cochon au profit du polder.

10. Les oies trouvées sur la digue pourront être tuées par le garde-digue.

11. Il est défendu à tous autres qu'aux membres des directions, aux agens des ponts-et-chaussées et aux ouvriers en activité, de marcher sur le paillassonnage des digues, ainsi que sur les ribermes et revêtemens de leur talus extérieur, sous peine d'une amende de trois francs.

12. Le propriétaire d'une barque amarrée, ancrée ou échouée à dessein sur le talus extérieur d'une digue ou sur un ouvrage de défense, paiera une amende de dix francs, et le double des frais de réparation si la digue ou l'ouvrage se trouvait dégradé.

13. La pêche et la recherche des coquillages et du bois avec instrumens quelconques, à pied ou en bateau, sont défendus devant le pied extérieur des digues et sur les ouvrages avancés, sous peine de trois francs d'amende, et vingt-quatre heures de détention, outre la confiscation des barques et instrumens employés à cette pêche et recherche.

14. Les roseaux ne pourront être enlevés des alluvions avant le premier mars de chaque année, sous peine de six francs d'amende par cent bottes.

Le vol des souches et plantards dans les oseraies sera puni d'une amende de trois francs par souche ou fagot, et d'un jour de détention.

15. Il est défendu de ramasser le bois mort et la paille ou le roseau sur les digues, sous peine de trois francs d'amende et vingt-quatre heures de détention.

16. Le vol des matériaux déposés sur les digues ou existans dans les magasins d'approvisionnement, sera puni d'une amende triple de la valeur, et d'un emprisonnement de trois jours.

17. Le vol des matériaux employés aux ouvrages de défense et en faisant partie, sera puni d'une amende de dix francs au moins, et de cinquante francs au plus, et d'un emprisonnement qui ne pourra être moindre de trois jours ni excéder un mois, outre la réparation du dommage.

Les peines portées au présent article et aux articles 13 et 14 s'appliqueront également à ceux qui auraient acheté ou recélé ces matériaux.

18. Les digues extérieures ne pourront être pâturées sans l'autorisation expresse et motivée de la direction. La pâture en est défendue sans exception, depuis le premier novembre jusqu'au premier avril. Toute contravention au présent article sera punie d'une amende de trente francs.

Dunes.

19. Aucune fouille ne pourra être faite dans les dunes de mer, sans la permission écrite de la direction du polder et l'autorisation du préfet avec désignation précise de l'endroit où la fouille sera permise.

Les fouilles et les enlèvemens de sable non autorisés seront punis d'une amende de trois francs.

20. Il est défendu de couper ou arracher aucune herbe ni broussailles dans les dunes de mer, et d'enlever les pailles et autres matériaux employés pour favoriser leur accroissement, sous peine d'une amende de six francs, outre les frais de réparation.

21. Nul ne pourra faire paître des bestiaux dans les dunes, sans une autorisation de la direction.

Ceux qui y seront trouvés en contravention au présent article ou sans berger, donneront lieu à une amende de deux francs par bête à corne, et de cinquante centimes par mouton. L'amende sera de six francs pour un cheval.

Intérieur des polders, et moyen d'écoulement.

22. Les fouilles dans l'intérieur seront défendues à moins de vingt mètres du pied des digues, sous peine de vingt francs d'amende pour chaque contravention, outre les frais de réparation.

23. Toute dégradation d'une digue intérieure sera punie de la même peine.

24. Les digues intérieures devront conserver leurs dimensions, et être maintenues en bon état.

En conséquence, aucune plantation ne pourra y être faite, aucun chemin ou passage de voiture ne pourra y être établi dorénavant, sans la permission écrite de la direction, autorisée par le maître des requêtes.

Toute contravention au présent article sera punie d'une amende de vingt francs, outre les frais de réparation.

25. Il est défendu d'établir des moulins à vent sur les digues, et à moins de cinquante mètres de leur sommet : les réglemens de police existans à l'égard de ceux placés sur les digues servant de chemin continueront d'avoir leur exécution.

26. Les canaux et rigoles servant à l'écoulement des eaux intérieures des polders de-

vront être maintenus à la largeur et à la profondeur requises, et être curés deux fois l'année.

Leur état sera vérifié dans deux tournées d'inspection que la direction fera, la première en mai et la seconde en octobre, et qu'elle annoncera quinze jours d'avance par une publication.

Tout propriétaire ou fermier qui sera trouvé en défaut sous ce rapport lors de l'inspection, paiera une amende de deux fois la valeur de l'ouvrage que la direction fera faire d'office.

27. Il est défendu de barrer les canaux et rigoles d'écoulement, et d'en obstruer le cours, sous peine d'une amende de cinq francs, et du double des frais d'enlèvement et de réparation exécutés comme à l'article précédent.

28. La disposition de l'article précédent s'appliquera à l'établissement non autorisé de ponts et ponceaux sur les canaux et rigoles susdits, ainsi qu'aux plantations existantes sur leur bord.

29. Il est défendu de faire rouir du chanvre ou du lin dans les canaux et fossés, sous peine de vingt francs d'amende; et, en cas de récidive, le chanvre ou le lin sera confisqué en sus de l'amende.

30. Il ne pourra être déposé d'herbes ou du fumier plus près qu'à quatre mètres de leurs bords.

Les contrevenans au présent article seront punis d'une amende de dix francs, outre les frais de curage, s'il y a lieu.

31. Le passage des voitures, chevaux et bestiaux à travers les canaux et rigoles d'écoulement, est interdit, et sera puni d'une amende de trois francs, outre les frais de la réparation.

Il ne pourra être établi d'abreuvoir qu'à cinq mètres au moins de leurs bords; l'infraction de cette prohibition entraînera une amende de six francs, et les choses seront rétablies dans leur premier état, aux frais du propriétaire ou fermier qui l'aura enfreinte.

32. Il est défendu de placer dans les canaux, rigoles et écluses d'écoulement, aucun instrument de pêche, à peine de confiscation et d'une amende de dix francs, qui sera double en cas de récidive: la même amende sera payée par les propriétaires de barques stationnées dans les mêmes cours d'eau, et de celles qui resteraient plus long-temps que l'espace d'une marée dans le chenal extérieur des écluses de suation à la mer.

33. Quiconque aura dégradé ou endommagé dans une de ses parties une écluse de décharge sera condamné à une amende de cent francs, outre la réparation à ses frais, et les dédommagemens auxquels les suites du délit pourraient donner lieu.

34. Celui qui se permettra d'ouvrir ou de fermer de son chef une écluse de décharge ou de suation, encourra la même amende, et même la détention, dans le cas où le recouvrement des dommages et intérêts serait impossible.

Momens de danger.

35. Lorsqu'une marée ou une crue extraordinaire et accompagnée de circonstances qui peuvent amener une rupture ou le débordement de la digue, exigera le concours d'un grand nombre de bras pour la défendre, tous les habitans du polder, au-dessus de dix-huit ans, avertis par le son du tocsin, seront tenus de se rendre sur les points qui seront indiqués tous les ans par une publication du maire.

Le refus d'obéir à cet appel sera puni d'une amende égale au prix de deux journées de travail; et, après un avertissement que le maire fera donner, sur l'invitation de la direction, de quatre jours de prison en sus de l'amende.

36. Lorsque, dans ces momens, la direction aura commandé des travailleurs et des voitures attelées qui devaient se rendre aux points menacés, chaque heure de retard sera punie d'une amende de deux francs, pour un homme, et de six francs pour une voiture.

37. Un travailleur qui refusera dans ce cas d'exécuter les ordres de la direction, encourra une amende de dix francs; et, en outre, il sera puni de cinq jours de détention, s'il excite d'autres travailleurs à l'insubordination.

38. Lorsqu'après avoir épuisé les ressources des polders et des magasins de secours disponibles sur un point menacé, la direction manquera des matériaux nécessaires pour prévenir une rupture ou un débordement, elle pourra, sauf remboursement, après la cessation du danger, des objets enlevés, et indemnité du dommage causé par leur enlèvement, s'emparer de tout ce qui existera en piquets, fascines et paille dans les environs de la digue, dût-elle même faire enlever le chaume des maisons et les chevrons de leur toiture.

39. Le vol des matériaux et des outils, dans ces momens, sera puni d'une amende égale à la décuple valeur, et d'un emprisonnement qui ne pourra être moindre d'un mois ni excéder deux ans.

40. Tout particulier qui, dans les grandes crues ou marées extraordinaires, percera une digue de défense par une tranchée ou autrement, dans le dessein prémédité de causer l'inondation d'un ou plusieurs polders, sera renvoyé devant nos cours impériales, pour être condamné aux peines décernées par l'article 91 de notre Code criminel contre ceux qui tendent à troubler l'Etat par la dévasta-

tion, le massacre ou le pillage d'une ou plusieurs communes.

Tourbières.

41. Dans le polder, et dans les terrains adjacens dont le sol n'est pas plus élevé que celui du polder, il ne pourra être entrepris d'extraction de tourbes qu'en vertu d'une permission délivrée suivant les formalités ci-après prescrites.

Toute contravention au présent article sera punie d'une amende de cinquante francs par are de terrain tourbé.

42. La demande de permission adressée au préfet sera par lui communiquée à notre maître des requêtes directeur général des polders, avec son avis, et l'affiche ordonnée dans la commune où l'extraction doit avoir lieu.

43. Le maître des requêtes, après avoir consulté les directions des polders intéressés, et pris l'avis tant de l'ingénieur des mines que de l'ingénieur des ponts-et-chaussées, enverra la demande de permission au directeur général des ponts-et-chaussées, qui statuera.

44. Si le terrain qui doit être tourbé n'est pas susceptible d'être rendu à l'agriculture sans épuisemens artificiels après l'extraction de la couche reconnue par les sondes qui auront été faites, il y aura lieu à un cautionnement stipulé par la permission délivrée en vertu de l'article précédent.

45. Le cautionnement devra être hypothéqué sur des terres de polder du même arrondissement, au profit de celui où l'extraction aura lieu, et être calculé à raison de deux mille francs par hectare destiné à être tourbé.

46. Les inscriptions nécessaires seront prises et renouvelées à la diligence du dykgraaff du polder, et la radiation n'en pourra être obtenue que sur l'autorisation du maître des requêtes, après parfait dessèchement, et sur l'avis de l'ingénieur des ponts-et-chaussées, à l'appui d'un procès-verbal constatant l'efficacité des moyens employés, et la durée qu'ils promettent.

Dispositions générales.

47. Dans tous les cas prévus par le présent réglement, les parens seront responsables pour leurs enfans, et les maîtres pour leurs domestiques.

48. Les dispositions des articles 222 et suivans du Code pénal seront applicables à tout manquement, injure ou outrage envers les membres des directions, dykgraaffs et jurés en fonctions.

49. Les délits prévus par le présent réglement général seront constatés et les délinquans arrêtés, s'il y a lieu, par les gardes champêtres, concurremment avec les gardes-digues, ainsi que par tous les officiers de police judiciaire et administrative; et celui qui aura constaté un délit aura droit à la part d'amende accordée aux gardes-digues par les réglemens d'organisation des polders: ils la recevront sur le même pied et de la même manière.

50. Les délits de voirie seront portés devant les conseils de préfecture, selon la loi du 29 floréal an 10; les autres délits, devant les tribunaux correctionnels ou nos cours impériales, selon leur nature.

51. Notre grand-juge, ministre de la justice, et notre ministre de l'intérieur, sont chargés de l'exécution du présent décret.

---

16 DÉCEMBRE 1811. — Décret contenant réglement sur la construction, la réparation et l'entretien des routes. (4, Bull. 418, n° 7644.)

Voy. lois du 28 SEPTEMBRE = 6 OCTOBRE 1791, 29 FLORÉAL an 10, du 9 VENTOSE an 13; décret du 22 FÉVRIER 1813, du 6 NOVEMBRE 1813, lois du 28 JUILLET 1824, du 12 MAI 1825.

TITRE Ier. Classification des routes.

Art. 1er. Toutes les routes de notre empire seront divisées en routes impériales et routes départementales.

2. Les routes impériales sont de trois classes, conformément aux tableaux 1, 2 et 3, joints au présent décret.

3. Les routes départementales sont toutes les grandes routes non comprises auxdits tableaux, et connues jusqu'à ce jour sous la dénomination de routes de troisième classe.

4. Toutes les fois qu'une route nouvelle sera ouverte, le décret qui en ordonnera la construction indiquera la classe à laquelle elle appartiendra; et il sera pourvu aux frais de son exécution et de son entretien suivant les distinctions établies ci-après.

TITRE II. Des dépenses des routes.

5. Les routes impériales de première et seconde classes seront entièrement construites, reconstruites et entretenues aux frais de notre Trésor impérial.

6. Les frais de construction, de reconstruction et d'entretien des routes impériales de troisième classe, seront supportés concurremment par notre Trésor et par les départemens qu'elles traverseront.

7. La construction, la reconstruction et l'entretien des routes départementales demeurent à la charge des départemens, arrondissemens et communes qui seront reconnus

participer plus particulièrement à leur usage (1).

TITRE III. De la manière de pourvoir à l'entretien des routes impériales.

8. Le fonds ordinaire que fournit annuellement notre Trésor pour les routes, sera pour chaque année, de vingt millions, lesquels seront répartis ainsi qu'il suit :

1° Pour l'entretien des routes de première classe, huit millions ;

2° Pour l'entretien des routes de deuxième classe, six millions ;

3° Enfin, pour la part à supporter par le Trésor dans l'entretien des routes de troisième classe, six millions.

9. Notre ministre de l'intérieur fera connaître, chaque année, aux conseils généraux de département, la somme pour laquelle chacun d'eux aura été compris dans la répartition qu'il aura faite des six millions portés au dernier paragraphe de l'article précédent, et celle qui serait nécessaire dans chaque département pour le complément de l'entretien de ces routes de troisième classe, afin que les conseils généraux puissent voter tout ou partie dudit complément, aux termes de l'article 6 du présent décret.

10. Les routes de première et de deuxième classes n'étant pas encore toutes parvenues à l'état d'entretien, la portion des sommes indiquées à l'article 8 qui, chaque année, ne sera point employée audit entretien, sera affectée à la construction des lacunes, ou aux réparations extraordinaires des parties dégradées desdites routes.

TITRE IV. Des moyens de pourvoir aux réparations extraordinaires et à la confection des lacunes ou parties de routes impériales à ouvrir ou à terminer.

11. Indépendamment des routes pour la construction desquelles il est accordé des fonds spéciaux, les constructions et reconstructions de routes impériales seront faites au moyen d'une somme annuelle de cinq millions, fournie sur les fonds du Trésor, additionnellement aux sommes qui seront affectées à ces constructions et reconstructions, conformément à l'article 10 du présent décret.

12. Ces fonds seront appliqués de préférence à nos routes impériales de première classe, et ensuite à celles de seconde, jusqu'à ce qu'elles soient toutes portées à l'état de simple entretien.

TITRE V. Des routes départementales.

SECTION Ire. *Disposition pour la formation d'un état général des routes départementales.*

13. Dans leur session de 1812, les conseils généraux indiqueront :

1° Celles des routes départementales désignées en l'article 3 qu'ils jugeraient devoir être supprimées ou rangées dans la classe des chemins vicinaux, ou ceux des chemins vicinaux qu'ils jugeraient devoir être élevés au rang des routes départementales ;

2° Celles des routes départementales qu'il serait le plus pressant de réparer ;

3° La situation des travaux qui sont ordonnés et continueront à être exécutés dans leurs départemens, sur les routes départementales, en vertu des lois précédentes, en y joignant le tableau des impositions extraordinaires créées par lesdites lois, et de la portion pour laquelle la loi a spécifié que notre Trésor impérial concourrait auxdits travaux ;

4° Leurs vues sur la plantation de leurs routes départementales, dans la forme du rapport ordonné au titre VIII, section II, article 91 du présent, pour nos routes impériales.

14. Le travail des conseils généraux, prescrit par l'article précédent sera revêtu de l'avis du préfet et des observations de l'ingénieur, et transmis à notre ministre de l'intérieur par l'intermédiaire de notre directeur général des ponts-et-chaussées.

15. Au 1er septembre prochain, notre directeur général remettra à notre ministre de l'intérieur, un rapport tendant à nous faire connaître l'état au vrai des routes départementales, en distinguant :

1° Celles qui n'ont besoin que d'un simple entretien pour être viables en toute saison ;

2° Celles qui exigeraient des réparations extraordinaires ;

3° Les lacunes qu'elles présentent ;

4° L'estimation par aperçu des dépenses nécessaires pour les mettre toutes à l'état de simple entretien.

SECTION II. De la répartition des dépenses.

16. Il sera statué sur la construction, la reconstruction, la plantation et l'entretien des routes départementales, par des réglemens d'administration publique rendus pour chacune desdites routes.

---

(1) Lorsqu'un pont se trouve situé sur une route départementale et appartient également au territoire de deux départemens limitrophes, les frais de réparation doivent être à la charge, par moitié, des deux départemens (25 janvier 1831, ord. Mac. 13. 68).

17. Ces décrets prononceront :

1° Sur l'époque à laquelle la route devra être achevée, plantée, s'il y a lieu, comme il sera dit ci-après, titre VIII, et mise à l'état de simple entretien;

2° Sur la somme nécessaire à cet effet;

3° Sur celle qu'exigera l'entretien annuel;

4° Sur la part contributive dans lesdites sommes, à supporter par les départemens, arrondissemens et communes intéressés à l'existence de la route;

5° Sur les offres faites par des propriétaires ou des associations de propriétaires, ou des communes, pour contribuer à la construction, à la reconstruction ou à l'entretien de cette route.

18. Toute demande pour l'ouverture, la reconstruction ou l'entretien des routes départementales, formée par des arrondissemens, des communes, des particuliers, ou des associations de particuliers, sera présentée à la plus prochaine session du conseil général du département, lequel délibérera :

1° Sur l'utilité des travaux demandés;

2° Sur la part que devront supporter respectivement, dans les dépenses, les départemens, les arrondissemens ou les communes, en proportion de leur intérêt dans les travaux proposés;

3° Sur les offres faites par des particuliers ou associations de particuliers ou communes, et sur les conditions auxquelles ces offres seraient faites.

19. La délibération du conseil général sera communiquée aux conseils d'arrondissement, aux conseils municipaux, aux particuliers ou associations de particuliers, dont il est parlé au paragraphe 5 de l'article 17, lesquels seront tenus de fournir leurs observations dans un délai qui leur sera fixé par le préfet.

20. Lorsqu'une proposition pour l'ouverture, la reconstruction ou l'entretien d'une route départementale, intéressera plusieurs départemens, notre ministre de l'intérieur fera communiquer cette proposition aux conseils généraux de tous les départemens intéressés; et il sera procédé dans chacun desdits départemens, ainsi qu'il est dit aux articles 18 et 19 ci-dessus.

21. Les délibérations définitives des conseils généraux seront, avec l'avis du préfet et les observations de l'ingénieur en chef du département, adressées, par l'intermédiaire de notre directeur général des ponts-et-chaussées à notre ministre de l'intérieur, d'après le rapport duquel il sera statué par nous, suivant qu'il appartiendra.

22. Dans le cas où le conseil général d'un département n'aurait reçu aucune demande pour l'établissement, la réparation ou l'entretien de ces routes départementales, et jugerait cependant nécessaire qu'il fût rendu des décrets pour assurer l'existence de tout ou partie de ces routes, il pourra prendre une délibération dans la forme indiquée à l'article 18, sur laquelle sera faite l'instruction préalable prescrite par l'article 19, pour être ensuite statué par nous, ainsi qu'il appartiendra.

23. La réunion des conseils généraux et d'arrondissement, pour délibérer sur les objets spécifiés aux sections présente et suivante, sera spécialement autorisée par notre ministre de l'intérieur; la durée et l'objet de chacune de ces sessions extraordinaires seront déterminés par l'arrêté de convocation du ministre, et il ne pourra y être traité d'aucun autre objet.

Section III. De l'exécution et de la surveillance des travaux.

24. Les travaux de construction, de reconstruction et d'entretien des routes départementales, seront projetés, les devis seront faits, discutés, et approuvés, dans les formes et les règles suivies pour les routes impériales; et les travaux seront exécutés par les ingénieurs des ponts-et-chaussées.

25. Il sera exercé une surveillance spéciale sur les travaux des routes départementales dans l'intérêt des départemens, arrondissemens, communes, particuliers et associations des particuliers qui auraient contribué à fournir les fonds nécessaires : à cet effet, le préfet nommera parmi les membres des conseils de département, arrondissement et commune, et parmi les particuliers et associations de particuliers, une commission, dont il désignera les président et secrétaire; à laquelle il sera donné communication préalable du cahier des charges et qui assistera aux adjudications ainsi qu'à la réception des matériaux et des travaux, et donnera ses observations sur le tout.

26. Les fonds provenant des contributions extraordinaires, cotisations, ou donations de capitaux ou de rentes, établies ou acceptées par suite de nos décrets sur les routes départementales, seront déposés dans la caisse du receveur général du département, pour être employés, comme fonds spécial, sur les mandats du préfet et d'après les ordonnances de notre ministre de l'intérieur.

27. Le compte de l'emploi de ces fonds sera présenté, chaque année, à la commission formée en vertu de l'art. 25. Elle donnera son avis sur ledit compte, lequel sera soumis, pour la partie qui le concernera, à chaque conseil général intéressé, qui le vérifiera, et y joindra ses observations : le tout sera transmis par le préfet à notre directeur général des ponts-et-chaussées, et soumis à toutes les formes établies pour la comptabilité des travaux.

TITRE VI. Du mode d'entretien des routes.

SECTION Ire. *Des adjudications.*

§ Ier. Règles générales des adjudications.

28. A l'avenir, et à mesure de l'expiration des baux d'entretien des routes actuellement existans, ou en cas de résiliation desdits baux, l'entretien des routes pavées et non pavées sera divisé en deux parties, qui seront adjugées séparément, savoir : 1° la fourniture des matériaux, qui sera donnée à l'entreprise ; 2° leur emploi et les autres travaux de l'entretien, qui seront adjugés à des cantonniers.

Il ne pourra être dérogé au mode d'entretien établi par le présent article qu'en vertu d'un réglement d'administration publique, fixant le mode qui y sera substitué, et rendu, pour chaque localité où l'exception serait reconnue nécessaire, sur la proposition de notre directeur général des ponts-et-chaussées, et le rapport de notre ministre de l'intérieur.

29. Aucun individu, s'il n'est maître de poste, ne peut réunir l'adjudication de la fourniture des matériaux et l'adjudication d'aucuns travaux d'entretien.

30. Ces deux espèces d'adjudications seront faites dans les formes usitées jusqu'à ce jour, sur soumissions cachetées et d'après un cahier de charges arrêté par notre directeur général des ponts-et-chaussées. Le cahier de charges de baux d'entretien énoncera toutes les obligations prescrites aux cantonniers par le présent décret, indépendamment des clauses locales motivées par la nature des matériaux et du terrain.

31. Les baux d'adjudication de la fourniture des pavés et autres matériaux continueront d'être soumis à l'approbation de notre directeur général des ponts-et-chaussées. Les baux d'adjudication de l'emploi des matériaux et autres travaux de l'entretien des routes seront aussi transmis à notre directeur général des ponts-et-chaussées pour être par lui approuvés ; néanmoins ils recevront immédiatement leur exécution provisoire.

32. Dans les baux des adjudications de l'entretien des routes ne sera pas comprise la portion des ouvrages de terrasse applicable aux réparations, curement et entretien des fossés des routes, laquelle portion sera exécutée ainsi qu'il est dit au titre VIII, section III, article 109, du présent.

§ II. Des adjudications des matériaux.

33. Les baux pour la fourniture des pavés seront de six ans au moins : ceux pour l'extraction, le transport et le cassage des matériaux destinés à la réparation des routes non pavées, ne pourront être moindres d'une année ni excéder trois années.

34. Ces baux stipuleront une amende payable au profit de l'Etat, du tiers de la valeur des pavés ou autres matériaux qui auraient dû être approvisionnés, et qui ne seraient point déposés, à l'époque fixée, sur la route : et ce indépendamment du remplacement, aux frais de l'entrepreneur, de tous les matériaux non fournis.

35. Avant de délivrer aucun mandat de paiement aux adjudicataires des matériaux, le préfet pourra faire vérifier, par tous les moyens qu'il jugera convenables, la réalité des quantités de matériaux annoncées comme fournies, d'après le certificat délivré à l'entrepreneur par l'ingénieur en chef.

§ III. Des adjudications de l'emploi des matériaux et autres travaux d'entretien.

36. Les adjudications à des cantonniers, de l'emploi des matériaux et autres travaux de l'entretien des routes, seront faites pour le terme de trois années.

37. Pour l'exécution de l'article 28, il sera fait, par département, une division des routes de notre empire, tant impériales que départementales, en cantons, dont l'étendue pourra être inégale, et sera réglée par la nature du sol et la facilité ou la difficulté des travaux.

38. Les limites des cantons de route seront, autant qu'il sera possible, adaptées à celles des relais des postes aux chevaux de notre empire : chaque relais de poste pourra comprendre toutefois plusieurs cantons de route, suivant la nature du sol et les convenances du travail.

39. Le tableau des cantons de route de chaque département, dressé par l'ingénieur en chef, et revêtu des observations des sous-préfets et des préfets, sera, sur le rapport de notre directeur général des ponts-et-chaussées, arrêté définitivement par notre ministre de l'intérieur, avant le 1er septembre 1812.

40. Tout individu habitant dans une commune dont le territoire est traversé par un canton de route, ou en est limitrophe, pourra présenter sa soumission pour le travail de l'entretien dudit canton de route.

Aucun individu, s'il n'est maître de poste, ne peut soumissionner plus d'un canton de route. Un maître de poste peut soumissionner plusieurs cantons de route, pourvu qu'ils soient desservis par son relais.

41. Tout maître de poste qui, aux termes de l'article précédent, présentera sa soumission pour se rendre adjudicataire de l'entretien du canton ou des cantons de route compris dans l'étendue de ses relais, pourra, par exception spéciale aux dispositions de l'article 29, réunir la qualité d'adjudicataire de la fourniture des matériaux et celle de cantonnier.

42. Tout maître de poste cessant, par quelque cause que ce soit, son service de maître de poste, cessera, par le fait, d'être adjudicataire de l'entretien des routes ou de la fourniture des matériaux, à commencer du mois qui suivra son remplacement, s'il n'est admis, sur sa demande, à continuer son entreprise pendant le reste de la durée de son bail.

43. Tout défaut d'accomplissement, dûment constaté, de la part du cantonnier, de l'une des obligations qui lui auront été imposées par le cahier des charges, entraînera la résiliation de son bail. Les baux réserveront en outre à l'administration la faculté de faire exécuter, aux frais du cantonnier, les réparations qu'il aurait négligé de faire.

44. Les adjudications des cantons de route seront faites par les sous-préfets, sur le vu des soumissions définitives, en présence de l'ingénieur ordinaire de l'arrondissement et de l'ingénieur en chef, si celui-ci juge à propos de s'y trouver.

Le sous-préfet prononcera l'adjudication, après avoir pris l'avis des ingénieurs, et entendu, s'il est besoin, les soumissionnaires.

Les procès-verbaux seront envoyés au préfet, qui les transmettra, avec son avis et ses observations, à notre directeur général des ponts-et-chaussées.

45. La résiliation sera prononcée par le préfet, et approuvée par notre ministre de l'intérieur, sur l'avis de notre directeur général des ponts-et-chaussées (1).

46. Toutes plaintes ou réclamations contre les adjudications ou résiliations des baux de l'entretien des cantons de route seront adressées à notre directeur général des ponts-et-chaussées, pour y être prononcé, sur son rapport, par notre ministre de l'intérieur.

SECTION II. Des cantonniers.

47. Les cantonniers exécuteront leurs travaux sous la direction des ingénieurs et conducteurs des ponts-et-chaussées; ils seront chargés,

Pour les chaussées pavées, 1° de relever et de remplacer chaque pavé enfoncé ou cassé; 2° de maintenir et reposer les pierres ou pavés de bordure; 3° de déblayer les boues amoncelées dans les flaques et bas-fonds; 4° de combler les ornières qui peuvent se faire entre les chaussées et les accotemens; 5° d'entretenir les accotemens unis et praticables en toutes saisons;

Pour les chaussées d'empierrement, 1° d'employer les matériaux approvisionnés sur les routes; 2° de donner l'écoulement aux eaux pluviales ou autres; 3° de combler les ornières à mesure qu'elles se forment; 4° de rebattre les bourrelets des chaussées, régaler toutes les aspérités qu'elles présentent, et recouvrir en gravier ou pierrailles les flaques, creux ou sentiers qui s'y formeraient; 5° d'entretenir les accotemens, de manière qu'ils soient unis et praticables en toutes saisons; 6° de conserver les alignemens et la forme des tas d'approvisionnemens, de manière que la vérification des ingénieurs puisse toujours en être sûre et facile.

48. Tout cantonnier sera tenu d'exécuter, jour par jour, les réparations, et d'employer à cet effet le nombre d'ouvriers nécessaire. Lorsque l'adjudicataire sera un maître de poste, il sera tenu d'indiquer et de faire admettre un maître ouvrier pour recevoir et faire exécuter tous les ordres des ingénieurs et conducteurs des ponts-et-chaussées.

Il n'en restera pas moins personnellement obligé pour l'exécution de toutes les clauses de son bail.

49. Les cantonniers feront connaître chaque jour au conducteur des ponts-et-chaussées et au maire de leur commune, les abus et délits qui seraient commis dans l'étendue de leurs cantons; tels que fraude dans l'approvisionnement des matériaux, dégradations commises sur la route, ou tout autre délit de grande voirie quelconque.

50. Les maires seront tenus de dresser sur-le-champ un rapport des plaintes dont il est fait mention au précédent article, et d'adresser sans retard ledit rapport au sous-préfet, qui fera à l'instant vérifier les faits par l'ingénieur de l'arrondissement. Si les plaintes désignent nominativement quelque individu comme auteur de la contravention, le maire en dressera procès-verbal, ou veillera à ce qu'il soit dressé par le commissaire de police, ou par l'adjoint qui en remplit les fonctions.

51. Les cantonniers seront toujours présens ou appelés à la réception qui sera faite, par les ingénieurs, des pavés ou matériaux approvisionnés par les adjudicataires; ils devront présenter, lors de cette réception, leurs observations aux ingénieurs sur la nature de ces matériaux.

52. Lorsque la fourniture des matériaux et l'exécution des travaux se trouveront réunies dans l'adjudication consentie à un maître de poste, les maires assisteront à la réception des matériaux, et feront, sur leur nature, les observations que l'article précédent autorise les cantonniers à présenter.

53. Les maires ou cantonniers qui auront fait des observations sur la fourniture des

(1) Ce n'est pas au conseil de préfecture qu'il appartient de prononcer la résiliation d'un marché (2 août 1826, ord. Mac. 8, 494).

matériaux pourront les transmettre, s'ils le jugent convenable, et dans les vingt-quatre heures, au sous-préfet.

54. Tout cantonnier qui, aux époques et dans les formes indiquées dans les articles 51 et 53 ci-dessus, n'aurait pas présenté ses observations sur la nature des matériaux qui lui seraient fournis, ne sera plus admis à se prévaloir de la mauvaise qualité des matériaux, pour excuser le mauvais état de son canton de route.

55. Les cantonniers prêteront aide et assistance aux voituriers et voyageurs, et ils donneront avis au maire et à la gendarmerie, de tout ce qui pourrait intéresser la sûreté et la tranquillité publique.

Les maires seront tenus de faire au sous-préfet de l'arrondissement le rapport des déclarations du cantonnier : la gendarmerie en devra dresser procès-verbal sur-le-champ, et sans déplacer, en la présence du cantonnier déclarant.

56. Le travail de l'entretien des routes sera payé aux cantonniers chaque mois, au chef-lieu de l'arrondissement, à raison du douzième du prix d'une année de bail, sauf la retenue d'un douzième, qui aura lieu sur chaque paiement pour la garantie de la bonne exécution des travaux subséquens; et il sera fait compte de cette retenue lors de l'expiration du bail.

TITRE VII. De la surveillance de l'entretien des routes.

SECTION Ire. *De la surveillance de l'administration.*

57. Les préfets, sous-préfets et maires sont chargés d'exercer une surveillance spéciale sur le bon état des routes de leurs départemens, arrondissemens et communes.

§ Ier. De la surveillance des maires.

58. La surveillance des maires sur l'état des routes de leur commune et sur le service des cantonniers qui y seront placés, s'exercera par une inspection des travaux qu'ils pourront faire aussi fréquemment qu'ils le trouveront convenable, en se faisant accompagner par les cantonniers toutes les fois qu'ils le jugeront nécessaire.

59. Les maires ne pourront néanmoins interdire ni ordonner aucun travail auxdits cantonniers; mais ils rendront compte au sous-préfet de leur arrondissement, au moins chaque quinzaine, et sur-le-champ s'il y a urgence, des résultats de leur inspection.

§ II. De la surveillance des sous-préfets.

60. Les sous-préfets feront quatre fois chaque année l'inspection des routes impériales de leur arrondissement; ils devront, en outre, se transporter sur tous les points de route dont l'état sera l'objet d'une contradiction entre les rapports des maires et ceux des ingénieurs.

61. Dans tous les cas énoncés à l'article ci-dessus, les sous-préfets pourront prescrire aux ingénieurs ordinaires de se rendre sur les parties de route qu'ils leur indiqueront, et se faire en outre assister, dans leurs visites, par les maires et les cantonniers.

62. Après chacune de leurs tournées, les sous-préfets adresseront aux préfets un compte sommaire et exact, canton par canton, de la situation des routes de leur arrondissement.

§ III. De la surveillance des préfets.

63. Les préfets, dans leur tournée annuelle, inspecteront toutes les routes impériales de leur département; ils devront, en outre, se transporter sur tous les points de route dont l'état sera l'objet d'une contradiction entre les rapports des sous-préfets et ceux des ingénieurs.

64. Les auditeurs sous-préfets de chefs-lieux, et les auditeurs attachés aux préfets pourront être par eux nommés commissaires pour l'inspection ou la visite de la totalité ou de partie des routes du département.

65. Les préfets pourront se faire assister des ingénieurs en chef dans les formes établies et dans les cas prévus pour les sous-préfets et les ingénieurs ordinaires par l'article 61 du présent décret, et se faire, en outre, accompagner dans leurs visites, par les sous-préfets et les ingénieurs ordinaires.

§ IV. Dispositions générales.

66. Dans leurs tournées et dans les visites spéciales qu'ils feront des routes, les préfets et sous-préfets appelleront devant eux les maîtres de poste, et entendront leurs dires sur la conduite journalière et l'état des travaux de l'entretien des cantons de route compris dans leurs relais respectifs; et ces dires seront toujours mentionnés dans les comptes de tournée des sous-préfets.

67. Pour obtenir leurs mandats de paiement, les cantonniers enverront chaque mois au préfet, par l'intermédiaire des sous-préfets, indépendamment du certificat de consentement au paiement du douzième délivré par les ingénieurs, un certificat des maires et maîtres de poste de leurs cantons de route, constatant le bon état desdites routes.

68. Lors même qu'un cantonnier sera porteur des certificats mentionnés au précédent article, le préfet, s'il a reçu quelque plainte, ou acquis des notions sur le mauvais état de son canton de route, pourra en faire ou en ordonner la visite, et suspendre, jusqu'au résultat de ladite visite, la délivrance du mandat de paiement.

69. Le préfet pourra également ordonner une vérification extraordinaire du canton de route, d'un cantonnier qui le réclamerait et qui aurait éprouvé le refus de l'un des certificats mentionnés à l'article 67.

SECTION II. *Du service des ingénieurs.*

70. Les ingénieurs en chef et ordinaires sont spécialement chargés de diriger par eux-mêmes, et par les conducteurs sous leurs ordres, l'exécution et l'emploi des matériaux et autres travaux de l'entretien des routes par les cantonniers.

71. Ils se tiendront continuellement assurés que les cantonniers remplissent leurs obligations, et particulièrement celles prescrites par l'article 48, d'exécuter jour par jour les réparations dans leur canton de route.

72. Dans tous les cas où des réparations n'auraient pas été faites par des cantonniers, les ingénieurs ordinaires, sur le rapport des conducteurs, demanderont l'autorisation de faire exécuter ces réparations aux frais des cantonniers : il sera statué sur cette demande dans les vingt-quatre heures par les sous-préfets, qui rendront compte de leurs décisions aux préfets.

73. Lorsqu'il y aura lieu à provoquer la résiliation du bail d'un cantonnier, l'ingénieur en chef en fera la demande au préfet, par un rapport détaillé auquel seront joints toutes les pièces et documens nécessaires pour que ladite résiliation soit prononcée conformément aux articles 43 et 45 du présent décret.

74. A l'avenir, les ingénieurs en chefs des ponts-et-chaussées ne seront tenus qu'à une seule tournée générale, par année, de toutes les routes du département auquel ils seront attachés.

75. Ils seront, de plus, tenus de se transporter, à la demande du préfet, seuls ou avec lui, sur tous les points des routes où il aura jugé leur présence nécessaire.

76. Les ingénieurs ordinaires feront quatre fois par année la tournée des routes de leur arrondissement.

77. Ils devront aussi se transporter, à la demande du sous-préfet, seuls ou avec lui, sur tous les points des routes où il aura jugé leur présence nécessaire.

78. Les ingénieurs en chef, dans leurs tournées ou visites seront accompagnés de l'ingénieur ordinaire de l'arrondissement et du conducteur surveillant des cantons de route dans lesquels ils se trouveront; ils constateront l'état de la route; ils s'assureront des causes de dégradations qu'elle leur présenterait, et si l'approvisionnement de matériaux voulu par le cahier des charges a été effectué par les entrepreneurs aux époques fixées; ils entendront les plaintes des cantonniers.

79. Les ingénieurs en chef adresseront le compte de chacune de leurs tournées ou visites, à notre directeur général, par l'intermédiaire des préfets.

80. Les ingénieurs ordinaires devront se transporter, sur-le-champ, partout où la route aurait éprouvé quelque dégradation notable et nouvelle, et où le service réclamerait leur présence, sous un rapport quelconque; en dresser procès-verbal, et en envoyer copie à l'ingénieur en chef et au sous-préfet.

81. A l'époque fixée pour l'approvisionnement des matériaux, les ingénieurs ordinaires procéderont, en présence des entrepreneurs et des cantonniers, à leur réception.

Ils dresseront, de cette réception, un procès-verbal, dans lequel ils seront tenus de consigner les observations des maires ou des cantonniers, et les motifs de la décision qu'ils auront prise en suite de ces observations.

Ce procès-verbal sera adressé par eux à l'ingénieur en chef, qui en donnera connaissance au préfet.

82. Au vu de ce procès-verbal, le préfet, en conseil de préfecture, prononcera, s'il y a lieu, contre les entrepreneurs, les amendes portées en l'article 34 du présent décret.

83. Tout ingénieur ordinaire qui se dispenserait de l'une de ces tournées, ou se ferait remplacer dans les fonctions qui lui sont attribuées par le présent décret, encourra les peines de discipline portées en l'article 18 de notre décret de fructidor an 12.

84. Après chacune de leurs tournées, les ingénieurs ordinaires adresseront à l'ingénieur en chef un tableau sommaire et es[illegible] de la situation des routes dans leur arrondissement, et l'ingénieur en chef formera un tableau général des tableaux qui lui auront été adressés par les ingénieurs ordinaires, pour être par lui remis au préfet : le préfet l'adressera, avec ses observations résultant de ses tournées ou visites, et des comptes des tournées ou visites des sous-préfets, à notre directeur général, lequel devra ainsi avoir quatre fois par an, sous les yeux, la situation au vrai de toutes les routes de notre empire.

Cette situation sera remise, à chaque époque, à notre ministre de l'intérieur, qui nous en rendra compte.

85. Avant qu'il soit accordé aucun avancement à un ingénieur ordinaire des ponts-et-chaussées, notre ministre de l'intérieur se fera rendre compte des résultats de la correspondance du préfet avec notre directeur général relativement au service de l'ingénieur, et notamment en ce qui concerne la direction et la surveillance des travaux de l'entretien des routes.

TITRE VIII. De la plantation des routes (1).

SECTION Ire. *Plantations anciennes.*

86. Tous les arbres plantés avant la publication du présent, sur les routes impériales, en dedans des fossés et sur le terrain de la route, sont reconnus appartenir à l'Etat, excepté ceux qui auront été plantés en vertu de la loi du 9 ventose an 13 (2).

87. Tous les arbres plantés, jusqu'à la publication du présent décret, le long desdites routes, et sur le terrain des propriétés communales et particulières sont reconnus appartenir aux communes ou particuliers propriétaires du terrain (3).

SECTION II. Plantations nouvelles.

88. Toutes les routes impériales non plantées, et qui sont susceptibles de l'être sans inconvénient, seront plantées par les particuliers ou communes propriétaires riverains de ces routes, dans la traversée de leurs propriétés respectives.

89. Ces propriétaires ou ces communes demeureront propriétaires des arbres qu'ils auront plantés.

90. Les plantations seront faites au moins à la distance d'un mètre du bord extérieur des fossés, et suivant l'essence des arbres (4).

91. Dans chaque département, l'ingénieur en chef remettra au préfet, avant le 1er juillet 1812, un rapport tendant à fixer celles des routes impériales du département non plantées, et susceptibles de l'être sans inconvénient, l'alignement des plantations à faire, route par route et commune par commune, et le délai nécessaire pour l'effectuer: il y joindra son avis sur l'essence des arbres qu'il conviendrait de choisir pour chaque localité; pour le tout devenir l'objet d'un arrêté du préfet, qui sera soumis à l'approbation de notre ministre de l'intérieur, par l'intermédiaire de notre directeur général.

92. Les arbres seront reçus par les ingénieurs des ponts-et-chaussées, qui surveilleront toutes les opérations, et s'assureront que les propriétaires se sont conformés en tout aux dispositions de l'arrêté du préfet.

93. Tous les arbres morts ou manquans seront remplacés, dans les trois derniers mois de chaque année, par le planteur, sur la simple réquisition de l'ingénieur en chef.

94. Lorsque les plantations s'effectueront au compte et par les soins des communes propriétaires, les maires surveilleront, de concert avec les ingénieurs, toutes les opérations.

L'entreprise en sera donnée au rabais et à la chaleur des enchères, par voie d'adjudication publique, à moins d'une autorisation formelle du préfet de déroger à cette disposition.

L'adjudicataire garantira pendant trois ans la plantation, et restera chargé tant de son entretien que du remplacement des arbres morts ou manquans pendant ce temps: la garantie de trois années sera prolongée d'autant pour les arbres remplacés.

95. A l'expiration du délai fixé en exécution de l'article 91 pour l'achèvement de la plantation dans chaque département, les préfets feront constater, par les ingénieurs, si des particuliers ou communes propriétaires n'ont pas effectué des plantations auxquelles le présent décret les oblige, ou ne se sont pas conformés aux dispositions prescrites pour les alignemens et pour l'essence, la qualité, l'âge des arbres à fournir.

Le préfet ordonnera, au vu dudit rapport de l'ingénieur en chef, l'adjudication des plantations non effectuées ou mal exécutées par les particuliers ou les communes propriétaires. Le prix de l'adjudication sera avancé sur les fonds des travaux des routes.

96. Les dispositions de l'article précédent sont applicables à tous particuliers ou communes propriétaires qui n'auraient pas remplacé leurs arbres morts ou manquans aux termes de l'art. 93 du présent décret.

97. Tous particuliers ou communes aux lieu et place desquels il aura été effectué des plantations en vertu des deux articles précédens, seront condamnés à l'amende d'un franc par pied d'arbre que l'administration aura planté à leur défaut; et ce, indépendamment du remboursement de tous les frais de plantation (5).

---

(1) Loi du 12 mai 1825.

(2) Cette disposition s'applique même aux arbres qui auraient été plantés en vertu de concessions formelles et onéreuses du Gouvernement avant 1789. A cet égard, la loi est non pas déclarative, mais transmissive du droit de propriété (29 mai 1813, décret; J. C. 2, 353).

(3) Cette disposition s'applique même au cas où il existe, au profit de tiers, d'anciens titres de concession par le Roi, se considérant comme propriétaire, par suite de plantations royales (24 janvier 1829, Nîmes; S. 29, 2, 69; D. 29, 2, 130).

Les questions relatives à la propriété des arbres entre deux propriétaires riverains d'un chemin vicinal, sont du ressort des tribunaux (15 septembre 1831, ord. Mac. 13, 363).

(4) Lorsqu'un particulier a planté sur le bord d'une route sans avoir observé les distances prescrites par cet article et par un arrêté réglementaire du préfet du département, ce fait constitue une contravention en matière de grande voirie (9 juin 1830, ord. Mac. 12, 323).

(5) Les dispositions des articles 88, 95 et 97 du présent décret, ont force de loi (28 octobre 1831, ord. Mac. 13, 416).

98. Le produit desdits frais et amendes sera versé, comme fonds spécial, à notre Trésor impérial, et affecté au service des ponts-et-chaussées.

Section III. Dispositions générales.

99. Les arbres plantés sur le terrain de la route et appartenant à l'Etat, ceux plantés sur les terres riveraines, soit par les communes, soit par les particuliers, en exécution du présent décret ou antérieurement, ne pourront être coupés et arrachés qu'avec l'autorisation du directeur général des ponts-et-chaussées accordée sur la demande du préfet, laquelle sera formée seulement lorsque le dépérissement des arbres aura été constaté par les ingénieurs, et toujours à la charge du remplacement immédiat.

100. La vente des arbres appartenant à l'Etat et de ceux appartenant aux communes sera faite par voie d'adjudication publique : le prix de ceux appartenant à l'Etat sera versé comme fond spécial, à notre Trésor impérial, et affecté au service des ponts-et-chaussées; le prix des arbres appartenant aux communes sera versé dans leurs caisses respectives.

101. Tout propriétaire qui sera reconnu avoir coupé sans autorisation, arraché ou fait périr les arbres plantés sur son terrain, sera condamné à une amende égale à la triple valeur de l'arbre détruit.

102. L'élagage de tous les arbres plantés sur les routes, conformément aux dispositions du présent titre, sera exécuté toutes les fois qu'il en sera besoin, sous la direction des ingénieurs des ponts-et-chaussées, en vertu d'un arrêté du préfet, qui sera pris sur le rapport des ingénieurs en chef, et qui contiendra les instructions nécessaires sur la manière dont l'élagage devra être fait.

Les ingénieurs et conducteurs des ponts-et-chaussées sont chargés de surveiller et d'assurer l'exécution desdites instructions.

103. Les travaux de l'élagage des arbres appartenant à l'Etat ou aux communes seront exécutés au rabais et par adjudication publique.

104. La vente des branches élaguées, des arbres chablis et de ceux qui seraient en partie déracinés, sera faite par voie d'adjudication publique: le prix des bois appartenant à l'Etat sera versé comme fonds spécial à notre Trésor impérial, et affecté au service des ponts-et-chaussées ; le prix des bois appartenant aux communes sera versé dans leurs caisses respectives.

105. Les particuliers ne pourront procéder à l'élagage des arbres qui leur appartiendraient sur les grandes routes, qu'aux époques et suivant les indications contenues dans l'arrêté du préfet, et toujours sous la surveillance des agens des ponts-et-chaussées, sous peine de poursuites comme coupables de dommages causés aux plantations des routes.

106. La conservation des plantations des routes est confiée à la surveillance et à la garde spéciale des cantonniers, gardes-champêtres, gendarmes, agens et commissaires de police, et des maires, chargés par les lois de veiller à l'exécution des réglemens de grande voirie.

107. Un tiers des amendes qui seront prononcées pour peine des dégâts et dommages causés aux plantations des grandes routes, appartiendra aux agens qui auront constaté le dommage; un deuxième tiers appartiendra à la commune du lieu des plantations, et l'autre tiers sera versé comme fonds spécial à notre Trésor impérial, et affecté au service des ponts-et-chaussées.

108. Toutes condamnations, aux termes des articles 97, 101 et 105 du présent décret, seront poursuivies et prononcées, et les amendes recouvrées, comme en matière de grande voirie.

109. Les travaux d'entretien, de curement et de réparation des fossés des grandes routes, seront exécutés par les propriétaires riverains, d'après les indications et alignemens qui seront donnés par les agens des ponts-et-chaussées.

110. Tous les travaux de curement et d'entretien de fossés, qui n'auraient pas été exécutés par les propriétaires ou locataires riverains aux époques indiquées, le seront, à leurs frais, par les soins des agens des ponts-et-chaussées, et payés sur des états approuvés et rendus exécutoires par les préfets.

111. Toute contestation qui s'élèverait entre les ingénieurs et les particuliers sur l'exécution des deux articles précédens sera jugée par le préfet.

Titre IX. Répression des délits de grande voirie (1).

112. A dater de la publication du présent décret, les cantonniers, gendarmes, gardes-champêtres, conducteurs des ponts-et-chaussées, et autres agens appelés à la surveillance de la police des routes, pourront affirmer leurs procès-verbaux de contraventions ou de délits devant le maire ou l'adjoint du lieu (2).

---

(1) *Voy.* décret du 10 avril 1812.

(2) Foi est due aux procès-verbaux des conducteurs des ponts-et-chaussées, touchant les délits sur la police du roulage (28 juillet 1820, ord. S. 21, 2, 87).

Les procès-verbaux en matière de roulage, qui

113. Ces procès-verbaux seront adressés au sous-préfet, qui ordonnera sur-le-champ, aux termes des articles 3 et 4 de la loi du 29 floréal an 10, la réparation des délits par les délinquans, ou à leur charge, s'il s'agit de dégradations, dépôts de fumiers, immondices ou autres substances, et en rendra compte au préfet en lui adressant les procès-verbaux.

114. Il sera statué sans délai, par les conseils de préfecture, tant sur les oppositions qui auraient été formées par les délinquans, que sur les amendes encourues par eux, nonobstant la réparation du dommage.

Seront, en outre, renvoyés à la connaissance des tribunaux, les violences, vols de matériaux, voies de faits, ou réparations des dommages réclamés par des particuliers (1).

115. Un tiers des amendes de grande voirie appartiendra à l'agent qui aura constaté le délit; et le deuxième tiers, à la commune du lieu du délit, et le troisième tiers sera versé comme fonds spécial à notre Trésor impérial, et affecté au service des ponts-et-chaussées.

116. La rentrée des amendes prononcées par les conseils de préfecture en matière de grande voirie sera poursuivie à la diligence du receveur général du département, et dans la forme établie pour la rentrée des contributions publiques (2).

117. Toutes dispositions contraires au présent décret sont abrogées.

118. Nos ministres de l'intérieur, des finances et du Trésor impérial, sont chargés de l'exécution du présent décret.

Suit le tableau.

---

16 DÉCEMBRE 1811. — Décret relatif aux habitans du département du Simplon, qui possèdent des vignes sur la rive droite du Rhône, ou des terres sur le territoire de la confédération Suisse. (4, Bull. 410, n° 7525.)

---

17 DÉCEMBRE 1811. — Décret sur l'organisation judiciaire et l'administration de la justice dans le grand-duché de Berg. (4, Bull. 412, n° 7550.)

---

19 DÉCEMBRE 1811. — Lettres de création du dépôt de mendicité du département de Rome. (4, Bull. 413, n° 7563.)

---

20 DÉCEMBRE 1811. — Sénatus-consulte qui met à la disposition du ministre de la guerre cent vingt mille hommes de la conscription de 1812. (4, Bull. 409, n° 7510.)

---

22 DÉCEMBRE 1811. — Décret qui autorise le sieur Gédéon de Contamine à construire sur la rivière de Houille, commune de Fromelenne, toutes les parties qui doivent concourir à l'établissement complet d'une manufacture de cuivre jaune et rouge laminé, particulièrement pour doublage de vaisseaux, avec batteries et tréfileries. (4, Bull. 413, n° 7578.)

---

22 DÉCEMBRE 1811. — Décrets qui autorisent l'acceptation de dons et legs faits aux congrégations de la doctrine chrétienne établie à Boucq, et des sœurs de la charité établie à Bourges, à la bibliothèque publique de Marmelliana à Florence, et à la justice de paix du canton de Calais. (4, Bull. 413, n°s 7579 à 7582.)

---

24 DÉCEMBRE 1811. — Décret relatif à l'organisation et au service des états-majors des places. (4, Bull. 411, n° 7543.)

---

aux termes du décret du 10 août 1810, devaient être affirmés devant le juge-de-paix, peuvent l'être, depuis le présent décret, devant les maires ou leurs adjoints. On peut surtout user de cette faculté, lorsqu'il s'agit de contraventions sur lesquelles les maires sont appelés à prononcer provisoirement (25 nov. 1829, ord. Mac. 11, 443).

(1) Les dispositions de ce décret ont été rendues applicables aux canaux et rivières navigables (8 mai 1822, ord. Mac. 3, 504. — 2 avril 1828, ord. Mac. 10, 276).

La connaissance des contraventions aux dispositions des lois et réglemens sur les grandes routes, appartient aux conseils de préfecture. Ainsi, lorsqu'un piqueur des ponts-et-chaussées, qui a dressé procès-verbal d'une contravention relative à la dimension et à l'essence des arbres plantés le long d'une route royale, est actionné en dommages-intérêts, devant un tribunal, pour avoir marqué du marteau de l'administration des arbres plantés par un riverain, le tribunal doit surseoir à statuer, jusqu'à ce que l'autorité administrative ait prononcé sur la contravention énoncée dans le procès-verbal (25 juillet 1827, ord. Mac. 9, 422).

Lorsqu'un dépôt de matériaux a été fait par un entrepreneur de travaux publics, dans une rue formant le prolongement d'une route royale, et pour l'entretien et la réparation de cette route, ce n'est pas aux tribunaux à connaître de la contravention : les conseils de préfecture sont seuls compétens (17 novembre 1824, ord. Mac. 6, 643).

Les conseils de préfecture sont compétens pour connaître du fait de l'ébranchement d'un arbre planté sur une route royale. Ce fait ne constitue ni un délit ni une contravention, mais un simple dommage envers l'État (22 juin 1825, ord. Mac. 7, 352).

Les routes départementales sont assimilées aux routes royales, en ce qui touche les contraventions aux réglemens de la grande voirie. Ainsi, les amendes doivent être prononcées par le conseil de préfecture (1er septembre 1819, ord. S. 20, 2, 238, et J. C. 5, 197).

(2) *Voy.* décret du 29 août 1813.

Voy. loi du 8 = 10 JUILLET 1791 ; arrêtés du 16 MESSIDOR an 7, du 3 FRUCTIDOR an 8 ; décret du 1er MAI 1812.

TITRE Ier. Organisation de l'état-major des places.

CHAPITRE Ier. *Institution et traitement des emplois.*

§ Ier. Dispositions générales.

Art. 1er. L'état-major des places fait partie de l'état-major des divisions territoriales militaires, et forme une section de l'état-major général de l'armée.

2. Il y aura dans chaque place de guerre un état-major permanent et ordinaire, composé d'un *commandant d'armes* et du nombre d'officiers et employés nécessaire au service et au détail de la place.

3. En cas de siége ou de circonstances particulières, le commandement en chef pourra, comme par le passé, être confié à des *gouverneurs* ou *commandans supérieurs*, pour la durée du siége ou des circonstances.

§ II. Des gouverneurs et commandans supérieurs.

4. Les gouverneurs sont nommés par l'Empereur, et reçoivent des lettres-patentes qui déterminent leur rang et leur traitement.

Les formules de ces lettres-patentes seront déterminées et soumises à notre approbation par notre ministre de la guerre.

5. Les généraux en chef, dans le rayon de leur armée, pourront, en cas d'urgence et de motifs graves dont ils rendront compte, donner des commandans supérieurs aux places menacées. Hors ce cas, les commandans supérieurs sont nommés par l'Empereur. Ils reçoivent de simples lettres de service, qui leur assignent leur rang et leur traitement. Ils ne peuvent recevoir ni prendre le titre de gouverneur.

§ III. De l'état-major permanent et ordinaire des places.

6. Les emplois de l'état-major des places sont déterminés et classés, et les traitemens et frais de bureau attachés à ces emplois sont et demeurent fixés comme il suit :

EMPLOIS.	CLASSES.	GRADES CORRESPONDANS.	TRAITEMENS	FRAIS DE BUREAU.	
Commandans d'armes.	1re.	Général de brig[e].	9,000 f	3,000 f	
	2e.	Colonel	6,000	1,500	
	3e.	Major.	4,800	900	
	4e.	Chef de bataillon.	3,600	600	Les adjudans ne reçoivent ces frais de bureau que quand ils sont détachés p[r] commander une citadelle, fort ou château, conformément à l'art. 7 ci-après.
Adjudans de place.	1re.	Major.	3,600	300	
	2e.	Chef de bataillon.	3,000	240	
	3e.	Capitaine	2,400	120	
	4e.	Lieutenant	1,800	60	
Secrétaires-archivistes.	1re.	Capitaine	2,100	"	
	2e.	Lieutenant	1,500	"	
	3e.	Sous-lieutenant. .	1,200	"	
	4e.	Adjudant	900	"	
Portiers-consignes.	1re.	Sergent-major . .	600	"	
	2e.	Sergent	540	"	
	3e.	Caporal - fourrier.	480	"	
	4e.	Caporal	420	"	

7. Dans les citadelles, forts et châteaux où nous ne jugerons point convenable d'établir des commandans d'armes, il continuera d'être détaché des adjudans de place, avec le simple titre et les fonctions de commandant.

Dans les places de première et deuxième classes, un adjudant de première ou de deuxième classe sera chargé de détails du service, avec le rang et le titre de major de place.

Dans les places de troisième et de quatrième classes où il ne sera point établi d'adjudant, les secrétaires-archivistes en feront les fonctions, autant que le service du secrétariat le permettra.

Dans les citadelles, forts ou châteaux qui ne sont commandés que par des adjudans, un portier-consigne de première ou de seconde classe remplira les fonctions de secrétaire-archiviste.

Dans les places hors d'entretien, et considérées comme simples postes, et dans les citadelles, forts et châteaux où nous ne jugerons point convenable d'établir à demeure des commandans d'armes ni des adjudans, il sera établi un portier-consigne de première ou de seconde classe, pour y remplir les fonctions de secrétaire-archiviste sous les commandans temporaires, et rendre compte de tout ce qui intéresse la police militaire et la conservation du poste, soit au commandant d'armes de la place voisine, si le poste en dépend, ou au commandant du département, si le poste est isolé.

Dans les places où la manœuvre des portes d'eau et la police des passages de canaux et rivières obligent de donner aux portiers-consignes des aides-bateliers, ces aides seront nommés par décision spéciale du ministre de la guerre, et recevront un traitement égal à la moitié de celui des portiers-consignes auxquels ils sont attachés.

8. La répartition des emplois dans les places de guerre, citadelles, forts et châteaux, aura lieu conformément au tableau qui nous sera incessamment présenté par notre ministre de la guerre.

Les villes de garnison non fortifiées, ou non conservées sur le tableau des places de guerre, dans lesquelles il sera entretenu des états-majors, seront classées particulièrement, conformément à un second tableau qui nous sera semblablement présenté par notredit ministre.

9. Les frais de bureau des commandans sont spécialement affectés à la dépense des effets et fournitures de bureau de leur cabinet, du secrétariat et des archives de la place, des corps-de-garde et des aubettes de portiers-consignes.

10. Dans les places en état de siége, les traitemens et frais de bureau sont augmentés d'une moitié en sus.

11. Dans ce même cas, et sauf les réductions déterminées par la durée du siége et l'état des magasins, ils reçoivent les rations de vivres, chauffage et fourrages, déterminées ci-après :

		VIVRES et CHAUFFAGE.	FOURRAGES.
Commandans d'armes	1re et 2e classes	5	4
	3e et 4e classes		3
Adjudans de place	1re et 2e classes	4	3
	3e et 4e classes	3	2
Secrétaires-archivistes		2	"
Portiers-consignes et aides-bateliers		1	"

CHAPITRE II. Du logement et de l'indemnité de logement.

12. Lorsque nous aurons nommé un gouverneur dans une des principales places de guerre ou villes de notre empire, notre ministre de la guerre en donnera sur-le-champ avis au préfet du département, qui transmettra de suite au sous-préfet et au maire les ordres nécessaires pour qu'il soit préparé au gouverneur, dans une maison particulière et meublée, un logement conforme aux instructions du ministre, en suivant, autant que possible, les règles établies par notre décret du 27 février 1811, sur le logement dû aux présidens des cours d'assises.

Des ordres analogues seront adressés aux directeurs des fortifications, pour les forteresses non habitées, ou dans lesquelles la commune est hors d'état de fournir un logement convenable.

Les mêmes dispositions sont applicables au logement des commandans supérieurs, tel qu'il sera déterminé par notre ministre de la guerre.

13. Le logement du commandant d'armes, celui du secrétaire-archiviste, le secrétariat et les archives de la place seront établis dans un bâtiment militaire, domanial ou communal, situé sur la place d'armes ou près des casernes et des points de rassemblement des troupes.

14. Les autres officiers et employés de l'état-major des places seront, autant que possible, logés en nature ; les adjudans, près du commandant; les portiers-consignes et les aides-bateliers, dans le voisinage des portes.

15. Les commandans et secrétaires-archivistes, jusqu'à l'exécution de l'art. 13 seulement, et les autres officiers ou employés de l'état-major des places, lorsqu'ils ne pourront être logés en nature, recevront les indemnités de logement suivantes :

Commandans d'armes.	1re classe	1,200 f
	2e *idem*	600
	3e *idem*	540
	4e *idem*	480
Adjudans de place.	1re classe	480
	2e *idem*	420
	3e *idem*	240
	4e *idem*	210

Secrétaires-archivistes.	1re classe	210
	2e *idem.*	180
	3e *idem.*	150
	4e *idem.*	120
Portiers-consignes.	1re classe.	120
	2e *idem.*	
	3e *idem.*	108
	4e *idem.*	
	Aides-bateliers	96

16. Les commandans, officiers et employés qui seraient logés en nature, mais sans meubles, recevront, pour indemnité d'ameublement, le tiers de l'indemnité de logement.

CHAPITRE III. De l'uniforme, des honneurs et préséances, et de l'enregistrement des lettres et commissions.

§ Ier. *De l'uniforme.*

17. L'uniforme de l'état-major des places restera tel qu'il est déterminé par le réglement général du 1er vendémiaire en 12 (*chapitre IV*, *planche VI*), sauf les modifications indiquées dans les articles suivans.

18. Le fond de l'uniforme de l'état-major des places, quant aux étoffes, coupes et couleurs, sera le même pour tous les emplois.

19. Les commandans, officiers et employés de l'état-major des places, seront distingués par des broderies ou galons du dessin et de la largeur déterminés par le réglement de l'an 12, sans aucune marque distinctive des grades.

20. Les gouverneurs porteront le grand uniforme des commandans d'armes de première classe, brodé sur toutes les tailles, avec l'écharpe de soie blanche moirée, à franges d'or, et semée d'étoiles d'or.

Les commandans supérieurs porteront l'uniforme de commandant d'armes de la classe déterminée dans leurs lettres de service, avec la ceinture de soie blanche moirée, à franges d'or, sans étoiles.

Les commandans d'armes porteront la ceinture de commandement, en soie rouge moirée, à franges d'or.

Les adjudans de place commandant les citadelles, forts et châteaux, porteront la même ceinture unie, avec les franges de leur grade.

Les secrétaires-archivistes seront distingués par une épée et une plume en sautoir, brodées en or et sans cadre, sur le sein gauche.

Les portiers-consignes auront sur la poitrine un médaillon portant une épée et une clef en sautoir.

§ II. Des honneurs et préséances.

21. Les gouverneurs et les commandans supérieurs seront traités, pour les préséances et les honneurs civils et militaires, comme les officiers généraux ou supérieurs de leur grade en activité de service et employés dans les divisions militaires, suivant la hiérarchie des emplois et du commandement, et d'après les règles spéciales qui seront déterminées, soit dans les lettres-patentes et de service, soit dans les instructions de notre ministre de la guerre.

Les commandans d'armes des places de première classe auront une sentinelle tirée des grenadiers; pour ceux des autres classes, elle sera tirée des fusiliers. Les honneurs et préséances des commandans et adjudans demeurent réglés, pour tout le reste, par notre décret du 24 messidor an 12, titre XVIII.

§ III. De l'enregistrement des lettres et commissions.

22. Les lettres-patentes des gouverneurs seront enregistrées, à leur présentation, au greffe de la cour impériale et au secrétariat de la préfecture.

Les lettres de service et commissions des commandans supérieurs, commandans d'armes, officiers et employés de l'état-major des places, seront enregistrées, à leur présentation, au greffe du tribunal de première instance et au secrétariat de la sous-préfecture.

Lorsque les gouverneurs, commandans, officiers ou employés de l'état-major des places, seront envoyés dans une place en état de siége ou menacée, les lettres et commissions seront simplement enregistrées au greffe des principales autorités civiles et judiciaires qui se trouveront dans la place.

Les portiers-consignes, en leur qualité de consignes ou agens de la police militaire, de gardiens des clefs et des portes, et de concierges des forts où il ne se trouve ni commandans ni adjudans, prêteront serment devant le tribunal; et foi sera ajoutée en justice à leurs rapports et procès-verbaux dûment affirmés, conformément à ce qui est prescrit pour les gardes des fortifications et autres gardes du domaine de l'Etat.

Les autorités supérieures informeront celles qui leur sont subordonnées de l'accomplissement des formalités prescrites par le présent article, et leur recommanderont, en même temps, de se conformer aux dispositions du présent décret et des ordonnances qui s'y trouvent rappelées, dans tout ce qui concerne les rapports de la police militaire avec la police judiciaire ou civile.

CHAPITRE IV. De l'avancement et des retraites.

23. Les commandans, officiers et employés de l'état-major des places seront pris, soit parmi ceux d'un emploi ou d'une classe inférieurs, soit parmi les officiers généraux ou de l'état-major, et les officiers ou sous-officiers des troupes qui se seront le plus distingués dans la guerre de siége ou dans le commandement des places conquises.

Les commandans, officiers et employés de l'état-major des places seront récompensés de leur service, en cas de siége, par leur avancement à un emploi ou à une classe supérieure, ou par les décorations militaires.

24. Ils pourront passer d'une place à l'autre sur leur demande ou d'après les besoins du service.

Notre ministre de la guerre, spécialement en temps de guerre et dans les places de première ligne, fera remplacer, sans délai, les commandans, officiers et employés qui ne conserveraient pas toute l'activité nécessaire au service, à la police, et contre les surprises ou les attaques auxquelles la place est exposée.

25. Les commandans d'armes, officiers et employés de l'état-major des places seront admis à la retraite, dans les mêmes cas et suivant les mêmes règles que les autres militaires. Le temps de leur service dans les places leur sera compté comme temps d'activité : chaque siége ou blocus, comme une campagne; et chaque attaque de vive force, s'ils la repoussent, comme action d'éclat.

TITRE II. Du commandement et de la subordination

CHAPITRE Ier. *Des gouverneurs et commandans supérieurs.*

26. Les gouverneurs ou commandans supérieurs des places y prennent le commandement en chef, de droit et en vertu de leur titre, quand même leurs lettres-patentes ou de service n'en contiendraient point la mention expresse.

Le commandant d'armes conserve, sous leurs ordres et d'après leurs instructions, le commandement de l'état-major ordinaire, et tout le détail du service et de la police; ils ne peuvent en être privés que par une décision expresse de notre ministre de la guerre, si ce n'est en cas d'urgence et de motifs graves, et à la charge d'en informer sur-le-champ notredit ministre.

27. Les rapports de subordination des gouverneurs et commandans supérieurs sont les mêmes que ceux qui seront réglés, au chapitre suivant, pour les commandans d'armes, sauf les exceptions déterminées dans les lettres-patentes ou de service.

CHAPITRE II. Des commandans d'armes.

§ Ier. *Rapports avec les généraux des divisions territoriales.*

28. Les généraux commandant la division territoriale ou le département peuvent, lorsqu'ils se trouvent ou résident dans une place de guerre, en prendre le commandement supérieur, suivant les règles établies ci-dessus, article 26.

29. Lorsque ces officiers généraux ne se trouvent pas ou ne résident pas dans la place, le commandant d'armes correspond habituellement avec le général commandant le département.

En temps de guerre, si la place est assiégée, bloquée ou menacée d'un siége, d'un blocus ou d'une attaque de vive force, le commandant d'armes correspond, par tous les moyens qui sont en son pouvoir, soit avec le général de la division, soit avec le ministre de la guerre, à qui, dans ce cas, il doit des comptes directs et journaliers.

30. Lorsque le général commandant le département quitte ou s'absente, et n'a point de successeur désigné, le général divisionnaire en réunit le commandement à celui des autres généraux de brigade employés dans la division.

A défaut de généraux de brigade, le général divisionnaire réunit le commandement des départemens à celui de la division, et correspond directement avec les commandans d'armes.

S'il ne reste que des officiers supérieurs dans une division où il y ait un ou plusieurs commandans d'armes de première classe, ce commandant, et, s'ils sont plusieurs, le plus ancien de grade ou d'emploi, prend le commandement par intérim de la division, jusqu'à ce que le ministre y ait envoyé un officier général.

Mais, dans ce cas, il ne quitte point sa place; et si quelque évènement imprévu, tel qu'une descente, une invasion ou un rassemblement illicite, oblige à faire marcher les troupes, il se borne à donner ses ordres à l'officier de la ligne ou de l'état-major le plus élevé ou le plus ancien en grade qui prend le commandement des troupes.

Les mêmes règles s'appliqueront au cas où, par un concours de circonstances imprévues, il ne se trouverait dans les divisions militaires que des officiers d'un grade inférieur à celui des commandans d'armes des autres classes.

§ II. Rapports avec les généraux des armées et les commandans des troupes autres que celles de la garnison.

31. Lorsqu'un général commandant une armée, un corps d'armée, une division ou une brigade, aura une place de guerre dans son commandement, et s'y trouvera, il pourra y prendre le commandement supérieur, conformément à ce qui est prescrit par l'article 26.

Lorsque ces officiers généraux ne se trouveront point dans la place, le commandant correspondra avec eux, en même temps qu'avec les généraux de la division territoriale, et suivant les mêmes règles.

32. Lorsqu'un officier général ou supérieur commandant un corps de troupes se trouvera à leur tête dans l'intérieur ou dans le rayon d'une place forte, sans lettre de commandement, il n'y prendra point le commandement supérieur.

Il conservera le commandement immédiat et la police directe de sa troupe dans l'intérieur du casernement, du camp ou du cantonnement qu'elle occupera; mais il fera, sur la demande du commandant d'armes, publier les bans, établir les postes, et donner les consignes nécessaires à la conservation et à la police de la place. Ces postes passeront sous les ordres du commandant; les officiers ou soldats isolés seront soumis à sa surveillance; en cas de désordre, il les fera arrêter, et en préviendra le général commandant.

Si la place est assiégée ou bloquée, l'officier général ou supérieur ne prendra point le commandement; il se bornera à déférer aux demandes du commandant d'armes, pour l'emploi de ses troupes en faveur de la défense, et, le siége ou le blocus levé, il suivra sa destination.

33. Les dispositions précédentes s'appliqueront aux officiers généraux et supérieurs qui ne commandent point de troupes, et passent ou se trouvent renfermés dans une place; ils n'y prendront le commandement supérieur qu'autant qu'ils y seraient autorisés par leurs lettres de service.

§ III. Rapports avec les commandans des troupes de la garnison, de l'artillerie et du génie, et avec les commissaires des guerres.

34. Les commandans des troupes de la garnison, tant que la place n'est point assiégée, en conservent l'administration intérieure; ils en exercent immédiatement la police dans l'enceinte du casernement, sous la surveillance du commandant d'armes, et conformément aux ordonnances; hors des casernes, ils sont, ainsi que leur troupe, soumis aux ordres et à l'autorité immédiate du commandant d'armes, dans tout ce qui tient à la conservation, au service et à la police de la place.

En cas de plainte, si le commandant de la troupe est d'un grade supérieur, le commandant d'armes en fait son rapport, et le général commandant la division ou le département inflige, s'il y a lieu, les peines de discipline, ou ordonne les poursuites relatives au délit.

Il n'est rien changé, d'ailleurs, à l'ordonnance du 1er mars 1768, à la loi du 8 = 10 juillet 1791, et aux autres lois et réglemens concernant le service des troupes dans les places et quartiers, et la police des casernes, cantonnemens et logemens chez l'habitant.

35. Les directeurs d'artillerie et du génie, l'inspecteur ou sous-inspecteur aux revues et le commissaire-ordonnateur, lorsqu'ils résident dans une place de guerre, sans être attachés au service unique et spécial de la place, n'y sont soumis qu'aux consignes générales. Le commandant ne peut ni les empêcher de vaquer au service des autres places, ni, en cas de plainte, leur infliger aucune peine de discipline; dans le dernier cas, il se borne à rendre compte au général commandant le département, qui en réfère au général divisionnaire, lequel en écrit, s'il y a lieu, à notre ministre de la guerre.

Les mêmes dispositions s'appliquent aux officiers d'un grade supérieur, chefs de service et autres fonctionnaires militaires qui passent, séjournent ou résident dans les places sans y être attachés.

36. Les commandans d'artillerie et du génie attachés à la place, tant qu'elle n'est point assiégée, y conservent la surveillance et direction d'artillerie et des fortifications, et l'administration des travaux qui s'y exécutent d'après le budget ou d'après les ordres de notre ministre de la guerre;

Mais ils doivent au commandant d'armes :

1° De lui remettre la situation de leur personnel et de leur matériel aux époques déterminées par les réglemens, et plus souvent si le service l'exige;

2° De l'accompagner dans la visite des ouvrages, établissemens ou magasins, et de lui mettre sous les yeux tous les documens propres à l'éclairer;

3° De le prévenir toutes les fois qu'ils doivent commencer de nouveaux ouvrages, et de ne les entreprendre, lorsqu'ils ouvrent la place, qu'après qu'il a fait toutes les dispositions qu'exige la police ou la sûreté;

4° De le prévenir semblablement, et de lui désigner l'officier qui les supplée, lorsqu'ils sont forcés de s'absenter pour vaquer à un service extérieur, tel que la visite des forts, batteries de côtes et autres ouvrages éloignés qui dépendent de la place.

En cas de plainte, si le commandant de l'artillerie ou du génie est d'un grade supérieur, ou si le sujet de la plainte est relatif aux travaux, le commandant d'armes en réfère au général commandant le département, et ce dernier au général de division, lequel, après avoir pris l'avis du directeur d'artillerie ou des fortifications, requiert d'eux, s'il y a lieu, la punition, ou rend compte du tout à notre ministre de la guerre.

37. Le commissaire des guerres attaché à la place conserve, suivant les mêmes règles et sous l'autorité de l'ordonnateur, la direction des services qui lui sont confiés.

En cas de plainte, le commandant d'armes en rend compte au général commandant le département, et ce dernier au général divisionnaire, lequel, s'il y a lieu, requiert l'ordonnateur de le punir, ou en réfère à notre ministre-directeur de l'administration de la guerre.

38. En cas de siége, l'autorité du gouverneur, du commandant supérieur ou du commandant d'armes est absolue, et s'étend même sur l'administration intérieure des corps, sur les travaux et les divers services; en conséquence, les commandans des troupes, d'artillerie et du génie, et le commissaire des guerres, sont tenus de prendre les mesures d'administration intérieure, d'exécuter les travaux, et de faire toutes les dispositions de service que le commandant juge à propos de leur prescrire, dans l'intérêt de la défense.

§ IV. Rapports avec les commandans des citadelles, forts et châteaux.

39. Les commandans d'armes des places de guerre exercent les fonctions de commandant supérieur à l'égard des commandans d'armes des citadelles, forts, châteaux et autres fortifications qui dépendent de la place.

Les commandans titulaires desdites citadelles et autres postes de même nature y conservent le commandement immédiat, suivant les règles établies par l'art. 26 du présent décret, et par le titre XXXIV de l'ordonnance du 1er mars 1768 sur le service des places.

Chapitre III. Du commandement provisoire ou temporaire des places.

40. En cas d'absence ou de départ du commandant d'armes, sans qu'il y ait de successeur désigné par lettres de service, les majors de place et les adjudans commandent avant tous les officiers du même grade.

41. Lorsqu'il se trouve dans la place des officiers d'un grade supérieur au major ou aux adjudans, le commandement est réglé par le grade et l'ancienneté du grade, sauf les exceptions suivantes.

42. Conformément aux anciennes ordonnances (*Henri III, Etats de Blois, art.* 276; — *Louis XIII, janvier* 1629), nul ne peut commander dans une place française, s'il n'est Français.

Dans les garnisons composées de troupes françaises et auxiliaires, les officiers français concourent seuls et entre eux pour le commandement.

43. Dans les garnisons composées d'infanterie et de troupes à cheval, à grade égal, l'officier d'infanterie commande.

44. Dans tous les cas, le secrétaire-archiviste conserve ses fonctions, et ne concourt jamais pour le commandement.

Chapitre IV. Du commandement et de la subordination des officiers et employés de l'état-major des places.

45. Les adjudans de place commandant des citadelles, forts et châteaux, y exercent, dans les limites de leur grade, et conformément aux règles des chapitres précédens, les mêmes fonctions que les commandans d'armes.

46. Les majors de places commandent aux autres adjudans.

47. Les adjudans donnent les ordres et consignes au nom du commandant; ils peuvent, en cas d'urgence, donner d'eux-mêmes, et sauf à rendre compte sur-le-champ, des ordres et consignes provisoires, et les chefs des postes ou des corps sont tenus de s'y conformer.

48. Les secrétaires-archivistes, pour tout ce qui tient au service de la place, sont sous les ordres immédiats du commandant d'armes, et du major, d'après les ordres ou en l'absence du commandant.

Pour la conservation et la comptabilité des papiers de la place, ils sont sous la surveillance immédiate de notre ministre de la guerre, qui déterminera, dans un réglement spécial, le mode de surveillance et de comptabilité des archives de l'état-major des places et leurs rapports avec les archives générales de la guerre et des fortifications.

49. Les portiers-consignes sont sous les ordres des majors et adjudans, pour le service et la police des portes, et sous la surveillance des secrétaires-archivistes, pour tout ce qui concerne les rapports écrits, et la tenue des registres de consigne.

Les chefs de postes sont tenus de déférer aux appels et réquisitions des portiers-consignes, dans tout ce qui tient à l'exécution des ordres et consignes pour la police des portes et passages.

Titre III. Des fonctions et obligations.

Chapitre Ier. *Dispositions générales.*

50. Les places de guerre, relativement à leur service et à leur police, continueront d'être considérées sous trois rapports, savoir : dans l'*état de paix*, dans l'*état de guerre* et dans l'*état de siége*, conformément aux articles 5, 6, 7, 8, 9, 10, 11 et 12, titre Ier, de la loi du 8 = 10 juillet 1791, et sauf les modifications établies ci-après.

51. L'*état de paix* a lieu toutes les fois que la place n'est point constituée en état de guerre ou de siége par un décret de l'Empereur, ou par l'effet des circonstances prévues dans les articles suivans.

Les fonctions et obligations des commandans d'armes et de leurs états-majors sont alors soumises aux règles établies ci-après, chapitre II.

52. L'*état de guerre* est déterminé par l'une des circonstances suivantes :

1° En temps de guerre, lorsque la place est en première ligne sur la côte, ou à moins de cinq journées de marche des places, camps et positions occupés par l'ennemi;

2° En tout temps, par des travaux qui ouvrent la place, lorsqu'elle est située sur les côtes ou en première ligne;

Par des rassemblemens formés dans le rayon de cinq journées de marche, sans l'autorisation des magistrats;

Par un décret de l'Empereur, lorsque les circonstances obligent de donner plus de force et d'action à la police militaire, sans qu'il soit nécessaire de mettre la place en état de siége.

Dans ces différens cas, les fonctions et obligations des commandans d'armes sont soumises aux règles établies ci-après, chapitre III.

53. L'*état de siége* est déterminé par un décret de l'empereur, ou par l'investissement, ou par une attaque de vive force, ou par une surprise, ou par une sédition intérieure, ou enfin par des rassemblemens formés dans le rayon d'investissement, sans l'autorisation des magistrats.

Dans le cas d'une attaque régulière, l'état de siége ne cesse qu'après que les travaux de l'ennemi ont été détruits, et les brêches mises en état de défense.

Dans ces différens cas, les fonctions et obligations des commandans d'armes sont soumises aux règles établies ci-après, chap. IV.

CHAPITRE II. De l'état de paix.

§ Ier. *Du service et de la police des places sur le terrain militaire.*

1° Définition et limites du terrain militaire.

54. Dans les places de guerre et dans les faubourgs, postes et camps retranchés qui font partie des fortifications permanentes, le *terrain militaire* comprend :

1° La zone des fortifications entre les limites intérieures de la rue du rempart et les bornes extérieures des glacis, conformément aux articles 13, 14, 15, 16, 17, 18, 19, 20 et 21, titre Ier, de la loi du 8 = 10 juillet 1791;

2° Les bâtimens, établissemens et terrains militaires désignés dans l'article 14, titre III, et dans l'article 1er, titre IV, de ladite loi.

55. Dans les citadelles, forts et châteaux, et dans les ouvrages extérieurs ou détachés des places de guerre, le *terrain militaire* comprend tout l'espace occupé ou renfermé par les fortifications, jusqu'aux bornes extérieures des glacis, conformément aux articles 20 et 21, titre Ier, de la même loi.

2° Du service et de la police des portes et autres issues de la place.

56. Conformément à l'article 48, titre III de la loi du 8 = 10 juillet 1791, les clefs de toutes les portes, poternes, vannages et autres ouvertures qui donnent entrée dans la place, sont sous la garde et la responsabilité personnelle du commandant d'armes.

57. Il veille et pourvoit, sous sa responsabilité, à la stricte observation des règles prescrites par l'ordonnance du 1er mars 1768, titres XI et XII :

1° Pour la garde des clefs, et l'ouverture et la fermeture des portes et autres issues de la place;

2° Pour le service et la police desdites portes et issues pendant leur ouverture.

58. Nous nous réservons de déterminer, sur le rapport de notre ministre de la guerre :

1° Les places de troisième classe dont les ponts, portes et barrières, conformément à l'article 29, titre Ier, de la loi du 8 = 10 juillet 1791, seront entretenus par les communes, et celles où, en vertu de l'article 46, elles pourront substituer aux ponts des levées en terre;

2° Les places où, conformément à l'art. 49, titre III, de ladite loi, la communication pourra, dans l'état de paix, être établie par certaines portes, de nuit comme de jour, pour la facilité du commerce et pour la commodité des voyageurs et des habitans :

3° Les places aux portes desquelles il sera établi des consignes civiles, conformément à l'article 50 du même titre et de la même loi.

3° Du service et de la police des fortifications, bâtimens, établissemens et terrains militaires.

59. Le commandant d'armes donne les ordres et consignes, établit les postes et sentinelles, prescrit les rondes et patrouilles, et fait lui-même les visites nécessaires à la conservation et à la police des fortifications, bâtimens, établissemens et terrains militaires, de l'artillerie et de tout le matériel qui s'y trouve, conformément à l'ordonnance du 1er mars 1768 sur le service des places, aux titres Ier et II de la loi du 8 = 10 juillet 1791, au réglement du 22 germinal an 4, et à nos décrets des 23 avril 1810 et 16 septembre 1811, sur la police des fortifications et des bâtimens militaires.

60. Le commandant d'armes tient la main et veille en personne et par les officiers de son état-major, à l'exécution des lois, ordonnances et réglemens sur l'assiette et la police du casernement, sur le service des hôpitaux et des autres établissemens militaires.

4° Du service et de la police des travaux militaires.

61. Le commandant d'armes, conformément à l'art. 3, titre XXXV, de l'ordonnance de 1768, ne laissera construire aucune pièce nouvelle de fortification, ni ouvrir la place, ni en interrompre l'entrée pour des réparations, qu'après avoir pris, de concert avec le commandant du génie, les mesures nécessaires à la police ou à la sûreté de la place et à la discipline de la garnison.

62. Le commandant d'armes pourvoit, en ce qui le concerne, à la police, à la protection et à la plus prompte exécution des travaux militaires, conformément à l'ordonnance du 1er mars 1768, au titre VI de la loi du 8 = 10 juillet 1791, et aux réglemens du 3 avril 1744 et du 25 frimaire an 2.

63. Le commandant d'armes tiendra la main à ce qu'il ne soit construit sur le terrain militaire aucuns bâtimens ou autres travaux publics ou particuliers, qu'après avoir été prévenu d'office par le commandant du génie que lesdits travaux sont bien et dûment autorisés, et en avoir réglé l'exécution sous le rapport de la conservation et de la police de place, conformément à ce qui est prescrit pour les routes par notre décret du 4 août 1811.

Réciproquement, lorsque les travaux des fortifications ou tous autres objets du service militaire, exigeront soit l'interruption momentanée des communications publiques, soit quelques manœuvres d'eau extraordinaires, ou toute autre disposition non usitée qui intéressera les habitans, le commandant d'armes et le commandant du génie ne pourront les ordonner, hors le cas d'urgence, qu'après en avoir prévenu le maire, et pris avec lui les mesures convenables pour que le service public n'en reçoive aucun dommage.

5° Des rapports de la police militaire avec la police judiciaire et civile. De la police et des délits militaires.

64. Le commandant d'armes fait arrêter sur le terrain militaire, et punit des peines de discipline, ou renvoie devant les tribunaux militaires, les personnes qui, par leur qualité ou par la nature des délits, sont soumises à cette discipline ou justiciables de ces tribunaux.

65. Le commandant d'armes fait arrêter, en cas de flagrant délit, les particuliers qui dégradent les ouvrages ou bâtimens militaires, ou qui commettent sur le terrain militaire des délits contre la police de la place et la discipline des garnisons.

Il donne les ordres et consignes nécessaires pour faire mettre en fourrière les animaux qui dégradent les fortifications, ou qui s'y trouvent en contravention à l'article 12, titre Ier, de la loi du 8 = 10 juillet 1791.

Les prévenus, en cas d'arrestation, et, dans tous les cas, les rapports et procès-verbaux constatant les délits dont il s'agit, seront renvoyés par le commandant d'armes aux officiers de police civile ou judiciaire, qui feront sur-le-champ l'instruction.

Les maires, juges-de-paix et tribunaux prononceront, sans délai, les peines portées par le Code pénal pour les délits ordinaires, dans les cas analogues, savoir :

Pour les dégradations commises aux ouvrages et bâtimens, les peines portées contre les dégradations des monumens, ouvrages et autres dépendances du domaine public ;

Pour les autres délits contre la police de la place ou la discipline de la garnison, les peines portées contre les contraventions ou délits qui tendent à troubler l'ordre public ou à exciter la sédition.

Nos cours impériales, nos procureurs impériaux et nos préfets tiendront la main à l'exécution de ces dispositions.

66. Lorsque la garnison recevra un ordre subit de départ, ou quand elle sera faible et ne pourra fournir les postes et sentinelles indispensables à la police et à la conservation de la place, le service de la place se fera, en tout ou en partie, par la garde municipale ou par la garde nationale de la commune et de l'arrondissement.

Les maires et sous-préfets seront tenus de déférer aux réquisitions des commandans d'armes, provisoirement et jusqu'à ce qu'un ordre définitif de service ait pu être concerté entre le général commandant la division et le préfet.

Les postes et détachemens fournis par la garde municipale ou par la garde nationale, en conséquence du présent article, passeront sous les ordres du commandant d'armes pendant toute la durée de leur service.

De la police et des délits ordinaires.

67. Pour les délits ordinaires, toute personne prise en flagrant délit ou poursuivie par la clameur publique, aux portes de la ville ou sur toute autre partie du terrain militaire, y sera sur-le-champ arrêtée, soit par les postes et sentinelles, soit par les officiers de police civile et judiciaire, soit même par les particuliers, sans qu'il soit besoin d'une autorisation préalable du commandant d'armes, lequel en sera d'ailleurs et de suite informé.

68. Hors les cas prévus dans l'article précédent, nul ne peut pénétrer sans l'autorisation du commandant d'armes, dans l'intérieur des bâtimens ou établissemens militaires et des terrains clos qui en dépendent, ni sur les parties des fortifications autres que

celles qui sont réservées à la libre circulation des habitans, en vertu de l'article 28 de la loi du 8 = 10 juillet 1791.

En conséquence et hors lesdits cas, les officiers de police civile et judiciaire s'adresseront, pour la poursuite des délits ordinaires, au commandant d'armes, qui prendra de suite et de concert avec eux, les mesures nécessaires pour la répression du désordre, et, s'il y a lieu, pour l'arrestation des prévenus.

69. Le commandant d'armes veille lui-même et de son propre mouvement, et pourvoit, conformément à l'article 15, titre III, de la loi du 8 = 10 juillet 1791, à ce qu'aucune partie du terrain militaire ne devienne un lieu d'asile pour le crime et le désordre; en conséquence, il donne les ordres et consignes nécessaires pour y prévenir les délits de toute espèce; il y fait arrêter les prévenus, et les renvoie, s'il y a lieu, devant les officiers de police judiciaire ou civile, conformément aux dispositions de ladite loi, et spécialement des titres III, IV et VI.

§ II. Du service et de la police des places dans l'intérieur et dans le rayon d'attaque.

1° *Définition et limites du rayon extérieur des places.*

70. Le *rayon d'attaque* des places s'étend sur la zone du terrain extérieur, comprise entre les bornes des glacis et les points où seraient établis, en cas de siége, les dépôts et la queue des tranchées de l'ennemi, à la distance d'un kilomètre (500 toises) de la crète intérieure du parapet des chemins-couverts les plus avancés, conformément aux articles 29 et 34, titre Ier, de la loi du 8 = 10 juillet 1791, à notre décret du 13 fructidor an 13, et à notre décret du 9 décembre 1811.

71. Dans l'état de paix, le rayon ordinaire ou d'attaque est le seul qui soit soumis à la police militaire, conformément aux règles établies dans le reste du présent paragraphe.

Mais le commandant d'armes doit étudier le terrain, ses accidens ou ses ressources en cas de siége, et rendre compte au général commandant la division ou le département de tous les évènemens qui intéressent l'Etat :

1° Dans le rayon d'investissement, jusqu'aux limites du terrain le plus favorable à l'assiette du camp, du parc et des lignes de circonvallation de l'ennemi;

2° Dans le rayon d'activité de la garnison, jusqu'aux points où le commandant peut et doit, quand la place est menacée, envoyer des partis ou pousser des reconnaissances, suivant les règles prescrites par le titre XVII, de l'ordonnance du 1er mars 1768 sur le service des places;

3° Sur la frontière, dans les cas prévus par l'article 26, titre V, de l'ordonnance du 31 décembre 1776, et par notre décret du 13 fructidor an 13.

2° Police des constructions et autres travaux civils ou particuliers.

72. Le commandant d'armes veille à ce qu'il ne soit fait, dans le rayon d'attaque de la place, ni fouilles, ni constructions ou reconstructions, ni levées ou dépôts de terres et décombres, quels qu'en soient l'objet et la nature, si ce n'est avec les autorisations et dans les cas prévus par les articles 29, 30, 31, 32, 34 de la loi du 8 = 10 juillet 1791, par nos décrets du 13 fructidor an 13 et des 20 février et 20 juin 1810, et par notre décret du 9 décembre 1811.

73. Lorsqu'en vertu de l'article 28 du titre V de l'ordonnance de 1776, de l'article 30, titre Ier, de la loi du 8 = 10 juillet 1791, et de notre décret du 9 décembre 1811, notre ministre de la guerre aura ordonné la démolition des constructions, le comblement des fouilles, ou l'enlèvement des dépôts faits dans le rayon d'attaque, au préjudice de la défense et en contravention aux lois, le commandant d'armes prendra sur-le-champ les mesures nécessaires pour l'exécution desdits ordres, et la protégera par tous les moyens qui sont en son pouvoir.

74. Nos commandans d'armes donneront les ordres et consignes nécessaires pour faire arrêter, et conduire devant eux, tout individu qui, en contravention à l'article 41, titre Ier, de la loi du 8 = 10 juillet 1791, exécuterait des opérations de topographie dans le rayon kilométrique, ou qui ferait la reconnaissance de la place, de ses ouvrages extérieurs et de ses approches.

Si la personne arrêtée est domiciliée, et justifie qu'elle opère pour le service public ou pour celui des propriétaires, elle sera simplement renvoyée au commandant du génie, pour lui communiquer l'objet des opérations, et en recevoir l'autorisation d'usage;

Dans le cas contraire, elle sera détenue et jugée conformément au Code pénal militaire.

75. Dans l'intérieur de la place, en deçà de la rue du rempart ou du terrain qu'elle doit occuper, les constructions, fouilles, dépôts, opérations et autres objets du service public ou particulier, sont uniquement réglés par les lois et ordonnances de voirie et de police municipale.

Seulement l'autorité civile ne peut supprimer ou retracer les rues qui servent de communication directe entre la place d'armes, les bâtimens ou établissemens militaires et la rue du rempart, qu'après que les projets en ont été concertés conformément aux règles établies par nos décrets du 13 fructidor an 13 et des 20 février et 20 juin 1810.

La même disposition s'applique aux rues, carrefours et places qui environnent les bâtimens ou établissemens militaires, ou qui sont consacrés, par le temps et l'usage, aux exercices ou rassemblemens des troupes.

3° Police des rassemblemens et passages.

76. Le commandant d'armes exerce, de concert avec l'autorité civile, la police des rassemblemens et passages ordinaires dans l'intérieur et le rayon de la place, conformément aux règles établies par les titres XI et XIX de l'ordonnance du 1er mars 1768, et par le titre III de la loi du 8=10 juillet 1791.

77. Dans les rassemblemens ou passages extraordinaires ou imprévus, mais licites et déterminés par des évènemens ou des circonstances qui ne constituent point la place en état de guerre, le commandant d'armes, outre les mesures prescrites et rappelées dans l'article précédent, fera, de concert avec l'autorité civile, toutes les dispositions nécessaires à la police militaire de la place.

78. Dans les cas prévus par les articles précédens, le maire et le sous-préfet mettront à la disposition du commandant d'armes le nombre d'hommes de la garde municipale ou de la garde nationale nécessaire pour suppléer au défaut ou à l'insuffisance de la garnison.

79. Le service et la police de la place, en cas d'incendie, seront prévus et concertés à l'avance entre le maire et le commandant d'armes.

Outre les dispositions prescrites ou rappelées dans les articles précédens, le commandant d'armes prendra toutes les mesures nécessaires soit à la police et à la sûreté de la place, soit à l'ordre et à la protection des manœuvres et travaux qui ont pour objet d'éteindre et de couper l'incendie.

A cet effet, il mettra à la disposition du commandant du génie les travailleurs de la garnison que ce dernier lui demandera.

Les travaux des troupes et des ouvriers militaires seront dirigés par le commandant du génie, de concert avec l'ingénieur civil, l'architecte de la commune et le chef des pompiers, s'il en existe.

Le commandant d'armes et le maire veilleront et pourvoiront à ce qu'aucune autre personne ne s'immisce dans l'indication ou la direction des travaux et manœuvres, et ne trouble ou n'entrave celles qu'ils auront ordonnées.

80. Les dispositions de l'article précédent s'appliqueront aux inondations et autres accidens publics, spécialement dans les places sujettes aux débordemens périodiques des fleuves et rivières.

4° Relations de la police militaire avec la police judiciaire et civile.

81. Les délits qui, par leur nature ou par la qualité des prévenus, sont du ressort de la police ou des tribunaux militaires, seront poursuivis, dans l'intérieur et dans le rayon de la place, par le commandant d'armes, de concert avec les officiers de police civile et judiciaire, qui feront arrêter conformément aux lois, et renverront devant lui, les prévenus lorsqu'ils se seront réfugiés dans l'intérieur des établissemens publics ou des maisons particulières.

82. Sur la réquisition des officiers de police civile ou judiciaire, le commandant prêtera main-forte pour la répression des délits ordinaires, et pour l'exécution des ordonnances et jugemens des tribunaux.

Hors ce cas, il ne s'immiscera point dans l'exercice de la police et de la justice ordinaire.

§ III. Devoirs des commandans d'armes relatifs à la défense de la place.

83. Tout commandant doit considérer sa place comme susceptible d'être attaquée ou insultée à l'improviste, et de passer subitement de l'état de paix à l'état de guerre ou de siége.

En conséquence, il établira, même dans l'état de paix, son plan de service et de défense, suivant les hypothèses d'attaque les plus probables, et déterminera, pour les principaux cas, ses postes et ses réserves, les mouvemens de troupes, l'action et le concours de tous les corps et de tous les services.

Il rédigera, d'après ces bases, ses instructions en cas d'alarmes, et s'assurera de leur exécution, conformément au titre XVIII de l'ordonnance du 1er mars 1768.

84. Il réunira, dans ce même but, les divers élémens de sa défense, et s'attachera particulièrement à bien connaître la situation,

1° De l'intérieur de la place, des fortifications, bâtimens ou établissemens militaires, et du terrain extérieur dans les rayons d'attaque, d'investissement et d'activité;

2° De la garnison, de l'artillerie et des munitions ou approvisionnemens de toute espèce;

3° De la population à nourrir en cas de siége, des hommes capables de porter les armes, des maîtres et compagnons ouvriers susceptibles d'être employés en cas d'incendie ou pour les travaux, et des subsistances, des matériaux, des outils et des autres ressources que la ville et le pays qui l'environne peuvent fournir, ou dont il convient de s'assurer dans l'état de siége.

85. Les renseignemens concernant la population et les ressources de la place seront donnés par le maire au commandant d'armes

86. Notre ministre de la guerre prendra les mesures nécessaires pour qu'il soit déposé successivement au secrétariat de nos places, pour le service des commandans d'armes :

1° Un plan de la place contenant tous les détails de l'intérieur, de la fortification et du terrain extérieur dans le rayon d'attaque;

2° Une carte des environs, dans le rayon d'investissement;

3° Une carte générale (gravée ou manuscrite) qui s'étende non-seulement dans le rayon d'activité de la place, mais encore jusqu'aux places voisines, et jusqu'à la frontière ou à la côte, s'il s'agit d'une place de première ligne;

4° Un mémoire de situation et de défense qui fasse connaître l'état et les propriétés de la place et de ses ouvrages, et ses rapports avec les places voisines, et avec la guerre offensive ou défensive;

5° Un exemplaire de l'instruction du 14 thermidor an 7, et des meilleurs ouvrages connus sur la défense des places;

6° Un exemplaire du présent décret, que notre ministre de la guerre fera imprimer, à cet effet, avec l'extrait des ordonnances, lois et décrets en vigueur qui s'y trouvent rappelés ou qui s'y rapportent.

87. Ces plans, mémoires, instructions et ouvrages, ainsi que les états de situation et les autres documens relatifs au service et à la défense de la place, seront enregistrés sur les inventaires de la place, conservés et communiqués, conformément aux ordonnances et réglemens sur les plans et papiers des fortifications.

88. Les commandans s'assureront fréquemment et par eux-mêmes :

1° Que toutes les portes et issues de la place sont dans un bon état de fermeture;

2° Qu'il n'existe ni brèches aux ouvrages, ni ouvertures praticables dans les murs extérieurs des souterrains et casemates, et des portes ou poternes condamnées.

En cas de brèche et d'ouverture, ils requerront le commandant du génie de pourvoir à la clôture de la place par des travaux définitifs ou provisionnels, et feront, de leur côté, placer les postes et les sentinelles nécessaires à la police et à la sûreté de la place.

89. Ils tiendront la main à l'exécution du titre XXII de l'ordonnance du 1er mars 1768, et des articles 57 et 58, titre V, de l'ordonnance du 31 décembre 1776, pour les exercices et manœuvres ordinaires des troupes, et, toutes les fois que les circonstances le permettront, pour les exercices et simulacres d'attaque et de défense.

90. Le commandant d'armes, étant personnellement responsable de la conservation de la place et de la tranquillité de la garnison et des habitans, ne peut, même dans l'état de paix, coucher hors des barrières, ni s'éloigner le jour hors de la portée du canon, si ce n'est avec la permission du général commandant la division, laquelle désignera toujours l'officier qui doit commander par intérim.

Lorsque les commandans d'armes seront admis à la retraite ou appelés à d'autres fonctions, ils ne pourront semblablement quitter leur place qu'après avoir remis le commandement à leur successeur ou à l'officier qui sera désigné pour les remplacer, soit par notre ministre de la guerre, soit par le général commandant la division.

Chapitre III. De l'état de guerre.

91. Dans les places en *état de guerre*, le service et la police sont soumis aux mêmes règles que dans l'état de paix, sauf les exceptions et les modifications suivantes.

92. Dans les places en état de guerre, la garde nationale et la garde municipale passent sous le commandement du gouverneur ou commandant, et l'autorité civile ne peut ni rendre aucune ordonnance de police sans l'avoir concertée avec lui, ni refuser de rendre celles qu'il juge nécessaires à la sûreté de la place ou à la tranquillité publique.

93. Dans toute place en état de guerre, l'autorité civile est tenue de concerter avec le commandant d'armes les moyens de réunir dans la place, en cas de siége :

1° Les ressources nécessaires à la subsistance des habitans et de la garde nationale;

2° Les ressources que le pays peut fournir pour les travaux militaires et pour les besoins de la garnison.

94. Dans toute place en état de guerre, les gardes-pompiers, s'il en est établi, passent avec les pompes, machines et ustensiles, sous l'autorité du commandant d'armes.

Les ouvriers charpentiers et autres, qui peuvent servir à couper les incendies, sont syndiqués, et formés, sous leurs syndics et quatre maîtres, en compagnies, sections et ateliers.

Le service d'incendie, en cas de siége ou de bombardement, est réglé par le gouverneur ou commandant, de concert avec le commandant du génie et l'autorité civile.

95. Dans toute place en *état de guerre*, si le ministre ou le général d'armée en donne l'ordre, ou si les troupes ennemies se rapprochent à moins de trois journées de marche de la place, le gouverneur ou commandant est sur-le-champ, et sans attendre l'*état de siége*, investi de l'autorité nécessaire :

1° Pour faire sortir les bouches inutiles, les étrangers, et les gens notés par la police civile ou militaire;

2° Pour faire rentrer dans la place, ou empêcher d'en sortir, les ouvriers, les matériaux et autres moyens de travail, les bestiaux, denrées et autres moyens de subsistance;

3° Pour faire détruire, par la garnison et la garde nationale, tout ce qui peut, dans l'intérieur de la place, gêner la circulation de l'artillerie et des troupes; à l'extérieur, tout ce qui peut offrir quelque couvert à l'ennemi, et abréger ses travaux d'approche.

96. Le général commandant une armée dans le tableau de laquelle la garnison d'une place sera comprise veillera :

1° A ce qu'il reste dans la place la garnison nécessaire pour la garder, conjointement avec les gardes municipales et nationales;

2° A ce qu'il s'y trouve, dans l'état de siége, une garnison suffisante.

97. Les généraux commandant nos armées, s'ils n'y sont autorisés, ne toucheront aux munitions et aux approvisionnemens des places que dans le cas d'extrême urgence; ils y remplaceront, le plus tôt possible, ce qu'ils en auront distrait; ils les feront compléter, par tous les moyens en leur pouvoir, lorsque la place sera menacée d'un siége.

98. Les gouverneurs, commandans d'armes, d'artillerie et du génie, et les chefs des divers services, ne pourront jamais être détachés de la place sans un ordre du ministre de la guerre.

99. Les gouverneurs ou commandans ne pourront détacher des officiers et des partis au-delà du rayon d'investissement que pour les reconnaissances qui importent à la sûreté de la place.

Ils ne choisiront jamais ces officiers parmi les chefs de corps ou de service; et ces partis seront toujours assez faibles pour que leur perte n'influe pas sensiblement sur la force de la garnison.

100. Les gouverneurs et commandans d'armes ne pourront, dans l'état de guerre, coucher hors des barrières, ni s'éloigner de leur place de plus d'une portée de canon, sans un ordre formel de notre ministre de la guerre.

Chapitre IV. De l'état de siége.

101. Dans les places en état de siége, l'autorité dont les magistrats étaient revêtus pour le maintien de l'ordre et de la police passe tout entière au commandant d'armes, qui l'exerce, ou leur en délègue telle partie qu'il juge convenable (1).

102. Le gouverneur ou commandant exerce cette autorité ou la fait exercer en son nom et sous sa surveillance, dans les limites que le décret détermine; et, si la place est bloquée, dans le rayon de l'investissement.

103. Pour tous les délits dont le gouverneur ou le commandant n'a pas jugé à propos de laisser la connaissance aux tribunaux ordinaires, les fonctions d'officier de police judiciaire sont remplies par un prévôt militaire, choisi, autant que possible, parmi les officiers de gendarmerie; et les tribunaux ordinaires sont remplacés par les tribunaux militaires.

104. Dans l'état de siége, le gouverneur ou commandant détermine le service des troupes, de la garde nationale, et celui de toutes les autorités civiles et militaires, sans autre règle que ses instructions secrètes, les mouvemens de l'ennemi et les travaux de l'assiégeant.

105. Le gouverneur ou commandant consulte les commandans des troupes, de l'artillerie et du génie; l'inspecteur aux revues et le commissaire des guerres, seuls ou réunis en *conseil de défense*.

Dans ce dernier cas, le secrétaire-archiviste tient la plume, et constate, dans le registre des délibérations du conseil, l'avis commun ou les opinions respectives de ses membres, qui peuvent y consigner, sous leur signature, tous les développemens qu'ils jugent à propos d'ajouter au procès-verbal.

Mais le gouverneur ou commandant décide seul, et contre les avis du conseil ou de ses membres, lesquels restent secrets.

Faisons au conseil et à ses membres défense expresse de laisser transpirer aucun objet de délibération ou leur opinion personnelle sur la situation de la place.

106. Indépendamment du registre des délibérations du conseil de défense, il sera tenu particulièrement par le gouverneur ou commandant de la place, par les commandans de l'artillerie et du génie, et par les chefs des divers services, un journal sur lequel seront transcrits, par ordre de dates, et sans aucun blanc ni interligne, les ordres donnés et re-

(1) L'état de siége n'autorise aucunement l'autorité militaire à juger un prévenu déjà renvoyé à d'autres tribunaux que ceux du lieu en état de siége (21 septembre 1815; Cass. S. 16, 1, 133).

Les lois et décrets antérieurs à la Charte, qui régissent l'état de siége, ne sont maintenus que dans celles de leurs dispositions non contraires au texte formel de la Charte.

Est abrogée comme contraire au texte formel de la Charte, la disposition du présent article, qui, au cas de mise en état de siége, autorise le renvoi des individus non militaires devant la juridiction militaire. Un tel renvoi serait une violation des dispositions de la Charte qui consacrent l'institution du jury, disposent que nul ne peut être distrait de ses juges naturels, et qu'en conséquence il ne peut être créé de commissions et tribunaux extraordinaires à quelque titre que ce soit et sous quelque dénomination que ce puisse être (29 juin 1832; Cass. S. 32, 1, 402; D. 32, 1, 265; P. 54, 3).

çus, la manière dont ils ont été exécutés, leur résultat, et toutes les circonstances, toutes les observations qui peuvent éclairer sur la marche de la défense.

Notre ministre de la guerre déterminera, dans une instruction spéciale, la manière dont ces journaux doivent être tenus, et les formalités nécessaires afin qu'ils aient, ainsi que le registre du conseil de défense, la régularité et l'authenticité nécessaires pour servir à l'enquête prescrite ci-après, article 114.

107. Outre ces registres et journaux, il y aura dans le cabinet du gouverneur ou commandant, une carte directrice des environs de la place, un plan directeur de la place, et un plan spécial des fronts d'attaque, sur lesquels le commandant du génie tracera lui-même ou fera tracer en sa présence et successivement :

1° Les positions occupées et les travaux exécutés par l'ennemi, à commencer de l'investissement;

2° Les travaux de contre-approche ou de défense, et les dispositifs successifs de l'artillerie et des troupes, à mesure des progrès de l'ennemi.

108. Le gouverneur ou commandant défendra successivement ses ouvrages et ses postes extérieurs, sa contrescarpe, ses dehors, son enceinte et ses derniers retranchemens.

Il ne se contentera pas de déblayer le pied de ses brèches, et de les mettre en état de défense par des abattis, des fougasses, des feux allumés, et par tous les moyens usités dans les siéges; mais, en outre, il commencera de bonne heure, en arrière des bastions ou des fronts d'attaque, les retranchemens nécessaires pour soutenir au corps de place un ou plusieurs assauts. Il y emploiera les habitans. Il y fera servir les édifices, les maisons, et les matériaux de celles que les bombes auront ruinées.

109. Mais, dans ces défenses successives, le gouverneur ménagera sa garnison, les munitions de guerre et ses subsistances, de manière,

1° Qu'il ait, pour les assauts et la reprise de ses dehors, et spécialement pour l'assaut au corps de place, une réserve de troupes fraîches et choisies parmi les vieux corps et les vieux soldats de sa garnison;

2° Qu'il lui reste les munitions et les subsistances nécessaires pour soutenir vigoureusement les dernières attaques.

110. Tout gouverneur ou commandant à qui nous avons confié l'une de nos places de guerre doit se ressouvenir qu'il tient dans ses mains un des boulevarts de notre empire, ou l'un des points d'appui de nos armées, et que sa reddition avancée ou retardée d'un seul jour peut être de la plus grande conséquence pour la défense de l'Etat et le salut de l'armée.

En conséquence, il sera sourd à tous les bruits répandus par l'ennemi, ou aux nouvelles directes et indirectes qu'il lui ferait parvenir, lors même qu'il voudrait lui persuader que les armées sont battues et la France envahie; il résistera à ses insinuations comme à ses attaques : il ne laissera point ébranler son courage ni celui de la garnison.

111. Il se rappellera que les lois militaires condamnent à la peine capitale tout gouverneur ou commandant qui livre sa place sans avoir forcé l'assiégeant de passer par les travaux lents et successifs des siéges, et avant d'avoir repoussé au moins un assaut au corps de place sur des brèches praticables (*circulaire de Louis XIV, du 6 avril 1705. — Loi du 26 juillet 1791. — Loi du 21 brumaire an 5, titre III, art. 1 et 2. — Arrêté du 16 messidor an 7*).

112. Lorsque notre gouverneur ou commandant jugera que le dernier terme de sa défense est arrivé, il consultera le conseil de défense sur les moyens qui restent de prolonger le siége.

Le présent paragraphe y sera lu d'abord à haute et intelligible voix.

L'avis du conseil ou les opinions de ses membres seront consignés sur le registre des délibérations;

Mais le gouverneur ou commandant seul prononcera, et suivra le conseil le plus ferme et le plus courageux, s'il n'est absolument impraticable.

Dans tous les cas, il décidera seul de l'époque, du mode et des termes de la capitulation.

Jusque là, sa règle constante doit être de n'avoir avec l'ennemi que le moins de communication possible, et de n'en tolérer aucune.

Dans aucun cas, il ne sortira lui-même pour parlementer, et n'en chargera que des officiers dont la constance, la fermeté, le courage d'esprit et le dévouement lui seront personnellement connus.

113. Dans la capitulation, le gouverneur ou commandant ne se séparera jamais de ses officiers ni de ses troupes; il partagera le sort de sa garnison après comme pendant le siége; il ne s'occupera que d'améliorer le sort du soldat et des malades et blessés, pour lesquels il stipulera toutes les clauses d'exception et de faveur qu'il lui sera possible d'obtenir.

114. Tout gouverneur ou commandant qui aura perdu une place que nous lui aurons confiée sera tenu de justifier de la validité de ses motifs devant un conseil d'enquête.

115. Si le conseil d'enquête trouve qu'il y a lieu à accusation, le prévenu sera traduit devant le tribunal compétent pour y être jugé conformément aux lois.

116. Si le conseil d'enquête déclare que le gouverneur ou commandant est sans reproche, et qu'il a prolongé sa défense par tous les moyens en son pouvoir jusqu'à la dernière extrémité, il sera acquitté honorablement, et le jugement du conseil publié sur-le-champ et mis à l'ordre de l'armée et des places.

117. Tout gouverneur et commandant qui, d'après la déclaration des conseils d'enquête, et d'après les comptes particuliers qui nous en seront parvenus, aura défendu sa place en homme d'honneur, en bon Français et en sujet fidèle, nous sera présenté par notre ministre de la guerre, dans un jour de grande parade avec les chefs de corps et de service, et les militaires qui se seront le plus signalés dans la défense; nous réservant de leur donner nous-mêmes, et en présence des troupes, les témoignages publics et les marques de notre satisfaction.

A cet effet, notre ministre de la guerre hâtera l'échange de ceux qui seraient prisonniers, et qui seront, à leur retour, rappelés de leur solde d'activité sans aucune retenue.

118. Tout gouverneur tué sur la brèche, ou mort de ses blessures après une défense honorable, sera inhumé avec les mêmes honneurs que les grands-officiers de la Légion-d'Honneur; son traitement de retraite sera réversible sur sa famille, et ses enfans obtiendront les premières places vacantes dans les institutions publiques.

Nous nous réservons de pensionner et de placer dans les mêmes institutions les enfans des militaires tués ou morts de leurs blessures dans la défense des places.

119. Les batteries, dehors et ouvrages extérieurs des fronts d'attaque de nos places de terre recevront, à l'avenir, les noms des généraux, commandans et autres militaires qui se seront illustrés dans la défense des places.

120. Dans les places de guerre qui sont en même temps ports de notre marine impériale, il n'est rien changé aux lois et usages qui règlent le service des états-majors des places, dans ses rapports avec le service de la marine.

Notre ministre de la guerre nous proposera, de concert avec notre ministre de la marine, les changemens qu'il serait nécessaire de faire à cette partie de la législation, pour la mettre en harmonie avec les dispositions du présent décret.

121. Nos divers ministres sont chargés de l'exécution du présent décret.

---

24 DÉCEMBRE 1811. — Décret qui autorise François-de-Sales-Jean-René et Madeleine-Victoire Desrues, domiciliés à Chartres, à changer leur nom de famille. (4, Bull. 410, n° 7526)

---

26 DÉCEMBRE 1811. — Décret qui nomme le comte Kergariou préfet du département d'Indre-et-Loire. (4, Bull. 413, n° 7564.)

---

26 DÉCEMBRE 1811. — Décret qui ordonne le paiement d'une somme de onze cent quatre-vingt-treize francs, pour pensions accordées à dix veuves de militaires. (4, Bull. 413, n° 7583.)

---

26 DÉCEMBRE 1811. — Avis du Conseil-d'Etat. (Percepteurs.) *Voy.* 28 DÉCEMBRE 1811.

28 DÉCEMBRE 1811. — Décret qui fixe le prix du tabac des manufactures impériales pour l'année 1812. (4, Bull. 411, n° 7544.)

Le prix du tarif des tabacs des manufactures impériales, fixé par notre décret du 9 mai 1811, continuera d'être exécuté pendant l'année 1812.

---

28 DÉCEMBRE 1811. — Avis du Conseil-d'Etat portant qu'il n'y a pas lieu de décharger le sieur Piamonti, percepteur à Florence, de la somme de deux mille trois cents francs qui a été volée dans sa caisse. (4, Bull. 417, n° 7613.)

Le Conseil-d'Etat, qui, d'après le renvoi ordonné par sa majesté, a entendu le rapport de la section des finances sur celui du ministre de ce département, tendant à faire porter sur le fonds de non-valeur de l'exercice 1811, une somme de deux mille trois cents francs, montant d'un vol commis, le 10 mars 1811, dans la caisse du sieur *Piamonti*, percepteur de la première division de la ville de Florence, département de l'Arno;

Vu l'arrêté du Gouvernement du 8 floréal an 10, qui porte en substance que tout dépositaire de deniers publics ne peut obtenir « décharge d'aucun vol, s'il n'est justifié qu'il « est l'effet d'une force majeure, et que le « comptable avait pris toutes les précautions « convenables pour l'éviter; »

Vu les procès-verbaux et pièces à l'appui, qui constatent le vol fait chez le sieur *Piamonti*, et les diverses circonstances qui l'ont accompagné;

Considérant que ce vol a été commis en plein jour, dans un moment où le sieur *Piamonti* s'était absenté de sa maison, sans prendre la précaution d'en laisser la garde à qui que ce soit,

Est d'avis qu'il n'y a pas lieu de décharger le sieur *Piamonti*, percepteur du premier arrondissement de la ville de Florence, département de l'Arno, de la somme de deux mille trois cents francs qui a été volée dans sa caisse, le 10 mars 1811.

---

28 DÉCEMBRE 1811. — Décret qui déclare commune aux départemens de la Hollande l'obligation imposée aux habitans des départemens

anséatiques et de l'Illyrie, de joindre une traduction française aux actes rédigés dans l'ancien idiôme, qu'ils présenteront à l'enregistrement. (4, Bull. 413, n° 7565.)

28 DÉCEMBRE 1811. — Décret qui porte à trois le nombre des substituts du parquet du procureur général près la cour impériale de Rome. (4, Bull. 413, n° 7566.)

28 DÉCEMBRE 1811. — Décret concernant les membres des religieux supprimés dans les départemens de la Sarre, de la Roër, de Rhin-et-Moselle et du Mont-Tonnerre, nés dans d'autres pays devenus français par leur réunion à l'empire. (4, Bull. 415, n° 7607.)

28 DÉCEMBRE 1811. — Décret qui autorise le bureau de bienfaisance d'Aglié à renoncer au legs universel fait aux pauvres de cette commune, et à accepter l'offre faite par les sieurs François et Marie Cantoira, héritiers du testateur, de pourvoir, au moyen de cette renonciation, à toutes les charges de la succession, et de servir aux pauvres une rente annuelle et perpétuelle de vingt-cinq francs. (4, Bull. 413, n° 7584.)

28 DÉCEMBRE 1811. — Décrets qui autorisent l'acceptation de dons et legs faits aux pauvres et hospices de Sarlat, Chartres, Saint-Créac, Miradoux, Montreuil, Villefranche, Bar-sur-Seine, Rabastens, Isseghem, Thor, Avignon, Dax, Seyne, Vernon, Beauvais, Belleghem, Beziers, Bruxelles, Lacken, Jette-Saint-Pierre, Châtillon-sur-Indre, Desaignes, Empurany, Grammont, Marcke, Mirepoix, Occhieppo-Supérieure, Schellebelle, Senlis, Avignon, Carpentras, Levroux, Tarare, Cortil-Voden, Saint-Georges, Espalion et Paris. (4, Bull. 413, n°s 7585 à 7588; Bull. 417, n°s 7614 à 7642, et Bull. 418, n°s 7646 et 7647.)

28 DÉCEMBRE 1811. — Décret qui homologue l'acquisition proposée par le sieur Duhamel, comme directeur de l'école pratique des mines de Geislautern, d'une pièce de terre labourable, et approuve les conditions énoncées en l'acte passé le 17 juillet 1811, entre ledit sieur Duhamel et les sieurs Stein, Korte, Gorins, Quirin et Schneider, propriétaires de ladite pièce de terre. (4, Bull. 413, n° 7589.)

28 DÉCEMBRE 1811. — Décret qui permet au sieur Gienauth : 1° de transférer à Schweilweiler, sur la rivière d'Alsenz, l'usine dite Attleinengerwech, actuellement existante à Attleinengen; 2° de transférer les deux martinets faisant partie de ses forges de Trippsadt et d'Eisemberg, à un quart de lieue au-dessus de leur position respective, et de convertir en une tréfilerie de fil-de-fer l'usine précitée d'Attleinengen, devenue vacante. (4, Bull. 418, n° 7645.)

28 DÉCEMBRE 1811. — Décret contenant réglement d'administration publique pour le service des polders des départemens des Bouches-de-l'Escaut et de la Roër. (Mon. 1812, n°s 6 et 10.)

3 JANVIER 1812. — Décret relatif à la transmission des dotations de sixième classe accordées pour cause d'amputation, de blessures graves, ou en récompense de services militaires, à défaut d'enfans mâles des donataires. (4, Bull. 414, n° 7591.)

Voy. décrets du 23 SEPTEMBRE 1810; loi du 26 JUILLET 1821.

Art. 1er. Les dotations de sixième classe que nous avons accordées et que nous accorderons par la suite, pour cause d'amputation, de blessures graves, ou en récompense de services militaires, seront transmissibles, à défaut d'enfans mâles, aux filles des donataires, par ordre de primogéniture, sous la condition, par elles, d'épouser, lorsqu'elles seront en âge de le faire, des militaires en retraite par suite d'honorables blessures ou d'infirmités contractées à la guerre.

2. Dans le cas où la fille aînée d'un donataire se trouverait mariée à tout autre qu'un militaire retiré, avant que la transmission ait pu avoir lieu, elle perdra alors son droit de primogéniture, et la transmission aura son effet en faveur de la fille cadette non mariée, ou mariée conformément à la disposition ci-dessus; et, enfin, le droit à cette transmission passera successivement aux autres filles puînées, lorsque les aînées s'en trouveront déchues par des mariages contraires à cette même disposition : entendant que la dotation fasse retour à notre domaine extraordinaire, si toutes les filles du donataire décédé se trouvaient dans le cas de la déchéance.

3. Si, par suite du droit de transmission accordé par le présent décret, la fille d'un donataire se trouvait recueillir la dotation avant l'âge nubile, elle jouira du revenu du moment de la mort de son père; mais si le mariage qu'elle contractera par la suite doit la priver de la dotation, celle-ci passera, dès le moment du mariage, à sa sœur puînée, et, s'il y a lieu, successivement aux autres sœurs, sous la même condition, dont la non-exécution, lors du mariage de la dernière appelée, déterminera le retour à notre domaine extraordinaire; sans toutefois que la jouissance desdites dotations puisse être réclamée ou être prorogée en faveur des filles de donataires qui auraient atteint l'âge de trente ans sans avoir contracté un mariage, conformément à l'art. 1er.

4. Le revenu des dotations ainsi transmises sera payé sur la production d'un certificat de vie, délivré par le maire de la commune

où résidera la titulaire, et visé par le préfet du département, constatant en outre qu'elle n'est pas mariée, ou qu'elle l'est conformément aux dispositions du présent décret.

5. Les filles ainsi appelées à recueillir les dotations de sixième classe seront tenues, dans les six mois qui suivront le décès de leur père, de présenter à l'intendant général de notre domaine extraordinaire leur demande appuyée de pièces justificatives, à l'effet de faire connaître leur droit à recueillir la dotation, conformément à ce qui est prescrit par l'article 5 de notre décret du 14 octobre 1811.

6. Notre ministre d'Etat intendant général du domaine extraordinaire est chargé de l'exécution du présent décret.

---

3 JANVIER 1812. — Décret portant suppression des corporations de religieux et de religieuses, et des ordres monastiques qui existent dans divers départemens réunis. (4, Bull. 414, n° 7590.)

Voy. loi du 18 AOUT 1792; décret du 23 JANVIER 1813.

Art. 1er. Les corporations de religieux et de religieuses, et ordres monastiques, dotés ou mendians existans dans les départemens réunis en vertu des décrets des 24 avril, 15 mai, 9 juillet, 12 novembre et 13 décembre 1810, sont et demeurent supprimés.

2. Ne sont point compris dans le présent décret, le monastère du Saint-Bernard et du Simplon, les Ursulines de Brigues, les Sœurs-grises de la charité de Sion, département du Simplon, et les congrégations dans lesquelles on ne fait pas de vœux perpétuels, et dont les individus sont uniquement consacrés par leur institution soit à soigner les malades, soit au service de l'instruction publique. Il sera statué à leur égard par des décrets spéciaux.

3. Les dispositions de notre décret du 14 novembre 1811 portant suppression de toutes les corporations religieuses dans le département de la Lippe, recevront leur application dans ces départemens.

4. Les religieux profès et convers des départemens mentionnés en l'art. 1er, y compris celui de la Lippe, ne pouvant, aux termes du décret du 14 novembre dernier, se présenter à la liquidation qu'en représentant le certificat de la prestation du serment, seront déchus d'un tiers de la pension si le serment n'a pas été prêté avant le 1er juillet prochain, de la moitié s'il ne l'a pas été au 1er octobre prochain, et de la totalité s'il ne l'a point été au 1er janvier 1813.

5. Nos ministres des finances et des cultes sont chargés de l'exécution du présent décret.

---

3 JANVIER 1812. — Décret portant création d'une maison centrale de détention pour les départemens de l'Eure, de la Somme, de la Seine-Inférieure, de l'Orne et d'Eure-et-Loire. (4, Bull. 414, n° 7592.)

---

3 JANVIER 1812. — Décret qui fixe le nombre des justices de paix des départemens de Rome et du Trasimène, et désigne les communes où elles seront respectivement composées. (4, Bull. 416, n° 7608.)

---

3 JANVIER 1812. — Décrets qui autorisent l'acceptation de dons et legs faits aux fabriques de l'église succursale de Labatut et de l'église paroissiale de Puers, et aux pauvres et hospices de Neuvic, Beaune, Grasse, Lezoux, Lyon, Stenay, Bene, Châteaudun, Grezes, Puy-de-Fourches, Francescas, Marc-en-Barœul, la Ferrière, Riom, Saint-Claude, Saint-Loup-de-Gast, Saint-Martin-en-Haut, Noyen, Saint-Malo et Pernes. (4, Bull. 419, nos 7657 et 7658, et Bull. 420, nos 7664 à 7683.)

---

9 JANVIER 1812. — Décret qui détermine le mode d'exécution du Code d'instruction criminelle dans les provinces illyriennes. (4, Bull. 414, n° 7593.)

---

9 JANVIER 1812. — Décret qui supprime le tribunal de première instance établi à Neustadt, en Illyrie, par le décret du 15 avril dernier. (4, Bull. 414, n° 7594.)

---

9 JANVIER 1812. — Décrets qui autorisent l'acceptation de dons et legs faits aux pauvres et hospices de Tournus, Autun, Arc-Ainières, Lestrem, Gênes, Lille, Lyon, Voghera, et aux fabriques et églises de Gisors, d'Apchat, Boncours et Cubzac. (4, Bull. 420, nos 7684 à 7687, et Bull. 421, nos 7695 à 7702.)

---

9 JANVIER 1812. — Décret qui permet au sénateur comte Herwyn de joindre le nom de Nevele au sien. (4, Bull. 414, n° 7595.)

---

9 JANVIER 1812. — Décret concernant la tenue et l'établissement des foires de Chéméré, Guelaine, Senones, Cornimont, Thillot, Vagney et Val-d'Ajol. (4, Bull. 421, nos 7703 et 7704.)

---

11 JANVIER 1812. — Décret portant nomination d'une commission pour liquider les créances dont le remboursement est ou pourrait être réciproquement demandé par le Gouvernement français et italien. (4, Bull. 414, n° 7596.)

---

12 JANVIER 1812. — Décret qui ordonne l'impression et l'affiche des jugemens et arrêts portant condamnation pour faits d'escroquerie en matière de conscription. (4, Bull. 414, n° 7598.)

Art. 1er. Les jugemens et arrêts qui seront prononcés par nos tribunaux et nos cours impériales pour faits d'escroquerie en matière de conscriptions, eront imprimés et affichés aux frais des condamnés.

2. Nos ministres sont chargés de l'exécution du présent décret.

---

12 JANVIER 1812. — Décret portant affranchissement réciproque du droit d'aubaine et de tous autres droits de pareille nature, en faveur des sujets des provinces illyriennes et de ceux du royaume d'Italie. (4, Bull. 415, n° 7600.)

Voy. lois du 6=18 AOUT 1790 et du 14 JUILLET 1819.

Nos sujets des provinces illyriennes sont affranchis, dans notre royaume d'Italie, du droit d'aubaine, ainsi que de tout autre droit de pareille nature, quelle qu'en soit la dénomination. Par réciprocité, nos sujets du royaume d'Italie jouiront du même affranchissement dans toute l'étendue des provinces illyriennes. Pourront, en conséquence, nos sujets de l'un des deux Etats recueillir librement les successions ouvertes à leur profit dans l'autre.

---

12 JANVIER 1812. — Décret portant que l'art. 65 de la loi du 22 frimaire an 7, qui attribue aux tribunaux la connaissance exclusive des contestations relatives à la perception des droits d'enregistrement, sera exécuté dans les provinces illyriennes. (4, Bull. 414, n° 7597.)

---

12 JANVIER 1812. — Décret qui autorise l'érection en chapelle de l'église de Saint-Etienne de la ville d'Uzès, département du Gard. (4, Bull. 417, n° 7610.)

---

12 JANVIER 1812. — Décret qui autorise l'acceptation d'une donation faite par le sieur Henri-Joseph Lecomte, rentier, en faveur des pauvres de Herve, département de l'Ourte. (4, Bull. 417, n° 7611.)

---

12 JANVIER 1812. — Décrets qui autorisent l'acceptation de dons et legs faits aux fabriques des églises de Paris, Fourqueux, Albenga, et aux pauvres et à la maison de charité de Notre-Dame de Mauzé. (4, Bull. 421, n°s 7705 à 7708.)

---

14 JANVIER 1812. — Avis du Conseil-d'Etat. (Naturalisation.) *Voy.* 21 JANVIER 1812. — (Substitution.) *Voy.* 24 JANVIER 1812.

---

15 JANVIER 1812. — Décret concernant la fabrication du sucre de betterave. (4, Bull. 414, n° 7599.)

TITRE Ier. Ecole de fabrication pour le sucre de betterave.

Art. 1er. La fabrique des sieurs *Barruel* et *Chapelet*, plaine des Vertus, et celles établies à Wachenheim, département de Mont-Tonnerre, à Douai, à Strasbourg et à Castelnaudari, sont établies comme écoles spéciales de chimie, pour la fabrication de sucre de betterave.

2. Cent élèves seront attachés à ces écoles, savoir : quarante à celles des sieurs *Barruel* et *Chapelet*, quinze à celle de Wachenheim, quinze à celle Douai, quinze à celle de Strasbourg, quinze à celle de Castelnaudari. Total, cent.

3. Ces élèves seront pris parmi les étudians en pharmacie, en médecine et en chimie.

Il sera donné à chacun une indemnité de mille francs, lorsqu'ils auront suivi l'école pendant plus de trois mois, et qu'ils recevront des certificats constatant qu'ils connaissent parfaitement les procédés de la fabrication, et qu'ils sont dans le cas de diriger une fabrique.

TITRE II. Culture des betteraves.

4. Notre ministre de l'intérieur prendra des mesures pour faire semer dans l'étendue de l'empire cent mille arpens métriques de betteraves.

L'état de répartition sera imprimé et envoyé aux préfets avant le 15 février.

TITRE III. Fabrication.

5. Il sera accordé, dans tout l'empire, cinq cents licences pour la fabrication du sucre de betterave.

6. Ces licences seront accordées, de préférence, 1° à tous propriétaires de fabrique ou de raffinerie; 2° à tous ceux qui ont fabriqué du sucre en 1811; 3° à tous ceux qui auraient fait des dispositions et des dépenses pour établir des ateliers de fabrication pour 1812.

7. Sur ces cinq cents licences, il en est accordé, de droit, au moins une à chaque département.

8. Les préfets écriront à tous les propriétaires de raffineries, pour qu'ils aient à faire leur soumission pour l'établissement desdites fabriques pour la fin de 1812.

A défaut, par les propriétaires de raffineries, d'avoir fait leur soumission au 15 mars, ou, au plus tard, au 15 avril, ils seront considérés comme ayant renoncé à la préférence qui était accordée.

9. Les licences porteront obligation, pour celui qui les obtiendra, d'établir une fabrique capable de fabriquer au moins dix mille kilogrammes de sucre brut, de 1812 à 1813.

10. Tout individu qui, ayant reçu une licence, aura effectivement fabriqué au moins dix mille kilogrammes de sucre brut, provenant de la récolte de 1812 à 1813, aura le privilége et l'assurance, par forme d'encouragement, qu'il ne sera mis aucun octroi ni

imposition quelconque sur le produit de sa fabrication pendant l'espace de quatre années.

11. Tout individu qui perfectionnerait la fabrication du sucre, de manière à en obtenir une plus grande quantité de la betterave, ou qui inventerait un mode de fabrication plus simple et plus économique, obtiendra une licence pour un plus long terme, avec l'assurance qu'il ne sera mis aucun octroi ni imposition quelconque, pendant la durée de sa licence, sur le produit de sa fabrication.

TITRE IV. Création de quatre fabriques impériales.

12. Quatre fabriques impériales de sucre de betterave seront établies en 1812, par les soins de notre ministre de l'intérieur.

13. Ces fabriques seront disposées de manière à fabriquer, avec le produit de la récolte de 1812 à 1813, deux millions de kilogrammes de sucre brut.

TITRE V. Création d'une fabrique dans le domaine de Rambouillet.

14. L'intendant général de notre couronne fera établir dans notre domaine de Rambouillet, aux frais et au profit de la couronne, une fabrique de sucre de betterave, pouvant fabriquer vingt mille kilogrammes de sucre brut, avec le produit de la récolte de 1812 à 1813.

---

16 JANVIER 1812. — Décret contenant une nouvelle fixation du chef-lieu de la subdélégation de la Croatie civile. (4, Bull. 415, n° 7601.)

---

16 JANVIER 1812. — Décret qui nomme le comte Collin de Sussy ministre des manufactures et du commerce. (4, Bull. 415, n° 7604.)

---

17 JANVIER 1812. — Décret qui prescrit des mesures pour mettre à fin les mainmises réelles dans le ci-devant Hainaut, avant la publication de la loi du 13 = 20 avril 1791. (4, Bull. 417, n° 7612.)

N........ sur le rapport de notre ministre des finances,

Duquel il résulte que, dans le ci-devant Hainaut, les saisies immobilières connues sous la dénomination de *mainmises réelles*, étaient régies par un droit particulier, différent de ce qui se pratiquait dans l'ancien territoire de l'empire;

Que ces main-mises ne conféraient que le droit de percevoir les fruits jusqu'à parfait paiement de la créance, sans que le saisissant pût faire vendre les immeubles, à moins qu'il n'y eût déshéritance ou dessaisine de la part du propriétaire;

Que de cet état de choses il est résulté que beaucoup de biens ainsi saisis sont restés entre les mains des régisseurs dépositaires, et que les créanciers sont dans l'impossibilité de faire procéder à la vente;

Vu l'article 24 du titre Ier de la loi du 13 = 20 avril 1791, portant que *le défaut de la transcription au greffe, substituée, par l'art. 7 du décret des 17, 19 et 20 = 27 septembre 1790, aux dessaisines, saisines, déshéritances, adhéritances, reconnaissances échevinales, et autres formalités de cette nature, ne pourra, dans aucun des ci-devant pays de nantissement, empêcher qu'un créancier, muni d'un titre exécutoire, fasse décréter et vendre les biens-fonds de son débiteur;*

Vu pareillement l'article 25 de la même loi, ainsi conçu : « Sont pareillement abolies « toutes les lois et coutumes qui exigeaient, « pour la validité de certains actes ou exploits, « la présence ou l'intervention d'aucun des « officiers ci-dessus désignés (échevins, « hommes de fief, jurés de castel ou autres « officiers seigneuriaux); et il suffit pour la « validité de ces actes ou exploits, qu'ils « soient faits par des notaires ou des huis- « siers, suivant les distinctions et les règles « établies par le droit commun du royaume; »

Vu notre décret du 11 janvier 1811, par lequel nous avons prescrit des mesures pour mettre à fin les saisies-réelles suivies de baux judiciaires, faites dans l'ancien territoire de notre empire antérieurement à la loi du 11 brumaire an 7;

Voulant faire participer nos sujets du ci-devant Hainaut aux avantages des lois et décrets précités, sauf les modifications qu'exige la nature des anciennes mainmises;

Notre Conseil-d'Etat entendu,

Nous avons décrété et décrétons ce qui suit:

Art. 1er. Dans les six mois qui suivront la publication du présent décret, les créanciers qui, antérieurement à la publication de la loi du 13 = 20 avril 1791, ont fait procéder, en exécution d'un titre authentique, à des mainmises réelles à fin d'exécution sur des biens et rentes tenant nature d'immeubles, selon le mode établi par les chartes générales et coutumes particulières du Hainaut, seront tenus de faire procéder à l'adjudication définitive des biens tenus en mainmise devant les tribunaux de leur situation, et pour les rentes, devant les tribunaux de la situation des biens sur lesquels elles sont assises; le tout, sauf au saisi et aux tiers à faire valoir leurs droits.

2. Pour parvenir à l'adjudication, l'acte originaire de main-mise et la commission ou le jugement qui l'a autorisée seront transcrits au bureau des hypothèques de la situation des biens, et au greffe du tribunal, en se

conformant aux dispositions des articles 677 et 680 du Code de procédure civile.

La dénonciation de la mainmise et de la commission ou jugement au saisi ou à ses ayans-cause, et toutes les autres formalités, jusqu'à l'adjudication définitive inclusivement seront faites conformément aux dispositions prescrites par les articles 681 et suivans du même Code de procédure.

3. Les créanciers qui, antérieurement à la publication de la loi des 13 = 20 avril 1791, ont fait procéder à des mainmises réelles sans titres authentiques, fût-ce même en vertu d'actes sous seing privé munis du sceau du débiteur et revêtus de commissions exécutoires, sont tenus, dans les trois mois à compter de la publication du présent décret, d'obtenir un jugement ou autre titre exécutoire contre le saisi ou ses ayans-cause ; et, dans les six mois à compter de la date du jugement ou du titre, de faire procéder à la saisie et à l'adjudication des biens, en se conformant aux dispositions du titre *de la Saisie immobilière* du Code de procédure.

4. Dans la huitaine qui suivra l'adjudication définitive, le poursuivant sera tenu d'en faire la déclaration au bureau de l'enregistrement de la situation des biens vendus.

5. L'ordre et la distribution du prix provenant de l'adjudication seront réglés, quant à la forme, par les dispositions du même Code.

Quant au fond, cet ordre et cette distribution se feront d'après les jugemens d'ordre précédemment rendus, ou, à défaut de jugement d'ordre, d'après les dispositions des chartes et coutumes du Hainaut.

6. A l'égard des rentes en cinq pour cent consolidés, sur notre Trésor impérial, représentatives de rentes immobilières ci-devant frappées de mainmise, la vente aura lieu par le ministère d'agens de change, suivant le cours du jour légalement constaté; et ce, dans le mois qui suivra la dénonciation de la mainmise et du jugement faite au saisi ou à ses ayans-cause.

La distribution du prix aura lieu suivant la distinction établie à l'article précédent.

7. A défaut, par les créanciers désignés aux articles 1 et 3, d'avoir satisfait, dans les délais y portés, aux obligations qui leur sont imposées, l'administration des domaines fera procéder, dans les six mois suivans, à l'adjudication définitive des biens et rentes tenus en mainmise, devant les tribunaux désignés en l'article 1er, en observant les formalités prescrites par le Code de procédure pour la vente des immeubles dépendans des successions bénéficiaires et vacantes.

8. Les prix provenant desdites ventes seront déposés par les adjudicataires à la caisse des consignations, pour y produire un intérêt annuel de trois pour cent au profit des parties y ayant droit.

9. En cas de vente par l'administration, aux termes de l'article 6, le saisissant originaire ne sera remboursé de ses frais de mainmise que comme de frais et mise d'exécution de sa créance.

Les frais faits par l'administration seront les seuls payés, par privilége et préférence, sur le prix desdits biens.

10. Dans les deux mois à compter de la publication du présent décret, tous régisseurs de biens et rentes frappés de mainmise, et tous autres particuliers qui auraient entre les mains des sommes en provenant, ou des titres y relatifs, seront tenus de rendre compte de leur gestion, et de remettre ledit compte, ainsi que les sommes et papiers dont ils sont dépositaires, aux receveurs des domaines de leur domicile, qui leur en donneront décharge, à peine d'être punis conformément à l'article 408 du Code pénal. Ces comptes seront présentés dans le mois suivant au tribunal de l'arrondissement, par lesdits receveurs, qui y joindront leurs observations; et ils seront arrêtés par le président, après avoir entendu le procureur impérial : lesdits régisseurs et dépositaires seront dûment appelés, à la requête des receveurs, pour être présens à l'audition et à l'arrêté des comptes qui les concernent.

11. A compter du jour de la remise des comptes aux receveurs des domaines, ces préposés seront chargés de la régie des biens tenus en mainmise jusqu'à l'adjudication.

Les régisseurs et dépositaires seront tenus, en conséquence, de leur fournir tous les renseignemens y relatifs.

12. Dans le mois qui suivra l'adjudication, les mêmes receveurs présenteront au tribunal leur compte personnel des recettes et dépenses concernant chaque main-mise dont la régie leur a été confiée; lequel sera réglé et arrêté comme il est porté à l'article précédent.

13. S'il s'élève des débats tant sur le compte personnel du receveur que sur ceux des régisseurs et dépositaires, l'instruction aura lieu sur simples mémoires, sans autres formalités ni procédures.

14. La somme à laquelle l'ordonnance du président aura fixé l'excédant de la recette sur la dépense pour chaque compte sera versée à la caisse des consignations, pour y produire, comme le prix de la vente, un intérêt annuel de trois pour cent au profit des parties y ayant droit.

15. Notre grand-juge, ministre de la justice, et notre ministre des finances, sont chargés de l'exécution du présent décret.

---

17 JANVIER 1812. — Décret qui maintient et autorise une association tontinière formée au Mans, pour la construction déjà exécutée et l'entretien d'une salle de spectacle. (4, Bull. 419, n° 7648.)

N...... vu la loi du 10 septembre 1807, et notre décret du 18 novembre 1808.

Art. 1er. L'association tontinière formée au Mans, département de la Sarthe, pour la construction déjà exécutée et l'entretien d'une salle de spectacle, est maintenue et autorisée, conformément aux lettres-patentes du 20 mai 1775, et au réglement homologué qui s'exécute en ce moment.

2. Les lettres-patentes du 20 mai 1775, ou au moins une copie collationnée et dûment certifiée d'icelles, le réglement arrêté par la société, approuvé et homologué, et l'état actuel des actionnaires survivans, resteront annexés au présent décret.

3. Le dépositaire des deniers et les quatre commissaires choisis par ladite société soumettront chaque année au préfet du département, qui en rendra compte à notre ministre de l'intérieur, un état général, exact et détaillé de situation. Cet état fera connaître les recettes et dépenses de toute nature, le montant du dividende, et le nombre des actionnaires survivans.

4. Nos ministres des finances et de l'intérieur sont chargés de l'exécution du présent décret.

---

17 JANVIER 1812. — Décret qui autorise le sieur Berthole-Libert-de-Beaufraipont à convertir en une tréfilerie le moulin à farine qu'il possède sur la rivière de Vesdre, commune de Chênée. (4, Bull. 422, n° 7717.)

---

17 JANVIER 1812. — Décrets qui autorisent l'acceptation de dons et legs faits aux villes de Mondovi et de Lyon, et aux pauvres et hospices de Toulon, de Léon-en-Marancin et de Langres. (4, Bull. 422, nos 7718 à 7722.)

---

19 JANVIER 1812. — Décret qui fixe les attributions du ministère des manufactures et du commerce (1). (4, Bull. 415, n° 7605.)

Voy. ordonnances du 16 MAI 1814 et du 14 DÉCEMBRE 1815.

Art. 1er. Les attributions du ministère des manufactures et du commerce se composeront :

1° De la direction et de l'administration du commerce; de son mouvement dans les ports et dans les diverses places de l'intérieur; des manufactures, des réglemens de police qui y sont relatifs; de la nomination des commissaires, courtiers et agens de change; de la formation et de l'administration des manufactures de produits indigènes; de l'examen des divers procédés d'amélioration des fabriques;

2° De la surveillance de l'administration des douanes, du personnel de cette administration, de la proposition des tarifs et de tous les réglemens relatifs à cet objet;

3° De la surveillance relative aux approvisionnemens généraux de l'empire, aux mouvemens, à l'entrée et à la sortie des denrées;

4° De la correspondance avec nos consuls près des puissances étrangères, sur les affaires relatives au commerce;

5° Du rapport de toutes les affaires soumises ou à soumettre à notre conseil des prises, et dont il y aura lieu à nous rendre compte.

2. Les bureaux du ministère du commerce et des manufactures seront organisés ainsi qu'il suit :

1° Un secrétaire général, nommé par nous, qui sera chargé de l'enregistrement et de la distribution des dépêches,

De la connaissance des affaires dont le ministre lui réservera l'expédition,

Des archives du ministère,

Des dépenses intérieures du ministère;

2° Une division du commerce, qui sera divisée en quatre bureaux :

Le bureau de l'administration du commerce, comprenant les mouvemens du commerce dans les ports et dans les places de l'intérieur, les nominations de courtiers et agens de change, le conseil général du commerce, les chambres et bourses de commerce et les conseils de prud'hommes;

Le bureau des licences, chargé de l'expédition des licences, de toutes les vérifications qui doivent en précéder la délivrance, et des résultats de celles exécutées;

Le bureau de la balance du commerce, chargé de recueillir tous les renseignemens généraux sur les importations et les exportations;

Le bureau des douanes, chargé de la correspondance avec la direction générale des douanes, et en outre de toutes les affaires relatives au conseil des prises;

3° Une division des fabriques et manufactures, composée de deux bureaux :

L'un, chargé de la direction du perfectionnement et de la statistique des manufactures, et de la délivrance des brevets d'invention : il aura dans ses attributions le conseil général

---

(1) Supprimé par arrêté du 5 avril 1814.

des manufactures, les agens de l'administration dans les départemens et le comité consultatif des manufactures;

L'autre, chargé des fabriques de produits indigènes destinés à remplacer les produits exotiques;

4° Une division des subsistances, composée de deux bureaux :

L'un, chargé des recensemens généraux des subsistances dans l'empire, des marchés publics, des approvisionnemens de réserve et de l'état des récoltes;

L'autre, chargé de la surveillance du mouvement des denrées dans l'intérieur, de l'importation et de l'exportation;

5° Le directeur général des douanes travaillera avec notre ministre des manufactures et du commerce.

3. Nôtre ministre de l'intérieur et notre ministre des manufactures et du commerce sont chargés de l'exécution du présent décret.

---

19 JANVIER 1812. — Décret relatif à l'habillement des troupes d'infanterie. (Mon. n° 23.)

---

19 JANVIER 1812. — Extrait de lettres-patentes portant institution de majorat en faveur de M. de Bastard. (4, Bull. 420, n° 7663.)

---

21 JANVIER 1812. — Avis du Conseil-d'Etat portant solution de diverses questions relatives aux François naturalisés étrangers, ou servant en pays étranger. (4, Bull. 415, n° 7602.)

Voy. décrets du 6 AVRIL 1809, du 26 AOUT 1811.

Le Conseil-d'Etat, qui, d'après le renvoi ordonné par sa majesté, a entendu le rapport de la section de législation sur celui du grand-juge, ministre de la justice, présentera les questions suivantes :

1° Les Français qui, avant la publication du décret du 26 août 1811, avaient obtenu de sa majesté la permission d'entrer au service d'un prince étranger, sont-ils tenus de demander des lettres-patentes comme ceux qui n'ont point encore obtenu cette permission ?

2° L'obligation d'obtenir des lettres-patentes de sa majesté pour pouvoir demeurer sujet d'un prince étranger, est-elle commune aux descendans des religionnaires fugitifs par suite de la révocation de l'édit de Nantes ?

3° Un Français sera-t-il censé naturalisé sujet d'un prince étranger par cela seul que ce prince lui aurait conféré un titre héréditaire ?

4° Les Français qui, avec la permission de sa majesté, sont au service d'un prince étranger, peuvent-ils accepter les titres que ce prince juge à propos de leur conférer en récompense de leurs services ?

5° Quels sont les différens services qu'un Français ne peut faire à l'étranger sans en avoir obtenu l'autorisation par lettres-patentes ?

En d'autres termes, le décret du 26 août comprend-il non-seulement le service militaire et les fonctions diplomatiques, administratives et judiciaires, mais encore le service d'honneur dans la maison du prince ?

Les secrétaires généraux sont-ils fonctionnaires administratifs ?

Le décret comprend-il même le travail des commis de bureaux qui ne sont point à la nomination du Gouvernement ?

6° Les sujets des pays réunis à la France, qui, dès avant la réunion, étaient entrés au service d'un prince étranger, sont-ils tenus, pour continuer ce service, d'obtenir des lettres-patentes ?

7° Les lettres-patentes doivent-elles être demandées individuellement, ou peuvent-elles l'être par un état général des Français que le prince étranger voudrait garder à son service ?

8° Les Français, et notamment les sujets des pays réunis, qui sont ou qui entreraient au service d'un prince étranger, ne pourront-ils, sans une permission spéciale de sa majesté, venir visiter leurs possessions ou suivre leurs affaires en France ?

9° La permission spéciale de sa majesté pour pouvoir rentrer en France sera-t-elle nécessaire même à ceux qui auront quitté le service étranger ?

10° La défense de se montrer dans les pays soumis à la domination de sa majesté avec la cocarde étrangère et un uniforme étranger s'applique-t-elle au cas où des Français employés comme officiers dans les troupes d'un prince étranger traverseraient la France ou y seraient stationnés avec leurs corps ?

11° Un Français ne peut-il également se montrer en France revêtu d'un costume étranger quelconque ?

Si un prince étranger vient en France, et qu'un officier nécessaire auprès de sa personne soit Français, cet officier pourra-t-il faire son service avec le costume qui y est affecté ?

Vu la loi du 9 = 15 décembre 1790, les décrets des 6 avril 1809 et 26 août 1811,

Est d'avis,

Sur la 1re question, qu'aucune permission accordée à un Français, soit pour se faire naturaliser, soit pour prendre du service à l'étranger, n'est valable si elle n'est accordée dans les formes prescrites par l'article du décret du 26 août 1811; qu'ainsi tout

Français qui, avant la publication dudit décret, aurait pris du service d'une puissance étrangère, même avec la permission de sa majesté, est tenu, s'il ne veut encourir les peines portées au titre II de ce décret, de se munir de lettres-patentes, conformément aux dispositions de l'article 2, et dans les délais prescrits par l'article 14 du même décret.

Sur la 2e question, que les dispositions des décrets des 6 avril 1809 et 26 août 1811 ne sont point applicables aux descendans des religionnaires fugitifs qui n'ont point usé du droit qui leur était accordé par l'article 22 de la loi du 9 = 15 décembre 1790;

Sur les 3e et 4e questions, que tout Français qui, étant, même avec la permission de sa majesté, au service d'une puissance étrangère, accepte de cette puissance un titre héréditaire, est, par cette acceptation seule, censé naturalisé en pays étranger; et que, si ladite acceptation a eu lieu sans autorisation de sa majesté, il doit être traité selon le titre II du décret du 26 août 1811;

Sur la 5e question, qu'aucun service, soit près de la personne, soit près d'un des membres de la famille d'un prince étranger, de même qu'aucune fonction dans une administration publique étrangère, ne peuvent être acceptés par un Français sans une autorisation de sa majesté;

Sur la 6e question, que tout sujet d'un pays réuni à la France, qui, même avant la réunion, serait entré au service d'une puissance étrangère, est tenu de se pourvoir de lettres-patentes, ainsi qu'il est dit sur la première question; à moins qu'avant la même réunion, il n'eût été naturalisé chez cette puissance;

Sur la 7e question, que tout Français qui désire obtenir l'autorisation soit de se faire naturaliser, soit de prendre du service à l'étranger, doit en adresser personnellement la demande au grand-juge, ministre de la justice, pour être ladite demande soumise, par ce dernier, à sa majesté;

Sur les 8e et 9e questions, qu'aucun Français, ni aucun sujet des pays réunis, qui est ou entrera au service d'une puissance étrangère, ne pourra, pour quelque cause que ce soit, venir en France qu'avec une permission spéciale de sa majesté, laquelle sera nécessaire à ceux même d'entre eux qui auront quitté le service étranger; et que la demande de cette permission devra être adressée au grand-juge;

Sur les 10e et 11e questions, qu'un Français servant avec autorisation dans les troupes d'une puissance étrangère doit, lorsque son corps est appelé par sa majesté à traverser la France ou à y stationner, conserver la cocarde et l'uniforme de ce corps tant qu'il est présent; que, hors ce seul cas, aucun Français ne peut porter en France ni cocarde étrangère, ni uniforme, ni costume étranger, quand même le prince au service personnel duquel il est attaché se trouverait en France.

---

21 JANVIER 1812. — Décret qui approuve des liquidations de pensions faites par la commission de la dette publique de Hollande, et accorde aux pensionnaires du gouvernement hollandais qui n'auraient pas encore déposé leur titre de pension, un délai pour les produire. (4, Bull. 419, n° 7649.)

N..... vu, 1° l'article 122 de notre décret du 18 octobre 1810, contenant réglement général pour l'organisation des départemens de la Hollande, et qui porte :

« Les pensions civiles et ecclésiastiques « seront acquittées dans la même forme que « celles de l'empire; elles seront préalablement liquidées par la commission de la « dette publique, qui en remettra les états « à l'intendant général des finances, pour « être transmis à notre ministre des finances « et soumis à notre approbation, avant le « premier janvier 1811; »

2° Sept états des pensions civiles et ecclésiastiques de ces départemens, liquidées par arrêtés de la commission de la dette publique de Hollande, des 18 février, 6 et 17 mai dernier, savoir :

1er. Pensions civiles	568 art., montant à	247,131 fl.	18 s.	0 d., ou	518,955f 99c
2e. *Idem* des ministres du culte réformé et prêtres	113	71,618	10	0	150,398 85
3e. *Idem* des veuves des ministres du culte réformé	272	39,248	10	0	82,421 85
4e. *Idem* accordées en vertu du traité avec l'électeur palatin	7	3,850	00	0	8,085 00
5e. *Idem* sur les postes	50	23,343	12	0	49,021 56
6e. *Idem* des employés des domaines de Nassau, en dédommagement des deniers de finances qu'ils ont fournis	14	4,572	10	0	9,602 25
7e. *Idem* sur la caisse des domaines de Nassau, et sur les caisses des receveurs des domaines	54	12,450	11	8	26,146 21
Totaux	1,078	402,205	11	8	844,631 71

3° L'article 10 du décret du 27 février 1811,

Notre Conseil-d'Etat entendu,

Nous avons décrété et décrétons ce qui suit :

Art. 1er. Les liquidations de pensions faites par la commission de la dette publique de Hollande, et comprises dans les états nos 1, 2, 3, 4, 5 et 7 annexés au présent décret, sont approuvées, savoir :

Etat N° I. Pensions civiles	568 articles, montant à	518,955f 99c
II. *Idem* des ministres du culte réformé et prêtres	113	150,398 85
III. *Idem* des veuves des ministres du culte réformé	272	82,421 85
IV. *Idem* en exécution du traité avec l'électeur palatin	7	8,085 00
V. *Idem* sur les postes	50	49,021 56
VI. *Idem* sur les domaines de Nassau et sur des caisses des receveurs des domaines	54	26,146 21
Totaux	1,064 articles, montant à	835,029 46

2. Les liquidations de pensions faites par la commission susdite, comprises dans l'État n° 6 annexé au présent décret, et se montant pour quatorze individus à 9,602 fr. 25 cent., sont rejetées, comme comprises déjà dans la partie viagère de la dette de la Hollande.

3. Les pensions mentionnées dans l'art. 1er du présent décret seront inscrites sur le grand-livre des pensions de France, avec jouissance du 22 décembre 1810.

4. Les individus qui auraient obtenu des pensions du Gouvernement hollandais et qui ne se seraient pas présentés à la commission de la dette publique de Hollande aux fins de faire liquider leurs pensions, seront tenus de s'y présenter, avec les titres qu'ils pourraient avoir avant le 1er décembre 1812, sous peine de déchéance des droits qu'ils auraient pu faire valoir en s'adressant en temps utile.

5. Nos ministres des finances et du Trésor impérial sont chargés de l'exécution du présent décret.

---

21 JANVIER 1812.—Décret sur la police de la pêche de la Loire. (4, Bull. 419, n° 7650.)

Voy. loi du 29 FLORÉAL an 10.

Art. 1er. A partir de quarante brasses en amont des ponts de Nantes, jusqu'à l'embouchure de la Loire dans la mer, il est défendu aux pêcheurs de placer des bires ou nasses dans le fleuve; celles qui y seront trouvées seront brisées sur-le-champ, sans préjudice de l'amende qui sera encourue, conformément à l'ordonnance de 1669.

2. Au-dessus du point désigné ci-dessus, il ne pourra être placé de nasses dans la Loire, qu'en les attachant avec des masses de fer et des cordes, sans jamais se servir, à cet effet, de pierres et de cordons d'osier, sous peine, par les contrevenans, d'être poursuivis conformément aux dispositions de l'article 4 du titre XXVII de l'ordonnance de 1669.

3. Les agens des eaux-et-forêts, ceux des ponts-et-chaussées et de la navigation, et tous autres officiers de police, dresseront

procès-verbal des contraventions aux articles du présent décret, lesquelles seront constatées, poursuivies et réprimées par voie administrative, conformément à la loi du 29 floréal an 10.

4. Notre ministre de l'intérieur est chargé de l'exécution du présent décret.

---

21 JANVIER 1812. — Décret qui annule un arrêté par lequel le préfet du département du Pô a élevé un conflit d'attribution sur une instance pendante devant les tribunaux, entre les sieurs et dame Lauterd et la commission administrative des hospices civils de Turin. (4, Bull. 420, n° 7659.)

N...... vu la transaction passée, le 19 juin 1806, entre la commission administrative des hospices civils de Turin et les sieurs et dame Lautard, relativement au testament de Charles-Joseph Caissoti-Verdun, du 28 janvier 1799;

Vu notre décret du 11 mai 1807, portant approbation de ladite transaction;

Vu la délibération prise, le 18 décembre 1809, par la commission administrative des hospices civils de Turin, sur les nouvelles instances introduites contre elle par les sieurs et dame Lautard, au sujet du susdit testament, et aux effets de la susdite transaction; délibération par laquelle la commission administrative demande à être autorisée à défendre contre eux, devant les tribunaux, les intérêts des hospices;

L'avis du comité consultatif de la même commission, en date du 26 janvier 1810, lequel conclut à ce que ladite commission soit autorisée à plaider;

La délibération du conseil de préfecture du département du Pô, en date du 13 février 1810, laquelle accorde ladite autorisation;

Le jugement rendu en conséquence par le tribunal de première instance de Turin, le 25 août 1810, lequel admet lessieurs et dame Lautard « à établir par voie d'enquête les « faits par eux dénoncés à l'appui de leur « demande en dommages et intérêts contre « l'hoirie Caissoti-Verdun, fondée, entre autres motifs, sur celui que les nouvelles instances introduites par les susdits sieurs et « dame Lautard ont un objet différent de « celui qui a été réglé par la transaction précitée du 19 juin 1806; »

La nouvelle délibération de la commission administrative des hospices civils de Turin, en date du 19 mars 1811, tendant à être autorisée à interjeter appel du jugement du tribunal de première instance, du 25 août 1810, pour cause d'incompétence;

L'avis favorable du comité consultatif, du 6 mai 1811;

La délibération du conseil de préfecture du département du Pô, en date du 18 des mêmes mois et année, accordant ladite autorisation;

L'arrêté du préfet du département du Pô, en date du 7 juin dernier, lequel, annonçant que la cour impériale de Turin a renvoyé, sur l'appel, les parties à l'audience, pour plaider tant sur la question de compétence que sur le fond de l'affaire, élève le conflit sur l'injonction faite par la cour d'appel, et d'après les motifs suivans :

« Que les hospices ne peuvent ester en ju- « gement qu'autant qu'ils y sont autorisés « par les conseils de préfecture;

« Que l'arrêté du conseil de préfecture du « département du Pô, en date du 18 mai « 1811, a simplement autorisé la commission « des hospices à interjeter appel des juge- « mens rendus par le tribunal de première « instance, pour déclarer, avant tout, l'in- « compétence des tribunaux dans cette con- « testation;

« Que l'injonction faite par la cour d'appel « de plaider sur le fond de l'affaire excède « les limites de l'autorisation accordée par « la délibération précitée du conseil de pré- « fecture, et que la cour d'appel ne peut « connaître du fond sans se déclarer elle-même « compétente;

« Que, s'agissant d'interpréter une trans- « action passée administrativement sous la « direction du préfet, et définitivement ap- « prouvée par sa majesté l'Empereur et Roi, « c'est à l'autorité administrative seule qu'il « appartient de connaître des contestations « de cette nature; »

Considérant que le Gouvernement, en se réservant, par l'article 15 de l'arrêté du 17 messidor an 9, le droit d'approuver les transactions conclues entre les commissions administratives des établissemens de bienfaisance, et les tiers avec lesquels elles se trouveraient en contestation, n'a eu et n'a pu avoir pour but que d'intervenir, comme tuteur-né de ces établissemens, et dans leurs intérêts, pour examiner s'il a été suffisamment pourvu à la conservation des droits des pauvres par lesdites transactions, et non pas de prononcer par voie d'arbitrage entre les parties sur les objets en litige, ou d'évoquer à lui la décision des contestations par voie administrative;

Que, cette approbation donnée, les transactions rentrent dans la règle ordinaire du droit, comme si elles avaient été passées entre particuliers, pour tout ce qui concerne leur interprétation, leurs effets, leur étendue et leurs limites;

Que l'approbation donnée par nous ne préjuge rien sur les contestations qui s'élèveraient à cet égard, lesquelles rentrent d'elles-mêmes dans la juridiction des tribunaux ordinaires;

Considérant que la commission administrative des hospices civils de Turin, dans sa délibération du 18 septembre 1809; le comité consultatif, dans son avis du 26 janvier 1810; le conseil de préfecture du département du Pô, dans sa délibération du 13 février même année, avaient eux-mêmes reconnu ce principe, en demandant ou accordant l'autorisation pure et simple de plaider sur le fond;

Sur le rapport de notre ministre de l'intérieur;

Notre Conseil-d'Etat entendu,

Nous avons décrété et décrétons ce qui suit :

Art. 1er. L'arrêté du préfet du département du Pô, en date du 7 juin 1811, élevant un conflit tant sur le jugement du tribunal de première instance de Turin, en date du 25 août 1810, pour cause d'incompétence, que sur l'injonction faite aux parties par notre cour impériale de plaider à l'audience sur le fond de l'affaire, en même temps que sur la question d'incompétence, est et demeure annulé.

2. La commission administrative des hospices civils de Turin est autorisée à défendre devant nos cours et tribunaux contre les nouvelles demandes des sieurs et dame Lautard, concernant l'hoirie Caissoti.

3. Notre ministre de l'intérieur est chargé de l'exécution du présent décret.

---

21 JANVIER 1812.—Décrets qui autorisent l'acceptation de dons et legs faits aux fabriques des églises succursales et paroissiales d'Orsoy, Valognes, Gisors, et à la commune de Linas. (4, Bull. 422, nos 7723 à 7726.)

---

24 JANVIER 1812.—Décret qui réunit au domaine de l'Etat les biens composant les dotations affectées aux prélatures de la ci-devant cour de Rome. (4, Bull. 416, n° 7609.)

Voy. sénatus-consulte du 30 JANVIER 1810.

Art. 1er. Les biens composant les dotations affectées aux prélatures de la ci-devant cour de Rome sont déclarés faire partie du domaine de l'Etat.

2. Les titulaires desdites dotations en conserveront la jouissance leur vie durant.

Ils sont tenus de faire, dans les trois mois qui suivront la publication de notre présent décret, la déclaration des biens qui les composent, au préfet du département de Rome, et de lui remettre en même temps les titres, documens et papiers qui les concernent.

3. Ils pourront devenir propriétaires incommutables de ces biens, en payant, par forme de rachat, le huitième de leur valeur actuelle.

4. A cet effet, ceux de ces titulaires qui voudront profiter de la faveur qui leur est accordée par l'article précédent seront tenus, sous peine d'être déchus de ladite faveur, d'adresser, dans les six mois qui suivront la publication du présent décret, leur soumission audit préfet.

5. Si le préfet juge qu'une estimation soit nécessaire, il y sera procédé par deux experts nommés l'un par le titulaire, et l'autre par les administrateurs de la fabrique de l'église de Saint-Pierre.

En cas de dissentiment entre ces deux experts, le préfet pourra en nommer un troisième.

6. Le préfet réglera le montant du huitième à payer, et fixera les époques du paiement. Les titulaires pourront garder le fonds du huitième en payant la rente à cinq pour cent dudit huitième.

7. Les actes de rachat seront faits dans la forme et les règles prescrites pour les actes de vente de domaines nationaux, et inscrits aux livres des hypothèques.

8. Nous faisons don à la fabrique de l'église de Saint-Pierre de notre bonne ville de Rome, de la moitié, et aux hôpitaux de Rome, de l'autre moitié :

1° Des capitaux ou rentes provenant desdits rachats; 2° des dotations qui, à l'époque de la publication du présent décret, se trouveraient sans titulaires, ainsi que des revenus arriérés; 3° de celles que les titulaires n'auraient point rachetées.

Les administrateurs de la fabrique de Saint-Pierre, et les administrateurs des hospices de Rome, seront mis, par le préfet, en possession de ces biens, à mesure de leur disponibilité.

9. Nos ministres des finances et des cultes sont chargés de l'exécution du présent décret.

---

24 JANVIER 1812.—Décret qui déclare les majors en premier et en second habiles à suppléer les colonels dans les conseils de guerre et de révision. (4, Bull. 418, n° 7643.)

Art. 1er. A l'avenir, dans les conseils de guerre permanens, créés par les lois des 13 brumaire an 5 et 18 vendémiaire an 6, on pourra suppléer les colonels par des majors en premier ou en second.

2. Ces officiers supérieurs pourront aussi être nommés membres des conseils de révision permanens en remplacement des colonels.

3. Notre ministre de la guerre est chargé de l'exécution du présent décret.

---

24 JANVIER 1812. — Avis du Conseil-d'Etat sur la demande en nullité d'une substitution faite en Hollande avant la mise en activité du Code civil. (4, Bull. 419, n° 7654.)

Le Conseil-d'Etat, qui, sur le renvoi ordonné par sa majesté, a entendu le rapport de la section de législation sur celui du grand-juge, ministre de la justice, tendant à renvoyer aux tribunaux la demande des héritiers du sieur Armand-Richard Sprenkelmann, en nullité d'une substitution fidéicommissaire dont ledit Sprenkelmann a grevé sa succession, par testament passé devant notaires, à Amsterdam, le 26 juin 1770, fondée sur ce que cette disposition lui aurait été inspirée par haine de la religion catholique dans laquelle ils ont été élevés;

Vu le testament du sieur Armand-Richard Sprenkelmann, fait à Amsterdam le 26 juin 1770;

Vu le rapport du grand-juge, ministre de la justice,

Est d'avis qu'il n'y a pas lieu de statuer sur la demande particulière des héritiers Sprenkelmann, attendu que les demandes en validité en nullité des actes doivent être portées devant les tribunaux.

---

24 JANVIER 1812. — Décret portant création d'une cour prévôtale à Hambourg, et de deux tribunaux ordinaires de douanes, l'un à Hambourg, l'autre à Lunebourg. (4, Bull. 419, n° 7651.)

---

24 JANVIER 1812. — Décret qui ordonne l'exécution de plusieurs lois, décrets et réglemens dans ceux des départemens nouvellement réunis où cette exécution n'aurait pas encore été ordonnée. (4, Bull. 419, n° 7652.)

---

24 JANVIER 1812. — Décret qui autorise l'érection en chapelle de l'église de la commune d'Amplier, réunie à la succursale d'Orville, département du Pas-de-Calais. (4, Bull. 419, n° 7655.)

---

24 JANVIER 1812. — Décret qui déclare commun aux départemens de la ci-devant Hollande, y compris l'Ems-Oriental, les Bouches-du-Rhin, les Bouches-de-l'Escaut, la Lippe et l'arrondissement de Breda, l'article 155 du décret du 4 juillet 1811, relatif aux substitutions faites dans les départemens anséatiques avant la mise en activité du Code civil. (4, Bull. 419, n° 7653.)

---

24 JANVIER 1812. — Décrets qui autorisent l'acceptation de dons et legs faits aux pauvres et hospices de Beaujeu, Tortone, Boscapelle, Albias, Villefranche et Mantes. (4, Bull. 422, n° 7727 à 7732.)

---

24 JANVIER 1812. — Décret qui réunit au domaine extraordinaire des biens situés dans la province de Valence en Espagne, jusqu'à la concurrence de deux cents millions, pour servir à récompenser les officiers généraux, officiers et soldats de l'armée d'Aragon. (Mon. n° 25.)

---

24 JANVIER 1812. — Décret qui nomme le maréchal comte Suchet, duc d'Albuféra. (Mon. n° 25.)

---

24 JANVIER 1812. — Décret relatif au domaine d'Albuféra, conféré au maréchal Suchet. (Mon. n° 25.)

---

27 JANVIER 1812. — Décret qui permet au sieur Failleur aîné d'établir une verrerie à verres à vitre et à bouteilles dans la commune de Jumetz. (4, Bull, 422, n° 7733.)

---

27 JANVIER 1812. — Décret qui rétablit les deux foires accordées en 1792 à la commune de Barga. (4, Bull. 422, n° 7734.)

---

27 JANVIER 1812. — Décrets qui autorisent l'acceptation de dons et legs faits aux pauvres et hospices de Strasbourg, Orange, Saint-Bonnet-le-Château, Turnhout et Furnes. (4, Bull. 422, n°s 7735 à 7739.)

---

30 JANVIER 1812. — Décret relatif à la présidence du petit conseil des provinces illyriennes en cas d'absence du gouverneur général. (4, Bull. 420, n° 7660.)

---

30 JANVIER 1812. — Décret qui ordonne le paiement de treize cent vingt-sept francs, pour pensions accordées à neuf veuves de militaires. (4, Bull. 422, n° 7740.)

---

30 JANVIER 1812. — Décrets qui autorisent l'acceptation de dons et legs faits aux fabriques des églises paroissiales de Nolay, Plouescat, Carhaix, et aux pauvres et hospices de Montdidier, Barcus, Saint-Pons, Fronzins, Durtal, Haarlem, Laon, Saint-Omer, Fécamp et Vatan. (4, Bull. 422, n°s 7741 à 7744; Bull. 423, n°s 7750 à 7755, et Bull. 424, n°s 7790 à 7792.)

---

2 FÉVRIER 1812. — Décret relatif aux complots de désertion. (4, Bull. 419, n° 7656.)

Voy. décret du 8 VENDÉMIAIRE an 14 et avis du Conseil-d'Etat du même jour 8 VENDÉMIAIRE an 14.

N...... vu le titre Ier de la loi du 21 brumaire an 5, l'arrêté du 19 vendémiaire an 12, et nos décrets des 23 ventose an 13, et 8 vendémiaire an 14.

Art. 1er. Tout officier de nos armées de

terre et de mer, quel que soit son grade, qui sera convaincu d'avoir formé un complot de désertion à l'ennemi, à l'étranger ou à l'intérieur, ou d'y avoir participé, sera puni de la peine capitale prononcée par les articles 5 et 6 de la loi du 21 brumaire an 5 contre le chef du complot.

L'article 7 de la même loi n'est point applicable aux officiers.

2. A l'égard des sous-officiers, soldats et employés à la suite des armées, qui auront formé un complot de désertion ou y auront participé, les conseils de guerre prononceront la peine de mort contre le chef du complot : ils pourront même la prononcer, selon les circonstances, contre les principaux instigateurs.

3. Les dispositions de la loi du 21 brumaire an 5, et autres relatives à cette matière, continueront d'être exécutées en tout ce qui n'est pas rapporté ou modifié par le présent décret.

4. Notre grand-juge, ministre de la justice, et nos ministres de la guerre et de la marine, sont chargés de l'exécution du présent décret.

---

2 FÉVRIER 1812. — Décret concernant les eaux de la ville de Paris. (4, Bull. 420, n° 7661.)

Art. 1er. A compter du 1er mars prochain, l'eau sera fournie gratuitement à toutes les fontaines de notre bonne ville de Paris.

2. Il est défendu à tous agens, économes ou employés d'établissemens publics jouissant de fournitures d'eau, à quelque titre que ce soit, de vendre l'eau provenant desdites fournitures, à peine de tous dommages et intérêts envers la ville de Paris, et d'une amende de mille francs.

3. A l'avenir, il ne sera accordé d'autorisation d'établir, sur le bord de la rivière, des fontaines, pompes à bras ou autres machines destinées à monter l'eau, pour la vendre et distribuer au public, que par décret rendu en notre Conseil, sur le rapport de notre ministre de l'intérieur.

4. Les particuliers ou compagnies propriétaires de semblables établissemens cesseront leur exploitation dans trois mois, et rendront les places nettes, s'ils n'ont été autorisés dans ce délai, comme il est dit à l'article précédent; sauf à l'administration à traiter avec eux du matériel de leurs établissemens, dans le cas où l'on croirait utile de les conserver.

5. Il sera nommé par nous, sous huitaine, sur la proposition de notre ministre de l'intérieur, une commission de trois membres de notre Conseil, à laquelle seront en outre appelés nos conseillers d'Etat préfets du département et de police, et le maître des requêtes chargé des travaux des ponts-et-chaussées de Paris. Cette commission sera chargée d'examiner la comptabilité et la direction des eaux de Paris, et de nous faire un rapport sur les moyens : 1° de diminuer les dépenses; 2° de procurer le plus tôt possible l'établissement de fontaines dans les quartiers et rues dans lesquels il y en a un trop petit nombre, ou qui en manquent.

6. Notre ministre de l'intérieur est chargé de l'exécution du présent décret.

---

2 FÉVRIER 1812. — Décrets qui autorisent l'acceptation de dons et legs faits à la fabrique de l'église paroissiale de Notre-Dame de Tonnerre, au séminaire diocésain de Vannes, et aux pauvres et hospices de Casal et Palais-en-Belle-Île-en-Mer. (4, Bull. 423, nos 7756 à 7758.)

---

4 FÉVRIER 1812. — Avis du Conseil-d'Etat. (Exécution des actes de l'autorité.) *Voy.* 8 FÉVRIER 1812.

---

6 FÉVRIER 1812. — Décrets qui autorisent l'acceptation de legs faits aux pauvres de Castel-Jaloux et Bruch. (4, Bull. 423, n° 7759.)

---

6 FÉVRIER 1812. — Décrets qui établissent des foires à Aumale et à Mutterstadt, et concernant la tenue des quatre établies à Yvetot. (4, Bull. 423, nos 7760 à 7762.)

---

7 FÉVRIER 1812. — Décret qui règle la forme et les dimensions des effets d'habillement des régimens des troupes à cheval. (Mon. n° 45.)

---

8 FÉVRIER 1812. — Décret qui charge l'administration des droits réunis de la perception des octrois municipaux. (4, Bull. 420, n° 7662.)

Voy. réglement du 17 MAI 1809; lois du 8 DÉCEMBRE 1814, art. 121; du 23 AVRIL 1816, titre II.

N....... considérant que la surveillance sur les octrois municipaux, dont, par nos décrets, nous avons chargé la direction générale de nos droits réunis, n'a pu, jusqu'ici, s'exercer aussi utilement qu'il eût été nécessaire pour l'intérêt des villes et communes de notre Empire, à raison de l'organisation distincte et séparée de l'administration de chaque octroi;

Que, pour remédier à cet inconvénient, et obtenir une nouvelle garantie de la bonté des services des préposés à la perception des octrois, il convient de les incorporer avec ceux de notre régie des droits réunis;

Que cette incorporation ne portera aucune atteinte ni au droit des communes, ni à l'exercice de l'autorité et de la surveillance attribuées aux préfets, sous-préfets et maires par nos décrets précédens;

Qu'elle produira un système uniforme

perception et de comptabilité pour tous les octrois, système dont le résultat sera favorable à la fois à l'amélioration des revenus communaux, à la liberté du commerce intérieur et à l'avancement des employés dans la perception des octrois;

Sur le rapport de notre ministre des finances;

Notre Conseil-d'Etat entendu,

Nous avons décrété et décrétons ce qui suit:

SECTION Ire. De l'incorporation des employés chargés de la perception des octrois avec ceux des droits réunis.

Art. 1er. La perception des octrois des villes sera faite par les droits réunis.

2. Les employés actuels des octrois contre lesquels il n'aura été porté aucune plainte fondée seront portés dans leurs grades dans la régie des droits réunis. Leur service dans les octrois leur comptera, comme celui de la régie, tant pour l'avancement que pour les retraites, selon une assimilation de grades qui sera déterminée.

3. Les *fonds de retraite* de ces employés, existant dans les caisses des administrations d'octroi ou autres, seront versés à la caisse d'amortissement, et feront partie de ceux appartenant à la caisse de retraite de l'administration des droits réunis.

SECTION II. De la fixation des frais de perception des octrois.

4. Les frais de perception, fournitures de bureaux, impressions, registres, bordereaux, bois, lumières et corps-de-garde, seront réglés, pour 1812, d'après ceux qui ont été alloués en 1811.

5. Il sera déduit cinq pour cent sur la totalité de ces frais en faveur des communes, pour l'économie présumée qui pourra résulter du nouveau système de perception.

6. La régie des droits réunis aura cinq pour cent sur les augmentations du produit net qui auront lieu en 1812, à compter de son administration, comparativement aux produits de 1811; et ainsi de suite, d'année en année, en déduisant néanmoins celles de ces augmentations qui résulteront d'augmentation au tarif de l'octroi.

7. Le montant de ces cinq pour cent sera réparti entre les employés qui auront le plus contribué à l'amélioration des produits, et employé à acquitter les dépenses d'inspection extraordinaires.

8. Les frais de perception pourront toujours être réduits par la régie des droits réunis, et ne pourront être augmentés d'ici à cinq ans, qu'au cas de changement dans le tarif ou dans le réglement de l'octroi.

SECTION III. Des obligations imposées aux employés chargés de la perception des octrois.

9. Les receveurs des droits réunis verseront le montant de leurs recettes dans les caisses communales, savoir: dans notre bonne ville de Paris, comme il se pratique en ce moment, dans les villes qui ont au-dessus de dix mille francs de revenu, toutes les semaines, et dans les autres communes, deux fois par mois, déduction faite des frais de perception, et du dixième à prélever pour le Trésor impérial, dans les communes passibles de cette retenue.

Le maire visera le reçu de la somme versée au receveur de la commune, ainsi que la quittance du dixième qui aura été prélevé sur le produit net.

10. L'employé de la régie chargé en chef du service de l'octroi fournira, à la fin de chaque mois, au maire de la commune, un bordereau général, par nature de droits, des recettes et des dépenses.

SECTION IV. De la tenue des registres de perception, et de la surveillance municipale.

11. Les registres servant à la perception des octrois seront cotés et paraphés, dans notre bonne ville de Paris, par le préfet ou le secrétaire général du département de la Seine, et, dans les autres communes, par le maire ou son adjoint.

12. Le maire ou son adjoint pourra vérifier et arrêter ces registres toutes fois et quantes, et dresser procès-verbal des irrégularités et de tout ce qui serait préjudiciable aux intérêts de la commune.

13. Ces procès-verbaux seront adressés au préfet et au directeur des droits réunis; et il y sera statué, s'il y a lieu, sur leur avis respectif, par notre ministre des finances, après avoir pris l'avis de notre ministre de l'intérieur.

14. Lors des délibérations des conseils municipaux sur les budgets des villes, ils émettront leur avis sur la manière dont l'octroi est perçu, sur les frais de perception, sur les abus qui pourraient s'être introduits, et sur les moyens de les réprimer.

15. A la fin de chaque année, le compte de la perception de l'octroi sera remis au maire, examiné et discuté en conseil municipal.

Le résultat de ces délibérations sera envoyé en double expédition, par le maire, au préfet et au directeur des droits réunis (1).

(1) L'omission des formalités prescrites par ce décret, pour les comptes d'un directeur général des droits réunis, ne peut lui être opposée lorsque les comptes et les pièces justificatives ont été

16. Les préfets et sous-préfets exerceront leur surveillance sur la perception des octrois, comme il a été pratiqué jusqu'aujourd'hui.

SECTION V. Dispositions générales.

17. Les expéditions et quittances relatives aux droits d'octroi seront timbrées dans les mêmes cas et de la même manière que celles relatives aux droits réunis.

18. Les réglemens sur les octrois seront exécutés comme par le passé, et notamment en ce qui touche la manière de constater et juger les contraventions, la compétence, le partage des amendes, et en général tout ce à quoi il n'est pas dérogé par le présent décret.

19. Les tarifs et réglemens continueront à être délibérés par les conseils municipaux, conformément à notre décret du 17 mai 1809.

20. Ces réglemens ne pourront contenir aucunes dispositions contraires à celles de nos décrets relatifs à la perception des droits d'entrée sur les boissons.

21. Nos ministres de l'intérieur, des finances et du Trésor impérial, sont chargés de l'exécution du présent décret.

---

8 FÉVRIER 1812. — Avis du Conseil-d'Etat portant que l'article 2 de la loi du 22 floréal an 2, relatif à ceux qui, après l'exécution des actes émanés de l'autorité publique, emploieraient, soit des violences, soit des voies de fait, pour interrompre cette exécution ou en faire cesser l'effet, doit être considéré comme abrogé par l'article 484 du Code pénal de 1810. (4, Bull. 421; n° 7688.)

Voy. loi du 22 FLORÉAL an 2.

Le Conseil-d'Etat, qui, d'après le renvoi ordonné par sa majesté, a entendu le rapport de la section de législation sur celui du grand-juge, ministre de la justice, ayant pour objet de faire décider si l'article 484 du Code pénal de 1810 abroge la disposition de l'art. 2 de la loi du 22 floréal an 2, par laquelle des peines portées par le Code pénal de 1791, contre ceux qui opposeraient des violences ou des voies de fait aux fonctionnaires ou officiers publics mettant à exécution les actes de l'autorité publique, sont déclarées communes *à quiconque emploiera, même après l'exécution des actes émanés de l'autorité publique, soit des violences, soit des voies de fait, pour interrompre cette exécution ou en faire cesser l'effet*,

Vu l'arrêté du 23 novembre 1811, par lequel, avant de statuer sur la demande en cassation formée par le procureur général près la cour impériale de Douai, contre l'arrêt de cette cour du 26 juillet de la même année, conforme à un arrêt précédemment cassé de la cour impériale d'Amiens, et usant de la faculté à elle accordée par l'article 3 de la loi du 16 septembre 1807, la Cour de cassation, sections réunies, a ordonné un référé à sa majesté sur la question ci-dessus;

Considérant que l'article 484 du Code pénal de 1810, en ne chargeant les cours et tribunaux de continuer d'observer les lois et réglemens particuliers non renouvelés par ce Code, que dans les matières qui n'ont pas été réglées par ce Code même, fait clairement entendre que l'on doit tenir pour abrogés toutes les anciennes lois, tous les anciens réglemens, qui portent des matières que le Code a réglées, quand même ces lois ou réglemens prévoiraient des cas qui se rattachent à ces matières, mais sur lesquels ce Code est resté muet;

Qu'à la vérité, on ne peut pas regarder comme réglées par le Code pénal de 1810, dans le sens attaché à ce mot *réglées* par l'article 484, les matières relativement auxquelles ce Code ne renferme que quelques dispositions éparses, détachées, et ne formant pas un système complet de législation;

Et que c'est par cette raison que subsistent encore, quoique non renouvelées par le Code pénal de 1810, toutes celles des dispositions des lois et réglemens antérieurs à ce Code qui sont relatives à la police rurale et forestière, à l'état civil, aux maisons de jeu, aux loteries non autorisées par la loi, et autres objets semblables que ce Code ne traite que dans quelques-unes de leurs branches;

Mais que la loi du 22 floréal an 2 appartient à une autre catégorie; qu'elle rentre, par son objet, sous la rubrique, *Résistance, Désobéissance et autre manquemens envers l'autorité publique*, qui forme l'intitulé de la section IV du chapitre III du titre Ier du livre III du Code pénal de 1810; et que si elle ne se retrouve pas dans cette section, qui règle véritablement et à fond toute la matière comprise dans sa rubrique, et si elle n'y est pas remplacée par une disposition correspondante à ce qu'elle avait statué, c'est une preuve que le législateur a voulu l'abroger, et ne faire à l'avenir dériver du fait qu'elle avait caractérisé et qualifié de crime, qu'une action purement civile,

Est d'avis que la loi du 22 floréal an 2 doit être considérée comme abrogée par l'art. 484 du Code pénal de 1810 (1).

---

altérées ou détruites, après qu'elles avaient cessé d'être en la possession du comptable, et par des évènemens auxquels il est resté étranger (7 mars 1821, ord. J. C. 5, 562).

(1) Le fait de reprendre par violence la possession d'un objet dont on a été expulsé judiciairement, ne constitue en soi ni crime ni délit punissable; mais les *moyens* employés pour la

8 FÉVRIER 1812. — Décret portant création d'un tribunal de commerce à Saint-Hippolyte, département du Gard. (4, Bull. 421, n° 7689.)

8 FÉVRIER 1812. — Décret qui autorise l'érection en chapelle de l'église de Saint-André à Lille, département du Nord. (4, Bull. 421, n° 7690.)

8 FÉVRIER 1812. — Décrets qui établissent des foires à Sagliano et à Forbach. (4, Bull. 423, n°s 7763 et 7764.)

8 FÉVRIER 1812. — Décret qui autorise l'acceptation d'une donation faite à la commune de Bresnay. (4, Bull. 423, n° 7765.)

12 FÉVRIER 1812. — Décret concernant les poids et mesures. (4, Bull. 421, n° 7691.)

Voy. loi du 19 FRIMAIRE an 8.

Art. 1er. Il ne sera fait aucun changement aux unités des poids et mesures de l'empire, telles qu'elles ont été fixées par la loi du 19 frimaire an 8.

2. Notre ministre de l'intérieur fera confectionner, pour l'usage du commerce, des instrumens de pesage et mesurage qui présentent soit les fractions, soit les multiples desdites unités le plus en usage dans le commerce, et accommodés aux besoins du peuple.

3. Ces instrumens porteront sur leurs diverses faces la comparaison des divisions et des dénominations établies par les lois, avec celles anciennement en usage.

4. Nous nous réservons de nous faire rendre compte, après un délai de dix années, des résultats qu'aura fournis l'expérience sur les perfectionnemens que le système des poids et mesures serait susceptible de recevoir.

5. En attendant, le système légal continuera à être seul enseigné dans toutes les écoles de notre empire, y compris les écoles primaires, et à être seul employé dans toutes les administrations publiques, comme aussi dans les marchés, halles, et dans toutes les transactions commerciales et autres entre nos sujets.

6. Nos ministres sont chargés de l'exécution du présent décret.

12 FÉVRIER 1812. — Décret relatif aux comptes à rendre par les anciens commissaires aux saisies-réelles, supprimés par la loi du 23 septembre 1793, qui ne se sont pas conformés à celle du 16 germinal an 2. (4, Bull. 422, n° 7709.)

Voy. lois du 23 SEPTEMBRE 1793, art. 1er, et du 16 GERMINAL an 2.

N..... vu, 1° la loi du 23 septembre 1793, portant suppression définitive des commissaires aux saisies-réelles;

2° La loi du 16 germinal an 2, relative aux comptes à rendre par lesdits commissaires, tant de leur gestion que de celle de leurs prédécesseurs, à partir de l'époque où les fonds de leurs caisses ont été versés au Trésor public, et convertis en contrats de constitution, en vertu de la déclaration du 24 juin 1721, sauf néanmoins les exceptions y portées;

Considérant que la loi du 23 septembre 1793, qui ordonnait l'arrêté des registres et la vérification des comptes des commissaires aux saisies-réelles, ainsi que le versement dans les caisses publiques des sommes dont ils seraient jugés reliquataires, n'a pas été généralement exécutée;

Que la loi du 16 germinal an 2, qui prescrivait des mesures pour la reddition de ces comptes, n'a pas non plus reçu son exécution générale; que d'ailleurs les agens nationaux près des districts, qui avaient été chargés de décerner des contraintes contre les comptables en retard, n'existent plus;

Voulant régler ce qui a rapport à ces anciennes comptabilités, notre Conseil-d'Etat entendu, nous avons décrété et décrétons ce qui suit:

Art. 1er. Les anciens commissaires aux saisies-réelles, supprimés par la loi du 23 septembre 1793, qui ne se sont pas conformés à celle du 16 germinal an 2, sont tenus, dans le délai de trois mois à compter de la publication du présent décret, de remettre au greffe du tribunal de leur domicile, les comptes qu'ils ont à rendre aux termes des articles 1, 2 et 3 de la susdite loi du 16 germinal an 2, et ce, bail judiciaire par bail judiciaire, avec les pièces à l'appui, lesquelles seront énoncées dans un procès-verbal qu'ils dresseront à cet effet.

2. Les comptes rendus seront communiqués, par ordonnance du président du tribunal, au directeur des domaines du département, qui donnera son avis par écrit sur toutes les parties de chaque compte, et le remettra dans le mois suivant au même greffe, avec toutes les pièces qui lui auront été données en communication.

Si l'avis du directeur des domaines attaque le compte sur le fond, le président du tribunal ordonnera qu'il soit communiqué au comp-

reprise de possession doivent être punis lorsque, par eux-mêmes, ils sont caractéristiques d'un crime ou d'un délit. Ainsi, l'individu qui brise la fermeture d'une maison dont il a été expulsé judiciairement, pour reprendre la possession de cette maison, doit être puni des peines attachées au délit de bris de clôture (5 février 1829; Cass. S. 29, 1, 96; D. 29, 1, 139).

table, pour y répondre dans le délai d'un mois.

L'instruction aura lieu entre le directeur des domaines et le comptable, sur simples mémoires et sans frais (1).

3. Le président du tribunal réglera et arrêtera chaque compte, après avoir entendu le procureur impérial.

Son ordonnance définitive prononcera la libération du comptable, ou, en cas de reliquat, condamnera le comptable par corps à verser à la caisse des consignations de l'arrondissement la somme dont il sera jugé reliquataire.

Les sommes ainsi versées produiront un intérêt de trois pour cent au profit des parties.

4. L'ordonnance du président sera transmise par le greffier au directeur des domaines, pour en suivre l'exécution.

5. Le comptable pourra se pourvoir par appel en la cour impériale où ressortit le tribunal, contre l'ordonnance du président.

L'instruction aura lieu sur l'appel comme il est porté en l'art. 2 ci-dessus.

6. Les titulaires susdénommés demeurent responsables de la validité des paiemens faits tant par eux que par leurs prédécesseurs, et des erreurs, omissions et réclamations; le tout conformément à l'art. 8 de la même loi du 16 germinal an 2.

7. A défaut par lesdits commissaires de satisfaire aux dispositions portées en l'art. 1er du présent décret, le président du tribunal, sur la requête du directeur des domaines, communiquée au procureur impérial, rendra une ordonnance contre le défaillant, portant contrainte par corps, conformément à la susdite loi du 16 germinal an 2.

8. Toutes dispositions précédentes contraires au présent décret demeurent comme non avenues.

9. Notre grand-juge, ministre de la justice, et notre ministre des finances, sont chargés de l'exécution du présent décret.

---

13 FÉVRIER 1812. — Décret contenant proclamation de brevets d'invention, de perfectionnement et d'importation, délivrés, pendant le quatrième trimestre de 1811, à MM. Bonneau, Derussy, Champion, Berte, Guerrazzy, Wüy, Curaudeau, Meens Vanderborch, Viart, Auger, Charlemagne Vigneron, Vivien, Cellier, Blumenthal, Laporte, Janti père et fils, Elzéard-Degrand, Schutte, Fits, Collet, Isaac Berard, Hallette-Délimal père et fils, Verzy. (4, Bull. 421, n° 7693.)

13 FÉVRIER 1812. — Décret qui continue MM. Parisot, Cholet et Bourguignon, dans leurs fonctions près la haute cour impériale jusqu'au 10 février 1813. (4, Bull. 421, n° 7692.)

---

13 FÉVRIER 1812. — Décret qui déclare exécutoire dans les Etats romains le décret du 9 décembre 1809, concernant les droits à percevoir en faveur des pauvres et hospices, sur les spectacles, bals, concerts, danses et fêtes publiques. (4, Bull. 422, n° 7694.)

---

18 FÉVRIER 1812. — Décret portant que les actes qui, dans le département du Simplon, n'ont pas de date certaine, seront visés pour timbre, et enregistrés gratis dans le délai de trois mois. (4, Bull. 422, n° 7711.)

---

18 FÉVRIER 1812. — Décret qui ordonne la publication des lois, réglemens et décrets relatifs au droit sur les cartes à jouer, dans les départemens de Rome et du Trasimène. (4, Bull. 422, n° 7710.)

---

18 FÉVRIER 1812. — Décret qui déclare communes aux départemens anséatiques les dispositions du décret du 18 août 1811, relatif aux individus condamnés au bannissement, d'après l'ancien Code pénal de la Hollande. (4, Bull. 422, n° 7712.)

---

18 FÉVRIER 1812. — Décret contenant brevet d'institution publique des sœurs hospitalières attachées à l'hôpital de la Charité de Beaune, et approbation de leurs statuts. (4, Bull. 422, n° 7716.)

---

18 FÉVRIER 1812. — Décret qui établit trois nouvelles foires dans la commune de St.-Sauveur de Nuaillé. (4, Bull. 423, n° 7766.)

---

18 FÉVRIER 1812. — Décrets qui autorisent l'acceptation de dons et legs faits aux églises paroissiales de Lille, de Douai, de Châlons-sur-Saône et de Verzuelo. (4, Bull. 423, n°s 7767 et 7768.)

---

20 FÉVRIER 1812. — Extrait des lettres-patentes portant institution de majorats en faveur de MM. Cossé-Brissac et Garran-de-Coulon. (4, Bull. 423, n° 7750.)

---

22 FÉVRIER 1812. — Décret qui déclare communes aux provinces illyriennes et au royaume d'Italie les dispositions du droit relatif au cas où la gendarmerie de France et celle d'Italie

---

(1) Les comptes des commissaires aux saisies-réelles ne les ont libérés qu'autant qu'ils ont été communiqués au directeur du domaine, débattus et vérifiés. A défaut de ces formalités, les choses sont entières; la contestation entre le domaine et le commissaire doit être portée aux tribunaux (28 juillet 1819; J. C. 5, 182, et S. 20, 2, 144).

peuvent faire réciproquement des arrestations sur l'un et l'autre territoire. (4, Bull. 422, n° 7713.)

22 FÉVRIER 1812. — Décrets qui autorisent l'acceptation de dons et legs faits aux communes de Neuilly, Villers-le-Sec, Bazougès, Chaource, Chennevières, Dommartin, l'Etoile, Neuville, Gesnes-le-Gandeloin, Guerard, Murfort, Pont-Lieue et Teding, et à la fabrique de l'église de Fouvent-la-Ville. (4, Bull. 423, n°s 7769 à 7782.)

24 FÉVRIER 1812. — Traité d'alliance entre LL. MM. l'Empereur des Français et le Roi de Prusse. (Mon. n° 186.)

Sa majesté l'Empereur des Français, Roi d'Italie, etc.

Et sa majesté le Roi de Prusse, voulant resserrer plus étroitement les liens qui les unissent, ont nommé pour leurs plénipotentiaires,

Sa majesté l'Empereur des Français, M. Hugues-Bernard, comte Maret, duc de Bassano, etc.

Sa majesté le Roi de Prusse, M. Frédéric-Guillaume-Louis, baron de Krusemark, etc.

Lesquels, après s'être communiqué leurs pleins pouvoirs, sont convenus des articles suivans :

Art. 1er. Il y aura alliance défensive entre sa majesté l'Empereur des Français, Roi d'Italie, et sa majesté le roi de Prusse, leurs héritiers et successeurs, contre toutes puissances de l'Europe avec lesquelles l'une et l'autre des parties contractantes sont ou viendraient à entrer en état de guerre.

2. Les deux hautes parties contractantes se garantissent réciproquement l'intégrité de leur territoire actuel.

3. Le cas de l'alliance survenant, et chaque fois qu'il surviendra, les dispositions à prendre en conséquence par lesdites parties contractantes seront réglées par une convention spéciale.

4. Toutes les fois que l'Angleterre attentera aux droits du commerce, soit par la déclaration en état de blocus des côtes de l'une ou de l'autre des parties contractantes, soit par toute autre disposition contraire au droit maritime consacré par le traité d'Utrecht, tous les ports et les côtes desdites puissances seront également interdits aux bâtimens des nations neutres qui laisseraient violer l'indépendance de leur pavillon.

5. Le présent traité sera ratifié, et les ratifications seront échangées à Berlin, dans l'espace de dix jours, ou plus tôt, si faire se peut.

Fait et signé à Paris, le 24 février 1812.

27 FÉVRIER 1812. — Décret contenant brevet d'institution publique des sœurs hospitalières attachées à l'hospice de Rue, et approbation de leurs statuts. (4, Bull. 424, n° 7789.)

27 FÉVRIER 1812. — Décrets qui autorisent l'acceptation de dons et legs faits aux pauvres et hospices de Belmont, Coblentz, Durtal, Fougères, Montfort-Lamaury, Roanne, Amsterdam, et aux fabriques des églises paroissiales de Nizza, Villeneuve-sur-Vannes et Montmirey-le-Château. (4, Bull. 423, n°s 7783 à 7786; Bull. 424, n°s 7793, 7794, et Bull. 426, n°s 7805 à 7809.)

28 FÉVRIER 1812. — Décret qui ordonne le paiement de quinze cent quatre-vingts francs, pour pensions accordées à dix veuves de militaires. (4, Bull. 424, n° 7795.)

29 FÉVRIER 1812. — Décret relatif au timbre dans les sept départemens de la Hollande. (4, Bull. 422, n° 7714.)

Art. 1er. Il ne pourra être fait usage, dans les sept départemens de la Hollande, que des papiers timbrés débités dans les bureaux qui y sont établis.

Ces papiers porteront le timbre sec ordinaire, et un timbre rouge au lieu du timbre appliqué en noir.

2. Dans le délai de quinze jours à dater de l'avis qui en sera donné par le préfet dans chacun des sept départemens, les notaires, greffiers, huissiers et autres qui se seront approvisionnés dans les bureaux de ces départemens en papiers timbrés non frappés du timbre rouge, les y rapporteront pour être échangés.

3. A l'expiration de ce délai, les actes qui seront faits sur des papiers autres que ceux qui auront été frappés du timbre rouge seront considérés comme écrits sur papier non timbré, et donneront lieu à l'application des amendes prononcées par les lois, indépendamment du paiement des droits non perçus.

4. Notre grand-juge, ministre de la justice, et notre ministre des finances, sont chargés de l'exécution du présent décret.

29 FÉVRIER 1812. — Décrets qui autorisent l'acceptation de dons et legs faits à la commune de Saint-Gervais-en-Belin, aux pauvres, hospices et églises de l'Allemand-Rombach, Neuville à Remy, les Andelys, Roux, Lyon et Rodès. (4, Bull. 426, n°s 7810 à 7816.)

29 FÉVRIER 1812. — Décret qui établit une foire annuelle au Neuhoff, commune d'Eisenschmit. (4, Bull. 426, n° 7817.)

3 MARS 1812. — Décret relatif au sceau des lettres-patentes qui seront accordées aux termes des décrets des 26 et 28 août 1811. (4, Bull. 422, n° 7715.)

Voy. décret du 9 DÉCEMBRE 1811.

Art. 1er. Les lettres-patentes que nous accorderons, aux termes de nos décrets des 26 et 28 août 1811, pour autoriser certains de nos sujets, soit à accepter du service chez une puissance étrangère, soit à être naturalisés en pays étranger, seront scellées du grand sceau de l'Etat.

2. Le grand sceau sera apposé par notre cousin le prince archi-chancelier de l'empire, après délibération du conseil du sceau.

3. Il sera payé, pour droit dudit sceau, une somme de mille francs, qui sera versée dans la caisse du sceau.

4. Notre cousin le prince archi-chancelier et notre grand-juge, ministre de la justice, sont chargés de l'exécution du présent décret.

---

3 MARS 1812. — Décret qui autorise l'école des ponts-et-chaussées à accepter les objets d'arts et les livres évalués à trois mille neuf cent dix francs, qui lui ont été légués par le sieur Lesage, ingénieur en chef et inspecteur de cette école. (4, Bull. 426, n° 7818.)

---

8 MARS 1812. — Lettres de création du dépôt de mendicité du département du Nord. (4, Bull. 425, n° 7796.)

---

8 MARS 1812. — Extrait de lettres-patentes portant réintégration de ci-devant Belges dans leurs droits et qualités de Français. (4, Bull. 426, n° 7804.)

---

9 MARS 1812. — Décret relatif à la décoration et à la prestation de serment des membres de l'ordre impérial de la Réunion. (4, Bull. 423, n° 7746.)

Voy. décrets du 18 OCTOBRE 1811 et du 12 MARS 1813.

Art. 1er. A dater du 1er avril prochain, les grands-croix, commandeurs et chevaliers de l'ordre de l'Union de Hollande cesseront d'en porter la décoration.

2. Toutes les personnes que nous aurons nommées grand-croix, commandeur ou chevalier de l'ordre impérial de la Réunion, en porteront la décoration à compter du 1er avril; elle leur sera remise, en Hollande, par notre cousin le prince archi-trésorier; à Paris, par le grand-chancelier de l'ordre; et dans les autres parties de notre empire, par le prince grand-dignitaire, gouverneur, ou par le personnage le plus élevé en dignité, qui en recevra la commission du grand-chancelier de l'ordre.

3. Les membres de l'ordre de la Réunion adresseront au grand-chancelier de l'ordre, et signé par eux, le serment qu'ils auront prêté; il en sera fait mention sur les registres de l'ordre.

4. Lorsque les grands-croix, commandeurs ou chevaliers auxquels nous aurons accordé la décoration de l'ordre de la Réunion, feront partie d'un corps civil ou militaire, la décoration leur sera remise en notre nom, en présence du corps assemblé, par les personnes déléguées à cet effet.

5. La prestation de serment aura lieu dans la même forme : il en sera dressé procès-verbal, qui sera transmis au grand-chancelier, pour être inscrit sur les registres de l'ordre.

6. Nous nous réservons de réunir tous les grands-croix de l'ordre de la Réunion, à un jour indiqué, dans notre résidence, pour leur faire renouveler leur serment.

7. Nos ministres et le grand-chancelier de l'ordre impérial de la Réunion sont chargés de l'exécution du présent décret.

---

9 MARS 1812. — Décret qui autorise l'association anonyme formée à Mulhausen, département du Haut-Rhin, pour la culture du pastel et la fabrication de l'indigo. (4, Bull. 431, n° 8049.)

N..... vu l'acte de société anonyme passé à Mulhausen, département du Haut-Rhin, pour la culture du pastel et l'extraction de l'indigo, en présence et avec la participation du préfet; ledit acte signé par les chefs des trente meilleures maisons de cette ville, et par ledit préfet;

Vu la correspondance administrative concernant cet établissement, et de laquelle il résulte qu'il a été souscrit pour une somme excédant moitié de celle de quarante mille francs, formant le fonds capital de ladite association, et que, de plus, les actionnaires ont annoncé l'intention de parfaire, en cas de besoin, la somme nécessaire à l'exploitation, si celle pour laquelle les souscriptions qui existent déjà se trouvait insuffisante;

Attendu la nécessité de mettre ladite société en état de commencer, au mois de mars de cette année, la première opération de sa culture;

Sur le rapport de notre ministre des manufactures et du commerce;

Notre Conseil-d'Etat entendu,

Nous avons décrété et décrétons ce qui suit:

Art. 1er. La société anonyme formée à Mulhausen, département du Haut-Rhin, pour la culture du pastel et l'extraction de l'indigo est autorisée.

2. La condition expresse de cette autorisation est que l'acte de ladite société sera passé devant notaires, et qu'une expédition en demeurera annexée au présent décret.

3. Il sera créé quatre cents actions au porteur, de cent francs chacune, de manière que le fonds capital de la société sera de quarante mille francs.

4. Les cinq administrateurs élus par la société soumettront, chaque année, au préfet du département, qui en rendra compte à notre ministre des manufactures et du commerce, un état général, exact et détaillé de situation : cet état fera connaître, outre le succès des opérations de la société, ses recettes et dépenses de toute nature, le montant du dividende, et le nombre des actionnaires existant. Il nous en sera référé si les circonstances l'exigent, et nous en statuerons ce que de droit.

5. Notre ministre des manufactures et du commerce est chargé de l'exécution du présent décret.

---

9 MARS 1812. — Décret qui proroge le délai accordé aux sept départemens de la Hollande, pour l'inscription des droits de privilége et d'hypothèque antérieurs à la mise en activité du Code civil. (4, Bull. 423, n° 7747.)

---

9 MARS 1812. — Décret relatif à la loterie de Hollande. (4, Bull. 423, n° 7748.)

---

9 MARS 1812. — Décret qui nomme le sieur Laussat préfet du département de Jemmape. (4, Bull. 424, n° 7788.)

---

9 MARS 1812. — Décret qui établit deux foires annuelles à Lusigny. (4, Bull. 426, n° 7819.)

---

9 MARS 1812. — Décrets qui autorisent l'acceptation de dons et legs faits aux fabriques des églises succursales de Bermering, Bissen, Conlie, Enchenberg, Marcq-en-Barœul, et au séminaire d'Agen. (4, Bull. 426, n°s 7820 à 7825.)

---

12 MARS 1812. — Décret relatif à la fixation des quantités de grains qui pourront être distillées dans les départemens où cette fabrication n'est point prohibée. (4, Bull. 423, n° 7749.)

Art. 1er. Il est expressément défendu à tous les propriétaires de distilleries de grains ou de genièvre, dans les départemens qui, par notre décret du 1er février dernier, ont été exceptés de la prohibition de cette fabrication, d'augmenter le nombre de leurs alambics en activité à cette époque, et d'y consommer une plus grande quantité de grains que celle qui y était employée avant le 1er février.

2. En conséquence, le conseiller d'Etat directeur général de l'administration des droits réunis, et les préfets desdits départemens, feront constater, par des procès-verbaux, le nombre de ces alambics en activité au 1er février, et ils fixeront les quantités de grains qui pourront y être consommées.

3. Toute fabrication d'eau-de-vie de grains sera interdite aux fabricans qui contreviendront aux dispositions ci-dessus, et les scellés seront apposés sur leurs alambics et serpentins.

4. Nos ministres des manufactures et du commerce et des finances sont chargés de l'exécution du présent décret.

---

12 MARS 1812. — Décret contenant brevet d'institution publique des sœurs hospitalières de Notre-Dame de la Miséricorde de Gênes, et approbation de leurs statuts. (4, Bull. 426, n° 7799.)

---

12 MARS 1812. — Décrets qui autorisent l'acceptation de dons et legs faits aux pauvres et hospices, etc., de Ceva, Charlieu, Felletin, Janville, Lyon, Murs-de-Barrès, Orange, Riom, Volterre, Is-sur-Till, Nancy, Allesnes-le-Marais, Aigueperse, Anvers, Arles, Auxerre, Corbeil, Arnay-sur-Arroux, Beaulieu, Beauvais, Cordebugle, Diconne, Dijon, Ponterosso, Figline, Guerard, Lahamaïde, Marseille, Rennes et Dôle. (4, Bull. 426, n°s 7826 à 7854.)

---

13 MARS 1812. — Sénatus-consulte concernant la division de la garde nationale et l'appel de cent cohortes sur le premier ban. (4, Bull. 423, n° 7745.)

TITRE Ier. Division de la garde nationale.

Art. 1er. La garde nationale de l'empire se divise en premier ban, second ban et arrière-ban.

2. Le premier ban de la garde nationale se compose des hommes de vingt à vingt-six ans qui, appartenant aux six dernières classes de la conscription mise en activité, n'ont point été appelés à l'armée active lorsque ces classes ont fourni leur contingent.

3. Le second ban se compose de tous les hommes valides, depuis l'âge de vingt-six ans jusqu'à l'âge de quarante ans, qui ne font pas partie du premier ban.

4. L'arrière-ban se compose de tous les hommes valides de quarante à soixante ans.

5. Les hommes composant les cohortes du premier ban de la garde nationale se renouvellent, par sixième, chaque année; à cet effet, ceux de la plus ancienne classe sont remplacés par les hommes de la conscription de l'année courante.

6. Jusqu'à ce qu'il ait été pourvu par un sénatus-consulte à l'organisation du second ban et de l'arrière-ban, les lois relatives à la garde nationale sont maintenues en vigueur.

7. Le premier ban de la garde nationale ne doit pas sortir du territoire de l'empire; il

est exclusivement destiné à la garde des frontières, à la police intérieure et à la conservation des grands dépôts maritimes, arsenaux et places fortes.

TITRE II. De l'appel de cent cohortes sur le premier ban de la garde nationale mise en activité en 1812.

8. Cent cohortes du premier ban de la garde nationale sont mises à la disposition du ministre de la guerre.

9. Les hommes destinés à former ces cohortes seront pris, conformément à l'article 2 du présent sénatus-consulte, sur les classes de la conscription de 1807, 1808, 1809, 1810, 1811 et 1812.

10. Les hommes appartenant aux classes de 1807, 1808, 1809, 1810, 1811 et 1812, qui se sont mariés antérieurement à la publication du présent sénatus-consulte, ne seront pas désignés pour faire partie de la cohorte du premier ban de la garde nationale.

11. Le renouvellement des classes de 1807 et 1808 aura lieu, pour la première fois, en 1814, par la conscription de 1813 et 1814.

---

14 MARS 1812. — Traité d'alliance entre LL. MM. l'Empereur des Français et l'Empereur d'Autriche. (Mon. n° 186.)

Sa majesté l'Empereur des Français, Roi d'Italie, etc., etc., et sa majesté l'Empereur d'Autriche, etc., ayant à cœur de perpétuer l'amitié et la bonne intelligence qui existent entre elles, et de concourir, par l'amitié et la force de leur union, soit au maintien de la paix du continent, soit au rétablissement de la paix intérieure;

Considérant que rien ne serait plus propre à produire ces heureux résultats que la conclusion d'un traité d'alliance qui aurait pour but la sûreté de leurs Etats et possessions, et la garantie des principaux intérêts de leur politique respective, ont, à cet effet, nommé pour leurs plénipotentiaires, savoir:

Sa majesté l'Empereur des Français, etc., M. Hugues-Bernard, comte Maret, duc de Bassano, etc.; et sa majesté l'Empereur d'Autriche, etc., le prince Charles de Schwartzemberg, duc de Kruman, etc.;

Lesquels, après avoir échangé leurs pleins pouvoirs respectifs, sont convenus des articles suivans:

Art. 1er. Il y aura, à perpétuité, amitié, union sincère et alliance entre sa majesté l'Empereur des Français, Roi d'Italie, etc., et sa majesté l'Empereur d'Autriche, Roi de Hongrie, etc.; en conséquence, les hautes parties contractantes apporteront la plus grande attention à maintenir la bonne intelligence si heureusement établie entre elles, leurs Etats et sujets respectifs, à éviter tout ce qui pourrait l'altérer, et à se procurer, en toute occasion, leur utilité, honneur et avantages mutuels.

2. Les deux hautes parties contractantes se garantissent réciproquement l'intégrité de leurs territoires actuels.

3. Par une suite de cette garantie réciproque, les deux hautes parties contractantes travailleront toujours de concert aux mesures qui leur paraîtront les plus propres au maintien de la paix; et, dans le cas où les Etats de l'une ou de l'autre seraient menacés d'une invasion, elles emploieront leurs bons offices les plus efficaces pour la prévenir.

Mais, comme ces bons offices pourraient ne point avoir l'effet désiré, elles s'obligent à se secourir mutuellement dans les cas où l'une ou l'autre viendrait à être attaquée ou menacée.

4. Le secours stipulé par l'article précédent sera composé de trente mille hommes, dont vingt-quatre mille d'infanterie et six mille de cavalerie, constamment entretenus au grand complet de guerre, et d'un attirail de soixante pièces de canon.

5. Ce secours sera fourni à la première réquisition de la partie attaquée ou menacée; il se mettra en marche dans le plus court délai possible, et, au plus tard, avant l'expiration des deux mois qui suivront la demande qui en aura été faite.

6. Les deux hautes parties contractantes garantissent l'intégrité du territoire de la Porte ottomane en Europe.

7. Elles reconnaissent et garantissent également les principes de la navigation des neutres, tels qu'ils ont été reconnus et consacrés par le traité d'Utrecht.

Sa majesté l'Empereur d'Autriche renouvelle, en tant que besoin est, l'engagement d'adhérer au système prohibitif contre l'Angleterre pendant la présente guerre maritime.

8. Le présent traité d'alliance ne pourra être rendu public, ni communiqué à aucun cabinet, que de concert entre les deux hautes parties.

9. Il sera ratifié, et les ratifications en seront échangées à Vienne, dans un délai de quinze jours, ou plus tôt, si faire se peut.

---

14 MARS 1812. — Décret relatif à la levée et à l'organisation de quatre-vingt-huit cohortes de gardes nationales. (4, Bull. 424, n° 7787.)

---

14 MARS 1812. — Décret qui ordonne le paiement d'une somme de dix-huit cent cinq francs, pour pensions accordées à dix veuves de militaires. (4, Bull. 426, n° 7855.)

---

17 MARS 1812. — Décret qui assujétit les greffiers et les huissiers attachés aux cours prévôtales et aux tribunaux ordinaires des douanes, à fournir un cautionnement en numéraire, et ces mêmes huissiers à payer le droit de patente. (4, Bull. 425, n° 7797.)

Vu, 1° les lois des 7 et 27 ventose an 8, relatives aux cautionnemens à fournir, entre autres, par les greffiers et huissiers des cours et tribunaux; 2° notre décret impérial du 18 octobre 1810, portant création des cours prévôtales et des tribunaux ordinaires des douanes.

Art. 1er. Les greffiers et les huissiers attachés aux cours prévôtales et aux tribunaux ordinaires des douanes sont tenus de fournir des cautionnemens en numéraire, lesquels sont fixés, savoir :

Pour les greffiers des cours prévôtales, à douze cents francs;

Pour les greffiers des tribunaux ordinaires, à huit cents francs;

Pour les huissiers des cours prévôtales, à trois cents francs;

Et pour les huissiers des tribunaux ordinaires, à deux cents francs;

2. Les cautionnemens seront versés à la caisse d'amortissement, dans les trois mois qui suivront la publication du présent décret.

3. Les lois et réglemens relatifs aux cautionnemens des officiers ministériels des cours et tribunaux sont déclarés applicables aux greffiers et huissiers des cours prévôtales et tribunaux ordinaires des douanes.

4. Les huissiers attachés aux cours et tribunaux seront soumis, comme tous les autres huissiers, au droit de patente.

5. Notre grand-juge, ministre de la justice, et notre ministre des finances, sont chargés de l'exécution du présent décret.

---

17 MARS 1812. — Décret relatif au droit de navigation à percevoir sur les canaux Napoléon et de Bourgogne, pour le fer et autres métaux non ouvrés, et pour les scories de métaux. (4, Bull. 427, n° 7858.)

Art. 1er. Il ne sera perçu, à compter de la publication du présent décret, pour droit de navigation sur les canaux Napoléon et de Bourgogne, pour le dizain de myriagrammes de fer et autres métaux non ouvrés, par distance de cinq kilomètres, qu'un droit de vingt-quatre millimes, et, pour le dizain de scories de métaux, qu'un droit de dix-huit millimes.

2. Notre ministre des finances est chargé de l'exécution du présent décret.

---

17 MARS 1812. — Décret relatif à l'organisation et à la discipline de la congrégation des chanoines hospitaliers du Grand-Saint-Bernard. (4, Bull. 428, n° 7869.)

Art. 1er. Les chanoines hospitaliers du Grand-Saint-Bernard, et ceux réunis de l'abbaye de Saint-Maurice, formeront une seule congrégation, qui suivra, pour son organisation et sa discipline intérieure, les statuts par nous approuvés et annexés au présent décret.

2. Le prévôt actuel est confirmé dans ses fonctions.

3. La surveillance de l'établissement est confiée à un conseil composé du préfet du département, de l'évêque de Sion, et du président du conseil général du département, et, à son défaut, d'un autre membre dudit conseil, désigné par notre ministre des cultes.

4. Ce conseil déterminera le nombre des sujets qu'il conviendra d'admettre au noviciat, et arrêtera, chaque année, le compte des recettes et dépenses des maisons de la congrégation, le remettra au préfet, qui l'adressera, avec son avis, au ministre des cultes, pour être par lui approuvé.

5. Les chanoines se conformeront, pour ce qui concerne leurs biens personnels et ceux appartenant à la congrégation, ainsi que pour les donations faites à son profit, à la sect. III du décret du 18 février 1809, concernant les congrégations hospitalières de femmes.

6. Chaque maison de la congrégation est, quant au spirituel, soumise à l'évêque diocésain.

7. L'évêque ne pourra pourtant exercer cette juridiction que dans son diocèse, sur les actes ecclésiastiques, et non sur la discipline intérieure de la maison, à moins qu'il ne visite en personne l'établissement, et non par simple délégué.

8. Toutes les fois qu'un religieux aurait à porter des plaintes sur des faits contre lesquels la loi prononce des peines de police correctionnelle ou autres plus graves, la plainte sera renvoyée devant les juges ordinaires.

9. Lorsque l'une des cures ci-devant dépendantes du chapitre vaquera, le prévôt indiquera à l'évêque ceux des religieux distingués par leurs vertus et leurs longs travaux, et qui, ne pouvant plus faire le service hospitalier, sont encore en état de remplir les fonctions curiales. Il joindra son avis à cette présentation; et le curé sera nommé dans la forme ordinaire.

10. Les autres religieux qui se trouveront hors de service par leur âge ou par leurs infirmités seront entretenus, aux frais de la congrégation, dans la maison de retraite.

11. Notre ministre des cultes est chargé de l'exécution du présent décret.

Statuts et réglemens du monastère du Grand-Saint-Bernard.

Art. 1er. Les religieux du Grand-Saint-Bernard forment une congrégation sous le nom de *Chanoines hospitaliers.*

2. L'objet de leur institution est le service de l'hospitalité envers tous les voyageurs, sans exception et gratuitement.

TITRE Ier. Du régime intérieur.

SECTION Ire. *Du chapitre général.*

3. Le chapitre général se compose de tous les chanoines résidant au chef-lieu, et des députés de chaque maison particulière. Les députés sont le prieur et deux autres chanoines par lui nommés.

4. Le chapitre général se tient au chef-lieu; il s'assemble lorsque, sur l'autorisation du conseil d'administration, il est convoqué par le prévôt.

5. Il nomme, pour trois ans, le procureur général, ainsi que le prieur de chaque maison et les visiteurs.

SECTION II. Du prévôt.

6. L'administration repose en entier et exclusivement sur l'un des membres du chapitre, qui porte le titre de *prévôt* et qui est nommé par sa majesté.

7. En cas de vacance, le prieur du monastère du Grand-Saint-Bernard remplace provisoirement le prévôt jusqu'à la nomination.

8. Le prévôt assigne à chaque religieux le lieu de sa résidence et son emploi. Tous lui doivent obéissance, respect et soumission.

9. Il peut déléguer un ou plusieurs religieux pour le seconder et partager les travaux de l'administration et du gouvernement de la congrégation.

SECTION III. Du procureur général.

10. Le procureur général régit, sous l'autorité et au nom du prévôt, le temporel de la congrégation, dont tous les biens forment une masse commune.

11. Il surveille la culture et la conservation des biens, fait les baux à ferme, perçoit les revenus, les rentes, les intérêts; fait les approvisionnemens, etc.

12. Il tient un registre particulier de la recette et de la dépense, et, en outre, un registre général contenant un relevé des registres particuliers, tenus tant par lui que par les économes, les celleriers et autres, etc.

13. Il remet ses comptes au prévôt, qui les dépose, avec son avis, au conseil d'administration établi par le chapitre.

SECTION IV. Des visiteurs.

14. Les visiteurs assistent le prévôt dans les visites qu'il fait des établissemens et biens de la congrégation.

SECTION V. Des prieurs.

15. Chaque maison conventuelle est gouvernée par un prieur, sous l'autorité du prévôt; ils ont rang, par ancienneté, dans le chapitre général immédiatement après le prévôt.

16. Les chanoines hospitaliers de chaque maison conventuelle doivent obéissance et respect au prieur.

17. Le prieur est chargé de faire exécuter les réglemens de la congrégation et les ordres particuliers du prévôt; il maintient la discipline et le bon ordre; il surveille avec soin le service de l'hospitalité, la gestion et l'emploi des revenus.

18. Il ne peut s'absenter sans l'autorisation du prévôt; et, s'il s'agit d'une absence de quelque durée, le prévôt nomme, pour le remplacer, un chanoine avec le titre de *sous-prieur.*

SECTION VI. Des économes, celleriers, et autres religieux chargés d'offices.

19. Les autres fonctions, dans chaque maison, sont celles d'économe, cellerier, sacristain, infirmier, vestiaire, chambrier-linger, secrétaire-bibliothécaire.

20. L'économe est chargé de la recette, de la dépense, des approvisionnemens, de la tenue d'un registre où le tout est inscrit, et de la reddition de compte au procureur général.

21. Le cellerier est chargé de soigner le mobilier, de faire les distributions de détail, et de veiller à ce que le service des domestiques soit exact.

SECTION VII. Du noviciat.

22. Le noviciat se fait dans la maison du Grand-Saint-Bernard.

23. La durée du noviciat est d'un an.

24. Les novices sont ensuite admis à la profession par le prévôt, qui juge de la capacité, des dispositions et des marques de vocation qu'ils ont données pendant leur année d'épreuve.

25. Pour être admis à la profession, il faut être âgé de dix-huit ans accomplis.

26. Les profès ne seront liés par aucun vœu perpétuel; ils ne feront qu'une simple promesse en ces termes : « Je vous promets, « ainsi qu'à vos successeurs, obéissance sui- « vant la règle de saint Augustin, et la sta- « bilité dans la congrégation. »

TITRE II. De l'hospitalité.

27. On donnera, en tout temps, gratuitement, aux voyageurs et passagers quelconques, selon leur condition et leurs besoins, la nourriture, les lits, le logement, le feu et la lumière, pour autant de temps qu'il sera nécessaire.

28. On donnera aux militaires passant isolément la nourriture et l'hospitalité ordinaires, selon les grades.

29. Une lumière doit éclairer les corridors pendant la nuit : et chacun y doit surveiller tout usage indiscret du feu, et en empêcher des exportations furtives.

30. Les religieux, avec l'aide des domestiques, doivent, après s'être munis des choses les plus nécessaires, comme pain, vin, etc., accompagner les passagers à leur départ, et aller, dès qu'on en avertit, à la rencontre de ceux qui se trouvent en danger par la fatigue, la tempête ou les avalanches.

31. Ils doivent avoir des habillemens de peu de valeur, et propres à garantir du froid, pour donner aux pauvres, et d'autres pour prêter, suivant les circonstances.

32. Les malades doivent être transportés aux hospices voisins.

33. Il doit être tenu, dans chaque hospice, des registres exacts du nombre des passagers, des repas et des couchées.

34. Il est défendu, tant aux domestiques qu'aux religieux, d'exiger une rétribution quelconque des passagers pour aucun service d'hospitalité prescrit.

35. Si le voyageur fait quelques libéralités volontaires, elles se mettent au tronc, ou par le bienfaiteur lui-même, ou par la personne qui les aurait reçues, pour être employées aux dépenses de l'hospice.

---

17 MARS 1812. — Décret qui autorise l'érection en chapelle de l'église de Sassenay, département de Saône-et-Loire. (4, Bull. 427, n° 7859.)

---

17 MARS 1812. — Décret portant création d'un quatrième arrondissement communal dans le département des Apennins. (4, Bull, 426, n° 7801.)

---

17 MARS 1812. — Décrets qui autorisent l'acceptation de dons et legs faits aux communes de Canet, de Chabrignac ; aux pauvres et hospices de Vienne, Parigné-l'Evêque, Oeyregave, Florence, Alby, Bagnols, Marseille, Nice, Poyrino ; aux fabriques des églises succursales de Bonelle, Crissé, Grand-Rechain, Lenth, Tirpied, et de l'église paroissiale de Chaource. (4, Bull. 426, n°s 7856 et 7857 ; Bull. 427, n°s 7862 à 7868, et Bull. 428, n°s 7875 à 7883.)

---

17 MARS 1812. — Décret qui permet au sieur Théophile Chivron de Villette de faire construire dans sa propriété, située commune de Giez, arrondissement d'Annecy (Mont-Blanc), un haut-fourneau à fondre le minerai de fer. (4, Bull. 428, n° 7884.)

---

20 MARS 1812. — Décret qui nomme Stanislas de Girardin préfet du département de la Seine-Inférieure. (4, Bull. 425, n° 7798.)

---

20 MARS 1812. — Extrait de lettres-patentes portant institution de majorats en faveur de M. Merlin. (4, Bull. 427, n° 7861.)

---

20 MARS 1812. — Extraits de lettres-patentes portant autorisation à MM. Dedon, Augustin-Mamée-Sainct-Mare, de rester au service de puissances étrangères. (4, Bull. 435, n° 7988.)

---

21 MARS 1812. — Décret relatif à la construction d'édifices pour le placement des archives impériales, de l'Université, et de l'école des Beaux-Arts. (Mon. n° 87.)

TITRE Ier. Archives impériales.

Art. 1er. Il sera construit entre le pont d'Iéna et le pont de la Concorde, sur le quai de la rive gauche de la Seine, un édifice destiné à recevoir toutes les archives de l'empire, et devant contenir un emplacement de cent mille mètres *cubes*.

2. Les plans seront conçus de manière que le quart de cet établissement puisse être utilisé dès que la construction en sera achevée, et que l'on puisse successivement procéder ainsi à la construction des autres quarts. Des espaces seront même réservés en forme de jardins, afin que, par la suite du temps, on puisse doubler l'établissement, si cela devient nécessaire.

3. Ces bâtimens seront construits tout en pierre et en fer, sans qu'il puisse entrer aucun bois dans la construction.

4. Les plans nous en seront soumis avant le 1er mai prochain, et le fonds de deux cent mille francs, que nous avons accordé par notre décret du 6 de ce mois, sur les fonds spéciaux de Paris, seront affectés aux premiers travaux de cette construction.

TITRE II. Palais de l'Université impériale, etc.

5. Il sera établi sur le même quai, et coordonné avec le bâtiment des archives, une suite de bâtimens destinés à contenir le palais du grand-maître de l'Université, l'école normale, l'institution des émérites, et des salles pour la distribution des prix ; de vastes jardins devront y être annexés.

6. Le projet de ces constructions nous sera soumis d'ici au 1er mai, et tout ce qu'il y aura de disponible sur les fonds de l'Université y sera employé.

TITRE III. Ecole des Beaux-Arts.

7. Il sera établi sur le même quai, et coordonné avec les bâtimens ordonnés par les titres précédens, une école des beaux-arts.

Cette école devra renfermer les salles nécessaires pour les différens enseignemens, une galerie pour l'exposition des tableaux, et dix grands ateliers, dont cinq pour les peintres et cinq pour les sculpteurs.

8. Les plans nous seront également soumis d'ici au 1er mai, et les crédits ouverts sur les budgets des années précédentes, pour la construction d'une école des beaux-arts, sont affectés aux travaux de cette année.

---

21 MARS 1812. — *Décret portant qu'il y aura, dans la ville de Paris, un entrepôt réel pour les cotons de Naples et du Levant.* (4, Bull. 426, n° 7802.)

Art. 1er. Il y aura, dans notre bonne ville de Paris un entrepôt réel pour les cotons de Naples et du Levant.

2. Les droits d'entrée seront acquis au Trésor public, au moment où lesdits cotons seront introduits sur le territoire de l'empire; mais la perception en sera suspendue, jusqu'à celui de leur sortie d'entrepôt.

3. Tous ceux qui voudront jouir de la faculté de l'entrepôt devront, avant que les cotons puissent être admis par l'un des bureaux ouverts à l'introduction, faire à la douane de Paris une déclaration, du nombre de balles, de leur poids, ainsi que l'origine de la marchandise, et remettre entre les mains du receveur de ladite douane une soumission valablement cautionnée de payer les droits sur les quantités expédiées du premier bureau d'entrée, sans qu'ils puissent prétendre à aucune réduction pour cause d'avaries, déchet ou tout autre motif quelconque, tant dans le transport de la marchandise que pendant son séjour à l'entrepôt; ils s'engageront, en outre, à faire arriver les cotons audit entrepôt dans le délai de deux mois, à compter du jour de leur départ du bureau d'introduction. A défaut de leur présentation dans le terme prescrit, les soumissionnaires seront tenus de payer la triple valeur de la marchandise, au cours de la place de Paris.

4. Les cotons destinés pour l'entrepôt seront vérifiés à leur arrivée au premier bureau d'entrée; des échantillons seront extraits de chaque balle, et envoyés au directeur général des douanes; les cotons seront ensuite expédiés sous plombs et acquits-à-caution, qui indiqueront les poids et numéros de chaque balle, et porteront l'obligation de faire arriver lesdits cotons à Paris dans les délais prescrits par l'article 3.

5. Les voitures qui transporteront lesdits cotons devront arriver directement à l'entrepôt, où elles ne pourront être déchargées qu'en présence des préposés de la douane.

6. Lesdits préposés, après avoir reconnu l'état des plombs et cordes, procéderont à la vérification de l'intérieur des balles et à leur pesée. S'il y a excédant ou déficit aux quantités indiquées sur les acquits-à-caution, ou si les cotons sont d'une autre origine que celle déclarée, les propriétaires seront soumis à toutes les peines portées par les lois et décrets.

7. Immédiatement après la vérification des cotons, ils seront mis dans l'entrepôt, et portés sur un registre de la douane, qui indiquera le numéro et la date de l'acquit-à-caution délivré au premier bureau d'entrée, le nombre de balles, leur poids et numéro, le jour de leur mise en entrepôt et le nom des propriétaires. Les acquits-à-caution ne seront revêtus du certificat d'arrivée que lorsque toutes ces formalités auront été remplies.

8. La durée de l'entrepôt sera d'une année. A l'expiration de ce délai, les cotons devront acquitter les droits et sortir de l'entrepôt; ceux qui en seront tirés avant le terme fixé paieront immédiatement les droits.

9. Notre bonne ville de Paris ne jouira de la faculté que nous lui accordons par le présent décret que lorsqu'elle aura fourni un bâtiment convenable pour l'entrepôt, et dans lequel il y aura un logement pour les préposés des douanes qui seront chargés de la réception et vérification des cotons. Le bâtiment destiné à l'entrepôt sera reçu par notre ministre des manufactures et du commerce.

10. Notre grand-juge, ministre de la justice, et notre ministre des manufactures et du commerce, sont chargés de l'exécution du présent décret.

---

24 MARS 1812. — *Décret relatif à une distribution de secours dans les départemens.* (Mon. n° 87.)

TITRE Ier. De la distribution des secours.

Art. 1er. Il sera fait, à compter du 1er avril prochain jusqu'au 1er septembre, une distribution journalière et gratuite de deux millions de soupes dites *à la Rumfort*.

2. Les soupes devront être composées d'une telle quantité de légumes, que deux soupes équivalent à au moins une livre de pain.

3. Cette quantité de deux millions de soupes *à la Rumfort* sera répartie entre les départemens.

4. Les quantités allouées à chaque département seront réparties par les préfets entre

les cantons de leur département, vingt-quatre heures après la réception du présent décret. Cette répartition sera indépendante des secours ordinaires affectés au soulagement de la classe indigente.

5. Les villes formant plusieurs cantons ne seront comprises que pour un seul article dans cette répartition, mais en raison de leur population et en proportion de leurs besoins.

TITRE II. Des fonds.

6. Une somme de vingt-deux millions cinq cent mille francs, présumée nécessaire pour subvenir à cette dépense, sera mise à la disposition des préfets.

7. Dans les vingt-quatre heures qui suivront la réception du présent décret, les préfets feront la répartition des sommes par canton, en proportion de la quantité des soupes assignées à chacun par la répartition que prescrit l'article 4 ci-dessus, et mettront chaque mois le cinquième de cette somme à la disposition des maires ou des comités de bienfaisance établis ci-après.

8. Il sera pourvu aux fonds nécessaires :

1° Par l'emploi de ce qui reste disponible sur le budget des communes;

2° Par un emprunt que les communes feront à la caisse d'amortissement, et qui sera égal au quart du produit net de leur octroi;

3° Par l'emploi des fonds restant disponibles sur le vingtième du revenu des communes affecté aux compagnies de réserve, sur les fonds de non-valeurs, sur les centimes variables et facultatifs;

4° Enfin par une addition de nouveaux centimes sur les contributions directes, soit en prenant les centimes variables qui n'auraient pas été imposés, soit en prenant les centimes facultatifs qui n'auraient pas été imposés, soit en imposant de nouveaux centimes.

9. Dans le cas où l'on imposerait de nouveaux centimes, ils ne pourront excéder le nombre de trois pour cette année.

TITRE III. Des comités de bienfaisance.

10. Les sous-préfets nommeront, par chaque canton de leur arrondissement, un comité composé :

Du juge-de-paix, président;

De deux maires des principales communes;

De deux curés du canton.

11. Le comité se réunira sur-le-champ au chef-lieu du canton, et fera la distribution des soupes affectées au canton, en les subdivisant en autant de sections qu'il y a de principales communes, et en formant des sections de la réunion des communes moins considérables.

12. Dans les villes ayant plus de dix mille francs de revenu, ce comité sera composé :

Du maire, président;

De deux notables;

D'un curé;

Du président du comité de bienfaisance de la ville.

13. Les notables et le curé seront désignés par le préfet.

14. Les comités de bienfaisance feront établir sur-le-champ le nombre de fourneaux nécessaires pour la préparation des soupes.

15. Si, par quelque cause que ce soit, il y avait des difficultés à donner les secours en soupes à la Rumfort, et qu'il fût jugé plus économique et plus avantageux, vu les usages et les localités, de convertir ces secours en d'autres espèces d'alimens, les comités sont autorisés à faire ce qu'ils jugeront le plus utile. Leurs délibérations seront exécutées pendant les quinze premiers jours d'avril; passé ce temps, ils exécuteront ce qui sera ordonné par les préfets.

16. Les préfets, maires et comités de bienfaisance sont autorisés à profiter de l'établissement des fourneaux pour faire faire une plus grande quantité de soupes aux légumes que celle qui devra être distribuée gratuitement, afin de les délivrer au prix coûtant à tous ceux des habitans qui auront les moyens de les payer.

17. Les comités de bienfaisance rendront compte chaque mois de l'emploi des fonds mis à leur disposition.

18. Les comptes seront arrêtés par le sous-préfet de l'arrondissement, et adressés au préfet, qui en fera l'objet d'un rapport général qu'il adressera à notre ministre de l'intérieur.

TITRE IV. De la levée des centimes additionnels.

19. Dans les départemens où il sera nécessaire de lever des centimes additionnels pour pourvoir au complément de cette dépense, ainsi qu'il est prescrit par l'article 8 ci-dessus, les conseils généraux de département seront convoqués sans délai; les centimes seront perçus par émargement, et les receveurs pourront être autorisés par notre ministre du Trésor, s'il y a lieu, à en faire l'avance. Si les trois centimes n'étaient pas suffisans, il y sera pourvu par le moyen d'un emprunt, dont la demande sera faite par le conseil général du département, avec la clause du remboursement en 1813 et 1814.

TITRE V. De l'emprunt.

20. Les maires des communes souscriront des bons de remboursement des sommes qui seront prêtées par la caisse d'amortissement : ces sommes seront remboursées, moitié en 1813 et moitié en 1814, par douzième chaque mois. Ils seront de cinq mille francs et porteront la date de leur remboursement : ils seront signés du receveur de la commune, visés par le maire et le préfet.

21. Ces bons seront versés dans la caisse du receveur du département, qui les enverra à la caisse d'amortissement.

22. Le directeur général de la caisse d'amortissement prendra les mesures pour faire parvenir sans délai, au chef-lieu du département, le cinquième de la somme à prêter à chaque commune, afin d'assurer la distribution des secours pendant le mois d'avril et avant d'avoir reçu lesdits bons.

23. Le second cinquième ne sera envoyé par le directeur général de la caisse d'amortissement que lorsque les bons des communes, remboursables moitié en 1813 et moitié en 1814, lui auront été adressés; mais il ne suspendra l'envoi des fonds que pour les communes en retard.

24. Le remboursement des bons sera porté au premier article du budget de la commune en 1813 et 1814.

---

24 MARS 1812. — Avis du Conseil-d'Etat sur la question de savoir si les arrêtés des préfets, fixant les débets des comptables des communes et des établissemens publics, sont exécutoires sur les biens de ces comptables sans l'intervention des tribunaux. (4, Bull. 429, n° 7899.)

Le Conseil-d'Etat, qui, d'après le renvoi ordonné par sa majesté, après avoir entendu le rapport de la section de l'intérieur sur celui du ministre de ce département, ayant pour objet de faire examiner si les arrêtés des préfets, fixant les débets des comptables des communes et des établissemens publics, sont exécutoires sur les biens meubles et immeubles desdits comptables sans l'intervention des tribunaux;

Vu l'avis du Conseil-d'Etat du 16 thermidor an 12, approuvé le 25;

Vu l'avis du 29 octobre dernier, approuvé par sa majesté le 12 novembre suivant;

Est d'avis,

Que les dispositions contenues en ces deux actes sont applicables aux arrêtés des administrateurs par lesquels les débets des comptables des communes et des établissemens publics sont fixés.

---

24 MARS 1812. — Décret qui élève la ville de Nîmes au rang des bonnes villes. (4, Bull. 426, n° 7803.)

---

24 MARS 1812. — Décrets qui autorisent l'acceptation de dons et legs faits aux pauvres et hospices de Guinglange, Metz, Avesnes, Montdidier, Salers, Pange, Domangeville, Mont, Colligny, Maizery, Aoste, Charleville, Beziers, Folcarde, la Guiche-Champvent, Maigné, Pau, Saint-Andéol-le-Château et Saint-Omer. (4, Bull. 428, n°s 7885 à 7898.)

---

24 MARS 1812. — Avis du Conseil-d'Etat. (Garde nationale.) *Voy* 26 MARS 1812.

---

26 MARS 1812. — Décrets qui autorisent l'acceptation de dons et legs faits aux fabriques des églises paroissiales de Colmar, Bergues, Chaource et Perreux. (4, Bull. 430, n°s 7911 à 7914.)

---

26 MARS 1812. — Avis du Conseil-d'Etat sur une question relative à l'exécution d'un décret du 14 mars présent mois, concernant la formation du premier ban de la garde nationale. (4, Bull. 426, n° 7800.)

Le Conseil-d'Etat, en exécution du renvoi qui lui a été fait par sa majesté, a entendu la section de la guerre sur différentes questions présentées par son excellence le ministre de la guerre pour compléter le décret du 14 de ce mois, relatif à la formation du premier ban de la garde nationale, et en faciliter l'exécution,

Est d'avis,

Que les conscrits réformés, désignés par l'article 8 pour faire partie des cohortes, font partie du premier ban, mais ne doivent être appelés qu'en cas d'insuffisance du nombre des gardes nationaux qui se trouveront n'avoir pas été réformés comme conscrits.

---

30 MARS 1812. — Décrets qui autorisent l'acceptation de dons et legs faits aux pauvres et hospices de Mandeure, Puligny, St.-Maximin, Thiers, Turin et Mirecourt. (4, Bull. 431, n°s 7923 à 7927, et Bull. 432, n° 7933.)

---

2 AVRIL 1823. — Sénatus-consulte portant nomination des députés des départemens de l'Ems-Supérieur, des Bouches-de-l'Elbe, des Bouches-du-Weser, et du second département de la Lippe au Corps-Législatif. (4, Bull. 427, n° 7860.)

---

2 AVRIL 1812. — Extrait de lettres-patentes portant autorisation à M. Louis-Jacques-Auguste Dulau-d'Allemans de se faire naturaliser en pays étranger. (4, Bull. 429, n° 7905.)

---

4 AVRIL 1812. — Décret qui ordonne le paiement d'une somme de deux mille quatre-vingt-onze francs, pour pensions accordées à dix veuves de militaires. (4, Bull. 432, n° 7934.)

---

5 AVRIL 1812. — Décrets qui autorisent l'acceptation de dons et legs faits aux pauvres et hospices de Herve, Spire, Beaune, Dronero, Bourg, Saint-Valery, Crescentino, Aoste, Bollène, Chabon, Chirens, Entrevennes, Mesnes, Neerisque, Sainte-Marie-Lierde et Saint-mesnil. (4, Bull. 432, n°s 7935 à 7943, et Bull. 433, n°s 7948 à 7954.)

---

9 AVRIL 1812. — Décret qui fixe l'intérêt à percevoir par la caisse d'amortissement pour les sommes dont elle fait l'avance en vertu des décrets ou ordres de l'Empereur. (4, Bull. 428, n° 7870.)

Art. 1er. La caisse d'amortissement est autorisée à percevoir l'intérêt sur le pied de cinq pour cent l'an, de toutes les sommes dont elle fait l'avance en vertu de nos décrets ou de nos ordres particuliers.

2. Notre ministre des finances est chargé de l'exécution du présent décret.

---

9 AVRIL 1812. — Décret qui désigne les lieux où seront renfermés et réunis les condamnés par les cours criminelles, et les condamnés par voie de police correctionnelle à plus d'une année de détention, des départemens des Bouches-du-Rhin, des Bouches-de-l'Escaut et du Simplon. (4, Bull. 428, n° 7871.)

---

10 AVRIL 1812. — Décret qui ordonne l'établissement de cours spéciales extraordinaires dans les cours impériales de Rouen, Douai et Amiens. (4, Bull. 428, n° 7872.)

Voy. décret du 11 JANVIER 1813.

N..... sur le rapport de notre grand-juge, ministre de la justice;

Vu les lettres et mémoires adressés à notre grand-juge, ministre de la justice, par nos procureurs généraux près nos cours impériales de Rouen, Douai et Amiens, desquels il résulte que, dans les ressorts desdites cours, il se commet des attentats multipliés contre les personnes et les propriétés par des rassemblemens d'individus dont les uns se font délivrer les grains et farines à un prix forcé, et les autres se livrent au pillage de ces denrées sur les chemins publics dans les fermes ou les marchés; que, dans les mêmes ressorts, il s'est déjà commis plusieurs incendies, et qu'il s'y fait fréquemment des sommations de déposer de l'argent dans des lieux indiqués, avec menace d'assassinat en cas de refus;

Considérant que la multiplicité desdits crimes exige des voies de répression plus actives que celles de la justice ordinaire, et nécessite l'emploi de la mesure déterminée par l'article 28 de la loi du 20 avril 1810;

Notre Conseil-d'Etat entendu,

Nous avons décrété et décrétons ce qui suit:

Art. 1er. Il sera établi dans chacune de nos cours impériales de Rouen, Douai et Amiens, une cour spéciale extraordinaire, laquelle sera organisée et procédera conformément aux dispositions du § II, chapitre IV de la loi du 20 avril 1810.

2. Lesdites cours spéciales extraordinaires connaîtront exclusivement, et dans toute l'étendue du ressort de la cour impériale: 1° des pillages de grains, blés ou farines, et des enlèvemens des mêmes denrées à prix forcé, commis par des attroupemens armés ou non armés, soit sur les chemins publics, soit dans les fermes, magasins ou marchés, et généralement de tous crimes relatifs aux subsistances, autres néanmoins que ceux qui seraient mêlés de rébellion armée contre les agens de l'autorité ou de la force publique, lesquels demeurent soumis aux cours spéciales ordinaires; 2° du crime d'incendie commis par un ou plusieurs individus; 3° du crime de sommation, prévu par l'art. 305 de notre Code pénal.

3. Les dispositions des deux articles précédens recevront leur exécution pendant six mois, à compter du jour de la publication de notre présent décret.

4. Notre grand-juge, ministre de la justice, est chargé de l'exécution du présent décret.

---

10 AVRIL 1812. — Décret qui déclare applicable aux canaux, rivières navigables, ports maritimes de commerce et travaux à la mer, le titre IX du décret du 16 décembre 1811, contenant réglement sur la construction, la réparation et l'entretien des routes. (4, Bull. 429, n° 7901.)

Voy. décret du 22 FÉVRIER 1813.

N..... sur le rapport de notre ministre de l'intérieur;

Vu la loi du 29 floréal an 10, relative aux contraventions en matière de grande voirie;

Vu le titre IX de notre décret du 16 décembre 1811, prescrivant des mesures répressives des délits de grande voirie, et complétant la loi du 29 floréal;

Notre Conseil-d'Etat entendu,

Nous avons décrété et décrétons ce qui suit:

Art. 1er. Le titre IX de notre décret précité est applicable aux canaux, rivières navigables, ports maritimes de commerce et travaux à la mer, sans préjudice de tous les autres moyens de surveillance ordonnés par les lois et décrets, et des fonctions des agens qu'ils instituent.

2. Notre ministre de l'intérieur est chargé de l'exécution du présent décret.

---

10 AVRIL 1812. — Décret qui autorise l'association anonyme ouverte par le sieur Lecour, pour l'exploitation des fonderies et forges de Toulouse et d'Angoumer, dont il est propriétaire. (4, Bull. 431, n° 7902.)

N....... sur le rapport de notre ministre des manufactures et du commerce;

Vu l'acte d'ouverture de la société anonyme pour l'exploitation des fonderies et forges de Toulouse et d'Angoumer, dont le sieur Lecour est propriétaire; ledit acte composé de cinquante articles, et passé devant Bertrand et son confrère, notaires à Paris, le 25 octobre 1811;

Vu les deux pétitions adressées par le sieur Lecour et par les souscripteurs d'actions de la société par lui ouverte, tant au préfet de la Haute-Garonne qu'au préfet de police, à Paris;

Vu les lettres desdits préfets en faveur du sieur Lecour et des actionnaires de la société par lui ouverte;

Vu la lettre du même Lecour, contenant l'engagement, tant en son nom qu'en celui desdits actionnaires, de réaliser au moins les deux tiers des cent quarante actions dont se composera le fonds de ladite société;

Vu enfin la loi du 16 septembre 1807;

Notre Conseil-d'Etat entendu,

Nous avons décrété et décrétons ce qui suit :

Art. 1er. L'association anonyme ouverte par le sieur Lecour, pour l'exploitation des fonderies et forges de Toulouse et d'Angoumer, dont il est propriétaire, est autorisée.

2. Une expédition dudit acte composé de cinquante articles, passé devant Bertrand et son confrère, notaires à Paris, le 25 octobre 1811, et dûment enregistré le 26, restera annexé au présent décret; et aucuns changemens ne pourront y être portés sans une nouvelle autorisation de notre part.

3. Le directeur général et autres administrateurs de cette association formeront de concert, et présenteront, chaque année, au préfet du département de la Haute-Garonne, qui en rendra compte à notre ministre des manufactures et du commerce, un état général, exact et détaillé, de la situation de cette entreprise.

4. Notre grand-juge, ministre de la justice, et notre ministre des manufactures et du commerce, sont chargés de l'exécution du présent décret.

(*Suit l'acte d'association.*)

Par-devant Me Bertrand et son confrère, notaires à Paris, soussignés,

Fut présent M. Jean-Jacques Lecour, propriétaire, demeurant ordinairement à Toulouse, étant de présent à Paris, logé hôtel des Sept-Frères, rue de Grenelle-Saint-Honoré;

Ledit sieur Lecour propriétaire d'une fonderie de cuivre et de fer à Toulouse, et d'une usine pour la fabrication du fer à Angoumer, département de l'Ariége;

Lequel, voulant donner à ces deux établissemens le degré d'activité dont ils sont susceptibles, a résolu de former, pour leur exploitation, une société par actions, sous la forme et les conditions suivantes :

Art. 1er. Il sera formé, pour vingt-deux ans, une société pour l'exploitation des fonderies et forges de Toulouse et Angoumer, dont M. Lecour est propriétaire.

2. L'association sera connue sous le titre de *Compagnie des fonderies et forges de Toulouse et d'Angoumer.*

3. La société sera anonyme, sous le bon plaisir et sous l'autorisation du Gouvernement.

4. Le fonds social est fixé à la somme d'un million quatre cent mille francs, qui sera divisée en cent quarante actions de dix mille francs chacune; et les actions, jusqu'à concurrence d'un tiers, pourront être elles-mêmes divisées en coupons de deux mille francs chacun.

5. Ces actions donneront annuellement un intérêt fixe de six pour cent, à compter du jour de l'installation de la société, payable par semestre, et un dividende subordonné à la quotité des bénéfices, et payable par chaque année.

Ces rétributions se feront, à bureau ouvert, à Paris, à la caisse générale de la société, savoir : le premier semestre d'intérêts dans la première quinzaine du septième mois avec le dividende de l'année, et le second semestre d'intérêts, dans la première quinzaine de la seconde année.

Le paiement sera constaté par une simple estampille apposée au bas de chaque action.

6. Les actions seront au porteur; elles seront extraites d'un registre à souches, signées par la compagnie, par le directeur général et frappées du timbre sec adopté par la compagnie.

Il sera ouvert un registre sur lequel seront inscrits le nom de chacun des actionnaires, le numéro des actions dont il sera porteur, et, en cas de transfert desdites actions, le nouveau porteur devra apporter lesdites actions, pour qu'il en soit fait mention sur le registre.

7. La valeur de ces actions sera représentée par les propriétés mobilières et immobilières de M. Lecour, ci-devant désignées, dont il se dessaisira en faveur de la société, pour, par elle, en disposer en toute propriété comme de chose lui appartenant.

8. La société sera régie par un directeur général résidant à Toulouse, qui, en cette qualité, sera autorisé à faire tous les actes d'administration que la nature de l'entreprise pourra comporter, et à donner, pour la compagnie et sous la raison de la société, toutes les signatures nécessaires.

9. Il y aura auprès du directeur général un contrôleur général, et un contrôleur particulier auprès de l'établissement d'Angoumer. Le contrôleur général remplira, en même temps, les fonctions de contrôleur particulier près l'établissement de Toulouse

10. Le contrôleur général sera nommé par l'assemblée générale des actionnaires, à la majorité absolue des suffrages.

11. La caisse générale de la société sera établie à Paris, dans un local qui sera désigné postérieurement.

12. Il y aura un caissier particulier auprès de chacun des établissemens de Toulouse et d'Angoumer, qui sera le délégué du caissier général.

13. Le corps des actionnaires sera représenté, à Paris, par un conseil d'administration. Ce conseil sera composé de trois membres, pris parmi les actionnaires propriétaires de cinq actions au moins; ils choisiront entre eux un président du conseil.

14. Les contrôleur, directeur et caissier généraux, contrôleur et caissiers particuliers, seront nommés pour six ans; ils devront être propriétaires, savoir : les directeur, contrôleur et caissier généraux, d'au moins cinq actions; les caissiers particuliers, d'au moins deux actions, et le contrôleur particulier d'Angoumer, d'une action.

15. Les membres composant le conseil d'administration se renouvelleront par tiers, d'année en année. Dans les deux premières années, les membres qui devront sortir seront désignés par le sort : les membres du conseil seront rééligibles.

16. L'universalité des actionnaires sera représentée, dans les assemblées générales, par ceux d'entre eux qui réuniront au moins deux actions. Les délibérations auront lieu à la majorité des voix; et les voix se compteront à raison du nombre d'actions représenté par chaque votant; ainsi, il faudra deux actions pour chaque voix.

Il ne sera admis aux assemblées générales aucun actionnaire qui ne se serait point fait inscrire sur le registre dont il est parlé article 6, comme propriétaire des actions dont il serait porteur.

17. Les assemblées générales seront présidées par celui des membres présens qui sera porteur du plus grand nombre d'actions; et, en cas d'égalité de nombre entre plusieurs membres, le plus âgé aura la présidence : un préposé de l'administration remplira les fonctions de secrétaire. Les procès-verbaux seront rédigés sur un registre à ce destiné, et signés par les membres présens, avant la levée de la séance; ce registre sera déposé aux archives de l'administration.

18. La première assemblée générale aura lieu aussitôt que l'émission des actions à prix d'argent s'élèvera au nombre de trente-cinq.

19. L'assemblée générale nommera le directeur général, le contrôleur général, le caissier général, et les membres qui composeront le conseil d'administration; ces nominations se feront à la majorité absolue des suffrages.

20. Il y aura, chaque année, dans le courant de février, une assemblée générale des actionnaires, pour entendre le rapport qui sera fait sur les opérations de la société, arrêter l'inventaire général qui lui sera présenté, et déterminer la somme des bénéfices à répartir à chaque action. Sur cette somme de bénéfices à répartir, un quart devra toujours être mis en réserve pour augmenter le capital de chaque action, ou parer aux besoins imprévus.

21. Le directeur général est spécialement chargé de conduire et diriger les travaux; mais il est sous la surveillance immédiate du conseil d'administration établi à Paris.

22. Le directeur général sera chargé de tous les achats de matière première, et de la vente des marchandises fabriquées; mais il ne pourra faire aucun achat ou vente à crédit pour une somme excédant celle de cent mille francs, sans l'autorité du conseil d'administration.

23. Il signera les traités qui pourront être faits, soit avec le Gouvernement, soit avec des particuliers, pour le compte de la compagnie; mais il devra prendre l'assentiment du conseil d'administration lorsque l'importance de ces traités excédera la somme de cent mille francs.

24. Le directeur général sera chargé de la réparation des bâtimens, entretien et achat des machines, outils et ustensiles nécessaires aux établissemens; mais il ne pourra faire, sans l'autorisation du conseil d'administration aucune augmentation aux usines et bâtimens.

25. Il ne pourra faire aucun emprunt au nom de la compagnie; les engagemens qu'il aurait pu prendre pour achat de matières devront être changés, dans le mois, contre ceux du caissier général.

26. Le directeur général ne devra faire aucun paiement : tous les paiemens se feront soit par le caissier général à Paris, soit par les caissiers particuliers. Il devra en conséquence envoyer, chaque mois, au conseil d'administration, l'état de ses besoins et dépenses pour le mois suivant; et le conseil d'administration le transmettra au caissier général pour qu'il ait à y pourvoir.

Il devra également envoyer, chaque mois, au conseil d'administration, l'état de situation des établissemens.

27. Le directeur général ne devra faire aucune recette : toutes les recettes seront faites par le caissier général, ou par les caissiers particuliers, sous les ordres du caissier général.

28. Le directeur général nommera le garde-magasin qui sera auprès de chaque établissement; les commis et les ouvriers attachés aux établissemens seront également à sa nomination.

Il nommera provisoirement au remplacement des caissiers et contrôleurs particuliers, en cas de décès ou démission, jusqu'à ce que le conseil d'administration y ait pourvu définitivement.

29. Le directeur général devra être appelé à toutes les assemblées générales des actionnaires, et sera tenu d'y rendre compte de la situation des établissemens, de présenter aux actionnaires, à l'assemblée générale de chaque année, l'inventaire général des matières et marchandises.

30. Le contrôleur général remplacera provisoirement le directeur général, en cas d'absence, démission, décès ou autrement.

31. Le contrôleur général correspondra directement avec le conseil d'administration, qui lui donnera tous les renseignemens qu'il pensera pouvoir intéresser la compagnie.

32. Le contrôleur particulier d'Angoumer sera nommé par le conseil d'administration, sur la présentation du contrôleur général.

33. Le caissier général sera chargé de toutes les recettes et paiemens à faire pour la compagnie. Il suivra les recouvremens, fera contre les débiteurs toutes poursuites qui pourraient être nécessaires, et défendra à toutes demandes qui pourraient être intentées contre la compagnie. Le tout se fera au nom de la compagnie, poursuite et diligence du caissier général.

34. Tous les engagemens seront souscrits par le caissier général de la compagnie; mais ces engagemens devront être visés du président du conseil d'administration, marqués du timbre sec de la compagnie, et inscrits par ordre de numéros sur un registre à ce destiné : les engagemens porteront également et le numéro et le folio du registre.

Tout engagement qui ne serait point revêtu des formes ci-dessus ne serait pas reconnu, et le paiement pourrait être refusé.

35. Le caissier général aura sous ses ordres deux caissiers particuliers, l'un à Toulouse, l'autre à Angoumer.

Les caissiers particuliers seront nommés par le conseil d'administration, sur la présentation du caissier général : ils ne recevront d'ordre que du caissier général.

Le caissier général aura la nomination des employés attachés tant à la caisse générale qu'aux caisses particulières de Toulouse et d'Angoumer.

36. Les deniers appartenant à la société seront employés uniquement à ses affaires et pour son utilité : toutes négociations et spéculations demeurent interdites.

37. Le passif de la société, qui est d'un million quatre cent mille francs, ne pourra être augmenté que d'après une autorisation spéciale de l'assemblée des actionnaires.

38. Toutes les écritures seront tenues en parties doubles.

39. Le caissier général devra être présent à toutes les assemblées générales des actionnaires, présenter la situation de la caisse, et établir, chaque année, la portion des bénéfices dont la répartition pourrait avoir lieu entre les actionnaires.

40. Le conseil d'administration sera chargé spécialement de la surveillance de toutes les opérations intéressant la société.

Tous les registres de la compagnie devront être visés par le président du conseil, ou par l'un des membres délégués à cet effet par le président.

41. Le conseil d'administration pourra suspendre provisoirement de leurs fonctions les directeur, contrôleur et caissier généraux.

Il pourvoira provisoirement à leur remplacement, soit pour le cas ci-dessus prévu, soit en cas de démission, décès ou autrement; mais le président du conseil sera, audit cas, tenu de réunir, dans le mois, l'assemblée générale, qui statuera définitivement.

Il pourra prononcer la destitution définitive des contrôleurs et caissiers particuliers; mais il ne pourra les faire remplacer que sur la présentation des contrôleur et caissier généraux.

42. Le conseil d'administration se réunira au moins une fois chaque mois dans le local où sera fixé le siége de l'établissement, à Paris; et le président est autorisé à le réunir toutes les fois qu'il le jugera utile aux intérêts de la compagnie.

43. Il convoquera l'assemblée générale des actionnaires aux époques déterminées précédemment, et encore toutes les fois qu'il le jugera à propos.

44. Il y aura auprès du conseil un secrétaire-rédacteur, qui pourra en même temps remplir un emploi dans les bureaux du caissier général.

45. Toutes les autres mesures d'organisation et de conduite, la fixation des traitemens et autres dépenses susceptibles de limites, et généralement tous les principes d'ordre et de précaution, seront la matière d'un réglement particulier. Ce réglement, sujet à l'approbation des actionnaires, sera présenté à la première assemblée; et, en attendant, le conseil d'administration pourvoira à tous les objets comme il le croira convenable.

46. Ces présentes formeront les statuts fondamentaux de la société; et le seul fait de la possession des actions emportera de droit l'adhésion des actionnaires.

47. Le traité se trouvera consacré et deviendra irrévocable du moment où il aura été levé ou soumissionné trente-cinq actions à prix d'argent.

48. Il ne pourra être dérogé et innové aux dispositions des statuts que par délibération prise en assemblée générale.

49. L'assemblée des actionnaires dont la convocation aura été faite par simple annonce dans le Journal de Commerce, et à un intervalle de quinze jours au moins entre l'époque fixée et l'insertion dans ce papier public, sera compétente pour délibérer, en quelque nombre qu'elle se trouve.

50. Ces présentes seront soumises à l'approbation du Gouvernement, et l'acte confirmatif en sera rendu public par affiches.

Dont acte, pour l'exécution duquel M. Lecour élit domicile en sa demeure susdite à Toulouse, auquel lieu, etc.

Fait et passé à Paris, en l'étude, l'an 1811, le 25 octobre; et a signé avec les notaires, après lecture faite, la minute des présentes, demeurée audit Mᵉ Bertrand, l'un desdits notaires soussignés.

Ensuite est écrit :

Enregistré à Paris, le 26 octobre 1811, fº 75 1º, casse 1re. Reçu trois francs et trente centimes pour subvention, *signé* RIPPERT.

Signé Bertrand et Vernois.

---

10 AVRIL 1812. — Décret portant création de quatre officiers de paix dans la ville de Hambourg. (4, Bull. 428, nº 7873.)

---

10 AVRIL 1812. — Décret portant création de commissaires de police dans plusieurs communes des départemens de Montenotte, du Taro, de Rome et du Trasimène. (4, Bull. 428, nº 7898.)

---

10 AVRIL 1812. — Décret qui déclare communes aux provinces illyriennes les dispositions du décret du 18 août 1811, relatif aux individus condamnés au bannissement d'après l'ancien Code pénal de la Hollande. (4, Bull. 429, nº 7900.)

---

10 AVRIL 1812. — Décret contenant brevet d'institution publique des sœurs de Saint-Joseph du diocèse de Lyon, et approbation de leurs statuts. (4, Bull. 431 et 444, nºs 7920 et 8178.)

---

10 AVRIL 1812. — Décret qui permet au sieur Gauthier-Puissant d'établir un laminoir composé de deux cylindres et de deux fours pour recuire le fer, en remplacement et dans la forge dite de Saint-Eloi, qu'il possède sur le ruisseau d'Acoz. (4, Bull. 433, nº 7955.)

---

10 AVRIL 1812. — Décrets qui autorisent l'acceptation de dons et legs faits aux pauvres et hospices de Chaillot, Ernée, Monale, Baldichieri et Metz. (4, Bull. 433, nºs 7956 à 7959.)

---

12 AVRIL 1812. — Décret portant annulation, pour cause d'incompétence, d'un arrêté par lequel le préfet du département du Cantal avait ordonné la démolition d'une digue construite par un particulier à travers la rivière de Cère. (4, Bull. 429, nº 7903.)

Voy. loi du 29 FLORÉAL an 10, article 4, et notes (1).

N..... vu la requête du sieur Royre, tendant à ce qu'il nous plaise annuler un arrêté du préfet du département du Cantal, du 30 mai 1811, qui, sur la plainte de plusieurs riverains, et sur les rapports de l'ingénieur ordinaire et de l'ingénieur en chef des ponts-et-chaussées, ordonne la démolition d'une digue que le sieur Royre a construite à travers la rivière de Cère, et qui forme barrage permanent pour la pêche de ladite rivière;

Vu ledit arrêté;

Vu les pièces produites par le sieur Royre à l'appui de sa requête;

Vu les observations et les pièces adressées par le préfet du Cantal à l'appui de son arrêté;

Considérant que la rivière de Cère n'est point navigable;

Que, par l'avis de notre Conseil-d'Etat approuvé le 30 pluviose an 13, et inséré au Bulletin des Lois, la pêche des rivières non navigables appartient aux propriétaires riverains, en se conformant aux lois et réglemens;

Que, par l'avis de notre Conseil-d'Etat du 24 ventose an 12, et non inséré au Bulletin des Lois, « les contraventions aux réglemens « de police sur les rivières non navigables, « canaux et autres petits cours d'eau, doivent, « selon les dispositions du Code civil et les « lois existantes, être portées, suivant leur « nature, devant les tribunaux de police municipale ou correctionnelle; et les contestations qui intéressent les propriétaires, devant les tribunaux civils; »

Que la loi du 14 floréal an 11 n'attribue à l'autorité administrative que les mesures relatives au curage des canaux et rivières non navigables, à l'entretien des digues et ouvrages d'art qui y correspondent, au rôle de répartition et au recouvrement des sommes nécessaires au paiement des travaux d'entretien, réparations ou reconstructions;

Qu'il ne s'agit, dans l'espèce, que d'une digue nouvelle, dont l'effet serait d'attribuer au sieur Royre la pêche exclusive du saumon et des autres poissons qui remontent la rivière de Cère, au préjudice des propriétaires riverains;

Notre Conseil-d'Etat entendu,

Nous avons décrété et décrétons ce qui suit :

---

(1) *Voy.* note sur l'article 16, titre II, loi du 28 septembre = 6 octobre 1791.

Art. 1er. L'arrêté du préfet du Cantal, du 30 mai 1811, est annulé pour cause d'incompétence, et les parties renvoyées à se pourvoir devant les tribunaux (1).

2. Notre grand-juge, ministre de la justice, et notre ministre de l'intérieur, sont chargés de l'exécution du présent décret.

---

17 Avril 1812.—Décret sur le mode de paiement et la comptabilité des dépenses de la marine. (4, Bull. 430, n° 7909.)

TITRE Ier. Mode de paiement.

CHAPITRE Ier. *Des dépenses dans les ports.*

Art. 1er. A compter du 1er juillet et de l'exercice 1812, la solde d'activité avec ses supplémens, la masse de subsistance, le supplément d'étape et les indemnités de convois militaires, pour tous les corps organisés du département de la marine ou leurs détachemens, seront payés dans les ports, suivant la forme prescrite par les articles du réglement du 15 mai 1808, rédigés dans l'esprit de ceux 81, 82, 121, 122 et 123 du décret du 25 germinal an 13, et les payeurs retireront des conseils d'administration ou commandans des détachemens, indépendamment de l'état effectif quittancé, prescrit par les articles ci-dessus, une copie de cet état, au pied de laquelle ces conseils ou commandans déclareront avoir donné quittance sur l'état original. Les deux expéditions de cet état seront visées par le commissaire aux revues.

Les masses des corps organisés continueront à être payées sur les fonds de la solde, et d'après les fixations du ministre de la marine.

2. A dater de la même époque, les préfets maritimes, les officiers de vaisseau de tous grades, à terre et embarqués, les officiers employés au parc d'artillerie, les officiers du génie maritime, les officiers d'administration, les officiers de santé, les marins de tous grades, de toutes classes et de toutes professions, employés dans les ports ou embarqués, les maîtres entretenus et non entretenus, les gardiens, portiers, rondiers, canotiers, et généralement tous les individus payés sur les fonds des IIe et IIIe chapitres de la comptabilité de la marine, seront payés de leurs solde et appointemens sur revues, sauf, par les commissaires aux revues et aux armemens, à diviser leurs états d'émargement, qui devront toujours distinguer les attributions en différentes classes, suivant la nature des fonctions, et conformément aux indications qui leur seront données par notre ministre de la marine.

3. Les indemnités de route, frais de conduite et vacations, ports de hardes et d'outils, etc., aux marins voyageant isolément, alloués dans le département de la marine, seront payés dans les ports par les soins des commissaires aux revues, et dans les quartiers par les agens de l'inscription maritime, qui dresseront par mois un état nominatif et détaillé des marins auxquels il en sera successivement accordé : ces commissaires feront émarger chaque partie sur cet état, en lui remettant quittance en forme dont elle touchera de suite le montant chez le payeur; et, pour ceux qui ne savent pas signer, le commissaire émargera lui-même cet état, en ajoutant : *Payé à lui-même.*

A l'expiration de chaque mois, le payeur établira un relevé nominatif des sommes qu'il aura payées, et le fera certifier par le commissaire aux revues, en lui remettant les quittances individuelles, en échange desquelles ce commissaire lui délivrera l'état émargé en original, après l'avoir arrêté pour le montant des sommes payées : le payeur le joindra, dans sa comptabilité, au relevé qu'il aura fait certifier par ce même commissaire, pour, du tout, être fait emploi par ce comptable, ainsi qu'il sera réglé ci-après.

4. Les formes de paiement déterminées ci-dessus seront également suivies pour les équipages et supplémens d'équipages à bord, comme il est dit dans l'article 2 du présent décret; mais, ainsi que l'ordonnent le décret du 1er avril 1808 et le réglement du 15 mai même année, les paiemens dont il s'agit ne seront jamais effectués qu'à l'expiration de chaque mois, *terme échu.*

5. Les dépenses du service de la marine non désignées aux articles ci-dessus ne seront payées dans les ports qu'en vertu des ordonnances préalables et spéciales du ministre de ce département.

CHAPITRE II. Dépenses à acquitter dans l'intérieur par les payeurs de la guerre.

6. Les payeurs des divisions militaires et des armées continueront à faire aux marins en marche, et à titre d'avances à rembourser par le département de la marine, les paiemens qui leur seront nécessaires pour solde, supplémens d'étape, frais de conduite, indemnités de convois, de ports de hardes et d'outils, linge et chaussure, et frais de gîte et geôlage.

7. Les paiemens de solde, supplémens de solde et indemnités de convois aux corps et dé-

---

(1) Lorsque la rivière n'est ni navigable ni flottable, les contestations qui peuvent s'élever entre une commune et quelques particuliers, au sujet d'une digue élevée par la commune, sont du ressort des tribunaux (9 mars 1831, ord. Mac. 13, 117).

tachemens en marche, s'effectueront par ces payeurs suivant le mode déterminé par l'article 1er du présent décret. Les sous-inspecteurs aux revues, et, à leur défaut, les commissaires des guerres, suppléeront les commissaires aux revues dans le *visa* des états d'effectif par *duplicata* qui serviront à justifier le paiement de ces dépenses.

8. Les paiemens pour conduites et vacations, indemnités de route, ports de hardes et d'outils, linge et chaussure, s'effectueront sur mandats des commissaires des guerres, suivant le mode établi pour les troupes de l'armée de terre; et le bordereau justificatif des avances dont il s'agit sera établi conformément à ce que prescrit l'article 10 de notre décret du 16 mai 1810, avec cette seule différence, qu'il sera arrêté à l'expiration de chaque mois, au lieu de l'être par trimestre.

9. Le paiement des dépenses de gîte et geôlage pour la marine s'effectuera, dans les départemens de l'intérieur, conformément à l'instruction donnée le 4 décembre 1806 par notre ministre-directeur de l'administration de la guerre, avec la modification apportée par le troisième alinéa de l'article 9 de notre décret du 16 mai 1810.

Titre II. Comptabilité

Chapitre Ier. *Paiemens effectués dans les ports.*

10. Les payeurs des ports adresseront régulièrement au payeur général de la marine, dans les dix premiers jours du mois qui suivra celui des paiemens effectués :

1° Les deux expéditions de chaque état d'effectif à eux remis en exécution de l'article 1er du présent décret;

2° La double expédition de l'état d'émargement désigné aux articles 2 et 3.

Les pièces ci-dessus énoncées seront accompagnées d'un bordereau en double expédition pour chaque nature de dépense.

11. Notre ministre du Trésor fera remettre successivement, par le payeur général de la marine, au ministre de ce département, la seconde expédition du bordereau désigné, avec les doubles des états d'effectif et d'émargement.

12. La remise de ces pièces sera immédiatement suivie de la délivrance des ordonnances de notre ministre de la marine, pour une somme égale au montant des paiemens ainsi justifiés. Ces ordonnances seront toujours divisées par port, exercice et chapitre du budget.

13. L'expédition desdites ordonnances rendra admissibles, à titre définitif, tous les acquits des paiemens effectués dans les formes ci-dessus prescrites.

14. Notre ministre de la marine fera ouvrir, à chaque corps et pour chaque port, un compte distinct par chacune des dépenses mentionnées aux articles précédens, et fera porter au débit de ce compte les diverses sommes du paiement desquelles le Trésor aura ainsi justifié.

15. Au moyen des dispositions qui précèdent, la formation des revues générales de comptabilité, le réglement des décomptes, tant pour les officiers militaires et d'administration que pour les agens entretenus et non entretenus, employés isolément, ainsi que toutes les opérations qui s'y rapportent, sont laissés exclusivement aux soins de notre ministre de la marine; et les dispositions de nos décrets des 1er et 7 avril 1808, qui appelaient notre ministre du Trésor à concourir à la consommation des décomptes, sont rapportées.

16. Aussitôt après le réglement définitif des décomptes, s'il est reconnu qu'il ait été perçu plus ou moins qu'il n'était dû, notre ministre de la marine fera faire les déductions ou augmentations nécessaires sur les premiers paiemens à effectuer.

Chapitre II. Paiemens effectués dans les divisions militaires ou aux armées.

17. Les payeurs de la guerre adresseront régulièrement au payeur général de la marine, dans les dix premiers jours du mois qui suivra celui des paiemens effectués :

1° Les deux expéditions de chacun des états d'effectif mentionnés aux articles 1er et 7;

2° Les *primata* et *duplicata* du bordereau désigné à l'article 10 de notre décret du 16 mai, suivant la modification déterminée par l'article 8 ci-dessus.

Ces pièces, à l'exception du bordereau désigné à l'article 8, seront accompagnées d'un bordereau en double expédition pour chaque nature de dépense.

18. Notre ministre du Trésor fera faire, pour ces paiemens, les mêmes remises à notre ministre de la marine que celles prescrites par l'article 15 ci-dessus, en observant que celles-ci devront être distinctes par division militaire ou armée.

19. Les ordonnances que notre ministre de la marine délivrera immédiatement après la remise de ces pièces et bordereaux seront stipulées payables par le payeur général de la marine, au profit des payeurs des divisions militaires ou armées, qui auront fait les avances; et, au moyen desdites ordonnances, ce payeur général fera entrer dans son compte les dépenses ainsi remboursées.

20. Les dispositions prescrites par les articles 14, 15 et 16 ci-dessus s'appliqueront également aux dépenses acquittées par l'intermédiaire des payeurs de la guerre.

21. Nos ministres de la marine et du Trésor impérial détermineront, par des régle-

mens et instructions particulières, le mode et les formes à suivre pour l'exécution des articles précédens.

22. Ces réglemens et instructions particulières seront rédigés d'après les principes établis par le décret du 25 germinal an 13, qui ne sont pas abrogés, d'après le décret du 16 mai 1810, qui sera entièrement appliqué à la marine, et d'après celui du 30 décembre suivant, relatif à la réunion à la solde des masses de subsistance et supplément d'étape.

23. Le présent décret sera inséré au Bulletin des Lois, pour recevoir son exécution à compter du 1er juillet 1812. Nos ministres du Trésor impérial et de la marine en sont chargés, chacun en ce qui le concerne.

---

17 AVRIL 1812. — Décret qui détermine le mode d'exécution de celui du 22 novembre 1811, relatif aux ventes publiques de marchandises par les courtiers de commerce. (4, Bull. 430, n° 7910.)

Art. 1er. Les marchandises désignées au tableau annexé au présent décret sont celles que les courtiers de commerce, à Paris, peuvent vendre à la Bourse et aux enchères, après l'autorisation du tribunal de commerce, donnée sur requête.

2. Dans les autres villes de notre empire, les tribunaux et les chambres de commerce dresseront un état des marchandises dont il pourrait être nécessaire, dans certaines circonstances, d'autoriser la vente à la Bourse et aux enchères, par le ministère des courtiers de commerce, et le soumettront à l'approbation de notre ministre des manufactures et du commerce.

Les tribunaux et les chambres de commerce donneront aussi leur avis sur les projets de réglemens locaux relatifs aux mesures d'exécution.

3. Dans toutes les villes, toutes les fois qu'il s'agira de procéder à de telles ventes, et avant que les tribunaux de commerce puissent accorder leur autorisation, sauf les cas de faillite, les courtiers déposeront au greffe du tribunal de commerce une déclaration, sur papier timbré, du négociant, fabricant ou commissionnaire qui aura demandé la faculté de vendre aux enchères, portant que les marchandises à vendre à la Bourse, en vente publique et aux enchères, sont sa propriété; ou bien qu'elles lui ont été adressées du dehors par des marchands ou négocians qui l'ont autorisé à les vendre et à les réaliser par la voie de la vente publique et à la Bourse; ou bien encore que le produit desdites ventes doit servir à rembourser des avances faites, ou à payer des acceptations accordées, par suite de l'envoi desdites marchandises.

Neanmoins, et malgré les cas énoncés ci-dessus, les tribunaux de commerce seront juges de la validité des motifs.

4. Avant de procéder aux ventes mentionnées ci-dessus, il sera dressé et imprimé un catalogue des denrées et marchandises à vendre, lequel portera la date de l'approbation accordée par le tribunal de commerce, et sera signé par le courtier chargé de la vente.

Ce catalogue contiendra sommairement les marques, numéros, nature, qualité et quantité de chaque lot de marchandises, les magasins où elles seront déposées, les jours et les heures où elles pourront être examinées, et les jours et les heures où la vente publique et aux enchères en sera faite à la Bourse.

Seront également mentionnées les époques des livraisons, les conditions de paiement, les tares, avaries, et toutes les autres indications et conditions qui seront la base et la règle du contrat entre les vendeurs et les acheteurs.

Ces imprimés seront affichés aux lieux les plus apparens et les plus fréquentés de la Bourse, pendant le temps qui sera fixé par le tribunal de commerce, mais au moins pendant les trois jours consécutifs qui précéderont la vente.

5. Au moment de la vente, et avant qu'il soit procédé aux enchères, un échantillon de chaque lot sera exposé sur le bureau et placé de manière que les acheteurs puissent l'examiner, et le comparer avec l'indication portée sur l'imprimé.

6. En marge de chaque lot, et lors de la vente, seront écrits les noms et demeures des acheteurs, et le prix de l'adjudication.

Les lots ne pourront être, d'après l'évaluation approximative, et selon le cours moyen des marchandises, au-dessous de deux mille francs pour la place de Paris, et de mille francs pour les autres places de commerce.

Les tribunaux de commerce pourront les fixer à un taux plus élevé; mais, dans aucun cas, les lots ne pourront excéder une valeur de cinq mille francs.

7. Les enchères seront reçues et les adjudications faites par le courtier chargé de la vente. Il dressera procès-verbal de chaque séance d'enchères; et, dans les vingt-quatre heures, il le déposera au greffe du tribunal de commerce.

8. Après chaque séance d'enchères, les noms des acheteurs, le numéro des lots et les prix d'adjudications seront recordés; et les acquéreurs apposeront leur signature sur les feuilles qui contiendront leurs enchères, en témoignage de reconnaissance des lots qui leur sont échus.

S'il s'élevait à cet égard quelques difficultés, la déclaration du courtier vaudra ce qu'elle vaudrait dans les achats et ventes de gré à gré.

9. Faute par l'adjudicataire de prendre livraison dans les délais fixés, la marchandise sera revendue à la folle-enchère, et à ses périls et risques, trois jours après la sommation qui lui aura été faite de recevoir, et sans qu'il soit besoin de jugement.

10. Après les livraisons des marchandises, les comptes seront dressés par les négocians vendeurs; ils seront visés par le courtier chargé de la vente, et ils seront ainsi payés par les acheteurs, suivant les conditions des enchères.

11. Le droit de courtage pour ces ventes sera fixé par les tribunaux de commerce; mais, dans aucun cas, il ne pourra excéder le droit établi dans les ventes de gré à gré pour les mêmes sortes de marchandises.

12. En cas de contestation, elle sera portée devant le tribunal de commerce, qui prononcera, sauf l'appel, s'il y a lieu.

13. Au surplus, les courtiers de commerce se conformeront aux dispositions prescrites par la loi du 22 pluviose an 7, concernant la vente publique des meubles.

14. Notre ministre des manufactures et du commerce est chargé de l'exécution du présent décret.

TABLEAU.

Alizari, alun, amandes, amidons, anis vert, argent-vif, bois de teinture, bois d'acajou, bois d'ébène, borax raffiné, brai, cacao, café, camphre, cannelle, caret, céruse, chanvre, cire, cotons en laine, cochenille, colle, couperose, crême de tartre, cuirs en poil, dents d'éléphant, eau-de-vie, étain, essence de térébenthine, fanons de baleine, fer-blanc, galles, garance, girofle, gommes, huiles, indigo, jalap, ipécacuanha, laines, litharge, manne, mélasse, miel, minium, morue, muscades, nankins, opium, piment, plomb, poivre, potasse, prunes d'Antes en caisse, quercitron, quinquina, réglisse, rhubarbe, riz, rocou, safran, safranum, salsepareille, savon, sel, soudes, soufre en canne et en masse, soie de porc, sumac, sucre, sucre de réglisse, suif, thé, vanille, verdet, vins, zinc.

---

17 AVRIL 1812. — Décret qui statue sur le pourvoi de la commune de Caudeval contre un arrêté du conseil de préfecture du département de l'Aude, lequel n'avait pas été notifié à cette commune par le sieur Rouvairolis, sa partie adverse. (4, Bull. 432, n° 7929.)

N....... vu la requête de la commune de Caudeval, département de l'Aude, dans laquelle ladite commune, représentée par son maire, conclut à ce qu'il nous plaise dire et ordonner qu'elle sera reçue appelante d'un arrêté du conseil de préfecture dudit département, sous la date du 17 août 1807, lequel ne lui a pas été notifié par le sieur Rouvairolis, sa partie adverse;

Et, sans nous arrêter ni avoir égard audit arrêté, qui sera regardé comme nul et non avenu, faisant droit sur son appel, et vu le registre des commissaires nommés pour rechercher et vérifier les biens qui pourraient avoir été enlevés à la commune, ensemble les pièces produites par elle, ordonner que les articles 1, 2 et 4 du susdit registre seront maintenus en entier;

Qu'il ne sera distrait de l'article 29 qu'une contenance de dix-sept cent quatre-vingts ares, et que le surplus, consistant en trois mille deux cent cinquante-cinq ares en bois, demeurera définitivement biens communaux;

Et que les habitans de la commune seront maintenus dans leurs droits de dépaissance sur les biens dudit sieur Rouvairolis;

Vu la requête du sieur Rouvairolis, dans laquelle il soutient, dans la forme, que, d'après l'article 11 du réglement du 22 juillet 1806, la commune de Caudeval est non-recevable dans son opposition au susdit arrêté du conseil de préfecture, attendu qu'elle a laissé passer plus de trois mois depuis l'époque où elle l'avait reçu d'envoi du sous-préfet, et que, d'ailleurs, il y avait eu commencement d'exécution dans la partie de l'arrêté relative aux chemins ruraux;

Le sieur Rouvairolis soutient de plus, au fond, et en tant que besoin serait, que le susdit arrêté du conseil de préfecture doit être confirmé, attendu qu'il le maintient dans la libre jouissance et propriété de biens et terres qu'il a justifié lui appartenir;

Considérant, sur la fin de non-recevoir, que le sieur Rouvairolis n'a point fait notifier au maire de Caudeval l'arrêté du conseil de préfecture mentionné ci-dessus;

Que, si l'envoi par les autorités supérieures aux autorités inférieures suffit pour rendre exécutoires les actes purement administratifs, il n'en est pas de même quand il s'agit d'arrêtés d'un conseil de préfecture statuant sur la propriété;

Que de tels arrêtés sont des jugemens, et que la prescription ou la force de la chose jugée ne peut être utilement opposée que tout autant que la partie qui oppose cette exception les a régulièrement signifiés, et dans les délais après la signification, fixés par les lois et réglemens;

Que le commencement d'exécution donné au susdit arrêté, en ce qui concerne les chemins ruraux, n'a jamais pu laisser croire que la commune entendait l'exécuter dans toutes les autres dispositions, puisque, trois jours après l'avoir connu, elle prit une délibération dans laquelle elle consigna l'intention où elle était de se pourvoir;

Considérant, au fond, qu'il s'agit de savoir

si la commune de Caudeval, où le sieur Rouvairolis est propriétaire des terrains contestés;

Si la commune est ou n'est pas fondée à exercer un droit de dépaissance sur les biens dudit Rouvairolis;

Et que de telles contestations, portant sur la propriété, sont du ressort des tribunaux ordinaires;

Considérant enfin que les dispositions du susdit arrêté du conseil de préfecture, relatives aux dégradations et empiétemens faits ou prétendus faits sur les chemins ruraux, doivent être maintenues, attendu que de telles dispositions, étant essentiellement administratives, sont de la compétence des conseils de préfecture;

Notre Conseil-d'Etat entendu,

Nous avons décrété et décrétons ce qui suit:

Art. 1er. La fin de non-recevoir opposée par le sieur Rouvairolis à la commune de Caudeval est rejetée.

2. L'arrêté du conseil de préfecture du département de l'Aude, sous la date du 17 août 1807, est confirmé dans celles de ses dispositions qui statuent sur les dégradations et empiétemens faits ou prétendus faits sur des chemins ruraux.

3. Le susdit arrêté est annulé dans celles de ses dispositions qui statuent sur la question de propriété des terrains litigieux entre le sieur Rouvairolis et la commune de Caudeval.

4. Si la commune se croit fondée à défendre des droits de propriété ou de dépaissance sur les terrains dont il s'agit, elle se pourvoira devant le conseil de préfecture, et dans les formes légales, en autorisation de plaider.

Dans ce cas, le préfet du département communiquera la demande de la commune à trois jurisconsultes; et leur avis sera transmis au conseil de préfecture, avant qu'il statue.

5. Notre grand-juge, ministre de la justice, et notre ministre de l'intérieur, sont chargés de l'exécution du présent décret.

---

17 AVRIL 1812. — Décret qui déclare exécutoire, dans les provinces illyriennes, la loi du 30 décembre 1809, relative aux recéleurs des déserteurs et conscrits réfractaires du royaume d'Italie. (4, Bull. 430, n° 7906.)

---

17 AVRIL 1812. — Décret portant que la cour spéciale extraordinaire de Gênes sera divisée en trois sections. (4, Bull. 430, n° 7907.)

---

17 AVRIL 1812. — Décret portant prorogation de délai pour l'inscription de certains privilèges dans une partie des départemens anséatiques. (4, Bull. 430, n° 7908.)

---

17 AVRIL 1812. — Décret portant qu'il sera établi une chambre de commerce à Middelbourg, département des Bouches-de-l'Escaut. (4, Bull. 431, n° 7915.)

---

17 AVRIL 1812. — Décret qui autorise les sieurs Michel père et fils, et le sieur Mohimont, à construire une fonderie entre les deux forges dont ils sont propriétaires sur la rive gauche de la Lesse, commune de Halma. (4, Bull. 433, n° 7960.)

---

17 AVRIL 1812. — Décret qui établit dans la commune de Bozel une foire annuelle, principalement destinée à la vente des fromages de Gruyère. (4, Bull. 433, n° 7961.)

---

17 AVRIL 1812. — Décrets qui autorisent l'acceptation de dons et legs faits aux pauvres et hospices de Nice, Remiremont, Saint-Amand, Lyon, Ostende, Palaiseau, Boulogne, Laërne, Luxey, Montenay, Saint-Justin et Saint-Foy. (4, Bull. 433, nos 7962 à 7973.)

---

17 AVRIL 1812. — Extraits de lettres-patentes portant institution de majorats en faveur de MM. Chabrol de Tournoëlle, de Clermont-Tonnerre, Wulfrand d'Alton. (4, Bull. 431, n° 7921.)

---

18 AVRIL 1812. — Lettres de création du dépôt de mendicité du département du Trasimène. (4, Bull. 431, n° 7916.)

---

18 AVRIL 1812. — Décret portant création à Sienne, d'une maison centrale de détention pour les départemens de Rome, du Trasimène, de l'Arno, de l'Ombrone et de la Méditerranée. (4, Bull. 432, n° 7930.)

---

18 AVRIL 1812. — Lettres de création du dépôt de mendicité du département de la Sarthe. (4, Bull. 432, n° 7931.)

---

19 AVRIL 1812. — Décret contenant proclamation de brevets d'invention, de perfectionnement et d'importation délivrés, pendant le premier trimestre de 1812, à MM. Girard frères, Chaudeau, Renault, Tellier, Luzarches, Erard frères, Meens Vanderborcht, Michiels aîné, Fraiture frères, Jonathan Ellis, Sauzai, Penel, Palette, Eckardt, Denizet, Barrier, Berard, Duffour, Charlemagne, Matrau, Corneille, Vanderteen, Sledrauski, Lecour, Pichon, Moyaux, Thiery, Gilet et Beghien. (4, Bull. 431, n° 7917.)

---

22 AVRIL 1812. — Décret qui déclare les majors responsables de l'inexécution des formalités prescrites pour la réception des étoffes et effets d'habillement, d'équipement et de harnachement. (4, Bull. 431, n° 7918.)

Art. 1er. Les majors seront personnellement responsables de l'inexécution des formalités prescrites par les arrêtés des 8 floréal et 9 thermidor an 8, pour la réception des étoffes et effets d'habillement, d'équipement et de harnachement.

2. Lors même qu'un conseil d'administration aurait déclaré recevables des étoffes ou effets d'habillement, si le major ne les juge pas ainsi, il pourra en ordonner le rejet en tout ou partie, sauf le recours au conseil de préfecture.

3. Notre ministre directeur de l'administration de la guerre est chargé de l'exécution du présent décret.

---

22 AVRIL 1812. — Décrets qui autorisent l'acceptation de dons et legs faits aux pauvres et hospices du Bourg-du-Péage, de Marseille, de Saint-Jean-des-Vignes, de Saint-Martin-des-Champs, et à la commune de Ninove. (4, Bull. 433, n° 7974, et Bull. 435, n°s 7989 à 7991.)

---

25 AVRIL 1812. — Décret portant abolition du droit d'aubaine à l'égard des sujets du grand-duc de Francfort. (4, Bull. 431, n° 7919.)

Voy. lois du 6=18 AOUT 1790, et du 14 JUILLET 1819.

N...... considérant que S. A. R. le grand-duc de Francfort, par une ordonnance en date du 15 janvier de cette année, qui a été officiellement communiquée à notre cabinet, et dont copie est annexée au présent décret, a formellement supprimé dans ses Etats l'exercice du droit d'aubaine à l'égard de nos sujets, et voulant faire jouir les sujets du grand-duc d'une parfaite réciprocité, nous avons décrété, etc.

Art. 1er. Le droit d'aubaine ne sera point exercé en France à l'égard des sujets de son altesse royale le grand-duc de Francfort (1).

2. Nos ministres sont chargés de l'exécution du présent décret.

---

25 AVRIL 1812. — Décret concernant les pêches de la morue, du hareng et du poisson frais, dans les arrondissemens maritimes de Hollande et d'Anvers. (4, Bull. 435, n° 7987.)

TITRE Ier. Des pêches de la morue, du hareng et du poisson frais.

Art. 1er. Nous autorisons la pêche de la morue sur le banc dit Doggersbanck, par tous les bâtimens partant de Brielle, côte de Hollande, et la pêche du hareng sur les bancs d'Yarmouth, par tous les bâtimens qui partiront de Hootdwick et Cathwic, à la charge par eux de rentrer dans le port d'où ils sont partis, sans pouvoir toucher à aucun autre point des côtes; à moins de nécessité absolue dont il sera justifié.

2. Les bâtimens désignés à l'article précédent ne pourront pas être plus d'un mois en mer sans rentrer dans les ports d'où ils sont sortis; et, à chaque sortie et rentrée, leur rôle d'équipage devra être visé par l'administration de la marine.

3. Les dispositions de notre décret du 14 septembre 1810, sur la grande pêche en mer, sont applicables aux bâtimens désignés ci-dessus.

4. Nos côtes de la Yahde à l'Ecluse seront divisées en stations ou points de rassemblement de pêche, conformément à l'état annexé au présent.

5. Les bateaux de pêche ne pourront partir que des points désignés au tableau précité; et ils ne pourront rentrer, stationner, ni toucher sur aucun autre point, à moins d'une nécessité absolue dont il sera justifié.

TITRE II. Des conditions à remplir par les pêcheurs.

6. Nos sujets ne pourront faire la pêche en mer, qu'autant qu'ils en auront obtenu la permission par écrit de notre préfet maritime.

Ledit préfet ne délivrera cette permission que d'après un certificat favorable donné par le maire du lieu.

Mais, s'il avait quelque raison de service pour ne pas donner ladite permission, il retiendra les certificats qui lui seront présentés, et les annexera, sous le même numéro, aux rôles d'équipage qu'il aura à délivrer.

7. Nul ne pourra être reconnu en qualité de patron de pêche, s'il n'est immatriculé en ladite qualité au bureau de l'inscription maritime, ni exercer la pêche, en quelque qualité que ce soit, s'il ne prouve, par un certificat de l'inscription du quartier auquel il appartient, qu'il n'est pas appelé pour le service.

8. Aucun bateau ne pourra sortir pour faire la pêche, s'il n'est muni de son rôle d'équipage en bonne et due forme.

S'il se trouvait, à bord desdits bateaux, des individus autres que ceux portés sur le rôle d'équipage, ils seraient arrêtés et renvoyés devant le commissaire de police, qui, après les interrogatoires et informations nécessaires, fera traduire les prévenus devant qui de droit.

9. Les pêcheurs munis de rôles d'équipage et de permission du préfet maritime ou du

---

(1) Les anciens traités entre la France et la ville libre de Francfort ont repris tout leur effet à la paix. Ainsi, il y a entre les citoyens des deux Etats réciprocité de successibilité (9 juillet 1825; Cass. S. 26, 1, 402; D. 25, 1, 338).

commissaire principal de l'arrondissement central sont dispensés pour aller à la pêche de toute autre autorisation.

10. Chaque bateau de pêche, en approchant des côtes et en sortant des ports, devra arborer, à tête de mât, un petit pavillon blanc, sur lequel sera peint à l'huile et en noir le numéro de la station à laquelle il appartient, et au-dessous le numéro qui lui est propre dans ladite station.

Ces numéros devront avoir en long une dimension d'un demi-mètre (environ dix-huit pouces), avec une largeur proportionnée.

11. Il est défendu aux bateaux pêcheurs d'embarquer à bord plus de vivres que ceux présumés nécessaires à leur consommation pendant le temps qu'ils doivent rester à la mer.

Ils ne pourront transporter aucune espèce de marchandise et ils ne devront avoir à bord que les effets et ustensiles nécessaires pour la manœuvre de leurs bateaux et pour la pêche.

12. Voulant dégager ceux de nos sujets qui s'adonnent à la pêche, de toutes les entraves qui peuvent gêner leur industrie, et les éclairer des leçons de l'expérience, nous instituons par le présent une corporation de prud'hommes pêcheurs dans chaque station de pêche.

Ils seront choisis parmi les patrons âgés au moins de quarante ans, reconnus par leur loyauté et leur fidélité au Gouvernement, et se livrant personnellement à la pêche.

13. Il y aura *deux prud'hommes* pêcheurs pour vingt bateaux et au-dessous.

Au-dessus de vingt bateaux jusqu'à cinquante, il y aura *trois prud'hommes.*

Si le nombre des bateaux excède cinquante, il y aura *quatre prud'hommes,* et *cinq* jusqu'à soixante-quinze bateaux.

Il y aura *six prud'hommes* pour cent bateaux.

14. Les prud'hommes seront nommés par le préfet maritime, sur le rapport des administrateurs de l'inscription maritime, et le préfet leur expédiera un ordre de service, lequel sera enregistré au bureau de l'incription maritime et à la municipalité du lieu de la station de pêche.

15. Les prud'hommes seront chargés de surveiller la conduite des pêcheurs dans l'exercice de leur profession, de leur faire connaître les ordres et instructions auxquels ils devront se conformer, de prévenir les contestations qui pourraient s'élever entre les pêcheurs, d'informer l'administration de la marine de tous les faits et abus contraires au bon ordre, à la sûreté publique, et à l'intérêt des pêcheurs.

16. Les prud'hommes prêteront le serment de remplir leurs fonctions avec fidélité, devant le maire de la municipalité du lieu de la station de pêche, et en présence de l'administrateur ou préposé de l'inscription maritime; et les préfets maritimes donneront des ordres pour que lesdits prud'hommes soient reconnus en cette qualité par tous les pêcheurs de la station à laquelle ils seront attachés.

17. Les mêmes prud'hommes pourront être continués dans l'exercice de leurs fonctions, tant qu'ils les rempliront avec exactitude et fidélité.

18. Pendant la durée de leurs fonctions, les prud'hommes pêcheurs porteront à la boutonnière, et suspendue à un ruban vert, une médaille d'argent de deux centimètres de diamètre, sur laquelle seront empreints, d'un côté, les mots *prud'homme pêcheur,* et de l'autre, *une ancre.*

19. Les prud'hommes pêcheurs sont autorisés à se réunir tous les dimanches après l'office divin, sous la présidence du chef du port ou de celui qu'il aura désigné, pour aviser aux améliorations dont l'exercice de la pêche est susceptible, pour concerter les moyens de prévenir les fautes et délits de toute nature, et se désigner mutuellement les pêcheurs qu'ils jugent exiger une surveillance particulière.

20. La réunion des prud'hommes pourra appeler dans son sein les pêcheurs qu'elle jugera à propos d'entendre et de consulter; comme aussi elle devra leur donner les conseils dont ils pourront avoir besoin, et même admonester ceux qui lui paraîtraient répréhensibles.

21. Il sera tenu par l'agent maritime registre de ce qui aura été traité dans lesdites réunions; et lorsque le cas le requerra, il en rendra compte au commissaire du quartier, qui le transmettra au préfet maritime.

22. Les fonctions de prud'hommes pêcheurs seront gratuites; mais il leur sera accordé une pension de cinquante francs sur la caisse des invalides de la marine, après cinq années continues d'un bon et fidèle service dans ces fonctions, laquelle pension s'accroîtra successivement de vingt francs pour chaque année suivante d'exercice; et nous entendons que ces pensions se cumulent avec celles auxquelles ils auront droit, aux termes de nos réglemens, d'après la durée de leur navigation.

23. Les prud'hommes ne pourront être déchus des pensions ainsi acquises par l'exercice de leurs fonctions, qu'autant qu'ils y commettraient ultérieurement des fautes volontaires qui exigeraient leur remplacement; auquel cas la déchéance de la pension ne pourra être prononcée que par le conseil d'administration de la préfecture maritime.

24. Il est bien entendu que l'établissement desdits prud'hommes pêcheurs n'apporte au-

cun changement aux attributions du conseil des pêches établi en Hollande, en tant qu'elles ne sont pas modifiées par le présent décret.

Titre III. Police de la pêche.

25. Les patrons des bâtimens de pêche seront tenus de se munir d'un *visa* de départ, qui leur sera délivré soit par les préposés de l'inscription maritime, soit par un prud'homme pêcheur : ce *visa* devra être produit par les patrons qui seraient forcés de relâcher dans une station autre que celle d'où ils seraient partis.

26. Il sera établi un signal convenu sur toutes les côtes, pour rappeler les pêcheurs dans le port; ils seront tenus d'obéir audit signal, toutes les fois qu'il sera fait, et, à défaut, de justifier des causes qui les auront empêchés de le faire.

27. Si, par surprise ou autrement, un bateau avait communiqué avec l'ennemi, le patron du bateau et ceux qui s'en seront aperçus devront en faire leur déclaration, aussitôt après leur rentrée dans le port, au bureau de l'inscription maritime, sous peine, pour ces derniers, d'être punis comme complices d'un pêcheur qui aurait communiqué volontairement avec l'ennemi. Ce devoir est plus particulièrement prescrit aux prud'hommes, soit qu'ils se soient aperçus de la communication, soit qu'ils en aient été indirectement informés.

28. Tout bateau qui aura communiqué avec l'ennemi, quelle que soit la cause de la communication, sera consigné lors de sa rentrée dans le port. Le patron et les hommes de l'équipage ne pourront communiquer avec qui que ce soit, jusqu'à ce qu'ils aient été interrogés et examinés par l'administrateur ou préposé de l'inscription maritime, par le commissaire de police ou le maire du lieu.

29. Si un patron se trouve forcé de relâcher dans un lieu autre que celui désigné pour le rassemblement dont il fait partie, il se présentera au bureau de l'inscription maritime, et, à défaut, soit au commandant militaire, soit au maire ou au chef des douanes, pour faire constater ou inscrire sur son rôle la déclaration des causes de sa relâche.

Si ces causes ne sont pas jugées valables, il en sera rendu compte au chef de l'arrondissement maritime, pour être statué ce qu'il appartiendra.

30. Les bateaux de pêche pourront être visités à la sortie, ainsi qu'à la rentrée, par les préposés des douanes; et ceux qui passeront dans les eaux des pataches devront, s'ils sont hêlés, aborder immédiatement pour subir les visites prescrites.

31. Lorsque les bateaux reviendront de la pêche, les préposés de l'inscription maritime et les prud'hommes pêcheurs veilleront, si le port n'est pas fermé, à ce que le gouvernail, les avirons et les vergues soient retirés des bateaux par les patrons, et déposés par eux en un lieu sûr.

32. Les pêcheurs qui seront prévenus d'avoir facilité des correspondances, ou d'avoir communiqué avec l'ennemi, d'avoir embarqué ou débarqué des individus non inscrits sur leur rôle d'équipage, d'avoir effectué des exportations et importations prohibées, seront traduits devant les tribunaux ou autorités compétentes, pour être jugés et punis suivant la nature et la gravité de leur délit et des circonstances qui l'auront accompagné.

33. L'administration de la marine, dans chaque quartier d'inscription maritime, pourra prononcer provisoirement, contre les pêcheurs en contravention, les peines de discipline ci-après, savoir :

1° La prison pendant trois jours au plus, à moins que le cas ne soit tel, que le prévenu doive être détenu jusqu'à ce qu'on ait reçu les ordres du préfet;

2° L'interdiction de la pêche pendant huit jours au plus;

3° La suppression du commandement pour les patrons pendant le même temps.

34. Les administrateurs des quartiers d'inscription maritime seront tenus de rendre compte, dans les vingt-quatre heures, au préfet maritime, des peines de discipline qu'ils auront cru devoir prononcer contre les pêcheurs, et ils prendront ses ordres, s'il y a lieu, sur les suites à y donner.

35. L'inspection, la direction et la police supérieure de la pêche appartiennent exclusivement au préfet maritime.

En conséquence, les rapports sur la conduite des pêcheurs à la mer, faits à leurs chefs respectifs par des agens étrangers au département de la marine, tels que les canonniers des batteries de la côte, les garde-côtes, les gendarmes, les préposés des douanes, seront communiqués au chef du service maritime, afin qu'il puisse ordonner à l'égard des pêcheurs en contravention, telle mesure qu'il appartiendra.

Pourront toutefois, dans les cas urgens, les commandans militaires, les agens supérieurs des douanes, les commissaires de police, faire arrêter les pêcheurs coupables de délits et infractions, sauf à en prévenir le chef du service maritime, et à en rendre compte aux ministres de leurs départemens respectifs, qui nous en feront immédiatement leur rapport.

36. Les commandans de tous nos bâtimens de guerre, et notamment de ceux de flottille, les inspecteurs des signaux de côtes, les administrateurs et préposés de l'inscription maritime, sont essentiellement chargés de surveiller la conduite des pêcheurs; et ils feront parvenir aux préfets maritimes, lorsque le cas leur paraîtra l'exiger, les observations et informations qu'ils recueilleront.

37. Lorsque l'intérêt de notre service ou quelques circonstances extraordinaires l'exigeront, les préfets maritimes, ou les chefs de service de la marine dans les sous-arrondissemens, pourront empêcher la sortie d'un ou de plusieurs points de rassemblement de pêche.

Ils pourront aussi abréger la durée du temps pendant lequel les pêcheurs pourront ordinairement rester à la mer.

Ils donneront de semblables ordres, soit pour la suspension, soit pour la limitation momentanée de la pêche, quand ils en seront requis par les commandans de nos escadres et divisions navales, soit par les commandans des camps sur les côtes et divisions militaires et des départemens ou des places de guerre maritimes, soit par les commissaires généraux de police; mais les préfets, ou chefs des services maritimes dans les sous-arrondissemens, seront tenus de rendre compte immédiatement, à notre ministre de la marine, des réquisitions qu'ils auront reçues et des ordres qu'ils auront donnés, comme ceux qui auront fait les dernières réquisitions devront en rendre compte à leurs ministres respectifs, qui nous en feront immédiatement leur rapport.

38. Tout agent maritime, militaire, des douanes, de la police, tout prud'homme pêcheur qui se permettrait d'exiger ou de recevoir une rétribution quelconque de la part des pêcheurs, sera traduit devant les tribunaux pour être jugé comme concussionnaire.

39. Tout patron de pêche qui aura payé à aucun des agens ci-dessus désignés une rétribution volontaire perdra le droit de pêche, et tiendra prison pendant huit jours au moins.

Sera passible de la même peine celui qui, ayant été obligé de payer une rétribution quelconque, n'en ferait pas son rapport au préfet maritime.

40. Sur la proposition des commandans de la marine, les gouverneurs généraux des départemens de l'Ems-Supérieur, des Bouches-du-Weser et de l'Elbe, et des provinces illyriennes, arrêteront des réglemens particuliers sur la police de la pêche sur les côtes de ces départemens et provinces.

41. Nos ministres sont chargés de l'exécution du présent décret.

Désignation des points de rassemblement de pêche du poisson frais, dans les arrondissemens maritimes de Hollande et d'Anvers.

HOLLANDE.

Art. 1er. Les lieux de stations ou points de rassemblement des bateaux de pêche du poisson frais seront : 1° Carolinen-Syhl, 2° Greez-Zyhl, 3° Delfzyhl, 4° Solckamp, 5° Harlingen, 6° Egmond-sur-Mer, 7° Scheveningen, 8° La Brielle, 9° Middelharnis, 10° Goederedde.

Les bateaux de pêche de cet arrondissement pourront être six jours en mer.

Ils ne pourront sortir ni rentrer par la passe qui sépare le Helder du Texel, ni par celle qui sépare le Texel du Vlicland.

2. Les bâtimens qui pêchent dans le Zuyderzée, sans sortir en dehors des îles pour aller à la mer, pourront faire librement leur pêche sans être assujétis à aucun point de rassemblement : ceux partant des ports du Zuyderzée non dénommés comme points de rassemblement continueront l'exercice de la pêche en dehors des îles, aux conditions établies par le réglement du 15 juillet 1811.

3. Les pêcheurs des îles qui sont au nord de la Hollande partiront tous d'un point pris sur chacune desdites îles, qui sera déterminé par notre ministre de la marine : ils seront tenus de se conformer aux dispositions de l'article 5 de notre décret de ce jour, sur la pêche; et ils ne pourront tenir la mer, sans rentrer, que quatre jours au plus.

ARRONDISSEMENT D'ANVERS.

Les lieux de stations de pêche pour l'arrondissement d'Anvers sont :

1° Browershaven, 2° Veere, 3° l'Ecluse.

Les pêcheurs de cet arrondissement pourront rester trois jours à la mer.

---

25 AVRIL 1812. — Décret concernant l'établissement de deux nouvelles foires dans chacune des communes de Saint-Affrique et de Cornus, et à la tenue de celles de Brisembourg et d'Amagne. (4, Bull. 433, nos 7975 et 7976.)

---

25 AVRIL 1812. — Décret qui permet aux sieurs Pfend et compagnie, propriétaires de l'ancienne verrerie dite de Saint-Nicolas, située à Carlsbrun, de transporter cette verrerie dans la commune de Furstenhausen. (4, Bull. 433, n° 7977.)

---

25 AVRIL 1812. — Décrets qui autorisent l'acceptation de dons et legs faits au consistoire de l'église luthérienne de Dorlisheim, et aux pauvres et hospices de Censeau, Durtal, Beaujeu, Vitré, Saint-Pons, Wassy, Tréguier, Pleudaniel, Saint-Flour, Pfalsel, Clermont, Louhans, Rochefort, Anvers, Aurillac, Barcus, Cumphin-en-Carembault, Challans, Saint-Jean de Moissat et Trembloy. (4, Bull. 433, nos 7978 et 7979; Bull. 436, n° 7995, et Bull. 437, nos 8006 à 8021.)

---

28 AVRIL 1812. — Avis du Conseil-d'Etat. (Officiers prisonniers.) *Voy.* 4 MAI 1812.

1er MAI 1812. — Décret qui détermine les cas où les généraux ou commandans militaires peuvent capituler, et la manière dont seront jugés et punis ceux qui capituleront hors les cas où la capitulation est permise. (4, Bull. 432, n° 7928.)

Voy. décret du 24 DÉCEMBRE 1811 ; avis du Conseil-d'État du 22 SEPTEMBRE 1812.

Art. 1er. Il est défendu à tout général, à tout commandant d'une troupe armée, quel que soit son grade, de traiter en rase campagne d'aucune capitulation par écrit ou verbale.

2. Toute capitulation de ce genre dont le résultat aurait été de faire poser les armes est déclarée déshonorante et criminelle, et sera punie de mort. Il en sera de même de toute autre capitulation, si le général ou commandant n'a pas fait tout ce que lui prescrivaient le devoir et l'honneur.

3. Une capitulation dans une place de guerre assiégée et bloquée est permise dans les cas prévus par l'article suivant.

4. La capitulation dans une place de guerre assiégée et bloquée peut avoir lieu, si les vivres et munitions sont épuisés, après avoir été ménagés convenablement, si la garnison a soutenu un assaut à l'enceinte sans pouvoir en soutenir un second, et si le gouverneur ou commandant a satisfait à toutes les obligations qui lui sont imposées par notre décret du 24 décembre 1811. Dans tous les cas, le gouverneur ou commandant, ainsi que les officiers, ne sépareront pas leur sort de celui de leurs soldats, et le partageront.

5. Lorsque les conditions prescrites dans l'article précédent n'auront pas été remplies, toute capitulation ou perte de la place, qui s'ensuivra, est déclarée déshonorante et criminelle, et sera punie de mort.

6. Tout commandant militaire prévenu des délits mentionnés aux articles 2 et 5 sera traduit devant un conseil de guerre extraordinaire, en conséquence du rapport que nous en fera notre ministre de la guerre, à la suite d'une enquête.

7. Le conseil de guerre extraordinaire sera composé de sept membres, savoir : d'un président, qui sera toujours, tant que cela sera possible, d'un grade supérieur à celui du prévenu, et de six officiers généraux, si le prévenu est officier général ; de six officiers généraux ou supérieurs, si le prévenu est officier supérieur ; et, dans tous les autres cas, de six officiers de même grade ou de grade supérieur.

Le rapporteur et le commissaire impérial seront, autant que possible, d'un grade supérieur à celui de l'accusé.

Les fonctions de secrétaire-greffier seront remplies par un inspecteur aux revues, s'il s'agit de prononcer sur un général en chef, par un sous-inspecteur, s'il est question d'un officier général ou d'un colonel, et par un adjoint, s'il s'agit de tout autre grade.

8. Les juges décideront dans leur ame et conscience, et d'après toutes les circonstances du fait, si le délit existe, si le prévenu est coupable, et s'il convient de lui appliquer la peine de mort.

Lorsqu'il se présentera des circonstances atténuantes, la peine de mort pourra être commuée dans la peine de la dégradation, ou en celle de la prison pour un temps qui sera déterminé par le jugement.

9. Le condamné pourra se pourvoir dans le délai prescrit devant la Cour de cassation, dans les trois jours qui suivront le prononcé du jugement.

Le commissaire impérial aura également la faculté de se pourvoir devant la cour de cassation dans le même délai.

Les procédures auront lieu dans la chambre du conseil, et sur mémoires non imprimés (1).

10. La règle établie par l'article 8 est déclarée applicable, dans les jugemens des conseils ordinaires, à tous les cas non prévus par les lois militaires. Les juges appliqueront alors, en leur ame et conscience, et d'après toutes les circonstances du fait, une des peines du Code pénal, civil ou militaire, qui leur paraîtra proportionnée au délit.

11. Notre grand-juge, ministre de la justice, et notre ministre de la guerre, sont chargés de l'exécution du présent décret.

1er MAI 1812. — Sénatus-consulte qui réunit divers immeubles au domaine de la couronne. (4, Bull. 433, n° 7944)

Voy. sénatus-consulte du 30 JANVIER 1810.

Art. 1er. Sont réunis et demeurent annexés au domaine de la couronne les immeubles acquis au nom de sa majesté, et dont la désignation suit, savoir :

SAINT-CLOUD.

L'hôtel des Pages ;

Le terrain et les deux échoppes acquis du sieur Leuillier ;

Maison du jardinier fleuriste, commune de Sèvres ;

Maison du portier, à la grille du Mail ;

Maison dite des *Sarps* ;

(1) Le prévenu de capitulation criminelle peut se pourvoir en cassation pour omission des formalités qui ont pour objet de mettre le prévenu en état de se défendre, notamment pour omission de la lecture du procès-verbal d'information (15 janvier 1813 ; Cass. S. 14, 1, 187).

Deux maisons rue des Ursulines, et rue du Chevalier-de-Lorraine;

Laiterie de Montretout;

L'hôtel de Brancas, située à Sèvres.

VERSAILLES.

Le pavillon et l'enclos du Butard;

Les bâtimens formant l'aile droite de la Vénerie;

La ferme de Galli;

La ferme de la Ménagerie et de la Faisanderie;

La ferme du Désert;

La ferme du Bois-Robert;

Quatre pièces de terre labourable acquises des héritiers Richault;

Deux pièces de terre labourable acquises du sieur Véry et sa femme;

Un jardin et un petit bâtiment acquis du sieur Millon;

Une pièce de terre labourable acquise du sieur Bardon;

La ferme de Satory;

Le bâtiment et enclos appelé la *porte de Saint-Cyr;*

Une maison et un enclos en face de la Ménagerie;

Les deux glacières du palais de Versailles;

La maison et enclos dits la *Porte-de-Landry;*

Une pièce de terre acquise du sieur Flot;

L'auberge de la Chaumière;

Une pièce de terre acquise du sieur Lehuby;

Un jardin acquis du sieur Gervais;

La ferme de l'Hermitage;

Vingt-six hectares vingt-quatre ares soixante-dix centiares provenant de concessions faites à soixante-un particuliers de Roquencourt;

Une pièce de terre acquise du sieur Robert;

La ferme de Lessart;

Rendez-vous de chasse de Verrières;

Soixante-une redevances achetées des sieurs Rollet;

Bâtiment et portion de terrain de la ferme de Trousalé.

MEUDON.

Le petit parc de Meudon, et les étangs de Trivaux et de Chalais;

Trois pièces de terre labourable, dans le grand parc, acquises du sieur Peyronnet;

Deux pièces de terre labourable, dans le grand parc, acquises du sieur Delamain;

La ferme de Grange-Dame-Rose.

SAINT-GERMAIN.

Le pavillon du Fer-à-Cheval;

Les terrains acquis des sieurs Ladoucette, Racle, Métayer, la veuve Péron, et de divers particuliers, par voie d'échange, pour servir de clôture de la forêt;

Le domaine de Marly.

RAMBOUILLET.

Le pavillon du Fer-à-Cheval;

Le château de Saint-Léger et terrains adjacens;

Le parc d'en haut, acquis de madame Louvet;

La ferme des Petits-Hogues et des Brulins;

L'étang du Moulinet;

Le chenil, ou maison des chasses;

Emplacement de l'hôtel du Gouvernement, à Rambouillet;

Deux hectares quatre-vingt-dix ares seize centiares de terrain labourable, en ce comprise une petite lisière de bois;

Bois de Pouras, contenant quarante-quatre hectares quarante-sept ares, avec une maison de garde enclavée dans la forêt de Saint-Léger.

FONTAINEBLEAU.

L'enclos du sieur Dubois, près les grandes écuries;

L'hôtel du Gouvernement;

Une maison de garde aux Sablons;

Une maison de garde à la Rochette;

L'ancien Chenil et ses dépendances;

Un hectare sept ares vingt centiares de terrain près la pyramide, entre le parc et la forêt;

Deux pièces de terres acquises du sieur Mion;

Une maison de garde aux Basses-Loges;

Deux pièces de terre acquises du sieur Poussaint;

Huit hectares soixante-trois ares trois centiares de terrain inculte, contigu au parc.

COMPIÈGNE.

Les terrains situés entre le jardin impérial et la forêt;

Un emplacement contigu à la Secrétairerie d'Etat;

Glacière, jardin, bâtiment et terrain dans les fossés du palais, acquis des héritiers Radix-de-Sainte-Foix;

Terrain et emplacement dit les *Ecuries de la Reine.*

PARIS.

Soixante-dix ares de terre attenant au parc de Mouceaux;

L'ancienne melonnière de Mouceaux et les bâtimens de portiers qui en dépendent.

2. Sont également réunis et demeurent annexés au domaine de la couronne, les palais de Strasbourg et de Bordeaux, mis au nombre des palais impériaux par les décrets des 21 janvier 1806 et 18 avril 1808.

1er MAI 1812. — Décret contenant nomination de plusieurs préfets de département. (4, Bull. 433, n° 7945.)

1er MAI 1812. — Extrait de lettres-patentes portant institution de majorat en faveur de M. Guillaume Thabaud. (4, Bull. 437, n° 8004.)

---

4 MAI 1812. — Décret relatif à la circulation des grains et farines, et à l'approvisionnement et à la police des marchés. (4, Bull. 433, n° 7946.)

Voy. décret du 8 MAI 1812.

N...., nous étant fait rendre compte de l'état des subsistances dans toute l'étendue de notre empire, nous avons reconnu que les grains existans formaient une masse non-seulement égale, mais supérieure à tous les besoins.

Toutefois cette proportion générale entre les ressources et la consommation ne s'établit dans chaque département de l'empire qu'au moyen de la circulation.

Et cette circulation devient moins rapide, lorsque la précaution fait faire aux consommateurs des achats anticipés et surabondans, lorsque le cultivateur porte plus lentement aux marchés, lorsque le commerçant diffère de vendre, et que le capitaliste emploie ses fonds en achats qu'il emmagasine pour garder, et provoquer ainsi le renchérissement.

Ces calculs de l'intérêt personnel, légitimes lorsqu'ils ne compromettent point la subsistance du peuple, et ne donnent point aux grains une valeur supérieure à la valeur réelle, résultat de la situation de la récolte dans tout l'empire, doivent être défendus lorsqu'ils donnent aux grains une valeur factice et hors de proportion avec le prix auquel la denrée peut s'élever d'après sa valeur effective, réunie au prix du transport et au légitime bénéfice du commerce.

A quoi voulant pourvoir par des mesures propres à assurer à la circulation toute son activité, et aux départemens qui éprouvent des besoins, la sécurité;

Sur le rapport de notre ministre des manufactures et du commerce,

Notre Conseil-d'Etat entendu,

Nous avons décrété et décrétons ce qui suit :

SECTION Ire. De la circulation des grains et farines.

Art. 1er. La libre circulation des grains et farines sera protégée dans tous les départemens de notre empire. Mandons à toutes les autorités civiles et militaires d'y tenir la main, et à tous les officiers de police et de justice de réprimer toutes oppositions, de les constater, et d'en poursuivre ou faire poursuivre les auteurs devant nos cours et tribunaux.

2. Tout individu, commerçant, commissionnaire ou autre qui fera des achats de grains et farines au marché pour en approvisionner les départemens qui auraient des besoins, sera tenu de le faire publiquement, et après en avoir fait la déclaration au préfet ou au sous-préfet.

SECTION II. De l'approvisionnement des marchés.

3. Il est défendu à tous nos sujets, de quelque qualité et condition qu'ils soient, de faire aucun achat ou approvisionnement de grains ou farines pour les garder et les emmagasiner et en faire un objet de spéculation.

4. En conséquence, tous individus ayant en magasin des grains et farines seront tenus : 1° de déclarer aux préfets ou sous-préfets les quantités par eux possédées, et les lieux où elles sont déposées; 2° de conduire dans les halles et marchés qui leur seront indiqués par lesdits préfets ou sous-préfets, les quantités nécessaires pour les tenir suffisamment approvisionnés.

5. Tout fermier, cultivateur ou propriétaire ayant des grains, sera tenu de faire les mêmes déclarations, et de se soumettre également à assurer l'approvisionnement des marchés, lorsqu'il en sera requis.

6. Les fermiers qui ont stipulé leur prix de ferme payable en nature pourront en faire les déclarations et justifications par la représentation de leurs baux. En ce cas, sur la quantité qu'ils seront tenus de porter aux marchés pour les approvisionnemens, une quote-part proportionnelle, sera pour le compte des bailleurs; et le fermier leur en tiendra compte en argent, sur le pied du marché où il aura vendu, et d'après la mercuriale.

7. Les propriétaires qui reçoivent des prestations ou prix de fermes en grains pourront obliger leurs fermiers habitans les mêmes communes, de conduire ces grains au marché, moyennant une juste indemnité, s'ils n'y sont tenus par leurs baux.

SECTION III. De la police des marchés.

8. Tous les grains et farines seront portés aux marchés qui sont ou seront établis à cet effet. Il est défendu d'en vendre ou acheter ailleurs que dans lesdits marchés.

9. Les habitans et boulangers pourront seuls acheter des grains pendant la première heure, pour leur consommation.

Les commissionnaires et commerçans qui se présenteraient au marché, après s'être conformés aux dispositions de l'article 2 du présent décret, ne pourront acheter qu'après la première heure.

10. Nos ministres sont chargés de l'exécution du présent décret.

---

4 MAI 1812. — Avis du Conseil-d'Etat relatif au jugement des officiers faits prisonniers de guerre qui, après avoir faussé leur parole, sont repris les armes à la main. (4, Bull. 433, n° 7947.)

Le Conseil-d'Etat, qui, en exécution du renvoi ordonné par sa majesté, a entendu le rapport des sections de la guerre et de législation réunies, sur celui du ministre de la guerre, ayant pour objet d'examiner si des officiers faits prisonniers de guerre, et qui, après avoir faussé leur parole, sont repris les armes à la main, doivent être traduits devant une commission militaire;

Considérant que ces officiers, ayant abusé du droit des gens, retombent par cela même sous le droit de la guerre,

Est d'avis,

Que lorsque des officiers prisonniers de guerre, ayant faussé leur parole, sont repris les armes à la main, la peine capitale par eux encourue ne peut leur être infligée qu'après avoir été traduits à une commission militaire chargée de constater l'identité des individus et la réalité des faits.

---

4 MAI 1812. — Décret relatif à la recherche et à la punition des déserteurs de la marine. (4, Bull. 434, n° 7980.)

Voy. décrets du 5 GERMINAL an 12 et du 1er FLORÉAL an 12.

Art. 1er. Il ne sera plus rendu de jugemens par contumace pour le délit de désertion, soit dans nos armées navales, soit dans nos ports et arsenaux; mais tout commandant de nos bâtimens, tout chef de corps ou de détachement, tout chef de service, chargé par les lois et réglemens de dénoncer les déserteurs, devra, sous peine de dix jours d'arrêts, et de plus forte peine, s'il y a lieu, signaler le déserteur, dans les vingt-quatre heures de son absence, à notre ministre de la marine et au premier inspecteur général de la gendarmerie, pour qu'il soit recherché et arrêté.

2. Tout sous-officier et soldat qui aurait été conduit comme déserteur ou réfractaire à l'un de nos régimens de Walcheren, de la Méditerranée, de l'île de Ré, Belle-Ile, ou à l'un des dépôts généraux de réfractaires, qui en déserterait ou abandonnerait son détachement pendant la route, en se rendant de ce dépôt à l'équipage de haut-bord ou de flottille, comme à tout autre corps de service de la marine auquel il sera destiné, et pendant les six premiers mois de son arrivée audit corps, sera puni des peines suivantes.

3. Si, d'après les actes du Gouvernement des 5 germinal et 1er floréal an 12, relatifs à la répression de la désertion des marins, il a encouru la peine de la bouline, il sera condamné à dix ans de boulet, et s'il a encouru la peine de la chaîne, il sera condamné à dix ans de double boulet.

4. Les dispositions du titre VII desdits actes du Gouvernement, relatif à l'application des peines contre la désertion, sont maintenues, à l'exception que la peine de la chaîne pour crime de désertion sera supprimée, et convertie en celle du boulet.

5. Tout officier marinier, marin ou apprenti marin, provenant de l'inscription maritime ou de la conscription, qui, après avoir obtenu grace pour crime de désertion, ne se rendra pas au corps ou à la destination qui lui aura été assignée, ou qui en déserterait après s'y être rendu, sera puni de mort.

6. La condamnation à mort prononcée par l'article ci-dessus sera exécutée dans les vingt-quatre heures, à moins d'un ordre contraire émané de nous, ou à moins que l'amiral ou autre commandant nos forces navales, ou le préfet maritime, ou enfin le chef du service qui aura convoqué le conseil de guerre, n'ordonne un sursis à l'exécution, en raison des circonstances qui pourraient atténuer le crime du condamné.

7. Dans ce dernier cas, ledit amiral ou commandant de nos forces navales, préfet maritime ou chef de service, adressera à notre ministre de la marine une copie du jugement de condamnation, au bas de laquelle il inscrira les motifs qui l'ont déterminé à prononcer le sursis.

8. Tout officier marinier, marin ou apprenti marin, accusé de désertion, qui sera arrêté, ou qui se présentera après l'expiration du délai accordé au repentir par les décrets et réglemens, sera conduit à son corps ou à bord de son bâtiment, ou dans le port pour lequel il aura été destiné, à l'effet d'y être jugé contradictoirement; mais, si le dépôt de son corps se trouvait au-delà du Rhin, des Alpes ou des Pyrénées, ou que le bâtiment d'où il a déserté eût pris la mer, le prévenu sera conduit et jugé dans le port le plus voisin du lieu de son arrestation.

9. Toutes dispositions contraires au présent décret sont et demeurent abrogées.

12. Notre grand-juge, ministre de la justice, et nos ministres de la guerre, de la marine et de la police générale, sont chargés de l'exécution du présent décret.

---

4 MAI 1812. — Décret relatif au cas de citation en témoignage, des ministres, des grands-officiers de l'empire et autres principaux fonctionnaires de l'Etat. (4, Bull. 434, n° 7981.)

Voy. Code d'instruction criminelle, art. 510 et suiv. (1).

Art. 1er. Nos ministres ne pourront être entendus comme témoins que dans le cas où, sur la demande du ministère public ou d'une partie, et sur le rapport de notre grand-juge, ministre de la justice, nous aurions, par un décret spécial, autorisé leur audition.

2. Le décret portant cette autorisation réglera en même temps la manière dont nos ministres seront entendus, et le cérémonial à observer à leur égard.

3. Dans les affaires où nos préfets auront agi en vertu de l'article 10 de notre Code d'instruction criminelle, si le bien de la justice exige qu'il leur soit demandé de nouveaux renseignemens, les officiers chargés de l'instruction leur demanderont ces renseignemens par écrit, et nos préfets seront tenus de les donner dans la même forme.

4. Dans les affaires autres que celles spécifiées au précédent article, si nos préfets ont été cités comme témoins, et qu'ils allèguent, pour s'en excuser, la nécessité de notre service, il ne sera pas donné de suite à la citation.

Dans ce cas, les officiers chargés de l'instruction, après qu'ils se seront entendus avec eux sur le jour et l'heure, viendront dans leur demeure pour recevoir leurs dépositions, et il sera procédé, à cet égard, ainsi qu'il est prescrit à l'article 516 de notredit Code.

5. Lorsque nos préfets, cités comme témoins, ne s'excuseront pas ainsi qu'il est dit à l'article précédent, ils seront reçus par un huissier à la première porte du palais de justice, introduits dans le parquet, et placés sur un siége particulier.

Ils seront reconduits de la même manière qu'ils auront été reçus.

6. Les dispositions des deux articles précédens sont déclarées communes aux grands officiers de l'empire, aux présidens de notre Conseil-d'Etat; aux ministres d'Etat et conseillers d'Etat lorsqu'ils sont chargés d'une administration publique, à nos généraux actuellement en service, à nos ambassadeurs et autres agens diplomatiques près les cours étrangères.

7. Notre grand-juge, ministre de la justice, est chargé de l'exécution du présent décret.

---

4 MAI 1812. — Décret contenant les dispositions pénales contre ceux qui chassent sans permis de port d'armes de chasse. (4, Bull. 434, n° 7983.)

Voy. loi du 28 = 30 AVRIL 1790; décret du 11 JUILLET 1810; avis du Conseil-d'Etat du 17 MAI 1811.

Art. 1er. Quiconque sera trouvé chassant, et ne justifiant point d'un permis de port d'armes de chasse, délivré conformément à notre décret du 11 juillet 1810, sera traduit devant le tribunal de police correctionnelle, et puni d'une amende qui ne pourra être moindre de trente francs ni excéder soixante francs (2).

---

(1) *Voy.* Traité de législation criminelle, par M. Legraverend, tome 1er, p. 271 et suivantes.

(2) C'était une question fort controversée, avant ce décret, que celle de savoir si le port d'armes était permis généralement, ou s'il était généralement prohibé. L'administration prétendait que c'était par un privilége tout particulier que l'ordonnance du 14 juillet 1716 avait accordé le droit de port d'armes aux nobles et gens vivant noblement; que les lois de la révolution, abolitives de priviléges, avaient anéanti l'exception, et étendu la prohibition à toutes les classes de citoyens; on répondait que le droit commun autorisait le port d'armes pour tous les Français, que l'ordonnance, en le restreignant à certaines classes, avait créé un privilége, et que ce privilége avait disparu devant les lois de 1789. La question ne peut plus être agitée depuis le décret; mais le décret lui-même a été l'objet de critiques fondées sur ce qu'il n'appartient pas au pouvoir exécutif d'établir des prohibitions et de créer des peines. Nous avons eu déjà l'occasion de rappeler le même reproche adressé à d'autres actes. *Voy.* préface de cette Collection, page 8. Depuis la restauration, plusieurs lois ont sanctionné le décret, du moins dans la disposition fiscale qui fixe le prix des permis de port d'armes (*voy.* lois du 21 décembre 1814, du 28 avril 1816); mais la disposition pénale reste toujours viciée de l'excès de pouvoir que nous avons signalé.

Ce décret a été attaqué encore sous un autre rapport; on a prétendu qu'il était en opposition manifeste avec la loi du 28 = 30 avril 1790, qui regarde le droit de chasse comme inhérent au droit de propriété, en ce qu'il assujétit et subordonne ce droit au paiement d'un impôt, et même au pouvoir discrétionnaire de l'administration; on a fait remarquer enfin que s'il est vrai que, depuis 1789, le port d'armes soit licite à tous les citoyens; comme, d'ailleurs, le fait de chasse chez soi est permis, aux termes de la loi du 28 = 30 avril 1790, il est impossible d'admettre que le fait de *port d'armes à la chasse* soit un délit; car la réunion de deux faits innocens ne peut constituer un délit (*voy.* M. Toullier, t. 4, p. 13 et suiv., et S. 14, 2, 121).

Quelque certains que soient ces principes, quelque rigoureuses que soient les conséquences qu'on en tire, le système contraire a prévalu dans la pratique.

Le délit de chasse, soit sur le terrain d'autrui, soit en temps prohibé, est puni, non par ce décret, mais par la loi du 28 = 30 avril 1790.

Ce n'est plus le port d'armes seul qui est prohibé, selon l'ordonnance du 14 juillet 1716, mais le port d'armes *à la chasse* (15 octobre 1815; Cass. S. 14, 1, 69).

2. En cas de récidive, l'amende sera de soixante-un francs au moins, et de deux cents francs au plus. Le tribunal pourra, en outre, prononcer un emprisonnement de six jours à un mois.

3. Dans tous les cas, il y aura lieu à la con-

Voy. l'article 4.

Le port d'armes sans permission est punissable toutes les fois qu'il est joint à un fait de chasse, même licite. Ainsi, l'individu qui chasse sans permis de port d'armes sur un terrain dont il est propriétaire ou fermier, et en temps non prohibé, est punissable; vainement il alléguerait qu'il lui était permis de chasser sur son terrain (7 mars 1823; Cass. S. 23, 1, 241).

La chasse, généralement permise au propriétaire sur son propre terrain par la loi du 28 = 30 avril 1790, a pu être prohibée par le présent décret à tous ceux qui ne sont pas munis d'un port d'armes; cette prohibition a continué d'avoir effet, même depuis la Charte de 1830 (8 avril 1831; Cass. S. 31, 1, 175; D. 31, 1, 171; P. 51, 166).

Le port d'armes sans permission est punissable, lorsqu'il est réuni à un fait de chasse quelconque, encore que le fait de chasse ait eu lieu dans un bois en partie entouré de fossés. La peine ne pourrait être écartée qu'au cas où le port et l'usage des armes aurait eu lieu dans un enclos fermé au public, et lié à une maison d'habitation dont il formerait l'accessoire; en ce cas, il n'y aurait pas fait de chasse (21 mars 1823; Cass. S. 23, 1, 242).

Il y a fait de chasse de la part de celui qui tire des coups de fusil sur du gibier, de l'intérieur d'une cabane en feuillage, servant d'abri ou de poste au chasseur pour épier et abattre le gibier. On ne peut dire que les coups de fusil ont été tirés d'une maison habitée (7 mars 1823; Cass. S. 23, 1, 241. — 20 juin 1821; Cass. S. 23, 1, 383).

Une *île*, environnée d'une rivière navigable, doit être considérée comme une propriété non close, en ce qui touche la faculté d'y chasser (12 février 1830; Cass. S. 30, 1, 236; D. 30, 1, 123).

Le propriétaire d'un enclos et toute personne de lui autorisée ont le droit de chasser dans cet enclos, sans être muni d'un permis de port d'armes.

Doit être considéré comme enclos dans lequel on peut chasser sans permis de port d'armes, le terrain entouré de haies, encore qu'il existe dans la clôture des brèches qui permettent de s'y introduire (6 novembre 1828, Paris; S. 28, 2, 345; D. 29, 2, 97).

Il a été jugé contrairement aux décisions qui précèdent, que la défense de chasser sans avoir un permis de port d'armes de chasse, s'étend aux propriétaires, à ce point, qu'il ne peut y avoir *excuse*, même pour le propriétaire qui n'a chassé que sur son propre terrain, alors même que ce terrain était clos (23 février 1827; Cass. S. 27, 1, 388; D. 27, 1, 151; P. 39, 150. — 12 février 1830; Cass. S. 30, 1, 236; D. 30, 1, 123).

La peine du délit de port d'armes sans permis ne peut être cumulée avec la peine d'un autre délit, plus forte, que lorsque cette dernière peine est prononcée par la loi du 28 = 30 avril 1790 (Code d'instr. crim., art. 365). Ainsi, lorsque le délit de port d'armes se trouve joint au délit de chasse dans une forêt royale, l'amende de cent francs, que prononce l'ordonnance de 1669 contre ce dernier délit, doit seule être appliquée (4 mai 1821; Cass. S. 21, 1, 368).

Le fait de chasse, avec armes, sans permis de port d'armes, en temps prohibé, est un délit de nature à emporter aggravation de la peine du meurtre, lorsqu'il a précédé, accompagné ou suivi le meurtre. Peu importe, d'ailleurs, que le fait ait eu lieu dans un terrain clos ou non clos (21 mars 1822; Cass. S. 22, 1, 253).

Le délit de chasse sans port d'armes ne peut être excusé par le motif que le prévenu avait précédemment consigné les droits dus pour obtenir ce permis, lors même qu'ensuite ce permis lui a été délivré (24 décembre 1819; Cass. S. 20, 1, 162. — 7 mars 1823; S. 23, 1, 241).

Le chasseur avec port d'armes, qui n'a pas été sommé par l'officier de police de justifier de son permis, est néanmoins passible d'action correctionnelle, et doit justifier de ce permis au tribunal devant lequel il est cité, à peine de condamnation. Vainement il dirait que le permis était à sa disposition lorsqu'il a chassé, qu'il n'a pas dû le conserver depuis, et que l'autorité doit s'imputer de ne l'avoir pas sommé de le produire (26 mars 1825; Cass. S. 26, 1, 83).

La preuve par témoins doit être admise pour établir un délit de chasse sans permis de port d'armes, en cas d'irrégularité du procès-verbal constatant le délit; le garde-champêtre rédacteur du procès-verbal, et l'adjoint du maire qui a reçu l'affirmation, peuvent être entendus comme témoins (17 avril 1823; Cass. S. 23, 1, 283).

Les procès-verbaux des gendarmes touchant les délits ou faits de chasse sans permis de port d'armes font foi, non définitivement et jusqu'à inscription de faux, mais provisoirement ou jusqu'à preuve contraire (30 juillet 1825; Cass. S. 25, 1, 367).

Le port d'armes sans permis étant un délit par lui-même, avant le décret du 4 mai 1812, était, comme délit ordinaire, prescriptible seulement par un an; mais, depuis le décret du 4 mai, le port d'armes sans permis n'étant un délit qu'autant qu'il est uni à un fait de chasse, la prescription d'un mois, spéciale pour les délits de chasse, aux termes de la loi du 28 = 30 avril 1790, est applicable au fait de port d'armes, sans permis, à la chasse (1er octobre 1813 et 17 décembre 1824; Cass. S. 25, 1, 185).

Le fait de chasse sans permis peut être poursuivi par le ministère public (12 février 1808; Cass. S. 8, 1, 258).

Un permis de port d'armes de chasse n'est pas limité au département dans lequel réside le préfet qui l'a délivré : il a effet dans toute l'étendue de la France (20 janvier 1825; Lyon, S. 26, 2, 61).

fication des armes; et, si elles n'ont pas été saisies, le délinquant sera condamné à les rapporter au greffe ou à en payer la valeur, suivant la fixation qui en sera faite par le jugement, sans que cette fixation puisse être au-dessous de cinquante francs (1).

4. Seront, au surplus, exécutées les dispositions de la loi du 28 = 30 avril 1790 concernant la chasse, laquelle loi sera publiée dans les départemens où elle ne l'a pas encore été.

5. Notre grand-juge, ministre de la justice, et notre ministre de la police générale, sont chargés de l'exécution du présent décret.

---

4 MAI 1812. — Décret qui proroge le délai fixé pour faire cesser le mode de perception des octrois par abonnement. (4, Bull. 434, n° 7984.)

Voy. avis du Conseil-d'Etat du 26 AVRIL 1811; décret du 25 SEPTEMBRE 1813.

Art. 1er. Le délai fixé par notre décision du 26 juillet 1811, pour faire cesser le mode de perception des octrois par abonnement, est prorogé jusqu'au 1er janvier 1814.

2. Nos ministres de l'intérieur et des finances sont chargés de l'exécution du présent décret.

---

4 MAI 1812. — Décret relatif à des individus des départemens de Rome et du Trasimène qui ont refusé de prêter le serment prescrit à tout Français par les constitutions de l'empire. (4, Bull. 434, n° 7982.)

---

4 MAI 1812. — Décret qui déclare commun aux ci-devant pays de Salm-Salm et d'Aremberg, réunis au département de la Lippe, le décret du 9 mars dernier, relatif à l'inscription des priviléges et hypothèques acquis dans les départemens de la Hollande avant la mise en activité du Code civil. (4, Bull. 437, n° 7996.)

---

4 MAI 1812. — Décret portant réunion de la commune d'Ambès à l'arrondissement de Bordeaux. (4, Bull. 437, n° 7998.)

---

4 MAI 1812. — Décret portant établissement d'un conseil de prud'hommes à Mamers, département de la Sarthe. (4, Bull. 437, n° 7999.)

---

4 MAI 1812. — Décret portant prorogation de délai pour l'inscription de priviléges et hypothèques acquis dans les départemens des Bouches-du-Rhin et des Bouches-de-l'Escaut, avant la mise en activité du Code civil. (4, Bull. 437, n° 7997.)

4 MAI 1812. — Décret portant que les bâtimens, jardins et remparts situés dans l'enceinte du fossé extérieur du château d'Aurich, sont accordés et concédés gratuitement au département de l'Ems-Oriental, pour être employés à placer l'hôtel et les bureaux de la préfecture et plusieurs autres établissemens. (4, Bull. 438, n° 8031.)

---

4 MAI 1812. — Décret qui change le jour de la tenue de la foire de Folizzano. (4, Bull. 438, n° 8032.)

---

4 MAI 1812. — Décrets qui autorisent l'acceptation de dons et legs faits à la commune de Fucecchio, et aux pauvres et hospices de la Suze, Chemiré-le-Gaudin, Arras, Bordeaux, l'Ile-Jourdain, Montelus, et aux fabriques des églises succursales et paroissiales de Chabons, Kayl, la Ferté-sous-Jouarre et Saint-Georges-Montcoq. (4, Bull. 438, nos 8033 à 8042.)

---

5 MAI 1812. — Avis du Conseil-d'Etat. (Hypothèques légales.) *Voy.* 8 MAI 1812.

---

7 MAI 1812. — Lettres de création du dépôt de mendicité du département de l'Isère. (4, Bull. 436, n° 7992.)

---

7 MAI 1812. — Décret qui ordonne le paiement d'une somme de deux mille six cent cinquante-sept francs, pour pensions accordées à quinze veuves de militaires. (4, Bull. 438, n° 8043.)

---

7 MAI 1812. — Extraits de lettres-patentes portant autorisation à MM. Benoit, Salm-Dyck, Coetlosquet, Siméon, Thomas, Pegot, Bidois et Dumas, de rester au service de puissances étrangères. (4, Bull. 429, Bull. 437, et Bull. 438, nos 7924, 8005 et 8029.)

---

8 MAI 1812. — Décret relatif à la fixation du prix des blés. (4, Bull. 435, n° 7985.)

N...... par notre décret du 4 de ce mois nous avons assuré la libre circulation des grains dans tout notre empire, encouragé le commerce d'approvisionnement, pris des mesures pour que les achats qu'il fait, les transports qu'il effectue, soient à la fois connus et protégés par l'autorité publique.

En même temps nous avons défendu à tous nos sujets de se livrer à des spéculations dont les avantages ne s'obtiennent et ne se réalisent qu'en retirant pendant un temps les denrées de la circulation, pour en opérer le surhaussement, et les revendre avec de plus gros bénéfices.

---

(1) Un garde-forestier prévenu d'avoir, avec violence, désarmé un chasseur, est mis en jugement par le Conseil-d'Etat, vu l'article 5 de la loi du 28 = 30 avril 1790, qui prohibe le désarmement, et ce décret, qui prescrit l'exécution de la loi (23 janvier 1820, ord. S. 20, 2, 303).

Enfin nous avons fixé les règles du commerce, prévenu sa clandestinité, établi la police des marchés, de manière que tous les grains y soient apportés et vendus; pourvu aux besoins des habitans de chaque contrée, en leur réservant la première heure à l'ouverture des marchés pour effectuer leurs approvisionnemens.

Mais ces mesures salutaires ne suffisent pas cependant pour remplir l'objet principal que nous avons en vue, qui est d'empêcher un surhaussement tel, que le prix des subsistances ne serait plus à la portée de toutes les classes de citoyens.

Nous avons d'autant plus de motifs de prévenir cet enchérissement, qu'il ne serait pas l'effet de la rareté effective des grains, mais le résultat d'une prévoyance exagérée, de craintes mal entendues, de vues d'intérêt personnel, des spéculations de la cupidité qui donneraient aux denrées une valeur imaginaire, et produiraient par une disette factice les maux d'une disette réelle.

Nous avons donc résolu de prendre des moyens efficaces pour faire cesser en même temps les effets de tous les calculs de l'avidité et les précautions de la crainte.

Nous avons été secondés dans ces intentions par les propriétaires, fermiers et marchands de six départemens centraux de l'empire, qui se sont engagés à en approvisionner les marchés au prix de trente-trois francs l'hectolitre.

En prenant ce prix pour régulateur de celui des grains dans tout l'empire, il sera porté aussi haut qu'il ait été dans les années les moins abondantes, notamment en l'an 10; et cependant, à ces époques diverses, on avait à pourvoir par des achats journaliers aux besoins de la capitale, dont l'approvisionnement est aujourd'hui entièrement assuré jusqu'après la récolte.

Nous attendons de ces nouvelles mesures des effets salutaires; nous comptons que les propriétaires, fermiers et commerçans y concourront avec empressement, et que les administrateurs y apporteront le zèle, l'activité, la prudence et la fermeté nécessaires à leur exécution.

En conséquence, sur le rapport de notre ministre du commerce,

Notre Conseil-d'Etat entendu,

Nous avons décrété et décrétons ce qui suit :

Art. 1er. Les blés dans les marchés des départemens de la Seine, Seine-et-Oise, Seine-et-Marne, Aisne, Oise, Eure-et-Loir, ne pourront être vendus à un prix excédant trente-trois francs l'hectolitre.

2. Dans les départemens où les blés récoltés et existans suffisent aux besoins, les préfets tiendront la main à ce qu'ils ne puissent être vendus au-dessus de trente-trois francs.

3. Dans les départemens qui s'approvisionnent hors de leur territoire, les préfets feront la fixation du prix des blés, conformément aux instructions du ministre du commerce, et en prenant en considération les prix de transport et les légitimes bénéfices du commerce.

4. Cette fixation sera faite et publiée par les préfets, conformément aux articles 2 et 3, dans les trois jours de la réception du présent décret; elle sera obligatoire jusqu'à la récolte seulement.

5. Les dispositions des articles précédens ne seront pas applicables aux départemens où le prix du blé ne sera pas au-dessus de trente-trois francs l'hectolitre.

6. Nos ministres sont chargés de l'exécution du présent décret, lequel ne pourra se prolonger au-delà de quatre mois, à compter de sa publication.

---

8 MAI 1812. — Décret qui fixe les seuls cas où, conformément aux lois, des poursuites peuvent être exercées pour biens prétendus appartenir à l'Etat. (4, Bull. 435, n° 7986.)

Voy. loi du 14 VENTOSE an 7; ordonnance du 21 AOUT 1816.

Art. 1er. Aucune poursuite ne pourra être exercée pour biens prétendus appartenir à l'Etat, qu'en vertu de titres constatant la domanialité de ces biens, d'une date postérieure à la publication de l'édit de février 1566, ou d'une date antérieure à ladite publication, si les titres contenaient clause de retour ou réserve de rachat; le tout sauf les exceptions portées par l'article 5 de la loi du 14 ventose an 7 (1).

2. Nos ministres sont chargés de l'exécution du présent décret.

---

8 MAI 1812. — Avis du Conseil-d'Etat relatif au mode de purger les hypothèques légales des femmes devenues veuves, et des mineurs devenus majeurs. (4, Bull. 436, n° 7993.)

Le Conseil-d'Etat, qui, sur le renvoi ordonné par sa majesté, a entendu le rapport de la section de législation sur celui de l'intendant général du domaine de la couronne, tendant à la décision de plusieurs questions

(1) De ce que le révélateur de biens célés ou usurpés a droit à un quart de leur valeur, en cas de réintégration, il ne s'ensuit pas qu'il ait droit ou action pour suivre et faire juger la question d'usurpation : le droit de révélateur se borne à fournir des documens à l'administration. A l'administration seule appartient l'action (9 avril 1817, ord. J. C. 3, 554).

relatives au mode de purger les hypothèques légales des femmes et des mineurs:

1° Est-il nécessaire de faire signifier à la femme devenue veuve, au mineur devenu majeur, ou aux héritiers d'une femme ou d'un mineur, l'acte constatant le dépôt du contrat translatif de la propriété d'un immeuble au greffe du tribunal civil, à l'effet de purger les hypothèques légales qui peuvent exister, du chef de la femme et du mineur, sur les biens des maris ou des tuteurs?

2° En cas de résolution affirmative sur cette première question, ne conviendrait-il pas de fixer un délai dans lequel la femme devenue veuve, ou le mineur devenu majeur, seraient tenus de faire inscrire leurs créances sur les biens de leurs maris ou de leurs tuteurs, pour conserver le rang de leur hypothèque légale?

3° Dans la même hypothèse, ne conviendrait-il pas de fixer un délai dans lequel les héritiers d'une femme ou d'un mineur seraient tenus de faire inscrire les créances résultant des hypothèques légales, accordées aux femmes et aux mineurs, sur les biens des maris et des tuteurs?

Considérant que la première question ne peut faire la matière d'un doute, attendu que, si, aux termes de l'art. 2194 du Code civil, la notification de l'acte de dépôt du contrat d'aliénation de l'immeuble frappé de l'hypothèque légale doit être fait à la femme et au subrogé-tuteur, le mari vivant et la minorité subsistant, à plus forte raison lorsque la mort du mari et la cessation de la minorité ont rendu la femme et le mineur maîtres de leurs actions, et ont réalisé pleinement et librement pour eux le droit et l'intérêt de cette hypothèque légale; d'où il suit que la même chose doit avoir lieu pour leurs héritiers ou autres représentans étant à leurs droits;

Considérant, sur les deux autres questions, que les tiers-acquéreurs des biens frappés d'hypothèques légales sont désintéressés et mis à l'abri par les moyens que le Code civil et l'avis du Conseil-d'Etat, du 9 mai 1807, leur donnent pour purger ces hypothèques, moyens qui sont applicables aux femmes devenues veuves, aux mineurs devenus majeurs, et à leurs héritiers ou autres représentans, comme à la femme en puissance de maris et au mineur en tutelle, sans qu'il soit nécessaire de fixer à la femme veuve, et au mineur devenu majeur, un délai dans lequel ils seraient tenus de faire inscrire leurs créances, sous peine de perdre leur hypothèque légale;

Qu'en effet l'acquéreur, en remplissant les formalités qui lui sont indiquées par le Code, et par l'avis du 9 mai 1807, qui ne lui imposent point l'obligation de rechercher autrement les ayans-droit aux hypothèques légales, peut mettre en demeure tous ces ayans-droit, à lui inconnus, comme ceux qui lui sont connus, et faire courir contre eux le délai de deux mois déterminé par l'article 2195 du Code civil,

Est d'avis,

Que le mode de purger les hypothèques légales des femmes et des mineurs, établi par le Code civil et par l'avis du Conseil-d'Etat du 9 mai 1807, est applicable aux femmes veuves et aux mineurs devenus majeurs, ainsi qu'à leurs héritiers ou autres représentans;

Qu'il n'y a pas nécessité de fixer un délai particulier aux femmes après la mort de leurs maris, et aux mineurs devenus majeurs ou à leurs représentans, pour prendre inscription.

---

12 MAI 1812.—Avis du Conseil-d'Etat. (Naturalisation.) *Voy.* 22 MAI 1812.

---

22 MAI 1812.—Avis du Conseil-d'Etat portant que le décret du 26 août 1811, concernant les Français naturalisés en pays étranger, avec ou sans autorisation de l'Empereur, etc., n'est point applicable aux femmes. (4, Bull. 436, n° 7994.)

Le Conseil-d'Etat, qui, d'après le renvoi ordonné par sa majesté, a entendu le rapport de la section de législation sur celui du ministre des relations extérieures, présentant la question de savoir si le décret du 26 août 1811, concernant les Français naturalisés en pays étranger avec ou sans autorisation de l'Empereur, est applicable aux femmes;

Vu ledit décret et les motifs qui l'ont dicté,

Est d'avis que le décret du 26 août 1811 n'est point applicable aux femmes.

---

23 MAI 1812.—Extrait de lettres-patentes portant autorisation à M. Zorn de Bulach de rester au service d'une puissance étrangère. (4, Bull. 442, n° 8151.)

---

28 MAI 1812.—Décret portant répudiation d'un legs fait aux hospices de Nancy, par le sieur André Proquez. (4, Bull. 437, n° 8003.)

N..... vu, 1° l'extrait du testament de feu sieur André Proquez, du 16 fructidor an 11, portant, entre autres dispositions, un legs de trois mille livres en faveur des hospices civils de Nancy;

2° La pétition de la commission administrative desdits hospices, tendant à obtenir l'autorisation d'accepter ce legs;

3° Les réclamations et oppositions des héritiers Proquez;

Considérant qu'il résulte des renseignemens positifs transmis à notre ministre de l'intérieur, et notamment d'une lettre du procureur impérial près le tribunal de Nancy au préfet du département de la Meurthe, que le testateur, ancien curé de Laye-Saint-Christophe près Nancy, mort, à quatre-vingt-deux ans, dans le cours de 1811, était depuis 1795, conséquemment long-temps avant la date de son testament, dans un état réel de démence, qui a toujours été croissant; qu'en 1806 il a été juridiquement interdit; que ce testament est évidemment le résultat de la captation et l'œuvre de deux servantes, par lesquelles il était captivé et dépouillé tellement, qu'un tuteur ayant été nommé audit sieur Proquez à cause de son état, et ce tuteur s'étant pourvu judiciairement contre la nommée Dorothée Villemin, l'une de ces filles, à l'effet de faire annuler un acte du 6 ventose an 11, contenant bail à vie d'une maison par elle acquise aux conditions les plus extraordinaires, il a obtenu un jugement du tribunal de première instance de Nancy, à la date du 27 mai 1807, qui a annulé ledit acte, et condamné ladite Dorothée Villemin à tous les dommages-intérêts réclamés contre elle, sur le fondement qu'elle avait abusé de l'état de démence du sieur André Proquez, qui, d'après l'enquête qui a eu lieu, se reportait au moins à l'an 3 de l'ère républicaine;

Considérant, en outre, que ledit sieur Proquez laisse des frères et sœurs sans fortune, déshérités par son testament;

Notre Conseil-d'Etat entendu,

Nous avons décrété et décrétons ce qui suit :

Art. 1er. Le legs de trois mille livres tournois fait en faveur des hospices de Nancy, département de la Meurthe, par le sieur André Proquez, par son testament du 16 fructidor an 11, est répudié.

2. Notre ministre de l'intérieur est chargé de l'exécution du présent décret.

---

28 MAI 1812. — Décret portant abolition du droit d'aubaine à l'égard de son altesse sérénissime le duc de Mecklembourg-Schwerin. (4, Bull. 437, n° 8002.)

Voy. lois du 6 = 18 AOUT 1790 et du 14 JUILLET 1819.

N...... considérant que S. A. S. le duc de Mecklembourg-Schwerin, par une ordonnance en date du 13 mars de cette année, qui a été officiellement communiquée à notre cabinet, et dont copie est annexée, a formellement supprimé dans ses Etats l'exercice du droit d'aubaine à l'égard de nos sujets, et voulant faire jouir les sujets du duché d'une parfaite réciprocité, nous avons décrété, etc.

Art. 1er. Le droit d'aubaine ne sera point exercé en France à l'égard des sujets de S. A. S. le duc de Mecklembourg-Schwerin.

2. Nos ministres sont chargés de l'exécution du présent décret.

---

28 MAI 1812. — Décret sur la vente des biens des communes réunis au domaine. (Recueil officiel du ministre de l'intérieur, t. 2, p. 381.)

Vu les articles 10, section Ire; 11, section III, de la loi du 10 juin 1793, sur le partage des biens communaux; les articles 84, 85, 91 et 92 de celle du 24 août même année, et la loi du 2 prairial an 5 (21 mai 1797);

Considérant que l'article 91 de la loi du 24 août, ayant déclaré que l'actif des communes appartient dès ce jour à la nation, jusqu'à concurrence du montant des dettes acquittées pour elles par le Trésor public, et que, la loi du 22 prairial an 5 n'ayant eu pour objet que la vente des biens appartenant à cette époque aux communes, et dont l'Etat n'avait pas pris possession, la défense faite aux communes de vendre ou d'échanger leurs biens sans une loi particulière, n'a pu s'étendre jusqu'aux immeubles des communes dont l'Etat était en possession et jouissance avant la loi du 2 prairial an 5; biens qui étaient devenus son gage et devaient l'indemniser du paiement des dettes qu'il avait acquittées à la charge des communes;

Sur le rapport du ministère de l'intérieur;

Le Conseil-d'Etat entendu.

Art. 1er. Les biens des communes réunis au domaine, en exécution de l'article 91 de la loi du 24 août 1793, et dont il est actuellement en possession, ne sont pas compris dans l'article 1er de la loi du 2 prairial, portant défense aux communes de vendre leurs biens sans une loi particulière.

2. Ces biens continueront d'être vendus comme les autres domaines nationaux.

3. Sont exceptés les édifices consacrés à l'administration publique, les bâtimens militaires et tous autres édifices cédés aux villes, en vertu des décrets des 23 avril 1810 et 9 avril 1811, et des décrets particuliers emportant affectations ou concessions spéciales, lesquels continueront d'avoir leur effet.

4. Nos ministres des finances et de l'intérieur sont chargés, chacun en ce qui le concerne, de l'exécution du présent décret.

---

28 MAI 1812. — Décret portant prorogation de délai accordé aux titulaires de dotations affectées aux prélatures, pour réunir leurs titres et faire à la préfecture de Rome les déclarations prescrites. (4, Bull. 437, n° 8000.)

---

28 MAI 1812. — Acte du Sénat conservateur qui nomme M. d'Havemann conseiller en la Cour de cassation. (4, Bull. 438, n° 8022.)

---

28 MAI 1812. — Décret qui permet au sieur Antoine-François de Flandre de Brunuelle de joindre à ses prénoms celui de Léonce. (4, Bull. 438, n° 8001.)

---

28 MAI 1812. — Décrets qui autorisent l'acceptation de dons et legs faits aux communes de Sommant et d'Aurillac, aux pauvres et hospices de Strasbourg, Moncalier, Bra, Briey, Poitiers, la Ferté-sous-Jouarre, au séminaire de Bayeux, et aux fabriques des églises succursales et paroissiales de Ploermel, Rouen, Caïeux, Savigny-sur-Orge, Spincourt, Grandville et Bar-sur-Ornain. (4, Bull. 438, nos 8044 à 8048, et Bull. 439, nos 8054 à 8066.)

---

28 MAI 1812. — Décrets relatifs à l'établissement d'une seconde foire à Suze, et à la tenue de celle de Gassino. (4, Bull. 439, nos 8067 et 8068.)

---

28 MAI 1812. — Décret qui autorise le sieur Tourlaque, marchand plâtrier à Montmartre, à construire trois fours à plâtre sur le terrain à lui appartenant, situé dans cette commune, au lieu dit le Chemin des Dames. (4, Bull. 439, n° 8069.)

---

28 MAI 1812. — Décret qui fait concession au sieur Cathelan, propriétaire, domicilié à Perpignan (Pyrénées-Orientales), du droit d'exploiter les mines de houille dites de Segure, situées dans les communes de Tuchan et de Quintillan, sur une étendue de surface de seize kilomètres quarante-trois hectomètres carrés. (4, Bull. 439, n° 8070.)

---

28 MAI 1812. — Décret qui porte à vingt-quatre le nombre des courtiers de marchandises établis pour le service de la bourse d'Avignon. (Mon. n° 184.)

---

15 JUIN 1812. — Décret portant que les révocations de procurations et de testamens pourront être faites et expédiées sur la même feuille que ces actes. (4, Bull. 438, n° 8023.)

Voy. loi du 13 BRUMAIRE an 7, art. 23.

Art. 1er. A dater de la publication du présent décret, les révocations soit des procurations, soit des testamens, jouiront de l'exception accordée par les premier et deuxième alinéa de l'article 23 de la loi du 13 brumaire an 7, sur le timbre.

En conséquence, elles pourront être faites et expédiées sur la même feuille que ces actes.

2. Notre grand-juge, ministre de la justice, et notre ministre des finances, sont chargés de l'exécution du présent décret.

---

15 JUIN 1812. — Décret relatif à la durée de la jouissance du traitement de réforme. (4, Bull. 438, n° 8025.)

N...... vu notre décret du 14 novembre 1810.

Art. 1er. Aucun militaire ne peut jouir d'un traitement de réforme pendant plus de cinq années consécutives. Ce temps expiré, il cesse d'être porté sur les états de paiement; mais il conserve ses droits à être employé, s'il réunit encore les qualités requises.

2. Les cinq années mentionnées en l'article précédent seront comptées, à dater du 1er janvier 1812 seulement, aux officiers qui jouissaient du traitement de réforme avant cette époque.

3. L'officier admis au traitement de réforme qui, ayant été jugé depuis n'être plus susceptible de rentrer en activité, ne réunirait pas les services ou les titres suffisans pour obtenir une retraite, recevra, s'il y a lieu, une gratification qui ne pourra excéder une année de son traitement de réforme.

4. Les dispositions des articles 4 et 6 de l'arrêté du 15 nivose an 9 continueront d'être applicables aux officiers de santé licenciés avant dix ans de service effectif, ou avant deux années d'exercice dans le dernier grade.

5. L'officier prisonnier de guerre qui, dans la position prévue par l'article 5 de notre décret du 17 mars 1809, reçoit provisoirement le traitement de réforme, ne peut le conserver au-delà de trois mois après son arrivée dans ses foyers, s'il ne s'est pourvu, pour faire statuer, ainsi qu'il est prescrit par l'article 1er du présent décret, sur son aptitude à reprendre de l'activité.

6. Le traitement de réforme est incompatible avec un état quelconque d'activité militaire, excepté pour les officiers des compagnies de garde-côtes et des cohortes.

7. Nos ministres de la guerre, de l'administration de la guerre et du Trésor impérial, sont chargés de l'exécution du présent décret.

---

15 JUIN 1812. — Décret qui autorise un changement de nom que le sieur Gollschlack-Heymann, juif, domicilié à Hersel, département de la Roër, a demandé pour lui et son fils Heymann, domicilié à Cologne. (4, Bull. 433, n° 8024.)

---

15 JUIN 1812. — Décret contenant brevet d'institution publique des sœurs de la Providence, dites de Strasbourg, et approbation de leurs statuts. (4, Bull. 438, n° 8026.)

---

15 JUIN 1812. — Extrait de lettres-patentes portant autorisation à M. Jean-Baptiste Portier de rester au service d'une puissance étrangère. (4, Bull. 439, n° 8053.)

---

15 JUIN 1812. — Décrets qui autorisent l'acceptation de dons et legs faits aux pauvres et hospices de Paris, Bessière, Roque-Ferrière, Locminé, Lyon, Montdardier, Sainte-Marthe, Beziers, Marolles, Villefranche, Toul, Mal-

médy, Millau, Montreuil, Belley, Bugue, Arras, Hoogstaede, Auxerre, Bordeaux, Luxeuil, Montfaucon, Plasne, Aoste, Bar-sur-Seine, La Rochelle; aux fabriques des églises succursales et paroissiales d'Orléans, Sommerecourt, Troyes, Auvillars, Avignon, Lannion, Rosoy, Courtezon, l'Ardèche, Guelaines, Rougemont, Teterchen, Volmérange, Campfin-en-Carambault, Charny-le-Bachot, Dallet, Perreux, Saint-Andéol-le-Château, et aux séminaires d'Agen, de Turin et de Bayeux. (4, Bull. 439, n°s 8071 à 8098; Bull. 440, n°s 8104 à 8122; Bull. 441, n° 8129.)

---

15 juin 1812. — Décret relatif à la tenue de la foire annuelle de Vincennes. (4, Bull. 441, n° 8130.)

---

20 juin 1812. — Décret portant annulation, pour cause d'incompétence, d'un arrêté du conseil de préfecture de la Haute-Saône, en tant qu'il détermine, d'après d'anciens titres et des coutumes ou convenances locales, les limites d'un bien vendu par l'Etat. (4, Bull. 439, n° 8050.)

N..... vu la requête du sieur Naissant, tendant à ce qu'il nous plaise annuler un arrêté du conseil de préfecture de la Haute-Saône, du 6 août 1810, qui détermine, au préjudice du requérant, les limites d'un jardin et des autres aisances d'un moulin vendu par l'Etat au sieur Richard, son auteur;

Vu les titres produits à l'appui de ladite requête, savoir :

1° Le bail dudit moulin, en date du 8 mai 1784;

2° Le procès-verbal d'expertise, en date du 17 septembre 1790;

3° Le procès-verbal d'adjudication du 22 mars 1791;

4° Notre décret du 11 décembre 1808, qui décide, dans une contestation entre les sieurs Naissant et Minotte, que la digue ou chaussée qui soutient les eaux de la rivière dans la baie dudit moulin, fait partie de ladite adjudication;

Vu la requête en réponse de la commune de Magny-Vernois, et les titres à l'appui, savoir :

1° Un plan d'aménagement des bois communaux de 1748;

2° Un acte de dénombrement de 1764;

3° Le bail d'un terrain communal affermé au sieur Naissant le 16 fructidor an 8, en continuation d'un bail antérieur, du 13 novembre 1793;

Vu l'arrêté du conseil de préfecture du 6 août 1810, et les actes préparatoires, savoir :

1° Le plan et le procès-verbal de l'arpenteur forestier Jean Mougin, des 12 et 13 septembre 1809;

2° L'avis du sous-préfet de Lure, du 30 janvier 1810;

Considérant que le moulin, composé de trois tournans, les deux ribes, l'huilerie, le logement du meunier, le grangeage et l'écurie, le jardin et les digues ou chaussées mesurées d'après leurs bases, sont explicitement désignés, soit dans le procès-verbal du 17 septembre 1790, soit dans le procès-verbal d'adjudication du 22 mars 1791, soit dans notre décret du 11 décembre 1808; que lesdits bâtimens, terrains et ouvrages ont été reconnus au plan du 13 septembre 1809, et déterminés dans l'arrêté du 6 août 1810, sous les lettres *A*, *B*, *C*, *D*, *N*, *T*, *V*, *X*, conformément auxdits procès-verbaux et décret;

Qu'il n'en est pas ainsi des limites du jardin et du reste des aisances et dépendances de l'usine; que les procès-verbaux d'expertise et d'adjudication ne fixent point ces limites, et ne désignent ces aisances et dépendances qu'en nom collectif, telles que le fermier de l'usine en a dû jouir d'après le bail de 1784, sans aucune garantie de mesure; que le conseil de préfecture ne les détermine que d'après des titres anciens et des coutumes ou convenances locales dont l'interprétation appartient aux tribunaux;

Qu'il a excédé, en ce point, les bornes de sa compétence, d'autant plus qu'il s'agissait, dans l'instance de la commune de Magny-Vernois, d'usurpations faites par le sieur Naissant sur les communaux, avant et après l'adjudication de 1791, non-seulement en ses qualités successives de fermier et de propriétaire d'un terrain limitrophe, mais aussi comme fermier d'un terrain communal, en vertu des baux de 1793 et de l'an 8, et que la commune appuyait sa demande sur ces baux et sur d'anciens titres de 1748 et 1764;

Notre Conseil-d'Etat entendu,

Nous avons décrété et décrétons ce qui suit :

Art. 1er. L'arrêté du conseil de préfecture est confirmé, en tant qu'il déclare que le moulin, les trois tournans, les deux ribes, l'huilerie, le logement du meunier, le grangeage avec écurie, le jardin et les digues ou chaussées, cotés au plan du 13 septembre 1809 des lettres *A*, *B*, *C*, *D*, *N*, *T*, *V*, *X*, font partie de l'adjudication du 22 mars 1791.

Il est annulé en ce qu'il détermine les limites du jardin et des autres aisances et dépendances de l'usine, d'après d'anciens titres et des coutumes ou convenances locales dont l'interprétation appartient aux tribunaux, devant lesquels les parties sont renvoyées à cet effet.

2. Notre grand-juge, ministre de la justice, et notre ministre de l'intérieur, sont chargés de l'exécution du présent décret.

---

20 JUIN 1812. — Décret portant création d'un tribunal de commerce à Saint-Jean-de-Losne, département de la Côte-d'Or. (4, Bull. 438, n° 8027.)

20 JUIN 1812. — Décret concernant les archives des actes et contrats des départemens de Rome et du Trasimène. (4, Bull. 438, n° 8028.)

20 JUIN 1812. — Décret qui établit un droit de péage dans la commune de Damery, département de la Marne, pour les réparations à faire au pont de cette commune. (4, Bull. 439, n° 8051.)

20 JUIN 1812. — Décret contenant brevet d'institution publique des sœurs hospitalières de Braine-le-Comte, et approbation de leurs statuts. (4, Bull. 439, n° 8052.)

20 JUIN 1812. — Décrets qui autorisent l'acceptation de dons et legs faits à la commune de Gibeaumeix, et aux pauvres et hospices de Passais, Chalonnes, Champfleurs, Lyon, Neckers, Moulins-Engilbert, Montepulciano, Anvers, Ile-Bouin, Aurillac, Oisem, Colombiers, Denazé, Audenarde, Bruges, Espinasse, Quettehou, Saint-Lubin-des-Joncherets, Nonancourt, Senan, Volgré, Montreuil-Helloy, Paris, Château-Gontier, Châtillon-sur-Chalaronne, Marseille, Saint-Nicolas, Belfort; aux fabriques des églises succursales de Noveaut et de Lucy, et de l'église primaire de Huy. (4, Bull. 441, n°s 8131 à 8145; Bull. 442, n°s 8152 à 8160, et Bull. 443, n°s 8164 à 8166, 8168 à 8170 et 8172.)

20 JUIN 1812. — Décrets qui établissent des foires à Nages, Aix-la-Chapelle et Geilenkirchem. (4, Bull. 443, n°s 8167 et 8171.)

20 JUIN 1812. — Décret relatif à l'extension et au complément de l'établissement thermal de Vichy. (Mon. n° 193.)

20 JUIN 1812. — Décret relatif à l'amélioration du marais Gargouillaud, et à l'entretien du canal de la Grange. (Mon. n° 195.)

20 JUIN 1812. — Décret contenant des mesures relatives à la conservation du territoire de la commune de Loriol, et du chemin de halage du Rhône dans cette commune. (Mon. n° 196.)

2 JUILLET 1812. — Décret qui fixe le délai de la présentation des titres de créance de la dette publique hollandaise, appelés à l'inscription sur le grand-livre de Hollande. (4, Bull. 440, n° 8099.)

Art. 1er. Tous les titres de créance de la dette publique hollandaise, appelés à l'inscription sur le grand-livre de Hollande, avant la clôture du 22 mars dernier, devront être présentés avant le 1er novembre prochain.

2. Les titres de créance compris dans les appels d'inscription subséquens devront être présentés dans l'espace de six mois, après le terme fixé par chaque appel.

3. Tous les titres dont la présentation n'aura pas été faite dans les délais ci-dessus déterminés seront nuls, et ne pourront plus être inscrits.

4. Notre ministre des finances est chargé de l'exécution du présent décret.

2 JUILLET 1812. — Décret sur la plaidoirie dans les cours impériales et dans les tribunaux de première instance. (4, Bull. 440, n° 8101.)

Voy. décret du 14 DÉCEMBRE 1810; ordonnances du 27 FÉVRIER et du 20 NOVEMBRE 1822.

Art. 1er. Dans toutes les cours impériales de notre empire, les causes portées à l'audience seront plaidées par les avocats inscrits sur le tableau des avocats de la cour, ou admis au stage, conformément à l'article 16 de notre décret du 14 décembre 1810.

2. Les demandes incidentes qui seront de nature à être jugées sommairement, et tous les incidens relatifs à la procédure, pourront être plaidés par les avoués postulans en la cour, dans les causes dans lesquelles ils occuperont.

3. Il en sera de même dans les tribunaux de première instance séant aux chefs-lieux des cours impériales, des cours d'assises et des départemens : les avoués pourront y plaider dans toutes les causes sommaires (1). Dans les autres tribunaux de première instance, ils pourront plaider toute espèce de cause dans laquelle ils occuperont.

4. Il n'est point dérogé à la disposition du décret du 14 décembre 1810, portant que les avocats pourront, avec la permission du grand-juge, ministre de la justice, aller plaider hors du ressort de la cour impériale ou du département où ils sont inscrits.

5. En l'absence ou sur le refus des avocats de plaider, les avoués, tant en cour impériale qu'en première instance, pourront être au-

(1) La faculté de plaider les causes dans lesquelles ils occupent, accordée aux avoués des tribunaux de première instance, dans les chefs-lieux des cours royales, de cours d'assises et de département, n'est pas restreinte aux incidens de procédure et aux incidens de nature à être jugés sommairement. Elle s'étend à toutes les causes sommaires. L'ordonnance du 27 février 1822 n'a pas dérogé sur ce point au décret du 2 juillet 1812 (31 décembre 1824, Amiens ; S. 25, 2, 190).

Voy. notes sur l'ordonnance du 27 février 1822.

torisés par le tribunal à plaider en toute espèce de causes.

6. Lorsque l'avocat chargé de l'affaire et saisi des pièces ne pourra, pour cause de maladie, se présenter le jour où elle doit être plaidée, il devra en instruire le président par écrit, avant l'audience, et renvoyer les pièces à l'avoué; en ce cas, la cause pourra être plaidée par l'avoué, ou remise au plus prochain jour.

7. Il en sera de même, lorsqu'au moment de l'appel de la cause, l'avocat sera engagé à l'audience d'une autre chambre du même tribunal, séant dans le même temps.

8. Hors de ces deux cas, lorsque l'avocat chargé de l'affaire et saisi des pièces ne se sera pas trouvé à l'appel de la cause, et que, par sa faute, elle aura été retirée du rôle, et n'aura pu être plaidée au jour indiqué, il pourra être condamné personnellement aux frais de la remise, et aux dommages et intérêts du retard envers la partie, s'il y a lieu.

9. Les avoués qui, en vertu de la loi du 22 ventose de l'an 12, jusqu'à la publication du présent décret, ont obtenu le grade de licencié, et ont acquis le droit à eux attribué par l'article 32 de ladite loi, continueront d'en jouir comme par le passé.

10. Les présidens des chambres de discipline des avoués, tant de cour impériale que de première instance, seront tenus de déposer au greffe du tribunal près lequel ils exercent, dans un mois à compter de la publication du présent décret, et chaque année à la rentrée des cours et tribunaux, une liste signée d'eux, et visée, pour les cours impériales, par notre procureur général, et, pour les tribunaux de première instance, par notre procureur impérial, contenant les noms des avoués auxquels s'appliquera l'article cidessus, avec la date de leur réception.

11. Les dispositions des articles 37, 38 et 39 de notre décret du 14 décembre 1810, seront applicables aux avoués usant du droit de plaider.

12. Les avocats seuls porteront la chausse et parleront couverts, conformément à l'article 35 du décret du 14 décembre 1810.

13. Notre grand-juge, ministre de la justice, est chargé de l'exécution du présent décret.

---

2 JUILLET 1812. — Décret portant annulation de deux arrêtés du préfet de la Creuse, rendus sur une question de propriété entre particuliers. (4, Bull. 441, n° 8123.)

N....... vu la requête de la dame veuve le Noble, propriétaire de prés et pacages situés sur la rivière de Creuse, tendant à ce qu'il nous plaise annuler, pour cause d'incompétence, deux arrêtés du préfet de la Creuse, des 13 février et 5 juillet 1811, qui jugent une question de propriété entre elle et les propriétaires d'une papeterie située sur la rive opposée;

Vu lesdits arrêtés, un traité sur procès, du 24 juillet 1803, et les autres pièces produites par les parties;

Considérant que le préfet de la Creuse avait le droit de régler les dimensions de la retenue et du biez du moulin;

Mais que les contestations que ce réglement pouvait exciter devaient être portées devant les tribunaux ou devant le conseil de préfecture, suivant qu'elles avaient ou non la propriété pour objet;

Qu'il s'agit, dans l'espèce, d'une contestations entre deux propriétaires riverains d'un cours d'eau qui n'est navigable ni flottable, sur la question de savoir si l'un d'eux doit fournir, comme l'ayant usurpé, le terrain nécessaire au biez de l'usine qui appartient à l'autre;

Que l'Etat ni le reste des propriétés riveraines n'ont d'intérêt dans la contestation;

Qu'elle se réduit, par conséquent, à une simple question de propriété, qui est du ressort des tribunaux;

Notre Conseil-d'Etat entendu,

Nous avons décrété et décrétons ce qui suit:

Art. 1er. Les arrêtés du préfet de la Creuse, des 13 février et 5 juillet 1811, sont annulés, et les parties sont renvoyées devant les tribunaux.

2. Notre grand-juge, ministre de la justice, et notre ministre de l'intérieur, sont chargés de l'exécution du présent décret.

---

2 JUILLET 1812. — Décret qui déclare les dames de Montfermeil recevables dans leur opposition à un décret du 4 novembre 1811. (4, Bull. 441, n° 8124.)

N....... vu la requête à nous présentée par la dame de Beaumanoir, veuve du sieur Hocquart de Montfermeil, et la demoiselle Hocquart de Montfermeil, sa fille, tendant à ce qu'il nous plaise leur donner acte de l'opposition qu'elles forment à notre décret du 4 novembre 1811, et, y faisant droit, remettre les parties au même état qu'elles étaient avant ladite décision; en conséquence, confirmer l'arrêté de préfecture du département de Seine-et-Oise, en date du 27 mai précédent, et condamner la dame Caillaut, en ladite qualité qu'elle agit, aux frais du pourvoi;

Vu notre décret du 4 novembre 1811;

Vu les dispositions de notre réglement du 22 juillet 1806, sur les décisions du Conseil-d'Etat rendues par défaut;

Notre Conseil-d'Etat entendu,

Nous avons décrété et décrétons ce qui suit:

Art. 1er. Les dames de Montfermeil sont recevables dans leur opposition.

2. Notre grand-juge, ministre de la justice, est chargé de l'exécution du présent décret.

---

2 JUILLET 1812. — Décret relatif à l'administration des marais de Bordeaux et de Bruges. (Mon. n° 217.)

Voy. loi du 16 SEPTEMBRE 1807, du 25 AVRIL 1808.

TITRE Ier. De la formation d'une commission syndicale et de ses fonctions.

Art. 1er. Tous les propriétaires des marais de Bordeaux et de Bruges; tous ceux qui sont intéressés à la conservation de leur dessèchement, formeront une société appelée *Société des marais de Bordeaux et de Bruges*.

2. Les fonds situés dans la commune du Bouscat, entre le fossé de circuit et le nouveau canal de ceinture, ceux renfermés entre l'Estey-Crébat, le chemin du Roi et l'Estey-Lausun, feront à l'avenir partie intégrante du territoire formant les marais de Bordeaux et de Bruges, et seront soumis à la même administration.

3. Les marais seront administrés par une commission syndicale composée de sept membres, nommés conformément aux dispositions de l'article 7 du titre II de la loi du 16 septembre 1807.

4. Les membres de cette commission syndicale resteront sept ans en place; mais, pour la première fois, il en sortira un à la fin de la première année, un à la fin de la seconde, et ainsi de suite, de manière à ce qu'ils soient renouvelés annuellement par septième; ils pourront être indéfiniment réélus.

5. Un des commissaires nommés par le préfet sera désigné par lui sous le titre de *directeur*. Il sera chargé, en cette qualité, de la surveillance générale des intérêts de la société; il sera dépositaire des plans, registres et autres pièces relatives à l'administration des marais.

Il sera autorisé à convoquer et à présider la commission, dont les assemblées seront tenues dans les mêmes lieux que celles de l'ancienne communauté.

Les fonctions du directeur dureront trois ans; il pourra être indéfiniment réélu.

Il lui sera donné, pour le remplacer en cas d'empêchement, un adjoint ou suppléant, dont les fonctions seront annuelles, et qui pourra aussi être réélu.

L'adjoint sera nommé parmi les membres de la commission syndicale.

6. La commission administrative sera chargée :

1° De répartir entre les intéressés le montant des taxes reconnues nécessaires à l'achèvement et à la conservation du dessèchement.

2° De faire exécuter les travaux;

3° D'examiner, modifier ou approuver les projets de travaux d'entretien;

4° De passer les marchés et les adjudications des travaux de cette nature;

5° De vérifier les comptes du percepteur;

6° De donner son avis sur tous les objets relatifs aux intérêts de la société;

7° De présenter une liste double sur laquelle sera nommé, par le préfet, un conducteur des travaux, lorsqu'il y aura lieu;

8° De nommer et présenter un expert, conformément à l'article 8 du titre II de la loi du 16 septembre 1807, pour procéder contradictoirement avec celui nommé par les propriétaires et le tiers-experts nommé par le préfet, à l'estimation des terrains mentionnés à l'article 2 du présent décret, comme devant faire partie, à l'avenir, du territoire des marais de Bordeaux et de Bruges.

7. La commission ne pourra prendre de délibération sans être au nombre de cinq membres, y compris le directeur, président, qui, en cas de partage d'opinions, aura voix prépondérante.

Les délibérations de la commission seront soumises à l'approbation du préfet, conformément à la loi du 4 pluviose an 6, article 4.

8. La commission syndicale pourra proposer un plan de révision des réglemens de la communauté des propriétaires, lorsqu'elle le jugera convenable.

Le réglement devra être soumis à l'approbation du préfet, et, dans le cas où il serait approuvé, il sera mis en activité lorsque les travaux de dessèchement seront exécutés.

TITRE II. Des travaux généraux du dessèchement; du mode de leur exécution et de leur paiement.

9. Les travaux à exécuter pour compléter le dessèchement ordonné par notre décret du 25 avril 1808 ne pourront être entrepris que sur des projets rédigés par l'ingénieur en chef, approuvés par notre directeur général des ponts-et-chaussées.

10. Ces travaux seront exécutés sous la surveillance de l'ingénieur en chef, et la direction du conducteur nommé conformément au paragraphe 2 de l'art. 6 du présent décret, et sous l'inspection de deux membres de la commission syndicale.

11. Les travaux ne pourront être exécutés qu'au moyen d'adjudications passées d'après le mode prescrit pour ceux des ponts-et-chaussées.

12. Aucun paiement ne pourra être fait que sur les mandats du directeur, visés par le conducteur et l'ingénieur.

13. Les paiemens définitifs auront lieu en vertu de mandats du directeur, sur des certificats de réception des travaux, délivrés par l'ingénieur en chef, qui se fera assister, lors

de la réception desdits travaux, par le conducteur qui les aura dirigés, et par les deux membres de la commission qui auront été chargés de les surveiller.

TITRE III. Des travaux d'entretien, de leur exécution et de leur paiement.

14. Les projets de travaux d'entretien seront rédigés et proposés par le conducteur, approuvés par l'ingénieur en chef et soumis à la commission syndicale.

Il sera statué par le préfet, sur leur exécution et leur mise en adjudication; ces travaux seront adjugés par la commission et dirigés par le conducteur.

15. Les travaux d'urgence pourront être exécutés de suite et par économie, en vertu d'une délibération spéciale de la commission. Elle en rendra compte sur-le-champ au préfet, qui pourra prendre l'avis de l'ingénieur en chef, et suspendre les travaux, s'il le juge convenable.

16. Les travaux d'entretien seront payés en vertu d'un mandat du directeur, sur certificats d'à-compte délivrés par le conducteur.

Les paiemens définitifs auront également lieu en vertu de mandats du directeur, sur des certificats de réception délivrés par le conducteur, qui procédera à la réception des travaux en présence de deux membres de la commission syndicale.

TITRE IV. Comptabilité; rédaction des rôles et leur recouvrement.

17. La perception des taxes délibérées par la commission sera faite par un percepteur nommé par elle; cette nomination sera soumise à l'approbation du préfet. Le percepteur prêtera le serment voulu par la loi.

18. Le percepteur sera tenu de fournir un cautionnement en immeubles, proportionné au montant des rôles.

Il sera alloué au percepteur une remise proposée par la commission et déterminée par le préfet.

19. Le percepteur, au moyen de cette remise, dressera les rôles sur les documens qui lui seront fournis par la commission.

Les rôles seront visés par la commission et rendus exécutoires par le préfet.

Le recouvrement en sera fait, dans l'année, par le percepteur, savoir : le premier tiers, dans les quatre mois de la mise en recouvrement des rôles; le deuxième tiers dans les quatre mois suivans; et le troisième tiers, dans les quatre mois qui suivront l'époque du second paiement.

20. Le percepteur et les contribuables sont assujétis, pour le recouvrement et le paiement desdits rôles, aux mêmes dispositions que celles prescrites par les lois relatives aux contributions publiques.

En conséquence, le paiement desdites contributions est exigible des fermiers et de tous autres détenteurs de fonds imposés, sauf leur recours contre qui de droit.

Le recouvrement desdites contributions sera poursuivi dans les mêmes formes prescrites pour le recouvrement des contributions publiques. Les contraintes seront délivrées par le sous-préfet.

21. Le percepteur sera responsable et passible du défaut de paiement des taxes dans les délais fixés ci-dessus, à moins qu'il ne justifie des poursuites par lui faites, en temps utile, contre les retardataires.

22. Le percepteur sera tenu d'acquitter les mandats délivrés conformément aux dispositions des articles 12 et 13 du titre II, et 16 du titre III du présent décret.

Il rendra compte annuellement, avant le 1er juin, des recettes et dépenses qu'il aura faites pendant l'exercice de l'année précédente; il ne lui sera point tenu compte des paiemens irrégulièrement faits.

Le directeur pourra, toutes les fois qu'il le jugera convenable, vérifier l'état de situation du percepteur, qui sera tenu, en conséquence, de lui communiquer toutes les pièces relatives à sa comptabilité.

23. La commission syndicale, après avoir vérifié les comptes annuels du percepteur, en recettes et dépenses, les transmettra au préfet, qui les arrêtera définitivement, s'il y a lieu, sur l'avis du sous-préfet.

TITRE V. Dispositions générales.

24. Toutes les contraventions relatives au recouvrement des rôles, aux réclamations des individus imposés, et à la confection des travaux, seront jugées administrativement, conformément aux dispositions des lois du 28 pluviose an 8, et 14 floréal an 11.

25. Il sera procédé à la fixation des indemnités à accorder pour occupation des terrains nécessaires à l'établissement des canaux qui seront ouverts par suite de projets approuvés conformément aux dispositions de la loi sur les expropriations pour cause d'utilité publique.

26. Les indemnités à payer à la société par les propriétaires des fonds améliorés par suite des travaux de dessèchement seront réglées conformément aux dispositions de la loi du 16 septembre 1807.

---

2 JUILLET 1812. — Décret contenant de nouvelles dispositions sur l'organisation judiciaire et l'administration de la justice dans les provinces illyriennes. (4, Bull. 440, n° 8100.)

2 JUILLET 1812. — Décret qui ordonne une affectation de fonds pour le desséchement des marais de Carantan. (4, Bull. 440, n° 8102.)

2 JUILLET 1812. — Décret qui ordonne la perception de centimes additionnels pour la réparation et l'entretien de routes de troisième classe dans les départemens de la Charente-Inférieure, des Côtes-du-Nord, de la Marne, de la Haute-Marne, de la Nièvre, de l'Oise, de Tarn-et-Garonne, de la Haute-Vienne et des Vosges. (4, Bull. 442, n° 8146.)

2 JUILLET 1812. — Décret qui réunit la commune de Garbagna à l'arrondissement et au canton de Tortone. (4, Bull. 442, n° 8147.)

2 JUILLET 1812. — Extrait de lettres-patentes portant autorisation au sieur de Rathsamhausen de se faire naturaliser en pays étranger. (4, Bull. 451, n° 8294.)

2 JUILLET 1812. — Décret qui autorise le bureau de bienfaisance d'Estibeaux à accepter la transaction rédigée par le comité consultatif de l'arrondissement de Dax, et proposée par le sieur Gabriel du Casse, sur les dispositions portées au testament du feu sieur Gotten, concernant cette commune. (4, Bull. 446, n° 8194.)

2 JUILLET 1812. — Décrets qui autorisent l'acceptation de dons et legs faits aux communes d'Ansauvilliers, Montourtier, Saint-Lyé ; des pauvres et hospices de Rabastens, Mons-en-Chaussée, Puylaurens, Lermet, Tarascon, Saumur, Onkerscele, Saint-Chamond, Tulle, Gannat, Heuten, Amsterdam, Lyon, Senez, et aux fabriques des églises de Châteaudun, Carcassonne, Claveyson, Nice, Beziers, Poitiers, Dombrot, Saint-Geaurs-d'Auribat, Gouverne, Rouvroy, Faulquemont, Nebing, Châtenois et Massat. (4, Bull. 446, n°s 8195 à 8205 ; Bull. 447, n°s 8211 à 8226, et Bull. 448, n°s 8231 à 8233.)

5 JUILLET 1812. — Décret relatif à la formation et à l'organisation d'un 3e régiment de chevau-légers lanciers de la garde. (Mon. n° 205.)

11 JUILLET 1812. — Décret qui détermine la forme et les conditions des actes d'échange avec le domaine de la couronne. (4, Bull. 441, n° 8125.)

Voy. sénatus-consulte du 30 JANVIER 1810 ; loi du 8 NOVEMBRE 1814, art. 11.

N...... vu l'art. 12 du sénatus-consulte du 30 janvier 1810.

Art. 1er. Lorsqu'il y aura proposition d'un échange avec le domaine de la couronne, l'intendant général se fera remettre, par l'échangiste proposé, les titres de sa propriété, avec une déclaration signée de lui, des charges, servitudes et hypothèques dont elle est grevée : il les soumettra au conseil de l'intendance, avec un exposé de la convenance ou disconvenance de l'échange. Le conseil donnera son avis tant sur cette convenance que sur l'établissement de la propriété en la personne de l'échangiste.

2. Lorsque le conseil aura jugé l'échange convenable au domaine, et la propriété bien établie, il sera nommé trois experts, un par l'intendant général du domaine de la couronne, un par l'échangiste, un par le président du tribunal de la situation des biens, et, dans le cas où les domaines à échanger seraient situés dans le ressort de deux tribunaux différens, par le président du tribunal du lieu où le domaine appartenant à la couronne, ou à sa plus forte partie, s'il s'étendait dans le ressort de deux tribunaux, sera situé ; lesquels, après serment prêté en la forme accoutumée, visiteront et estimeront les domaines proposés en échange, et en constateront la valeur, eu égard aux charges réelles et servitudes dont ils seraient grevés, et du tout dresseront procès-verbal par eux affirmé.

3. Lorsque des procès-verbaux il résultera que le bien offert en échange est de valeur égale à celui à concéder en contre-échange, il nous sera fait, par l'intendant général du domaine de la couronne, un rapport, à l'effet d'obtenir notre agrément à l'échange.

4. Si l'échange nous paraît convenable, il sera par nous rendu un décret qui autorisera l'intendant général à en passer l'acte.

5. L'acte d'échange sera passé entre l'intendant général du domaine de la couronne et l'échangiste, devant notaires.

6. Le contrat d'échange spécifiera les domaines échangés, par leur nature, consistance et situation, avec énonciation des charges et servitudes dont ils seraient grevés, et relatera les procès-verbaux d'estimation, qui y demeureront annexés : il pourra être stipulé, si l'échangiste le requiert, que l'acte d'échange demeurera comme non avenu, si le sénatus-consulte prescrit par l'article 12 de celui du 30 janvier 1810 n'intervenait pas dans un délai convenu.

7. Le contrat d'échange sera enregistré et transcrit ; l'enregistrement sera fait *gratis*, conformément à l'article 90 de la loi du 22 frimaire an 7. Il ne sera payé pour la transcription que le salaire du conservateur.

8. Les formes établies par l'art. 2194 du Code civil, par les avis du Conseil-d'Etat des 9 mai 1807 et 5 mai 1812, et par l'article 834 du Code de procédure civile, pour mettre tous créanciers ayant, sur le bien offert en échange au domaine de la couronne, hypothèque non inscrite, en demeure de prendre inscription,

seront remplies à la diligence de l'intendant général du domaine de la couronne.

9. S'il existe des inscriptions sur l'échangiste, il sera tenu d'en rapporter main levée et radiation dans quatre mois, du jour de la notification qui lui en aura été faite par notre intendant général du domaine de la couronne, s'il ne lui a pas été accordé un plus long délai par l'acte d'échange.

10. Faute par lui de rapporter ces mainlevée et radiation pleines et entières, le contrat d'échange sera résilié de plein droit, et tous les frais en resteront à la charge de l'échangiste.

Néanmoins notre intendant général du domaine de la couronne aura la faculté, après avoir pris l'avis du conseil de l'intendance, selon la convenance de l'échange et de la solvabilité de l'échangiste, de suivre l'exécution du contrat, en exerçant contre lui l'action en garantie, pour le contraindre à fournir deniers suffisans pour acquitter les dettes inscrites jusqu'à concurrence de la valeur à laquelle l'immeuble par lui donné en contre-échange demeurera fixé : cette faculté sera expressément stipulée dans l'acte d'échange; et, en ce cas, l'intendant général remplira les formalités nécessaires pour purger le bien de toute hypothèque.

11. S'il ne survient point d'inscriptions sur l'échangiste, ou lorsque les mainlevées et radiations de celles existantes auront été rapportées, le projet du sénatus-consulte prescrit par l'article 12 de celui de janvier 1810 sera soumis à la délibération du Sénat; et, à cet effet, le contrat d'échange, l'avis du conseil de l'intendance, et les procès-verbaux d'estimation, y seront joints.

Le sénatus-consulte ne sera d'ailleurs requis que sauf les droits d'autrui, et ne fera point obstacle à ce que des tiers revendiquant tout ou partie de la propriété du domaine échangé ne puissent se pourvoir par les voies de droit dans les tribunaux ordinaires.

12. Le sénatus-consulte sera transcrit sur la grosse du contrat d'échange, qui demeurera déposée aux archives du domaine de la couronne, avec toutes les pièces relatives, dont l'échangiste aura droit de se faire délivrer expédition.

13. Notre grand-juge, ministre de la justice, notre ministre des finances, et notre intendant général du domaine de la couronne, sont chargés de l'exécution du présent décret.

---

11 JUILLET 1812.—Décret relatif à la caisse des employés et artisans. (4, Bull. 441, n° 8126.)

Voy. décret du 22 OCTOBRE 1810.

N....... vu notre décret du 22 octobre 1810.

Art. 1er. La caisse des employés et artisans, composée jusqu'à ce jour de deux sociétés distinctes, ne formera plus désormais qu'une seule société composée des deux anciennes, et divisée en quatre classes, suivant les périodes d'âge déterminées par la première société.

2. La fusion de ces deux sociétés en une seule s'opérera en réunissant d'abord, pour ce qui concerne la seconde société, la cinquième classe à la quatrième, de manière à n'avoir dans cette société, comme dans la première, que le nombre de quatre classes; en réunissant ensuite les deux mêmes classes de chaque société en une seule classe.

3. La valeur primitive de chaque action de la société demeure réduite à 15 francs de rente sur l'Etat.

4. La somme des rentes restant à distribuer après cette réduction refluera dans la masse des accroissemens, pour être répartie entre les actions indistinctement.

5. Le paiement du dividende se fera désormais par année, au lieu de se faire par semestre; et ce, jusqu'à ce que les accroissemens successifs aient porté à 200 francs la rente de chaque action.

A cette époque, le paiement du dividende se fera par semestre.

6. Les fonds touchés pour le premier semestre de chaque année seront placés à intérêt, depuis l'époque de leur recouvrement jusqu'à celle de leur distribution.

7. Seront placés de même les fonds qui pourraient rester en caisse à la clôture de chaque distribution annuelle, et tous autres qui n'auraient pas une application immédiate.

8. Les placemens qui auront lieu en vertu des articles 6 et 7 du présent décret seront faits sur le mont-de-piété de Paris, d'après des autorisations données par le préfet de la Seine, à l'ouverture de chaque exercice.

9. Les produits des divers placemens mentionnés dans les deux articles précédens seront employés en acquisitions de rentes qui accroîtront à la société.

10. Les actionnaires partiels dont les actions ne sont pas encore complètes seront admis à les compléter; et ceux qui, d'après les statuts de l'une ou de l'autre des anciennes sociétés, avaient encouru la déchéance à cet égard, en sont relevés.

11. Les versemens partiels qui restent à faire pour les complétemens d'actions seront calculés sur le prix de quinze francs, somme à laquelle la valeur primitive des actions est réduite par l'article 3 du présent décret.

12. Les actionnaires partiels seront tenus de parfaire, avant le 20 mars 1813, cinq francs de rente par action, pour le premier tiers du prix total d'action; et les deux autres tiers, montant à dix francs de rente, devront être versés dans l'espace de cinq années, à compter du même jour 20 mars 1813, à raison de deux francs de rente par année.

13. Ceux des actionnaires partiels dont les versemens se trouveraient excéder le montant des portions exigibles de leurs mises pourront ne rentrer en versement pour le restant, qu'après l'épuisement du montant de leurs avances, et dans les délais et proportions des termes à échoir.

14. Les actionnaires partiels qui n'auront pas complété leurs actions dans les délais prescrits ci-dessus seront déchus sans retour, et toutes les mises par eux faites jusqu'alors accroîtront à la société.

15. A partir de l'exercice 1812, il ne pourra être réclamé de dividende que pour cinq années, et toute demande d'excédant sera rejetée sans retour.

16. Le compte de caisse et le résultat de la situation de la tontine, qui, d'après les articles 3 et 4 de notre décret du 22 octobre 1810, devraient se présenter, chaque année, au conseil municipal de notre bonne ville de Paris, dans le courant de janvier, ne lui seront présentés que dans le courant de juillet.

17. Les dispositions des statuts de l'établissement, auxquelles il n'est pas dérogé par le présent décret, et auxquelles il n'a rien été changé par notre décret du 22 octobre 1810, continueront d'avoir leur exécution.

18. Notre grand-juge, ministre de la justice, et notre ministre des manufactures et du commerce, sont chargés de l'exécution du présent décret.

---

11 JUILLET 1812. — Décret qui déclare communes aux libraires les dispositions de celui du 2 février 1811, relatives aux brevets des imprimeurs. (4, Bull. 442, n° 8148.)

Art. 1er. Les dispositions de notre décret du 2 février 1811, relatives aux brevets des imprimeurs, sont déclarées applicables et rendues communes aux libraires.

2. Leur brevet sera conforme au modèle ci-annexé.

3. Ne sont pas compris dans ces dispositions les libraires-étaleurs-bouquinistes.

4. Notre ministre de l'intérieur est chargé de l'exécution du présent décret.

AU NOM DE L'EMPEREUR.

BREVET.

Vu le décret du 5 février 1810, contenant réglement sur l'imprimerie et la librairie,

Nous conseiller d'Etat, directeur général de l'imprimerie et de la librairie, conformément aux articles 30 et 33 du même décret, et suivant les dispositions du décret du 1812, avons délivré le présent brevet de libraire au sieur pour lui servir ce que de raison et exercer ledit état de libraire à département d en se conformant aux lois et réglemens, à la charge par l'impétrant de le faire enregistrer au tribunal de première instance du lieu de sa résidence, après y avoir prêté serment de ne vendre, débiter et distribuer aucun ouvrage contraire aux devoirs des sujets envers le souverain et à l'intérêt de l'Etat.

Fait à l'hôtel de la direction générale de l'imprimerie et de la librairie, le

---

11 JUILLET 1812. — Décret qui accorde un délai de trois mois pour faire enregistrer *gratis* les actes sous seing privé passés, avant le 20 août 1811, dans les départemens anséatiques, et avant le 1er janvier 1812, dans les départemens de la Hollande et dans celui de la Lippe. (4, Bull. 441, n° 8127.)

---

11 JUILLET 1812. — Décret portant création de tribunaux de commerce dans les villes de Rome, Civita-Vecchia et Foligno. (4, Bull. 442, n° 8149.)

---

11 JUILLET 1812. — Décrets qui autorisent l'acceptation de dons et legs faits aux communes d'Avançon, de Pithiviers, aux pauvres de Tarantasca, et aux fabriques des églises paroissiales et succursales de Strasbourg, Bellem, Faulquemont, Cormoyeux, Pontemrone, Riom et Paris. (4, Bull. 448, nos 8234 à 8239, et Bull. 449, nos 8243 à 8246.)

---

12 JUILLET 1812. — (On a indiqué dans les notes sur le titre V de la loi du 22 ventose an 12, un acte portant la date du 12 juillet 1812; c'est une erreur. *Voy.* 2 JUILLET 1812.)

---

12 JUILLET 1812. — Extraits de lettres-patentes portant autorisation aux sieurs Bauchetet, de Walderdorf et Hauck, de se faire naturaliser au service de puissances étrangères. (4, Bull. 451, 452 et 492, nos 8295, 8324 et 9077.)

---

14 JUILLET 1812. — Décret portant que des plaintes et dénonciations dirigées contre les administrateurs d'un bureau de bienfaisance de Paris, seront renvoyées au Conseil-d'Etat, pour qu'il décide s'ils doivent ou non être poursuivis devant les tribunaux. (4, Bull. 441, n° 8128.)

N..... vu l'article 75 de la constitution de l'an 8;

Vu la décision de notre Conseil-d'Etat du 19 brumaire an 11, relative aux administrateurs de l'hospice civil de Bruxelles;

Considérant que les dispositions de l'article 75 de la constitution de l'an 8, qui concerne les agens du Gouvernement, ont été appliquées aux administrations des secours publics; qu'en conséquence les membres des bureaux de bienfaisance ne peuvent être poursuivis à raison des actes relatifs à l'exercice de leurs fonctions, sans autorisation donnée en notre Conseil-d'Etat;

Notre Conseil-d'Etat entendu,

Nous avons décrété et décrétons ce qui suit :

Art. 1er. Les plaintes et dénonciations dirigées contre les administrateurs du bureau de bienfaisance de la division de l'Arsenal de notre bonne ville de Paris seront renvoyées, dans les formes prescrites, à l'examen de notre Conseil-d'Etat, afin qu'il puisse y être décidé, conformément à l'article 75 de la constitution de l'an 8, si lesdits administrateurs doivent ou non être poursuivis devant les tribunaux.

2. Notre grand-juge, ministre de la justice, et notre ministre de l'intérieur, sont chargés de l'exécution du présent décret.

---

14 JUILLET 1812. — Décret relatif aux comptes à rendre par les administrateurs, receveurs et autres comptables des établissemens de bienfaisance des départemens des Bouches-du-Rhin, des Bouches-de-l'Escaut, et autres départemens réunis ou faisant partie de l'empire. (4, Bull. 440, n° 8103.)

Art. 1er. Les préfets des départemens des Bouches-du-Rhin et de l'Escaut sont autorisés à dresser les inventaires et procès-verbaux du mobilier et de l'état des biens et revenus affectés au service des hôpitaux, maisons de secours, fondations pour les pauvres, et autres établissemens de bienfaisance, sous quelques dénominations qu'ils soient connus, qui existaient dans ces départemens lors de leur réunion à l'empire français, ainsi que des titres, livres et manuscrits appartenant à ces établissemens; à l'effet de quoi seront tenus tous administrateurs, receveurs, pauvriseurs, et autres comptables, d'en donner des déclarations exactes et détaillées.

2. Les préfets ordonneront le dépôt aux archives des commissions administratives des hospices et des bureaux de bienfaisance, de tous les titres, registres, sommiers et papiers de ces établissemens, et feront poursuivre, suivant la rigueur des lois, et même par corps, conformément à l'article 9 du titre III de la loi des 23, 28 octobre = 5 novembre 1790, tous ceux qui auront soustrait, recélé ou retenu quelques-uns des titres, papiers, registres ou sommiers, même de ceux dressés par eux durant leur régie, ou qui refuseraient d'en faire leur remise.

3. Les préfets, conformément à la loi du 5 juin 1790, et à celle du 28 pluviose an 3, article 1er, chapitre III, feront procéder à l'apposition des scellés sur les caisses et papiers de tous les comptables de ces établissemens, qui, dans le délai qu'ils jugeront convenable de leur fixer, n'auront point rendu leurs comptes, ainsi qu'à la mise en séquestre de tous leurs biens.

4. Les dispositions qui précèdent sont rendues communes aux administrateurs et comptables des hospices et établissemens de charité des autres départemens réunis, ou faisant partie de l'empire.

5. Notre grand-juge, ministre de la justice, et notre ministre de l'intérieur, sont chargés de l'exécution du présent décret.

---

14 JUILLET 1812. — Lettres de création du dépôt de mendicité du département de la Dordogne. (4, Bull. 442, n° 8150.)

---

14 JUILLET 1812. — Décret qui ordonne la perception de centimes additionnels pour les dépenses à faire aux routes de 3e classe dans les départemens de l'Ain, de l'Aisne, de l'Aube, de la Dordogne, de l'Eure, du Finistère, de la Meuse-Inférieure, du Pas-de-Calais et de Saône-et-Loire. (4, Bull. 443, n° 8161.)

---

14 JUILLET 1812. — Décret qui fixe le mode de répartition et de recouvrement de la contribution à payer par les propriétaires des mines et forêts dans les départemens de l'Allier, du Cher, de Loir-et-Cher et d'Indre-et-Loire, pour les travaux relatifs à la navigation du Cher. (4, Bull. 443, n° 8162.)

---

14 JUILLET 1812. — Décrets qui autorisent l'établissement d'une chapelle dans la commune de Ville-en-Salaz, et l'érection en chapelles des églises de Butot, Lafitte, Hautot, l'Aonay, Sainte-Hélène et Vyle. (4, Bull. 443, n° 8163, et Bull. 444, nos 8173 à 8177.)

---

14 JUILLET 1812. — Extrait de lettres-patentes portant autorisation au sieur de Linden de rester au service d'une puissance étrangère. (4, Bull. 452, n° 8325.)

---

14 JUILLET 1812. — Extraits de lettres-patentes portant autorisation aux sieurs Sauvinet, Dolmaire de Provenchères, de rester au service de puissances étrangères. (4, Bull. 492, n° 9078.)

---

14 JUILLET 1812. — Extrait de lettres-patentes portant autorisation au sieur Jean-Pierre André de se faire naturaliser en pays étranger. (4, Bull. 445, n° 8184.)

---

14 JUILLET 1812. — Décrets qui autorisent l'acceptation de dons et legs faits aux pauvres et hospices de Santo-Sepolcro, Saint-Pons-de-Thomières, Saint-Germain-en-Laye, Agen, Mennetreux-le-Pitois, Biviers et Graglia. (4, Bull. 449, nos 8247 à 8254.)

---

14 JUILLET 1812. — Décret qui supprime, et remplace par une nouvelle disposition, l'article 5 des statuts des sœurs de Saint-Joseph. (4, Bull. 444, n° 8179.)

14 JUILLET 1812. — Extraits de lettres-patentes portant autorisation à MM. Ramatuelle, Albert Collignon, Amand-Robert-Denis de Senneville, Hélie, Ferdinand de la Ville-sur-Illon, de rester au service de puissances étrangères. (4, Bull. 445, n° 8185.)

31 JUILLET 1812. — Décret qui proroge le délai accordé pour obtenir l'autorisation par lettres-patentes de rester naturalisé en pays étranger ou au service d'une puissance étrangère. (4, Bull. 444, n° 8180.)

Art. 1er. Le délai accordé par les articles 14 et 26 de notre décret du 26 août 1811, à ceux de nos sujets qui étaient déjà naturalisés en pays étranger ou au service d'une puissance étrangère, pour obtenir notre autorisation par lettres-patentes, est prorogé *d'une année*, à compter du jour de l'expiration de ce même délai.

2. Notre grand-juge, ministre de la justice, est chargé de l'exécution du présent décret.

31 JUILLET 1812. — Décret qui autorise l'établissement d'une chapelle dans la commune de Frotey, réunie, quant au spirituel, à la cure de Vesoul, département de la Haute-Saône. (4, Bull. 445, n° 8182.)

31 JUILLET 1812. — Décret qui autorise l'établissement d'une chapelle dans la commune de Saint-Remi, réunie, quant au spirituel, à la succursale d'Auchenancourt, département de la Haute-Saône. (4, Bull. 445, n° 8183.)

31 JUILLET 1812. — Extrait de lettres-patentes portant autorisation au sieur Christian de Deux-Ponts de rester au service d'une puissance étrangère. (4, Bull. 454, n° 8376.)

31 JUILLET 1812. — Extraits de lettres-patentes portant autorisation aux sieurs Gondallier Tugny, Bilderberck, de rester au service de puissances étrangères. (4, Bull. 500, n° 9181.)

31 JUILLET 1812. — Décrets qui autorisent l'acceptation de dons et legs faits aux communes de Basse-Yeutz, Château-Lambert, Circourt, Fremicourt, Grilly; aux pauvres et hospices de Saint-Germain-en-Laye, Strambino, Toulouse; aux séminaires diocésains de Trèves et du Mans, et aux fabriques des églises paroissiales et succursales de Trèves, Marville-lès-Bois, Balagoier, Briey, Miraval et Mongrando. (4, Bull. 449, nos 8255 à 8260, et Bull. 450, nos 8264 à 8273.)

4 AOUT 1812. — Avis du Conseil-d'État. (Cautionnement.) *Voy.* 20 SEPTEMBRE 1812.

5 AOUT 1812. — Extrait de lettres-patentes portant institution de majorat en faveur de M. Dominique Vivant Denon. (4, Bull. 446, n° 8191.)

7 AOUT 1812. — Décret qui déclare communes aux avocats près la cour impériale de Nancy, les dispositions du décret du 3 octobre 1811, relatif à la perception d'un droit de vingt-cinq francs sur la prestation de serment des avocats près la cour impériale de Paris. (4, Bull. 446, n° 8188.)

N..... vu la délibération du conseil de discipline de l'ordre des avocats près notre cour impériale de Nancy, en date du 6 novembre 1811, tendant à obtenir, pour les causes énoncées dans notre décret du 3 octobre de la même année, l'autorisation de percevoir un droit de vingt-cinq francs sur chaque prestation de serment des avocats qui seront reçus à ladite cour;

Vu aussi la lettre écrite à l'appui de cette demande, par notre procureur général près la même cour;

Sur le rapport de notre grand-juge, ministre de la justice;

Notre Conseil-d'Etat entendu,

Nous avons décrété et décrétons ce qui suit:

Art. 1er. Les dispositions de notre décret du 3 octobre 1811, qui ordonne la perception d'un droit de vingt-cinq francs sur chaque prestation de serment des avocats qui seront reçus à notre cour impériale de Paris, sont déclarées communes à l'ordre des avocats près notre cour impériale de Nancy, à compter de la publication de notre présent décret.

2. Notre grand-juge, ministre de la justice, est chargé de l'exécution du présent décret.

7 AOUT 1812. — Décret qui autorise l'établissement d'une chapelle dans la commune de Ballore, réunie, quant au spirituel, à la succursale de Marisy, département de Saône-et-Loire. (4, Bull. 446, n° 8186.)

7 AOUT 1812. — Décret qui autorise, pour dix ans, l'érection en chapelle de l'église de la Neuville-Chant-Doisel, réunie, pour le culte, à la cure de Boos, département de la Seine-Inférieure. (4, Bull. 446, n° 8187.)

7 AOUT 1812. — Décret qui supprime le tribunal de commerce des Sables-d'Olonne. (4, Bull. 446, n° 8189.)

7 AOUT 1812. — Décret relatif à la 112e loterie dite hollandaise. (4, Bull. 446, n° 8190.)

7 AOUT 1812. — Décrets qui autorisent l'acceptation de dons et legs faits aux communes de Genevrières et Belfond, Boult, Grossœuvre, Oye, Remiremont, Saint-Pierre-Quilbignon, Ugny-le-Gay, Wardrecques; aux églises paroissiales et succursales de Saint-Sulpice-la-Pointe, Barvaux, Coume, Amettes, Châlons-sur-Marne, Tourettes, Jovençan, Andruick, Saint-Jean-de-Moissat, Meaux; et aux pauvres et hospices de Saint-Hilaire, Marbais, Asper, Anvers, Nuits, Pignans, Porentruy, Toulouse, Champlitte, Saint-Etienne, Blendecques, Auterive, Bergues, Cateau, Noisay, Rexpoede, Vigoulet et Framon. (4, Bull. 450, n°s 8274 à 8292, et Bull. 451, n°s 8296 à 8311.)

---

14 AOUT 1812. — Avis du Conseil-d'Etat. (Budgets départementaux.) *Voy.* 21 SEPTEMBRE 1812. (Décret du 1er mai 1812.) *Voy.* 22 SEPTEMBRE 1812.

---

18 AOUT 1812. — Avis du Conseil-d'Etat. (Imposition de commune.) *Voy.* 7 OCTOBRE 1812.

---

21 AOUT 1812. — Décrets qui autorisent l'acceptation de dons et legs faits aux communes de Morsalines, Grasville, Vatan, Brehan-Loudéac, Montalenghe, Metz, Orbey, Lajarasse; aux fabriques des églises paroissiales et succursales de Neuilly-en-Donjon, Maxey-sur-Vaize, Bielle, Maizeret, Peyreleau, Gênes; aux séminaires de Metz et aux pauvres et hospices de Valence, Metz, Charneux, Chemiré-le-Gaudin, la Suze, Suresnes, Cherbourg, Argelos, Beyries, Doasit, Sorèze, Sargé, Flavigny, Charenton-le-Pont, Preuilly, Dax et Saint-Germain-sur-l'Arbresle. (4, Bull. 451, n°s 8312 à 8322, et Bull. 452, n°s 8326 à 8344.)

---

21 AOUT 1812. — Décrets qui autorisent l'établissement de chapelles dans les communes de Crissey, Amoncourt, Fouchecourt, Gratery et Noaillac. (4, Bull. 452, n° 8345, et Bull. 453, n°s 8355 à 8358.)

---

23 AOUT 1812. — Décret contenant proclamation des brevets d'invention, de perfectionnement et d'importation délivrés pendant le second trimestre 1812, aux sieurs Brun, Cochot, Peix, Delamarche de Manneville, Polter, Mourlat, Liautaud, Laugier père et fils, Salmon, Busine, Bertault, Després fils, Lecour, Stamm, Loh, Girard frères, Porry, Boffe, Guillon Willcox, Rouyer, Paris, Gettiffe père et fils, Rondinelli Pendolla, Ulivi, Haliette Delimal père et fils, Bourlier, Pluvinet frères, Kurtz. (4, Bull. 447, n° 8206.)

---

23 AOUT 1812. — Décret contenant prorogation du délai fixé pour le visa pour timbre et l'enregistrement gratis des actes antérieurs au 1er avril 1811, qui n'ont pas de date certaine, dans le département du Simplon. (4, Bull. 447, n° 8207.)

---

24 AOUT 1812. — Décret qui charge la régie des droits réunis de la recherche des poudres fabriquées hors des poudrières du Gouvernement. (4, Bull. 447, n° 8209.)

Voy. décret du 16 MARS 1813.

Art. 1er. La régie des droits réunis est spécialement chargée de la recherche des poudres étrangères, et de celles fabriquées hors des poudrières du Gouvernement, qui pourraient circuler et être vendues dans notre empire.

2. Le prix de celles qui seront saisies par les agens de cette régie, et qui doivent être remises à l'administration des poudres, et payées par elle au prix fixé par les lois et réglemens, ainsi que les amendes des délinquans, sont adjugés à ces agens.

3. L'administration des poudres et la régie des droits réunis se concerteront pour faire, relativement à ces saisies et aux amendes, un réglement, qui sera soumis à leur ministre respectif et présenté à notre approbation.

4. Nos ministres des finances et de la guerre sont chargés de l'exécution du présent décret.

---

24 AOUT 1812. — Décret concernant les pensions des veuves de titulaires de majorats ou dotations. (4, Bull. 447, n° 8210.)

Voy. sénatus-consulte du 30 JANVIER 18[illegible], titre II.

TITRE Ier. De la concession et de la fixation des pensions des veuves, dans le cas de retour de la dotation au domaine extraordinaire.

Art. 1er. Aucune pension ne pourra être accordée, sur les dotations qui auront fait retour à notre domaine extraordinaire, que par un décret spécial.

2. Les fixations des pensions des veuves de titulaires qui restent avec des filles issues de leur mariage, ou avec des descendans de ces filles, nous seront proposées pour le tiers du revenu de la dotation; et les pensions des veuves qui restent sans filles de ce mariage, ou sans descendans de ces filles, pour le quart seulement.

Néanmoins, en aucun cas, il ne pourra nous être proposé de fixer des pensions de veuves au-dessus du *maximum* de deux cent mille francs.

3. Dans le cas où, lors du décès des titulaires, les majorats ou dotations seraient grevés d'une pension, la nouvelle pension ne sera proposée que sur le revenu qui restera, déduction faite de la première pension, sauf à augmenter la seconde pension, en cas d'extinction de la première.

4. Si la dotation était composée partie de nos libéralités, et partie des biens fournis par le titulaire ou ses auteurs, les pensions seront

fixées proportionnellement au revenu du bien provenant de notre domaine extraordinaire, sauf à la veuve à exercer le surplus de ses droits sur les autres biens, conformément à nos statuts et décrets.

TITRE II. Formalités à observer par les veuves pour obtenir les pensions.

5. La veuve d'un donataire de dotation provenant en tout ou partie de nos libéralités sera tenue, en adressant sa demande de pension à l'intendant général de notre domaine extraordinaire, d'y joindre :

1° Son acte de naissance; 2° l'acte de célébration de son mariage; 3° certificat de notoriété de non-divorce; 4° les actes de naissance des filles ou descendans de filles issues de son mariage avec le titulaire; 5° certificat de notoriété justifiant de l'existence de ces enfans; 6° l'acte de décès de son mari, ou de son fils, auquel la dotation aura été transmise.

6. En nous présentant son rapport, notre intendant général nous fera connaître la fortune dont jouit la veuve, soit en perpétuel, soit en viager, et le résultat des renseignemens qu'il aura pris sur la situation dans laquelle elle se trouve.

7. Les veuves seront tenues de faire leur réclamation dans les six mois qui suivront le décès de leurs maris ou de leurs fils; à défaut, elles pourront être privées des arrérages de leurs pensions, jusqu'au jour de leur demande.

TITRE III. Comment et par qui seront payées les pensions des veuves.

8. Les pensions accordées dans le cas de retour au domaine extraordinaire, et fixées d'après les proportions et conditions qui précèdent, formeront une charge fixe, et non de quotité, sur les revenus de la dotation; les pensionnaires n'auront pas droit de demander le compte et le partage des revenus, et le titulaire ne pourra aussi se dispenser du paiement.

9. Les pensions seront payées, savoir : celles sur les dotations dont les titulaires sont réunis en société, par la caisse de la société; et celles sur les autres dotations, par le titulaire, s'il y a eu transmission accordée par nous : elles seront payées par le domaine extraordinaire pendant sa jouissance.

10. Le paiement des pensions sera fait par semestre, et prélevé sur le revenu net des dotations qui en seront grevées.

11. La jouissance commencera à courir, au profit des veuves, du jour du décès du titulaire, sauf le cas prévu à l'article 7.

12. Les pensions cesseront dans le cas où les veuves viendraient à se remarier, si elles n'en ont pas obtenu de nous la permission.

TITRE IV. Des brevets de pension à délivrer aux veuves.

13. Les veuves de titulaires d'un majorat qui a fait retour à notre domaine, qui auraient obtenu une pension, devront être munies d'un brevet de pension qui rappellera le montant de la pension qui leur aura été accordée.

14. Elles devront se retirer, dans les trois mois après que la pension leur aura été accordée, par-devant notre cousin le prince archichancelier de l'empire, en représentant le décret de pension, à l'effet de s'en faire délivrer le brevet par notre conseil du sceau.

15. Dans le cas que le majorat ne fasse pas retour à notre domaine, et que la pension vienne à la charge du titulaire successeur, ou des héritiers du titulaire décédé, les veuves qui auront obtenu la pension à laquelle nos statuts leur donnent droit se feront délivrer un brevet de pension, en représentant le consentement du titulaire successeur, ou des héritiers du titulaire décédé, ou, à défaut de ce consentement, le jugement du tribunal qui aura prononcé, aux termes des art. 8 et 9 de notre décret du 14 octobre 1811.

16. Les brevets des veuves de donataires de 1,000 francs et au-dessous seront délivrés, à la diligence de notre procureur général du sceau, sans ministère d'avocat, et sans autres frais que ceux de parchemin et d'expédition.

Les brevets de pension des veuves de donataires au-dessus de 1,000 francs ne seront délivrés que sur la preuve, par quittance ou obligations, du versement par elle fait de la moitié du droit auquel nos donataires sont assujétis pour obtenir leur acte d'investiture.

TITRE V. Des secours aux frères et sœurs orphelins d'un titulaire en minorité.

17. Lorsque la dotation aura été recueillie par un enfant mineur, et qu'il existera d'autres enfans, nous nous réservons de déterminer, d'après le rapport qui nous sera fait par l'intendant de notre domaine extraordinaire sur la position de la famille du mineur et ses ressources, et l'avis du conseil de famille, ce qui pourra être distrait des revenus de ladite dotation pendant la minorité, pour pourvoir à l'existence et à l'éducation de ses frères et sœurs.

18. Notre cousin l'archi-chancelier de l'empire et notre ministre d'État, intendant-général du domaine extraordinaire, sont chargés de l'exécution du présent décret.

---

24 AOUT 1812. — **Décret relatif aux traitemens des receveurs municipaux des communes qui ont dix mille francs ou plus de revenu.** (4, Bull. 447, n° 8208.)

ART. 1er. Les traitemens des receveurs municipaux des communes qui ont dix mille francs ou plus de revenu ne pourront, à compter de 1813, excéder les proportions suivantes, savoir :

A raison de quatre pour cent sur les premiers vingt mille francs des recettes ordinaires, dans les communes dont les recettes sont confiées au percepteur des contributions;

A raison de cinq pour cent sur les premiers vingt mille francs des recettes ordinaires, dans les communes où les recettes sont confiées à des receveurs spéciaux;

Et, dans toutes les communes, à raison d'un pour cent sur les sommes excédant vingt mille francs jusqu'à un million, et de demi pour cent sur toutes celles qui s'élèvent au-delà d'un million.

2. Ces tarifs ne sont qu'énonciatifs du *maximum* des traitemens. Ces traitemens seront réglés définitivement dans le budget de chaque ville, sur la proposition nécessaire du conseil municipal, l'avis du sous-préfet et l'avis du préfet, conformément à l'article 7 du décret du 30 frimaire an 13.

3. Les recettes municipales, dans les villes dont les revenus ne s'élèvent point à vingt mille francs, continueront d'être réunies à la perception des contributions. Les percepteurs pourront aussi, sur la proposition des conseils municipaux, être chargés de la recette des deniers communaux dans les villes dont les revenus s'élèvent au-dessus de vingt mille francs.

4. Nos ministres de l'intérieur et du Trésor impérial sont chargés de l'exécution du présent décret.

---

24 AOUT 1812. — Décret portant autorisation d'une société anonyme à Hambourg, pour la fabrication du sucre de betterave. (Mon. n° 265.)

N..... sur le rapport de notre ministre des manufactures et du commerce;

Vu l'expédition en langue allemande et la traduction française, signée Pierre Fallet, traducteur juré près la cour impériale, du contrat passé à Hambourg, le 5 mai 1812, devant Schaffhausen et son confrère, notaires impériaux, portant formation, dans cette ville, d'une société anonyme qui a pour objet la fabrication et le raffinage du sucre de betterave;

Vu la loi du 10 septembre 1807 et notre décret du 18 novembre 1810;

Notre Conseil-d'Etat entendu,

Nous avons décrété et décrétons ce qui suit :

Art. 1er. La société anonyme formée à Hambourg, département des Bouches-de-l'Elbe, par contrat du 5 mai 1812, entre plusieurs particuliers négocians et raffineurs de cette ville, pour la fabrication et le raffinage du sucre de betterave, est autorisée.

2. La durée de cette société est provisoirement restreinte à quatre ans, qui ont commencé à courir le 1er mai 1812, et qui finiront le 30 avril 1816.

3. Ladite société ne pourra se dissoudre avant l'expiration du terme ci-dessus fixé, sans avoir obtenu notre autorisation à cet effet.

4. Le préfet du département des Bouches-de-l'Elbe aura la surveillance administrative de ladite société, et il en rendra compte à notre ministre des manufactures et du commerce.

5. L'expédition en langue allemande et la traduction française du contrat d'association ci-dessus resteront annexées au présent décret.

---

24 AOUT 1812. — Décret contenant réglement sur l'établissement et la conservation de différentes usines établies sur le canal de dérivation de la rivière de Zorn (Bas-Rhin). (Mon. n° 267.)

Conditions générales et communes aux usines des sieurs Friess, Darcourt, Monnet, Galmich et Schœffer.

Art. 1er. L'écluse cotée au plan par la lettre E, établie sur la rivière de Zorn, département du Bas-Rhin, servant à maintenir les eaux dans le canal de dérivation, étant utile à toutes les usines qui ne pourraient exister sans elle, sera entretenue et construite, au besoin, à la charge commune, et chaque propriétaire d'usine y contribuera à proportion du nombre des tournans de son usine.

2. Chaque meunier sera chargé de tous les frais du curage du biez, c'est-à-dire de toute la partie du lit qui se trouve entre son usine et l'atterrissement formé par le courant, à la sortie du coursier du moulin supérieur; cet atterrissement sera toujours à la charge du propriétaire de l'usine qui le produit.

3. Les propriétaires riverains seront tenus de curer la rivière et cours d'eau sur l'étendue de leur propriété, en tant qu'il n'est point apporté au régime du courant des changemens qui augmentent nécessairement le curage et la charge des riverains, charge qui ne tournerait pas à leur avantage ni à celui de l'Etat; dans ce dernier cas, le curage sera à la charge des propriétaires d'usines, avec la restriction toutefois qu'ils ne devront le faire qu'autant que les riverains ne préféreraient pas l'exécuter eux-mêmes, chacun en droit soi.

4. Chaque usine aura deux vannes de décharge de fond, d'un mètre de largeur chacune, afin qu'elles offrent un débouché capable de débiter tout le volume des eaux qui peut y arriver.

Afin de prévenir que, par manœuvre arbitraire des vannes, ou avec des hausses postiches et frauduleuses, il puisse être occasioné une intermittence d'écoulement des eaux, chaque meunier devra toujours assurer un débouché suffisant, et sera tenu, à cet effet, d'ouvrir les vannes de décharge, en proportion qu'il ferme plus ou moins ses vannes de manœuvre.

Indépendamment de cette attention journalière, tous les dimanches, les vannes de décharge seront entièrement levées pendant le jour, pour nettoyer le lit et diminuer les atterrissemens.

5. Les hauteurs d'eau seront fixées par des repères invariables, aux frais des propriétaires de chaque usine. Le niveau de l'eau ne pourra dépasser les repères, que dans le cas d'une force majeure et de toutes vannes levées en temps utile.

En cas de construction, il en sera dressé procès-verbal, soit par les ingénieurs, soit par tous les agens qui sont chargés, par la loi du 29 floréal an 10, de la surveillance de ces sortes de contraventions, pour être les délinquans poursuivis ainsi que de droit.

6. Il ne pourra être prétendu de chômage ni dédommagement pendant le temps que les eaux pourront être utiles au flottage, ni par suite des dispositions que le Gouvernement jugerait convenable de faire pour l'avantage de la navigation, du commerce et de l'industrie, tant sur la rivière de Zorn que sur le canal qui en dérive.

Conditions particulières à chaque usine.

Usine du sieur Friess.

7. Attendu qu'il est constaté que le sieur Friess, depuis l'acquisition qu'il a faite de son usine, le 28 brumaire an 5, ainsi que de l'écluse marquée E, il y a fait des augmentations considérables sans autorisation; que, d'une part, en transformant le coursier de décharge en coursier de manœuvre, il a privé les eaux du débouché nécessaire pour éviter les inondations; et, de l'autre, en augmentant le nombre des tournans, il a rendu les prairies marécageuses; ces changemens et innovations ne pourront exister qu'autant que le sieur Friess se soumettra aux conditions générales ci-dessus, et à celle particulière d'ouvrir latéralement un canal de décharge conforme au tracé en jaune sur la feuille de retombe du plan général.

Le canal sera construit en maçonnerie, et aura trois mètres de largeur; il sera fermé par deux vannes de fond, d'un mètre trente centimètres de débouché chacune, reposant sur un seuil, dont le dessus sera de trente-deux centimètres plus bas que le seuil actuel du bâtiment d'eau du sieur Friess, aujourd'hui représenté par le sieur Maille.

Les vannes auront un mètre trente-deux centimètres de hauteur, et pourront même être ultérieurement coupées à une moindre hauteur, si l'expérience démontrait que les propriétaires riverains fussent encore endommagés par la tenue des eaux.

Usines du sieur Darcourt.

8. Attendu qu'il résulte de la vérification des lieux et des pièces produites, que le sieur Darcourt a établi son usine sans autorisation légale, qu'il n'est propriétaire que de la rive gauche; qu'il a pris un point d'appui sur la rive droite sur la propriété du sieur Monnet, qui prétend à la moitié de la chute et du volume d'eau.

Que l'opposition du sieur Wolbrek est fondée;

Que cependant le sieur Darcourt paraît avoir été de bonne foi dans la construction entreprise sous la forme du traité fait avec le sieur Friess;

L'établissement du sieur Darcourt sera conservé sous les conditions générales précédentes et sous celles particulières ci-après, savoir :

1° Le sieur Darcourt sera tenu de construire un mur d'épaulement contre la rive droite, suffisant pour garantir la propriété du sieur Monnet et celle du sieur Wolbrek de toute atteinte et dégradation, dont le sieur Darcourt sera toujours passible et responsable, le cas échéant;

2° Il sera pratiqué deux vannes de décharge de fond, d'un mètre trente centimètres de largeur chacune, et d'un mètre neuf centimètres de hauteur au-dessus du seuil sur lequel elles reposeront, lequel seuil sera posé trente-deux centimètres plus bas que le seuil principal actuel du bâtiment d'eau;

3° Indépendamment des vannes de décharge ci-dessus indiquées sur le plan par une feuille de retombe, il sera construit un déversoir de superficie, en maçonnerie, avec canal de fuite, le tout sur le terrain du sieur Monnet, afin d'assurer l'évacuation des eaux et de prévenir les inconvéniens de leur trop grande hauteur pour les propriétés voisines.

Le dessus du seuil de ce déversoir sera de soixante-dix-sept centimètres plus haut que le dessus du seuil actuel du bâtiment d'eau du sieur Darcourt; il présentera cinq mètres d'ouverture pour l'entrée des eaux.

Cette construction sera faite et entretenue ultérieurement à frais communs, par les sieurs Darcourt et Monnet, si mieux n'aimait ce dernier en être seul chargé, comme devant avoir lieu sur sa propriété.

Usine que demande à construire le sieur Monnet.

9. Considérant qu'il est également constaté qu'il n'y aurait aucun inconvénient, ni pour les usines supérieures, ni pour celles inférieu-

res, en accordant au sieur Monnet la permission d'établir une nouvelle usine sur l'emplacement indiqué par la feuille de retombe du plan précité,

Le sieur Monnet est autorisé à construire son usine projetée, dans l'emplacement indiqué ci-dessus, qui, par ce moyen, deviendra la première du canal, et à cinq cent quarante-deux mètres en aval de la prise d'eau, sous les conditions générales ci-dessus et sous celles particulières, savoir :

1° Le dessus du déversoir et des vannes de décharges de son usine sera fixé à vingt-sept centimètres au-dessous du niveau actuel du dessus des vannes de l'écluse, cotée au plan en E, ce qui correspondra à un mètre soixante-douze centimètres au-dessus du seuil principal du bâtiment d'eau du sieur Darcourt. Le dessus du seuil d'aval du coursier du sieur Monnet sera fixé à quatre-vingt-trois centimètres au-dessus du seuil principal du sieur Darcourt;

2° Le seuil principal ou d'amont du coursier du sieur Monnet sera fixé à la hauteur qu'il jugera la plus convenable au mouvement de la roue qu'il se propose de construire; mais le seuil principal des deux vannes de décharge de fond à établir, d'un mètre trente centimètres de largeur chacune, sera placé dans la ligne de pente uniforme entre le seuil de la prise d'eau et celui fixé précédemment pour les vannes de décharge du moulin Darcourt, afin que les eaux de fond puissent toujours s'écouler, et pour prévenir les atterrissemens;

3° Indépendamment des vannes de décharge de fond, il sera établi un déservoir de quatre mètres de large de débouché. Le dessus de ce déversoir sera de niveau avec le dessus des vannes de décharge; cependant, si l'expérience démontrait que les dimensions indiquées ci-dessus ne fussent point entièrement propres à atteindre ce but, elles pourront être modifiées convenablement pour l'obtenir, et seront consignées dans un procès-verbal dressé par des ingénieurs.

Usine que demandent à construire les sieurs Galmich et Schœffer.

10. Considérant qu'il a été constaté que le point où ces deux particuliers se proposent d'établir une usine offre une chute d'eau suffisante, et que cet établissement ne peut nuire ni aux usines supérieures, ni à celles inférieures,

Les sieurs Galmich et Schœffer sont autorisés à construire leur usine projetée au point indiqué par la feuille de retombe du plan produit, sous les clauses générales précédemment développées, et celles particulières, savoir :

1° Un repère sera construit en amont de la propriété des sieurs Galmich et Schœffer, et placé dans l'eau contre la rive gauche, qui est le plus facilement accessible.

Le niveau des eaux y sera tracé par l'ingénieur de l'arrondissement, avant que l'état des lieux ait aucunement changé, et les dispositions des pétitionnaires devront être prises de manière que, dans aucun temps, hors le cas d'une force majeure et de toutes vannes levées en temps utile, les eaux ne puissent gonfler au-delà de la marque du repère;

2° Un repère semblable sera également placé sur la même rive et à l'aval de la propriété Galmich et Schœffer; l'état des eaux, avant la construction, y sera également tracé, et la différence de ce niveau entre la marque du repère d'amont et celle-ci, donnera la pente ou chute dont lesdits sieurs Galmich et Schœffer pourront disposer, et qu'ils pourront distribuer à leur gré, pour le mieux de leurs intérêts;

3° L'écoulement des eaux sera assuré par l'exécution de deux vannes de décharge, d'un mètre trente centimètres de largeur chacune, dont le seuil sera placé dans la ligne de pente naturelle du fond du lit, représentée par une parallèle passant à soixante-cinq centimètres au-dessous de la ligne donnée par les deux marques de repère ci-dessus indiquées; ces vannes seront dérasées à la hauteur convenable, pour que les eaux n'éprouvent aucun gonflement qui les fasse dépasser la marque du repère d'amont, et cette hauteur sera constatée de la manière qu'il sera dit ci-après, dans l'art. 11, commun à toutes ces constructions;

4° Indépendamment des deux vannes de décharge de fond, il sera établi un déversoir en maçonnerie, de quatre mètres de largeur de débouché, dont le dessus du seuil sera à la même hauteur que le dessus des vannes de décharge, lesquelles auront été dérasées à la hauteur prescrite.

11. L'exécution de ces constructions et changemens sera surveillée par l'ingénieur d'arrondissement, pour être ensuite constatée et vérifiée par l'ingénieur en chef, en présence des parties intéressées, et dont il sera dressé un procès-verbal qui demeurera déposé à la préfecture, pour y avoir recours en cas de contravention; copie de ce procès-verbal sera adressée à notre ministre de l'intérieur.

---

24 AOUT 1812. — Décret qui ordonne la perception de centimes additionnels, pour la réparation et l'entretien des routes de 3e classe, dans les départemens des Ardennes, des Bouches-du-Rhin, du Cantal, de la Drôme, d'Eure-et-Loir, de l'Indre, de Jemmape, de la Haute-Loire, de la Loire-Inférieure, du Lot, de la Lozère, du Nord, de Rome, des Basses-Alpes, de l'Arno, de la Charente, de la Corrèze, des Forêts, du Gard, du Léman, de la Loire,

Lot-et-Garonne, de la Méditerranée, des Basses-Pyrénées, de la Seine, du Taro, de l'Allier, de la Creuse, du Doubs, de Gênes, du Gers, de Loir-et-Cher, du Loiret, de la Lys, du Morbihan, de l'Orne, du Rhône, de Seine-et-Oise et de Vaucluse. (4, Bull. 448, 449 et 450, nos 8229, 8240 et 8261.)

24 AOUT 1812. — Décret concernant l'organisation du mont-de-piété de la ville de Florence. (4, Bull. 449, n° 8241.)

24 AOUT 1812. — Décret qui ordonne la clôture des maisons de prêt actuellement existantes dans la ville de Florence. (4, Bull. 449, n° 8242.)

24 AOUT 1812. — Décret qui réunit la commune du Teillet au canton de Montluçon. (4, Bull. 450, n° 8262.)

24 AOUT 1812. — Décret contenant brevet d'institution des sœurs de la Providence d'Alençon, et approbation de leurs statuts. (4, Bull. 450, n° 8263.)

24 AOUT 1812. — Décret qui établit dans la commune de Reling quatre foires annuelles, pour la vente des merceries, quincailleries et bestiaux. (4, Bull. 453, n° 8359.)

24 AOUT 1812. — Décret relatif à l'établissement d'un droit d'entrepôt à Embden. (Mon. n° 265.)

24 AOUT 1812. — Décret relatif à la conservation du grand chapitre de Munster. (Mon. n° 267.)

26 AOUT 1812. — Extraits de lettres-patentes portant autorisation aux sieurs Auguste de Lutzerode, Espert, de rester au service de puissances étrangères. (4, Bull. 446, n° 8192.)

28 AOUT 1812. — Décret concernant les biens des communes. (Manuscrit.)

N...... vu les articles 10, section Ire; 11 section III, de la loi du 10 juin 1793, sur le partage des biens communaux; les art. 82, 85, 91 et 92 de celle du 24 août de la même année, et la loi du 2 prairial an 5;

Considérant que, l'article 91 de la loi du 24 août ayant déclaré que l'actif des communes appartient dès ce jour à la nation, jusqu'à concurrence du montant des dettes acquittées pour elles par le Trésor public, et la loi du 2 prairial an 5 n'ayant pour objet que la vente des biens appartenant à cette époque aux communes, et dont l'Etat n'avait pas pris possession, la défense faite aux communes de vendre ou d'échanger leurs biens sans une loi particulière n'a pu s'étendre jusqu'aux immeubles des communes dont l'Etat était en possession et jouissance avant la loi du 2 prairial an 5, biens qui étaient devenus son gage, et devaient l'indemniser du paiement des dettes qu'il avait acquittées à la décharge des communes, nous avons décrété ce qui suit :

Art. 1er. Les biens des communes réunis au domaine, en exécution de l'article 91 de la loi du 24 août 1793, et dont il est actuellement en possession, ne sont pas compris dans l'article 1er de la loi du 2 prairial, portant défense aux communes de vendre leurs biens sans une loi particulière.

1er SEPTEMBRE 1812. — Sénatus-consulte relatif au recrutement de l'armée. (4, Bull. 445, n° 8181.)

Art. 1er. Cent vingt mille hommes de la conscription de 1803 sont mis à la disposition du ministre de la guerre, pour le recrutement de l'armée.

2. Ils seront pris parmi les Français qui sont nés du 1er janvier 1793 au 31 décembre de la même année.

3. Dix-sept mille hommes, pris sur la conscription de 1813, parmi ceux qui n'auront point été appelés à faire partie de l'armée active, seront destinés, conformément aux articles 5 et 11 du sénatus-consulte du 13 mars et à l'article 14 du décret du 14 mars 1812, à remplacer les hommes manquant au complet des cohortes du premier ban de la garde nationale, et mis à la disposition du ministre de la guerre, qui les appellera, s'il y a lieu.

Les appels et leurs époques seront déterminés par des réglemens d'administration publique.

19 SEPTEMBRE 1812. — Décret qui ordonne le paiement de douze cent soixante-huit francs, pour pensions accordées à huit veuves de militaires. (4, Bull. 471, n° 8600.)

20 SEPTEMBRE 1812. — Décret portant rejet de la demande d'un receveur particulier d'arrondissement, tendant à être relevé de la responsabilité d'un débet d'un ex-percepteur. (4, Bull. 456, n° 8398.)

N...... sur le rapport de notre ministre des finances, tendant à rejeter la demande du receveur particulier de Lavaur, ayant pour objet d'être déchargé de la responsabilité du débet du sieur Sudre, percepteur des contributions des communes dont le chef-lieu est fixé à Argans, montant à une somme de 2,126 fr. 67 centimes, sur l'exercice 1810;

Considérant que ce comptable n'a pas exercé la surveillance qui lui était prescrite, et qu'il n'a pas employé en temps utile tous les moyens de poursuites que la loi mettait à sa disposition,

Notre Conseil-d'Etat entendu,

Nous avons décrété et décrétons ce qui suit :

Art. 1er. La demande du sieur Saujeon, receveur particulier de l'arrondissement de Lavaur, département du Tarn, tendant à être relevé de la responsabilité du débet du sieur Sudre, ex-percepteur des contributions directes de l'arrondissement de perception d'Argans, est rejetée.

2. Notre ministre des finances est chargé de l'exécution du présent décret.

---

20 SEPTEMBRE 1812. — Avis du Conseil-d'Etat, sur la question de savoir par qui et devant quelle autorité peut être poursuivie la fixation du cautionnement porté par l'article 44 du Code pénal, quand ce cautionnement n'a pas été fixé par le jugement ou arrêt qui a prononcé au principal. (4, Bull. 456, n° 8399.)

Le Conseil-d'Etat, qui, d'après le renvoi ordonné par sa majesté, a entendu le rapport de la section de législation sur celui du ministre de la police générale, présentant la double question de savoir par qui et devant quelle autorité peut être poursuivie la fixation du cautionnement porté par l'article 44 du Code pénal, quand ce cautionnement n'a pas été fixé par le jugement ou arrêt qui a prononcé au principal ;

Vu ledit article 44,

Est d'avis :

1° Que, le droit d'exiger des condamnés placés sous la surveillance de la haute police de l'Etat le cautionnement dont ils sont passibles n'étant accordé qu'au Gouvernement et aux parties civiles, il s'ensuit que les procureurs de sa majesté et les parties civiles ont seul caractère pour demander que ce cautionnement soit fixé, sans que les condamnés puissent les obliger à user d'un droit qui serait blessé dans son essence même, s'il n'était librement exercé ;

2° Que, lorsque le jugement ou arrêt de condamnation n'a pas éventuellement fixé le montant du cautionnement, la demande qui en est formée, après l'expiration de la peine, par les procureurs de sa majesté ou les parties civiles, n'est évidemment qu'un incident relatif à l'exécution du premier jugement ou arrêt, et ne peut être portée que devant les mêmes juges.

---

20 SEPTEMBRE 1812. — Décret qui assujétit au simple droit de balance le plomb en saumon envoyé des provinces illyriennes en France. (4, Bull. 461, n° 8449.)

Art. 1er. Le droit établi par notre décret du 27 novembre 1810, sur le plomb en saumon envoyé des provinces illyriennes en France, est supprimé ; ce plomb ne paiera à son entrée dans l'empire et à son passage par les douanes illyriennes et italiennes, pour droit de transit, que le droit de balance, tel qu'il est fixé par le tarif de notre empire.

2. Les bureaux d'entrée du plomb seront ceux de Gênes, de Verceil et de Casatisme. Par tout autre bureau l'importation est défendue.

3. Il n'est apporté, par le présent décret, aucun changement au tarif, en ce qui concerne le plomb en saumon venant d'autres contrées que nos provinces illyriennes : ce plomb continuera de payer le droit de 6 fr. 12 cent., auquel il est assujéti.

4. Notre ministre des manufactures et du commerce est chargé de l'exécution du présent décret.

---

20 SEPTEMBRE 1812. — Décret qui établit un droit de magasinage sur les marchandises reçues dans l'entrepôt réel de Trieste. (4, Bull. 455, n° 8382.)

Art. 1er. Toutes les marchandises reçues dans l'entrepôt réel de Trieste paieront indistinctement un magasinage qui demeure provisoirement réglé ainsi qu'il suit, savoir :

Pour le premier mois de leur mise en entrepôt.	0f 50c	Par quintal de Vienne, ou 114 liv. poids de marc.
Pour le second mois. . .	1 00	
Pour le troisième mois. .	1 00	
Pour le quatrième mois. .	1 00	
Pour chaque mois au-dessus du quatrième. . . .	1 50	

Les ballots, caisses ou futailles au-dessous du poids d'un quintal paieront comme s'ils pesaient un quintal.

Au-dessus d'un quintal, le magasinage sera perçu en raison du poids et proportionnellement.

2. Suivant l'usage actuel, les marchandises et denrées provenant de l'empire français et de notre royaume d'Italie ne paieront que la moitié des droits de magasinage fixés par l'article précédent.

3. Les produits de cette rétribution seront spécialement destinés au paiement des loyers du bâtiment de santé affecté au service de l'entrepôt, par l'arrêté de notre gouverneur général de l'Illyrie, sous la date du 20 mars dernier.

Il en sera compté à la chambre de commerce par le receveur des douanes, qui demeure chargé de leur perception.

4. A cet effet, le directeur des douanes de Trieste fera tenir un registre particulier de recette, sur lequel seront inscrits, jour par jour, l'entrée des marchandises à l'entrepôt, et les paiemens qui seront effectués par les

propriétaires ou consignataires desdites marchandises.

5. Copie dudit registre sera adressée, chaque mois, par le receveur de la douane, à la chambre de commerce et à l'intendant général.

6. Le receveur des douanes est autorisé à payer, sur quittances en règle, le montant du loyer avec les produits des magasinages; et il tiendra le surplus à la disposition de la chambre de commerce, qui ne pourra en faire emploi sans notre autorisation.

7. Au 1er juillet 1813, il nous sera rendu compte des produits des droits de magasinage établis par les articles 1er et 2 du présent règlement, et de leur proportion avec les dépenses.

A ce compte sera joint l'avis de la chambre de commerce et de l'intendant général, pour être statué par nous sur la prorogation ou la modification de la perception.

8. Notre ministre des manufactures et du commerce est chargé de l'exécution du présent décret.

---

20 SEPTEMBRE 1812. — Décret portant que la cour extraordinaire de Turin sera divisée en deux sections. (4, Bull. 455, n° 8383.)

---

20 SEPTEMBRE 1812. — Décret qui approuve la session faite par le sieur Azemar et compagnie au sieur Frère-Jean, manufacturier à Lyon, du droit d'exploiter les mines de fer de la Voulte, arrondissement de Privas (Ardèche). (4, Bull. 466, n° 8552.)

---

21 SEPTEMBRE 1812. — Décret qui règle les attributions du ministère de l'intérieur. (4, Bull. 455, n° 8384.)

N...... vu notre décret du 19 janvier 1812, qui règle les attributions du ministère des manufactures et du commerce, dont la plupart étaient entrées jusqu'alors dans la formation du ministère de l'intérieur.

Art. 1er. Les attributions du ministère de l'intérieur se composent:

1° De la police municipale, de la police sanitaire, et de celle de la grande et petite voirie;

De la surveillance sur le personnel des préfets, sous-préfets et maires; de la présentation pour leur nomination et des rapports sur leur conduite;

De l'exécution et du maintien des lois relatives à la convocation et tenue des assemblées politiques et aux élections;

De l'organisation des gardes nationales non comprises dans les bans;

De la division territoriale;

Des chemins vicinaux;

De la formation des budgets, et de la comptabilité des départemens et des communes;

2° De l'agriculture, sans préjudice des attributions du ministère des manufactures et du commerce (1);

Des haras et dépôts d'étalons;

Des dépôts et des bergeries de mérinos;

Des écoles vétérinaires;

Des écoles d'équitation;

Des poids et mesures;

De la construction et de la conservation des bâtimens civils, prisons, dépôts de mendicité, tribunaux, hôtels de préfecture, mairies, hôpitaux, maisons de secours, lazarets, établissemens d'instruction publique, ainsi que du mobilier de ces établissemens;

3° De l'administration et des dépenses des prisons, maisons de détention, des dépôts de mendicité;

De la distribution des secours généraux pour grêles et incendies;

Des mesures sanitaires;

De l'administration des hôpitaux, des établissemens et ateliers de charité;

Des eaux thermales;

De l'administration et de la surveillance des établissemens de sciences, lettres et arts;

Des encouragemens aux savans, aux gens de lettres et aux artistes;

De la conservation des bibliothèques et des dépôts d'objets de littérature, de sciences ou arts, qui ne sont pas sous l'administration de l'intendant de la couronne;

Des relations avec les sociétés savantes;

De l'administration et des réglemens pour la police intérieure et extérieure des théâtres, sans préjudice des attributions de surintendant des quatre grands théâtres de Paris;

De la surveillance des dépenses et des bâtimens du Corps-Législatif;

4° De la surveillance de l'Université impériale et de ses établissemens;

De l'administration et établissement des écoles primaires, du conservatoire de musique, et des établissemens d'instruction qui ne sont pas soumis par nos décrets à l'Université impériale;

De l'administration des ponts-et-chaussées;

De celle des mines;

De celle de la comptabilité des communes et des hospices;

De celle de la librairie;

De celle des travaux de Paris;

De celle des monumens des arts;

---

(1) *Voy.* décret du 19 janvier 1812, et arrêté du 5 avril 1814, qui supprime le ministère des manufactures et du commerce.

De celle des archives de l'empire;

5° De la comptabilité générale des dépenses de tous les objets qui sont dans les attributions du ministère, tant sur les fonds généraux du Trésor que sur des fonds spéciaux, ou sur ceux des départemens, des communes et des établissemens de charité et d'instruction publique.

2. Notre ministre de l'intérieur est chargé de l'exécution du présent décret.

---

21 SEPTEMBRE 1812.—Avis du Conseil-d'État sur un rapport du ministre de l'intérieur, relatif aux budgets départementaux pour l'exercice de 1812. (4, Bull. 455, n° 8385.)

Le Conseil-d'État, qui, d'après le renvoi ordonné par sa majesté, a entendu le rapport de la section de l'intérieur sur celui du ministre de ce département, relatif aux budgets départementaux pour l'exercice 1812;

Considérant que la grande majorité des communes ne pourront payer, en l'année 1812, les cinq pour cent de leurs revenus, auxquels elles sont assujéties par le décret présenté par le ministre, pour suppléer à l'insuffisance des fonds départementaux de la même année;

Que conséquemment il faudra reprendre sur l'exercice 1813 la plus forte partie de cette somme;

Que dès lors on ne pourrait charger les communes de payer encore cinq pour cent pour 1813, sans imposer à un grand nombre une charge de dix pour cent en une seule année, et à presque toutes une charge supérieure à sept et huit pour cent;

Que la loi, non abrogée, du 11 frimaire an 7 établit, comme moyen de subvenir aux besoins des départemens et à l'inégalité de leurs ressources, un fonds commun;

Que ce fonds était, en l'an 7 et l'an 8, de 5 centimes;

Qu'il a été réduit à deux, affectés au dégrèvemens secours et non-valeurs;

Que les 3 centimes imposés précédemment pour fonds commun ne seraient pas nécessaires aujourd'hui pour combler le déficit et acquitter la dette arriérée, et que 2 centimes, qui produiraient près de 6 millions, seraient suffisans,

Est d'avis,

Qu'il n'y a pas lieu d'appliquer, dès à présent, aux années qui vont suivre jusqu'en 1817, le moyen, adopté pour 1812, de prélever cinq pour cent des revenus communaux pour suppléer à l'insuffisance des centimes départementaux;

Que le mode indiqué par la loi du 11 frimaire an 7 paraît préférable, et qu'il vaut mieux ajouter 2 centimes aux 17 déjà perçus;

Que cependant il convient que, lors du rapport qui sera fait par le ministre de l'intérieur sur les dépenses départementales de 1813, et les moyens d'y pourvoir, il soit joint à ce rapport un tableau exact du nombre des centimes payés par ce département, par arrondissement, par commune, selon le modèle joint au présent avis, pour connaître d'une manière précise les charges directes des contribuables.

---

21 SEPTEMBRE 1812. — Décret qui règle l'emploi des centimes additionnels affectés aux dépenses administratives et judiciaires des départemens pour 1812. (4, Bull. 461, n° 8450.)

Art. 1er. Les dépenses variables ordinaires des départemens sont fixées, pour l'année 1812, conformément au tableau annexé au présent décret sous le n° 1, et dont le détail suit :

Frais d'administration par abonnement des sous-préfectures des arrondissemens.		1,642,600
Idem des auditeurs sous-préfets des chefs-lieux de préfecture. .		496,900
Idem des préfets.		5,272,000
Loyers des hôtels de quelques préfectures qui n'appartiennent point aux départemens		106,564
Dépenses des pépinières, artistes vétérinaires, sociétés d'agriculture, élèves sages-femmes et cours d'accouchement		518,359
Répartition provisoire des fonds accordés pour subvenir à une partie des dépenses des enfans trouvés.		3,925,000
Dépenses ordinaires des prisons.	8,908,416	10,651,624
Idem des maisons centrales de détention.	211,970	
Idem des dépôts de mendicité.	1,531,238	
Dépenses ordinaires du casernement de la gendarmerie impériale.		1,160,834
Loyers, réparations locatives de bâtimens, et frais d'entretien des mobiliers des cours et tribunaux.		419,643
Menues dépenses des cours et tribunaux, des bureaux de conciliation, des justices de paix et des tribunaux de police. . . .		1,455,990
Fonds réservés pour les dépenses imprévues.		1,634,563
Total général des dépenses variables.		27,284,077

2. Les dépenses fixes des départemens sont réglées pour 1812, conformément au tableau annexé au présent décret sous le n° 2, et dont le détail suit :

Traitemens des fonctionnaires de l'ordre administratif.

Sous-préfets.	1,215,000	
Auditeurs sous-préfets des chefs-lieux de préfecture.	424,000	
Auditeurs placés près les préfets.	16,500	
Première moitié des traitemens des préfets ; l'autre étant supportée par les communes	1,725,000	4,671,800[f]
La seconde moitié du traitement du préfet de la Corse, que les communes de ce département ne peuvent payer.	10,000	
Idem du préfet du Simplon.	5,000	
Traitement des secrétaires généraux. . .	525,100	
Idem, des conseillers de préfecture. . . .	751,200	
Traitemens et remises des receveurs généraux des départemens et des receveurs d'arrondissement . . .		3,231,340

Traitemens des fonctionnaires de l'ordre judiciaire.

Des juges et greffiers des justices de paix.	4,711,396	
Des greffiers et tribunaux de commerce.	227,320	
Des tribunaux de police.	102,200	
De tous les fonctionnaires des tribunaux de 1re instance . .	5,674,986	16,193,452
De tous les fonctionnaires des cours impériales. . .	5,347,550	
De tous les fonctionnaires des cours spéciales ordinaires et extraordinaires. . .	130,000	
Total général des dépenses fixes.		24,096,592

3. Les dix-sept centimes additionnels qui ont été imposés en 1812 et qui montent à 47,452,131
seront affectés, savoir :

Au paiement des dépenses variables, pour	26,454,666
Au paiement des dépenses fixes, pour.	20,997,465

Le tout dans les proportions fixées par les tableaux nos I et II, annexés au présent décret.

Total.	47,452,131

4. Il sera pourvu au déficit des dépenses variables dans quatorze départemens, qui est de. . . . . 829,411[f]

Au déficit des dépenses fixes, qui est de. 3,099,127

Au déficit des dépenses des lycées, qui est de. 1,200,000

Total du déficit de 1812. . . . 5,128,538

au moyen d'un prélèvement sur le produit des octrois et autres revenus de toutes les communes de l'empire.

Ce prélèvement sera de 5 centimes, dont le montant, indiqué par le tableau n° 3, joint à notre présent décret, est de 6,149,699 fr., et sera versé, comme fonds commun, à notre Trésor impérial.

5. Ce qui restera disponible sur ce prélèvement, après le paiement du déficit de 1812, est assigné à notre Trésor en à-compte sur l'avance qui a été faite en 1812, en vertu de notre décret du 22 octobre 1811.

6. Il sera pourvu, sur le rapport de notre ministre de l'intérieur, et en réglant le budget des départemens de 1813 :

1° Au surplus de ladite avance ;

2° Au déficit des dépenses variables de 1811, s'il y en a ;

3° Au paiement des dettes des départemens, antérieures à 1811.

7. Le produit des centimes facultatifs imposés pour 1812 dans les divers départemens de l'empire sera employé conformément au tableau sommaire joint au présent décret, sous le n° 4.

8. Il sera, en outre, imposé en 1813, comme rappel sur 1812, dans les départemens des Alpes-Maritimes, de Loir-et-Cher, du Morbihan et du Var, le nombre de centimes déterminé par le tableau n° 5. Le produit de cette imposition sera affecté aux dépenses de 1812, comme celui des centimes de même nature votés par lesdits départemens, et sans préjudice de l'imposition des 4 centimes facultatifs propres à 1813.

9. Les fonds qui resteraient libres sur les fixations faites par le décret, pour quelques dépenses variables dans divers départemens, pourront être appliqués, avec l'autorisation de notre ministre de l'intérieur, aux autres dépenses des mêmes départemens pour lesquelles les fonds réglés se trouveraient insuffisans.

10. Les préfets rendront compte à notre ministre de l'intérieur, après l'année révolue, de tous les fonds qui auront été mis à leur disposition en vertu du présent décret.

11. Notre ministre de l'intérieur joindra aux budgets départementaux de 1813 la répartition définitive du fonds de 4 millions accordé pour les mois de nourrice et pensions des enfans-trouvés.

Les répartitions de ce même fonds, pour les années 1811 et 1812, n'ayant pu être faites que provisoirement dans les budgets départementaux de ces deux exercices, elles seront réglées définitivement par notre ministre de l'intérieur: en conséquence, les crédits ouverts à chaque département subiront les modifications que nécessiteront ces réglemens.

12. Notre grand-juge, ministre de la justice, nos ministres de l'intérieur, des finances et du Trésor impérial, sont chargés de l'exécution du présent décret.

---

21 SEPTEMBRE 1812. — Décret qui ordonne la perception de centimes additionnels, pour les travaux à faire aux routes impériales de troisième classe, dans les départemens des Apennins, de l'Ardèche, de l'Aveyron, de la Dyle, de l'Escaut, de la Haute-Garonne, d'Indre-et-Loire, de la Manche, du Mont-Blanc, du Mont-Tonnerre, du Bas-Rhin, du Haut-Rhin, de la Seine-Inférieure, du Tarn, de la Vienne, du Zuyderzée, des Bouches-du-Rhône, de l'Hérault, d'Ille-et-Vilaine, du Pô, des Pyrénées-Orientales, des Deux-Sèvres, de l'Aude, de la Gironde, des Deux-Nèthes, des Hautes-Pyrénées, de Rhin-et-Moselle et de l'Yssel-Supérieur. (4, Bull. 460, 461 et 465, n°s 8444, 8451 et 8548.)

---

21 SEPTEMBRE 1812. — Décret portant création d'un conseil de prud'hommes dans la ville de Cambrai. (4, Bull. 460, n° 8445.)

---

21 SEPTEMBRE 1812. — Décret qui accorde aux sieurs Bayer et compagnie, négocians à Nancy, la permission d'élever sur la chute d'eau de l'ancien moulin de Spiesen, mairie de Neukirchen, une fabrique d'azur bleu d'émail ou smalt, alimentée avec le minerai de cobalt tiré de la France ou de l'étranger. (4, Bull. 457, n° 8426.)

---

21 SEPTEMBRE 1812. — Décrets qui autorisent l'acceptation de dons et legs faits aux fabriques des églises succursales et paroissiales des Hautes-Rivières, de Belbœuf, Valognes, de Montargis, Houppeville, Arcis-sur-Aube, Hartmansviller, Serravezza, au diocèse de Rennes, au séminaire de Besançon, à la maison de retraite de Strasbourg, et aux pauvres et hospices de Valensole, Toulouse, Voghera, Saint-Calais, Bellac, Baugé, St.-Laurent-des-Autels, Simorre, Saint-Denis-de-Villenette, Etampes, Beaulieu, Saint-Germain-en-Laye, Billieu, Gênes, Saumur, Nice, Porentruy, Swereghem, et à la congréation de la Mère de Dieu. (4, Bull. 457, n°s 8427 à 8432; Bull. 458, n° 8439; Bull. 462, n°s 8518 à 8520 et 8522; Bull. 463, n°s 8536 à 8542; Bull. 465, n° 8550; Bull. 466, n°s 8554 à 8557; Bull. 469, n°s 8582, 8588; Bull. 473, n° 8622, et Bull. 478, n°s 8765 et 8767 à 8769.)

---

21 SEPTEMBRE 1812. — Décrets qui autorisent l'établissement de chapelles et annexes dans les communes de Saint-Martin, Monturenx-lès-Baulay, Saint-Andreny, Chaux-lès-Ports, le Nor-Chapelle-Blanche, Casseuil, Lufterberg, Nordans, Saint-Laurent-des-Grès, Aisey, Richecourt, Béloncourt-lès-Ménestriers et Cour-Flandey. (4, Bull. 460, n°s 8447 et 8448; Bull. 462, n°s 8523 à 8526; Bull. 463, n° 8543; Bull. 469, n°s 8583 à 8587, et Bull. 472 et 473, n°s 8616 et 8621.)

---

21 SEPTEMBRE 1812. — Décrets relatifs à la tenue et à l'établissement des foires de Schin-sur-Geullé, Houécourt, Isches, Tournon et Doozat. (4, Bull. 458, n° 8438; Bull. 462, n°s 8511 et 8521, et Bull. 466, n° 8553.)

---

21 SEPTEMBRE 1812. — Décret contenant le tableau des foires du département du Nord. (4, Bull. 463, n° 8535.)

---

21 SEPTEMBRE 1812. — Décrets qui autorisent l'érection en chapelles des églises de Manef-Vinnemerville, Saint-Martin-aux-Arbres, Eclot-l'Auber, Ecales-Alix, la Traie, Raffetot, Bois-l'Evêque, Longchamps, Ayreleuy et Carteljaloux. (4, Bull, 462, n°s 8527 à 8529; Bull. 463, n°s 8531 à 8534 et 8544; Bull. 469, n° 8584, et Bull. 478, n° 8766.)

---

22 SEPTEMBRE 1812. — Avis du Conseil-d'Etat portant que la règle prescrite par l'article 10 du décret du 1er mai dernier ne doit être suivie que dans les cas non prévus par les lois pénales existantes, soit militaires, soit civiles. (4, Bull. 467, n° 8558.)

Le Conseil-d'Etat, qui, d'après le renvoi ordonné par sa majesté, a entendu le rapport des sections de la guerre et de législation réunis, sur celui du ministre de la guerre ayant pour objet de faire décider dans quel cas la règle posée dans l'article 10 du décret du mois de mai dernier doit être suivie;

Considérant que la législation des conseils de guerre ordinaires les autorise à appliquer le Code pénal civil dans les cas non prévus par les lois militaires,

Est d'avis

Que la régle prescrite par l'article 10 du décret du 1er mai dernier ne doit être suivie que dans les cas non prévus par les lois pénales existantes, soit militaires, soit civiles.

---

7 OCTOBRE 1812. — Avis du Conseil-d'Etat portant qu'il n'y a pas lieu d'autoriser la commune d'Erguinghem-Lys à s'imposer extraordinairement la somme de trois cent vingt-cinq francs quarante centimes, pour subvenir aux frais relatifs à la célébration du culte. (4, Bull. 453, n° 8347.)

Le Conseil-d'Etat, qui, d'après le renvoi ordonné par sa majesté, a entendu le rapport de la section de l'intérieur sur celui du ministre de ce département, tendant à ce que la commune d'Erguinguen-Lys, département du Nord, soit autorisée à s'imposer extraordinairement la somme de 325 francs 40 centimes pour subvenir aux frais relatifs à la célébration du culte;

Vu le compte de la fabrique;

Considérant qu'il n'est fait aucune mention du produit des oblations, que le traitement du vicaire est porté à 500 fr., au lieu de 300 francs, et qu'en principe les fabriques doivent coordonner leurs dépenses avec leurs recettes,

Est d'avis,

Qu'il n'y a pas lieu d'autoriser ladite imposition extraordinaire.

---

7 OCTOBRE 1812. — Avis du Conseil-d'Etat portant qu'il n'y a lieu d'autoriser la commune de Veurdre à s'imposer extraordinairement la somme de cent quatre-vingt-quatre francs trente-quatre centimes pour acquitter une portion de frais qu'on avait mal à propos prétendu mettre à sa charge. (4, Bull. 453, n° 8346.)

Le Conseil-d'Etat, qui, d'après le renvoi ordonné par sa majesté, a entendu le rapport de la section de l'intérieur sur celui du ministre de ce départment, tendant à autoriser la commune de Veurdre, département de l'Allier, à s'imposer extraordinairement la somme de 184 francs 34 centimes, pour payer la partie des frais d'évaluation des bois du sieur Sinetti, prétendus être à la charge de la commune;

Considérant que les vérifications d'évaluations nécessitées par la demande du sieur Sinetti, afin d'être autorisé à reconstruire un haut-fourneau et une forge dans sa propriété de Champroux, doivent être faites aux seuls frais du sieur Sinetti, qui devait prouver la suffisance du minerai et celle des combustibles pour alimenter son usine, et que la commune de Veurdre, qui avait intérêt à exiger cette vérification, ne doit être passible d'aucune portion des frais de ladite vérification,

Est d'avis,

Qu'il n'y a pas lieu à autoriser ladite imposition extraordinaire.

---

7 OCTOBRE 1812. — Décret qui rend à la commune de Bourg-Egalité, département de la Seine, son ancien nom de Bourg-la-Reine. (4, Bull. 453, n° 8348.)

---

7 OCTOBRE 1812. — Extraits de lettres-patentes portant autorisation aux sieurs Guœry, Aymé, de rester au service de puissances étrangères. (4, Bull. 498, n° 9116.)

---

7 OCTOBRE 1812. — Extraits de lettres-patentes portant autorisation aux sieurs Jacques Martin, de Ségur, de Bulach, Lenaif, d'Outrelepont, de se faire naturaliser en pays étranger. (4, Bull. 479, n° 8800.)

---

7 OCTOBRE 1812. — Décrets qui autorisent l'acceptation de dons et legs faits aux églises paroissiales et succursales de Guinglange, Rouffac, Rexpoede et Filée. (4, Bull. 453, n°s 8360 à 8363.)

---

7 OCTOBRE 1812. — Décret qui permet au sieur Félix Lescheraine de mettre en activité, dans le délai de six mois, et pour un temps indéfini, les usines et artifices établis dans sa propriété, située commune de Saint-Pierre d'Albigny, consistant en une forge et deux martinets pour la préparation du fer, deux fourneaux de cémentation, et six forges pour la préparation des faux. (4, Bull. 454, n° 8377.)

---

9 OCTOBRE 1812. — Avis du Conseil-d'Etat. (Naturalisation.) *Voy.* 22 DÉCEMBRE 1812.

---

11 OCTOBRE 1812. — Décret portant que toute liquidation payable en rentes, faite avant le 1er janvier 1807, et non encore réclamée, sera considérée comme nulle. (4, Bull. 451, n° 8293.)

N........ vu les états de situation des liquidations payables en rentes non réclamées sur les exercices des années 8 et antérieures;

Considérant que ces créances ont plus de vingt ans de date;

Qu'il est nécessaire de ne pas laisser plus long-temps incertaine la comptabilité de ces liquidations et la consistance du grand-livre des cinq pour cent consolidés;

Que ces liquidations non réclamées se composent, pour la presque totalité, de sommes modiques au-dessous de cinquante francs et jusqu'à un franc de rentes, qui, aux termes de l'article 3 de la loi du 24 août 1793, ne doivent pas être inscrites sur le grand-livre, et ne portent aucun intérêt au profit des porteurs jusqu'à leur réunion en une inscription de cinquante francs.

Désirant donner aux rentes ainsi abandonnées sur les années 8 et antérieures, un emploi utile aux créanciers des exercices suivans;

Sur le rapport de nos ministres des finances et du Trésor,

Nous avons décrété et décrétons ce qui suit:

Art. 1er. Toute liquidation faite avant le 1er janvier 1807 qui n'aura pas encore été réclamée, c'est-à-dire cinq ans après, sera considérée comme nulle.

2. Elle sera inscrite et passée au compte de la caisse d'amortissement, pour en accroître d'autant les fonds d'amortissement.

3. La caisse d'amortissement en touchera les intérêts à compter du 1er janvier 1813.

4. Si des particuliers venaient à réclamer leurs droits, ils se pourvoiront contre la caisse d'amortissement près notre ministre des finances. Leurs droits seront discutés dans notre Conseil-d'Etat, et décidés en suivant les formes usitées dans les affaires contentieuses.

---

12 OCTOBRE 1812. — Décret qui prescrit des formalités pour la circulation des eaux-de-vie, esprits et liqueurs composées d'eaux-de-vie ou d'esprits. (4, Bull. 452, n° 8323.)

Art. 1er. Les eaux-de-vie, esprits ou liqueurs composées d'eaux-de-vie ou d'esprits ne pourront circuler dans toute l'étendue de l'empire qu'accompagnés d'acquits-à-caution.

2. Un double ou extrait de l'acquit-à-caution sera adressé par le préposé de la régie des droits réunis du lieu de l'expédition, au directeur du département pour lequel les eaux-de-vie seront destinées.

3. Cet extrait sera transmis de suite par le directeur aux préposés de la résidence du destinataire. Ces préposés constateront sur l'acquit-à-caution, la prise en charge, si le destinataire est assujéti aux exercices pour un commerce quelconque de boissons.

4. Si le destinataire n'est point sujet aux exercices, il sera tenu, pour obtenir la décharge de son acquit-à-caution, de payer comptant le droit de quinze pour cent, d'après les prix courans de la vente au lieu de destination : si le montant du droit excède cent francs, il pourra payer en obligations à trois, six ou neuf mois. Le préposé pourra exiger que ces obligations soient cautionnées, lorsqu'il le jugera nécessaire.

Si, dans les dix jours de l'arrivée, le destinataire n'a pas fait décharger l'acquit-à-caution, il lui sera donné un avertissement, et les poursuites ne seront commencées que trois jours après l'avertissement.

5. D'après la prise en charge, le paiement du droit ou la remise des obligations, l'acquit-à-caution sera déchargé, et renvoyé au lieu de l'expédition.

6. Tout transport d'eaux-de-vie fait par une personne non sujette aux exercices, de l'une de ses caves dans une autre située dans l'étendue de la même ville, ne donnera point ouverture au paiement du droit de quinze pour cent à l'arrivée.

Il en sera de même pour le transport à un domicile plus éloigné, à condition, au destinataire, de faire connaître, au soutien de sa déclaration, son nouveau domicile, et l'acquit-à-caution ne sera délivré, dans ce cas, que sur le permis d'un préposé en chef, du grade de contrôleur au moins.

7. Il sera accordé une déduction, pour ouillage et coulage, sur les eaux-de-vie prises en charge chez les marchands en gros, et autres assujétis aux exercices des commis, et ils autres toutefois que les débitans, et ils seront tenus au paiement du droit de quinze pour cent sur ce qui se trouvera manquer à leurs charges, au-delà de la déduction pour ouillage et coulage, d'après le réglement qui sera fait par notre ministre des finances; le tout sans préjudice des peines qui seront encourues pour enlèvement sans déclaration ou démarque.

8. Il n'est, au surplus, rien innové à ce qui s'est pratiqué jusqu'à présent pour l'exécution de l'article 31 de la loi du 24 avril 1806: en conséquence, les propriétaires de vignobles qui font convertir les vins de leur récolte en eaux-de-vie ne seront pas, à raison du présent, assujétis aux exercices des commis.

9. Le droit de quinze pour cent ne sera point perçu sur les eaux-de-vie, esprits et liqueurs qui seront expédiés à l'étranger.

10. Les droits établis aux entrées de plusieurs villes, en remplacement du détail, continueront à être perçus sur le même pied que par le passé, sur les eaux-de-vie, esprits et liqueurs destinés à la consommation.

11. Notre ministre des finances est chargé de l'exécution du présent décret.

---

12 OCTOBRE 1812. — Décrets qui autorisent l'acceptation de dons et legs faits aux séminaires d'Aix et de Metz; aux fabriques des églises paroissiales et succursales de Rochefort, Bruxelles, Steinzel, Braitenbach, Valempoulière, et aux pauvres et hospices de Paris, Villefranche, Greven, Villeneuve-lès-Avignon, Pouilly, Bautenbourg, Haut-Linter, Fleury-la-Forêt, Sainte-Foy, Genève, Vassy, Châtillon-sur-Loing, Breitenbach, Meaux, Valempoulière, Bacqueville, Arcs et Calliau. (4, Bull. 453, nos 8364 à 8367; Bull. 454, nos 8378 à 8381; Bull. 455, nos 8390 à 8397, et Bull. 456, nos 8404 à 8409.)

---

12 OCTOBRE 1812. — Décrets qui autorisent l'établissement de chapelles dans les communes de Chapelle de Bragny, Moroge et Saint-Jean-des-Vignes. (4, Bull. 461, nos 8452 à 8454.)

---

12 OCTOBRE 1812. — Décret qui autorise l'érection en chapelle de l'église de Saint-Pierre-de-Franqueville. (4, Bull. 461, n° 8455.)

---

13 OCTOBRE 1812. — Avis du Conseil-d'Etat portant solution de trois questions sur les prérogatives accordées aux présidens des cours d'assises par le décret du 27 février 1811. (4, Bull. 453, n° 8353.)

Le Conseil-d'Etat, qui, d'après le renvoi

ordonné par sa majesté, a entendu le rapport de la section de l'intérieur sur celui du ministre de la guerre, faisant naître les trois questions suivantes sur les prérogatives accordées aux présidens des cours d'assises par le décret du 27 février 1811 :

1° Si un conseiller d'une cour impériale, désigné pour présider une cour d'assises, a droit aux prérogatives de président de ladite cour d'assises, avant le moment de son entrée en fonctions et de l'installation de la cour qu'il préside ;

2° Si le président d'une cour d'assises a droit aux honneurs qui lui sont accordés par le décret du 27 février 1811, hors de la ville où se tiennent les assises ;

3° Si les honneurs accordés au magistrat qui préside une cour d'assises lui sont dus dans la ville où siége la cour impériale,

Est d'avis :

Sur la première question, que le moment de l'installation du président d'une cour d'assises est celui où le président est arrivé dans la ville où se tiennent les assises, et a été reçu d'après les formes déterminées par les lois et décrets, et notamment par celui du 27 février 1811 ;

Sur la seconde question, qu'un président de cours d'assises, hors de la ville où elles se tiennent, n'a plus de prérogatives à réclamer: le décret du 27 février 1811, qui règle les honneurs qui lui sont dus, les renferme dans la commune où se tiennent les assises ;

Sur la troisième question, que, lorsque les assises se tiennent dans la ville où siége la cour impériale, les membres des cours d'assises n'ont d'autre rang que celui qu'ils occupent dans la cour impériale même.

---

13 octobre 1812. — Décret portant création d'une cour prévôtale et de deux tribunaux ordinaires des douanes en Illyrie. (4, Bull. 453, n° 8349.)

---

13 octobre 1812. — Décret portant que la loi du 30 décembre 1809, relative aux recéleurs des déserteurs ou conscrits réfractaires du royaume d'Italie, est applicable à tout Français qui recevrait ou garderait chez lui un déserteur ou un conscrit réfractaire du Grand-Duché-de-Berg. (4, Bull. 453, n° 8350.)

---

13 octobre 1812. — Décret portant prorogation de délai pour l'inscription des priviléges et hypothèques dans le département du Simplon. (4, Bull. 453, n° 8351.)

---

13 octobre 1812. — Décret portant prorogation de délai pour l'inscription des priviléges et hypothèques dans les départemens anséatiques. (4, Bull. 453, n° 8352.)

---

13 octobre 1812. — Décret contenant diverses dispositions sur la loterie de Hollande. (4, Bull. 453, n° 8354.)

---

13 octobre 1812. — Décret portant que la foire qui a lieu dans la ville d'Orléans (Loiret) le 1er juin de chaque année aura désormais quinze jours de durée. (4, Bull. 456, n° 8410.)

---

15 octobre 1812. — Décret sur la surveillance, l'organisation, l'administration, la comptabilité, la police et discipline du Théâtre-Français. (4, Bull. 469, n° 8577.)

Titre Ier. De la direction et surveillance du Théâtre-Français.

Art. 1er. Le Théâtre-Français continuera d'être placé sous la surveillance et la direction du surintendant de nos spectacles.

2. Un commissaire impérial, nommé par nous, sera chargé de transmettre aux comédiens les ordres du surintendant. Il surveillera toutes les parties de l'administration et de la comptabilité.

3. Il sera chargé, sous sa responsabilité, de faire exécuter, dans toutes leurs dispositions, les réglemens et les ordres de service du surintendant.

A cet effet, il donnera personnellement tous les ordres nécessaires.

4. En cas d'inexécution ou de violation des réglemens, il en dressera procès-verbal, et le remettra au surintendant.

Titre II. De l'association du Théâtre-Français.

Section Ire. *De la division en parts.*

5. Les comédiens de notre Théâtre-Français continueront d'être réunis en société, laquelle sera administrée selon les règles ci-après.

6. Le produit des recettes, tous les frais et dépenses prélevés, sera divisé en vingt-quatre parts.

7. Une de ces parts sera mise en réserve, pour être affectée, par le surintendant, aux besoins imprévus : si elle n'est pas employée en entier, le surplus sera distribué à la fin de l'année entre les sociétaires.

8. Une demi-part sera mise en réserve pour augmenter le fonds des pensions de la société.

9. Une demi-part sera employée annuellement en décorations, ameublemens, costumes du magasin, réparations des loges et entretien de la salle, d'après les ordres du surintendant. Les réserves ordonnées par les articles 7, 8 et 9, n'auront lieu que successivement et à mesure des vacances.

10. Les vingt-deux parts restantes continueront d'être réparties entre les comédiens sociétaires, depuis un huitième de part jusqu'à une part entière, qui sera le *maximum*.

11. Les parts ou portions de parts vacantes seront accordées ou distribuées par le surintendant de nos spectacles.

SECTION II. Des pensions et retraites.

§ Ier. *Du temps nécessaire pour obtenir la pension, et de sa quotité.*

12. Tout sociétaire qui sera reçu contractera l'engagement de jouer pendant vingt ans; et, après vingt ans de service non interrompus, il pourra prendre sa retraite, à moins que le surintendant ne juge à propos de le retenir.

Les vingt ans dateront du jour des débuts, lorsqu'ils auront été immédiatement suivis de l'admission à l'essai, et ensuite dans la société.

13. Le sociétaire qui se retirera après vingt ans aura droit : 1° à une pension viagère de deux mille francs, sur les fonds affectés au Théâtre-Français par le décret du 13 messidor an 10; 2° à une pension de pareille somme sur les fonds de la société dont il est parlé à l'article 8.

14. Si le surintendant juge convenable de prolonger le service d'un sociétaire au-delà de vingt ans, il sera ajouté, quand il se retirera, cent francs de plus par an à chacune des pensions dont il est parlé à l'article précédent.

15. Un sociétaire qu'un accident ayant pour cause immédiate le service de notre Théâtre-Français ou des théâtres de nos palais, obligerait de se retirer avant d'avoir accompli ses vingt ans, recevra en entier les pensions fixées par l'article 13.

16. En cas d'incapacité de servir, provenant d'une autre cause que celle énoncée en l'article 15, le sociétaire pourra, même avant ses vingt ans de service, être mis en retraite par ordre du surintendant.

En ce cas, et s'il a plus de dix ans de service, il aura droit à une pension sur les fonds du Gouvernement, et une sur les fonds des sociétaires : chacune de ces pensions sera de cent francs par année de service, s'il était à part entière; de soixante-quinze francs, s'il était à trois quarts de part, et ainsi dans la proportion de sa part dans les bénéfices de la société.

17. Si le sociétaire a moins de dix ans de service, le surintendant pourra nous proposer la pension qu'il croira convenable de lui accorder, selon les services rendus à la société et les circonstances où il se trouvera.

18. Toutes ces pensions seront accordées par décisions rendues en notre Conseil-d'Etat, sur l'avis du comité, comme il a été statué pour notre Académie impériale de musique par notre décret du 20 janvier 1811 (1).

§ II. Des moyens de paiement des pensions.

19. Les pensions accordées sur le fonds de cent mille francs de rente accordé par nous à notre Théâtre-Français seront acquittées, tous les trois mois, sur les fonds qui seront touchés à la caisse d'amortissement.

20. En cas d'insuffisance, il sera pourvu avec la part mise en réserve pour les besoins imprévus.

21. Pour assurer le paiement des pensions accordées sur les fonds particuliers de la société, il sera prélevé, chaque année, et par mois, sur la recette générale, une somme de cinquante mille francs.

22. Cette somme sera versée entre les mains du notaire du Théâtre-Français, et placée par lui à mesure pour le compte de la société, selon les règles prescrites par l'article 32.

23. Aucun sociétaire ne peut aliéner ni engager la portion pour laquelle il contribue au fonds de cette rente.

24. A la retraite de chaque sociétaire ou à son décès, le remboursement du capital de cette retenue sera fait à chaque sociétaire ou à ses héritiers, au prorata de ce qu'il y aura contribué.

25. Tout sociétaire qui quittera le théâtre sans en avoir obtenu la permission du surintendant perdra la somme pour laquelle il aura contribué, et n'aura droit à aucune pension (2).

26. Jusqu'à ce qu'au moyen des dispositions ci-dessus, une rente de cinquante mille francs soit entièrement constituée, les pensions de la société seront payées, tant sur les intérêts des fonds mis en réserve, que sur les recettes générales de chaque mois.

27. Quand la rente sera constituée, s'il y a de l'excédant après le paiement annuel des pensions, il en sera disposé pour l'avantage de la société, avec l'autorisation du surintendant;

(1) Ce décret n'a pas été révoqué dans toutes ses dispositions par le réglement du 14 décembre 1816.

Le Roi, en son Conseil-d'Etat, est compétent pour prononcer sur les demandes de pensions des sociétaires du Théâtre-Français, ainsi que sur les réclamations qui peuvent s'élever à l'occasion de ces pensions, ou de la distribution des fonds de retenue que les sociétaires subissent conformément aux règles de l'association (27 août 1823, ord. Mac. 5, 664).

(2) Le Théâtre-Français continue d'être régi par ce décret, spécialement en ce qui concerne la perte des droits que les sociétaires ont à la pension et au remboursement de leur part dans le fonds de retenue.

Les sociétaires ne perdent leurs droits à ce remboursement que dans les cas d'abandon et de retraite prévus par les articles 25 et 82 (28 mai 1829, ord. Mac. 11, 179).

SECTION III. De la retraite des acteurs aux appointemens et employés.

28. Après vingt ans ou plus de service non interrompus par un acteur ou une actrice aux appointemens, après dix ans de service seulement en cas d'infirmités, enfin en cas d'accident, comme il est dit pour les sociétaires, article 15, le surintendant pourra nous proposer d'accorder, moitié sur le fonds de cent mille francs, moitié sur celui de la société, une pension, laquelle, tout compris, ne pourra excéder la moitié du traitement dont l'acteur ou l'actrice aura joui les trois dernières années de son service.

29. Le commissaire impérial pourra aussi obtenir une retraite ou pension d'après les règles établies en l'art. 28; mais elle sera payée en entier sur le fonds de cent mille francs.

TITRE III.

SECTION Ire. *De l'administration des intérêts de la société.*

30. Un comité composé de six hommes membres de la société, présidé par le commissaire impérial, et ayant un secrétaire pour tenir registre des délibérations, sera chargé de la régie et administration des intérêts de la société.

Le surintendant nommera, chaque année, les membres de ce comité.

Ils seront indéfiniment rééligibles.

Trois de ses membres seront chargés de l'expédition de ses résolutions.

31. Le surintendant pourra les révoquer et remplacer à volonté.

32. Les fonctions de ce comité seront particulièrement :

1° De dresser, chaque année, le budget ou état présumé des dépenses de tout genre, de le soumettre à l'examen de l'assemblée générale des sociétaires et à l'approbation du surintendant;

2° D'ordonner et faire acquitter, dans les limites portées au budget pour chaque nature de dépenses, celles qui seront nécessaires pour toutes les parties du service, à l'effet de quoi, un de ses membres sera préposé à la signature des ordres de fourniture ou de travail, et des mandats de paiement;

3° De la passation de tous marchés, obligations pour le service, ou acte pour la société;

4° D'inspecter, régler et ordonner dans toutes les parties de la salle, du théâtre, des magasins, etc.;

5° De vérifier les recettes, d'inspecter la caisse, et de faire effectuer le paiement des parts, traitemens, pensions ou sommes mises en réserve selon le présent réglement;

6° D'exercer pour tous recouvremens, ou en tout autre cas, tant en demandant qu'en défendant, toutes les actions et droits de la société, après avoir, toutefois, pris l'avis de l'assemblée générale, et l'autorisation du surintendant.

SECTION II. Des dépenses, paiemens, et de la comptabilité.

33. Le caissier sera nommé par le comité, et soumis à l'approbation du surintendant.

Il fournira en immeubles un cautionnement de soixante mille francs, dont les titres seront vérifiés par le notaire du théâtre, qui fera faire tous les actes conservatoires au nom de la société.

34. A la fin de chaque mois, les états de recettes et dépenses seront arrêtés par le comité, et approuvés par le commissaire impérial.

35. D'après cet arrêté et cette approbation, seront prélevés sur la recette, d'abord les droits d'auteur, ensuite toutes les dépenses : 1° pour appointemens d'acteurs, traitemens d'employés ou gagistes; 2° la somme prescrite pour les fonds des pensions de la société; 3° le montant des mémoires, tant pour dépenses courantes que fournitures extraordinaires.

36. Le reste sera partagé conformément aux art. 6, 7, 8, 9 et 10.

37. Le caissier touchera tous les trois mois, à la caisse d'amortissement, le quart des cent mille francs de rente affectés au Théâtre-Français, et soldera, avec ces vingt-cinq mille francs, et, au besoin, avec le produit de la part dont il est parlé à l'article 7, sur des états dressés par le commissaire impérial et arrêtés par le surintendant : 1° les pensions des acteurs retirés ou autres pensionnaires; 2° les indemnités pour supplément d'appointemens accordés aux acteurs; 3° le traitement du commissaire impérial; 4° le loyer de la salle.

38. A la fin de chaque année, le caissier dressera le compte des recettes et dépenses, pour les fonds de la société.

39. Ce compte sera remis au comité, qui l'examinera et donnera son avis.

Il sera présenté ensuite à l'assemblée générale des sociétaires, qui pourra nommer une commission de trois de ses membres, pour le revoir, et y faire des observations, s'il y a lieu, dans une autre assemblée générale.

Enfin, le compte sera soumis au surintendant, qui l'approuvera, s'il y a lieu.

40. Le caissier dressera également le compte des cent mille francs accordés par le Gouvernement, et des parts mises à la disposition du surintendant. Ce compte sera visé par le commissaire impérial, et arrêté par le surintendant.

41. Sur la part réservée aux besoins imprévus, il pourra être accordé par le surin-

tendant, aux acteurs ou actrices qui se trouveraient chargés de dépenses trop considérables de costumes ou de toilette, une autorisation pour se faire faire par le magasin les habits pour jouer un ou plusieurs rôles.

SECTION III. Des assemblées générales.

42. L'assemblée générale de tous les sociétaires est convoquée nécessairement par le comité, et a lieu pour les objets suivans :

1° Au plus tard dans la première semaine du dernier mois de l'année, pour examiner et donner son avis sur le budget de l'année suivante, conformément au paragraphe 1er de l'article 32;

2° Au plus tard dans la dernière semaine du premier mois de chaque année, pour examiner le compte de l'année précédente, et ensuite pour entendre le rapport de la commission, s'il y en a eu une nommée.

43. L'assemblée générale doit être, en outre, convoquée par le comité toutes les fois qu'il y a lieu à placement de fonds, actions à soutenir, en défendant ou demandant, dépenses à faire excédant celles autorisées par le budget; cas auxquels l'assemblée générale doit donner son avis, après quoi le surintendant décide, après avoir vu l'avis du conseil dont il est parlé au titre VII.

44. L'assemblée générale peut, au surplus, être convoquée par ordre du surintendant, quand il juge nécessaire de la consulter, ou avec son autorisation, si le comité la demande, pour tous les cas extraordinaires et imprévus.

TITRE IV. De l'administration théâtrale.

SECTION Ire. *Dispositions générales.*

45. Le comité établi par l'article 30 sera également chargé de tout ce qui concerne l'administration théâtrale, la formation des répertoires, l'exécution des ordres de début, la réception des pièces nouvelles, sous la surveillance du commissaire impérial et l'autorité du surintendant.

SECTION II. Des répertoires.

§ Ier. *De la distribution des emplois.*

46. Le surintendant déterminera, aussitôt la publication du présent réglement, la distribution exacte des différens emplois.

Il fera dresser, en conséquence, un état général de toutes les pièces soit sues, soit à remettre, avec les noms des acteurs et actrices sociétaires qui doivent jouer en premier, en double et en troisième, les rôles de chacune de ces pièces, selon leur emploi et leur ancienneté, afin qu'il n'y ait plus aucune contestation à cet égard.

47. Nul acteur ou actrice ne pourra tenir en premier deux emplois différens, sans une autorisation spéciale du surintendant, qui ne l'accordera que rarement, et pour de puissans motifs.

48. Si un acteur ou actrice tenant un emploi en chef veut jouer dans un autre; par exemple, si, tenant un emploi tragique, il veut jouer dans la comédie, ou si, jouant les rôles de jeune premier, il veut jouer un autre emploi, il ne pourra primer celui qui tenait l'emploi en chef auparavant; mais il tiendra ledit emploi en second, quand même il serait plus ancien que son camarade.

Notre surintendant pourra seulement l'autoriser à jouer les rôles du nouvel emploi qu'il voudra prendre, alternativement avec celui qui les jouait en chef ou en premier.

§ II. De la formation du répertoire.

49. Le répertoire sera formé dans le comité établi par l'article 30, auquel seront adjointes, pour cet objet seulement, deux femmes sociétaires, conformément à l'arrêt du Conseil du 9 décembre 1780.

50. Les répertoires seront faits de manière que chaque rôle ait un second ou double désigné, qui puissent jouer à défaut de l'acteur en premier, s'il a des excuses valables, et sans que, pour cause de l'absence d'un ou plusieurs acteurs en premier, la pièce puisse être changée ou sa représentation retardée.

51. Pour veiller à l'exécution du répertoire, deux sociétaires seront adjoints au comité sous le titre de *semainier;* chaque sociétaire sera semainier à son tour.

52. Si un double, étant chargé d'un rôle par le répertoire, tombe malade, le chef se portant bien sera tenu de le jouer, sur l'avis que lui en donnera le semainier.

53. Un acteur en chef ne pourra refuser de jouer ni abandonner tout-à-fait à son double aucun des premiers rôles de son emploi; il les jouera, bons ou mauvais, quant il sera appelé par le répertoire.

54. Aucun acteur en chef ne pourra se réserver un ou plusieurs rôles de son emploi. Le comité prendra les mesures nécessaires pour que les doubles soient entendus par le public dans les principaux rôles de leurs emplois respectifs trois ou quatre fois par mois.

Il veillera également à ce que les acteurs à l'essai soient mis à portée d'exercer leurs talens et de faire juger leurs progrès.

Les acteurs jouant les rôles en second pourront réclamer en cas d'inexécution du présent article; et le surintendant donnera des ordres sans délai pour que le comité s'y conforme, sous peine envers l'acteur en chef opposant et chacun des membres du comité qui n'y auront pas pourvu, d'une amende de trois cents francs.

Notre commissaire près le théâtre sera responsable de l'inexécution du présent article, s'il n'a dressé procès-verbal des contraventions, à l'effet d'y faire pourvoir par le surintendant, et de faire payer les amendes.

55. Nos comédiens seront tenus de mettre tous les mois un grand ouvrage, ou du moins deux petits ouvrages, nouveaux ou remis.

Dans le nombre de ces pièces seront des pièces d'auteurs vivans.

Il est enjoint au comité et au surintendant de tenir la main à l'exécution de cet article.

56. Les assemblées des samedis de chaque semaine continueront d'avoir lieu; et tous les acteurs seront tenus de s'y trouver pour prendre communication du répertoire.

Il continuera d'être délivré des jetons aux acteurs présens.

57. Tous acteurs ou actrices pourront faire des observations, et demander des changemens au répertoire pour des motifs valables sur lesquels il sera statué provisoirement par le commissaire impérial, et définitivement par le surintendant.

58. Le répertoire se fera, la première fois, pour quinze jours. Il en sera envoyé copie au préfet de police.

Le samedi d'après, se fera celui de la semaine ensuivant, et ainsi successivement.

59. Quant le répertoire aura été réglé, chacun sera tenu de jouer le rôle pour lequel il aura été inscrit, à moins de causes légitimes approuvées par le comité présidé par le commissaire impérial, et dont il sera rendu compte au surintendant, sous peine de cent cinquante francs d'amende.

60. Si un acteur, ayant fait changer la représentation pour cause de maladie, est aperçu dans une promenade, un spectacle, ou s'il sort de chez lui, il sera mis à une amende de trois cents francs.

SECTION III. Des débuts.

61. Le surintendant donnera seul les ordres de début sur notre Théâtre-Français. Les débuts n'auront pas lieu du 1er novembre jusqu'au 15 avril.

62. Ces ordres seront présentés au comité, qui sera tenu de les enregistrer, et de mettre au premier répertoire les trois pièces que les débutans demanderont.

63. Le surintendant pourra appeler pour débuter, les élèves de notre conservatoire, ceux de maîtres particuliers, ou les acteurs des autres théâtres de notre empire; auquel cas, leurs engagemens seront suspendus, et rompus s'ils sont admis à l'essai.

64. Les acteurs et actrices qui auront des rôles dans ces pièces ne pourront refuser de les jouer, sous peine de cent cinquante francs d'amende.

65. On sera obligé indispensablement à une répétition entière pour chaque pièce où les débutans devront jouer, sous peine de vingt-cinq francs d'amende pour chaque absent.

66. Le comité proposera ensuite d'autres rôles à jouer par le débutant, et le surintendant en déterminera trois que le débutant sera tenu de jouer après des répétitions particulières et une répétition générale, comme il est dit à l'article 65.

67. Les débutans qui auront eu des succès et annoncé des talens seront reçus à l'essai au moins pour un an, et ensuite comme sociétaires par le surintendant, selon qu'il le jugera convenable.

TITRE V. Des pièces nouvelles et des auteurs.

68. La lecture des pièces nouvelles se fera devant un conseil composé de 9 personnes choisies parmi les plus anciens sociétaires, par le surintendant, qui nommera en outre trois suppléans pour que le nombre des membres du comité soit toujours complet.

69. L'admission à lieu à la pluralité absolue des voix.

70. Si une partie des voix est pour le renvoi à correction, on refait un tour de scrutin sur la question du renvoi, et on vote par *oui* ou *non*.

71. S'il n'y a que quatre voix pour le renvoi à correction, la pièce est reçue.

72. La part d'auteur dans le produit des recettes, le tiers prélevé pour les frais, est du huitième pour une pièce en cinq ou quatre actes, du douzième pour une pièce en trois actes, et du seizième pour une pièce en un et en deux actes: cependant les auteurs et les comédiens peuvent faire toute autre convention de gré à gré.

73. L'auteur jouit de ses entrées du moment où sa pièce est mise en répétition, et les conserve trois ans après la première représentation, pour un ouvrage en cinq et en quatre actes, deux ans pour un ouvrage en trois actes, un an pour une pièce en un et deux actes. L'auteur de deux pièces en cinq ou en quatre actes, ou de trois pièces en trois actes, ou de quatre pièces en un acte, restées au théâtre, a ses entrées sa vie durant.

TITRE VI. De la police.

74. La présidence et la police des assemblées, soit générales, soit des divers comités, sont exercées par le commissaire impérial.

75. Tout sujet qui manque à la subordination envers ses supérieurs; qui, sans excuses jugées valables, fait changer le spectacle indiqué sur le répertoire, ou refuse de jouer soit un rôle de son emploi, soit tout autre rôle qui peut lui être distribué pour le ser-

vice des théâtres de nos palais, ou qui fait manquer le service en ne se trouvant pas à son poste aux heures fixées, est condamné, suivant la gravité des cas, à l'une des peines suivantes.

76. Ces peines sont les amendes, l'exclusion des assemblées générales des sociétaires et du comité d'administration, l'expulsion momentanée ou définitive du théâtre, la perte de la pension et les arrêts (1).

77. Les amendes au-dessous de 25 fr. sont prononcées par le comité, présidé par le commissaire impérial.

L'exclusion des assemblées générales et du comité d'administration peut l'être de la même manière; mais le commissaire impérial est tenu de rendre compte des motifs au surintendant.

Le commissaire impérial qui aura requis le comité d'infliger une peine, en instruira, en cas de refus, le surintendant, qui prononcera.

78. Les amendes au-dessus de 25 francs et les autres punitions sont infligées par le surintendant, sur le rapport motivé du commissaire impérial.

L'expulsion définitive n'aura lieu que dans les cas graves, et après avoir pris l'avis du comité.

79. Aucun sujet ne peut s'absenter sans la permission du surintendant.

80. Les congés sont délivrés par le surintendant, qui n'en peut pas accorder plus de deux à la fois, ni pour plus de deux mois: ils ne peuvent avoir lieu que depuis le 1er mai jusqu'au 1er novembre.

81. Tout sujet qui, ayant obtenu un congé, en outre-passe le terme, paie une amende égale au produit de sa part, pendant tout le temps qu'il aura été absent du théâtre.

82. Lorsqu'un sujet, après dix années de service, aura réitéré pendant une année la demande de sa retraite, et qu'il déclarera qu'il est dans l'intention de ne plus jouer sur aucun théâtre, ni français, ni étranger, sa retraite ne pourra lui être refusée; mais il n'aura droit à aucune pension, ni à retirer sa part du fonds annuel de 50,000 francs.

TITRE VII. Dispositions générales.

83. Les comédiens français ne pourront se dispenser de donner tous les jours spectacle, sans une autorisation spéciale du surintendant, sous peine de payer, pour chaque clôture, une somme de 500 francs, qui sera versée dans la caisse des pauvres, à la diligence du préfet de police.

84. Tout sociétaire, ayant trente années de service effectif, pourra obtenir une représentation à son bénéfice, lors de sa retraite: cette représentation ne pourra avoir lieu que sur le Théâtre-Français, conformément à notre décret du 29 juillet 1807.

85. Tout sujet retiré du Théâtre-Français ne pourra reparaître sur aucun théâtre, soit de Paris, soit des départemens, sans la permission du surintendant.

86. Toutes les affaires contentieuses seront soumises à l'examen d'un conseil de jurisconsultes; et on ne pourra faire aucune poursuite judiciaire au nom de la société, sans avoir pris l'avis du conseil.

Ce conseil restera composé ainsi qu'il l'est aujourd'hui, et sera réduit à l'avenir par mort ou démission, au nombre de trois jurisconsultes, deux avoués, et au notaire du théâtre.

En cas de vacance, la nomination se fera par le comité, avec l'agrément du surintendant.

87. Le surintendant fera les réglemens qu'il jugera nécessaires pour toutes les parties de l'administration intérieure.

88. Les décrets des 29 juillet et 1er novembre 1807 sont maintenus en tout ce qui n'est pas contraire aux dispositions ci-dessus.

TITRE VIII. Des élèves du Théâtre-Français.

§ Ier. *Nombre, nomination, instruction et entretien des élèves.*

89. Il y aura, à notre Conservatoire impérial, dix-huit élèves pour notre Théâtre-Français, neuf de chaque sexe.

90. Ils seront désignés par notre ministre de l'intérieur: ils seront âgés au moins de quinze ans.

91. Ils seront traités au Conservatoire comme les autres pensionnaires qui y sont admis pour le chant et la tragédie lyrique.

92. Ils pourront suivre les classes de musique; mais ils seront plus spécialement appliqués à l'art de la déclamation, et suivront exactement les cours des professeurs, selon le genre auquel ils seront destinés.

93. A cet effet, indépendamment des professeurs, il y aura pour l'art dramatique deux répétiteurs d'un genre différent, lesquels feront répéter et travailler les élèves, chaque jour, dans les intervalles des classes, à des heures qui seront fixées.

94. Il y aura, en outre, un professeur de grammaire, d'histoire et de mythologie appliquées à l'art dramatique, lequel enseignera spécialement les élèves destinés au Théâtre-Français.

(1) L'expulsion prononcée en vertu de cet article, qui emporte la privation des droits à la pension, n'enlève pas au sociétaire expulsé le droit au remboursement et sa part dans le fonds de retenue (29 mai 1829, ord. Mac. 11, 179).

95. Les élèves seront examinés tous les ans par les professeurs et le directeur du Conservatoire; et il sera rendu compte du résultat à notre ministre de l'intérieur et au surintendant des théâtres.

96. Les élèves qui ne donneraient pas d'espérances ne continueront pas leurs cours, et ils seront remplacés.

97. Ceux qui ne seraient pas encore capables de débuter sur notre Théâtre-Français pourront, avec la permission du surintendant, s'engager pour un temps au théâtre de l'Odéon, ou dans les troupes des départemens.

98. Ceux qui seront jugés capables de débuter pourront recevoir du surintendant un ordre de début, et être, selon leurs moyens, mis à l'essai pendant au moins un an, et ensuite admis comme sociétaires, comme il est dit article 67.

§ II. Des dépenses pour les élèves de l'art dramatique.

99. La dépense, pour chacun des élèves, est fixée à 1,100 francs;

Le traitement, pour chacun des répétiteurs, à 2,000 francs;

Le traitement du professeur, à 3,000 fr.

100. En conséquence, notre ministre de l'intérieur disposera, sur le fonds des dépenses imprévues de son ministère, d'une somme de 26,800 francs en sus de celle allouée pour notre Conservatoire impérial de musique.

101. Nos ministres de la police, de l'intérieur, des finances, du Trésor, et le surintendant de nos spectacles, sont chargés de l'exécution du présent décret.

---

20 DÉCEMBRE 1812. — Décret qui ordonne l'établissement d'une chambre de commerce dans la ville de Wesel. (4, Bull. 454, n° 8368.)

---

20 DÉCEMBRE 1812. — Décret qui ordonne l'établissement d'une chambre consultative des manufactures, fabriques, arts et métiers dans la ville de Leyde. (4, Bull. 454, n° 8369.)

---

20 DÉCEMBRE 1812. — Décrets qui approuvent les réglemens des évêques d'Autun et de Limoges, de Coutances et de Rennes, relatifs au prélèvement et à l'application du produit des chaises, bancs et places dans les églises. (4, Bull. 454 et 458, n°s 8370, 8434 et 8435.) — Suit la teneur desdits réglemens.

---

20 DÉCEMBRE 1812. — Décrets qui autorisent l'érection en chapelles des églises de la Vèze et de Velotte, départemens du Doubs, et celle de l'église d'Ermenonville, département de la Seine-Inférieure. (4, Bull. 458, n° 8433.)

---

20 DÉCEMBRE 1812. — Décret qui autorise l'acceptation d'une donation faite à l'église succursale de la Manéra. (4, Bull. 456, n° 8411.)

---

20 DÉCEMBRE 1812. — Décret relatif à la tenue et à l'établissement des foires de Lechenich et de Fanglia. (4, Bull. 461, n°s 8456 et 8457.)

---

22 DÉCEMBRE 1812. — Décret contenant de nouvelles dispositions contre la désertion. (4, Bull. 454, n° 8371.)

Art. 1er. Lorsque la désertion fera des progrès dans un département, et qu'elle pourra être attribuée aux insinuations ou à la protection des pères et mères des déserteurs, notre ministre de la guerre, sur la demande du préfet et le rapport de notre directeur général de la conscription, nous proposera que les dispositions de l'avis de notre Conseil-d'Etat du 12 mai 1807, approuvé par nous le 1er juin suivant, et de notre décret du 24 juin 1808, soient appliquées dans le département contre les pères et mères qui, au jugement du préfet, seront convaincus d'avoir favorisé la désertion de leurs enfans.

2. Les déserteurs qui se présenteront d'eux-mêmes, ou qui seront ramenés et remis par leurs parens, seront conduits, sous escorte, à l'un des régimens créés par notre décret du 24 janvier 1811, où ils seront incorporés.

3. Notre ministre de la guerre est chargé de l'exécution du présent décret.

---

22 DÉCEMBRE 1812. — Décret relatif aux déclarations à faire par les titulaires de cautionnemens en faveur de leurs bailleurs de fonds, pour leur faire acquérir le privilége du second ordre. (4, Bull. 454, n° 8373.)

Voy. loi du 25 NIVOSE an 13; décret du 28 AOUT 1808; loi du 28 AVRIL 1816, titre IX.

N..... vu les lois des 25 nivose et 6 ventose an 13, et notre décret du 28 août 1808.

Art. 1er. Les déclarations à faire à l'avenir par les titulaires de cautionnemens en faveur de leurs bailleurs de fonds, pour leur faire acquérir le privilége du second ordre, seront conformes au modèle ci-annexé, passées devant notaires, et légalisées par le président du tribunal de l'arrondissement.

2. Dans le cas où le versement à la caisse d'amortissement serait antérieur de plus de huit jours à la date de ces déclarations, elles ne seront valables qu'autant qu'elles seront accompagnées du certificat de non-opposition, délivré par le greffier du tribunal du domicile des parties, dont il sera fait mention dans lesdites déclarations, lesquelles, au surplus, ne seront admissibles à la caisse d'amortissement, s'il y a des oppositions à cette caisse, que sous la réserve de ces oppositions.

3. Le droit d'enregistrement de ces déclarations est fixé à un franc.

4. Il n'est point dérogé par le présent décret à celui du 28 août 1808, portant que « les prêteurs de fonds ne pourront exercer « le privilége du second ordre, qu'en représentant le certificat mentionné à l'article 2 « de ce décret, » à moins cependant que leur opposition ou la déclaration faite à leur profit ne soit consignée aux registres des oppositions et déclarations de la caisse d'amortissement; faute de quoi, ils ne pourront exercer de recours contre la caisse d'amortissement que comme les créanciers ordinaires, et en vertu des oppositions qu'ils auraient formées aux greffes des tribunaux indiqués par la loi.

5. Notre grand-juge, ministre de la justice, et notre ministre des finances, sont chargés de l'exécution du présent décret.

Modèle de déclaration à passer par-devant notaires, par les titulaires de cautionnemens, en faveur de leurs prêteurs de fonds, pour leur faire acquérir le privilége de second ordre.

Par-devant, etc., fut présent N. (*mettre les noms, qualité et demeure*).

Lequel a, par ces présentes, déclaré que la somme de. . . . . . . que le comparant à versée à la caisse. . . . . . . pour la (*totalité* ou *partie*) du cautionnement auquel il est assujéti en sadite qualité, appartient en capital et intérêts à N. (*mettre les noms, qualité et demeure*), ou à NN., savoir, à N. jusqu'à la concurrence de la somme de. . . . . et à N. jusqu'à la concurrence de celle de . . . . . Pour quoi il requiert et consent que la présente déclaration soit inscrite sur les registres de la caisse d'amortissement, afin que ledit N. ait et acquière (*ou lesdits NN. aient et acquièrent*) le privilége du second ordre sur ledit cautionnement, conformément aux dispositions de la loi du 25 nivose an 13 et du décret du 28 août 1808.

Dont acte, etc.

---

22 DÉCEMBRE 1812. — Décret sur la composition de la vingt-sixième légion de gendarmerie. (4, Bull. 454, n° 8375.)

Art. 1er. La vingt-sixième légion de gendarmerie sera composée à l'avenir ainsi qu'il suit :

Un colonel, un chef d'escadron, un sous-lieutenant, quartier-maître trésorier.

1re *Compagnie.* — Un capitaine, six lieutenans, un maréchal-des-logis à cheval, deux brigadiers à cheval, quinze gendarmes à cheval, huit maréchaux-des-logis à pied, quinze brigadiers à pied, cent quinze gendarmes à pied; total, cent soixante-trois, formant vingt-six brigades de six hommes, dont trois à cheval.

2e *Compagnie.* — Un capitaine, six lieutenans, deux maréchaux-des-logis à cheval, trois brigadiers à cheval, vingt-cinq gendarmes à cheval, onze maréchaux-des-logis à pied, vingt-deux brigadiers à pied, cent soixante-cinq gendarmes à pied, formant trente-huit brigades de six hommes, dont cinq à cheval.

2. La première compagnie aura son chef-lieu à Ajaccio; elle surveillera l'arrondissement qui composait le ci-devant département de Liamone. La seconde compagnie aura son chef-lieu à Bastia; elle surveillera l'arrondissement du ci-devant département du Golo.

3. Notre ministre de la guerre est chargé de l'exécution du présent décret.

---

22 DÉCEMBRE 1812. — Décret qui fixe le droit d'entrée des mouchoirs de fil de lin blanc, brodés en fil. (4, Bull. 457, n° 8412.)

Art. 1er. A compter de la publication du présent décret, les mouchoirs de fil de lin blanc, brodés en fil, paieront, à leur entrée en France, cent cinquante francs par quintal métrique.

2. Notre ministre des manufactures et du commerce est chargé de l'exécution du présent décret.

---

22 DÉCEMBRE 1812. — Décret qui détermine l'espèce, la qualité et l'épaisseur du bois qui devra être employé dans les départemens hollandais, pour la confection des futailles destinées à contenir les garances. (4, Bull. 457, n° 8413.)

Art. 1er. A dater de la publication du présent décret dans les départemens hollandais, les futailles destinées à contenir les garances devront être confectionnées en bon bois de chêne, bien raboté et bien sec, ou plutôt, et autant qu'on pourra s'en procurer, de douves et fonds de boucauts à tabac d'Amérique.

Il est défendu de se servir d'ais sciés de sapin blanc ou rouge, comme étant nuisibles à la conservation des garances. L'épaisseur du bois dont on se servira ne devra pas excéder celle des douves et fonds dont sont composées les futailles à tabac d'Amérique: à cet effet, les fabricans de futailles seront tenus d'y apposer leur marque, dont une empreinte devra être déposée à la mairie du lieu de leur domicile.

2. Les contraventions aux dispositions précédentes seront portées à la connaissance du tribunal dans l'arrondissement duquel elles auront eu lieu, et passibles des peines spécifiées par l'article 413 du Code pénal.

3. Les autorités locales administratives sont chargées de surveiller la fabrication des

futailles à garances, et de traduire les délinquans devant les tribunaux respectifs qui devront en connaître.

4. Notre grand-juge, ministre de la justice, et notre ministre des manufactures et du commerce, sont chargés de l'exécution du présent décret.

---

22 DÉCEMBRE 1812. — Décret qui fixe le droit d'importation des faux et faucilles. (4, Bull. 457, n° 8414.)

Art. 1er. A compter de la publication du présent décret, les faux et faucilles venant de l'étranger paieront un droit de cent francs par quintal métrique.

2. Notre ministre des manufactures et du commerce est chargé de l'exécution du présent décret.

---

22 DÉCEMBRE 1812. — Décret relatif au mode d'exécution de l'art. 2 du décret du 25 mars 1811, en tant qu'il comprend dans la dotation de l'Hôtel impérial des militaires invalides, les produits des terrains des fortifications des places et postes de guerre, et les terrains des fortifications des vieilles places et postes de guerre abandonnés et mis hors de service. (4, Bull. 455, n° 8387.)

N...., vu l'article 2 de notre décret du 25 mars 1811.

Art. 1er. Dans les places et postes de guerre *conservés* à l'entretien ou hors d'entretien, notre ministre de la guerre reste exclusivement chargé, conformément à la loi du 10 juillet 1791, de la désignation des terrains des fortifications susceptibles d'être affermés, sans inconvénient pour le service militaire, au profit de l'Hôtel impérial des invalides, auquel nous en avons attribué les produits seulement, par notre décret du 25 mars 1811.

Les baux desdits terrains continueront d'être passés par l'autorité militaire, sur adjudication à l'enchère, ou par expertises contradictoires, selon les cas prévus, et suivant le mode d'affermage qui a été prescrit par le réglement ministériel du 15 fructidor an 9, en exécution des articles 12, 13, 14, 16 et 18, du titre Ier de la même loi.

2. La perception des revenus des terrains des places et postes conservés est directement confiée aux receveurs des domaines, sous la surveillance des inspecteurs et des directeurs de département.

Les receveurs sont chargés de poursuivre le recouvrement des produits et de payer les dépenses, de tenir compte aux fermiers des indemnités qui leur seraient accordées pour cause de non-jouissance, par décisions spéciales de notre ministre de la guerre, notifiées suivant l'usage auxdits receveurs par les directeurs des fortifications, et de verser le restant aux caisses des receveurs généraux et particuliers des contributions, pour le compte de l'Hôtel, sous la déduction d'une remise de cinq pour cent liquidée sur le produit *brut* de la recette *réelle*, savoir : deux pour cent au receveur, un pour cent à l'inspecteur, et deux pour cent au directeur.

3. Les receveurs et les directeurs des domaines seront solidairement garans et responsables envers l'Hôtel, des *non-valeurs* qui proviendraient de leur négligence, à défaut pur et simple de paiement de la part des fermiers et de leurs cautions, contre lesquels ils n'auraient pas exercé de poursuites en temps utile.

Les receveurs restent chargés aussi de rendre, dans la forme actuellement prescrite, des comptes semestriels de leur gestion, qui seront transmis directement, par les directeurs, au conseil d'administration des invalides.

4. Les terrains des fortifications des anciennes places et postes qui seraient abandonnés seront remis, par notre ministre de la guerre, à notre ministre des finances, qui en fera faire la vente par la caisse d'amortissement, dans les formes d'usage, afin que les capitaux provenant de l'aliénation soient convertis en rentes sur l'Etat, au profit de l'Hôtel.

Le cahier des charges contiendra les conditions de sûreté, de salubrité ou d'utilité générale, auxquelles les acquéreurs devront être assujétis dans la démolition ou dans l'exploitation des fortifications aliénées. Ce cahier sera communiqué, à cet effet, à nos ministres de la guerre et de l'intérieur.

5. Sont exceptées toutefois des dispositions de l'article précédent les portions des ouvrages ou des terrains militaires des places et postes abandonnés, auxquels nous aurions jugé ou nous jugerions à propos de donner une autre destination, soit pour des travaux ou des établissemens publics, soit en faveur des villes, pour assurer la perception des octrois, ou pour la formation de quelques établissemens communaux, civils ou militaires; sauf le cas néanmoins où les concessions n'étant pas entièrement gratuites, la caisse d'amortissement aurait alors à en percevoir le prix pour le compte de l'Hôtel.

6. Ne sont pas compris dans la dotation des invalides, les produits réels ou présumés des pavillons, casernes, écuries, magasins et autres bâtimens qui sont occupés comme *logemens militaires*, ou qui sont loués accidentellement, en partie ou en totalité, dans les villes fortifiées ou non fortifiées, lorsque l'absence des garnisons permet d'autoriser ces locations, dont la durée est essentiellement subordonnée aux besoins réels du casernement et du service des troupes.

Les produits desdites locations seront appliqués à l'entretien de ces établissemens.

7. Nos ministres de la guerre, des finances et du Trésor impérial, sont chargés de l'exécution du présent décret.

---

22 DÉCEMBRE 1812. — Décret relatif aux Français engagés dans les troupes du royaume d'Italie, et aux sujets de ce royaume engagés dans les troupes françaises, qui seront rentrés dans leurs pays respectifs avant l'expiration de leur engagement. (4, Bull. 455, n° 8388.)

Art. 1er. Tout sujet français qui, s'étant engagé dans les troupes de notre royaume d'Italie, sera rentré en France avant l'expiration de son engagement, sera mis de plein droit à la disposition du ministre de la guerre de notre empire français, pour tout le temps que pouvait ou devait durer son engagement.

2. Réciproquement, tout sujet de notre royaume d'Italie, qui, s'étant engagé dans les troupes françaises, sera rentré dans son pays avant l'expiration de son engagement, sera mis de plein droit à la disposition du ministre de la guerre de notre royaume d'Italie, pour le temps exprimé en l'article précédent.

3. Au moyen des dispositions ci-dessus, il n'y aura lieu ni à extradition ni à d'autres poursuites.

4. Nos ministres de la guerre de notre empire français et de notre royaume d'Italie sont chargés de l'exécution du présent décret.

---

22 DÉCEMBRE 1812. — Décret relatif au mode d'autorisation des chapelles domestiques et oratoires particuliers. (4, Bull. 456, n° 8401.)

Voy. avis du Conseil-d'Etat du 6 NOVEMBRE 1813.

Art. 1er. Les chapelles domestiques et oratoires particuliers, dont est mention en l'article 44 de la loi du 18 germinal an 10, et qui n'ont pas encore été autorisés par un décret aux termes dudit article, ne seront autorisés que conformément aux dispositions suivantes.

2. Les demandes d'oratoires particuliers pour les hospices, les prisons, les maisons de détention et de travail, les écoles secondaires ecclésiastiques, les congrégations religieuses, les lycées et les colléges, et des chapelles et oratoires domestiques, à la ville où à la campagne, pour les individus ou les grands établissemens de fabriques et manufactures, seront accordées par nous, en notre conseil, sur la demande des évêques. A ces demandes seront jointes les délibérations prises, à cet effet, par les administrateurs des établissemens publics, et l'avis des maires et des préfets.

3. Les pensionnats pour les jeunes filles et pour les jeunes garçons pourront également, et dans les mêmes formes, obtenir un oratoire particulier, lorsqu'il s'y trouvera un nombre suffisant d'élèves et qu'il y aura d'autres motifs déterminans.

4. Les évêques ne consacreront les chapelles ou oratoires, que sur la représentation de notre décret.

5. Aucune chapelle ou oratoire ne pourra exister dans les villes, que pour causes graves, et pour la durée de la vie de la personne qui aura obtenu la permission.

6. Les particuliers qui auront des chapelles à la campagne ne pourront y faire célébrer l'office que par des prêtres autorisés par l'évêque, qui n'accordera la permission qu'autant qu'il jugerait pouvoir le faire sans nuire au service curial de son diocèse.

7. Les chapelains des chapelles rurales ne pourront administrer les sacremens qu'autant qu'ils auront les pouvoirs spéciaux de l'évêque, et sous l'autorité et la surveillance du curé.

8. Tous les oratoires ou chapelles où le propriétaire voudrait faire exercer le culte, et pour lesquels il ne présenterait pas, dans le délai de six mois, l'autorisation énoncée dans l'art. 1er, seront fermés, à la diligence de nos procureurs près nos cours et tribunaux, et des préfets, maires et autres officiers de police (1).

9. Nos ministres des cultes et de la police générale sont chargés de l'exécution du présent décret.

---

22 DÉCEMBRE 1812. — Décret relatif aux transcriptions et inscriptions à prendre au bureau de la conservation des hypothèques, pour les biens et rentes appartenant au domaine extraordinaire ou faisant partie des dotations dans l'intérieur de l'empire, et au rachat des rentes et redevances, et des dîmes ou autres prestations de cette nature, dues au domaine extraordinaire ou aux donataires. (4, Bull. 456, n° 8402.)

Voy. sénatus-consulte du 30 JANVIER 1810, titre II.

CHAPITRE Ier. Des transcriptions des actes d'investiture.

Art. 1er. Les lettres d'investiture des dotations auxquelles seront affectés des biens situés dans l'intérieur de notre empire, soit originairement, soit par l'effet de la réunion à notre empire des pays où les biens sont situés, seront transcrites, à la diligence et aux frais de nos donataires, au bureau de la conservation des hypothèques de l'arrondissement dans lequel les biens seront situés.

---

(1) *Voy.* décret du 26 juin 1813.

2. Il en sera de même des actes d'acquisition ou d'échange autorisés par nous, en remplacement des biens par nous affectés à la dotation, soit hors de l'empire, soit dans l'intérieur.

3. Cette transcription sera faite, savoir : pour les lettres d'investiture, et pour les actes d'acquisition ou d'échange postérieurs au présent décret, dans le mois de la délivrance des lettres et de la passation des actes;

Pour les lettres et les actes antérieurs, dans trois mois à compter de la publication du présent décret.

4. Nos donataires seront tenus de justifier de cette transcription, à l'intendant général de notre domaine extraordinaire, dans la quinzaine de l'expiration du délai pour transcrire.

Ceux qui, lors de la publication du présent décret, n'auront pas encore été mis en possession des biens affectés à leur dotation situés dans l'intérieur de l'empire, ne le seront que sur la représentation du certificat de transcription délivré par le conservateur des hypothèques. Ce certificat sera annexé à la minute du procès-verbal de mise en possession.

5. Le conservateur fera mention, à la suite de la transcription, de la disposition des articles 41 et 43 du deuxième statut du 1er mars 1808, sur les majorats, applicable aux dotations, aux termes de l'article 1er du décret du 3 mars 1810, n° 2; lesquels déclarent nuls de plein droit tout acte d'aliénation, ou portant hypothèque des biens composant les dotations, tout jugement qui en ordonnerait l'exécution, et défendent aux notaires de recevoir ces actes, aux préposés de l'enregistrement de les enregistrer, aux juges d'en prononcer la validité.

6. Il sera ouvert un registre particulier pour lesdites transcriptions, dans chaque bureau de conservation; il ne sera payé pour les transcriptions que le salaire du conservateur, et un franc par chaque extrait qui sera délivré.

Chapitre II.

§ Ier. *Des inscriptions pour les rentes comprises dans les dotations.*

7. Lorsque les dotations seront composées, en totalité ou en partie, de rentes ou redevances annuelles, payables, soit en argent, soit en nature de grains, denrées ou bestiaux, à quelque titre et sous quelque dénomination que ce soit, il sera pris, pour la conservation du fonds de ces rentes et redevances, inscription au bureau des hypothèques sur les domaines qui en sont grevés.

8. Ces inscriptions seront prises au nom du domaine extraordinaire par nos donataires, dans l'année qui suivra la publication du présent décret : ils en justifieront à notre intendant général, dans le mois de l'expiration de ce délai, par extrait de l'inscription délivré par le conservateur des hypothèques. Ces inscriptions seront sujettes au renouvellement prescrit par l'article 2154 du Code civil; et ce renouvellement sera fait d'office et aux frais de nos donataires, par les conservateurs des hypothèques, dans le mois avant l'expiration du délai où cesserait l'effet des inscriptions prises par nos donataires. Les conservateurs des hypothèques justifieront de ce renouvellement dans le mois qui le suivra, à l'intendant général de notre domaine extraordinaire, par extrait de l'inscription qu'ils auront ainsi renouvelée.

9. Lorsque la redevance consistera en grains, denrées ou bestiaux, dont il n'y aura pas d'évaluation par le titre, l'inscription énoncera la quantité et la qualité des choses dues, telles qu'elles seront exprimées au titre, ou, à défaut d'autres titres, dans les procès-verbaux de lotissement et de prise de possession des dotations; sauf à en faire l'évaluation, lorsqu'il y aura lieu au rachat desdites redevances.

10. Pour les rentes et redevances appartenant à notre domaine extraordinaire, et dont nous n'aurons pas disposé lors de la publication du présent décret, les inscriptions seront prises par les conservateurs de notre domaine extraordinaire, chacun dans leur arrondissement, d'après l'état de ces rentes qui leur sera transmis par l'intendant général.

11. Il ne sera payé, pour les inscriptions et renouvellement mentionnés aux articles ci-dessus, que le salaire du conservateur, et un franc pour chaque extrait qu'il en délivrera.

12. Lorsque plusieurs rentes ou redevances seront dues par un même débiteur, sur des biens situés dans le même arrondissement, il pourra n'être pris qu'une seule et même inscription, et il ne sera délivré qu'un seul et même extrait.

13. Les dîmes à percevoir sur la généralité d'un territoire se conservent, attendu leur nature, sur le domaine qui y est sujet, sans qu'il soit besoin d'inscription.

§ II. Du rachat des rentes et redevances, et des dîmes appartenant au domaine extraordinaire ou faisant partie des dotations.

14. Le rachat des rentes et redevances, et des dîmes, ou autres prestations de cette nature, dues à notre domaine extraordinaire ou à nos donataires, ne pourra s'effectuer que de la manière prescrite par les art. 92, 93, 94, 95, 96 et 97, paragraphe II du chapitre II du titre II de notre décret du 9 décembre 1811, concernant l'abolition de la féodalité dans les départemens anséatiques.

CHAPITRE III. Disposition commune.

15. Faute par nos donataires d'avoir pris les transcriptions ou les inscriptions dont ils sont chargés par les chapitres précédens, dans les délais prescrits, notre intendant général pourra les faire prendre à leurs frais.

16. Notre ministre des finances, et notre ministre d'Etat, intendant général de notre domaine extraordinaire, sont chargés de l'exécution du présent décret.

---

22 DÉCEMBRE 1812. — *Décret concernant l'organisation et le service de la commission mixte des travaux publics.* (4, Bull. 457, n° 8418.)

Voy. ordonnances du 27 FÉVRIER 1815 et du 18 SEPTEMBRE 1816.

Art. 1er. La commission mixte des travaux publics sera composée :

1° Du premier inspecteur général du génie;

2° Du directeur général des ponts-et-chaussées;

3° Du conseiller d'Etat chargé des travaux maritimes;

4° De sept membres choisis comme il suit, savoir :

Trois officiers généraux ou supérieurs du génie, membres du comité des fortifications, et quatre inspecteurs généraux ou divisionnaires, membres des conseils des ponts-et-chaussées et des travaux maritimes;

5° Des secrétaires généraux desdits comités et conseils, qui seront spécialement chargés de rappeler et de présenter à la commission mixte les avis et matériaux propres à éclairer les délibérations.

Un secrétaire archiviste, choisi par la commission mixte, sera chargé de la réception et du renvoi des dossiers, de la rédaction des avis, de la tenue des registres, de l'expédition du travail, et de la conservation des minutes et papiers.

La présidence appartiendra, dans l'ordre suivant,

Au premier inspecteur général du génie;

Au directeur général des ponts-et-chaussées;

Au conseiller d'Etat chargé des travaux maritimes;

Et, en leur absence, au plus ancien inspecteur général de l'un ou de l'autre corps.

La commission ne pourra délibérer qu'il n'y ait de présent à la séance un membre au moins de chaque conseil, non compris le président ni les secrétaires.

2. Les travaux mixtes du génie, des ponts-et-chaussées et de la marine, continueront d'être concertés, sur les lieux, entre les directeurs ou ingénieurs en chef des divers services, conformément à nos décrets du 13 fructidor an 13 et du 4 août 1811.

Ils rédigeront et signeront les procès-verbaux de leurs conférences, contenant leur avis commun ou leurs opinions respectives;

Ils y annexeront les plans nécessaires, arrêtés et signés de la même manière que le procès-verbal.

Ces procès-verbaux et plans seront faits et signés au nombre d'exemplaires nécessaire pour qu'il en soit adressé un par chaque chef de service au ministre du département duquel il ressort.

3. Ces procès-verbaux et plans, avec les pièces à l'appui, seront renvoyés au comité central des fortifications, au conseil des ponts-et-chaussées ou au conseil des travaux maritimes. Les délibérations de ces conseils seront ensuite portées avec les pièces à la commission des travaux publics, qui donnera son avis.

4. L'avis de la commission mixte sera mis sous les yeux de nos divers ministres par le premier inspecteur général du génie, le directeur général des ponts-et-chaussées, et le conseiller d'Etat chargé des travaux maritimes.

Lorsque tous nos ministres n'adhéreront pas à l'avis de la commission, ou lorsqu'il s'agira d'une route nouvelle, d'un canal ou d'un autre grand ouvrage, et de ses rapports généraux avec la défense des frontières de notre empire, de nos grandes places de guerre ou de nos grands ports, les projets nous seront remis avec l'avis de la commission, à l'effet d'y statuer ou d'indiquer un conseil spécial, conformément à nos décrets des 20 février et 20 juin 1810.

5. Nos ministres de l'intérieur, de la guerre et de la marine, sont chargés de l'exécution du présent décret.

---

22 DÉCEMBRE 1812. — *Décret qui établit une marque particulière pour les savons à l'huile fabriqués à Marseille.* (4, Bull. 457, n° 8419.)

N....... vu notre décret du 18 septembre 1811.

Art. 1er. La forme des marques prescrites par notre décret du 18 septembre 1811 continuera d'être employée dans toutes les fabriques de savon de notre empire : ces fabriques les mettront, en conséquence, sur tous les savons qui sortiront de leurs ateliers.

2. A compter de ce jour, la ville de Marseille, département des Bouches-du-Rhône, aura une marque particulière pour ses savons à l'huile d'olive; cette marque présentera un *pentagone*, dans le milieu duquel seront en lettres rentrées ces mots : *Huile d'olive*, et à la suite le nom du fabricant et celui de la ville de Marseille.

3. Tout particulier établi dans une ville autre que celle de Marseille, qui versera dans le commerce des savons revêtus de la marque accordée par l'article précédent, sera puni, pour la première fois, d'une amende de mille francs; en cas de récidive, cette amende sera double; les savons seront en outre confisqués.

Le montant de cette confiscation et de l'amende sera versé dans la caisse des hospices du lieu où les savons auront été vendus, et, dans les cas où il n'y aurait point d'établissement de ce genre, dans celle des hospices de la commune voisine.

4. La saisie des savons revêtus de la marque appartenant à la ville de Marseille aura lieu sur la réquisition des autorités constituées de cette ville, ou de ceux de ses fabricans qui seront munis de leur patente. Les contestations auxquelles elle donnera lieu seront portées devant nos cours et tribunaux, comme matière de police.

5. Dans le cas où la plainte en usurpation de la marque ne serait point fondée, celui qui l'aura faite sera condamné à des dommages-intérêts proportionnés au trouble et au préjudice qu'il aura causés.

6. S'il était fabriqué à Marseille du savon avec de l'huile de graines, du suif ou de la graisse, alors la marque sera la même que celle qui est prescrite pour les savons de cette nature par notre décret du 18 septembre 1811, notre intention étant qu'on applique exclusivement aux briques de savon à l'huile d'olive fabriquées à Marseille, celle dont la forme présentera un *pentagone*.

7. Il n'est point dérogé aux dispositions énoncées au titre IV de la loi du 22 germinal an 11, lesquelles dispositions seront affichées de nouveau dans les villes de fabriques à la diligence de notre ministre des manufactures et du commerce.

8. Notre ministre des manufactures et du commerce est chargé de l'exécution du présent décret.

---

22 DÉCEMBRE 1812. — Décret qui prescrit des mesures pour la destruction des sauterelles dans le département de Rome. (4, Bull. 457, n° 8420.)

TITRE Ier. Formation d'une commission pour la destruction des sauterelles.

N....... vu les arrêtés de la consulte de Rome des 10, 11, 31 août et 10 décembre 1810.

Art. 1er. Il sera formé une commission chargée de la surveillance des opérations nécessaires à la destruction des sauterelles dans le département de Rome : elle sera composée de neuf membres, choisis par le préfet parmi les vingt propriétaires les plus imposés du département, et parmi les dix fermiers les plus avantageusement connus, de sorte qu'il y ait dans la commission six propriétaires et trois fermiers. Le préfet nommera le président de la commission.

2. Elle proposera au préfet les mesures à employer pour prévenir le développement des œufs des sauterelles, et pour détruire ces insectes, les travaux à prescrire, les primes et récompenses à accorder.

3. Les dispositions d'exécution ordonnées par le préfet, sur l'avis de la commission, deviendront obligatoires, à peine, contre les refusans, de supporter les frais d'exécution d'office, et d'être, en outre, poursuivis devant les tribunaux compétens, pour se voir condamner, par voie de police, à une amende qui ne pourra être moindre de cent francs ni excéder cinq cents francs : l'amende sera double en cas de récidive.

4. Les récompenses accordées à ceux qui découvriraient des terrains infestés qui n'auraient pas été déclarés, ou qui apporteraient aux lieux désignés par l'administration, des tubes ou agglomérations d'œufs de sauterelles, seront fixées entre soixante et trois cents francs, et imputables sur le produit des amendes. Dans le cas d'insuffisance de ce fonds particulier, elles feront partie des dépenses générales.

TITRE II. Moyen de pourvoir aux dépenses nécessitées par la destruction des sauterelles, de les liquider, d'en répartir le montant sur les contributions.

5. La dépense relative à la destruction des sauterelles sera acquittée par tous les propriétaires de terrains du département.

6. Néanmoins, les propriétaires sur les terrains desquels des sauterelles seront écloses ou auront été portées par le vent seront tenus d'en faire l'avance, et celle du paiement des ouvriers qui seraient employés d'office, conformément à l'article 3 qui précède ; le tout sauf le remboursement ultérieur de ces avances.

7. Pour assurer ce remboursement, les contribuables seront divisés en trois classes, suivant leur plus ou moins d'éloignement des foyers du mal. Les terrains sur lesquels les sauterelles se seront développées formeront la première classe, laquelle paiera les cinq dixièmes de la dépense; les terrains situés à proximité et exposés au danger imminent formeront la seconde classe, et paieront les trois dixièmes; le reste du département formera la troisième classe, et paiera les deux dixièmes de la dépense.

8. Chaque année, dans le courant du mois d'août, le préfet adjoindra à la commission existante :

1° Les cinq plus forts imposés du département;

2° Deux membres de chacun des conseils d'arrondissement;

3° Et cinq des plus forts fermiers de l'arrondissement de Rome.

La commission soumettra à l'assemblée de ces propriétaires réunis la liquidation provisoire de la dépense faite pendant l'année pour la destruction des sauterelles, avec toutes les pièces justificatives à l'appui.

L'assemblée en prendra connaissance, et en consentira la liquidation définitive. En cas de rejet de quelques articles, il en sera référé au préfet, qui statuera en conseil de préfecture.

9. Les commissaires et propriétaires réunis s'occuperont, sans attendre cette décision, du classement provisoire des propriétés, d'après les bases posées par l'article 7, et commune par commune, sans qu'on puisse mettre dans des classes différentes des portions d'un même ban communal, excepté sur le territoire de Rome, où le classement aura lieu par ferme. Les vignes de ce territoire seront considérées comme une seule et même ferme.

Après cette opération, les propriétaires et fermiers adjoints à la commission cesseront de prendre part à ses travaux.

10. Le classement sera préalablement soumis à l'approbation du préfet : si ce magistrat croit ne devoir pas adopter le travail de la commission, il en rendra compte à notre ministre de l'intérieur, et prendra ses ordres à ce sujet.

TITRE III. De la formation des rôles; du mode de leur recouvrement.

11. Lorsque le classement des terres aura été fait, la perception de la contribution imposée sur chaque terre sera faite par les percepteurs et receveurs des contributions publiques; et les sommes en provenant seront versées entre les mains du receveur général du département, qui en tiendra un compte séparé. Cette contribution sera toujours payée par le fermier, soit à la charge du propriétaire, soit pour le compte dudit fermier, selon les conditions faites entre eux et résultant de la teneur des baux.

La commission pourra se faire aider dans ce travail par les inspecteurs ou autres employés de confiance, auxquels il sera accordé un salaire juste et raisonnable, et fixé par le préfet du département.

12. Les rôles de répartition seront soumis à l'approbation du préfet, qui les rendra exécutoires dans la même forme que pour les contributions publiques, et conformément à la loi du 14 floréal an 11, pour le curage des rivières non navigables ni flottables.

13. La commission, pour l'acquittement des dépenses et le remboursement des avances faites conformément à l'article 6 du présent décret, délivrera, sur le receveur général, des mandats de paiement signés par le président et par deux autres membres désignés à cet effet.

14. Le compte du receveur, appuyé des pièces justificatives, sera soumis à la commission, qui l'adressera, avec son avis, au préfet, qui l'examinera et l'arrêtera, sauf l'approbation de notre ministre de l'intérieur.

Dans le cas de contestation sur quelques articles du compte, les questions contentieuses seront soumises au conseil de préfecture.

TITRE IV. Des dépenses de la commission.

15. Les dépenses de la commission seront présentées, par elle, et réglées par le préfet; le compte en sera rendu par le receveur, comme il est dit au titre précédent.

TITRE V. Du recouvrement et de l'emploi des amendes.

16. Le recouvrement des amendes auxquelles les contrevenans aux dispositions prescrites par le préfet seront condamnés en vertu de l'article 3 du présent réglement, sera fait par les agens de la régie de l'enregistrement, qui verseront mensuellement les sommes recouvrées dans la caisse du receveur.

17. Le produit de ces amendes sera plus spécialement affecté à l'acquittement des dépenses désignées aux articles 4 et 15; le surplus, s'il en existe, viendra en déduction de la dépense générale.

18. Le préfet rendra compte de toutes les opérations de la commission à notre ministre de l'intérieur, et prendra ses ordres dans tous les cas qui ne sont pas prévus par le réglement.

19. Nos ministres de l'intérieur, des finances et du Trésor public, sont chargés de l'exécution du présent décret.

---

22 DÉCEMBRE 1812. — Décret contenant diverses dispositions ayant pour objet d'empêcher que les biens des majorats formés des propriétés particulières, ainsi que ceux des majorats et dotations provenant du domaine extraordinaire, soient diminués sans de bonnes et justes causes, et par l'insuffisance de la défense ou par la collusion des parties. (4, Bull. 457, n° 8421.)

Voy. décret du 1er MARS 1808.

TITRE Ier. Des majorats formés de propriétés particulières.

Art 1er. En tous procès poursuivis devant les tribunaux de notre empire qui intéresseront le fonds et la propriété de majorats formés de propriétés particulières, le ministère public sera entendu avant le jugement, tant en première instance que sur l'appel.

2. Les arrêts ou jugemens en dernier ressort rendus contradictoirement avec un titulaire de majorat de la qualité exprimée au présent chapitre, ou contre lesquels il ne pourrait être reçu à former opposition, ne pourront être rétractés sur le fondement d'une tierce-opposition formée par son successeur médiat ou immédiat, sauf audit successeur à se pourvoir, s'il y échet, par la voie de la requête civile, qui pourra être fondée sur les ouvertures mentionnées dans l'article 480 du Code de procédure civile, et encore sur la contravention à l'article 1er du présent décret, sur le défaut de défense ou l'omission de défense valable de la part du titulaire précédent, et s'il s'est laissé condamner par défaut, ou ne s'est pas rendu appelant d'un jugement rendu contradictoirement.

Dans ce dernier cas, après l'admission de la requête civile, la voie de l'appel sera ouverte, et suivie dans les formes et délais ordinaires.

3. Nulle action n'appartient à celui dont les droits ne sont pas ouverts; mais, après le décès du titulaire contre lequel la condamnation est intervenue, le successeur au majorat peut, sans attendre que le jugement lui soit signifié, se pourvoir pour les causes et de la manière exprimées en l'article 2.

4. Lorsque ce successeur ne se sera pas pourvu comme il est dit en l'article précédent, il le pourra encore dans le délai de trois mois, à compter de la signification qui lui aura été faite du jugement ou arrêt, à sa personne ou domicile, s'il est majeur et jouissant de ses droits, ou à la personne ou domicile de son curateur, s'il est interdit.

S'il est mineur, le délai ne courra que du jour de la signification qui lui aura été faite après sa majorité.

Les délais accordés par les articles 485, 486, 488 et 489 du Code de procédure civile, auront lieu dans les cas exprimés auxdits articles.

5. La faculté de se pourvoir conformément aux dispositions ci-dessus, appartiendra non-seulement au successeur immédiat du titulaire contre lequel le jugement sera intervenu, mais encore aux successeurs médiats, lorsque le jugement n'aura pas été signifié à ceux du degré précédent ou n'aura pas été attaqué par eux, sans attendre la signification.

6. Aucun accord ou transaction d'où il résulterait abandon, diminution ou mutation de fonds ou biens de l'espèce mentionnée au présent chapitre, ne pourra avoir lieu qu'avec l'approbation de notre conseil du sceau des titres, près duquel on se pourvoira en la forme des articles 57 et 61 du décret du 1er mars 1808.

Chapitre II. Des majorats et dotations provenant de notre domaine extraordinaire.

7. L'intervention du ministère public prescrite par l'article 1er du présent décret, aura lieu pareillement dans tous les procès qui intéresseront le fonds et la propriété des biens composant les majorats et dotations provenant de notre domaine extraordinaire.

8. Les dispositions des articles 2, 3, 4 et 5 du chapitre précédent, seront applicables aux titulaires de majorats et de dotations provenant de notre domaine extraordinaire, et à leurs successeurs.

9. Tout jugement ou arrêt en dernier ressort, ou passé en force de chose jugée, intéressant le fonds et la propriété des biens composant un majorat ou dotation de notre munificence, pourra, le retour venant à s'ouvrir à notre domaine extraordinaire, être attaqué par notre intendant général, par la voie de la requête civile, et par les mêmes moyens énoncés en l'article 2 du présent décret.

10. Lorsque la partie qui aura obtenu le jugement l'aura signifié à l'intendant de notre domaine extraordinaire, la voie de la requête civile sera ouverte au profit de notre intendant, qui, en ce cas, devra se pourvoir dans les trois mois du jour de la signification, sans attendre l'ouverture de notre droit de retour.

11. Si le jugement n'a pas été signifié à notre intendant, il ne pourra se pourvoir avant l'ouverture de notre droit de retour; et, en ce cas, il devra le faire dans les trois ans à compter de cette ouverture.

12. L'intendant général de notre domaine extraordinaire ne pourra se pourvoir en requête civile que de l'avis du conseil de l'intendance, qui tiendra lieu de la consultation prescrite par l'article 495 du Code de procédure civile.

13. Aucun accord ou transaction d'où résulterait abandon, diminution ou mutation des biens de l'espèce mentionnée au présent chapitre, ne pourra avoir lieu qu'après avoir pris l'avis du conseil de notre domaine extraordinaire, et avec notre approbation.

Chapitre III. Dispositions communes.

14. Lorsqu'en l'absence de toute signification du jugement en dernier ressort, ou passé en force de chose jugée, il se sera écoulé au moins trente ans depuis le décès du titulaire contre lequel ce jugement sera intervenu, sans que les successeurs particuliers aient agi d'après les dispositions portées au présent décret, ils ne seront plus recevables à se pourvoir.

15. Notre grand-juge, ministre de la justice, et notre ministre d'Etat intendant général du domaine extraordinaire, sont chargés de l'exécution du présent décret.

22 DÉCEMBRE 1812. — Décret contenant réglement sur l'exercice de la profession de boulanger dans la ville de Marseille. (4, Bull. 457, n° 8423.)

Voy. arrêté du 19 VENDÉMIAIRE an 10.

Art. 1er. A l'avenir, nul ne pourra exercer dans notre bonne ville de Marseille, département des Bouches-du-Rhône, la profession de boulanger, sans une permission spéciale du maire: elle ne sera accordée qu'à ceux qui seront de bonnes vie et mœurs, et qui justifieront avoir fait leur apprentissage, et connaître les bons procédés de l'art.

Ceux qui exercent actuellement la profession de boulanger dans notre bonne ville de Marseille sont maintenus dans l'exercice de leur profession; mais ils devront se munir, à peine de déchéance, de la permission du maire, dans un mois, pour tout délai, à compter de la publication du présent décret.

2. Cette permission ne sera accordée que sous les conditions suivantes:

Chaque boulanger se soumettra à avoir constamment dans son magasin un approvisionnement de farine de première qualité.

Cet approvisionnement sera, savoir:

1° De trente sacs au moins, de quinze myriagrammes, pour les boulangers de première classe;

2° De vingt sacs au moins, pour les boulangers de deuxième classe;

3° De dix sacs au moins, pour les boulangers de troisième classe.

3. La permission délivrée par le maire constatera la soumission souscrite par le boulanger, pour la quotité de son approvisionnement de réserve: elle énoncera le quartier dans lequel chaque boulanger devra exercer sa profession.

4. Le maire s'assurera si les boulangers ont constamment en magasin et en réserve la quantité de farine pour laquelle chacun d'eux aura fait sa soumission.

5. Le maire réunira auprès de lui quinze boulangers pris parmi ceux qui exercent leur profession depuis long-temps. Ces quinze boulangers procéderont, en présence du maire, à la nomination d'un syndic et de quatre adjoints.

Le syndic et les adjoints seront renouvelés tous les ans, au mois de janvier: ils pourront être réélus; mais, après un exercice de trois années, le syndic et les adjoints devront nécessairement être renouvelés.

6. Le syndic et les adjoints procéderont, en présence du maire, au classement des boulangers, conformément aux dispositions énoncées en l'article 2.

7. Le syndic et les adjoints seront chargés de la surveillance de l'approvisionnement de réserve des boulangers, et de constater la nature et la qualité des farines dudit approvisionnement, sans préjudice des autres mesures de surveillance qui devront être prises par le maire.

8. Aucun boulanger ne pourra quitter sa profession que six mois après la déclaration qu'il en devra faire au maire.

9. Nul boulanger ne pourra restreindre le nombre de ses fournées, sans l'autorisation du maire.

10. Tout boulanger sera tenu de peser le pain, s'il en est requis par l'acheteur: il devra, à cet effet, avoir, dans le lieu le plus apparent de sa boutique, des balances et un assortiment de poids métriques dûment poinçonnés.

11. Tout boulanger qui quittera sa profession sans y être autorisé par le maire, ou qui sera définitivement interdit, perdra son approvisionnement de réserve, qui sera vendu à la halle, à la diligence du maire; et le produit en sera versé dans la caisse des hospices. Dans le cas où le boulanger aurait fait disparaître son approvisionnement de réserve, et où l'interdiction absolue aurait été prononcée par le maire, il gardera prison jusqu'à ce qu'il l'ait représenté, ou qu'il en ait versé la valeur à la caisse des hospices.

12. Il est défendu, sous peine de confiscation, d'établir des regrats de pain en quelque lieu public que ce soit: en conséquence, les traiteurs, aubergistes, cabaretiers et tous autres qui font métier de donner à manger, ne pourront, à peine de confiscation, tenir d'autre pain chez eux que celui nécessaire à leur propre consommation et à celle de leurs hôtes.

13. Le fonds d'approvisionnement de réserve deviendra libre, sur une autorisation du maire, pour tout boulanger qui, en conformité de l'article 8, aura déclaré, six mois d'avance, vouloir quitter sa profession. La veuve et les héritiers du boulanger décédé pourront pareillement être autorisés à retirer leur approvisionnement.

14. Les boulangers et débitans forains, quoique étrangers à la boulangerie de Marseille, seront admis, concurremment avec les boulangers de la ville, à vendre ou faire vendre du pain sur les marchés et lieux publics qui seront désignés par le maire, en se conformant aux réglemens.

15. Le préfet des Bouches-du-Rhône, sur la proposition du maire et l'avis du commissaire général de police et du sous-préfet, pourra, avec l'autorisation de notre ministre des manufactures et du commerce (1), faire

(1) Un réglement municipal obligeant une commune à supporter une *surtaxe* dans le prix du pain, *pour un trait de temps* et une longue série d'années, est un de ces actes que les com-

les réglemens locaux nécessaires pour l'exercice de la profession de boulanger, sur la nature, la qualité, la marque et le poids du pain en usage à Marseille, sur les boulangers et débitans forains et les boulangers de Marseille qui sont dans l'usage d'approvisionner les marchés, et sur la taxation du prix des différentes espèces de pain.

16. En cas de contravention à l'article 2 du présent décret, quant à l'approvisionnement auquel chaque boulanger se trouve assujéti, il sera procédé contre les contrevenans par le maire, qui, suivant les circonstances, pourra prononcer par voie administrative une interdiction momentanée ou absolue de sa profession, sauf le recours au préfet et à notre ministre des manufactures et du commerce. Les autres contraventions à notre présent décret et aux réglemens locaux dont il est fait mention en l'article précédent, seront poursuivies et réprimées par le tribunal de police municipale, qui pourra prononcer l'impression et l'affiche du jugement aux frais des contrevenans.

17. Les lois et réglemens antérieurs continueront à être exécutés en tout ce qui n'est pas contraire au présent décret.

18. Notre ministre des manufactures et du commerce est chargé de l'exécution du présent décret.

---

22 DÉCEMBRE 1812. — Décret contenant réglement sur l'exercice de la profession de boulanger dans la ville de Bordeaux. (4, Bull. 458, n° 8436.)

Voy. arrêté du 19 VENDÉMIAIRE an 12.

Art. 1er. A l'avenir nul ne pourra exercer, dans notre bonne ville de Bordeaux, la profession de boulanger, sans une permission spéciale du maire : elle ne sera accordée qu'à ceux qui seront de bonnes vie et mœurs, et qui justifieront avoir fait leur apprentissage, et connaître les bons procédés de l'art.

Ceux qui exercent actuellement la profession de boulanger dans notre bonne ville de Bordeaux, sont maintenus dans l'exercice de leur profession ; mais ils devront se munir, à peine de déchéance, de la permission du maire, dans un mois pour tout délai, à compter de la publication du présent décret.

2. Cette permission ne sera accordée que sous les conditions suivantes :

Chaque boulanger se soumettra à avoir constamment dans son magasin un approvisionnement de farine de première qualité.

Cet approvisionnement sera, savoir :

1° De vingt-quatre sacs au moins, du poids de quinze myriagrammes, pour les boulangers de première classe ;

2° De dix-huit sacs au moins, pour les boulangers de 2e classe ;

3° De douze sacs au moins, pour les boulangers de 3e classe ;

3. La permission délivrée par le maire constatera la soumission souscrite par le boulanger pour la quotité de son approvisionnement de réserve : elle énoncera le quartier dans lequel chaque boulanger devra exercer sa profession.

4. Le maire s'assurera si les boulangers ont constamment en magasin et en réserve la quantité de farine pour laquelle chacun d'eux aura fait sa soumission.

5. Le maire réunira auprès de lui quinze boulangers pris parmi ceux qui exercent leur profession depuis long-temps. Ces quinze boulangers procéderont, en présence du maire, à la nomination d'un syndic et de quatre adjoints. Le syndic et les adjoints seront renouvelés tous les ans au mois de janvier : ils pourront être réélus ; mais, après un exercice de trois années ; le syndic et les adjoints devront nécessairement être renouvelés.

6. Le syndic et les adjoints procéderont, en présence du maire, au classement des boulangers, conformément aux dispositions énoncées en l'article 2.

7. Le syndic et les adjoints seront chargés de la surveillance de l'approvisionnement de réserve des boulangers, et de constater la nature et la qualité des farines dudit approvisionnement, sans préjudice des autres mesures de surveillance qui devront être prises par le maire.

8. Aucun boulanger ne pourra quitter sa profession que six mois après la déclaration qu'il en devra faire au maire.

9. Nul boulanger ne pourra restreindre le nombre de ses fournées sans l'autorisation du maire.

10. Tout boulanger sera tenu de peser le pain, s'il en est requis par l'acheteur : il devra, à cet effet, avoir, dans le lieu le plus apparent de sa boutique, des balances et un assortiment de poids métriques dûment poinçonnés.

11. Tout boulanger qui quittera sa profession sans y être autorisé par le maire, ou qui sera définitivement interdit, perdra son approvisionnement de réserve, qui sera vendu à la halle à la diligence du maire, et le pro-

---

tunes ne peuvent faire qu'autant qu'elles y sont autorisées par l'autorité supérieure au conseil municipal et au préfet. Les conventions formées sur la foi d'un tel réglement sont essentiellement *subordonnées*. Si donc l'autorisation supérieure vient à être refusée, le réglement municipal, fondement de l'obligation, et par suite l'obligation elle-même, doivent rester sans effet (30 janvier 1828 ; Cass. S. 28, 1, 132 ; D. 28 1, 130).

duit en sera versé dans la caisse des hospices. Dans le cas où le boulanger aura fait disparaître son approvisionnement de réserve, et où l'interdiction absolue aurait été prononcée par le maire, il gardera prison jusqu'à ce qu'il l'ait représenté, ou qu'il en ait versé la valeur à la caisse des hospices.

12. Il est défendu, sous peine de confiscation, d'établir des regrats de pain en quelque lieu public que ce soit : en conséquence, les traiteurs, aubergistes, cabaretiers et tous autres qui font métier de donner à manger, ne pourront, à peine de confiscation, tenir d'autre pain chez eux que celui nécessaire à leur propre consommation et à celle de leurs hôtes.

13. Le fonds d'approvisionnement de réserve deviendra libre, sur une autorisation du maire, pour tout boulanger qui, en conformité de l'article 8, aura déclaré, six mois d'avance, vouloir quitter sa profession. La veuve et les héritiers du boulanger décédé pourront pareillement être autorisés par le maire à retirer leur approvisionnement.

14. Les boulangers et débitans forains, quoique étrangers à la boulangerie de Bordeaux, seront admis concurremment avec les boulangers de la ville, à vendre ou faire vendre du pain sur les marchés et lieux publics qui seront désignés par le maire, en se conformant aux réglemens.

15. Le préfet de la Gironde, sur la proposition du maire et l'avis du commissaire général de police et du sous-préfet, pourra, avec l'autorisation de notre ministre des manufactures et du commerce, faire les réglemens locaux nécessaires pour l'exercice de la profession de boulanger, sur la nature, la qualité, la marque et le poids du pain en usage à Bordeaux, sur les boulangers et débitans forains et les boulangers de Bordeaux qui sont dans l'usage d'approvisionner les marchés, et sur la taxation du prix des différentes espèces de pain.

16. En cas de contravention à l'article 2 du présent décret, quant à l'approvisionnement auquel chaque boulanger se trouve assujéti, il sera procédé contre le contrevenant par le maire, qui, suivant les circonstances, pourra prononcer, par voie administrative, une interdiction momentanée ou absolue de sa profession, sauf le recours au préfet et à notre ministre des manufactures et du commerce. Les autres contraventions à notre présent décret et aux réglemens locaux dont il est fait mention en l'article précédent seront poursuivies et réprimées par le tribunal de police municipale, qui pourra prononcer l'impression et l'affiche du jugement aux frais des contrevenans.

17. Notre ministre des manufactures et du commerce est chargé de l'exécution du présent décret.

---

22 DÉCEMBRE 1812. — Décret qui détermine les cas où les actes, tant publics que privés, faits ou passés dans les départemens réunis, en langue du pays, ne pourront être présentés à l'enregistrement, s'ils ne sont accompagnés d'une traduction française, et qui statue, en outre, sur l'usage de la langue française dans les journaux. (4, Bull. 459, n° 8440.)

Art. 1er. Dans les départemens réunis à l'empire, où, d'après nos décrets, la langue du pays est employée concurremment devant les tribunaux et dans les actes publics, les actes judiciaires, ainsi que tous autres actes publics ou privés, rédigés dans la langue du pays, pourront être présentés à l'enregistrement, sans qu'il soit besoin d'y joindre une traduction française.

Sont exceptés toutefois les actes qui, par leur nature, pourraient donner lieu au droit proportionnel d'enregistrement, à l'égard desquels actes les receveurs de l'enregistrement sont autorisés à exiger qu'une traduction française y soit jointe.

2. Lorsqu'un acte rédigé dans la langue du pays sera présenté à l'enregistrement dans un département où la langue française est seule reçue, ou dans un département qui a conservé l'usage des deux langues, mais dont l'ancienne langue est différente de celle qui a servi à la rédaction de cet acte, une traduction française y sera nécessairement jointe.

3. Les traductions ci-dessus mentionnées seront faites par un traducteur assermenté.

4. Aucun journal, quel que soit son titre, ne sera assujéti à être imprimé dans les deux langues.

Ne sont point comprises dans la présente disposition les nouvelles politiques, lesquelles seront imprimées à deux colonnes, dont l'une française, lors même qu'elles ne seraient pas l'objet principal du journal où elles sont insérées; et, si les articles sont extraits d'un journal français, le texte français sera conservé.

5. Il est dérogé aux décrets antérieurs, en ce qu'ils auraient de contraire au présent décret, dans lequel ne sont point compris les départemens formés des Etats romains et de la Toscane.

6. Notre grand-juge, ministre de la justice, et notre ministre des finances, sont chargés de l'exécution du présent décret.

---

22 DÉCEMBRE 1812. — Décret portant que toutes les manufactures de draps de l'empire pourront obtenir l'autorisation de mettre à leurs produits une lisière particulière à chacune d'elles. (4, Bull. 468, n° 8563.)

N..... vu notre décret du 25 juillet 1810, qui rend aux fabricans de Louviers l'autorisation exclusive, dont ils jouissaient avant la révolution, d'avoir à leurs draps une lisière jaune et bleue.

TITRE Ier. Dispositions générales.

Art. 1er. Toutes les manufactures de draps de notre empire sont admises à participer à la faveur qui a été accordée à celle de Louviers : elles pourront, en conséquence, obtenir l'autorisation de mettre à leurs produits une lisière qui sera particulière à chacune d'elles.

2. Les fabriques qui désireront d'obtenir une lisière exclusive sont tenues d'en adopter une tellement distincte, qu'on ne puisse la confondre avec celles que d'autres villes auraient déjà obtenues, dont par conséquent elles auraient la possession exclusive. Ces lisières seront accordées d'après le vœu qu'émettront les chambres de commerce ou les chambres consultatives de manufactures, qui joindront à leurs délibérations un modèle de celle qui leur aura paru devoir être choisie de préférence.

La demande sera d'abord communiquée au préfet, qui examinera si elle est de nature à être accueillie. Il la transmettra ensuite, avec son avis, à notre ministre des manufactures et du commerce, pour, sur son rapport, être statué par nous en Conseil-d'Etat.

3. La lisière ayant pour objet d'indiquer quelle est la manufacture qui a confectionné les produits, il est ordonné aux fabricans de la ville à laquelle il en aura été accordé une de la mettre aux draps qu'ils seront dans le cas d'établir. Ceux qui ne se conformeront pas à cette disposition seront punis conformément à l'article 479 du Code pénal : l'amende sera double en cas de récidive. Le montant des amendes sera versé dans la caisse des hospices de la commune.

4. Lorsqu'une ville aura obtenu une lisière exclusive, les fabricans des autres villes auront un délai de six mois pour achever celles des pièces de drap qu'ils auront commencées avec cette lisière : à l'expiration de ce délai, il leur est défendu de l'employer. Tout contrevenant à cette défense sera poursuivi conformément à ce qui est dit pour les marques particulières, article 16 de la loi du 22 germinal an 11.

5. Les poursuites pour raison de contrefaçon d'une lisière ne pourront être dirigées contre les débitans, à moins que, pris en contravention, ils ne se refusent à donner les renseignemens nécessaires pour faire découvrir l'auteur du délit ; elles n'auront lieu que contre les manufacturiers, pour les draps seulement qu'ils fabriqueront après le délai de six mois déterminé par l'article précédent.

6. Les décrets qui auront accordé à une fabrique une lisière exclusive seront insérés dans le Bulletin des Lois. Cette insertion n'ayant point eu lieu pour notre décret du 25 juillet 1810, nous ordonnons qu'elle soit faite.

7. Notre ministre des manufactures et du commerce nous fera, avant le mois de janvier prochain, un rapport sur les moyens d'exécuter les mesures indiquées dans la première partie de l'avis de notre Conseil-d'Etat du 20 septembre 1811, par nous approuvé le 30 du même mois.

TITRE II. De la saisie des draps qui porteraient la lisière réservée à une fabrique, et du mode de procéder contre ceux qui auraient usurpé cette lisière.

8. La saisie des draps dont la lisière aura été contrefaite aura lieu sur la réquisition d'un ou de plusieurs fabricans de la ville à laquelle cette lisière appartient. Les officiers de police sont, en conséquence, tenus de l'effectuer sur la présentation de la patente de ces fabricans : ils renverront ensuite les parties devant le conseil de prud'hommes, s'il y en a un dans la commune, comme arbitre, aux termes de l'article 12 du décret du 20 février 1810 ; et, pour la prononciation des peines, devant nos cours et tribunaux.

Si les parties n'ont pas été conciliées sur leurs intérêts civils, les mêmes cours et tribunaux prononceront.

9. Dans le cas où la plainte en contrefaçon d'une lisière ne serait pas fondée, celui qui l'aura présentée sera condamné à des dommages-intérêts proportionnés au trouble et au préjudice qu'il aura causés.

10. Tout jugement emportant condamnation sera imprimé et affiché aux frais du contrefacteur de la lisière. Les parties ne pourront, en aucun cas, transiger sur l'affiche et la publication.

11. Notre grand-juge, ministre de la justice, et notre ministre des manufactures et du commerce, sont chargés de l'exécution du présent décret.

Suit le décret mentionné dans l'art. 6 de celui qui précède.

N..... sur le rapport de notre ministre de l'intérieur,

Nous avons décrété et décrétons ce qui suit :

Art. 1er. Les dispositions de l'arrêt du Conseil-d'Etat du 5 décembre 1782, portant réglement pour la fabrication des étoffes de laine dans la généralité de Rouen, sont remises en vigueur, en ce qui concerne la ville de Louviers. Les fabricans de cette ville jouiront, en conséquence, de l'autorisation exclusive d'avoir à leurs draps une lisière jaune et bleue.

2. Il est défendu aux fabricans de draps des autres villes de notre empire d'employer

la lisière dont il est question dans l'article précédent. Tout contrevenant à cette disposition sera puni, pour la première fois, d'une amende de trois mille francs : en cas de récidive, cette amende sera double.

---

22 DÉCEMBRE 1812. — Avis du Conseil-d'Etat sur la question de savoir si des Français peuvent se faire naturaliser ou prendre du service dans le grand-duché de Berg sans l'autorisation de l'Empereur. (4, Bull. 455, n° 8386.)

Le Conseil-d'Etat, qui, d'après le renvoi ordonné par sa majesté, a entendu le rapport de la section de législation sur celui du grand-juge, ministre de la justice, présentant la question de savoir si des Français peuvent se faire naturaliser ou prendre du service dans le grand-duché de Berg sans en avoir obtenu l'autorisation, conformément au décret impérial du 26 août 1811 ;

Considérant, d'un côté, que le grand-duché de Berg ne fait pas partie intégrante de l'empire français, et, d'un autre, que, pendant la minorité du prince titulaire, cet Etat est gouverné et administré par sa majesté,

Est d'avis :

1° Qu'aucun Français ne peut se faire naturaliser dans le grand-duché de Berg sans en avoir obtenu l'autorisation, conformément au décret impérial du 26 août 1811 ;

2° Que tout Français nommé par sa majesté pour remplir des fonctions publiques dans ce grand-duché, n'a pas besoin d'obtenir à cet effet ladite autorisation.

---

22 DÉCEMBRE 1812. — Décret portant peine d'emprisonnement contre ceux qui auront contribué à engager de jeunes Français à servir dans le royaume d'Italie en qualité de remplaçans de conscrits; et réciproquement contre ceux qui auront engagé de jeunes Italiens à remplacer des conscrits en France. (4, Bull. 457, n° 8415.)

Art. 1er. Toute personne qui se sera immiscée dans des démarches ou conventions tendant à engager de jeunes Français à aller servir dans notre royaume d'Italie en qualité de remplaçant de conscrits, sera punie d'un emprisonnement qui ne pourra excéder trois mois, ni être moindre d'un mois.

2. La disposition précédente est aussi applicable à toute personne qui aura engagé des jeunes gens de notre royaume d'Italie à passer en France pour y remplacer des conscrits français.

3. Notre grand-juge, ministre de la justice, est chargé de l'exécution du présent décret.

---

22 DÉCEMBRE 1812. — Décret relatif à la perception autorisée dans les villes de Trieste, Fiume et Raguse, d'un droit de courtage et de commission pour subvenir aux dépenses des chambres de commerce établies dans lesdites villes. (4, Bull. 454, n° 8374.)

---

22 DÉCEMBRE 1812. — Décret portant création d'un conseil de prud'hommes dans la ville de Rome. (4, Bull. 454, n° 8372.)

---

22 DÉCEMBRE 1812. — Décret qui ordonne la perception de centimes additionnels pour la réparation des routes impériales de troisième classe dans les départemens de l'Ombrone et de la Sarthe. (4, Bull. 457, n° 8416.)

---

22 DÉCEMBRE 1812. — Décret portant prorogation de délai pour l'inscription des priviléges et hypothèques dans les provinces illyriennes. (4, Bull. 457, n° 8417.)

---

22 DÉCEMBRE 1812. — Décret qui attribue aux tribunaux la connaissance de certaines contestations que le décret du 15 avril 1811 avait attribuées, en Illyrie, à l'autorité administrative. (4, Bull. 455, n° 8400.)

---

22 DÉCEMBRE 1812. — Décret portant circonscription de distribution des justices de paix du département des Apennins. (4, Bull. 457, n° 8422.)

---

22 DÉCEMBRE 1812. — Décrets qui ordonnent la perception de centimes additionnels pour la réparation et l'entretien des routes impériales de troisième classe dans les départemens de Maine-et-Loire, de la Meuse, de Montenotte et de la Stura, de l'Ariége, de la Côte-d'Or, de l'Isère, des Landes, de Marengo, de la Mayenne, de la Roër, du Simplon, de la Somme, du Trasimène, de la Vendée et de l'Yonne, des Bouches-de-l'Issel, du Cher, de la Doire, du Puy-de-Dôme, de Sambre-et-Meuse, de Seine-et-Marne et de la Sésia, de la Meurthe et de la Moselle. (4, Bull. 458, 459 et 460, nos 8437, 8441, 8442 et 8446.)

---

22 DÉCEMBRE 1812. — Décret relatif à la traduction des actes et à l'impression des journaux dans les départemens réunis. (Mon. an 1813, n° 3.)

---

22 DÉCEMBRE 1812. — Décret relatif à la construction des futailles destinées au transport des garances dans les départemens hollandais. (Mon. n° 3.)

---

23 DÉCEMBRE 1812. — Décret qui nomme M. Chabrol, préfet du département de Montenotte, aux fonctions de préfet du département de la Seine. (4, Bull. 454, n° 8389.)

---

24 DÉCEMBRE 1812. — Décret portant fixation de la solde et des marques distinctives des aides-vétérinaires dans les corps de troupes à cheval. (4, Bull. 457, n° 8424.)

Art. 1er. A dater du 1er janvier 1812, les aides-vétérinaires dans les corps de troupes à cheval jouiront d'un traitement annuel de six cents francs.

2. Ils seront assimilés, pour les marques distinctives, aux maréchaux-des-logis, et conserveront droit aux masses allouées à ces sous-officiers.

3. La solde des aides-vétérinaires sera établie ainsi qu'il suit :

Solde journalière de présence.	avec vivres de campagne.	1 66 6
	en station sans vivres de campagne	1 81 6
	en marche avec pain seulement	2 01 6
Solde d'absence	en semestre.	0 83 3
	à l'hôpital	0 10 0
Supplément de solde dans Paris, par jour		0 56 6

Les aides-vétérinaires seront traités comme les maréchaux-des-logis, sous le rapport des autres prestations, et quelle que soit leur position.

4. Leur traitement de retraite, dans les cas prévus par les lois et réglemens militaires, leur sera payé à raison de trois cents francs par an.

5. Nos ministres de la guerre et de l'administration de la guerre sont chargés de l'exécution du présent décret.

---

25 DÉCEMBRE 1812. — Décrets qui autorisent l'acceptation de dons et legs faits aux fabriques des églises paroissiales et succursales de Morogues, Avise, Herbeumont, Saint-Léger, et aux pauvres et aux hospices de Middelbourg, Blois, San-Miniato, Saint-Front, la Haute-Chapelle, Montigny-sur-Loing, Besançon, Saint-Privat-de-Champelos, Montpellier, Saint-Marcellin, la Tremblade, Saint-Claude et Wassenaar. (4, Bull. 461, nos 8458 à 8469, et 8473 à 8476.)

---

25 DÉCEMBRE 1812. — Décrets qui autorisent l'érection en chapelles des églises des communes de Maillat et de Broxèele, et l'établissement d'une chapelle dans la commune de Chaintré. (4, Bull. 461, nos 8470 à 8472.)

---

26 DÉCEMBRE 1812. — Extraits de lettres-patentes portant autorisation au sieur Thiéry-Devaux de se faire naturaliser en pays étranger. (4, Bull. 468, n° 8573.)

---

27 DÉCEMBRE 1812. — Décret portant prorogation du délai accordé par le décret du 26 août 1811, aux possesseurs de titres féodaux dans les départemens nouvellement réunis, pour se pourvoir en obtention de nouveaux titres. (4, Bull. 457, n° 8425.)

Art. 1er. Le délai accordé par notre décret du 26 août 1811 est prorogé jusqu'au 1er janvier 1814.

2. Notre cousin le prince archi-chancelier de l'empire est chargé de l'exécution du présent décret.

---

27 DÉCEMBRE 1812. — Décret contenant proclamation de brevets d'invention, de perfectionnement et d'importation délivrés pendant le troisième trimestre de 1812, aux sieurs Phillix, Jolivet, Cochet, Perrany, Forest père et fils, Clément, Ellis, Griebel, Collin-de-Cancey et compagnie, Sautermeister, Calla, Sureda, Leroy, Darrac, Vigneron, Altairac fils, Bodar, Vivien, Lauvergnac, Lanier, Lerville, Bouillon, Perez, H. Mater, Soleil, Pauly. (4, Bull. 456, n° 8403.)

---

27 DÉCEMBRE 1812. — Décret portant dérogation provisoire, à l'égard du département de l'Aveyron, au mode d'entretien des routes, prescrit par l'art. 28 du décret du 16 décembre 1811. (4, Bull. 459, n° 8443.)

---

27 DÉCEMBRE 1812. — Décrets qui autorisent l'acceptation de dons et legs faits aux pauvres et hospices de Louviers, Commercy, Saulut, Saint-Aignan, Conneré, et aux fabriques des églises paroissiales et succursales d'Asper, Hosingen, Saint-Martin-au-Cateau et Laer. (4, Bull. 461, nos 8477 à 8485.)

---

27 DÉCEMBRE 1812. — Décret qui rend communes aux villes de Harlingue, Hambourg, Bremen et Lubeck, les dispositions de l'article 21 du décret du 11 juin 1806, qui accorde un entrepôt de sels à différens ports de l'empire. (Mon. an 1813, n° 2.)

---

27 DÉCEMBRE 1812. — Décrets qui autorisent l'érection en chapelles des églises d'Autretot, Bouville, Cailleville, Sainte-Croix-sur-Buchy, et l'établissement d'une chapelle dans la commune de Mesnil-sous-Jumiéges. (4, Bull. 461, nos 8486 à 8490.)

---

28 DÉCEMBRE 1812. — Décret qui ordonne le paiement de quatorze cent quarante-sept francs, pour pensions accordées à neuf veuves de militaires. (4, Bull. 471, n° 8601.)

---

29 DÉCEMBRE 1812. — Décret qui accorde au sieur André Bardé le droit d'exploiter à perpétuité la mine de sulfate de fer située à Pallières, dans une étendue de surface de deux kilomètres vingt-quatre hectomètres carrés. (4, Bull. 461, n° 8492.)

---

29 DÉCEMBRE 1812. — Décret qui autorise l'érection en chapelle de l'église d'Ernemont-sur-Buchy. (4, Bull. 461, n° 8491.)

29 DÉCEMBRE 1812. — Décret qui autorise le sieur Derepas à faire construire, au milieu d'une carrière qui lui appartient, entre Larrey et Bruant, située sur la commune de Dijon, sur le bord et au midi du canal de Bourgogne, un four propre à cuire le plâtre et à faire de la chaux, en remplacement de celui qu'il possède dans une des cours de sa propriété de Larrey. (4, Bull. 461, n°s 8493 et 8515.)

29 DÉCEMBRE 1812. — Décrets qui autorisent l'acceptation de dons et legs faits aux pauvres et hospices de Thorens, Scientrier, Verdun, Belgencier, Mondragon, Toulon, Toulouse, Prelanfrey, Agen, Orléans, Le Mans, Schrick-Grootlo, et à la fabrique de l'église paroissiale de Bastida Pancurana. (4, Bull. 458, n°s 8575 et 8576, et Bull. 478, n°s 8770 à 8779.)

30 DÉCEMBRE 1812. — Extrait de lettres-patentes portant autorisation au sieur Jean-Népomucène-de-Pfirdt de rester au service d'une puissance étrangère. (4, Bull. 481, n° 8883.)

1er JANVIER 1813. — Décret portant que les mesures prises par décret du 4 septembre 1810, pour la recherche et la saisie des denrées coloniales et marchandises anglaises, dans les départemens des Basses-Pyrénées, des Pyrénées-Orientales et de l'Ariége, seront exécutées dans les départemens de la Haute-Garonne et des Hautes-Pyrénées. (4, Bull. 464, n° 8546.)

Voy. décret du 14 MAI 1813.

Art. 1er. Les mesures prescrites par notre décret du 4 septembre 1810, pour les recherches et visites dans les départemens des Basses-Pyrénées, des Pyrénées-Orientales et de l'Ariége, des denrées coloniales et marchandises anglaises qui, après avoir franchi la ligne des douanes, sont dirigées vers l'intérieur, seront exécutées dans les départemens de la Haute-Garonne et des Hautes-Pyrénées.

2. Les saisies faites en exécution du présent décret et de celui du 4 septembre 1810 seront portées devant le tribunal des douanes dans le ressort duquel se trouvera le bureau où seront déposées les marchandises.

Suit le décret ci-dessus mentionné.

N..... considérant que des bandes nombreuses et armées ont introduit et introduisent journellement par les départemens frontières de l'Espagne des denrées coloniales et autres marchandises anglaises, et que les brigades des douanes ne peuvent s'opposer assez efficacement à ces importations, aussi nuisibles à l'intérêt de nos fabriques qu'à celui du Trésor public,

Nous avons décrété et décrétons ce qui suit :

Art. 1er. Les préposés de nos douanes feront sans délai des recherches et visites dans les villes d'Oléron, de Sainte-Marie et autres communes des départemens des Basses-Pyrénées, des Pyrénées-Orientales et de l'Ariége, situées sur les routes par lesquelles les convois de denrées coloniales et autres marchandises anglaises, après avoir franchi la ligne des douanes, sont dirigées vers l'intérieur.

Lesdites denrées ou marchandises trouvées dans les magasins où elles auront été déposées seront provisoirement mises sous le séquestre et transportées à Bayonne, Perpignan ou Saint-Gaudens.

2. Il est ordonné aux autorités civiles, aux commandans militaires et de gendarmerie, de faire prêter main-forte aux préposés des douanes, sur la réquisition du chef de chaque détachement.

3. Notre directeur général des douanes fera dresser des états des denrées et marchandises séquestrées, contenant le nom des propriétaires ou dépositaires, les quantités de chaque espèce et l'estimation de leur valeur. Lesdits états seront mis sous nos yeux par notre ministre des finances, pour être statué ce qu'il appartiendra.

4. Nos ministres des finances et de la guerre sont chargés de l'exécution du présent décret.

1er JANVIER 1813. — Extrait de lettres-patentes portant institution de majorat en faveur de M. de Mornay-de-Monchevreuil. (4, Bull. 468, n° 8574.)

3 JANVIER 1813. — Décret portant confirmation d'un arrêté du préfet de Seine-et-Oise, qui a autorisé la commune de Châtenay à s'imposer extraordinairement une somme de cent quarante-cinq francs soixante-douze centimes, pour subvenir aux frais du culte. (4, Bull. 467, n° 8559.)

Art. 1er. L'arrêté du préfet du département de Seine-et-Oise, en date du 9 janvier, qui autorise la commune de Châtenay à s'imposer extraordinairement une somme de cent quarante-cinq francs soixante-douze centimes pour chacune des années 1811 et 1812, à l'effet de subvenir aux frais du culte, est confirmé : mais, à l'avenir, la fabrique s'arrangera de manière à ce que les dépenses n'excèdent pas les recettes, en comprenant dans lesdites recettes le produit des oblations et d'autres droits qui appartiennent à la fabrique, et dont il n'est pas fait mention parmi les recettes de cet établissement.

2. Notre ministre de l'intérieur est chargé de l'exécution du présent décret.

3 JANVIER 1813. — Décret contenant des dispositions de police relatives à l'exploitation des mines. (4, Bull. 467, n° 8561.)

Voy. loi du 21 AVRIL 1810.

N...., sur le rapport de notre ministre de l'intérieur :

Les évènemens survenus récemment dans l'exploitation des mines de quelques départemens de notre empire, ayant excité d'une manière particulière notre sollicitude en faveur de nos sujets occupés journellement aux travaux des mines, nous avons reconnu que ces accidens peuvent provenir : 1° de l'inexécution des clauses des cahiers des charges imposées aux concessionnaires pour la solidité de leurs travaux ; 2° du défaut de précaution contre les inondations souterraines et l'inflammation des vapeurs méphitiques et délétères ; 3° du défaut de subordination des ouvriers ; 4° de la négligence des propriétaires des mines à leur procurer les secours nécessaires : et voulant prévenir autant qu'il est en nous le retour de ces malheurs, par des mesures de police spécialement applicables à l'exploitation des mines ;

Notre Conseil-d'Etat entendu,

Nous avons décrété et décrétons ce qui suit :

TITRE Ier. Dispositions préliminaires.

Art. 1er. Les exploitans des mines qui, conformément aux dispositions de la loi du 21 avril 1810, ont le droit d'obtenir les concessions de leurs exploitations actuelles, seront tenus d'en former la demande dans le délai d'un an, à dater de la publication du présent décret.

2. Leurs demandes seront adressées aux préfets, qui leur en feront délivrer certificat, et qui les feront passer au directeur général des mines, avec leur avis et celui de l'ingénieur sur la fixation définitive des limites des concessions demandées.

TITRE II. Dispositions tendant à prévenir les accidens.

3. Lorsque la sûreté des exploitations ou celle des ouvriers pourra être compromise par quelque cause que ce soit, les propriétaires seront tenus d'avertir l'autorité locale, de l'état de la mine qui sera menacée ; et l'ingénieur des mines, aussitôt qu'il en aura connaissance, fera son rapport au préfet, et proposera la mesure qu'il croira propre à faire cesser les causes du danger.

4. Le préfet, après avoir entendu l'exploitant ou ses ayans-cause dûment appelés, prescrira les dispositions convenables par un arrêté qui sera envoyé au directeur général des mines, pour être approuvé, s'il y a lieu, par le ministre de l'intérieur.

En cas d'urgence, l'ingénieur en fera mention spéciale dans son rapport, et le préfet pourra ordonner que son arrêté soit provisoirement exécuté.

5. Lorsqu'un ingénieur, en visitant une exploitation, reconnaîtra une cause de danger imminent, il fera, sous sa responsabilité, les réquisitions nécessaires aux autorités locales, pour qu'il y soit pourvu sur-le-champ, d'après les dispositions qu'il jugera convenables, ainsi qu'il est pratiqué en matière de voirie, lors du péril imminent de la chute d'un édifice.

6. Il sera tenu, sur chaque mine, un registre et un plan constatant l'avancement journalier des travaux, et les circonstances de l'exploitation dont il sera utile de conserver le souvenir. L'ingénieur des mines devra, à chacune de ses tournées, se faire représenter ce registre et ce plan : il y insérera le procès-verbal de visite, et ses observations sur la conduite des travaux. Il laissera à l'exploitant, dans tous les cas où il le jugera utile, une instruction écrite sur le registre, contenant les mesures à prendre pour la sûreté des hommes et celle des choses.

7. Lorsqu'une partie ou la totalité d'une exploitation sera dans un état de délabrement ou de vétusté tel que la vie des hommes aura été compromise ou pourrait l'être, et que l'ingénieur des mines ne jugera pas possible de la réparer convenablement, l'ingénieur en fera son rapport motivé au préfet, qui prendra l'avis de l'ingénieur en chef, et entendra l'exploitant ou ses ayans-cause.

Dans le cas où la partie intéressée reconnaîtrait la réalité du danger indiqué par l'ingénieur, le préfet ordonnera la fermeture des travaux.

En cas de contestations, trois experts seront nommés, le premier par le préfet, le second par l'exploitant, et le troisième par le juge-de-paix du canton.

Les experts se transporteront sur les lieux ; ils y feront toutes les vérifications nécessaires, en présence d'un membre du conseil d'arrondissement, délégué à cet effet par le préfet, et avec l'assistance de l'ingénieur en chef. Ils feront au préfet un rapport motivé.

Le préfet en réfèrera au ministre, en donnant son avis.

Le ministre, sur l'avis du préfet, et sur le rapport du directeur général des mines, pourra statuer, sauf le recours au Conseil-d'Etat.

Le tout sans préjudice des dispositions portées, pour les cas d'urgence, dans l'article 4 du présent décret.

8. Il est défendu à tout propriétaire d'abandonner, en totalité, une exploitation, si auparavant elle n'a été visitée par l'ingénieur des mines.

Les plans intérieurs seront vérifiés par lui ; il en dressera procès-verbal, par lequel il fera connaître les causes qui peuvent nécessiter l'abandon.

Le tout sera transmis par lui, ainsi que son avis, au préfet du département.

9. Lorsque l'exploitation sera de nature à être abandonnée par portions ou par étages, et à des époques différentes, il y sera procédé successivement et de la manière ci-dessus indiquée.

Dans les deux cas, le préfet ordonnera les dispositions de police, de sûreté et de conservation qu'il jugera convenables, d'après l'avis de l'ingénieur des mines.

10. Les actes administratifs concernant la police de mines et minières, dont il a été fait mention dans les articles précédens, seront notifiés aux exploitans, afin qu'ils s'y conforment dans les délais prescrits; à défaut de quoi, les contraventions seront constatées par procès-verbaux des ingénieurs des mines, conducteurs, maires, autres officiers de police, garde-mines. On se conformera, à cet égard, aux articles 93 et suivans de la loi du 21 avril 1810; et en cas d'inexécution, les dispositions qui auront été prescrites seront exécutées d'office aux frais de l'exploitant, dans les formes établies par l'article 37 du décret du 18 novembre 1810.

TITRE III. Mesures à prendre en cas d'accidens arrivés dans les mines, minières, usines et ateliers.

11. En cas d'accidens survenus dans une mine, minière, usines et ateliers qui en dépendent, soit par éboulement, par inondation, par le feu, par asphyxie, par rupture des machines, engins, câbles, chaînes, paniers, soit par émanations nuisibles, soit par toute autre cause, et qui auraient occasioné la mort ou des blessures graves à un ou plusieurs ouvriers, les exploitans, directeurs, maîtres mineurs et autres préposés, sont tenus d'en donner connaissance aussitôt au maire de la commune et à l'ingénieur des mines, et, en cas d'absence, au conducteur.

12. La même obligation leur est imposée dans le cas où l'accident compromettrait la sûreté des travaux, celle des mines ou des propriétés de la surface, et l'approvisionnement des consommateurs.

13. Dans tous les cas, l'ingénieur des mines se transportera sur les lieux : il dressera procès-verbal de l'accident séparément ou concurremment avec les maires et autres officiers de police; il en constatera les causes, et transmettra le tout au préfet du département.

En cas d'absence, les ingénieurs seront remplacés par les élèves conducteurs et garde-mines assermentés devant les tribunaux. Si les uns et les autres sont absens, les maires ou autres officiers de police nommeront les experts à ce connaissant, pour visiter l'exploitation, et mentionner leurs dires dans un procès-verbal.

14. Dès que le maire et autres officiers de police auront été avertis, soit par les exploitans, soit par la voix publique, d'un accident arrivé dans une mine ou usine, ils en préviendront immédiatement les autorités supérieures : ils prendront, conjointement avec l'ingénieur des mines, toutes les mesures convenables pour faire cesser le danger et en prévenir la suite, ils pourront, comme dans le cas de péril imminent, faire des réquisitions d'outils, chevaux, hommes, et donneront les ordres nécessaires.

L'exécution des travaux aura lieu sous la direction de l'ingénieur ou des conducteurs, et, en cas d'absence, sous la direction des experts délégués à cet effet par l'autorité locale.

15. Les exploitans seront tenus d'entretenir sur leurs établissemens, dans la proportion du nombre des ouvriers ou de l'étendue de l'exploitation, les médicamens et les moyens de secours qui leur seront indiqués par le ministre de l'intérieur, et de se conformer à l'instruction réglementaire qui sera approuvée par lui à cet effet.

16. Le ministre de l'intérieur, sur la proposition des préfets et le rapport du directeur général des mines, indiquera celles des exploitations qui, par leur importance et le nombre des ouvriers qu'elles emploient, devront avoir et entretenir à leurs frais un chirurgien spécialement attaché au service de l'établissement.

Un seul chirurgien pourra être attaché à plusieurs établissemens à la fois, si ces établissemens se trouvent dans un rapprochement convenable. Son traitement sera à la charge des propriétaires, proportionnellement à leur intérêt.

17. Les exploitans et directeurs des mines voisines de celle où il serait arrivé un accident fourniront tous les moyens de secours dont ils pourront disposer, soit en hommes, soit de toute autre manière, sauf le recours pour leur indemnité, s'il y a lieu, contre qui de droit.

18. Il est expressément prescrit aux maires et autres officiers de police de se faire représenter les corps des ouvriers qui auraient péri par accident dans une exploitation, et de ne permettre leur inhumation qu'après que le procès-verbal de l'accident aura été dressé, conformément à l'article 81 du Code civil, et sous les peines portées dans les articles 358 et 359 du Code pénal.

19. Lorsqu'il y aura impossibilité de parvenir jusqu'au lieu où se trouvent les corps des ouvriers qui auront péri dans les travaux, les exploitans, directeurs et autres ayans-cause, seront tenus de faire constater cette circonstance par le maire ou autre officier public, qui en dressera procès-verbal, et le transmettra au procureur impérial, à la di-

ligence duquel, et sur l'autorisation du tribunal, cet acte sera annexé au registre de l'état civil.

20. Les dépenses qu'exigeront les secours donnés aux blessés, noyés ou asphixiés, et la réparation des travaux, seront à la charge des exploitans.

21. De quelque manière que soit arrivé un accident, les ingénieurs des mines, maires et autres officiers de police, transmettront immédiatement leurs procès-verbaux aux sous-préfets et aux procureurs impériaux. Les procès-verbaux devront être signés et déposés dans les délais prescrits.

22. En cas d'accidens qui auraient occasioné la perte ou la mutilation d'un ou de plusieurs ouvriers, faute de s'être conformés à ce qui est prescrit par le présent réglement les exploitans, propriétaires et directeurs, pourront être traduits devant les tribunaux, pour l'application, s'il y a lieu, des dispositions des articles 319 et 320 du Code pénal, indépendamment des dommages et intérêts qui pourraient être alloués au profit de qui de droit.

Titre IV. Dispositions concernant la police du personnel.

Section Ire. *Des ingénieurs, propriétaires des mines, exploitans et autres préposés.*

23. Indépendamment de leurs tournées annuelles, les ingénieurs des mines visiteront fréquemment les exploitations dans lesquelles il serait arrivé un accident, ou qui exigeraient une surveillance particulière. Les procès-verbaux seront transcrits sur un registre ouvert à cet effet dans les bureaux des ingénieurs; ils seront en outre transmis aux préfets des départemens.

24. Les propriétaires des mines, exploitans et autres préposés, fourniront aux ingénieurs et aux conducteurs tous les moyens de parcourir les travaux, et notamment de pénétrer sur tous les points qui pourraient exiger une surveillance spéciale. Ils exhiberont le plan, tant intérieur qu'extérieur, et les registres de l'avancement des travaux, ainsi que du contrôle des ouvriers : ils leur fourniront tous les renseignemens sur l'état d'exploitation, la police des mineurs et autres employés; ils les feront accompagner par les directeurs et maîtres mineurs, afin que ceux-ci puissent satisfaire à toutes les informations qu'il serait utile de prendre sous les rapports de sûreté et de salubrité.

Section II. Des ouvriers.

25. A l'avenir, ne pourront être employés en qualité de maîtres mineurs ou chefs particuliers de travaux des mines et minières, sous quelque dénomination que ce soit, que des individus qui auront travaillé comme mineurs, charpentiers, boiseurs ou mécaniciens, depuis au moins trois années consécutives.

26. Tout mineur de profession ou autre ouvrier, employé, soit à l'intérieur, soit à l'extérieur, dans l'exploitation des mines et minières, usines et ateliers en dépendans, devra être pourvu d'un livret, et se conformer aux dispositions de l'arrêté du 9 frimaire an 12.

Les registres d'ordre sur lesquels l'inscription aura lieu dans chaque commune seront conservés au greffe de la municipalité, pour y recourir au besoin.

Il est défendu à tout exploitant d'employer aucun individu qui ne serait pas porteur d'un livret en règle, portant l'acquit de son précédent maître.

27. Indépendamment des livrets et registres d'inscription à la mairie, il sera tenu sur chaque exploitation un contrôle exact et journalier des ouvriers qui travaillent, soit à l'intérieur, soit à l'extérieur des mines, minières, usines et ateliers en dépendans; ces contrôles seront inscrits sur un registre qui sera coté par le maire et paraphé par lui tous les mois.

Ce registre sera visé par les ingénieurs, lors de leur tournée.

28. Dans toutes leurs visites, les ingénieurs des mines devront faire faire en leur présence la vérification des contrôles des ouvriers.

Le maire de la commune pourra faire cette vérification, quand il le jugera convenable, surtout dans le moment où il y aura lieu de présumer qu'il peut y avoir quelque danger pour les individus employés aux travaux.

29. Il est défendu de laisser descendre ou travailler dans les mines et minières les enfans au-dessous de dix ans.

Nul ouvrier ne sera admis dans les travaux, s'il est ivre ou en état de maladie : aucun étranger n'y pourra pénétrer sans la permission de l'exploitant ou du directeur, et s'il n'est accompagné d'un maître mineur.

30. Tout ouvrier qui, par insubordination, ou désobéissance envers le chef des travaux, contre l'ordre établi, aura compromis la sûreté des personnes ou des choses, sera poursuivi et puni selon la gravité des circonstances, conformément à la disposition de l'article 22 du présent décret.

Titre V. Dispositions générales.

31. Les contraventions aux dispositions de police ci-dessus, lors même qu'elles n'auraient pas été suivies d'accidens, seront poursuivies et jugées conformément au titre X de la loi du 21 avril 1810, sur les mines, minières et usines.

32. Notre ministre de l'intérieur est chargé de l'exécution du présent décret.

3 JANVIER 1813. — Décret relatif à l'organisation de la commission de desséchement de la vallée de l'Authie, département de la Somme. (Mon. n° 16.)

Voy. loi du 16 SEPTEMBRE 1807.

Art. 1er. Les préfets des départemens de la Somme et du Pas-de-Calais s'entendront pour la première convocation de la commission spéciale du desséchement de la vallée de l'Authie. Elle se réunira provisoirement dans la ci-devant abbaye de Valloires.

Dans le cas où ce local ne serait pas jugé convenable, les susdits préfets, après avoir pris l'avis de la commission, s'adresseront au ministre de l'intérieur, pour être, sur son rapport, statué par nous en notre Conseil-d'État.

2. Le président et le secrétaire de la commission seront nommés par le ministre de l'intérieur, sur les propositions des préfets de la Somme et du Pas-de-Calais.

3. Le secrétaire sera chargé de la garde des papiers, et en sera responsable.

4. Les décisions de la commission seront motivées; ses membres, pour les prononcer, devront être au moins au nombre de cinq. Le président aura voix prépondérante.

Il sera renouvelé tous les ans, et pourra être réélu d'après le mode fixé par l'art. 1er; en cas d'absence, il sera remplacé par celui des membres qui sera le second dans l'ordre de la nomination.

5. La commission s'assemblera une fois par mois, le premier jeudi de chaque mois; le président pourra en outre la convoquer toutes les fois que le bien du service l'exigera.

6. Les délibérations seront inscrites sur un registre coté et paraphé par première et dernière, par celui des préfets dans le département duquel se tiendront les séances de la commission. Il en sera de même pour la transcription des lettres.

7. Les délibérations seront signées sur le registre par les commissaires délibérans, et les expéditions par le secrétaire.

8. La correspondance sera tenue par le président, et, à son défaut, par le secrétaire.

9. La commission fixera les jours et les heures auxquels le secrétariat devra être ouvert.

10. Les expéditions des décisions de la commission seront délivrées aux parties intéressées, sans autres frais que ceux du papier timbré.

11. Les fonctions des commissaires sont gratuites.

12. Il sera mis à la disposition de la commission une somme annuelle, pour faire face, soit au traitement qui sera alloué au secrétaire, soit aux frais de loyer et à ceux des bureaux de toute espèce; cette somme sera déterminée sur la proposition de la commission, par arrêté du préfet dans le département duquel la commission se réunira.

Elle sera payable par le concessionnaire du desséchement, par trimestre, sur le mandat du président de la commission, revêtu du *visa* dudit préfet.

13. Avant d'entrer en fonctions, les commissaires prêteront, individuellement, entre les mains du même préfet, le serment de remplir leurs fonctions avec zèle et intégrité.

Le secrétaire de la commission prêtera le même serment entre les mains du président.

14. Lorsque la commission aura terminé ses opérations, elle fera au préfet de la Somme la remise de tous les papiers, par inventaire fait en triple minute, dont une pour ledit préfet, la seconde pour le préfet du Pas-de-Calais, et la troisième restera au président.

---

3 JANVIER 1813. — Décret relatif à la concession du droit d'exploiter les mines de houille situées au territoire de Cessenon (Hérault). (4, Bull. 473, n° 8625.)

N...... vu la pétition présentée au préfet de l'Hérault, en thermidor an 13, par le sieur Vignes, à l'effet d'obtenir la concession des mines de houille de la Malte, commune de Cessenon;

Celle du 8 juin 1809, présentée au préfet de l'Hérault par les sieur et dame Borel, à l'effet d'obtenir la concession des mines de houille de Cessenon et de Cazouls-lès-Beziers;

Celle du sieur Vignes, en date du 10 novembre 1809, relative aux mines de la Malte, précitées :

Celle du même, en société avec les sieurs Fourcades et Tricout, du 9 janvier 1810, relatives à la même mine;

L'opposition formée par le sieur Bedos, en janvier 1810, à la demande en concession des sieur et dame Borel, et demande en concurrence d'une portion des mines de Cessenon, situées dans des terrains dont il s'est dit propriétaire ;

La pétition réitérée, en mars 1811, par les sieur et dame Borel, en exécution des dispositions de la loi du 21 avril 1810, et dans laquelle ils réduisent leur demande du 8 juin 1809 aux seules mines de Cessenon ;

Les certificats de publication et affiche de la dernière demande des sieur et dame Borel, effectuées en 1811, dans toutes les communes intéressées, et de non-opposition ;

Les trois rapports de l'ingénieur en chef des mines du département, en date des 3 février et 14 avril 1810 et 18 mai 1812, tant sur la demande des sieur et dame Borel que sur les autres demandes, et favorables à la première ;

Les plans authentiques de la surface ;

Les avis des sous-préfets de Saint-Pons et de Beziers, en date des 25 et 29 février 1812, en faveur des sieur et dame Borel;

L'arrêté du préfet du département de l'Hérault, du 18 juin 1812, qui estime qu'il y a lieu d'accorder la demande des sieur et dame Borel;

L'arrêté supplétif du même, en date du 20 juillet 1812, confirmatif du précédent;

Enfin, l'avis favorable du conseil général des mines, en date du 2 septembre 1812;

Sur le rapport de notre ministre de l'intérieur; notre Conseil-d'Etat entendu, nous avons décrété et décrétons ce qui suit :

Art. 1er. Il est accordé au sieur Joseph-Marie-Barthélemy Borel et à la dame Marie Chavernai, son épouse, domiciliés à Beziers, le droit d'exploiter à perpétuité les mines de houille situées au territoire de la commune de Cessenon, arrondissement de Saint-Pons, département de l'Hérault, dans une étendue de surface de seize kilomètres carrés.

2. Cette surface est limitée conformément au plan, ainsi qu'il suit :

Au nord-est, par la rivière d'Orb, à partir du confluent de la rivière de Bernasobres, jusqu'au ruisseau de Rouel;

Au sud-est, par le ruisseau de Rouel jusqu'à sa source;

Au sud-ouest, par une ligne droite tirée de ce dernier point à celui où le ruisseau de Riols ou de l'Herboussier se jette dans le ruisseau de Bernasobres, près de Prades;

Au nord-nord-ouest, par la rivière de Bernasobres, depuis son confluent avec le ruisseau de Riols, jusqu'à son confluent dans l'Orb, point de départ.

3. Les sieur et dame Borel, après avoir reconnu l'état des travaux qui ont été entrepris illicitement dans la montagne de la Malte, et exploité les massifs de houille auxquelles ils conduisent, et qui peuvent en être susceptibles, ne pourront continuer l'exploitation dans la profondeur, que d'après les dispositions suivantes :

1° Un puits de service et d'extraction sera établi au quartier de Trompe-à-Pauvre ou dans toute autre position analogue, et à une distance telle des traces superficielles des veines de houille inférieures, qu'il parvienne sur l'une d'elles à une profondeur verticale de quarante mètres au moins;

2° Du fond du puits, les exploitans établiront, au moyen de galeries horizontales, la communication avec les veines de houille inférieures et supérieures qui, d'après les premiers travaux, auront été reconnues être susceptibles d'une exploitation économique;

3° Ils exploiteront les veines de houille par des galeries d'allongement parallèles entre elles, en partant du niveau inférieur du puits, et par des tailles en travers, perpendiculaires ou obliques, suivant l'inclinaison des couches, et par des cheminées d'airage disposées convenablement, en ayant le soin d'ailleurs de ne pas pousser les tailles jusqu'au jour, et d'y réserver un massif de six à huit mètres d'épaisseur au moins ;

4° Les galeries auront au plus quinze à seize décamètres de largeur, et les traverses deux mètres. Les galeries principales de service, dans chaque veine de houille en exploitation, devront avoir au moins douze à quinze décamètres de hauteur;

5° Les distances entre les galeries et entre les tailles devront être ménagées de manière à conserver aux piliers ou massifs de houille réservés, au moins trois mètres sur quatre, dans le sens de l'inclinaison, faisant douze mètres carrés de base ;

6° Lorsqu'on sera dans le cas de changer le centre de l'exploitation, les exploitans pourront opérer l'extraction en retraite des piliers ou massifs de houille réservés, à la charge : 1° de maintenir en état de service les galeries inférieures d'allongement et les cheminées d'airage nécessaires pour y entretenir la libre circulation de l'air, en conservant à cet effet les deux ou trois rangées de piliers voisines de ces ouvrages ; 2° de réserver également plusieurs rangées de piliers voisines de la surface, pour la sûreté du sol ; 3° de laisser subsister au moins un pilier sur cinq dans toute l'étendue des parties exploitées, ou de les remplacer par des massifs en pierres sèches ;

7° Les exploitans suivront, pour l'exécution du mode des travaux ci-dessus prescrit dans la sûreté de l'intérêt public, les instructions qui leur seront données par la direction générale des mines, qui statuera définitivement sur le mode de continuation des travaux lorsque les exploitans auront fourni des plans et coupes qui donnent à connaître avec plus d'exactitude l'état de ces mines.

4. Les travaux d'exploitation devront être en activité au plus tard un an après la notification du décret de concession, et ils ne pourront être suspendus sans cause légitime légalement constatée.

5. Les sieur et dame Borel, adresseront tous les ans à la direction générale des mines les plans et coupes des travaux souterrains exécutés pendant l'année précédente, et tous les trois mois ils enverront au préfet les états des produits bruts d'exploitation et ceux des ouvriers employés.

6. Ils paieront à chacun des propriétaires des terrains contenus dans l'étendue du sol concédé conformément à leur soumission, une rente annuelle de dix centimes par hectare, pour la valeur des droits qui leur sont attribués par les art. 6 et 42 de la loi du 21

avril 1810, rente qui sera ajoutée à la valeur de la propriété de la surface.

7. Ils acquitteront annuellement, au profit de l'Etat, les redevances fixes et proportionnelles, conformément aux dispositions de la loi du 21 avril 1810, et à celles de notre décret du 6 mai 1811.

8. Ils se conformeront en tout aux lois, réglemens et instructions intervenus et à intervenir sur les mines.

---

3 JANVIER 1813. — Décret portant convocation du Corps-Législatif pour le 1er février. (4, Bull. 462, n° 8516.)

---

3 JANVIER 1813. — Décret qui autorise les habitans des communes des départemens anséatiques qui possèdent des héritages sur le territoire limitrophe soit du royaume de Westphalie, soit d'autres pays étrangers, d'importer librement et en franchise les produits de leur récolte. (4, Bull. 465, n° 8549.)

---

3 JANVIER 1813. — Décret portant création de communes et circonscription de cantons, par suite de la fixation de limite faite par le décret du 5 août 1811, entre l'empire français et le royaume d'Italie. (4, Bull. 467, n° 8560.)

---

3 JANVIER 1813. — Décret portant création d'un conseil de prud'hommes dans la commune de Gladback, département de la Roër. (4, Bull. 467, n° 8562.)

---

3 JANVIER 1813. — Décrets qui autorisent l'acceptation de dons et legs faits aux hospices de Gimont, Trevoux, Beaune, Châtillon-sur-Seine, Villeneuve-lès-Beziers, Beziers, Villes, Lanzo, Saint-Ouen, Limesy, Bellebœuf, Bollène, Soulans, et aux fabriques des églises paroissiales et succursales d'Issondun, Autun, Cazène, Boudonville, Paris, Villepots, Loueuse, Flavignac. (4, Bull. 471, nos 8602 à 8607; Bull. 473, nos 8626 à 8629, et 8633 à 8641.)

---

3 JANVIER 1813. — Extrait de lettres-patentes portant autorisation au sieur de Bullion de se faire naturaliser en pays étranger. (4, Bull. 515, n° 9468.)

---

3 JANVIER 1813. — Décret portant qu'il n'y a pas lieu d'autoriser l'acceptation de donations faites aux fabriques de la commune de Saint-Amans et de l'église succursale de Coursel. (4, Bull. 473, nos 8630 et 8631.)

---

3 JANVIER 1813. — Décret relatif à la délimitation de la concession des mines de houille dites de *Fins*, situées commune de Châtillon. (4, Bull. 473, n° 8625.)

---

3 JANVIER 1813. — Décrets qui autorisent l'établissement de chapelles dans les communes de Germincy et la Loge, d'Ochtezèeles, de Bois-hans-et-Feurg, et l'érection en chapelles des églises de la Houssay-Bérenger, d'Ouville-l'Abbaye, de Verjon, d'Hives et d'Espinois. (4, Bull. 471, n° 8608; Bull. 473, nos 8623, 8624, 8642 à 8645, et Bull. 478, n° 8793.)

---

3 JANVIER 1813. — Décrets qui autorisent l'acceptation de dons et legs faits aux pauvres et hospices de Massat, Marseille, Alais, Toulouse, Beziers, Villeneuve-d'Agen, Bordeaux, Miramont, Saint-Germain-au-Mont-d'Or, Lyon, Niort, Saint-Trivier-sur-Moignan et Trévoux. (4, Bull. 478, nos 8780 à 8792.)

---

5 JANVIER 1813. — Décret contenant tarif des droits sur les boissons. (4, Bull. 463, n° 8530.)

Art. 1er. A dater de la publication du présent décret, le droit de mouvement sur les boissons sera perçu au taux ci-après fixé, savoir :

Par hectolitre de vin en cercles dans les départemens de première classe, suivant le tableau annexé au présent décret.	0f 50c
Dans ceux de 2e classe.	0 60
Dans ceux de 3e classe.	0 75
Dans ceux de 4e classe.	1 20
Par hectolitre de vin en bouteilles, sans distinction de classe.	5 00
Par hectolitre de cidre et poiré.	0 20
Par hectolitre d'eau-de-vie simple au-dessous de vingt-deux degrés.	2 00
Par hectolitre d'eau-de-vie rectifiée à vingt-deux degrés et au-dessus.	4 00
Par hectolitre d'eau-de-vie de toute espèce en bouteilles, et de liqueurs composées d'eau-de-vie ou d'esprit, tant en cercles qu'en bouteilles.	8 00

2. Les droits d'entrée imposés sur les boissons à leur introduction dans les communes qui ont une population agglomérée de deux mille ames et au-dessus, seront perçus à partir de la même époque, conformément au tarif annexé au présent décret.

3. Le droit à la vente en détail des vins, cidres, poirés et eaux-de-vie, et liqueurs composées d'eau-de-vie ou d'esprit, fixé antérieurement à quinze centimes par francs de la valeur, sera perçu sur le pied de seize centimes et deux tiers pour cent de la même valeur.

Le droit sur les eaux-de-vie, fixé à quinze pour cent par notre décret du 12 octobre dernier, sera également perçu sur le pied de seize deux tiers pour cent.

4. Le droit de fabrication auquel les bières sont imposées, au lieu des droits de mouvement, d'entrée et de détail dont les autres boissons sont frappées, est porté à trois francs par hectolitre.

5. En conséquence des augmentations de tarif ci-dessus, établies au profit du Trésor aux entrées de plusieurs villes, en remplacement des droits de mouvement et de détail, seront perçus conformément au tarif ci-après :

	DANS LES VILLES de 100,000 ames et au-dessous.	DANS LES VILLES au-dessus de 100,000 ames.
Par hectolitre de vin en cercles	2 f	8 f
Par hectolitre de vin en bouteilles	6	10
Par hectolitre de cidre et poiré	2	4
Par hectolitre d'eau-de-vie simple au-dessous de 22 degrés.	9	15.
Par hectolitre d'eau-de-vie rectifiée, à 22 degrés et au-dessus, d'eau-de-vie de toute espèce en bouteilles, et de liqueurs composées d'eau-de-vie ou d'esprit	18	30

6. Le droit de timbre des expéditions délivrées par les préposés des droits réunis, ainsi que des quittances des droits dus, à quelque somme qu'ils s'élèvent, sera perçu à l'avenir à raison d'un décime par chaque expédition ou quittance.

7. Notre ministre des finances est chargé de l'exécution du présent décret.

Tarif des Droits d'entrée qui seront perçus sur les Boissons, en exécution de l'article 2 du décret du 5 janvier 1813.

POPULATION des COMMUNES.	PAR HECTOLITRE DE VIN EN CERCLES, Dans les départemens de première classe, conformément au tableau ci-après.	Dans les départemens de seconde classe.	Dans les départemens de troisième classe.	Dans les départemens de quatrième classe.	Par hectolitre de vin en bouteilles.	Par hectolitre de cidre et poiré.	Par hectolitre d'eau-de-vie simple en cercles, au-dessous de 22 degrés.	Par hectolitre d'eau-de-vie rectifiée à 22 deg. et au-dessus, d'eau-de-vie de toute espèce en bout^es, et de liqueurs composées d'eau-de-vie ou d'esprit.
ames.	fr. c.	fr. c.	fr. c.	fr. c.	fr. c.	fr. c.	fr. c.	fr. c.
De 2 à 4,000	0 40	0 50	0 60	0 70	0 80	0 25	1 20	2 40
De 4 à 6,000	0 60	0 70	0 80	0 90	1 20	0 30	1 80	3 60
De 6 à 10,000	0 80	0 95	1 10	1 25	1 60	0 45	2 40	4 80
De 10 à 15,000	1 00	1 20	1 40	1 60	2 00	0 60	3 00	6 00
De 15 à 20,000	1 40	1 60	1 75	2 00	2 80	0 80	4 20	8 40
De 20 à 30,000	2 00	2 20	2 40	2 70	4 00	1 10	6 00	12 00
De 30 à 50,000	2 60	2 90	3 20	3 60	5 20	1 50	8 00	16 00
De 50,000 et au-dessus . .	3 30	3 60	4 00	4 50	6 60	2 00	10 00	20 00

Tableau des départemens de l'empire divisés en quatre classes.

1re CLASSE. Alpes (Basses), Alpes (Hautes), Ardèche, Ariége, Aude, Aveyron, Cantal, Charente, Charente-Inférieure, Corrèze, Creuse, Dordogne, Gard, Gers, Gironde, Hérault, Landes, Loire (Haute), Loire-Inférieure, Loiret, Lot, Lot-et-Garonne, Lozère, Marne (Haute), Mont-Blanc, Puy-de-Dôme, Pyrénées (Hautes), Sarthe, Sèvres (Deux), Tarn-et-Garonne, Vendée, Vienne.

2e CLASSE. Ain, Allier, Apennins, Arno, Aube, Bouches-du-Rhône, Cher, Côtes-du-Nord, Doubs, Drôme, Finistère, Garonne, (Haute), Ille-et-Vilaine, Indre, Indre-et-Loire, Isère, Jura, Loir, Loir-et-Cher, Maine-et-Loire, Méditerranée, Meurthe, Meuse, Morbihan, Ombrone, Pyrénées (Basses), Pyrénées-Orientales, Saône (Haute), Seine-et-Marne, Tarn, Var, Vaucluse, Vosges.

3e CLASSE. Aisne, Alpes-Maritimes, Ardennes, Côte-d'Or, Doire, Eure, Eure-et-Loir, Forêts, Gênes, Léman, Marengo, Marne, Mayenne, Montenotte, Mont-Tonnerre, Moselle, Nièvre, Oise, Pô, Rhin (Bas), Rhin (Haut), Rhin-et-Moselle, Rhône, Sarre, Saône-et-Loire, Seine, Seine-et-Oise, Sésia, Stura, Taro, Vienne (Haute), Yonne.

4e CLASSE. Bouches-de-l'Elbe, Bouches-de-l'Escaut, Bouches-de-la-Meuse, Bouches-du-Rhin, Bouches-du-Weser, Bouches-de l'Yssel, Calvados, Dyle, Ems-Occidental, Ems-Oriental, Ems-Supérieur, Escaut, Frise, Jemmape, Lippe, Lys, Manche, Meuse-Inférieure, Nèthes (Deux), Nord, Orne, Ourte, Pas-de-Calais, Roër, Sambre-et-Meuse, Seine-Inférieure, Somme, Yssel-Supérieur, Zuyderzée.

---

5 JANVIER 1813. — Décret qui approuve les statuts des sœurs-chrétiennes d'Aix, département des Bouches-du-Rhône. (4, Bull. 469, n° 8578.)

---

5 JANVIER 1813. — Décret qui approuve plusieurs maisons de sœurs hospitalières dans le département du Bas-Rhin. (4, Bull. 468, n° 8564.)

---

5 JANVIER 1813. — Décret qui approuve l'établissement de sœurs de la charité attachées à l'hospice de Villeneuve-sur-Yonne, département de l'Yonne. (4, Bull. 468, n° 8565.)

---

5 JANVIER 1813. — Décrets qui autorisent l'acceptation de dons et legs faits aux pauvres et hospices de Paris, Mende, la Roche-Bernard, Crescentino, Bène, Busca; Aucanville, Rodez; aux séminaires de Besançon, Metz, du Mans, Clermont; à la confrérie du très-saint Sacrement établie à Leveragno, et à l'église paroissiale de Louhans. (4, Bull. 473, nos 8648 à 8662.)

---

5 JANVIER 1813. — Décrets qui autorisent l'érection en chapelle de l'église de Saint-Victor, et l'établissement d'une chapelle dans la commune de Montagny. (4, Bull. 475, nos 8646 et 8647.)

---

5 JANVIER 1813. — Avis du Conseil-d'Etat. (Recueil des lois.) *Voy.* 7 JANVIER 1813.)

---

5 et 6 JANVIER 1813. — Acte du Sénat conservateur qui nomme les membres du Corps-Législatif pour les départemens de l'Ain, Aisne, Allier, Alpes (Hautes) Apennins, Ardennes, Aude, Aveyron, Cantal, Corrèze, Creuse, Eure, Gard, Gers, Indre-et-Loire, Loir-et-Cher, Lozère, Lys, Manche, Marne (Haute), Meuse-Inférieure, Mont-Tonnerre, Pô, Pyrénées-Orientales et des Deux-Sèvres (1re série). (4, Bull. 464, n° 8545.)

---

6 JANVIER 1813. — Extrait de lettres-patentes portant autorisation aux sieurs d'Oyen, Defalch et Lelance-de-Moranville, de se faire naturaliser en pays étranger. (4, Bull. 483, n° 8885.)

---

6 JANVIER 1813. — Extraits de lettres-patentes portant autorisation au sieur Moulard de rester au service d'une puissance étrangère. (4, Bull. 483, n° 8904.)

---

6 JANVIER 1813. — Décrets qui autorisent l'acceptation de dons et legs faits aux pauvres de Besançon, Caussade, et à la fabrique de l'église succursale de Nebing. (4, Bull. 473, nos 8663 à 8665.)

---

7 JANVIER 1813. — Avis du Conseil-d'Etat relatif au Recueil des lois de l'empire. (4, Bull. 468, n° 8566.)

Voy. ordonnance du 20 AOUT 1824.

Le Conseil-d'Etat, qui, d'après le renvoi ordonné par sa majesté, a entendu le rapport de la commission spéciale chargée d'examiner les propositions du grand-juge, ministre de la justice, relatives à la révision du recueil authentique des lois,

Est d'avis:

1° Que le Bulletin des Lois doit continuer d'être le seul dépôt *officiel et authentique* des actes de législation, et que, s'il y a des décrets déjà rendus qui n'y soient pas compris, et qu'il convienne d'y insérer, c'est une omission qui doit être réparée à la vue du tableau qu'en présentera le grand-juge, et qui sera discuté dans la forme des réglemens d'administration publique;

2° Que néanmoins, pour la commodité des fonctionnaires et des citoyens, il convient de s'occuper d'un recueil qui, sous le nom d'*extrait* ou d'*abrégé* du Bulletin, ne renfermerait que les dispositions réputées encore en vigueur, et d'une application usuelle; recueil qui se ferait sous l'autorité et surveillance du grand-juge, par des magistrats ou jurisconsultes de son choix, *par ordre de matières*, dans leur correspondance avec les diverses branches de l'administration publique, et en rappelant l'ère vulgaire, à côté de l'ère républicaine pour les lois qui se rapportent à cette dernière époque; mais que, malgré les avantages que promet un tel ouvrage, il importe qu'il ne puisse être considéré comme ayant la force légale du Bulletin même, et qu'en conséquence il doit être précédé d'un avertissement qui fera connaître aux fonctionnaires chargés de l'application des lois, *qu'ils ne doivent s'arrêter aux inductions qu'on voudrait tirer de cet extrait ou abrégé, touchant l'abrogation ou le maintien d'aucunes dispositions législatives, qu'autant que ces inductions leur sembleraient d'ailleurs concordantes avec le texte et esprit du Bulletin ou recueil authentique, lequel sera toujours seul considéré comme obligatoire;*

Qu'au surplus, le perfectionnement des dictionnaires ou tables relatifs au Bulletin des Lois, ou même la confection d'une bonne table générale, si elle est jugée nécessaire, mettra le complément aux améliorations dont cette partie est susceptible.

---

7 JANVIER 1813. — Décret relatif à la perception des centimes additionnels pour la réparation et l'entretien des routes départementales de l'Ain, l'Aisne, etc. (4, Bull. 478, n° 8764.)

---

8 JANVIER 1813. — Décret qui transporte à Passy le bureau de perception de l'octroi de navigation établi à Sèvres. (4, Bulletin 468, n° 8568.)

Art. 1er. Le bureau de perception de l'octroi de navigation établi à Sèvres est transporté à la barrière de Passy, où cette perception s'opérera concurremment avec celle de l'octroi municipal de notre bonne ville de Paris.

2. Le bureau de Passy percevra le tarif de la distance de Paris à Sèvres et celui de Sèvres à Neuilly, en descendant.

Le bureau de Neuilly percevra, en remontant, le tarif de la distance de Neuilly à Sèvres, avec celui de Sèvres à Paris.

3. Les bateliers qui, par leurs lettres de voiture, justifieront de leur destination pour le port de Sèvres, ne paieront, en descendant, que le tarif de Paris à Sèvres, et, en remontant, que le tarif de Neuilly à Sèvres.

4. Notre ministre des finances est chargé de l'exécution du présent décret.

---

8 JANVIER 1813. — Avis du Conseil-d'Etat. (Chambre d'appel de police correctionnelle.) *Voy.* 10 JANVIER 1813.

---

8 JANVIER 1813. — Décret qui déclare applicable au département de la Lippe, le décret du 9 décembre 1811, portant abolition de la féodalité dans les départemens des Bouches-de-l'Elbe, des Bouches-du-Weser et de l'Ems-Supérieur. (4, Bull. 468, n° 8567.)

---

8 JANVIER 1813. — Décrets qui autorisent l'établissement de chapelles dans l'église de Sainte-Colombe-sur-Seine, dans les communes de Tangry, d'Austaing, et l'érection en chapelles des églises de Bénesville, de Bosc-Bordel, de Saint-Aubin-la-Campagne et de Servigny. (4, Bull. 473, nos 8666 et 8667; Bull. 474, nos 8669 à 8672, et Bull. 474, n° 8685.)

---

8 JANVIER 1813. — Décrets qui autorisent l'acceptation de dons et legs faits aux fabriques des églises de Remilly, Troyes, Seichamps, Revest, Bethune, Virton, Vaucouleurs, et aux pauvres et hospices de Saint-Amand, Leuwarden, Nîmes, Bléré, Loches, Bourg-Diré, Ségré, Metz, Ry, Saint-Denis-le-Thiboust, Buissy, Baralle et Graincourt. (4, Bull. 474, nos 8673 à 8677, 8679 à 8689, et Bull. 475, nos 8693 et 8694.)

---

8 JANVIER 1813. — Décret contenant le tableau des foires du département de la Meuse-Inférieure. (4, Bull. 474, n° 8678.)

---

9 JANVIER 1813. — Sénatus-consulte portant que les députés au Corps-Législatif de la quatrième série exerceront leurs fonctions pendant la session qui s'ouvrira au 1er février prochain. (4, Bull. 465, n° 8547.)

---

9 JANVIER 1813. — Sénatus-consulte qui annule l'élection du sieur Thomas au titre de candidat pour le Corps-Législatif par le collége électoral de Lure, département de la Haute-Saône. (4, Bull. 469, n° 8579.)

---

9 JANVIER 1813. — Extrait de lettres-patentes portant autorisation aux sieurs Guye, Casagny Bezard de rester au service de puissances étrangères. (4, Bull. 472, n° 8614.)

---

9 JANVIER 1813. — Extrait de lettres-patentes portant autorisation aux sieurs Carrier et Blanc-de-Volx de rester au service de puissances étrangères. (4, Bull. 507, n° 9335.)

---

9 JANVIER 1813. — Extraits de lettres-patentes portant autorisation aux sieurs de Rocheville et de Grégori-Balduc de rester au service de puissances étrangères. (4, Bull. 479, n° 8801.)

---

9 JANVIER 1813. — Sénatus-consulte qui annule l'élection du sieur Miconi au titre de candidat pour le Corps-Législatif par le collége électoral Frosinone, département de Rome. (4, Bull. 469, n° 8580.)

10 JANVIER 1813. — Avis du Conseil-d'Etat portant que les chambres de police correctionnelle des cours impériales peuvent juger les affaires sommaires qui leur sont renvoyées, aux termes de l'article 11 du décret du 6 juillet 1810, au nombre de juges fixé par l'article 2 du même décret. (4, Bull. 470, n° 8590.)

Le Conseil-d'Etat, qui, d'après le renvoi ordonné par sa majesté, a entendu le rapport de la section de législation sur celui du grand-juge, ministre de la justice, ayant pour objet de faire décider à quel nombre de juges les chambres de police correctionnelle des cours impériales peuvent juger les affaires sommaires qui leur sont renvoyées aux termes de l'article 11 du décret du 6 juillet 1810;

Vu les observations adressées au grand-juge, ministre de la justice, par les présidens et procureurs généraux de diverses cours impériales, ainsi que la lettre du procureur général près la Cour de cassation;

Considérant que l'article 2 du décret du 6 juillet 1810 a déterminé le nombre des juges dont les chambres de police correctionnelle des cours impériales doivent être composées;

Que l'article 11 du même décret, en autorisant les premiers présidens de ces cours à renvoyer auxdites chambres les affaires sommaires, n'a pas ordonné que, dans ce cas, le nombre de juges constitutifs des mêmes chambres fût augmenté,

Est d'avis,

Que les chambres de police correctionnelle peuvent juger les affaires sommaires au nombre de juges fixé par l'article 2 du décret du 6 juillet 1810.

10 JANVIER 1813. — Décret qui ordonne la formation d'un quatrième district dans les provinces de Carniole. (4, Bull. 470, n° 8589.)

10 JANVIER 1813. — Décret qui approuve le réglement du cardinal archevêque de Lyon, relatif au prélèvement et à l'application du sixième du produit des chaises, bancs et places dans les églises. (4, Bull. 470, n° 8591.)

10 JANVIER 1813. — Décrets qui autorisent l'acceptation de dons et legs faits aux pauvres et hospices de Brême, Aurillac, Vendôme et Hambourg; aux séminaires diocésains de Lyon et de Besançon, et aux fabriques de l'église paroissiale d'Usel et de l'église succursale de Villers-aux-Flos. (4, Bull. 482, nos 8886 à 8893.)

10 JANVIER 1813. — Décrets qui autorisent l'établissement d'une chapelle dans la commune de Pradelles, et l'érection en chapelles des églises de Guerponville, d'Houcquetot et de Saussay. (4, Bull. 474, nos 8689 et 8690, et Bull. 475, nos 8695 et 8696.)

10 JANVIER 1813. — Décrets qui établissent des foires à Nersac et Castion-Tinella. (4, Bull. 477, nos 8743 et 8744.)

11 JANVIER 1813. — Sénatus-consulte qui met trois cent cinquante mille hommes à la disposition du ministre de la guerre. (4, Bull. 466, n° 8551.)

Art. 1er. Trois cent cinquante mille hommes sont mis à la disposition du ministre de la guerre, savoir:

1° Cent mille hommes formant les cent cohortes du premier ban de la garde nationale;

2° Cent mille hommes des conscriptions de 1809, 1810, 1811 et 1812, pris parmi ceux qui n'auront pas été appelés à faire partie de l'armée active;

3° Cent cinquante mille hommes de la conscription de 1814.

2. En exécution de l'article précédent, les cent cohortes du premier ban cesseront de faire partie de la garde nationale, et feront partie de l'armée active.

Les hommes qui se sont mariés avant la publication du présent sénatus-consulte ne pourront être désignés pour faire partie de la levée prise sur les conscriptions de 1809, 1810, 1811 et 1812.

Les cent cinquante mille hommes de la conscription de 1814 seront levés dans le courant de l'année, à l'époque que désignera le ministre de la guerre.

11 JANVIER 1813. — Décret portant prorogation de la cour spéciale extraordinaire établie dans la cour impériale d'Amiens par décret du 10 avril 1812. (4, Bull. 468, n° 8569.)

Art. 1er. La cour spéciale extraordinaire établie dans notre cour impériale d'Amiens, par notre décret du 10 avril 1812, et dont les fonctions devaient cesser au 10 octobre suivant, est et demeure prorogée pour six autres mois, à dater de cette époque, avec les mêmes attributions.

2. Notre grand-juge, ministre de la justice, est chargé de l'exécution du présent décret.

11 JANVIER 1813. — Décret portant que la cour spéciale extraordinaire de Rome sera divisée en deux sections. (4, Bull. 468, n° 8570.)

11 JANVIER 1813. — Décret qui approuve l'institution de la maison de refuge établie à Turin, département du Pô. (4, Bull. 470, n° 8592.)

11 JANVIER 1813. — Décret qui établit un conseil de prud'hommes à Kadenkirchen, département de la Roër. (4, Bull. 477, n° 8732.)

11 JANVIER 1813. — Décret qui fixe le droit d'importation du métal de cloche. (*Voy.* 12 JANVIER 1813.)

11 JANVIER 1813. — Décrets relatifs à la tenue et à l'établissement des foires de Pisanni et de Schelestadt. (4, Bull. 475, nos 8697 et 8698).

12 JANVIER 1813. — Décret qui fixe le droit d'importation du métal de cloche. (4, Bull. 469, nos 1858.)

Art. 1er. A compter de la publication du présent décret, le métal de cloche venant de l'étranger ne paiera qu'un droit de 2 francs par quintal métrique.

2. Notre ministre des manufactures et du commerce est chargé de l'exécution du présent décret.

12 JANVIER 1813. — Décret qui applique les dispositions des décrets des 20 juillet 1808 et 18 août 1811 aux habitans des départemens des Bouches-de-l'Elbe, des Bouches-du-Weser, de l'Ems-Supérieur et de la Lippe, qui jusqu'à présent n'ont pas eu de noms et de prénoms fixes. (4, Bull. 470, n° 8593.)

12 JANVIER 1813. — Décret qui approuve plusieurs maisons dépendantes de la congrégation des hospitaliers de Saint-Charles de Lyon, département du Rhône. (4, Bull. 475, n° 8691.)

12 JANVIER 1813. — Décrets qui autorisent l'érection en chapelle des églises des communes la Roe-Saint-Pierre, Saint-Paul de Mont-Penit, La Chapelle, Meyrin, Meux, Vaulsort et Vailly. (4, Bull. 475, nos 8700 et 8701; Bull. 476, nos 8707 à 8711.)

12 JANVIER 1813. — Décrets qui autorisent l'acceptation de dons et legs faits aux pauvres et hospices de Paris, Saulieu et Brissac, et à la fabrique de l'église paroissiale de Villeneuve. (4, Bull. 475 et 476, nos 8699 à 8712, et Bull. 482, nos 8894 et 8895.)

13 JANVIER 1813. — Extrait de lettres-patentes portant autorisation au sieur Bernus de se faire naturaliser en pays étranger. (4, Bull. 472, n° 8615.)

13 JANVIER 1813. — Décret contenant brevet d'institution publique des sœurs du Saint-Sacrement de Romans, diocèse de Valence, et approbation de leurs statuts. (4, Bull. 477, n° 8733.)

13 JANVIER 1813. — Extrait des lettres-patentes portant autorisation au sieur Falque de rester au service d'une puissance étrangère. (4, Bull. 515, n° 9469.)

13 JANVIER 1813. — Décret portant que l'usine à traiter le fer établie par le sieur Frère-Jean, en vertu du décret du 7 juillet 1809, dans la commune de Pré-Saint-Didier, pourra être mise en activité pendant six mois de chaque année, équivalent à cent quatre-vingts jours ouvrables. (4, Bull. 476, n° 8713.)

13 JANVIER 1813. — Décrets qui autorisent l'acceptation de dons et legs faits aux églises succursales d'Evans, de Saint-Chamond et de Malampré. (4, Bull. 476, nos 8714 à 8716.)

13 JANVIER 1813. — Décrets qui autorisent l'établissement de chapelles dans les communes d'Allinges, Thairy, Thollon, Gruson, et l'érection en chapelle des églises des communes de Roumare, Saint-Aignan-sur-Ry et Yquebeuf. (4, Bull. 482, nos 8896 à 8898; et Bull. 483, nos 8905 à 8908.)

14 JANVIER 1813. — Décret qui augmente le droit perçu à l'importation de l'indigo étranger, et ordonne l'établissement de trois fabriques pour la fabrication de l'indigo-pastel. (Mon. n° 15.)

TITRE Ier.

Art. 1er. Le droit perçu à l'importation de l'indigo étranger est augmenté de 200 francs par quintal métrique.

2. La somme provenant de cette augmentation de droit sera réservée pour fournir aux dépenses de trois fabriques impériales qui seront établies. L'excédant sera réparti en encouragemens entre les fabricans qui justifieront d'une fabrication annuelle au-dessus de deux cents kilogrammes d'indigo-pastel.

3. Nul ne pourra participer à cette prime d'encouragement, s'il n'est pourvu d'une licence qui l'autorise à fabriquer l'indigo.

4. Ces licences devront être délivrées par le ministre des manufactures et du commerce, avant le 1er juillet de la présente année.

5. Tout individu qui aura obtenu une licence pour la fabrication de l'indigo sera exempt de tous droits de fabrication et autres, pendant quatre ans.

6. Le droit imposé sur l'indigo étranger est garanti pendant quatre ans.

TITRE II.

7. Il sera formé trois fabriques impériales pour la fabrication de l'indigo-pastel, l'une à Toulouse, l'autre à Turin, et l'autre à Florence.

8. Il y aura un directeur attaché à chacun de ces établissemens. Le chevalier de *Puymaurin* régira celui de Toulouse; le sieur *Giobert*, celui de Turin, et le sieur *Lioni*, celui de Florence.

9. L'établissement de Toulouse aura quinze élèves, celui de Turin dix, et celui de Florence cinq.

10. Les élèves recevront chacun un traitement de cinq cents francs à la fin de 1813, sur l'attestation d'une bonne conduite et de leurs progrès, délivrée par les directeurs.

11. L'ouvrage du sieur *Giobert*, et l'instruction du sieur *Puymaurin* sur la culture du pastel et la fabrication de l'indigo, seront imprimés aux frais du Gouvernement.

12. Il est accordé un encouragement de dix mille francs au sieur *Rouques*, pour continuer d'augmenter l'établissement de l'indigo-pastel, qu'il a formé à Alby, savoir : cinq mille francs à titre gratuit, et cinq mille francs, par forme d'avance, sur les primes qui, en exécution de l'article 2, seront données à ceux qui justifieront d'une fabrication au-dessus de deux cents kilogrammes d'indigo-pastel.

Rapport fait à l'Empereur par le ministre des manufactures et du commerce.

SIRE,

La fabrication de l'indigo-pastel n'a pas encore acquis tous les développemens dont elle est susceptible : plusieurs causes se sont opposées à ses progrès. D'abord, le défaut de graines; quelque multipliées qu'aient été les demandes, on a pu à peine en réunir, pour les services de 1812, six mille kilogrammes; ensuite, on n'était pas d'accord sur les moyens les plus simples et les plus économiques d'extraire l'indigo du pastel. Cette divergence d'opinions a détourné plusieurs particuliers d'élever des ateliers d'extraction. Pour la faire cesser, j'ai pensé qu'il convenait de réunir à Paris les directeurs des écoles expérimentales établies à Alby (Tarn), à Quiers (Pô), et à Borgo San-Sepolcro (Arno), pour la fabrication de l'indigo-pastel.

Depuis leur arrivée à Paris, ils ont des conférences avec la commission des teintures indigènes, afin de fixer les procédés d'extraction. Il importait beaucoup qu'il en fût indiqué un d'une exécution simple, économique et facile; il a été découvert par M. Giobert, directeur de l'école expérimentale de Quiers, et il paraît que l'on parviendra à retirer quatre onces d'indigo d'un quintal de feuilles, poids de marc. Au moyen de l'eau dont la chaleur a été élevée à quatre-vingts degrés environ, et qu'on verse sur le pastel, l'extraction a lieu dans sept à huit minutes au plus. On doit à M. de Puymaurin, directeur de l'école expérimentale d'Alby, la découverte du procédé pour le raffinage de cet indigo. Il reste à effectuer quelques autres opérations qui sont d'une simplicité à peu près pareille. Suivant M. Giobert, l'indigo de la plus belle qualité, extrait de cette manière, ne revient qu'à neuf ou dix francs au plus la livre, poids de marc. Il calcule alors qu'on coupe la feuille dix fois. Si des récoltes aussi nombreuses peuvent être effectuées dans les départemens italiens où le pastel est semé en automne, il n'en est pas de même dans les départemens du nord, où l'on n'ensemence qu'au printemps. Dans ceux de ces derniers départemens, il ne se fait quelque fois que trois à quatre coupes; de ces variations il résulte qu'il est presque impossible d'évaluer le poids des feuilles que donne une quantité déterminée de terrain, poids qui est d'ailleurs, plus ou moins considérable, suivant les saisons, la nature du terrain, et la manière dont il a été cultivé. Lors même qu'on pourrait faire cette évaluation dans une localité, il serait fort difficile d'avoir des données fixes sur la quantité d'indigo qui serait obtenue, puisque le pastel paraît renfermer plus ou moins d'indigo, suivant la latitude sous laquelle il a été cultivé.

Ces explications pourraient faire penser qu'il sera impossible de vendre l'indigo indigène au même prix que l'indigo colonial, puisque l'anil qui produit ce dernier indigo donne quatre fois plus de fécule que le pastel. L'objection serait fondée si les récoltes de l'anil étaient nombreuses; mais on ne fait qu'une récolte et demie de cette plante, tandis que, d'après M. Giobert, on peut, dans les départemens méridionaux, en faire jusqu'à douze et quatorze de pastel; d'ailleurs, on retire d'un arpent semé en pastel un poids plus considérable de feuilles que d'un arpent semé en anil (1), circonstances qui peuvent établir une balance entre les produits en indigo des deux plantes.

Suivant les directeurs des écoles expérimentales pour la fabrication de l'indigo, formées dans les villes de Quiers (Pô), Alby (Tarn), et de Borgo San-Sepolcro (Arno),

---

(1) Suivant Carpentier Cossigni, qui a habité long-temps l'Ile-de-France, l'anil, qui est une plante fructescente, c'est-à-dire à tige presque ligneuse, a peu de feuilles pour produire l'indigo. Elle ne donne qu'environ seize onces par quintal, poids de marc.

l'arpent de Paris produit au moins, année moyenne, cent cinquante quintaux, poids de marc, de feuilles de pastel. Le quintal de feuilles donne quatre onces d'un indigo très-pur et aussi beau que celui du Bengale. En supposant qu'on ne récolte que cent cinquante quintaux, on a six cents onces, lesquelles, réduites en livres, poids de marc, donnent trente-sept livres huit onces par arpent, même poids; et en ne vendant l'indigo qu'au prix le plus bas du commerce, qui est de quinze francs, non compris les droits, on obtient par arpent une somme de cinq cent soixante-deux francs cinquante centimes, ci. 562f 50c

De cette somme il faut déduire les suivantes :

1° Pour la location de l'arpent.	50
2° Pour trois labours, à raison de cinq francs chaque.	15
3° Pour défoncement du terrain et formations de sillons. . .	10
4° Pour l'achat de la graine.	15
5° Pour frais d'arrachage des mauvaises herbes.	30
6° Pour frais de salaire à ceux qui feront la cueillette des feuilles.	50
7° Pour l'achat du fumier.	10
8° Pour les frais de fabrication de l'indigo, évalués à deux francs par livre, ce qui fait pour les vingt-huit livres.	56
	236
Bénéfice du fabricant par exploitation d'un arpent	326 50

La consommation annuelle de l'indigo est d'environ onze à douze cent mille livres pesant; chaque arpent produisant trente-sept livres huit onces d'indigo, il sera nécessaire de consacrer à la culture trente-trois mille arpens, ou seize mille cinq cents hectares, qui équivalent à environ sept lieues et demie carrées de terrain.

On a maintenant la certitude que l'indigo indigène pourra remplacer avec avantage l'indigo des Indes. Pour étendre la culture de cette plante précieuse et la fabrication de l'indigo qu'elle peut fournir, des encouragemens sont nécessaires, et j'ai l'honneur de proposer à votre majesté ceux que je crois propres à atteindre ce but.

Signé le comte DE SUSSY.

---

14 JANVIER 1813. — Décret relatif à la 113e loterie dite hollandaise. (4, Bull. 468, n° 8572.)

---

14 JANVIER 1813. — Acte du Sénat conservateur qui nomme les membres du Corps-Législatif pour les départemens du Cher, de Rome et de la Haute-Saône (1re série). (4, Bull. 468, n° 8571.)

---

14 JANVIER 1813. — Décret portant création d'une maison centrale de détention pour les départemens de l'Allier, Cantal, Corrèze, Creuse, Haute-Loire, Puy-de-Dôme et du Rhône, et qui l'établit dans le ci-devant couvent des Cordeliers de Riom, département du Puy-de-Dôme. (4, Bull. 473, n° 8618.)

---

15 JANVIER 1813. — Décret relatif à l'organisation judiciaire et administrative de la vallée d'Aran, réunie au département de la Haute-Garonne. (4, Bull. 470, n° 8594.)

N....... vu notre décret du 26 janvier 1812.

Art. 1er. La vallée d'Aran formera un canton de justice de paix, qui fera partie de l'arrondissement communal de Saint-Gaudens, département de la Haute-Garonne.

2. Il y aura un maire, un adjoint, et un conseil municipal de dix membres dans la commune d'Escugnau, à laquelle est réunie celle de Cazaril; dans la commune de Billa, à laquelle est réunie celle d'Arros; dans la commune de Bordas, à laquelle sont réunies celles de Benous et de Begons; et dans chacune des communes de Viella-Bertzeu, de Gauzar de Cazau, de Gards, d'Arties, de Gesse, d'Una, de Bagergue, de Salardu, de Tredos, de Vilac, de Mont, de Montcourbeau, d'Aubert, de Bellant, de Billamos, d'Arres, d'Arrou, de Bossost, de Lez, de Canejean et de Bozen.

3. La justice de paix et les mairies seront organisées au 1er avril 1813.

4. A cette époque, les lois françaises seront exécutoires dans la Vallée, d'après la publication qui en sera faite par notre grand-juge, ministre de la justice.

---

15 JANVIER 1813. — Décret sur l'enseignement et l'exercice de l'art vétérinaire. (4, Bull. 475, n° 8692.)

Voy. loi du 29 GERMINAL an 3.

TITRE Ier. Formation des écoles vétérinaires.

Art. 1er. Les écoles vétérinaires sont portées au nombre de cinq, et divisées en deux classes :

L'école d'Alfort seule est l'école de première classe; les écoles de Lyon, de Turin, d'Aix-la-Chapelle et de Zutphen, département de l'Yssel-Supérieur, sont écoles de seconde classe. Notre ministre de l'intérieur fera la circonscription des départemens appelés à fournir des élèves dans chacune de ces écoles.

2. Les départemens formant l'arrondissement des écoles de Lyon, de Turin, d'Aix-la-Chapelle et de Zutphen, jouiront chacun de quatre à cinq places, aux frais du Gouvernement, dans l'école qui leur est assignée.

Le nombre des places accordées aux départemens formant l'arrondissement de l'école d'Alfort sera déterminé par notre ministre de l'intérieur, de manière à ce que les élèves qui suivront le premier cours nécessaire pour obtenir le brevet de maréchal vétérinaire ne puissent nuire à l'admission des élèves appelés à suivre le second cours nécessaire pour obtenir le brevet de médecin vétérinaire; cette école étant surtout destinée à perfectionner l'enseignement des élèves qui auront terminé avec succès le premier cours dans l'une de nos écoles vétérinaires.

3. Indépendamment des élèves qui sont entretenus aux frais de notre Trésor impérial, ceux de nos sujets âgés de seize à vingt-cinq ans qui voudront s'instruire dans l'art vétérinaire, et entrer à leurs frais dans l'une des écoles, y seront admis, et recevront gratuitement l'instruction et le logement, s'ils réunissent d'ailleurs les conditions exigées pour les élèves boursiers. Ceux qui auront atteint l'âge de vingt ans justifieront qu'ils ont satisfait à la conscription.

4. Le prix de la pension de chaque élève est fixé à trois cent trente-quatre francs, tant pour les élèves boursiers que pour les élèves libres.

5. L'enseignement dans nos écoles vétérinaires a pour objet de former des maréchaux vétérinaires et des médecins vétérinaires. Il se divise en deux cours : le premier cours, commun à toutes les écoles, comprend : 1° la grammaire; 2° l'anatomie et l'extérieur des animaux; 3° la botanique, pharmacie et matière médicale vétérinaire; 4° la maréchalerie, forge et jurisprudence vétérinaire; 5° le traitement des animaux malades. Le second cours, réservé à l'école d'Alfort, comprend : 1° l'économie rurale, les haras, l'éducation des animaux domestiques; 2° la zoologie; 3° la physique et la chimie appliquée aux maladies des animaux. Cette division de l'enseignement peut être modifiée par notre ministre de l'intérieur, si de nouvelles méthodes, les progrès de l'art et de l'expérience, en font sentir l'utilité, mais sans que le nombre des professeurs puisse être augmenté.

Chacun des sept objets principaux d'enseignement ci-dessus indiqués sera confié à un professeur spécial ; l'enseignement de la grammaire, à un maître d'études. En conséquence, il y aura sept professeurs, et un maître d'étude pour la grammaire, dans l'école d'Alfort; et quatre professeurs seulement, et un maître d'études pour la grammaire, dans les écoles de Lyon, de Turin, d'Aix-la-Chapelle et de Zutphen.

6. La première partie d'enseignement désignée dans l'article précédent formera le cours nécessaire pour obtenir le brevet de maréchal vétérinaire; ce cours sera de trois ans. La seconde partie d'enseignement, désignée dans l'article précédent, formera le cours nécessaire pour obtenir le brevet de médecin vétérinaire; ce cours sera de deux années.

7. Les élèves aux frais de l'Etat, qui auront achevé le premier cours, et qui voudraient suivre le second, ne le pourront que sur la présentation qui en sera faite par le jury de l'école où ils auront été instruits, à notre ministre de l'intérieur : les élèves qui paient pension pourront aussi suivre le second cours, pourvu qu'ils se présentent avec le brevet de maréchal vétérinaire, qu'ils auront dû obtenir à la fin du premier cours. Notre ministre de l'intérieur déterminera, chaque année, le nombre des élèves auxquels il sera permis de suivre le grand cours : il se réglera non-seulement sur la capacité des sujets qui demanderont à être admis, mais sur le besoin présumé que notre empire peut avoir de médecins vétérinaires; notre intention étant que l'instruction acquise, en tournant au profit de l'art, n'en fasse pas négliger le principal objet.

8. Les fonctionnaires, agens et employés dans les écoles vétérinaires sont, pour les cinq écoles, un inspecteur général; pour chaque école, un directeur, un régisseur, un maître de grammaire, un surveillant, un secrétaire auprès du directeur, un concierge, un jardinier-botaniste; pour les écoles de Lyon, de Turin, d'Aix-la-Chapelle et de Zutphen, quatre professeurs; et pour l'école d'Alfort, sept professeurs.

9. Les traitemens seront réglés ainsi qu'il suit :

L'inspecteur général. . . . . 8,000 f
Un directeur. 6,000
Les professeurs, chacun. 4,000
Un maître de grammaire 2,000
Un régisseur. 4,000

(Il est tenu de fournir un cautionnement en immeubles, de trente mille francs.)

Un surveillant. 2,000
Un secrétaire auprès du directeur . . 1,200
Un concierge. 1,200
Un jardinier-botaniste 1,500

10. L'inspecteur général, les directeurs et les régisseurs seront nommés par nous, sur la présentation de notre ministre de l'intérieur. Notre ministre nomme le secrétaire, le surveillant, le concierge et le jardinier-botaniste.

11. Deux répétiteurs, aux appointemens de trois cents francs chacun, sont attachés à chaque professeur, et nommés annuellement parmi les élèves, sur la présentation d'un jury d'examen formé par les professeurs, et présidé par le directeur de l'école.

12. Les places de professeurs seront données au concours : les règles de ce concours seront déterminées par notre ministre de l'intérieur, qui fixera également le nombre des séances annuelles du jury d'examen.

13. A la fin de chaque cours, ce jury délivrera des brevets aux élèves sortans, soit à titre de maréchaux vétérinaires, soit à titre de médecins vétérinaires : ce brevet sera signé par le directeur de l'école, président du jury, et par deux professeurs, les plus anciens de ceux qui auront assisté au jury d'examen. Si l'inspecteur général est présent, il présidera, de droit, le jury. Notre ministre de l'intérieur nous soumettra à la fixation de la rétribution attachée à chaque délivrance de brevet; et il déterminera, au profit desdites écoles, l'emploi à faire des sommes qui proviendront de ces rétributions.

TITRE II. De l'exercice de l'art vétérinaire en France.

14. Les médecins et maréchaux vétérinaires sont exclusivement employés, par les autorités civiles et militaires, pour le traitement des animaux malades. A l'avenir, nul vétérinaire ne pourra être attaché à nos haras, s'il n'a obtenu le brevet de première classe; et, pour être employé dans nos dépôts d'étalons, il faudra être breveté maréchal vétérinaire.

15. Il pourra y avoir, dans chaque chef-lieu de préfecture, si le préfet juge que cela soit utile, et d'après l'autorisation de notre ministre de l'intérieur, un médecin vétérinaire, qui sera obligé d'y résider, et qui recevra une indemnité annuelle de douze cents francs prise sur les fonds du département : ce médecin vétérinaire sera tenu de former un atelier de maréchalerie, de faire des élèves à des conditions fixées à l'amiable entre eux et lui. A la fin de la seconde année d'apprentissage, il délivrera à ses élèves un certificat de maréchal-expert; ce certificat sera visé par le préfet.

16. Les villes chefs-lieux d'arrondissement pourront, d'après l'autorisation du préfet, accorder à un maréchal vétérinaire qui sera obligé d'y résider, une indemnité annuelle de huit cents francs, prise sur les fonds du département : ce maréchal vétérinaire sera assujéti aux mêmes conditions, et jouira des mêmes avantages accordés au médecin vétérinaire par l'article précédent. Les certificats de maréchal-expert qu'il délivrera seront visés par le sous-préfet.

17. Les villes et communes qui ne sont pas chefs-lieux de département ou d'arrondissement pourront, sur la demande du conseil municipal, approuvée par le préfet, accorder à un maréchal vétérinaire, sur les fonds communaux, une indemnité annuelle, aux mêmes clauses exprimées dans les articles ci-dessus. Les certificats de maréchal-expert délivrés par le maréchal vétérinaire à ses apprentis seront, dans ce cas, visés par le maire.

TITRE III. Des conditions à remplir par les élèves.

18. Les élèves désignés par les préfets comme devant jouir de la pension gratuite seront nommés par nous, sur la présentation de notre ministre de l'intérieur.

19. Ils peuvent être mis momentanément à leurs frais, par forme de punition et d'épreuve, et renvoyés de l'école en cas d'incapacité évidente et d'inconduite. Le ministre prononce la première de ces peines, sur le rapport du directeur et de l'inspecteur général; et la deuxième, sur l'avis du jury d'examen.

20. L'élève aux frais de l'Etat, et présenté par un préfet, est obligé de fournir un cautionnement de six cents francs en immeubles, qui répondra de la dépense faite par lui, s'il est renvoyé avant d'avoir obtenu un brevet.

21. Il contracte l'engagement de résider pendant six ans, après qu'il aura obtenu son brevet, dans le département qui l'a présenté : il ne lui est accordé main-levée de l'inscription hypothécaire prise à raison de son cautionnement, que sur un certificat du préfet, constatant qu'il a satisfait à la condition de la résidence, ou qu'il en a été légitimement dégagé.

22. Il sera reçu, dans chaque école, un nombre indéterminé d'élèves à leurs propres frais.

23. Nul ne peut être admis dans nos écoles impériales vétérinaires, s'il n'est âgé de seize à vingt-cinq ans, s'il ne sait bien lire et écrire, s'il ne possède les élémens de la grammaire française; s'il n'a les dispositions physiques et morales nécessaires pour faire des progrès dans l'art auquel il se destine; enfin, s'il ne justifie d'un apprentissage relatif à la ferrure du cheval.

24. Les élèves reçus gratuitement, comme ceux reçus à leurs frais, sont tenus de se procurer le trousseau, les livres élémentaires et les instrumens indiqués dans le réglement particulier de l'école.

25. L'époque d'entrée des élèves dans les écoles est fixée au 1er novembre de chaque année.

26. Le jury examinera les élèves qui se présenteront pour être admis, et ceux qui seront dans le cas d'obtenir des brevets; il

désignera au ministère les élèves qui ont mérité des prix, et ceux qui sont jugés en état d'être répétiteurs.

TITRE IV. Des vétérinaires militaires (1).

§ Ier. *Des élèves.*

27. Il sera réservé, dans chaque école, vingt places gratuites pour les élèves destinés à être vétérinaires dans nos troupes; ils seront nommés par nous, sur la présentation de notre ministre directeur.

28. Ces places seront aux frais de l'administration de la guerre, et seront données: 1° aux fils de vétérinaires en activité ou retirés avec pension; 2° aux fils de cavaliers maréchaux-ferrans; 3° aux enfans de troupes à cheval.

29. Ils contracteront l'engagement de servir dix ans dans nos régimens de troupes à cheval ou bataillons du train.

30. Ils rempliront les conditions de l'article 23 sur l'admission des élèves; l'art. 19 ne leur est point applicable.

31. Les trousseaux, les livres élémentaires et les instrumens leur seront fournis au compte de l'administration de la guerre.

32. Quant à leur instruction, il n'y aura d'exigé que le cours de trois ans fixé pour former les maréchaux vétérinaires. Cependant nous permettons que ceux de nos élèves militaires qui annonceraient des dispositions particulières puissent être présentés à notre ministre de l'intérieur, parmi les candidats pour le second cours: s'ils sont admis, ils seront susceptibles de recevoir le brevet de médecin vétérinaire.

33. Les élèves qui n'auront pas satisfait aux examens, ceux qui seraient renvoyés de l'école pour incapacité, mauvaise volonté ou indiscipline, seront incorporés comme cavaliers ou maréchaux ferrans.

§ II. Des inspecteurs.

34. Il y aura, selon le besoin, sous les ordres de notre ministre-directeur de l'administration de la guerre, des vétérinaires inspecteurs pris parmi les médecins vétérinaires, les professeurs de nos écoles vétérinaires, et les vétérinaires aujourd'hui en activité de service dans nos troupes à cheval: à l'avenir, ils seront pris parmi les médecins vétérinaires.

35. Leur traitement sera de deux mille francs. Leur logement, dans les cas prévus par les réglemens, sera de quatre cents francs, et l'indemnité de route de trois francs: en temps de guerre, ils auront droit à deux rations de fourrages.

36. Leur uniforme sera celui des professeurs des écoles vétérinaires.

37. A l'avenir, les places qui vaqueront dans la première classe des inspecteurs seront remplies par des inspecteurs de seconde classe; et ceux-ci seront remplacés par des vétérinaires brevetés médecins.

38. En temps de guerre, ils seront chargés en chef du service vétérinaire des grands parcs d'artillerie, du génie et des équipages, des dépôts généraux de chevaux pour les troupes à cheval, et autres grands établissemens permanens ou temporaires formés pour le service général de l'armée.

39. En temps de paix, les vétérinaires-inspecteurs pourront être placés près des dépôts qui seraient formés pour la réception des remontes. Ils seront également employés, par notre ministre-directeur, à faire des tournées pour s'assurer de la manière dont nos chevaux de troupes sont soignés et traités par les vétérinaires des corps, reconnaître la salubrité ou l'insalubrité des écuries des différens quartiers de cavalerie, et proposer toutes les mesures sanitaires propres au bon entretien et à la conservation des chevaux.

§ III. Des vétérinaires dans les corps.

40. Il y aura, dans chacun de nos régimens de troupes à cheval et bataillons du train, un maréchal vétérinaire en premier et un maréchal vétérinaire en second. Ceux qui s'y trouvent prendront ces dénominations; le plus ancien, celle de maréchal vétérinaire en premier: s'il y en a trois, le troisième sera maréchal vétérinaire surnuméraire.

41. Lorsqu'il vaquera une place de maréchal vétérinaire en premier, notre ministre-directeur, sur la présentation du conseil d'administration, nommera, soit le vétérinaire en second du régiment ou bataillon, soit tout autre vétérinaire en second.

42. Les places de maréchaux vétérinaires en second seront données aux élèves militaires qui auront achevé leurs cours; elles le seront par numéros d'ordre, en raison du mérite, sur les listes formées par le jury d'examen.

A défaut de vacance, les élèves seront surnuméraires, et attendront leur placement dans le grade et la solde de maréchal-des-logis; mais ils seront les premiers placés sur toutes les troupes à cheval et bataillons du train.

Les élèves du second cours, dès l'instant où ils le commenceront, compteront comme vétérinaires surnuméraires, et dateront de là pour le rang et la solde progressive.

Avant dix ans de service, les titulaires ou

(1) *Voy.* décret du 30 septembre 1811.

surnuméraires qui ne montreraient pas assez de capacité pour leur emploi rentreront dans les rangs comme sous-officiers. Ceux qui mériteront de le perdre pour inconduite, rentreront dans les rangs comme soldats : s'ils ont plus de dix ans de service, ils seront renvoyés. Dans l'un et l'autre cas, le ministre-directeur prononcera sur le rapport du colonel.

43. Les maréchaux vétérinaires seront employés en temps de guerre, le premier aux escadrons, le second au dépôt. En paix, si le régiment est séparé, le vétérinaire en premier sera attaché à la portion du corps la plus considérable : si le régiment est réuni, le conseil d'administration leur partagera le service et traitera avec chacun d'eux. Ils seront tenus d'agir de concert pour toutes les opérations où le concours de deux vétérinaires est utile, et, dans ce cas, le vétérinaire en premier les dirigera.

Les maréchaux vétérinaires surnuméraires, en temps de paix, compteront dans les cadres : en temps de guerre, ils seront hors des cadres et en plus.

A défaut de vétérinaires surnuméraires, les régimens sont autorisés à choisir, pour y suppléer, un ou deux maréchaux-des-logis, brigadiers, cavaliers ou maréchaux-ferrans. Ils feront partie des cadres dans les corps sur le pied de paix, et seront en plus dans ceux sur le pied de guerre. Ils recevront, tant qu'il sera utile de les employer comme vétérinaires, la solde du grade immédiatement au-dessus du leur.

44. Le maréchal vétérinaire en premier portera les galons de maréchal-des-logis chef, et aura rang après les adjudans, avec l'habillement décrété le 7 février dernier.

Le maréchal vétérinaire en second aura rang après les maréchaux-des-logis chefs, et portera les galons de maréchal-des-logis ordinaire, avec le même habillement que le vétérinaire en premier.

Les vétérinaires surnuméraires porteront l'habit des maréchaux-des-logis ordinaires, et prendront parmi eux leur rang d'ancienneté, à dater de leur arrivée au corps.

45. La solde des maréchaux vétérinaires sera fixée ainsi qu'il suit :

		SOLDE JOURNALIÈRE DE PRÉSENCE,			SOLDE D'ABSENCE,		
		avec vivres de campagne	en station sans vivres de campagne	en marche avec pain seulem[t].	en semestre.	à l'hôpital.	à ceux marchant isolément avec indemnité de route.
		fr. c.	fr. c.	fr. c.	fr. c. m.	c.	c.
Maréchaux vétérinaires en premier.	Pendant les dix premières années de service.	1 77	1 92	2 77	« 88 5	10	10
	De dix à vingt ans.	2 20	2 35	3 20	1 10 0	10	10
	Après vingt ans. . .	2 75	2 90	3 75	1 37 5	10	10
Maréchaux vétérinaires en second.	Pendant les dix premières années de service	1 00	1 15	1 40	« 50 0	10	10
	De dix à vingt ans.	1 77	1 92	2 77	« 88 5	10	10
	Après vingt ans. . .	2 20	2 35	3 20	1 10 0	10	10

Le temps que les maréchaux vétérinaires en premier auront passé comme maréchaux vétérinaires en second ou surnuméraires leur sera compté pour les faire jouir de cette solde graduée. Il en sera de même des maréchaux vétérinaires en second, pour le temps qu'ils auront passé dans le surnumérariat.

Sous le rapport des autres prestations, et dans les différentes positions, les maréchaux vétérinaires en premier seront traités sur le même pied que les adjudans ; et les maréchaux vétérinaires en second, comme les maréchaux-des-logis chefs.

Les surnuméraires seront en tout traités selon leur grade militaire.

La retraite des maréchaux vétérinaires en premier, en second et surnuméraires, sera réglée au prorata de leur solde et de leurs services.

46. Les traitemens fixés par l'article précédent courront du 1er juillet 1813.

47. Nos régimens de troupes à cheval cesseront d'envoyer aux écoles vétérinaires les officiers ou sous-officiers que notre arrêté du 24 prairial an 11 les autorisait à y détacher, pour y acquérir les connaissances de l'hippia-

trique. Ceux qui s'y trouvent rejoindront leurs corps immédiatement après la publication du présent décret.

48. Les décrets antérieurs contraires au présent sont rapportés.

49. Nos ministres sont chargés de l'exécution du présent décret.

---

15 JANVIER 1813. — Décret concernant l'organisation du mont-de-piété de la ville de Plaisance, département du Taro. (4, Bull. 471, n° 8599.)

---

15 JANVIER 1813. — Décret relatif aux actes de l'état civil qui, dans l'ancienne province d'Ostfrise, département de l'Ems-Oriental, ont été reçus par les ministres du culte depuis le 1er mars 1811 jusqu'au 1er mars 1812. (4, Bull. 472, n° 8609.)

---

15 JANVIER 1813. — Décret qui autorise le sieur Lambert-Henns Poelmann à changer de nom. (4, Bull. 477, n° 8734.)

---

15 JANVIER 1813. — Décrets qui établissent des foires à Diest et à Dompière. (4, Bull. 476, nos 8717 et 8718.)

---

15 JANVIER 1813. — Décrets qui autorisent l'acceptation de dons et legs faits aux pauvres et hospices d'Aurillac, de Toulouse, Bordeaux, Mont-de-Marsan, Broechem, Armentières, Lyon, Rome, et aux fabriques des églises de Soumagne et de Saint-Aubin-du-Ploien. (4, Bull. 477, n° 8743 à 8753; et Bull. 479, nos 8802 à 8804.)

---

15 JANVIER 1813. — Décrets qui autorisent l'acceptation de dons et legs faits aux pauvres et hospices de Salon, Soignes, Agen, Nancy, Sorcy et Bruyères. (4, Bull, 483, nos 8909 à 8914.)

---

15 JANVIER 1813. — Décrets qui autorisent l'érection en chapelles des églises des communes de Wières, Saint-Clair-sur-les-Monts et Ste.-Marie-des-Champs, Vilbeuf, et l'établissement d'une chapelle dans la commune de Larringe. (4, Bull. 483, nos 8915 à 8918.)

---

16 JANVIER 1813. — Décrets qui autorisent l'acceptation de dons et legs faits aux pauvres et hospices de Saissac, de Redon et d'Alba. (4, Bull. 486, nos 8719 à 8721.)

17 JANVIER 1813. — Décret qui statue sur le pourvoi des habitans de la commune de Tourmont contre un arrêté du préfet du Jura, par lequel il était enjoint à ladite commune de comprendre dans la distribution de son affouage de 1811 les habitans du hameau des Soupois. (4, Bull. 472, n° 8610.)

N...... vu la requête des habitans de la commune de Tourmont, département du Jura, tendant à faire annuler un arrêté du préfet de ce département, du 29 novembre 1810, par lequel il est enjoint au conseil municipal de ladite commune de comprendre les habitans du hameau des Soupois dans la distribution de l'affouage de 1811, pour des parts égales à celles de tous les autres chefs de famille habitans de ladite commune;

Vu l'arrêté du préfet du Jura, du 29 novembre 1810;

La requête en réponse, fournie par les habitans du hameau des Soupois, et les pièces à l'appui;

Considérant qu'en principe général, la réunion des communes ne doit porter aucune atteinte à leurs droits respectifs de propriété, et que, s'il se présentait quelque cas d'exception, il devrait être consacré par un décret spécial (1);

Considérant que les habitans du hameau des Soupois ne présentent, indépendamment de l'acte de leur réunion à la commune de Tourmont, aucun titre qui les constitue copropriétaires des bois appartenant à cette commune;

Qu'en conséquence, leur prétention à la distribution de l'affouage dont il s'agit n'est pas fondée;

Que, par suite, et en vertu du même principe, les habitans des Soupois ne doivent être assujétis à aucune portion des charges inhérentes aux bois appartenant à la commune de Tourmont;

Notre Conseil-d'Etat entendu;

Nous avons décrété et décrétons ce qui suit :

Art. 1er. L'arrêté du préfet du département du Jura, du 29 novembre 1810, est annulé.

2. Les habitans du hameau des Soupois sont renvoyés devant le préfet, à l'effet de faire par lui procéder, s'il y a lieu, au dégrèvement en leur faveur des sommes qui pourraient leur être indûment imposées à titre de part contributive aux charges inhérentes aux

---

(1) Lorsqu'une section de commune est distraite de la commune à laquelle elle appartient, et est incorporée à une autre commune, les habitans de la section conservent, sur les biens de la commune dont ils sont distraits, les droits d'*affouage* qu'ils avaient antérieurement (18 avril 1826, Nancy; S. 27, 2, 203).

Lorsqu'un corps de ferme ou domaine est distrait du territoire de la commune à laquelle il appartient, et est réuni au territoire d'une autre commune, cette réunion ne confère pas aux propriétaires du domaine le droit de participer à l'affouage des bois de la commune à laquelle ce domaine est incorporé (28 février 1828; Besançon; S. 28, 2, 242; D. 28, 2, 220.)

propriétés de la commune de Tourmont. Toutefois le conseil municipal de Tourmont sera autorisé à délibérer sur la question de savoir s'il convient à cette commune de faire participer les habitans du hameau des Soupois à la distribution de l'affouage, à la charge, par ces derniers, de supporter une part proportionnelle des contributions et des frais.

3. Nos ministres de l'intérieur et des finances sont chargés de l'exécution du présent décret.

---

17 JANVIER 1813. — Décret portant création d'une commission syndicale pour administrer le territoire des marais de Blanquefort, département de la Gironde. (4, Bull. 472, n° 8611.)

Voy. loi du 16 SEPTEMBRE 1807.

N..... vu les statuts de la communauté des marais de Blanquefort du 22 février 1657;

Vu les lois des 14 pluviose an 6, 14 floréal an 11, et 16 septembre 1807.

TITRE Ier. Formation d'une commission syndicale.

Art. 1er. Le territoire des marais de Blanquefort, département de la Gironde, sera administré par une commission syndicale composée de sept membres pris parmi les plus imposés.

2. Les membres de cette commission resteront sept ans en place : cependant, pour la première fois, il en sortira un à la fin de la première année, un à la fin de la seconde, ainsi de suite, de manière qu'ils soient renouvelés par septième dans le cours de chaque année. Ils seront indéfiniment rééligibles.

3. Un des commissaires nommés par le préfet aura le titre de directeur : il sera chargé de la surveillance générale des intérêts de la communauté, du dépôt des plans, registres et autres pièces relatives à l'administration des marais.

Il convoquera et présidera la commission, dont les assemblées seront tenues dans le lieu désigné par le préfet.

Ses fonctions dureront trois ans; il sera indéfiniment rééligible.

Il aura un adjoint, dont les fonctions seront annuelles, et qui sera pris parmi les plus imposés, et fera partie de la commission; il remplacera le directeur, en cas d'empêchement.

4. La commission est spécialement chargée :

1° De répartir entre les intéressés le montant des taxes reconnues par la commission nécessaires à l'achèvement et à l'entretien des travaux de desséchement;

2° De faire exécuter les travaux;

3° D'examiner, modifier ou approuver les projets de travaux d'entretien;

4° De passer les marchés et adjudications;

5° De vérifier les comptes du percepteur;

6° De donner son avis sur tous les objets relatifs aux intérêts de la communauté, sur lesquels elle sera consultée par l'administration;

7° De présenter au préfet une liste double sur laquelle sera nommé un conducteur des travaux, lorsqu'il sera nécessaire.

5. La commission ne pourra délibérer qu'au nombre de cinq membres, y compris le président, qui, en cas de partage, aura voix prépondérante.

Les délibérations seront soumises à l'homologation du préfet.

6. La commission proposera un plan de révision des réglemens de la communauté des propriétaires, dans le sens et d'après les bases du présent décret.

Ce réglement, après avoir été approuvé par le préfet, sera mis en activité, lorsque les travaux de desséchement auront été exécutés.

TITRE II. *Travaux.* — Mode d'exécution et de paiement.

7. Les projets seront rédigés par des hommes de l'art choisis par la commission, et acceptés par le préfet, sur l'avis de l'ingénieur en chef.

Ces projets seront soumis à l'approbation de notre directeur général des ponts-et-chaussées, toutes les fois qu'il s'agira de travaux neufs et autres que ceux de simple entretien et de conservation.

8. L'exécution des travaux aura lieu sous la surveillance du directeur et de deux membres de la commission, et sous la direction du conducteur spécial.

Les travaux seront, autant que possible, adjugés d'après le mode établi pour ceux des ponts-et-chaussées, en présence du directeur de la commission.

9. Les paiemens d'à-compte seront faits en vertu des mandats du directeur de la commission, sur les certificats du conducteur, et visés par un des membres de la commission chargée de la surveillance des travaux.

10. La réception et les paiemens définitifs n'auront lieu que lorsque, par un procès-verbal, il aura été constaté par l'ingénieur des ponts-et-chaussées de l'arrondissement, que les travaux sont exécutés conformément aux projets approuvés.

Alors seulement le conducteur spécial délivrera le certificat de final paiement, lequel sera visé par le directeur et par deux membres de la commission chargée de la surveillance des travaux.

11. Les projets de travaux d'entretien seront rédigés et proposés par le conducteur spécial, visés par l'ingénieur en chef, et sou-

mis à la commission, conformément au paragraphe 3 de l'article 4 du présent réglement. Le préfet statuera sur leur adjudication et leur exécution.

Ces travaux seront adjugés par la commission, et dirigés par le conducteur spécial.

12. Les travaux urgens pourront être exécutés de suite et par économie, après une délibération spéciale de la commission : cette délibération sera immédiatement soumise à l'approbation du préfet.

13. Les travaux d'entretien seront payés sur des certificats d'à-compte délivrés par le conducteur spécial.

Les paiemens définitifs auront lieu sur des certificats de réception délivrés par le conducteur spécial, qui procédera à leur réception en présence de deux membres de la commission.

14. Le préfet se fera rendre compte, au moins tous les deux ans, de l'état d'entretien des marais. Il fera faire les vérifications et reconnaissances nécessaires par un ingénieur, aux frais des intéressés, et ordonnera, s'il y a lieu, les dispositions convenables pour assurer la conservation des travaux, après avoir entendu toutefois la commission administrative.

TITRE III. *Comptabilité.* — De la rédaction des rôles, et de leur recouvrement.

15. Le recouvrement des taxes délibérées par la commission, et approuvées par le préfet, sera fait par le percepteur qu'elle nommera, sous l'autorisation du préfet.

Ce percepteur prêtera le serment voulu par la loi.

16. La commission sera responsable de la gestion du percepteur, qui devra fournir un cautionnement en immeubles, proportionné au montant du rôle.

Il lui sera alloué une remise, proposée par la commission et déterminée par le préfet.

17. Le percepteur, au moyen de cette remise, dressera les rôles d'après les documens qui lui seront fournis par la commission conformément au § 1er de l'article 4.

Ces rôles seront visés par la commission, et rendus exécutoires par le préfet.

La perception en sera faite dans l'année, savoir : le tiers dans les quatre mois de la mise en recouvrement desdits rôles, le deuxième tiers dans les quatre mois suivans, et le troisième tiers dans les quatre mois après l'époque fixée pour le second paiement.

18. Le percepteur est responsable et passible du défaut de paiement des taxes dans les délais fixés, à moins qu'il ne justifie des poursuites qu'il a faites contre les rétardataires.

Le percepteur aura, contre les contribuables, le même droit de contrainte et de poursuite que pour les contributions publiques. Le paiement desdites taxes sera, en conséquence, exigible des fermiers, et de tous autres détenteurs, à quelque titre que ce soit, des fonds imposés, sauf leurs recours contre qui de droit pour l'exécution des conditions contraires.

Le privilége pour le recouvrement de ces taxes sera le même que celui accordé au Trésor pour le recouvrement des contributions publiques.

19. Le percepteur sera tenu d'acquitter les mandats délivrés, conformément aux articles 9, 10 et 13 du présent réglement.

Il rendra compte annuellement, avant le 1er juin, des recettes et dépenses qu'il aura faites pendant l'année précédente.

Il ne lui sera pas tenu compte des paiemens irrégulièrement faits.

20. La commission, après avoir vérifié ces comptes annuels, les transmettra au préfet, qui les arrêtera définitivement, sur l'avis du sous-préfet.

21. Le directeur vérifiera, lorsqu'il le jugera nécessaire, la situation de la caisse du percepteur, qui sera tenu de lui communiquer toutes les pièces de sa comptabilité.

TITRE IV. Dispositions générales.

22. Les contestations relatives au recouvrement des rôles, aux réclamations des individus imposés à la confection des travaux, seront portées devant le conseil de préfecture, conformément aux dispositions des lois des 28 pluviose an 8 et 14 floréal an 11.

23. Les contraventions aux réglemens relatifs à l'entretien et à l'exécution des travaux seront jugées administrativement, comme en matière de grande voirie. Elles seront constatées par des procès-verbaux dressés par le conducteur spécial, qui prêtera le serment prescrit par la loi du 29 floréal an 10, et par les agens de police désignés dans l'article 3 de la loi précitée, et autres décrets postérieurs.

Ces procès-verbaux seront affirmés devant les maires ou adjoints, conformément à l'article 112 du décret du 16 décembre 1811.

24. Tous délits, tels que violence, vols de matériaux, dégradation et voies de fait quelconques, seront constatés d'après les dispositions de l'article précédent, et renvoyés devant les tribunaux, ainsi que toutes demandes en réparation de dommages formées par des particuliers.

La moitié des amendes appartiendra à celui qui aura constaté la contravention ou le délit.

25. Dans le cas où il deviendrait nécessaire d'occuper ou d'acquérir quelques terrains pour l'établissement des canaux ou autres travaux de desséchement, par suite des projets approuvés, les indemnités à accorder aux

propriétaires seront fixées conformément aux dispositions des lois sur l'expropriation pour cause d'utilité publique.

Les indemnités à payer à la communauté par les propriétaires des fonds dont la valeur se serait accrue par suite des travaux de desséchement seront réglées conformément aux dispositions de la loi du 16 septembre 1807.

26. Notre ministre de l'intérieur est chargé de l'exécution du présent décret.

---

17 JANVIER 1813. — Décrets qui autorisent l'acceptation de dons et legs faits aux pauvres et hospices de Rossignano, Mantes, Nogent-le-Rotrou, aux fabriques des églises paroissiales et succursales de Grenoble, Vacqueville, Vallières, Vert, Précieux, Saint-Crépin, Arras, Sainte-Croix-aux-Mines, Autun, et au séminaire diocésain de Cahors. (4, Bulletin 479, nos 8805 à 8817.)

---

18 JANVIER 1813. — Décrets qui autorisent l'acceptation de la fondation d'une place à perpétuité dans l'institution de Sainte-Périne de Chaillot. (4, Bull. 476, n° 8730.)

---

18 JANVIER 1813. — Décrets qui autorisent l'acceptation de dons et legs faits aux pauvres et hospices de Hambourg, Ornes, Saint-Jean-Losne, Toulon, Narbonne, Saintes, Anvers, Mâcon, Malaucène, Puymeras, Nimègue, Marseille, Saint-Jean-du-Bouzet, Castera-Bouzet, Garcoult, Saint-Amé; aux séminaires de Cahors, La Rochelle, Saint-Flour, Plaisance, et des fabriques des églises paroissiales et succursales de Cornay, Saint-Vougay, la Fesneye, Pont-Saint-Martin, la Manta, Oberfeuten, Obermerzig et Ay. (4, Bull. 476, nos 8722 à 8729; Bull. 479, nos 8818 à 8836; et Bull. 483, n° 8931.)

---

18 JANVIER 1813. — Décrets qui autorisent l'érection en chapelles des églises des communes de Saint-Paul-de-Salers, Berville-sur-Seine, Ganzeville, Saint-Nicolas-de-La-Haye, Mesnil-Esnard, Petit-Quevilly, Saint-Sylvain; et l'établissement de chapelles dans les communes de Quetigny, Vauclans, Chilly, Leffrinckonke et Anceaumeville. (4, Bulletin 483, nos 8919 à 8930.)

---

19 JANVIER 1813. — Avis du Conseil-d'Etat. (Conflits.) *Voy.* 22 JANVIER 1813.

---

21 JANVIER 1813. — Décret qui déclare commun aux archives des tribunaux supprimés de Rome celui du 6 août 1809, concernant les archives des tribunaux supprimés de Florence. (4, Bull. 470, n° 8595.)

---

21 JANVIER 1813. — Décrets qui autorisent l'acceptation d'un legs fait aux pauvres de la paroisse de Saint-Eustache de Paris. (4, Bull. 476, n° 8731.)

---

21 JANVIER 1813. — Décrets qui autorisent l'établissement d'une chapelle dans la commune de Fosseux, et l'érection en chapelles des églises de Pervez et de Cléville. (4, Bull. 477, nos 8754 à 8756.)

---

22 JANVIER 1813. — Décret concernant la nature actuelle, le mode de conservation, le rachat et l'évaluation des dîmes, dans ceux des départemens réunis où ce genre de redevance existe encore. (4, Bull. 470, n° 8596.)

Voy. décret du 27 MARS 1813.

CHAPITRE Ier. De la nature actuelle des dîmes et de leur privilége et hypothèque.

Art. 1er. A partir du jour de la publication du présent décret, dans tous les pays réunis à notre empire où il existe encore des dîmes, elles ne seront considérées que comme redevances foncières en nature, sujettes au rachat, conformément à l'article 530 du Code civil, de la manière et au taux qui seront ci-après déterminés.

2. Les terres qui, dans le cours des trente années antérieures à la promulgation du présent décret, ont été sujettes à la dîme, sont considérées comme grevées de la redevance, et soumises aux dispositions du présent décret, sans égard à l'affranchissement que le redevable se serait procuré dans l'intervalle, par un changement d'exploitation.

3. Les propriétaires de dîmes auront, pour la conservation de la redevance, un privilége légal, qui s'exercera immédiatement après celui du fisc pour les contributions, et qui se conservera sans inscription pendant cinq ans, à partir de la publication du présent décret. Ce privilége vaudra, pour les arrérages, ainsi qu'il est réglé par l'article 11 ci-après.

4. Avant l'expiration desdites cinq années, pour conserver ce privilége à l'avenir, les propriétaires devront prendre inscription au bureau des hypothèques de l'arrondissement du lieu où le bien grevé de la redevance est situé, en la forme réglée par le Code civil: faute de prendre l'inscription dans le délai, celle qui ne sera prise qu'ultérieurement ne conservera qu'une hypothèque simple, qui n'aura rang que du jour de l'inscription.

5. La disposition portée en l'article précédent aura lieu contre les mineurs et les femmes en puissance de mari, sauf leurs recours contre leurs tuteurs ou leurs maris qui auront négligé de prendre l'inscription dans les cinq ans.

6. Pour purger le privilége subsistant sans inscription pendant les cinq années, aux termes de l'article 3 ci-dessus, on observera les formalités voulues par le Code civil, et par les avis du Conseil-d'Etat des 9 mai 1807 et 5 mai 1812.

CHAPITRE II. Du rachat des dîmes.

7. Les dîmes de toute nature encore existant dans les pays réunis à notre empire, dues sur les grains, fruits, volailles et bestiaux, quelle que soit leur origine, sont rachetables à perpétuité, et le rachat en est imprescriptible.

8. Tout propriétaire de dîme peut en provoquer dès à présent l'évaluation et la conversion en une redevance en argent, en faisant déterminer contradictoirement, et en forme authentique, le capital représentatif de la valeur de la redevance.

9. Néanmoins ce capital ne sera remboursable qu'à la volonté du redevable.

10. Ce capital, déterminé ainsi qu'il est dit aux articles 15 et 16 ci-après, portera intérêt à cinq pour cent, sauf la déduction du cinquième pour les contributions.

11. Pour sûreté du capital et des intérêts, le propriétaire aura, sur le fonds grevé, les priviléges et hypothèques réglés au chapitre précédent, selon les cas qui y sont établis.

Les arrérages qui écherront dans la suite se conserveront, conformément aux dispositions du Code civil, avec privilége pour deux années, et, pour les années subséquentes, en prenant inscription spéciale.

CHAPITRE III. Du mode d'évaluation.

12. Si les parties ne peuvent se régler de gré à gré sur l'évaluation, celui qui la provoquera fera citer le refusant en conciliation devant le juge-de-paix de l'arrondissement du lieu où le fonds grevé de la redevance est situé, en la forme et de la manière établies par le Code de procédure civile.

13. Si le juge-de-paix ne peut les concilier, il les réglera définitivement sans appel, ou à la charge de l'appel, lorsque le capital du rachat n'excédera pas sa compétence sous l'un ou l'autre de ces rapports; autrement, il les renverra devant les tribunaux.

14. Les parties n'ayant pu parvenir à se régler de gré à gré, l'évaluation sera faite sur un rapport d'experts choisis par les parties, et, à défaut, par le président du tribunal civil, dans la quinzaine de la signification faite de la demande en évaluation par le propriétaire, ou de l'offre du rachat par le débiteur de la dîme.

15. Les experts estimeront le produit annuel de la dîme, évaluant la quantité et le prix des grains, pailles, denrées ou animaux que la redevance peut produire année commune, en prenant les trente dernières années, déduisant les deux fortes et les deux plus faibles, et en supposant que les terres sont cultivées sans travail ni dépenses extraordinaires, mais selon la coutume du pays, avec les alternats et assolemens d'usage.

Le prix de chaque nature de fruits pourra être estimé d'après les mercuriales du chef-lieu d'arrondissement, et, à défaut, du marché le plus voisin.

16. Le capital représentatif de la valeur de la redevance sera établi sur le pied de vingt-cinq fois le produit déterminé, ainsi qu'il est dit en l'article précédent; le tout sans déroger aux évaluations qui seraient faites par les titres de propriété.

17. Lorsque l'évaluation sera provoquée par le propriétaire de la dîme, les frais de l'expertise seront à sa charge; lorsqu'elle aura lieu sur l'offre du rachat faite par le redevable, ils seront à sa charge, à moins qu'il n'ait fait au propriétaire des offres suffisantes, constatées par le rapport des experts, auquel cas les frais resteront à la charge du propriétaire.

CHAPITRE IV. Des dîmes dues au domaine de l'État, à celui de la couronne ou au domaine extraordinaire.

18. Lorsqu'il s'agira de dîmes dues au domaine de l'État, à celui de la couronne, ou à notre domaine extraordinaire, l'évaluation sera faite par le préposé de l'enregistrement des domaines de l'arrondissement du lieu où le bien sujet à la dîme sera situé : ce préposé l'adressera au directeur du département, qui l'approuvera ou la rectifiera, et la renverra au préposé, pour être acceptée par le débiteur, qui signera son acceptation au bas du procès-verbal.

En cas de contestation, il y sera statué par les tribunaux, dans les formes observées en matière domaniale.

Le capital du rachat sera, au surplus, réglé au taux et de la manière portés aux articles 15 et 16.

19. Le remboursement sera fait à la caisse du receveur du domaine du chef-lieu du département, qui, en faisant son versement à la caisse du receveur général du département, distinguera dans ses bordereaux ce qui sera versé pour le domaine de l'État, pour celui de la couronne, pour notre domaine extraordinaire, ou pour nos donataires.

20. Le receveur général versera au trésor du domaine extraordinaire, les sommes provenant du remboursement de dîmes appartenant à ce domaine, et non comprises dans les dotations affectées aux titulaires; à la caisse d'amortissement, celles qui proviendront de remboursemens faits aux titulaires de dotations au-dessus de quatre mille francs; et à la caisse de l'administration de la société, pour les donataires de quatrième et cinquième classes.

CHAPITRE V. Dispositions générales.

21. Il est dérogé à toutes dispositions contraires au présent décret.

22. Notre grand-juge, ministre de la justice, et notre ministre des finances, sont chargés de l'exécution du présent décret.

---

22 JANVIER 1813. — Décret relatif à une nouvelle fixation du nombre des courtiers attachés au service de la bourse de Marseille, et au mode de désignation de ceux d'entre eux qui pourront exercer les fonctions spéciales de *courtiers-interprètes conducteurs de navires*, et celles de *courtiers d'assurances*. (4, Bull. 472, n° 8612.)

Art. 1er. Le nombre des courtiers attachés au service de la bourse de Marseille, qui a été fixé à cinquante par l'arrêté du 13 messidor an 9, sera porté à cinquante-quatre.

Leur cautionnement demeurera fixé à cinq mille francs.

2. Sur le nombre ci-dessus, il sera nommé huit courtiers qui joindront à la faculté d'exercer les différens courtages mentionnés dans le susdit arrêté de l'an 9, les fonctions spéciales de courtiers-interprètes conducteurs de navires, conformément au Code de commerce.

3. A dater du présent décret, les courtiers qui désireront cumuler les fonctions de courtiers-interprètes conducteurs de navires seront tenus de justifier de leur aptitude à remplir ces fonctions, par la déclaration assermentée de quatre négocians faisant ou ayant fait le commerce avec l'étranger, et désignés par le tribunal de commerce; lesquels négocians affirmeront devant le tribunal de commerce, qu'il est à leur connaissance que tel individu, courtier de commerce, sait telle ou telle langue, est capable de l'entendre et de l'interpréter.

4. Dans les dix jours de la notification qui leur sera faite du présent décret, en la personne du syndic de leur compagnie, par le préfet des Bouches-du-Rhône, les courtiers actuels qui voudront exercer les fonctions de courtiers-interprètes conducteurs de navires et qui auront les qualités nécessaires, seront tenus d'en faire la déclaration à la préfecture du département. Ils justifieront de leur capacité suivant les règles prescrites par l'article 3 ci-dessus.

5. Après l'expiration du susdit délai de dix jours, le préfet du département des Bouches-du-Rhône provoquera la convocation du jury de commerce, lequel devra procéder à la formation d'une liste double du nombre des places de courtiers à remplir.

Cette liste, ainsi que l'état des déclarations faites, et des attestations obtenues en exécution de l'article précédent, seront adressés à notre ministre des manufactures et du commerce, sur le rapport duquel il sera procédé par nous à la nomination aux places qui ne se trouveront pas remplies, et à la délivrance de nouveaux brevets, à ceux qui seront autorisés à cumuler les fonctions de courtiers de marchandises, et de courtiers-interprètes conducteurs de navires.

6. Dans le cas où il ne se trouverait pas, parmi les courtiers actuels, et où il ne se présenterait pas le nombre d'individus nécessaire, aux termes de l'article ci-dessus, pour exercer les fonctions de courtiers-interprètes conducteurs de navires des nations étrangères avec lesquelles la ville de Marseille est destinée à avoir des relations commerciales, le jury aura soin à l'avenir de choisir parmi les nouveaux candidats ceux qui, ayant d'ailleurs toutes les autres qualités requises, seront en état d'interpréter celles des langues étrangères qui sont les plus nécessaires au commerce de Marseille, et pour lesquelles il n'y aurait pas déjà de courtier proposé ou nommé.

7. Les courtiers de commerce, institués en vertu de l'arrêté du 13 messidor an 9, continueront, à présent et à l'avenir, les fonctions cumulées qui leur ont été attribuées par ledit arrêté.

8. A l'avenir, les courtiers de commerce qui seront nommés et voudront exercer les fonctions de courtiers d'assurances subiront un examen devant un jury composé du président du tribunal de commerce, du président de la chambre de commerce, de deux négocians armateurs, et de deux négocians assureurs.

Les deux négocians armateurs et les deux négocians assureurs seront nommés par le préfet.

9. Les candidats seront interrogés sur les règles et les principes du contrat d'assurances et du contrat à la grosse, sur les obligations des assureurs et des assurés, sur les actes de délaissement et les réglemens d'avaries, sur les devoirs et les qualités des courtiers d'assurances, et généralement sur tous les objets et détails qui sont relatifs à l'exercice de ce courtage.

19. Il sera délivré un certificat à ceux des courtiers de commerce qui auront été reconnus, par le jury, avoir les connaissances et les qualités nécessaires.

Ce certificat sera remis au préfet, et transmis à notre ministre des manufactures et du commerce, qui nous proposera, s'il y a lieu, d'accorder au courtier, par sa commission, l'autorisation de cumuler le courtage des assurances.

11. Les dispositions des arrêtés et décrets rendus précédemment pour la bourse de Marseille, qui seraient contraires au présent

décret, seront regardées comme nulles et non avenues.

12. Notre ministre des manufactures et du commerce, et notre ministre des finances, sont chargés de l'exécution du présent décret.

---

22 JANVIER 1813. — Avis du Conseil-d'Etat portant que les conflits entre l'autorité administrative et l'autorité judiciaire doivent être renvoyés à la commission du contentieux, pour y être instruits conformément au réglement du 22 juillet 1806. (4, Bull. 473, n° 8619.)

Le Conseil-d'Etat, qui, d'après le renvoi ordonné par sa majesté, a entendu le rapport de la section de législation sur celui du ministre de l'intérieur, ayant pour objet de faire statuer sur un conflit d'attribution entre l'autorité administrative et l'autorité judiciaire, élevé par le préfet du département des Bouches-de-l'Escaut, à l'occasion d'un jugement rendu par le tribunal civil de Middelbourg, le 12 août 1812, entre le sieur Sierman, fournisseur pour le compte des communes de l'arrondissement de Zierikzée, et le sieur Courtat, chargé des travaux des fortifications de Flessingue, lequel jugement condamne le sieur Courtat à payer au sieur Sierman une somme de deux mille six cents francs, avec les intérêts judiciaires;

Vu le décret du 22 juillet 1806, contenant réglement sur les affaires contentieuses portées au Conseil-d'Etat;

Considérant que les conflits d'attribution entrent dans le contentieux administratif, dont l'examen et l'instruction sont confiés à la commission du contentieux avant d'être portées au Conseil-d'Etat,

Est d'avis,

Que les conflits entre l'autorité administrative et l'autorité judiciaire doivent être renvoyés à la commission du contentieux, pour y être instruits conformément au réglement.

---

22 JANVIER 1813. — Décret relatif à l'organisation de nouveaux polders dans le département de la Roër. (Mon. n° 41.)

Voy. décrets du 11 JANVIER 1811 et du 16 DÉCEMBRE 1811.

Art. 1er. Les propriétaires des terres protégées contre les inondations et les débâcles du Rhin, par les digues situées entre Neuss et Rhinberg, seront réunis en association de polders et formeront l'arrondissement d'Urdingen.

2. Il sera formé trois polders dans cet arrondissement.

Ces polders seront composés de la manière suivante:

Le polder de Heerdt comprendra les terres protégées par les digues, et faisant partie du territoire des communes de Neuss, Heerdt, Buderich, Lank, Langh et Strump.

Le polder de Hoch-Emmerich comprendra les terres protégées dans les communes de Friemersheim, Hoch-Emmerich, Hemberg, Neukirchen, Capellen et Mœurs.

Le polder d'Orsoy comprendra les terres protégées dans les communes de Bahert, d'Orsoy, Bas-Budberg, Rippelen et Mœurs.

3. Aussitôt après la réception du présent décret, les maires des trois communes de Heerdt, Hoch-Emmerich et Orsoy, s'occuperont de dresser le tableau des propriétés qui ont été inondées dans leurs communes, soit par la débâcle de 1794, soit lors des ruptures postérieures des digues, et qui sont ordinairement préservées de l'inondation par ces digues.

Ce tableau, désignant les propriétaires et l'étendue de chaque propriété, devra être arrêté, au plus tard, le 1er mars 1813.

4. Pareilles listes devront être dressées par les autres maires des communes désignées à l'art. 2, et être remises par eux, le 1er mars 1813, aux maires de chaque chef-lieu du polder dans lequel leurs communes sont comprises en tout ou en partie.

5. Ces listes seront affichées pendant tout le mois de mars dans chacune des communes qu'elles concernent, et les maires des chefs-lieux réuniront les certificats constatant que l'affiche a eu lieu pendant le temps prescrit.

6. Le 1er avril 1813, chacun des trois maires désignés convoquera, dans sa commune, pour le 15 du même mois, tous les propriétaires possédant au moins quatre hectares de terres protégées dans le polder dont elle est le chef-lieu.

Cette convocation sera publiée deux dimanches de suite dans toutes les communes de chaque polder, et insérée dans la feuille départementale.

Les fermiers sont autorisés à représenter les propriétaires convoqués qui ne pourraient se présenter en personne à l'assemblée générale.

7. Les opérations de cette assemblée, présidée par le maire du chef-lieu, assisté du secrétaire de la commune, consisteront dans l'examen et la discussion des listes rédigées conformément aux articles 4 et 5 du présent décret.

8. Les réclamations présentées par les propriétaires réunis en assemblées générales seront consignées dans les procès-verbaux des séances qui devront être terminées le 20 avril au plus tard.

9. Après avoir clos et arrêté les procès-verbaux de ces séances, les maires des trois communes désignées dresseront deux tableaux présentant les réclamations et indications qui y sont consignées. Le premier de ces tableaux contiendra les demandes en radiation de pro-

priété, portées sur les listes mentionnées aux articles 4, 5 et 6, et l'autre, les propriétés indiquées comme omises dans ces mêmes listes.

Ces indications devront offrir le nom des propriétaires ou fermiers, la situation et l'étendue approximative des propriétés.

10. Copies des deux tableaux prescrits par l'article précédent seront affichées dans le chef-lieu de chaque polder, depuis le 25 avril jusqu'au 15 mai 1813.

Les observations dont leur contenu pourrait être l'objet devront être remises aux maires des chefs-lieux le 25 mai au plus tard.

11. Le 1er juin de la même année, les trois maires désignés transmettront toutes les pièces relatives aux premières assemblées générales au préfet du département qui, après avoir pris l'avis de l'ingénieur en chef des ponts-et-chaussées, adressera le tout, avec ses observations, au maître des requêtes chargé du service des polders.

Les minutes des procès-verbaux des séances devront rester déposées au secrétariat de la mairie de chaque chef-lieu : les autres copies seront envoyées en original.

12. En faisant cet envoi, les maires désignés y joindront l'état des dépenses que les opérations prescrites par les articles précédens auront motivées. Le montant de ces dépenses, approuvées par notre directeur général des ponts-et-chaussées, sur l'avis du préfet et du maître des requêtes directeur chargé du service des polders, sera acquitté sur le produit des centimes additionnels de 1813.

13. Le maître des requêtes examinera les listes et réclamations communiquées, ordonnera, s'il y a lieu, les arpentages et nivellemens nécessaires, et présentera le tout à notre directeur général des ponts-et-chaussées, qui en fera son rapport au ministre de l'intérieur, lequel arrêtera définitivement le tableau des propriétés qui devront composer chacun des trois nouveaux polders, et concourir à la défense commune.

14. Cet arrêté indiquera, en même temps, l'époque à laquelle les propriétaires désignés devront se réunir sous la présidence des maires des chefs-lieux, pour procéder à l'élection des membres de chaque direction, à la fixation provisoire de leurs traitemens, et à la répartition des fonds destinés à acquitter ces traitemens, ainsi que les dépenses pour travaux, dont le montant sera indiqué dans le même arrêté, sur le rapport de l'ingénieur en chef.

15. Chaque direction sera composée de deux chefs députés dont les fonctions habituelles seront gratuites, d'un *déichgraff*, de trois jurés, d'un greffier, et aura un messager garde-digue.

16. Les procès-verbaux des assemblées ordonnées conformément à l'art. 15 seront remis par les maires désignés, au préfet du département, qui les adressera au maître des requêtes, pour être approuvés par notre ministre de l'intérieur, sur le rapport de notre directeur général des ponts-et-chaussées, et les traitemens arrêtés définitivement.

17. Les rôles des contributions directes de l'exercice 1813 étant confectionnés, les centimes additionnels imposés par notre décret du 25 novembre 1810 continueront d'être perçus en 1813, sur le même pied qu'en 1812, sauf l'exception prescrite par l'article 5 de notre décret du 28 décembre, pour les polders déjà organisés.

18. En 1814, il ne sera perçu de ces centimes que la somme imposée sur le département, ainsi que celle de deux mille cinq cents francs imposée sur l'arrondissement de Neuss, et la portion perçue dans les communes riveraines du même arrondissement.

19. Les produits des centimes perçus en 1813 sont affectés à la construction d'une nouvelle digue projetée en avant de Heerdt, destinée à préserver les polders inférieurs de l'inondation.

20. Le déficit, s'il y a lieu, sera réparti sur les trois nouveaux polders, savoir : moitié par les polders de Heerdt, et l'autre moitié par les deux autres polders.

21. Les sommes à répartir dans cette occasion, et celles qui seront réparties annuellement pour les dépenses ordinaires et extraordinaires de chaque polder, le seront sur le même pied que la contribution foncière.

En conséquence, le revenu imposable des propriétés protégées par les digues sera fixé conformément au taux adopté dans les matrices de rôle de cette contribution; et la répartition de 1814 devra, avant d'être rendue exécutoire, être revêtue du *visa* du directeur des contributions, certifiant que les mêmes proportions ont été suivies.

Les répartitions des années suivantes seront basées sur la première, et rectifiées, en cas de modifications apportées aux matrices de la contribution foncière, par les résultats du cadastre ou de toute autre vérification.

Ces changemens exigeront également le certificat du directeur des contributions.

22. Les dispositions contenues dans les sections III et IV du titre Ier, et dans le titre II de notre décret du 28 décembre 1811, portant réglement d'administration publique pour le service des polders du département de la Roër, seront communes aux nouveaux polders de Heerdt, Hoch-Emmerich et Orsoy.

---

22 JANVIER 1813. — Décret qui ordonne le remplacement dans le département de la Sarre, par une nouvelle imposition de centimes additionnels, des travaux gratuits de terrassemens de la route impériale de Liége à Strasbourg, par Trèves, ordonnés par la loi du 27 décembre 1809. (4, Bull. 472, n° 8613.)

---

22 JANVIER 1813. — Décrets qui autorisent l'acceptation de dons et legs faits aux pauvres et hospices de Mehun, Langogne, Lyon, Autun, Epinal et Mattaincourt. (4, Bull. 477, n°s 8757 à 8762.)

---

23 JANVIER 1813. — Décret qui modifie quelques dispositions des décrets des 14 novembre 1811 et 3 janvier 1812, portant suppression des corporations et ordres religieux dans plusieurs départemens réunis. (4, Bull. 476, n° 8702.)

N....... vu nos décrets des 14 novembre 1811 et 3 janvier 1812.

Art. 1er. Dans les départemens de la Lippe, il sera provisoirement sursis à l'exécution des dispositions de notre décret du 14 novembre 1811, à l'égard des congrégations d'hommes et de femmes dans lesquelles on ne faisait pas de vœux perpétuels, et dont les individus étaient uniquement consacrés, par leur institution, soit à soigner les malades, soit au service de l'instruction publique.

2. Notre ministre des finances, dans le délai de six mois, nous fera un rapport sur celles de ces corporations en faveur desquelles il y aurait lieu à prononcer une exception.

3. Il sera payé aux religieux nés en pays étranger, supprimés par nos décrets précités, à titre d'indemnité et pour frais de route, une somme équivalant à six mois de la pension réglée par l'article 25 de notre décret du 14 novembre 1811, et à laquelle ils auraient eu droit, suivant leur âge et leur qualité, au moment de la suppression, si, par leur naissance, ils avaient appartenu à un des départemens actuels de notre empire.

4. Cette indemnité sera payée à chacun d'eux par les caisses de l'enregistrement et des domaines, sur le mandat du préfet du département où est situé le couvent supprimé, et la justification de l'extrait de l'état nominatif dressé à l'époque de la suppression, en exécution de l'article 5 de notre décret du 14 novembre 1811, et dans lequel on aura eu soin d'énoncer l'âge et la qualité de chaque individu.

5. Les religieux et religieuses étrangers, âgés de soixante-dix ans et plus, qui déclareront vouloir continuer leur résidence sur le territoire de l'empire français, pourront être admis à la pension réglée par notre décret du 14 novembre 1811, article 25, en se conformant, d'ailleurs, aux formalités et conditions prescrites par le même décret aux religieux indigènes; et, dans ce cas, il leur sera seulement payé, de la manière indiquée en l'art. 4 ci-dessus, à titre de secours provisoire imputable sur leur pension, un trimestre de celle à laquelle ils seront reconnus avoir droit.

6. L'indemnité de cent cinquante francs, qui a été ou sera payée, d'après l'article 23 de notre décret du 14 novembre 1811, aux religieux et religieuses nés dans le département où était situé leur couvent, sera imputée sur leur pension, dont la jouissance commencera, à leur égard, à dater du jour de la publication du décret de leur suppression.

7. Celle payée à ceux nés dans les autres départemens de notre empire ne sera pas imputée sur leur pension; mais, dans ce cas, ils n'en auront la jouissance qu'à dater du jour de leur arrivée au lieu de leur naissance, ce qui sera constaté et certifié par le maire de la commune, et vérifié par le sous-préfet de l'arrondissement.

8. Les états de liquidations de pensions faites par les préfets, en conformité de l'article 26 de notre décret du 14 novembre 1811, au profit des membres des corporations religieuses supprimées par le décret précité et celui du 3 janvier 1812, seront adressés à notre ministre des finances, qui les soumettra à notre approbation.

9. Continueront à être exécutées toutes les autres dispositions de décrets, des 14 novembre 1811 et 3 janvier 1812.

10. Nos ministres de l'intérieur, des cultes et des finances, sont chargés de l'exécution du présent décret.

---

23 JANVIER 1813. — Décret portant autorisation définitive de l'établissement d'une école secondaire ecclésiastique dans la ville de Saint-Jean-d'Angely, département de la Charente-Inférieure. (4, Bull. 477, n° 8735.)

---

23 JANVIER 1813. — Décret qui érige la commune de Presly, canton d'Anguillon, département du Cher, en succursale, à la charge du Trésor public. (4, Bull. 477, n° 8736.)

---

23 JANVIER 1813. — Décrets qui autorisent l'acceptation de dons et legs faits aux fabriques des églises paroissiales et succursales de Cornay, Montreuil, Mayence, Méricourt, Tril-Saint-Léger, Saint-Cloud, au séminaire diosésain de Lyon, et aux pauvres et hospices de Malmédy et de Paris. (4, Bull. 477, n° 8763; et Bull. 480, n°s 8844 à 8847, et 8849 à 8851.)

---

23 JANVIER 1813. — Décrets qui autorisent l'établissement de chapelles dans les communes d'Amblans et Velotte, et de Neurey-en-Val. (4, Bull. 480, n°s 8842, 8843 et 8848.)

---

25 JANVIER 1813. — Décret sur la formation d'un fonds commun pour subvenir au paiement des pensions de retraite et secours qu'il y aura lieu d'accorder aux préposés au service des ponts à bascule, et à leurs veuves et orphelins. (4, Bull. 479, n° 8795.)

Art. 1er. A dater du 1er janvier 1813, il sera fait une retenue de trois pour cent sur le traitement des préposés au service des ponts à bascule, spécialement établis en vertu de l'art. 3 de la loi du 29 floréal an 10.

2. Lorsqu'à raison de leurs infirmités ou de leur vieillesse, ces préposés spéciaux ne seront plus capables d'aucun service, ils pourront obtenir des pensions de retraite.

3. Le *maximum* de cette pension est fixé à la somme de deux cent quarante francs, quel que soit le nombre d'années de service de celui qui aura droit à la retraite.

4. Seront précomptées sur les pensions de retraite à accorder aux préposés aux ponts à bascule, celles qu'ils auraient pu obtenir du Gouvernement, à un titre ou pour des services quelconques: en conséquence, ils seront tenus de fournir, lorsqu'ils demanderont leur retraite, un certificat constatant qu'ils n'ont pas de pension, ou qu'ils en ont une dont la somme n'atteint pas le *maximum* déterminé.

5. Il sera aussi, lorsque l'état des fonds le permettra, accordé des secours aux veuves et orphelins que ces préposés auraient laissés dans l'indigence.

6. A dater du 1er janvier 1813, il sera prélevé, pendant trois ans, sur les fonds des routes impériales de toutes les classes, sur lesquelles sont établis les ponts à bascule, une somme de huit mille francs, pour former le premier fonds des pensions à accorder aux préposés au service des ponts à bascule, dont l'âge ou les infirmités réclameront une prompte retraite.

7. Le fonds de huit mille francs ci-dessus, et le montant de la retenue de trois pour cent faites sur les traitemens des préposés aux ponts à bascule, seront versés par trimestre, sur les ordonnances du ministre de l'intérieur, à la caisse d'amortissement, qui en tiendra un compte distinct.

8. Nos ministres de l'intérieur et du Trésor impérial sont chargés de l'exécution du présent décret.

---

25 JANVIER 1813. — Décret qui permet au sieur Louis-Marie Camet, du département de l'Ain, de joindre à son nom celui de Blanchet. (4, Bull. 479, n° 8794.)

---

25 JANVIER 1813. — Décret qui rapporte celui du 11 janvier présent mois, portant prorogation de la cour spéciale extraordinaire établie à Amiens. (4, Bull. 470, n° 8597.)

---

25 JANVIER 1813. — Décret qui ordonne le paiement d'une somme de deux mille seize francs pour pensions accordées à douze veuves de militaires. (4, Bull. 480, n° 8852.)

---

25 JANVIER 1813. — Décrets qui autorisent l'acceptation de dons et legs faits à la commune de Bertreville, aux séminaires diocésains de Paris et d'Autun; aux pauvres et hospices de Paris, Aix, Montargis, Liége, Romagny, Avignon et Toulon; aux fabriques des églises paroissiales et succursales, etc., de Bajardo, Libins, Villance, et à la congrégation de la Doctrine chrétienne de Nancy. (4, Bull. 480, nos 8853 à 8867.)

---

25 JANVIER 1813. — Décrets qui autorisent l'acceptation de dons et legs faits aux pauvres et hospices d'Ernée, Ruillé, Clermont-Ferrand, Gand, Verdun; aux fabriques des églises succursales et paroissiales de Culmont, Insming, Saulxure-les-Vannes et Versailles. (4, Bull. 483, nos 8932 à 8940.)

---

25 JANVIER 1813. — Décret qui établit cinq foires annuelles dans la commune d'Auberive. (4, Bull. 483, nos 8941.)

---

30 JANVIER 1813. — Décret qui proroge au 7 février l'ouverture de la session du Corps-Législatif. (4, Bull. 471, n° 8598.)

---

31 JANVIER 1813. — Décret relatif au jugement des crimes ou délits qui seraient commis en Catalogne, par des employés des douanes, ou dans leurs fonctions. (4, Bull. 473, n° 8620.)

Art. 1er. Jusqu'à l'organisation des cours prévôtales de douanes dans la Catalogne, les employés de douanes prévenus de crimes et délits en matière de douanes dans la Catalogne seront justiciables des conseils de guerre permanens de l'armée.

Les employés de ces douanes seront aussi justiciables des mêmes conseils pour les crimes et délits commis dans leurs fonctions.

2. Dans le cas de l'article précédent, les fonctions de rapporteur seront remplies par un agent supérieur de l'administration des douanes, et celle de commissaire impérial par un sous-inspecteur aux revues, ou un commissaire des guerres: ces deux administrateurs seront désignés par le général en chef de l'armée de Catalogne.

3. Notre ministre de la guerre est chargé de l'exécution du présent décret.

---

31 JANVIER 1813. — Décret relatif au mode d'acquittement des salaires des gardes des bois communaux qui sont à la charge des communes (4, Bull. 476, n° 8703.)

Voy. décret du 22 MARS 1806.

N...... considérant qu'ayant ordonné, par

notre décret du 22 mars 1806, que le montant du traitement des gardes des bois des communes qui n'auraient ni revenus, ni affouage suffisans pour l'acquitter, serait ajouté aux centimes additionnels des contributions de ces communes, la caisse de l'enregistrement et des domaines, par cette disposition, a cessé d'être chargée de faire l'avance des salaires des gardes des bois de ces communes, ainsi qu'il avait été prescrit par l'arrêté du 17 nivose an 12;

Que, dès lors, les versemens des fonds nécessaires pour le paiement des gardes, par les receveurs des communes, dans les caisses des préposés de l'administration des domaines, pour ledit paiement être effectué par eux, entraînent sans utilité des retards dans les paiemens, et augmentent la dépense des communes par les remises allouées à ces préposés,

Notre Conseil-d'Etat entendu,

Nous avons décrété et décrétons ce qui suit:

Art. 1er. Les salaires des gardes des bois communaux, qui devront être acquittés par les communes, le seront, à l'échéance de chaque trimestre, par les receveurs de ces communes, sur les fonds à ce destinés par leurs budgets, et sur les ordonnances des préfets.

2. Les conservateurs des forêts seront tenus d'adresser, à l'avance, aux préfets de chaque département de leur conservation, l'état des gardes en activité et du montant de leur traitement. Il sera dressé autant d'états qu'il y a d'arrondissemens de sous-préfecture.

3. Le préfet fera parvenir à chaque sous-préfet l'état qui concernera les gardes de son arrondissement, avec son ordonnance de paiement: le sous-préfet en donnera connaissance aux percepteurs et aux receveurs des communes, qui en acquitteront le montant, sur l'émargement des gardes.

4. Notre ministre des finances est chargé de l'exécution du présent décret.

---

31 JANVIER 1813. — Décret portant prorogation de délai en faveur de la caisse d'amortissement et de l'administration de l'enregistrement et des domaines, pour l'inscription de certains droits de privilége et d'hypothèque dans les neuf départemens de la ci-devant Hollande et dans l'arrondissement de Breda. (4, Bull. 476, n° 8704.)

Art. 1er. Les délais accordés par nos décrets pour l'inscription des droits de privilége et d'hypothèque acquis dans les neuf départemens de la ci-devant Hollande, et dans l'arrondissement de Breda, avant la mise en activité du Code civil, sont prorogés jusqu'au 1er janvier 1814, savoir: premièrement, pour les inscriptions à prendre par la caisse d'amortissement, à raison des biens des chapitres et autres à elle cédés dans les provinces de la ci-devant Hollande; secondement, pour les inscriptions à prendre par l'administration de l'enregistrement et des domaines, à raison des actes de cautionnemens donnés par les receveurs généraux, receveurs et percepteurs des contributions, régisseurs des domaines et autres comptables dans lesdits départemens et arrondissemens, pour assurer leur gestion jusqu'au 31 décembre 1811, et pour l'apurement des arriérés dont ils sont encore chargés.

2. Néanmoins les inscriptions prises valablement par des tiers, depuis l'expiration des derniers délais jusqu'à la publication de notre présent décret, auront tout leur effet; et, en conséquence, les inscriptions prises en vertu de l'article précédent ne pourront leur être opposées.

3. Notre grand-juge, ministre de la justice, et notre ministre des finances, sont chargés de l'exécution du présent décret.

---

31 JANVIER 1813. — Décret relatif à l'exécution des travaux d'entretien et de réparation des ponts-dormans et des ponts-levis établis sur des parties de routes qui traversent des fortifications. (4, Bull. 477, n° 8738.)

N...... vu notre décret du 4 août 1811.

Art. 1er. Les travaux d'entretien et de réparation des ponts-dormans et des ponts-levis établis pour la défense des places, ou situés sur des canaux de défense ou sur des fossés d'inondation dans les parties de routes qui traversent les fortifications, et désignés au décret précité du 4 août 1811, sous le nom de *ponts militaires*, resteront, comme par le passé, à la charge du ministère de la guerre, et seront exécutés par les officiers du génie.

2. Les ponts-dormans et les ponts-levis établis sur des rivières ou canaux de navigation, pour la continuation de la route, et non pour la défense d'une place, et situés sur des parties de routes impériales traversant les fortifications, sont mis à la charge des ponts-et-chaussées: les travaux seront exécutés par les ingénieurs civils, conformément à ce qui est prescrit par notre décret du 4 août 1811, dont toutes les dispositions sont maintenues.

3. Les ingénieurs militaires et civils s'entendront, d'ici au 1er mai, pour déterminer d'une manière positive ce qui appartiendra à l'une ou à l'autre administration: leur travail sera soumis aux ministres de l'intérieur et de la guerre, pour être par eux approuvé.

4. Nos ministres de l'intérieur et de la guerre sont chargés de l'exécution du présent décret.

---

31 JANVIER 1813. — Décret relatif au dessèchement et à la conservation du marais de Floirac. (Mon. n° 47.)

Voy. loi du 16 SEPTEMBRE 1807.

N...., sur le rapport de notre ministre de l'intérieur;

Vu les lois des 4 pluviose an 6, 14 floréal an 11, et principalement celle du 16 septembre 1807;

Vu l'arrêté en forme de réglement pris par le préfet du département de la Gironde, le 31 janvier 1812, relativement aux travaux de répartition à faire au marais de Floirac, et à la perception des sommes destinées à les acquitter;

Considérant que, par la mauvaise administration des propriétaires du marais de Floirac, il est résulté que ces terres sont couvertes d'eau une grande partie de l'année, et que l'évaporation qui a lieu pendant les fortes chaleurs occasione une grande insalubrité;

Notre Conseil-d'Etat entendu,

Nous avons décrété et décrétons ce qui suit:

TITRE Ier.

Art. 1er. Tous les propriétaires du marais de Floirac, situé dans l'arrondissement de Bordeaux, département de la Gironde, tous ceux qui sont intéressés à la conservation de son dessèchement, formeront une société appelée *Société du marais de Floirac.*

2. Le marais sera administré par une commission syndicale composée de sept membres nommés conformément aux dispositions de l'article 7 du titre II de la loi du 16 septembre 1807.

3. Les membres de cette commission syndicale resteront sept ans en place; cependant, pour la première fois, il en sortira un à la fin de la première année, un à la fin de la seconde, ainsi de suite, de manière qu'ils soient renouvelés par septième dans le cours de chaque année; ils pourront être indéfiniment réélus.

4. Un des commissaires nommés par le préfet sera désigné par lui sous le titre de directeur. Il aura la surveillance générale des intérêts de la société; il sera dépositaire des plans, registres et autres pièces relatives à l'administration dudit marais.

Il sera autorisé à convoquer et à présider la commission, qui se réunira à la mairie de Bouillac; ses fonctions dureront trois ans, et il pourra être indéfiniment réélu.

Il lui sera donné, pour le remplacer en cas d'empêchement, un adjoint ou suppléant dont les fonctions seront annuelles, et qui pourra aussi être réélu.

5. La commission syndicale sera chargée:

1° De répartir entre tous les intéressés le montant de la contribution nécessaire à la confection des travaux ordonnés;

2° D'examiner, modifier et approuver les projets de travaux;

3° De passer les marchés et adjudications;

4° De vérifier les comptes des percepteurs;

5° De donner avis sur tous les objets relatifs aux intérêts de la société sur lesquels elle serait consultée.

TITRE II.

6. Il sera incessamment dressé par l'ingénieur en chef du département, un projet, devis et détail estimatifs des ouvrages à exécuter pour compléter le dessèchement dudit marais.

Les projets, devis et détail estimatifs seront soumis à l'approbation de notre directeur général des ponts-et-chaussées, après avoir été préalablement communiqués à la commission syndicale pour avoir ses observations, et au préfet pour avoir son avis; il est bien entendu qu'aucune dépense ne pourra être ordonnée et aucun travail entrepris sans le consentement de la commission syndicale.

7. Lorsque les projets, devis et détail estimatifs auront été approuvés par notre directeur général des ponts-et-chaussées, il sera procédé à l'adjudication desdits travaux conformément au mode adopté pour l'adjudication des ouvrages des ponts-et-chaussées.

8. Les travaux seront exécutés sous la surveillance de l'ingénieur en chef du département, et sous l'inspection de deux membres de la commission syndicale, désignés par elle.

9. Le prix des travaux et des adjudications sera payé, en vertu des mandats du directeur de la commission, sur les certificats d'à-compte délivrés par l'ingénieur en chef ou par son délégué: dans ce cas, ils seront visés par l'ingénieur en chef.

Les paiemens définitifs auront également lieu en vertu des mandats du directeur, sur les certificats de réception des ouvrages délivrés par l'ingénieur en chef, conjointement avec les deux membres de la commission désignés par l'article 8, qui seront tenus d'assister à la réception des travaux.

10. Les travaux d'urgence et d'une modique valeur pourront seuls être exécutés de suite, et, par économie, en vertu d'une délibération spéciale de la commission, en en rendant compte sur-le-champ au préfet, qui pourra prendre l'avis de l'ingénieur en chef, et suspendre les travaux, s'il le juge convenable.

11. La commission syndicale se réunira annuellement le 1er du mois de mars, sur la convocation du directeur. Dans cette réunion, la commission s'occupera:

1° De vérifier et d'arrêter les comptes des exercices antérieurs;

2° De proposer les travaux d'entretien et de réparation à exécuter pendant la campagne;

3° De faire la répartition de la dépense qui en résultera, conformément aux dispositions de l'article 5.

Ce travail sera immédiatement adressé au préfet, qui prendra l'avis de l'ingénieur en chef, pour statuer ensuite sur les différentes mesures proposées par la commission.

12. Les rôles portant répartition entre les propriétaires du marais et les autres intéressés à la conservation de son desséchement, des contributions nécessaires au paiement des travaux de desséchement ordonnés par l'article 6, et de ceux d'entretien, seront soumis à l'approbation du préfet, pour être rendus exécutoires.

13. Le percepteur des contributions de la commune de Floirac est chargé de faire le recouvrement dans les proportions suivantes :

Un tiers dans les deux mois de la mise en recouvrement des rôles;

Un tiers dans les deux mois suivans;

Un tiers dans les deux mois qui suivront l'époque de l'échéance du premier paiement; de manière que l'entier recouvrement des rôles soit effectué dans les six mois.

Le percepteur acquittera les mandats du directeur, délivrés conformément aux dispositions de l'art. 9; il lui sera alloué une remise égale à celle qui lui est accordée pour le recouvrement des contributions publiques.

14. Le percepteur et les contribuables sont assujétis, pour le recouvrement et le paiement desdits rôles, aux mêmes dispositions que celles prescrites par les lois relatives aux contributions publiques.

En conséquence, le paiement desdites contributions est exigible des fermiers et de tous autres détenteurs de fonds imposés, sauf le recours contre qui de droit. Le privilége, pour le recouvrement desdites contributions, est le même que celui du 12 novembre 1808, pour le recouvrement des contributions publiques.

15. Le percepteur est responsable et passible du défaut de paiement dans les délais prescrits par l'article 13, s'il ne justifie pas des poursuites faites en temps utile contre les rétardataires.

Il sera tenu de rendre compte à la commission syndicale, dans la réunion annuelle du 1er mars, des recettes et dépenses qu'il aura faites pendant l'exercice antérieur.

Les comptes du percepteur, vérifiés et arrêtés provisoirement par la commission, seront adressés au préfet, qui les arrêtera définitivement, s'il y a lieu, sur l'avis du sous-préfet.

TITRE III. Exécution des travaux.

16. Les travaux qui seront faits en vertu des articles 6, 7 et 8 du présent décret, devront être exécutés dans l'espace de trois ans, à dater de la signification du présent décret.

17. Lorsque les travaux extraordinaires ordonnés par le présent décret auront été achevés et reçus, les projets de travaux d'entretien et de conservation, qui seront rédigés chaque année, n'auront plus besoin de l'approbation de notre directeur général des ponts-et-chaussées : l'approbation donnée par le préfet, sur l'avis de l'ingénieur en chef, et les observations de la commission syndicale, suffira.

18. Toutes les contestations relatives au paiement des rôles, à l'entretien et à l'exécution des travaux, seront jugées administrativement, conformément aux dispositions des lois des 28 pluviose an 8 et 14 floréal an 11, sauf le recours aux tribunaux pour toutes les questions relatives à la propriété.

---

31 JANVIER 1813. — Décret qui autorise le sieur Auguste-Henri Warnecke, de substituer à son nom celui du sieur Harrjé. (4, Bull. 47[illegible], n° 8737.)

---

31 JANVIER 1813. — Décret qui autorise l'établissement d'une annexe dans la commune de Saint-Cyr-sur-le-Rhône. (4, Bulletin 48[illegible], n° 8873.)

---

31 JANVIER 1813. — Décret qui permet aux trois fils de feu le sieur de Keguelin et de la dame de Rozières, sa veuve, domiciliés à Strasbourg, département du Bas-Rhin, d'ajouter à leur nom celui de Rozières. (4, Bull. 477, n° 87[illegible])

---

31 JANVIER 1813. — Décrets qui autorisent l'acceptation de dons et legs faits aux pauvres et hospices de Besançon, Biran, Gonfreville, Bourmont, et au séminaire diocésain de Tours. (4, Bull. 480, nos 8868 à 8872.)

1er FÉVRIER 1813. — Décret qui confirme une transaction sur procès entre trois communes de l'arrondissement de Grenoble, département de l'Isère, et les sieurs Teisseire et consorts, propriétaires dans ces mêmes communes. (4, Bull. 476, n° 8705.)

N..... sur le rapport de notre ministre de l'intérieur;

Vu la transaction sur procès, en date du [illegible] décembre 1811, entre les communes de Saint-Martin-d'Hère, Saint-Martin-de-Poisat et Eybens, arrondissement de Grenoble, partement de l'Isère, d'une part, et les sieurs Teisseire et consorts, propriétaires dans lesdites communes, d'autre part, au sujet de la propriété en litige entre elles et ces particuliers, d'un marais situé dans le territoire des deux premières communes, de la contenance de soixante-trois hectares douze ares quarante-quatre centiares;

Vu toutes les pièces relatives à cette transaction, et la demande en concession du desséchement dudit marais, formée par le sieur Teisseire, en conformité et comme condition de ladite transaction; le rapport des ingénieurs des ponts-et-chaussées; l'avis du conseil de préfecture, celui du préfet; l'avis du conseil général des ponts-et-chaussées, et celui du directeur général;

Notre Conseil-d'Etat entendu,

Nous avons décrété et décrétons ce qui suit :

Art. 1er. La transaction sur procès, du 6 décembre 1811, est confirmée, et sera exécutée selon sa forme et teneur : une expédition de ladite transaction demeurera annexée à la minute du présent décret.

2. Le sieur Teisseire, conformément à ladite transaction, est tenu d'opérer le desséchement du marais en question, dans le délai de deux années à compter de la date du présent décret, d'après les plans et devis des travaux, dressés par les ingénieurs des ponts-et-chaussées, qui en feront la réception; le tout en conformité de la loi du 16 septembre 1807.

3. Tous ceux autres que lesdites communes qui justifieront de leurs droits à la propriété d'une portion de ces marais seront tenus de payer au sieur Teisseire les trois cinquièmes de la plus-value que le terrain aura acquise par l'opération du desséchement, si mieux ils n'aiment se libérer envers le sieur Teisseire de la manière et ainsi qu'il est statué par les articles 21 et 22 de la loi du 16 septembre 1807.

4. Les propriétaires des fonds riverains dudit marais qui auront obtenu une notable augmentation de valeur par ce desséchement pourront être chargés, en exécution de l'article 30 de ladite loi, de payer au sieur Teisseire une indemnité, ainsi qu'il est dit audit article, à la charge par lui de se conformer aux dispositions de ladite loi, et de faire faire, préalablement audit desséchement, l'estimation desdits fonds riverains susceptibles de plus-value. La quotité de cette indemnité sera fixée par nous en Conseil-d'Etat, sur le rapport de notre ministre de l'intérieur et la proposition du préfet.

5. Avant de procéder audit desséchement, il sera formé, entre les propriétaires, un syndicat, conformément à l'article 7 de ladite loi : les syndics seront au nombre de cinq, dont deux seront pris, par le préfet, parmi les propriétaires énoncés en l'article 3, et trois parmi les propriétaires énoncés en l'article 4.

6. Notre ministre de l'intérieur est chargé de l'exécution du présent décret.

1er FÉVRIER 1813. — Décrets qui autorisent l'acceptation de dons et legs faits aux pauvres et hospices d'Anvers, de Pau, Lyon, Marcigny, Hourrey, Itteville et Paris; aux fabriques des églises paroissiales et succursales de Beaune, Villefranche, Insming, des Essarts, et au séminaire diocésain d'Orléans. (4, Bull. 480, nos 8874 à 8881; et Bull. 483, nos 8942 à 8945.)

1er FÉVRIER 1813. — Décret qui autorise le sieur Gilles-Jeanne dit Bernard à se faire appeler Gilles-Bernard. (4, Bull. 477, n° 8740.)

1er FÉVRIER 1813. — Décret qui annule une élection de candidats à la place de juge-de-paix du canton de Chavranges, département de l'Aube. (4, Bull. 477, n° 8741.)

1er FÉVRIER 1813. — Décret qui ordonne une rectification sur la route impériale de première classe, n° 8, de Paris à Rome. (4, Bull. 477, n° 8742.)

1er FÉVRIER 1813. — Décrets qui autorisent l'érection en chapelles des églises de Beuzeville-la-Guerard, de Flamanville-Lesneval et d'Auzonville-Lesneval. (4, Bull. 483, nos 8946 et 8947.)

---

3 FÉVRIER 1813. — Décrets qui autorisent l'acceptation de dons et legs faits aux pauvres et hospices de Villefranche, Saint-Jean-de-Losne, Herinnes, Hambourg, Saint-Didier-la-Sauve, Montmélian, Berchem, Mantes, Bloklan, Amiens, et aux fabriques des églises paroissiales et succursales de Gilley, Fleury, Suze, Champlitte et Marly. (4, Bull. 483, n° 8948; Bull. 484, nos 8953 à 8963; et Bull. 485, nos 8968 à 8970.)

---

4 FÉVRIER 1813. — Décret qui proroge de nouveau au 14 février l'ouverture de la session du Corps-Législatif. (4, Bull. 473, n° 8617.)

---

4 FÉVRIER 1813. — Extrait de lettres-patentes portant autorisation aux sieurs Metzler et Taets-d'Ameringen de se faire naturaliser en pays étranger. (4, Bull. 483, n° 8903.)

---

4 FÉVRIER 1813. — Extrait de lettres-patentes portant autorisation aux sieurs Sainctmare et Bondurant-de-la-Roche de rester au service de puissances étrangères. (4, Bulletin 541, n° 9903.)

---

5 FÉVRIER 1813. — Sénatus-consulte organique concernant la régence de l'empire, et le sacre et couronnement de l'impératrice et du prince impérial roi de Rome. — Motifs, S. 13, 2. 73. (4, Bull. 474, n° 8668.)

Voy. sénatus-consulte du 28 FLORÉAL an 12, titre IV, statuts du 30 MARS 1806; lettres-patentes du 30 MARS, du 2 NOVEMBRE 1813, du 23 JANVIER 1814; *voy.* aussi loi du 22 ... 29 MARS = SEPTEMBRE 1791, placée en note de la constitution du 3 = 14 SEPTEMBRE 1791.

TITRE Ier. De la régence.

Art. 1er. Le cas arrivant où l'Empereur mineur monte sur le trône, sans que l'Empereur son père ait disposé de la régence de l'empire, l'impératrice mère réunit de droit à la garde de son fils mineur, la régence de l'empire.

2. L'impératrice-régente ne peut passer à de secondes noces.

3. Au défaut de l'impératrice, la régence, si l'Empereur n'en a autrement disposé, appartient au premier prince du sang, et, à son défaut, à l'un des autres princes français dans l'ordre de l'hérédité de la couronne.

4. S'il n'existe aucun prince du sang habile à exercer la régence, elle est déférée de droit au premier des princes grands-dignitaires de l'empire, en fonctions au moment du décès de l'Empereur; à l'un, à défaut de l'autre, dans l'ordre suivant, savoir :

Le premier, l'archi-chancelier de l'empire;
Le second, l'archi-chancelier d'Etat;
Le troisième, le grand-électeur;
Le quatrième, le connétable;
Le cinquième, l'archi-trésorier;
Le sixième, le grand-amiral.

5. Un prince français assis sur un trône royal étranger, au moment du décès de l'Empereur, n'est pas habile à exercer la régence.

6. L'Empereur ne nommant de vice-grands-dignitaires que quand les titulaires sont appelés à des couronnes étrangères, les vice-grands-dignitaires exercent les droits des titulaires qu'ils suppléent, même en ce qui touche l'entrée au conseil de régence.

7. Les princes titulaires des grandes dignités de l'empire, qui, d'après l'article 51 de l'acte des constitutions du 18 mai 1804, se trouvent privés de l'exercice de leurs fonctions au moment du décès de l'Empereur, ne reprennent leurs fonctions que lorsqu'ils sont rappelés par la régente ou le régent.

8. Pour être habile à exercer la régence, et pour entrer au conseil de régence, un prince français doit être âgé au moins de vingt-un ans accomplis.

9. Tous les actes de la régence sont au nom de l'Empereur mineur.

TITRE II. De la manière dont l'Empereur dispose de la régence.

10. L'Empereur dispose de la régence, soit par acte de dernière volonté rédigé dans les formes établies par le statut du 30 mars 1806, soit par lettres-patentes.

TITRE III. De l'étendue du pouvoir de la régence et de sa durée.

11. Jusqu'à la majorité de l'Empereur, l'impératrice-régente ou le prince régent exercent, pour l'Empereur mineur, toute la plénitude de l'autorité impériale.

12. Leurs fonctions commencent au moment du décès de l'Empereur.

13. L'impératrice-régente nomme aux grandes dignités et aux grands offices de l'empire et de la couronne, qui sont ou deviennent vacans durant sa régence.

14. L'impératrice-régente ou le régent nomment, révoquent tous les ministres sans exception, et peuvent élever des citoyens au rang de sénateurs, conformément à l'art. 57 de l'acte des constitutions du 18 mai 1804.

15. Si l'Empereur mineur décède laissant un frère héritier du trône, la régence de l'impératrice ou celle du prince régent continue sans aucune formalité nouvelle.

16. La régence de l'impératrice cesse si l'ordre d'hérédité appelle au trône un prince qui ne soit pas son fils. Il est pourvu, dans ce cas, à l'exercice de la régence, conformément à l'article 4.

17. Si l'Empereur mineur décède laissant la couronne à un Empereur mineur d'une autre branche, le prince régent conservera l'exercice de la régence jusqu'à la majorité du nouvel Empereur.

18. Le prince français ou le prince grand dignitaire qui exerce la régence, par défaut d'âge ou autre cause d'empêchement du prince appelé avant lui à la régence par les constitutions, conserve la régence jusqu'à la majorité de l'Empereur.

Le prince français qui s'est trouvé empêché, pour quelque cause que ce soit, d'exercer la régence au moment du décès de l'Empereur, ne peut, l'empêchement cessant, reprendre l'exercice de la régence.

TITRE IV. Du conseil de régence.

SECTION Ire. *De la formation du conseil de régence.*

19. Le conseil de régence est composé du premier prince du sang, des princes du sang, oncles de l'Empereur et des princes grands dignitaires de l'empire.

20. S'il n'existe qu'un prince, oncle de l'Empereur, ou s'il n'en existe pas du tout, un prince français, dans le premier cas, et deux

dans le second cas, les plus proches parens de l'Empereur dans l'ordre de l'hérédité, ont entrée au conseil de régence.

21. L'Empereur, soit par ses lettres-patentes, soit par son testament, ajoute au conseil de régence le nombre de membres qu'il juge convenable.

22. Aucun des membres du conseil de régence ne peut être éloigné de ses fonctions par l'impératrice-régente ou le régent.

23. L'impératrice-régente ou le régent président le conseil de régence, ou délèguent, pour présider à leur place, un des princes français ou un des princes grands dignitaires.

SECTION II. Des délibérations du conseil de régence.

24. Le conseil de régence délibère nécessairement à la majorité absolue des voix :

1° Sur le mariage de l'Empereur ;

2° Sur les déclarations de guerre, la signature des traités de paix, d'alliance ou de commerce ;

3° Sur toute aliénation ou disposition, pour former de nouvelles dotations, des immeubles ou des valeurs immobilières, composant le domaine extraordinaire de la couronne ;

4° Sur la question de savoir s'il sera nommé, par le régent, à une ou plusieurs grandes dignités de l'empire, vacantes durant la minorité.

25. Le conseil de régence fait les fonctions de conseil privé, tant pour les recours en grace que pour la rédaction des sénatus-consultes.

26. En cas de partage, la voix de l'impératrice ou du régent est prépondérante.

Si la présidence est exercée par délégation, l'impératrice-régente ou le régent décident.

27. Sur toutes les autres affaires renvoyées à son examen, le conseil de régence n'a que voix consultative.

28. Le ministre secrétaire d'Etat tient la plume aux séances du conseil de régence, et dresse procès-verbal de ses délibérations.

TITRE V. De la garde de l'Empereur mineur.

29. La garde de l'Empereur mineur, la surintendance de sa maison et la surveillance de son éducation, sont confiées à sa mère.

30. A défaut de la mère, ou d'un prince désigné par le feu Empereur, la garde de l'Empereur est confiée, par le conseil de régence, à l'un des princes titulaires des grandes dignités de l'empire.

31. Ce choix se fait au scrutin, à la majorité absolue des voix ; en cas de partage, le régent décide.

TITRE VI. Du serment de l'impératrice régente et de celui du prince régent pour l'exercice de la régence.

SECTION Ire. *Du serment de l'impératrice-régente.*

32. Si l'impératrice-régente n'a pas prêté serment du vivant de l'Empereur, pour l'exercice de la régence, elle le prête dans les trois mois qui suivent le décès de l'Empereur.

33. Le serment est prêté à l'Empereur mineur assis sur le trône, assisté du prince archi-chancelier de l'empire, des princes français, des membres du conseil de régence, des ministres du cabinet, des grands officiers de l'empire et de la couronne, des ministres d'Etat et des grands-aigles de la Légion-d'Honneur, en présence du Sénat et du Conseil-d'Etat.

34. Le serment que prête l'impératrice est conçu en ces termes :

« Je jure fidélité à l'Empereur.

« Je jure de me conformer aux actes des « constitutions, et d'observer les dispositions « faites par l'Empereur, mon époux, sur « l'exercice de la régence ; de ne consulter, « dans l'emploi de mon autorité, que mon « amour et mon dévouement pour mon fils « et pour la France, et de remettre fidèlement « à l'Empereur, à sa majorité, le pouvoir qui « m'est confié.

« Je jure de maintenir l'intégrité du territoire de l'empire ; de respecter et de faire « respecter les lois du concordat et de la liberté des cultes ; de respecter et faire « respecter l'égalité des droits, la liberté civile et l'irrévocabilité des ventes des biens « nationaux ; de ne lever aucun impôt, de « n'établir aucune taxe que pour les besoins « de l'Etat et conformément aux lois fondamentales de la monarchie ; de maintenir « l'institution de la Légion-d'Honneur ; de « gouverner dans la seule vue de l'intérêt, du « bonheur et de la gloire du peuple français. »

SECTION II. Du serment du régent.

35. Le prince appelé à la régence prête, dans les trois mois qui suivent le décès de l'Empereur, de la même manière et devant les personnes désignées pour assister au serment de l'impératrice, le serment dont la teneur suit :

« Je jure fidélité à l'Empereur.

« Je jure de me conformer aux actes des « constitutions, et d'observer les dispositions « faites par l'Empereur sur l'exercice de la « régence, et de remettre fidèlement à l'Empereur, à sa majorité, le pouvoir qui m'est « confié.

« Je jure de maintenir l'intégrité du territoire de l'empire ; de respecter et faire « respecter les lois du concordat et la liberté « des cultes ; de respecter et faire respecter

« l'égalité des droits, la liberté civile, l'irrévo« cabilité des ventes des biens nationaux ; de « ne lever aucun impôt, de n'établir aucune « taxe que pour les besoins de l'État et confor« mément aux lois fondamentales de la monar« chie ; de maintenir l'institution de la Lé« gion-d'Honneur ; de gouverner dans la seule « vue de l'intérêt, du bonheur et de la gloire « du peuple français. »

36. Le prince archi-chancelier, assisté du ministre secrétaire d'Etat, dresse procès-verbal de ce serment. L'acte est signé par l'impératrice ou le régent, par les princes, par les grands dignitaires, les ministres et les grands officiers de l'empire.

TITRE VII. De l'administration du domaine impérial et de la disposition des revenus en cas de minorité et de régence.

SECTION Ire. *De la dotation de la couronne.*

37. Durant la régence, l'administration de la dotation de la couronne continue selon les règles établies.

L'emploi des revenus est déterminé dans les formes accoutumées, sous l'autorité de l'impératrice-régente ou du régent.

38. Les dépenses d'entretien de leur maison, et leurs dépenses personnelles, feront partie du budget de la couronne.

SECTION II. Du domaine privé.

39. Arrivant le décès de l'Empereur, le prince archi-chancelier de l'empire, et, à son défaut, le premier en rang des grands dignitaires, fera apposer les scellés sur les caisses du trésor du domaine privé, par le secrétaire de l'état de la famille impériale, en présence du grand-juge, du chancelier du Sénat, et de l'intendant général du domaine privé.

40. Il sera, d'après les ordres du conseil de famille, procédé à l'inventaire des fonds et des objets mobiliers, par le secrétaire de l'état de la famille impériale, assisté des personnes dénommées dans l'article précédent.

41. Le conseil de famille veillera à l'exécution des dispositions du sénatus-consulte du 30 janvier 1810, pour le partage des biens du domaine privé. Les fonds appartenant à l'Empereur, après ce partage, seront versés, par le trésorier du domaine privé, au trésor impérial, sous la surveillance du conseil de famille, et placés de la manière la plus utile.

42. Les produits en seront successivement réunis au capital ; et le tout restera en réserve jusqu'à la majorité de l'Empereur.

43. Il sera rendu compte de toutes ces opérations, par le conseil de famille, à la régente ou au régent, qui donnera l'autorisation définitive pour les placemens.

SECTION III. Du domaine extraordinaire.

44. L'impératrice-régente ou le prince régent disposent, s'ils le jugent convenable, de toutes les dotations de cinquante mille francs de rente et au-dessous qui ont fait, avant la minorité, sans qu'il en ait été disposé, ou font, durant la régence, retour au domaine extraordinaire de la couronne.

45. Les autres dotations restent en réserve jusqu'à la majorité de l'Empereur.

46. L'administration du domaine extraordinaire continuera, selon les règles accoutumées, comme il est dit ci-dessus du domaine de la couronne.

47. Les fonds qui se trouveront au Trésor du domaine extraordinaire au moment du décès de l'Empereur seront versés au Trésor de l'Etat, et y resteront jusqu'à la majorité de l'Empereur.

TITRE VIII. Du cas d'absence de l'Empereur ou du régent.

SECTION Ire. *Du cas d'absence de l'Empereur.*

48. Si, au moment du décès de l'Empereur, son successeur majeur est hors du territoire de l'empire, les pouvoirs des ministres se trouvent prorogés jusqu'à ce que l'Empereur soit arrivé sur le territoire de l'empire : le premier en rang des grands dignitaires préside le conseil qui gouverne l'Etat sous la forme de conseil de Gouvernement. Les délibérations y sont prises à la majorité absolue des voix ; le président a voix prépondérante en cas de partage.

49. Tous les actes sont faits au nom de l'Empereur, mais il ne commence l'exercice de la puissance impériale que lorsqu'il est entré sur le territoire de l'empire.

SECTION II. Du cas d'absence du régent.

50. En cas d'absence du régent, au commencement d'une minorité, sans qu'il y ait été pourvu par l'Empereur avant son décès, les pouvoirs des ministres se trouvent prorogés jusqu'à l'arrivée du régent, comme il est dit à l'art. 48.

SECTION III. Des cas non prévus.

51. Si, en l'absence de l'Empereur, majeur ou mineur, ou en l'absence du régent, le gouvernement étant entre les mains du conseil des ministres présidé par un grand dignitaire, il se présentait à résoudre des questions non décidées par le présent acte, ledit conseil de gouvernement, faisant les fonctions de conseil privé, rédigerait le projet de sénatus-consulte, et le ferait présenter au Sénat par deux de ses membres.

TITRE IX. Du sacre et couronnement de l'impératrice.

52. L'impératrice, mère du prince héréditaire Roi de Rome, pourra être sacrée et couronnée.

53. Cette prérogative sera accordée à l'impératrice par des lettres-patentes publiées dans les formes accoutumées, et qui seront en outre, adressées au Sénat, et transcrites sur ses registres.

54. Le couronnement se fera dans la basilique de Notre-Dame, ou dans toute autre église désignée dans les lettres-patentes.

TITRE X. Du sacre et couronnement du prince impérial Roi de Rome.

55. Le prince impérial Roi de Rome pourra, en sa qualité d'héritier de l'empire, être sacré et couronné du vivant de l'Empereur.

56. Cette cérémonie n'aura lieu qu'en vertu de lettres-patentes, dans les mêmes formes que celles relatives au couronnement de l'impératrice.

57. Après le sacre et le couronnement du prince impérial Roi de Rome, les sénatus-consultes, lois, réglemens, statuts impériaux, décrets et tous actes émanés de l'Empereur, ou faits en son nom, porteront, outre l'indication de l'année de son règne, l'année du couronnement du prince impérial Roi de Rome.

---

5 FÉVRIER 1813. — Décret portant proclamation de brevets d'invention, de perfectionnement et d'importation délivrés pendant le quatrième trimestre de 1812, aux sieurs Laugier père et fils, Sagnier, veuve Chauveau, Degrand, Collet et Bonjour, Gillet et Jourdant, Marchais et Raymont, Millet, Marquisan, Fabre, Chardin, Vauquelin, Picard et Bailleul. (4, Bull. 476, n° 8706.)

---

7 FÉVRIER 1813. — Décret qui ordonne la perception d'un droit de vingt-cinq francs sur chaque prestation de serment des avocats qui seront reçus à la cour impériale de Montpellier. (4, Bull. 479, n° 8796.)

Art. 1er. Les dispositions de notre décret du 3 octobre 1811, qui ordonne la perception d'un droit de vingt-cinq francs sur chaque prestation de serment des avocats qui seront reçus à notre cour impériale de Paris, sont déclarées communes à l'ordre des avocats près notre cour impériale de Montpellier à compter de la publication de notre présent décret.

2. Notre grand-juge, ministre de la justice, est chargé de l'exécution du présent décret.

---

7 FÉVRIER 1813. — Décret qui déclare le sieur Maurin, ex-receveur à Mont-de-Marsan, privé d'une pension dont il avait droit de jouir. (4, Bull. 480, n° 8837.)

Art. 1er. Le sieur Maurin, ex-receveur des domaines à Mont-de-Marsan, département des Landes, et précédemment à Auch, est déclaré privé, à dater du trimestre d'octobre 1809, de la pension de onze cent cinquante-cinq francs seize centimes dont il avait droit de jouir, en vertu de notre décret du 2 nivose an 14.

2. Notre ministre des finances est chargé de l'exécution du présent décret.

---

7 FÉVRIER 1813. — Décret concernant la concession du droit d'exploiter une mine d'antimoine existant dans le territoire de la commune de Maisons (Aude). (Mon. n° 52.)

1° Il est fait concession au sieur Nicolas Arnal, propriétaire domicilié à Furchan, département de l'Aude, du droit d'exploiter la mine d'antimoine existant dans le territoire de la commune de Maisons, au pech de las Scarras de las Corbos, arrondissement de Carcassonne, dans une étendue de surface de soixante-douze hectomètres soixante-seize décamètres carrés; il jouira, en conséquence, de tous les droits et avantages exprimés par la loi du 21 avril 1810.

2° Cette concession sera limitée par une suite de sept lignes droites tirées à l'est de la commune de Maisons au pech de la Picautière, de ce pech à la bergerie de las Coutellas, de là à celle de Cournichon, de celle-ci à celle de Coumas, de cette dernière à celle de Courtillon, de Courtillon au pech des Custels, et de ce pech à Maisons, point de départ.

3° Le gite d'antimoine du pech de las Corbos sera exploité par deux percemens horizontaux au moins, pratiqués perpendiculairement à la direction des couches, lesquels devront former le niveau inférieur de l'exploitation; la distance des percemens au-dessous de la tête du filon sera fixée par le préfet, sur l'avis de l'ingénieur des mines. Après la confection de ces ouvrages, il sera poussé des galeries de reconnaissance sur la direction; après quoi le mode définitif d'exploitation sera réglé par notre ministre de l'intérieur, sur l'avis de l'administration des mines. Il est expressément défendu au sieur Arnal de former aucune taille d'extraction de haut en bas, soit sur la tête, soit dans le corps du filon;

4° Il acquittera annuellement, entre les mains du percepteur des contributions de la commune, les redevances aux termes de la loi.

5° Le droit attribué par l'article 6 de la loi du 21 avril 1810, aux propriétaires de la surface, sur les mines concédées, est fixé, pour la mine de las Corbos, à la somme de trente francs, pour les vacans appartenant à la commune de Maisons, et à raison de vingt-six centimes par arpent métrique, pour les propriétaires du surplus de la surface contenue dans les limites de la concession conformément à leurs conventions.

6° Le sieur Arnal mettra les travaux prescrits en activité, dans un an au plus tard à partir de la notification du présent décret, et il poursuivra l'extraction sans interruption; il adressera, dans le cours du premier trimestre de chaque année, les plans et coupes des travaux souterrains exécutés pendant l'année précédente, sur l'échelle d'un millimètre pour mètre; et faute par lui de l'avoir produit, les plans et coupes seront levés d'office et à ses frais. Il tiendra un registre détaillé de l'avancement journalier des ouvrages et des circonstances de l'exploitation. Il adressera au préfet, de trois mois en trois mois, à partir du 1er janvier de chaque année, les états de produits, et du nombre d'ouvriers employés à l'exploitation, suivant les modèles qui lui seront adressés.

7° En cas d'interruption forcée de travaux, ou d'accidens, il en préviendra immédiatement l'administration; et en cas d'abandon de l'exploitation pour quelque chose que ce soit, il la préviendra trois mois d'avance, afin que l'ingénieur puisse vérifier les plans et coupes, dresser son procès-verbal, et faire son rapport sur l'état des lieux.

8° Il se conformera aux lois et réglemens intervenus et à intervenir sur les mines, et aux instructions données par l'administration des mines.

9° Il s'approvisionnera du bois nécessaire à l'étançonnage des travaux dans la commune de Maisons.

10° Dans un mois, pour tout délai, à partir de la publication du présent décret, le sieur Arnal présentera sa demande en permission d'établissement d'usines, pour traiter la substance extraite; il remplira à cet égard les formalités voulues par les lois et réglemens. Il se conformera, pour la disposition la plus économique et la plus salubre à donner à ses ateliers, aux instructions de l'ingénieur des mines. Il ne pourra élaborer ou fondre le minerai, qu'après en avoir obtenu la permission.

---

7 FÉVRIER 1813. — Décret qui approuve le réglement de l'archevêque de Besançon, relatif au prélèvement et à l'application du sixième du produit des chaises, bancs et places dans les églises. (4, Bull. 479, n° 8797.)

---

7 FÉVRIER 1813. — Décret qui approuve les réglemens des évêques de Bayonne, de Vannes et d'Avignon, relatifs au prélèvement et à l'application du sixième du produit des chaises, bancs et places dans les églises. (4, Bull. 480, nos 8838, 8839 et 8840.)

---

7 FÉVRIER 1813. — Décret qui concède au sieur Arnal le droit d'exploiter la mine d'antimoine existant sur le territoire de la commune de Maisons, au pech de las Serras, de los Corbos; dans une étendue de surface de soixante-douze hectomètres soixante-seize décamètres carrés. (4, Bull. 485, n° 8971.)

---

7 FÉVRIER 1813. — Décrets qui autorisent l'acceptation de dons et legs faits à la fabrique de l'église paroissiale de Gimont, et aux pauvres et hospices de Saint-Flour, Tours, Saint-Calais et Amsterdam. (4, Bull. 485, nos 8972 à 8976.)

---

7 FÉVRIER 1813. — Décret qui confirme la vente faite par les sieurs Rome et Mathonnet, aux sieurs Didier et Giroud, d'une mine de plomb située commune de la Grave. (4, Bull. 485, n° 8977.)

---

10 FÉVRIER 1813. — Décret portant qu'il n'y a pas lieu d'autoriser l'acceptation d'un legs de mille francs fait par la dame Raynaud, veuve du sieur Talon, à la fabrique de l'église paroissiale de Saint-Jacques de Nice. (4, Bull. 485, n° 8978.)

---

10 FÉVRIER 1813. — Décret qui autorise l'acceptation d'une rente annuelle et perpétuelle de quatorze florins de Brabant, léguée par le sieur Chession à la fabrique de l'église succursale de Chesné. (4, Bull. 485, n° 8979.)

---

10 FÉVRIER 1813. — Décrets qui établissent des foires à Eyguières, à Redon et à Vasles. (4, Bull. 485, nos 8980 à 8982.)

---

11 FÉVRIER 1813. — Décret qui met les comptables des deniers publics dans l'île de Corse sous la surveillance et direction de l'intendant du Trésor public à Florence. (4, Bull. 479, n° 8798.)

N..... vu notre décret du 3 mars 1809.

Art. 1er. L'intendant du Trésor établi à Florence exercera, à partir du 1er janvier 1813, sur les comptables des deniers publics dans la 23e division (île de Corse) la même surveillance et direction qui lui est attribuée, par notre décret du 3 mars 1809, sur les comptables de la 29e division.

2. Il exercera cette surveillance conformément aux instructions qu'il recevra de nos ministres des finances et du Trésor, en exécution de nos décrets qui règlent les attributions et fonctions des intendans du Trésor.

3. Nos ministres des finances et du Trésor sont chargés de l'exécution du présent décret.

13 FÉVRIER 1813. — Décret qui supprime le droit de seize centimes établi sur les cartes à jouer fabriquées dans les sept départemens de la Hollande. (4, Bull. 479, n° 8799.)

Art. 1er. Le droit additionnel de seize centimes cessera d'être perçu sur les cartes à jouer fabriquées dans les sept départemens de la Hollande, à partir de la publication du présent décret, qui sera inséré au Bulletin des Lois.

2. Notre ministre des finances est chargé de l'exécution du présent décret.

13 FÉVRIER 1813. — Proclamation du concordat de Fontainebleau comme loi de l'empire. (4, Bull. 488, n° 9038.)

Voy. lois du 12 JUILLET = 24 AOUT 1790; du 18 GERMINAL an 10; décret du 25 MARS 1813; concordat du 11 JUIN 1817.

Le concordat de Fontainebleau, dont la teneur suit, est publié comme loi de l'empire.

« Sa majesté l'Empereur et Roi, et Sa Sainteté, voulant mettre un terme aux différens « qui se sont élevés entre eux, et pourvoir « aux difficultés survenues sur plusieurs affaires de l'église, sont convenus des articles « suivans, comme devant servir de base à un « arrangement définitif :

Art. 1er. « Sa Sainteté exercera le pontificat en France et dans le royaume d'Italie, « de la même manière et avec les mêmes « formes que ses prédécesseurs.

2. « Les ambassadeurs, ministres, chargés « d'affaires des puissances près le Saint-Père, « et les ambassadeurs, ministres ou chargés « d'affaires que le Pape pourrait avoir près des « puissances étrangères, jouiront des immunités et priviléges dont jouissent les membres du corps diplomatique.

3. « Les domaines que le Saint-Père possédait et qui ne sont pas aliénés, seront « exempts de toute espèce d'impôt; ils seront « administrés par ses agens ou chargés d'affaires. Ceux qui seraient aliénés seront « remplacés jusqu'à la concurrence de deux « millions de francs de revenus.

4. « Dans les six mois qui suivront la notification d'usage de la nomination par « l'Empereur, aux archevêchés et évêchés « de l'empire et du royaume d'Italie, le Pape « donnera l'institution canonique, conformément aux concordats, et en vertu du « présent indult. L'information préalable « sera faite par le métropolitain. Les six mois « expirés sans que le Pape ait accordé l'institution, le métropolitain, et à son défaut, « ou, s'il s'agit du métropolitain, l'évêque « le plus ancien de la province, procédera à « l'institution de l'évêque nommé, de manière « qu'un siége ne soit jamais vacant plus d'une « année.

5. « Le Pape nommera, soit en France, « soit dans le royaume d'Italie, à dix évêchés « qui seront ultérieurement désignés de concert.

6. « Les six évêchés suburbicaires seront « rétablis : ils seront à la nomination du Pape. « Les biens actuellement existans seront restitués; et il sera pris des mesures pour les « biens vendus. A la mort des évêques d'*Anagni* et de *Rieti*, leurs diocèses seront « réunis auxdits six évêchés, conformément « au concert qui aura lieu entre Sa Majesté « et le Saint-Père.

7. « A l'égard des évêques des Etats romains, absens de leurs diocèses par les circonstances, le Saint-Père pourra exercer en « leur faveur son droit de donner des évêchés *in partibus*. Il leur sera fait une pension égale au revenu dont ils jouissaient; « et ils pourront être replacés aux siéges vacans, soit de l'empire, soit du royaume « d'Italie.

8. « Sa Majesté et Sa Sainteté se concerteront en temps opportun, sur la réduction « à faire, s'il y a lieu, aux évêchés de la Toscane et du pays de Gênes, ainsi que pour « les évêchés à établir en Hollande et dans « les départemens anséatiques.

9. « La propagande, la pénitencerie, les « archives, seront établies dans le lieu du « séjour du Saint-Père.

10. « Sa Majesté rend ses bonnes graces aux « cardinaux, évêques, prêtres, laïcs, qui ont « encouru sa disgrace par suite des évènemens « actuels.

11. « Le Saint-Père se porte aux dispositions ci-dessus, en considération de l'état « actuel de l'église, et dans la confiance que « lui a inspirée Sa Majesté, qu'elle accordera « sa puissante protection aux besoins si nombreux qu'a la religion dans les temps où « nous vivons. »

Fontainebleau, le 25 janvier 1813.

Signé NAPOLÉON;
Pius P. P. VII.

14 FÉVRIER 1813. — Décret qui rend à la commune de Montribois, département de la Côte-d'Or, son ancien nom de Saint-Andeux. (4, Bull. 480, n° 8841.)

14 FÉVRIER 1813. — Décrets qui autorisent l'acceptation de dons et legs faits aux pauvres et hospices de Florence, Montfrin, Beziers, Boujon, Moyrant, Poligny, Locminé, Saint-Gervais et Paris. (4, Bull. 485, nos 8983 à 8990.)

16 FÉVRIER 1813. — Avis du Conseil-d'Etat. (Fabriques.) *Voy.* 22 FÉVRIER 1813.

17 FÉVRIER 1813. — Décret qui approuve la cession faite au nom de la commune de la Bastide, du terrain nécessaire pour la culée et les abords du pont de Bordeaux, sur la rive droite de la Garonne. (4, Bull. 483, n° 8899.)

N...... vu l'acte de vente passé le 3 avril 1811, moyennant trois mille francs, entre le préfet de la Gironde et le maire de la commune de la Bastide, d'un terrain de neuf cent quarante-six mètres de superficie, appartenant à cette commune, et reconnu nécessaire pour l'emplacement de la culée et des abords du pont de Bordeaux sur la rive droite de la Garonne;

Notre Conseil-d'Etat entendu,

Nous avons décrété et décrétons ce qui suit :

Art. 1er. La cession faite par le maire de la Bastide, département de la Gironde, au nom de cette commune, et moyennant trois mille francs, du terrain nécessaire pour l'établissement de la culée et des abords du pont de Bordeaux sur la rive droite de la Garonne, est approuvée.

Le prix de cette cession sera employé en acquisition de rentes sur l'Etat, au profit de la commune de la Bastide, à la diligence du directeur général de la caisse d'amortissement.

2. Notre ministre de l'intérieur est chargé de l'exécution du présent décret.

---

17 FÉVRIER 1813. — Décrets qui autorisent l'acceptation de dons et legs faits aux pauvres et hospices de Paris et de Saint-Denis, aux fabriques des églises succursales de Rillieux Abitains, Vezelois, et au séminaire diocésain de Metz. (4, Bull. 485, nos 8991 à 8993, et 8996 à 8999.)

---

17 FÉVRIER 1813. — Décret qui autorise l'établissement d'une chapelle dans la commune d'Epinay, et l'érection en chapelle de l'église de Quevillon. (4, Bull. 485, nos 8994 et 8995.)

---

18 FÉVRIER 1813. — Décret qui ordonne le paiement de quatorze cent quarante-huit francs, pour pensions accordées à dix veuves de militaires. (4, Bull. 485, n° 9000.)

---

21 FÉVRIER 1813. — Décret qui accorde une somme de seize mille francs et une gratification aux deux cents bataillons de gardes nationales des cohortes formant les trente-quatre nouveaux régimens de ligne. (Mon. n° 54.)

---

22 FÉVRIER 1813. — Décret qui fixe le nombre des chevaux de main, chevaux de bât et voitures que les militaires de tous grades et autres fonctionnaires employés à l'armée devront avoir à leur service. (Mon. n° 54.)

TITRE Ier. Equipages.

Art. 1er. Le nombre des chevaux de main, chevaux de bât, et voitures que les militaires de tous les grades et autres fonctionnaires employés à l'armée, devront avoir à leur service, demeure fixé conformément au tableau ci-après, savoir :

DÉSIGNATION DES GRADES.	Chevaux de selle.	VOITURES ou fourgons. Voitures	Chevaux de trait.	Chevaux de bât.	Nombre de rations de fourrages.
Maison de l'Empereur.					
Les grands-officiers	12	1	4	6	22
Officiers de la maison de Sa Majesté	6	"	"	3	9
Officiers d'ordonnance	10	"	"	2	12
Officiers du cabinet de Sa Majesté qui n'ont point un grade militaire	3	"	"	"	3
Officiers de santé	2	"	"	"	2
Fourriers du palais	3	"	"	"	3
Commis du cabinet, traducteurs, interprètes, payeurs	2	"	"	"	2
Etat-major général.					
Maréchal d'empire	18	2	8	10	36
Officiers généraux.					
Général commandant en chef	18	1	4	6	28
Lieutenant général	10	1	4	6	20
Général de division	8	1	4	6	18

DÉSIGNATION DES GRADES.	Chevaux de selle.	VOITURES ou fourgons.		Chevaux de bât.	Nombre de rations de fourrages.
		Voitures	Chevaux de trait.		
Général de brigade	6	1	4	3	13
Général de brigade, chef d'état-major	6	2	8	3	17
Aides-de-camp de Sa Majesté, quel que soit leur grade	12	1	4	6	22
Adjudant commandant ayant rang de colonel	4	"	"	3	7
Adjudant commandant, chef d'état-major	4	1	4	3	11
Aides-de-camp.					
Colonel	4	"	"	3	7
Chef de bataillon ou d'escadron	3	"	"	"	3
Capitaine	3	"	"	"	3
Lieutenant ou sous-lieutenant	3	"	"	"	3
Adjoints à l'état-major.					
Chef de bataillon ou d'escadron	3	"	"	"	3
Capitaine	3	"	"	"	3
Lieutenant ou sous-lieutenant	3	"	"	"	3
Intendant général	8	4	16	6	30
Auditeurs à la suite de l'armée	3	"	"	"	3
Inspecteurs aux revues.					
Inspecteur en chef	6	1	4	3	13
Inspecteur	4	1	4	3	11
Sous-inspecteur	4	1	4	"	8
Commissaires des guerres.					
Commissaire-ordonnateur en chef	6	1	4	3	13
Commissaire-ordonnateur	4	1	4	"	8
Commissaire des guerres	3	"	"	2	5
Adjoint	2	"	"	"	2
Officiers de santé aux armées à la suite des corps.					
Inspecteurs généraux	3	1	4	2	9
Médecins, chirurgiens et pharmaciens en chef	3	1	4	2	9
Médecins, chirurgiens et pharmaciens principaux	2	"	"	2	4
Médecins ordinaires, chirurgiens, pharmaciens majors	2	"	"	"	2
Chirurgiens et pharmaciens-aides	1	"	"	"	1
CORPS DE TOUTES ARMES.					
Colonels et majors.					
D'infanterie	3	1	2	3	8
De cavalerie, artillerie, génie	4	1	2	3	9
Chefs de bataillon.					
D'infanterie	2	"	"	1	3
D'artillerie	3	"	"	1	4
Chefs d'escadron	3	"	"	1	4
Quartier-maître-trésorier.					
D'infanterie	1	"	"	1	2
De cavalerie, artillerie et génie	1	"	"	1	2
Adjudans-majors.					
D'infanterie	1	"	"	"	1
De cavalerie, artillerie et génie	3	"	"	"	3
Capitaines.					
D'infanterie, ayant cinquante ans	1	"	"	"	1
De cavalerie, artillerie et génie	3	"	"	"	3
Lieutenans et sous-lieutenans.					
D'infanterie, âgé de cinquante ans	1	"	"	"	1
De cavalerie, artillerie et génie	2	"	"	"	2

DÉSIGNATION DES GRADES.	Chevaux de selle.	VOITURES ou fourgons.		Chevaux de bât.	Nombre de rations de fourrages.
		Voitures	Chevaux de trait.		
Train d'artillerie.					
Capitaine commandant.	3	«	«	«	3
Lieutenant adjudant-major.					2
Quartier-maître	2	«	«	«	
Lieutenant et sous-lieutenant.					
Administration militaire.					
Payeur général.	3	1	2	«	5
Régisseurs.					
Des vivres-pain.					
Des vivres-viande.					5
Des fourrages.	3	1	2	«	
Des hôpitaux.					
Inspecteurs généraux.					
De l'habillement, du campement	«	«	«	«	«
Des équipages.	«	«	«	«	«
Payeurs principaux.	1	1	2	«	3
Directeurs.					
Des vivres-pain.					
Des vivres-viande.					
Des fourrages.					
Des hôpitaux.	2	«	«	2	4
Des équipages des vivres.					
Du chauffage.					
De l'imprimerie.					
Postes.					
Inspecteur général.	«	«	«	«	«
Directeur général.	«	«	«	«	«
Payeurs divisionnaires.	«	«	«	«	«
Caissiers du payeur général.	«	«	«	«	«
Chefs aux constructions des vivres.	«	«	«	«	«
Inspecteurs.					
Des vivres-pain.					
Des vivres-viande.					
Des fourrages.					
Du chauffage.					
Directeurs des équipages d'ambulance.					2
Inspecteurs des équipages militaires.	2	«	«	«	
Chef de division des équipages des vivres.					
Directeurs des postes.					
Traducteurs de l'imprimerie.					
Sous-chefs aux constructions des vivres.					
Garde-magasins.					
Des vivres-pain.					
Des fourrages.					
Du chauffage.	1	«	«	«	1
De l'habillement et du campement.					
Préposés comptables des vivres-viande.					
Equipages.					
Employés des équipages auxiliaires.					
Artistes vétérinaires.					
Economes des ambulances.					
Commis employés de toutes les classes non-compris ci-dessus.	1	«	«	«	1
Vaguemestres.					

2. Il pourra y avoir pour le transport des bagages des officiers, par bataillon d'infanterie, quatre mulets ou chevaux de bât; par escadron de cavalerie, un mulet ou cheval de bât.

3. Les officiers et fonctionnaires autorisés à avoir des voitures en feront la déclaration à l'état-major de leur corps d'armée ou à l'état-major-général. Les voitures y seront inscrites sur un registre à ce destiné, et il sera délivré par l'état-major-général, ou par l'état-major de chaque corps d'armée, un écriteau qui indiquera, en caractères bien apparens, le numéro de la voiture, le nom et le grade du fonctionnaire auquel elle appartiendra.

4. L'état-major-général aura soin de distribuer les numéros des voitures, selon l'ordre qu'elles doivent observer et le rang qu'elles doivent tenir dans les marches, ainsi qu'il sera dit ci-après.

5. Les écriteaux seront placés en dehors de la voiture et sur le côté gauche.

6. Pour toute voiture qui n'aura pas un numéro, ou qui en porterait un non délivré à l'état-major, le propriétaire paiera une amende de cent francs; la voiture sera brûlée, si elle est trouvée dans la marche.

TITRE II. Des grands et petits bagages.

7. Les bagages seront distingués en grands et petits bagages; on entendra par grands bagages, les voitures de quelque espèce qu'elles soient; et par petits bagages, les chevaux de main, et les chevaux ou mulets de bât.

8. Les petits bagages appartenant aux corps de troupes marcheront avec leur régiment, et selon l'ordre qu'en aura donné le colonel. Les petits bagages de l'état-major pourront suivre le quartier-général.

9. Les gros bagages appartenant aux corps de troupes ne marcheront jamais qu'après la division dont la troupe fera partie, lorsque cette division marchera isolément; et, si plusieurs divisions marchent ensemble, leurs bagages prendront leur place, suivant l'ordre de marche qui aura été déterminé par le général commandant en chef. Les gros bagages du quartier-général marcheront selon l'ordre qu'aura donné le major-général.

10. Les voitures des équipages militaires seront toujours censées faire partie des gros bagages.

11. Les voitures d'artillerie et d'ambulance pourront marcher avec les troupes, selon que l'ordre en sera donné.

12. Dans un corps d'armée, le maréchal ou le général commandant en chef aura seul le droit d'avoir sa voiture avec les petits bagages.

En cas d'indisposition, les généraux de division pourront obtenir la même permission du major-général. Cette permission sera inscrite sur le registre du vaguemestre.

13. Toutes les voitures qui, dans les marches, embarrasseraient l'artillerie ou les troupes, par quelque accident que ce fût, et se trouveraient à moins d'une lieue de l'avant-garde, au moment où le canon viendrait à tirer, ou bien avant que l'avant-garde n'eût pris position pour la nuit, seront brûlées sur-le-champ, les chevaux en seront donnés à l'artillerie.

14. Lorsque l'avant-garde, ou tout autre corps en présence de l'ennemi, se mettra en marche, les gros bagages resteront parqués, et ne commenceront leur mouvement qu'une heure après la troupe, ou lorsqu'ils en recevront l'ordre, de manière à être toujours à une lieue de distance de la troupe, et à n'embarrasser ni le passage des ponts ni les défilés. Le chef de l'état-major de l'armée ou de la division qui passera un pont ou un défilé y placera une garde pour y maintenir le bon ordre.

TITRE III. Equipages des corps; ordre pour leur marche, et fonctions des vaguemestres-généraux et vaguemestres des corps.

15. Quand les divisions marcheront en corps d'armée, l'ordre du jour indiquera la marche des équipages; et lorsqu'elles marcheront isolément, les équipages suivront à la distance prescrite ci-dessus, si on est en présence de l'ennemi, ou, dans le cas contraire, à la queue de la division, au rang que chaque régiment occupe dans la brigade dont il fait partie. Cet ordre sera également observé dans chaque bataillon ou escadron.

Un détachement sera commandé journellement dans chaque régiment pour marcher avec ses équipages.

Le vaguemestre de la 1re brigade de la division y fera les fonctions de vaguemestre-général, et fera marcher les équipages de chaque brigade, suivant l'ordre qu'elle y tiendra.

16. Les équipages de tout ce qui tient aux états-majors et à l'administration militaire précéderont immédiatement, dans les marches, les équipages de la division de leur corps d'armée qui marchera en tête de la colonne d'équipages, et y seront placés dans l'ordre suivant :

Les équipages du général commandant en chef du corps d'armée,

Le trésor et les équipages du payeur,

Les équipages du général en chef d'état-major, de l'inspecteur aux revues, du commissaire-ordonnateur en chef, des adjudans-commandans, des sous-inspecteurs aux revues, des chefs de bataillon ou d'escadron attachés à l'état-major, des adjoints à l'état-major, des commissaires des guerres, de la poste aux lettres, des agens de l'administration, les vivandières et blanchisseuses : un détachement de gendarmerie leur servira d'escorte.

17. Les équipages des généraux-commandans de division marcheront à la tête de ceux de leur division, ainsi que ceux de tout ce qui tient à leurs états-majors et administrations, dans le même ordre qu'à l'article précédent.

Les équipages des colonels à la tête de ceux de leur régiment.

Les officiers généraux ne pourront avoir à la suite de leurs équipages aucun chariot de vivandier, à moins qu'ils ne commandent des corps séparés; en ce cas, ils devront en obtenir l'autorisation.

18. Les vaguemestres des divisions sont tenus de se faire inscrire chez le vaguemestre-général de leur corps d'armée, qui tiendra à cet effet un contrôle, et leur délivrera des certificats visés par les chefs d'état-major, d'après lesquels, et sur revue de l'inspecteur, ils seront payés de ce qui leur est alloué en sus de leur solde. Ils recevront journellement les ordres du vaguemestre-général de leur corps d'armée, pour le rang que les équipages devront occuper dans les marches, pour l'heure du départ et le rendez-vous où ils devront s'assembler. Ils feront charger et atteler les équipages, et ne souffriront point qu'aucun bagage se mette en marche que le vaguemestre de la brigade ne soit venu l'ordonner, et qu'aucun conducteur ne parte avant l'heure prescrite.

Le vaguemestre-général est seul chargé de la conduite des équipages du quartier-général et des vivandiers qui y sont attachés.

L'état-major lui fera remettre, les jours de marche, l'ordre dans lequel ils devront marcher, et le lieu où ils s'assembleront; il aura soin d'en instruire tout ce qui est attaché au quartier-général, et d'en faire part au commandant de la gendarmerie, pour qu'il y fasse trouver les vivandiers.

Le vaguemestre-général se trouvera au rendez-vous avant l'heure où les équipages devront s'y assembler. Il les conduira pendant la marche, les fera précéder par les guides du pays qui lui seront donnés, et empêchera qu'ils ne les devancent.

Il sévira contre les domestiques ou autres individus attachés aux équipages, qui voudraient dépasser leur rang, et fera arrêter toutes les voitures, fourgons et chariots qui excéderaient le nombre permis ou qui seraient d'une espèce différente.

Il fera conduire les voitures arrêtées au commandant de la gendarmerie du corps d'armée, ou les fera jeter hors la route si elles embarrassaient la marche de la colonne; elles seront brûlées si elles appartiennent à des individus qui n'ont pas droit d'en avoir; les chevaux seront remis à l'artillerie, qui en donnera reçu, ou aux équipages militaires.

Les équipages qui seront arrêtés ne pourront reprendre la file qu'à la queue des équipages de leur bataillon, de leur escadron et de leur régiment ou de leur brigade; et si ceux de leur brigade étaient passés avant qu'ils fussent en état de marcher, ils seront obligés d'attendre que tous les équipages de la division aient filé, pour en prendre la queue.

Aucun conducteur de bagages ne coupera ni ne devancera celui qui le précédera, à moins que celui-ci ne puisse suivre la colonne.

19. Tout conducteur d'équipage ou domestique qui quittera ses chevaux ou sa voiture pour piller sera puni comme maraudeur; celui d'entre eux qui s'écartera de la colonne avec ses chevaux ou sa voiture, ou qui quittera sa voiture, sera puni prévôtalement; et en cas de résistance, en faisant usage de quelque arme, il sera traduit à un conseil de guerre.

20. En cas d'attaque de l'ennemi, tout domestique ou conducteur d'équipage qui s'écartera de l'ordre de marche de la colonne, qui voudra s'enfuir, sera traduit à un conseil de guerre.

21. Aucun équipage ou voiture ne pourra marcher sans permission avec les colonnes de troupe; ceux qui s'y mettront seront brûlés.

22. D'après les dispositions du titre XXV, article 72, du réglement du 5 avril 1792, deux divisions, brigades ou régimens qui se rencontrent en route, doivent se céder réciproquement la droite; il doit en être de même de leurs équipages et de leur artillerie: mais, dans le cas où la route serait trop étroite, et que la rencontre aurait lieu entre un régiment d'infanterie et un régiment de cavalerie, ce dernier doit faire halte pour laisser passer l'infanterie avec la colonne de ses équipages. On rappelle d'ailleurs les dispositions de ce réglement, relatives à l'assiette du logement des troupes en campagne.

23. Lorsque les troupes croiseront une colonne d'équipages, elles la feront arrêter pour les laisser passer; les commandans de ces troupes ne le feront cependant qu'autant qu'il ne leur serait pas possible de trouver un autre chemin.

24. Les vaguemestres des brigades ou des régimens observeront, chacun pour la conduite et la police des équipages dont il est chargé, ce qui est prescrit par le vaguemestre-général.

TITRE IV. Ordre de marche des bagages du grand quartier-général et fonctions du vaguemestre général du grand quartier-général.

25. Le vaguemestre-général indiquera chaque jour, aussitôt l'ordre reçu de l'état-major: 1° le lieu où doivent se rendre les équipa-

ges, chevaux de selle, etc., de tout ce qui est attaché au grand quartier-général; 2° l'heure précise du départ: il fera en sorte qu'il n'y ait jamais d'encombrement, et placera les équipages de la manière suivante :

Les équipages du commandant en chef, le trésor et les équipages du payeur général, les équipages du major-général, de l'intendant-général, des généraux de division attachés au quartier-général, de l'inspecteur en chef aux revues, des généraux de brigade, de l'ordonnateur en chef, des colonels et adjudans-commandans attachés à l'état-major, des sous-inspecteurs aux revues, des chefs de bataillon ou d'escadron attachés à l'état-major, des capitaines et adjoints à l'état-major, et autres officiers qui en remplissent les fonctions, des commissaires des guerres, l'imprimerie impériale de l'armée, des agens en chef de l'administration, de la poste aux lettres, des vivandiers.

Le vaguemestre-général observera de ne jamais laisser en arrière aucun équipage, et de les faire marcher dans le plus grand ordre et suivant le rang qui leur est assigné; il fera arrêter tout conducteur d'équipage qui serait parti avant l'heure prescrite.

Un état sommaire des équipages doit lui être remis, avec les noms des conducteurs et domestiques qui y sont attachés. Il sera fait mention sur cet état du nombre de voitures que devront avoir l'imprimerie de l'armée, le trésor et la poste aux lettres.

Les équipages du grand quartier-général qui seront arrêtés pour quelque cause que ce soit ne pourront reprendre la file qu'à la suite de tous ceux des officiers du même grade que celui à qui ils appartiennent.

26. Un détachement de la gendarmerie servira d'escorte aux équipages du grand quartier-général.

27. Lorsqu'il existera une organisation de petit quartier-général, il sera attaché un vaguemestre à ce service, sous les ordres de l'ordonnateur, qui donnera l'état des chevaux, mulets de bât et voitures qui devront composer la colonne, ainsi qu'il sera statué par le major-général, d'après nos ordres.

TITRE V. Dispositions générales.

28. Les maréchaux et généraux commandant les corps d'armée feront passer fréquemment et passeront eux-mêmes des revues, pour constater le nombre de chevaux et de voitures qui se trouvent à leur quartier-général et dans les environs, afin de s'assurer qu'il n'y en a que le nombre prescrit par le présent réglement, et que nulle personne n'a de chevaux que ceux qui lui sont accordés.

29. Il est expressément défendu aux personnes ayant droit d'avoir des chevaux, voitures ou fourgons, de les faire conduire par des soldats d'infanterie, de cavalerie, du train d'artillerie ou des équipages militaires.

MM. les maréchaux ou généraux commandant en chef prescriront de la manière la plus positive aux chefs de corps de faire rentrer sur-le-champ tous les soldats qui pourront se trouver distraits du service de leurs compagnies.

30. Tout cheval de main, conduit par une ordonnance de cavalerie ou par un soldat d'infanterie, sera pris et donné à la cavalerie.

Quant aux fourgons et voitures conduits également par des hommes de cavalerie ou des soldats d'infanterie, les chevaux en seront confisqués et donnés à l'artillerie ou aux équipages militaires, et les fourgons et voitures seront brûlés.

Toute voiture particulière qui serait également rencontrée attelée de chevaux du train d'artillerie ou des équipages militaires, serait dételée et brûlée.

31. Les soldats du train et ceux des équipages militaires sont exclusivement employés au service du train d'artillerie et à celui des équipages militaires; ils ne peuvent, sous aucun prétexte, conduire les voitures des officiers d'artillerie et des équipages : les chevaux qu'ils conduiraient seraient consignés et les voitures brûlées, ainsi qu'il est dit à l'article précédent.

32. Il est formellement interdit de charger sur les voitures d'artillerie ou des équipages militaires aucun des bagages ou effets quelconques appartenant soit à des officiers, soit à des soldats.

33. Nos ministres de la guerre et de l'administration de la guerre sont chargés, chacun en ce qui le concerne, de l'exécution du présent décret, qui sera communiqué à notre major-général.

---

22 FÉVRIER 1813. — Décret contenant réglement pour la police et la conservation des canaux de Loing et d'Orléans (1). (4, Bull. 481, n° 8882.)

Voy. décrets du 16 MARS 1810, du 30 JUIN 1813; ordonnance du 20 NOVEMBRE 1814.

N..... vu l'édit du Roi, donné à Saint-Germain au mois de mars 1679, enregistré au Parlement le 26 mars 1680; les lettres-patentes du mois de novembre 1719, enregistrées le 13 avril 1720; les ordonnances de la

(1) Ce décret est un réglement local dont les dispositions ne peuvent être appliquées à une autre rivière (26 octobre 1828, ord. Mac. 10, 733).

juridiction des canaux de Loing et d'Orléans, sur la police et discipline des canaux, des 19 mars 1723, 1er octobre 1732, 10 décembre 1739, 11 septembre 1776, 15 février 1781; les arrêtés du Directoire exécutif, du 23 frimaire an 5; de l'administration centrale du département du Loiret, du 12 vendémiaire an 7; du préfet du même département, du 21 frimaire an 9; du ministre de l'intérieur, du troisième jour complémentaire an 10; du préfet du Loiret, des 30 frimaire an 11 et 3 messidor an 13;

Vu la loi du 29 floréal an 10, relative aux contraventions en matière de grande voirie; notre décret du 12 août 1807, portant réglement relatif au canal des Deux-Mers, et notre décret du 16 mars 1810, concernant la propriété et l'administration des canaux d'Orléans et de Loing;

Vu enfin nos décrets des 16 décembre 1811 et 10 avril 1812, prescrivant des mesures répressives des délits de grande voirie;

Notre Conseil-d'Etat entendu,

Nous avons décrété et décrétons ce qui suit:

TITRE Ier. Police.

Police sous le rapport de la manutention des eaux.

Art. 1er. Toutes les eaux qui tombent naturellement, ou par l'effet des ouvrages d'art, soit dans les canaux, soit dans leurs rigoles nourricières, soit enfin dans leurs réservoirs ou étangs, seront en entier à la disposition des canaux, et ce, nonobstant toutes jouissances ou usages contraires.

En cas qu'il y ait lieu à prendre ou à rejeter des eaux, la décision appartiendra à l'administration supérieure, sauf le recours à notre Conseil-d'Etat.

En cas qu'il y ait lieu à expropriation de terrains, maisons ou usines, il sera procédé conformément à la loi du 8 mars 1810.

2. Il est expressément défendu de détourner les eaux des canaux, des rigoles et des étangs, non plus que de la rivière de Loing, aux endroits où elle sert de canal, soit en levant les vannes ou ventelles ou bondes, soit en pratiquant des coupures dans les levées de chaussées.

3. Il ne pourra être fait aucune concession d'eau à des particuliers que par décision de notre ministre de l'intérieur sur le rapport du directeur général des ponts-et-chaussées, prise sur l'avis de l'ingénieur des canaux et la proposition de l'administrateur général.

4. Toute concession d'eau sera toujours révocable, et l'usage qu'on en pourra faire sera, dans tous les temps, subordonné au besoin du canal.

5. Nul ne pourra, sans une concession rendue en la forme prescrite ci-dessus, pratiquer aucune prise d'eau sur les canaux ou leurs dépendances, à peine de la démolition des travaux, du rétablissement des lieux aux frais des délinquans, et de tous dépens, dommages et intérêts, réglés sur les dommages et troubles qu'aura éprouvés la navigation.

6. L'usage des moulins sur ou attenant la ligne navigable sera réglé par des repères apparens, et, au besoin, par les ordres exprès de l'ingénieur, qui sera autorisé provisoirement, et sauf le recours à l'autorité supérieure, à modifier ou à étendre cet usage, suivant les besoins du service, à peine de dépens, dommages et intérêts.

7. Toute prise d'eau pour moulin ou autre usine sera construite en pierres de taille : il n'y sera adapté que des pelles, vannes ou bondes fermant à double clef; une restera entre les mains du propriétaire, et l'autre sera déposée chez l'ingénieur, ou chez l'un des préposés des canaux délégué par lui.

8. Toute prise d'eau existant en vertu d'anciennes concessions sera, aux frais des propriétaires, établie de manière qu'il n'y ait aucune déperdition d'eau qui puisse nuire au canal.

9. Le passage des bateaux à une écluse quelconque ne sera accordé qu'autant que les eaux du biez supérieur et du biez inférieur seront entre les limites des repères établis pour déterminer l'état de navigation, et que les ordres des ingénieurs ne s'y opposeront pas.

10. Aucun marinier ou autre ne pourra manœuvrer les vannes ou les portes des écluses, si ce n'est du consentement de l'éclusier ou sur sa réquisition, à peine de dommages, et d'être poursuivi en police correctionnelle.

Police sous le rapport de la liberté de la navigation, et de l'ordre à y maintenir.

11. Aucun bateau chargé, ou susceptible de l'être, ne sera admis dans les canaux, s'il ne porte, écrits en caractères bien lisibles, le nom et le lieu du domicile du propriétaire; il en sera tenu registre par les contrôleurs aux embouchures, suivant leur ordre d'admission.

12. Tout conducteur de trains et bateaux chargés devra être porteur d'une lettre de voiture en bonne forme; à défaut de quoi, le passage des écluses pourra lui être refusé.

13. Les bateaux entrant dans les canaux ne pourront traîner après eux des nacelles ou batelets.

14. La tenue ou le tirant d'eau pour les bateaux naviguant sur les canaux reste fixé, pour l'établissement du droit de navigation, à six cent cinquante-neuf millimètres ou vingt-quatre pouces, fond compris, de manière que la charge sera complète, et passible

du droit fixe, dès que le tirant d'eau sera de six cent cinquante-neuf millimètres.

15. Suivant le volume d'eau qui se trouvera dans les réservoirs des canaux, la tenue ou le tirant d'eau pour la navigation sera fixé, chaque mois, par l'ingénieur, et affiché, au moins huit jours à l'avance, aux embouchures et aux principaux lieux d'embarcation. Tout bateau qui excédera le tirant d'eau ou la tenue fixée par l'affiche sera tenu de s'alléger.

16. Les conducteurs des bateaux, à leur arrivée à l'embouchure en Loire, s'amarreront suivant l'ordre de leur arrivée, de manière à laisser libre l'entrée du chenal, dont le bassin est indiqué, des deux côtés, par des poteaux placés à cet effet.

17. Les conducteurs de ces bateaux se feront inscrire au bureau du contrôleur, à Combleux, qui leur délivrera un numéro d'ordre d'arrivée et d'entrée dans le canal, sans lequel ils ne seront pas admis dans l'écluse. En cas d'infraction aux dispositions ci-dessus, les conducteurs de bateaux perdront leur rang d'entrée; ils ne le reprendront qu'après l'entrée dans le canal, de tous les bateaux inscrits.

18. Tout les bateaux et trains iront de file sur les canaux, en suivant l'ordre de leur entrée; et le marinier qui le premier entrera dans une grande écluse du canal de Loing ne pourra s'opposer à ce que les suivans entrent jusqu'à ce que l'écluse soit complète.

19. Le halage des bateaux ou trains se fera avec des hommes, et non avec des bêtes de trait. Chaque bateau ou train sera conduit au moins par deux hommes, dont le plus jeune aura plus de quinze ans, et l'autre au moins vingt-cinq.

20. Tout marinier sera tenu, aux avenues des écluses, de ralentir le mouvement de son bateau, pour prévenir tout choc aux portes des écluses.

21. On ne pourra tirer ou attacher deux trains ou bateaux accouplés, ou les haler à la suite l'un de l'autre.

22. Les bascules à poisson, les bateaux chargés de fruits, les vins, les liquides et autres denrées susceptibles d'avaries, auront toujours la priorité de passage sur les bois, charbons et autres marchandises non avariables, sauf les exceptions momentanées qui pourront être prescrites par notre ministre de l'intérieur, à raison du service public ou des besoins de la capitale. Les ordres donnés à cet égard seront transmis à la compagnie-propriétaire des canaux, en la personne de l'administrateur général, qui sera tenu de veiller à leur exécution, et de les faire afficher dans les bureaux de contrôle et aux principaux lieux d'embarcation.

23. Lorsque, par ordre du Gouvernement ou de l'administration supérieure, pour des munitions de guerre, ou pour un cas forcé par avaries, un péril imminent, exigeant le transport prompt des matériaux et outils pour le service des canaux, le passage des coches ou voitures publiques, celui de la cabane en tournée administrative, l'ordre de la marche des bateaux annoncée par des affiches pourra être interverti, les cabanes, coches, flettes, bateaux ou trains à ce destinés prendront le pas sur les autres; dans ce cas, ils seront accompagnés d'un garde du canal, portant sa bandoulière, ou d'un gendarme; l'un et l'autre seront porteurs d'ordres.

24. Tout bateau devant céder le passage à un autre, ainsi que tout bateau en vidange en marche vis-à-vis d'un bateau chargé, laissera libre le côté de halage en se rangeant du côté opposé.

25. Tout bateau ou train qui, à cause d'ordres affichés, ou à cause d'un ordre particulier du Gouvernement ou d'administration supérieure ou des ingénieurs, à cause d'avaries ou de périls imminens, sera obligé de céder le pas, reculera, au besoin, à l'approche des écluses et des ponts, afin d'en laisser l'entrée libre, hors le cas où il serait engagé dans les écluses, les portes étant ouvertes.

26. La navigation des canaux, depuis l'époque de son ouverture jusqu'à celle de sa fermeture, aura lieu tous les jours depuis le soleil levé jusqu'au soleil couché, à l'exception des dimanches et des quatre fêtes chômées rappelées au concordat; pendant lesquels jours fériés, il ne sera pas livré passage aux écluses, depuis neuf heures du matin jusqu'à midi. Le passage des écluses est expressément défendu la nuit.

27. On affichera, dans tous les bureaux de recette, la liste nominative des patrons qui auraient été trouvés en fraude des droits de navigation, ou qui auraient été convaincus juridiquement d'infidélité envers les négocians, ou, enfin, qui auraient commis des voies de fait et des actes d'insubordination contre la police de la navigation. Il sera fait mention, sur cette liste, des amendes qui auront été prononcées contre lesdits patrons.

28. Les bateaux et trains non en marche seront de file, et non en double; ils laisseront, en tout temps, libre le côté du halage, et seront attachés, au côté opposé, par deux amarres, une à chaque extrémité.

29. Tout bateau en vidange dans les canaux aura, pour jeter l'eau, un gardien, que le propriétaire indiquera à l'éclusier ou au contrôleur le plus voisin; faute de le faire, il en sera établi un à ses frais et dépens, sur le procès-verbal qui en sera dressé. Le bateau sera retenu pour garantie.

30. Tout bateau coulé à fond ou naufragé sera relevé ou tiré de l'eau, par le propriétaire ou conducteur, dans les vingt-quatre heures; et, à défaut, il le sera, à ses frais et

dépens, à la diligence de l'éclusier le plus voisin, qui en rendra compte au contrôleur, ou par les ordres des ingénieurs ou conducteurs des travaux. L'éclusier ou le conducteur en dressera procès-verbal, dans lequel il constatera la cause du naufrage, le retard qui en sera résulté pour la navigation au-delà des vingt-quatre heures, la nature du chargement, les marchandises qui auront été retirées de l'eau, et les frais auxquels aura donné lieu le travail exécuté pour retirer le bateau. Ces frais seront payés sans déplacement, ou les marchandises seront gardées en cautionnement.

31. Aucun bateau en vidange ou autre ne pourra séjourner dans les canaux qu'à quarante mètres de distance au-dessus et au-dessous des écluses; ceux à mettre en gare le seront dans les lieux désignés par les ingénieurs, et indiqués par l'éclusier le plus voisin.

32. Les propriétaires de bateaux, les facteurs ou maîtres mariniers, seront tenus de faire connaître et de déclarer à l'éclusier le plus proche, le nom et la demeure du gardien de son ou de ses bateaux en gare, afin d'y avoir recours au besoin.

33. Les conducteurs d'équipage ne pourront alléger ou dénaturer, en aucune manière, les chargemens contenus en leurs bateaux, et indiqués dans leurs lettres de voiture et passavans, qu'après en avoir prévenu un contrôleur, qui sera tenu de faire mention de ce changement sur lesdites lettres de voiture ou passavans dont les mariniers sont porteurs.

34. Faute par les maîtres mariniers ou propriétaires de bateaux de conduire au-delà de quarante mètres au-dessus ou au-dessous des écluses les bateaux-vidanges non en marche, ainsi que d'indiquer les gardiens de ces bateaux, il y sera pourvu de suite, et à leurs frais, par les éclusiers, qui en dresseront procès-verbal, pour lesdits bateaux rester en réserve jusqu'au paiement des frais faits par les éclusiers.

35. Aucun bateau ou train ne pourra s'arrêter ou s'amarrer à l'entrée des écluses ou dans les écluses, ni y charger et décharger des marchandises ou autres effets.

36. Il est défendu de battre des piquets d'amarrage pour arrêter les bateaux plus près qu'à un mètre de la crête ou tête du talus.

37. Il est aussi défendu d'amarrer les bateaux ou trains à des arbres ou plantations le long des canaux, ou de tenir l'amarre élevée au-dessus de la terre, de manière à empêcher le passage sur les levées.

38. Il est défendu de jeter des eaux de vidange des bateaux sur les talus des levées ou contre les maçonneries des écluses, et aussi de jeter dans les canaux et les écluses, des terres, pierres et autres immondices.

39. Les bois et autres matières tombant des bateaux flottant sur l'eau ou coulant au fond seront retirés par les propriétaires dans le plus bref délai; faute par eux de le faire, sur le procès-verbal qui en sera dressé, il y sera pourvu à leurs frais et dépens, et les matières retirées seront gardées pour en répondre, indépendamment de toute poursuite ultérieure pour dommages et intérêts.

40. La voie d'eau du côté du halage, non plus que le chemin de halage, ne seront jamais embarrassés, pas même occupés, ni pour stationner, ni pour aucun radoub ou travail quelconque, ni pour aucun dépôt de matériaux ou de marchandises, sauf le cas de danger imminent, d'avaries, ou d'un reversement autorisé d'un bateau dans un autre, pour le temps seulement nécessaire à l'effectuer, sous la surveillance des éclusiers, qui veilleront à ce que les marchandises ainsi déposées soient enlevées et embarquées sans délai.

41. Il est défendu d'établir des chantiers pour radouber et réparer les bateaux ailleurs qu'aux lieux qui seront indiqués par les ingénieurs; cependant on pourra continuer leur réparation au bout du pont du Pâtis à Montargis, sous la condition expresse de n'en placer jamais deux à côté l'un de l'autre, suivant le cours de l'eau, de manière que le halage et la navigation ne puissent éprouver aucun obstacle.

42. Il est défendu de faire des chargemens de bateaux, ou former des trains, ailleurs que dans les ports et lieux d'embarcation indiqués, à cet effet, comme tels par les affiches.

43. Tout dépôt de marchandises ou autres effets est expressément défendu hors des ports, ou sur les levées, chemins de halage et francs-bords des canaux, excepté dans le cas d'une indication particulière requise par l'inspecteur de la navigation, et autorisée par l'ingénieur.

44. Tout dépôt de marchandises ou autres effets qui se trouveront à trente mètres de distance des bajoyers des écluses sera enlevé sur-le-champ, à la diligence des éclusiers, après en avoir dressé procès-verbal; les frais qui en résulteront seront à la charge du propriétaire, et les effets ou marchandises retenus en garantie.

45. Lorsqu'un bateau dans un port aura complété son chargement, il laissera la place vide en se retirant dans un large.

46. Les bateaux-vidanges feront place dans les ports à ceux en chargement. L'emplacement du port sera partagé, proportionnellement au nombre des bateaux, entre chaque maître marinier ou facteur.

47. Il est défendu à tout maître ou compagnon marinier, conducteur de barque ou voyageur, d'insulter ou maltraiter aucun employé, et de s'opposer, par violence ou par

menace, à l'exercice de ses fonctions, à peine d'être poursuivi conformément aux lois.

48. Toutes les contraventions aux dispositions ci-dessus seront constatées par des procès-verbaux des gardes du canal, lesquels seront affirmés devant le juge-de-paix ou les maire et adjoints de la commune où le délit aura été commis; elles seront punies par les tribunaux conformément aux anciens réglemens concernant la police et la discipline des canaux, et notamment l'arrêt du Conseil du 19 mars 1715; les ordonnances de la juridiction des canaux, des 20 septembre 1704, 19 mars 1723, 1er octobre 1732, 10 décembre 1739, 11 septembre 1776, 15 février 1781; les arrêtés du Directoire exécutif, du 23 frimaire an 5; de l'administration centrale du département du Loiret, du 12 vendémiaire an 7; du préfet du même département, du 21 frimaire an 9; du ministre de l'intérieur, du troisième jour complémentaire an 10; du préfet du Loiret, des 30 frimaire an 11 et 3 messidor an 13.

Police sous le rapport de la propriété des canaux.

49. Toute usurpation ou anticipation du domaine des canaux d'Orléans et de Loing sera poursuivie en dommages et intérêts, sans préjudice de la restitution du fonds ou des fruits perçus sur icelui; et, si l'usurpation a eu lieu avec déplacement de bornes, ce délit sera poursuivi devant les tribunaux de police correctionnelle.

50. Quiconque sera convaincu d'avoir détérioré, soit les ouvrages d'art des canaux, leurs levées ou digues; d'avoir enlevé, même à titre d'emprunt, les terres, pierres, bois et autres approvisionnemens; d'avoir endommagé les plantations, coupé, déraciné ou déterré les troncs ou racines des vieux arbres morts ou coupés, sera poursuivi en dommages et intérêts.

51. La faculté de déposer sur les fonds riverains les terres, vases, tasses, graviers et sables provenant des curages et autres déblais quelconques du canal, est expressément conservée, sauf indemnité, s'il y a lieu.

52. Il est défendu de faire paître les bestiaux sur les chemins de halage, les levées et chaussées des étangs et autres dépendances, en quelque temps que ce soit;

De parcourir avec des voitures, charrettes ou bêtes de somme, les chaussées ou levées des canaux ou rigoles, dans les parties qui ne sont pas chemins publics;

D'abreuver les bestiaux où les abreuvoirs ne sont pas dus; de pratiquer des lavoirs, ou de traverser à gué les canaux et les rigoles;

De faire rouir du chanvre dans les canaux, rigoles, étangs, fossés ou contre-fossés en dépendans;

De faucher les herbes, labourer ou piocher sur les levées et leurs francs-bords;

De jeter dans les canaux ou sur les levées aucune immondice, d'y faire aucun dépôt, ni diriger aucun égout;

De faire aucune ouverture sur les francs-bords du canal, sous quelque prétexte que ce puisse être.

53. Il est également défendu de pêcher dans les canaux, rigoles et étangs, à l'exception de ceux qui en sont fermiers, et aux fermiers de se servir d'engins prohibés nuisibles à la navigation.

54. Il est défendu à tout marinier conducteur de bateau ou de train d'avoir, dans son bateau, des éperviers ou autres engins de pêche; ceux qui s'y trouveront seront saisis par les gardes-éclusiers, qui en feront dépôt chez les contrôleurs les plus voisins, et en dresseront procès-verbal dans les formes voulues, pour la confiscation en être prononcée.

55. Il est défendu d'avoir sur les canaux, étangs ou rigoles en dépendans, des batelets ou nacelles, sans une permission de l'administrateur général, sur le rapport de l'ingénieur; et il est enjoint à ceux qui ont permission d'avoir des batelets ou nacelles, d'y inscrire bien lisiblement leur nom, et le numéro qu'ils recevront de l'ingénieur, pour y avoir recours au besoin; ils les enchaîneront et fermeront d'un cadenas, dans le temps où ils ne s'en serviront pas, dans le lieu qui leur sera indiqué par l'ingénieur.

56. Il est défendu à tous ouvriers charpentiers, charrons, scieurs de long, cordiers et autres, de travailler sur les levées ou francs-bords des canaux, ou de les embarrasser de dépôts quelconques.

57. Toutes les contraventions aux dispositions du présent paragraphe, autres que l'usurpation de terrain avec déplacement de bornes, mentionnée en l'art. 49, seront constatées, poursuivies et jugées conformément à la loi du 27 floréal an 10, et à nos décrets des 17 décembre 1811 et 10 avril 1812, relatifs aux contraventions en matière de grande voirie, et punies des peines portées dans les réglemens mentionnés en l'article 48.

TITRE II. *Contentieux et compétence.*

58. Les procès-verbaux pour tous les délits prévus au titre précédent feront foi jusqu'à inscription de faux, toutes les fois qu'ils seront rédigés, pour les cas et dans les formes prescrits, par l'administration forestière.

59. Si des délits commis par des mariniers étaient de nature à entraîner des pertes ou dépenses considérables pour les canaux, le conservateur ou le contrôleur le plus voisin est alors autorisé à exiger une caution suffisante; à défaut de laquelle, le passage pourra être refusé à la première écluse, à moins que

les marchandises ne soient de nature à ne pouvoir être arrêtées.

60. Dans ce cas seulement, le conservateur fera suivre le bateau jusqu'au lieu de sa destination, aux frais des propriétaires, afin de faire, relativement audit bateau et à ses agrès, tous les actes nécessaires pour garantir le paiement des dommages et intérêts résultans des délits.

61. Dans le cas de tout délit commis contre la sûreté et la tranquillité publique, contre le maintien de l'ordre et la liberté de la navigation, et dont la répression sera urgente, ainsi que dans le cas de désobéissance aux ordres des agens du canal, tout employé sera autorisé à requérir main-forte, pour ensuite, et sur le procès-verbal, le délinquant être poursuivi, dans les formes, devant le juge compétent, et condamné aux peines de droit.

62. En cas d'abus de la part de tout garde, contrôleur ou agent des canaux dans l'autorisation donnée par l'article précédent, il en sera personnellement responsable, et la compagnie garante vis-à-vis la partie lésée.

63. Les affaires des canaux dont la connaissance pourra appartenir à l'autorité judiciaire seront portées devant elle sans conciliation préalable, comme le sont toutes celles dans lesquelles l'Etat est partie.

64. Les contestations civiles qui pourront s'élever, soit pour droit de propriété, soit sur l'application du tarif, soit sur la quotité des droits de navigation, seront portées devant les tribunaux de l'arrondissement dans lequel sera située la propriété en litige, ou le bureau de recette où les droits devront être payés, pour y être jugées en dernier ressort, ou à la charge de l'appel ou du recours en cassation, suivant la nature de la contestation ou la quotité du droit; et, néanmoins, le droit exigé devra être provisoirement acquitté.

65. Les contraventions qui devront être punies en vertu des anciens réglemens rappelés en l'art. 48, et qui pourront entraîner la peine de confiscation, amende ou triple droit, seront poursuivies devant les tribunaux de police correctionnelle de la situation du bureau de recette où le délit aura été constaté.

66. La connaissance des autres délits et contestations y relatives, tant en demandant qu'en défendant, appartiendra, en première instance, au sous-préfet de l'arrondissement, et, par recours, au préfet du département où les lieux sont situés, pour y être statué définitivement en conformité des dispositions de la loi du 29 floréal an 10, et de nos décrets des 16 décembre 1811 et 10 avril 1812, sur les contraventions à la grande voirie : sans préjudice du renvoi au tribunal compétent, dans le cas où il y aurait lieu, d'ailleurs, à quelque peine afflictive ou infamante.

67. Toute affaire contentieuse sera poursuivie et défendue par l'administrateur général, en son nom, sous ses ordres et direction, par le conservateur des canaux, ou les receveurs particuliers, dans chacun de leurs arrondissemens.

Les citations et les significations des jugemens ou arrêtés prononcés en faveur des canaux pourront, lorsqu'il en aura été ainsi ordonné, être faites par les gardes des canaux, qui exerceront, dans ce cas, les fonctions d'huissiers.

68. Tout jugement, tout arrêté de préfecture rendu en matière de délits commis sur les canaux, sera imprimé et affiché, à la diligence du conservateur, aux frais du délinquant.

TITRE III. Service des gardes des écluses, des étangs, rigoles et autres propriétés.

69. Les gardes des écluses, ceux des étangs et rigoles, et des autres parties des canaux d'Orléans et de Loing, sont spécialement chargés de veiller à la conservation des canaux, rigoles et francs-bords, des étangs, chaussées, ponts, pertuis, et en général de toutes les propriétés dépendantes des canaux.

Ils rapporteront procès-verbaux des délits et empiétemens qu'ils reconnaîtront.

Ils porteront, dans l'exercice de leurs fonctions, la bandoulière aux armes de l'empire.

Ils seront sous les ordres immédiats des ingénieurs et des conducteurs principaux des travaux, dans toutes les parties de leur service, relativement aux travaux et à la conservation des canaux en général.

70. Ils recevront également les ordres des agens de la navigation, et de l'approvisionnement de Paris, pour le service du mouvement de la navigation, en tout ce qui n'est pas contraire aux dispositions du présent décret; ils exécuteront aussi les ordres du conservateur des canaux et des contrôleurs, quant à la perception des droits, à la police et à la conservation des propriétés.

71. Ils ne pourront, sous aucun prétexte, vendre vin ou eau-de-vie, ni faire le commerce de bois et de charbon.

72. Ils n'exigeront, dans aucun cas, ni ne recevront argent ou marchandises des voituriers, leurs facteurs ou mariniers, même à titre de paiement, sous peine d'être poursuivis comme concussionnaires, conformément aux lois.

73. La négligence des gardes ou éclusiers dans leur service, l'insubordination ou désobéissance aux ordres qui leur seront donnés, l'intempérance ou le défaut de surveillance, seront punis de la suspension ou de la destitution, suivant l'exigence du cas.

74. La compagnie exerce sur les employés sous ses ordres toute l'autorité nécessaire pour le bien de son service.

75. Tous les anciens arrêts, ordonnances et réglemens, ainsi que les arrêtés des diverses administrations départementales dont le canal traverse le territoire, seront annulés en tout ce qu'ils contiennent de contraire aux dispositions du présent décret.

76. Notre ministre de l'intérieur est chargé de l'exécution du présent décret.

---

22 FÉVRIER 1813. — Avis du Conseil-d'Etat portant que tous réglemens faits par les archevêques et évêques, en vertu de la décision du Gouvernement, du 9 floréal an 11, doivent être considérés comme supprimés de droit par le réglement général sur les fabriques, du 30 décembre 1809. (4, Bull. 483, n° 8901.)

Le Conseil-d'Etat, qui, d'après le renvoi ordonné par sa majesté, a entendu le rapport de la section de l'intérieur, sur un article du budget de la fabrique de la succursale de Château-Thierry, département de l'Aisne, concernant une redevance annuelle payée par elle au secrétariat de l'évêché de Soissons;

Vu l'article 76 de la loi du 18 germinal an 10, portant qu'il sera établi des fabriques pour veiller à l'entretien et à la conservation des temples;

Vu la décision du Gouvernement, du 9 floréal an 11, qui autorise les archevêques et évêques à fixer l'administration des fabriques par des réglemens provisoires;

Vu la lettre du ministre des cultes, du 24 décembre 1812, portant que la contribution dont il s'agit a été perçue en vertu d'un réglement de l'évêque, approuvé le 24 frimaire an 12;

Vu l'article 19 de ce réglement, conçu en ces termes :

« Outre les charges particulières ci-dessus, « les fabriques acquitteront au secrétariat de « l'évêché, pour indemnité du prix des saintes « huiles, frais de correspondance et autres « dépenses relatives à l'administration « diocésaine, une contribution annuelle, « ainsi qu'il suit :

« Les fabriques des communes de six mille « habitans et au-dessus, douze sous;

« Celles de deux mille à six mille, huit « sous;

« Celles au-dessous de deux mille, quatre « sous. »

Vu le décret du 30 décembre 1809, concernant les fabriques;

Considérant, 1° que, ce décret ayant réglé tout ce qui est relatif aux fabriques, les réglemens provisoires faits par les évêques en vertu de la décision du 9 floréal an 11 ont dû cesser d'avoir leur exécution;

2° Qu'il n'autorise aucune retenue pour indemnité des dépenses concernant l'administration diocésaine;

3° Que la plupart des fabriques n'ont pas des ressources assez étendues pour remplir les charges qui leur sont imposées, et que ces charges sont alors supportées par les communes,

Est d'avis :

1° Que les fabriques du diocèse de Soissons ne doivent payer aucune redevance à l'évêché, nonobstant l'article 19 du réglement approuvé par sa majesté le 24 frimaire an 12;

2° Que ce réglement et tous autres faits en vertu de la décision du Gouvernement du 9 floréal an 11, doivent être considérés comme supprimés de droit par le réglement général sur les fabriques, du 30 décembre 1809.

---

22 FÉVRIER 1813. — Décret qui approuve le réglement de l'archevêque de Toulouse, relatif au prélèvement et à l'application du sixième du produit des chaises, bancs et places dans les églises. (4, Bull. 483, n° 8900.)

---

22 FÉVRIER 1813. — Décrets qui autorisent l'établissement de chapelles dans les communes de Bertbelanges et de Tressin. (4, Bulletin. 485, nos 9001 et 9002.)

---

22 FÉVRIER 1813. — Décrets qui autorisent l'acceptation de dons et legs faits aux pauvres et hospices de Nieukerken, Munster, Hauteville, la Croix-Rousse, et aux fabriques des églises de Bruxelles et de Suze. (4, Bull. 485, nos 9003 à 9008.)

1er MARS 1813. — Décret portant réglement sur le mode de rachat des droits seigneuriaux et féodaux, et des rentes foncières et redevances emphytéotiques, dans les départemens de Rome et du Trasimène. (4, Bull. 482, n° 8884.)

N...... sur le rapport de notre grand-juge, ministre de la justice;

Vu les arrêtés de la consulte extraordinaire des Etats romains, des 24 juillet 1809 et 31 décembre 1810, relatifs aux droits seigneuriaux et féodaux, et celui du 31 décembre 1810, concernant les herbes et pâtures;

Voulant statuer sur les conditions et le mode du rachat des droits seigneuriaux, ainsi que des rentes foncières et des redevances emphytéotiques qui en sont susceptibles dans les départemens de Rome et du Trasimène,

Notre Conseil-d'Etat entendu,

Nous avons décrété et décrétons ce qui suit :

TITRE Ier. Des droits seigneuriaux ou féodaux susceptibles de rachat.

Art. 1er. Tous droits utiles qui sont le prix ou la condition d'une concession de fonds sont rachetables à perpétuité, et continueront d'être payés jusqu'au rachat.

Sont présumées telles, sauf la preuve contraire, toutes redevances et obligations qui forment le prix de la concession du domaine utile; toutes prestations en argent ou en nature, sous quelque dénomination que ce soit, qui ne sont dues et ne se payaient même à un seigneur, par le propriétaire ou possesseur du fonds, que tant qu'il était possesseur du fonds, et à raison de la durée de sa possession.

2. Sont également maintenus jusqu'au rachat, tous droits casuels qui, sous les noms de lods, droits de confirmation, ou sous toute autre dénomination, étaient dus, aux mutations du possesseur, ou dans des cas et à des termes établis par le titre, ou par une possession centenaire ou immémoriale, selon l'usage des lieux, remontant à une époque antérieure à l'arrêté du 24 juillet 1809.

3. Les contestations qui pourraient s'élever sur l'existence ou la quotité des redevances et droits mentionnés aux articles 1 et 2 ci-dessus seront décidées d'après les preuves autorisées par les lois générales concernant les droits fonciers au moment de la réunion de l'Etat romain à l'empire français.

4. Lorsque la concession sujette aux droits et redevances dont il s'agit sera sujette à un droit de retour en faveur du seigneur, à l'extinction de la descendance du possesseur, ce droit sera remplacé par une indemnité réglée de la manière et aux taux établis par les articles 45, 46 et 47 ci-après.

5. Pour sûreté de l'acquittement des redevances maintenues jusqu'au rachat, et du capital du rachat, les propriétaires auront, sur les fonds grevés, un privilége qui s'exercera immédiatement après celui du fisc pour les contributions, pourvu que, dans l'année à partir de la publication du présent décret, il ait été par eux pris inscription au bureau des hypothèques.

Cette inscription conservera le privilége pour les arrérages échus, à partir de cette époque, jusqu'à concurrence de deux années.

La même inscription conservera, pour la suite, le privilége pour deux années d'arrérages, pourvu qu'elle soit renouvelée aux époques fixées par l'article 2154 du Code civil.

6. Quant aux arrérages échus et non prescrits lors de la publication du présent décret, les propriétaires continueront de jouir des priviléges qui leur étaient accordés par les lois et coutumes du pays, avant la réunion à l'empire français, et, pour la conservation, pourront prendre inscription dans les trois mois de la publication du présent décret, si fait n'a été; sans préjudicier aux droits acquis par les inscriptions précédemment prises.

7. A défaut de titre constitutif des droits et redevances à inscrire pour la conservation du privilége, le propriétaire sera reçu à prendre inscription en vertu d'actes énonciatifs, ou d'une possession immémoriale ou centenaire; à la charge, en cas de contestation, d'en faire preuve tant par actes que par témoins, sans que l'inscription ajoute rien à son titre, et fasse aucun obstacle à ce qu'il soit contesté.

TITRE II. Des rentes foncières et redevances emphytéotiques.

CHAPITRE Ier. *Des rentes foncières et redevances emphytéotiques rachetables.*

8. Toutes rentes foncières perpétuelles et non rachetables, de quelque espèce qu'elles soient, soit en nature, soit en argent, quelle que soit leur origine, et à quelque personne qu'elles soient dues, même les rentes de dons et legs pour cause pie et fondations, seront rachetables de la manière et au taux qui seront ci-après fixés.

9. Tous droits et redevances fixes et casuels dus pour bail emphytéotique à perpétuité, soit dits *héréditaires*, soit connus sous la dénomination *di patto e providenza*, soit que ces droits dérivent de la nature du contrat, soit de conventions stipulées, soit des usages locaux, sont pareillement rachetables, et continueront d'être acquittés jusqu'au rachat conformément aux titres et aux usages.

10. La disposition de l'article précédent est applicable aux baux appelés *locateries perpétuelles et colonies.*

CHAPITRE II. Baux emphytéotiques maintenus.

11. Les baux emphytéotiques à terme au plus de quatre-vingt-dix-neuf ans, ou à trois générations, continueront d'avoir lieu, et seront exécutés selon leur forme et teneur.

12. Les emphytéoses *di patto e providenza*, soit perpétuelles, soit à terme, contenant vocation en faveur de personnes désignées, et qui ont dû cesser, quant à cette vocation, du moment où la loi qui abolit les substitutions a été publiée dans les départemens de Rome et du Trasimène, continueront néanmoins d'avoir leur effet comme biens libres dans la main du dernier possesseur, jusqu'au terme fixé par le contrat.

TITRE III. Du rachat.

CHAPITRE Ier. *Dispositions communes à tous droits et redevances rachetables.*

13. Le droit d'exercer le rachat est imprescriptible.

14. Le rachat ne peut être exigé par le propriétaire du droit et de la redevance.

15. Celui qui doit plusieurs espèces de re-

devances ou prestations au même propriétaire peut demander le rachat de toutes cumulativement, ou de chacune séparément ; mais il ne pourra faire le rachat des charges ou redevances, annuelles en tout ou en partie, sans racheter en même temps les droits casuels.

16. Tout propriétaire pourra racheter les rentes foncières et redevances perpétuelles, à raison d'un fonds particulier, encore qu'il se trouve posséder plusieurs fonds grevés de pareilles rentes envers la même personne ; pourvu néanmoins que ces fonds ne soient pas tenus sous une rente ou une redevance foncière solidaire, auquel cas le rachat ne pourra pas être divisé.

17. Les redevables qui rachèteront des prestations ou redevances quelconques seront tenus de payer, avec le capital dû pour le prix du rachat, tous les arrérages échus au moment du rachat, sauf les prescriptions de droit.

18. Sur les évaluations du produit annuel qui auront lieu pour fixer le prix du rachat, il sera fait une retenue dans la proportion de la contribution foncière, à moins qu'il n'y ait, par titre, stipulation contraire : la retenue sera évaluée sur le pied de la somme imposée pour l'année dans laquelle se fera le rachat.

19. Si les redevances ou prestations rachetées étaient affermées avec d'autres objets, les fermiers ne pourront que déduire du prix de leur fermage, les intérêts à cinq pour cent du capital acquitté aux bailleurs, à moins que le taux annuel de la redevance ou prestation ne constitue au moins le dixième du fermage, auquel cas ils pourront quitter la ferme à la fin de l'année ; à l'effet de quoi, notification sera faite au fermier, par le bailleur, du rachat ou de la conversion en rente dans la quinzaine, et le fermier devra faire sa déclaration dans le mois de la remise de son bail, au cas où il est autorisé à la faire.

20. Toute offre de rachat sera signifiée par exploit au propriétaire du droit rachetable, à personne ou domicile.

21. Si les parties ne peuvent se régler de gré à gré, le redevable fera citer le propriétaire en conciliation devant le juge-de-paix de son domicile, en la forme et de la manière établies par le Code de procédure civile.

22. Si le juge-de-paix ne peut les concilier, il les réglera définitivement sans appel, ou à la charge d'appel, lorsque le capital du rachat n'excédera pas sa compétence sous l'un ou l'autre de ces rapports ; autrement, il les renverra devant les tribunaux.

23. Tout tiers intéressé au rachat, tout créancier du propriétaire du droit rachetable, pourra, pendant trois mois du jour de la publication du présent décret, former, au bureau des hypothèques de la situation du bien sujet aux droits, redevances ou prestations rachetables, opposition au remboursement de toutes sommes provenant du rachat, sans préjudice des inscriptions qu'auront pu prendre ses créanciers ayant hypothèque sur les biens ou droits fonciers sujets au rachat.

24. Il ne pourra être formé, par le tiers intéressé, qu'une seule opposition générale au remboursement de toutes sommes provenant des rachats qui seraient offerts, sans qu'aucune opposition particulière puisse être faite entre les mains du redevable, à peine de nullité et de tous dépens, dommages et intérêts.

25. Cette opposition contiendra la dénomination ou désignation des fiefs, domaines, droits seigneuriaux ou fonciers sur lesquels l'opposant prétend droit, et les noms, qualités et demeures des propriétaires desdits fiefs, domaines ou droits, à peine de nullité.

26. Ces oppositions dureront trente ans ; ceux qui auront négligé d'en former ne pourront exercer aucun recours contre les redevables qui auront effectué le paiement de leur rachat, sans préjudice de leur action directe contre les propriétaires desdits fiefs, domaines ou droits.

27. Les redevables ne pourront effectuer le paiement de leur rachat sans s'être assurés qu'il n'existe aucune opposition ; s'il en existe, ils s'en feront délivrer extrait par le conservateur, qui tiendra un registre particulier de ces oppositions, et ils dénonceront cet extrait à l'opposant, et à celui sur lequel l'opposition sera faite, sans aucune autre procédure.

Les redevables pourront répéter le coût des extraits et actes de dénonciation.

28. Les droits du conservateur pour l'enregistrement des oppositions seront d'un franc pour l'opposition ; de pareille somme, pour chaque extrait, quel que soit le nombre des opposans, et pour certificat de non-opposition.

29. Un mois après la dénonciation, le redevable, sur la représentation de l'acte de dénonciation en bonne forme, sera autorisé par le tribunal à consigner, sans que les tiers intéressés soient reçus à critiquer le rachat, ni à se rendre opposans aux jugemens qui l'auront réglé, et sans qu'il soit besoin de les appeler à la consignation.

30. Si aucun des intéressés au rachat comparaît pour le contester, le redevable dont les offres seront conformes aux règles établies par le présent décret, sur le taux du rachat, sera autorisé par le tribunal à consigner.

31. Il n'est point dérogé, par les dispositions ci-dessus, aux lois sur la manière de conserver et de purger les hypothèques.

CHAPITRE II. Dispositions particulières au rachat des différentes redevances.

SECTION Ire. *Rachat des rentes, redevances ou prestations en nature, en argent ou en journées de travail.*

32. Il sera dressé, dans chaque arrondissement, par le sous-préfet, le maire du lieu et les membres du conseil général d'arrondissement qui résident dans le chef-lieu, un tableau du prix commun des grains, pailles, denrées et animaux qui entrent dans les redevances en nature existantes dans l'arrondissement, comme aussi du prix ordinaire des journées d'hommes, de chevaux, bêtes de travail, de somme et de voiture. Ce tableau sera soumis à l'approbation du préfet.

33. Ce tableau sera composé d'après le prix commun desdits objets dans l'arrondissement depuis trente ans, déduction faite des deux années les plus fortes et des deux années les plus faibles.

Ce prix pourra être réglé d'après les mercuriales du chef-lieu d'arrondissement, ou, à défaut, d'après celles du marché le plus voisin, et, à défaut de mercuriales, par des experts choisis par les fonctionnaires désignés en l'article 32, qui s'aideront de la déclaration de sept notables, tant propriétaires que cultivateurs de l'arrondissement.

34. Les rachats de redevances en nature sur lesquelles on n'aura pu convenir de gré à gré auront lieu, conformément audit tableau, sur le pied de vingt-cinq fois la redevance annuelle; le taux du rachat, pour les redevances en argent, sera de vingt fois leur montant annuel, sans déroger aux évaluations portées, ou au capital déterminé par les titres.

35. Si le redevable a l'option de payer en argent ou en nature, le rachat aura lieu sur le pied de vingt fois la redevance; si l'option appartient au propriétaire de la redevance, le rachat aura lieu au denier vingt-cinq.

36. Le rachat des corvées, ou redevances de journées de travail d'hommes ou d'animaux, aura lieu comme pour les redevances en nature.

On déduira toujours, dans l'évaluation des journées, les rétributions en nature ou en argent que les propriétaires sont tenus de donner, d'après les usages reçus.

37. Lorsqu'il s'agira de redevances proportionnelles consistant en une portion des fruits récoltés sur le fonds, si les parties ne peuvent s'arranger de gré à gré, il devra être fait par des experts choisis par les parties, ou nommés par le président du tribunal de première instance, dans la quinzaine de la signification des offres de rachat, un rapport constatant la quantité de grains, pailles, denrées et animaux que la redevance peut produire année commune, en supposant que les terres sont cultivées sans travail ni dépenses extraordinaires, mais selon la coutume du pays, avec les alternats et assolemens d'usage.

38. Le produit annuel ainsi déterminé, le rachat aura lieu, comme de redevances en nature, sur le pied de vingt-cinq fois le produit.

39. Les frais des expertises qui auront lieu, faute par les parties de s'accorder, seront à la charge des redevables, à moins qu'ils n'aient fait antérieurement au propriétaire des offres suffisantes par lui refusées, et justifiées par le rapport des experts; auquel cas, tous les frais seront à la charge du propriétaire.

SECTION II. Du rachat des redevances emphytéotiques.

40. Les dispositions de la section précédente, relatives au rachat des redevances en nature ou en argent, fixes ou proportionnelles au produit du domaine, s'appliqueront aux redevances emphytéotiques déclarées rachetables par les articles 8, 9 et 10.

SECTION III. Rachat des droits fixes et casuels.

41. Les droits fixes dus à l'expiration d'un temps déterminé, tels que ceux qui ont lieu dans certaines emphytéoses, et connus sous les noms de *quindemi rinovazioni*, seront rachetés en prenant le trentième de la somme à payer pour le droit, et formant le capital de ce trentième à trois pour cent, capital qui sera le prix du rachat.

42. Les droits casuels dus aux mutations de possesseurs par décès ou par aliénation, connus sous le nom de *laudemi*, *caposoldi*, *entrature*, seront rachetés ainsi qu'il suit:

On supposera qu'il arrive tous les trente ans un décès, et tous les cinquante une aliénation; en conséquence, on divisera par trente la somme à payer en cas de mutation par décès, et par cinquante celle à payer pour mutation par aliénation; on additionnera les deux quotiens, et leur somme formera la base du prix de rachat, à raison de trois pour cent de ce prix, de sorte que le tenancier qui, d'après l'addition des deux quotiens ci-dessus, serait censé payer annuellement trois francs, se libérerait à perpétuité moyennant cent francs payés une fois pour toutes.

43. Si le droit de mutation pour vente se-lon le titre ou la coutume, proportionnellement au prix, l'évaluation du droit aura lieu sur le prix de la dernière vente faite du fonds dans le cours des dix années antérieures; et, à défaut de vente dans cet espace de temps, il sera fait des offres, et, en cas de refus, une estimation par experts, de laquelle les frais seront supportés par celui qui aura fait les offres, ou celui qui les aura refusées,

suivant la distinction établie ci-dessus par l'article 39.

44. Le propriétaire qui a affermé des droits casuels avec d'autres biens, et qui a ensuite reçu le rachat de ces droits, doit compte au fermier, des mutations survenues postérieurement au rachat, sauf la déduction néanmoins d'un quart sur le montant du droit.

45. Pour les emphytéoses dites *discendentale*, qui font retour au bailleur à l'extinction de la descendance ou d'une ligne, le droit de retour sera racheté et évalué ainsi qu'il suit.

46. Le domaine ou le droit foncier sujet au retour sera évalué de gré à gré ou par experts nommés comme il est dit en l'article 37, déduction faite de toutes ses charges; et supposant le retour au terme de cent années, on prendra le centième de l'évaluation pour base du rachat, qui s'effectuera en payant un capital sur le pied de vingt fois ce centième.

47. Ce capital produira intérêt à quatre pour cent jusqu'au remboursement.

SECTION IV. Rachat des redevances et prestations dues au domaine de l'Etat et de la couronne, et au domaine extraordinaire.

48. Les redevables des droits, redevances et prestations dus au domaine de l'Etat, à celui de notre couronne, ou à notre domaine extraordinaire, exerceront le rachat en adressant au préposé de l'enrégistrement et des domaines de l'arrondissement leur soumission à cet effet. Ce préposé en fera la liquidation, et l'adressera au directeur du département, qui l'approuvera ou la rectifiera, et la renverra au préposé pour être exécutée par le soumissionnaire: en cas de contestation, il y sera statué par les tribunaux dans les formes observées en matières domaniales.

49. Les rachats seront au surplus réglés au taux et de la manière portés aux sections précédentes.

50. Les remboursemens seront faits à la caisse du receveur du domaine du chef-lieu du département, qui, en faisant ces versemens à la caisse du receveur général du département, distinguera, dans ses bordereaux, ce qui sera versé pour le domaine de l'Etat, pour celui de la couronne, pour notre domaine extraordinaire et pour chaque donataire.

51. Le receveur général versera au Trésor de l'extraordinaire les sommes provenant des remboursemens de droits appartenant au domaine extraordinaire et non compris dans les dotations affectées aux titulaires, et versera à la caisse d'amortissement celles qui proviendront de remboursemens faits aux titulaires de dotations au-dessus de quatre mille francs, et à la caisse de l'administration de la société pour les donataires des quatrième et cinquième classes.

52. Le directeur de l'enregistrement sera tenu de transmettre, dans la quinzaine du remboursement, un double de la liquidation et de la quittance à l'intendant de notre domaine extraordinaire, pour les remboursemens faits audit domaine, ou au directeur général de l'enregistrement et des domaines, pour les remboursemens faits au domaine impérial.

53. Pour les droits, redevances ou prestations faisant partie des biens par nous réservés appartenant à notre domaine extraordinaire ou composant des dotations, les procès-verbaux de lotissement et de prise de possession, et les baux, pour ce qui en est susceptible, serviront de titre à défaut de tout autre.

54. Notre domaine extraordinaire et nos donataires seront indemnisés de la suppression des droits abolis sans indemnité, ainsi et de la manière qui sera par nous déterminée, sur le rapport de notre intendant général de notre domaine extraordinaire.

SECTION V. Dispositions générales.

55. Toutes conventions arrêtées entre les redevables, les propriétaires et autres intéressés, et tout jugement définitif intervenu avant la publication du présent décret, en conséquence des arrêtés de la consulte extraordinaire des Etats romains, sur les droits seigneuriaux ou féodaux, rentes et redevances, continueront d'être exécutés.

56. L'arrêté de la consulte extraordinaire des Etats romains, concernant les droits d'herbage et de pâturage, continuera d'être exécuté jusqu'à ce qu'il ait été par nous autrement statué.

57. Notre grand-juge, ministre de la justice, est chargé de l'exécution du présent décret.

1er MARS 1813. — Décret sur le mode de distribution du service du ministère public près la Cour de cassation. (4, Bull. 483, n° 8902.)

Voy. arrêté du 4 PRAIRIAL an 8.

Art. 1er. Notre procureur général près la Cour de cassation portera la parole, soit aux sections réunies, soit aux audiences des sections réunies, soit aux audiences des sections, quand il le jugera convenable.

2. Nos avocats généraux près ladite cour porteront la parole, au nom du procureur général, aux audiences des sections; ils la porteront également à celles des sections réunies, lorsqu'il ne pourra pas le faire lui-même.

Notre procureur général les attachera à celle des trois sections où il croira leur service le plus utile : il pourra les y employer pour le temps et pour telles affaires qu'il jugera convenables. Il est dérogé, quant à ce, à l'article 22 de l'arrêté du Gouvernement, du 4 prairial an 8, portant réglement pour le service de la Cour de cassation.

3. Notre grand-juge, ministre de la justice, est chargé de l'exécution du présent décret.

1er MARS 1813. — Décret relatif au desséchement de la vallée de la Dive. (Mon. n° 81.)

Voy. loi du 16 SEPTEMBRE 1807.

Art. 1er. La vallée de la Dive sera desséchée conformément au projet arrêté par notre directeur des ponts-et-chaussées, d'après l'avis du Conseil du 13 janvier 1813. Cette opération sera faite en trois ans, à compter de la publication du présent décret.

2. Avant de commencer les travaux, il sera pris des mesures pour la réparation des digues qui bordent la Dive, et pour les élever au-dessus du niveau des plus hautes eaux.

3. La rigole projetée sur la rive droite sera exécutée la première.

La construction du barrage éclusé au débouché de la Dive restera ajournée jusqu'à ce que son exécution ait été reconnue indispensable.

4. La somme de six cent vingt-un mille trois cent quatre-vingt-deux francs, à laquelle s'élève le montant du projet, sera perçue en quatre années sur les propriétés comprises dans le desséchement et auxquelles il profitera, pour subvenir à la dépense des travaux.

5. En conséquence, le préfet du Calvados organisera, aussitôt la notification du présent décret, un syndicat composé de sept membres choisis parmi les principaux propriétaires intéressés, à l'effet de procéder à l'estimation et à la classification desdits terrains, conformément au titre II de la loi du 16 septembre 1807.

6. Il sera fait dans l'année courante une avance de cent cinquante mille francs par le Gouvernement pour fournir aux premières dépenses.

Cette somme sera prise sur les fonds affectés aux dépenses imprévues du ministère de l'intérieur.

Elle sera remboursée sur les derniers recouvremens qui seront faits sur les propriétaires; faute de paiement de leur part, la contrainte qui sera décernée contre chacun d'eux, et sans solidarité entre les intéressés au desséchement, sera exercée tant sur le revenu que sur la propriété, s'il y a lieu, des biens améliorés.

Ces biens demeurent affectés par privilége au remboursement de ladite avance, conformément aux lois et réglemens sur les contributions publiques.

1er MARS 1813. — Décret portant établissement d'un conseil de prud'hommes à Bruges, département de la Lys. (4, Bull. 484, n° 8949.)

1er MARS 1813. — Décrets qui autorisent l'érection en chapelle de l'église de Notre-Dame de la ville de Nantes, et l'établissement d'une chapelle dans la commune d'Alaincourt. (4, Bull. 485 et 486, nos 9009 et 9019.)

1er MARS 1813. — Décrets qui autorisent l'acceptation de dons et legs faits aux églises paroissiales et succursales de Mauron, Tricerro, Preslin, Loueuse, au séminaire diocésain de Carcassonne, et aux pauvres de Paris. (4, Bull. 486, nos 9016 à 9018, et 9020 à 9024.)

---

5 MARS 1813. — Décret qui ordonne l'établissement, à Charras, d'un nouveau bureau de perception des droits de navigation sur le bassin de la Charente, Seudre, et Sèvre-Niortaise. (4, Bull. 484, n° 8950.)

N...... vu l'arrêté du Gouvernement du 27 vendémiaire an 12.

Art. 1er. Il sera établi à Charras un nouveau bureau de perception des droits de navigation.

2. A cet effet, les droits fixés pour la navigation entière de Rochefort à la mer seront divisés en deux parties égales :

La première moitié se percevra au bureau de Charras, et la seconde à celui de Rochefort.

3. Notre ministre des finances est chargé de l'exécution du présent décret.

---

5 MARS 1813. — Décret qui fixe le jour de la tenue des six foires établies dans la commune de Lucenay-l'Evêque. (4, Bull. 486, n° 9025.)

---

5 MARS 1813. — Décrets qui autorisent l'acceptation de dons et legs faits aux pauvres et hospices de Paris, Saint-Nicolas, Areines, Furnes, Anvers, Mende, Martel, Savone, Wateran, Saint-Privat-de-Champ-Clos, Cornilhon, Castera, Beauvais, Fossano, Rabastens, Cogolin, Entrecasteaux, Orange, Courthezon, Clermain, Bar-sur-Seine, Toulouse, Herenthout et Borken. (4, Bull. 487, nos 9030 à 9034; Bull. 488, nos 9041 à 9057, et Bull. 489, n° 9061.)

---

7 MARS 1813. — Décret relatif à l'établissement à Grosseto (Ombrone) d'une commission dite commission des eaux de la plaine de Grosseto. (Mon. n° 81.)

---

7 MARS 1813. — Décret qui approuve les réglemens des évêques d'Evreux et d'Angoulême, relatifs au prélèvement et à l'application du sixième du produit des chaises, bancs et places dans les églises. (4, Bull. 485, n° 8964.)

9 MARS 1813. — Décret relatif aux dotations des quatrième et cinquième classes dont les biens sont situés dans la partie des provinces westphaliennes qui a été réunie à la France par suite du sénatus-consulte du 13 décembre 1812. (4, Bull. 484, n° 8951.)

Art. 1er. Les dotations de quatrième et cinquième classes dont les biens sont situés dans la partie des provinces westphaliennes qui a été réunie à la France par suite du sénatus-consulte du 13 décembre 1810, continueront d'être gérées par l'administration des sociétés de Hanovre et de Westphalie.

2. Cette même administration sera chargée exclusivement du recouvrement des intérêts et du capital de la créance résultant de l'aliénation partielle que nous avons faite, au nom de nos donataires de quatrième classe, au Gouvernement de Westphalie, et fera concourir les sommes provenant du recouvrement des intérêts à la formation du fonds annuel, qui doit être réparti en deux semestres à nos donataires de quatrième classe, en conformité de notre décret du 23 septembre 1810.

3. Tout donataire de quatrième ou cinquième classe dont les biens sont situés dans les parties du Hanovre ou de la Westphalie qui ont été réunies à la France sera libre de se séparer de la société à laquelle il appartient.

4. Il n'est pas dérogé aux dispositions de nos précédens décrets qui autorisent l'aliénation et le remploi en biens ou rentes dans notre empire des fonds des dotations par nous concédées, et aux droits desdits donataires de jouir par eux-mêmes des remplacemens.

5. Nos ministres sont chargés de l'exécution du présent décret.

12 MARS 1813. — Décret qui déclare applicables aux membres de l'ordre de la Réunion les articles 11 et 12 du premier statut du 1er mars 1808, et les réglemens postérieurs concernant les titres. (4, Bull. 484, n° 8952.)

Voy. décrets du 18 OCTOBRE 1811, du 9 MARS 1812, et ordonnance du 28 JUILLET 1815.

Art. 1er. Les articles 11 et 12 de notre premier statut impérial du 1er mars 1808, ainsi que les réglemens postérieurs concernant les titres, et notamment l'article 22 de notre premier décret du 3 mars 1810, seront applicables aux membres de l'ordre de la Réunion.

2. En conséquence, les membres dudit ordre sont autorisés à se pourvoir devant notre cousin le prince archi-chancelier de l'empire, à l'effet d'obtenir, en justifiant d'un revenu de trois mille francs, des lettres-patentes du titre de chevalier de l'empire, désignant leurs livrées et armoiries; lesquelles lettres ne seront définitives et n'établiront sans retour un titre transmissible à la descendance directe, légitime, naturelle ou adoptive, par ordre de primogéniture de l'impétrant, que lorsqu'elles auront reçu notre confirmation pendant trois générations successives.

3. Notre cousin le prince archi-chancelier de l'empire, nos ministres et notre grand-chancelier de l'ordre de la Réunion, sont chargés de l'exécution du présent décret.

12 MARS 1813. — Décret portant que le baron de Barante est nommé préfet de la Loire-Inférieure, et qui appelle le baron Van-Styrum à d'autres fonctions. (4, Bull. 485, n° 8905.)

12 MARS 1813. — Décret relatif aux assemblées des conseils généraux de départemens et des conseils d'arrondissement pour leurs opérations en 1813. (Mon. n° 76.)

13 MARS 1813. — Extrait de lettres-patentes portant institution de majorat en faveur de M. Jacqueminot. (4, Bull. 489, n° 9060.)

13 MARS 1813. — Extrait de lettres-patentes portant autorisation au sieur Mesner de se faire naturaliser en pays étranger. (4, Bull. 501, n° 9218.)

13 MARS 1813. — Extraits de lettres-patentes portant autorisation aux sieurs Poirson, Deslandes, Léchat et Massenet, de rester au service de puissances étrangères. (4, Bull. 519, n° 9544.)

15 MARS 1813. — Décret qui nomme M. Breteuil préfet du département des Bouches-de-l'Elbe. (4, Bull. 485, n° 8966.)

16 MARS 1813. — Décret qui charge la régie des droits réunis de surveiller la fabrication, la circulation et la vente des salpêtres. (4, Bull. 486, n° 9010.)

N.... vu l'art. 3 de notre décret du 24 août dernier.

Art. 1er. La surveillance attribuée par le décret impérial du 24 août dernier, à la régie des droits réunis, sur la fabrication, la circulation et la vente, dans toute l'étendue de l'empire, des poudres étrangères ou fabriquées hors des poudrières du Gouvernement, s'exercera aussi, et de la même manière, sur la fabrication, la circulation et la vente des salpêtres.

2. Les employés des droits réunis sont autorisés, en conséquence, à entrer en tout temps dans les ateliers, fabriques et magasins des fabricans, marchands et débitans qui, aux termes des lois, sont tenus de justifier de l'emploi des poudres et salpêtres qu'ils ont en leur possession. Ils pourront aussi, conformément à l'article 83 de la loi du 5 ventose an 12, faire des visites chez les particuliers soupçonnés de fraude, en se faisant assister par un officier de police.

Tout particulier, autre que les salpêtriers, chez lequel il serait trouvé du salpêtre, sans pouvoir justifier qu'il l'a acheté dans les magasins de l'administration des poudres, ou qu'il l'a importé en vertu de l'art. 11 de l'arrêté du 27 pluviose an 8, encourra la confiscation des matières; et, en cas de récidive, il sera condamné à une amende de trois cents francs, peine portée par l'article 15 de la loi du 13 fructidor an 5 contre celui qui exploiterait du salpêtre sans autorisation.

3. Toutes contraventions aux lois et arrêtés concernant les poudres et salpêtres seront constatées par des procès-verbaux rédigés concurremment au nom de l'administration des poudres et salpêtres, et au nom de l'administration des droits réunis.

Toutes les formalités relatives à la rédaction de ces procès-verbaux et aux suites à y donner seront conformes à celles qui sont établies par le décret du 1er germinal an 13, pour l'administration des droits réunis.

4. Les instances relatives aux fraudes et contraventions seront portées devant les tribunaux de police correctionnelle, où elles seront suivies, à la requête des deux administrations, par les défenseurs ou préposés supérieurs de l'administration des droits réunis, dans les formes propres à cette dernière.

5. Les tribunaux correctionnels prononceront, dans tous les cas, à raison des fraudes et contraventions, les peines établies envers les contrevenans par les lois et arrêtés relatifs aux poudres et salpêtres.

Lorsque des employés des droits réunis, des poudres et salpêtres, des douanes, des agens de police, des gendarmes ou autres agens publics ayant le droit de verbaliser, auront seuls découvert la contravention et opéré la saisie, le produit des amendes et confiscations appartiendra exclusivement aux saisissans.

Lorsque plusieurs préposés des administrations ou agens publics ci-dessus désignés auront concouru à une saisie, la répartition de l'amende et de la confiscation sera faite par portions égales entre les diverses administrations et les agens dépendans d'une même autorité, sans égard au nombre respectif des saisissans.

Les simples particuliers qui auront découvert des contraventions et fait opérer des saisies de la manière prescrite par le décret du 10 septembre 1808 auront droit, comme les préposés et agens susdésignés, à la totalité du produit des amendes et confiscations.

Les agens de police et les gendarmes qui ne seront appelés que pour assister à la saisie n'auront droit à aucun partage des amendes.

6. Les transactions sur procès auront lieu dans la même forme et d'après les mêmes règles que celles qui sont établies pour la régie des droits réunis; mais elles ne pourront être consenties par les directeurs de cette régie que provisoirement et de concert avec les commissaires de l'administration des poudres et salpêtres. Ces derniers consentiront seuls les transactions dans tous les cas où les employés des droits réunis n'auront point contribué à la découverte des délits, mais les arrangemens qu'ils auront faits ne seront définitifs qu'après avoir été approuvés par l'administration des poudres.

7. Les personnes qui, en vertu de commission de la régie, sont autorisées à avoir en leur possession des poudres et salpêtres, à la charge de justifier de l'emploi, feront cette justification dans les formes qui seront déterminées par des instructions administratives, à la première réquisition des agens de l'administration des poudres et salpêtres, et des employés de la régie des droits réunis.

8. Les formalités relatives aux transports des poudres et salpêtres continueront, comme par le passé, à être remplies, dans les lieux de départ, de passage et d'arrivée, par les officiers municipaux; mais les employés des droits réunis seront prévenus de ces transports par ceux qui les auront ordonnés.

9. Nos ministres de la guerre, des finances, de la police générale, des manufactures et du commerce, et notre grand-juge, ministre de la justice, sont chargés de l'exécution du présent décret.

---

16 MARS 1813. — Décret qui autorise les sieurs Rouquier et Sicard, concessionnaires des mines de houille de Trets et d'Auriol, à distraire de cette concession les mines de houille de la commune d'Auriol sur une étendue de vingt-cinq kilomètres cinq cent cinquante-trois mille cinq cent quarante-cinq mètres carrés, et à vendre cette portion au sieur Armand, propriétaire d'une fabrique de soude factice à Itres. (4, Bull. 489, n° 9062.)

---

16 MARS 1813. — Décret qui autorise l'établissement d'une chapelle dans la commune de Ste.-Hélène-des-Milières. (4, Bull. 481, n° 9071.)

---

16 MARS 1813. — Décrets qui autorisent l'acceptation de legs faits aux fabriques de l'église de Saint-Pierre de Beauvais et de l'église paroissiale de Saint-Etienne d'Auxerre. (4, Bull. 489, nos 9064 et 9065.)

16 MARS 1813. — Décret portant établissement, à Weiden, d'une foire annuelle destinée à la vente de toute espèce de mercerie et de quincaillerie. (4, Bull. 490, n° 9068.)

17 MARS 1813. — Décret qui nomme M. Fiévée préfet du département de la Nièvre. (4, Bull. 485, n° 8967.)

18 MARS 1813. — Décret portant abolition des droits d'aubaine et de détraction à l'égard des sujets de la principauté de Schwarzbourg-Sondershausen. (4, Bull. 486, n° 9011.)

Voy. lois du 6=18 AOUT 1790 et du 14 JUILLET 1819.

N...... sur le rapport de notre ministre des relations extérieures;

Considérant que son altesse sérénissime le prince de Schwarzbourg-Sondershausen, par un décret en date du 18 décembre 1812, qui a été officiellement communiqué à notre cabinet, et dont copie est annexée au présent décret, a formellement supprimé dans ses Etats l'exercice des droits d'aubaine et de détraction à l'égard de nos sujets, et voulant faire jouir les sujets de la principauté de Schwarzbourg-Sondershausen d'une parfaite réciprocité;

Notre Conseil-d'Etat entendu,

Nous avons décrété et décrétons ce qui suit:

Art. 1er. Le droit d'aubaine ne sera point exercé en France à l'égard des sujets de la principauté de Schwarzbourg-Sondershausen.

2. Il ne sera perçu aucun droit de détraction sur les successions ou legs qui viendraient à échoir, dans l'étendue de l'empire, à des sujets de ladite principauté.

3. Nos ministres sont chargés de l'exécution du présent décret.

Ordonnance de son altesse sérénissime le prince de Schwarsbourg-Sondershausen, en date du 18 décembre 1812.

Nous Gonthier-Frédéric-Charles, par la grace de Dieu, prince régnant de Schwarzbourg-Sondershausen, membre souverain de la Confédération du Rhin, etc., etc., chevalier de l'ordre royal de Saint-Hubert de Bavière, etc., etc.

Comme nous pouvons nous flatter de l'espérance que sa majesté l'Empereur des Français, Roi d'Italie, protecteur de la Confédération du Rhin, daignera ne point faire exercer sur aucun des sujets de notre principauté le droit de détraction (*jus detractûs*), ou d'aubaine (*jus albinagii*), nous avons cru devoir abroger ces mêmes droits à l'égard des sujets de sa majesté impériale et royale, et ordonnons, en conséquence, par les présentes, que toutes les fois qu'il sera fait une réclamation de succession de legs et de tous autres objets, tels qu'ils puissent être, lesquels seraient dans le cas de passer des Etats de notre principauté à des sujets de sa majesté l'Empereur des Français, Roi d'Italie, ils ne seront soumis à aucun prélèvement exercé jusqu'ici sous le titre de droit d'aubaine (*jus albinagii*), droit de détraction (*jus detractûs*), ou telle autre dénomination semblable, et qu'à ce sujet nulles difficultés ne devront être élevées qui pourraient porter le moindre retard à la délivrance des susdits objets, mais qu'ilss eront transmis sans aucune retenue résultant desdits droits précédemment perçus, et sans empêchement quelconque.

En foi de quoi nous avons signé le présent décret, revêtu du sceau de notre principauté, et ordonnons, en conséquence, à toutes les autorités locales de tenir, dans tous les cas échéans, la main à sa stricte observation, et de veiller à son exécution plénière.

Donné à Sondershausen le 18 décembre 1812.

Signé GONTHIER-FRÉDÉRIC-CHARLES.

18 MARS 1813. — Décret portant abolition des droits d'aubaine et de détraction à l'égard des sujets de la principauté de Lippe-Detmold. (4, Bull. 486, n° 9012.)

Voy. lois du 6=18 AOUT 1790 et du 14 JUILLET 1819.

N...... sur le rapport de notre ministre des relations extérieures:

Considérant que son altesse sérénissime la princesse régente de Lippe-Detmold, par un décret en date du 7 décembre 1812, qui a été officiellement communiqué à notre cabinet, et dont copie est annexée au présent décret, a formellement supprimé dans ses Etats l'exercice des droits d'aubaine et de détraction à l'égard de nos sujets, et voulant faire jouir les sujets de la principauté de Lippe-Detmold d'une parfaite réciprocité;

Notre Conseil-d'Etat entendu,

Nous avons décrété et décrétons ce qui suit:

Art. 1er. Le droit d'aubaine ne sera point exercé en France à l'égard des sujets de la principauté de Lippe-Detmold.

2. Il ne sera perçu aucun droit de détraction sur les successions ou legs qui vien-

draient à échoir, dans l'étendue de l'empire, à des sujets de ladite principauté.

3. Nos ministres sont chargés de l'exécution du présent décret.

Ordonnance de son altesse sérénissime la princesse régente de Lippe-Detmold, en date du 7 décembre 1812.

Nous Pauline-Christine-Wilhelmine, par la grace de Dieu, princesse souveraine, tutrice et régente de Lippe, etc.,

Ordonnons, par les présentes, que tous les droits d'aubaine et de détraction, en matière de succession et de legs, sous quelque dénomination qu'ils aient été perçus jusqu'à présent, sont et resteront abolis dans notre principauté, à l'égard des sujets de l'empire français, et que le prélèvement de ces droits ne pourra être exercé à l'avenir, sous aucun prétexte, vis-à-vis d'eux.

Par contre, nous osons croire et nous sommes convaincue que sa majesté l'Empereur des Français et Roi d'Italie, daignera accorder une pleine réciprocité, à cet égard, à nos fidèles sujets.

Le présent décret sera inséré dans la feuille hebdomadaire.

Detmold, le 7 décembre 1812.

Signé PAULINE.

---

18 MARS 1813. — Décret portant abolition des droits d'aubaine et de détraction à l'égard des sujets de la principauté de Schwarzbourg-Rudolstadt. (4, Bull. 486, n° 9013.)

Voy. lois du 6 = 18 AOUT 1760, du 14 JUILLET 1819.

N..... sur le rapport de notre ministre des relations extérieures;

Considérant que son altesse sérénissime la princesse régente de Schwarzbourg-Rudolstadt, par un décret en date du 7 décembre 1812, qui a été officiellement communiqué à notre cabinet, et dont copie est annexée au présent décret, a formellement supprimé dans ses Etats l'exercice des droits d'aubaine et de détraction à l'égard de nos sujets; et voulant faire jouir les sujets de la principauté de Schwarzbourg-Rudolstadt d'une parfaite réciprocité;

Notre Conseil-d'Etat entendu,

Nous avons décrété et décrétons ce qui suit:

Art. 1er. Le droit d'aubaine ne sera point exercé en France à l'égard des sujets de la principauté de Schwarzbourg-Rudolstadt.

Il ne sera perçu aucun droit de détraction sur les successions ou legs qui viendraient à échoir, dans l'étendue de l'empire, à des sujets de ladite principauté.

3. Nos ministres sont chargés de l'exécution du présent décret.

Ordonnance de son altesse sérénissime la princesse régente de Schwarsbourg-Rudolstadt, en date du 7 décembre 1812.

Nous Caroline-Louise, par la grace de Dieu, princesse douairière de Schwarzbourg, etc., née princesse de Hesse-Hombourg, etc., tutrice principale et régente, au nom de notre bien-aimé fils Frédéric Gunther, prince de Schwarzbourg-Rudolstadt;

Dans l'intime conviction que sa majesté l'Empereur des Français, Roi d'Italie, protecteur de la Confédération du Rhin, daignera ne faire exercer, dans l'étendue de ses Etats, aucun droit d'aubaine et de détraction à l'égard des sujets de notre principauté, nous avons ordonné et ordonnons, par les présentes, qu'il ne sera perçu à l'avenir aucun droit d'aubaine (*jus albinagii*) ou de détraction (*jus detractûs*), ou telle autre retenue qui ait pu avoir été usitée jusqu'ici, à ce titre, sur aucun héritage, legs ou autres prétentions auxquels des sujets de sa majesté l'Empereur des Français, Roi d'Italie, auraient droit sur des successions ouvertes dans la principauté de Schwarzbourg-Rudolstat, mais qu'ils leur seront délivrés sans empêchement quelconque, vu que nous abolissons formellement, par les présentes, les susdits droits à l'égard des sujets de l'empire français.

Nous ordonnons, en conséquence, à toutes les autorités locales de notre principauté, de se conformer exactement, le cas échéant, au contenu du présent décret.

Donné à Rudolstadt, le 7 décembre 1812.

Signé CAROLINE-LOUISE.

---

18 MARS 1813. — Décret portant abolition du droit de détraction à l'égard des sujets du duché de Mecklembourg-Strélitz. (4, Bull. 486, n° 9014.)

Voy. lois du 6 = 18 AOUT 1790 et du 14 JUILLET 1819.

N...... sur le rapport de notre ministre des relations extérieures,

Considérant que, par une convention du 29 avril 1778, l'exercice du droit d'aubaine a été réciproquement aboli entre la France et le duché de Mecklembourg-Strélitz;

Que son altesse sérénissime le duc de Mecklembourg-Strélitz, par un décret en date du 10 décembre 1812, qui a été officiellement communiqué à notre cabinet, et dont copie est annexée au présent décret, a formellement supprimé dans ses Etats tous les droits de détraction à l'égard de nos sujets;

Et voulant faire jouir les sujets du duché

de Mecklembourg-Strélitz d'une parfaite réciprocité;

Notre Conseil-d'Etat entendu,

Nous avons décrété et décrétons ce qui suit:

Art. 1er. Il ne sera perçu aucun droit de détraction sur les successions ou legs qui viendraient à échoir, dans l'étendue de l'empire, à des sujets du duché de Mecklembourg-Strélitz.

2. Nos ministres sont chargés de l'exécution du présent décret.

Ordonnance de son altesse sérénissime le prince de Mecklembourg-Strélitz, en date du 10 décembre 1812.

Nous Charles, par la grace de Dieu, duc souverain de Mecklembourg, etc.

Faisons savoir que le droit d'aubaine ayant déjà été supprimé entre l'empire français et nos Etats par une convention réciproque, en date du 29 avril 1778, et convaincu que sa majesté l'Empereur des Français, Roi d'Italie, protecteur de la Confédération du Rhin, etc. daignera accorder à nos sujets une pleine réciprocité dans l'empire français, nous avons aboli et abolissons pareillement par les présentes, dans nos Etats, tous droits d'exclusion et de retenue en matière de succession et de testament en faveur des sujets français, en sorte que toutes successions et tous legs qui de nos Etats doivent passer dans ceux de l'empire français sont et resteront entièrement exempts de toute retenue ou autres droits quelconques qui seraient à prélever par notre fisc ou par d'autres administrations locales.

Nous ordonnons, en conséquence, à nos tribunaux de toutes instances établis dans notre duché, ainsi qu'à tous nos sujets, de se conformer exactement au présent décret, qui sera inséré dans les feuilles publiques pour que chacun s'y conforme.

En foi de quoi, nous avons revêtu le présent décret de notre signature, et y avons fait apposer le sceau de notre régence ducale.

Donné à Neustrélitz, le 10 décembre 1812.

Signé Charles,
Duc de Mecklembourg.

---

18 MARS 1813. — Décret portant abolition du droit d'aubaine et de détraction à l'égard des sujets du duché d'Anhalt-Bernbourg. (4, Bull. 486, n° 9015.)

Voy. lois du 6 = 18 AOUT 1790 et du 14 JUILLET 1819.

N.... sur le rapport de notre ministre des relations extérieures;

Considérant que son altesse sérénissime le duc d'Anhalt-Bernbourg, par un décret en date du 24 décembre 1812, qui a été officiellement communiqué à notre cabinet, et dont copie est annexée au présent décret, a formellement supprimé dans ses Etats l'exercice des droits d'aubaine et de détraction à l'égard de nos sujets; et voulant faire jouir les sujets du duché d'Anhalt-Bernbourg d'une parfaite réciprocité,

Notre Conseil-d'Etat entendu,

Nous avons décrété et décrétons ce qui suit:

Art. 1er. Le droit d'aubaine ne sera point exercé en France à l'égard des sujets du duché d'Anhalt-Bernbourg.

2. Il ne sera perçu aucun droit de détraction sur les successions ou legs qui viendraient à échoir, dans l'étendue de l'empire, à des sujets dudit duché.

3. Nos ministres sont chargés de l'exécution du présent décret.

Ordonnance de son altesse sérénissime le duc souverain d'Ahalt-Bernbourg, en date du 24 décembre 1812.

Nous Alexis-Frédéric-Chrétien, par la grace de Dieu, duc souverain d'Anhalt, etc.

Espérant, avec une entière confiance, que sa majesté l'Empereur des Français, Roi d'Italie, protecteur de la Confédération du Rhin, daignera accorder une entière réciprocité à nos fidèles sujets, nous avons résolu d'abroger pleinement, dans les Etats de notre duché, les droits d'aubaine et de détraction (*jus albinagii et detractûs*), à l'égard des sujets de l'empire français.

Ordonnons, en conséquence, à notre régence et à tous les juges de bailliages, tribunaux des villes et de la noblesse de nos Etats, de laisser ensuivre, libres de tous droits et sans aucune retenue, toutes les successions et legs qui écherront à l'avenir à des sujets français.

En foi de quoi, nous avons revêtu le présent décret de notre signature, et y avons fait apposer notre sceau ducal.

Donné à Battenftedt, le 24 décembre 1812.

Signé Alexis-Frédéric-Chrétien,
Duc d'Anhalt.

---

18 MARS 1813. — Décret qui applique aux pharmaciens des hospices et hôpitaux de Paris le décret du 7 février 1809, portant création d'un fonds de retraite et de secours en faveur des administrateurs et employés de ces établissemens. (4, Bull. 488, n° 9039.)

Art. 1er. Les dispositions de notre décret du 7 février 1809, qui crée un fonds de retraite et de secours en faveur des administrateurs et employés des hospices de la ville de Paris, et de leurs veuves et orphelins, sont déclarées applicables aux pharmaciens des hospices et hôpitaux de cette ville.

Elles ne seront point appliquées aux médecins et chirurgiens attachés à ces établissemens.

2. Nos ministres sont chargés de l'exécution du présent décret.

---

18 MARS 1813. — Décrets qui autorisent l'acceptation de dons et legs faits aux fabriques des églises paroissiales et succursales de Plouer, Châteauneuf, Beziers-Vil-au-Val et Sampigny. (4, Bull. 491, nos 9072 à 9074; et Bull. 492, nos 9079 et 9080.)

---

18 MARS 1813. — Décret qui autorise l'érection en chapelle de l'église de Parnans. (4, Bull. 492, n° 9081.)

---

19 MARS 1813. — Avis du Conseil-d'Etat. (Bacs). *Voy.* 22 MARS 1813.

---

20 MARS 1813. — Loi concernant les finances. (4, Bull. 489, n° 9058; Mon. 22 MARS 1813.)

Voy. loi du 15 JUILLET 1811; décret du 11 NOVEMBRE 1813, lois du 23 SEPTEMBRE 1814, art. 25, et du 28 AVRIL 1816, article 15; ordonnance du 16 JUILLET 1815.

TITRE Ier. De l'aliénation de quelques parties des biens des communes (1).

Art. 1er. Les biens ruraux, maisons et usines, possédés par les communes, sont cédés à la caisse d'amortissement, qui en percevra les revenus à partir du 1er janvier 1813.

2. Sont exceptés les bois, les biens communaux proprement dits, tels que pâtis, pâturages, tourbières et autres dont les habitans jouissent en commun, ainsi que les halles, marchés, promenades et emplacemens utiles pour la salubrité ou l'agrément.

Sont également exceptés les églises, les casernes, les hôtels-de-ville, les salles de spectacle, et autres édifices que possèdent les communes, et qui sont affectés à un service public (2).

En cas de difficultés entre les municipalités et la régie des domaines, il sera sursis par elle à la prise de possession des articles réclamés, et statué par le préfet, sauf le pourvoi au conseil (3).

3. Les communes recevront en inscriptions cinq pour cent, une rente proportionnée au revenu net des biens cédés, d'après la fixation qui en sera déterminée par un arrêt du conseil (4).

4. La régie de l'enregistrement prendra

---

(1) *Voy.* avis du Conseil-d'Etat du 7 juillet 1813; ordonnance du 6 juin 1814, du 26 décembre 1814.

(2) L'Etat ne prend et ne vend que les propriétés communales qui ne sont ni *jouies* en commun, ni *affectées* à un service public : à cet égard, il faut consulter l'état actuel et de fait, sans en examiner la légalité ou illégalité (sauf les exceptions indispensables) (29 août 1814, lettre du ministre des finances: S. 14, 2, 439).

On a pu comprendre au nombre des immeubles dont la loi du 20 mars 1813 prescrivait l'aliénation, un bien affermé, même verbalement, par la commune (5 septembre 1821, ord. Mac. 2, 340).

Lorsqu'une commune n'a pas réclamé contre la cession d'une partie de ses biens à la caisse d'amortissement, elle est aujourd'hui non-recevable à quereller un tiers-acquéreur, sous prétexte que l'objet en litige était incessible (9 janvier 1828, ord. Mac. 10, 35).

Lorsqu'une commune se croyait fondée à réclamer un terrain comme faisant partie intégrante d'un chemin vicinal, elle devait se pourvoir devant le préfet, sauf recours au Conseil-d'Etat. Si la commune n'a point exercé cette action avant la cession faite à la caisse d'amortissement, elle est aujourd'hui non-recevable (30 septembre 1830, ord. Mac. 12, 444).

(3) Cette disposition, qui charge l'autorité administrative de statuer sur les difficultés qui pourront s'élever à l'occasion de la vente des biens des communes, doit être restreinte aux difficultés élevées entre les communes et la régie des domaines; elle ne s'applique pas à des particuliers qui élèveraient des questions de propriété (13 février 1815, ord. J. C. 3, 77).

Lorsqu'il s'élève des contestations entre une commune et un particulier adjudicataire de biens communaux, le conseil de préfecture est compétent pour prononcer sur ces contestations, c'est-à-dire sur la demande formée devant lui en interprétation des actes administratifs qui ont préparé et consommé la vente.

Lorsque les actes sont insuffisans pour reconnaître si les portions en litige sont ou non comprises dans les pièces vendues, et qu'il est nécessaire, pour le constater, de recourir à l'application des règles du droit commun, dès lors le conseil de préfecture doit se borner à déclarer ce qui a été vendu par l'Etat, et renvoyer devant les tribunaux la question de savoir si les parcelles litigieuses sont ou non comprises dans les limites des pièces vendues (22 octobre 1830, ord. Mac. 12, 464. — 22 novembre 1829, ord. Mac. 11, 431).

Lorsque la vente d'un marais communal a été faite en corps et en un seul lot, sans distinction ni réserve, elle comprend la totalité de ladite pièce, sol et superficie, à l'exception des chemins communaux, qui, à l'époque de l'adjudication, étaient à l'usage du public (22 juillet 1829, ord. Mac. 11, 264).

Voy. décret du 6 novembre 1813.

(4) Une commune n'est pas fondée à demander l'augmentation d'une rente créée à son profit en remplacement de ses biens aliénés, lorsque cette rente est égale au revenu net de ces biens déterminé d'après le bail existant lors de la vente, et que la commune, à cette époque, n'a pas réclamé contre cette évaluation (28 novembre 1821, ord. Mac. 2, 511).

possession, au nom de la caisse d'amortissement, des biens cédés par l'article 1er; et ils seront mis en vente devant les préfets, et à la diligence des préposés de la régie, en la forme ordinaire, sur une première mise à prix de vingt fois le revenu pour les biens ruraux, et de quinze fois pour les maisons et usines. Le prix des adjudications sera payable, un sixième comptant, un second sixième dans les trois mois de l'adjudication, et les deux autres tiers d'année en année, à compter de l'échéance du premier terme, avec intérêt à cinq pour cent par an, tant du second sixième que des deux autres tiers, à partir du jour de l'adjudication (1).

5. La régie versera les revenus jusqu'à la vente, et le prix des adjudications, ainsi que les intérêts, à la caisse d'amortissement, qui réservera cinq millions pour le fonds d'amortissement créé par l'article 8, et fournira au Trésor impérial jusqu'à concurrence de deux cent trente-deux millions cinq cent mille francs, pour le service des exercices 1811, 1812 et 1813.

Sur le surplus, elle emploiera en achat de cinq pour cent la somme nécessaire pour être en mesure de remplir la disposition de l'article 3.

6. La caisse d'amortissement paiera à chaque commune l'équivalent du revenu net dont elle aurait joui en 1813, d'après la fixation déterminée par un arrêt du conseil.

Les créanciers qui auront des hypothèques sur des biens compris dans la cession auront le droit de transférer leurs hypothèques sur les autres biens qui restent à la commune; et, en prenant cette inscription avant le 1er janvier 1814, ils conserveront leur rang d'hypothèque.

A défaut d'autres biens restant à la commune, la rente assurée par l'article 3, et les autres revenus de la commune, sont spécialement affectés à ses créanciers.

TITRE II. De la liquidation des exercices 1809 et antérieurs.

7. Tout ce qui reste dû pour les exercices 1809 et antérieurs, jusques et compris l'an 9 (1801), sera inscrit au grand-livre de la dette publique. A cet effet, un crédit d'un million de rente est mis à la disposition du ministre des finances (2).

8. Il sera procédé à l'amortissement de la nouvelle rente d'un million, conformément à l'article 14 de la loi des finances du 15 juillet 1811. Les moyens d'amortissement réglés par cette loi sont augmentés : 1° d'un capital de cinq millions à prélever sur le produit des biens désignés au titre précédent; 2° des arrérages des rentes non réclamés après cinq ans révolus, dont le paiement sera fait par le Trésor impérial de la caisse d'amortissement.

TITRE III. De l'exercice 1810.

9. Le budget de l'exercice 1810 est définitivement réglé en recette à la somme de sept cent quatre-vingt-cinq millions soixante mille quatre cent quarante-trois francs, et en dépense à pareille somme, conformément aux états A et B annexés à la présente loi.

TITRE IV. De l'exercice 1811.

10. Le budget de l'exercice 1811 est réglé en recette à la somme d'un milliard, et en dépense à pareille somme, conformément aux états C et D annexés à la présente loi.

TITRE V. De l'exercice 1812.

11. Le budget de l'exercice 1812 est réglé en recette à la somme d'un milliard trente millions, et en dépense à la même somme, conformément aux états E et F ci-annexés.

TITRE VI. De l'exercice 1813.

12. Le budget de l'exercice 1813 est réglé en recette à la somme d'un milliard cent cinquante millions, et en dépense à la même somme, conformément aux états G et H annexés à la présente loi.

TITRE VII. Des perceptions de la régie des droits réunis.

13. Les droits dont la perception est confiée à la régie des droits réunis continueront à être perçus conformément aux tarifs actuels.

TITRE VIII. Disposition relative au cadastre.

14. L'article 33 de la loi du 15 septembre 1807, portant que la masse des contingens actuels pour la contribution foncière des communes composant un canton définitivement cadastré sera répartie entre elles au prorata de leur allivrement cadastral, est applicable à tous les cantons cadastrés d'un même département. En conséquence, la masse des contingens actuels de ces cantons sera répartie entre eux, à partir de 1814, au prorata de leur allivrement cadastral réuni.

---

(1) Un contrat d'adjudication à titre de bail, fait au nom et dans l'intérêt de la caisse d'amortissement, d'un immeuble appartenant à une commune, a pu être querellé par la commune, nonobstant la loi du 20 mars 1813. Surtout la commune a qualité depuis que les dispositions de la loi du 20 mars ont été rapportées (7 août 1816, ord. J. C. 3, 355).

Lorsque la caisse d'amortissement a pris possession d'une propriété communale, sans aucune réserve au profit de la commune, et que cette propriété a été vendue également sans réserve, après affiches et enchères, la commune n'est pas fondée à réclamer des routoirs situés dans cette propriété (5 mai 1830, ord. Mac. 12, 203).

(2) *Voy.* ordonnance du 24 juillet 1816.

(A).

BUDGET DE

RECETTE. — NATURE DES REVENUS.		PRODUITS.
Contributions directes		302,593,603f
Enregistrement et domaines		191,433,438
Douanes	Droits ordinaires et sels, y compris les versemens de la régie au-delà des Alpes	92,300,000
	Droits extraordinaires (décret du 22 juillet 1810)	8,092,157
Régie des droits réunis		108,967,509
Loterie		19,118,881
Postes		11,000,000
Régie des sels et tabacs au-delà des Alpes		7,777,768
Salines de l'Est		3,221,102
Monnaies		1,000,000
Régie des poudres et salpêtres		500,000
Recettes diverses et accidentelles		5,112,501
Recettes extérieures		30,000,000
Contributions des départemens des Bouches-du-Rhin et de l'Escaut		3,943,484
Total		785,060,443

(C)

BUDGET DE

Contributions directes		306,000,000
Enregistrement, y compris dix millions pour des restes de domaines		189,275,135
Douanes	Droits ordinaires	79,365,204
	Droits sur les sels	43,939,705
	Produits extraordinaires	23,000,000
Régie des droits réunis, y compris les tabacs		128,257,221
Loterie		16,531,084
Postes		13,000,000
Régie des sels et tabacs au-delà des Alpes		8,547,271
Salines de l'Est		3,439,098
Monnaies		1,000,000
Régie des poudres et salpêtres		500,000
Recettes diverses et accidentelles		5,656,059
Recettes extérieures		30,000,000
Départemens anséatiques		15,000,000
Hollande		56,494,543
Illyrie		11,094,419
Recette provenant des excédans de 1810 et antérieurs (décret du 15 janvier 1812)		12,100,261
Recettes extraordinaires de la marine		10,800,000
Prélèvement sur le produit de la vente des biens des communes		46,000,000
Total		1,000,000,000

L'EXERCICE 1810. (B)

DÉPENSE. — NATURE DES DÉPENSES.		CRÉDITS.
Dette publique et pensions		111,352,000
Liste civile		27,300,000
Grand-juge	23,199,055	
Relations extérieures	8,385,000	
Intérieur	57,125,000	
Finances	22,628,000	
Trésor impérial	8,300,000	
Guerre	241,908,624	636,501,296
Administration de la guerre	147,655,214	
Marine	110,318,163	
Cultes	15,482,240	
Police générale	1,500,000	
Frais de négociations		9,907,147
Fonds de réserve		»
Total		785,060,443

L'EXERCICE 1811. (D)

Dette publique et pensions		148,000,000
Liste civile		28,300,000
Ministères.		
Grand-juge	26,885,300	
Relations extérieures	8,650,000	
Intérieur	60,000,000	
Finances	24,486,616	
Trésor impérial	8,747,000	
Guerre	300,496,000	180,614,616
Administration de la guerre	205,600,000	
Marine	157,000,000	
Cultes	16,650,000	
Police générale	2,000,000	
Frais de négociations		9,681,888
Fonds de réserve		3,503,196
Total		1,000,000,000

(E) BUDGET DE

RECETTE. NATURE DES REVENUS.		CRÉDITS.
Contributions directes		338,686,515
Enregistrement	Droits ordinaires	170,000,000
	Bois	34,000,000
Douanes	Droits ordinaires	80,000,000
	Droits extraordinaires	40,000,000
	Droits sur les sels	50,000,000
Droits réunis	Droits ordinaires	107,000,000
	Tabacs	40,000,000
Loterie		12,000,000
Postes		13,000,000
Sels et tabacs au-delà des Alpes		9,000,000
Salines de l'Est		3,500,000
Monnaies		1,000,000
Poudres et salpêtres		500,000
Illyrie		11,000,000
Recettes diverses et accidentelles		6,813,485
Recettes extérieures		30,000,000
Moyens extraordinaires affectés sur les biens de Rome		46,000,000
Prélèvement sur le produit de la vente des biens des communes		37,500,000
Total		1,030,000,000

(G) BUDGET DE

Contributions directes.

Contribution foncière en principal		241,884,244	340,696,656
Contribution personnelle et mobilière en principal		37,322,978	
Centimes additionnels aux deux contributions ci-dessus pour les dépenses fixes des départemens		22,428,384	
Portes et fenêtres		19,059,088	
Patentes		20,001,962	

Contributions indirectes et autres produits.

Enregistrement et domaines		170,000,000	206,000,000
Bois		36,000,000	
Douanes	Droits ordinaires	100,000,000	150,000,000
	Droits sur les sels	50,000,000	
Droits réunis		150,000,000	220,000,000
Tabacs		70,000,000	
Loterie			15,000,000
Postes, déduction faite d'un million pour la construction d'un nouvel hôtel			12,000,000
Sels et tabacs au-delà des Alpes			9,000,000
Salines de l'Est			3,000,000
Poudres et salpêtres			500,000
Illyrie			11,000,000
Recettes diverses et accidentelles			3,803,344
Recettes extérieures			30,000,000
Prélèvement sur le produit de la vente des biens des communes			149,000,000
Total			1,150,000,000

L'EXERCICE 1812. (F)

DÉPENSE. NATURE DES DÉPENSES.			PRODUITS.
Dette publique.			
Perpétuelle	62,300,000	88,300,000	105,400,000
Idem de Hollande	26,000,000		
Viagère	16,000,000	17,100,000	
Idem de Hollande	1,100,000		
Pensions.			
Pensions civiles et militaires	12,600,000	42,600,000	42,600,000
Idem ecclésiastiques	30,000,000		
Liste civile et princes français			28,300,000
Ministères.			
Grand-juge		20,820,000	827,155,000
Relations extérieures		8,500,000	
Intérieur		59,480,000	
Finances		20,955,000	
Trésor impérial		9,000,000	
Guerre		300,000,000	
Administration de la guerre		220,000,000	
Marine		159,000,000	
Cultes		17,020,000	
Police générale		2,000,000	
Manufactures et commerce		1,400,000	
Frais de service			8,500,000
Fonds de réserve			18,045,000
		Total	1,030,000,000

L'EXERCICE 1813. (H)

Nature des dépenses					Produits
Dette publique.					
Perpétuelle	Ancien crédit	62,300,000	63,300,000	89,300,000	151,000,000
	Nouveau crédit	1,000,000			
Idem	de Hollande		26,000,000		
Viagère			16,000,000	17,000,000	
Idem	de Hollande		1,000,000		
Pensions.					
Pensions civiles et militaires			13,700,000	44,700,000	
Idem ecclésiastiques			31,000,000		
Liste civile					28,300,000
Ministères.					
Grand-juge				29,000,000	914,010,000
Relations extérieures	Ordinaire		8,500,000	17,500,000	
	Fonds de réserve		9,000,000		
Intérieur	Ordinaire		16,600,000	59,000,000	
	Extraordinaire		42,400,000		
Finances				21,000,000	
Trésor impérial				8,700,000	
Guerre				325,000,000	
Administration de la guerre				260,000,000	
Marine				167,000,000	
Cultes				17,000,000	
Police générale				2,000,000	
Manufactures et commerce				7,810,000	
Frais de négociations					8,500,000
Fonds de réserve					48,190,000
				Total	1,150,000,000

20 MARS 1813. — Extrait de lettres-patentes portant autorisation au sieur de Bray de se faire naturaliser en pays étranger. (4, Bulletin 496, n° 9098.)

---

22 MARS 1813. — Décret concernant les conseillers-auditeurs et les juges-auditeurs (4, Bull. 487, n° 9026.)

Voy. décret du 16 MARS 1808; ordonnance du 19 NOVEMBRE 1823.

TITRE Ier. Des conseillers-auditeurs.

Art. 1er. Le nombre des conseillers-auditeurs près de chaque cour impériale pourra, selon les besoins du service, être porté jusqu'au quart du nombre des présidens et conseillers composant la cour.

TITRE Ier. Des juges-auditeurs.

CHAPITRE II. *Du nombre, de la nomination et de la mise en activité des juges-auditeurs.*

2. Le nombre des juges-auditeurs ne pourra, dans le ressort de chaque cour impériale, excéder le double du nombre des tribunaux de première instance de ce ressort, composés de trois juges seulement.

3. Les juges-auditeurs seront nommés par nous, sur la présentation de notre grand-juge, ministre de la justice. Les candidats ne seront pas tenus de justifier du revenu exigé par l'art. 2 de notre décret du 16 mars 1808.

4. Ils devront : 1° être âgés au moins de vingt-un ans révolus;

2° Avoir satisfait aux lois de la conscription;

3° Avoir fait un an de stage comme avocats.

Néanmoins pourront, pendant un an à compter de la publication du présent décret, être dispensés de cette dernière condition les licenciés en droit qui réuniront les autres conditions ci-dessus prescrites.

5. Ils pourront, selon les besoins du service, être envoyés d'un tribunal à un autre, dans le ressort de la cour impériale qui les aura présentés.

6. Lorsqu'un juge-auditeur aura été désigné pour entrer en fonctions près d'un tribunal, il sera tenu, dans la huitaine qui suivra la notification à lui faite de l'ordre du grand-juge, ministre de la justice, de prêter serment devant la cour impériale du ressort, et de se rendre à ses fonctions dans la huitaine suivante; le tout à peine d'être privé de sa qualité de juge-auditeur, à moins qu'il ne justifie de l'impossibilité où il se serait trouvé, soit de prêter serment, soit de se rendre à son poste dans les délais ci-dessus prescrits.

7. En attendant leur mise en activité, les juges-auditeurs devront suivre le barreau, soit à la cour impériale sous l'autorité de laquelle ils auront été placés par le décret de leur nomination, soit dans l'un des tribunaux de son ressort.

CHAPITRE II. Des juges-auditeurs mis en activité.

§ Ier. *Du costume, du rang et des fonctions des juges-auditeurs.*

8. Les juges-auditeurs mis en activité porteront le même costume que les autres juges; ils auront rang et séance immédiatement après eux, et dans l'ordre de leur réception à la cour impériale.

9. Lorsqu'ils auront atteint l'âge de vingt-cinq ans accomplis, ils feront le service du tribunal, en toute matière, simultanément et concurremment avec les autres juges (1).

10. Lorsqu'ils n'auront pas atteint l'âge de vingt-cinq ans accomplis, ils jouiront, outre les attributions déterminées par l'article 13 de la loi du 20 avril 1810, de toutes celles dont jouissent, dans les cours et autres tribunaux, les conseillers-auditeurs qui n'ont pas l'âge requis pour délibérer.

11. Les juges-auditeurs n'auront point de traitement.

Ils prendront part dans la distribution des droits d'assistance, lorsqu'ils auront siégé en qualité de suppléant d'un juge titulaire.

Ils auront les mêmes droits que les juges titulaires, dans les cas prévus par l'article 29 de notre décret du 30 janvier 1811.

Ils auront aussi les indemnités accordées dans les cas de transport sur les lieux.

§ II. Du mode d'avancement des juges auditeurs.

12. A dater d'un an depuis la publication du présent décret, il ne pourra être nommé de conseillers-auditeurs que parmi les juges-auditeurs qui, conformément à l'art. 14 de la loi du 20 avril 1810, en auront exercé les fonctions pendant deux ans.

13. Les juges-auditeurs qui, après deux ans d'exercice près d'un tribunal composé de trois juges seulement, ne seront pas nommés conseillers-auditeurs faute de places disponibles, pourront être placés, concurremment avec les conseillers-auditeurs, près d'un tribunal de première instance plus nombreux, où ils jouiront du même traitement que ces derniers (2).

---

(1) Les juges-auditeurs près les tribunaux de première instance peuvent, lorsqu'ils sont âgés de vingt-cinq ans, faire partie d'une cour d'assises (10 mars 1827 et 27 mars 1828; Cass. S. 28, 1, 63 et 381; D. 28, 1, 195; P. 42, 190).

(2) Un juge-auditeur près d'un tribunal composé de plus de trois juges peut, s'il a voix délibérative, concourir valablement à un jugement rendu par ce tribunal (12 janvier 1827, Orléans, 27, 2, 159. — 25 mai 1829; Cass. S, 29, 1, 428; D. 29, 1, 249).

14. Les juges-auditeurs qui, après quatre ans d'exercice dans les tribunaux de première instance, n'auront pu être nommés conseillers-auditeurs à raison de l'insuffisance des places disponibles, seront admis, concurremment avec les conseillers-auditeurs, à toutes les places affectées à ceux-ci par l'article 6 de notre décret du 16 mars 1808, s'ils ont d'ailleurs l'âge et les autres conditions requises pour les remplir avec distinction.

15. L'avancement des juges-auditeurs s'opérera par rang d'ancienneté joint au mérite : en conséquence, ceux qui se seront le plus distingués par la régularité de leur conduite, par leur application à l'étude des lois, et par leur zèle dans l'exercice de leurs fonctions, obtiendront, dans la nomination aux places vacantes, la préférence sur ceux qui n'auraient à leur opposer que le droit d'ancienneté.

16. Notre grand-juge, ministre de la justice, est chargé de l'exécution du présent décret.

---

22 MARS 1813. — Décret concernant les individus jugés par coutumace dans des armées supprimées. (4, Bull. 487, n° 9027.)

Art. 1er. Les individus jugés par contumace dans des armées supprimées seront traduits, par notre ministre de la guerre, devant un tribunal militaire, composé de la même manière que le conseil de guerre ou la commission qui aura rendu le premier jugement.

2. Si le contumax appartient à un corps militaire, le tribunal sera formé dans la division où se trouve ce corps ou son dépôt : s'il n'appartient à aucun corps, ce tribunal sera formé dans la division militaire de l'intérieur ou dans l'armée qui serait la plus voisine du lieu où le délit aura été commis. Dans tous les cas, notre ministre de la guerre pourra ordonner que ce tribunal soit formé dans la première division militaire, si l'affaire intéresse le Trésor impérial.

3. Notre grand-juge ministre de la justice, et notre ministre de la guerre, sont chargés de l'exécution du présent décret.

---

22 MARS 1813. — Décret qui autorise la publication de feuilles périodiques dans plusieurs villes de l'empire. (4, Bull. 489, n° 9059.)

Voy. décret du 3 AOUT 1810.

Art. 1er. La publication d'une feuille périodique d'affiches, annonces et avis divers, dans les villes dont le tableau est joint au présent décret, est définitivement autorisée.

2. Le journal pédagogique d'Amsterdam est autorisé.

3. Notre ministre de l'intérieur est chargé de l'exécution du présent décret.

État des villes dans lesquelles une feuille d'annonces est définitivement autorisée.

Albi, Ambert, Angoulême, Altkirch, Avallon, Baïeux, Belfort, Belley, Brignoles, Châtillon-sur-Seine, Corbeil, Étampes, Fontainebleau, Gap, Kaisers-Lautern, Louvain, Lunebourg, Luxembourg, Meaux, Melun, Montargis, Monbrison, Neufchâtel, Oldenbourg, Péronne, Pontarlier, Roanne, Saintes, Savonne, Saverne, Soissons, Stade, Tulles, Villefranche, Wesel, Ypres.

---

22 MARS 1813. — Décret contenant réglement spécial sur l'exploitation des carrières de pierre à plâtre dans les départemens de la Seine et de Seine-et-Oise. (4, Bull. 492, n° 9076.)

Voy. loi du 21 AVRIL 1810.

Art. 1er. Le réglement spécial concernant l'exploitation des carrières de pierre à plâtre dans le département de la Seine et dans celui de Seine-et-Oise, lequel demeure annexé au présent décret, est approuvé.

2. Les dispositions dudit réglement pourront être rendues applicables dans toutes les localités où le nombre et l'importance des carrières à plâtre en rendront l'exécution nécessaire; et ce, en vertu d'une décision spéciale de notre ministre de l'intérieur, sur la demande des préfets et le rapport du directeur général des mines.

3. Les fonctions attribuées dans le réglement à l'inspecteur général des carrières de Paris, pour le département de la Seine, seront remplies, dans le département de Seine-et-Oise, par l'ingénieur des mines qui est en mission dans ce département, à l'exception néanmoins des carrières situées dans les communes de Saint-Cloud, Sèvres et Meudon, lesquelles sont placées sous la surveillance de l'inspecteur général des carrières du département de la Seine.

4. Notre ministre de l'intérieur est chargé de l'exécution du présent décret.

Réglement spécial concernant l'exploitation des carrières de pierre à plâtre dans les départemens de la Seine et de Seine-et-Oise.

TITRE Ier. *Définition et classement de la matière exploitable, et des modes d'exploitation.*

Art. 1er. Les carrières de pierre à plâtre se distinguent et se classent en carrières de haute, de moyenne ou de basse masse.

Ce classement est déterminé par le plus ou le moins d'épaisseur de la masse, quelles que soient sa longueur et sa largeur, et abstraction faite de l'épaisseur des terres qui la recouvrent.

Les épaisseurs qui constituent les deux premières espèces de masse, sont :

Pour les hautes. . . 15—18 mètres.

Pour les moyennes. . 5— 7 *idem.*

Les basses masses sont celles qui, sur douze mètres environ d'épaisseur, offrent alternativement des bancs de pierre à plâtre et des couches de marne ou d'argile.

2. L'exploitation de chaque espèce de masse peut être faite de trois manières, savoir :

1° A découvert, en déblayant la superficie;

2° Par cavage à bouche, en pratiquant, soit au pied, soit dans le flanc d'une montagne, des ouvertures au moyen desquelles on pénètre dans son sein par des galeries plus ou moins larges;

3° Par puits, en creusant, à la superficie d'un terrain, des ouvertures qui descendent perpenticulairement au sein de la masse dans laquelle l'extraction progressive de la matière forme des galeries.

TITRE II. De l'exploitation à découvert.

SECTION Ire. *Cas où ce mode d'exploitation est prescrit.*

3. Doivent être exploitées à découvert ou par tranchées ouvertes :

1° Toute haute masse qui ne sera pas recouverte de plus de six mètres de terre, ou qui aura été reconnue ne pouvoir être exploitée par cavage, soit à cause du manque de solidité des bans du ciel, soit à cause de leur trop grande quantité de fentes, filets ou filières;

2° Toute moyenne masse, lorsqu'elle ne sera pas recouverte de plus de trois à quatre mètres de terre, ou qu'il n'y aura pas de ciel solide;

3° Les basses masses ou bancs de pierre franche, lorsqu'ils ne seront recouverts que de trois à quatre mètres de terre.

SECTION II. Règles de cette exploitation.

4. Les terres seront coupées en retraite, par banquettes, avec talus suffisans pour empêcher l'éboulement des masses supérieures : la pente ou l'angle à donner au talus sera déterminé, après la reconnaissance des lieux, à raison de la nature et du plus ou moins de consistance des bancs de recouvrement.

5. Il sera ouvert un fossé d'un à deux mètres de profondeur, et d'autant de largeur au-dessus de l'exploitation, en rejetant le débai sur le bord du terrain du côté des travaux, pour y former une berge ou rempart destiné à prévenir les accidens et à détourner les eaux.

6. L'exploitation ne pourra être poussée qu'à la distance de dix mètres des deux côtés des chemins, édifices et constructions quelconques.

7. Il sera laissé, outre la distance de dix mètres prescrite par l'article précédent, un mètre par mètre d'épaisseur des terres audessus de la masse exploitée, aux abords desdites chemins, édifices et constructions.

8. Aux approches des aqueducs construits en maçonnerie, pour la conduite des eaux des communes, tels que ceux de Rungis et d'Arcueil, les fouilles ne pourront être poussées qu'à dix mètres de chaque côté de la clef de la voûte, et, aux approches des simples conduites en plomb, en fer ou en pierre, comme celles des Prés-Saint-Gervais, de Belleville et autres, les fouilles ne pourront être poussées qu'à quatre mètres de chaque côté : les distances fixées par cet article pourront être augmentées sur le rapport des inspecteurs des carrières, en suite d'une inspection des lieux, d'après la nature du terrain et la profondeur à laquelle se trouveront respectivement les aqueducs et les exploitations.

9. La distance à observer aux approches des terrains libres sera déterminée d'après la nature et l'épaisseur des terres recouvrant la masse à exploiter, en se conformant à l'article 4.

TITRE III. De l'exploitation par cavage à bouche.

SECTION Ire. *Cas où ce mode d'exploitation est autorisé.*

10. Pourront être exploitées par cavage :

1° Les hautes masses qui se trouveront recouvertes de plus de six mètres de terre, lorsqu'il aura été reconnu que le décombrement, pour en suivre l'exploitation à découvert, présenterait trop de difficultés; lorsque les bancs supérieurs promettent un ciel solide; que les fentes, filets ou filières ne sont pas en assez grand nombre pour porter préjudice à la sûreté d'une exploitation souterraine; enfin, lorsque la manière d'être de la masse permet d'y entrer par galeries de cavage;

2° Les moyennes masses, lorsqu'il aura été reconnu que la couche de recouvrement est trop considérable pour qu'on la puisse exploiter à découvert;

3° Les basses masses dans les vallées dont les pentes escarpées mettent ces masses à découvert, mais seulement si les couches qui les recouvrent ont un ciel solide, et si les masses ont au moins deux mètres de hauteur.

SECTION II. Règles particulières pour les hautes masses.

11. L'exploitation de haute masse par cavage à bouche sera divisée en trois classes, savoir, le *grand,* le *moyen,* et le *petit cavage,* en prenant pour base de cette division les facultés des exploitans, l'étendue de la surface de leur terrain, et les circonstances locales.

12. Le *grand cavage* aura lieu sur un front de masse de quarante à cinquante-cinq mètres.

Le *moyen cavage* aura de trente à quarante mètres de front.

Le *petit cavage* enfin sera sur un front de masse de vingt à trente mètres.

13. Aux deux extrémités de la masse, on percera une ou deux rues de service, en ligne droite, de quatre à sept mètres de largeur chacune, séparées des ateliers par des piliers de quatre mètres de front ou de largeur.

14. Entre ces deux rues, dans le grand cavage, ou sur le côté de la rue pratiquée pour le moyen ou le petit cavage, seront ouvertes deux grandes chambres, dites ateliers, de sept à quatorze mètres ou plus d'ouverture, séparées entre elles par une rangée de piliers en ligne droite, de quatre mètres de front.

15. La largeur des piliers sera constante; leur longueur seule variera ainsi qu'il suit :

Relativement aux piliers servant à séparer les rues de service des ateliers, le premier, du côté du jour, aura treize mètres de longueur; les autres auront sept mètres, et seront espacés les uns des autres de six mètres.

A l'égard des piliers qui séparent entre eux les ateliers, tous auront six mètres de longueur, et seront espacés les uns des autres de sept mètres.

En général, ces piliers seront répartis le plus régulièrement possible, de manière à ce que les pleins puissent répondre aux vides, ou les piliers aux ouvertures.

16. Si, au lieu de découvrir la haute masse sur un front plus ou moins étendu, il est jugé plus expédient d'ouvrir des rampes et des galeries inclinées pour descendre dans la haute masse, et y pratiquer un cavage, l'exploitant sera tenu de les voûter dans toute la partie des terres de recouvrement traversées, et de les percer en ligne droite. Ces rampes auront au moins deux mètres de hauteur, et un et demi de largeur, si elles servent pour le passage des hommes et des animaux, et trois mètres de hauteur sur autant de largeur, si elles servent pour l'extraction par le moyen des voitures, en pratiquant d'ailleurs sur l'un et l'autre côté, et de distance en distance, quelque repos pour éviter aux ouvriers la rencontre des chevaux et voitures, leur pente enfin sera d'un demi-décimètre, et au plus de deux décimètres par mètre, pour les rampes qui ne serviront que de passages.

SECTION III. Règles particulières pour les moyennes et basses masses.

17. Le cavage de moyenne et basse masse se fera sur un front de vingt-cinq à trente mètres de largeur, de la manière suivante :

Aux deux extrémités du front, il sera percé deux rues de service, de quatre à cinq mètres de largeur.

Des piliers de trois mètres de front seront ménagés sur le côté de ces rues qui répondront aux ateliers; ces piliers auront cinq mètres de longueur; ils seront espacés de quatre mètres; le premier pilier seulement aura neuf mètres de longueur.

Les tailles ou ateliers auront cinq à six mètres de largeur; une rangée de piliers, de trois mètres sur chaque face, séparera les deux chambres d'ateliers : ces piliers auront quatre mètres de longueur; ils seront séparés les uns des autres par des ouvertures de cinq mètres.

SECTION IV. Règles communes à tous les cavages.

18. Sur la longueur du front d'un cavage, on enlèvera, en tout ou en partie, le recouvrement de la masse, de manière à y former une retraite ou banquette de trois mètres de largeur, suivant la solidité des terres; au-dessus de cette retraite ou banquette, les terres de recouvrement seront jetées et dressées en talus : les dimensions des talus et banquettes seront déterminées à l'avance et exprimées dans l'autorisation d'exploiter.

19. Un fossé de deux mètres de largeur et d'autant de profondeur sera ouvert parallèlement et au-dessus du front de masse. Les terres du fossé seront rejetées du côté de l'escarpement, ainsi qu'il est prescrit article 5, concernant l'exploitation à découvert.

20. La hauteur de l'excavation sera celle de la masse, moins le banc servant de toit ou ciel, dit *banc des moutons*, et celui servant de sol, dit *banc des fusils*, au total de treize à seize mètres.

21. A moitié hauteur des piliers, ou à six ou huit mètres du sol, commencera leur encorbellement ou *nez*, lequel aura toujours une telle saillie, que, soit dans les ateliers, soit dans les rues de service, le ciel n'ait jamais plus de deux mètres de largeur. Cette saillie sera droite ou arquée, suivant les ordres qui seront donnés par les ingénieurs inspecteurs des carrières.

22. Pour donner plus de solidité au ciel, toutes les fois qu'une fente ou filet se présentera dans la taille ou l'atelier, elle sera ménagée au milieu du ciel, et non rejetée sur l'un de ses côtés : dans ce cas, les piliers devront être avancés ou reculés, mais toujours le moins irrégulièrement possible.

23. Lorsque l'excavation sera avancée d'environ quarante-cinq à cinquante mètres de profondeur, ou que le quatrième pilier du milieu des ateliers aura été dégagé et tourné entièrement, et suivant les circonstances ou l'urgence, on enlèvera l'étançonnage du premier pilier à l'entrée des chambres ou ateliers;

et on le fera sauter par les mines, de manière à opérer les comblemens des parties environnantes, et n'avoir toujours que trois piliers intermédiaires entre l'éboulement et les travaux du fond de la carrière.

24. Le moyen des éboulemens et comblemens ne sera employé que pour les hautes et moyennes masses; les excavations des basses masses seront bourrées et remblayées avec les déblais des couches de marne et de terre, ainsi que cela se pratique dans les exploitations par puits, piliers à bras, muraillement et bourrages, desquelles il sera parlé ci-après, articles 44 et 45.

25. Les rues de service qui doivent être conservées tout le temps que durera le cavage seront étançonnées solidement et suivant l'état des piliers des rues, et soutenues par la construction de quelques voûtes ou arceaux.

26. Lorsque le cavage aura été suivi jusqu'aux limites de la propriété, ou jusqu'à la distance de cent mètres environ de l'entrée du jour, ou, ce qui revient au même, lorsque le huitième pilier aura été tourné, l'exploitation sera suspendue au fond du cavage; et on abattra tous les piliers du milieu pour commencer une exploitation semblable à droite et à gauche de la première, et même dans le fond de la carrière, s'il y a lieu, en profitant des deux rues de service qui auront été ménagées ou conservées.

27. Lorsque ces nouvelles exploitations seront terminées, ou arrivées au même terme que la première, on abattra les piliers des rues de service devenues inutiles, en commençant par ceux du fond, et venant en retraite jusqu'à l'ouverture des rues. Dans le cas prévu par le présent article et par le précédent, l'exploitant se conformera à ce qui est prescrit ci-après, article 56.

28. Pour le complément de l'exploitation d'une haute masse, les piliers enfouis lors des éboulemens pourront être exploités à découvert, et par tranchées ouvertes dans les décombres du recouvrement.

L'exploitation des moyennes et basses masses sera regardée comme définitivement terminée par les éboulemens et comblemens.

29. Les cavages de toute espèce ne pourront être poussés qu'à la distance de dix mètres des deux côtés des chemins à voiture, de quelque classe qu'ils soient, des édifices et constructions quelconques, plus, un mètre par mètre d'épaisseur des terres.

30. Lorsque, par la suite des exploitations, les chemins réservés avec les parties collatérales par l'article 25 deviendront inutiles ou pourront être changés sans aucun inconvénient, les masses de plâtre y existantes pourront être exploitées.

TITRE IV. De l'exploitation par puits.

SECTION Ire. *Cas où ce mode d'exploitation est autorisé.*

31. Pourront être exploitées par puits :

1° Les parties de haute masse recouvertes d'une grande épaisseur de terre, comme à Suresne, Nanterre, le Mont-Valérien, Châtillon, Clamart, Bagneux, Antony, Villejuif et Vitry;

2° La moyenne masse, si elle est recouverte d'une trop grande épaisseur de terre, de telle sorte qu'on ne puisse; en aucun endroit, se préparer un escarpement et un front suffisans pour y ouvrir un cavage;

3° Les basses masses, lorsqu'elles sont également recouvertes d'une grande épaisseur de terre, et qu'on ne peut les attaquer sur le même front.

SECTION II. Règles de cette exploitation.

32. L'exploitation par puits s'exécutera de deux manières, suivant l'épaisseur de la masse et sa solidité, savoir :

1° Par piliers à bras, avec muraillement, hagues et bourrages ;

2° Par piliers tournés.

§ Ier. Constructions des puits.

33. Dans l'un et l'autre genre d'exploitation, le puits sera boisé ou muraillé.

34. Si le puits est boisé, on ne pourra employer, pour les cadres de boisage, que du bois de chêne, comme le seul propre, par sa solidité et par le bruit qu'il fait en rompant, à prévenir les accidens et à avertir à temps les ouvriers. Les pièces des cadres auront au moins seize centimètres de grosseur.

Derrière les cadres, les plateaux ou palplanches seront rapprochés et réunis le plus possible.

Les puits boisés, s'ils sont carrés, auront au moins deux mètres de côté; mais, s'ils présentent un carré-long, ils pourront avoir deux mètres de longueur sur un mètre trente centimètres de largeur.

Les puits ne seront boisés que jusqu'à la masse solide; mais, si elle a peu de solidité, ils le seront dans toute leur hauteur.

45. Si les puits sont muraillés, ils auront au moins deux mètres de diamètre.

Leur maçonnerie sera descendue jusqu'à la masse solide ; et si elle ne l'est point suffisamment leur muraillement sera exécuté dans toute la hauteur.

36. Les ouvertures des puits ne pourront se faire qu'à vingt mètres des chemins, des édifices et constructions quelconques, sauf les exceptions qu'exigeraient les localités, sur lesquelles il sera statué par le préfet, d'après le rapport de l'ingénieur en chef.

§ II. De l'exploitation par puits et piliers tournés.

37. Cette exploitation se fera de la manière suivante :

Le puits étant percé suivant les formes prescrites, on ouvrira à son pied deux galeries se coupant à angle droit l'une sur l'autre, ayant trois mètres seulement de largeur près du puits, pour former quatre piliers qui soutiendront le puits; ils auront chacun quatre mètres de face, sauf les angles qui seront abattus par la courbure du puits. A partir de ces premiers piliers, on continuera les galeries en ligne droite sur cinq mètres de largeur.

38. Perpendiculairement à ces galeries, on ouvrira des tailles ou ateliers de cinq mètres de largeur, en laissant entre chaque des piliers de trois mètres en tout sens.

Enfin, on suivra les mêmes directions et proportions pour les tailles et piliers suivans, de manière à ce que le plan de la carrière présente un ensemble régulier de pleins et de vides, à l'exception des quatre piliers du puits, destinés ou ordonnés pour en assurer la solidité.

Le nez des piliers commencera à moitié hauteur : il aura en saillie le tiers de la largeur de la galerie ou de l'atelier.

39. Lorsque l'exploitation aura été portée aux extrémités de la propriété, ou qu'elle aura atteint la distance de cinquante mètres environ depuis le pied du puits jusqu'aux extrémités de la carrière, ou lorsque les galeries auront cent mètres de longueur environ, l'exploitant sera tenu d'en donner avis à l'inspecteur des carrières, qui jugera d'après l'état des travaux, si l'on peut continuer l'exploitation par le même puits, ou s'il n'est pas préférable d'en percer un autre.

40. Si l'état des travaux fait craindre des tassemens ou des éboulemens, l'inspecteur général en donnera avis; et il sera ordonné de faire sauter et combler toutes les parties qui pourraient donner quelque inquiétude, en commençant par les plus éloignées du pied du puits et s'en rapprochant successivement.

§ III. De l'exploitation par puits, muraillement, piliers à bras et bourrages ou remblais.

41. Ce mode d'exploitation sera employé pour les parties de haute masse qui n'offrent pas assez de solidité pour y pouvoir pratiquer l'exploitation par piliers tournés : l'usage en sera déterminé par les inspecteurs dans leur avis sur la demande en permission.

42. Cette exploitation se fera de la manière suivante :

Par le pied du puits, on mènera à angle droit, l'une sur l'autre, quatre galeries de deux mètres de largeur et de deux à trois mètres de hauteur. Ces galeries seront voûtées partout où le besoin l'exigera ; leur longueur sera déterminée par celle de la propriété.

43. Les quatre piliers formés au pied des puits par la rencontre des galeries, auront alternativement une épaisseur de quatre mètres au moins sur une des faces adjacentes au puits, et seront, de l'autre, prolongés sur toute la longueur des quatre galeries partant du puits, de manière que chacune d'elles ait un de ses côtés soutenu par un de ses massifs et l'autre par les murs et remblais alternatifs qui vont être déterminés.

44. Parallèlement et au-delà de ses massifs, on ouvrira des ateliers de sept à huit mètres de largeur qu'on mènera dans la masse sur une longueur de cent mètres environ, en muraillant derrière soi, à mesure de l'avancement avec les plâtres marneux ou de médiocre qualité, de manière à ne conserver sur les sept à huit mètres de largeur de l'atelier qu'une galerie de service, d'un mètre et demi de largeur environ et de deux de hauteur. Cette galerie sera voûtée, dans sa partie supérieure, par un demi-arceau jeté contre le massif.

45. On entassera derrière le muraillement les déblais et les marnes pour soutenir le ciel de la carrière en cas de tassement.

46. Lorsque les premiers ateliers auront cent mètres de longueur environ, on en suspendra les travaux pour en percer successivement de semblables, sur les quatre galeries principales, en laissant chaque fois entre eux des massifs de quatre à cinq mètres, comme ceux du pied du puits.

47. Enfin, quand tous les ateliers des quatre galeries auront été exploités et remblayés sur la longueur déterminée dans la permission, on recoupera les massifs laissés entre eux par de nouveaux ateliers de sept à huit mètres de largeur, en les muraillant et remblayant également à mesure de leur avancement, de manière à ne conserver de leur largeur que de petites traverses d'un mètre au plus.

SECTION III. Règle particulière.

48. Dans les basses masses, l'extraction se fera sur la hauteur de la masse, depuis deux mètres jusqu'à trois, quatre et cinq, suivant l'épaisseur : on emploiera le muraillement et le bourrage ou remblai, comme dans les hautes masses.

SECTION IV. Dispositions communes à toutes les exploitations par puits.

49. Quel que soit le mode d'extraction, soit *par piliers tournés*, soit *par muraillement et bourrages*, les exploitans seront tenus d'avoir toujours deux puits par carrière, l'un pour l'extraction des matières, l'autre pour le service des échelles.

50. Le puits des échelles aura au plus un mètre de diamètre; il sera muraillé avec soin jusqu'à la masse de pierre, et recouvert à la surface du sol par une tourelle ou cahute en maçonnerie, d'environ deux mètres et demi de hauteur, avec porte en chêne fermant à clef.

51. Les échelles seront à deux montans, en bois de chêne sain et nerveux; les échelons seront disposés de la manière qui sera indiquée par l'ingénieur en chef des mines, inspecteur général des carrières. Les échelles seront fixées, de quatre mètres en quatre mètres, avec des happes ou tenons de fer scellés dans le muraillement du puits et dans la masse de pierre.

52. Il sera fait, sans délai, par les ingénieurs des mines inspecteurs des carrières, une visite générale des échelles servant à y descendre; ils feront percer le puits destiné à la descente, et établir les nouvelles échelles partout où besoin sera.

53. Dans les carrières où les inspecteurs croiraient devoir laisser subsister encore quelque temps le mode établi, ils feront substituer aux *ranches* ou échelons de bois, des échelons de fer nerveux de trois centimètres de diamètre et de quatre décimètres de longueur, carrés au milieu de la longueur, dans la partie qui s'emboîtera dans le *rancher :* ces échelles devront être attachées comme il est prescrit par l'article 51.

54. Les inspecteurs des carrières dénonceront au préfet toutes contraventions aux articles précédens : ces contraventions seront punies de la manière indiquée au titre II du réglement général en date de ce jour.

55. Lorsqu'une exploitation par puits sera entièrement terminée, on déterminera si on doit faire sauter, au moyen de la poudre, les piliers restans, ou s'il est nécessaire d'y faire construire quelques piliers, ou enfin si la carrière peut être fermée sans qu'il en résulte aucun inconvénient.

56. L'exploitant qui voudra faire sauter des piliers sera tenu d'en donner avis aux inspecteurs des carrières, qui s'assureront préalablement si toutes les mesures ont été prises pour qu'il n'arrive aucun accident.

TITRE V. Dispositions générales.

57. Toute exploitation de plâtrière est interdite dans Paris.

---

22 MARS 1813.—Décret contenant réglement général sur l'exploitation des carrières plâtrières, glaisières, sablonnières, marnières et crayères, dans les départemens de la Seine et de Seine-et-Oise. (4, Bull. 496, n° 9093.)

Voy. loi du 21 AVRIL 1810.

Art. 1er. Le réglement général concernant l'exploitation dans les départemens de la Seine et de Seine-et-Oise, des carrières, plâtrières, glaisières, sablonnières, marnières et crayères, lequel demeure annexé au présent décret, est approuvé.

2. Les dispositions dudit réglement pourront être rendues applicables dans toutes les localités où le nombre et l'importance des carrières exploitées en rendront l'exécution nécessaire; et ce, en vertu d'une décision spéciale de notre ministre de l'intérieur, sur la demande des préfets et le rapport du directeur général des mines.

3. Les fonctions attribuées dans le réglement à l'inspecteur général des carrières de Paris, pour le département de la Seine, seront remplies, dans le département de Seine-et-Oise, par l'ingénieur en chef des mines en mission dans ce département; à l'exception néanmoins des carrières situées dans les communes de Saint-Cloud, Sèvres et Meudon, lesquelles sont placées sous la surveillance de l'inspecteur général des carrières du département de la Seine, à cause des maisons impériales.

4. Notre ministre de l'intérieur est chargé de l'exécution du présent décret.

Réglement général concernant l'exploitation, dans les départemens de la Seine et de Seine-et-Oise, des carrières, plâtrières, glaisières, sablonnières, marnières et crayères.

TITRE Ier. Des obligations et formalités à remplir par les exploitans.

SECTION Ire. *Formalités préliminaires à l'exploitation.*

Art. 1er. Nul ne pourra, à peine d'amende, ouvrir des carrières, plâtrières, glaisières, sablonnières, marnières ou crayères, pour les exploiter, ni dans son propre terrain, ni dans un terrain par lui tenu à titre précaire, sans en avoir demandé et obtenu la permission.

2. Tout exploitant qui se proposera d'entreprendre une extraction quelconque sera tenu d'adresser au sous-préfet de l'arrondissement dans lequel se trouvera situé le terrain à exploiter, sa demande, en double expédition, dont une sur papier timbré.

Il devra énoncer, dans sa pétition, ses nom, prénoms et demeure, la commune et la désignation particulière du lieu où il se propose de fouiller, l'étendue du terrain à exploiter, la nature de la masse, son épaisseur et la profondeur à laquelle elle se trouve; enfin le mode d'exploitation qu'il entendra suivre et employer.

3. A sa pétition, le demandeur joindra aussi en double expédition, un plan du terrain à exploiter, fait sur l'échelle d'un deux

cent seizième des dimensions linéaires (1), et maillés de dix en dix millimètres; le titre, ou extrait du titre de la propriété du terrain, ou le traité par lequel il aura acquis le droit d'exploitation; enfin, pour faire connaître ses facultés pécuniaires, une copie certifiée des articles le concernant, dans les matrices de rôles des diverses contributions directes auxquelles il se trouve imposé.

4. Le sous-préfet, après avoir consulté le maire de la commune du demandeur et celui de la commune où doit être établi l'exploitation, donnera son avis sur la personne et sur les avantages ou les inconvéniens de l'exploitation projetée. Cet avis sera adressé au préfet du département, avec la pétition et les titres du demandeur, dans le délai d'un mois au plus tard, à dater du jour de l'enregistrement à la sous-préfecture.

5. La pétition, les plans, les titres, déclarations et avis des autorités locales, après avoir été enregistrés à la préfecture, seront envoyés à l'inspecteur général des carrières, lequel reconnaîtra ou fera reconnaître par l'un des inspecteurs particuliers :

1° L'existence, la nature et la manière d'être de la masse à exploiter;

2° Si le mode d'exploitation proposé est convenable à l'état de la masse ou aux dispositions locales, ou s'il y a lieu d'en prescrire un autre plus avantageux;

3° Si l'étendue du terrain est suffisante pour y asseoir une exploitation utile sans nuire aux propriétés ou exploitations voisines;

4° Enfin, les lieux où doivent être faites les ouvertures, en conservant la distance des chemins, aqueducs, tuyaux de conduite et habitations, prescrite par les réglemens.

6. Sur le vu des autorités locales et du rapport de l'inspecteur général des carrières, le préfet statuera. Les permissions accordées seront publiées et affichées dans les communes respectives.

Ces affiches et publications seront faites à la diligence des maires et adjoints des communes intéressées.

7. A cet effet, des ampliations des autorisations accordées seront adressées au sous-préfet de l'arrondissement dans lequel devra se faire l'exploitation, ainsi qu'à l'inspecteur général des carrières.

8. Il sera tenu, tant à la préfecture que dans le bureau de l'inspecteur général, un registre desdites autorisations, par ordre de dates et de nombres : il sera formé une série générale de ces numéros, qui seront indiqués dans les autorisations.

9. Les droits de timbre des expéditions et ampliations, et le droit d'enregistrement, seront à la charge de l'impétrant.

10. Les droits résultant des permissions accordées en conformité des articles précédens ne pourront être cédés ni transportés, soit par celui à qui lesdites permissions auront été accordées, soit par ses ayans-cause, sans une autorisation spéciale du préfet. Les héritiers seront tenus à faire devant le préfet la déclaration de l'intention où ils sont de continuer ou de cesser l'exploitation.

11. A défaut de s'être mis en règle à cet égard, en observant les formalités prescrites ci-dessus, les héritiers ou cessionnaires seront regardés comme exploitant sans permission, et, en conséquence, traités comme étant en contravention.

SECTION II. Règles à suivre pendant l'exploitation.

12. Avant de commencer ses travaux, l'exploitant autorisé devra, à peine d'amende, placer dans un lieu apparent, à l'ouverture de l'exploitation projetée, une plaque en tôle, attachée sur un poteau, portant le nom de la commune d'où dépend le terrain à exploiter, le sien propre et le numéro sous lequel est enregistrée sa permission.

13. L'exploitant sera tenu de se conformer aux instructions concernant la sûreté publique qui lui seront transmises, soit par l'inspecteur général, soit par les inspecteurs particuliers des carrières : ces instructions seront visées préalablement par le préfet du département.

14. Il ne pourra aussi, à peine d'amende, changer le mode d'exploitation qui lui aura été prescrit, sans en avoir préalablement demandé et obtenu l'autorisation dans les formes indiquées, section Ire, pour les permissions d'exploiter.

15. Il sera tenu de faire connaître, au commencement de chaque année, par un plan de ses travaux dressé sur la même échelle que le plan de surface mentionné dans l'article 3, les augmentations de sa carrière pendant l'année précédente.

16. L'exploitant sera tenu de faciliter auxdits inspecteurs tous les moyens de visiter et de reconnaître ses travaux : il devra même les accompagner toutes les fois qu'il en sera requis. Lesdits inspecteurs pourront, au surplus, en cas de besoin, requérir main-forte auprès des autorités constituées, pour qu'il leur soit prêté assistance dans l'exercice de leurs fonctions, pour l'exécution et le maintien des réglemens.

(1) Cette échelle répond à celle de quatre lignes pour toise, prescrite depuis long-temps pour les plans des carrières. Il est nécessaire de la conserver pour pouvoir accorder les nouveaux plans avec ceux qui existent déjà au nombre d'environ quinze cents.

17. L'inspecteur général et les inspecteurs particuliers veilleront, dans leurs tournées, à ce que les exploitans n'aient ou n'emploient que des ouvriers porteurs de livrets, conformément à la loi du 22 germinal an 11, et à l'arrêté du Gouvernement du 22 frimaire an 13.

18. L'exploitant est personnellement responsable du fait de ses employés et ouvriers.

SECTION III. Formalités à remplir en cas de suspension ou cessation de l'exploitation.

19. Nul exploitant ne pourra, à peine d'amende et de responsabilité de tous accidens, interrompre ou suspendre son exploitation, sans en avoir donné avis à l'inspecteur général des carrières, et obtenu l'agrément du préfet.

20. Durant l'interruption ou la suspension d'une exploitation, et jusqu'à ce qu'il ait été statué sur sa reprise, l'entrée en sera muraillée et fermée par des portes garnies de ferrures ou de cadenas; les puits seront couverts de madriers et barricades suffisans, et arrêtés de manière à garantir de tous accidens; et ce, sous les peines portées par l'article 19.

21. Nul exploitant ne pourra, de même sous peine d'amende et de responsabilité, abandonner définitivement ses travaux, en combler les trous ou puits, en enlever les échelles, ni en fermer les galeries de cavage, sans en avoir au préalable demandé et obtenu la permission.

22. La demande d'abandon ou de comblement devra être adressée au préfet du département, pour être ensuite par lui renvoyée à l'inspecteur général des carrières, qui constatera ou fera constater par un procès-verbal:

1° L'état des travaux avant l'abandon;

2° Si l'exploitation en a été bien faite;

3° Si quelques parties ne périclitent pas; cas auquel il ordonnerait les travaux nécessaires, aux frais de l'exploitant;

4° Enfin, si la fermeture de la carrière ne présente aucun danger.

23. L'inspecteur général se fera remettre un plan de l'état de la carrière, et enverra le tout, avec son rapport, au préfet, qui statuera.

24. Il sera adressé au sous-préfet de l'arrondissement, ainsi qu'à l'inspecteur général des carrières, des ampliations de l'arrêté qui sera intervenu; une expédition en sera aussi délivrée à l'impétrant.

25. Dans le cas où l'exploitation interrompue ou abandonnée sans permission serait au compte d'un exploitant à titre précaire, le propriétaire deviendra responsable des événemens, comme si l'interruption ou abandon était son propre fait; il sera en conséquence tenu de faire sauter par les mines, et sous les ordres des préposés de l'inspection, les parties menaçantes.

26. A défaut, par le propriétaire, de se conformer aux ordres donnés à cet égard, le préfet, sur l'avis de l'inspecteur général, ordonnera le comblement de la carrière; et les frais de cette opération, du montant desquels il sera décerné une ordonnance exécutoire contre le propriétaire, seront payés, en cas de refus, comme les contributions publiques (1).

SECTION IV. Cas d'interdiction des exploitations.

27. Toute exploitation, d'après quelque mode qu'elle s'opère, dont l'état actuel présenterait des dangers auxquels on ne pourrait opposer des précautions suffisantes, sera interdite et condamnée, alors muraillée et abattue, s'il est nécessaire.

28. L'affaissement ou le comblement des carrières condamnées sera exécuté, au refus des propriétaires, par les préposés de l'inspection, aux frais des exploitans, indépendamment des indemnités de droit, s'ils ont excavé sous la propriété d'autrui, ou à des distances défendues par les réglemens.

SECTION V. Des expertises.

29. Les dispositions du titre IX de la loi du 21 avril 1810, et particulièrement celles relatives au choix des experts et aux plans à produire pour les expertises, seront toujours appliquées dans les expertises relatives aux carrières des départemens de la Seine et de Seine-et-Oise.

TITRE II. Des peines à encourir en cas de contravention.

SECTION Ire. *Des amendes.*

30. Les amendes à prononcer dans les cas prévus par le présent réglement ne pourront excéder cent cinquante francs pour la première fois, ni être moindres de cinquante francs: elles seront doublées en cas de récidive.

31. Lesdites amendes seront prononcées en conseil de préfecture sur le rapport de l'inspecteur général des carrières, sans préjudice des dommages-intérêts envers qui de droit.

32. Le produit net de ces amendes sera versé par la régie des domaines dans la caisse du receveur général du département, pour

(1) Ces dispositions, ainsi que la plupart de celles prescrites dans ce titre, existent dans les anciens réglemens sur le fait des carrières.

être employée, dans l'étendue dudit département, aux travaux extraordinaires que nécessiteront les exploitations, soit pour les améliorations, les recherches, les sondages, etc., soit pour la cuisson de la chaux et du plâtre, par les nouveaux procédés, soit pour la construction des fourneaux d'essai et l'achat des combustibles.

SECTION II. De l'annulation des permissions.

33. Lorsqu'un exploitant, après trois contraventions, sera convaincu d'un nouveau délit, la permission lui sera retirée.

34. Il y aura également lieu à retirer la permission pour cessation de travaux pendant un an, sans autorisation ou force majeure.

35. La permission sera retirée par arrêté du préfet, sur le rapport de l'inspecteur général des carrières; cet arrêté sera exécuté de suite, à la diligence des maires et adjoints et de la gendarmerie, aux frais des permissionnaires.

36. Dans le cas de permission retirée, il sera procédé à la visite de l'exploitation, ainsi qu'il est déterminé aux articles 22, 27 et 28, afin qu'une nouvelle permission soit donnée, s'il y a lieu.

TITRE III. Dispositions générales.

37. Toutes les permissions accordées antérieurement au présent réglement seront, par les impétrans, représentées à l'inspecteur général des carrières, qui les visera, et les fera inscrire, dans leur ordre de série, au fur et à mesure du *visa*, sur le registre général dont il est parlé article 8; celui-ci les adressera au préfet du département, pour être revêtues des mêmes formalités.

38. Cette vérification se fera dans le délai de trois mois.

39. Le délai expiré, toute exploitation dont le propriétaire n'aura pas fait viser sa permission, ou ne justifiera pas avoir fait les demandes nécessaires pour obtenir ce *visa*, sera suspendue.

40. A cet effet, une visite générale des exploitations sera faite après ce délai, pour constater l'exécution des mesures ci-dessus prescrites.

41. Les procès-verbaux de visite seront adressés au préfet du département, avec un état indicatif des exploitations dont les permissions anciennes n'auront pas subi la formalité de la révision.

42. Tout propriétaire de carrière anciennement exploitée, et présentement abandonnée, sera tenu de déclarer au secrétariat de la préfecture, dans le délai de deux mois, la situation de ses travaux, et depuis quel temps ils sont abandonnés, afin que, sur sa déclaration, il puisse être pris telle mesure qu'il appartiendra.

43. Toute contravention à l'article précédent, par négligence ou retard dans la déclaration, qui sera constatée par un inspecteur des carrières, sera punie par une amende, conformément aux dispositions de la section Ire ci-dessus.

44. Les dispositions contenues au présent réglement général de l'administration sont applicables à toute nature de matière exploitable, soit pierre, plâtre, glaise, sable, marne et craie, dont les divers modes d'exploitation seront l'objet d'autant de réglemens particuliers, et ne s'appliqueront pas aux carrières qui sont à ciel ouvert.

---

22 MARS 1813. — Avis du Conseil-d'Etat sur la manière dont peut être appliquée aux passages d'eau en Hollande, l'exemption des droits de bacs portée en faveur des militaires par l'art. 50 de la loi du 6 frimaire an 7. (4, Bull. 496, n° 9094.)

Le Conseil-d'Etat, qui, d'après le renvoi ordonné par sa majesté, a entendu le rapport des sections de l'intérieur et des finances sur celui du ministre directeur de l'administration de la guerre, tendant à faire décider que les bateliers hollandais et autres propriétaires ou desservans des bacs et bateaux établis pour les passages d'eau feront gratuitement ce service pour les troupes et les militaires en marche, et qu'il ne leur sera accordé aucune rétribution, ni pour le passé ni pour l'avenir, conformément aux dispositions de la loi du 6 frimaire an 7;

Vu l'article 50 de la loi du 6 frimaire an 7;

Vu l'article 11 du décret du 21 octobre 1811, portant : « Il n'est rien innové à la « propriété des bacs, ponts volans et passa- « ges d'eau de toute espèce dans les départe- « mens de la Hollande : tous les propriétaires « justifieront de leur propriété devant le con- « seiller d'Etat directeur général des ponts- « et-chaussées avant le 1er janvier 1813; »

Considérant que, par la loi du 6 frimaire an 7, le Gouvernement, voulant assujétir à des règles uniformes l'administration et la fixation des droits à percevoir sur les bacs et bateaux établis ou à établir aux traverses des fleuves, rivières et canaux, est devenu propriétaire de tous les passages d'eau, et a imposé à ses fermiers, par l'article 50 de ladite loi, la condition de passer gratuitement les militaires en marche;

Considérant que, par le décret du 21 octobre 1811, au lieu d'acquérir des propriétaires de passages d'eau en Hollande leurs droits, le Gouvernement, au contraire, les a maintenus dans leur propriété; qu'exiger des propriétaires le passage gratuit des troupes en marche serait grever singulièrement leur propriété, d'autant plus que plusieurs de ces passages ne peuvent être servis que par des bateaux à voile, et sont établis sur des bras de mer tellement larges qu'on ne peut faire que très-peu de voyages dans le courant d'une journée; mais que, d'un autre côté, les mêmes motifs perdent presque toute leur force par rapport à des militaires qui ne voyagent pas en corps de troupes, pourvu qu'ils attendent, pour leur passage, l'instant auquel il doit être fait pour le service d'autres voyageurs,

Est d'avis,

Que la loi du 6 frimaire an 7 ne peut être appliquée, aux passages d'eau en Hollande, qu'aux militaires voyageant isolément et sans troupe et à la gendarmerie, et à la condition qu'ils n'exigeront pas le passage pour eux seuls, mais profiteront de celui qui doit être fait pour le service des autres voyageurs, selon les usages;

Que les réclamations des droits pour le passé doivent être jugées d'après le même principe.

---

22 MARS 1813.—Loi qui autorise des échanges. (4, Bull. 500, n° 9176; Mon. du 23 mars 1813.)

Disposition générale.

Art. 252. Les échangistes seront tenus, avant la passation de l'acte d'échange, de justifier : 1° de leurs titres de propriété; 2° dans les délais prescrits, de la délibération de toute hypothèque sur les immeubles par eux donnés en échange (1).

---

22 MARS 1813.—Décret sur les traitemens des commissaires de police. (Recueil officiel du ministère de l'intérieur, t. 2, p. 454.)

Sur le rapport du ministre de l'intérieur;

Le Conseil-d'Etat entendu :

Art. 1er. Les traitemens des commissaires de police établis dans les villes et communes ayant une population de cinq mille ames et au-dessus sont définitivement maintenus au taux fixé par les arrêtés du Gouvernement des 23 fructidor an 9 (10 septembre 1801) et 17 germinal an 11 (7 avril 1803).

2. Il est accordé, à compter du 1er janvier 1813, à ces commissaires, une indemnité, à titre de frais de bureau, laquelle est réglée d'après les bases suivantes, savoir :

Dans la ville de Paris, à 2,000 fr., y compris toutes les indemnités que ces commissaires recevaient jusqu'à présent à titre de frais de bureau;

Dans les villes de cent mille habitans, à 800 fr.;

De quarante mille et au-dessus, à 600 fr.;

De vingt-cinq à quarante mille, à 450 fr.;

De quinze à vingt-cinq mille, à 350 fr.;

De dix à quinze mille, à 250 fr.;

Au-dessous de dix mille, à 200 fr.

3. Cette indemnité sera acquittée, pour 1813, dans les villes dont les budgets sont réglés soit sur le fonds des dépenses imprévues, soit sur l'excédant du budget, soit sur les économies, et sauf rappel, dans ces deux derniers cas, au budget de 1814.

4. A l'avenir, cette indemnité sera l'objet d'un crédit spécial, au chapitre II des dépenses ordinaires.

5. Les traitemens actuels qui seraient supérieurs aux bases fixées par les arrêtés du Gouvernement des 23 fructidor an 9 et 17 germinal an 11 seront établis d'après ces bases. Les sommes que ces commissaires reçoivent en sus continueront de leur être accordées, à titre d'indemnité de frais de bureau. Si ces sommes sont inférieures à l'indemnité fixée par l'article 2 ci-dessus, il sera tenu compte de la différence.

6. Les traitemens actuels qui seraient inférieurs aux bases fixées par les arrêtés cités du Gouvernement ne seront augmentés que sur la proposition nécessaire du conseil municipal et l'avis des préfets et sous-préfets.

7. Le ministre de l'intérieur est chargé de l'exécution du présent décret.

---

22 MARS 1813.—Décret qui fixe au 25 mars le jour de la clôture de la session du Corps-Législatif. (4, Bull. 487, n° 9028.)

---

22 MARS 1813.—Décret qui approuve le réglement de l'évêque de Saint-Flour, relatif au prélèvement et à l'application du sixième du produit des chaises, bancs et places dans les églises. (4, Bull. 499, n° 9120.)

---

22 MARS 1813.—Décret qui autorise l'établissement d'une chapelle dans la commune de Pretin. (4, Bull. 499, n° 9149.)

---

22 MARS, 1813.—Décrets qui autorisent l'acceptation de dons et legs faits aux pauvres et hospices de Saincoins, Rodez, Aerschat, Fojano, Pistoie, Beziers, Saint-Vallier, San-Secondo, Pézénas, Langeac, Bagnères, Saint-Cloud, Nolay, Anvers, Audenarde, Wetteren, Nîmes, Paulmery, Roanne, Saint-Etienne, Barcas, Montcayolle et Bonn; aux fabriques des églises paroissiales et succursales de Châteauneuf Bendejun, Fay, Aubagne et Koetzingen; au séminaire diocésain de Mayence, et à l'établissement des

(1) Les autres articles contiennent les noms des départemens, communes, fabriques, hospices et bureaux de bienfaisance autorisés.

eaux thermales de Néris. (4, Bull. 496, nos 9099 à 9104; Bull. 498, nos 9117 à 9119, et Bull. 499, nos 9127 à 9148.)

---

25 MARS 1813. — Décret relatif à l'exécution du concordat de Fontainebleau. (4, Bull. 490, n° 9067.)

Voy. concordat du 13 FÉVRIER 1813.

Art. 1er. Le concordat signé à Fontainebleau, qui règle les affaires de l'Eglise, et qui a été publié, comme loi de l'Etat, le 13 février 1813, est obligatoire pour nos archevêques, évêques et chapitres, qui seront tenus de s'y conformer.

2. Aussitôt que nous aurons nommé à un évêché vacant, et que nous l'aurons fait connaître au Saint-Père, dans les formes voulues par le concordat, notre ministre des cultes enverra une expédition de la nomination au métropolitain, et, s'il est question d'un métropolitain, au plus ancien évêque de la province ecclésiastique.

3. La personne que nous aurons nommée se pourvoira par-devant le métropolitain, lequel fera les enquêtes voulues, et en adressera le résultat au Saint-Père.

4. Si la personne nommée était dans le cas de quelque exclusion ecclésiastique, le métropolitain nous le ferait connaître sur-le-champ; et, dans le cas où aucun motif d'exclusion ecclésiastique n'existerait, si l'institution n'a pas été donnée par le Pape dans les six mois de la notification de notre nomination, aux termes de l'article 4 du concordat, le métropolitain, assisté des évêques de la province ecclésiastique, sera tenu de donner ladite institution.

5. Nos cours impériales connaîtront de toutes les affaires connues sous le nom d'*appels comme d'abus*, ainsi que de toutes celles qui résulteraient de la non-exécution des lois des concordats.

6. Notre grand-juge présentera un projet de loi pour être discuté en notre conseil, qui déterminera la procédure et les peines applicables dans ces matières.

---

25 MARS 1813. — Décret qui accorde grace aux individus des départemens de Rome et du Trasimène, qui auraient encouru les peines portées par les lois pour avoir refusé de prêter le serment dû à l'Empereur par tous ses sujets (4, Bull. 487, n° 9029.)

---

25 MARS 1813. — Extraits de lettres-patentes portant institution de majorats en faveur de MM. Depret, Mallet, d'Haubersat et Bambaud. (4, Bull. 493 et 494, nos 9086 et 9090.)

---

25 MARS 1813. — Décret qui nomme les baron Desmousseaux préfet du département de l'Escaut, La Tour-Dupin préfet du département de la Somme, Delaître préfet du département d'Eure-et-Loir, et le Pelletier d'Aulnay préfet du département de la Stura. (4, Bull. 488, n° 9040.)

---

27 MARS 1813. — Décret relatif aux demandes en évaluation de dîmes, formées en exécution du décret du 22 janvier 1813. (4, Bulletin 494, n° 9087.)

Art. 1er. Les demandes en évaluation de dîmes, formées en exécution de notre décret du 22 janvier dernier, soit par les débiteurs, soit par les créanciers, ne pourront, dans aucun cas, dispenser les débiteurs de payer en nature et de la manière accoutumée les dîmes par eux dues, si les évaluations n'ont pas été faites et toutes les formalités y relatives remplies avant le 1er mars de chaque année.

2. Notre ministre des finances est chargé de l'exécution du présent décret.

---

30 MARS 1813. — Lettres-patentes qui confèrent à sa majesté l'impératrice et reine Marie-Louise le titre de régente. (4, Bull. 490, n° 9066.)

Voy. décret du 5 FÉVRIER 1813.

N....... voulant donner à notre bien-aimée épouse l'impératrice et reine Marie-Louise des marques de la haute confiance que nous avons en elle, nous avons résolu de l'investir, comme nous l'investissons par ces présentes, du droit d'assister aux conseils du cabinet lorsqu'il en sera convoqué, pendant la durée de notre règne, pour l'examen des affaires les plus importantes de l'Etat; et attendu que nous sommes dans l'intention d'aller incessamment nous mettre à la tête de nos armées pour délivrer le territoire de nos alliés, nous avons également résolu de conférer, comme nous conférons par ces présentes, à notre bien-aimée épouse l'impératrice et reine le titre de *régente*, pour en exercer les fonctions, en conformité de nos intentions et de nos ordres, tels que nous les aurons fait transcrire sur le livre d'Etat, entendant qu'il soit donné connaissance aux princes grands dignitaires et à nos ministres desdits ordres et instructions, et qu'en aucun cas l'impératrice ne puisse s'écarter de leur teneur dans l'exercice des fonctions de régente.

Voulons que l'impératrice régente préside en notre nom, le Sénat, le Conseil-d'Etat, le conseil des ministres et le conseil privé, notamment pour l'examen des recours en grace, sur lesquels nous l'autorisons à prononcer, après avoir entendu les membres dudit conseil privé. Toutefois notre intention n'est point que, par suite de la présidence conférée à l'impératrice régente, elle puisse autoriser, par sa signature, la présentation d'aucun sénatus-consulte, ou proclamer aucune loi de l'État, nous référant, à cet égard, au contenu des ordres et instructions mentionnés ci-dessus.

---

3 AVRIL 1813. — Sénatus-consulte portant que cent quatre-vingt mille hommes sont mis à la disposition du ministre de la guerre pour augmenter les armées actives, et qu'il sera pourvu à la défense des frontières de l'ouest et du midi par les gardes nationales sédentaires. (4, Bull. 491, n° 9069.)

Voy. décrets du 5 AVRIL 1813.

TITRE Ier. Dispositions générales.

Art. 1er. Une force de cent quatre-vingt mille hommes est mise à la disposition du ministre de la guerre pour augmenter les armées actives savoir :

Dix mille hommes de gardes d'honneur à cheval ;

Quatre-vingt mille hommes qui seront appelés sur le premier ban de la garde nationale;

Quatre-vingt-dix mille hommes de la conscription de 1814 qui étaient destinés à la défense des frontières de l'ouest et du midi, et spécialement des chantiers d'Anvers, de Cherbourg, de Brest, de Lorient, de Rochefort et de Toulon.

TITRE II. De la formation de quatre régimens de gardes d'honneur.

2. Il est créé quatre régimens de gardes d'honneur à cheval, formant un complet de dix mille hommes.

3. Le premier régiment sera composé des gardes d'honneur fournis par les départemens des 1re, 14e, 15e, 16e, 24e et 30e divisions militaires;

Le deuxième, de ceux des 2e, 3e, 4e, 5e, 17e, 18e, 25e, 26e et 28e divisions militaires;

Le troisième, de ceux des 10e, 11e, 12e, 13e, 20e, 22e, 29e et 31e divisions militaires;

Le quatrième, de ceux des 6e, 7e, 8e, 9e, 19e, 21e, 23e, 27e et 32e divisions militaires.

4. Les contingens à fournir par chacun des départemens de l'empire, pour la formation de ces quatre régimens, seront fixés par un arrêt du Conseil.

5. Les hommes composant lesdits régimens devront s'habiller, s'équiper et se monter à leurs frais.

6. Ils auront la solde des chasseurs de la garde.

7. Après douze mois de service dans lesdits régimens, ils auront le grade de sous-lieutenant.

8. Lorsqu'après la campagne il sera procédé à la formation de quatre compagnies de gardes-du-corps, une partie de ces compagnies sera choisie parmi les hommes des régimens de gardes d'honneur qui se seront le plus distingués.

9. Les membres de la Légion-d'Honneur, ou leurs fils, pourront, s'ils n'ont pas assez de fortune pour s'équiper et se monter à leurs frais, être équipés et montés aux frais de la Légion.

TITRE III. Levée de quatre-vingt mille hommes sur le premier ban de la garde nationale.

10. Quatre-vingt mille hommes de la conscription, pris dans le premier ban de la garde nationale, des années 1807, 1808, 1809, 1810, 1811 et 1812, sont mis à la disposition du ministre de la guerre pour le recrutement de l'armée, et la formation d'une armée de réserve.

11. Les hommes qui se sont mariés avant la publication du présent sénatus-consulte ne pourront être désignés pour faire partie de la levée ordonnée par l'article précédent.

12. Les appels et leurs époques seront déterminés par des arrêts du Conseil.

TITRE IV. De la manière de pourvoir à la défense des frontières de l'ouest et du midi, et spécialement des chantiers maritimes.

13. Afin de rendre disponibles les quatre-vingt-dix mille hommes de la conscription de 1814 qui étaient destinés à la défense des frontières de l'ouest et du midi, il y sera pourvu par les gardes nationales sédentaires.

14. L'Empereur confie la défense des chantiers du Texel et des Bouches-de-la-Meuse au courage et à l'honneur des Français des départemens du Zuyderzée, des Bouches-de-la-Meuse, de l'Issel-Supérieur, des Bouches-de-l'Issel, de la Frise et de l'Ems-Occidental;

La défense des chantiers d'Anvers et de Flessingue, aux Français des départemens des Bouches-de-l'Escaut, de la Dyle, de l'Escaut, de Jemmape, des Deux-Nèthes, du Nord, du Pas-de-Calais et de la Lys;

La défense des chantiers de Cherbourg, aux Français des départemens de la Manche, de l'Orne, du Calvados, de la Seine-Inférieure, de la Somme, de l'Eure, d'Eure-et-Loir et de l'Oise;

La défense des chantiers de Brest et de Lorient, aux Français des départemens d'Ille-et-Vilaine, des Côtes-du-Nord, du Finistère, du Morbihan, de la Sarthe, d'Indre-et-

Loire, de la Mayenne, de Maine-et-Loire et de Loir-et-Cher;

La défense des chantiers de Rochefort, aux Français des départemens de la Charente-Inférieure, des Deux-Sèvres, de la Vendée, de la Vienne, de la Loire-Inférieure, de la Charente et de la Gironde;

La défense des chantiers de Toulon, aux Français des départemens du Var, des Bouches-du-Rhône, des Alpes-Maritimes, de Vaucluse, de la Drôme, de l'Isère, des Hautes-Alpes, des Basses-Alpes, du Mont-Blanc, de l'Hérault et du Gard.

15. En conséquence, la garde nationale sera organisée dans ces arrondissemens. A cet effet, les compagnies de grenadiers et de chasseurs seront complétées, de manière à présenter, dans chaque arrondissement, une force de quinze à trente mille hommes effectifs, présens et toujours disponibles.

16. Six sénateurs seront envoyés dans ces six arrondissemens, pour présider à l'organisation de ces compagnies, et en prendre le commandement.

17. Sur le nombre des grenadiers et chasseurs, quinze cents à trois mille seront temporairement en activité dans chaque arrondissement, et placés sur les points où leur présence sera jugée nécessaire.

---

3 AVRIL 1813. — Sénatus-consulte qui suspend pendant trois mois le régime constitutionnel dans les départemens de la 32e division militaire. (4, Bull. 491, n° 9070.)

Voy. décrets du 10 AVRIL 1813, du 18 JUIN 1813; sénatus-consulte du 1er JUILLET 1813.

Le régime constitutionnel est suspendu, pendant trois mois, dans les départemens de l'Ems-Supérieur, des Bouches-du-Weser et des Bouches-de-l'Elbe, composant la 32e division militaire.

---

3 AVRIL 1813. — Décret portant défenses d'introduire de Hollande en France des denrées coloniales qui n'auraient pas été expédiées directement des entrepôts d'Amsterdam et de Rotterdam. (4, Bull. 492, n° 9076.)

Art. 1er. A compter de la publication du présent décret, aucunes denrées coloniales ne pourront, jusqu'à ce qu'il en soit autrement ordonné, être introduites de Hollande en France, si elles n'ont été expédiées directement des entrepôts d'Amsterdam et de Rotterdam.

2. Celles qui seraient tirées desdits entrepôts, après avoir payé les droits, seront expédiées, sous plomb et acquits-à-caution, pour la douane d'Anvers, la seule qui soit ouverte à cette introduction.

3. Toutes denrées coloniales que l'on tenterait d'introduire en contravention aux dispositions des articles précédens, seront saisies et confisquées, avec l'amende prononcée par les réglemens.

4. Notre grand-juge, ministre de la justice, et notre ministre des manufactures et du commerce, sont chargés de l'exécution du présent décret.

---

5 AVRIL 1813. — Décret portant réglement sur l'organisation de la garde nationale. (4, Bull. 493, n° 9082.)

Voy. loi du 29 SEPTEMBRE = 14 OCTOBRE 1791; décret du 8 VENDÉMIAIRE an 14, du 12 NOVEMBRE 1806, du 11 NOVEMBRE 1813; ordonnance du 17 JUILLET 1816.

TITRE Ier.

SECTION Ire. *De l'organisation de la garde nationale dans les arrondissemens.*

Art. 1er. Il sera organisé, dans les arrondissemens déterminés par le sénatus-consulte en date du 3 avril, des cohortes de grenadiers et de chasseurs de gardes nationales, conformément au tableau ci-joint, n° 1er.

2. Tous les Français de l'âge de vingt à soixante ans continuent d'être susceptibles du service de la garde nationale, sauf les exceptions portées aux précédens décrets.

3. Les grenadiers et les chasseurs seront choisis parmi les hommes de vingt à quarante ans.

4. Chaque compagnie de grenadiers et de chasseurs fournira ce qui sera nécessaire pour concourir à former la force qui, d'après l'article 17 du sénatus-consulte, doit être temporairement en activité dans chaque arrondissement.

SECTION II. De la formation des contrôles généraux.

5. Il sera dressé, dans chaque commune, une liste de tous les habitans de vingt à soixante ans. Cette liste sera divisée en deux sections: la première, de vingt à quarante ans; la seconde, de quarante-un à soixante ans. Cette liste sera déposée au secrétariat de la mairie; les citoyens seront invités, par des affiches, à venir en prendre connaissance.

Les listes de 1813 seront terminées au 1er du mois de mai prochain.

6. Ces listes serviront à former le contrôle général des gardes nationales de chaque sous-préfecture.

Les sous-préfets adresseront leurs contrôles au préfet: la réunion de ces contrôles formera le contrôle général du département.

7. Tous les ans, au mois de janvier, les listes communales seront revues; on y inscrira les habitans qui ont complété leur vingtième année, et qui n'ont point été appelés aux armées comme conscrits, ainsi que ceux

qui auraient nouvellement acquis leur domicile dans la commune.

On raiera les habitans qui auront complété leur soixantième année, les morts, et ceux qui auraient changé de domicile.

SECTION III. De la formation des légions et des cohortes.

8. Les départemens désignés au sénatus-consulte fourniront un nombre déterminé de compagnies de grenadiers et de chasseurs, conformément au tableau annexé au présent décret.

9. Les grenadiers et chasseurs d'un même département formeront une légion.

La légion sera subdivisée en cohortes.

Chaque cohorte aura quatre compagnies de cent cinquante hommes, deux de grenadiers et deux de chasseurs.

10. La première formation des compagnies sera terminée le 15 mai prochain.

11. Dans les vingt-quatre heures de la réception du présent décret, les préfets assigneront à chaque sous-préfecture son contingent dans la formation ordonnée par les articles ci-dessus.

12. L'organisation sera faite dans chaque département par un conseil d'organisation composé du préfet président, d'un membre du conseil général du département, nommé par le préfet, du sous-préfet de l'arrondissement dans lequel on opérera, du capitaine de la gendarmerie, et d'un officier supérieur de la garde nationale nommé par le sénateur chargé de l'organisation.

Lorsque le sénateur jugera convenable d'assister au conseil, il le présidera.

13. Le conseil se transportera successivement dans le chef-lieu de chaque sous-préfecture.

14. Le conseil d'organisation déterminera quelles sont les compagnies dont la réunion doit former une cohorte; il réunira le plus possible, à cet effet, les compagnies d'une même sous-préfecture.

15. Les officiers seront nommés par nous, sur la présentation de notre ministre de l'intérieur, qui pourra délivrer des brevets provisoires. Dans les départemens où la garde nationale a déjà été organisée, ils seront pris parmi les anciens officiers qui ont le mieux servi.

16. Il y aura un chef et un adjudant-major pour chaque légion;

Un chef et un adjudant pour chaque cohorte;

Et pour chaque compagnie, un capitaine, un lieutenant, un sous-lieutenant.

17. Les sous-officiers seront nommés, savoir: les sergens, par le chef de cohorte, sur la présentation du capitaine, sauf l'approbation du chef de légion, ou, à son défaut, du préfet; et les caporaux par le capitaine, sauf l'approbation du chef de cohorte.

18. Chaque compagnie aura un sergent-major, quatre sergens, un caporal-fourrier, huit caporaux, un tambour.

19. Les compagnies de grenadiers et de chasseurs seront composées des citoyens les plus aisés et les moins nécessaires dans leurs familles.

20. Lorsque ces compagnies seront formées, les hommes qui les composent recevront le numéro d'ordre qui sera déterminé amiablement entre eux. Si, dans le délai de vingt-quatre heures, cet ordre n'a point été arrêté, il sera réglé par le sort.

SECTION IV. Du contingent à fournir par les cohortes de grenadiers et de chasseurs pour la force temporairement en activité.

21. L'ordre de marche du contingent d'activité de chaque cohorte de grenadiers ou de chasseurs sera déterminé par l'ordre d'inscription sur les contrôles des compagnies: si quelque cas d'exception se présente, il sera jugé par le conseil d'organisation.

22. Les contingens seront réunis à chaque chef-lieu de sous-préfecture.

Tous les contingens, à la première formation de la force active, seront partis avant le 25 mai prochain, sous les ordres de l'officier qu'aura désigné le sénateur.

Ils recevront la solde et les vivres à dater du jour fixé pour leur réunion.

TITRE II. Du service de la garde nationale dans les arrondissemens.

23. Les compagnies de grenadiers et de chasseurs seront le plus possible armées et habillées; elles passeront la revue de leurs officiers toutes les fois que le sénateur chargé du commandement l'ordonnera. Elles seront susceptibles du service de police ou de sûreté intérieure, si les circonstances le requièrent.

Dans tous les cas de besoin, elles seront prêtes à marcher sur les divers points du grand arrondissement dont elles font partie, si quelqu'un de ces points était particulièrement menacé.

24. La force temporairement en activité, composée des compagnies de grenadiers et de chasseurs, fera le service sur tous les points de l'arrondissement où les chefs militaires le jugeront convenable.

25. Le service des hommes qui composent cette force durera six mois sous les drapeaux.

La moitié des contingens de chaque compagnie de grenadiers et de chasseurs sera renouvelée tous les trois mois: néanmoins le premier renouvellement n'aura lieu qu'en novembre prochain.

Il sera déterminé par le sort, et les suivans par l'ancienneté.

26. Tous les ans, les contrôles des compagnies de grenadiers et de chasseurs seront revus. On remplacera les hommes manquans dans lesdites compagnies, suivant le mode indiqué à l'article précédent, de manière que les compagnies soient toujours au complet de cent cinquante.

27. Les règles et l'organisation du service de la force mise temporairement en activité seront d'ailleurs les mêmes que celles du service militaire.

TITRE III. Des remplacemens.

28. On pourra se faire remplacer pour le service de la garde nationale, soit dans les compagnies de grenadiers ou de chasseurs, soit dans la force temporairement mise en activité.

29. Pour les compagnies de grenadiers et de chasseurs, le remplaçant ne pourra être pris que dans le même arrondissement de sous-préfecture.

30. Pour la force temporairement mise en activité, le remplaçant pourra être choisi dans tous les départemens de l'arrondissement.

31. Tout remplaçant devra être agréé par le conseil d'organisation; et, si le remplacement dans la force active a lieu sous les armes, par le sénateur.

32. Les remplaçans pour la force active auront plus de vingt-trois ans, et moins de quarante.

Tout homme qui se fera remplacer pour le contingent à la force mise en activité versera une somme de cent vingt francs à la caisse du receveur général de son département, soit que le remplacement ait eu lieu au moment où ce contingent est fourni, soit qu'il ait eu lieu dans les compagnies de grenadiers et de chasseurs.

33. Les récépissés de ces versemens seront visés à la préfecture du département du remplacé : tout remplacé qui n'exhiberait pas ce récépissé avec son congé de remplacement, pourra être poursuivi comme déserteur.

34. Le remplacé répondra de son remplaçant pendant tout le temps de la durée du service auquel le remplacé était tenu.

TITRE IV. De la discipline.

35. Le service d'activité militaire que fait la garde nationale l'assimile à la troupe de ligne pour le traitement, les honneurs et la récompense, ainsi que pour la discipline.

36. Néanmoins, pour le cas de désertion, le conseil de guerre pourra ne condamner qu'à trois mois de prison; et, en cas de récidive, condamner à semblable peine, et à être mis, en sortant de prison, à la disposition du ministre de la guerre.

37. Les peines de discipline, pour le service intérieur, sont les arrêts ou la prison pour un mois au plus, suivant l'exigence des cas : ces punitions seront appliquées par le conseil de discipline qui sera établi dans chaque arrondissement de sous-préfecture.

38. En service militaire actif, les punitions pour les fautes de discipline ou de service seront toutes appliquées comme dans la ligne.

39. Il n'y aura qu'un conseil de discipline dans chaque sous-préfecture; il sera composé d'un chef de légion, et, à défaut, d'un chef de cohorte, président, d'un capitaine, d'un lieutenant, d'un sous-lieutenant, d'un sergent, d'un caporal et d'un garde national.

Ces membres seront choisis et désignés par le sénateur commandant (1).

40. Le conseil de discipline s'assemblera par ordre du sénateur ou du préfet. Il ne délibérera que sur l'application des punitions ci-dessus indiquées. Ses décisions seront au besoin exécutées par l'intervention de l'autorité administrative.

41. Indépendamment de ces peines pour faute de discipline, toutes les fois qu'un homme inscrit sur les contrôles généraux se refusera à obtempérer aux ordres qui lui seront donnés, le préfet pourra le déclarer premier à marcher comme simple grenadier ou chasseur, et même lui interdire la faculté de se faire remplacer.

42. Toutes les fois que le service aura été suspendu par l'accomplissement d'une peine, le temps de la suspension ne sera point compté dans la durée de service obligée dans la force active.

TITRE V. Des dépenses.

43. Les dépenses de la garde nationale, à la charge des départemens, se composent : 1° pour le service intérieur, des appointemens des adjudans, de l'achat des drapeaux, des frais de registres, papiers, contrôles, et tous frais extraordinaires de bureau occasionés par l'organisation des levées et les détails de la garde nationale; 2° pour le service d'activité, de la première mise de l'habillement.

44. Les préfets sont chargés de la comptabilité de tous les frais de la garde nationale en service intérieur; ils ordonnanceront ces frais, soit sur les états de dépenses dressés

(1) Les jugemens rendus par des conseils de discipline de garde nationale, portant condamnation à un emprisonnement, peuvent être rendus par cinq membres. Ces conseils peuvent prendre la récidive en considération; ils peuvent graduer les peines (19 janvier 1826; Cass. S. 26, 1, 255; D. 26, 1, 111; P. 35, 545).

par les sous-préfets pour les dépenses d'administration, soit sur ceux dressés par les commandans de cohorte, et visés par les chefs de légion, pour la solde ou les indemnités de service.

45. L'indemnité de service intérieur sera, pour chaque adjudant major de légion, de douze cents francs, et pour chaque adjudant de cohorte, de huit cents francs par an, y compris les menus frais de bureau pour les uns et les autres.

46. La solde des tambours de compagnies de grenadiers et de chasseurs est fixée à cent quarante-six francs quarante centimes par an.

47. La première mise de l'habillement pour les gardes nationales qui formeront le contingent de la force active se fera en nature par ceux des hommes pour lesquels le préfet aura déterminé qu'ils doivent s'habiller et s'équiper à leurs frais; pour tous les autres, au moyen d'une somme de cent trente-sept francs vingt-deux centimes, que le préfet fera verser à la caisse du conseil d'administration du corps de la force active.

48. L'habillement ne se renouvellera point aux renouvellemens des contingens; il devra avoir la même durée que pour les troupes de ligne.

49. Les dépenses ci-dessus seront ordonnancées par les préfets, et payées par les receveurs généraux des départemens; l'avance en sera faite, si le cas le requiert, sur le produit des deux centimes de non-valeur.

50. Les receveurs généraux tiendront un compte séparé de ces dépenses.

51. Elles seront définitivement imputées sur le produit des versemens faits par les remplacés, dont le receveur général tiendra de même un compte séparé. Lesdits comptes seront arrêtés tous les ans, au 1er janvier.

52. Si ces dépenses excèdent le produit des sommes versées par les remplacés, l'imputation définitive de l'excédant sera faite sur les fonds des dépenses imprévues, ou sur les restans libres des autres fonds affectés aux dépenses variables de chaque département.

53. Si les fonds versés par les remplacés excèdent les dépenses, nous nous réservons de disposer de ces excédans, selon que nous le déterminerons pour l'utilité du service de la garde nationale.

TITRE VI. De l'organisation de la garde nationale sur quelques points spéciaux des arrondissemens.

54. Indépendamment des cohortes de grenadiers et de chasseurs organisées dans les départemens, conformément à l'article 1er du présent décret, la totalité des hommes de vingt à quarante ans qui doivent le service de la garde nationale sera organisée dans les lieux ci-après, savoir :

Flessingue, Ostende, Dunkerque, Calais, Boulogne, Montreuil, Abbeville, Le Havre, Cherbourg, Granville, Saint-Malo, Brest, Lorient, Belle-Ile, La Rochelle, Rochefort, Ile-de-Ré, Oléron, Toulon.

55. Cette organisation comprendra trente-sept cohortes urbaines réparties conformément au tableau n° II, annexé au présent décret.

56. Chacune de ces cohortes urbaines sera de mille hommes, distribués en sept compagnies, dont une de grenadiers, une de chasseurs, quatre de fusiliers à cent cinquante hommes, et une de canonnier, composée de cent hommes seulement.

57. Pour porter ces cohortes au complet dans les lieux où la population de la commune principale ne le permettrait pas, il sera formé une circonscription des communes les plus voisines appelées à concourir à la formation de la cohorte ou des cohortes à organiser conformément aux dispositions du présent titre.

58. Les compagnies de grenadiers, de chasseurs et de canonniers des cohortes urbaines, se réuniront tous les dimanches, et seront passées en revue par le chef de cohorte.

59. Ces cohortes ne seront assujéties qu'au service ordinaire de police de chacune des places où elles seront organisées; mais, dans le cas où ces places seraient menacées par l'ennemi, toutes les compagnies de la cohorte seront tenues de s'y renfermer, sur la réquisition de l'autorité militaire.

60. La formation des cohortes urbaines ne dispense point les lieux où elle se fait du concours à la formation des cohortes départementales de grenadiers et de chasseurs.

Les grenadiers et les chasseurs de cohortes départementales cessent, immédiatement après leur désignation, de faire partie des cohortes urbaines.

61. Les dépenses des cohortes urbaines sont municipales.

TITRE VII. Dispositions générales.

62. Les dispositions de nos décrets des 8 vendémiaire an 14 et 12 novembre 1806, qui ne sont point modifiées par le présent, continueront d'être exécutées.

63. Nous nous réservons de régler, par un décret spécial, tout ce qui est relatif à la formation en corps et en compagnies de la force mise temporairement en activité.

64. Nos ministres de l'intérieur, de la guerre, du Trésor impérial, sont chargés de l'exécution du présent décret.

Nº Ier.

Tableau de Répartition, entre quarante-neuf Départemens, des Contingens à fournir par la Garde nationale pour le service d'activité militaire.

ARRONDISSEMENS.	DÉPARTEMENS.	NOMBRE de COHORTES à raison de six cents hommes.	CONTINGENT à fournir par les départemens.	CONTINGENT mis temporairement en activité.	TOTAL par arrondissement.
1er. Chantiers du Texel.	Bouches-de-la-Meuse.	6	3,600	288	1,200
	Bouches-de-l'Issel	3	1,800	144	
	Ems-Occidental.	3	1,800	144	
	Frise.	2	1,200	96	
	Issel-Supérieur.	3	1,800	144	
	Zuyderzée.	8	4,800	384	
		25	15,000	1,200	
2e. Chantiers d'Anvers et de Flessingue.	Bouches-de-l'Escaut.	1	600	61	3,600
	Dyle.	8	4,800	488	
	Escaut.	10	6,000	610	
	Jemmape	8	4,800	488	
	Deux-Nèthes	6	3,600	366	
	Nord.	10	6,000	611	
	Lys	8	4,800	488	
	Pas-de-Calais.	8	4,800	488	
		59	35,400	3,600	
3e. Chantiers de Cherbourg.	Calvados.	8	4,800	407	3,000
	Eure.	6	3,600	304	
	Eure-et-Loire.	4	2,400	202	
	Manche	12	7,200	612	
	Orne.	6	3,600	304	
	Oise	5	3,000	253	
	Seine-Inférieure	10	6,000	510	
	Somme	8	4.800	408	
		59	35,400	3,000	
4e. Chantiers de Brest et de Lorient.	Côtes-du-Nord	8	4,800	445	3,000
	Finistère	8	4,800	445	
	Ille-et-Vilaine	8	4,800	445	
	Indre-et-Loire	4	2,400	222	
	Loir-et-Cher	2	1,200	111	
	Mayenne	4	2,400	222	
	Maine-et-Loire.	6	3,600	333	
	Morbihan.	8	4,800	444	
	Sarthe.	6	3,600	333	
		54	32,400	3,000	

ARRONDISSEMENS.	DÉPARTEMENS.	NOMBRE de COHORTES à raison de six cents hommes.	CONTINGENT à fournir par les départemens.	CONTINGENT mis temporairement en activité.	TOTAL par arrondissement.
5e. Chantiers de Rochefort.	Charente	5	3,000	294	2,400
	Charente-Inférieure	8	4,800	468	
	Gironde	8	4,800	468	
	...e-Inférieure	8	4,800	468	
	...res (Deux)	4	2,400	234	
	...ndée	4	2,400	234	
	...nne	4	2,400	234	
		41	24,600	2,400	
6e. Chantiers de Toulon.	Alpes (Hautes)	2	1,200	111	3,000
	Alpes (Basses)	2	1,200	113	
	Alpes-Maritimes	2	1,200	113	
	Bouches-du-Rhône	6	3,600	340	
	Drôme	5	3,000	283	
	Gard	8	4,800	452	
	Hérault	6	3,600	340	
	Isère	8	4,800	454	
	Mont-Blanc	4	2,400	226	
	Var	6	3,600	340	
	Vaucluse	4	2,400	226	
		53	31,800	3,000	
Total du contingent des arrondissemens mis temporairement en activité					16,200

DÉPARTEMENS.	LIEUX PRINCIPAUX.	NOMBRE DE COHORTES.
Bouches-de-l'Escaut	Flessingue	1
Lys	Ostende	2
Nord	Dunkerque	3
Pas-de-Calais	Calais	1
	Boulogne	2
	Montreuil	1
Somme	Abbeville	2
Seine-Inférieure	Le Havre	3
Manche	Cherbourg	2
	Granville	1
Ille-et-Vilaine	Saint-Malo	2
Finistère	Brest	3
Morbihan	Lorient	2
	Belle-Isle	1
Charente-Inférieure	La Rochelle	2
	Rochefort	2
	Ile-de-Ré	2
	Ile-d'Oléron	2
Var	Toulon	3
	Total	37

5 AVRIL 1813. — Décret relatif à l'organisation de quatre régimens des gardes d'honneur créés par le sénatus-consulte du 3 avril 1813. (4, Bull. 493, n° 9083.)

Art. 1er. La répartition des gardes d'honneur qui doivent composer les quatre régimens créés par le sénatus-consulte du 3 de ce mois sera faite entre les départemens de l'empire, conformément au tableau ci-joint, n° 1er.

2. Ces quatre régimens seront habillés, équipés et armés à la hussarde.

3. Les chevaux seront de la taille des chevaux de hussards.

4. L'uniforme des quatre régimens sera le même : la pelisse sera vert foncé, doublée de flanelle blanche, bordure des bords et du collet, boudin et tour de manches en peau noire, gants olive et tresses blanches.

Le fond du dolman sera vert foncé, doublé de toile à la partie supérieure et de peau rouge à la partie inférieure, avec collet et paremens écarlate, tresses du collet, des fausses poches et des paremens, de la même couleur que celles de la pelisse.

La culotte hongroise sera en drap rouge, avec tresses blanches.

Les boutons seront blancs.

La ceinture sera fond cramoisi, avec garnitures blanches.

Le shako rouge.

5. La solde de ces régimens sera payée conformément au tableau ci-annexé, n° 2.

6. Il sera alloué auxdits régimens les masses de boulangerie, d'hôpital, de chauffage, d'entretien, de fourrage, de ferrage, conformément au tarif annexé au présent décret sous le n° 3.

Les masses d'habillement, de harnachement et de remonte, ne seront point allouées pour la première année.

Sont exceptés de cette dernière disposition :

Le trompette major,

Les brigadiers trompettes,

Les trompettes, les maîtres-ouvriers et les maréchaux-ferrans,

Lesquels, ne pouvant être considérés commes gardes d'honneur, seront assimilés, pour les masses, aux hommes de leur grade dans le régiment des chasseurs de notre garde.

7. Les officiers recevront, lorsqu'il seront en garnison, l'indemnité de logement sur le même pied que les officiers de la ligne.

8. Le premier régiment se réunira à Versailles;

Le second à Metz,

Le troisième à Tours;

Le quatrième à Lyon.

9. Chaque régiment sera composé d'un état-major et de dix escadrons.

L'état-major sera composé de

	HOMMES.	NOMBRE de chevaux par grade.	HOMMES.	CHEVAUX.
Colonel	1	10		
Majors	2	10		
Chefs d'escadron	10	5		
Capitaine instructeur	1	3		
Quartier-maître	1	3		
Sous-adjudans-majors lieutenans en premier.	10	3		
Chirurgiens. majors	2	2		
Chirurgiens. aides-majors	4	1		
Chirurgiens. sous-aides-majors	4	1		
Vaguemestre	1	1	65	156
Sous-instructeur maréchal-des-logis chef	1	1		
Artistes vétérinaires	2	1		
Aides vétérinaires	8	1		
Trompette major	1	1		
Brigadiers trompettes	9	1		
Maîtres. tailleur	1	"		
Maîtres. culottier	1	"		
Maîtres. bottier	1	"		
Maîtres. armurier	1	"		
Maîtres. sellier	1	1		
Maîtres. éperonnier	1	1		
Maîtres. maréchaux-ferrans	2	1		
Total de l'état-major			65	156

Chaque escadron sera de deux compagnies.

Chaque compagnie sera composée de

	h.	ch.	HOMMES.	NOMBRE de chevaux par grade.	HOMMES.	CHEVAUX.
Capitaine	1	3	4 h.	9 ch.		
Lieutenant en premier	1	2				
Lieutenant en second	2	2				
Maréchal-des-logis chef	1	1	118 h.	118 ch.		
Maréchaux-des-logis	4	1				
Brigadier-fourrier	1	1				
Brigadiers	8	1				
Maréchaux-ferrans	2	1				
Gardes d'honneur	100	1				
Trompettes	2	1				
Force d'une compagnie			122 h.	127 ch.		
Force des vingt compagnies					2,440	2,540
Force du régiment					2,505	2,696

10. Les colonels seront choisis parmi les généraux de division ou de brigade;

Les majors parmi les colonels.

Les autres officiers auront le même rang que les officiers du grade correspondant dans la ligne.

11. Notre ministre de la guerre nous présentera, pour la première organisation de chaque régiment :

Un général de brigade ou de division pour remplir les places de colonel,

Un colonel pour remplir les places de majors,

Deux chefs d'escadron,

Un capitaine-instructeur,

Un quartier-maître pris parmi les auditeurs en notre Conseil-d'Etat qui ont été trésoriers des cohortes,

Deux sous-adjudans lieutenans en premier,

Un chirurgien major,

Un chirurgien aide-major,

Un chirurgien sous-aide-major,

Quatre capitaines,

Quatre lieutenans en premier,

Huit lieutenans en second.

12. Les officiers devront être rendus avant le 1er mai au lieu désigné pour le rassemblement de leur régiment.

13. On procédera d'abord à l'organisation des deux premiers escadrons dans chaque régiment; et on ne commencera l'organisation du troisième escadron, que quand les deux premiers seront complets; du quatrième, qu'après que le troisième aura été complété en hommes et en chevaux; et enfin du cinquième, que lorsque les quatre premiers seront au complet.

14. Seront admis à faire partie de ces régimens, pourvu qu'ils soient nés Français, qu'ils aient l'âge de dix-neuf à trente ans inclusivement, et qu'ils soient exempts des infirmités qui les rendraient impropres au service :

Les membres de la Légion-d'Honneur et leurs fils;

Les membres de l'ordre impérial de la Réunion et leurs fils;

Les chevaliers, barons, comtes, ducs de l'empire, et leurs fils;

Les membres des colléges électoraux de département et d'arrondissement, des conseils généraux de département et d'arrondissement et des conseils municipaux des bonnes villes, leurs fils et neveux;

Les cinq cents plus imposés des départemens; et, dans chaque département, les cent plus imposés des villes, leurs fils et neveux;

Les individus employés dans les diverses régies, et leur fils;

Les militaires qui ont servi dans les armées françaises, et ceux qui ont servi comme officiers dans les armées étrangères, et leurs fils.

15. Immédiatement après la réception du présent décret, le préfet formera une liste sur laquelle seront portés tous les habitans du département qui appartiennent à l'une des catégories désignées en l'article 14, et qui sont âgés de dix-neuf à trente ans, ne sont pas mariés et n'ont aucun état.

16. Le préfet fera ouvrir en même temps à la préfecture, dans chaque sous-préfecture et dans chaque mairie du département, un registre où pourront se faire inscrire tous ceux qui voudront entrer dans les régimens des gardes d'honneur.

Les citoyens qui auraient les qualités voulues, qui se feraient inscrire sur lesdits registres, seront admis, quoiqu'ils ne fussent pas dans une des catégories portées par l'art. 14.

17. Le préfet désignera, du 20 avril au 1er mai, ceux qui devront être admis à faire partie desdits régimens.

18. Les anciens militaires seront admis jusqu'à l'âge de quarante-cinq ans inclusivement.

19. Aussitôt que les gardes d'honneur du département auront été désignés, le préfet en adressera le contrôle nominatif au ministre de l'intérieur, au ministre de la guerre et au colonel du régiment.

20. Les gardes d'honneur s'habilleront, s'équiperont et se monteront à leurs frais.

21. Si, parmi les membres de la Légion-d'Honneur, ou leurs fils, il s'en trouvait qui n'eussent pas les facultés nécessaires pour s'habiller, se monter et s'équiper, ils pourront, sur le rapport qui en sera adressé par le préfet à notre grand-chancelier de la Légion-d'Honneur, être habillés, équipés et montés aux frais de ladite Légion.

22. Les gardes d'honneur des départemens des 27e, 28e et 29e divisions militaires, qui sont en activité de service à l'armée, feront partie de ceux que lesdits départemens doivent fournir d'après l'état n° 1er, et y seront en conséquence incorporés.

23. Notre ministre de la guerre donnera des ordres pour mettre en marche les détachemens que chaque département devra fournir, et les diriger sur le lieu où devra être formé le régiment auquel ils seront destinés.

24. Nos ministres de la guerre, de l'administration de la guerre, de l'intérieur et du Trésor impérial, sont chargés de l'exécution du présent décret.

---

5 AVRIL 1813. — Décret relatif au commerce, à la circulation et à l'exportation des pierres à feu. (4, Bull. 526, n° 9736.)

Art. 1er. Toute personne qui voudra exporter des pierres de l'arrondissement de Meusnes sera tenue de verser au magasin d'artillerie de Meusnes, en bonnes pierres propres au service de la guerre, et conformes aux modèles déposés, une quantité égale au moins au quart des pierres qu'elle voudra livrer au commerce de l'intérieur ou exporter à l'étranger.

2. Pour déterminer cette quantité, cent pierres reçues comme propres au service de la guerre seront prises pour un kilogramme trois hectogrammes, et les pierres destinées au commerce seront évaluées au poids.

3. Les pierres livrées pour la guerre seront payées comptant par l'officier d'artillerie, à raison de neuf francs le millier, pendant le cours de 1813, et jusqu'à ce qu'un devis de leur fabrication, visé par l'officier d'artillerie et le préfet, ait prouvé que le prix doit être changé.

4. Il sera délivré, par le garde d'artillerie qui recevra la livraison des pierres à feux, un certificat de chaque livraison, lequel sera visé par l'officier d'artillerie en résidence à Meusnes.

5. Il ne pourra être exporté à l'étranger des pierres à feu des exploitations de Meusnes, qu'avec la permission du ministre de la guerre : cette permission, pour être obtenue, sera accompagnée du certificat mentionné à l'art. 4.

6. Notre ministre de la guerre, après avoir accordé l'autorisation, en préviendra notre ministre du commerce, pour qu'il donne des ordres pour la sortie.

7. Tout conducteur de voitures qui transportera, des pierres à feu sera tenu d'être porteur d'une autorisation de notre ministre de la guerre, et de la représenter toutes les fois qu'il en sera requis, sous peine de saisie et confiscation, et d'une amende de cent à trois cents francs, lorsque les chargemens seront trouvés dans la ligne des douanes sans être accompagnés de l'autorisation.

8. Les pierres à fusil des communes de Maysse et de Saint-Vincent, département de l'Ardèche, ne pourront être exportées qu'avec l'autorisation du ministre de la guerre, sans qu'il soit exigé d'en fournir pour l'artillerie : mais leur quantité ne s'élevant au plus qu'à deux millions de pierres par an, et cent de ces pierres pour la chasse pesant au plus un kilogramme, le ministre, après avoir donné l'autorisation chaque année pour l'exportation de vingt mille kilogrammes, n'en donnera plus jusqu'à l'année suivante.

9. Nos ministres de la guerre et des manufactures et du commerce sont chargés de l'exécution du présent décret.

---

5 AVRIL 1813. — Décret portant réglement sur l'exercice de la profession de boulanger dans la ville de Strasbourg. (4, Bull. 498, n° 9111.)

Art. 1er. A l'avenir, nul ne pourra exercer, dans notre bonne ville de Strasbourg, département du Bas-Rhin, la profession de boulanger, sans une permission spéciale du maire : elle ne sera accordée qu'à ceux qui seront de bonnes vie et mœurs, et qui justifieront avoir fait leur apprentissage et connaître les bons procédés de l'art.

Ceux qui exercent actuellement la profession de boulanger dans notre bonne ville de Strasbourg sont maintenus dans l'exercice de leur profession ; mais ils devront se munir, à peine de déchéance, de la permission du maire, dans un mois, pour tout délai, à compter de la publication du présent décret.

2. Cette permission ne sera accordée que sous les conditions suivantes :

Chaque boulanger se soumettra à avoir constamment dans son magasin un approvisionnement de farine de première qualité.

Cet approvisionnement sera, savoir :

1° De trente sacs au moins, de quinze myriagrammes, pour les boulangers de première classe;

2° De vingt sacs au moins, pour les boulangers de seconde classe;

3° De dix sacs au moins, pour les boulangers de troisième classe.

3. La permission délivrée par le maire constatera la soumission souscrite par le boulanger, pour la quotité de son approvisionnement de réserve : elle énoncera le quartier dans lequel chaque boulanger devra exercer sa profession.

4. Le maire s'assurera si les boulangers ont constamment en magasin et en réserve, la quantité de farine pour laquelle chacun d'eux aura fait sa soumission.

5. Le maire réunira auprès de lui quinze boulangers, pris parmi ceux qui exercent leur profession depuis long-temps. Ces quinze boulangers procéderont, en présence du maire, à la nomination d'un syndic et de quatre adjoints. Le syndic et les adjoints seront renouvelés, tous les ans, au mois de janvier : ils pourront être réélus; mais, après un exercice de trois années, le syndic et les adjoints devront nécessairement être renouvelés.

6. Le syndic et les adjoints procéderont, en présence du maire, au classement des boulangers, conformément aux dispositions énoncées en l'article 2.

7. Le syndic et les adjoints seront chargés de la surveillance de l'approvisionnement de réserve des boulangers, et de constater la nature et la qualité des farines dudit approvisionnement, sans préjudice des autres mesures de surveillance qui devront être prises par le maire.

8. Aucun boulanger ne pourra quitter sa profession que six mois après la déclaration qu'il en devra faire au maire.

9. Nul boulanger ne pourra restreindre le nombre de ses fournées sans l'autorisation du maire.

10. Tout boulanger sera tenu de peser le pain, s'il en est requis par l'acheteur : il devra, à cet effet, avoir, dans le lieu le plus apparent de sa boutique, des balances et un assortiment de poids métriques dûment poinçonnés.

11. Tout boulanger qui quittera sa profession sans y être autorisé par le maire, ou qui sera définitivement interdit, perdra son approvisionnement de réserve, qui sera vendu à la halle, à la diligence du maire; et le produit en sera versé dans la caisse des hospices. Dans le cas où le boulanger aurait fait disparaître son approvisionnement de réserve, et où l'interdiction absolue aurait été prononcée par le maire, il gardera prison jusqu'à ce qu'il l'ait représenté, ou qu'il en ait versé la valeur dans la caisse des hospices.

12. Il est défendu, sous peine de confiscation, d'établir des regrats de pain en quelque lieu public que ce soit. En conséquence, les traiteurs, aubergistes, cabaretiers, et tous autres qui font métier de donner à manger, ne pourront, à peine de confiscation, tenir d'autre pain chez eux que celui nécessaire à leur propre consommation et à celle de leurs hôtes.

13. Le fonds d'approvisionnement de réserve deviendra libre, sur une autorisation du maire, pour tout boulanger qui, en conformité de l'article 8, aura déclaré, six mois d'avance, vouloir quitter sa profession. La veuve et les héritiers du boulanger décédé pourront pareillement être autorisés à retirer leur approvisionnement.

14. Les boulangers et débitans forains, quoique étrangers à la boulangerie de Strasbourg, seront admis, concurremment avec les boulangers de la ville, à vendre ou à faire vendre du pain sur les marchés et lieux publics qui seront désignés par le maire, en se conformant aux réglemens.

15. Le préfet du Bas-Rhin, sur la proposition du maire et l'avis du commissaire général de police et du sous-préfet, pourra, avec l'autorisation de notre ministre des manufactures et du commerce, faire les réglemens locaux nécessaires pour l'exercice de la profession de boulanger, sur la nature, la qualité, la marque et le poids du pain en usage à Strasbourg, sur les boulangers et débitans forains et les boulangers de Strasbourg qui sont dans l'usage d'approvisionner les marchés, et sur la taxation du prix des différentes espèces de pain.

16. En cas de contravention à l'article 2 du présent décret, quant à l'approvisionnement auquel chaque boulanger se trouve assujéti, il sera procédé, contre les contrevenans, par le maire, qui, suivant les circonstances, pourra prononcer, par voie administrative, une interdiction momentanée ou absolue de leur profession, sauf le recours au préfet et à notre ministre des manufactures et du commerce. Les autres contraventions à notre présent décret et aux réglemens locaux dont il est fait mention en l'article précédent seront poursuivies et réprimées par le tribunal de police municipale, qui pourra prononcer l'impression et l'affiche du jugement aux frais des contrevenans.

17. Les lois et réglemens antérieurs conti-

nueront à être exécutés en tout ce qui n'est pas contraire au présent décret.

18. Notre ministre des manufactures et du commerce est chargé de l'exécution du présent décret, qui sera inséré au Bulletin des Lois.

---

5 AVRIL 1813. — Décret portant réglement sur l'exercice de la profession de boulanger dans la ville de Besançon. (4, Bull. 498, n° 9112.)

Art. 1er. A l'avenir, nul ne pourra exercer dans la ville de Besançon, département du Doubs, la profession de boulanger, sans une permission spéciale du maire : elle ne sera accordée qu'à ceux qui seront de bonnes vie et mœurs, et qui justifieront avoir fait leur apprentissage et connaître les bons procédés de l'art.

Ceux qui exercent actuellement la profession de boulanger dans la ville de Besançon sont maintenus dans l'exercice de leur profession; mais ils devront se munir, à peine de déchéance, de la permission du maire, dans un mois, pour tout délai, à compter de la publication du présent décret.

2. Cette permission ne sera accordée que sous les conditions suivantes :

Chaque boulanger se soumettra à avoir constamment dans son magasin un approvisionnement de farine de première qualité.

Cet approvisionnement sera, savoir :

1° De trente sacs au moins, du poids de quinze myriagrammes, pour les boulangers de première classe;

2° De vingt sacs au moins, pour les boulangers de seconde classe;

3° De dix sacs au moins, pour les boulangers de troisième classe.

3. La permission délivrée par le maire constatera la soumission souscrite par le boulanger pour la quotité de son approvisionnement de réserve : elle énoncera la section de la ville dans laquelle chaque boulanger devra exercer sa profession.

4. Le maire s'assurera si les boulangers ont constamment en magasin et en réserve la quantité de farine pour laquelle chacun d'eux aura fait sa soumission.

5. Le maire réunira auprès de lui dix boulangers, pris parmi ceux qui exercent leur profession depuis le plus long temps. Ces dix boulangers procéderont, en présence du maire, à la nomination d'un syndic et de deux adjoints. Le syndic et les adjoints seront renouvelés, tous les ans, au mois de janvier : ils pourront être réélus; mais, après un exercice de trois années, le syndic et les adjoints devront nécessairement être renouvelés.

6. Le syndic et les adjoints procéderont, en présence du maire, au classement des boulangers, conformément aux dispositions énoncées en l'article 2.

7. Le syndic et les adjoints seront chargés de la surveillance de l'approvisionnement de réserve, et de constater la nature et la qualité des farines dudit approvisionnement, sans préjudice des autres mesures de surveillance qui devront être prises par le maire.

8. Aucun boulanger ne pourra quitter sa profession que six mois après la déclaration qu'il en devra faire au maire.

9. Nul ne pourra restreindre le nombre de ses fournées sans l'autorisation du maire.

10. Tout boulanger sera tenu de peser le pain, s'il en est requis par l'acheteur : il devra, à cet effet, avoir, dans le lieu le plus apparent de sa boutique, des balances et un assortiment de poids métriques dûment poinçonnés.

11. Tout boulanger qui quittera sa profession sans y être autorisé par le maire, ou qui sera définitivement interdit, perdra son approvisionnement de réserve, qui sera vendu à la halle, à la diligence du maire, et le produit en sera versé dans la caisse des hospices. Dans le cas où le boulanger aurait fait disparaître son approvisionnement de réserve, et où l'interdiction absolue aurait été prononcée par le maire, il gardera prison jusqu'à ce qu'il l'ait représenté, ou qu'il en ait versé la valeur à la caisse des hospices.

12. Il est défendu, sous peine de confiscation, d'établir des regrats de pain en quelque lieu public que ce soit. En conséquence, les traiteurs, aubergistes, cabaretiers, et tous autres qui font métier de donner à manger, ne pourront, à peine de confiscation, tenir d'autre pain chez eux que celui nécessaire à leur propre consommation et à celle de leurs hôtes.

13. Le fonds d'approvisionnement de réserve deviendra libre, sur une autorisation du maire, pour tout boulanger qui, en conformité de l'article 8, aura déclaré, six mois d'avance, vouloir quitter sa profession. La veuve et les héritiers du boulanger décédé pourront pareillement être autorisés à retirer leur approvisionnement.

14. Les boulangers et débitans forains, quoique étrangers à la boulangerie de Besançon, pourront être admis, concurremment avec les boulangers de la ville, à vendre du pain sur les marchés et lieux publics qui seront désignés par le maire, en se conformant aux réglemens.

15. Le préfet du Doubs, sur la proposition du maire, pourra, avec l'autorisation de notre ministre des manufactures et du commerce, faire les réglemens locaux nécessaires pour l'exercice de la profession de boulanger, sur la nature, la qualité, la marque et le poids du pain en usage à Besançon, et sur la taxation du prix des différentes espèces de pain.

16. En cas de contravention à l'article 2 du présent décret, quant à l'approvisionnement

auquel chaque boulanger se trouve assujéti, il sera procédé, contre les contrevenans, par le maire, qui, suivant les circonstances, pourra prononcer, par voie administrative, une interdiction momentanée ou absolue de leur profession, sauf le recours au préfet et à notre ministre des manufactures et du commerce. Les autres contraventions au présent décret et aux réglemens locaux dont il est fait mention en l'article précédent seront poursuivies et réprimées par le tribunal de police municipale, qui pourra prononcer l'impression et l'affiche du jugement, aux frais des contrevenans.

17. Les lois et réglemens antérieurs continueront d'être exécutés en tout ce qui n'est pas contraire au présent décret.

18. Notre ministre des manufactures et du commerce est chargé de l'exécution du présent décret, qui sera inséré au Bulletin des Lois.

---

5 AVRIL 1813. — Décret portant réglement sur l'exercice de la profession de boulanger dans la ville de Lille, département du Nord. (4, Bull. 498, n° 9113.)

Art. 1er. A l'avenir, nul ne pourra exercer dans notre bonne ville de Lille, département du Nord, la profession de boulanger, sans une permission spéciale du maire : elle ne sera accordée qu'à ceux qui seront de bonnes vie et mœurs, et qui justifieront avoir fait leur apprentissage et connaître les bons procédés de l'art.

Ceux qui exercent actuellement la profession de boulanger dans notre bonne ville de Lille sont maintenus dans l'exercice de leur profession; mais ils devront se munir, à peine de déchéance, de la permission du maire, dans un mois, pour tout délai, à compter de la publication du présent décret.

2. Cette permission ne sera accordée que sous les conditions suivantes :

Chaque boulanger se soumettra à avoir constamment dans son magasin un approvisionnement de farine de première qualité.

Cet approvisionnement sera, savoir :

1° De soixante sacs au moins, du poids de quinze myriagrammes, pour les boulangers de première classe;

2° De cinquante sacs au moins pour les boulangers de deuxième classe;

3° De quarante sacs au moins pour les boulangers de troisième classe.

3. La permission délivrée par le maire constatera la soumission souscrite par le boulanger pour la quotité de son approvisionnement de réserve : elle énoncera le quartier dans lequel chaque boulanger devra exercer sa profession.

4. Le maire s'assurera si les boulangers ont constamment en magasin et en réserve la quantité de farine pour laquelle chacun d'eux aura fait sa soumission.

5. Le maire réunira auprès de lui quinze boulangers pris parmi ceux qui exercent leur profession depuis long-temps : ces quinze boulangers procéderont, en présence du maire, à la nomination d'un syndic et de quatre adjoints. Les syndics et les adjoints seront renouvelés tous les ans au mois de janvier. Ils pourront être réélus; mais, après un exercice de trois années, le syndic et les adjoints devront nécessairement être renouvelés.

6. Le syndic et les adjoints procéderont, en présence du maire, au classement des boulangers, conformément aux dispositions énoncées en l'article 2.

7. Le syndic et les adjoints seront chargés de la surveillance de l'approvisionnement de réserve des boulangers, et de constater la nature et la qualité des farines dudit approvisionnement, sans préjudice des autres mesures de surveillance qui devront être prises par le maire.

8. Aucun boulanger ne pourra quitter sa profession que six mois après la déclaration qu'il en devra faire au maire.

9. Nul boulanger ne pourra restreindre le nombre de ses fournées sans l'autorisation du maire.

10. Tout boulanger sera tenu de peser le pain, s'il en est requis par l'acheteur : il devra, à cet effet, avoir, dans le lieu le plus apparent de sa boutique, des balances et un assortiment de poids métriques dûment poinçonnés.

11. Tout boulanger qui quittera sa profession sans y être autorisé par le maire, ou qui sera définitivement interdit, perdra son approvisionnement de réserve, qui sera vendu sur le marché, à la diligence du maire; et le produit en sera versé dans la caisse des hospices. Dans le cas où le boulanger aura fait disparaître son approvisionnement de réserve, et dans le cas pareillement où l'interdiction absolue aurait été prononcée par le maire, conformément aux articles 2 et 16 du présent décret, il gardera prison jusqu'à ce qu'il l'ait représenté ou qu'il en ait versé la valeur à la caisse des hospices.

12. Il est défendu, sous peine de confiscation, d'établir des regrats de pain en quelque lieu public que ce soit. En conséquence, les traiteurs, aubergistes, cabaretiers, et tous autres qui font métier de donner à manger, ne pourront, à peine de confiscation, tenir d'autre pain chez eux que celui nécessaire à leur propre consommation et à celle de leurs hôtes.

13. Le fonds d'approvisionnement de réserve deviendra libre, sur une autorisation du maire, pour tout boulanger qui, en conformité de l'article 8, aura déclaré, six mois

d'avance, vouloir quitter sa profession. La veuve et les héritiers du boulanger décédé pourront pareillement être autorisés à retirer leur approvisionnement.

14. Les boulangers et débitans forains, quoique étrangers à la boulangerie de Lille, seront admis, concurremment avec les boulangers de la ville, à vendre ou faire vendre du pain sur les marchés et lieux publics qui seront désignés par le maire, en se conformant aux réglemens.

15. Le préfet du Nord, sur la proposition du maire et l'avis du sous-préfet, pourra, avec l'autorisation de notre ministre des manufactures et du commerce, faire des réglemens locaux pour l'exercice de la profession de boulanger, sur la nature, la qualité, la marque et le poids du pain en usage à Lille, sur les boulangers et débitans forains et les boulangers de Lille qui sont dans l'usage d'approvisionner les marchés, et sur la taxation du prix des différentes espèces de pain.

16. En cas de contravention à l'article 2 du présent décret, quant à l'approvisionnement auquel chaque boulanger se trouve assujéti, il sera procédé, contre les contrevenans, par le maire, qui, suivant les circonstances, pourra prononcer par voie administrative, une interdiction momentanée ou absolue de leur profession, sauf le recours au préfet et à notre ministre des manufactures et du commerce. Les autres contraventions à notre présent décret et aux réglemens locaux dont il est fait mention en l'article précédent seront poursuivies et réprimées par le tribunal de police municipale, qui pourra prononcer l'impression et l'affiche du jugement aux frais des contrevenans.

17. Les lois et réglemens antérieurs continueront à être exécutés en tout ce qui n'est pas contraire au présent décret.

18. Notre ministre des manufactures et du commerce est chargé de l'exécution du présent décret, qui sera inséré au Bulletin des Lois.

---

5 AVRIL 1813. — Avis du Conseil-d'Etat ordonnant qu'il sera procédé à des enquêtes *de commodo et incommodo*, pour les établissemens insalubres et incommodes, ou leur translation. (Recueil officiel de l'intérieur, 1815, p. 92.)

Voy. décret du 15 OCTOBRE 1810.

Le Conseil-d'Etat, qui, d'après le renvoi ordonné par sa majesté, a entendu le rapport de la section de l'intérieur, sur celui des manufactures et du commerce, tendant à autoriser la translation rue Traversière, faubourg Saint-Antoine, d'une amidonerie existant actuellement rue de Charenton;

Vu le décret du 15 octobre 1810,

Est d'avis,

Qu'avant d'autoriser de pareilles translations de manufactures ou fabriques comprises dans la première classe du tableau annexé audit décret, et même avant d'autoriser un nouvel établissement de ce genre, il soit procédé, outre l'affiche de la demande, à un procès-verbal d'information *de commodo et incommodo*, dans lequel les voisins seront entendus.

---

5 AVRIL 1813. — Décret portant réunion de plusieurs communes du département de la Sarre à celui de la Moselle, et du département de la Moselle à celui de la Sarre, et réunion de quatre hameaux du département de l'Arno à la mairie d'Arezzo. (4, Bull. 499, nos 9121 et 9122.)

---

5 AVRIL 1813. — Décret qui annule l'arrêté du conseil de préfecture du département du Puy-de-Dôme portant réduction de la redevance fixe assise, pour l'année 1811, sur la concession des mines d'antimoine d'Anglebas, à raison du nombre de kilomètres carrés porté à l'acte de concession; sauf au sieur Angelvin, concessionnaire desdites mines, à se pourvoir pour obtenir un dégrèvement sur le fonds de non-valeurs. (4, Bull. 499, n° 9150.)

---

5 AVRIL 1813. — Décrets qui autorisent l'acceptation de dons et legs faits aux pauvres et hospices de Meynes, Saint-Malo, Sainte-Bazeille, Meir, Mussy, Quincampoix et Darney. (4, Bull. 499, nos 9151 à 9157.)

---

5 AVRIL 1813. — Décret qui ordonne le paiement d'une somme de dix-huit cent quatre-vingt-seize francs, pour pensions accordées à quatorze veuves de militaires. (4, Bull. 496, n° 9105.)

---

7 AVRIL 1813. — Décret qui modifie quelques dispositions de celui du 18 juin 1811, contenant réglement sur les frais de justice criminelle et de simple police. (4, Bull. 497, n° 9106.)

Voy. décret du 18 JUIN 1811; ordonnance du 22 MAI 1816.

Art. 1er. Il ne sera plus accordé de double taxe aux témoins dans le cas prévu par l'article 29 du réglement du 18 juin 1811.

2. Les témoins qui ne seront pas domiciliés à plus d'un myriamètre du lieu où ils seront entendus, n'auront droit à aucune indemnité de voyage: il ne pourra leur être alloué que la taxe fixée par les articles 27 et 28 du réglement.

Ceux domiciliés à plus d'un myriamètre recevront, pour indemnité de voyage, s'ils ne sortent point de leur arrondissement, un franc par myriamètre parcouru en allant, et autant pour le retour.

S'ils sont appelés hors de leur arrondissement, cette indemnité sera d'un franc cinquante centimes.

Dans les deux derniers cas, la taxe fixée par les articles 27 et 28 sus-énoncés ne sera point allouée, sans néanmoins rien innover à l'article 30 dudit réglement, relatif aux frais de séjour.

3. Il n'est dû aucuns frais de voyage aux gardes-champêtres ou forestiers, tant pour la remise qu'ils seront tenus de faire de leurs procès-verbaux, conformément aux articles 18 et 20 et du Code d'instruction criminelle, que pour la conduite des personnes par eux arrêtées devant l'autorité compétente.

Mais, lorsque ces gardes seront appelés en justice, soit pour être entendus comme témoins, lorsqu'ils n'auront point dressé de procès-verbaux, soit pour donner des explications sur les faits contenus dans les procès-verbaux qu'ils auront dressés, ils auront droit aux mêmes taxes que les témoins ordinaires.

Il en sera de même des gendarmes.

4. L'augmentation de taxe accordée par l'article 94, pour frais de voyage pendant les mois de novembre, décembre, janvier et février, est également supprimée, tant pour les témoins que pour les autres parties prenantes, désignées dans l'article 91.

5. Lorsqu'un mandat d'amener sera suivi d'un mandat de dépôt, et que l'un et l'autre auront été exécutés dans les vingt-quatre heures par le même huissier, il ne sera alloué à l'huissier, pour l'exécution de ces deux mandats, que le droit fixé par l'art. 73 du réglement, quand bien même les deux mandats n'auraient pas été décernés dans les mêmes vingt-quatre heures, ni par le même magistrat.

6. Le droit à allouer aux huissiers, gendarmes, gardes-champêtres ou forestiers, ou agens de police, suivant le mode et dans les cas prévus par les articles 71, n° 5, et 77 du réglement, demeure fixé de la manière suivante, savoir :

1° Pour capture ou saisie de la personne, en exécution d'un jugement de simple police, sans qu'il puisse être alloué aucun droit de perquisition :

A Paris. . . . . 5 fr.

Dans les villes de quarante mille ames et au-dessus. 4

Dans les autres villes et communes. . 3

2° Pour capture en exécution d'un mandat d'arrêt ou d'un jugement ou arrêt en matière correctionnelle emportant peine d'emprisonnement :

A Paris. 18

Dans les villes de quarante mille ames et au-dessus. 15

Dans les autres villes et communes. . 12

3° Pour capture en exécution d'une ordonnance de prise de corps, ou arrêt portant la peine de réclusion :

A Paris. 21

Dans les villes de quarante mille ames et au-dessus. 18

Dans les autres villes et communes. . . 15

4° Pour capture en exécution d'un arrêt de condamnation aux travaux forcés ou à une peine plus forte :

A Paris. 30

Dans les villes de quarante mille ames et au-dessus. 25

Dans les autres villes et communes. . 20

7. Conformément à l'article 50 du réglement, les extraits de jugemens ou d'arrêts en matière criminelle ou correctionnelle continueront d'être payés aux greffiers à raison de 60 centimes; et, en matière de délits forestiers, à raison de vingt-cinq centimes seulement.

A l'avenir, il ne sera payé que 25 centimes pour les extraits de jugemens en matière de police simple, et généralement pour tous extraits délivrés aux receveurs ou préposés des régies, pour le recouvrement des condamnations pécuniaires, sans préjudice de la disposition de l'article 62 du réglement, en ce qui concerne les expéditions ou extraits qui auraient été délivrés au ministère public.

8. Notredit réglement du 18 juin 1811 continuera d'être exécuté dans toutes les dispositions auxquelles il n'est pas dérogé par le présent décret.

9. Notre grand-juge, ministre de la justice, est chargé de l'exécution du présent décret.

---

7 AVRIL 1813. — Décret qui nomme le duc de Cadore secrétaire de la régence. (4, Bull. 493, n° 9084.)

---

7 AVRIL 1813. — Décret qui nomme le vice-amiral Emeriau, grand-officier de l'empire, inspecteur général des côtes de la Ligurie, et le vice-amiral Verhuel, grand-officier de l'empire, inspecteur général des côtes de la mer du Nord. (4, Bull. 493, n° 9085.)

---

7 AVRIL 1813. — Décret portant création d'une bourse de commerce dans la ville de Groningue, département de l'Ems-Occidental. (4, Bull. 499, n° 9123.)

---

7 AVRIL 1813. — Décret portant établissement de deux foires au lieu de Fournourette, dépendant de la commune de Sainte-Voy, et changemens du jour de la tenue des deux foires de Thors. (4, Bull. 499, n°s 9159 et 9164.)

---

7 AVRIL 1813. — Décrets qui autorisent l'érection en chapelles des églises d'Ansebose, Cereneil, Chenicourt, Benouville et Dampierre. (4, Bull. 499, nos 9158, 9160 à 9163.)

---

7 AVRIL 1813. — Décrets qui autorisent l'acceptation de dons et legs faits aux pauvres et hospices de Villecomtal, Conques, Marcilla, Marseille, Collegno, Parcé, Suze, Fontenay-le-Marmion, Pontarlier, Thil, Vouvray, Marcke, Lyon, Bauge, Trembleur, Mortier et Gembloux. (4, Bull. 499, nos 9165, à 9175, et Bull. 500, nos 9182 à 9186.)

---

8 AVRIL 1813. — Décret qui accorde aux maréchaux de l'empire et aux grands-officiers de la couronne, rang et séance au Conseil-d'Etat, lorsqu'ils y auront accompagné l'Empereur en vertu des ordres de sa majesté. (4, Bull. 496, n° 9095.)

Art. 1er. Lorsque nous présiderons notre Conseil-d'Etat, les maréchaux de l'empire et grands-officiers de la couronne qui nous y auront accompagnés en vertu de nos ordres, y siégeront parmi les membres dudit conseil, et après les présidens des sections.

2. Ils prendront part à la discussion des affaires, et donneront leur avis comme les autres membres du conseil.

---

8 AVRIL 1813. — Décret portant que les donataires de quatrième classe en Illyrie seront réunis en société pour l'administration et la jouissance des biens-fonds, rentes et redevances formant leurs dotations. (4, Bull. 497, n° 9107.)

Voy. décret du 23 SEPTEMBRE 1810 ; loi du 26 JUILLET 1821.

TITRE Ier. De la réunion en société des donataires de quatrième classe en Illyrie.

Art. 1er. Les dotations auxquelles, indépendamment de portions de revenu sur les mines, nous avons affecté deux mille francs de revenu en biens-fonds, rentes et redevances, faisant partie des biens que nous nous sommes réservés dans les provinces illyriennes, sont réunies en société pour l'administration et la jouissance desdits biens-fonds, rentes et redevances seulement, à partir du 1er janvier 1812.

La société n'embrassera que les revenus et les dépenses d'usufruit, ainsi qu'il sera dit en l'article 5 ci-après.

2. Les actions de la société seront de deux mille francs, représentant une année du revenu net présumé des biends-fonds, rentes et redevances, compris dans chaque dotation.

3. Les titulaires des dotations au-dessus de quatre mille francs qui demanderont à entrer dans la société y seront admis; ils remettront, à cet effet, les baux et autres titres des biens-fonds, rentes et autres redevances, compris dans leurs dotations, et recevront des actions dans la proportion d'une année du revenu net présumé d'après les procès-verbaux de lotissement.

4. Les actions seront inscrites nominativement sur un registre double qui sera tenu à cet effet : elles seront immobilières, et ne pourront être aliénées qu'avec notre autorisation.

5. Les dépenses d'usufruit seront supportées en commun par les sociétaires; et les revenus, distraction faite de ces dépenses, seront répartis entre eux.

Tout appel de fonds est prohibé.

TITRE II. De l'administration de la société.

6. La société choisira un syndic chargé de gérer les intérêts communs, et de veiller tant au recouvrement de tous les revenus qu'au paiement de toutes les dépenses; le tout conformément aux réglemens d'administration qui auront été arrêtés par la société.

7. Tous procès concernant soit le fonds, soit les revenus d'une ou de plusieurs dotations, seront intentés ou soutenus au nom de la société, poursuites et diligences du syndic.

Tous actes conservatoires seront faits par le même.

8. Le syndic prêtera, entre les mains du président de l'assemblée générale, le serment de gérer, en bon père de famille, les intérêts de la société, et d'exécuter ses réglemens.

9. L'état des dépenses présumées, tant pour appointemens que pour autres causes, sera soumis à l'assemblée générale, pour être par elle discuté et approuvé ; et le syndic ne pourra faire payer aucune dépense qu'elle ne fasse partie de celles approuvées.

10. Il remettra, dans les dix premiers jours de chaque mois, au président de l'assemblée générale, l'état de situation au 30 du mois précédent, des recettes et dépenses tant à Paris qu'en Illyrie ;

Lesdits états dûment certifiés et vérifiés.

TITRE III. Des assemblées des sociétaires.

11. Il y aura, chaque année, deux assemblées générales des sociétaires.

12. Les assemblées se réuniront sous la présidence d'un membre du conseil du sceau des titres, qui sera nommé par nous, ou désigné en notre nom par notre cousin le prince archi-chancelier de l'empire, lorsqu'il n'y aura pas eu de nomination de notre part, ou en cas d'empêchement.

Le procureur général dudit conseil du sceau y assistera. Ces assemblées seront convoquées par le président, au moyen d'un avis inséré au *Moniteur* un mois d'avance.

13. Les sociétaires qui ne pourront se rendre aux assemblées ne pourront donner leurs pouvoirs qu'à un membre de la société.

14. Chaque assemblée générale nommera, sur un scrutin de liste double, dix de ses membres qui se réuniront en assemblées particulières, de quinzaine en quinzaine, sous la présidence du président de l'assemblée générale.

15. Les assemblées générales et particulières pourvoiront à tout ce qui concerne les intérêts de la société.

Le procureur général du conseil du sceau des titres pourra assister même aux assemblées particulières.

16. Les réglemens généraux nécessaires à l'administration de la société seront faits dans les assemblées particulières, et soumis à l'approbation des assemblées générales.

17. Il pourra être convoqué une assemblée générale extraordinaire, toutes les fois qu'il sera jugé nécessaire par la majorité des membres des assemblées particulières, et qu'ils l'auront demandé par une délibération spéciale.

18. Aucune délibération émanée soit de l'assemblée générale, soit des assemblées particulières, ne pourra être exécutée que d'après l'approbation du président.

TITRE IV. Du compte à rendre aux sociétaires, et du réglement du dividende.

19. Le syndic présentera, chaque année, à l'assemblée générale, le compte des recettes et dépenses de l'année précédente.

20. Il sera payé de six mois en six mois, d'après la fixation qui sera faite par l'assemblée générale, un à-compte sur le dividende, lequel sera définitivement réglé tous les ans par elle, d'après le compte qui lui aura été rendu.

Le dividende sera soldé immédiatement après.

TITRE V. Dispositions générales.

21. Chaque sociétaire pourra prendre connaissance de l'arrêté des recettes et dépenses, et du réglement qui aura été fait du dividende.

22. Chaque sociétaire reste propriétaire du fonds de sa dotation, et peut traiter pour son aliénation, sous les conditions prescrites par nos statuts et décrets.

23. Les fonds à provenir de ces aliénations seront versés à la société, et remployés en acquisition d'immeubles dans l'intérieur de l'empire, de rentes sur le grand-livre de la dette publique, et d'actions de la banque de France. Le syndic sera tenu de justifier de ces acquisitions à l'intendant de notre domaine extraordinaire.

24. Lorsqu'un sociétaire aura vendu sa dotation, et que le remploi en aura été fait en immeubles dans l'intérieur de l'empire, en rentes sur l'Etat ou en actions de la banque, il aura la faculté de se retirer de la société, pour régir et administrer lui-même les biens provenant du remploi, et en toucher les revenus.

25. Le syndic sera tenu de faire connaître à l'intendant de notre domaine extraordinaire le décès de chaque sociétaire, à mesure qu'il en aura connaissance, et de suspendre tout paiement à ses héritiers et représentans, jusqu'à ce que leurs droits aient été reconnus, conformément à nos statuts et décrets sur les dotations.

26. Nos autres statuts et décrets sur les majorats et dotations continueront à être exécutés dans toutes les dispositions qui ne seront pas contraires au présent.

37. Notre cousin le prince archi-chancelier, et notre ministre d'Etat intendant général du domaine de la couronne, sont chargés de l'exécution du présent décret.

---

8 AVRIL 1813. — Décret portant que les donataires de revenus sur les mines situées dans les provinces illyriennes seront réunis en société pour l'administration en commun de ces établissemens et la jouissance de leurs produits. (4, Bull. 497, n° 9108.)

Voy. décrets du 23 SEPTEMBRE 1810, loi du 26 JUILLET 1821.

TITRE Ier. De la réunion en société des donataires sur les mines des provinces illyriennes.

Art. 1er. Les dotations en revenus sur les mines situées dans les provinces illyriennes sont réunies en société pour l'administration en commun de ces établissemens et la jouissance de leurs produits, à compter du 1er janvier 1812.

2. La société n'embrassera que les produits et les dépenses, comme il sera dit à l'article 5 ci-après.

3. Il sera créé cent vingt actions de deux mille francs. Chaque donataire de deux mille francs recevra une action; et les donataires de plus forte somme recevront un nombre d'actions dans la proportion du revenu établi dans leur acte de dotation.

4. Les actions seront inscrites nominativement sur un registre double qui sera tenu à cet effet: elles seront immobilières, et ne pourront être aliénées qu'avec notre autorisation.

5. Les dépenses seront supportées en commun par les sociétaires; et les produits, distraction faite de ces dépenses, seront répartis entre eux.

Tout appel de fonds est prohibé.

TITRE II. De l'administration de la société.

6. La société aura un syndic, établi à Paris, qui sera chargé de gérer en bon père de

famille les intérêts de la société, et d'exécuter les réglemens qu'elle aura arrêtés.

7. Il aura sous ses ordres un ou plusieurs agens, qui résideront près des mines, et dont le nombre et les fonctions seront réglés par l'assemblée générale des sociétaires.

8. Un caissier sera établi à Paris; il sera chargé, sous la surveillance de l'assemblée particulière, du recouvrement de tous les revenus et du paiement de toutes les dépenses.

9. Tous procès concernant soit le fonds, soit les produits des mines, seront intentés ou soutenus au nom de la société, poursuites et diligences du syndic : tous actes conservatoires seront faits par lui.

10. Le syndic sera nommé et révocable par l'assemblée particulière.

11. Il prêtera, entre les mains du président de l'assemblée générale, le serment de gérer en bon père de famille les intérêts de la société, et d'exécuter ses réglemens.

12. L'état des dépenses présumées, tant pour appointemens que pour autres causes, sera soumis à l'assemblée générale, pour être par elle discuté et approuvé; et le syndic ne pourra faire payer aucune dépense qui ne fera pas partie de celles approuvées.

13. Le syndic remettra, dans les dix premiers jours de chaque mois, au président de l'assemblée générale, l'état de situation au 30 du mois précédent, tant de la caisse à Paris que des recettes et dépenses en Illyrie. Ces états seront certifiés et vérifiés.

TITRE III. Des assemblées des sociétaires.

14. Il y aura, chaque année, deux assemblées générales des sociétaires.

15. Ces assemblées se réuniront sous la présidence d'un membre du conseil du sceau des titres, qui sera nommé par nous, ou désigné en notre nom par notre cousin le prince archi-chancelier de l'empire, lorsqu'il n'y aura pas eu de nomination de notre part, ou en cas d'empêchement.

Le procureur général du conseil du sceau y assistera.

Ces assemblées seront convoquées par le président, au moyen d'un avis inséré au *Moniteur* un mois d'avance.

16. Les sociétaires qui ne pourront pas se rendre aux assemblées générales ne pourront donner leurs procurations qu'à un membre de la société.

17. Chaque assemblée générale nommera, sur un scrutin de liste double, dix de ses membres, qui se réuniront en assemblées particulières, de quinzaine en quinzaine, sous la présidence du président de l'assemblée générale.

18. Les assemblées générales et particulières pourvoiront à tout ce qui concernera les intérêts de la société.

Le procureur général du conseil du sceau pourra assister aux assemblées particulières.

19. Les réglemens généraux nécessaires à l'administration de la société seront faits dans les assemblées particulières, et soumis à l'approbation des assemblées générales.

20. Il pourra être convoqué une assemblée générale extraordinaire, toutes les fois qu'il sera jugé nécessaire par la majorité des membres des assemblées particulières, et qu'ils l'auront demandé par une délibération spéciale.

21. Aucune délibération émanée, soit de l'assemblée générale, soit des assemblées particulières, ne pourra être exécutée que d'après l'approbation du président.

TITRE IV. Du compte à rendre aux sociétaires, et du réglement du dividende.

22. Le syndic présentera, chaque année, à l'assemblée générale, le compte des recettes et dépenses de l'année précédente.

23. Il sera payé de six mois en six mois, d'après la fixation qui sera faite par l'assemblée générale, un à-compte sur le dividende, lequel sera définitivement réglé tous les ans par elle, d'après le compte qui lui aura été rendu : le dividende sera soldé immédiatement après.

TITRE V. Dispositions générales.

24. Chaque sociétaire pourra prendre connaissance de l'arrêté des recettes et dépenses, et du réglement qui aura été fait du dividende.

25. Chaque sociétaire reste propriétaire du fonds de sa dotation, et peut traiter pour son aliénation, sous les conditions prescrites par nos statuts et décrets.

26. Les fonds à provenir de ces aliénations seront versés à la caisse de la société, et remployés en acquisitions d'immeubles dans l'intérieur de l'empire, de rentes sur le grand-livre de la dette publique, et d'actions de la banque de France. Le syndic sera tenu de justifier de ces acquisitions à l'intendant de notre domaine extraordinaire.

27. Lorsqu'un sociétaire aura vendu ses actions, et que le remploi du prix aura été fait en immeubles, dans l'intérieur de l'empire, en rentes sur l'Etat, ou en actions de la banque, il aura la faculté de se retirer de la société, pour régir et administrer lui-même les biens provenant du remploi, et en toucher les revenus.

28. Le syndic sera tenu de faire connaître à l'intendant de notre domaine extraordinaire le décès de chaque sociétaire, à mesure qu'il en aura connaissance, et de suspendre

tout paiement à ses héritiers et représentans, jusqu'à ce que leurs droits aient été reconnus conformément à nos statuts et décrets sur les dotations.

29. Nos autres statuts et décrets sur les majorats et dotations continueront à être exécutés dans toutes les dispositions qui ne seront pas contraires au présent.

30. Notre cousin le prince archi-chancelier et notre ministre intendant-général de notre domaine extraordinaire sont chargés de l'exécution du présent décret.

---

8 AVRIL 1813.—Extraits de lettres-patentes portant institution de majorats en faveur de MM. de Flegny, Denys-de-Périchons et Ardoino. (4, Bull. 499, n° 9126.)

---

8 AVRIL 1813.—Décret qui concède aux sieurs Crombet et Brabant les mines de houille situées dans l'emplacement de l'ancien château de Namur, dans une étendue en superficie d'un kilomètre soixante-cinq centimètres carrés. (4, Bull. 500, n° 9187.)

---

9 AVRIL 1813.—Lettres-patentes portant autorisation au sieur Arcambal de rester au service de puissances étrangères. (4, Bull. 505, n° 9276.)

---

10 AVRIL 1813.—Décret pour l'exécution du sénatus-consulte qui suspend le régime constitutionnel dans les départemens de la 32e division militaire. (4, Bull. 494, n° 9088.)

TITRE Ier. De la haute police dans les départemens de la 32e division militaire.

Art. 1er. Le général commandant en chef l'armée dans la 32e division militaire, indépendamment de ses autres attributions, est spécialement chargé du rétablissement et du maintien de l'ordre et de la tranquillité publique dans les départemens qui composent cette division.

2. Il exerce la haute police dans les trois départemens; il peut faire les réglemens qu'il juge nécessaires, avec application des peines portées au Code pénal.

Il peut suspendre et remplacer provisoirement les sous-préfets, les juges-de-paix, les maires et les officiers de police.

3. Il peut imposer des contributions extraordinaires, par forme de peines, sur les villes et communes, arrondissemens ou départemens, et prendre, au besoin, les mesures usitées en pays ennemi pour assurer le paiement de ces contributions, prendre des otages, et toute autre mesure autorisée par la guerre.

TITRE II. De la justice criminelle.

4. Il sera nommé par nous, sur la présentation de notre grand-juge, un lieutenant-général de justice.

5. Les individus arrêtés les armes à la main, ou prévenus d'être chefs, moteurs ou complices de l'insurrection, seront traduits devant une commission militaire.

6. La justice criminelle sera exercée par une cour extraordinaire.

7. Cette cour sera composée d'un président, de six conseillers, d'un procureur général et d'un substitut.

Il sera attaché trois conseillers-auditeurs ayant voix délibérative, et un greffier.

Elle jugera à six ou à huit.

8. Le lieutenant général de justice pourra présider la cour extraordinaire.

9. Les membres de la cour seront nommés par le général en chef, sur la présentation du lieutenant général de justice.

Ils pourront être pris tant parmi les militaires du grade de chef de bataillon et au-dessus, que parmi les fonctionnaires de l'ordre judiciaire ou administratif, de l'âge au moins de trente ans.

10. La cour connaîtra des crimes des individus prévenus d'avoir pris part à la rébellion et de tous les autres délits prévus par le Code pénal, et des contraventions aux réglemens du général en chef.

11. Les appels des jugemens de police correctionnelle seront portés devant la cour extraordinaire.

12. Elle se conformera, pour l'instruction des procès criminels, aux dispositions du titre III de la loi du 18 pluviose an 9, et, pour l'application des peines, au Code pénal, et au réglement du général en chef.

13. Le lieutenant général de justice déterminera, avec l'approbation du général en chef, le lieu où siégera la cour, et pourra de même en ordonner la translation.

Il pourra, si le service exige la formation d'une seconde chambre dans la cour, proposer au général en chef la nomination de six nouveaux juges et d'un second substitut du procureur général.

14. Les arrêts seront rendus en dernier ressort et sans recours en cassation. Néanmoins le général en chef, ou le lieutenant général de justice, pourra suspendre l'exécution de l'arrêt, à la charge d'en référer dans les vingt-quatre heures à notre grand-juge, ministre de la justice.

TITRE III. De la conservation des autorités civiles et administratives.

15. Les préfets et tous les membres des autorités et administrations existantes dans la 32e division militaire continueront d'exer-

cer leurs fonctions, et de correspondre avec chacun de nos ministres et chefs d'administration, suivant la division de leurs attributions.

Ils informeront directement le général en chef de tous les évènemens qui viendront à leur connaissance, et qui intéresseront la police et la tranquillité de la division.

16. Les réglemens et les ordres du général en chef relatifs aux habitans de la 32e division militaire seront transmis au lieutenant général de justice et aux préfets, par le chef de l'état-major général.

Ils les feront publier et en instruiront nos ministres dans les vingt-quatre heures.

17. Les préfets veilleront notamment à la répartition et perception des contributions ordinaires, et des contributions extraordinaires que le général en chef pourra imposer en vertu de l'article 3 du présent.

18. Les règles d'administration et de comptabilité générale continueront à être observées.

Le général en chef ne pourra s'immiscer dans l'administration des préfectures, de la justice civile, des finances ou du domaine, ni disposer des fonds affectés à leur service.

19. Les fonds seront versés dans les caisses de notre Trésor impérial; il n'en pourra être disposé que sur des ordonnances régulières.

20. Le général en chef ne pourra faire ni requérir la disposition d'aucune somme sur les caisses civiles et militaires qu'autant que l'assignation en aura été faite par un de nos ministres.

Dispositions générales.

21. Il n'est rien innové dans tout ce qui concerne l'administration de la justice civile, de la police municipale et correctionnelle, ainsi que dans les attributions des tribunaux et de la cour prévôtale des douanes.

22. Le lieutenant général de justice pourra suspendre, et remplacer provisoirement, même par la nomination d'un seul juge, les tribunaux de police correctionnelle et des douanes.

Il pourra aussi déléguer à la cour extraordinaire les fonctions attribuées à la cour prévôtale des douanes.

23. Notre grand-juge, ministre de la justice, et nos ministres, sont chargés de l'exécution du présent décret.

---

10 AVRIL 1813. — Décret qui prohibe jusqu'à la paix l'exportation des armes à feu. (4, Bull. 494, n° 9089.)

Art. 1er. L'exportation des armes à feu et des armes blanches de luxe, de traite et de quelque espèce que ce soit, est prohibée jusqu'à la paix.

2. Les particuliers qui ont obtenu de notre ministre de la guerre des permis d'exportation d'armes ne pourront en profiter que jusqu'au 15 mai prochain.

3. Passé ce délai, ces permis seront annulés et n'auront plus d'effet.

4. Ne sont pas compris dans la prohibition de l'exportation, les canons des calibres de trois à vingt-quatre livres de balles, les obusiers, caronades et espingoles destinés à l'armement des corsaires et des bâtimens américains.

5. Chacun de ces bâtimens pourra embarquer de plus cinquante fusils, cinquante pistolets, cinquante sabres, pour l'armement de son équipage.

6. Les demandes d'exportation d'armes de toute espèce, pour les corsaires et les bâtimens américains, devront être appuyées d'un certificat du commissaire de marine, constatant le nom du bâtiment, le nombre d'hommes d'équipage, et sa destination.

7. Nos ministres de la guerre, de la marine, du commerce et des manufactures, sont chargés de l'exécution du présent décret.

---

10 AVRIL 1813. — Décret portant création et organisation d'un corps de gendarmerie pour la garde de Paris. (4, Bull. 494, n° 9091.)

Voy. arrêté du 12 VENDÉMIAIRE an 11; ordonnances du 31 MAI 1814, du 14 AOUT 1814.

TITRE Ier. Création pour la garde de Paris d'un corps de gendarmerie.

Art. 1er. Les corps affectés par notre décret du 4 octobre 1802 (12 vendémiaire an 11) pour former la garde spéciale de notre bonne ville de Paris seront remplacés par un corps de gendarmerie, composé de quatre compagnies, dans chacune desquelles un certain nombre d'hommes sera à cheval et l'autre à pied.

2. Ce corps de gendarmerie portera le nom de *Gendarmerie impériale de Paris*; et il sera administré par le préfet de police, qui fera les fonctions de commandant.

3. Le préfet de police aura sous ses ordres un colonel, qui commandera le service du corps, et qui sera, en outre, chargé du service des corps-de-garde de police de Paris.

Cet officier supérieur portera le titre de *colonel d'armes de la ville de Paris*; et il prêtera serment entre nos mains.

4. Le corps aura pour trésorier un auditeur en notre Conseil-d'Etat, qui sera sous les ordres immédiats du préfet de police, et qui remplira les fonctions de quartier-maître;

5. Le conseil d'administration du corps sera composé comme il suit:

Le préfet de police, président;

Le colonel d'armes;

Les quatre capitaines commandant les compagnies, et l'auditeur-trésorier.

Ce dernier tiendra la plume, et n'aura pas voix délibérative.

6. L'état-major du corps sera composé comme il suit :

Colonel d'armes		1
Chef d'escadron adjudant-major		1
Adjudant-major lieutenant		1
Auditeur quartier-maître trésorier		1
Chirurgiens	major	1
	aide-major	1
Adjudans sous-officiers		4
Maîtres	tailleur	1
	cordonnier	1
	armurier	1
		13

7. Les quatre compagnies seront indépendantes l'une de l'autre; et chacune sera composée comme il suit :

Officiers	Capitaine en 1er	1	6
	Capitaine en 2d	1	
	Lieutenant en 1er	2	
	Lieutenant en 2d	2	
Troupe	Maréchal-des-logis chef	1	204
	Maréchaux-des-log.	8	
	Brigadier-fourrier	1	
	Brigadiers	20	
	Gendarmes de 1re cl.	30	
	Gendarmes de 2e cl.	60	
	Elèves gendarmes	80	
	Trompettes	2	
	Tambours	2	
			210

8. Les officiers seront tous montés.

Le capitaine en 1er aura	2 chevaux.
Le capitaine en 2e	1 *idem.*
Le lieutenant en 1er	2 *idem.*
Le lieutenant en 2e	1 *idem.*

Les maréchaux-des-logis chefs et fourriers seront montés.

Les maréchaux-des-logis seront tous équipés comme dans la gendarmerie à cheval; il en sera de même des brigadiers.

Pour les huit maréchaux-des-logis d'une compagnie, il ne sera passé que six chevaux, et pour les vingt brigadiers il n'en sera passé que seize; ainsi, deux maréchaux-des-logis et quatre brigadiers seront sans chevaux: ces sous-officiers non montés seront spécialement attachés au commandement des élèves gendarmes.

Les trente gendarmes de 1re classe seront tous à cheval.

Les soixante gendarmes de 2e classe seront tous de la gendarmerie à cheval; mais il ne leur sera passé que trente chevaux; ainsi, trente feront le service sans chevaux.

Les quatre-vingts élèves gendarmes seront à pied, et équipés comme les gendarmes à pied.

Les deux trompettes seront montés.

9. Chaque compagnie sera divisée en trente brigades; et chaque brigade sera composée d'un maréchal-des-logis ou d'un brigadier, d'un gendarme de 1re classe, de deux gendarmes de 2e classe, et de deux ou de trois élèves gendarmes : en tout six ou sept hommes.

Neuf brigades seront commandées par le maréchal-des-logis chef et par les huit maréchaux-des-logis; vingt-une le seront par le brigadier-fourrier et par les vingt brigadiers.

10. En conséquence des dispositions ci-dessus, le corps de la gendarmerie impériale de notre bonne ville de Paris présentera, au complet, une force de huit cent cinquante-trois hommes, savoir :

	COMPLET des hommes.	COMPLET des chevaux.	TOTAUX. Hommes.	TOTAUX. Chevaux.
ÉTAT-MAJOR.				
Colonel d'armes	1	4	13	18
Adjudant-major chef d'escadron	1	3		
Adjudant-major lieutenant en second	1	2		
Auditeur-trésorier	1	2		
Chirurgiens. major	1	2		
Chirurgiens. aide-major	1	1		
Adjudans sous-officiers	4	4		
Maîtres. tailleur	1	«		
Maîtres. cordonnier	1	«		
Maîtres. armurier	1	«		
POUR LES QUATRE COMPAGNIES.				
Officiers.				
Capitaines commandans	4	8	24	36
Capitaines en second	4	4		
Lieutenans en premier	8	16		
Lieutenans en second	8	8		
Troupe.				
Maréchaux-des-logis chef	4	4	816	344
Maréchaux-des-logis	32	24		
Brigadiers-fourriers	4	4		
Brigadiers	80	64		
Gendarmes. de 1re classe	120	120		
Gendarmes. de 2e classe	240	120		
Élèves gendarmes	320	«		
Trompettes	8	8		
Tambours	8	«		
Totaux	«	«	853	398

TITRE II. De la formation et du recrutement.

11. La première formation du régiment de gendarmerie impériale de notre bonne ville de Paris s'opérera au moyen de la désignation qui sera faite de concert par nos ministres de la guerre et de la police générale, des hommes destinés à former ce nouveau corps.

Les officiers, sous-officiers et gendarmes de 1re et de 2e classes seront choisis sur toute la gendarmerie de notre empire.

Les élèves gendarmes seront tirés des régimens de la ligne ou des compagnies de réserve; ils devront avoir deux ans de service, et être âgés de vingt-deux ans au moins.

Pour cette année, il ne sera formé que trois compagnies; la quatrième sera formée en 1814.

12. Les officiers seront nommés par nous. Les sujets qui nous seront présentés devront être âgés de plus de trente ans; et ils seront pris parmi les officiers ayant au moins deux ans de service dans le corps de la gendarmerie, et au moins deux ans du grade pour lequel ils seront appelés dans la gendarmerie impériale de Paris.

13. Les sous-officiers et les gendarmes de 1re classe devront de même être âgés de plus de trente ans : ils devront avoir servi quatre ans dans la gendarmerie, à moins cependant qu'ils ne réunissent plus de dix ans de service effectif; et ils devront, en outre, savoir lire et écrire correctement, et être en état de rédiger un procès-verbal et un rapport.

14. A leur arrivée au corps, les maréchaux-des-logis, brigadiers et gendarmes de 1re

classe seront assermentés, et foi sera ajoutée en justice à leurs actes jusqu'à inscription de faux.

15. Notre ministre de la guerre fixera le nombre de sous-officiers et de gendarmes de 1re classe que chacune des trente-quatre légions de gendarmerie qui sont en France doit fournir. Il prendra pour base la force de chaque légion, et le nombre de sous-officiers et gendarmes nécessaire pour la formation du corps de gendarmerie impériale de Paris.

16. Hormis la première formation, nul ne pourra être nommé maréchal-des-logis ou brigadier, qu'il n'ait été gendarme de 1re classe; nul ne pourra être gendarme de 1re classe qu'il n'ait été gendarme de 2e classe; et les élèves gendarmes, pour parvenir au grade de gendarme de 2e classe, devront avoir été dans une légion de gendarmerie l'espace de deux ans au moins.

17. Les gendarmes de 2e classe pourront n'être âgés que de vingt-cinq ans, n'avoir que deux années de service, et même qu'un an dans la gendarmerie.

Notre ministre de la guerre fixera pareillement le nombre d'hommes que chaque légion devra fournir, en prenant toujours pour base la force des légions et celle de la composition de la gendarmerie de Paris.

18. Les gendarmes de 2e classe désignés pour entrer dans la gendarmerie impériale de notre bonne ville de Paris continueront néanmoins à faire partie de la gendarmerie départementale dans leur légion, jusqu'à ce qu'ils aient été jugés propres au service de Paris.

Ceux qui, après un certain temps, seraient reconnus impropres à ce service, seront désignés à notre ministre de la guerre, qui les renverra dans leur légion respective, et qui en appellera d'autres en remplacement.

19. Cette disposition sera pareillement applicable aux élèves gendarmes que notre ministre de la guerre tirera des régimens de ligne pour faire partie de la gendarmerie de Paris.

20. Seront aussi renvoyés les gendarmes de 1re classe qui, pour quelque cause que ce soit, autre que les infirmités ou la retraite, cesseraient d'être propres au service de notre bonne ville de Paris.

A l'égard de ces derniers, le renvoi ne pourra avoir lieu que sur l'approbation de notre ministre de la police générale, à qui il devra être donné connaissance détaillée des motifs du renvoi.

Il en sera pareillement donné connaissance à notre ministre de la guerre, qui désignera la légion dans laquelle ces gendarmes devront être renvoyés, si toutefois les motifs du renvoi n'exigent point qu'il soit pris d'autres mesures à leur égard.

TITRE III. Des dépenses de la gendarmerie impériale.

21. Les hommes sortant des légions de gendarmerie pour faire partie du corps de gendarmerie impériale de notre bonne ville de Paris devront arriver avec leurs chevaux, armes et équipement; et les frais de première mise seront remboursés à notre Trésor impérial par la caisse du corps, sur le pied fixé par nos réglemens et décrets pour la gendarmerie à pied et la gendarmerie à cheval.

22. Le remboursement se fera tous les trois mois, d'après le nombre de gendarmes à pied ou à cheval qui auront été appelés pendant le trimestre.

23. Le montant de ce remboursement sera tenu à notre Trésor impérial, comme fonds spécial, à la disposition de notre ministre de la guerre, pour pourvoir aux dépenses de première mise des hommes appelés en remplacement dans les légions de gendarmerie des départemens.

24. Lorsqu'un gendarme sera renvoyé pour être placé dans une brigade de département, il retournera avec son cheval, son armement et son équipement; et il n'y aura pas lieu au paiement de première mise pour le gendarme appelé en remplacement.

25. La première mise sera payée par la caisse du corps, comme il est dit ci-dessus, en cas de remplacement pour décès.

26. Toutes ces dispositions ne sont point applicables aux élèves gendarmes tirés des régimens d'infanterie de ligne, attendu que les effets d'habillement dont ils pourraient être porteurs ne leur seront d'aucune utilité dans le corps de la gendarmerie de Paris.

Casernement.

27. Le colonel d'armes et l'auditeur trésorier seront logés dans l'hôtel de la préfecture de police.

28. L'aigle du corps sera déposé à la préfecture de police.

29. Les officiers, s'ils ne sont point logés dans les bâtimens affectés au casernement du corps, recevront l'indemnité de logement attribuée à leur grade.

30. Les élèves gendarmes feront chambrée ensemble, et mangeront à l'ordinaire. Les brigadiers seront avec eux, et seront divisés de manière à ce qu'il y en ait un par chambrée.

Les gendarmes de 2e classe feront chambrée entre eux.

Les maréchaux-des-logis, les brigadiers qui ne seraient pas avec les élèves gendarmes, et les gendarmes de 1re classe, ne feront point chambrée; ils se nourriront de la manière qu'ils le jugeront convenable, au moyen de leur traitement.

31. Les bâtimens des barrières de Paris qui sont ou pourront être appropriés au casernement de la gendarmerie, y seront successivement affectés; et il sera pourvu au surplus par achat ou location.

Les préfets du département et de police se concerteront, à cet effet, sous l'autorité de notre ministre de l'intérieur.

32. Les dépenses du casernement seront à la charge du corps, et acquittées sur les fonds de sa caisse.

33. L'exécution des travaux, l'ordonnance des dépenses, l'entretien et l'inspection des casernes du régiment, appartiendront au préfet de police.

Solde.

34. Le colonel d'armes et l'auditeur trésorier recevront un traitement fixe et annuel, au moyen duquel il ne leur sera point alloué de rations de fourrages ni aucune autre espèce d'indemnité.

Le traitement du colonel d'armes est fixé à douze mille francs, ci.	12,000f
Celui de l'auditeur trésorier à six mille francs, ci.	6,000
	18,000

35. La solde, les masses et les indemnités attribuées aux officiers, sous-officiers, gendarmes et élèves gendarmes, seront fixées conformément au tarif annexé au présent décret; et elles leur seront payées par la caisse du corps sur les états d'effectifs dressés en vertu des revues passées par le préfet de police.

Uniforme.

36. L'uniforme sera le même que celui de la gendarmerie impériale, sauf les différences ci-après.

37. Le bouton et les plaques de gibernes seront à nos armes, lesquelles seront entourées de ces mots: *Gendarmerie impériale de Paris*.

38. Les officiers, maréchaux-des-logis et brigadiers, tant à pied qu'à cheval, et les gendarmes de 1re classe, porteront l'aiguillette et une bandoulière en drap rouge bordé en argent, avec les armes de la ville de Paris.

Ils porteront pour coiffure le chapeau français, bordé comme dans la gendarmerie impériale.

39. Les gendarmes de 2e classe ne porteront point la bandoulière; ils n'auront que l'aiguillette, et leur coiffure consistera en un chapeau non bordé.

40. Les élèves gendarmes ne porteront ni aiguillette ni bandoulière, leur coiffure sera le shako de l'infanterie de ligne; leur uniforme sera celui de la gendarmerie.

41. Les trompettes porteront l'aiguillette comme les gendarmes de 2e classe.

L'habillement des tambours aura les mêmes marques distinctives que celui des tambours de la ligne.

42. Pour subvenir aux dépenses dont il vient d'être fait mention, ainsi qu'à toutes autres, quelles qu'elles soient, il sera versé annuellement dans la caisse du corps, par celle de la ville de Paris, une somme d'un million deux cent mille francs.

Cette somme sera payée à compter du 1er janvier de l'exercice courant, au moyen de quoi les dépenses de première mise pour les hommes qui seront appelés, seront aux frais du corps, ainsi que l'habillement et l'équipement des trois cent vingt élèves gendarmes.

43. Les formes et règles établies pour l'administration et la comptabilité de la gendarmerie impériale seront observées par la gendarmerie impériale de Paris.

44. Les comptes du corps seront rendus tous les ans, et apurés par une commission composée d'inspecteurs aux revues, qui sera spécialement désignée à cet effet.

Ces comptes nous seront présentés, lorsque nous arrêterons le budget de notre bonne ville de Paris.

TITRE IV. De l'avancement et des retraites.

45. Quoique les compagnies soient indépendantes l'une de l'autre pour le service, l'avancement roulera sur tout le corps.

46. Les officiers proposés en remplacement dans un emploi vacant seront nommés par nous, sur la présentation de notre ministre de la police générale.

47. Les sous-officiers et gendarmes de 1re classe seront nommés par le préfet de police.

48. Toutefois les sujets présentés pour remplir un emploi vacant, quel qu'il soit, devront réunir toutes les qualités et conditions voulues pour être admis au corps à l'époque de sa formation, ainsi que cela est stipulé au titre II du présent décret.

49. Les officiers, sous-officiers, gendarmes et élèvesg endarmes seront assimilés, pour la retraite, aux hommes de leur grade respectif dans les troupes de la ligne.

La solde de retraite leur sera payée sur les fonds de notre Trésor impérial.

50. Les dispositions de nos décrets relatifs aux pensions des veuves et enfans des militaires morts au service seront applicables aux veuves et enfans des militaires faisant partie de la gendarmerie de Paris.

TITRE V. Du service et de la police et discipline.

51. Le corps de la gendarmerie impériale de notre bonne ville de Paris aura la droite sur toute la gendarmerie après la gendarmerie d'élite.

52. Ce corps sera spécialement chargé de faire le service à la préfecture de police, au ministère de la police, aux spectacles, marchés, quais, etc.

53. Les officiers, sous-officiers et gendarmes de 1re classe qui seront de service aux spectacles, y seront chargés de faire les fonctions d'officier civil; et les vétérans et autres troupes en garnison à Paris ne feront que leur prêter main-forte, sur leur réquisition.

54. Il est spécialement déterminé que le service du corps de la gendarmerie impériale de Paris sera indépendant de celui de la gendarmerie départementale; cette dernière restera chargée de tout le service qui lui est confié sous les ordres directs de ses chefs actuels.

55. Le général commandant notre bonne ville de Paris et la 1re division militaire aura sous ses ordres toutes les troupes qui sont à Paris et dans la division, autres que la gendarmerie impériale de Paris.

Les hommes, tant à pied qu'à cheval, nécessaires pour la garde journalière de Paris, seront fournis d'après ses ordres; et il commandera tous les jours un chef de bataillon de service qui ira prendre les ordres du colonel d'armes, lequel lui transmettra les consignes du préfet de police.

56. Les adjudans de la ville de Paris seront payés par la caisse du corps de la gendarmerie de Paris, sur les fonds versés dans ladite caisse par la caisse municipale.

Ces adjudans seront sous les ordres du colonel d'armes; et chaque jour ils iront à l'ordre chez lui pour le placement et la surveillance des corps-de-garde.

57. L'adjudant commandant chef d'état-major de la 1re division aura la surveillance des troupes de la division. Il surveillera le service des casernes, le service chez le général commandant et chez le gouverneur, s'il y en a un; et enfin il commandera le service et tout ce qui est relatif à la police militaire et à la discipline des troupes.

58. Dans des circonstances extraordinaires, et lorsque, indépendamment du service ordinaire, il serait nécessaire d'avoir des réserves pour dissiper des rassemblemens, le général commandant, requis par le préfet de police ou d'après les ordres de nos ministres, sera alors chargé de prendre toutes les mesures nécessaires à la tranquillité publique: dans ce cas, il donnera les consignes, et le colonel d'armes sera sous ses ordres.

59. Toutes les lois et réglemens sur la police et la discipline de la gendarmerie impériale sont applicables à la gendarmerie impériale de Paris.

60. Les art. 45 et 46 de notre décret du 4 octobre 1802, sur les régimens de la garde municipale de Paris, sont pareillement applicables au corps de la gendarmerie qui les remplace.

61. Nos ministres de la guerre, de la police générale, de l'intérieur et du Trésor impérial, sont chargés de l'exécution du présent décret.

TARIF DE LA SOLDE, DES MASSES ET INDEMNITÉS ATTRIBUÉES À CHAQUE GRADE.

DÉSIGNATION DES GRADES.	NOMBRE de chevaux par grade.	SOLDE.	FIXATION PAR AN DES MASSES DE					INDEMNITÉ de logement des officiers, par an.	TOTAL du traitement annuel par chaque grade.	OBSERVATIONS.
			Boulangerie.	Chauffage.	Entretien de l'homme.	Entretien du cheval.	Fourrages.			
Officiers.										
Colonel	4	9,340f 00c	»	»	»	»	1,460	1,200	12,000 00	
Adjudant-major chef d'escadron	3	6,185 00	»	»	»	»	1,095	720	8,000 00	
Adjudant-major lieutenant en second	2	2,054 00	»	»	»	»	730	216	3,000 00	
Auditeur-trésorier	2	4,550 00	»	»	»	»	730	720	6,000 00	
Chirurgiens major	2	2,054 00	»	»	»	»	730	216	3,000 00	
Chirurgiens aide-major	1	1,819 00	»	»	»	»	365	216	2,400 00	
Capitaine en premier	2	3,446 00	»	»	»	»	730	324	4,500 00	
Capitaine en second	1	3,311 00	»	»	»	»	365	324	4,000 00	
Lieutenant en premier	2	2,554 00	»	»	»	»	730	216	3,500 00	
Lieutenant en second	1	2,419 00	»	»	»	»	365	216	3,000 00	
Troupe.										
Adjudant-sous-officier	1	1,995 20	73	51 80	100 00	115	365	»	2,700 00	
Maîtres tailleur	»	525 20	73	51 80	100 00	»	»	»	750 00	
Maîtres cordonnier	»	525 20	73	51 80	100 00	»	»	»	750 00	
Maîtres armurier	»	525 20	73	51 80	100 00	»	»	»	750 00	
Maréchal-des-logis chef	1	1,695 20	73	51 80	100 00	115	365	»	2,400 00	
Maréchaux-des-logis à cheval	1	1,395 20	73	51 80	100 00	115	365	»	2,100 00	
Maréchaux-des-logis à pied	»	1,395 20	73	51 80	100 00	»	»	»	1,620 00	
Brigadier-fourrier	1	1,395 20	73	51 80	100 00	115	363	»	2,100 00	
Brigadier à cheval	»	1,121 10	73	25 90	100 00	115	365	»	1,800 00	
Brigadier à pied	»	1,121 10	73	25 90	100 00	»	»	»	1,320 00	
Gendarmes de première classe	1	821 10	73	25 90	100 00	115	365	»	1,500 00	
Gendarmes de seconde classe à cheval	1	621 10	73	25 90	100 00	115	365	»	1,300 00	
Gendarmes de seconde classe à pied	»	621 10	73	25 90	100 00	»	»	»	820 00	
Elève gendarme	»	255 50	73	25 90	48 29	»	»	»	399 69	
Trompette	1	621 10	73	25 90	100 00	115	365	»	1,300 00	
Tambour	»	476 10	73	25 90	100 00	»	»	»	675 00	

10 AVRIL 1813. — Décret relatif au contre-seing des actes et décrets émanés de l'Empereur depuis le 10 avril jusqu'au départ de sa majesté. (4, Bull. 495, n° 9092.)

N....... Attendu l'absence de notre ministre secrétaire d'Etat, nous autorisons le duc de Cadore à contre-signer, avec la qualité de ministre secrétaire d'Etat par intérim, les actes et décrets émanés de nous jusqu'au moment de notre départ, depuis aujourd'hui 10 avril.

---

10 AVRIL 1813. — Décret portant proclamation de brevets d'invention délivrés pendant le trimestre de 1813 aux sieurs Migeon et Schervier, Moreau-de-la-Roche, Chaumette, Monier et Ray, Jullien, Durosselle fils, Thilorier, Gibon, Sarton père et Contan. (4, Bull. 496, n° 9096.)

---

10 AVRIL 1813. — Extrait de lettres-patentes portant autorisation au sieur Deflavigny de se faire naturaliser en pays étranger. (4, Bull. 507, n° 9334.)

---

10 AVRIL 1813. — Extraits de lettres-patentes portant autorisation aux sieurs Greusard-d'Amadieu et Dubreuille, de rester au service de puissances étrangères. (4, Bull. 513, n° 9430.)

---

14 AVRIL 1813. — Sénatus-consulte qui autorise l'échange de bois dépendans du domaine de la couronne, avec une forêt du domaine impérial. (4, Bull. 498, n° 9114.)

Voy. sénatus-consulte du 30 JANVIER 1810.

Art. 1er. Les bois de Rochefort, faisant partie de la forêt des Yvelines réunie au domaine de la couronne par le sénatus-consulte du 30 janvier 1810, qui se composent, 1° du triage des Yvelines, divisé en seize coupes, contenant, avec les cordons et bordures qui en dépendent, trois cent soixante-dix-huit ares; 2° du triage de la haie et des buttards de Rochefort, divisé en dix-huit coupes, contenant, avec les cordons et bordures qui en dépendent, six cent dix hectares quinze ares, ensemble neuf cent quatre-vingt-huit hectares seize ares, et dont le revenu annuel est de trente mille deux cent quarante-cinq francs soixante-onze centimes, seront distraits des biens affectés à la dotation de la couronne.

2. La forêt de Dourdan, faisant partie du domaine impérial, contenant neuf cent quarante-sept hectares vingt-deux ares, et donnant un revenu annuel de quarante-cinq mille six cent quatre-vingt-seize francs un centime, est réunie au domanie de la couronne, en remplacement des bois de Rochefort, mentionnés en l'article précédent.

3. Pour couvrir le domaine impérial de la plus-value de la forêt de Dourdan, il lui sera donné en échange, par le domaine de la couronne, le bois des Hautes-Bruyères, dont le revenu annuel est de quinze mille quatre cent quarante-neuf francs trente centimes.

---

14 AVRIL 1813. — Décret portant qu'à compter du 15 avril le comte Daru reprendra ses fonctions de ministre secrétaire d'Etat. (4, Bull. 496, n° 9097.)

---

14 AVRIL 1813. — Acte du Sénat conservateur qui nomme le baron d'Hanbersaert membre du Sénat. (4, Bull. 497, n° 9109.)

---

14 AVRIL 1813. — Décret additionnel à ceux du 17 septembre 1811 et 25 juin 1812, relatifs aux récoltes provenant des terres possédées par les sujets illyriens en Autriche, et par les sujets autrichiens en Illyrie. (4, Bull. 497, n° 9110.)

---

14 AVRIL 1813. — Décret qui nomme le baron Braslé préfet de la Gironde. (4, Bull. 498, n° 9115.)

---

14 AVRIL 1813. — Décrets qui autorisent l'acceptation de dons et legs faits aux pauvres et hospices de Montauban, Riceys, Altenbruch, Soustons, Moisy, Florac, et à la fabrique de l'église succursale de Saint-Clément. (4, Bull. 500, nos 9189 et 9194 à 9199.)

---

14 AVRIL 1813. — Extrait de lettres-patentes portant réintégration du sieur de la Fontaynere-d'Harnoncour, Belge, dans ses droits et qualité de Français. (4, Bull. 500, n° 9180.)

---

14 AVRIL 1813. — Décrets qui autorisent l'érection en chapelles des églises de Barriac, Oison, Etalonde, Greiges, et l'établissement d'une chapelle dans la commune de Saint-Pierre-Lavis. (4, Bull. 500, nos 9188 et 9190 à 9193.)

---

28 AVRIL 1813. — Décret portant établissement, à compter du 1er juillet 1813, d'un droit de péage sur les bois qui seront conduits et empilés au port de Bellevault, département de la Nièvre. (4, Bull. 499, n° 9124.)

Art. 1er. A compter du 1er juillet 1813, il sera établi sur les bois qui seront conduits et empilés au port de Bellevault, un droit de un franc cinquante centimes par double décastère.

2. Ce droit se percevra, tous frais de perception défalqués, jusqu'à concurrence de vingt-sept mille quatre cent dix-sept francs soixante-dix-sept centimes, montant du devis des réparations à faire au chemin vicinal d'Aunay au port de Bellevault.

3. Il sera pourvu à l'entretien ultérieur de cette route, par un nouveau droit qui sera réglé par nous en notre Conseil-d'État, sur le rapport de notre ministre de l'intérieur.

4. Notre ministre de l'intérieur est chargé de l'exécution du présent décret.

---

28 AVRIL 1813. — Décret relatif aux suppléans de conscrits qui seraient réformés aux corps pour des infirmités qu'ils n'auraient pas déclarées avant leur départ, et qu'ils n'auraient pas contractées en route. (4, Bull. 499, n° 9125.)

Art. 1er. A l'avenir, les suppléans de conscrits qui seraient réformés aux corps sur lesquels ils auraient été dirigés, pour des infirmités qu'ils n'auraient pas déclarées avant leur départ au conesil de recrutement, et qu'ils n'auraient pas contractées en route, seront envoyés, par notre ministre de la guerre, dans les compagnies de pionniers, où ils serviront pour leur propre compte.

2. Notre ministre de la guerre est chargé de l'exécution du présent décret.

---

28 AVRIL 1813. — Décret qui établit un conseil de prud'hommes dans la ville d'Alençon, département de l'Orne. (4, Bull. 500, n° 9177.)

---

28 AVRIL 1813. — Décrets qui autorisent l'acceptation de legs faits aux séminaires diocésains de Lyon, du Mans, et à la fabrique de l'église paroissiale de Saint-François-de-Paul à Turin. (4, Bull. 500, nos 9200 à 9202.)

---

3 MAI 1813. — Décret qui permet au sieur Roux de joindre à son nom celui de Duraffourt. (4, Bull. 500, n° 9178.)

---

3 MAI 1813. — Décret portant création d'un neuvième juge dans le tribunal de première instance de Pérugia, département du Trasimène. (4, Bull. 500, n° 9179.)

---

3 MAI 1813. — Décret qui autorise l'érection en chapelle de l'église de Baons-le-Comte. (4, Bull. 500, n° 9203.)

---

3 MAI 1813. — Décret qui rétablit les huit foires qui avaient autrefois lieu dans la commune de Solignac. (4, Bull. 500, n° 9204.)

---

3 MAI 1813. — Décret contenant le tableau des foires du département des Deux-Nèthes. (4, Bull. 500, n° 9213.)

---

3 MAI 1813. — Décrets qui autorisent l'acceptation de dons et legs faits aux fabriques des églises de Ploubazlance et de Beaufort, au consistoire de l'église luthérienne dite Hersleld ou rétablie d'Amsterdam, au séminaire diocésain de Toulouse, et aux pauvres et hospices de Thollenbeck, Laval, Langeac et Lyon. (4, Bull. 500, nos 9205 à 9212.)

---

10 MAI 1813. — Décret qui autorise l'érection en chapelle de l'église de la commune d'Onerville. (4, Bull. 501, n° 9219.)

---

10 MAI 1813. — Décret relatif à la tenue et à l'établissement des foires de Vaumeilh et de Romans. (4, Bull. 501, nos 9220 et 9221.)

---

10 MAI 1813. — Décrets qui autorisent l'acceptation de dons et legs faits aux fabriques des églises paroissiales et succursales de Lallaing, Saint-Brice-des-Bois, Châtillon-la-Pallud, Mirepoix, Verclongo, Holtz, Bleneau ; à l'église cathédrale de Versailles et aux pauvres et hospices de Paris, Marquens, Ostende, Pranles, Osnabruck, Sordes, Loché, Ville-Domain, Buzançais, Châtillon, Palluau, Barjac, Carcassonne, Saint-Dizier, Roburent, Verzuole, Commercy, Gy, Saint-Omer, Cercié, Chambost, Lyon, Valsonne, Saint-Apollinaire, Saint-Just-d'Avray, Laval, Sept-Monts, Soissons et Sienne. (4, Bull. 501, nos 9222 à 9236 ; Bull. 503, nos 9249 à 9252 ; et Bulletin 504, nos 9258 à 9270.)

---

11 MAI 1813. — Avis du Conseil-d'État. (Dettes des communes.) *Voy.* 26 MAI 1813.

---

14 MAI 1813. — Décret qui ordonne l'exécution, dans toute l'étendue du département de l'Aude, de deux décrets relatifs aux recherches et visites de denrées coloniales et marchandises anglaises. (4, Bull. 501, n° 9214.)

Art. 1er. Les mesures prescrites par nos décrets des 4 septembre 1810, 1er janvier et 19 mars derniers, pour les recherches et visites des denrées coloniales et marchandises anglaises, qui, après avoir franchi la ligne des douanes, sont dirigées vers l'intérieur, seront exécutées dans toute l'étendue du département de l'Aude.

2. Notre grand-juge, ministre de la justice, et notre ministre des manufactures et du commerce, et de la guerre, sont chargés de l'exécution du présent décret.

---

14 MAI 1813. — Lettres de création d'un dépôt de mendicité pour le département de la Drôme. (4, Bull. 504, n° 9253.)

---

14 MAI 1813. — Extrait de lettres-patentes portant autorisation au sieur Dreyfus de se faire naturaliser en pays étranger. (4, Bull. 522, n° 9625.)

---

14 MAI 1813. — Décret qui érige le palais de Bologne et la terre de Galliera en duché en faveur de la fille aînée du prince vice-roi d'Italie. (Mon. n° 162.)

---

15 MAI 1813. — Décret qui abolit, sous condition de réciprocité, le droit de détraction dans le pays d'Erfurt. (4, Bull. 501, n° 9215.)

Art. 1er. Le droit de détraction est aboli dans le pays d'Erfurt, à l'égard des sujets des Etats qui eux-mêmes n'exerceront pas ce droit à l'égard des habitans dudit pays.

2. Nos ministres sont chargés de l'exécution du présent décret.

---

15 MAI 1813. — Décret portant établissement d'un droit de colis dans la partie du port et de la rade d'Amsterdam qui reste soumise à la police des douanes. (4, Bull. 502, n° 9237.)

Art. 1er. A dater de la publication du présent décret, et conformément au tableau ci-annexé, il sera perçu, dans la partie du port et de la rade d'Amsterdam, qui reste soumise à la police des douanes, un droit de colis sur toutes les marchandises qui y arriveront ou qui en partiront.

2. Le produit de ce droit sera employé tant au remboursement des sommes avancées par le commerce pour la construction de la ligne de garde qui doit diviser en deux parties le port et la rade d'Amsterdam, qu'à couvrir les intérêts, sur le pied de cinq pour cent, desdites sommes, ou de ce qui en restera dû jusqu'à parfait remboursement, époque à laquelle la perception cessera.

3. La perception des différentes taxes du tableau ci-annexé sera faite par les préposés de l'administration des douanes; et le montant en sera versé chaque mois dans la caisse du receveur général du département du Zuyderzée, qui le tiendra à la disposition de la chambre de commerce d'Amsterdam, pour être employé exclusivement, sur les mandats de cette chambre, au remboursement des avances et à l'acquittement des dépenses auxquelles il est affecté.

4. La chambre de commerce d'Amsterdam rendra compte, tous les ans, de ce produit et de l'emploi qu'elle en aura fait, au préfet du département du Zuyderzée, lequel en référera à notre ministre des manufactures et du commerce.

5. Notre ministre des manufactures et du commerce est chargé de l'exécution du présent décret.

Tarif du droit des colis établi dans la partie du port et de la rade d'Amsterdam qui reste soumise à la police des douanes, sur les marchandises qui y arriveront ou en partiront.

DÉSIGNATION DES MARCHANDISES.		QUOTITÉ du droit.
Café, sucre, cacao, poivre . . .	en parties au-dessous de 100 kilogr.	0f 20c
	de 101 à 200 kilogrammes.	0 40
	de 201 à 300 kilogrammes.	0 60
	et ainsi de suite, en augmentant de vingt centimes par chaque quintal métrique de plus. .	
Coton en laine et laine de toute espèce	au-dessous et jusqu'à 100 kilogrammes. . . .	0 30
	de 101 à 200 kilogrammes.	0 60
	de 201 à 300 kilogrammes.	0 90
	et ainsi de suite, en augmentant proportionnellement de trente centimes chaque quintal métrique de plus.	
Potasse.	en barriques de 700 kilogrammes et au-dessus.	1 00
	et au-dessous.	0 50
Guedasse.	en barils au-dessous de 200 kilogrammes. . . .	0 30
	au-dessus.	0 50
Thés	en caisses entières.	0 50
	en 1/2 ou 1/4 caisse, ou toute autre de moindre capacité.	0 20
Indigo	en barils, caisses, surons ou sacs pour colis. .	1 50
Cochenille.	en demi-surons ou sacs.	1 00
Toiles de coton blanches ou imprimées, bleues, mouchoirs des Indes, nankins, mousselines et cotons filés	par balle.	1 00
Toiles à voiles.	par balle.	0 50

DÉSIGNATION DES MARCHANDISES.		QUOTITÉ du droit.
Toiles de Hollande	par pièce détachés	0 10
Toiles de Silésie, de Haarlem et d'Elberfeld	par balle ou caisse	1 00
Toiles grosses d'Osnabruck ou d'Allemagne	par balle	1 50
	par pièce détachée	0 10
Riz	par partie au-dessous de 100 kilogrammes	0 10
	de 101 à 200 kilogrammes	0 20
	de 201 à 300 kilogrammes	0 30
	et ainsi de suite, en augmentant de dix centimes chaque quintal métrique de plus.	
Pelleteries de toute espèce, autres que peaux de lapin	par balle ou barrique	1 00
Peaux de lapin	par cent pièces	0 10
Cuirs secs et verts	la pièce	0 03
Vins de toute espèce	par hectolitre	0 25
	tout ce qui sera moins d'un hectolitre paiera également	0 25
Eaux-de-vie, esprits et liqueurs de toute espèce	par hectolitre	0 40
	tout ce qui sera moins d'un hectolitre paiera également	0 40
Huiles de graines	par futaille	0 50
Huiles d'olive	par hectolitre	0 50
Garances	par barrique	1 00
Cordages	par 1,000 kilogrammes pesant	1 00
	par 100 kilogrammes	0 10
	les parties au-dessous de 100 kilogrammes pesant paieront aussi	0 10
Charbons de terre	par 100 kilogrammes	0 02
	au-dessous de 100 kilogrammes, également	0 02
Bois de teinture en blocs, fer, plomb, alun et cuivre	par 100 kilogrammes	0 05
Chanvre	par balle ou paquet	0 05
	au-dessous de 100 kilogrammes	0 05
	au-dessus	0 05
Bois de construction, planches, poutres et mâts	à raison du port du navire et de sa charge, par tonneau	0 25
	en radeaux, dans la même proportion	0 05
Tourbes, bois de chauffage, foin, chaux, briques et tuiles	à raison du port du navire ou de sa charge, par tonneau	0 05
Bois d'acajou, d'ébène, etc., et autres bois d'ébénisterie	au-dessous de 100 kilogrammes	0 10
	de 101 à 200 kilogrammes	0 20
	de 201 à 300 kilogrammes	0 30
	et ainsi en augmentant de dix centimes par chaque quintal métrique de plus.	
Grains, graines et semences fèveretences	par tonneau ou demi-last	0 50
Fromages	en parties au-dessous de 300 pièces, par pièce	0 01
	au-dessus de trois cents, par pièce	0 1/4
Bière et vinaigre	par futaille, grande ou petite	0 10
Beurre	par 1/4 de baril de 40 kilogrammes et au-dessus	0 04
	par 1/8 de baril de 20 kilogrammes environ	0 02
	par 1/16 de baril de 10 kilogrammes environ	0 01
Fumiers, engrais, vieux fer, frais, de même que le poisson ainsi que les légumes verts et secs	exempts	
Papier	fin, pour écrire, par rame	0 10
Papier gros et carton	par rame, paquet ou balle	0 05
Gâteaux de navette, de lin et de chanvre	les mille pièces	0 20
Articles non dénommés par colis	pesant 100 kilogrammes et au-dessous	0 10
	—— 101 à 200 kilogrammes	0 20
	—— 201 à 300 kilogrammes	0 30
	et ainsi de suite, en augmentant de dix centimes par chaque quintal métrique de plus.	

15 MAI 1813. — *Décret relatif à la conservation des chaussées du Rhône.* (4, Bull. 502, n° 9238.)

Art. 1er. Les propriétaires riverains des chaussées du Rhône intéressés à leur conservation, mais qui ne font partie d'aucune association, seront réunis en association, ou incorporés à l'association la plus voisine, par le préfet, sur l'avis de la commission centrale; dans ce dernier cas, ils contribueront, en proportion de leur intérêt, aux charges de l'association, excepté aux dettes contractées avant leur incorporation.

2. Les propriétaires non riverains des chaussées, qui profitent de leur établissement et qui ne contribuent point à leur entretien, seront également incorporés à l'association la plus voisine, et aux mêmes conditions.

3. Les projets et devis de renouvellement d'établissement et d'entretien des chaussées du Rhône, seront faits par l'un des ingénieurs des ponts-et-chaussées employés dans le département; il fera, chaque année, la visite et la vérification des chaussées, en présence des commissaires nommés par la commission centrale, conformément à l'article 56 du décret du 4 prairial an 13, et des syndics de chaque association, pour ce qui la concerne. Il sera dressé procès-verbal de l'état des chaussées, et un devis et détail estimatif des travaux à faire par chaque association, pour entretenir les chaussées à la hauteur et dans les dimensions qui auront été déterminées.

4. Les terres et matériaux nécessaires à l'entretien, à la réparation et à la confection des chaussées, seront pris, moyennant une indemnité, sur les propriétés voisines, en dedans ou en dehors, suivant que cela sera jugé le plus convenable à leur solidité, et réglé par le procès-verbal de visite.

5. Le procès-verbal de la visite, le devis et le détail estimatif, seront communiqués à la commission centrale, qui les enverra au préfet, avec son avis, pour être approuvés (1).

6. La commission centrale enverra aux syndics de chaque association la partie du détail estimatif des travaux qui seront à sa charge; les syndics en feront immédiatement l'adjudication; elle sera soumise à l'approbation de la commission centrale.

7. Les syndics convoqueront, en même temps, l'association pour délibérer la cote nécessaire au paiement du montant de l'adjudication des rentes et autres charges, conformément à l'article 21 du décret du 4 prairial an 13.

8. Les syndics surveilleront, ou feront surveiller par les bayles ou garde-chaussées, l'exécution des travaux; ils ne seront entièrement soldés qu'après que la réception en aura été faite dans une visite générale, qui aura lieu à cet effet, ainsi qu'il est prescrit par l'article 3.

9. A défaut, par les syndics, de faire les adjudications et convocations, de délivrer des mandats, ou, par les associations, de délivrer les fonds nécessaires, il y sera pourvu par la commission centrale, qui pourra faire lesdites adjudications, convocations et impositions, et même délivrer les mandats de paiement, avec l'approbation du préfet.

10. Si les syndics négligent de faire fermer une rupture survenue aux chaussées, la commission centrale y fera faire les travaux nécessaires, conformément à l'article précédent, à la charge d'en rendre compte au préfet.

11. Nul ne pourra être nommé syndic, s'il ne réside dans l'une des communes d'Arles, Tarascon ou Sainte-Marie. On ne pourra être à la fois syndic ou bayle de deux associations.

12. Dans les associations où il y a trois syndics, un d'entre eux devra être habitant dans la ville de laquelle dépend l'association.

13. Lorsque le plan cadastral de la commune d'Arles sera terminé, les associations des chaussées pourront être réduites à trois, savoir : une pour la rive gauche du grand Rhône, et deux pour la Camargue. Il sera fait, d'après ledit plan cadastral, de nouveaux rôles de cotisation à la dépense des chaussées, suivant le degré d'intérêt de chaque classe de propriétés, et un nouveau règlement pour déterminer le mode de représentation et de délibération des intéressés.

14. Les particuliers qui se permettraient de faire des fouilles ou des trous dans le corps d'une chaussée seront punis d'une amende de vingt-cinq francs; l'amende sera double si ces dégradations ont eu lieu la nuit, sans préjudice des dommages et intérêts.

Ils seront, en outre, punis d'une détention qui ne pourra être moindre de trois jours ni de plus d'un mois, en raison des dégradations commises.

15. Il ne pourra y avoir de haies, buissons et broussailles sous les chaussées; ils seront arrachés, ainsi que les arbres qui,

(1) La connaissance des contestations relatives aux associations de travaux sur les rives du Rhône appartient aux conseils de préfecture; mais ils ne peuvent approuver des projets de travaux s'ils ne sont pas rédigés dans les formes prescrites par les articles 3 et 5; en tous cas, les membres de l'association ont le droit de demander communication du compte des recettes et dépenses; ils peuvent même demander de changer d'association (4 mars 1819; J. C. 5, 78).

lors de la visite annuelle, seraient jugés nuisibles à la solidité des chaussées.

Il pourra, lors de la première visite, être accordé un délai aux propriétaires pour arracher tout ce qui s'y trouvera de semblable. En cas de retard, la commission centrale le fera arracher aux frais des propriétaires ou fermiers, qui paieront une amende équivalente au double des frais de cette main-d'œuvre, dont l'état sera réglé et rendu exécutoire par le préfet.

16. Toute plantation ultérieure d'arbres, haies et broussailles, donnera lieu à une amende d'un franc par arbre ou par mètre courant de haies ou broussailles, outre les frais d'arrachement et ceux de réparation des parties plantées.

17. Les terrains attenant aux chaussées ne pourront être cultivés qu'à deux mètres de la base des chaussées. Il ne pourra être creusé de fossés qu'à la même distance, et le talus des fossés sera conforme à celui de la chaussée.

Les abords des abreuvoirs établis au Rhône, à l'extrémité des chemins publics, seront entretenus par les associations.

On ne pourra établir des abreuvoirs, ni aucun autre ouvrage, au pied des chaussées, sans la permission de la commission centrale, donnée sur l'avis des syndics de l'association intéressée; le tout à peine d'une amende de vingt francs, outre les frais de réparation.

18. Le préfet déterminera, d'après le rapport de la commission centrale et l'avis des ingénieurs des ponts-et-chaussées, quelles sont les chaussées sur lesquelles les besoins des communications exigeront le passage des voitures et chevaux; elles seront appropriées à cet usage.

19. Sur les autres chaussées, le passage de voitures, chevaux et bestiaux, donnera lieu à une amende de six francs pour une voiture, de deux francs pour un cheval, et d'un franc pour une bête à cornes.

20. Les propriétaires de terrains dits *ségonaux*, situés entre le Rhône et les chaussées des associations, ne pourront, à l'avenir, établir des plantations, des chaussées, levadons ou autres ouvrages, qu'avec l'autorisation du préfet, sur le rapport de l'ingénieur des ponts-et-chaussées et l'avis de la commission centrale.

21. Nul ne pourra faire des prises d'eau au Rhône, ni changer celles existantes, sans la même autorisation.

22. Les ouvrages mentionnés aux articles précédens ne pourront, dans aucun cas, intercepter la berge du fleuve ni le chemin de halage.

23. Toutes les chaussées, levadons ou autres ouvrages existans dans les ségonaux, seront vérifiés et inspectés par l'ingénieur des ponts-et-chaussées et la commission centrale dans leurs tournées; ceux desdits ouvrages qui seront jugés offensifs pour les chaussées des associations, ou destructifs de la berge du fleuve et du chemin de halage, seront détruits ou rectifiés par les propriétaires, après toutefois que les procès-verbaux des ingénieurs auront été communiqués aux propriétaires, dont les défenses seront pareillement produites devant la commission centrale, et le tout renvoyé au conseil de préfecture, qui statuera, sauf le recours en notre Conseil-d'État.

24. Les bayles ou préposés commis par les associations, conformément à l'article 20 du décret du 4 prairial an 13, pour la surveillance des chaussées et la direction des travaux, seront, en outre, garde-chaussées; leur nomination sera confirmée par le préfet. Ils seront spécialement chargés de constater, par procès-verbaux, les empiétemens, enlèvemens de terres ou matériaux, et dégradations de tout genre qui pourraient être commis sur les chaussées.

25. Un conducteur des travaux, ou inspecteur des chaussées, sera, en outre, chargé de faire les visites, vérifications et rapports qui lui seront prescrits par la commission centrale, de surveiller les bayles, et de constater aussi les délits énoncés dans l'article précédent; il sera nommé par le préfet, sur la présentation de la commission centrale.

26. Les garde-chaussées et inspecteurs seront assermentés en justice; ils affirmeront leurs procès-verbaux devant les juges-de-paix, et en remettront copie à la commission centrale.

27. L'inspecteur et les garde-chaussées seront sous les ordres de l'ingénieur des ponts-et-chaussées, pour ce qui concerne le service des chaussées. Outre leur traitement, ils recevront une remise sur les amendes prononcées par suite de leurs procès-verbaux. Cette remise est fixée à la moitié pour les amendes de vingt francs et au-dessous, et à dix francs pour les amendes au-dessus de vingt francs.

28. En cas d'insolvabilité des délinquans condamnés, l'association sur les chaussées de laquelle aura été commis le délit paiera au garde-chaussée qui l'aura constaté l'équivalent de la part de l'amende à laquelle il aura droit.

29. Il est alloué à la commission centrale, pour frais de bureau, y compris le traitement de l'inspecteur des chaussées, conformément à l'article 54 du décret du 4 prairial an 13, la somme de deux mille francs, laquelle sera répartie entre les associations, et imposée additionnellement aux rôles de leurs cotisations annuelles.

30. Les indemnités que pourrait réclamer l'ingénieur des ponts-et-chaussées, pour les travaux des chaussées du Rhône dont il aura rédigé les projets et dirigé l'exécution, seront supportées par les associations, et arrêtées

par notre directeur général des ponts-et-chaussées, sur l'avis du préfet.

31. Les chaussées seront divisées en arrondissemens de surveillance, pour leur conservation pendant les crues du Rhône.

Il y aura un surveillant pour une longueur de quatre mille cent mètres de chaussée.

32. Les surveillans seront nommés, par chaque association, parmi les propriétaires, ou, à leur défaut, parmi les fermiers qui la composent; *ils* seront en fonctions pendant quatre ans; *ils ne* seront renouvelés que par moitié, et pourront être réélus.

33. Nul ne pourra refuser les fonctions de surveillant sans excuses légitimes; elles seront jugées par l'association, sauf le recours à la commission centrale. Les surveillans qui auront été réélus deux fois pourront refuser d'en exercer ensuite les fonctions.

34. En cas d'absence et d'empêchement d'un surveillant, les syndics nommeront un surveillant provisoire, qui ne pourra refuser d'en remplir les fonctions; et, jusqu'au remplacement d'un surveillant absent ou empêché, les surveillans des deux arrondissemens les plus voisins surveilleront l'arrondissement vacant.

35. Les surveillans seront sous les ordres des syndics, et les remplaceront en cas d'absence. Les fonctions des surveillans cesseront avec le danger.

36. Il sera établi, pour chaque arrondissement, et aux frais des associations, un magasin ou dépôt de secours, lequel contiendra un approvisionnement en outils et objets nécessaires aux travaux des chaussées.

37. Lorsqu'une crue du Rhône menacera les chaussées d'une rupture ou d'un débordement, tous les habitans des communes d'Arles, Tarascon et Sainte-Marie, depuis seize ans jusqu'à soixante, seront tenus de se rendre, à la réquisition des maires, sur les points des chaussées qui leur seront indiqués, pour y travailler, pendant tout le temps qui sera jugé nécessaire, sous la direction des syndics ou des surveillans de l'arrondissement.

38. Le refus d'obéir à la réquisition du maire, faite par voie d'avertissement, publication, ou au son du tocsin, sera puni d'une amende égale au prix de trois journées de travaux, et de trois jours de prison en sus de l'amende.

39. Les maires classeront, en outre, en compagnies ou sections, les marins, travailleurs de terre, maçons, charpentiers et autres ouvriers dont le secours sera nécessaire aux chaussées dans les crues du Rhône.

40. Un ouvrier ou travailleur qui refusera d'obéir à la réquisition du maire encourra une amende de six francs et de quatre jours de prison, et sera, en outre, puni conformément aux articles 415 et suivans du Code des délits et des peines, dans les cas prévus par ledit Code.

41. Les maires requerront les voitures et bateaux nécessaires pour les transports de matériaux, secours, hommes et bestiaux.

42. Chaque heure de retard, pour fournir un bateau ou une voiture, donnera lieu à une amende de six francs par voiture et de douze francs par bateau.

43. La peine de l'amende de trois journées de travaux et de trois jours de prison sera encourue par le surveillant, le bayle ou sous-bayle qui refusera de servir, ou qui abandonnera son poste.

44. Chaque association acquittera les dépenses faites pour elle pendant le danger; à cet effet, les associations s'imposeront annuellement le dixième de leur cote ordinaire. Ce fonds sera spécialement et uniquement affecté au paiement de ces dépenses; et, en cas d'insuffisance, l'excédant sera imposé par l'association.

Les dépenses générales faites pendant le danger seront supportées par toutes les associations, et acquittées sur les mandats de la commission centrale; le montant en sera recouvré par le percepteur général sur un état de répartition dressé par la commission centrale, et rendu exécutoire par le préfet.

45. Le vol des matériaux et des outils, dans ces momens, sera puni comme le vol d'instrumens d'agriculture, ainsi qu'il est dit à l'article 388 du Code des délits et des peines.

46. Tout individu qui, dans les crues du Rhône, percera les chaussées par une tranchée ou autrement, sera traduit devant la cour d'assises, pour lui être, s'il y a lieu, fait l'application des peines portées à l'article 437 du même Code.

47. Le mode d'organisation des ouvriers, de leur emploi, de surveillance des travaux, de fixation de leurs salaires, dans le cas où il y aura lieu de les payer, et les rapports à établir entre les syndics, surveillans et bayles des associations, et les maires et la commission centrale, seront déterminés par des réglemens locaux approuvés par notre ministre de l'intérieur.

48. Dans tous les cas prévus par le présent réglement, les parens seront civilement responsables pour leurs enfans, et les maîtres pour leurs domestiques.

49. Les délits prévus par le présent réglement seront constatés, et les délinquans arrêtés, s'il y a lieu, par les gardes-champêtres, concurremment avec les bayles et garde-chaussées, ainsi que par tous officiers de police judiciaire et administrative; et celui qui aura constaté un délit aura droit à la part d'amende accordée aux garde-chaussées.

50. Les délits de voirie seront portés devant le conseil de préfecture, conformément

à la loi du 29 floréal an 10, et les autres délits devant les tribunaux.

51. Toutes les dispositions du décret du 4 prairial an 13, auxquelles il n'a pas été dérogé par le présent, sont maintenues.

52. Notre présent décret et celui du 4 prairial an 13 sont déclarés communs aux associations des chaussées et vidanges de Tarascon, qui auront, en conséquence, un représentant membre de la commission centrale.

53. Il n'est point statué par le présent réglement relativement aux marais d'Arles, lesquels demeurent exceptés des dispositions prévues par les articles précédens, et ne pourront être assujétis à un régime particulier que par des réglemens ultérieurs.

54. Nos ministres sont chargés de l'exécution du présent décret.

---

15 MAI 1813. — Décret portant abolition des droits d'aubaine et de détraction à l'égard des sujets du prince de Waldeck. (4, Bull. 502, n° 9239.)

Voy. lois du 6 = 18 AOUT 1790, du 14 JUILLET 1819.

Art. 1er. Les droits d'aubaine et de détraction ne seront point exercés en France à l'égard des sujets de S. A. S. le prince de Waldeck.

2. Nos ministres sont chargés de l'exécution du présent décret.

Ordonnance de son altesse le prince de Waldeck en date du 15 mai 1813.

Nous Georges, par la grace de Dieu, prince souverain de Waldeck et de Pyremont, etc., membre de la Confédération du Rhin ;

Considérant que le droit d'aubaine (*jus albinagii*) et le droit de détraction (*jus detractûs*, *gabella emigrationis*) paraissent ne plus s'accorder avec l'esprit du temps actuel, et persuadé que sa majesté l'Empereur des Français, Roi d'Italie, protecteur de la Confédération du Rhin, daignera accorder, le cas échéant, une parfaite réciprocité aux sujets de notre principauté, nous avons résolu et ordonnons ce qui suit :

Art. 1er. Sont abrogés, à l'égard des pays faisant partie de l'empire français, les deux droits ci-dessus nommés, qui, d'une part, attribuant au fisc la succession de l'étranger qui décède dans le pays, à l'exclusion de tous les héritiers étrangers testamentaires ou naturels, et en vertu desquels on prélève, d'autre part, des taxes et impositions connues sous différentes dénominations sur les successions et héritages qui passent en pays étranger, et qui assujétissent à une certaine détraction les sommes importées par les sujets qui quittent leur patrie pour s'établir ailleurs, ainsi que celles qu'ils sont dans le cas d'en recevoir postérieurement.

2. Notre régence et notre chambre des finances sont chargées de l'exécution du présent décret, qui sera inséré dans la feuille officielle.

Donné à Arolsen, le 22 janvier 1813.

Signé GEORGES.

---

15 MAI 1813. — Décret relatif aux prêts qui seront faits par la caisse de Poissy au Marché-des Vaches-Grasses et à la Halle-aux-Veaux. (4, Bull. 503, n° 9241.)

Art. 1er. Les prêts seront faits au Marché-des-Vaches-Grasses, par la caisse de Poissy, sur simples bordereaux, à huit jours d'échéance, et l'intérêt de leur montant sera réglé sur le pied de cinq pour cent par an.

2. A l'avenir, les prêts à la Halle-aux-Veaux seront faits moyennant le même intérêt de cinq pour cent par an, au lieu de la rétribution de cinquante centimes par veau, fixée par l'article 27 de notre décret du 6 février 1811.

3. Le recouvrement des prêts faits au Marché-des-Vaches-Grasses, à la Halle-aux-Veaux, se fera par la voie de contrainte ; la contrainte sera décernée par le directeur de la caisse, et visée par le juge-de-paix de l'arrondissement.

4. Le privilége accordé à la ville de Paris sur le cautionnement des bouchers, sur ce qui leur est dû pour viande fournie, et sur la valeur estimative de leurs étaux, aura également lieu sur leurs créances pour peaux et suifs.

5. Notre ministre des manufactures et du commerce est chargé de l'exécution du présent décret.

---

15 MAI 1813. — Décret relatif à l'établissement d'archives centrales pour les associations territoriales d'Arles. (Mon. n° 151.)

Art. 1er. Il y aura un seul dépôt pour les titres et papiers des associations territoriales d'Arles ; il sera confié à un archiviste, qui sera nommé par le préfet, sur une liste de trois candidats présentés par la commission centrale.

2. L'archiviste fournira un cautionnement en immeubles de six mille francs, pour répondre de ses faits dans l'exercice de ses fonctions.

3. Avant de remettre à l'archiviste les titres et papiers, les syndics de chaque association les numéroteront et parapheront au dos de chaque pièce ; il en sera fait un inventaire, qui sera signé par eux et l'archiviste. L'inventaire sera inscrit sur un registre particulier à chaque association, coté et para-

phé par le président de la commission centrale.

Les mêmes formalités seront remplies à l'égard des papiers de la commission centrale.

4. Au 1er septembre de chaque année, les syndics déposeront entre les mains de l'archiviste, et feront ajouter aux inventaires les pièces de leur gestion de l'année précédente.

5. Il en sera usé de même pour les titres et papiers de la commission centrale.

6. Les titres et papiers de chaque association, ainsi que ceux de la commission centrale, seront mis en ordre et conservés dans des armoires particulières dont l'archiviste aura les clefs.

7. Les assemblées des associations seront présidées par un membre de la commission centrale. L'archiviste y assistera ainsi qu'aux adjudications qui seront faites par des syndics; il rédigera les délibérations et les procès-verbaux des adjudications, et les inscrira sur les registres ouverts *ad hoc* pour chaque association, lesquels seront cotés et paraphés par le président de la commission centrale.

8. La commission centrale tiendra ses séances dans le local affecté au dépôt des archives. L'archiviste y aura son bureau, qui sera ouvert tous les jours, excepté les jours de fêtes, et aux heures qui seront fixées par la commission centrale.

9. L'archiviste sera responsable de tous les titres et papiers confiés à sa garde, et ne pourra s'en dessaisir; mais il en donnera connaissance, sans déplacement et sans frais, aux heures de son bureau, aux membres de la commission centrale, aux syndics et aux membres des associations.

10. L'archiviste assistera régulièrement aux séances de la commission centrale; et, sous la direction du membre secrétaire institué par l'article 51 de notre décret du 4 prairial an 13, ledit archiviste rédigera les délibérations, tiendra les registres, et fera toutes les écritures, copies et expéditions.

11. Il délivrera *gratis* aux syndics des associations, et à la commission centrale, quand il y aura lieu, les copies des délibérations, devis estimatifs des réparations et cahier des charges. Il rédigera et mettra au net les mémoires et pétitions desdits syndics, et dressera les rôles de répartition des impositions ordinaires et extraordinaires de chaque association.

12. Il fera et renouvellera les listes de ceux qui ont droit de voter aux assemblées et d'être syndics; il fera tous les états, copies et expéditions nécessaires aux syndics, relativement à leur gestion.

13. Le traitement annuel de l'archiviste et ses frais de bureau et d'expédition seront réglés par le préfet, sur la proposition de la commission centrale.

Ce traitement sera payé sur les mandats de la commission centrale, par le percepteur général, qui en fera la répartition sur toutes les associations, conformément à l'article 54 du décret du 4 prairial.

14. Les syndics des associations ne pourront plus porter en dépense dans leurs comptes aucuns frais pour rédaction d'états, tenue d'écritures, copies de pièces et autres semblables; il leur est expressément défendu de tirer, pour des dépenses de cette nature, aucun mandat sur les percepteurs particuliers ou sur le percepteur général, et à ceux-ci de les acquitter, sous peine d'en être personnellement responsables.

15. Est excepté de la disposition précédente la dépense relative à l'arpentage nécessaire à la confection des rôles de l'association des arrosans de la Crou, qui restera à la charge de ladite association, et à laquelle il continuera d'être pourvu par les syndics.

16. En cas d'empêchement ou de besoin, l'archiviste pourra se faire suppléer par un commis désigné d'avance dans la forme prescrite par l'article 1er.

17. Lors du décès de l'archiviste, les scellés seront de suite apposés sur le dépôt confié à sa garde, à la réquisition de la commission centrale, des syndics ou de toute autre partie intéressée la plus diligente.

18. En cas de mutation d'archiviste, il sera fait par la commission centrale un état et récolement des titres et papiers portés sur les inventaires, avec l'archiviste nouvellement nommé.

19. S'il manque quelqu'une des pièces confiées à la garde de l'ancien archiviste, la commission centrale prendra toutes les voies de droit pour les faire rétablir ou pour obtenir des dommages et intérêts, et elle ne pourra décharger l'ancien archiviste ou les représentans de son cautionnement, qu'après y avoir été autorisée par le préfet.

---

15 MAI 1813. — Décret qui déclare valables les actes de l'état civil reçus par des secrétaires de mairie, depuis le 1er mars 1811 jusqu'au 1er janvier 1813, dans les communes ci-devant dépendantes du grand-duché de Berg, et réunies au territoire français, en ce qui concerne seulement la réception de ces actes. (4, Bull. 501, n° 9216.)

---

15 MAI 1813. — Décret qui réunit la commune de Mont-Cénis, département du Pô, au canton de Suze. (4, Bull. 503, n° 9240.)

---

15 MAI 1813. — Décret qui approuve le règlement de l'évêque de Nice, relatif au prélèvement et à l'application du sixième du produit

des chaises, bancs et places dans les églises. (4, Bull. 503, n° 9242.)

15 MAI 1813. — Décrets qui autorisent l'érection en chapelle de l'église de Sourniac, en annexe de celle du hameau de Sadrancourt, et l'établissement d'un oratoire dans le hameau de Fresnicourt. (4, Bull. 505, nos 9278, 9280 et 9281.)

15 MAI 1813. — Décrets qui autorisent l'acceptation de dons et legs faits aux pauvres et hospices de Bordeaux, Orléans, Vielverge, Soissons, Lamarche, Toulouse, Bedarieux, Montbrison, Lubeck, Audenarde, Pamèle-sous-Audenarde, Issoudun, Anvers, Vaucouleurs, Verdun, Haut-Bos, Eupen, Turin, Carpentras, Rabastens, Marvejols, Cerexhe-Henseur, Baliracq, Maumusson, Joux et Tonnerre; à la fabrique de l'église d'Oberbruk, et au séminaire de Soissons. (4, Bull. 505, nos 9279, 9282 à 9306.)

16 MAI 1813. — Extrait de lettres-patentes portant institution de majorats en faveur de MM. Darbaud-Jouques, de la Pierre de Fremeur, de Noailles, Le Lièvre de la Grange, Vialètes de Mottarieu, Durand-de-Pisieux, Boussayrolles, de Masclary, Ithier-de-Champos, Maublanc de Choiseuil, de Chassepot de Pissy, Bajot-de-Conantre, Picos-Bazuz, Demons de Dunes, Duston-Villereglan de Casamajor d'Oneix, Durozier de Magnieux de Verpré, Terrasson-de-Senevas et Lesergent-de-Monnecove. (4, Bull. 510, n° 9415.)

17 MAI 1813. — Décret portant à Viella le chef-lieu du canton d'Aran, département de la Haute-Garonne. (4, Bull. 501, n° 9217.)

17 MAI 1813. — Décret portant prorogation du délai pour prendre les noms de famille ou prénoms fixes dans les départemens de la Hollande. (4, Bull. 503, n° 9243.)

17 MAI 1813. — Décret qui permet au sieur François-Louis Ruphy, du département du Mont-Blanc, d'ajouter à son nom celui de sa mère. (4, Bull. 503, n° 9244.)

17 MAI 1813. — Décrets qui établissent des conseils de prud'hommes dans les communes de Montjoie, de Dure et de Stolberg, département de la Roër, et dans la ville de Strasbourg, département du Bas-Rhin. (4, Bulletin. 503, nos 9245, 9246, 9247 et 9248.)

17 MAI 1813. — Décrets qui autorisent l'acceptation de legs faits aux pauvres de Putte et au lycée de Grenoble. (4, Bull. 505, nos 9307 et 9308.)

22 MAI 1813. — Décret relatif à l'érection d'un monument sur le Mont-Cénis, en reconnaissance des services rendus par les peuples de France et d'Italie pendant la campagne de 1813. (Mon. n° 162.)

Voy. décret du 10 JUIN 1813.

Art. 1er. Un monument sera élevé sur le Mont-Cénis. Sur la face de ce monument qui regardera le côté de Paris seront inscrits les noms de tous nos cantons des départemens en-deça des Alpes. Sur la surface qui regardera Milan seront inscrits les noms de tous nos cantons des départemens au-delà des Alpes et de notre royaume d'Italie. A l'endroit le plus apparent du monument, sera gravé l'inscription suivante :

« L'Empereur Napoléon, sur le champ de « bataille de Wurtchen, a ordonné l'érection « de ce monument comme un témoignage de « de sa reconnaissance envers ses peuples de « France et d'Italie, et pour transmettre à « la postérité la plus reculée le souvenir de « cette époque célèbre où, en trois mois, « douze cent mille hommes ont couru aux « armes pour assurer l'intégrité du territoire « de l'empire et de ses alliés. »

22 MAI 1813. — Décret qui approuve le réglement de l'archevêque de Tours, relatif au prélèvement et à l'application du sixième du produit des chaises, bancs et places dans les églises. (4, Bull. 504, n° 9254.)

22 MAI 1813. — Extrait de lettres-patentes portant autorisation au sieur Damiens-Heutte de se faire naturaliser en pays étranger. (4, Bulletin 505, n° 9277.)

22 MAI 1813. — Décrets qui autorisent l'acceptation de dons et legs faits à la commission administrative de l'hospice civil et de la fondation Genner réunis de Molsheim, et à l'église paroissiale de Notre-Dame-aux-Neiges d'Aurillac. (4, Bull. 505, nos 9309 et 9310.)

22 MAI 1813. — Décret qui établissent des foires à Servoz et à Malicorne. (4, Bull. 505, nos 9311 et 9312.)

22 MAI 1813. — Décret qui permet au sieur Bardet de construire une usine destinée à la formation du sulfate de fer et autres sels. (4, Bull. 505, n° 9313.)

23 MAI 1813. — Extrait de lettres-patentes portant autorisation au sieur Maurice Auregi de rester au service d'une puissance étrangère. (4, Bull. 510, n° 9414.)

25 MAI 1813. — Décrets qui établissent des foires à Mons et à Juzennecourt. (4, Bull. 505, nos 9314 et 9316.)

25 MAI 1813.—Décrets qui autorisent l'acceptation de dons et legs faits aux fabriques des églises paroissiales et succursales d'Oglianico, Saint-Grégoire du Vièvre, Plabennec, Graix, Milly, Vic, Villefranche; au séminaire diocésain de Troyes, et aux pauvres et hospices de Mas-d'Agenois, de Montevettulini, du Puy, de Vannes, Loutzen, Bapaume, Beaulieu, Voghera, Rochefort et Tresbœuf. (4, Bull. 505, n°s 9315, 9317 et 9318; Bull. 506, n°s 9320 à 9325, et Bull. 507, n°s 9336 à 9344.)

---

26 MAI 1813.—Décret qui autorise, en faveur des ouvriers houilleurs du département de l'Ourte, la formation d'une société de prévoyance, dont l'administration sera établie à Liége. (4, Bull. 504, n° 9255.)

Art. 1er. Nous autorisons, en faveur des ouvriers houilleurs du département de l'Ourte, la formation d'une société de prévoyance : l'administration de cette société sera établie dans notre bonne ville de Liége.

2. Tous ouvriers et autres employés à l'exploitation des mines de houille dans ce département seront admis à faire partie de cette société, et à participer aux secours qui seront accordés, en faisant la déclaration qu'ils consentent à une retenue de deux pour cent sur le montant de leur salaire.

Les maris communs en biens sont autorisés à faire la déclaration pour leurs femmes, les pères pour leurs enfans mineurs, les tuteurs pour leurs pupilles.

3. La déclaration ci-dessus prescrite sera faite au maire de la commune où l'ouvrier est employé, dans le délai de trois mois à dater de la publication du présent décret, et elle portera l'énonciation du montant de son salaire.

4. Dans le courant du mois suivant, le maire enverra à la commission administrative de la caisse de prévoyance dont il sera parlé ci-après, l'état certifié par lui des ouvriers employés qui auront fait leur déclaration : cet état fera connaître le montant du salaire de chaque déclarant.

5. Passé le délai ci-dessus, nul ne pourra être admis à faire partie de la société de prévoyance que par délibération spéciale de la commission administrative.

6. Les fonds de la société de prévoyance se composeront :

1° Des fonds de bienfaisance dont notre ministre de l'intérieur autorisera l'emploi, d'après la proposition du préfet, et sur le rapport du directeur général des mines.

2° Du produit de la retenue de deux pour cent sur les salaires de tous les ouvriers et autres employés sociétaires;

3° Du produit d'un demi pour cent calculé sur le montant des salaires des ouvriers et employés sociétaires, que les propriétaires des exploitations se sont soumis ou se soumettront à payer, à titre de secours particulier, et sans préjudice des dispositions portées dans notre décret du 3 janvier 1813 sur la police des mines de l'empire.

7. Toute autre retenue sur le salaire des ouvriers et employés est expressément défendue.

8. Les propriétaires des exploitations feront eux-mêmes, sur les ouvriers et employés, la retenue de deux pour cent, et en verseront le montant de mois en mois, avec le produit du demi pour cent, dont ils sont ou seront personnellement chargés, dans la caisse du receveur qui sera nommé, comme ci-dessous, par la commission administrative.

9. Jusqu'à l'établissement d'un mont-de-piété dans la ville de Liége, les fonds appartenant à la société seront employés en acquisition de rentes sur l'Etat.

10. L'administration de la société de prévoyance est gratuite : elle sera confiée à une commission de dix membres.

Cinq de ces membres sont inamovibles, et cinq sont élus chaque année.

Les membres inamovibles sont: 1° le préfet du département; 2° l'évêque diocésain; 3° le procureur impérial près le tribunal de première instance; 4° le maire de la ville de Liége; 5° l'ingénieur en chef des mines, et, en son absence, l'ingénieur ordinaire le plus ancien en grade.

Les membres amovibles sont nommés par les membres inamovibles, et pris parmi les sociétaires : ils seront choisis un parmi les propriétaires des grandes exploitations, un parmi les directeurs de fosses, deux parmi les maîtres mineurs, et un parmi les ouvriers houilleurs.

En cas de partage, la voix du président sera prépondérante.

Les membres amovibles peuvent être réélus.

11. La commission nommera un receveur comptable pris hors de son sein.

12. La commission prononcera sur toutes les demandes en admission dans la société de prévoyance.

Elle déterminera la quotité des secours à accorder, et en réglera la durée; elle fixera la quotité des pensions; elle ne pourra jamais anticiper sur les revenus de la société, ni permettre que, dans aucun cas ni sous aucun prétexte, la distribution de ces secours puisse avoir lieu en faveur de personnes étrangères à l'association.

13. Elle déterminera le montant du cautionnement à fournir par le receveur comptable, et le taux de son traitement.

14. Elle fera tous les réglemens qu'elle jugera convenables, pour assurer, quand il y aura lieu, le placement des fonds de la société et le paiement exact des sommes qu'elle ordonnancera, pour établir le mode d'une comptabilité régulière, et pour tout ce qui pourra concerner son organisation intérieure, la bonne distribution des secours, et en général les avantages de la société. Elle pourra même, si l'augmentation progressive des fonds et les circonstances le permettent, proposer une diminution sur la retenue de deux pour cent, à l'égard des ouvriers et employés sociétaires.

Ses réglemens seront soumis à l'approbation de notre ministre de l'intérieur.

15. Chaque année la commission rendra public son compte par la voie de l'impression.

16. Notre ministre de l'intérieur est chargé de l'exécution du présent décret.

---

26 MAI 1813. — *Avis du Conseil-d'Etat sur le mode à suivre pour obtenir le paiement de sommes dues par des communes.* (4, Bull. 504, n° 9256.)

Le Conseil-d'Etat, qui, d'après le renvoi ordonné par sa majesté, a entendu le rapport de la section de l'intérieur sur celui du ministre de ce département, par lequel, en présentant le budget de la ville d'Enghien, il expose que le ministre des finances a prescrit de faire acquitter par les communes des frais de poursuites exercées contre elles pour paiement de registres civils fournis de l'an 5 à l'an 10, et présente la question de savoir si la régie de l'enregistrement et des domaines peut poursuivre, pour en obtenir un paiement, une commune, qui ne peut payer que par son receveur, lequel receveur ne peut lui-même rien acquitter qu'en vertu d'allocation à son budget,

Est d'avis qu'il est constant et reconnu que les communes ne peuvent rien payer qu'après qu'elles y ont été autorisées par leur budget annuel (1);

Que tout paiement fait sans cette autorisation est laissé au compte du receveur, d'après les dispositions précises de plusieurs décrets;

Qu'en conséquence, lorsqu'une commune est débitrice d'une administration, il n'y a lieu ni à délivrance de contrainte contre le receveur, ni à citation devant les tribunaux, ni à saisie-arrêt entre les mains du receveur de la commune ou des débiteurs de la commune, puisque le receveur ne peut rien payer qu'en vertu d'autorisation au budget annuel; mais que le directeur de la régie doit se pourvoir par-devant le préfet, pour qu'il porte au budget, s'il y a lieu, la somme réclamée contre la commune, afin que le paiement par le receveur soit autorisé.

---

26 MAI 1813. — *Décret qui fait des changemens au tarif des douanes pour les provinces illyriennes.* (4, Bull. 504, n° 9257.)

Art. 1er. Les objets dénommés dans l'état annexé au présent décret acquitteront, à leur entrée dans nos provinces illyriennes ou à la sortie desdites provinces, les droits portés audit état, lesquels sont substitués à ceux précédemment réglés par les tarifs annexés à notre décret du 17 novembre 1810.

2. Notre grand-juge, ministre de la justice, et notre ministre des manufactures et du commerce, sont chargés de l'exécution du présent décret.

---

(1) Pour être payé d'une commune, il ne suffit pas à ses créanciers d'avoir des jugemens qui déclarent la commune débitrice, il faut encore que la créance à payer soit portée sur le budget, et qu'il soit fait des fonds; le tout purement en la forme administrative. On ne peut saisir même des fonds libres ou non affectés à aucun budget communal (29 octobre 1826, ord. S. 26, 2, 347).

ÉTAT DES CHANGEMENS AU TARIF DES DOUANES

POUR LES PROVINCES ILLYRIENNES,

ordonnés par le décret du 26 mai 1813.

DÉNOMINATION DES MARCHANDISES.	ENTRÉE.	SORTIE.
Agrès et apparaux.	"	à la valeur 2 p. 100.
Ancres de fer.	"	au quintal, 1 franc.
Bois ouvrés.	"	à la valeur 2 p. 100.
Chairs fraîches.	"	*idem* 5 p. 100.
Chevaux entiers, jumens et hongres (pour l'Italie seulement).	"	la pièce, 25 francs.
Cordages de chanvre, ficelles et autres ouvrages de corderie.	"	à la valeur 2 p. 100.
Encens commun ou galipot, encens fin ou oliban.	au quintal, 5 francs.	"
Eponges fines et communes.	à la valeur 5 p. 100.	à la valeur, droit de bal^{ce}.
Fromages (pour l'Italie et l'Allemagne seulement).	"	au quintal, 6 francs.
Fruits avec ou sans noyaux, de toute sorte (pour l'Italie et l'Allemagne seulement).	"	*idem*, 3 francs.
Graines de jardins, des champs, des montagnes, à semer, et toutes celles propres à faire de l'huile et de la teinture.	"	à la valeur, droit de bal^{ce}.
Jus de réglisse.	au quintal, 5 francs.	"
Lin cru (pour l'Italie seulement).	"	à la valeur 2 p. 100.
Manne.	au quintal, 5 francs.	"
Peaux de bœuf et vache, sèches et en poils (pour l'Italie seulement).	"	la pièce, 50 c.
Peaux salées et en vert (pour l'Italie seulement).	"	*idem*, 15 c.
Peaux de veau, mouton et chevreuil, sèches (pour l'Italie seulement).	"	à la valeur 1 p. 100.
Singones.	l'aune de Vienne, 10^{c}	"
Verrerie de toute sorte, y compris les fiasques, à l'exception des verres servant à la lunetterie et à l'horlogerie, et des verreries anglaises.	à la valeur 10 p. 100.	"

29 MAI 1813. — Décrets qui autorisent l'acceptation de dons et legs faits à l'hospice de Poppi, et aux fabriques des églises succursales, etc., des Ouches, d'Hurville-Haque, de Soléro et de Mont-Doré. (4, Bull. 507, n°s 9345, 9348 à 9351.)

---

29 MAI 1813. — Décret portant qu'il n'y a pas lieu d'accepter le legs de trente-six francs de rente, fait par le sieur Toitot à l'église de Belvoir. (4, Bull. 508, n° 9347.)

---

31 MAI 1813. — Décret portant qu'il n'y a pas lieu d'autoriser l'acceptation des legs faits par le prêtre Franco à la chapelle de Sainte-Croix. (4, Bull. 508, n° 9352.)

---

31 MAI 1813. — Décrets qui autorisent l'acceptation de dons et legs faits aux pauvres et hospices de Salers, Armentières, Avignon, Eymoutiers, Amsterdam et Châtauneuf-Calcernier. (4, Bull. 508, n°s 9353 à 9360.)

---

2 JUIN 1813. — Décret portant qu'il sera établi à Paris une foire annuelle pour la vente des laines superfines ou améliorées. (4, Bull. 505, n° 9271.)

Art. 1er. Il sera établi à Paris une foire annuelle pour la vente des laines superfines ou améliorées. Cette foire s'ouvrira le 25 juin, et sera close le 5 juillet.

2. Nos ministres de l'intérieur et des manufactures et du commerce se concerteront: 1° pour le choix du local où cette foire sera tenue; 2° sur les moyens d'encouragement qu'il conviendrait d'établir en faveur des propriétaires de troupeaux qui auront produit à la foire la plus belle laine et en plus grande quantité.

3. Nos ministres de l'intérieur, des manufactures et du commerce, sont chargés de l'exécution du présent décret.

---

5 JUIN 1813. — Décret qui ordonne le paiement de trois mille trois cent quarante francs pour pensions accordées à vingt-deux veuves de militaires. (4, Bull. 508, n° 9360.)

---

6 JUIN 1813. — Décret portant: 1° que la commune de Saint-Cyran-du-Jambot est distraite du territoire de la cure de Châtillon, et réunis, pour le culte, à la succursale de Fleré-la-Rivière; 2° que l'église de Saint-Cyran est affectée au culte, sous le titre de chapelle de secours, à la charge, par la fabrique de la succursale, de pourvoir aux dépenses d'entretien du bâtiment et aux autres frais d'exercice du culte dans cette église, sur le produit de la rente de deux cents francs que le sieur Claris s'engage de constituer pour cet objet, et que le trésorier de la fabrique de la succursale de Fleré est autorisé à accepter. (4, Bull. 508, n° 9361.)

---

6 JUIN 1813. — Décrets qui autorisent l'érection en annexe de l'église située au hameau de Bonnevaux, et en chapelles, les églises de Jouy, d'Hargimont, de Mauquenchy et de Pradel. (4, Bull. 508, nos 9362 à 9366.)

---

6 JUIN 1813. — Décrets qui autorisent l'acceptation de dons et legs faits aux pauvres et hospices de Herzeele, Toulouse, Orléans, Laventie, Lorgues; et aux fabriques des églises paroissiales et succursales de Perreux, Savigny, Castel-Cériolo et Magny. (4, Bull. 508, nos 9367 à 9375.)

---

10 JUIN 1813. — Décret relatif à l'exécution du monument à élever sur le Mont-Cénis en vertu du décret du 22 mai dernier. (Mon. n° 162.)

Art. 1er. L'institut de France, celui du royaume d'Italie, les académies de Rome, d'Amsterdam, de Turin et de Florence, nommeront des commissaires, et prendront tous les moyens qu'ils croiront les plus convenables pour présenter un projet de monument à élever sur le Mont-Cénis pour réaliser les intentions de l'Empereur.

2. Ce monument devra, autant qu'il sera possible sans le détourner de sa destination principale et sans nuire à sa durée, offrir en même temps un avantage d'utilité publique.

3. Vingt-cinq millions sont consacrés à son érection; les devis ne devront pas dépasser cette somme.

4. L'institut d'Italie et les différentes académies enverront au président de l'institut de France les projets qu'ils auront adoptés. Ces envois devront avoir lieu d'ici au 1er novembre, afin que les projets puissent être soumis à sa majesté dans le courant de l'hiver, et le monument commencé au printemps prochain.

---

11 JUIN 1813. — Avis du Conseil-d'Etat. (Conseil de guerre spécial.) *Voy.* 4 JUILLET 1813.

---

12 JUIN 1813. — Décret qui annule, pour cause d'incompétence, des arrêtés pris par le préfet de l'Eure, sur des contestations relatives à un partage de biens indivis entre l'Etat et des particuliers. (4, Bull. 505, n° 9272.)

N..... vu la requête qui nous a été présentée par Jean-Jacques-Charles Lemyre de Villers, Jean-Louis Lemyre de Villers, et demoiselle Marthe-Charlotte-Pauline Lemyre de Villers, frères et sœur, héritiers pour partie dans la ligne maternelle de dame Françoise Quintanadoine de Bois-Roussel, pour qu'il nous plaise casser et annuler les arrêtés rendus par le préfet et le conseil de préfecture du département de l'Eure, les 30 mars, 23 avril et 11 mai 1812, ensemble les procès-verbaux d'expertisse des 25, 26, 27 et 29 mars de la même année, lesquels procès-verbaux et arrêtés ont préparé et fixé le partage des biens de la succession de la veuve Quintanadoine de Bois-Roussel entre tous les héritiers paternels et maternels de ladite dame, d'une part, et la nation, de l'autre, comme représentant un des héritiers paternels émigré;

Vu lesdits arrêtés et procès-verbaux;

Vu la lettre de notre ministre des finances, du 9 septembre 1812, par laquelle il revendique l'affaire, comme étant de sa compétence;

Vu le mémoire en réponse fourni par le sieur Louis-César Postel, tant pour lui que pour ses cohéritiers dans la succession de la dame Bellemare Postel, leur mère, héritière pour un douzième dans la ligne paternelle de la dame de Bois-Roussel, et Henry-Charles-Auguste Daniels de Grangues, héritier, ayant réuni les onze douzièmes paternels dans la même succession, et par lequel ils ont conclu au maintien desdits procès-verbaux et arrêtés;

Vu celui fourni par le sieur Vanier, acquéreur de partie des droits du sieur Daniels de Grangues, qui a conclu également au maintien desdits arrêtés;

Vu celui fourni par la régie de l'enregistrement et des domaines, qui a conclu de même;

Vu la lettre du préfet du département de l'Eure à notre ministre des finances, sous la date du 31 août 1812, dans laquelle il dit que l'arrêté de partage a été rendu par lui tout seul, et que, s'il s'est fait assister de deux membres du conseil de préfecture, il n'a pas entendu pour cela se dessaisir de sa compétence;

Vu toutes les pièces produites;

Considérant que, si la confection des partages des biens indivis entre l'Etat et les particuliers appartient aux préfets, sous l'approbation de notre ministre des finances, le contentieux qui s'élève tant sur la forme que sur le fond desdits partages doit être décidé par les conseils de préfecture, et porté, en cas d'appel, devant notre Conseil-d'Etat;

Considérant que, dans l'espèce, quelques-uns des héritiers du côté maternel se plaignaient du partage, et opposaient d'ailleurs un défaut de qualité;

Et que, dès lors, ce partage donnait lieu à des difficultés et à des questions contentieuses qui étaient de la compétence du conseil de préfecture;

Notre Conseil-d'Etat entendu, nous avons décrété et décrétons ce qui suit:

Art. 1er. Les arrêtés du préfet du département de l'Eure sous les dates des 30 mars et 23 avril 1812, sont annulés pour cause d'incompétence.

Les parties sont renvoyées devant le conseil de préfecture du même département.

2. Notre grand-juge, ministre de la justice, et notre ministre des finances, sont chargés de l'exécution du présent décret.

---

12 JUIN 1813. — Décrets qui autorisent l'acceptation de dons et legs et fondations en faveur des pauvres de Vire, des fabriques des églises paroissiales et succursales de Serra-Valle, Merelevenez, Louette-Saint-Pierre, et des séminaires de Nancy et d'Arras. (4, Bulletin 508, nos 9376 à 9381.)

---

12 JUIN 1813. — Décrets qui autorisent pour douze ans l'érection en annexes de l'église du hameau de Virtzfeld et de celle d'Yversheim. (4, Bull. 508, nos 9382 et 9383.)

---

12 JUIN 1812. — Décret qui permet au sieur Lambert Thonus, propriétaire, de construire, avec jouissance illimitée, dans la commune de Barvaux, près la rivière d'Ourte, une fenderie composée de deux cylindres de laminoir, de deux cylindres ordinaires de fenderie, et d'une cisaille; plus, trois fours servant à échauffer les matières que l'on y doit passer. (4, Bull. 508, n° 9384.)

---

13 JUIN 1813. — Décret qui accorde un congé de trois semaines au duc de Massa, grand-juge, ministre de la justice. (4 Bull. 505, n° 9273.)

---

13 JUIN 1813. — Décret qui charge le comte Molé, conseiller d'Etat, du portefeuille du ministre de la justice, pendant la durée du congé accordé au grand-juge. (4, Bull. 505, n° 9274.)

---

14 JUIN 1813. — Décret qui accorde amnistie aux officiers mariniers et marins faisant partie des 4e, 5e et 17e équipages des flottilles, ou employés à bord des bâtimens de l'Empereur dans les ports et rades de la 32e division militaire, qui seraient en état de désertion antérieurement à la promulgation du même décret. (4, Bull. 505, n° 9275.)

Art. 1er. Amnistie est accordée aux officiers mariniers et marins faisant partie de nos quatrième, cinquième et dix-septième équipages de flottilles, ou employés à bord de nos bâtimens dans les ports et rades de la trente-deuxième division militaire, qui seraient en état de désertion antérieurement à la promulgation du présent décret.

2. Pour être admis à jouir du bénéfice de l'amnistie, les marins déserteurs non détenus devront se présenter, dans les trente jours au plus tard de la promulgation du présent décret, au bureau de l'inscription maritime le plus voisin de leur résidence actuelle, à l'effet de déclarer de quel équipage ils faisaient partie, ou sur quel bâtiment ils étaient embarqués, et à quelle époque ils ont abandonné ledit corps ou bâtiment, et il leur sera délivré une feuille de route pour se rendre au chef-lieu de la station du cinquième équipage de flottille.

3. Les administrateurs chargés de l'inscription maritime par-devant lesquels les marins déserteurs des corps et bâtimens employés dans la trente-deuxième division militaire, se seront présentés, donneront connaissance de leur départ au contre-amiral commandant de la marine dans ladite division, à l'administrateur de la marine du port sur lequel ils auront été dirigés, et au commandant du cinquième équipage de flottille.

4. Les marins déserteurs des équipages et bâtimens employés dans la trente-deuxième division militaire, qui, après s'être volontairement représentés, ne se rendraient pas à leur destination dans le temps déterminé par leur feuille de route, à moins d'empêchement légitime et dûment constaté, seront poursuivis et punis suivant la rigueur des lois, sur le fait de leur désertion.

5. Les marins déserteurs des corps et bâtimens ci-dessus, qui seraient détenus et non jugés, seront admis à jouir de l'amnistie.

6. Notre grand-juge, ministre de la justice, et notre ministre de l'intérieur, sont chargés de l'exécution du présent décret.

---

14 JUIN 1813. — Décret relatif au mode d'exécution des décisions de sa majesté, portant grace ou commutation de peine en faveur de condamnés pour crime de désertion ou pour tout autre délit militaire. (4, Bull. 507, n° 9327.)

Art. 1er. Lorsque, sur un jugement de condamnation prononcé, soit pour crime de désertion, soit pour tout autre délit militaire, par un conseil de guerre ou maritime permanent ou spécial, par une commission militaire ou tout autre tribunal établi pour le service de nos armées de terre ou de mer, il nous aura plu, d'après un rapport fait en conseil privé, de faire grace au condamné ou de commuer sa peine, copie de notre décision sera transmise, par notre grand-juge, ministre de la justice, à notre ministre de la guerre ou à celui de la marine.

2. Notre ministre de la guerre ou celui de la marine donnera les ordres nécessaires pour que l'expédition de notre décision soit transcrite sur le registre contenant le jugement de condamnation, ou jointe à la minute de ce jugement; que mention en soit faite à la marge dudit jugement, et signée par le dépositaire, et que copie en forme en soit délivrée à la partie intéressée.

3. Lorsque le jugement de condamnation aura été rendu par un conseil ou tribunal permanent, outre les formalités ci-dessus prescrites, lecture de notre décision sera donnée, en présence de ce conseil ou tribunal, à la réquisition du commissaire impérial.

4. Si, d'après les ordres de notre ministre de la guerre ou de celui de la marine, le militaire ou marin à qui nous aurons fait grace rentre dans son corps, il sera fait lecture de notre décision à la tête de ce corps, conformément à l'ancien usage.

5. Nous nous réservons néanmoins, lorsque nous le jugerons convenable, à raison, soit de la qualité des personnes, soit de la nature du délit ou de toute autre circonstance, de faire adresser à nos cours impériales, et entériner par elles, les lettres-patentes de grace ou de commutation de peine que nous aurons accordées sur des jugemens rendus par les tribunaux ci-dessus désignés.

6. A l'égard des jugemens de condamnation prononcés par les mêmes tribunaux, sur des crimes ou délits prévus par le Code pénal ordinaire, les formes suivies jusqu'à présent pour l'expédition et l'entérinement de nos lettres-patentes de grace ou de commutation de peine, continueront d'être observées.

7. Notre grand-juge, ministre de la justice, et nos ministres de la guerre et de la marine, sont chargés de l'exécution du présent décret.

---

14 JUIN 1813. — Décret portant réglement sur l'organisation et le service des huissiers. (4, Bull. 508, n° 9346.)

Voy. loi du 27 VENTOSE an 8, art. 96; arrêté du 22 THERMIDOR an 8; loi du 28 FLORÉAL an 10; décret du 30 MARS, art. 94; du 6 JUILLET 1810, art. 116 et suivans; avis du Conseil-d'Etat du 6 JUILLET 1810; ordonnance du 23 DÉCEMBRE 1814; du 20 AOUT 1817; du 26 JUIN 1822.

TITRE Ier. De la nomination, du nombre et de la résidence des huissiers.

§ Ier. *De la nomination et du nombre des huissiers.*

Art. 1er. Les huissiers institués pour le service de nos cours impériales et prévôtales, et pour tous nos tribunaux, seront nommés par nous.

2. Ils auront tous le même caractère, les mêmes attributions, et le droit d'exploiter concurremment dans l'étendue du ressort du tribunal civil d'arrondissement de leur résidence (1).

Néanmoins nos cours et tribunaux choisiront parmi ces huissiers, conformément au titre V de notre décret du 30 mars 1808, ceux qu'ils jugeront les plus dignes de leur confiance, pour le service intérieur de leurs audiences.

3. Les huissiers ainsi désignés par nos cours et tribunaux continueront de porter le titre d'*huissiers audienciers*; ils auront, pour ce service particulier, une indemnité qui sera réglée par les articles 93, 94, 95, 96 et 103 ci-après.

4. Le tableau des huissiers audienciers sera renouvelé au mois de novembre de chaque année. Tous les membres en exercice seront rééligibles; ceux qui n'auront pas été réé-

(1) L'huissier qui réside au chef-lieu d'arrondissement a le droit d'instrumenter dans toute l'étendue du ressort; dès lors le créancier qui a employé cet huissier pour opérer une saisie dans un canton éloigné du chef-lieu d'arrondissement ne peut être tenu des frais du transport de l'huissier : ces frais doivent être, comme les autres, payés par privilége sur le prix des objets saisis (sauf recours, en cas d'insuffisance, contre le saisissant) (17 février 1830; Cass. S. 31, 1, 339; D. 30, 1, 129; P. 43, 196).

lus rentreront dans la classe des huissiers ordinaires.

5. Les huissiers qui seront en activité lors de la publication de notre présent décret continueront provisoirement l'exercice de leurs fonctions; mais ils ne seront maintenus qu'après avoir obtenu de nous une commission confirmative.

A cet effet, ils remettront, dans les trois mois de ladite publication, tous les titres et pièces concernant leurs précédentes nominations et réceptions au greffe du tribunal de première instance de leur résidence.

Ils y joindront leur demande en commission confirmative, et le greffier leur donnera récépissé du tout.

Notre procureur près le tribunal de première instance enverra cette demande, avec l'avis du tribunal, à notre procureur général, qui prendra l'avis de la cour impériale, et adressera le tout à notre grand-juge, ministre de la justice.

6. Lorsque la liste des huissiers auxquels nous aurons accordé la commission confirmative aura été renvoyée par notre grand-juge à notre procureur général, ceux qui ne se trouveront point sur la liste seront tenus de cesser leurs fonctions, à compter du jour où la notification leur en aura été faite à la diligence du ministère public. Cette même liste sera de plus affichée dans la salle d'audience et au greffe de la cour ou du tribunal.

7. Chacun des huissiers qui auront obtenu la commission confirmative prêtera, dans les deux mois à compter du jour où la liste aura été affichée, et ce à l'audience de ladite cour ou dudit tribunal, le serment de fidélité à l'Empereur et d'obéissance aux constitutions de l'empire, ainsi que celui de se conformer aux lois et réglemens concernant son ministère, et de remplir ses fonctions avec exactitude et probité.

8. Notre grand-juge, ministre de la justice, après avoir pris l'avis de nos cours, et les observations de nos procureurs généraux, nous proposera la fixation définitive du nombre des huissiers qu'il doit y avoir dans le ressort de chaque tribunal civil d'arrondissement.

9. Si le nombre des huissiers maintenus d'après l'article 6 excède celui qui sera définitivement fixé par nous en exécution du précédent article, la réduction à ce dernier nombre ne s'opérera que par mort, démission ou destitution.

10. A l'égard de ceux qui aspireront à l'avenir aux places d'huissiers ordinaires, les conditions requises seront :

1° D'être âgé de vingt-cinq ans accomplis;

2° D'avoir satisfait aux lois de la conscription militaire;

3° D'avoir travaillé, au moins pendant deux ans, soit dans l'étude d'un notaire ou d'un avoué, soit chez un huissier, ou pendant trois ans au greffe d'une cour impériale ou d'un tribunal de première instance;

4° D'avoir obtenu de la chambre de discipline dont il sera parlé ci-après, un certificat de moralité, de bonne conduite et de capacité.

Si la chambre accorde trop légèrement ou refuse sans motif valable ce certificat, il y aura recours au tribunal de première instance, savoir: dans le premier cas, par le procureur impérial, et dans le second, par la partie intéressée; en conséquence, le tribunal, après avoir pris connaissance des motifs d'admission ou de refus de la chambre, ainsi que des moyens de justification de l'aspirant, et après avoir entendu notre procureur impérial, pourra refuser ou accorder lui-même le certificat, par une délibération dont copie sera jointe à l'acte de présentation du candidat.

11. Ceux qui seront nommés huissiers se présenteront, dans le mois qui suivra la notification à eux faite du décret de leur nomination, à l'audience publique du tribunal de première instance, et y prêteront le serment prescrit par l'article 7.

12. Ces huissiers ne pourront faire aucun acte de leur ministère avant d'avoir prêté ledit serment; et ils ne seront admis à le prêter que sur la représentation de la quittance du cautionnement fixé par la loi.

13. Ceux qui n'auront point prêté le serment dans le délai ci-dessus fixé demeureront déchus de leur nomination, à moins qu'ils ne prouvent que le retard ne leur est point imputable; auquel cas, le tribunal pourra déclarer qu'ils sont relevés de la déchéance par eux encourue, et les admettra au serment.

14. La précédente disposition est applicable aux huissiers dont il est parlé en l'article 5, relativement au délai fixé par l'article 7.

§ II. De la résidence des huissiers.

15. Les huissiers audienciers seront tenus, à peine d'être remplacés, de résider dans les villes où siégent les cours et tribunaux près desquels ils devront faire respectivement leur service.

16. Les huissiers ordinaires seront tenus, sous la même peine, de garder la résidence qui leur aura été assignée par le tribunal de première instance.

17. La résidence des huissiers ordinaires sera, autant que faire se pourra, fixée dans les chefs-lieux de canton.

18. Si des circonstances de localité ne permettent point l'établissement d'un huissier ordinaire au chef-lieu du canton, le tribunal de première instance le fixera dans l'une des communes les plus rapprochées du chef-lieu.

19. Dans les communes divisées en deux arrondissemens de justice-de-paix, ou plus, chaque huissier ordinaire sera tenu de fixer sa demeure dans le quartier que le tribunal de première instance jugera convenable de lui indiquer à cet effet.

TITRE II. Des attributions des huissiers, et de leurs devoirs.

CHAPITRE Ier. *Attributions des huissiers.*

§ Ier. Service personnel près les cours impériales et prévôtales, et près les divers tribunaux.

20. Les huissiers audienciers sont maintenus dans le droit que leur donne et l'obligation que leur impose notre décret du 30 mars 1808, de faire exclusivement, près les cours et tribunaux respectifs, le service personnel aux audiences, aux assemblées générales ou particulières, aux enquêtes, interrogatoires et autres commissions, ainsi qu'au parquet.

Pourront néanmoins nos cours et tribunaux commettre accidentellement des huissiers ordinaires, à défaut ou en cas d'insuffisance des huissiers audienciers.

21. Le service personnel d'huissier près les cours d'assises et les cours spéciales sera fait, savoir : dans les villes où siégent nos cours impériales, par des huissiers audienciers de la cour impériale, et partout ailleurs, par des huissiers audienciers du tribunal de première instance du lieu où se tiendront les séances de la cour d'assises ou de la cour spéciale.

L'article 118 de notre décret du 6 juillet 1810, relatif au mode de désignation des huissiers qui doivent faire le service près les cours d'assises et les cours spéciales des départemens autres que celui où siége la cour impériale, continuera de recevoir son exécution.

22. Les huissiers qui seront désignés pour faire le service personnel près les cours d'assises et les cours spéciales ne pourront, pendant la durée des sessions criminelles, sortir du canton de leur résidence, sans un ordre exprès du procureur général, ou du procureur impérial criminel.

23. Il sera fait, par nos cours et tribunaux, des réglemens particuliers sur l'ordre du service de leurs huissiers audienciers, en se conformant aux dispositions du présent titre, et à celles du titre V de notre décret du 30 mars 1808.

Les réglemens que feront sur cet objet les tribunaux de première instance ou de commerce, et les tribunaux ordinaires des douanes, seront soumis à l'approbation des cours auxquelles ces tribunaux ressortissent.

§ II. Droit d'exploiter, etc.

24. Toutes citations, notifications et significations requises pour l'instruction des procès, ainsi que tous actes et exploits nécessaires pour l'exécution des ordonnances de justice, jugemens et arrêts, seront faits concurremment par les huissiers audienciers et les huissiers ordinaires, chacun dans l'étendue du ressort du tribunal civil de première instance de sa résidence, sauf les restrictions portées par les articles suivans (1).

25. Les huissiers audienciers de notre cour de cassation continueront, dans l'étendue du lieu de la résidence de cette cour, d'instrumenter exclusivement à tous autres huissiers pour les affaires portées devant elle.

26. Les huissiers audienciers de nos cours impériales, et ceux de nos tribunaux de première instance, feront exclusivement, près leurs cours et tribunaux respectifs, les significations d'avoué à avoué.

27. Les huissiers audienciers de nos cours prévôtales et tribunaux ordinaires des douanes feront exclusivement, près leurs cours et tribunaux respectifs, et dans l'étendue du canton de leur résidence, tous exploits en matière de douanes.

28. Tous exploits et actes du ministère d'huissier près les justices-de-paix et les tribunaux de police seront faits par les huissiers ordinaires employés au service des audiences.

A défaut ou en cas d'insuffisance des huissiers ordinaires du ressort, lesdits exploits et actes seront faits par les huissiers ordinaires de l'un des cantons les plus voisins.

29. Défenses itératives sont faites à tous huissiers, sans distinction, d'instrumenter en matière criminelle ou correctionnelle hors du canton de leur résidence, sans un mandement exprès délivré conformément à l'article 84 de notre décret du 18 juin 1811.

30. Nos procureurs près les tribunaux de première instance, et les juges d'instruction, ne pourront délivrer de pareils mandemens que pour l'étendue du ressort du tribunal de première instance.

31. Nos procureurs impériaux criminels pourront ordonner le transport d'un huissier dans toute l'étendue du département.

32. La disposition du précédent article est applicable à nos procureurs près les tribunaux

(1) L'exploit signifié par un huissier près le tribunal de commerce contient énonciation suffisante de son immatricule, lorsqu'il y est dit que l'exploit est fait par un *tel*, *huissier près le tribunal de commerce de tel endroit*. Cette énonciation indique implicitement que l'huissier est immatriculé près du tribunal civil (S. 27, 2, 250).

ordinaires des douanes, à moins qu'il n'y ait dans le même département deux ou plusieurs de ces tribunaux. Dans ce dernier cas, ils ne pourront ordonner le transport que pour la partie de ce département formant le ressort de leur tribunal.

33. Le transport des huissiers dans les divers départemens du ressort de nos cours impériales et prévôtales ne pourra être autorisé, dans des affaires criminelles, que par nos procureurs généraux près ces cours.

34. En matière de simple police, aucun huissier ne pourra instrumenter hors du canton de sa résidence, si ce n'est dans le cas prévu par le second paragraphe de l'article 28 du présent décret, et en vertu d'une cédule délivrée, pour cet effet, par le juge-de-paix.

35. Dans tous les cas où les réglemens accordent aux huissiers une indemnité pour frais de voyage, il ne sera alloué qu'un seul droit de transport pour la totalité des actes que l'huissier aura faits dans une même course et dans le même lieu.

Ce droit sera partagé en autant de portions égales entre elles qu'il y aura d'originaux d'acte, et, à chacun de ces actes, l'huissier appliquera l'une desdites portions, le tout à peine de rejet de la taxe, ou de restitution envers la partie, et d'une amende qui ne pourra excéder cent francs, ni être moindre de vingt francs.

36. Tout huissier qui chargera un huissier d'une autre résidence d'instrumenter pour lui, à l'effet de se procurer un droit de transport qui ne lui aurait pas été alloué s'il eût instrumenté lui-même, sera puni d'une amende de cent francs. L'huissier qui aura prêté sa signature sera puni de la même peine.

En cas de récidive, l'amende sera double, et l'huissier sera de plus destitué.

Dans tous les cas, le droit de transport indûment alloué ou perçu sera rejeté de la taxe, ou restitué à la partie.

§ III. Prisées et ventes publiques de meubles et effets mobiliers.

37. Dans les lieux pour lesquels il n'est point établi de commissaires-priseurs exclusivement chargés de faire les prisées et ventes publiques des meubles et effets mobiliers, les huissiers, tant audienciers qu'ordinaires, continueront de procéder, concurremment avec les notaires et les greffiers, auxdites prisées et ventes publiques, en se conformant aux lois et réglemens qui y sont relatifs (1).

38. Les huissiers ne pourront ni directement ni indirectement, se rendre adjudicataires des objets mobiliers qu'ils seront chargés de vendre.

Toute contravention à cette disposition sera punie de la suspension de l'huissier pendant trois mois, et d'une amende de cent francs pour chaque article par lui acheté, sans préjudice de plus fortes peines dans les cas prévus par le Code pénal.

La récidive, dans quelque cas que ce soit, entraînera toujours la destitution.

CHAPITRE II. Devoirs des huissiers.

39. Les huissiers sont tenus de se renfermer dans les bornes de leur ministère, sous les peines portées par l'article 132 du Code de procédure civile.

40. L'exercice du ministère d'huissier est incompatible avec toute autre fonction publique salariée.

41. Il est défendu aux huissiers, sous peine d'être remplacés, de tenir auberge, cabaret, café, tabagie ou billard, même sous le nom de leurs femmes, à moins qu'ils n'y soient spécialement autorisés.

42. Les huissiers sont tenus d'exercer leur ministère toutes les fois qu'ils en sont requis, et sans acception de personnes, sauf les prohibitions pour cause de parenté ou d'alliance portées par les articles 4 et 66 du Code de procédure civile.

L'article 85 de notre décret du 18 juin 1811 sera exécuté à l'égard de tout huissier qui, sans cause valable, refuserait d'instrumenter à la requête d'un particulier (2).

(1) Les huissiers n'ont pas le droit de procéder, concurremment avec les notaires, à la vente publique des récoltes sur pied et autres fruits *pendans par branches ou par racines*; ils ne peuvent vendre que les objets qui sont meubles de leur nature, ou qui ont ce caractère, par la détermination de la loi, avant la vente et au moment de la vente, et non ceux qui ne sont mobilisés que par l'effet de la vente, sauf les exceptions portées notamment au titre de la saisie-brandon (10 décembre 1828; Cass. S. 29, 1, 256; D. 29, 1, 60; P. 44, 94).

Il a été décidé en sens contraire que les huissiers avaient le droit, concurremment avec les notaires, de procéder à la vente, *mais au comptant seulement*, des fruits et récoltes pendans par racines, et de matériaux à provenir de démolition de bâtimens ou de fouilles de mines ou carrières (16 mai 1829, Paris; S. 29, 2, 153).

Mais cet arrêt a été cassé par décision de la Cour de cassation du 8 juin 1831 (Cass. S. 31, 1, 225; P. 50, 490).

(2) Est nul le traité par lequel les huissiers d'un chef-lieu d'arrondissement conviennent que les actes de leur ministère seront exclusivement signifiés dans la ville par un huissier désigné, et dans la campagne, par certains d'entre eux, une telle stipulation violant le principe que tout huissier est obligé de prêter son ministère à quiconque le réclame.

Est immorale et contraire à l'ordre public (par

43. Les copies à signifier par les huissiers seront correctes et lisibles, à peine de rejet de la taxe, ou de restitution des sommes reçues.

Les papiers employés à ces copies ne pourront contenir, savoir : plus de quarante lignes par page de moyen papier, et plus de cinquante lignes par page de grand papier, à peine d'une amende de vingt-cinq francs, conformément à l'article 26 de la loi sur le timbre, du 13 brumaire an 7.

Si la copie d'un arrêt ou d'un jugement en dernier ressort n'est point conforme à ce qui est prescrit par le présent article, l'huissier qui l'aura signée sera de plus condamné à une amende de vingt-cinq francs, sur la seule provocation du ministère public, et par la cour ou le tribunal devant lequel cette copie aura été produite.

Nos procureurs généraux et impériaux sont chargés spécialement de veiller à l'exécution du présent article (1).

44. Si l'huissier contrevenant à l'une des dispositions du précédent article est convaincu de récidive, le ministère public pourra provoquer sa suspension, ou même son remplacement, s'il y a lieu.

45. Tout huissier qui ne remettra pas lui-même à personne ou domicile l'exploit et les copies de pièces qu'il aura été chargé de signifier sera condamné, par voie de police correctionnelle, à une suspension de trois mois, à une amende qui ne pourra être moindre de deux cents francs ni excéder deux mille francs, et aux dommages et intérêts des parties.

Si néanmoins il résulte de l'instruction qu'il a agi frauduleusement, il sera poursuivi criminellement, et puni d'après l'article 146 du Code pénal (2).

46. Les répertoires que les huissiers sont obligés de tenir conformément à la loi du 22 frimaire an 7, relative à l'enregistrement, seront cotés et paraphés, savoir :

Ceux des huissiers audienciers, par le président de la cour ou du tribunal, ou par le juge qu'il aura commis à cet effet;

Ceux des huissiers ordinaires résidant dans les villes où siégent les tribunaux de première instance, par le président du tribunal, ou par le juge qu'il aura commis à cet effet;

Ceux des autres huissiers, par le juge-de-paix du canton de leur résidence.

47. Outre les mentions qui, aux termes de l'article 50 de la même loi, doivent être faites dans lesdits répertoires, les huissiers y marqueront, dans une colonne particulière, le coût de chaque acte ou exploit, déduction faite de leurs déboursés.

48. Pour faciliter la taxe des frais, les huissiers, outre la mention qu'ils doivent faire au bas de l'original et de la copie de chaque acte, du montant de leurs droits, seront tenus d'indiquer en marge de l'original le nombre de rôles des copies de pièces, et d'y marquer de même le détail de tous les articles de frais formant le coût de l'acte.

TITRE III. De la réunion des huissiers en communauté d'arrondissement.

CHAPITRE Ier. *Formation de la communauté.*

49. Il y aura communauté entre tous les huissiers, sans exception, résidant et exploitant dans l'étendue du ressort du tribunal civil d'arrondissement de leur résidence.

50. Le département de la Seine n'ayant qu'un seul tribunal civil, tous les huissiers exerçant dans ce département, y compris

---

suite frappée de nullité), la clause par laquelle les huissiers soumettent à une amende celui d'entre eux qui engagera les parties à ne pas plaider ou à ne pas ramener leurs titres à exécution.

N'est point obligatoire le traité par lequel des huissiers conviennent que leurs émolumens seront partagés entre eux, autrement que ne le veut le présent décret et l'ordonnance de juin 1822 (28 août 1830, Montpellier; S. 31, 2, 71; D. 31, 2, 59).

(1) L'huissier qui se substitue à un autre huissier dans une poursuite de saisie mobilière est-il garant aussi bien que l'huissier substitué envers le saisi, des soustractions commises par le gardien? (17 avril 1821; Cass. S. 21, 1, 290.)

(2) Le jugement de la chambre des mises en prévention d'un tribunal, qui déclare n'y avoir lieu à suivre contre un huissier prévenu de *faux* pour avoir frauduleusement omis de remettre la copie d'un acte dans lequel il constatait que la remise avait eu lieu, ne peut (lorsqu'il est motivé seulement sur la non-existence de la fraude alléguée) empêcher que l'huissier soit poursuivi correctionnellement, en ce que l'huissier aurait certifié la remise d'une copie qui, en réalité, n'avait pas eu lieu (1er mai 1829; Cass. S. 29, 1, 250; D. 29, 1, 235; P. 45, 306).

L'huissier qui déclare avoir remis la copie d'un exploit au domicile même de la personne à qui il était chargé de le notifier, et en parlant à une personne de sa maison, bien qu'en réalité il ne se soit pas transporté à ce domicile, et qu'il ait confié la copie de l'exploit à un tiers, commet un faux dont il ne peut être excusé sur le motif qu'il a surveillé la remise de la copie par le tiers, et même qu'il était présent à cette remise; seulement, ce faux étant exempt de fraude, l'huissier ne doit être condamné qu'aux peines correctionnelles portées en cet article, au lieu des peines portées au Code pénal, article 146 (18 avril et 2 août 1828; Cass. S. 28, 1, 385 et 398; D. 28, 1, 219; P. 42, 488. — 18 avril 1828; Cass. S. 28, 1, 385; D. 28, 1, 219). *Voy.* décret du 29 août 1813.

ceux de notre Cour de cassation, seront réunis en communauté.

51. Il en sera de même du département de la Sesia, qui n'a également qu'un seul tribunal civil : en conséquence, tous les huissiers exerçant dans ce département ne formeront aussi qu'une seule communauté.

52. Chaque communauté aura une chambre de discipline, qui sera présidée par un syndic.

CHAPITRE II. Organisation de la chambre de discipline.

53. Le nombre des membres de la chambre de discipline, y compris le syndic, est fixé, savoir :

A quinze, dans le département de la Seine;

A neuf, dans les autres arrondissemens où il y aura plus de cinquante huissiers;

A sept, dans les arrondissemens où le nombre des huissiers sera de trente à cinquante;

A cinq, dans les arrondissemens où il y aura moins de trente huissiers.

54. Dans chaque chambre, il y aura, outre le syndic, un rapporteur, un trésorier et un secrétaire.

55. Le syndic et deux autres membres de la chambre seront nécessairement pris parmi les huissiers en résidence au chef-lieu de l'arrondissement.

Dans les arrondissemens où siégent les cours impériales, il y aura toujours à la chambre de discipline, indépendamment du syndic, au moins trois huissiers du chef-lieu.

Dans le département de la Seine, les deux tiers au moins des membres de la chambre, y compris le syndic, seront pris parmi les huissiers de Paris.

56. Le syndic sera nommé tous les ans, savoir : dans les arrondissemens où siégent nos cours impériales, par le premier président, sur la présentation qui lui sera faite de trois membres par notre procureur général; et dans les autres arrondissemens, par le président du tribunal de première instance, sur la présentation qui sera également faite de trois membres par notre procureur impérial. Le syndic sera indéfiniment rééligible.

57. Si pour la nomination du syndic il y a partage, il en sera référé à la chambre à laquelle le premier président ou le président est spécialement attaché, et au tribunal même, si le tribunal n'est pas divisé en plusieurs chambres.

58. La première nomination des autres membres de la chambre de discipline sera faite de la même manière que celle du syndic.

59. Après cette première nomination, les membres de la chambre de discipline autres que le syndic seront élus par l'assemblée générale des huissiers, qui se réuniront pour cet effet au chef-lieu de l'arrondissement, sur la convocation et sous la présidence du syndic.

60. L'élection des membres de la chambre de discipline se fera au scrutin secret.

Un scrutin particulier aura lieu pour la nomination du trésorier, qui sera toujours pris parmi les huissiers du chef-lieu.

Les autres membres de la chambre seront nommés, sans désignation de fonctions, par bulletin de liste contenant un nombre de noms qui ne pourra excéder celui des membres à nommer.

Toutes ces nominations seront faites à la majorité absolue.

61. Lorsqu'il y aura cent votans et au-dessus, l'assemblée se divisera par bureaux, qui ne pourront être composés de moins de trente ni plus de cinquante votans.

Ces bureaux seront présidés, le premier par le syndic, et chacun des autres par le plus âgé des huissiers présens; les deux plus âgés après lui feront les fonctions de scrutateurs, et le plus jeune celles de secrétaire.

62. La chambre de discipline sera renouvelée tous les ans par tiers, ou, si le nombre n'est pas susceptible de cette division, par portions les plus approchantes du tiers, en faisant alterner, chaque année, les portions inférieures et supérieures au tiers, à commencer par les inférieures, de manière que, dans tous les cas, aucun membre ne puisse rester en fonctions plus de trois années consécutives.

63. Le sort indiquera ceux des membres qui devront sortir la première et la seconde année; ensuite le renouvellement s'opérera par ordre d'ancienneté de nomination.

Les membres sortans ne seront rééligibles qu'après un an d'intervalle, à l'exception toutefois du Trésorier, qui sera toujours rééligible.

64. Lorsque le nombre total des huissiers formant la communauté ne sera pas suffisant pour le renouvellement de la chambre tel qu'il est prescrit ci-dessus, ce renouvellement n'aura lieu que jusqu'à concurrence du nombre existant.

65. Les membres de la chambre de discipline nommeront entre eux au scrutin secret, à la majorité absolue, un rapporteur et un secrétaire.

Cette nomination sera renouvelée tous les ans, et les mêmes pourront être réélus.

66. En cas de partage des voix pour ladite nomination, le scrutin sera recommencé, et si le résultat est le même, le plus âgé des deux membres qui seront l'objet de ce partage sera nommé de droit, à moins qu'il n'ait rempli, pendant les deux années précédentes, la fonction à laquelle il s'agira de nommer :

auquel cas la nomination de droit sera pour son concurrent.

67. La nomination des membres de la chambre de discipline aura lieu chaque année dans la première quinzaine d'octobre, et sera immédiatement suivie de la nomination du rapporteur et du secrétaire.

68. La chambre et les officiers entreront en exercice le 1er novembre.

69. La chambre tiendra ses séances au chef-lieu de l'arrondissement; elle s'assemblera au moins une fois par mois.

Le syndic la convoquera extraordinairement quand il le jugera convenable, ou sur la demande motivée de deux autres membres.

Il sera tenu de la convoquer toutes les fois qu'il en recevra l'ordre du président du tribunal de première instance, ou de notre procureur près ce tribunal.

Chapitre III. Attributions de la chambre de discipline et de ses officiers.

70. La chambre de discipline est chargée:

1° De veiller au maintien de l'ordre et de la discipline parmi tous les huissiers de l'arrondissement, et à l'exécution des lois et réglemens qui concernent les huissiers;

2° De prévenir ou concilier tous différends qui peuvent s'élever entre les huissiers relativement à leurs droits, fonctions et devoirs, et, en cas de non-conciliation, de donner son avis comme tiers sur ces différends;

3° De s'expliquer, également par forme d'avis, sur les plaintes ou réclamations de tiers contre des huissiers à raison de leurs fonctions, et sur les réparations civiles qui pourraient résulter de ces plaintes ou réclamations;

4° De donner son avis comme tiers sur les difficultés qui peuvent s'élever au sujet de la taxe de tous frais et dépens réclamés par des huissiers:

Lorsque la chambre ne sera point assemblée, cet avis pourra être donné par un de ses membres, à moins que l'objet de la contestation ne soit d'une importance majeure, auquel cas la chambre s'expliquera elle-même à la prochaine séance, ou, si le cas est urgent, dans une séance extraordinaire;

5° D'appliquer elle-même les peines de discipline établies par l'article suivant, et de dénoncer au procureur impérial les faits qui donneraient lieu à des peines de discipline excédant la compétence de la chambre, ou à d'autres peines plus graves;

6° De délivrer, s'il y a lieu, tous certificats de moralité, de bonne conduite et de capacité, à ceux qui se présenteront pour être nommés huissiers;

7° De s'expliquer également sur la conduite et la moralité des huissiers en exercice, toutes les fois qu'elle en sera requise par les cours et tribunaux, ou par les officiers du ministère public;

8° Enfin de représenter tous les huissiers sous le rapport de leurs droits et intérêts communs, et, en conséquence, d'administrer la bourse commune dont il sera parlé au chapitre V ci-après.

71. Les peines de discipline que la chambre peut infliger elle-même, sont:

1° Le rappel à l'ordre;

2° La censure simple par la décision même;

3° La censure avec réprimande par le syndic à l'huissier en personne dans la chambre assemblée;

4° L'interdiction de l'entrée de la chambre pendant six mois au plus.

72. L'application, par la chambre des huissiers, des peines de discipline spécifiées dans l'article précédent, ne préjudiciera point à l'action des parties intéressées ni à celle du ministère public.

73. Toute condamnation des huissiers à l'amende, à la restitution et aux dommages-intérêts, pour des faits relatifs à leurs fonctions, sera prononcée par le tribunal de première instance du lieu de leur résidence, sauf le cas prévu par le troisième paragraphe de l'article 43; à la poursuite des parties intéressées ou du syndic de la communauté, au nom de la chambre de discipline. Elle pourra l'être aussi à la requête du ministère public (1).

---

(1) L'action en garantie contre l'huissier signataire d'un exploit querellé de nullité doit être porté exclusivement devant le tribunal du lieu de la résidence de l'huissier, et non devant le tribunal du lieu où l'action en nullité de l'exploit est pendante (22 décembre 1828, Bourges; S. 29, 2, 127; D. 29, 2, 90; P. 43, 457).

L'huissier cité devant d'autres tribunaux peut demander son renvoi; mais ce n'est là qu'une exception, qui peut être couverte par le silence de la partie (20 juillet 1830; Cass. S. 30, 1, 245; D. 30, 1, 375; P. 49, 31).

Les condamnations à l'amende, à la restitution et aux dommages-intérêts envers les huissiers, sont de véritables jugemens qui doivent être prononcés en audience publique (3 mars 1829; Cass. S. 29, 1, 245; D. 29, 1, 162).

Les tribunaux civils seuls sont compétens pour appliquer les amendes encourues par les huissiers pour inobservation de la règle qui leur prescrit, lorsqu'ils signifient plusieurs actes dans un voyage, de diviser les droits de transport qui leur sont accordés, en autant de portions qu'il y a d'originaux d'actes, au lieu d'exiger un droit de transport pour chacun. Les tribunaux correctionnels sont incompétens pour connaître de telles infractions (22 mai 1828; Cass. S. 28, 1, 346; D. 28, 1, 255)

74. La suspension des huissiers ne pourra être prononcée que par les cours et tribunaux auxquels ils sont respectivement attachés.

75. Il n'est dérogé, par le présent titre, à aucune des dispositions des articles 102, 103 et 104 de notre décret du 30 mars 1808.

76. Le syndic aura la police d'ordre dans la chambre.

Il proposera les sujets de délibération, recueillera les voix, et prononcera le résultat des délibérations.

Il dirigera toutes actions et poursuites à exercer par la chambre, et agira pour elle et en son nom, dans tous les cas, conformément à ce qu'elle aura délibéré.

Il aura seul le droit de correspondre, au nom de la chambre, avec le président et le ministère public; sauf, en cas d'empêchement, la délégation au rapporteur.

77. Le rapporteur déférera à la chambre, soit d'office, soit sur la provocation des parties intéressées ou de l'un des membres de la chambre, les faits qui pourront donner lieu à des mesures de discipline contre des membres de la communauté.

Il recueillera des renseignemens sur ces faits, ainsi que sur toutes les affaires qui doivent être portées à la connaissance de la chambre, et lui en fera son rapport.

78. Le trésorier tiendra la bourse commune, conformément aux dispositions du chapitre V ci-après.

79. Le secrétaire rédigera les délibérations de la chambre.

Il sera le gardien des archives, et délivrera les expéditions.

Chapitre IV. Forme de procéder dans la chambre de discipline.

80. La chambre ne pourra faire l'application des peines de discipline spécifiées en l'article 71, qu'après avoir entendu l'huissier inculpé, ou faute par lui d'avoir comparu dans le délai de la citation. Ce délai ne sera jamais moindre de cinq jours.

81. La citation sera donnée par une simple lettre indicative de l'objet, signée du rapporteur, et envoyée par le secrétaire, qui en prendra note sur un registre tenu à cet effet, coté et paraphé par le président du tribunal de première instance.

82. La même forme aura lieu pour appeler toutes personnes, huissiers ou autres, qui voudront être entendues sur des réclamations ou plaintes par elles adressées à la chambre de discipline.

83. Lorsqu'il s'agira de contestations entre huissiers, les citations pourront être respectivement données dans la forme ordinaire, en déposant les originaux au secrétariat de la chambre.

84. Dans tous les cas, les parties pourront se présenter aux séances de la chambre volontairement et sans citation préalable.

85. La chambre ne pourra prononcer ni émettre son avis sur aucune affaire qu'après avoir entendu le rapporteur.

86. Elle ne pourra délibérer valablement si les membres votans ne forment au moins les deux tiers de ceux qui la composent.

87. Les délibérations seront prises à la majorité absolue des voix: le syndic aura voix prépondérante en cas de partage.

88. Les délibérations seront inscrites sur un registre coté et paraphé par le syndic: elles seront signées par tous les membres qui y auront concouru.

Les expéditions seront signées par le syndic et le secrétaire.

89. Tous les actes de la chambre, soit en minute, soit en expédition, à l'exception des certificats et autres pièces à délivrer aux candidats ou à des individus quelconques dans leur intérêt personnel, seront exempts du timbre et de l'enregistrement.

90. La chambre sera tenue de représenter à nos procureurs généraux et impériaux, toutes les fois qu'ils en feront la demande, les registres de ses délibérations, et tous autres papiers déposés dans ses archives.

Chapitre V. De la bourse commune.

91. Dans chaque communauté d'huissiers, il y aura bourse commune formée et administrée d'après les règles établies au présent chapitre.

92. Chaque huissier versera dans la bourse commune de son arrondissement les deux cinquièmes de tous ses émolumens.

Les huissiers suspendus ou destitués y verseront, dans la même proportion, les émolumens par eux perçus jusqu'à l'époque de leur suspension ou destitution (1).

(1) L'accord par lequel des huissiers consentent à signifier des actes de leur ministère rédigés par des tiers, par exemple, des agréés près les tribunaux de commerce, et à faire remise à ces tiers d'une partie de leur salaire, constitue un abus qui peut donner lieu à des peines de discipline. Mais la corporation des huissiers ne peut pas réclamer des dommages-intérêts contre ceux de ses membres qui ont fait ainsi une remise de salaires, ou contre les tiers; la corporation n'est pas lésée, dès que chaque huissier a versé fidèlement les deux cinquièmes de ses émolumens dans la bourse commune (5 juin 1822; Cass. S. 22, 1, 412).
Voy. aussi S. 21, 2, 278.

93. Les huissiers audienciers ne verseront point à la bourse commune les émolumens des appels de cause et des significations d'avoué à avoué, non plus que les émolumens des actes relatifs aux poursuites criminelles et correctionnelles, autres toutefois que les significations à parties et assignations à témoins.

94. Les huissiers audienciers de tous nos tribunaux de commerce, sans distinction de lieu, recevront trente centimes par chaque appel de cause, et ceux près les tribunaux de paix, quinze centimes, laquelle rétribution sera également exceptée du versement à la bourse commune.

95. Le produit total des émolumens exceptés par les deux précédens articles sera partagé, par portions égales, entre les seuls huissiers audienciers de la cour ou du tribunal où ils ont été perçus, et sans aucune distinction entre ces huissiers, de quelque manière que le service intérieur ait été distribué entre eux.

96. Les huissiers audienciers qui reçoivent un traitement n'en verseront aucune portion dans la bourse commune. Au surplus, les articles 92, 93 et 95 leur sont applicables.

97. Les versemens à la bourse commune, dont il est parlé ci-dessus, seront faits entre les mains du trésorier de la chambre de discipline, au moins cinq jours avant les époques du partage qui aura lieu en exécution des articles 103, 104, 105 et 106, et, à l'appui de chacun desdits versemens, l'huissier remettra au trésorier une copie littérale, sur papier libre, de son répertoire, à partir du jour du dernier versement.

98. L'huissier contrevenant à l'une des obligations qui lui sont imposées par le précédent article sera condamné à cent francs d'amende.

La contrainte par corps contre l'huissier aura lieu,

Pour le paiement de l'amende,

Pour la remise de la copie du répertoire,

Pour l'acquittement de la somme qu'il doit verser dans la bourse commune.

99. Le syndic pourra exiger la représentation de l'original du répertoire; et, si la copie remise au trésorier n'y est point conforme, l'huissier en fraude sera condamné, par corps, à cent francs d'amende, pour chaque article omis ou infidèlement transcrit.

100. Sera également versé à la bourse commune le quart des amendes prononcées contre des huissiers pour délits ou contraventions relatifs à l'exercice de leur ministère.

Ces amendes seront perçues en totalité par le receveur de l'enregistrement du chef-lieu de l'arrondissement, lequel tiendra compte, tous les trois mois, à la communauté des huissiers, de la portion qui pourra lui revenir, aux termes du présent article.

101. La communauté fixera, chaque année, en assemblée générale, la somme à prélever sur la bourse commune, tant pour droit de recette que pour frais de bureau et autres dépenses de la chambre.

L'arrêté portant cette fixation sera homologué par le tribunal de première instance, sur les conclusions du ministère public.

102. L'assemblée générale pourra aussi autoriser la chambre de discipline à disposer, sur ladite bourse, d'une somme déterminée, ou de subvenir aux besoins des huissiers retirés pour cause d'infirmités ou de vieillesse, et des veuves et orphelins d'huissiers.

L'arrêté qui sera pris à ce sujet sera homologué, ainsi qu'il est dit au précédent article. Dans l'un et l'autre cas, il ne sera dû que le droit simple d'enregistrement.

103. Les fonds de la bourse commune, déduction faite du montant des prélèvemens qui auront été autorisés, conformément aux deux articles précédens, seront divisés, relativement au nombre d'huissiers composant la communauté, en autant de parts et portions qu'il sera nécessaire, pour que la distribuition desdits fonds soit faite ainsi qu'il suit :

Chaque huissier-audiencier des cours impériales aura *une part et demie.*

Chaque huissier-audiencier des tribunaux de première instance aura *une part et un quart.*

Tous les autres huissiers-audienciers ou ordinaires auront chacun *une part.*

Néanmoins, dans les chefs-lieux de département autres que celui où siége la cour impériale, les huissiers audienciers attachés à la cour d'assises seront traités comme ceux de la cour impériale, lorsqu'ils feront près ladite cour d'assises un service continu et non alternatif avec les huissiers-audienciers du tribunal de première instance.

Sont compris parmi les huissiers-audienciers qui auront seulement une part ceux qui reçoivent un traitement, à quelque cour ou tribunal qu'ils appartiennent.

104. Les huissiers destitués, démissionnaires ou décédés, ne seront compris dans le partage que pour les sommes versées à la bourse commune, ou qui auront dû y être versées avant l'époque de leur destitution, démission ou décès, et dans la proportion seulement du temps qui se sera écoulé jusqu'à cette époque, à partir du dernier partage.

105. Les huissiers suspendus de leurs fonctions ne participeront à aucune distribution de sommes versées à la bourse commune pendant la durée de leur suspension. A l'égard des sommes versées antérieure-

ment, ils n'y auront part que dans la proportion du nombre de jours qui se seront écoulés depuis le dernier partage jusqu'à l'époque de leur suspension.

106. Le partage de la bourse commune aura lieu tous les trois mois. Il pourra être fait plus souvent, si la chambre le juge convenable, et en avertissant huit jours à l'avance les membres de la communauté.

107. Aux époques fixées pour le partage, le trésorier présentera à la chambre le compte de ses recettes et dépenses depuis le dernier partage, avec le projet de la répartition à faire conformément aux art. 103, 104 et 105.

Le compte et l'état de répartition seront vérifiés, arrêtés et signés par chacun des membres présens, au plus tard dans la huitaine de la présentation.

108. Dès que la répartition aura été arrêtée par la chambre, les parts seront exigibles. Le trésorier sera tenu de les délivrer à ceux qui y auront droit, et sur leur demande. Il s'en fera donner décharge sans frais.

109. Dans le mois qui suivra la répartition faite par la chambre, tout huissier de l'arrondissement pourra prendre communication, sans déplacer, du compte et des pièces à l'appui, ainsi que de l'état de répartition, et y faire ses observations, sur lesquelles la chambre sera tenue de prononcer dans la huitaine.

Si l'huissier réclamant refuse d'acquiescer à la décision de la chambre, il en sera référé au tribunal de première instance, qui prononcera, après avoir entendu le procureur impérial.

110. Le trésorier rendra aussi, chaque année, dans la première quinzaine d'octobre, le compte général de ses recettes et dépenses pendant l'année révolue.

Ce compte sera vérifié, arrêté et signé par chacun des membres de la chambre. Il pourra être débattu de la même manière que les comptes particuliers. Le délai pour prendre communication sera de deux mois, à partir du jour où la chambre aura définitivement arrêté le compte.

111. Le trésorier qui sera en retard, ou qui refusera de rendre ses comptes, soit de remettre les sommes par lui dues à la communauté ou à l'un de ses membres, pourra être poursuivi par les parties intéressées, par toutes les voies ordinaires de droit, et même par celle de la contrainte par corps, comme rétentionnaire de deniers.

112. Le trésorier tiendra un registre coté et paraphé par le président du tribunal de première instance, et dans lequel il inscrira, jour par jour, ses recettes et dépenses. La chambre pourra se faire représenter ce registre aussi souvent qu'elle le jugera convenable, et l'arrêter par une délibération qui y sera transcrite en double minute. Elle l'arrêtera nécessairement tous les ans, lors de la vérification du compte général du trésorier.

113. Le trésorier sera tenu, si l'assemblée générale l'exige, de fournir caution solvable pour le montant présumé de ses recettes pendant quatre mois.

114. Notre grand-juge, ministre de la justice, est chargé de l'exécution du présent décret.

---

14 JUIN 1813. — Décret portant réglement sur l'exercice de la profession de boulanger dans la ville de Nantes. (4, Bull. 507, n° 9331.)

Art. 1er. A l'avenir, nul ne pourra exercer dans notre bonne ville de Nantes, département de la Loire-Inférieure, la profession de boulanger, sans une permission spéciale du maire; elle ne sera accordée qu'à ceux qui seront de bonnes vie et mœurs, et qui justifieront avoir fait leur apprentissage et connaître les bons procédés de l'art.

Ceux qui exercent actuellement la profession de boulanger dans notre bonne ville de Nantes, sont maintenus dans l'exercice de leur profession; mais ils devront se munir, à peine de déchéance, de la permission du maire, dans un mois, pour tout délai, à compter de la publication du présent décret.

2. Cette permission ne sera accordée que sous les conditions suivantes :

Chaque boulanger se soumettra à avoir constamment dans son magasin un approvisionnement de farine de première qualité.

Cet approvisionnement sera, savoir :

1° De soixante-quinze sacs au moins, du poids de quinze myriagrammes, pour les boulangers de première classe;

2° De soixante sacs au moins, pour les boulangers de seconde classe;

3° De quarante-cinq sacs au moins, pour les boulangers de troisième classe.

3. La permission délivrée par le maire constatera la soumission souscrite par le boulanger, pour la quotité de son approvisionnement de réserve : elle énoncera le quartier dans lequel chaque boulanger devra exercer sa profession.

4. Le maire s'assurera si les boulangers ont constamment en magasin et en réserve la quantité de farine pour laquelle chacun d'eux aura fait sa soumission.

5. Le maire réunira auprès de lui quinze boulangers, pris parmi ceux qui exercent leur profession depuis long-temps. Ces quinze boulangers procéderont, en présence du maire, à la nomination d'un syndic et de quatre adjoints. Le syndic et les adjoints seront renouvelés, tous les ans, au mois de janvier : ils pourront être réélus; mais, après un exer-

tice de trois années, le syndic et les adjoints devront nécessairement être renouvelés.

6. Le syndic et les adjoints procéderont, en présence du maire, au classement des boulangers, conformément aux dispositions énoncées en l'article 2.

7. Le syndic et les adjoints seront chargés de la surveillance de l'approvisionnement de réserve des boulangers, et de constater la nature et la qualité des farines dudit approvisionnement, sans préjudice des autres mesures de surveillance qui devront être prises par le maire.

8. Aucun boulanger ne pourra quitter sa profession que six mois après la déclaration qu'il en devra faire au maire.

9. Nul boulanger ne pourra restreindre le nombre de ses fournées sans l'autorisation du maire.

10. Tout boulanger sera tenu de peser le pain, s'il en est requis par l'acheteur : il devra, à cet effet, avoir, dans le lieu le plus apparent de sa boutique, des balances et un assortiment de poids dûment poinçonnés.

11. Tout boulanger qui quittera sa profession sans y être autorisé par le maire, ou qui sera définitivement interdit, perdra son approvisionnement de réserve, qui sera vendu à la halle, à la diligence du maire; et le produit en sera versé à la caisse des hospices. Dans le cas où le boulanger aurait fait disparaître son approvisionnement de réserve, et où l'interdiction absolue aurait été prononcée par le maire, il gardera prison jusqu'à ce qu'il l'ait représenté, ou qu'il en ait versé la valeur à la caisse des hospices.

12. Il est défendu, sous peine de confiscation, d'établir des regrats de pain, en quelque lieu public que ce soit. En conséquence, les traiteurs, aubergistes, cabaretiers, et tous autres qui font métier de donner à manger, ne pourront, à peine de confiscation, tenir d'autre pain chez eux que celui nécessaire à leur propre consommation et à celle de leurs hôtes.

13. Le fonds d'approvisionnement de réserve deviendra libre, sur une autorisation du maire, pour tout boulanger qui, en conformité de l'article 8, aura déclaré, six mois d'avance, vouloir quitter sa profession. La veuve et les héritiers du boulanger décédé pourront pareillement être autorisés à retirer leur approvisionnement.

14. Les boulangers et débitans forains, quoique étrangers à la boulangerie de Nantes, seront admis, concurremment avec les boulangers de la ville, à vendre ou à faire vendre du pain sur les marchés et lieux publics qui seront désignés par le maire, en se conformant aux réglemens.

15. Le préfet de la Loire-Inférieure, sur la proposition du maire et l'avis du sous-préfet, pourra, avec l'autorisation de notre ministre des manufactures et du commerce, faire les réglemens locaux nécessaires pour l'exercice de la profession de boulanger, sur la nature, la qualité, la marque et le poids du pain en usage à Nantes, sur les boulangers et débitans forains et les boulangers de Nantes qui sont dans l'usage d'approvisionner les marchés, et sur la taxation du prix des différentes espèces de pain.

16. En cas de contravention à l'article 2 du présent décret, quant à l'approvisionnement auquel chaque boulanger se trouve assujéti, il sera procédé, contre les contrevenans, par le maire, qui, suivant les circonstances, pourra prononcer, par voie administrative, une interdiction momentanée ou absolue de leur profession, sauf le recours au préfet et à notre ministre des manufactures et du commerce. Les autres contraventions à notre présent décret et aux réglemens locaux dont il est fait mention en l'article précédent seront poursuivies et réprimées par le tribunal de police municipale, qui pourra prononcer l'impression et l'affiche du jugement aux frais des contrevenans.

17. Les lois et réglemens antérieurs continueront à être exécutés en tout ce qui n'est pas contraire au présent décret.

18. Notre ministre des manufactures et du commerce est chargé de l'exécution du présent décret, qui sera inséré au Bulletin des Lois.

---

14 JUIN 1813. — Décret qui accorde aux greffiers des cours et tribunaux des sept départemens de la ci-devant Hollande un délai de six mois pour verser au Trésor public le montant de leurs cautionnemens. (4, Bull. 507, n° 9329.)

---

14 JUIN 1813. — Décret qui maintient la bourse de commerce établie provisoirement dans la ville de Trieste. (4, Bull. 507, n° 9326.)

---

14 JUIN 1813. — Décret portant création d'une bourse de commerce à Emdben, département de l'Ems-Oriental. (4, Bull. 507, n° 9328.)

---

14 JUIN 1813. — Décret qui fixe aux taux déterminés par les lois des 25 ventose an 12 = 16 mars 1803, et 2 ventose an 13 — 21 février 1805, le montant des cautionnemens des notaires dans les départemens de l'Arno, de la Méditerranée et de l'Ombrone, et de ceux des notaires et avoués dans les départemens de Rome et du Trasimène. (4, Bull. 507, n° 9330.)

---

15 JUIN 1813. — Décret qui distrait la commune d'Epinay-Champlatreux, diocèse de Versailles, du territoire de la succursale de Villiers-le-Sec, et qui la réunit à la succursale de Jagny, canton de Lusarches, et qui autorise

l'exercice du culte, sous le titre de *chapelle du secours* dans l'église de Champlatreux, dépendant de la succursale de Jagny. (4, Bull. 507, n° 9332.)

---

15 JUIN 1813. — Décrets qui autorisent l'acceptation de dons et legs faits aux fabriques des églises paroissiales et succursales d'Ell, Aurillac, Bergheim, Sundhoffen, à la confrérie de Très-Sainte-Annonciation de la commune de Chiusa; au séminaire diocésain de Montpellier, et aux pauvres et hospices de Dijon, Saint-Jean de Marvejols, Agen, Savone, Muy, Luzy, Carmagnole, Romagnat et Etampes. (4, Bull. 508, nos 9385 à 9394, et Bull. 509, nos 9398, et 9405 à 9408.)

---

15 JUIN 1813. — Décrets qui autorisent l'érection en chapelles des églises du Picarreau, de Miramont, Hoyes, Jeneret, Petit-Han, Fesques. (4, Bull. 509, nos 9399 à 9404.)

---

16 JUIN 1813. — Décret concernant les bouches à feu, affûts et projectiles dont sont propriétaires ou dépositaires les négocians et armateurs dans les ports de guerre et de commerce. (4, Bull. 535, n° 9854.)

Voy. décret du 16 NOVEMBRE 1813.

Art. 1er. Les négocians et armateurs dans nos ports de guerre et de commerce, qui sont propriétaires ou dépositaires de bouches à feu en bronze et en fer, comme canons, obusiers, mortiers, caronades, pierriers, etc., d'affûts et de projectiles pour le service de ces bouches à feu, sont tenus de les mettre en dépôt dans nos arsenaux de terre ou de mer.

2. Ils ne pourront disposer de ces bouches à feu, affûts et projectiles, qu'en justifiant de leur emploi au commandant de la marine dans le port où ces effets seront déposés.

3. Il sera payé par les propriétaires, à la caisse de l'artillerie ou à celle de la marine, une somme de cinq francs par an et par bouche à feu, pour frais de garde et d'entretien de ces bouches à feu dans nos établissemens.

---

18 JUIN 1813. — Décret qui ordonne la formation d'une liste d'absens dans la 32e division militaire, et détermine les effets de cette absence. (4, Bull. 506, n° 9319.)

Voy. décret du 3 AVRIL 1813.

TITRE Ier. Formation d'une liste des absens.

Art. 1er. Il sera formé une liste d'*absens* dans la 32e division militaire.

2. Cette liste comprendra:

1° Tous les individus qui, exerçant des fonctions publiques, se seraient absentés du pays au moment de la rentrée de l'armée française;

2° Les sénateurs de Hambourg et de Lubeck qui auraient repris leurs fonctions de sénateurs après l'évacuation de l'armée française;

3° Tous les propriétaires qui se seraient absentés depuis le 1er mars, et ne seraient pas rentrés quinze jours après la publication du présent décret;

4° Tous les individus qui auraient accepté un grade d'officier dans les levées pour l'ennemi; tous les individus qui auraient pris du service dans la légion anséatique, ou auraient fait partie des autorités créées par l'ennemi;

5° Tous les individus reconnus pour avoir fait partie des rassemblemens armés, et pour avoir excité le peuple à la révolte;

6° Tous les individus connus pour être au service d'Angleterre, soit civil, soit militaire; tous ceux connus pour être au service de la Russie et de la Prusse, soit civil, soit militaire;

7° Enfin tous les individus qui se seraient absentés de leur domicile depuis le 1er mars de cette année, et qui ne seraient pas rentrés dans les quinze jours qui suivront la publication du présent décret.

3. La liste de tous les individus absens sera dressée sans délai sous les ordres du prince d'Eckmühl, par département, par arrondissement, par canton et par municipalité. Il sera, à cet effet, nommé par les préfets une commission dans chaque arrondissement et dans chaque ville. Les listes seront faites de nouveau tous les quinze jours; il en sera adressé expédition au ministre de la police générale et au directeur général de la régie des domaines et de l'enregistrement.

TITRE II. Des effets de l'absence.

4. Le séquestre sera sur-le-champ apposé sur les biens meubles et immeubles de tous les individus inscrits sur la liste des absens de la 32e division militaire.

Notre régie des domaines et de l'enregistrement en prendra aussitôt possession. L'état de la valeur de tous les biens saisis sera adressé au directeur général.

5. Tant qu'un individu sera sur la liste des absens, il ne pourra exercer aucune action civile. Les créances qui leur appartiendraient, les successions qui leur reviendraient, seront séquestrées et recueillies au profit de notre domaine. Les fruits desdits biens seront versés dans la caisse de l'enregistrement.

6. Les individus une fois inscrits sur la liste des absens, et leurs biens en la possession de la régie des domaines, la radiation de leurs noms de dessus ladite liste, et la main-levée du séquestre de leurs biens, ne pourront plus être faites qu'en vertu d'un décret de nous.

7. Nos ministres des finances, du Trésor, de la police et de la guerre, sont chargés de l'exécution du présent décret.

---

19 JUIN 1813. — Décret qui annule une décision du conseil de préfecture du département de l'Indre, comme étant basée sur un principe dont l'application appartient aux tribunaux. (4, Bull. 509, n° 9396.)

Voy. décret du 30 JUIN 1813.

N..... vu la requête du sieur Thabaut, baron de Surins, tendant à ce qu'il nous plaise :

1° Annuler un arrêté du conseil de préfecture du département de l'Indre, du 27 mai 1812, qui déclare que deux terrains cotés CD, au plan levé par son ordre, font partie du domaine des Migniers vendu par l'Etat au sieur Simon, suivant procès-verbal du 9 germinal an 6;

2° Déclarer que lesdits terrains font partie des laisses et queue de l'étang de l'Ebaupillière, vendu par l'Etat au requérant, suivant procès-verbal du même jour;

Vu ledit arrêté, ledit plan et lesdits procès-verbaux, la réponse du sieur Simon et toutes les pièces produites par les parties;

Vu les décrets par lesquels nous avons renvoyé aux tribunaux les questions relatives aux limites des domaines vendus par l'Etat lorsqu'elles n'étaient pas déterminées par les actes administratifs, et ne pouvaient l'être que par les titres anciens, le droit commun, les coutumes locales et des enquêtes et visites des lieux;

Considérant, dans l'espèce, que les procès-verbaux d'adjudication donnent réciproquement pour limite l'étang au domaine et le domaine à l'étang, en masse, et sans déterminer aucune ligne de séparation; que ces procès-verbaux ne pouvaient servir et n'ont point servi de base à la décision du conseil de préfecture, et que ce conseil s'appuie sur un principe relatif aux limites des étangs, d'après le niveau de leurs eaux, à la hauteur de leur décharge, principe dont l'application ne peut appartenir qu'aux tribunaux;

Notre Conseil-d'Etat entendu,

Nous avons décrété et décrétons ce qui suit :

Art. 1er. L'arrêté du conseil de préfecture du département de l'Indre, du 27 mai 1812, est annulé pour cause d'incompétence, et les parties sont renvoyées devant les tribunaux.

2. Notre grand-juge, ministre de la justice, et notre ministre de l'intérieur, sont chargés de l'exécution du présent décret.

---

19 JUIN 1813. — Décrets qui autorisent l'acceptation de dons et legs faits au séminaire de Besançon; aux pauvres et hospices de Bruyères, Grana, Aubeterre, Neufchâtel, Marcq, Bray et Carpentras. (4, Bull. 510, nos 9416 et 9417; Bull. 511, n° 9421; Bull. 512, n° 9426; Bull. 514, nos 9435, et 9437 à 9440.)

---

19 JUIN 1813. — Décrets qui autorisent l'érection en chapelles de plusieurs églises d'Anvers et de l'église de Saizenay. (4, Bull. 514, nos 9434 et 9436.)

---

21 JUIN 1813. — Décret qui annule un arrêté du conseil de préfecture du Bas-Rhin, comme contenant un excès de pouvoir, en ce que, par ledit arrêté, ce conseil a réformé des décisions qu'il avait prises dans une affaire de sa compétence. (4, Bull. 509, n° 9397.)

N ..... vu la requête à nous présentée par le sieur Michel Urban, cultivateur à Berstest, département du Bas-Rhin, dans laquelle il conclut à ce qu'il nous plaise le recevoir appelant de l'arrêté du conseil de préfecture de ce département, du 2 décembre 1811, comme contenant un excès de pouvoir; faisant droit sur ledit appel, ordonner que ledit arrêté sera déclaré nul et comme non-avenu, et que ceux des 16 et 31 juillet 1810, rendus par le même conseil, continueront de recevoir leur pleine et entière exécution;

Vu le premier arrêté, du 16 juillet 1810, qui décide que les cinq ares de verger qui sont en litige entre le sieur Urban et le sieur Wick font partie de l'adjudication du 11 avril 1791, et doivent appartenir au sieur Urban, comme étant aux droits des acquéreurs primitifs;

Vu le second arrêté, du 31 du même mois de juillet, qui rejette l'opposition formée au précédent par le sieur Wick, et déclare qu'il n'y a pas lieu à délibérer sur sa réclamation;

Vu le troisième arrêté, du 2 décembre 1811, qui, sur une nouvelle opposition formée par le sieur Wick aux deux arrêtés des 16 et 31 juillet 1810, rapporte lesdits arrêtés, et décide que le terrain en litige n'a pas fait partie de la vente du 11 avril 1791; qu'en conséquence le terrain n'appartient pas au sieur Urban, mais bien du sieur Wick;

Vu l'acte d'adjudication du 11 avril 1791;

Vu l'ordonnance de *soit communiqué*, rendue par notre grand-juge, ministre de la justice, et la requête en réplique du sieur Wick, dans laquelle il conclut au maintien de l'arrêté du conseil de préfecture, du 2 décembre 1811;

Vu toutes les pièces jointes au dossier;

Considérant que, dans les affaires de leur compétence, les conseils de préfecture sont de véritables juges, dont les actes doivent produire les mêmes effets et obtenir la même exécution que ceux des tribunaux ordinaires; que ce principe a déjà été consacré par plusieurs de nos décrets, et notamment par celui du 16 thermidor an 12; qu'il en résulte que les conseils de préfecture, comme les tribunaux, n'ont pas le droit de réformer leurs décisions, et que ce droit n'appartient qu'à l'autorité supérieure;

Considérant que, dans l'espèce, le conseil de préfecture du département du Bas-Rhin, ayant rendu dans la même affaire un premier arrêté par défaut, et un second contradictoire, avait épuisé toute sa juridiction; que cependant il a pris un troisième arrêté pour révoquer les deux autres, et qu'il ne pouvait, sans excéder ses pouvoirs, revenir ainsi sur ses décisions;

Considérant, au fond, que les cinq ares de verger réclamés par le sieur Urban sont nommément compris dans l'adjudication du 11 avril 1791;

Notre Conseil-d'Etat entendu,

Nous avons décrété et décrétons ce qui suit:

Art. 1er. L'arrêté du conseil de préfecture du département du Bas-Rhin, du 2 décembre 1811, est annulé comme contenant un excès de pouvoir.

2. Les cinq ares de verger en litige entre les sieurs Urban et Wick sont déclarés faire partie de l'adjudication du 11 avril 1791 : en conséquence, les deux arrêtés du conseil de préfecture du département du Bas-Rhin, des 16 et 31 juillet 1810, recevront leur pleine et entière exécution.

3. Notre grand-juge, ministre de la justice, et notre ministre de l'intérieur, sont chargés de l'exécution du présent décret.

---

21 JUIN 1813. — Décret qui autorise l'établissement des sœurs de la Providence de Strasbourg dans plusieurs communes du département des Haut et Bas-Rhin. (4, Bull. 511, n° 9418.)

---

21 JUIN 1813. — Décrets qui autorisent l'acceptation de dons et legs faits aux pauvres et hospices de Stranbino, Osnabruck, Wanneghem, Bordeaux, Saint-Chamont, Montagnac, Saint-Loup, Marvejols, Reims, Arras, Montcalier, Lorgues, Bilques, Saint-Omer et Visan. (4, Bull. 504, nos 9441 à 9453.)

---

22 JUIN 1813. — Décret qui autorise l'exportation, dans le royaume d'Italie, des bois provenant des forêts de Cella-Saint-Albérique et de Bosco-Longo. (4, Bull. 510, n° 9410.)

Art. 1er. L'exportation dans le royaume d'Italie, des bois, même de ceux propres à la construction, qui proviennent des forêts de Cella-Saint-Albérique, arrondissement de la Modigliana, département de l'Arno, et de Bosco-Longo, arrondissement de Pistoie, même département, est autorisée, à compter de la promulgation du présent décret.

2. Ces bois acquitteront, à la sortie, le droit de cinq pour cent de la valeur.

3. Les marchands seront tenus, sous peine de confiscation, de les faire sortir par les bureaux des douanes ci-dessous indiqués, savoir :

Ceux provenant de l'arrondissement de Modigliana, par les bureaux établis à Saint-Pierre-Inbagno, Mazzi et Sainte-Sophie,

Et ceux provenant de la forêt de Bosco-Longo, arrondissement de Pistoie, par le bureau de Labetone, route de Modène, commune de Cutigliano.

4. Nos ministres des manufactures et du commerce, et des finances, sont chargés de l'exécution du présent décret.

---

26 JUIN 1813. — Décret portant prorogation du délai accordé par l'article 8 du décret du 22 décembre 1812, concernant les oratoires particuliers et les oratoires et chapelles domestiques. (4, Bull. 507, n° 9333.)

Art. 1er. Le délai accordé par l'article 8 du décret du 22 décembre 1812, concernant les oratoires particuliers et les oratoires et chapelles domestiques, est prorogé de quatre mois.

2. Notre ministre des cultes est chargé de l'exécution du présent décret.

---

26 JUIN 1813. — Extraits de lettres-patentes portant autorisation aux sieurs Donatien le Ray de Chaumont et Gaigneron-Marolles de se faire naturaliser en pays étranger. (4, Bull. 504, n° 9433.)

---

26 JUIN 1813. — Extrait de lettres-patentes portant autorisation au sieur de Ponsort de rester au service d'une puissance étrangère. (4, Bull. 516, n° 9495.)

---

26 JUIN 1813. — Décret qui établit à Sainte-Terre deux foires annuelles, principalement destinées à la vente des bestiaux. (4, Bull. 514, n° 9454.)

---

26 JUIN 1813. — Décret qui fait concession au sieur Dejaifve des mines de houille existantes sur le territoire de Fanière, commune de Floreffe, dans une étendue de surface de quatre-vingt-dix-neuf hectares carrés. (4, Bull. 514, n° 9555.)

---

26 JUIN 1813. — Décret qui met à la disposition de l'évêque de Strasbourg la chapelle située dans les vignobles de la commune de Marlenheim, pour y faire exercer le culte, sous le titre de *chapelle du secours*. (4, Bull. 514, nos 9457.)

---

26 JUIN 1813. — Décrets qui autorisent l'acceptation de dons et legs faits aux pauvres et hospices de Treffort, Villefranche et Mauron, et aux fabriques des églises d'Harraucourt et Lierres. (4, Bull. 514, nos 9456, et 9458 à 9461.)

---

29 JUIN 1813. — Décret qui autorise le bâtonnier de l'ordre des avocats de Paris à accepter, au nom de cette compagnie, un legs de vingt mille livres à elle fait par le sieur Jean-Antoine Trumeau. (4, Bull. 552, n° 9422.)

Art. 1er. Le legs de vingt mille livres fait à l'ordre des avocats de Paris par le sieur Jean-Antoine Trumeau, suivant son testament olographe du 10 mai 1766, déposé chez de la Croix, notaire à Paris, sera accepté, au nom de cette compagnie, par le bâtonnier de l'ordre des avocats de Paris.

2. Le montant de ce legs sera employé, à la diligence du directeur général de la caisse d'amortissement, en acquisition de rentes sur l'État; et le produit en sera affecté, jusqu'à due concurrence, à fournir le supplément de fonds nécessaire pour rétablir la jouissance de deux lits aux incurables, fondés anciennement au profit des avocats, et le surplus à servir à l'entretien de la bibliothèque, aux dépenses des bureaux de consultations gratuites, et aux secours que l'ordre distribue aux veuves et enfans des avocats, ainsi qu'aux avocats eux-mêmes qui sont dans le cas de les réclamer.

3. Notre ministre de l'intérieur est chargé de l'exécution du présent décret.

---

30 JUIN 1813. — Décret qui fixe le droit de navigation à percevoir sur le transport de la chaux par les canaux de Loing et d'Orléans. (4, Bull. 510, n° 9411.)

Art. 1er. A dater de la publication du présent décret, il sera perçu sur la chaux qui se transporte par les canaux d'Orléans et de [illegible]g, le même droit de navigation que celui qui est fixé, pour les moellons et pour le plâtre, par les tarifs annexés à la loi du 27 nivose an 5.

Cette perception aura lieu, soit que le transport de la chaux se fasse en pagale, soit qu'il s'opère en poinçons foncés d'un seul bout.

2. Nos ministres des finances et de l'intérieur sont chargés de l'exécution du présent décret.

---

30 JUIN 1813. — Décret qui annule, pour cause d'incompétence, une décision prise par le conseil de préfecture de la Vendée, en matière de contentieux des domaines nationaux, ladite décision étant fondée sur des actes et des règles dont l'appréciation et l'application appartiennent aux tribunaux ordinaires. (4, Bull. 510, n° 9413.)

Voy. décret du 19 JUIN 1813.

N...... vu la requête à nous présentée par les sieurs Pinteville-Cernon, maître des comptes, Perreau, Cullmann, Chautreau et Alexis Nosneron, propriétaires des cabanes situées commune de Triaise, département de la Vendée, par laquelle ils concluent à ce qu'il nous plaise les recevoir appelans de l'arrêté du conseil de préfecture du département de la Vendée, du 25 mars 1806, en ce que, par les articles 2 et 3 dudit arrêté, ils se trouvent privés d'une partie des terrains dont ils se prétendent propriétaires; en conséquence, que, conformément aux contrats passés à leur profit ou à celui de leurs auteurs, les 22 décembre 1791, 13 février, 3 mars et 14 mai 1792, ils soient gardés et maintenus dans la pleine propriété, possession et jouissance des lais et relais de la mer correspondans à leurs cabanes respectives, ainsi qu'en ont joui ou dû jouir les fermiers d'icelles, en vertu des baux à eux passés tant par le chapitre de Luçon que par le sieur Brisson, procureur syndic du district de Fontenay-le-Comte;

Vu les mémoires en défense de l'administration des domaines et de l'enregistrement.

Vu les adjudications de 1791 et 1792;

Vu l'arrêté attaqué, et toutes les pièces produites;

Considérant que, si les conseils de préfecture sont chargés de prononcer sur le contentieux des domaines nationaux, c'est un principe également consacré par une jurisprudence constante, que toutes les fois que la question de propriété doit être résolue par l'examen et l'interprétation d'actes antérieurs à l'adjudication, ou par l'application des maximes du droit civil, il n'appartient qu'aux tribunaux ordinaires d'en connaître;

Considérant que, dans l'espèce, le conseil de préfecture a fondé sa décision non-seulement sur des baux antérieurs aux adjudications de 1791 et 1792, mais encore sur un arrêt du conseil du 21 mars 1769, sur plusieurs autres titres, et sur l'article 538 du Code civil: d'où il résulte qu'il n'était pas compétent pour connaître de la contestation dont il s'agit;

Notre Conseil-d'État entendu,

Nous avons décrété et décrétons ce qui suit:

Art. 1er. L'arrêté du conseil de préfecture du département de la Vendée, en date du 25 mars 1806, est annulé pour cause d'incompétence, en ce qui concerne seulement l'administration de l'enregistrement et des domaines: en conséquence, les parties sont renvoyées à se pourvoir devant les tribunaux, ainsi qu'elles aviseront.

2. Notre grand-juge, ministre de la justice, et notre ministre de l'intérieur, sont chargés de l'exécution du présent décret.

30 JUIN 1813. — Décret qui transfère au bourg de Saint-Avertin le quatrième bureau de perception du 6e arrondissement du bassin de la Loire, établi à Saint-Sauveur. (4, Bull. 510, n° 9412.)

---

30 JUIN 1813. — Décrets qui autorisent l'érection en chapelles des églises d'Esteville et de Guetteville. (4, Bull. 514, nos 9462 et 9463.)

---

30 JUIN 1813. — Décrets qui autorisent l'acceptation de dons et legs faits aux pauvres et hospices de Reims, Cambrai, Aire, Béthune, Hodimont, Fontainebleau, Amiens, Belloy, Chaulnes, Coni, Eymoutiers, Saint-Mathieu, Paris, Saint-Martin de Villeréglan et Barbezieux, et aux fabriques des églises succursales de Blombay, Canach, Gouffé et Warbeyen. (4, Bull. 514, n° 9464; et Bull. 515, nos 9470 à 9487.)

1er JUILLET 1813. — Sénatus-consulte qui proroge pendant trois mois la suspension du régime constitutionnel dans les départemens composant la 32e division militaire. (4, Bull. 509, n° 9395.)

Le sénatus-consulte du 3 avril 1813, portant suspension, pendant trois mois, du régime constitutionnel dans les départemens de l'Ems-Supérieur, des Bouches-du-Weser et des Bouches-de-l'Elbe, composant la 32e division militaire, est prorogé pendant trois mois, à compter du 15 juillet courant.

1er JUILLET 1813. — Extraits de lettres-patentes portant autorisation aux sieurs Gobert et Osterricth de se faire naturaliser en pays étranger. (4, Bull. 513, n° 9429.)

---

3 JUILLET 1813. — Décrets qui autorisent l'acceptation de dons et legs faits aux pauvres et hospices de Rouets, Mazan, Liancourt, Mantes, Pontoise, Belleville et Rouen. (4, Bull. 515, n° 9488, et Bull. 516, nos 9497 à 9501.)

---

3 JUILLET 1813. — Extraits de lettres-patentes portant institution de majorats en faveur de MM. Gaëtan-Galli, Riquet de Caraman, Boréa d'Olmo, de Gomer et Léon de Perthuis. (4, Bull. 513, n° 9431.)

---

4 JUILLET 1813. — Décret qui approuve un réglement spécial concernant l'exploitation des carrières de pierres calcaires, dites *pierres à bâtir*, dans le département de la Seine, et qui déclare ce réglement applicable aux carrières de même espèce situées dans le département de Seine-et-Oise. (4, Bull. 513, n° 9427.)

Voy. loi du 21 AVRIL 1810.

Art. 1er. Le réglement spécial concernant l'exploitation des carrières de pierres calcaires, dites *pierres à bâtir*, dans le département de la Seine, lequel demeure annexé au présent décret, est approuvé.

2. Ce réglement est rendu applicable aux carrières de pierres calcaires, dites *pierres à bâtir*, situées dans le département de Seine-et-Oise.

3. Les fonctions attribuées dans le réglement à l'inspecteur général des carrières de Paris, pour le département de la Seine, seront remplies, dans le département de Seine-et-Oise, par l'ingénieur des mines en mission dans ce département, à l'exception néanmoins des carrières situées sous le territoire des communes de Saint-Cloud, Sèvres et Meudon, lesquelles sont placées sous la surveillance de l'inspecteur des carrières du département de la Seine.

4. Les dispositions du même réglement pourront être rendues applicables à toutes les localités où le nombre et l'importance des carrières de pierres à bâtir en rendront l'exécution nécessaire, et ce, en vertu d'une décision spéciale qui sera prise par notre ministre de l'intérieur, sur la demande des préfets et le rapport du directeur général des mines.

5. Notre ministre de l'intérieur est chargé de l'exécution du présent décret.

RÉGLEMENT.

TITRE Ier. Classement de la pierre, et mode d'exploitation.

Art. 1er. Les carrières de pierres à bâtir se distinguent et se classent en carrières supérieures ou de haute masse, et en carrières inférieures ou moellonnières, dites doubles carrières.

L'ordre de ce classement est déterminé par le plus ou le moins d'épaisseur de la masse, abstraction faite de la hauteur des terres qui la recouvrent.

L'épaisseur totale de la masse varie de huit et dix mètres jusqu'à quinze, et quelquefois au-delà.

1° La carrière supérieure en comprend huit mètres, soit qu'on l'exploite par un seul atelier de toute cette hauteur, soit que ce soit par deux étages de galeries, qu'on fait ensuite communiquer l'une avec l'autre, en abattant après coup les bancs qui les séparent;

2° La double carrière ouverte dans les bancs inférieurs comprend deux mètres à deux mètres vingt-cinq centimètres de hauteur.

2. L'exploitation de ces masses peut se faire de trois manières, savoir:

1° A ciel ouvert ou par tranchées, à découvert, en déblayant la superficie;

2° Par cavage à bouches, en pratiquant, dans un front de masse mise à découvert, des ouvertures, au moyen desquelles on pénètre dans son intérieur par des galeries plus ou moins larges;

3° Par puits, en creusant des ouvertures qui descendent perpendiculairement sur la masse dans laquelle l'extraction progressive de la pierre forme des excavations plus ou moins étendues et recoupées, se communiquant ensuite par des galeries.

TITRE II. De l'exploitation à découvert.

SECTION Ire. *Cas où ce mode d'exploitation est prescrit.*

3. Doivent être exploitées à découvert ou par tranchées ouvertes:

1° Toute haute masse dont l'épaisseur aura plus de huit mètres, quand le recouvrement des terres de la superficie sera moindre que cette épaisseur, ou lorsque la masse, soit à cause du manque de solidité des bancs du ciel, soit à cause de leur trop grande quantité de filets ou filières, ne pourra être exploitée qu'à découvert;

2° Toute basse masse dont le recouvrement sera moindre que son épaisseur, et lorsque les bancs du ciel n'auront point de solidité.

SECTION II. Règles de cette exploitation.

4. Les terres seront coupées en retraite par banquettes et talus suffisans pour empêcher l'éboulement des masses supérieures: la pente ou l'angle à donner au talus sera déterminé par la reconnaissance des lieux, à raison de la nature et du plus ou moins de consistance du banc de recouvrement.

5. Il sera ouvert un fossé d'un à deux mètres de profondeur et d'autant de largeur au-dessus de l'exploitation, en rejetant le déblai sur le bord du terrain du côté des travaux, pour y former une berge ou rempart destiné à prévenir les accidens et détourner les eaux.

6. L'exploitation ne pourra être poursuivie qu'à la distance de dix mètres des deux côtés des chemins à voitures, édifices et constructions quelconques.

7. Il sera laissé, outre la distance de dix mètres prescrite par l'article précédent, un mètre d'épaisseur des terres au-dessus de la masse exploitée aux bords desdits chemins, édifices et constructions.

8. Aux approches des aqueducs construits en maçonnerie pour la conduite des eaux des communes, tels que ceux du Rungis et d'Arcueil, les fouilles ne pourront être poussées qu'à dix mètres de chaque côté de la clef de la voûte, et aux approches de simples conduits en plomb, en fer, en grès ou en pierre, les fouilles ne pourront être poussées qu'à quatre mètres de chaque côté, laissant, en outre de dix mètres pour le premier cas, et de quatre mètres pour le second, une retraite ou talus dans la masse, d'un mètre par mètre. Les distances fixées par ces deux articles pourront en outre être augmentées, sur le rapport des inspecteurs des carrières, en suite d'une inspection des lieux, d'après la nature du terrain et la profondeur à laquelle se trouveront respectivement les aqueducs ou tuyaux et les exploitations.

9. La distance à observer aux approches des terrains libres sera déterminée d'après la nature et l'épaisseur des terres recouvrant la masse à exploiter, en se conformant à l'article 4.

TITRE III. De l'exploitation par cavages à bouches.

SECTION Ire. *Cas où ce mode d'exploitation est autorisé.*

10. Pourront être exploitées par cavage à bouches:

1° Les masses de sept à huit mètres de puissance, quand l'épaisseur de leur recouvrement excédera six mètres, ou lorsqu'il aura été reconnu que le décombrement, pour en suivre l'exploitation à découvert, présentera trop de difficultés, ou que les bancs supérieurs auront assez de solidité pour servir de ciel;

2° Les masses qui ont moins de sept mètres de hauteur, lorsqu'il sera reconnu que le recouvrement est trop considérable pour qu'on puisse exploiter à découvert.

SECTION II. Règles de l'exploitation par cavage à bouches.

11. L'exploitation par cavage à bouches sera divisée en trois classes, savoir:

1° Le cavage supérieur ou grand cavage;

2° Le moyen cavage;

3° Le petit cavage.

Cette division étant fondée sur les facultés des exploitans, l'étendue de la surface de leur terrain et les circonstances locales.

12. Le cavage supérieur, qui convient aux hautes masses, se fera sur un front de dix-huit à vingt mètres;

Le moyen cavage, pour les masses inférieures, aura douze à quinze mètres;

Et le petit cavage enfin, un front de dix à douze mètres dans les dernières masses.

13. Sur la longueur du front des cavages, on enlèvera, en tout ou en partie, les terres du recouvrement de la masse, de manière à y former une retraite ou banquette de deux mètres de largeur, dont les terres seront coupées en talus, conformément aux dimensions qui seront déterminées dans l'autorisation d'exploiter.

14. Un fossé d'un mètre de largeur et autant de profondeur sera ouvert parallèle-

ment au front de masse et au-dessus de l'entrée de la carrière, comme il est prescrit article 5.

15. Vers les deux extrémités du front de masse, on percera, en ligne droite, deux entrées de galeries de service pour le grand et le moyen cavage, ou une seule au milieu du front pour le petit cavage : leur largeur sera subordonnée à l'état du ciel.

16. On ouvrira, de l'un et l'autre côté, des galeries, des tranchées ou tailles de traverse, dirigées, autant que possible, perpendiculairement aux fissures dites filières. Ces tranchées, qui auront un mètre de largeur, serviront à distribuer la masse en ateliers ou volées dont le devant sera parallèle aux filières. Ces volées, dont la profondeur sera de trois à quatre mètres, et prise sur la direction des tranchées, auront douze à vingt mètres de largeur sur leur devant, suivant la solidité du ciel : elles seront souchevées et retenues par des tasseaux conservés dans la pierre, et éloignés les uns des autres de deux mètres en deux mètres.

17. Après l'enlèvement des pierres du premier alignement des volées, il sera établi une ou plusieurs rangées de piliers à bras, suivant les besoins et l'état du ciel : ils ne pourront être éloignés de plus de deux mètres les uns des autres.

18. Entre chacun des piliers à bras, on élèvera des hagues ou murs en pierre sèche, pour retenir les terres et recoupes de la carrière qui doivent servir à remblayer les vides des premières volées, avant d'en entreprendre de nouvelles, en se ménageant le long du front de masse, en bout, et sur son plat, une transversale aboutissant aux rues ou galeries de service, afin de suivre le même mode d'extraction par de nouvelles volées qui seront successivement remblayées.

19. La hauteur de l'excavation des cavages supérieurs sera celle de la haute masse, moins les bancs servant de ciel; mais, dans les cavages inférieurs, elle ne pourra excéder trois mètres, à moins que le banc du ciel ne soit parfaitement entier et sans aucune filière.

20. Lorsque le cavage aura été suivi jusqu'aux limites de la propriété ou jusqu'à la distance de cent cinquante mètres de l'entrée de la carrière, on recommencera un front de masse, suivant les dispositions ci-dessus (art. 4 et suiv.), pour ouvrir ensuite de nouvelles entrées de cavage, à moins qu'il n'ait été constaté par les inspecteurs que les premières galeries, par leur solidité, leur muraillement ou leur manière d'être, soient dans le cas d'être conservées pour continuer le même cavage.

21. Les exploitations par cavage, de quelque classe qu'elles soient, ne pourront être poussées qu'à la distance de dix mètres des deux côtés des chemins à voitures, des édifices et constructions quelconques, en laissant en outre une retraite ou talus dans la masse, d'un mètre pour mètre de hauteur et largeur du cavage.

SECTION III. Des cavages provisoires.

§ Ier. *Cas où les cavages provisoires sont permis.*

22. Sous le nom de cavages provisoires, on entend les exploitations des basses masses moellonnières faites par des ateliers soutenus sur piliers conservés dans la masse, et appelés *piliers tournés*. Ces travaux ne sont permis que pour faciliter l'extraction pendant l'hiver, le cavage provisoire devant cesser et l'exploitation devant être reprise à découvert aussitôt le retour de la belle saison. Ce mode d'extraction ne peut être suivi qu'autant que les inspecteurs ont constaté qu'il peut être toléré, et qu'ils ont donné les instructions nécessaires.

§ II. Règles de cette exploitation.

23. L'exploitation par cavage provisoire à piliers tournés ne pourra jamais s'étendre en profondeur au-delà de trois rangées de piliers. Lorsque ceux de la quatrième rangée seront isolés et tournés sous toutes leurs faces, l'exploitant sera tenu d'enlever le recouvrement de terre des piliers de la première rangée, à l'effet de les exploiter à découvert, en suivant le même mode pour les piliers de la seconde rangée quand ceux de la cinquième seront dégagés et isolés : chaque rangée ne pourra avoir plus de six piliers de longueur.

24. Les piliers tournés seront espacés les uns des autres de trois ou quatre mètres, suivant les instructions des inspecteurs. Chaque pilier devra avoir au moins deux mètres de côté à sa base, et trois mètres dans le haut à sa portée vers le ciel de la carrière.

TITRE IV. De l'exploitation par puits.

SECTION Ire. *Cas où cette exploitation peut avoir lieu.*

25. Pourront être exploitées par puits les hautes masses recouvertes d'une grande épaisseur de terre, comme celles des communes de Mont-Rouge, Gentilly, Châtillon, Bagneux, Arcueil, Ivry, Vanvres, Passy, Saint-Maur, Maison-Alfort, Creteil, etc., ainsi que les parties inférieures ou basses masses, lorsqu'elles sont recouvertes d'une trop grande épaisseur de terre pour qu'on puisse les attaquer sur aucun front.

SECTION II. Construction des puits.

26. Les carriers, en ouvrant un puits d'exploitation, seront obligés d'en établir la

maçonnerie sur un rouet de charpente, lequel sera descendu jusque sur le terrain solide, ou mieux suivant les localités et la manière d'être du recouvrement et celle de la masse; ils établiront leur première assise de maçonnerie en carreaux de pierre taillée en queue d'aronde. La maçonnerie des puits régnera dans toute la hauteur, si les bancs ne sont pas reconnus solides.

27. Les puits d'extraction auront au moins deux mètres cinquante centimètres de diamètre. A l'ouverture, on établira une forme ou terre-plein de deux mètres de hauteur sur sept à huit mètres de côté, pour y établir l'équipage d'une manière solide, et ne pas engorger la place d'enlèvement des pierres.

28. Les ouvertures des puits ne se pourront faire qu'à vingt mètres des chemins à voiture, édifices et constructions quelconques, sauf les exceptions qu'exigeront les localités.

SECTION III. Règles de cette exploitation.

29. Les puits étant percés suivant les formes prescrites, on ouvrira, en coupant les filières de la masse à angle droit, une galerie ou ligne droite de cinquante mètres de longueur environ, et plus ou moins, suivant l'état de la masse et l'étendue de la propriété.

30. Sur le prolongement de cette première galerie, on ouvrira, de gauche et de droite, des ateliers par volées, tranchées, souchevées et retenues avec des tasseaux. Ces volées auront deux mètres au plus de profondeur, sur une longueur proportionnée, qui ne pourra jamais excéder vingt mètres. Les tasseaux devront être répartis et conservés de deux mètres en deux mètres au moins, ou de trois en trois, si la masse annonce plus de solidité; ils pourront même être plus espacés, si la masse est entièrement sans filières ou filets.

31. Lorsque les masses abattues de la première volée auront été enlevées, on établira une rangée de piliers à bras avec des hagues entre chaque, pour retenir les terres de remblai et bourrages, en se ménageant : 1° au pourtour de la masse, en bout, et sur son plat, une galerie qui cernera l'exploitation; et 2° une galerie transversale venant au puits perpendiculairement sur la grande voie, et la traversant à angle droit au pied du puits.

32. La seconde volée et les suivantes se feront suivant le même principe, et en élevant successivement après leur chute une seconde, une troisième, une quatrième rangée de piliers, avec des hagues entre chaque, pour soutenir les terres de remblai; on ménagera toujours les deux galeries principales, les transversales et celles qui doivent longer le front de masse, tant contre son bout que contre son plat.

33. Si la carrière ne donne pas assez de terres, bouzins, recoupes, pour remblayer les vides entièrement, on pourra, de dix mètres en dix mètres, laisser, entre les rangées des piliers, des cachots ou retraites de la hauteur du vide; mais, dans ce cas, les hagues devront être faites en moellons choisis par assises régulières.

34. Lorsque l'exploitation aura été portée aux extrémités de la propriété, ou qu'elle aura atteint la distance de cinquante mètres à soixante environ, à partir de chaque côté du pied du puits jusqu'aux extrémités de la carrière, l'exploitant sera tenu d'en donner avis à l'inspecteur général des carrières, qui jugera si on peut continuer l'exploitation par le même puits, ou s'il n'est pas nécessaire d'en percer un autre.

35. Si l'état des travaux fait craindre des tassemens ou des éboulemens, l'inspecteur général en donnera avis; et il sera ordonné de faire sauter ou combler toutes les parties qui pourraient donner quelque inquiétude, en commençant par les plus éloignées du pied du puits, et s'en rapprochant successivement.

TITRE V. Des doubles carrières.

SECTION Ire. *Cas où les doubles carrières seront autorisées.*

36. Les carrières doubles ou inférieures pourront être permises quand, après une exploitation totale des masses supérieures, il sera reconnu que les bancs inférieurs ou de basses masses sont de bonne qualité, et peuvent être extraits sans qu'il en résulte aucun inconvénient.

SECTION II. Conditions et règles pour le mode d'exploitation des doubles carrières.

37. Nulle double carrière ne pourra être entreprise que préalablement l'inspecteur général, sur la demande de l'exploitant, n'ait fait constater la manière d'être de la masse, sa qualité, son épaisseur, le mode ou projet d'extraction, et surtout l'état de la carrière supérieure dont l'exploitant sera tenu de joindre le plan et la coupe à sa demande de permission de double carrière.

38. On se servira du puits d'extraction de la carrière supérieure, s'il est reconnu en bon état: il sera prolongé jusqu'au sol de l'inférieure, en le muraillant dans les parties de sable, terre ou bouzins qui pourraient se trouver entre les bancs.

39. Entre les deux carrières, on laissera deux, trois ou quatre bancs de pierre pour ciel, suivant leur épaisseur, leur manière d'être et les instructions données à cet égard par l'inspecteur général.

40. L'exploitation ne pourra se faire que sur deux mètres de hauteur au plus.

41. De deux en deux mètres, on élèvera des piliers à bras; ils devront être à l'aplomb de ceux de la carrière supérieure, d'un mètre de côté au moins. Entre ces piliers, on construira des hagues pour retenir les bourrages ou remblais, en ne laissant exactement de vide que les galeries reconnues nécessaires pour le service.

42. Les volées ou ateliers ne pourront jamais avoir plus de vingt mètres de longueur sur deux à trois de profondeur, de manière que les tasseaux soient répartis de deux en deux mètres.

43. Nul étançonnage en bois ne sera toléré dans les doubles carrières, les exploitans ne devant soutenir le ciel qu'avec des piliers à bras.

TITRE VI. Dispositions communes à toutes les exploitations par puits.

44. Nulle exploitation par cavage à bouche ou par puits ne pourra être entreprise qu'en vertu d'une autorisation du préfet, qui sera donnée sur le rapport de l'inspecteur général des carrières. L'entrepreneur joindra à la demande qu'il formera pour obtenir cette autorisation, un plan présentant l'abornement exact de la propriété sous laquelle est située la carrière à exploiter.

L'arrêté du préfet fixera les distances auxquelles l'exploitation pourra être conduite sur toutes les directions, à partir du pied du puits d'exploitation ou de l'entrée de la carrière pour celles qui sont exploitées par cavage à bouche; de manière que l'exploitation ne puisse jamais s'étendre sous les propriétés voisines, sans le consentement des propriétaires.

Une expédition de l'arrêté du préfet sera remise à chacun des propriétaires limitrophes, avec une copie du plan, faite aux frais de l'entrepreneur qui a demandé l'autorisation d'exploiter.

45. Les exploitans seront tenus d'avoir toujours deux puits par carrière (exploitée par puits), l'un pour l'extraction des matières, et l'autre pour le service des échelles.

46. Le puits des échelles aura au plus un mètre de diamètre; il sera muraillé avec soin jusqu'à la masse de pierre, et recouvert à la surface du sol par une tourelle ou cahute en maçonnerie, d'environ deux mètres et demi de hauteur, avec porte en chêne, fermant à clef.

47. Les échelles seront à deux montans en bois de chêne sain et nerveux; les échelons seront disposés de la manière qui sera indiquée par l'inspecteur général; les échelles seront fixées de quatre en quatre mètres, avec des happes ou tenons de fer scellés dans le muraillement du puits et dans la masse de pierre.

48. Il sera fait une visite générale des échelles servant à descendre dans les carrières. Les inspecteurs feront percer les puits destinés à la descente, et établir les nouvelles échelles partout où besoin sera.

49. Dans les carrières où les inspecteurs croiraient devoir laisser subsister encore quelque temps le mode établi, ils feront substituer aux ranches ou échelons de bois, des échelons de fer nerveux, de trois centimètres de diamètre, et de quatre décimètres de longueur, carrés au milieu de la longueur, dans la partie qui s'emboîtera dans le ranchet: ces échelles devront être attachées comme il est prescrit en l'article 47.

50. Les piliers tournés sont interdits dans toutes les exploitations par puits.

51. Les inspecteurs dénonceront au préfet toutes contraventions aux articles précédens. Ces contraventions seront punies de la manière indiquée au titre II du réglement général, en date du 22 mars 1813.

TITRE VII. Règles générales pour toutes les exploitations par cavage ou par puits.

52. Lorsqu'une exploitation par puits ou par cavage, de quelque espèce qu'elle soit, sera entièrement terminée, l'exploitant en donnera avis à l'inspecteur général, qui en fera constater l'état et s'en fera remettre les plans que doivent fournir les exploitans, pour déterminer si on doit en ordonner le comblement, ou faire sauter et affaisser, au moyen de la poudre, des parties menaçantes, ou enfin s'il est nécessaire d'y faire quelques constructions avant de la fermer.

53. Nul exploitant ne pourra faire affaiser, de son chef, aucune carrière ou partie de carrière au moyen de la poudre, avant d'en avoir demandé la permission, afin que les inspecteurs des carrières reconnaissent préalablement si toutes les mesures ont été prises pour qu'il n'arrive aucun accident.

TITRE VIII. Dispositions générales.

54. Toute exploitation de carrière de pierres à bâtir, moellons, pierre à chaux, etc., est interdite dans Paris.

---

4 JUILLET 1813. — Décret sur le mode de constater les remplois et les échanges des biens affectés aux majorats et dotations créés sur le domaine extraordinaire. (4, Bull. 511, n° 9419.)

Voy. décret du 1er MARS 1808; sénatus-consulte du 30 JANVIER 1810, titre II.

Art. 1er. Les remplois faits en rentes sur l'Etat ou en actions de la banque, conformément à l'article 73 de notre deuxième statut sur les majorats, du 1er mars 1808, continueront à être notés, comme ils l'ont été jusqu'ici, au conseil du sceau, sur les anciennes lettres d'investiture; sans qu'il soit besoin d'en obtenir de nouvelles à cet effet.

2. Les remplois et les échanges des biens affectés aux majorats et dotations créés sur notre domaine extraordinaire, faits en immeubles et dûment autorisés, seront constatés par de nouvelles lettres d'investiture, que le conseil du sceau délivrera aux titulaires.

3. Ces lettres seront sommaires : on se bornera à y énoncer les biens acceptés en remploi ou reçus en échange; on y annexera le contrat d'acquisition des biens affectés audit remploi, ou l'acte d'échange, avec la mention de notre approbation, qui sera transmise au conseil du sceau par l'intendant de notre domaine extraordinaire.

4. Les nouvelles lettres d'investiture seront dressées à la requête du procureur général au conseil du sceau;

Il est dérogé, en ce point à l'article 1er de notre décret du 24 juin 1808, portant que toutes les demandes présentées au conseil du sceau des titres, et notamment celles en remploi, seront formées, instruites et suivies par le ministère d'un avocat au conseil.

5. Il ne sera exigé aucun droit nouveau pour les remplois ou échanges. Seulement, le titulaire remboursera, au secrétaire général du sceau, les frais d'expédition et de timbre, qui ne pourront excéder cinq francs, le rôle en parchemin.

6. Il n'est rien innové aux statuts et réglemens pour les remplois et échanges des biens des majorats de fondation particulière.

---

4 JUILLET 1813. — Avis du Conseil-d'Etat relatif à deux jugemens rendus par un conseil de guerre spécial, qui avait pour président un capitaine, au lieu d'un officier supérieur. (4, Bull. 512, n° 9423.)

Voy. décret du 19 VENDÉMIAIRE an 12, et avis du Conseil-d'Etat du 1er MARS 1814.

Le Conseil-d'Etat, qui, d'après le renvoi de sa majesté, a entendu le rapport des sections de législation et de la guerre sur celui du ministre de la guerre, ayant pour objet de faire prononcer la nullité de deux jugemens de condamnation rendus par un conseil de guerre spécial, présidé par un capitaine.

Vu lesdits jugemens, l'un du 25 novembre dernier, qui condamne à trois ans de travaux publics, et à quinze cents francs d'amende, le nommé Bertau (Pierre-Antoine), du 3e régiment de cuirassiers, comme prévenu de désertion; l'autre du 5 décembre suivant, qui condamne à cinq ans de boulet le nommé Forio (Sébastien), également prévenu de désertion;

Vu les articles 17 et 42 de l'arrêté du Gouvernement du 19 vendémiaire an 12, portant, le premier :

« Le conseil de guerre spécial sera composé de sept membres, savoir : un officier « supérieur, etc. »

Le second : « Les jugemens des conseils « de guerre spéciaux ne seront sujets ni à « appel, ni à cassation, ni à révision, etc. »

Considérant que le conseil de guerre spécial qui a rendu les jugemens dont il s'agit n'a pas été légalement composé, puisqu'il a eu pour président un capitaine, au lieu d'un officier supérieur;

Que c'est un principe constant, qu'il n'y a pas de plus grand défaut que le défaut de pouvoir, et que ce vice doit être reproché à tout tribunal non régulièrement formé;

Que le droit de surveiller l'exécution des lois et réprimer les infractions qui y sont faites, est inhérent à la souveraineté, et ne peut jamais cesser d'exister; qu'ainsi, dans le cas où le prince n'en a pas délégué l'exercice, il est censé se l'être réservé à lui-même (1),

Est d'avis,

Que les deux jugemens ci-dessus mentionnés doivent être considérés comme non avenus, et qu'il y a lieu, de la part de sa majesté, d'ordonner à son ministre de la guerre de faire assembler un conseil de guerre spécial, conformément à l'arrêté du 19 vendémiaire an 12, et d'y traduire les deux militaires dont il s'agit.

---

4 JUILLET 1813. — Décret portant création d'une commission des eaux non navigables ni flottables dans le département du Pô. (4, Bull. 512, n° 9424.)

Voy. lois du 14 FLORÉAL an 11 et 16 SEPTEMBRE 1807.

TITRE Ier. Nomination d'une commission des eaux non navigables ni flottables dans le département du Pô.

Art. 1er. Il sera établi à Turin une commission des eaux, composée d'un conseiller de préfecture, de quatre des principaux propriétaires du département, de deux ingénieurs hydrauliciens et d'un secrétaire.

2. Le président et les six membres de la commission seront nommés par notre ministre de l'intérieur, sur l'avis du préfet et la

---

(1) Disposition remarquable, dont l'application est souvent indispensable, et qu'on ne saurait repousser par la seule considération des abus qu'elle peut entraîner. *Voy.* le Conseil-d'Etat selon la Charte, de M. Sirey.

proposition de notre directeur général des ponts-et-chaussées.

3. Le secrétaire sera proposé par le président et nommé par le préfet.

4. La commission nommera, sous l'approbation du préfet, autant de préposés aux rivières, torrens et canaux non navigables ni flottables, qu'il sera jugé convenable.

5. La commission tiendra deux sessions ordinaires chaque année : la première session commencera le 15 mai et finira le 30 du même mois; la deuxième commencera le 15 août et finira le 30 du même mois.

6. La commission pourra être réunie, sur l'invitation du préfet, toutes les fois que des cas extraordinaires pourraient l'exiger.

7. La commission ne pourra délibérer si elle n'est réunie au moins au nombre de cinq de ses membres, parmi lesquels devra se trouver indispensablement un ingénieur hydraulicien.

8. En cas d'absence ou d'empêchement du président, le préfet désignera celui des membres de la commission qui devra le remplacer.

9. Les fonctions des membres de la commission seront gratuites; le secrétaire aura des appointemens qui seront réglés par notre ministre de l'intérieur. Les diverses dépenses de la commission seront réglées par le préfet du département, d'après les états présentés par la commission.

TITRE II.

SECTION Ire. *Attributions de la commission.*

10. La commission examinera toute demande tendant à obtenir l'autorisation de faire des plantations sur les bords des rivières, torrens et canaux non navigables ni flottables, des réparations et changemens quelconques aux prises d'eau, aux berges, aux moulins, usines, digues et écluses.

11. Ces demandes seront communiquées au préposé de chaque rivière et torrent, et revêtues de son avis et de ceux du maire et du sous-préfet, avant d'être adressées à la commission.

12. La commission pourra désigner un ou plusieurs de ses membres pour se rendre sur les lieux; il devra toujours s'y trouver un des ingénieurs hydrauliciens. Les frais de vacations seront proposés par la commission et arrêtés par le préfet.

13. Chaque délibération de la commission sera transmise au préfet par le président, avec tous les renseignemens et pièces propres à fixer son opinion.

14. Les travaux reconnus urgens et les simples réparations des digues, écluses et autres ouvrages d'art déjà existant, et dont il faudrait assurer la conservation, pourront être mis en exécution d'après l'autorisation du préfet.

15. Le préfet prendra, dans tous les cas, l'avis des ingénieurs des ponts-et-chaussées, et l'avis du conservateur des eaux et forêts, pour les affaires dans lesquelles son intervention serait nécessaire.

16. Les projets pour l'exécution des nouveaux ouvrages seront soumis à notre directeur général des ponts-et-chaussées, pour être par lui examinés en conseil général, et approuvés, s'il y a lieu, et pour être ensuite adjugés avec toutes les formalités prescrites pour les travaux des ponts-et-chaussées.

17. Les préposés dresseront des procès-verbaux des changemens ou tendances à changemens qui pourraient se manifester sur les cours d'eau.

18. Ces procès-verbaux seront soumis à la commission, avec les avis des maires et sous-préfets; la commission proposera les moyens à adopter soit pour prévenir les dégâts, soit pour les réparer.

19. Dans tous les cas de désastre, le sous-préfet pourra faire les dispositions commandées par l'urgence, pour en arrêter les suites; il devra toutefois prévenir immédiatement le préfet des mesures qu'il aura prises.

SECTION II. Du mode de perception et de l'emploi des fonds.

20. La commission rédigera le projet de répartition des dépenses entre les propriétaires riverains de chaque cours d'eau, d'après le degré d'intérêt qu'ils auront aux travaux, soit d'entretien, soit de nouvelle construction; le tout conformément à la loi du 14 floréal an 11 et à celle du 16 septembre 1807.

21. Les rôles seront rendus exécutoires par le préfet. Le recouvrement et le versement des impositions s'opéreront entre les mains du receveur général du département, comme fonds spécial, et de la même manière que pour les contributions publiques.

Le préfet fixera, sur l'avis de la commission, la remise à laquelle il aura droit.

22. Les contestations relatives au recouvrement de ces rôles, aux réclamations des individus imposés et à la confection des travaux, seront portées devant le conseil de préfecture, sauf le recours au Gouvernement, ainsi qu'il est établi par les lois précitées.

23. Le paiement de travaux aura lieu sur des mandats du préfet, appuyés des certificats de réception des travaux, délivrés par des préposés et visés par les ingénieurs des ponts-et-chaussées, quant aux travaux dont il est parlé aux articles 14 et 15, et délivrés par les ingénieurs des ponts-et-chaussées seulement, quant aux travaux dont il est parlé à l'article 16. L'extrait certifié de l'acte d'adjudication devra y être joint, toutes les fois que les travaux auront été susceptibles de cette formalité.

24. Il sera rendu un compte particulier, par chaque commune, de l'emploi de ces fonds : ce compte sera soumis à la délibération du conseil municipal, et communiqué à la commission, accompagné de l'avis du sous-préfet ; la commission fera ses observations sur chacun de ces comptes, et en formera un compte général, qui sera ensuite arrêté définitivement par le préfet.

TITRE III. Dispositions générales.

25. Personne ne pourra faire aucun ouvrage nouveau, ni détruire ou changer aucun ouvrage existant contre les rivières et torrens non navigables ni flottables mentionnés, sans en avoir obtenu préalablement l'autorisation, en se conformant aux dispositions du présent décret, suivant la nature desdits travaux.

26. Les demandes en autorisation seront toujours accompagnées de devis et détail estimatif régulier, de plans sur une échelle de cinq millimètres par mètre, suivant le cas, et du titre en vertu duquel les demandeurs exercent des droits sur les eaux.

27. Il est défendu de déraciner ou brûler les troncs d'arbres qui soutiennent les berges des fleuves, rivières, torrens et canaux, soit publics, soit appartenant à des particuliers, à la distance de six mètres, et de les couper à une hauteur moindre d'un mètre.

28. Tous les propriétaires indistinctement des bords des rivières, torrens et canaux non navigables, seront tenus de faire planter, sur toute leur longueur, des arbres qui ne soient pas éloignés entre eux de plus de trois mètres, et d'en substituer d'autres à la place de ceux qui pourraient manquer; sauf les endroits où la qualité du terrain ne le permettrait pas, auquel cas la dispense sera accordée par la commission.

29. Il est défendu de pêcher dans les rivières, torrens et canaux non navigables, autrement qu'avec des filets ou des engins qui ne puissent produire aucun changement dans le cours naturel des eaux; les pêcheurs ne pourront en conséquence y construire des digues, écluses, bâtardeaux ou autres ouvrages propres à retenir, étendre ou détourner les eaux.

30. Les contraventions aux articles 25, 27, 28 et 29 du présent réglement, seront punies d'une amende qui ne pourra excéder la somme de trois cents francs, ni être moindre de six francs.

Les amendes, en cas de récidive, seront au moins doubles du montant de la première condamnation.

31. Les contraventions seront constatées par des procès-verbaux dressés par le maire ou adjoint, la gendarmerie, les agens de police, les agens forestiers, les gardes-champêtres, les préposés après avoir été assermentés; et lesdits procès-verbaux seront affirmés par-devant le juge-de-paix du canton où la contravention aura lieu.

32. Les amendes seront prononcées par les tribunaux de simple police ou de police correctionnelle, suivant la nature des délits et la quotité de l'amende.

Dans le cas où les contrevenans ne seraient pas solvables, l'amende pourra être convertie en un emprisonnement qui sera prononcé par le tribunal de police correctionnelle; il ne pourra excéder trois mois ni être moindre de trois jours.

Le recouvrement des amendes se fera à la diligence du receveur des domaines, et sera versé dans la caisse du receveur général du département.

Un tiers appartiendra à celui qui aura dressé le procès-verbal, un autre à la commune du lieu où le délit aura été commis ; le troisième sera destiné aux travaux et aux dépenses de la commission.

33. Le produit des amendes formera, dans la caisse du receveur général, un fonds spécial, et il aura la destination ci-dessus désignée.

34. Il n'est rien innové, par le présent réglement, au mode de juger les contestations entre les propriétaires riverains, au sujet de la propriété et de l'usage des eaux dans les cas prévus par le Code civil.

35. Notre ministre de l'intérieur est chargé de l'exécution du présent décret.

---

6 JUILLET 1813. — Décret portant réglement sur l'administration des travaux des cours d'eau non navigables ni flottables dans le département de la Méditerranée. (4, Bulletin 511, n° 9420.)

Voy. lois du 14 FLORÉAL an 11 et 16 SEPTEMBRE 1807.

N....... sur le rapport de notre ministre de l'intérieur;

Vu les anciens édits et réglemens des grands ducs de Toscane, concernant les fleuves, rivières, lacs et torrens de cette contrée;

Vu les instructions extraites des édits et réglemens ci-dessus, arrêtées par le préfet du département de la Méditerranée, les 6 et 15 janvier 1811 ;

Vu les articles 1 et 2 de la loi du 14 floréal an 11, relative au mode d'exécution et au paiement des travaux pour le curage des canaux et rivières non navigables ni flottables, et à l'entretien des digues et ouvrages d'art qui y correspondent ;

Vu les articles 27, 33, 34, 42, 43 et 44 de la loi du 16 septembre 1807, concernant les travaux pour contenir les fleuves, rivières et torrens;

Vu l'arrêté de la junte extraordinaire en Toscane, celui du préfet du département de la Méditerranée, du 16 septembre 1808, et celui du même préfet, en date du 15 juin 1809, revêtus de l'approbation de notre ministre de l'intérieur;

Considérant qu'il importe d'établir un mode constant et uniforme qui assure l'exécution des travaux ci-dessus désignés dans le département de la Méditerranée;

Notre Conseil-d'Etat entendu,

Nous avons décrété et décrétons ce qui suit :

TITRE Ier. De la nomination de la commission chargée de l'administration des travaux des cours d'eau non navigables ni flottables, dans le département de la Méditerranée.

Art 1er. Il sera formé une commission centrale composée de sept des principaux propriétaires du département de la Méditerranée, pour surveiller l'exécution des travaux sur les rivières non navigables, les torrens, les fossés, les canaux, etc., dont la dépense est à la charge des propriétaires intéressés.

2. Cette commission centrale remplira également les fonctions de la commission instituée par notre décret du 15 février 1811, pour l'entretien des digues et rives de l'Arno.

3. En conséquence, les membres actuels de la commission créée par notre décret du 15 février 1811 seront les membres de la commission centrale instituée par le présent décret.

4. A l'avenir, les membres de la commission centrale seront nommés par nous, sur la présentation de notre ministre de l'intérieur, et l'avis de notre directeur général des ponts-et-chaussées.

Deux membres de cette commission seront renouvelés tous les deux ans; mais ils pourront être réélus.

5. Un receveur, ou caissier, nommé par le préfet, sur la présentation de la commission centrale, sera chargé du recouvrement des recettes et de l'acquittement des dépenses arrêtées par la commission. Il fournira un cautionnement en immeubles, dont la valeur, libre de toutes charges et hypothèques, sera du quart au moins de la recette présumée. Le préfet fixera, sur l'avis de la commission centrale, la remise à laquelle il aura droit.

6. Des commissions spéciales auxiliaires de ladite commission, dont le nombre sera ultérieurement déterminé par notre ministre de l'intérieur, sur le rapport de notre directeur général des ponts-et-chaussées, seront également établies, à l'effet d'exercer une inspection directe sur les divers points où les travaux s'exécutent. Chacune de ces commissions sera composée de trois membres, qui seront nommés par notre ministre de l'intérieur, sur le rapport de notre directeur général des ponts-et-chaussées, et l'avis du préfet. Ces commissions spéciales auxiliaires auront sous leurs ordres des agens chargés d'exercer la police sur les rivières et canaux, et de veiller à l'exécution régulière des travaux.

7. Les commissions spéciales présenteront, chaque année, à la commission centrale, les projets des travaux qu'elles proposent. Ces projets devront être ensuite soumis à l'approbation du préfet, avec les observations de la commission centrale.

8. Les fonctions des membres desdites commissions seront exercées gratuitement, conformément à l'article 4 de l'arrêté du préfet du 15 juin 1809. Ils auront droit à une indemnité pour frais de déplacement, de bureau, et autres auxquels l'exercice de leur emploi donnerait lieu.

Les agens recevront, au même titre, une indemnité dont la quotité sera déterminée par le préfet, sur la proposition de la commission centrale.

La répartition de tous ces frais entre les propriétaires compris dans les arrondissemens des commissions spéciales se fera d'après le mode fixé par l'article 4 dudit arrêté.

TITRE II. De l'exécution des travaux, et de la dépense.

9. Des visites annuelles et périodiques constateront l'état des rivières, fossés, canaux, etc., ainsi que les travaux qu'il serait nécessaire d'exécuter. Ces visites seront faites par les membres des commissions auxiliaires, assistés par les ingénieurs; les propriétaires intéressés y seront appelés, et leurs observations insérées dans les procès-verbaux de ces visites.

10. Les devis des travaux, rédigés par les ingénieurs, seront approuvés par le préfet, sur l'avis de la commission centrale. On procédera à l'exécution desdits travaux dans les formes établies pour les travaux publics, sauf les cas d'urgence.

11. La commission centrale réglera et arrêtera les comptes présentés par les commissions auxiliaires; elles seront tenues de lui fournir, à la fin de la campagne, et toutes les fois qu'elles en seront requises, les états de leurs recettes et des rentes appartenant à leur administration, ainsi que des versemens faits pour le compte de l'arrondissement dans la caisse de la commission.

12. Les dépenses pour frais de visite ordinaire et extraordinaire, celles d'administration, seront supportées, chacun en ce qui le concernera, par les arrondissemens des commissions auxiliaires, comme il est dit à l'article 8.

TITRE III. Répartition de la dépense des travaux.

13. Les anciens réglemens et usages locaux seront maintenus, et continueront d'être exécutés en ce qui concerne les bases de la répartition de la dépense des travaux entre les propriétaires intéressés, et la classification des différentes propriétés comprises dans cette répartition.

Il ne sera fait aucun changement à cet égard qu'en vertu d'un décret rendu par nous en Conseil-d'Etat, sur l'avis de ladite commission centrale, celui du préfet, la proposition de notre directeur général des ponts-et-chaussées et le rapport de notre ministre de l'intérieur.

14. Les rôles d'imposition dressés seront soumis à l'homologation du préfet, et rendus exécutoires comme ceux des contributions publiques. Les sommes recouvrées seront versées entre les mains du receveur.

15. Il sera formé des rôles pour le recouvrement des dettes dont les propriétés se trouvent grevées pour travaux antérieurs ; et le paiement en sera poursuivi d'après les ordres du préfet, et selon le mode adopté pour les contributions publiques.

16. Il n'est rien innové aux formes établies pour la réunion des membres de la commission centrale, la fixation des époques de ces séances, pour la présidence, le secrétariat et la garde des papiers, enfin tout ce qui concerne l'organisation du service, et qui sera réglé par les instructions faites ou à faire par le préfet avec l'approbation de notre ministre de l'intérieur.

17. Un rapport général des travaux terminés pendant la campagne, ainsi qu'un compte tant en recette qu'en dépense, seront chaque année soumis à l'approbation de notre ministre de l'intérieur, par notre directeur général des ponts-et-chaussées.

TITRE IV. De la police des rivières, fossés et canaux.

SECTION Ire. *Digues et autres travaux d'art.*

18. La surface des digues construites pour empêcher le débordement des rivières sera entretenue de manière qu'elle soit unie et solide dans toutes ses parties, que la végétation soit favorisée, et que le gazon qui la recouvre soit conservé.

19. Les individus qui auraient fait des fouilles ou des trous dans le corps d'une digue seront punis par une amende de vingt-cinq francs.

20. L'amende sera double si ces dégradations ont lieu la nuit. Les dégradations qui auraient été faites aux talus du côté du fleuve, de jour ou de nuit, seront, en outre de cette double amende, punies d'une détention qui ne pourra être moindre de trois jours ni excéder un mois.

21. La commission centrale pourra ordonner aux propriétaires d'arracher les arbres existans sur les digues et à proximité dans l'espace défendu, et les haies de clôture qui s'y trouveront, toutes les fois qu'ils seront reconnus nuisibles à la digue. A défaut par les propriétaires d'obtempérer aux ordres de la commission, les agens les feront arracher aux frais desdits propriétaires.

22. Toute plantation ultérieure d'arbres ou de haies sera punie d'une amende d'un franc par arbre ou par mètre courant de haies, outre les frais d'arrachement et ceux de réparation des parties plantées.

23. Les rampes établies sur les talus des digues, dans des endroits destinés au passage des hommes et des voitures, devront former saillie sur le corps de la digue.

Il ne pourra en être établi de nouvelles qu'avec la permission écrite de la commission centrale, et au moyen de remblais.

Toute contravention au présent article sera punie d'une amende de vingt francs pour les rampes ayant moins d'un mètre de large, et cinquante francs pour celles qui auraient une largeur d'un mètre et au-dessus.

24. La commission pourra également ordonner la démolition de toute construction existant dans le corps d'une digue ; et la digue sera convenablement réparée aux frais des propriétaires, à moins qu'elle ne puisse être suffisamment renforcée par les propriétaires.

Si les propriétaires négligent d'exécuter à cet égard les ordres de la commission, l'ouvrage sera exécuté à leurs frais, et ils seront en outre punis d'une amende de cinquante francs.

En cas que la construction ait été autorisée par une permission de l'ancien Gouvernement revêtue des formes alors en usage, il y aura lieu d'appliquer la loi du 8 mars 1810 sur les expropriations pour cause d'utilité publique ; et la dépense sera supportée par les propriétaires intéressés de l'arrondissement où la digue est située.

25. Le passage des voitures, chevaux et bestiaux, sur les digues qui ne servent point de chemin vicinal, donnera lieu à une amende de six francs pour une voiture, de deux francs pour un cheval, et d'un franc pour une bête à cornes.

Les digues et leurs banquettes ne pourront être pâturées sans l'autorisation expresse et motivée de la commission centrale. La pâture en est défendue sans exception depuis le 1er octobre jusqu'au 1er mai. Toute contravention au présent article sera punie d'une amende d'un franc pour chaque bête à laine et chèvre, et de cinq francs pour chaque bœuf, vache, cheval, mulet ou âne.

26. Le propriétaire d'un cochon trouvé sur une digue paiera une amende de douze francs, outre le double des frais de réparation du dommage. En cas de récidive, il y aura en outre lieu à saisie et vente du cochon au profit de l'administration de la digue.

27. Les oies trouvées sur la digue pourront être tuées par les garde-digues.

28. Il est défendu à tous autres qu'aux membres de l'administration, ou agens des ponts-et-chaussées, et aux ouvriers en activité, de marcher sur le paillassonnage des digues, ainsi que sur les risbermes et revêtemens de leurs talus, sous peine d'une amende de trois francs.

29. Le propriétaire d'une barque amarrée, ancrée, ou échouée à dessein sur le talus d'une digue ou sur un ouvrage de défense, paiera une amende de dix francs, et le double des frais de réparation si la digue ou l'ouvrage se trouvaient dégradés.

30. La pêche et la recherche du bois avec instrumens quelconques, à pied ou en bateau, sont défendues devant le pied des digues ou autres ouvrages, sous peine de trois francs d'amende et de vingt-quatre heures de détention, outre la confiscation des barques et instrumens employés à cette pêche et recherche.

31. Les roseaux ne pourront être enlevés des alluvions avant le 1er mars de chaque année, sous peine d'une amende qui ne pourra excéder six francs pour cent bottes et au-dessous.

Le vol des souches et plantards dans les oseraies sera puni d'une amende de trois francs par souche ou fagot, et d'un jour de détention.

32. Il est défendu de ramasser le bois mort et la paille ou le roseau sur les digues, et d'y déposer aucune espèce de matériaux, sous peine de trois francs d'amende et de vingt-quatre heures de détention.

33. Le vol ou le recel des matériaux déposés pour servir d'approvisionnement, ou employés aux ouvrages des défenses et en faisant partie, seront punis conformément aux dispositions du Code des délits et des peines.

34. Aucune plantation ne peut être faite à proximité des banquettes de digues; aucun chemin ou passage de voitures ne pourra y être établi dorénavant, sans représenter une permission de la commission centrale, approuvée par le préfet.

Toute contravention sera punie d'une amende de vingt francs, outre les frais de réparation.

35. Les fouilles à proximité des digues sont également défendues, de même que toute espèce de labours dans l'espace établi par l'autorité compétente, sous les peines portées à l'article précédent.

Section II. Canaux et fossés d'écoulement des eaux.

36. Les fossés et canaux servant à l'écoulement des eaux devront être maintenus à la largeur et à la profondeur requise, et être curés deux fois l'année.

Leur état sera vérifié dans les tournées périodiques des commissions auxiliaires et des agens, lesquelles seront annoncées quinze jours d'avance par une publication.

Tout propriétaire qui aura fait des travaux tendant au rétrécissement ou à la dégradation des fossés, paiera une amende de deux fois la valeur de l'ouvrage que l'administration fera exécuter pour rétablir le canal dans son état.

37. Il est défendu de barrer les canaux et fossés d'écoulement, et d'en obstruer le cours, sous peine d'une amende de cinq francs, et du double des frais d'enlèvement et de réparation exécutés comme à l'article précédent.

38. La disposition de l'article précédent s'appliquera à l'établissement non autorisé des ponts et ponceaux sur les fossés et canaux susdits, ainsi qu'aux plantations et autres cultures sur leurs bords.

39. Il est défendu de faire rouir du chanvre et du lin dans les canaux et fossés, sous peine de vingt francs d'amende; et, en cas de récidive, le chanvre et le lin seront confisqués, en sus de l'amende.

40. Il ne pourra être déposé d'herbe ou de fumier plus près qu'à quatre mètres de leurs bords.

Les contrevenans au présent article seront punis d'une amende de dix francs, outre les frais de curage, s'il y a lieu.

41. Le passage des voitures, chevaux et bestiaux à travers les canaux et fossés d'écoulement, est interdit, s'il n'est autorisé par une décision spéciale, et sera puni d'une amende de trois francs, outre les frais de réparation.

Il ne pourra être établi d'abreuvoir qu'à cinq mètres au moins de leurs bords, sous peine d'une amende de six francs; et les choses seront rétablies dans leur premier état, aux frais du propriétaire ou fermier qui aura enfreint cette prohibition.

42. La commission centrale est autorisée à déterminer, avec l'approbation du préfet, les instrumens dont pourront se servir ceux qui auront droit à la pêche dans les canaux, fossés, rigoles ou écluses d'écoulement.

Ceux qui contreviendraient à son réglement sur cet article seront punis de la confiscation desdits instrumens, et d'une amende de cinq francs, qui sera double en cas de récidive.

Section III. Garde-digues.

43. Les garde-digues seront nommés et

vocables par la commission spéciale dans chaque arrondissement respectif. La commission centrale pourra toutefois les révoquer d'office, en cas de négligence et d'abus.

44. Suivant son étendue et sa situation, chaque arrondissement pourra avoir plusieurs garde-digues, ou concourir avec un arrondissement voisin au choix et au traitement d'un garde commun.

45. Les garde-digues seront en même temps les messagers des agens, et seront employés comme porteurs de contraintes.

46. Ils seront assermentés en justice, et affirmeront devant le juge-de-paix les procès-verbaux par lesquels ils constateront les délits prévus par le réglement de police.

47. Outre leur traitement fixe, ils recevront une remise sur les amendes prononcées par suite des procès-verbaux qu'ils rédigeront.

Ces remises seront fixées à la moitié pour les amendes de vingt francs et au-dessous; elles seront de dix francs pour les amendes au-dessus de vingt francs.

48. En cas d'insolvabilité des délinquans condamnés, la caisse de la commission paiera au garde-digue qui aura constaté le délit la moitié de la part d'amende à laquelle il aura droit.

TITRE III. Dispositions générales.

49. Dans tous les cas prévus par le présent réglement, les parens seront civilement responsables pour leurs enfans, et les maîtres pour leurs domestiques, conformément à l'article 1384 du Code civil.

50. Les dispositions des articles 222 et suivans du Code pénal seront applicables à tout manquement, injures ou outrages envers les membres des commissions, députés et autres agens en fonctions.

51. Les délits prévus par le présent réglement général seront constatés, et les délinquans arrêtés, s'il y a lieu, par les gardes-champêtres, concurremment avec les garde-digues, ainsi que par tous les officiers de police judiciaire et administrative; et celui qui aura constaté un délit aura droit à la part d'amende accordée aux garde-digues par l'article 47 : il la touchera sur le même pied et de la même manière.

52. Les contraventions aux dispositions du présent réglement seront portées devant nos cours et tribunaux.

53. Toute contestation relative à l'exécution des travaux et à la répartition des dépenses sera jugée en conseil de préfecture, conformément à la loi du 28 pluviose an 8.

54. Notre grand-juge, ministre de la justice, et notre ministre de l'intérieur, sont chargés de l'exécution du présent décret.

---

6 JUILLET 1813. — **Décret qui approuve la maison des sœurs hospitalières de Saint-Charles existante à Avignon. (4, Bull. 513, n° 9428.)**

---

6 JUILLET 1813. — **Décrets qui autorisent l'acceptation de dons et legs faits aux pauvres et hospices de Cornas, Châteaubourg, Saint-Romain-de-Lerp, Gray, Fécamp, et à la fabrique de l'église de Domaize. (4, Bull. 516, nos 9502 à 9505.)**

---

6 JUILLET 1813. — Avis du Conseil-d'Etat. (Exécution de la loi du 20 MARS 1813.) *Voy.* 7 JUILLET 1813.

---

7 JUILLET 1813. — **Avis du Conseil-d'Etat relatif au jugement des demandes en réclamation contre les décisions des préfets sur les difficultés entre les municipalités et la régie des domaines, pour l'exécution de la loi du 20 mars 1813. (4, Bull. 510, n° 9409.)**

Le Conseil-d'Etat, qui a entendu la section des finances sur le renvoi à elle fait, par ordre de sa majesté, d'un rapport du ministre des finances, tendant à faire régler la marche à suivre dans les cas de pourvoi contre les décisions données, par les préfets, sur les difficultés entre les municipalités et la régie des domaines, à raison de l'exécution du titre Ier de la loi sur les finances, du 20 mars 1813;

Considérant que l'article 2 de cette loi charge les préfets, et non les conseils de préfecture, de statuer sur les difficultés qui pourront s'élever entre les municipalités et la régie des domaines, sauf le pourvoi au Conseil-d'Etat; que les décisions des préfets sont purement administratives, et que les pourvois contre ces décisions doivent être jugés par voie administrative ; qu'il y aurait, d'ailleurs, beaucoup d'inconvéniens à en attribuer la connaissance à la commission du contentieux, qui, par les délais de l'instruction, entraînerait des retards nuisibles à la célérité des ventes, et contraires à l'esprit comme au texte de la loi,

Est d'avis,

Que les recours contre les décisions des préfets sur les difficultés entre les municipalités et la régie des domaines, pour l'exécution de la loi du 20 mars 1813, ne peuvent être portés à la commission du contentieux, et que les demandes en réclamation doivent être adressées au ministre des finances, pour, sur son rapport, être statué en Conseil-d'Etat.

---

10 JUILLET 1813. — **Traité conclu entre sa majesté l'Empereur des Français, Roi d'Italie, protecteur de la Confédération suisse, et sa majesté le Roi de Danemark et de Norwège. (4, Bull. 523, n° 9667.)**

N...... nous avons proclamé et proclamons loi de l'Etat le traité conclu entre nous et le Roi de Danemark et de Norwège, à Copenhague, le 10 juillet 1813, ratifié à Dresde le 19 juillet, et dont il a été donné connaissance au Sénat; duquel traité la teneur suit :

Sa majesté l'Empereur des Français, Roi d'Italie, protecteur de la Confédération du Rhin, médiateur de la Confédération suisse, et sa majesté le Roi de Danemark et de Norwège, voulant resserrer plus étroitement les nœuds de l'alliance qui subsiste heureusement entre eux, et jugeant nécessaire de s'entendre sur ce qu'exige dans les circonstances actuelles l'intérêt de la cause commune, ont nommé pour leurs plénipotentiaires, savoir :

Sa majesté l'Empereur des Français, Roi d'Italie, protecteur de la Confédération du Rhin, médiateur de la Confédération suisse, M. le baron Alquier, son envoyé extraordinaire et ministre plénipotentiaire à la cour de Copenhague;

Et sa majesté le Roi de Danemark et de Norwège, M. Niels Rosenkrantz, etc., etc., son ministre intime et chef du département des affaires étrangères;

Lesquels, après s'être communiqué leurs pleins pouvoirs respectifs, sont convenus des articles suivans :

Art. 1er. Les deux hautes parties contractantes se garantissent réciproquement l'intégrité de leurs possessions, tant européennes que coloniales.

2. La Russie, d'accord avec l'Angleterre, s'étant engagée à appuyer les vues d'envahissement de la Suède sur la Norwège; la Prusse ayant, de son côté, adhéré à ces engagemens, qui, par leur nature, constituent la Suède, la Russie et la Prusse en état d'hostilité contre le Danemark :

Et la Suède s'étant portée à ces projets d'envahissement contre une puissance alliée de la France, quoiqu'elle eût connaissance de la garantie des Etats danois, stipulée, le 31 octobre 1807, par le traité de Fontainebleau, mais ayant en outre pris, de concert avec l'Angleterre, la Russie et la Prusse, l'engagement de contraindre le Danemark à réunir ses forces à celles des ennemis de la France, à l'effet de conquérir une indemnité pour la Norwège sur le territoire de l'empire français;

Les deux hautes parties contractantes déclareront la guerre, savoir : la France à la Suède, et le Danemark à la Russie, à la Suède et à la Prusse.

Les déclarations de guerre auront lieu de part et d'autre, dans les vingt-quatre heures qui suivront la notification de la rupture de l'armistice actuellement existant entre la France et la Russie, et leurs alliés respectifs.

3. Les deux hautes parties contractantes s'engagent à s'aider mutuellement de tous leurs moyens pour la défense de la cause commune.

4. Elles s'engagent également à ne traiter de la paix avec leurs ennemis communs que de concert.

5. Les traités antérieurs existans entre les deux puissances sont maintenus et confirmés dans toutes les dispositions auxquelles il n'est point dérogé par le présent traité.

6. Le présent traité sera ratifié, et les ratifications en seront échangées à Dresde dans le délai de quinze jours, ou plus tôt, si faire se peut.

En foi de quoi, nous soussignés, en vertu de nos pleins pouvoirs, les avons signés, et y avons apposé les cachets de nos armes.

Fait et signé à Copenhague, le 10 juillet 1813.

Signé le baron ALQUIER.
Signé NIELS ROSANKRANTZ.

---

10 JUILLET 1813. — Extrait de lettres-patentes portant autorisation aux sieurs Heute et Zora de Bulach de se faire naturaliser en pays étranger. (4, Bull. 530, n° 9793.)

---

10 JUILLET 1813. — Décrets qui autorisent l'acceptation de dons et legs faits aux pauvres et hospices d'Euschède, Nomeny, Amsterdam et Lyon. (4, Bull. 516, nos 9507 à 9510.)

---

10 JUILLET 1813. — Décrets qui autorisent l'érection en chapelles des églises de Merey-sous-Montrond, Ley, Rodegnée, Passignac, Tessière-de-Cornet, Saint-Hippolyte, Riviers. (4, Bull. 516, nos 9511 à 9517.)

---

10 JUILLET 1813. — Décret qui ordonne le paiement d'une somme de deux mille sept cent soixante-dix-huit francs pour pensions accordées à douze veuves de militaires. (4, Bull. 516, n° 9506.)

---

13 JUILLET 1813. — Décrets qui autorisent l'érection en chapelles des églises de Marges et d'Arthemonay, réunies, pour le culte, à la succursale de Charmes. (4, Bull. 517, n° 9532.)

---

13 JUILLET 1813. — Décrets qui autorisent l'acceptation de dons et legs faits aux églises paroissiales et succursales de Chammes, Marle, Cerexhe-Heuseur, Prechacq et Ticineto; au séminaire diocésain de Grenoble, et aux pauvres et hospices de Vitré et de Paris. (4, Bull. 516, nos 9518 à 9521, et Bull. 517, nos 9527 à 9531.)

---

17 JUILLET 1813. — Extraits de lettres-patentes portant autorisation aux sieurs d'Arlincourt, Agart, Maurat, Percheron, Régnier, Hélie dit Félix, Genou, Désarnaud, Romeuf et Compère, de rester au service d'une puissance étrangère. (4, Bull. 531, n° 10036.)

---

17 JUILLET 1813. — Décret portant proclamation de brevets d'invention délivrés pendant le premier semestre de 1813 aux sieurs Audibran, Belly, Debesieux, Ducos, Didot aîné, Lainé, Monnier et Rey, Sarton père, Lorgnier, Gazzino, Deschamps et Armand, Madelaine, Collet et Bonjour, Salichon, Gatteau, Dubourgal et Lehu, Goubet, Mazeline, Quinet, White, Guillon, Bordier-Marcet, Nicollet, Galland, Jadson, Fabre, Petou frère et fils, Plaideux, Mather, Dugas frère et Poidebart. (4, Bull. 512, n° 9425.)

---

17 JUILLET 1813. — Décret qui nomme le duc d'Otrante gouverneur général des provinces illyriennes. (4, Bull. 514, n° 9432.)

---

17 JUILLET 1813. — Décret qui établit trois foires annuelles dans la commune de Teche-Beaulieu. (4, Bull. 517, n° 9533.)

---

17 JUILLET 1813. — Décrets qui autorisent l'acceptation de dons et legs faits aux pauvres et hospices de Montpellier, Muison, Clermont-Ferrand, la Croix-Rousse, Mâcon. (4, Bull. 517, n° 9534, et Bull. 518, n°s 9536 à 9540.)

---

17 JUILLET 1813. — Avis du Conseil-d'Etat. (Dette de Hollande.) *Voy.* 5 AOUT 1813.

---

20 JUILLET 1813. — Décret qui permet au sieur Jean-Philippe Cocu-Duval de renoncer au premier de ces noms. (4, Bull. 515, n° 9466.)

---

20 JUILLET 1813. — Décrets qui autorisent l'acceptation de dons et legs faits à la fabrique de l'église de Fontenay-aux-Roses, et aux pauvres et hospices de Besançon, Saint-Quentin, Gronvveld, Renvvez, Montréal, Saint-Brieuc, Saint-Maximin, Chapel-au-Riboul, Saint-Germain-en-Laye et Porentruy. (4, Bull. 518, n°s 9541 et 9542; et Bull. 519, n°s 9545 à 9552.)

---

22 JUILLET 1813. — Décrets qui autorisent l'acceptation de dons et legs faits aux pauvres et hospices d'Amsterdam et de Vigon. (4, Bull. 519, n°s 9553 et 9554.)

---

22 JUILLET 1813. — Décret relatif à l'établissement et à la tenue d'une seconde foire dans la commune de Villafaletto. (4, Bull. 519, n° 9555.)

---

5 AOUT 1813. — Décret relatif au mode de poursuivre le montant des sommes formant la différence entre le prix des premières adjudications et celui des adjudications sur folle-enchère des domaines affectés à l'anéantissement de la dette publique des ci-devant Etats romains. (4, Bull. 516, n° 9489.)

---

5 AOUT 1813. — Avis du Conseil-d'Etat relatif à ceux des créanciers de la dette publique de Hollande qui auraient encouru la déchéance pour n'avoir pas présenté leurs titres dans les délais voulus par le décret du 2 juillet 1812. (4, Bull. 516, n° 9490.)

---

5 AOUT 1813. — Décret relatif au supplément des fonds nécessaires pour la construction du pont du Blanc sur la Creuse. (4, Bull. 516, n° 9491.)

---

10 AOUT 1813. — Décret qui annule, pour cause d'incompétence, un arrêté du conseil de préfecture du département de la Nièvre. (4, Bull. 516, n° 9492.)

N...... vu la requête du sieur Pierre Senly, de Nevers, acquéreur, par procès-verbal du 19 prairial an 4, du moulin domanial de Pillavoine; ladite requête tendant à ce qu'il nous plaise annuler un arrêté du conseil de préfecture du département de la Nièvre, du 9 avril 1808, qui décide qu'un terrain que le requérant soutient être une chaussée de son usine fait partie du pré du Foulon, compris dans le domaine de Lamotte, vendu par l'Etat au sieur Duminil, suivant procès-verbal du 5 septembre 1791;

Vu l'ordonnance de *soit communiqué*, rendue, le 11 mai 1813, par notre grand-juge, ministre de la justice;

Vu la lettre du sieur Coste, gendre du sieur Duminil, en date du 26 mai 1813;

Vu les copies des procès-verbaux de vente, le plan des lieux, et les autres pièces produites par le sieur Senly;

Vu le procès-verbal d'une enquête et visite des lieux, faite en vertu d'un arrêté interlocutoire du conseil de préfecture du département de la Nièvre, en date du 10 février 1808;

Vu l'arrêté définitif du 9 avril 1808, dans lequel le conseil de préfecture, pour adjuger le terrain en litige, ne puise aucun de ses motifs dans les procès-verbaux d'adjudication, et discute l'état des lieux, d'anciens baux de 1766, 1774 et 1783, l'article 1615 du Code, et la possession;

Vu les décrets qui limitent la compétence des conseils de préfecture, sur le contentieux des domaines nationaux, aux questions susceptibles d'être décidées par la simple explication des actes administratifs qui ont préparé et effectué la vente;

Vu spécialement nos décrets des 19 et 30 juin 1813, insérés au Bulletin des Lois, numéros 509 et 510;

Notre Conseil-d'Etat entendu,

Nous avons décrété et décrétons ce qui suit :

Art. 1er. L'arrêté du conseil de préfecture du département de la Nièvre, du 9 avril 1808, est annulé pour cause d'incompétence, et les parties sont renvoyées devant les tribunaux.

2. Notre grand-juge, ministre de la justice, et notre ministre de l'intérieur, sont chargés de l'exécution du présent décret.

---

10 AOUT 1813. — Extrait de lettres-patentes portant autorisation au sieur Berthemy de rester au service d'une puissance étrangère. (4, Bull. 523, n° 9624.)

---

10 AOUT 1813. — Décrets qui autorisent l'acceptation de dons et legs faits aux pauvres et hospices de Besançon, Martigues, Toulouse, Bordeaux, Castel-Jaloux, Faverney, Abbeville, Evreux, Fiton, Vesoul, Cortemaggiore, et à la fabrique de l'église paroissiale de Saint-Germain-l'Auxerrois de Paris. (4, Bulletin 519, n°s 9556 à 9565; et Bull. 520, n°s 9574 et 9575.)

---

10 AOUT 1813. — Extraits de lettres-patentes portant autorisation aux sieurs Léchat, Taverne, Gentil, Blanchard, Pélissier et de Coussy, de rester au service de puissances étrangères. (4, Bull. 547, n° 9981.)

---

12 AOUT 1813. — Décret qui nomme le comte Molé tuteur spécial de la jeune duchesse de Frioul, à l'effet des dispositions portées par le même décret. (4, Bull. 516, n° 9493.)

N....... sur le rapport de notre ministre d'Etat intendant général de notre domaine extraordinaire;

Vu notre décret du 7 juin dernier, par lequel nous avons voulu donner à la mémoire de notre grand-maréchal le duc de Frioul, décédé sans laisser d'hoirs mâles, une preuve éclatante du souvenir que nous conservons de ses services, en transmettant à sa fille le duché de Frioul, qui faisait retour à notre domaine extraordinaire, et en assurant au mari qu'aura la jeune duchesse le titre de duc de Frioul;

Voulant donner à la jeune duchesse une nouvelle preuve de notre bienveillance, et pourvoir à la conservation des biens de la dotation et à l'emploi le plus utile des revenus qui excéderont les dépenses d'éducation et d'entretien de la jeune duchesse de Frioul;

Notre Conseil-d'Etat entendu,

Nous avons décrété et décrétons ce qui suit :

Art. 1er. La jeune duchesse de Frioul ne pourra contracter de mariage qu'avec notre consentement, sous peine d'être privée du bienfait de notre décret du 7 juin dernier.

Cette condition sera exprimée dans les lettres d'investiture qui lui seront délivrées par le conseil du sceau des titres.

2. Le comte Molé, conseiller en notre Conseil-d'Etat, est nommé tuteur spécial de Hortense-Eugénie Nièvre Duroc, duchesse de Frioul, à l'effet des dispositions ci-après.

3. Il fera, entre les mains de notre cousin le prince archi-chancelier, la déclaration d'accepter cette tutelle, et la promesse d'en remplir fidèlement les fonctions.

4. Il fera dresser, chaque année, le budget des recettes et dépenses des biens composant la dotation du duché de Frioul.

Ce budget nous sera soumis par notre ministre d'Etat intendant général de notre domaine extraordinaire, et sera arrêté par nous.

5. Il exercera les droits et actions de la mineure, pour tout ce qui concernera les biens de la dotation.

6. Il comprendra au chapitre des dépenses du budget :

1° La pension à payer sur les revenus de la dotation à la mère de la mineure, conformément à notre décret du 22 juin dernier;

2° La somme fixée par le même décret pour les dépenses d'entretien et d'éducation de la jeune duchesse.

7. Il fera verser à la caisse de service de notre Trésor impérial tous les fonds provenant des recettes, et payer sur ses mandats les dépenses d'après le budget.

8. Il fera faire successivement de semestre en semestre, au nom de la mineure, l'emploi en cinq pour cent consolidés, ou en actions de la banque, des fonds qui resteront libres après l'acquittement des charges.

Le placement définitif en immeubles, des produits des revenus accumulés, employés provisoirement en rentes, ou en actions de la banque, pourra être demandé par le tuteur spécial, et sera soumis à notre approbation par l'intendant général de notre domaine extraordinaire.

9. Il fera dresser et arrêtera un compte annuel de la gestion, et le transmettra dans les trois premiers mois de chaque année, à l'intendant général de notre domaine extraordinaire, pour être soumis à notre approbation.

10. Il sera loisible au comte Molé de nommer, pour la gestion des biens, un ou plusieurs administrateurs particuliers salariés.

Il réglera leur salaire, et en portera la dépense au budget.

11. Le comte Molé ne sera tenu, en sa qualité de tuteur spécial, que des obligations à lui imposées par le présent; aucune des dispositions du Code civil relatives aux tutelles et à l'administration des tuteurs ne sera applicable à sa gestion.

12. Si, après l'expiration de la tutelle spéciale, il s'élevait, à raison de ladite tutelle, quelque contestation contre le tuteur spécial, nous voulons qu'il y soit statué par notre Conseil-d'Etat, sur l'avis du conseil du sceau des titres; défendant à nos cours et tribunaux de prendre connaissance de telles contestations.

13. Notre cousin le grand-archi-chancelier de l'empire et notre ministre d'État intendant général du domaine extraordinaire, sont chargés de l'exécution du présent décret.

---

13 AOUT 1813. — Décret relatif aux Français qui, lors de la publication du décret du 26 août 1811, étaient déjà naturalisés en pays étranger, ou au service d'une puissance étrangère. (4, Bull. 517, n° 9523.)

Art. 1er. Le délai accordé à ceux de nos sujets qui, lors de la publication de notre décret du 26 août 1811, étaient déjà naturalisés en pays étranger ou au service d'une puissance étrangère, pour obtenir notre autorisation par lettres-patentes, est prorogé jusqu'au 1er janvier 1814.

2. Ceux qui ont déjà obtenu ou qui obtiendront les lettres-patentes mentionnées en l'article ci-dessus seront tenus de les lever, et de les faire revêtir des formalités prescrites par l'article 2 de notre décret du 26 août 1811, dans le même délai, à peine de déchéance.

3. Notre grand-juge, ministre de la justice, est chargé de l'exécution du présent décret.

---

13 AOUT 1813. — Décret qui détermine par qui seront remplies, dans l'arrondissement de l'académie de Paris, diverses fonctions que le décret du 15 novembre 1811 attribue aux recteurs et aux conseils municipaux. (4, Bull. 517, n° 9524.)

Art. 1er. Dans l'arrondissement de l'académie de Paris, le trésorier de l'Université impériale exercera les fonctions attribuées aux recteurs pour l'exécution des articles 52, 116, 121 et 122 de notre décret du 15 novembre 1811.

2. La section de comptabilité du conseil de notre Université exercera les fonctions de conseil académique pour l'exécution de l'article 51 du même décret.

3. Notre ministre de l'intérieur est chargé de l'exécution du présent décret.

---

13 AOUT 1813. — Avis du Conseil-d'Etat sur une question relative aux dettes acquittées pour les communes par le Trésor royal. (4, Bull. 517, n° 9525.)

Le Conseil-d'Etat, qui, d'après le renvoi ordonné par sa majesté, a entendu le rapport de la section des finances sur celui du ministre de ce département, tendant à l'interprétation du décret du 28 mai 1812 (1), sur la question de savoir si l'administration des domaines est ou non fondée à répéter sur aucunes communes le montant des dettes acquittées pour elles par le Trésor impérial, d'après la liquidation qui en aurait été faite par le conseil général de liquidation,

Est d'avis qu'il n'y a plus lieu à répéter les créances de cette nature.

---

13 AOUT 1813. — Décret relatif à la perception des centimes additionnels pour la réparation et l'entretien des routes de troisième classe dans cent vingt-un départemens. (4, Bulletin 518, n° 9535.)

N...... vu l'article 9 de notre décret du 16 décembre 1811, sur l'entretien des routes impériales de troisième classe;

Vu les délibérations des conseils des départemens de l'Ain, de l'Aisne, de l'Allier, des Basses-Alpes, des Hautes-Alpes, des Alpes-Maritimes, des Apennins, de l'Ardèche, des Ardennes, de l'Ariége, de l'Arno, de l'Aube, de l'Aude, de l'Aveyron, des Bouches-de-la-Meuse, des Bouches-du-Rhin, des Bouches-du-Rhône, des Bouches-de-l'Yssel, du Calvados, du Cantal, de la Charente, de la Charente-Inférieure, du Cher, de la Corrèze, de la Côte-d'Or, des Côtes-du-Nord, de la Creuse, de la Doire, de la Dordogne, du Doubs, de la Drôme, de la Dyle, de l'Escaut, de l'Eure, d'Eure-et-Loir, du Finistère, des Forêts, du Gard, de la Haute-Garonne, de Gênes, du Gers, de la Gironde, de l'Hérault, d'Ille-et-Vilaine, de l'Indre, d'Indre-et-Loire, de l'Isère, de Jemmape, du Jura, des Landes, du Léman, de Loir-et-Cher, de la Loire, de la Haute-Loire, de la Loire-Inférieure, du Loiret, du Lot, de Lot-et-Garonne, de la Lozère, de la Lys, de Maine-et-Loire, de la Manche, de Marengo, de la Marne, de la Haute-Marne, de la Mayenne, de la Méditerranée, de la Meurthe, de la Meuse, de la Meuse-Inférieure, du Mont-Blanc, de Montenotte, du Mont-Tonnerre, du Morbihan, de la Moselle, des Deux-Nèthes, de la Nièvre, du Nord, de l'Oise, de l'Ombrone, de l'Orne, de l'Ourte, du Pas-de-Calais, du Pô, du Puy-de-Dôme, des Basses-Pyrénées, des Hautes-Pyrénées, des Pyrénées-Orientales, du Bas-Rhin, du Haut-Rhin, de Rhin-et-Moselle, du Rhône, de la Roër, de Rome, de Sambre-et-Meuse, de la Haute-Saône, de Saône-et-Loire, de la Sarre, de la Sarthe, de la Seine, de la Seine-Inférieure, de Seine-et-Marne, de Seine-et-Oise, de la Sésia, des Deux-Sèvres, du Simplon, de la Somme, de la Stura, du Tarn, de Tarn-et-Garonne, du Taro, du Trasimène, du Var, de Vaucluse, de la Vendée, de la Vienne, de la Haute-Vienne, des Vosges,

(1) Il n'y a pas de décret du 28 mai 1812 relatif aux biens des communes; il faut lire sans doute 28 août 1812. *Voy.* à cette date.

de l'Yonne, de l'Yssel-Supérieur et du Zuyderzée;

Sur le rapport de notre ministre de l'intérieur;

Notre Conseil-d'Etat entendu,

Nous avons décrété et décrétons ce qui suit (1) :

TITRE II. Dispositions générales.

Art. 151. Les centimes imposés par le présent décret seront perçus sur les contributions foncière, personnelle et mobilière.

152. Les frais de perception, tant des percepteurs que des receveurs particuliers et des receveurs généraux, seront imposés en sus de la somme principale.

153. Les fonds provenant de ces contributions seront employés, sur les ordonnances de notre ministre de l'intérieur, comme fonds spéciaux.

154. Les présentes contributions seront comprises dans les rôles, pour les fonds en provenant être employés aux travaux des routes impériales de troisième classe désignées au présent décret.

155. Toutes les contestations relatives auxdites impositions seront jugées par les conseils de préfecture, sauf le pourvoi au Conseil-d'Etat.

156. Nos ministres de l'intérieur, des finances et du Trésor impérial, sont chargés de l'exécution du présent décret.

---

13 AOUT 1813 (2). — Décret relatif à la perception de centimes additionnels pour la réparation et l'entretien des routes départementales dans cent vingt-deux départemens. (4, Bull. 478, n° 8764.)

N....... vu l'article 7 du titre II et le titre V de notre décret du 16 décembre 1811, pour l'entretien des routes;

Vu les délibérations des conseils généraux des départemens de l'Ain, de l'Aisne, de l'Allier, des Alpes (Basses), des Alpes-Maritimes, des Apennins, de l'Ardèche, des Ardennes, de l'Ariége, de l'Aube, de l'Aude, de l'Aveyron, des Bouches-de-l'Elbe, des Bouches-de-l'Escaut, des Bouches-de-la-Meuse, des Bouches-du-Rhône, des Bouches-du-Weser, des Bouches-de-l'Yssel, du Calvados, du Cantal, de la Charente, de la Charente-Inférieure, du Cher, de la Corrèze, de la Côte-d'Or, des Côtes-du-Nord, de la Creuse, de la Doire, de la Dordogne, du Doubs, de la Drôme, de la Dyle, de l'Ems-Occidental, de l'Ems-Oriental, de l'Ems-Supérieur, de l'Escaut, de l'Eure, d'Eure-et-Loir, du Finistère, des Forêts, de la Frise, du Gard, de la Haute-Garonne, de Gênes, du Gers, de la Gironde, de l'Hérault, d'Ille-et-Vilaine, d'Indre, d'Indre-et-Loire, de Jemmape, du Jura, des Landes, du Léman, de la Lippe, de Loir-et-Cher, de la Loire, de la Haute-Loire, de la Loire-Inférieure, du Loiret, du Lot, de Lot-et-Garonne, de la Lozère, de la Lys, de Maine-et-Loire, de la Manche, de Marengo, de la Marne, de la Haute-Marne, de la Mayenne, de la Méditerranée, de la Meurthe, de la Meuse, de la Meuse-Inférieure, du Mont-Blanc, du Mont-Tonnerre, du Morbihan, de la Moselle, des Deux-Nèthes, de la Nièvre, du Nord, de l'Oise, de l'Ombrone, de l'Orne, de l'Ourte, du Pas-de-Calais, du Pô, du Puy-de-Dôme, des Basses-Pyrénées, des Hautes-Pyrénées, des Pyrénées-Orientales, du Bas-Rhin, du Haut-Rhin, de Rhin-et-Moselle, du Rhône, de la Roër, de Rome, de la Haute-Saône, de Saône-et-Loire, de la Sarre, de la Sarthe, de la Seine, de la Seine-Inférieure, de Seine-et-Marne, de Seine-et-Oise, de la Sésia, des Deux-Sèvres, de la Somme, de la Stura, du Tarn, de Tarn-et-Garonne, du Taro, du Trasimène, du Var, de Vaucluse, de la Vendée, de la Vienne, de la Haute-Vienne, des Vosges, de l'Yonne, de l'Yssel-Supérieur, du Zuiderzée;

Sur les rapports de notre ministre de l'intérieur;

Notre Conseil-d'Etat entendu,

Nous avons décrété et décrétons ce qui suit (3) :

TITRE II. Dispositions générales.

Art. 447. Les centimes imposés par le présent décret seront perçus sur les contributions foncière, personnelle et mobilière.

448. Lorsque les centimes additionnels que les départemens sont autorisés à s'imposer ne produiront pas la totalité des sommes votées par les conseils généraux, et allouées par le présent décret, le déficit sera rempli, soit par ce qui restera dans la caisse départementale sur le produit des centimes facultatifs, soit sur l'excédant des revenus des communes, ainsi qu'il sera réglé par nous en notre Conseil-d'Etat, ou par nos préfets et notre ministre de l'intérieur dans les budgets desdites communes, soit enfin par des prestations en nature à la charge des fermiers ou des propriétaires qui exploitent par eux-

---

(1) Les dispositions de ce décret n'ont qu'un intérêt local et transitoire ; elles sont d'une étendue considérable. Nous avons cru devoir les supprimer, à l'exception de celles contenues dans le titre II.

(2) C'est par erreur que l'on a donné communément à ce décret la date du 13 août : il est du 7 janvier 1813 ; il est indiqué à cette date.

(3) *Voy.* notes sur le décret précédent.

mêmes; le tout suivant le mode de répartition qui sera présenté par nos préfets, et arrêté par notre ministre de l'intérieur, sur le rapport de notre directeur général des ponts-et-chaussées, appuyé de l'avis de l'ingénieur en chef.

449. Si, par erreur ou quelque omission, les sommes en argent pour lesquelles les départemens sont autorisés par notre présent décret à s'imposer excédaient le produit de quatre centimes additionnels, elles seraient réduites à ce taux lors de la rédaction des rôles, sauf à augmenter d'autant les autres moyens de recette indiqués à l'article précédent.

Est excepté toutefois des dispositions du présent article ce qui concerne les départemens du Calvados, du Cher, de Jemmape, de la Lozère et des deux Nèthes, pour lesquels la perception aura lieu ainsi qu'il est prescrit par les articles qui leur sont spécialement applicables.

450. Les frais de perception, tant des percepteurs que des receveurs particuliers et généraux, ainsi que les frais de confection de rôles ou de tarifs, seront imposés en sus de la somme principale.

451. Les fonds provenant de ces contributions seront versés à la caisse d'amortissement, et y resteront déposés à la disposition de notre ministre de l'intérieur, comme fonds spéciaux.

452. Toutes les contestations relatives auxdites impositions seront jugées par les conseils de préfecture, sauf le pourvoi au Conseil-d'État.

453. Nos ministres de l'intérieur, des finances et du Trésor impérial, sont chargés de l'exécution du présent décret.

---

13 AOUT 1813. — Décret qui nomme le baron Duhamel préfet du département des Pyrénées-Orientales. (4, Bull. 515, n° 9467.)

---

14 AOUT 1813. — Décret portant création d'une commission spéciale pour l'exécution des travaux destinés à défendre une partie du territoire de la commune de Chabeuil des irruptions du torrent de la Veoure, département de la Drôme. (4, Bull. 516, n° 9494.)

N....... vu les articles 33 et 34 de la loi du 16 septembre 1807.

Art. 1er. Il sera formé, pour l'exécution des travaux destinés à défendre une partie du territoire de la commune de Chabeuil des irruptions du torrent de la Veoure, département de la Drôme, une commission spéciale, aux termes de la loi du 16 septembre 1807.

2. La commission se réunira, aussitôt la notification du présent décret, dans le lieu qui lui sera indiqué par le préfet; elle nommera au scrutin son président et son secrétaire.

3. La commission déterminera dans quelle proportion chacun des propriétaires devra concourir dans la dépense des travaux, à raison de la situation de leurs propriétés, plus ou moins exposées aux ravages du torrent; elle connaîtra de tout ce qui est relatif au classement des terres, de toutes les observations et réclamations auxquelles ce classement pourrait donner lieu, et elle proposera, en conséquence, le rôle de répartition.

4. Le résultat des délibérations que la commission prendra en vertu de l'article précédent sera transmis à notre ministre de l'intérieur, pour en faire, sur le rapport de notre directeur général des ponts-et-chaussées, l'objet d'un projet de réglement d'administration publique, qui sera ultérieurement soumis à notre approbation.

5. Tous les frais occasionés pour la réunion ou les opérations de la commission seront provisoirement acquittés sur les fonds des dépenses variables de la préfecture, et remboursés ensuite sur ceux affectés aux travaux précités.

6. Notre ministre de l'intérieur est chargé de l'exécution du présent décret.

---

14 AOUT 1813. — Extraits de lettres-patentes portant institution de majorats en faveur de MM. de Mesgrigny, Demorell, Demaures de Malartic et Vander-Aghen-Mussain. (4, Bull. 520, n° 9573.)

---

14 AOUT 1813. — Décrets qui autorisent l'acceptation de dons et legs faits aux pauvres et hospices de Châteaudun, Loches, Enghien, Coyghem, Varennes, Wideville, Conternon, Namur, Amsterdam, Verneuil, Perreux, Millas; aux fabriques des églises paroissiales et succursales de Verneuil, Saverdun, Tronquay, Bruley; aux séminaires d'Agen et d'Aix et à la diaconie Walone d'Amsterdam. (4, Bull. 520, nos 9577 à 9581, 9582 à 9594, et Bull. 521, n° 9599.)

---

14 AOUT 1813. — Décret qui rétablit et fixe au 17 août de chaque année la foire dite de Saint-Roch, qui se tenait autrefois dans la commune d'Illats. (4, Bull. 520, n° 9582.)

---

14 AOUT 1813. — Décrets qui autorisent l'érection en chapelles des églises de Graincourt, Saint-Riquier-en-Rivière, Francalmont et Villedieu (4, Bull. 521, nos 9600 à 9603.)

---

19 AOUT 1813. — Décret qui autorise l'exercice du culte dans la chapelle de Notre-Dame au Chêne, commune de Plobsheim, département du Bas-Rhin. (4, Bull. 517, n° 9626.)

---

19 AOUT 1813. — Décrets qui autorisent l'acceptation de dons et legs faits aux fabriques des églises paroissiales et succursales de Nomeny, Carbonnes, Saint-Quentin, Quemenelen,

Fexhe et Slins, la Courtine; aux séminaires diocésains de Besançon et de Tours, et aux pauvres et hospices de Nogent-le-Rotrou, Boves, Château-la-Vallière, Paris, Valognes, Poitiers, Windesheim, Saint-Pourçain, Castel-Jaloux et Cone. (4, Bull. 520, n° 9595; Bull. 521, n°s 9607 à 9614, 9618 à 9621, et Bull. 522, n°s 9626, 9627, 9629 à 9633.)

19 AOUT 1813. — Décrets qui autorisent l'érection en chapelles des églises de Saint-Martin de Cenilly, Marolles, Villers-sur-Aumale, et en annexe pour cinq ans de l'église du hameau de Mijoux. (4, Bull. 521, n°s 9604 à 9606, et Bull. 522, n° 9628.)

19 AOUT 1813. — Décrets relatifs à la tenue des foires de Oud-Beyerland, Delphaven, Saint-Georges du Vièvre. (4, Bull. 521, n°s 9615 et 9616.)

19 AOUT 1813. — Décret portant qu'il n'y a pas lieu d'accepter, par le trésorier de la fabrique de Saorgio, département des Alpes-Maritimes, les legs faits à l'église de Fontan par la dame Gionni. (4, Bull. 521, n° 9617.)

21 AOUT 1813. — Décret qui ordonne le paiement d'une somme de trois mille deux cent soixante-dix-huit francs, pour pensions accordées à seize veuves de militaires. (4, Bull. 522, n° 9634.)

22 AOUT 1813. — Décrets qui autorisent l'acceptation de dons et legs faits aux fabriques des églises paroissiales et succursales, etc., de Bernières, Carema, Herbsehim, Emanville, Eupen; aux séminaires diocésains de Besançon, Nancy, Clermont-Ferrand, et aux pauvres et hospices d'Oudenbosch, Sedan, Crugey, et Barvaux-sur-Ourte. (4, Bull. 522, n°s 9625 à 9646.)

24 AOUT 1813. — Décret qui met trente mille hommes à la disposition du ministre de la guerre. (4, Bull. 517, n° 9522.)

Art. 1er. Trente mille hommes, pris sur les classes de 1814, 1813, 1812 et antérieures, dans les départemens ci-après : Ardèche, Aveyron, Gard, Hérault, Lozère, Tarn, Ariége, Aude, Haute-Garonne, Gers, Hautes-Pyrénées, Pyrénées-Orientales, Tarn-et-Garonne, Gironde, Landes, Basses-Pyrénées, Charente-Inférieure, Cantal, Haute-Loire, Charente, Corrèze, Dordogne, Lot, Lot-et-Garonne, sont mis à la disposition du ministre de la guerre.

2. Les trente mille hommes mis à la disposition du ministre de la guerre par l'article 1er ci-dessus seront répartis entre les corps de l'armée d'Espagne.

3. Les conscrits mariés antérieurement à la publication du présent sénatus-consulte seront dispensés de concourir à la formation du contingent.

27 AOUT 1813. — Avis du Conseil-d'Etat. (Emprunt de Middelbourg.) *Voy.* 25 SEPTEMBRE 1813.

28 AOUT 1813. — Sénatus-consulte qui annule une déclaration donnée le 14 juillet dernier par le jury, en faveur des nommés Werbrouck, Lacoste, Biard et Petit, administrateurs de l'octroi d'Anvers. (1). (4, Bull. 519, n° 9543.)

Art. 1er. La déclaration donnée, le 24 juillet dernier, par le jury, en faveur des nommés Werbrouck, Lacoste, Biard et Petit, traduits devant la cour d'assises de Bruxelles comme accusés d'être auteurs ou complices des dilapidations commises dans la gestion et l'administration de l'octroi d'Anvers, ainsi que l'ordonnance d'acquittement prononcée par suite de cette déclaration, sont annulées, conformément au § 4 de l'article 55, titre V, de l'acte des constitutions de l'empire, du 16 thermidor an 10 (4 août 1802).

2. En conséquence, la Cour de cassation est chargée de renvoyer ces accusés devant une autre cour impériale, qui prononcera sur ladite accusation en sections réunies et sans jury.

3. Seront poursuivis devant la même cour et dans les mêmes formes, les prévenus du crime de corruption qui a eu lieu dans le procès criminel dont il s'agit.

4. Le présent sénatus-consulte sera transmis, par un message, à sa majesté l'Empereur et Roi.

29 AOUT 1813. — Décret concernant le recouvrement et le versement des amendes en matière de grande voirie. (4, Bulletin 520, n° 9567.)

Art. 1er. Le recouvrement des amendes en matière de grande voirie, dont les receveurs

(1) Cet acte est un de ceux qui ont été le plus vivement reprochés à Napoléon Bonaparte, et qui ont été invoqués pour motiver sa déchéance; mais il est assez remarquable que ce soit le Sénat lui-même, auteur de ce sénatus-consulte, qui l'ait rappelé dans un autre sénatus-consulte du 3 avril 1814, au nombre des griefs que la nation avait contre le chef du Gouvernement impérial. Dans la réalité, le sénatus-consulte du 28 août 1813 fut, comme une foule d'autres, dicté par la volonté impériale, et il était juste de lui en attribuer tout l'odieux; mais il a fallu au Sénat ou un singulier courage, ou une grande faiblesse, pour dénoncer lui-même au mépris et à la haine de la France des actes qui, du moins dans la forme, lui étaient personnels.

généraux étaient chargés par l'article 116 de notre décret du 16 décembre 1811, sera fait, comme par le passé, par les préposés de l'enregistrement et des domaines.

2. Le montant du recouvrement de ces amendes, sous la déduction de la remise des receveurs, et des frais tombés en non-valeur, sera versé d'une manière distincte dans la caisse du receveur général, qui en comptera ainsi et la manière prescrite par notre décret du 16 décembre 1811.

3. Nos ministres des finances, du Trésor impérial et de l'intérieur, sont chargés de l'exécution du présent décret.

---

29 AOUT 1813. — Décret concernant les biens, meubles et immeubles provenant d'écoles ecclésiastiques supprimées ou transférées d'un lieu à un autre. (4, Bull. 520, n° 9568.)

Art. 1er. Lorsqu'en exécution de l'art. 30 de notre décret du 15 novembre 1811, l'Université impériale se mettra en possession des meubles et des immeubles provenant d'écoles ecclésiastiques supprimées, il sera dressé, à la diligence du recteur de l'académie dans l'arrondissement de laquelle l'école était située, par un inspecteur de cette académie, contradictoirement avec le directeur de cette école, et avec le procureur impérial près le tribunal de l'arrondissement, un état des effets mobiliers et des titres, papiers et documens concernant les biens meubles et immeubles et revenus de l'administration de ladite école. Le directeur de l'école y fera déclaration et remise des deniers comptans étant en ses mains, provenant des revenus de l'école et des recettes faites pour elle. Cet état, dressé sur papier libre et sans frais, sera signé par l'inspecteur, par le procureur impérial, et par le directeur de l'école.

2. S'il se présente des créanciers, il sera fait mention de leur comparution, de la nature et de la quotité de la créance par eux prétendue, et ils signeront au procès-verbal leurs dires et réquisitions; leur comparution ainsi faite vaudra opposition, sans préjudice des oppositions qui pourront être formées par exploit, dans les termes de droit, entre les mains du recteur, par qui l'original de l'exploit sera visé.

3. Les dettes légitimement contractées et dûment vérifiées, pour fournitures faites à l'école, pour traitemens et gages, pour locations, réparations, constructions et autres objets de ce genre, seront acquittées par l'Université, d'après l'avis du conseil académique, approuvé par le conseil de l'Université, sur le produit des objets remis à l'Université, et jusqu'à concurrence, en commençant par le mobilier, sans préjudice de l'exercice des priviléges sur les meubles, et des actions réelles et hypothécaires qui pourraient appartenir aux créanciers sur les bâtimens et autres biens immeubles, et de l'exécution des jugemens et arrêts de nos cours et tribunaux, en cas de contestations, lorsqu'il y aura lieu à établir contribution, ou à régler l'ordre entre les créanciers opposans ou inscrits.

Les formes déterminées par les lois, en matière de succession sous bénéfice d'inventaire, seront observées.

4. Lorsqu'une école ecclésiastique sera seulement dans le cas d'être transférée d'un lieu où elle ne pouvait pas être conservée, dans celui où elle est autorisée, aux termes des articles 28 et 29 de notre décret du 15 novembre 1811, les effets mobiliers et immobiliers qui en proviendront après l'acquittement des dettes pourront être employés, sur la demande qui en sera faite par l'évêque, en vertu de l'article 30 dudit décret, à l'établissement de l'école dans le lieu où elle sera transférée, d'après l'avis du conseil académique, approuvé par le conseil de l'Université.

5. Il en sera de même dans le cas où la suppression d'une école ecclésiastique aurait lieu, aux termes de l'article 27 de notre décret du 15 novembre 1811, comme excédant le nombre d'écoles de ce genre autorisé par chaque département, et où il serait prouvé que l'école conservée dans le département a besoin de secours. Le produit des effets provenant des écoles supprimées dans le département pourra, sur la demande de l'évêque, être employé en faveur de l'école conservée, jusqu'à concurrence de ses besoins.

6. Lorsque des particuliers se prétendront propriétaires des meubles et des bâtimens d'une école ecclésiastique supprimée, ils devront adresser leurs réclamations, avec les titres à l'appui, au recteur de l'académie dans l'arrondissement de laquelle l'école était située. Le recteur demandera les renseignemens du préfet et l'avis du conseil de l'académie, et transmettra le tout au grand-maître de l'Université.

7. Le grand-maître fera délibérer le conseil de l'Université, sur la question de savoir s'il y a lieu de satisfaire à la réclamation en délaissant l'objet revendiqué, ou de la contester.

8. S'il est décidé que la demande sera contestée, la décision sera notifiée, par le recteur, au réclamant, et l'affaire sera portée devant les tribunaux, pour y être instruite et jugée avec l'Université, poursuite et diligence du recteur, dans les formes prescrites pour les affaires domaniales.

9. Dans le cas où la délibération du conseil de l'Université tendrait au délaissement de l'objet revendiqué, le grand-maître transmettra ladite délibération à notre ministre de l'intérieur, pour y être statué en notre Conseil-d'Etat.

10. Nos ministres de l'intérieur et des cultes sont chargés de l'exécution du présent décret.

---

29 AOUT 1813. — Décret relatif aux copies à signifier par les huissiers. (4, Bull. 520, n° 9570.)

Voy. décret du 14 JUIN 1813.

N.......vu l'article 8 de la loi du 13 brumaire an 7, l'article 43 du décret du 14 juin 1813.

Art. 1er. Les copies d'actes de jugemens, d'arrêts et de toutes autres pièces, qui seront faites par les huissiers, doivent être correctes et lisibles, à peine de rejet de la taxe, ainsi qu'il a déjà été ordonné par l'article 28 du décret du 16 février 1807, pour les copies des pièces faites par les avoués.

Les papiers employés à ces copies ne pourront contenir plus de trente-cinq lignes par page de petit papier;

Plus de quarante lignes par page de moyen papier,

Et plus de cinquante lignes par page de grand papier, à peine de l'amende de vingt-cinq francs prononcée, pour les expéditions, par l'article 26 de la loi du 13 brumaire an 7.

2. L'huissier qui aura signifié une copie de citation ou d'exploit de jugement ou d'arrêt qui serait illisible sera condamné à l'amende de vingt-cinq francs, sur la seule provocation du ministère public, et par la cour ou le tribunal devant lequel cette copie aura été produite (1).

Si la copie a été faite et signée par un avoué, l'huissier qui l'aura signifiée sera également condamné à l'amende, sauf son recours contre l'avoué, ainsi qu'il avisera.

3. Les articles 43 et 57 de notre décret du 14 juin 1813 sont rapportés.

4. Notre grand-juge, ministre de la justice, sest chargé de l'exécution du préent décret.

---

29 AOUT 1813. — Décret qui approuve la fondation offerte par la reine Hortense, en faveur des indigens, de dix lits dans l'hospice provisoirement établi auprès des bains d'Aix, département du Mont-Blanc. (4, Bull. 520, n° 9571.)

Art. 1er. La fondation de dix lits dans l'hospice provisoirement établi auprès des bains d'Aix, département du Mont-Blanc, offerte par la reine Hortense en faveur des indigens dont les maladies ou les infirmités réclameraient le secours des bains salutaires de cette contrée, ensemble la rente sur l'Etat de cinq cent cinquante-six francs affectée à l'entretien des lits, et la somme de mille quatre cent quatre-vingt-cinq francs quatre-vingt-cinq centimes pour la confection de ces lits et de leurs accessoires, seront acceptées par la commission administrative de l'hospice, dont nous confirmons, en tant que de besoin, l'érection.

2. Conformément aux intentions de la fondatrice, la commission fera dire, le 18 juin de chaque année, dans l'église paroissiale d'Aix, une messe en mémoire de la baronne de Broc, dame du palais de la fondatrice.

3. Le droit de nommer à six des lits fondés est réservé à leur fondatrice. Pourra néanmoins le préfet du département en disposer en son absence, si elle ne juge pas à propos d'user de son droit. Il sera nommé aux quatre autres lits par l'autorité municipale d'Aix.

4. Les lits dont la fondation est autorisée par les articles qui précèdent ne pourront être occupés, dans le cours de chaque année, que pendant un mois à l'époque de la saison des eaux.

6. Notre ministre de l'intérieur est chargé de l'exécution du présent décret.

---

29 AOUT 1813. — Décret portant réglement sur l'exercice de la profession de boulanger dans la ville de Troyes, département de l'Aube. (4, Bull. 521, n° 9596.)

Art. 1er. A l'avenir, nul ne pourra exercer dans notre bonne ville de Troyes, département de l'Aube, la profession de boulanger, sans une permission spéciale du maire; elle ne sera accordée qu'à ceux qui seront de bonnes vie et mœurs, et qui justifieront avoir fait leur apprentissage et connaître les bons procédés de l'art.

Ceux qui exercent actuellement la profession de boulanger dans notre bonne ville de Troyes sont maintenus dans l'exercice de leur profession; mais ils devront se munir, à peine de déchéance, de la permission du maire, dans un mois, pour tout délai, à compter de la publication du présent décret.

2. Cette permission ne sera accordée que sous les conditions suivantes:

Chaque boulanger se soumettra à avoir constamment dans son magasin un approvisionnement de farine de première qualité.

Cet approvisionnement sera, savoir:

1° De trente sacs au moins, du poids de quinze myriagrammes, pour les boulangers de première classe;

---

(1) Le fait, de la part d'un huissier, d'avoir notifié une copie illisible, peut être poursuivi par le ministère public, par voie d'action directe; le ministère public n'est pas réduit au droit de poursuite par voie de *réquisition* lorsque la copie illisible a été produite ou notifiée dans le cours d'une instance (17 décembre 1828; Cass. S. 29, 1, 157; D. 29, 1, [illegible] P. 44, 309).

2° De vingt sacs au moins pour les boulangers de seconde classe ;

3° De six sacs au moins pour les boulangers de troisième classe.

3. La permission délivrée par le maire constatera la soumission souscrite par le boulanger, pour la quotité de son approvisionnement de réserve : elle énoncera la section dans laquelle chaque boulanger devra exercer sa profession.

4. Le maire s'assurera si les boulangers ont constamment en magasin et en réserve la quantité de farine pour laquelle chacun d'eux aura fait sa soumission.

5. Le maire réunira auprès de lui douze boulangers, parmi ceux qui exercent leur profession depuis long-temps. Ces douze boulangers procéderont, en présence du maire, à la nomination d'un syndic et de trois adjoints. Le syndic et les adjoints seront renouvelés, tous les ans, au mois de janvier : ils pourront être réélus ; mais, après un exercice de trois années, le syndic et les adjoints devront nécessairement être renouvelés.

6. Le syndic et les adjoints procéderont, en présence du maire, au classement des boulangers, conformément aux dispositions énoncées en l'article 2.

7. Le syndic et les adjoints seront chargés de la surveillance de l'approvisionnement de réserve des boulangers, et de constater la nature et la qualité des farines dudit approvisionnement, sans préjudice des autres mesures de surveillance qui devront être prises par le maire.

8. Aucun boulanger ne pourra quitter sa profession que six mois après la déclaration qu'il en devra faire au maire.

9. Nul boulanger ne pourra restreindre le nombre de ses fournées sans l'autorisation du maire.

10. Tout boulanger sera tenu de peser le pain, s'il en est requis par l'acheteur : il devra, à cet effet, avoir, dans le lieu le plus apparent de sa boutique, des balances et un assortiment de poids métriques dûment poinçonnés.

11. Tout boulanger qui quittera sa profession sans y être autorisé par le maire, ou qui sera définitivement interdit, perdra son approvisionnement de réserve, qui sera vendu sur le marché, à la diligence du maire, et le produit en sera versé dans la caisse du bureau de bienfaisance.

Dans le cas où le boulanger aurait fait disparaître son approvisionnement de réserve, et où l'interdiction absolue aurait été prononcée par le maire, il gardera prison jusqu'à ce qu'il l'ait représenté ou qu'il en ait versé la valeur à la caisse du bureau de bienfaisance.

12. Il est défendu, sous peine de confiscation, d'établir des regrats de pain, en quelque lieu public que ce soit. En conséquence, les traiteurs, aubergistes, cabaretiers et tous autres qui font métier de donner à manger, ne pourront, à peine de confiscation, tenir d'autre pain chez eux que celui nécessaire à leur propre consommation et à celle de leurs hôtes.

13. Le fonds d'approvisionnement de réserve deviendra libre, sur une autorisation du maire, pour tout boulanger qui, en conformité de l'article 8, aura déclaré, six mois d'avance, vouloir quitter sa profession. La veuve et les héritiers du boulanger décédé pourront pareillement être autorisés à retirer leur approvisionnement.

14. Les boulangers et débitans forains, quoique étrangers à la boulangerie de Troyes, seront admis, concurremment avec les boulangers de la ville, à vendre ou à faire vendre du pain sur les marchés et lieux publics qui seront désignés par le maire, en se conformant aux réglemens.

15. Le préfet du département de l'Aube, sur la proposition du maire et l'avis du sous-préfet, pourra, avec l'autorisation de notre ministre des manufactures et du commerce, faire les réglemens locaux nécessaires pour l'exercice de la profession de boulanger, sur la nature, la qualité, la marque et le poids du pain en usage à Troyes, sur les boulangers et débitans forains et les boulangers de Troyes qui sont dans l'usage d'approvisionner les marchés, et sur la fixation du prix des différentes espèces de pain.

16. En cas de contravention à l'article 2 du présent décret, concernant l'approvisionnement auquel chaque boulanger se trouve assujéti, il sera procédé, contre les contrevenans, par le maire, qui, suivant les circonstances, pourra prononcer, par voie administrative, une interdiction momentanée ou absolue de sa profession, sauf le recours au préfet et à notre ministre des manufactures et du commerce. Les autres contraventions à notre présent décret et aux réglemens locaux dont il est fait mention en l'article précédent seront poursuivies et réprimées par le tribunal de police municipale, qui pourra prononcer l'impression et l'affiche du jugement aux frais des contrevenans.

17. Les lois et réglemens antérieurs continueront à être exécutés en tout ce qui n'est pas contraire au présent décret.

18. Notre ministre des manufactures et du commerce est chargé de l'exécution du présent décret, qui sera inséré au Bulletin des Lois.

---

29 AOUT 1813. — Décret qui ordonne l'établissement d'un agent de change courtier de commerce de marchandises dans la ville de Zwolle, département des Bouches-de-l'Issel. (4, Bull. 520, n° 9569.)

---

29 AOUT 1813. — Décret portant création d'un conseil de prud'hommes dans la ville de Leyde, département des Bouches-de-la-Meuse. (4, Bull. 521, n° 9597.)

---

29 AOUT 1813. — Décrets qui érigent en lycées les colléges des villes de Cologne, Trèves, Lille, Saint-Omer, Charleville, Colmar, Epinal, Tours, Vendôme, Langres, Autun, Le Mans, Saintes, Niort, Belley, Montbrison, Chambéry, Tournon, Auch, Agen, Coni, et les institutions de Juilly et Sorèze. (Mon. n° 254.)

---

29 AOUT 1813. — Lettres de création de dépôts de mendicité pour les départemens de l'Ourte et du Loiret. (4, Bull. 521 et 522, nos 9598 et 9621.)

---

29 AOUT 1813. — Décret relatif à l'instruction publique dans les départemens des Bouches-du-Weser, des Bouches-de-l'Elbe, de l'Ems-Supérieur, de l'Ems-Oriental et de la Lippe. (Mon. n° 254.)

---

6 SEPTEMBRE 1813. — Décret portant annulation d'un arrêté du conseil de préfecture du département des Landes, par lequel il avait été accordé une indemnité pour les matériaux extraits de carrières qui n'étaient pas en exploitation régulière. (4, Bull. 520, n° 9572.)

N..... vu l'arrêté du conseil de préfecture du département des Landes, du 6 janvier 1813, par lequel il est accordé au sieur Lasalle, propriétaire des carrières de Rude, commune de Poydessaux, une indemnité, à raison : 1° de la valeur des matériaux extraits par le sieur Labbé, entrepreneur d'une partie de la route impériale n° 11, de Paris en Espagne; 2° des dommages résultant de l'extraction;

Vu la loi du 16 septembre 1807, portant, article 55 :

« Les terrains occupés pour prendre les « matériaux nécessaires aux constructions « publiques pourront être payés aux propriétaires comme s'ils eussent été pris pour « la route même.

« Il n'y aura lieu à faire entrer dans l'estimation la valeur des matériaux à extraire « que dans le cas où l'on s'emparerait d'une « carrière déjà en exploitation. »

Considérant que l'on ne peut réputer carrière en exploitation que celle qui offre au propriétaire un revenu assuré, soit qu'il l'exploite régulièrement par lui-même et pour ses besoins, soit qu'il en fasse un objet de commerce, en l'exploitant régulièrement par lui-même ou par autrui;

Que les carrières de Rude n'étaient point en exploitation lors de l'extraction faite par l'entrepreneur Labbé;

Que le conseil de préfecture, en accordant au sieur Lasalle une indemnité à laquelle il ne pouvait prétendre, aux termes de la loi précitée, que dans le cas où ses carrières eussent été en exploitation régulière à l'époque de l'extraction faite par l'entrepreneur de la route d'Espagne, a évidemment contrevenu à l'esprit et à la lettre de cette loi, et que l'interprétation qu'il lui donne tendrait à consacrer une violation manifeste de tous les principes;

Notre Conseil-d'Etat entendu,

Nous avons décrété et décrétons ce qui suit :

Art. 1er. L'arrêté du conseil de préfecture du département des Landes, du 6 janvier 1813, est annulé.

2. Il sera procédé à une nouvelle expertise de l'indemnité due au sieur Lassalle : cette indemnité n'aura pour objet que les dommages causés à ses propriétés par l'extraction et le transport des matériaux provenant des carrières dudit sieur Lassalle.

3. Notre ministre de l'intérieur est chargé de l'exécution du présent décret.

---

6 SEPTEMBRE 1813. — Extrait de lettres-patentes portant autorisation au sieur Furtado de se faire naturaliser en pays étranger. (4, Bull. 523, n° 9672.)

---

6 SEPTEMBRE 1813. — Décret portant prolongation pendant deux jours de la foire qui a lieu le 17 janvier de chaque année dans la ville d'Alais. (4, Bull. 522, n° 9647.)

---

6 SEPTEMBRE 1813. — Décret portant que la chapelle de Sainte-Barbe, située au hameau des Hautes-Huttes, celle de Sainte-Catherine, située aux Basses-Huttes, et celle de Saint-Genès, commune et succursale d'Orbey, sont conservées sous le titre de *chapelles de secours*. (4, Bull. 522, n° 9648.)

---

6 SEPTEMBRE 1813. — Décret qui met à la disposition de l'évêque de Strasbourg la chapelle située dans la partie haute de la ville de Rouffach, pour y faire exercer le culte, sous le titre de *chapelle de secours*. (4, Bull. 522, n° 9649.)

---

6 SEPTEMBRE 1813. — Décrets qui autorisent l'acceptation de dons et legs faits aux pauvres et hospices de Bourgueil, Zierikzée, Pézénas, Bolbec, du Mans, Dijon, Paris, Cormelin, Caen, Aubenas, Toulouse, la Chapelle-Faucher, Saint-Etienne, Châteauneuf, Borjols, Louhans, Nevers et Thimister, et à la fabrique de l'église succursale de Conthil. (4, Bull. 522, nos 9650 à 9658, 9660 à 9666, et Bull. 523, nos 9674 à 9679, 9681 et 9682.)

---

6 SEPTEMBRE 1813. — Décret qui permet aux sieurs Monnier et Jobez, maître de forges, demeurant l'un à Poligny et l'autre à Morez, de rétablir dans la commune de Syam, et en remplacement des usines existantes l'une à Syam et l'autre aux Iles, commune de Champagnole, une usine à traiter le fer, dans laquelle ils pourront également fabriquer les fers-blancs. (4, Bull. 523, n° 9680.)

---

11 SEPTEMBRE 1813. — Extrait de lettres-patentes portant institution de majorat en faveur de M. Rouvroy. (4, Bull. 523, n° 9673.)

---

11 SEPTEMBRE 1813. — Décrets qui autorisent l'acceptation de dons et legs faits aux pauvres et hospices d'Anvers, Saint-Trivier, Issengeaux, Castel-Sarrazin, Toulon, Chaource, Limoux, Marseille, Gand, Bordeaux, Bourgueil, Agen, Lembeye, Lyon et Broyères. (4, Bull. 523, nos 9683 à 9698.)

---

13 SEPTEMBRE 1813. — Décret relatif à une fondation faite par le sieur Lambert de Lamberts, au profit de la fabrique de Sainte-Gudule, à Bruxelles, département de la Dyle. (4, Bull. 522, n° 9622.)

N..... vu l'article 900 du Code Napoléon.

Art. 1er. Le trésorier de la fabrique de l'église de Sainte-Gudule, à Bruxelles, département de la Dyle, est autorisé à accepter, au profit de ladite fabrique, la fondation d'une messe journalière, faite par le sieur Lambert de Lamberts, dans son testament du 6 ventose an 12 (26 février 1804), déposé chez Carcly, notaire à Bruxelles, aux charges et conditions autorisées par ledit testament, dont extrait sera annexé au présent décret, sauf toutefois la disposition qui tend à établir un bénéfice à collation laïque, laquelle étant contraire aux lois de l'empire, est, conformément à l'article 900 du Code civil, réputée comme non écrite.

2. En cas de remboursement, le capital sera employé en acquisition de rente sur l'État, au profit de la fabrique, à la diligence du directeur général de la caisse d'amortissement.

3. Nos ministres des cultes et des finances sont chargés de l'exécution du présent décret.

---

13 SEPTEMBRE 1813. — Décret relatif à un legs fait par le sieur François Martin à la fabrique de l'église succursale de Chauriat, département du Puy-de-Dôme. (4, Bull. 522, n° 9623.)

Art. 1er. Il n'y a lieu d'autoriser le trésorier de la fabrique de l'église succursale de Chauriat, département du Puy-de-Dôme, à accepter au profit de ladite fabrique le legs fait à elle par le sieur François-Martin, dans son testament olographe du 22 novembre 1811, que pour les objets légués qui servent à l'usage du culte.

2. Notre ministre des cultes est chargé de l'exécution du présent décret.

---

13 SEPTEMBRE 1813. — Décrets qui autorisent l'érection en chapelles de l'église de Crosville et de la succursale supprimée de Mazerulle. (4, Bull. 523, nos 9699 et 9700.)

---

13 SEPTEMBRE 1813. — Décrets qui autorisent l'acceptation de legs faits à la commune de Floure et à la fabrique de l'église de Bourbon-l'Archambault. (4, Bull. 523, nos 9701 et 9702.)

---

18 SEPTEMBRE 1813. — Décret qui approuve un arrêté de conflit pris par le préfet du département de Seine-et-Marne, au sujet d'une contestation sur la question de savoir si une portion de terrain est comprise dans une vente faite par l'autorité administrative. (4, Bull. 523, n° 9668.)

N..... vu la demande du 9 mars 1811, formée devant le tribunal civil de Meaux, par les sieur et dame de Tholozan, au nom et comme cotuteurs des demoiselles de Guermantes, pour qu'ils soient gardés et maintenus dans la propriété d'une pièce de terre située au terroir des Trois-Poiriers, commune de Vassy-Saint-Georges, et qu'il soit fait défense au duc d'Otrante d'y faire à l'avenir aucun acte de propriété;

Vu le jugement intervenu sur cette demande, le 4 juin 1812, et qui, avant de faire droit sur le déclinatoire proposé par le duc d'Otrante, ordonne que, par des experts arpenteurs, il sera vérifié s'il y a, ou non, identité entre la pièce de terre revendiquée et la pièce acquise de la nation, le 31 juillet 1792, par Pierre-Augustin Guinard, aujourd'hui représenté par le duc d'Otrante;

Vu un second jugement du 20 août 1812, qui, attendu ce qui résultait de l'opération des experts, a rejeté le déclinatoire du duc d'Otrante, et a ordonné que les parties plaideraient au fond;

Vu un troisième jugement du 26 dudit mois d'août, rendu par défaut contre le duc d'Otrante, et qui adjuge aux sieur et dame de Tholozan leurs conclusions;

Vu l'appel interjeté de ces jugemens, par acte du 13 octobre 1812, devant la cour impériale de Paris;

Vu l'arrêté de conflit pris par le préfet de Seine-et-Marne, le 22 février 1813, au sujet des contestations dont il s'agit;

Vu le rapport de notre grand-juge, ministre de la justice;

Vu le mémoire fourni par les sieur et dame de Tholozan, et par lequel ils concluent à l'annulation de l'arrêté de conflit et au renvoi de la contestation devant les tribunaux;

Considérant que les conseils de préfecture sont spécialement chargés de prononcer sur le contentieux des domaines nationaux; que, dès lors, c'est à eux qu'il appartient de s'expliquer sur ce qui a été compris dans les ventes faites par l'autorité administrative, ainsi qu'il a déjà été décidé par plusieurs de nos décrets;

Considérant que, dans l'espèce, les parties étant divisées sur le point de savoir si la portion de terrain en litige faisait, ou non, partie du domaine national adjugé au sieur Guinard, le tribunal de Meaux devait se borner à les renvoyer devant le conseil de préfecture du département; qu'ainsi ce tribunal a méconnu les règles de compétence établies par les lois, soit en ordonnant une vérification, soit en réglant le déclinatoire proposé, soit enfin en déclarant que le terrain réclamé ne se trouvait pas compris dans l'adjudication faite au sieur Guinard;

Notre Conseil-d'Etat entendu,

Nous avons décrété et décrétons ce qui suit:

Art. 1er. L'arrêté de conflit pris par le préfet du département de Seine-et-Marne, le 22 février 1813, est approuvé: en conséquence, les jugemens rendus par le tribunal civil de Meaux, les 4 juin, 20 et 26 août 1812, sont déclarés comme non avenus, et les parties sont renvoyées devant le conseil de préfecture dudit département.

2. Notre grand-juge, ministre de la justice, et notre ministre de l'intérieur, sont chargés de l'exécution du présent décret.

---

18 SEPTEMBRE 1813. — Extrait de lettres-patentes portant autorisation au sieur Gratien Ferrier de rester au service d'une puissance étrangère. (4, Bull. 537, n° 9868.)

---

18 SEPTEMBRE 1813. — Extraits de lettres-patentes portant autorisation aux sieurs Van-der-Leyen, Zorn-de-Bulac et Gourdon, de se faire naturaliser en pays étranger. (4, Bull. 526, n° 9744.)

---

18 SEPTEMBRE 1813. — Décrets qui autorisent l'acceptation de dons et legs faits aux pauvres et hospices de Quelaines, Perpignan, Saint-Nicolas, Boutigny, Alais et Lauvarden. (4, Bull. 524, nos 9705 à 9709, et 9712.)

---

18 SEPTEMBRE 1813. — Décrets qui autorisent l'érection en chapelles des églises de Martigny, Massy, Ferrières, Freulleville et Glicourt. (4, Bull. 524, nos 9710, 9711, et 9713 à 9715.)

---

21 SEPTEMBRE 1813. — Décret qui autorise un établissement formé pour le service de l'hospice de la commune de Bollène, département de Vaucluse. (4, Bull. 523, n° 9669.)

Art. 1er. L'établissement formé par les sœurs hospitalières dites *de la Charité chrétienne* de Nevers, dans la commune de Bollène, département de Vaucluse, pour le service de l'hospice de ladite commune, est autorisé.

2. Conformément au vœu de la commission administrative, les trois sœurs composant cet établissement seront, aux dépens de l'hospice, nourries, chauffées, éclairées, blanchies, fournies de linge de table, de cuisine et de lit, soignées en maladie, et enterrées en cas de mort. Elles recevront en outre, pour chacune d'elles, une somme de cent cinquante francs par an, payables de six mois en six mois et d'avance, dont la supérieure seule donnera quittance.

3. Notre ministre des cultes est chargé de l'exécution du présent décret.

---

21 SEPTEMBRE 1813. — Décrets qui établissent des foires à Saint-Santin, Tournay, Lunéville et Altkirch. (4, Bull. 524, nos 9716, 9718, 9719, et Bull. 525, n° 9724.)

---

21 SEPTEMBRE 1813. — Décrets qui autorisent l'érection en chapelle de l'église de Saint-Léger du bourg Denis. (4, Bull. 524, n° 9717.)

---

21 SEPTEMBRE 1813. — Décrets qui autorisent l'acceptation de dons et legs faits aux pauvres et hospices d'Angers, Poitiers, Voghera, Mezin, et aux fabriques des églises succursales de Saint-Ouen-des-Alleux et de Villepinte. (4, Bull. 525, nos 9725 à 9730.)

---

25 SEPTEMBRE 1813. — Décret portant qu'il n'y a lieu d'autoriser l'acceptation du legs fait par mademoiselle Schipfer à la fabrique de Sainte-Agathe de Michelbach. (4, Bull. 523, n° 9670.)

Art. 1er. Il n'y a lieu d'autoriser le trésorier de la fabrique de l'église paroissiale de Sainte-Agathe, commune de Michelbach, département du Haut-Rhin, à accepter le legs fait à cette église par demoiselle Agathe-Schipfer, par son testament du 7 décembre 1807, reçu par Thiébault, notaire à Thaun.

2. Notre ministre des cultes est chargé de l'exécution du présent décret.

---

25 SEPTEMBRE 1813. — Décret concernant les mineurs ou interdits, propriétaires d'une action de la banque de France ou de portions d'action n'excédant pas ensemble une action entière. (4, Bull. 526, n° 9737.)

Voy. loi du 24 MARS 1806.

Art. 1er. Les dispositions de la loi du 24 mars 1806, relatives au transfert d'inscriptions de cinq pour cent consolidés, appartenant à des mineurs ou interdits, sont rendues applicables aux mineurs ou interdits propriétaires d'actions ou portions d'action de la banque de France, toutes les fois qu'ils n'auraient qu'une action ou un droit dans plusieurs actions, n'excédant pas en totalité une action entière.

2. Notre grand-juge, ministre de la justice, et notre ministre des finances, sont chargés de l'exécution du présent décret.

25 SEPTEMBRE 1813. — Décret qui proroge jusqu'au 1er janvier 1815 divers modes précédemment autorisés ou établis pour la perception des octrois. (4, Bull. 526, n° 9738.)

Art. 1er. Les dispositions de notre décision du 4 mai 1812, concernant la perception des octrois par abonnement, dans les communes où elle avait été établie précédemment, sont prorogées jusqu'au 1er janvier 1815.

2. Cette prorogation aura lieu également, jusqu'à la même époque, en ce qui concerne les répartitions contributives, autorisées par nos décrets des 14 juillet 1812 et 15 mai 1813, entre les habitans des communes des départemens de la Hollande et des départemens anséatiques, qui n'ont pas une population agglomérée de deux mille individus.

3. Les taxes ou perceptions par subvention volontaire qui ont eu lieu jusqu'à présent dans les communes rurales des départemens de Rome et du Trasimène continueront aussi d'être perçues jusqu'au 1er janvier 1815.

4. Nos ministres de l'intérieur, des finances et du Trésor impérial, sont chargés de l'exécution du présent décret.

25 SEPTEMBRE 1813. — Décret portant que le décret du 3 octobre 1810, concernant les individus de l'un et de l'autre sexe qui sont ou voudront se mettre en service à Paris en qualité de domestiques, sera exécuté dans les villes de cinquante milles ames et au-dessus. (4, Bull. 526, n° 9739.)

N.... vu notre décret du 3 octobre 1810, etc.

Art. 1er. Le décret du 3 octobre 1810 sera exécuté dans les villes dont la population est de cinquante mille habitans et au-dessus.

2. Les fonctions attribuées, par ce décret au préfet de police de la ville de Paris seront remplies par les maires des villes comprises dans le présent décret.

3. Dans les villes où il y a des commissariats généraux de police, les bulletins d'inscription dont parle l'article 5 du décret du 3 octobre 1810 seront visés non-seulement par le maire, mais encore par le commissaire général.

4. Notre grand-juge, ministre de la justice, et notre ministre de la police générale, sont chargés de l'exécution du présent décret.

25 SEPTEMBRE 1813. — Décret qui autorise l'application d'une portion d'amende et des deniers saisis, au profit de ceux qui auront coopéré à la découverte de loteries clandestines, et ordonne l'affiche des jugemens aux frais des délinquans. (4, Bull. 526, n° 9740.)

N....... vu l'article 410 du Code pénal.

Art. 1er. L'administration de la loterie impériale de France pourra disposer, sur ses ordonnances et sous l'approbation de notre ministre des finances, jusqu'à concurrence du quart de l'amende qui sera prononcée contre les délinquans, et des deniers saisis, pour être appliqué au profit de ceux qui auront coopéré à la découverte des bureaux clandestins.

En conséquence, les greffiers des tribunaux correctionnels seront tenus de remettre, sans autres frais que le remboursement du papier timbré, savoir : à l'administration de la loterie impériale, à Paris, et à ses inspecteurs, dans les départemens, extraits des jugemens de condamnation, dans les vingt-quatre heures du jour où ils auront été rendus.

2. Tout jugement qui sera rendu en exécution de l'article 410 du Code pénal, concernant les loteries clandestines, sera affiché aux frais des auteurs des délits.

3. Notre grand-juge, ministre de la justice, et notre ministre des finances, sont chargés de l'exécution du présent décret.

25 SEPTEMBRE 1813. — Avis du Conseil-d'Etat concernant les porteurs de lettres-de-change provenant de l'emprunt d'un million fait en 1790 par la ville de Middelbourg. (4, Bull. 526, n° 9741.)

Le Conseil-d'Etat, qui, d'après le renvoi ordonné par sa majesté, a entendu le rapport de la section des finances sur celui du ministre de ce département, par lequel il propose d'inscrire sur le grand-livre de Hollande, à raison de sept pour cent avec la réduction au tiers, conformément aux dispositions du décret du 18 octobre 1810, les lettres-de-change provenant de l'emprunt fait en 1790 par la ville de Middelbourg, en échange desquelles il devait être remis des effets de l'emprunt de sept pour cent, en exécution du décret royal du 6 juin 1809; le tout cependant sous la clause proposée par le ministre, de ne tenir aucun compte aux porteurs desdites lettres-de-change, d'aucuns intérêts arriérés antérieurs au 6 juin 1809 ;

Vu l'article 1er du décret du Roi de Hollande, du 6 juin 1809, portant qu'il serait payé par la caisse coloniale, à la ville de Middelbourg, une somme de onze cent mille florins, en effets de l'emprunt de sept pour cent, pour être uniquement employée à payer un million qu'elle a emprunté sur lettres-de-change en 1790;

Vu l'art. 1er du décret du Roi de Hollande, du 3 septembre 1809, par lequel il est sursis provisoirement à l'exécution de celui du 6 juin précité,

Est d'avis,

Que le ministre des finances soit autorisé à faire faire un appel aux porteurs de lettres-de-change de l'emprunt d'un million fait en 1790 par la ville de Middelbourg, aux fins de se présenter, dans le délai de deux mois à compter du jour de l'appel, à la commission chargée de la direction du grand-livre de la dette de Hollande, pour que les lettres-de-change dont ils sont porteurs soient vérifiées, et pour le résultat de leur vérification être présenté par le ministre, et par sa majesté être statué ce qu'il appartiendra.

---

25 SEPTEMBRE 1813. — Décret portant réglement sur l'exercice de la profession de boulanger dans la ville de La Rochelle, département de la Charente-Inférieure. (4, Bull. 527, n° 9775.)

Art. 1er. A l'avenir, nul ne pourra exercer dans notre bonne ville de La Rochelle, département de la Charente-Inférieure, la profession de boulanger, sans une permission spéciale du maire : elle ne sera accordée qu'à ceux qui seront de bonnes vie et mœurs, et qui justifieront avoir fait leur apprentissage et connaître les bons procédés de l'art.

Ceux qui exercent actuellement la profession de boulanger dans notre bonne ville de La Rochelle sont maintenus dans l'exercice de leur profession; mais ils devront se munir, à peine de déchéance, de la permission du maire, dans un mois pour tout délai, à compter de la publication du présent décret.

2. Cette permission ne sera accordée que sous les conditions suivantes :

Chaque boulanger se soumettra à avoir constamment dans son magasin un approvisionnement de farine de première qualité.

Cet approvisionnement sera, savoir :

1° De vingt sacs au moins, du poids de quinze myriagrammes, pour les boulangers de première classe;

2° De quinze sacs au moins pour les boulangers de seconde classe ;

3° De dix sacs au moins pour les boulangers de troisième classe.

3. La permission délivrée par le maire constatera la soumission souscrite par le boulanger, pour la quotité de son approvisionnement de réserve : elle énoncera le quartier dans lequel chaque boulanger devra exercer sa profession.

4. Le maire s'assurera si les boulangers ont constamment en magasin et en réserve la quantité de farine pour laquelle chacun d'eux aura fait sa soumission.

5. Le maire réunira auprès de lui dix boulangers pris parmi ceux qui exercent leur profession depuis long-temps. Ces dix boulangers procéderont, en présence du maire, à la nomination d'un syndic et de trois adjoints. Le syndic et les adjoints seront renouvelés, tous les ans, au mois de janvier : ils pourront être réélus; mais, après un exercice de trois années, le syndic et les adjoints devront nécessairement être renouvelés.

6. Le syndic et les adjoints procéderont, en présence du maire, au classement des boulangers, conformément aux dispositions énoncées en l'article 2.

7. Le syndic et les adjoints seront chargés de la surveillance de l'approvisionnement de réserve des boulangers, et de constater la nature et la qualité des farines dudit approvisionnement, sans préjudice des autres mesures de surveillance qui devront être prises par le maire.

8. Aucun boulanger ne pourra quitter sa profession que six mois après la déclaration qu'il en devra faire au maire.

9. Nul boulanger ne pourra restreindre le nombre de ses fournées sans l'autorisation du maire.

10. Tout boulanger sera tenu de peser le pain, s'il en est requis par l'acheteur : il devra, à cet effet, avoir, dans le lieu le plus apparent de sa boutique, des balances et un assortiment de poids métriques dûment poinçonnés.

11. Tout boulanger qui quittera sa profession sans y être autorisé par le maire, ou qui sera définitivement interdit, perdra son approvisionnement de réserve, qui sera vendu dans la cour de l'hôtel-de-ville, à la diligence du maire; et le produit en sera versé dans la caisse des hospices civils.

Dans le cas où le boulanger aurait fait disparaître son approvisionnement de réserve, et où l'interdiction absolue aurait été prononcée par le maire, il gardera prison jusqu'à ce qu'il l'ait représenté, ou qu'il en ait versé la valeur à la caisse des hospices.

12. Il est défendu sous peine de confiscation, d'établir des regrats de pain en quelque lieu public que ce soit. En conséquence, les traiteurs, aubergistes, cabaretiers et tous autres qui font métier de donner à manger, ne pourront, à peine de confiscation, tenir d'autre pain chez eux que celui nécessaire à leur propre consommation et à celle de leurs hôtes.

13. Le fonds d'approvisionnement de réserve deviendra libre, sur une autorisation du maire, pour tout boulanger qui, en conformité de l'article 8, aura déclaré, six mois d'avance, vouloir quitter sa profession. La veuve et les héritiers du boulanger décédé pourront pareillement être autorisés à retirer leur approvisionnement.

14. Les boulangers et débitans forains, quoique étrangers à la boulangerie de la ville de La Rochelle, seront admis, concurremment avec les boulangers de la ville, à vendre ou faire vendre du pain sur les marchés et lieux publics qui seront désignés par le maire, en se conformant aux réglemens.

15. Le préfet du département de la Charente-Inférieure, sur la proposition du maire et l'avis du commissaire spéciale d police et du sous-préfet, pourra, avec l'autorisation de notre ministre des manufactures et du commerce, faire les réglemens locaux nécessaires pour l'exercice de la profession de boulanger, sur la nature, la qualité, la marque et le poids du pain en usage à La Rochelle, sur les boulangers et débitans forains et les boulangers de La Rochelle qui sont dans l'usage d'approvisionner les marchés, et sur la fixation du prix des différentes espèces de pain.

16. En cas de contravention à l'article 2 du présent décret, concernant l'approvisionnement auquel chaque boulanger se trouve assujéti, il sera procédé contre les contrevenans, par le maire, qui, suivant les circonstances, pourra prononcer, par voie administrative, une interdiction momentanée ou absolue de leur profession, sauf le recours au préfet et à notre ministre des manufactures et du commerce. Les autres contraventions à notre présent décret et aux réglemens locaux dont il est fait mention en l'article précédent seront poursuivies et réprimées par le tribunal de police municipale, qui pourra prononcer l'impression et l'affiche du jugement aux frais des contrevenans.

17. Les lois et réglemens antérieurs continueront à être exécutés en tout ce qui n'est pas contraire au présent décret.

18. Notre ministre des manufactures et du commerce est chargé de l'exécution du présent décret, qui sera inséré au Bulletin des Lois.

---

25 SEPTEMBRE 1813. — Décret portant réglement sur l'exercice de la profession de boulanger dans la ville de Dijon, département de la Côte-d'Or. (4, Bull. 527, n° 9776.)

Art. 1er. A l'avenir, nul ne pourra exercer dans notre bonne ville de Dijon, département de la Côte-d'Or, la profession de boulanger, sans une permission spéciale du maire : elle ne sera accordée qu'à ceux qui seront de bonnes vie et mœurs, et qui justifieront avoir fait leur apprentissage et connaître les bons procédés de l'art.

Ceux qui exercent actuellement la profession de boulanger dans notre bonne ville de Dijon sot mnaintenus dans l'exercice de leur profession; mais ils devront se munir, à peine de déchéance, de la permission du maire, dans un mois, pour tout délai, à compter de la publication du présent décret.

2. Cette permission ne sera accordée que sous les conditions suivantes :

1° Chaque boulanger sera tenu de déposer au magasin de la halle aux blés, à titre de garantie, la quantité de froment déterminée ci-après, savoir :

Les boulangers de première classe, soixante hectolitres;

Ceux de seconde classe, quarante hectolitres;

Et ceux de troisième classe, vingt hectolitres.

2° Chaque boulanger se soumettra à avoir constamment dans son magasin un approvisionnement de farine de première qualité.

Cet approvisionnement sera, savoir :

De cinquante-cinq sacs au moins, du poids de quinze myriagrammes, pour les boulangers de première classe;

De quarante sacs au moins, pour les boulangers de seconde classe;

De vingt sacs au moins, pour les boulangers de troisième classe.

3. La permission délivrée par le maire constatera la soumission souscrite par le boulanger, pour la quotité de son dépôt en grains et de son approvisionnement de réserve, tels qu'ils sont énoncés dans l'article précédent; elle désignera le quartier dans lequel chaque boulanger devra exercer sa profession.

4. Le maire s'assurera si les boulangers ont constamment en magasin et en réserve la quantité de farine pour laquelle chacun d'eux aura fait sa soumission.

5. Le maire réunira auprès de lui dix boulangers, pris parmi ceux qui exercent depuis long-temps leur profession. Ces dix boulangers procéderont, en présence du maire, à la nomination d'un syndic et de deux adjoints. Le syndic et les adjoints seront renouvelés, tous les ans, au mois de janvier; ils pourront être réélus, mais, après un exercice de trois années, le syndic et les adjoints devront nécessairement être renouvelés.

6. Le syndic et les adjoints procéderont, en présence du maire, au classement des boulangers, conformément aux dispositions énoncées en l'article 2.

7. Le syndic et les adjoints seront chargés de la réception, de la surveillance et de la manutention des grains déposés au magasin de la halle, et prendront toutes les mesures nécessaires pour la conservation de ces grains.

Ils seront pareillement chargés de la surveillance de l'approvisionnement de réserve des boulangers, et de constater la nature et la qualité des farines dudit approvisionnement, sans préjudice des autres mesures de surveillance qui devront être prises par le maire.

8. Aucun boulanger ne pourra quitter sa profession que six mois après la déclaration qu'il en devra faire au maire.

9. Nul boulanger ne pourra restreindre le nombre de ses fournées sans l'autorisation du maire.

10. Tout boulanger sera tenu de peser le pain, s'il en est requis par l'acheteur; il devra, à cet effet, avoir, dans le lieu le plus apparent de sa boutique, des balances et un assortiment de poids métriques dûment poinçonnés.

11. Les grains déposés au magasin de la halle, à titre de garantie, seront mis, chaque année, à la disposition des boulangers, par quart, dans les mois de juin, juillet, août et septembre, sur une autorisation du maire.

12. Dans le courant du mois de novembre de chaque année, les boulangers réintégreront à la halle leur dépôt de garantie.

13. Tout boulanger qui quittera sa profession sans y être autorisé par le maire, ou qui sera définitivement interdit, perdra son dépôt de garantie et son approvisionnement de réserve, qui seront vendus à la halle, à la diligence du maire; et le produit en sera versé, savoir: moitié dans la caisse des hospices, et l'autre moitié dans celle du bureau de bienfaisance.

Dans le cas où le boulanger aurait fait disparaître son approvisionnement de réserve, et où l'interdiction absolue aurait été prononcée par le maire, il gardera prison jusqu'à ce qu'il l'ait représenté, ou qu'il en ait versé la valeur dans la caisse des hospices et dans celle du bureau de bienfaisance, dans la proportion ci-dessus.

14. Il est défendu, sous peine de confiscation, d'établir des regrats de pain en quelque lieu public que ce soit. En conséquence, les traiteurs, les aubergistes, cabaretiers, et tous autres qui font le métier de donner à manger, ne pourront, à peine de confiscation, tenir d'autre pain chez eux que celui nécessaire à leur propre consommation et à celle de leurs hôtes.

15. Le fonds d'approvisionnement de réserve, ainsi que le dépôt de garantie, deviendront libres, sur une autorisation du maire, pour tout boulanger qui, en conformité de l'article 8, aura déclaré, six mois d'avance, vouloir quitter sa profession. La veuve et les héritiers du boulanger décédé pourront pareillement être autorisés à retirer leur dépôt de garantie et à disposer de leur approvisionnement.

16. Les boulangers et débitans forains, quoique étrangers à la boulangerie de Dijon, seront admis, concurremment avec les boulangers de la ville, à vendre ou à faire vendre du pain sur les marchés et lieux publics qui seront désignés par le maire, en se conformant aux réglemens.

17. Le préfet du département de la Côte-d'Or, sur la proposition du maire et l'avis du sous-préfet, pourra, avec l'autorisation de notre ministre des manufactures et du commerce, faire les réglemens locaux nécessaires pour l'exercice de la profession de boulanger, sur la nature, la qualité, la marque et le poids en usage à Dijon, sur les boulangers et débitans forains et les boulangers de Dijon qui sont dans l'usage d'approvisionner les marchés, et sur la taxation du prix des différentes espèces de pain.

En cas de contravention à l'article 2 du présent décret, il sera procédé, contre les contrevenans, par le maire, qui, suivant les circonstances, pourra prononcer, par voie administrative, une interdiction momentanée ou absolue, sauf le recours au préfet et à notre ministre des manufactures et du commerce. Les autres contraventions à notre présent décret et aux réglemens locaux dont il est fait mention en l'article précédent, seront poursuivies et réprimées par le tribunal de police municipale, qui pourra prononcer l'impression et l'affiche du jugement aux frais des contrevenans.

19. Les lois et réglemens antérieurs continueront à être exécutés en tout ce qui n'est pas contraire au présent décret.

20. Notre grand-juge, ministre de la justice, et notre ministre des manufactures et du commerce, sont chargés de l'exécution du présent décret, qui sera inséré au Bulletin des Lois.

---

25 SEPTEMBRE 1813. — Décret qui conserve le mont-de-piété de la ville de Metz, créé par lettres-patentes du mois de septembre 1781. (4, Bull. 523, n° 9671.)

---

25 SEPTEMBRE 1813. — Décret qui nomme M. Viefville-des-Essarts préfet du département de la Mayenne. (4, Bull. 526, n° 9742.)

---

25 SEPTEMBRE 1813. — Décrets qui autorisent l'acceptation de dons et legs faits à la fabrique de l'église de Neuil-sous-les-Aubiers, et aux pauvres de la diaconie réformée hollandaise d'Amsterdam. (4, Bull. 525, n°s 9731 et 9732.)

27 SEPTEMBRE 1813. — Décret portant réglement sur l'exercice de la profession de boulanger dans la ville de Rouen, département de la Seine-Inférieure. (4, Bull. 528, n° 9779.)

Art. 1er. A l'avenir, nul ne pourra exercer, dans notre bonne ville de Rouen, la profession de boulanger, sans une permission spéciale du maire; elle ne sera accordée qu'à ceux qui seront de bonnes vie et mœurs, et qui justifieront avoir fait leur apprentissage et connaître les bons procédés de l'art.

Ceux qui exercent actuellement la profession de boulanger dans notre bonne ville de Rouen, sont maintenus dans l'exercice de leur profession; mais ils devront se munir, à peine de déchéance, de la permission du maire, dans un mois pour tout délai, à compter de la publication du présent décret.

2. Cette permission ne sera accordée que sous les conditions suivantes :

1° Chaque boulanger sera tenu de verser, à titre de garantie, à la halle aux grains et farines de Rouen, la quantité de sacs de farine ci-après déterminée, savoir :

Les boulangers de première classe, vingt-quatre sacs;

Ceux de seconde classe, dix-huit sacs;

Ceux de troisième classe, douze sacs;

Cette farine sera de première qualité, et chaque sac pèsera cent cinquante kilogrammes vingt-cinq décagrammes.

2° Chaque boulanger se soumettra, en outre, à avoir constamment dans son magasin et en réserve un approvisionnement de farine de première qualité.

Cet approvisionnement sera, savoir :

De soixante sacs au moins, du même poids que ceux déposés à la halle, pour les boulangers de première classe;

De quarante sacs au moins, pour ceux de seconde classe;

De vingt sacs au moins, pour ceux de troisième classe.

3. La permission délivrée par le maire constatera la soumission souscrite par le boulanger, pour la quotité de son dépôt de garantie à la halle, et de son approvisionnement de réserve, tels qu'il sont énoncés en l'article précédent; elle désignera le quartier dans lequel chaque boulanger devra exercer sa profession.

4. Le maire s'assurera si les boulangers ont constamment en magasin et en réserve la quantité de farine pour laquelle chacun d'eux aura fait sa soumission.

5. Le maire réunira auprès de lui quinze boulangers, pris parmi ceux qui exercent leur profession depuis long-temps; ces quinze boulangers procéderont, en présence du maire, à la nomination d'un syndic et de quatre adjoints. Les syndic et adjoints seront renouvelés, tous les ans, au mois de janvier; ils pourront être réélus; mais, après un exercice de trois années, le syndic et les adjoints devront nécessairement être renouvelés.

6. Le syndic et les adjoints procéderont, en présence du maire, au classement des boulangers, conformément aux dispositions énoncées à l'article 2; ils régleront pareillement le nombre de fournées auquel chaque boulanger devra être au moins journellement astreint, suivant les différentes époques de l'année.

7. Le syndic et les adjoints seront chargés de la réception, de la surveillance et de la manutention des farines déposées au magasin de la halle, et prendront toutes mesures nécessaires pour leur conservation.

Ils pourront, pour éviter toute avarie desdites farines dans les temps de chaleur, proposer au maire d'en autoriser l'emploi, en tout ou en partie, par les propriétaires; mais le maire n'accordera cette autorisation qu'à la charge par ceux-ci de remplacer lesdites farines à la halle dans le délai qui sera fixé par l'autorisation, et qui ne pourra excéder trois mois.

Ils seront pareillement chargés de la surveillance de l'approvisionnement de réserve dans les magasins des boulangers, et de constater la quotité, la nature et la qualité des farines dudit approvisionnement, sans préjudice des autres mesures de surveillance qui devront être prises par le maire.

8. Aucun boulanger ne pourra quitter sa profession que six mois après la déclaration qu'il en devra faire au maire.

9. Nul boulanger ne pourra restreindre le nombre de ses fournées sans l'autorisation du maire.

10. Tout boulanger sera tenu de peser le pain, s'il en est requis par l'acheteur; il devra, à cet effet, avoir, dans le lieu le plus apparent de sa boutique, des balances et un assortiment de poids métriques dûment poinçonnés.

11. Tout boulanger qui quittera sa profession sans y être autorisé par le maire, ou qui sera définitivement interdit, perdra son dépôt de garantie et son approvisionnement de réserve, qui seront vendus à la halle, à la diligence du maire, et le produit en sera versé à la caisse des hospices.

Dans le cas où le boulanger aurait fait disparaître son approvisionnement de réserve, et où l'interdiction absolue aurait été prononcée, il gardera prison jusqu'à ce qu'il l'ait représenté, ou qu'il en ait versé la valeur dans la caisse des hospices.

12. Il est défendu, sous peine de confiscation, d'établir des regrats de pain en quelque lieu public que ce soit; en conséquence, les traiteurs, aubergistes, cabaretiers et tous autres qui font métier de donner à manger, ne pourront, à peine de confiscation, tenir

d'autre pain chez eux que celui nécessaire à leur propre consommation et à celle de leurs hôtes.

13. Le fonds d'approvisionnement de réserve, ainsi que le dépôt de garantie, deviendront libres, sur une autorisation du maire, pour tout boulanger qui, en conformité de l'article 8, aura déclaré au maire, six mois d'avance, vouloir quitter sa profession. La veuve et les héritiers du boulanger décédé pourront pareillement être autorisés à retirer leur dépôt de garantie et à disposer de leur approvisionnement de réserve.

14. Les boulangers et débitans forains, quoique étrangers à la boulangerie de Rouen, seront admis, concurremment avec les boulangers de la ville, à vendre ou à faire vendre du pain sur les marchés et lieux publics qui seront désignés par le maire, en se conformant aux réglemens.

Le préfet de la Seine-Inférieure, sur la proposition du maire et l'avis du sous-préfet et du commissaire spécial de police, pourra, avec l'autorisation de notre ministre des manufactures et du commerce, faire les réglemens locaux nécessaires pour l'exercice de la profession de boulanger, sur la nature, la qualité, la marque et le poids du pain en usage à Rouen, sur les boulangers et débitans forains et les boulangers de Rouen qui sont dans l'usage d'approvisionner les marchés, et sur la fixation du prix des différentes espèces de pain.

16. En cas de contravention aux articles 2, 8 et 9 du présent décret, il sera procédé, contre les contrevenans, par le maire, qui, suivant les circonstances, pourra prononcer, par voie administrative, une interdiction momentanée ou absolue, sauf le recours au préfet et à notre ministre des manufactures et du commerce. Les autres contraventions à notre présent décret et aux réglemens locaux dont il est fait mention en l'article précédent seront poursuivies et réprimées par le tribunal de police municipale, qui pourra prononcer l'impression et l'affiche du jugement aux frais des contrevenans.

17. Les lois et réglemens antérieurs continueront à être exécutés en tout ce qui n'est pas contraire au présent décret.

18. Notre grand-juge, ministre de la justice, et notre ministre des manufactures et du commerce, sont chargés, chacun en ce qui le concerne, de l'exécution du présent décret, qui sera inséré au Bulletin des Lois.

---

27 SEPTEMBRE 1813. — Décret qui maintient le chapitre cathédral d'Osnabruck sous le même régime et avec les mêmes droits que les chapitres cathédraux de l'empire. (4, Bull. 526, n° 9743.)

---

27 SEPTEMBRE 1813. — Décret qui ordonne l'établissement d'un péage pour l'entretien du pont de Bonpas, sur la rivière de la Durance. (4, Bull. 527, n° 9777.)

---

28 SEPTEMBRE 1813. — Décret qui approuve les statuts des filles de la Providence de Limoges, département de la Haute-Vienne. (4, Bull. 525, n° 9721.)

---

28 SEPTEMBRE 1813. — Décrets qui autorisent l'acceptation de dons et legs faits à la fabrique de l'église d'Olne, et aux pauvres et hospices de Paris, Villefranche, Mayence, Avenières, Thone, Belleville, Bène. (4, Bull. 525, nos 9733 à 9735, et Bull. 526, nos 9745 à 9749.)

---

28 SEPTEMBRE 1813. — Décrets qui autorisent l'érection en chapelles des églises d'Ally, de Drignac, Cuverville, Villy-le-Bas, Ebreville, Fontaine-en-Bray, Hermanville, Lamberville, et Saint-Vaast Duval. (4, Bull. 526, nos 9750 à 9753, et 9755 à 9757.)

---

28 SEPTEMBRE 1813. — Décret qui accorde au sieur Raulot, exploitant les fourneaux et forges de Donjeux, la permission d'établir un bocard sur le ruisseau de Thonance-lès-Joinville, en remplacement du moulin à tan qui existait sur le même ruisseau. (4, Bull. 526, n° 9754.)

---

30 SEPTEMBRE 1813. — Décret qui nomme le comte Régnier de Groneau préfet du département de l'Oise. (4, Bull. 524, n° 9704.)

---

2 OCTOBRE 1813. — Décret qui ordonne la perception d'un droit de 25 francs sur chaque prestation de serment des avocats qui seront reçus à la cour impériale de Colmar. (4, Bull. 525, n° 9722.)

Voy. décret du 3 OCTOBRE 1811.

Art. 1er. Les dispositions de notre décret du 3 octobre 1811, qui ordonne la perception d'un droit de vingt-cinq francs sur chaque prestation de serment des avocats qui seront reçus à notre cour impériale de Paris sont déclarées communes à l'ordre des avocats près notre cour impériale de Colmar, à compter de la publication de notre présent décret.

2. Notre grand-juge, ministre de la justice, est chargé de l'exécution du présent décret.

---

2 OCTOBRE 1813. — Extrait de lettres-patentes portant institution de majorats en faveur de MM. Saint-Rousset et Wartelle. (4, Bull. 534, n° 9844.)

---

2 OCTOBRE 1813. — Décrets qui autorisent l'érection en annexes des églises de Frex-Anglars, et de la commune de la Grande-Heuse. (4, Bull. 526, nos 9758 et 9760.)

2 OCTOBRE 1813. — Décrets qui autorisent l'acceptation de dons et legs faits aux pauvres et hospices de Saint-Aubin, Arras, Sens, Carcassonne, Saint-Bauzille-de-Montmel, Saint-Gereon, Bergheim, Frencq, Senecy-le-Grand, Elbeuf, et Pernes. (4, Bull. 526, nos 9759, 9761 à 9771.)

5 OCTOBRE 1813. — Avis du Conseil-d'Etat. (Chapelles.) *Voy.* 6 NOVEMBRE. 1813.

8 OCTOBRE 1813. — Décret portant création d'un conseil de prud'hommes à Bolbec, département de la Seine-Inférieure. (4, Bull. 528, n° 9780.)

8 OCTOBRE 1813. — Décret portant création de deux courtiers de marchandises dans la ville de Coni, département de la Stura. (4, Bull. 525, n° 9723.)

8 OCTOBRE 1813. — Décret qui établit une foire à Heerlen. (4, Bull. 526, n° 9772.)

8 OCTOBRE 1813. — Décrets qui autorisent l'érection en chapelles des églises de Perdreville, Athies, Braqueties, Reilhac, Castels et Anvronville. (4, Bull. 526, nos 9773 et 9774; Bull. 529, n° 9786, et Bull. 530, nos 9794 à 9796.)

8 OCTOBRE 1813. — Décrets qui autorisent l'acceptation de dons et legs faits aux séminaires diocésains d'Aix et de Bordeaux; aux fabriques des églises succursales de Riverie et de Randefalh, et aux pauvres et hospices de Tournon, Utrecht et Trève. (4, Bull. 529, nos 9787 à 9790, et Bull. 530, nos 9797 à 9800.)

9 OCTOBRE 1813. — Sénatus-consulte qui met deux cent quatre-vingt mille conscrits en activité de service. (4, Bull. 524, n° 9703.)

TITRE Ier.

Art. 1er. Deux cent quatre-vingt mille conscrits seront mis en activité de service, et à la disposition du ministre de la guerre, savoir :

Cent vingt mille sur la classe de 1814 et années antérieures ;

Cent soixante mille sur la conscription de 1815.

TITRE II. Des cent vingt mille conscrits de 1814 et années antérieures.

2. Cent vingt mille conscrits pris sur les classes de 1814, 1813, 1812 et années antérieures, dans les départemens ci-après désignés, sont mis à la disposition du ministre de la guerre :

Ain, Aisne, Allier, Alpes-Basses, Alpes-Hautes, Alpes-Maritimes, Apennins, Ardennes, Aube, Bouches-du-Rhône, Calvados, Cher, Côte-d'Or, Côtes-du-Nord, Creuse, Doire, Doubs, Drôme, Dyle, Escaut, Eure, Eure-et-Loir, Finistère, Forêts, Gênes, Ille-et-Vilaine, Indre, Indre-et-Loire, Isère, Jemmappe, Jura, Léman, Loir-et-Cher, Loire, Loire-Inférieure, Loiret, Lys, Maine-et-Loire, Manche, Marengo, Marne, Marne (Haute), Mayenne, Meurthe, Meuse, Meuse-Inférieure, Mont-Blanc, Montenotte, Mont-Tonnerre, Morbihan, Moselle, Nèthes (Deux), Nièvre, Nord, Oise, Orne, Ourte, Pas-de-Calais, Pô, Puy-de-Dôme, Rhin (Bas), Rhin (Haut), Rhin-et-Moselle, Rhône, Roër, Sambre-et-Meuse, Saône (Haute), Saône-et-Loire, Sarre, Sarthe, Seine, Seine-et-Marne, Seine-et-Oise, Seine-Inférieure, Sésia, Sèvres (Deux), Somme, Stura, Taro, Var, Vaucluse, Vendée, Vienne, Vienne (Haute), Vosges, Yonne.

3. Les hommes mariés antérieurement à la publication du présent sénatus-consulte seront dispensés de concourir à la formation du contingent.

TITRE III. Des cent soixante mille hommes de la conscription de 1815.

4. Cent soixante mille hommes, pris sur la conscription de l'année 1815, sont mis à la disposition du ministre de la guerre. Ils seront pris parmi les Français nés du 1er janvier 1795 au 31 décembre de la même année.

5. Les appels et leurs époques seront déterminés par les arrêts du conseil.

14 OCTOBRE 1813. — Sénatus-consulte concernant l'île française de la Guadeloupe. (4, Bulletin 525, n° 9720.)

Art. 1er. Il ne sera conclu aucun traité de paix entre l'empire français et la Suède, qu'au préalable la Suède n'ait renoncé à la possession de l'île française de la Guadeloupe.

2. Il est défendu à tout Français de la Guadeloupe, sous peine de déshonneur, de prêter aucun serment au gouvernement suédois, d'accepter de lui aucun emploi et de lui prêter aucune assistance.

16 OCTOBRE 1813. — Décret qui annule, pour cause d'incompétence, un arrêté par lequel le conseil de préfecture du département de l'Isère a fixé la largeur d'un chemin déclaré vicinal, et a jugé une question de propriété dont la connaissance appartient aux tribunaux. (4, Bull. 528, n° 9781.)

N...... vu la requête à nous présentée par le sieur Bonnet-Dumolard, tendant à ce qu'il nous plaise annuler :

1° Un arrêté du conseil de préfecture du département de l'Isère, du 2 décembre 1811, qui a fixé la largeur d'un chemin que le suppliant prétend lui appartenir, ainsi qu'aux autres propriétaires riverains;

2° Un arrêté précédemment rendu par le préfet du département de l'Isère, en date du 27 prairial an 11, qui déclare vicinal le chemin dont il s'agit;

Vu lesdits arrêtés,

L'ordonnance de *soit communiqué*, rendue par notre grand-juge, ministre de la justice, le 21 juillet 1812, à laquelle il n'a pas été répondu dans les délais du réglement;

Considérant, sur la demande dirigée contre l'arrêté du préfet, qui déclare vicinal le chemin dont il s'agit, que cette décision, ayant été rendue compétemment, et n'ayant pas été attaquée devant notre ministre de l'intérieur, ne peut, quant à présent, être soumise à notre examen;

Sur la demande dirigée contre l'arrêté du conseil de préfecture;

Considérant, 1° qu'aux termes de l'art. 6 de la loi du 9 ventose an 13, le droit de fixer la largeur des chemins vicinaux n'appartient qu'à l'administration publique, c'est-à-dire aux préfets, sauf le recours à notre ministre de l'intérieur, et ensuite à notre Conseil-d'Etat;

Que, sous ce premier rapport, le conseil de préfecture du département de l'Isère a excédé les bornes de sa compétence en fixant lui-même la largeur du chemin qui fait l'objet de la contestation;

2° Que la question de savoir si le terrain sur lequel un chemin vicinal est établi appartient à une commune ou à de simples particuliers, est une question de propriété qui, comme toutes celles de ce genre, est du ressort exclusif des tribunaux;

Que, sous ce second rapport, le conseil de préfecture a encore excédé les bornes de sa compétence, puisqu'il a décidé, au moins implicitement, que le terrain sur lequel le chemin contentieux est actuellement ouvert n'appartient pas au suppliant, bien que celui-ci s'en prétende propriétaire, et demande son renvoi devant les tribunaux;

3° Que l'arrêté d'un préfet qui déclare un chemin vicinal ne fait pas obstacle à ce que la question concernant la propriété du terrain soit soumise aux tribunaux: car tout ce qui résulte de l'arrêté, c'est que le chemin est reconnu nécessaire et doit être maintenu, sauf à indemniser le tiers qui serait judiciairement reconnu propriétaire du terrain;

Notre Conseil-d'Etat entendu, nous avons décrété et décrétons ce qui suit:

Art. 1er. L'arrêté du conseil de préfecture du département de l'Isère, du 2 décembre 1811, est annulé.

2. Les parties sont renvoyées devant les tribunaux sur la question de propriété élevée par le suppliant.

3. La demande en annulation de l'arrêté du préfet qui déclare vicinal le chemin dont il s'agit est rejetée: cet arrêté sera exécuté provisoirement, sauf aux parties intéressées à l'attaquer devant notre ministre de l'intérieur, si elles s'y croient fondées.

6. Notre grand-juge, ministre de la justice, et notre ministre de l'intérieur, sont chargés de l'exécution du présent décret.

---

16 OCTOBRE 1813.—Décret qui annule, pour cause d'incompétence, un arrêté par lequel le conseil de préfecture du département de Seine-et-Marne a fait une désignation de chemins vicinaux, et a jugé une question de propriété dont la connaissance appartient aux tribunaux. (4, Bull. 530, n° 9792.)

N...... vu la requête qui nous a été présentée par le sénateur comte de Jaucourt et le sieur Pierre-Elizabeth Cazin, pour qu'il nous plaise annuler un arrêté du conseil de préfecture du département de Seine-et-Marne, en date du 2 juillet 1812, qui déclare vicinaux trois chemins qui se trouvent sur les propriétés des supplians, et les sépare d'un bois appartenant au sieur Gavet;

Vu l'arrêté attaqué;

Vu le procès-verbal de l'adjudication faite par l'administration départementale de Seine-et-Marne, le 25 fructidor an 4, du bois appartenant aujourd'hui au sieur Gavet;

Le mémoire en défense dudit sieur Gavet, qui conclut à la confirmation de l'arrêté attaqué, et subsidiairement, en cas de renvoi devant les tribunaux, à être maintenu provisoirement dans la jouissance des chemins dont il s'agit;

Vu toutes les pièces respectivement produites;

Considérant, 1° que le conseil de préfecture de Seine-et-Marne, a classé au nombre des chemins vicinaux ceux qui sont l'objet de la contestation; qu'il a, par cette disposition, excédé les bornes de sa compétence, puisqu'aux termes de l'article 6 de la loi du 9 ventose an 13, le droit de désigner les chemins vicinaux n'appartient qu'à l'administration publique, c'est-à-dire aux préfets, sauf le recours à notre ministre de l'intérieur, et ensuite à notre Conseil-d'Etat;

2° Que l'arrêté attaqué décide de plus que le terrain sur lequel passent les chemins contentieux n'appartient pas au suppliant; que, par cette seconde disposition, le conseil de préfecture a encore excédé les bornes de sa compétence, puisqu'il a jugé une question de propriété, non d'après les clauses de l'adjudication passée au sieur Gavet, lesquelles sont muettes sur ce point, mais d'après des titres anciens dont la connaissance n'appartient qu'aux tribunaux, auxquels il y a par conséquent lieu de renvoyer l'examen de cette question;

3° Sur la demande subsidiaire du sieur Gavet, tendant à être provisoirement maintenu dans la jouissance des chemins dont il s'agit, que rien ne constatant que l'autorité compétente ait prononcé sur la nécessité ou l'utilité desdits chemins, que nulle commune n'étant en cause pour en réclamer le libre usage, il n'y a pas lieu d'accueillir cette demande subsidiaire;

Notre Conseil-d'Etat entendu, nous avons décrété et décrétons ce qui suit:

Art. 1er. L'arrêté du conseil de préfecture du département de Seine-et-Marne, en date du 2 juillet 1812, est annulé.

2. Les parties sont renvoyées devant les tribunaux, sur la question de propriété élevée par le sénateur comte de Jaucourt et le sieur Cazin.

3. Le préfet du département de Seine-et-Marne statuera, si fait n'a été, sur la pétition à lui présentée par le sénateur comte de Jaucourt, ladite pétition ayant pour objet de faire décider si, ou non, les chemins dont il s'agit doivent être classés au nombre des chemins vicinaux, sauf aux parties intéressées à se pourvoir, si elles s'y croient fondées, contre l'arrêté du préfet.

4. Notre grand-juge, ministre de la justice, et notre ministre de l'intérieur, sont chargés de l'exécution du présent décret.

---

16 OCTOBRE 1813. — Décret portant que la 114e loterie, dite hollandaise, aura lieu de la manière accoutumée, et dans les formes déterminées par les réglemens. (4, Bulletin 528, n° 9782.)

---

16 OCTOBRE 1813. — Décret portant proclamation de brevets d'invention délivrés pendant le troisième trimestre de 1813 aux sieurs Carnot et Riondel aîné, Harel, Pleney, De Maupoue, Prost frères, Chrétien, Sollern, De Maurey, Isnard, Magnan, Lieber, Baglioni, Lafontaine, Sarton père, Kulgens, Picard, Sagnier, Léger-Roisard et Maréchal. (4, Bulletin 527, n° 9778.)

---

16 OCTOBRE 1813. — Décrets qui autorisent l'acceptation de dons et legs faits aux pauvres et hospices de Calonne, Amiens, Figanières, Lorient, Paris, Châlons-sur-Marne, Thones, et aux fabriques des églises succursales et paroissiales de Hellange, Moivre, Praye, Foufflin-Ricamez, Lyon et Appeldorn. (4, Bull. 530, nos 9801 à 9808; Bull. 531, nos 6814, 9816 à 9818, et Bull. 532, nos 9824 et 9825.)

---

16 OCTOBRE 1813. — Décret qui établit une troisième foire à Londinières. (4, Bulletin 530, n° 9809.)

---

16 OCTOBRE 1813. — Décrets qui autorisent l'exercice du culte dans l'église de Flexbourg et, dans les chapelles de l'exaltation de la Sainte-Croix, commune de Saint-Hippolyte, et dans celle existante à Mittelschœffolsheim. (4, Bull. 530, n° 9810, et Bull. 531, nos 9813 et 9815.)

---

19 OCTOBRE 1813. — Décret qui autorisent l'acceptation d'un legs de mille francs, fait par le sieur Royer à la fabrique de l'église de Saint-Germain-l'Auxerrois de la ville de Paris. (4, Bull. 532, n° 9826.)

---

25 OCTOBRE 1813. — Décret portant convocation du Corps-Législatif pour le 2 décembre 1813. (4, Bull. 529, n° 9783.)

---

25 OCTOBRE 1813. — Décret qui permet au sieur François d'ajouter à son nom le prénom de Félix Thiébaut. (4, Bull. 529, n° 9784.)

---

25 OCTOBRE 1813. — Décret portant création d'un second juge d'instruction dans le tribunal de première instance de Draguignan, département du Var. (4, Bull. 529, n° 9785.)

---

25 OCTOBRE 1813. — Décrets qui autorisent l'exercice du culte dans l'église dite Capellshire, située dans la ville d'Obernay et dans la chapelle de Woellenheim, commune de Wilgatheim. (4, Bull. 532, nos 9827 et 9828.)

---

25 OCTOBRE 1813. — Décrets qui autorisent l'acceptation de dons et legs faits aux églises paroissiales et succursales de Soulaines, Gadencourt, Uzès, Corcelles, et aux pauvres et hospices de Haut-Moulin, Dorat, Dieuze et Port-Liberté. (4, Bull. 532, n° 9829; Bull. 533, n° 9837, et Bull. 534, nos 9845 à 9847, 9850 à 9853.)

---

25 OCTOBRE 1813. — Décret qui ordonne le paiement d'une somme de quatre mille six cent quarante-un francs pour pensions accordées à vingt-quatre veuves de militaires. (4, Bull. 534, n° 9848.)

---

25 OCTOBRE 1813. — Décret relatif à la tenue et à l'établissement des foires de Sornac, Brie-sur-Hyères et la Croix-Bouquet. (4, Bull. 534, nos 9849 et 9852, et Bull. 535, n° 9857.)

---

30 OCTOBRE 1813. — Décrets qui autorisent l'acceptation de dons et legs faits aux pauvres et hospices d'Aix, Mons, Braive; au petit séminaire du diocèse de Toulouse, et à la paroisse de Luzy. (4, Bull. 541, nos 9904 à 9908.)

---

2 NOVEMBRE 1813. — Décret portant prorogation des pouvoirs de la régence de sa majesté l'impératrice et reine Marie-Louise. (4, Bull. 530, n° 9791.)

Voy. lettres-patentes du 30 MARS 1813.

N...... nonobstant notre retour sur le territoire de l'empire, notre bien-aimée épouse l'impératrice et reine Marie-Louise conservera, jusqu'à notre arrivée à Paris, les fonctions de régente, en conformité de nos instructions et ordres, tels que nous les avons fait transcrire sur le livre d'Etat, et dont il a été donné connaissance aux princes grands dignitaires et à nos ministres; entendant qu'en aucun cas l'impératrice ne puisse s'écarter de leur teneur dans l'exercice des fontions de régente.

---

4 NOVEMBRE 1813.—Décret qui déclare commune aux habitans du département de la Lippe et de l'arrondissement du Wesel, possesseurs de terres situées dans le grand-duché de Berg, et aux habitans du grand-duché de Berg, propriétaires d'héritages situés dans le département de la Lippe et l'arrondissement du Wesel, les dispositions du décret du 3 janvier dernier, relatif aux récoltes provenant des terres que les habitans des communes des départemens anséatiques possèdent sur le territoire du royaume de Westphalie. (4, Bull. 534, n° 9841.)

---

5 NOVEMBRE 1813.—Avis du Conseil-d'Etat. (Chemin communal.) *Voy.* 8 NOVEMBRE 1813.

---

6 NOVEMBRE 1813.— Décret concernant l'organisation de l'état-major de la place de Paris. (4, Bull. 532, n° 9819.)

N....... vu notre décret du 24 décembre 1811, et 10 avril 1813.

Art. 1er. L'état-major de la place de Paris sera composé comme il suit :

Un major de place, adjudant de première classe;

Seize adjudans de place : quatre adjudans de seconde classe, douze adjudans de troisième classe;

Deux secrétaires-archivistes : l'un de première, l'autre de deuxième classe.

2. Les officiers et secrétaires de l'état-major de la place de Paris jouiront du supplément de traitement déterminé pour les officiers de même grade employés dans cette résidence.

Le major et les adjudans de place recevront le nombre de rations de fourrage et entretiendront le nombre de chevaux fixé pour les officiers d'état-major de même grade.

Le général commandant et son chef d'état-major tiendront la main à ce que le major et les adjudans de place soient, en tout temps, montés, équipés, et en état de faire le service, soit ordinaire, soit extraordinaire, dans tous les cas prévus par nos décrets du 24 décembre 1811 et du 10 avril dernier.

3. Notre ministre de la guerre et notre ministre directeur de l'administration de la guerre sont chargés de l'exécution du présent décret.

---

6 NOVEMBRE 1813.—Décret qui ordonne la perception d'un droit de vingt-cinq francs sur chaque prestation de serment des avocats qui seront reçus aux cours impériales de Nîmes et d'Agen. (4, Bull. 532, n° 9820.)

Art. 1er. Les dispositions de notre décret du 3 octobre 1811, qui autorise les avocats de notre cour impériale de Paris à percevoir un droit de vingt-cinq francs pour chaque prestation de serment d'avocat, sont déclarées communes aux avocats de nos cours impériales de Nîmes et d'Agen.

2. Notre grand-juge, ministre de la justice, est chargé de l'exécution du présent décret.

---

6 NOVEMBRE 1813. — Décret portant rejet d'un pourvoi au Conseil-d'Etat qui tendait à faire déclarer comme non avenus, sur une simple exception de compétence et sans conflit positif ou négatif entre l'autorité administrative et l'autorité judiciaire, un jugement du tribunal civil de la Seine et un arrêt de la cour impériale de Paris, confirmatif dudit jugement. (4, Bull. 532, n° 9821.)

N....... vu la requête à nous présentée par Abraham-Isaac Brisac, propriétaire, pour qu'il nous plaise déclarer incompétens un jugement du tribunal civil du département de la Seine, du 12 juin 1813, et un arrêt confirmatif de la cour impériale de Paris, du 31 août suivant, rendus en faveur du sieur Charles-Louis Weiller et du sieur Landauer, l'un et l'autre marchands de chevaux; en conséquence, ordonner que lesdits jugement et arrêt seront déclarés comme non avenus, et que les parties procéderont devant l'autorité administrative;

Vu le jugement et l'arrêt attaqués, ensemble les autres pièces produites;

Considérant que, d'après l'avis de notre Conseil-d'Etat du 19 janvier 1813, approuvé par nous le 22 du même mois, et autres lois antérieures, les conflits élevés entre l'autorité administrative et l'autorité judiciaire doivent être portés à notre Conseil-d'Etat, pour y être jugés sur le rapport de la commission du contentieux; mais que, lorsqu'il n'existe pas de conflit, et qu'il ne s'agit que d'une exception d'incompétence, les tribunaux doivent en connaître, et le jugement ou arrêt qui intervient ne peut être attaqué que devant l'autorité judiciaire supérieure chargée par la loi de le réformer;

Considérant que, dans l'affaire actuelle, il n'y a eu ni conflit positif ni conflit négatif; que le sieur Brisac a seulement demandé, soit devant le tribunal de première instance du département de la Seine, soit devant la cour impériale de Paris, que la contestation portée devant eux fût renvoyée devant l'autorité administrative, sous prétexte qu'elle était seule compétente pour en connaître; que dès lors, si la cour impériale de Paris a jugé incompétemment, ce n'est pas au Conseil-d'Etat, mais à la Cour de cassation, que devait s'adresser le sieur Brisac, pour faire réformer le jugement et l'arrêt attaqués;

Notre Conseil-d'Etat entendu,

Nous avons décrété et décrétons ce qui suit :

Art. 1er. La requête du sieur Brisac est rejetée, sauf à lui à se pourvoir, ainsi qu'il avisera, devant l'autorité judiciaire.

2. Notre grand-juge, ministre de la justice, est chargé de l'exécution du présent décret.

---

6 NOVEMBRE 1813. — Décret portant rejet d'une requête de l'administration de l'enregistrement et des domaines, qui tendait à faire annuler un arrêté par lequel le conseil de préfecture du département des Deux-Nèthes s'est déclaré incompétent pour connaître de la validité d'une vente faite par l'ancienne abbaye de Saint-Bernard. (4, Bull. 532, n° 9822.)

N...... vu la requête de l'administration de l'enregistrement et des domaines, tendant à ce qu'il nous plaise annuler un arrêté du conseil de préfecture du département des Deux-Nèthes, du 23 novembre 1810, lequel s'est déclaré incompétent pour juger de la validité d'une vente de deux bonniers quatre-vingt-une verges, faite au sieur Taeymans par l'ancienne abbaye de Saint-Bernard;

Vu ledit arrêté;

Vu l'ordonnance de *soit communiqué*, à laquelle le sieur Taeymans n'a point répondu dans les délais du réglement;

Ensemble toutes les autres pièces jointes au dossier;

Considérant que la loi du 28 pluviose an 8, et autres lois d'exception, traçant les attributions de l'autorité administrative, ont limité son droit d'expliquer et d'interpréter aux seules ventes de biens nationaux faites devant elle et par elle;

Que les exceptions doivent être rigoureusement restreintes dans les cas exprimés;

Que les aliénations faites par les corporations religieuses des pays conquis et réunis à la France avant leur suppression, et la main-mise nationale, portent tous les caractères de simples conventions privées, dont la connaissance n'appartient pas à l'autorité administrative, mais bien aux tribunaux ordinaires;

Notre Conseil-d'Etat entendu,

Nous avons décrété et décrétons ce qui suit :

Art. 1er. La requête de l'administration de l'enregistrement et des domaines est rejetée, sauf à elle à se pourvoir devant les tribunaux ordinaires, si elle s'y croit fondée.

2. Notre grand-juge, ministre de la justice, et notre ministre des finances, sont chargés de l'exécution du présent décret.

---

6 NOVEMBRE 1813. — Décret concernant les particuliers propriétaires de bois taillis, dans les îles, sur les rives et à quinze kilomètres du cours du Rhin, qui voudront faire des abattages dans lesdits bois. (4, Bull. 533, n° 9830.)

N...... vu nos décrets des 16 messidor an 13, 27 octobre 1808 et 15 avril 1811.

Art. 1er. Les particuliers propriétaires de bois taillis ou autres, dans les îles, sur les rives et à une distance de quinze kilomètres du cours du Rhin, seront assujétis à faire, trois mois d'avance, une déclaration de leur volonté d'abattre telle ou telle portion de leur bois, afin que l'administration puisse se réserver les quantités de ces bois que pourraient réclamer les travaux du Rhin.

2. Les déclarations seront faites à double, et remises à l'inspecteur ou sous-inspecteur forestier de l'arrondissement, lequel visera un des doubles, qui sera retiré par le déclarant.

L'inspecteur enregistrera les déclarations; il en enverra chaque mois l'état au conservateur, qui le transmettra sans délai à l'ingénieur en chef des ponts-et-chaussées chargé des travaux des rives du Rhin.

3. Les propriétaires qui abattraient, sans avoir fait, dans les délais voulus, la déclaration prescrite par l'article précédent, seront traduits devant les tribunaux, pour y être condamnés à une amende fixée à huit francs par stère, et vingt francs par cent de fagots de bois de toutes essences, façonnés dans les coupes exploitées en contravention.

4. L'amende sera portée au double, dans le cas où les quantités d'oseraies ou bois blanc requises en vertu de notre décret du 16 messidor an 13 seraient détournées de leur destination.

5. Dans le cas où, dans le délai de trois mois à compter de la date des déclarations, l'administration des ponts-et-chaussées n'aurait pas requis, pour les travaux du Rhin, les portions de taillis déclarées, les propriétaires seront libres de l'abattre pour leur propre usage.

6. Les contraventions seront constatées par les agens forestiers, par les conducteurs des ponts-et-chaussées, et par tous les officiers de police, dans les formes prescrites par nos décrets dans la poursuite des délits forestiers.

7. Nos ministres de l'intérieur et des finances sont chargés de l'exécution du présent décret.

---

6 NOVEMBRE 1813. — Décret sur la fixation et le mode de paiement à faire aux communes, de l'équivalent du revenu net de leurs biens cédés à la caisse d'amortissement en exécution de la loi du 20 mars dernier. (4, Bull. 533, n° 9831.)

Art. 1er. Le revenu net des biens des communes cédés à la caisse d'amortissement, et dont cette caisse doit, aux termes de l'article 6 de la loi du 20 mars 1813, payer l'équivalent aux communes, sera fixé par des règles générales et ainsi qu'il suit :

Sur la redevance annuelle des biens, établie et constatée, les déductions suivantes seront faites, savoir :

Pour les biens ruraux, déduction : 1° du montant des contributions ; 2° d'un dixième du revenu brut, pour réparations et entretiens divers ; 3° du dixième pour le culte, à prendre sur la somme restant après la première déduction ;

Pour les maisons, déduction : 1° du montant des contributions ; 2° du quart sur le revenu brut, pour réparations et entretiens divers ; 3° du dixième pour le culte, à prendre sur le revenu brut, déduction faite des contributions ;

Pour les usines, déduction : 1° du montant des contributions ; 2° du tiers sur le revenu brut, pour réparations et entretiens divers ; 3° du dixième de ce revenu pour le culte, déduction faite des contributions.

2. Les directeurs des domaines délivreront aux maires des relevés, certifiés véritables, des sommiers : ces relevés comprendront chaque bien dont la caisse d'amortissement aura été mise en possession, et en constateront le revenu annuel, tout compris, et réduit en numéraire pour les parties payables en nature.

Si tout ou partie du revenu d'un bien pour 1813 avait été reçu par la commune, avant la prise de possession, il en sera fait mention dans le relevé, et les sommes touchées seront déduites de la somme nette à payer.

3. Sur la remise de ces certificats, les préfets, après vérification faite, et avoir reconnu qu'il n'existe point de sursis à la mise en possession, ni de demande en pourvoi au Conseil-d'Etat, feront opérer, sur le montant des redevances annuelles énoncées auxdits certificats, les déductions prescrites comme ci-dessus.

4. Les préfets délivreront ensuite des mandats, au profit des communes, jusqu'à concurrence de l'équivalent du revenu net pour 1813, en raison des crédits qui seront ouverts à cet effet, à la caisse du receveur général, sur les produits des biens des communes provenant tant des revenus que des ventes.

5. Les crédits seront ouverts par notre ministre du Trésor sur la caisse du receveur général du département, en raison des besoins de chaque département, et de manière que l'équivalent de revenu net des biens cédés soit payé aux communes, savoir : la première moitié au 1er décembre 1813, et la seconde moitié au 1er mars 1814.

6. Nos ministres de l'intérieur, des finances et du Trésor impérial, sont chargés de l'exécution du présent décret.

---

6 NOVEMBRE 1813. — Avis du Conseil-d'Etat, relatif aux demandes en érection de chapelles. (4, Bull. 533, n° 9835.)

Voy. décret du 22 DÉCEMBRE 1812.

Le Conseil-d'Etat, qui, d'après le renvoi ordonné par sa majesté, a entendu les rapports de la section de l'intérieur sur ceux du ministre des cultes, tendant à faire ériger des chapelles dans diverses communes ;

Considérant que, s'il convient de mettre les secours spirituels de la religion à la portée des citoyens, il est également convenable d'établir sur des ressources assurées le sort des ecclésiastiques chargés de les administrer, et de ne point imposer aux contribuables des charges inutiles ou au-dessus de leurs forces ;

Considérant que les demandes en érection de chapelles ne sont pas toujours appuyées de documens suffisans pour démontrer la nécessité de ces érections, ni pour établir le rapport des charges qui doivent en résulter avec les contributions ordinaires,

Est d'avis,

Qu'indépendamment des documens exigés jusqu'à ce jour, toute demande en érection de chapelle doit être accompagnée à l'avenir :

1° D'un certificat de l'ingénieur du département, constatant la distance de la commune demandante à l'église paroissiale ou succursale, et les difficultés que l'état des lieux pourrait apporter aux communications dans le mauvais temps ;

2° D'un certificat du directeur des contributions, constatant le montant du principal des contributions foncière et mobilière des domiciliés catholiques de la commune réclamante, abstraction faite des accessoires desdites contributions ;

3° Et d'un état de la population certifié par le sous-préfet.

---

6 NOVEMBRE 1813. — Décret portant que les bois et forêts du domaine de la couronne, du domaine privé et du domaine extraordinaire, les bois et forêts faisant partie des apanages des princes de la famille impériale, et les forêts impériales en général, contribueront au paiement de la taxe établie pour les routes départementales. (4, Bull. 533, n° 9836.)

Voy. sénatus-consulte du 30 JANVIER 1810.

Art. 1er. Les bois et forêts du domaine de

notre couronne, de notre domaine privé et de notre domaine extraordinaire, les bois et forêts faisant partie des apanages des princes de notre famille, et les forêts impériales en général, contribueront au paiement de la taxe établie par nos précédens décrets pour les routes départementales, dans le département où ils sont situés.

A cet effet, le revenu et l'imposition à laquelle ils seraient imposés proportionnellement seront déterminés par nos intendans, pour ce qui concerne notre domaine, et par le ministre des finances, pour ce qui concerne les forêts impériales; et le nombre de centimes par franc imposés sur chaque département, sera payé d'après la cotisation présumée.

2. Nos ministres de l'intérieur, des finances, du Trésor public, et les intendans de nos domaines, sont chargés de l'exécution du présent décret.

---

6 NOVEMBRE 1813. — Décret sur la conservation et administration des biens que possède le clergé dans plusieurs parties de l'empire. (4, Bull. 536, n° 9860.)

Voy. décret du 30 DÉCEMBRE 1809.

TITRE Ier. Des biens des cures.

SECTION Ire. *De l'administration des titulaires.*

Art. 1er. Dans toutes les paroisses dont les curés ou desservans possèdent à ce titre des biens-fonds ou des rentes, la fabrique établie près chaque paroisse est chargée de veiller à la conservation desdits biens.

2. Seront déposés dans une caisse ou armoire à trois clefs de la fabrique, tous papiers, titres et documens concernant ces biens.

Ce dépôt sera effectué dans les six mois à compter de la publication du présent décret. Toutefois les titres déposés près des chancelleries des évêchés ou archevêchés seront transférés aux archives des préfectures respectives, sous récépissé, et moyennant une copie authentique, qui en sera délivrée par les préfectures à l'évêché.

3. Seront aussi déposés dans cette caisse ou armoire les comptes, les registres, les sommiers et les inventaires, le tout ainsi qu'il est statué par l'article 54 du réglement des fabriques.

4. Nulle pièce ne pourra être retirée de ce dépôt que sur un avis motivé, signé par le titulaire.

5. Il sera procédé aux inventaires des titres, registres et papiers, à leurs récolemens et à la formation d'un registre-sommier, conformément aux articles 55 et 56 du même réglement.

6. Les titulaires exercent les droits d'usufruit; ils en supportent les charges, le tout ainsi qu'il est établi par le Code civil, et conformément aux explications et modifications ci-après.

7. Le procès-verbal de leur prise de possession, dressé par le juge-de-paix, portera la promesse, par eux souscrite, de jouir des biens en bons pères de famille, de les entretenir avec soin, et de s'opposer à toute usurpation ou détérioration.

8. Sont défendus aux titulaires, et déclarés nuls, toutes aliénations, échanges, stipulations d'hypothèques, concessions de servitudes, et en général toutes dispositions opérant un changement dans la nature desdits biens, ou une diminution dans leurs produits, à moins que ces actes ne soient par nous autorisés en la forme accoutumée.

9. Les titulaires ne pourront faire des baux excédant neuf ans, que par forme d'adjudication aux enchères, et après que l'utilité en aura été déclarée par deux experts, qui visiteront les lieux, et feront leur rapport : ces experts seront nommés par le sous-préfet, s'il s'agit de biens de cures, et par le préfet, s'il s'agit de biens d'évêchés, de chapitres et de séminaires.

Ces baux ne continueront, à l'égard des successeurs des titulaires, que de la manière prescrite par l'article 1429 du Code civil.

10. Il est défendu de stipuler des pots-de-vin pour les baux des biens ecclésiastiques.

Le successeur du titulaire qui aura pris un pot-de-vin aura la faculté de demander l'annulation du bail, à compter de son entrée en jouissance, ou d'exercer son recours en indemnité, soit contre les héritiers ou représentans du titulaire, soit contre le fermier.

11. Les remboursemens des capitaux faisant partie des dotations du clergé seront faits conformément à notre décret du 16 juillet 1810, et à l'avis du Conseil-d'Etat du 21 décembre 1808.

Si les capitaux dépendent d'une cure, ils seront versés dans la caisse de la fabrique par le débiteur, qui ne sera libéré qu'au moyen de la décharge signée par les trois dépositaires des clefs.

12. Les titulaires ayant des bois dans leur dotation en jouiront, conformément à l'article 590 du Code civil, si ce sont des bois taillis.

Quant aux arbres futaies réunis en bois, ou épars, ils devront se conformer à ce qui est ordonné pour les bois des communes.

13. Les titulaires seront tenus de toutes les réparations des biens dont ils jouissent, sauf, à l'égard des presbytères, la disposition ci-après, article 21.

S'il s'agit de grosses réparations, et qu'il y ait dans la caisse à trois clefs des fonds provenant de la cure, ils y seront employés.

S'il n'y a point de fonds dans cette caisse, le titulaire sera tenu de les fournir jusqu'à concurrence du tiers du revenu foncier de la cure, indépendamment des autres réparations dont il est chargé.

Quant à l'excédant du tiers du revenu, le titulaire pourra être par nous autorisé, en la forme accoutumée, soit à un emprunt avec hypothèque, soit même à l'aliénation d'une partie des biens.

Le décret d'autorisation d'emprunt fixera les époques du remboursement à faire sur les revenus, de manière qu'il en reste toujours les deux tiers aux curés.

En tout cas, il sera suppléé par le Trésor impérial à ce qui manquerait, pour que le revenu restant au curé égale le taux ordinaire des congrues.

14. Les poursuites à fin de recouvrement des revenus seront faites par les titulaires, à leurs frais et risques.

Ils ne pourront néanmoins, soit plaider en demandant ou en défendant, soit même se désister, lorsqu'il s'agira des droits fonciers de la cure, sans l'autorisation du conseil de préfecture, auquel sera envoyé l'avis du conseil de la fabrique.

15. Les frais des procès seront à la charge des cures, de la même manière que les dépenses pour réparations.

SECTION II. De l'administration des biens des cures pendant la vacance.

16. En cas de décès du titulaire d'une cure, le juge-de-paix sera tenu d'apposer le scellé d'office, sans rétribution pour lui et son greffier, ni autres frais, si ce n'est le seul remboursement du papier timbré.

17. Les scellés seront levés, soit à la requête des héritiers en présence du trésorier de la fabrique, soit à la requête du trésorier de la fabrique, en y appelant les héritiers.

18. Il sera procédé, par le juge-de-paix, en présence des héritiers et du trésorier, au récolement du précédent inventaire, contenant l'état de la partie du mobilier et des ustensiles dépendant de la cure, ainsi que des titres et papiers la concernant.

19. Expédition de l'acte de récolement sera délivrée au trésorier par le juge-de-paix, avec la remise des titres et papiers dépendans de la cure.

20. Il sera aussi fait, à chaque mutation de titulaire, par le trésorier de la fabrique, un récolement de l'inventaire des titres et de tous les instrumens aratoires, de tous les ustensiles ou meubles d'attache, soit pour l'habitation, soit pour l'exploitation des biens.

21. Le trésorier de la fabrique poursuivra les héritiers pour qu'ils mettent les biens de la cure dans l'état de réparation où ils doivent les rendre.

Les curés ne sont tenus, à l'égard du presbytère, qu'aux réparations locatives, les autres étant à la charge de la commune.

22. Dans le cas où le trésorier aurait négligé d'exercer ses poursuites à l'époque où le nouveau titulaire entrera en possession, celui-ci sera tenu d'agir lui-même contre les héritiers, ou de faire une sommation au trésorier de la fabrique de remplir à cet égard ses obligations. Cette sommation devra être dénoncée par le titulaire au procureur impérial, afin que celui-ci contraigne le trésorier de la fabrique d'agir, ou que lui-même il fasse d'office les poursuites, aux risques et périls du trésorier, et subsidiairement aux risques des paroissiens.

23. Les archevêques et évêques s'informeront, dans le cours de leurs visites, non-seulement de l'état de l'église et du presbytère, mais encore de celui des biens de la cure, afin de rendre, au besoin, des ordonnances à l'effet de poursuivre, soit le précédent titulaire, soit le nouveau. Une expédition de l'ordonnance restera aux mains du trésorier pour l'exécuter; et une autre expédition sera adressée au procureur impérial, à l'effet de contraindre, en cas de besoin, le trésorier par les moyens ci-dessus.

24. Dans tous les cas de vacance d'une cure, les revenus de l'année courante appartiendront à l'ancien titulaire ou à ses héritiers, jusqu'au jour de l'ouverture de la vacance, et au nouveau titulaire, depuis le jour de sa nomination.

Les revenus qui auront eu cours du jour de l'ouverture de la vacance jusqu'au jour de la nomination seront mis en réserve dans la caisse à trois clefs, pour subvenir aux grosses réparations qui surviendront dans les bâtimens appartenant à la dotation, conformément à l'article 13.

25. Le produit des revenus pendant l'année de la vacance sera constaté par les comptes que rendront, le trésorier pour le temps de la vacance, et le nouveau titulaire pour le reste de l'année : ces comptes porteront ce qui aurait été reçu par le précédent titulaire pour la même année, sauf reprise contre sa succession, s'il y a lieu.

26. Les contestations sur les comptes ou répartitions de revenus dans les cas indiqués aux articles précédens seront décidées par le conseil de préfecture.

27. Dans le cas où il y aurait lieu à remplacer provisoirement un curé ou desservant qui se trouverait éloigné du service, ou par suspension, par peine canonique, ou par maladie, ou par voie de police, il sera pourvu à l'indemnité du remplaçant provisoire, conformément au décret du 17 novembre 1811.

Cette disposition s'appliquera aux cures ou succursales dont le traitement est en tout ou en partie payé par le Trésor impérial.

28. Pendant le temps que, pour les causes ci-dessus, le curé ou desservant sera éloigné de la paroisse, le trésorier de la fabrique remplira, à l'égard des biens, les fonctions qui sont attribuées au titulaire par les articles 6 et 13 ci-dessus.

TITRE II. Des biens des menses épiscopales.

29. Les archevêques et évêques auront l'administration des biens de leur mense, ainsi qu'il est expliqué aux articles 6 et suivans de notre présent décret.

30. Les papiers, titres, documens concernant les biens de ces menses, les comptes, les registres, les sommiers, seront déposés aux archives du secrétariat de l'archevêché ou évêché.

31. Il sera dressé, si fait n'a été, un inventaire des titres et papiers; et il sera formé un registre-sommier, conformément à l'article 56 du réglement des fabriques.

32. Les archives de la mense seront renfermées dans des caisses ou armoires, dont aucune pièce ne pourra être retirée qu'en vertu d'un ordre souscrit par l'archevêque ou évêque sur le registre-sommier, et au pied duquel sera le récépissé du secrétaire.

Lorsque la pièce sera rétablie dans le dépôt, l'archevêque ou l'évêque mettra la décharge en marge du récépissé.

33. Le droit de régale continuera d'être exercé dans l'empire, ainsi qu'il l'a été de tout temps par les souverains nos prédécesseurs.

34. Au décès de chaque archevêque ou évêque, il sera nommé, par notre ministre des cultes, un commissaire pour l'administration des biens de la mense épiscopale pendant la vacance.

35. Ce commissaire prêtera, devant le tribunal de première instance, le serment de remplir cette commission avec zèle et fidélité.

36. Il tiendra deux registres, dont l'un sera le livre-journal de sa recette et de sa dépense; dans l'autre, il inscrira de suite, et à leur date, une copie des actes de sa gestion passés par lui ou à sa requête. Ces registres seront cotés et paraphés par le président du même tribunal.

37. Le juge-de-paix du lieu de la résidence d'un archevêque ou évêque fera d'office, aussitôt qu'il aura connaissance de son décès, l'apposition des scellés dans le palais ou autres maisons qu'il occupait.

38. Dans ce cas, et dans celui où le scellé aurait été apposé à la requête des héritiers, des exécuteurs testamentaires ou des créanciers, le commissaire à la vacance y mettra son opposition, à fin de conservation des droits de la mense, et notamment pour sûreté des réparations à la charge de la succession.

39. Les scellés seront levés et les inventaires faits à la requête du commissaire, les héritiers présens ou appelés, ou à la requête des héritiers, en présence du commissaire.

40. Incontinent après sa nomination, le commissaire sera tenu de la dénoncer aux receveurs, fermiers ou débiteurs, qui seront tenus de verser dans ses mains tous deniers, denrées ou autres choses provenant des biens de la mense, à la charge d'en tenir compte à qui il appartiendra.

41. Le commissaire sera tenu, pendant sa gestion, d'acquitter toutes les charges ordinaires de la mense : il ne pourra renouveler les baux, ni couper aucun arbre futaie en masse de bois ou épars, ni entreprendre au-delà des coupes ordinaires des bois taillis et de ce qui en est la suite.

Il ne pourra déplacer les titres, papiers et documens, que sous son récépissé.

42. Il fera, incontinent après la levée des scellés, visiter, en présence des héritiers ou eux appelés, les palais, maisons, fermes et bâtimens dépendans de la mense, par deux experts, que nommera d'office le président du tribunal.

Ces experts feront mention, dans leur rapport, du temps auquel ils estimeront que doivent se rapporter les reconstructions à faire ou les dégradations qui y auront donné lieu; ils feront les devis et estimations des réparations ou reconstructions.

43. Les héritiers seront tenus de remettre, dans les six mois après la visite, les lieux en bonne et suffisante réparation; sinon, les réparations seront adjugées au rabais, au compte des héritiers, à la diligence du commissaire.

44. Les réparations dont l'urgence se ferait sentir pendant sa gestion seront faites par lui, sur les revenus de la mense, par voie d'adjudication au rabais, si elles excèdent trois cents francs.

45. Le commissaire régira depuis le jour du décès jusqu'au temps où le successeur nommé par sa majesté se sera mis en possession.

Les revenus de la mense sont au profit du successeur à compter du jour de sa nomination.

46. Il sera dressé procès-verbal de la prise de possession par le juge-de-paix : ce procès-verbal constatera la remise de tous les effets mobiliers, ainsi que de tous titres, papiers et documens concernant la mense, et que les registres du commissaire ont été arrêtés par ledit juge-de-paix; ces registres seront déposés avec les titres de la mense.

47. Les poursuites contre les comptables, soit pour rendre les comptes, soit pour faire statuer sur les objets de contestation, seront faites devant les tribunaux compétens, par la personne que le ministre aura commise pour recevoir les comptes.

48. La rétribution du commissaire sera réglée par le ministre des cultes, elle ne pourra excéder cinq centimes pour franc des revenus, et trois centimes pour franc du prix du mobilier dépendant de la succession en cas de vente, sans pouvoir rien exiger pour les vacations ou voyages auxquels il sera tenu tant que cette gestion le comportera.

TITRE III. Des biens des chapitres cathédraux et collégiaux.

49. Le corps de chaque chapitre cathédral ou collégial aura, quant à l'administration de ses biens, les mêmes droits et les mêmes obligations qu'un titulaire de biens de cure, sauf les explications et modifications ci-après.

50. Le chapitre ne pourra prendre aucune délibération relative à la gestion des biens ou répartition des revenus, si les membres présens ne forment au moins les quatre cinquièmes du nombre total des chanoines existans.

51. Il sera choisi par le chapitre, dans son sein, au scrutin et à la pluralité des voix, deux candidats parmi lesquels l'évêque nommera un trésorier.

Le trésorier aura le pouvoir de recevoir de tous fermiers et débiteurs, d'arrêter les comptes, de donner quittance et décharge, de poursuivre les débiteurs devant les tribunaux, de recevoir les assignations au nom du chapitre, et de plaider quand il aura été dûment autorisé.

52. Le trésorier pourra toujours être changé par le chapitre.

Lorsque le trésorier aura exercé cinq ans de suite, il y aura une nouvelle élection; et le même trésorier pourra être présenté comme un des deux candidats.

53. Le trésorier ne pourra plaider en demandant ni en défendant, ni consentir à un désistement, sans qu'il y ait eu délibération du chapitre et autorisation du conseil de préfecture. Il fera tous actes conservatoires et toutes diligences pour les recouvremens.

54. Tous les titres, papiers et renseignemens concernant la propriété seront mis dans une caisse ou armoire à trois clefs.

Dans les chapitres cathédraux, l'une de ces clefs sera entre les mains du premier dignitaire; la seconde entre les mains du premier officier, et la troisième entre les mains du trésorier.

Dans les chapitres collégiaux, l'une de ces clefs sera entre les mains du doyen, la seconde entre les mains du premier officier, et la troisième entre les mains du trésorier.

55. Seront déposés dans cette caisse les papiers, titres et documens, les comptes, les registres, les sommiers et les inventaires, le tout ainsi qu'il est statué par l'article 54 du réglement des fabriques; ils ne pourront en être retirés que sur un avis motivé, signé par les trois dépositaires des clefs, et au surplus conformément à l'article 57 du même réglement.

56. Il sera procédé aux inventaires des titres et papiers, à leurs récolemens, et à la formation d'un registre-sommier, conformément aux articles 55 et 56 du même réglement.

57. Les maisons et bien ruraux appartenant aux chapitres ne pourront être loués ou affermés que par adjudication aux enchères sur un cahier des charges, approuvé par délibération du chapitre, à moins que le chapitre n'ait, à la pluralité des quatre cinquièmes des chanoines existans, autorisé le trésorier de traiter de gré à gré, aux conditions exprimées dans sa délibération. Une semblable autorisation sera nécessaire pour les baux excédant neuf ans, qui devront toujours être adjugés avec les formalités prescrites par l'article 9 ci-dessus.

58. Les dépenses des réparations seront toujours faites sur les revenus de la mense capitulaire; et s'il arrivait des cas extraordinaires qui exigeassent à la fois plus de moitié d'une année du revenu commun, les chapitres pourront être par nous autorisés, en la forme accoutumée, à faire un emprunt remboursable sur les revenus aux termes indiqués, sinon à vendre la quantité nécessaire de biens, à la charge de former avec des réserves sur les revenus des années suivantes un capital suffisant pour remplacer, soit en fonds de terre, soit autrement, le revenu aliéné.

59. Il sera rendu par le trésorier, chaque année au mois de janvier, devant des commissaires nommés à cet effet par le chapitre, un compte de recette et dépense.

Ce compte sera dressé conformément aux articles 82, 83 et 84 du réglement des fabriques. Il en sera adressé une copie au ministre des cultes.

60. Les chapitres pourront fixer le nombre et les époques des répartitions de la mense, et suppléer par leurs délibérations aux cas non prévus par le présent décret, pourvu qu'ils n'excèdent pas les droits dépendans de la qualité de titulaire.

61. Dans tous les cas énoncés au présent titre, les délibérations du chapitre devront être approuvées par l'évêque; et l'évêque ne jugeant pas à propos de les approuver, si le chapitre insiste, il en sera référé à notre ministre des cultes, qui prononcera.

TITRE IV. Des biens des séminaires.

62. Il sera formé, pour l'administration des biens du séminaire de chaque diocèse, un bureau composé de l'un des vicaires généraux, qui présidera en l'absence de l'évêque, du directeur et de l'économe du séminaire, et d'un quatrième membre remplissant les fonc-

tions de trésorier, qui sera nommé par le ministre des cultes sur l'avis de l'évêque et du préfet.

Il n'y aura aucune rétribution attachée aux fonctions du trésorier.

63. Le secrétaire de l'archevêché ou évêché sera en même temps secrétaire de ce bureau.

64. Le bureau de l'administration du séminaire principal aura en même temps l'administration des autres écoles ecclésiastiques du diocèse.

65. Il y aura aussi, pour le dépôt des titres, papiers et renseignemens, des comptes, des registres, des sommiers, des inventaires, conformément à l'article 54 du réglement des fabriques, une caisse ou armoire à trois clefs, qui seront entre les mains des trois membres du bureau.

66. Ce qui aura été ainsi déposé ne pourra être retiré que sur l'avis motivé des trois dépositaires des clefs, et approuvé par l'archevêque ou évêque : l'avis ainsi approuvé restera dans le même dépôt.

67. Tout notaire devant lequel il aura été passé un acte contenant donation entre-vifs ou disposition testamentaire au profit d'un séminaire ou d'une école secondaire ecclésiastique sera tenu d'en instruire l'évêque, qui devra envoyer les pièces, avec son avis, à notre ministre des cultes, afin que, s'il y a lieu, l'autorisation pour l'acceptation soit donnée en la forme accoutumée.

Ces dons et legs ne seront assujétis qu'au droit fixe d'un franc.

68. Les remboursemens et les placemens des deniers provenant des dons ou legs aux séminaires ou aux écoles secondaires seront faits conformément aux décrets et décisions ci-dessus cités.

69. Les maisons et biens ruraux des séminaires et des écoles secondaires ecclésiastiques ne pourront être loués ou affermés que par adjudication aux enchères, à moins que l'archevêque ou évêque et les membres du bureau ne soient d'avis de traiter de gré à gré, aux conditions dont le projet signé d'eux sera remis au trésorier, et ensuite déposé dans la caisse à trois clefs. Il en sera fait mention dans l'acte.

Pour les baux excédant neuf ans, les formalités prescrites par l'article 9 ci-dessus devront être remplies.

70. Nul procès ne pourra être intenté, soit en demandant, soit en défendant, sans l'autorisation du conseil de préfecture, sur la proposition de l'archevêque ou évêque, après avoir pris l'avis du bureau d'administration (1).

71. L'économe sera chargé de toutes les dépenses ; celles qui seraient extraordinaires ou imprévues devront être autorisées par l'archevêque ou évêque, après avoir pris l'avis du bureau : cette autorisation sera annexée au compte.

72. Il sera toujours pourvu aux besoins du séminaire principal, de préférence aux autres écoles ecclésiastiques, à moins qu'il n'y ait, soit par l'institution de ces écoles secondaires, soit par les dons ou legs postérieurs, des revenus qui leur auraient été spécialement affectés.

73. Tous deniers destinés aux dépenses des séminaires, et provenant soit des revenus de biens-fonds ou de rentes, soit de remboursemens, soit des secours du Gouvernement, soit des libéralités des fidèles, et en général quelle que soit leur origine, seront, à raison de leur destination pour un service public, versés dans une caisse à trois clefs, établie dans un lieu sûr au séminaire : une de ces clefs sera entre les mains de l'évêque ou de son vicaire général, l'autre entre celles du directeur du séminaire, et la troisième dans celles du trésorier.

74. Ce versement sera fait le premier jour de chaque mois par le trésorier, suivant un état ou bordereau qui comprendra la recette du mois précédent, avec indication d'où provient chaque somme, sans néanmoins qu'à l'égard de celles qui auront été données, il soit besoin d'y mettre les noms des donateurs.

75. Le trésorier ne pourra faire, même sous prétexte de dépense urgente, aucun versement que dans ladite caisse à trois clefs.

76. Quiconque aurait reçu pour le séminaire une somme qu'il n'aurait pas versée dans les trois mois entre les mains du trésorier, et le trésorier lui-même qui n'aurait pas, dans le mois, fait les versemens à la caisse à trois clefs, seront poursuivis conformément aux lois concernant le recouvrement des deniers publics.

77. La caisse acquittera, le premier jour de chaque mois, les mandats de la dépense à faire dans le courant du mois, lesdits mandats signés par l'économe et visés par l'évêque ; en tête de ces mandats seront les bordereaux indiquant sommairement les objets de la dépense.

78. La commission administrative du séminaire transmettra au préfet, au commen-

---

(1) Un évêque, comme administrateur des biens d'un séminaire, peut, sans autorisation préalable du conseil de préfecture, intenter une action en déguerpissement contre le directeur du séminaire par lui destitué : l'autorisation du conseil de préfecture n'est relative qu'aux cas où il s'agit de questions de propriété ou de revendication (28 janvier 1831, Colmar ; S. 31, 2, 235 ; D. 31, 2, 109).

cement de chaque semestre, les bordereaux de versement par les économes, et les mandats des sommes payées. Le préfet en donnera décharge, et en adressera les *duplicata* au ministre des cultes, avec ses observations.

79. Le trésorier et l'économe de chaque séminaire rendront, au mois de janvier, leurs comptes en recette et en dépense, sans être tenus de nommer les élèves qui auraient eu part aux deniers affectés aux aumônes : l'approbation donnée par l'évêque à ces sortes de dépenses leur tiendra lieu de pièces justificatives.

80. Les comptes seront visés par l'évêque, qui les transmettra au ministre des cultes; et si aucun motif ne s'oppose à l'approbation, le ministre les renverra à l'évêque, qui les arrêtera définitivement, et en donnera décharge.

Dispositions transitoires.

81. Le bureau des économats de Turin sera supprimé à compter du 1er janvier 1814.

82. Tous les titres, papiers et documens réunis dans ce dépôt, seront remis par inventaire à celui des établissemens auquel les biens seront affectés.

83. Les titres, les registres ou sommiers concernant plusieurs cures d'un diocèse, seront déposés au secrétariat de l'archevêché ou évêché de ce diocèse, pour y avoir recours et en être délivré les extraits ou expéditions dont les titulaires auraient besoin.

84. Les registres, titres et documens concernant l'administration générale des économats, seront déposés à nos archives impériales, sauf à en délivrer des expéditions aux établissemens qui s'y trouveraient intéressés.

85. Notre grand-juge, ministre de la justice, et notre ministre des cultes, des finances et du Trésor impérial, sont chargés de l'exécution du présent décret.

---

6 NOVEMBRE 1813. — Décret portant réglement sur l'exercice de la profession de boulanger dans la ville de Lyon. (4, Bull. 534, n° 9842.)

Art. 1er. A l'avenir, nul ne pourra exercer, dans notre bonne ville de Lyon, département du Rhône, la profession de boulanger, sans une permission spéciale du maire : elle ne sera accordée qu'à ceux qui seront de bonnes vie et mœurs, et qui justifieront avoir fait leur apprentissage et connaître les bons procédés de l'art.

Ceux qui exercent actuellement la profession de boulanger dans notre bonne ville de Lyon sont maintenus dans l'exercice de leur profession; mais ils devront se munir, à peine de déchéance, de la permission du maire, dans un mois, pour tout délai, à compter de la publication du présent décret.

2. Cette permission ne sera accordée que sous les conditions suivantes :

1° Chaque boulanger sera tenu de verser, à titre de garantie, dans le dépôt général dont le local sera fourni par la ville, la quantité de sacs de farine de première qualité (du poids de cent vingt-cinq kilogrammes chaque) déterminée ci-après, savoir :

Les boulangers de première classe, quarante-cinq sacs;

Ceux de seconde classe, trente;

Ceux de troisième classe, vingt.

2° Chaque boulanger se soumettra pareillement à avoir constamment, dans son magasin, un approvisionnement de farine de première qualité.

Cet approvisionnement sera, savoir :

De cinquante sacs au moins, du poids de cent vingt-cinq kilogrammes, pour les boulangers de première classe;

De trente sacs au moins, pour les boulangers de seconde classe;

De vingt sacs au moins, pour les boulangers de troisième classe.

3. La permission délivrée par le maire constatera le versement de farine qui aura été fait, à titre de garantie, au dépôt général, ainsi que la soumission souscrite par le boulanger, pour la quotité de son approvisionnement de réserve.

Elle énoncera le quartier dans lequel chaque boulanger devra exercer sa profession.

4. Le maire s'assurera par lui-même, ou par l'un de ses adjoints, si les boulangers ont constamment en magasin et en réserve la quantité de farine pour laquelle chacun d'eux aura fait sa soumission. Il en enverra, tous les mois, l'état certifié par lui au préfet.

5. Le maire réunira auprès de lui vingt-quatre boulangers pris parmi ceux qui exercent leur profession depuis long-temps. Ces vingt-quatre boulangers procéderont, en présence du maire, à la nomination d'un syndic et de quatre adjoints. Le syndic et les adjoints seront renouvelés, tous les ans, au mois de janvier : ils pourront être réélus; mais, après un exercice de trois années, le syndic et les adjoints devront nécessairement être renouvelés.

6. Le syndic et les adjoints procéderont, en présence du maire, au classement des boulangers, conformément aux dispositions énoncées en l'article 2. Ils régleront pareillement le nombre des fournées auquel chaque boulanger devra au moins être journellement astreint, suivant les différentes saisons de l'année.

7. Le syndic et les adjoints seront chargés de la surveillance et de l'administration des farines déposées à titre de garantie. Ils seront pareillement chargés de la surveillance de l'approvisionnement de réserve des boulan-

gers, et de constater la nature et la qualité des farines dudit approvisionnement, sans préjudice des autres mesures de surveillance qui devront être prises par le maire.

8. Aucun boulanger ne pourra quitter sa profession que six mois après la déclaration qu'il en devra faire au maire.

9. Nul boulanger ne pourra restreindre le nombre de ses fournées sans l'autorisation du maire.

10. Tout boulanger sera tenu de peser le pain, s'il en est requis par l'acheteur : il devra, à cet effet, avoir, dans le lieu le plus apparent de sa boutique, des balances et un assortiment de poids métriques dûment poinçonnés.

11. Tout boulanger qui quittera sa profession sans y être autorisé par le maire, ou qui sera définitivement interdit, perdra son dépôt de garantie et son approvisionnement de réserve, qui seront vendus à la halle, à la diligence du maire, et le produit en sera versé dans la caisse des hospices.

Dans le cas où le boulanger aurait fait disparaître son approvisionnement de réserve, et où l'interdiction absolue aurait été prononcée par le maire, il gardera prison jusqu'à ce qu'il l'ait représenté, ou qu'il en ait versé la valeur à la caisse des hospices.

12. Il est défendu, sous peine de confiscation, d'établir des regrats de pain, en quelque lieu public que ce soit : en conséquence, les traiteurs, aubergistes, cabaretiers, et tous autres qui font métier de donner à manger, ne pourront, à peine de confiscation, tenir d'autre pain chez eux que celui nécessaire à leur propre consommation et à celle de leurs hôtes.

13. Le fonds d'approvisionnement de réserve, ainsi que le dépôt de garantie, deviendront libres, sur une autorisation du maire, pour tout boulanger qui, en conformité de l'article 8, aura quitté sa profession après avoir fait la déclaration prescrite par ledit article 8. La veuve et les héritiers du boulanger décédé pourront pareillement être autorisés à retirer leur dépôt de garantie et à disposer de leur approvisionnement de réserve.

14. Les boulangers et débitans forains, quoique étrangers à la boulangerie de Lyon, seront admis, concurremment avec les boulangers de la ville, à vendre ou faire vendre du pain sur les marchés et lieux publics qui seront désignés par le maire, en se conformant aux réglemens.

15. Le préfet du département du Rhône, sur la proposition du maire et l'avis du commissaire général de police et du sous-préfet, pourra, avec l'autorisation de notre ministre des manufactures et du commerce, faire les réglemens locaux nécessaires pour l'exercice de la profession de boulanger, sur la nature, la qualité, la marque et le poids du pain en usage à Lyon, sur les boulangers et débitans forains et les boulangers de Lyon qui sont dans l'usage d'approvisionner les marchés, et sur la fixation du prix des différentes espèces de pain.

16. En cas de contravention aux articles 2 et 9 du présent décret, il sera procédé, contre les contrevenans, par le maire, qui, suivant les circonstances, pourra prononcer, par voie administrative, une interdiction momentanée ou absolue de leur profession, sauf le recours au préfet et à notre ministre des manufactures et du commerce. Les autres contraventions à notre présent décret et aux réglemens locaux dont il est fait mention en l'article précédent seront poursuivies et réprimées par le tribunal de police municipale, qui pourra prononcer l'impression et l'affiche du jugement aux frais des contrevenans.

17. Les lois et réglemens intérieurs continueront à être exécutés en tout ce qui n'est pas contraire au présent décret.

18. Notre grand-juge, ministre la justice, et notre ministre des manufactures et du commerce, sont chargés de l'exécution du présent décret, qui sera inséré au Bulletin des Lois.

---

6 NOVEMBRE 1813. — Décret portant réglement sur l'exercice de la profession de boulanger dans la ville de Valence, département de la Drôme. (4, Bull. 540, n° 9891.)

Art. 1er. A l'avenir, nul ne pourra exercer, dans la ville de Valence, département de la Drôme, la profession de boulanger, sans une permission spéciale du maire : elle ne sera accordée qu'à ceux qui seront de bonnes vie et mœurs, et qui justifieront avoir fait leur apprentissage et connaître les bons procédés de l'art.

Ceux qui exercent actuellement la profession de boulanger dans la ville de Valence sont maintenus dans l'exercice de leur profession: mais ils devront se munir, à peine de déchéance, de la permission du maire, dans un mois, pour tout délai, à compter de la publication du présent décret.

2. Cette permission ne sera accordée que sous les conditions suivantes :

Chaque boulanger se soumettra à avoir constamment dans son magasin un approvisionnement de farine de première qualité.

Cet approvisionnement sera, savoir :

1° De trente sacs au moins, du poids de quinze myriagrammes, pour les boulangers de première classe;

2° De vingt sacs au moins, pour les boulangers de seconde classe;

3° De quinze sacs au moins, pour les boulangers de troisième classe.

3. La permission délivrée par le maire constatera la soumission souscrite par le bou-

langer pour la quantité de son approvisionnement de réserve : elle énoncera le quartier dans lequel chaque boulanger devra exercer sa profession.

4. Le maire s'assurera par lui-même, ou par l'un de ses adjoints, si les boulangers ont constamment en magasin et en réserve la quantité de farine pour laquelle chacun d'eux aura fait sa soumission ; il en transmettra, tous les mois, l'état par lui certifié au préfet.

5. Le maire réunira auprès de lui dix boulangers pris parmi ceux qui exercent leur profession depuis long-temps. Ces dix boulangers procéderont, en présence du maire, à la nomination d'un syndic et de deux adjoints. Le syndic et les adjoints seront renouvelés, tous les ans, au mois de janvier : ils pourront être réélus ; mais, après un exercice de trois années, le syndic et les adjoints devront nécessairement être renouvelés.

6. Le syndic et les adjoints procéderont, en présence du maire, au classement des boulangers, conformément aux dispositions énoncées en l'article 2. Ils régleront pareillement le nombre de fournées auquel chaque boulanger devra être au moins astreint journellement, suivant les différentes époques de l'année.

7. Le syndic et les adjoints seront chargés de la surveillance de l'approvisionnement de réserve des boulangers, et de constater la nature et la qualité des farines dudit approvisionnement, sans préjudice des autres mesures de surveillance qui devront être prises par le maire.

8. Aucun boulanger ne pourra quitter sa profession que six mois après la déclaration qu'il en devra faire au maire.

9. Nul boulanger ne pourra restreindre le nombre de ses fournées sans l'autorisation du maire.

10. Tout boulanger sera tenu de peser le pain, s'il en est requis par l'acheteur : il devra, à cet effet, avoir, dans le lieu le plus apparent de sa boutique, des balances et un assortiment de poids métriques dûment poinçonnés.

11. Tout boulanger qui quittera sa profession sans y être autorisé par le maire, ou qui sera définitivement interdit, perdra son approvisionnement de réserve, qui sera vendu à la halle, à la diligence du maire, et le produit en sera versé à la caisse des hospices.

Dans le cas où le boulanger aurait fait disparaître son approvisionnement de réserve, et où l'interdiction absolue aurait été prononcée par le maire, il gardera prison jusqu'à ce qu'il l'ait représenté, ou qu'il en ait versé la valeur à la caisse des hospices.

12. Il est défendu, sous peine de confiscation, d'établir des regrats de pain en quelque lieu public que ce soit : en conséquence, les traiteurs, aubergistes, cabaretiers, et tous autres qui font métier de donner à manger, ne pourront, à peine de confiscation, tenir d'autre pain chez eux que celui nécessaire à leur propre consommation et à celle de leurs hôtes.

13. Le fonds d'approvisionnement de réserve deviendra libre, sur une autorisation du maire, pour tout boulanger qui, en conformité de l'article 8, aura quitté sa profession après avoir fait au maire sa déclaration préalable et six mois d'avance, suivant les dispositions dudit article 8. La veuve et les héritiers du boulanger décédé pourront pareillement être autorisés à retirer leur approvisionnement.

14. Les boulangers et débitans forains, quoique étrangers à la boulangerie de Valence, seront admis, concurremment avec les boulangers de la ville, à vendre ou faire vendre du pain sur les marchés et lieux publics qui seront désignés par le maire, en se conformant aux réglemens.

15. Le préfet du département de la Drôme, sur la proposition du maire et l'avis du sous-préfet, pourra, avec l'autorisation de notre ministre des manufactures et du commerce, faire les réglemens locaux nécessaires pour l'exercice de la profession de boulanger, sur la nature, la qualité, la marque et le poids du pain en usage à Valence, sur les boulangers et débitans forains et les boulangers de Valence qui sont dans l'usage d'approvisionner les marchés, et sur la taxation du prix des différentes espèces de pain.

16. En cas de contravention aux articles 2 et 9 du présent décret, il sera procédé, contre les contrevenans, par le maire, qui, suivant les circonstances, pourra prononcer, par voie administrative, une interdiction momentanée ou absolue de leur profession, sauf le recours au préfet et à notre ministre des manufactures et du commerce. Les autres contraventions à notre présent décret et aux réglemens locaux dont il est fait mention à l'article précédent, seront poursuivies et réprimées par le tribunal de police municipale, qui pourra prononcer l'impression et l'affiche du jugement aux frais des contrevenans.

17. Les lois et réglemens antérieurs continueront à être exécutés en tout ce qui n'est pas contraire au présent décret.

18. Notre grand-juge, ministre de la justice, et notre ministre des manufactures et du commerce, sont chargés de l'exécution du présent décret, qui sera inséré au Bulletin des Lois.

---

6 NOVEMBRE 1813. — Décret portant réglement sur l'exercice de la profession de boulanger dans les villes de Harlem et d'Amsterdam. (4, Bull. 533 et 538, nos 9832, 9873)

6 NOVEMBRE 1813. — Décret qui confirme les monts réunis de la ville de Sienne, département de l'Ombrone, et primitivement connus sous la dénomination de Mont-de-Piété et de Mont-de-Paschée. (4, Bull. 533, n° 9833.)

---

6 NOVEMBRE 1813. — Décret qui autorise le préfet du département de l'Arno, à mettre à la disposition de l'archevêque de Florence, pour l'exercice du culte, l'église du couvent supprimé des dominicains, située dans la ville de Marradi. (4, Bull. 535, n° 9858.)

---

6 NOVEMBRE 1813. — Décrets qui autorisent l'acceptation de dons et legs faits aux églises paroissiales et succursales de Quettehou, Modelsheim, Montbarens, Vicq, et à l'église d'Eincheviller, dépendante de l'église succursale de Landroff. (4, Bull. 535, n° 9859; Bull. 537, nos 9869 à 9871, et Bull. 538, n° 9874.)

---

8 NOVEMBRE 1813. — Avis du Conseil-d'Etat sur un rapport du ministre de l'intérieur qui tendait à faire autoriser la suppression d'un chemin communal. (4, Bull. 534, n° 9843.)

Le Conseil-d'Etat, qui, d'après le renvoi ordonné par sa majesté, a entendu le rapport de la section de l'intérieur sur celui du ministre de ce département, tendant à autoriser la suppression d'un chemin, commune de Sainte-Colombe, département de la Seine-Inférieure,

Est d'avis,

Que cette affaire n'est pas susceptible d'être portée au Conseil-d'Etat;

Que c'est au préfet à prononcer sur l'utilité et la conservation du chemin, sauf le recours au ministre de l'intérieur, et ensuite au Conseil-d'Etat, sur le rapport de ce ministre, en cas de pourvoi, comme pour affaire d'administration.

---

8 NOVEMBRE 1813. — Décrets qui autorisent l'acceptation de dons et legs faits aux pauvres et hospices de Conlie, Rouez, Rouessé, Saint-Remi-de-Cillé, Vassé, Voutré, Pignerol, Ricey-sur-Ource, et à la fabrique de l'église succursale de Rieux. (4, Bull. 538, nos 9875 à 9878.)

---

8 NOVEMBRE 1813. — Décret qui établit à Neuvvieschans deux foires annuelles, principalement destinées à la vente des chevaux et bestiaux. (4, Bull. 538, 9879.)

---

8 NOVEMBRE 1813. — Décret qui autorise : 1° le maire d'Altavilla à échanger, au nom de la fabrique de l'église de cette commune, plusieurs pièces de terre faisant partie des biens affectés à la cure, contre une maison appartenant aux sieurs Gatti frères; 2° l'acceptation, par le bureau de bienfaisance, desdites pièces de terre, offertes en donation par lesdits sieurs Gatti frères aux pauvres de cette commune. (4, Bull. 538, n° 9880.)

---

10 NOVEMBRE 1813. — Décret portant que le duc de Cadore remplira les fonctions de ministre secrétaire d'Etat par intérim jusqu'à nouvel ordre. (4, Bull. 531, n° 9812.)

---

11 NOVEMBRE 1813. — Décret portant augmentation de diverses contributions. (4, Bull. 531, n° 9811.)

Voy. loi du 20 MARS 1813; ordonnance du 27 AVRIL 1814.

Art. 1er. Il sera perçu trente centimes additionnels au principal de la contribution foncière, des portes et fenêtres et des patentes de 1813. Lesdits centimes seront payables par tiers, dans les mois de novembre et décembre 1813, et janvier 1814.

2. La contribution personnelle et la partie de la contribution mobilière qui se perçoit par des rôles, seront perçues en principal au double pour l'année 1813. Le doublement sera levé dans les termes fixés par l'article précédent.

3. Les remises des percepteurs et celles des receveurs sur les contributions extraordinaires ci-dessus, ne seront imposées que sur le pied, pour les percepteurs, du quart, et pour les receveurs, de moitié du taux fixé pour le recouvrement du principal.

4. A compter de ce jour, il sera perçu deux nouveaux décimes par kilogramme de sel, et dix centimes par addition, tant aux perceptions de la régie des droits réunis non assujéties au décime de guerre, qu'aux tarifs des octrois autres que ceux par abonnement et cotisation (1).

5. Le droit additionnel sur le sel sera perçu sur les sels existans dans les magasins, conformément à l'article 8 de la loi du 24 avril 1806, et au décret du 11 juin suivant.

6. Nonobstant les dispositions de l'article précédent, la régie des sels au-delà des Alpes ne pourra vendre le sel au-dessus de soixante centimes par kilogramme (six sous la livre).

7. Les dispositions du présent décret ne sont point applicables, excepté en ce qui concerne la taxe sur le sel, aux départemens des Bouches-de-la-Meuse, des Bouches-de-l'Yssel,

(1) Le droit additionnel de deux décimes par kilogramme, établi sur les sels, par le décret du 11 novembre 1813, ne frappe pas sur le vingtième de ces sels, qui est présumé déchet (21 décembre 1819; Cass. S. 20, 1, 149).

de l'Yssel-Supérieur, de la Frise, de l'Ems-Occidental, de l'Ems-Oriental, et du Zuyderzée, à raison des charges extraordinaires qu'ils supportent.

8. Nos ministres sont chargés de l'exécution du présent décret.

---

11 NOVEMBRE 1813. — Décret concernant l'indemnité à payer par les individus déclarés susceptibles du service de la garde nationale, et qui n'y seront point appelés. (4, Bull. 533, n° 9834.)

Art. 1er. Dans le cas où le produit des taxes de remplacement, assigné par l'article 47 de notre décret du 5 avril 1813 pour l'habillement de la garde nationale, serait insuffisant, il y sera suppléé au moyen d'une prestation à payer par les hommes qui n'y seront point appelés, et que l'article 2 du même décret déclare susceptibles de ce service.

2. L'exemption du service, à quelque titre que ce soit, ne dispensera point du paiement de la prestation.

3. Le préfet fixera dans un conseil d'administration de la garde nationale, tel qu'il est établi par notre décret du 5 avril 1813, la somme à laquelle montera la dépense de l'habillement des gardes nationaux appelés qui n'auront pas été tenus de s'habiller eux-mêmes.

4. Cette somme sera répartie entre les gardes nationaux non appelés, en proportion des facultés de chacun : le *maximum* de la prestation ne pourra, en aucun cas, même en celui prévu par l'article suivant, excéder quatre cents francs.

5. Dans le cas où un nouvel appel aurait lieu, ceux des appelés qui auraient payé pour le premier seront remboursés.

6. La répartition sera faite, dans chaque chef-lieu de sous-préfecture, par un conseil composé du préfet, du sous-préfet, d'un membre du conseil général du département, d'un membre du conseil d'arrondissement, et d'un officier de la garde nationale de l'arrondissement.

7. Le contingent assigné à chaque garde national sera perçu sur un rôle qui sera rendu exécutoire par le préfet, et remis au receveur général, pour être par lui mis en recouvrement, par les moyens et selon les formes usités pour les contributions directes.

8. Les dépenses et la comptabilité des fonds recouvrés en vertu du présent décret auront lieu de la manière prescrite au titre V de notre décret du 5 avril 1813.

9. Tous les fonds recouvrés pour le service de la garde nationale, depuis notre décret du 5 avril, qui auraient été versés en d'autres mains que celles des receveurs généraux de département, seront établis dans leurs caisses à la publication du présent décret, sous peine pour les dépositaires, d'être poursuivis comme détenteurs de deniers publics.

10. Les préfets pourvoiront à ce que le compte des recettes et dépenses faites pour la garde nationale soit dressé au 1er janvier 1814, conformément aux dispositions de l'article 52 du décret du 5 avril.

11. La partie de la comptabilité du receveur général relative à l'habillement de la garde nationale sera soumise, comme toutes les autres, à notre cour des comptes.

12. En cas de licenciement de la garde nationale, les habits fournis sur les fonds recouvrés en vertu du présent décret et de celui du 5 avril seront déposés au magasin de la compagnie de réserve, et sous la responsabilité du conseil d'administration de ladite compagnie. Il ne pourra en être disposé que pour l'utilité du service de la garde nationale.

13. Nos ministres de l'intérieur, de la guerre, des finances et du Trésor impérial sont chargés de l'exécution du présent décret.

---

11 NOVEMBRE 1813. — Décret concernant les pensions affectées sur les majorats et dotations constitués sur le domaine extraordinaire. (4, Bull. 537, n° 9867.)

Voy. sénatus-consulte du 30 JANVIER 1810.

CHAPITRE Ier. Réglement des pensions affectées sur les majorats et dotations constitués sur le domaine extraordinaire.

Art. 1er. A l'avenir, aucune pension ne pourra être affectée sur les majorats ou dotations constitués sur notre domaine extraordinaire, que de notre pure libéralité, et par un décret spécial.

Les propositions qui nous seront faites à cet effet ne pourront excéder le cinquième du revenu du majorat ou de la dotation.

2. Les pensions accordées jusqu'à ce jour sur lesdits biens, encore qu'elles excèdent la quotité déterminée à l'article précédent, sont maintenues, sans que les pensionnaires soient assujétis à aucune nouvelle formalité.

3. Les pensions ainsi accordées, soit avant, soit depuis la publication du présent décret, seront payées en totalité par les donataires, tant que le revenu de leur majorat ou dotation sera double du montant de la pension.

4. Si, par des causes majeures et indépendantes du fait du donataire, le revenu de son majorat ou de sa dotation se trouve inférieur à cette quotité, il sera partagé par moitié entre lui et le pensionnaire.

CHAPITRE II. Des contestations entre les donataires et les pensionnaires.

5. Les débats qui pourront s'élever entre les donataires et les pensionnaires au sujet du revenu effectif du majorat ou de la dotation

seront réglés par l'intendant général de notre domaine extraordinaire, dans la forme ci-après déterminée.

6. Le pensionnaire, en formant sa demande, sera tenu de faire choix d'un arbitre, et d'en notifier la nomination au donataire.

7. Dans les huit jours qui suivront cette notification, le donataire sera tenu, de son côté, de nommer un arbitre, et de faire déposer par lui, au secrétariat de l'intendance générale, le compte des revenus du majorat ou de la dotation, avec les pièces et un mémoire à l'appui.

Il devra en même temps, et avant toute discussion, payer ou offrir de payer les termes échus de la pension, dans la proportion due d'après le compte par lui produit, sans quoi il sera non-recevable dans sa demande en réduction de la pension.

8. Le pensionnaire pourra, dans la huitaine suivante, faire prendre communication, par son arbitre, au secrétariat de l'intendance, du compte et des pièces au soutien; il devra les y rétablir et fournir son mémoire dans le même délai.

Notre intendant général pourra néanmoins, quand il le jugera convenable, accorder aux parties un nouveau délai.

9. Si les arbitres ne sont pas d'accord, notre intendant général ne pourra rendre sa décision qu'après les avoir entendus en présence du conseil de l'intendance, et avoir pris l'avis dudit conseil.

10. La décision de l'intendant général restera déposée au secrétariat de l'intendance: il en sera délivré expédition aux parties intéressées, qui, toutes les fois qu'il écherra de la mettre à exécution par les voies juridiques, la présenteront au président du tribunal civil de l'arrondissement où sera domiciliée la partie contre laquelle l'exécution sera requise; ledit président devra la revêtir de son ordre d'*exequatur*.

11. S'il s'élève des débats à raison de l'exécution, nos cours et tribunaux ne pourront s'ingérer dans l'examen des questions sur lesquelles la décision de notre intendant général aura prononcé.

Ladite décision ne pourra être attaquée que devant notre Conseil-d'Etat, dans les formes et les délais prescrits par nos décrets des 11 juin et 22 juillet 1806; et, dans ce cas, l'appel ne sera pas suspensif: la décision sera exécutoire par provision.

12. Les formes ci-devant prescrites pour la délivrance des brevets de pension sont maintenues.

13. Notre cousin le prince archi-chancelier, notre grand-juge, ministre de la justice, et notre ministre d'Etat, intendant général de notre domaine extraordinaire, sont chargés de l'exécution du présent décret.

---

11 NOVEMBRE 1813. — Décret portant qu'il sera établi un adjoint officier de l'état civil dans l'île de Gorgone, département de la Méditerranée. (4, Bull. 539, n° 9886.)

---

11 NOVEMBRE 1813. — Décrets qui autorisent l'acceptation de dons et legs faits aux fabriques des églises paroissiales et succursales de Cirfontaine, Voyer, Lourdes, Gaudies, Chaumont, Marange, et à la maison de secours de Nancy. (4, Bull. 538, n°s 9882 et 9884; Bull. 539, n° 9889; Bull. 540, n°s 9894 et 9895, et Bull. 541, n°s 9909 et 9910.)

---

11 NOVEMBRE 1813. — Décret qui établit à Viersen deux foires annuelles, spécialement destinées à la vente des chevaux. (4, Bull. 538, n° 9881.)

---

11 NOVEMBRE 1813. — Décret qui autorise les administrateurs de l'hospice de la charité de St.-Martin-Lantosca, à répudier le legs universel fait à cet hospice par le sieur Audis. (4, Bull. 538, n° 9883.)

---

13 NOVEMBRE 1813. — Décret portant qu'à compter du présent mois de novembre, le comte Daru reprendra les fonctions de ministre secrétaire d'Etat. (4, Bull. 532, n° 9823.)

---

15 NOVEMBRE 1813. — Sénatus-consulte organique concernant le Corps-Législatif. (4, Bull. 534, n° 9840.)

Art. 1er. L'Empereur nomme à la présidence du Corps-Législatif.

2. Le Sénat et le Conseil-d'Etat assistent en corps aux séances impériales du Corps-Législatif, en vertu de lettres closes.

---

15 NOVEMBRE 1813. — Sénatus-consulte qui met trois cent mille conscrits à la disposition du ministre de la guerre. (4, Bull. 534, n° 9838.)

Art. 1er. Trois cent mille conscrits, pris dans les classes des années 11, 12, 13, 14, 1806, 1807, et années suivantes jusques et compris 1814, sont mis à la disposition du ministre de la guerre.

2. Cent cinquante mille hommes seront levés sans délai, pour être mis sur-le-champ en activité.

Les autres cent cinquante mille hommes seront laissés en réserve, pour être levés dans le cas seulement où la frontière de l'est serait envahie.

Les conscrits qui seront levés dans les vingt-quatre départemens qui, d'après le sénatus-consulte du 24 août 1813, ont fourni à l'armée d'Espagne, auront la même destination.

3. Il sera formé des armées de réserve, qui seront placées à Bordeaux, Metz, Turin et Utrecht, et dans les autres points où elles

pourront être nécessaires pour garantir l'inviolabilité du territoire de l'empire.

4. Les conscrits mariés antérieurement à la publication du présent sénatus-consulte seront dispensés de concourir à la formation du contingent.

---

15 NOVEMBRE 1813. — Décret portant que les députés au Corps-Législatif de la 4e série exerceront leurs fonctions pendant toute la durée de la prochaine session. (4, Bull. 534, n° 9839.)

---

16 NOVEMBRE 1813. — Décret concernant les effets d'artillerie et les armes portatives dont les négocians et armateurs dans les ports de guerre et de commerce sont propriétaires ou dépositaires. (4, Bull. 535, n° 9855.)

Art. 1er. Le droit auquel sont assujéties, à titre de frais de garde et d'entretien, les bouches à feu déposées dans nos arsenaux de terre et de mer, en vertu de notre décret du 16 juin 1813, sera perçu à raison de vingt centimes par quintal métrique et par an, sans cependant qu'il puisse être exigé plus de cinq francs par an pour chaque bouche à feu excédant le poids de vingt-cinq quintaux métriques.

2. Dans ceux de nos ports de guerre et de commerce où il y aura des salles d'armes, l'obligation imposée aux négocians et armateurs par l'article 1er de notre décret du 16 juin dernier comprend toutes les armes portatives qu'ils peuvent avoir en leur possession, autres que celles qu'il leur est permis de conserver, d'après les lois, pour leur usage personnel.

3. Il ne sera payé aucuns frais de garde pour les armes portatives : elles seront entretenues aux frais des propriétaires, suivant le tarif adopté pour les armes de guerre.

4. Les négocians et armateurs qui ne remettront point dans nos arsenaux les effets d'artillerie et les armes portatives dont ils se trouveront propriétaires ou dépositaires, encourront, outre la confiscation, la peine portée par l'article 28 de la loi du 13 fructidor an 5.

5. Notre grand-juge, ministre de la justice, et nos ministres de la guerre, de la marine et de la police générale, sont chargés de l'exécution du présent décret.

---

16 NOVEMBRE 1813. — Décret portant réglement sur l'exercice de la profession de boulanger dans la ville de Versailles, département de Seine-et-Oise. (4, Bull. 535, n° 9856.)

Art. 1er. A l'avenir, nul ne pourra exercer, dans notre bonne ville de Versailles, département de Seine-et-Oise, la profession de boulanger, sans une permission spéciale du maire : elle ne sera accordée qu'à ceux qui seront de bonnes vie et mœurs, et qui justifieront avoir fait leur apprentissage et connaître les bons procédés de l'art.

Ceux qui exercent actuellement la profession de boulanger dans notre bonne ville de Versailles sont maintenus dans l'exercice de leur profession; mais ils devront se munir, à peine de déchéance, de la permission du maire, dans un mois, pour tout délai, à compter de la publication du présent décret.

2. Cette permission ne sera accordée que sous les conditions suivantes :

1° Chaque boulanger sera tenu de verser, à titre de garantie, dans un dépôt dont le local sera fourni par la ville, la quantité ci-après déterminée de farine de première qualité, savoir :

Le boulanger de première classe, quatre mille cinq cents kilogrammes;

Celui de seconde classe, trois mille kilogrammes;

Celui de troisième classe, deux mille kilogrammes.

2° Chaque boulanger se soumettra à avoir constamment dans son magasin un approvisionnement de farine de première qualité.

Cet approvisionnement sera, savoir :

De quatre mille cinq cents kilogrammes au moins pour les boulangers de première classe;

De trois mille kilogrammes au moins pour les boulangers de seconde classe;

De deux mille kilogrammes au moins pour les boulangers de troisième classe.

3. La permission délivrée par le maire constatera le versement de farine qui aura été fait à titre de garantie, et la soumission souscrite par le boulanger, pour la quotité de son approvisionnement de réserve : elle énoncera le quartier dans lequel chaque boulanger devra exercer sa profession.

4. Le maire s'assurera, par lui-même ou l'un de ses adjoints, si les boulangers ont constamment en magasin et en réserve la quantité de farine pour laquelle chacun d'eux aura fait sa soumission : il en enverra tous les mois l'état certifié par lui au préfet.

5. Le maire réunira auprès de lui quinze boulangers, pris parmi ceux qui exercent leur profession depuis long-temps : ces quinze boulangers procéderont, en présence du maire, à la nomination d'un syndic et de quatre adjoints. Le syndic et les adjoints seront renouvelés, tous les ans, au mois de janvier : ils pourront être réélus; mais, après un exercice de trois années, le syndic et les adjoints devront nécessairement être renouvelés.

6. Le syndic et les adjoints procéderont, en présence du maire, au classement des boulangers, conformément aux dispositions

énoncées en l'article 2. Ils régleront pareillement le nombre de fournées auquel chaque boulanger devra être au moins journellement astreint, suivant les différentes saisons de l'année.

7. Le syndic et les adjoints sont chargés de la surveillance et de l'administration des farines déposées à titre de garantie. Ils seront également chargés de la surveillance de l'approvisionnement de réserve des boulangers, et de constater la nature et la qualité des farines dudit approvisionnement, sans préjudice des autres mesures de surveillance qui devront être prises par le maire.

8. Nul boulanger ne pourra quitter sa profession que six mois après la déclaration qu'il en devra faire au maire.

9. Nul boulanger ne pourra restreindre le nombre de ses fournées sans l'autorisation du maire.

10. Tout boulanger sera tenu de peser le pain, s'il en est requis par l'acheteur : il devra, à cet effet, avoir, dans le lieu le plus apparent de sa boutique, des balances et un assortiment de poids métriques dûment poinçonnés.

11. Tout boulanger qui quittera sa profession sans y être autorisé par le maire, ou qui sera définitivement interdit, perdra son dépôt de garantie et son approvisionnement de réserve, qui seront vendus à la halle aux farines, à la diligence du maire, et le produit en sera versé dans la caisse des hospices. Dans le cas où le boulanger aurait fait disparaître son approvisionnement de réserve, et où l'interdiction absolue aurait été prononcée par le maire, il gardera prison jusqu'à ce qu'il l'ait représenté, ou qu'il en ait versé la valeur à la caisse des hospices.

12. Il est défendu, sous peine de confiscation, d'établir des regrats de pain, en quelque lieu public que ce soit. En conséquence, les traiteurs, aubergistes, cabaretiers, et tous autres qui font métier de donner à manger, ne pourront, à peine de confiscation, tenir d'autre pain chez eux que celui nécessaire à leur propre consommation et à celle de leurs hôtes.

13. Le fonds d'approvisionnement de réserve et le dépôt de garantie deviendront libres, sur une autorisation du maire, pour tout boulanger qui, en conformité de l'article 8, aura déclaré, six mois d'avance, vouloir quitter sa profession. La veuve et les héritiers du boulanger décédé pourront pareillement être autorisés à retirer leur approvisionnement.

14. Les boulangers et débitans forains, quoique étrangers à la boulangerie de Versailles, seront admis, concurremment avec les boulangers de la ville, à vendre ou faire vendre du pain sur les marchés et lieux publics qui seront désignés par le maire, en se conformant aux réglemens.

15. Le préfet de Seine-et-Oise, sur la proposition du maire et l'avis du sous-préfet, pourra, avec l'autorisation de notre ministre des manufactures et du commerce, faire les réglemens locaux nécessaires pour l'exercice de la profession de boulanger, sur la nature, la qualité, la marque et le poids du pain en usage à Versailles, sur les boulangers et débitans forains et les boulangers de Versailles qui sont dans l'usage d'approvisionner les marchés, et sur la fixation du prix des différentes espèces de pain.

16. En cas de contravention à l'article 2 du présent décret, quant à l'approvisionnement auquel chaque boulanger se trouve assujéti, ainsi qu'à l'article 9, il sera procédé, contre les contrevenans, par le maire, qui, suivant les circonstances, pourra prononcer, par voie administrative, une interdiction momentanée ou absolue de leur profession, sauf le recours au préfet et à notre ministre des manufactures et du commerce. Les autres contraventions à notre présent décret et aux réglemens locaux dont il est fait mention en l'article précédent seront poursuivies et réprimées par le tribunal de police municipale, qui pourra prononcer l'impression et l'affiche du jugement aux frais des contrevenans.

17. Les lois et réglemens antérieurs continueront à être exécutés en tout ce qui n'est pas contraire au présent décret.

18. Notre grand-juge, ministre de la justice, et notre ministre des manufactures et du commerce, sont chargés de l'exécution du présent décret.

---

18 NOVEMBRE 1813. — Décret qui nomme le comte Bertrand grand maréchal du palais, et, en cette qualité, grand-officier de l'empire. (4, Bull. 537, n° 9865.)

---

18 NOVEMBRE 1813. — Décret qui nomme le maréchal duc d'Albuféra à la place de colonel général de la garde, vacante par la mort du maréchal duc d'Istrie. (4, Bull. 537, n° 9866.)

---

20 NOVEMBRE 1813. — Décret qui nomme le comte Molé grand-juge, ministre de la justice. (4, Bull. 537, n° 9861.)

---

20 NOVEMBRE 1813. — Décret qui nomme le duc de Bassano ministre secrétaire d'État. (4, Bull. 537, n° 9862.)

---

20 NOVEMBRE 1813. — Décret qui nomme le duc de Vicence ministre des relations extérieures. (4, Bull. 537, n° 9863.)

---

20 NOVEMBRE 1813. — Décret qui nomme le comte Daru ministre-directeur de l'administration de la guerre. (4, Bull. 537, n° 9864.)

23 NOVEMBRE 1813. — Décret qui autorise l'acceptation d'une donation faite à l'hospice de Diest, département de la Dyle, par le sieur Melchior Vanderpoël, dans son testament du 26 juin 1770. (4, Bull. 541, n° 9896.)

N..... vu le testament de feu le sieur Melchior Vanderpoël, en date du 17 juin 1770, portant donation, en faveur de l'hospice de Diest, département de la Dyle, de la valeur d'une prairie désignée audit testament, à la charge d'acquitter trois messes par an, et de servir à la dame Thielens, sa mère, une pension viagère de vingt-un florins (trente-huit francs neuf centimes);

Vu le projet de transaction, signé le 15 octobre 1807, entre les membres de la commission de l'hospice de Diest, assistés du comité consultatif, et les cohéritiers du sieur Melchior Vanderpoël, ainsi que la soumission faite par lesdits cohéritiers, le 20 janvier 1813, par laquelle ils ont ajouté à leurs premières offres l'abandon des intérêts dus par l'acquéreur de la prairie, dont le prix devait, en conformité du testament, être délivré dans les mains de la dame supérieure dudit hospice;

Vu l'avis des membres du comité consultatif de Louvain, en date du 25 août 1807, et celui de trois jurisconsultes de Bruxelles, désignés par le préfet, qui établissent les droits de l'hospice sur la donation dont il s'agit;

Considérant que si, même contre l'avis de ces jurisconsultes, il pouvait encore rester quelque doute sur la capacité que la dame supérieure de l'hospice, assistée de deux anciennes religieuses, avait, d'après les lois du Brabant, d'accepter la donation portée dans le testament, ou si, en admettant cette capacité suivant lesdites lois, on prétendait que l'on dût juger de la légalité de l'acceptation de la donation, d'après les lois françaises en vigueur dans ledit pays, le 3 décembre 1795, époque de la mort du testateur, tous ces vices seraient couverts par l'autorisation que le Gouvernement est toujours en état d'accorder aux administrateurs de l'hospice, pour l'acceptation de ladite donation;

Notre Conseil-d'État entendu,

Nous avons décrété et décrétons ce qui suit :

Art. 1er. La commission administrative de l'hospice de Diest, département de la Dyle, est autorisée à accepter la donation contenue dans le testament du sieur Melchior Vanderpoël, en date du 26 juin 1770, et d'en poursuivre, en cas de contestation, l'exécution devant les tribunaux.

2. Il n'y a pas lieu d'approuver le projet de transaction souscrit le 15 octobre 1807, ainsi que la soumission subsidiaire faite par les cohéritiers le 20 janvier 1813.

3. Notre ministre de l'intérieur est chargé de l'exécution du présent décret.

23 NOVEMBRE 1813. — Décret portant réglement sur l'exercice de la profession de boulanger dans notre bonne ville d'Amiens, département de la Somme. (4, Bull. 541, n° 9897.)

Art. 1er. A l'avenir, nul ne pourra exercer, dans notre bonne ville d'Amiens, département de la Somme, la profession de boulanger, sans une permission spéciale du maire: elle ne sera accordée qu'à ceux qui seront de bonnes vie et mœurs, et qui justifieront avoir fait leur apprentissage et connaître les bons procédés de l'art.

Ceux qui exercent actuellement la profession de boulanger dans notre bonne ville d'Amiens, sont maintenus dans l'exercice de leur profession; mais ils devront se munir, à peine de déchéance, de la permission du maire, dans un mois pour tout délai, à compter de la publication du présent décret.

2. Cette permission ne sera accordée que sous les conditions suivantes :

1° Chaque boulanger sera tenu de verser, à titre de garantie, dans les greniers de la halle aux grains de la ville d'Amiens, la quantité ci-après déterminée de farine de première qualité, savoir :

Les boulangers de première classe, quatre mille kilogrammes;

Ceux de seconde classe, trois mille kilogrammes;

Ceux de troisième classe, deux mille kilogrammes.

2° Chaque boulanger se soumettra pareillement à avoir constamment dans son magasin un approvisionnement de farine de première qualité.

Cet approvisionnement sera, savoir:

De quatre mille kilogrammes au moins, pour les boulangers de première classe;

De trois mille kilogrammes au moins, pour les boulangers de seconde classe;

De deux mille kilogrammes au moins, pour les boulangers de troisième classe.

3. La permission délivrée par le maire constatera le versement de farine qui aura été fait, à titre de garantie, au dépôt général, ainsi que la soumission souscrite par le boulanger pour la quotité de son approvisionnement de réserve : elle énoncera le quartier dans lequel chaque boulanger devra exercer sa profession.

4. Le maire s'assurera par lui-même, ou par l'un de ses adjoints, si les boulangers ont constamment en magasin et en réserve la

quantité de farine pour laquelle chacun d'eux aura fait sa soumission; il en enverra, tous les mois, l'état certifié par lui au préfet.

5. Le maire réunira auprès de lui douze boulangers, pris parmi ceux qui exercent leur profession depuis long-temps. Ces douze boulangers procéderont, en présence du maire, à la nomination d'un syndic et de quatre adjoints. Le syndic et les adjoints seront renouvelés, tous les ans, au mois de janvier: ils pourront être réélus; mais, après un exercice de trois années, le syndic et les adjoints devront nécessairement être renouvelés.

6. Le syndic et les adjoints procéderont, en présence du maire, au classement des boulangers, conformément aux dispositions énoncées en l'article 2. Ils régleront pareillement le nombre de fournées auquel chaque boulanger devra être au moins journellement astreint, suivant les différentes saisons de l'année.

7. Le syndic et les adjoints seront chargés de la surveillance et de la manutention des farines déposées à titre de garantie, et prendront toutes les mesures nécessaires pour leur conservation.

Ils pourront, pour éviter toute avarie desdites farines dans les temps de chaleur, proposer au maire d'en autoriser l'emploi, en tout ou en partie, par les propriétaires; mais le maire n'accordera cette autorisation qu'à la charge par ceux-ci de remplacer lesdites farines à la halle dans le délai qui sera fixé par l'autorisation, et qui ne pourra excéder trois mois.

Ils seront pareillement chargés de la surveillance de l'approvisionnement de réserve des boulangers, et de constater la nature et la qualité des farines dudit approvisionnement, sans préjudice des autres mesures de surveillance qui devront être prises par le maire.

8. Aucun boulanger ne pourra quitter sa profession que six mois après la déclaration qu'il en devra faire au maire.

9. Nul boulanger ne pourra restreindre le nombre de ses fournées sans l'autorisation du maire.

10. Tout boulanger sera tenu de peser le pain, s'il en est requis par l'acheteur : il devra, à cet effet, avoir, dans le lieu le plus apparent de sa boutique, des balances et un assortiment de poids métriques dûment poinçonnés.

11. Tout boulanger qui quittera sa profession sans y être autorisé par le maire, ou qui sera définitivement interdit, perdra son dépôt de garantie et son approvisionnement de réserve, qui seront vendus à la halle, à la diligence du maire; et le produit en sera versé à la caisse des hospices.

Dans le cas où le boulanger aurait fait disparaître son approvisionnement de réserve, et où l'interdiction absolue aurait été prononcée par le maire, il gardera prison jusqu'à ce qu'il l'ait représenté, ou qu'il en ait versé la valeur à la caisse des hospices.

12. Il est défendu, sous peine de confiscation, d'établir des regrats de pain, en quelque lieu public que ce soit : en conséquence, les traiteurs, aubergistes, cabaretiers, et tous autres qui font métier de donner à manger, ne pourront, à peine de confiscation, tenir d'autre pain chez eux que celui nécessaire à leur propre consommation et à celle de leurs hôtes.

13. Le fonds d'approvisionnement de réserve, ainsi que le dépôt de garantie, deviendront libres, sur une autorisation du maire, pour tout boulanger qui, en conformité de l'article 8, aura déclaré, six mois d'avance, vouloir quitter sa profession; la veuve et les héritiers du boulanger décédé pourront pareillement être autorisés à retirer leur dépôt de garantie, et à disposer de leur approvisionnement de réserve.

14. Les boulangers et débitans forains, quoique étrangers à la boulangerie d'Amiens, seront admis, concurremment avec les boulangers de la ville, à vendre ou faire vendre du pain sur les marchés et lieux publics qui seront désignés par le maire, en se conformant aux réglemens.

15. Le préfet du département de la Somme, sur la proposition du maire et l'avis du sous-préfet, pourra, avec l'autorisation de notre ministre des manufactures et du commerce, faire les réglemens locaux nécessaires pour l'exercice de la profession de boulanger, sur la nature, la qualité, la marque et le poids du pain en usage à Amiens, sur les boulangers et débitans forains et les boulangers d'Amiens qui sont dans l'usage d'approvisionner les marchés, et sur la taxation des différentes espèces de pain.

16. En cas de contravention à l'art. 2 du présent décret, quant à l'approvisionnement auquel chaque boulanger se trouve assujéti, ainsi qu'à l'article 9, il sera procédé, contre les contrevenans, par le maire, qui, suivant les circonstances, pourra prononcer, par voie administrative, une interdiction momentanée ou absolue de leur profession, sauf le recours au préfet et à notre ministre des manufactures et du commerce. Les autres contraventions à notre présent décret et aux réglemens locaux dont il est fait mention en l'article précédent seront poursuivies et réprimées par le tribunal de police municipale, qui pourra prononcer l'impression et l'affiche du jugement aux frais des contrevenans.

17. Les lois et réglemens antérieurs continueront à être exécutés en tout ce qui n'est pas contraire au présent décret.

18. Notre grand-juge, ministre de la justice, et notre ministre des manufactures et du commerce, sont chargés de l'exécution du présent décret.

---

23 NOVEMBRE 1813. — Décret qui nomme le duc de Massa président du Corps-Législatif. (4, Bull. 538, n° 9872.)

---

23 NOVEMBRE 1813. — Décrets qui rendent à la commune de Beauséjour, département de la Côte-d'Or, son ancien nom de Sainte-Seine-en-Bâche; à celle de Saulx-en-Montagne (Côte-d'Or), celui de Saulx-le-Duc, et à celle d'Emile celui de Montmorency. (4, Bull. 539 et 540, n°s 9887, 9888 et 9893.)

---

23 NOVEMBRE 1813. — Décrets qui autorisent l'acceptation de dons et legs faits aux pauvres et hospices de Saint-Nicolas-de-Port, Beauvais, Pignerol, Saint-Paul-du-Var, Chantilly, Dampard, Thisy, Carpentras, Montbrison, Nole, Neuve-Eglise; et à l'église et à la fabrique de Chantilly. (4, Bull. 541, n°s 9911 et 9912; Bull. 542, n°s 9923, 9924, 9926 à 9931.)

---

23 NOVEMBRE 1813. — Décret relatif à la tenue de la foire de Cetena. (4, Bull. 542, n° 9925.)

---

23 NOVEMBRE 1813. — Avis du Conseil-d'Etat. (Congrégations.) *Voy.* 25 NOVEMBRE 1813.

---

25 NOVEMBRE 1813. — Avis du Conseil-d'Etat sur les formalités qui doivent précéder la proposition d'établir des sœurs de la congrégation du Saint-Esprit de Plérin dans de nouvelles maisons. (4, Bull. 540, n° 9892.)

Le Conseil-d'Etat, qui, d'après le renvoi ordonné par sa majesté, a entendu le rapport de la section de l'intérieur sur celui du ministre des cultes, tendant à établir des sœurs de la congrégation du Saint-Esprit de Plérin dans de nouvelles maisons;

Vu l'article 2 de notre décret d'autorisation de ladite institution, portant : *Le nombre actuel des maisons de ladite congrégation pourra être augmenté, avec notre autorisation donnée en notre Conseil, selon le besoin des hospices et des pauvres, et avec le vœu des communes;*

Considérant qu'il n'est pas justifié du vœu des communes pour l'établissement desdites sœurs;

Qu'il est nécessaire que leurs conseils municipaux soient consultés; qu'ils émettent leur avis sur la dépense desdits établissemens et les moyens d'y pourvoir; et que le ministre de l'intérieur, chargé de l'administration des établissemens de bienfaisance, soit consulté;

Que le traitement à allouer aux sœurs annuellement soit fixé, pour éviter que ce traitement, qui n'a pour objet que de pourvoir à leur vêtement et à quelques besoins personnels, soit fixé arbitrairement et à trois cents francs par sœur, comme il l'a été abusivement en quelques endroits,

Est d'avis,

Que les conseils municipaux des communes où on propose d'établir des sœurs du Saint-Esprit de Plérin soient consultés et donnent leur avis : 1° sur l'établissement des sœurs dans leurs communes respectives; 2° sur les dépenses annuelles de l'établissement et les premières dépenses pour le commencer; 3° sur les moyens d'y pourvoir;

Que le ministre de l'intérieur donne son avis sur le tout, pour être ensuite, par sa majesté, en son Conseil, statué ce qu'il appartiendra.

---

25 NOVEMBRE 1813. — Extrait de lettres-patentes portant institution de majorat en faveur de M. de la Boninière-de-Beaumont. (4, Bull. 542, n° 9921.)

---

25 NOVEMBRE 1813. — Décret portant réglement sur l'exercice de la profession de boulanger dans la ville d'Utrecht, département du Zuyderzée. (4, Bull. 545, n° 9972.)

---

25 NOVEMBRE 1813. — Extrait de lettres-patentes portant autorisation au sieur Eynard de se faire naturaliser en pays étranger. (4, Bull. 555, n° 10072.)

---

25 NOVEMBRE 1813. — Décret qui ordonne le paiement d'une somme de deux mille six cent trente-deux francs, pour pensions accordées à seize veuves de militaires. (4, Bull. 542, n° 9932.)

---

25 NOVEMBRE 1813. — Décret qui autorise l'érection en chapelle de l'église d'Autreville, réunie, pour le culte, à la succursale de Millery. (4, Bull. 542, n° 9933.)

---

27 NOVEMBRE 1813. — Décret relatif à la liquidation et au paiement des fournitures faites dans les départemens. (Mon. n° 333.)

Art. 1er. Il est mis à la disposition de notre ministre-directeur de l'administration de la guerre, sur les crédits du budget de 1813, une somme de vingt-sept millions cinq cent soixante-neuf mille neuf cent soixante-six francs.

Ladite somme sera portée dans la distribution de décembre.

2. Elle sera répartie entre les divers chapitres du budget de l'administration de la guerre, ainsi qu'il suit :

	BUDGET de l'intérieur.	BUDGET de la grande armée.	TOTAL.
Chap. IV. Fourrages	1,895,204	2,271,245	4,166,449
Chap. VI. Harnachemens	959,790	«	959,790
Chap. XI. Convois et transports	«	1,282,136	1,282,136
Chap. XIV. Hôpitaux	444,534	«	444,534
Chap. XV. Approvisionnemens de siége	5,979,236	«	5,979,236
Chap. XVIII. Armée d'Espagne — Boulangerie 3,683,662; Viande 2,335,010; Fournitures extraordinaires 638,110; Fourrages 7,376,612; Chauffages 32,426; Convois et transports 672,001	14,737,821	«	14,737,821
	24,016,585	3,553,381	27,569,966

3. Ladite somme totale de vingt-sept millions cinq cent soixante-neuf mille neuf cent soixante-six francs sera payée aux départemens, conformément à l'état ci-joint, savoir :

Sur le produit des trente centimes levés en exécution de notre décret du 11 de ce mois.	22,067,622
Et sur le produit de la contribution foncière de 1814	5,502,344
Somme égale.	27,569,966

4. Le ministre de l'administration de la guerre mettra, par les mandats, lesdites sommes à la disposition des préfets, pour payer les réquisitions faites pour l'approvisionnement de siége des places fortes, et les vivres, fourrages, chauffage, harnachement, fournitures d'hôpitaux, de chevaux ou de transports, faites par réquisitions.

5. Le ministre de l'administration de la guerre adressera à chaque préfet un bordereau des fonds qu'il met à sa disposition, en faisant connaître l'espèce des fournitures pour le paiement desquelles chaque crédit est destiné, et le prix auquel elles devront être calculées.

6. Le ministre du Trésor enverra une expédition de ce bordereau au receveur général de chaque département.

7. Le préfet délivrera, en faveur de ceux qui auront fait des fournitures par réquisition, des mandats sur le receveur général des départemens, et le receveur général les acquittera sur le produit des contributions mentionnées en l'art. 1er.

8. Il sera formé un bureau spécial de liquidation pour liquider et faire payer, sans délai, les objets requis et qui sont fournis par les départemens. On prendra pour base de cette liquidation, non la valeur factice que les circonstances peuvent donner aux denrées et objets fournis, mais leur valeur réelle.

---

28 NOVEMBRE 1813. — Décret qui autorise la commune de Bonencontre, département de Lot-et-Garonne, à s'imposer extraordinairement pour les frais d'un procès par elle soutenu contre le sieur Durieux. (4, Bull. 541, n° 9898.)

N........ vu l'arrêt rendu par notre cour impériale d'Agen, en date du 12 décembre 1812, entre la commune de Bonencontre, département de Lot-et-Garonne, et le sieur Durieux, au sujet de la propriété d'un chemin prétendu vicinal;

Vu l'article 6 de la loi du 9 ventose an 13;

Considérant que, si la question de la propriété du terrain sur lequel est établi un chemin vicinal est de la compétence des tribunaux ordinaires, il n'appartient cependant qu'à l'autorité administrative de désigner les chemins vicinaux qui doivent être ouverts ou maintenus, et d'en assurer l'usage malgré la question de propriété, et sauf à faire payer la valeur du terrain par la commune, si ladite propriété ne lui est pas reconnue;

Notre Conseil-d'Etat entendu,

Nous avons décrété et décrétons ce qui suit :

Art. 1er. La commune de Bonencontre, département de Lot-et-Garonne, est autorisée à s'imposer extraordinairement, au centime le franc de ses contributions directes, la somme de neuf cent soixante-treize francs soixante-neuf centimes, en une année, pour payer les frais du procès par elle soutenu contre le sieur Durieux, sur la propriété du sol d'un chemin prétendu vicinal.

2. L'état desdits frais sera préalablement présenté à notre procureur général près la cour impériale d'Agen, pour être, à sa diligence, définitivement réglé ou vérifié par un commissaire spécialement nommé à cet effet.

3. Le préfet du département de Lot-et-Garonne statuera, si fait n'a été, sur la réclamation de la commune de Bonencontre, relativement à la question de savoir s'il doit y avoir un chemin public sur le terrain dont il s'agit, et si ce chemin doit être classé au nombre des chemins vicinaux, sauf aux parties intéressées à se pourvoir, si elles s'y croient fondées, contre l'arrêté du préfet, par-devant notre ministre de l'intérieur; sauf aussi, de la part de la commune, dans le cas où le chemin serait classé comme chemin vicinal par l'autorité administrative, à indemniser le propriétaire du terrain d'après une expertise contradictoire, et à s'y faire autoriser dans les formes prescrites par les lois.

4. Notre grand-juge, ministre de la justice, et nos ministres de l'intérieur et des finances, sont chargés de l'exécution du présent décret.

---

28 NOVEMBRE 1813. — Décret qui permet au sieur Sébastien-Claude Sallicon, dit Saluon, de substituer à son nom ceux de Charrier-Sanneville. (4, Bull. 541, n° 9899.)

---

28 NOVEMBRE 1813. — Décrets qui autorisent l'acceptation de dons et legs faits aux pauvres et hospices d'Anvers, Bedoin, Beaucaire et Angervilliers. (4, Bull. 542, nos 9934 à 9937.)

---

29 NOVEMBRE 1813. — Décret qui proroge au 19 décembre l'ouverture de la session du Corps-Législatif. (4, Bull. 539, n° 9885.)

1er DÉCEMBRE 1813. — Décret qui ordonne la translation de la sous-préfecture et du tribunal de première instance d'Hazebrouck, dans la ville de Cassel. (4, Bull. 540, n° 9890.)

---

2 DÉCEMBRE 1813. — Décret portant création d'un commissaire rapporteur et d'un greffier près le tribunal maritime au port de Cherbourg. (4, Bull. 541, n° 9900.)

Art. 1er. Il sera établi au port de Cherbourg un commissaire rapporteur et un greffier, pour faire le service du tribunal maritime.

2. Les appointemens du commissaire rapporteur sont fixés à deux mille francs par an, et ceux du greffier à douze cents francs.

3. Notre grand-juge, ministre de la justice, et notre ministre de la marine, sont chargés de l'exécution du présent décret.

---

3 DÉCEMBRE 1813. — Décret portant réglement sur l'exercice de la profession de boulanger dans la ville d'Avignon. (4, Bull. 543, n° 9945.)

Art. 1er. A l'avenir, nul ne pourra exercer dans la ville d'Avignon, département de Vaucluse, la profession de boulanger, sans une permission spéciale du maire; elle ne sera accordée qu'à ceux qui seront de bonnes vie et mœurs, et qui justifieront avoir fait leur apprentissage et connaître les bons procédés de l'art.

Ceux qui exercent actuellement la profession de boulanger dans la ville d'Avignon sont maintenus dans l'exercice de leur profession, mais ils devront se munir, à peine de déchéance, de la permission du maire, dans un mois, pour tout délai, à compter de la publication du présent décret.

2. Cette permission ne sera accordée que sous les conditions suivantes :

Chaque boulanger se soumettra à avoir constamment en réserve, dans son magasin, un approvisionnement de farine de première qualité.

Cet approvisionnement sera, savoir :

De quatre mille kilogrammes au moins, pour les boulangers de première classe;

De trois mille kilogrammes au moins, pour les boulangers de deuxième classe;

De deux mille kilogrammes au moins, pour les boulangers de troisième classe.

3. La permission délivrée par le maire constatera la soumission souscrite par le boulanger pour la quotité de son approvisionnement de réserve; elle énoncera le quartier dans lequel chaque boulanger devra exercer sa profession.

4. Le maire s'assurera, par lui-même ou par l'un de ses adjoints, si les boulangers ont constamment en magasin et en réserve la quantité de farine pour laquelle chacun d'eux aura fait sa soumission. Il en enverra, tous les mois, l'état certifié par lui au préfet.

5. Le maire réunira auprès de lui dix boulangers pris parmi ceux qui exercent leur profession depuis long-temps. Ces dix boulangers procéderont, en présence du maire, à la nomination d'un syndic et de deux adjoints. Le syndic et les adjoints seront renouvelés, tous les ans, au mois de janvier; ils pourront être réélus; mais, après un exercice de trois années, le syndic et les adjoints devront nécessairement être renouvelés.

6. Le syndic et les adjoints procéderont en présence du maire, au classement des boulangers, conformément aux dispositions énoncées en l'article 2. Ils régleront pareillement

le nombre de fournées auquel chaque boulanger devra être au moins journellement astreint, suivant les différentes saisons de l'année.

7. Le syndic et les adjoints seront chargés de la surveillance de l'approvisionnement de réserve des boulangers, et de constater la nature et la qualité des farines dudit approvisionnement, sans préjudice des autres mesures de surveillance qui devront être prises par le maire.

8. Aucun boulanger ne pourra quitter sa profession que six mois après la déclaration qu'il en devra faire au maire.

9. Nul boulanger ne pourra restreindre le nombre de ses fournées sans l'autorisation du maire.

10. Tout boulanger sera tenu de peser le pain, s'il en est requis par l'acheteur; il devra, à cet effet, avoir, dans le lieu le plus apparent de sa boutique, des balances et un assortiment de poids métriques dûment poinçonnés.

11. Tout boulanger qui quittera sa profession sans y être autorisé par le maire, ou qui sera définitivement interdit, perdra son approvisionnement de réserve, qui sera vendu à la halle, à la diligence du maire; et le produit en sera versé à la caisse des hospices.

Dans le cas où le boulanger aurait fait disparaître son approvisionnement de réserve, et où l'interdiction absolue aurait été prononcée par le maire, il gardera prison jusqu'à ce qu'il l'ait représenté, ou qu'il en ait versé la valeur à la caisse des hospices.

12. Il est défendu, sous peine de confiscation, d'établir des regrats de pain en quelque lieu public que ce soit; en conséquence, les traiteurs, aubergistes, cabaretiers, et tous autres qui font métier de donner à manger, ne pourront, à peine de confiscation, tenir d'autre pain chez eux que celui nécessaire à leur propre consommation et à celle de leurs hôtes.

13. Le fonds d'approvisionnement de réserve deviendra libre, sur une autorisation du maire, pour tout boulanger qui, en conformité de l'article 8, aura déclaré, six mois d'avance, vouloir quitter sa profession. La veuve et les héritiers du boulanger décédé pourront pareillement être autorisés à disposer de leur approvisionnement de réserve.

14. Les boulangers et débitans forains, quoique étrangers à la boulangerie d'Avignon, seront admis, concurremment avec les boulangers de la ville, à vendre ou faire vendre du pain sur les marchés et lieux publics qui seront désignés par le maire, en se conformant au réglement.

15. Le préfet du département de Vaucluse, sur la proposition du maire, et de l'avis du sous-préfet, pourra, avec l'autorisation de notre ministre des manufactures et du commerce, faire les réglemens locaux nécessaires pour l'exercice de la profession de boulanger, sur la nature, la quantité, la marque et le poids du pain en usage à Avignon, sur les boulangers et débitans forains et les boulangers d'Avignon qui ont coutume d'approvisionner les marchés, et sur la taxation des différentes espèces de pain.

16. En cas de contravention aux articles 2 et 9 du présent décret, il sera procédé, contre les contrevenans, par le maire, qui, suivant les circonstances, pourra prononcer, par voie administrative, une interdiction momentanée ou absolue de leur profession, sauf le recours au préfet et à notre ministre des manufactures et du commerce. Les autres contraventions à notre présent décret et aux réglemens locaux, dont il est fait mention en l'article précédent, seront poursuivies et réprimées par le tribunal de police municipale, qui pourra prononcer l'impression et l'affiche du jugement, aux frais des contrevenans.

17. Les lois et réglemens antérieurs continueront à être exécutés, en tout ce qui n'est pas contraire au présent décret.

18. Notre grand-juge, ministre de la justice, et notre ministre des manufactures et du commerce, sont chargés de l'exécution du présent décret, qui sera inséré au Bulletin des Lois.

---

3 DÉCEMBRE 1813. — Décret qui autorise la commune de Solre-Libre (Nord) à reprendre le nom de Solre-le-Château. (4, Bull. 542, n° 9913.)

---

3 DÉCEMBRE 1813. — Décrets qui ordonnent l'établissement d'un mont-de-piété dans la ville de Nantes, et qui ordonnent la clôture des maisons de prêt de cette ville. (4, Bull. 542, n° 9914 et 9915.)

---

3 DÉCEMBRE 1813. — Décret contenant le tableau des foires du département de l'Aude. (4, Bull. 542, n° 9938.)

---

3 DÉCEMBRE 1813. — Décret qui rétablit les cinq foires anciennement existantes dans la commune de Florenville. (4, Bull. 542, n° 9939.)

---

3 DÉCEMBRE 1813. — Décrets qui autorisent l'acceptation de dons et legs faits aux fabriques des églises succursales de Sainte-Lamine-de-Coutais, Eupen, Berig, Mointel, Comines, Wardrecques, Saint-Laurent-d'Oingt, Amettes; aux pauvres malades de l'hôtel-dieu de Toulouse, et au séminaire du diocèse de Borgo-San-Domino. (4, Bull. 542, n° 9940 à 9944, et Bull. 544, n° 9962 à 9966.)

---

5 DÉCEMBRE 1813. — Décret contenant diverses dispositions relatives à l'entrepôt des vins établi à Paris. (4, Bull. 541, n° 9901.)

Voy. décret du 2 JANVIER 1814.

N...... vu le décret du 11 avril 1813.

Art. 1er. Le droit de vingt-cinq centimes pour l'admission, et de vingt-cinq centimes pour la sortie de l'entrepôt, établi par l'article 7 dudit décret, formant ensemble cinquante centimes par hectolitre, sera payé en entier à la sortie de l'entrepôt.

2. On paiera également à la sortie le droit de magasinage fixé à vingt-cinq centimes par mois et par hectolitre, par le paragraphe 2 du même article 7, le tout sur une seule et même quittance.

3. Pour la perception du droit de magasinage, les boissons introduites à l'entrepôt pendant la première quinzaine du mois seront considérées comme entrées le 1er du mois, et celles introduites dans la seconde quinzaine seront considérées comme entrées le 16 du mois.

4. Le remplage des boissons sera fait sur le quai Saint-Bernard, pour les boissons à destination particulière, en présence des employés, qui en dresseront acte, et par des tonneliers de l'entrepôt; l'acte de remplage servira de base pour la perception.

5. Le remplage des boissons à destination de l'entrepôt sera fait dans l'entrepôt, et de la même manière énoncée en l'article précédent.

6. La faculté de remplage sur le quai Saint-Bernard et à l'entrepôt, ne dispense pas de faire, à l'arrivée à la *Râpée*, les déclarations et soumissions relatives à la perception des droits d'octroi et des droits réunis, et, en général, de remplir les formalités prescrites par les lois et réglemens.

7. Le remplage des boissons arrivant par terre, et à destination pour Paris, continuera d'avoir lieu, comme par le passé, avant l'arrivée des voitures à la barrière.

Les conducteurs qui ne pourront faire ce remplage avant l'entrée seront admis à l'opérer dans l'entrepôt, en exemption de tout droit d'entrepôt, en se conformant aux formalités prescrites et notamment à celles sur le transit.

8. Toutefois il ne pourra descendre sur la rivière, vis-à-vis du quai, pour y être déchargés, plus de dix à quinze bateaux à la fois; à l'effet de quoi, les inspecteurs et employés de la navigation seront tenus de donner les ordres et de prendre les précautions nécessaires.

9. Le vin déchargé et ayant une destination particulière ne pourra rester sur le port plus de trois jours.

10. Les marchands et commissionnaires ayant des vins à l'entrepôt pourront avoir, dans l'intérieur dudit entrepôt, des cabinets ou barraques en bois portatifs, pour y tenir leurs livres et y faire leurs écritures.

Ils seront tenus d'en obtenir préalablement la permission du directeur de l'octroi, et cette faculté leur sera retirée s'ils sont surpris pratiquant aucune espèce de fraude.

Les cabinets ne pourront être placés dans les carrés où sont déposés les eaux-de-vie et esprits-de-vin.

On ne pourra y apporter ni y faire du feu d'aucune manière.

Les lumières y seront placées dans des cylindres de verre, pour prévenir tout accident du feu.

La forme de la construction sera réglée par l'administration d'une manière uniforme.

11. Le réglement général pour l'entrepôt nous sera présenté incessamment pour être arrêté par nous en notre conseil, et mis à exécution au 1er janvier prochain, conformément à l'article 11 de notre décret du 11 avril dernier.

12. Les heures d'ouverture et de clôture de l'entrepôt seront fixées par l'administration de l'octroi.

14. Nos ministres des manufactures et du commerce, de l'intérieur et des finances, sont chargés de l'exécution du présent décret.

---

6 DÉCEMBRE 1813. — Décret portant fixation du traitement des auditeurs quartiers-maîtres trésoriers des régimens de garde d'honneur. (4, Bull. 541, n° 9902.)

Art. 1er. Les auditeurs quartiers-maîtres trésoriers des régimens de gardes d'honneur jouiront d'un traitement de solde de quatre mille huit cents francs par an.

2. Ils auront droit, en outre, à l'indemnité de logement fixée pour les quartiers-maîtres, et continueront de recevoir les trois rations de fourrages qui leur sont accordées par l'article 9 du décret du 5 avril 1813.

3. Notre ministre de la guerre est chargé de l'exécution du présent décret.

---

6 DÉCEMBRE 1813. — Décret qui annule, pour cause d'incompétence, un arrêté du préfet du département de la Seine-Inférieure, rendu dans une affaire contentieuse du ressort du conseil de préfecture. (4, Bull. 542, n° 9917.)

Voy. décret du 22 MARS 1814.

N...... vu la requête du sieur Le Seigneur et de la dame veuve d'Hérici, tendant à ce qu'il nous plaise annuler un arrêté du préfet du département de la Seine-Inférieure, du 27 août 1812, homologatif du rapport des experts chargés d'estimer le prix de la location annuelle des halles et foires de la commune de Doudeville;

Vu ledit arrêté;

Vu la requête en réponse du maire de la commune de Doudeville;

Ensemble toutes les pièces respectivement produites dans cette affaire;

Considérant que, d'après la loi du 28 pluviose an 8 et autres lois postérieures, le préfet est seul chargé de l'administration, et que dès lors il doit seul statuer sur toutes les matières qui sont purement d'administration;

Mais que les conseils de préfecture sont institués pour prononcer sur toutes les matières contentieuses administratives; qu'ainsi la compétence de chacune de ces deux autorités doit se déterminer d'après la nature ou contentieuse ou purement administrative de la question proposée;

Considérant, dans l'espèce particulière, qu'à la vérité le préfet avait le droit d'approuver l'expertise, si les parties eussent été respectivement d'accord; mais que, puisqu'il existait, au contraire, un débat entre elles sur les bases de l'estimation, il aurait dû renvoyer l'examen de cette question contentieuse au conseil de préfecture;

Notre Conseil-d'Etat entendu,

Nous avons décrété et décrétons ce qui suit:

Art. 1er. L'arrêté du préfet du département de la Seine-Inférieure, du 27 août 1812, est annulé pour cause d'incompétence; et les parties sont renvoyées devant le conseil de préfecture du même département.

2. Notre grand-juge, ministre de la justice, et notre ministre de l'intérieur, sont chargés de l'exécution du présent décret.

---

6 DÉCEMBRE 1813. — Décret portant que le sieur Michel Plummer, né en Angleterre, est admis à jouir des droits de citoyen français. (4, Bull. 542, n° 9916.)

---

6 DÉCEMBRE 1813. — Décrets qui autorisent l'acceptation de dons et legs faits aux pauvres et hospices de Cordes, Napoléonville, St.-Sauveur, Blamont, Nancy, Nantua, Annonay, Pamiers, Oisterwik, Aubigny, Saint-Nicolas, Brezolles, Montpellier, Leffingue et Besançon, Sneck, Nancy, Virles; aux fabriques des églises paroissiales et succursales de Verpel, Plouescat, Saint-Pierre, commune de Luxembourg, Cussay, Castagnolle, Delle, Lanze et Maché. (4, Bull. 543, nos 9952 à 9956, 9958 et 9959; Bull. 544, nos 9967 à 9971; Bull. 545, n° 9976; Bull. 546, nos 9979 et 9980; Bull. 547, nos 9982 à 9989, et Bull. 549, nos 10007 à 10009.)

---

6 DÉCEMBRE 1813. — Décret relatif à la tenue de la foire de Montfort-sur-Rille. (4, Bull. 545, n° 9975.)

---

7 DÉCEMBRE 1813. — Avis du Conseil-d'Etat (Octroi.) *Voy.* 11 DÉCEMBRE 1813.

---

9 DÉCEMBRE 1813. — Décret qui nomme le sieur Petit-de-Beauverger préfet du département du Lot. (4, Bull. 542, n° 9918.)

---

9 DÉCEMBRE 1813. — Décret qui ordonne le paiement d'une somme de trois mille cinq cent vingt-huit francs, pour pensions accordées à seize veuves de militaires. (4, Bull. 543, n° 9960.)

---

10 DÉCEMBRE 1813. — Avis du Conseil-d'Etat. (Art. 62, Code pénal.) *Voy.* 18 DÉCEMBRE 1813.

---

11 DÉCEMBRE 1813. — Avis du Conseil-d'Etat sur une question relative aux octrois des communes d'une population inférieure à deux mille ames. (4, Bull. 542, n° 9919.)

Le Conseil-d'Etat, après avoir entendu le rapport de la commission des octrois, présentant la question de savoir si le décret du 17 mai 1809, portant réglement général pour l'organisation des octrois municipaux et de bienfaisance, est applicable aux communes d'une population agglomérée inférieure à deux mille ames;

Considérant,

1° Que toutes les dispositions étant l'objet de ce réglement ne sont relatives qu'aux octrois *réels* ou perçus *à l'effectif*;

2° Que, dans la presque totalité des communes ayant une population agglomérée moindre de deux mille ames, les octrois ne peuvent être perçus à l'effectif, soit par l'absence de clôture, soit par la dissémination des habitations, soit enfin par l'éloignement des employés de l'administration des droits réunis chargés de leur surveillance et perception,

Est d'avis,

Que la perception des octrois résultant des tarifs et réglemens approuvés par les ministres des finances et de l'intérieur, pour les communes d'une population inférieure à deux mille ames, soit prorogée jusqu'au 1er janvier 1816.

---

11 DÉCEMBRE 1813. — Décret portant approbation de maisons dépendantes des sœurs hospitalières de la Sainte-Trinité de Valence, département de la Drôme. (4, Bull. 543, n° 9946.)

---

11 DÉCEMBRE 1813. — Décret qui autorise le préfet du département de Montenotte à mettre à la disposition de l'évêque d'Albenga l'église du couvent supprimé des capucins, située à Loano, dans laquelle le culte sera exercé sous le titre de chapelle de secours. (4, Bull. 548, n° 9991.)

11 DÉCEMBRE 1813. — Décrets qui autorisent l'acceptation de dons et legs faits aux pauvres et hospices de Castelnaudary, St.-Loubès, Vaux-le-Moncelot, Saint-Georges-de-Levejac, Saint-Prejet, Recous, Saint-Rome, Amsterdam, Paris, Aubigny Treon, Arnay-sur-Arroux, Aramont, Vic-sur-Lassé, Montbrison, Anvers, Rabastens, et à l'école primaire et au collége de Sainte-Menehould. (4, Bull. 548, nos 9992 à 10003, et Bull. 550, nos 10016 à 10019.)

11 DÉCEMBRE 1813. — Décrets qui autorisent le culte dans la chapelle de Sainte-Barthe, située à Wir-au-Val, et dans celle de Notre-Dame-de-Salut, située à Fécamp, et portant qu'il n'y a pas lieu d'autoriser l'exercice du culte dans la chapelle de Sainte-Croix, située sur le territoire de la commune de Wir-au-Val. (4, Bull. 549, nos 10010 et 10011.)

12 DÉCEMBRE 1813. — Décret portant que les deux assemblées patronales établies depuis long-temps dans la commune de Terminiers sont érigées en foires annuelles. (4, Bull. 550, n° 10020.)

12 DÉCEMBRE 1812. — Décret relatif à la tenue de la foire de la Madeleine, dans la ville de Saint-Maximin. (4, Bull. 550, n° 10021.)

14 DÉCEMBRE 1813. — Décret qui nomme le comte d'Alberg préfet du département du Mont-Tonnerre. (4, Bull. 542, n° 9920.)

15 DÉCEMBRE 1813. — Décret relatif au mode de réception des fournitures par réquisition. (4, Bull. 543, n° 9947.)

Art. 1er. Le préfet de chaque département auquel il aura été fait demande de réquisition nommera et chargera de se rendre dans chaque lieu indiqué pour le versement des denrées requises un commissaire, qui s'y tiendra pendant tout le temps que le service l'exigera.

2. Ce commissaire sera chargé de recevoir, à leur arrivée, les denrées requises, et d'en fournir le récépissé, qui servira aux contribuables de titre au paiement du prix de leurs denrées, en sorte qu'ils n'auront aucun rapport avec les garde-magasins militaires.

3. Le commissaire du préfet sera seul chargé des livraisons à faire aux garde-magasins militaires : il sera, à cet effet, tenu entre eux un compte ouvert, arrêté et signé chaque jour.

4. Les dépenses auxquelles donnera lieu la présence du commissaire seront payées sur le mandat du préfet, imputable sur le fonds des dépenses imprévues du département.

5. Nos ministres de l'intérieur et de l'administration de la guerre, sont chargés de l'exécution du présent décret.

15 DÉCEMBRE 1813. — Décret sur la composition de l'état-major de la première division. (4, Bull. 543, n° 9948.)

Art. 1er. L'état-major de la première division sera composé comme il suit :

Deux adjudans-commandans,

Huit adjoints : quatre chefs d'escadron, quatre capitaines ;

Un secrétaire archiviste.

2. Un des adjudans-commandans remplira les fonctions de chef de l'état-major de la division ; l'autre sera spécialement chargé de la police militaire.

Le secrétaire archiviste sera chargé de la garde et conservation des papiers, et de la direction des bureaux relatifs au service général de la division, avec le rang, le traitement et les fonctions déterminées par nos décrets du 24 décembre 1811 et du 6 novembre 1813, pour les secrétaires archivistes de première classe.

3. Notre ministre de la guerre est chargé de l'exécution du présent décret.

15 DÉCEMBRE 1813. — Décret portant réglement sur le commerce des vins à Paris (1). (4, Bull. 543, n° 9950.)

Voy. ordonnance du 27 SEPTEMBRE 1826.

SECTION Ire. Du commerce de vins.

Art. 1er. La patente de marchand de vin en gros ou en détail, établi dans notre bonne ville de Paris, est déclarée spéciale, et sera, pour tous les marchands, de cent francs de droit fixe, sans préjudice du droit proportionnel.

2. Néanmoins les traiteurs, restaurateurs et aubergistes continueront, avec la patente de leur profession, à vendre et débiter du vin en bouteille aux personnes auxquelles ils donnent à manger.

3. Tout individu exerçant actuellement la profession de marchand de vin en gros ou en détail, ou vendant du vin en détail, quoique exerçant une autre profession, est autorisé à continuer la profession de marchand de vin, à la charge :

(1) Ce décret ayant été exécuté jusqu'à présent, et ne contenant d'ailleurs aucune disposition contraire à la Charte, doit être considéré comme ayant force de loi jusqu'à ce qu'il ait été abrogé par des dispositions législatives nouvelles (26 avril 1828 ; Cass. S. 28, 1, 333 ; D. 28, 1, 241).

1° De se pourvoir, dans six mois, de la patente exigée par l'article 1er;

2° De déclarer son intention, dans le même délai de six mois, à la préfecture de police, et d'en retirer certificat;

3° De se faire inscrire également chez le syndic des marchands de vin;

4° D'avoir à sa principale porte un écriteau indicatif de sa profession de marchand de vin.

4. Tout individu qui voudra à l'avenir exercer la profession de marchand de vin sera tenu de se faire inscrire comme il est dit à l'article précédent, de faire connaître la rue et la maison où il veut s'établir, et d'en obtenir l'autorisation du préfet de police (1).

5. Tout marchand de vin déjà établi qui voudra changer de domicile ou avoir une cave de débit de plus sera tenu de faire la même déclaration et d'en obtenir l'autorisation du préfet de police.

6. Nul marchand de vin en détail ne pourra avoir, en vertu de sa patente fixe et spéciale, qu'une seule cave en ville pour le débit en détail, outre son principal établissement. S'il veut avoir une ou plusieurs caves de débit en outre, il paiera pour chacune le droit fixe de patente, sans préjudice du droit proportionnel.

7. Les syndics et adjoints des marchands de vin présenteront un projet de statuts pour la discipline et le régime intérieur de leur commerce: il nous sera soumis, pour être, s'il y a lieu, homologué en notre Conseil-d'Etat, sur le rapport de notre ministre du commerce.

SECTION II. De la vente du vin par les propriétaires.

8. Il n'est rien innové au droit qu'ont toujours eu les propriétaires de vendre le vin de leur crû, en faisant la déclaration à la préfecture de police.

9. Tout habitant ayant fait entrer du vin dans sa cave, et ayant payé les droits, peut le céder ou le vendre à qui bon lui semble, sans être assujéti à aucun droit ni à aucune déclaration.

SECTION III. Des commissionnaires.

10. Tout individu vendant des vins par commission pour plusieurs propriétaires est tenu de se pourvoir, à Paris, de la patente de commissionnaire, sans que les patentes prises dans une autre commune puissent y suppléer.

SECTION IV. Dispositions prohibitives et pénales.

11. Il est défendu à toutes personnes faisant à Paris le commerce des vins, de fabriquer, altérer ou falsifier les vins, d'avoir dans leurs caves, celliers et autres parties de leur domicile ou magasin, des cidres, bières, poirés, sirops, mélasse, bois de teinture, vins de la pressée, eaux colorées et préparées, et aucunes matières quelconques propres à fabriquer, falsifier ou mixtionner les vins; et ce, sous les peines portées aux articles 318, 475 et 476 du Code pénal, et en outre sous peine de fermeture de leurs établissemens par ordonnance du préfet de police (2).

12. Tous marchands et commissionnaires qui exerceraient le commerce des vins sans patente, ou contreviendraient aux dispositions du présent décret, seront passibles des peines portées aux articles 37 et 38 de la loi du 1er brumaire an 7.

Néanmoins tout individu qui enverra du vin à l'entrepôt de Paris, et le fera sortir pour envoyer hors de la ville, ne sera pas tenu de prendre de patente pour raison de cet entrepôt, s'il ne fait d'ailleurs le commerce de vins dans Paris.

SECTION V. Des courtiers gourmets piqueurs de vins.

13. Il sera nommé des courtiers gourmets piqueurs de vins: leur nombre ne pourra excéder cinquante.

14. Leurs fonctions seront:

1° De servir, exclusivement à tous autres, dans l'entrepôt, d'intermédiaires, quand ils en seront requis, entre les vendeurs et acheteurs de boissons;

2° De déguster, à cet effet, lesdites bois-

(1) Les contraventions à cet article doivent être punies de l'amende de 500 francs, portée par l'article 38 de la loi du 1er brumaire an 7, et non des peines portées par le Code pénal contre les contrevenans aux réglemens de police (26 avril 1828; Cass. S. 28, 1, 333; D. 28, 1, 241).

Vainement on dirait que des peines n'ont pu être établies par un simple décret (4 août 1827; Cass. S. 28, 1, 26; D. 27, 1, 450).

(2) Les lies et baqueteries collées avec de l'eau rentrent dans la catégorie des *eaux colorées et préparées* propres à fabriquer ou falsifier les vins. Leur existence chez un commerçant de vins constitue une contravention (20 mars 1827; Cass. S. 28, 1, 427; D. 28, 1, 182).

L'existence chez un marchand de vin à Paris, de matières propres à fabriquer ou à falsifier les vins, et notamment d'eaux colorées sur lie et de rinçures de pièces de vin, réunies dans une feuillette ou barrique, constitue à elle seule, indépendamment de la vente ou du débit, une contravention (7 juillet 1827; Cass. S. 27, 1, 524; D. 27, 1, 298).

sons, et d'en indiquer fidèlement le crû et la qualité;

3° De servir aussi, exclusivement à tous autres, d'experts en cas de contestation sur la qualité des vins, et d'allégation contre les voituriers et bateliers arrivant sur les ports ou à l'entrepôt, que les vins ont été altérés ou falsifiés.

15. Ils seront tenus de porter, pour se faire reconnaître dans l'exercice de leurs fonctions, une médaille d'argent aux armes de la ville, et portant pour inscription : *Courtiers gourmets piqueurs de vins*, n° .

16. Ils seront nommés par notre ministre du commerce, sur la présentation du préfet de police, et à la charge de représenter un certificat de capacité des syndics des marchands de vin.

17. Ils fourniront un cautionnement de douze cents francs, qui sera versé à la caisse du mont-de-piété, et dont ils recevront un intérêt de quatre pour cent.

18. Ils ne pourront faire aucun achat ou vente pour leur compte ou par commission, sous peine de destitution.

19. Ils prêteront serment devant le tribunal de commerce du département de la Seine, et y feront enregistrer leur commission.

20. Ils ne pourront percevoir, pour leur commission d'achat ou de dégustation comme experts, autre ni plus fort droit que celui de soixante-quinze centimes par pièce de deux hectolitres et demi, payable moitié par le vendeur, moitié par l'acheteur (1).

21. Le tiers de ce droit sera mis en bourse commune, pour être réparti, tous les trois mois, également entre tous les courtiers; les deux autres tiers appartiendront au courtier qui aura fait la vente.

22. Ils nommeront entre eux, à la pluralité des voix, un syndic et six adjoints, lesquels formeront un comité chargé d'exercer la discipline, de tenir la bourse commune, et d'administrer les affaires de la compagnie sous la surveillance du préfet de police et l'autorité du ministre du commerce et des manufactures.

23. Tout courtier gourmet piqueur de vins contre lequel il sera porté plainte d'avoir favorisé la fraude à l'entrée des barrières, ou à la sortie de l'entrepôt, ou de toute autre manière, sera destitué par notre ministre du commerce, s'il reconnaît, après instruction faite par le préfet de police, que la plainte est fondée.

24. Tout individu exerçant frauduleusement les fonctions desdits courtiers sera poursuivi conformément aux règles établies à l'égard de ceux qui exercent clandestinement les fonctions de courtiers de commerce.

25. Les courtiers de commerce près la bourse de Paris continueront toutefois l'exercice de leurs fonctions pour le commerce de vins, et pourront déguster, peser à l'aréomètre et constater la qualité des eaux-de-vie et esprits déposés à l'entrepôt, concurremment avec les courtiers gourmets piqueurs de vins.

26. Notre ministre des manufactures et du commerce, est chargé de l'exécution du présent décret.

---

15 DÉCEMBRE 1813. — Décret concernant des arrêtés pris par le préfet et le conseil de préfecture du département de l'Ourte, en matière de grande voirie. (4, Bull. 546, n° 9978.)

N...... vu l'arrêt du Conseil-d'Etat, en date du 27 février 1765, relatif aux alignemens, constructions et réparations de bâtimens le long des grandes routes;

Vu la loi du 22 juillet 1791, qui le confirme;

Vu le décret du 11 septembre 1790 et la loi du 14 octobre même année, qui mettent l'administration, en matière de grande voirie, dans les attributions des corps administratifs;

Vu les arrêtés du préfet de l'Ourte, des 16 floréal an 10 et 24 juin 1809, dans lesquels il rappelle à ses administrés la nécessité de demander l'autorisation de construire ou réparer les maisons bordant les routes;

Notre Conseil-d'Etat entendu,

Nous avons décrété et décrétons ce qui suit:

Art. 1er. L'arrêté du conseil de préfecture de l'Ourte, du 24 décembre 1811, pris en matière de grande voirie, et par lequel ce conseil prononce qu'il n'y a pas lieu à donner suite au procès-verbal dressé par un conducteur des ponts-et-chaussées contre la dame veuve *Jean Simonis*, est annulé.

2. L'arrêté du préfet de l'Ourte, du 11 avril précédent, sera exécuté selon sa forme et teneur.

3. Notre ministre de l'intérieur est chargé de l'exécution du présent décret.

---

15 DÉCEMBRE 1813. — Décret qui nomme le baron Fréville préfet de la Meurthe, et le sieur Rouen préfet de Vaucluse. (4, Bull. 543, n° 9949.)

---

(1) L'usage, ni même le consentement des parties, ne peuvent autoriser les tribunaux à accorder aux courtiers gourmets piqueurs de vins des droits plus élevés que ceux qui leur sont alloués par cet article (31 janvier 1826; Cass. S. 26, 1, 415; D. 26, 1, 197).

15 DÉCEMBRE 1813. — Décret qui autorise l'exercice du culte dans l'église de Forrière, réunie à la succursale d'Ambly, sous le titre de chapelle de secours. (4, Bull. 550, n° 10022.)

15 DÉCEMBRE 1813. — Décrets qui autorisent l'acceptation d'une fondation au profit des fabriques des églises succursales de Bavincourt, Locon et Besles-au-Bois. (4, Bull. 550, n° 10023.)

16 DÉCEMBRE 1813. — Décret qui nomme le sieur Julien Bessières préfet du Gers, et qui appelle le baron Jubé à d'autres fonctions. (4, Bull. 543, n° 9951.)

16 DÉCEMBRE 1813. — Décret portant que le comte Beugnot remplira les fonctions de préfet du département du Nord, jusqu'à ce qu'il en soit autrement ordonné. (4, Bull. 545, n° 9973.)

17 DÉCEMBRE 1813. — Décret relatif à l'organisation des cohortes pour la garde des places de guerre à l'égard desquelles il n'y aurait pas été pourvu, et pour le maintien de la tranquillité, etc. (4, Bull. 544, n° 9961.)

TITRE Ier.

Art. 1er. Il sera organisé, pour la garde des places de guerre à l'égard desquelles il n'y aurait pas été pourvu, des cohortes de grenadiers, des cohortes de fusiliers, des cohortes mixtes composées de compagnies de grenadiers et de fusiliers de gardes nationales, et des compagnies d'artilleurs.

2. Il sera organisé, pour maintenir la tranquillité et donner main-forte à l'autorité publique, des cohortes de grenadiers de gardes nationales, dans les villes à l'égard desquelles il n'y aurait pas été pourvu par des décrets antérieurs et qui ne sont pas des places de guerre.

3. Le nombre des cohortes, tant de grenadiers que de fusiliers de gardes nationales, et des compagnies d'artilleurs, à organiser en conséquence des articles précédens, est déterminé par le tableau annexé au présent décret.

TITRE II.

4. Les cohortes des grenadiers seront de deux classes.

Les cohortes de grenadiers de première classe seront de quatre compagnies. Chaque compagnie aura le même nombre d'officiers et de sous-officiers que les régimens de ligne; en tout, cent vingt-cinq hommes.

Les cohortes de grenadiers de seconde classe seront également composées de quatre compagnies; mais chaque compagnie aura un officier, deux sergens et quatre caporaux de moins que les compagnies des cohortes de première classe, et sera en tout de soixante-quinze hommes.

5. Les cohortes de fusiliers et les cohortes mixtes auront la même organisation et seront de même force que les cohortes de grenadiers de première classe.

6. Les compagnies d'artilleurs seront composées de la même manière que les compagnies de grenadiers des cohortes de la ville où elles seront formées: néanmoins elles auront de plus,

Quatre ouvriers en bois,
Quatre *idem* en fer,
Quatre *idem* artificiers.

TITRE III.

7. Les cohortes et compagnies de grenadiers seront composées d'hommes pris parmi les propriétaires les plus imposés de la ville, ou les négocians patentés, ou ceux qui exerceront une profession utile, ou les fils des uns et des autres.

Ils s'armeront, s'habilleront et s'équiperont à leurs frais.

Ils ne pourront se faire remplacer.

8. Chaque cohorte de grenadiers fera un fonds commun pour pourvoir à la dépense des tambours et autres menus frais.

9. Les compagnies d'artilleurs seront composées des mêmes élémens que les cohortes de grenadiers.

Les artilleurs s'armeront et s'habilleront à leurs frais.

Ils ne pourront également se faire remplacer.

10. Les ouvriers et artificiers attachés aux compagnies d'artilleurs seront choisis parmi les ouvriers qui exercent des métiers analogues, et qui auront assez d'aisance pour pouvoir s'habiller. Dans le cas toutefois où ils ne le pourraient point, il sera pourvu sur les frais municipaux.

Ces ouvriers ne pourront pas se faire remplacer.

11. Les cohortes et compagnies de fusiliers seront organisées par quartier et par canton, et composées des hommes les plus aisés après ceux qui seront entrés dans les cohortes ou compagnies de grenadiers, ou dans les compagnies d'artilleurs.

Ils ne seront pas tenus d'être habillés en uniforme.

12. Les officiers des cohortes et des compagnies d'artilleurs des gardes nationales seront nommés par nous sur des listes formées par les préfets, et sur la présentation de notre ministre de l'intérieur.

13. Les cohortes de grenadiers se réuniront tous les dimanches pour s'exercer.

Elles pourront être requises par les préfets et les maires pour le maintien de la tranquillité publique.

Dans les places de guerre, les cohortes de grenadiers et de fusiliers, les cohortes mixtes et les compagnies d'artilleurs, se réuniront également tous les dimanches pour s'exercer sous les ordres du commandant de la place.

14. Lorsque, par suite de l'exécution des dispositions ci-dessus, les grenadiers, fusiliers ou canonniers seront dans le cas de découcher, ils auront droit à une indemnité.

15. Nos ministres de l'intérieur, de la guerre, de l'administration de la guerre, de la police générale et du Trésor impérial, sont chargés de l'exécution du présent décret.

---

18 DÉCEMBRE 1813. — Avis du Conseil-d'Etat sur un référé de la Cour de cassation tendant à obtenir l'interprétation de l'art. 62 du Code pénal. (4, Bull. 545, n° 9974.)

Le Conseil-d'État, qui, d'après le renvoi ordonné par sa majesté, a entendu le rapport de la section de législation sur celui du grand-juge, ministre de la justice, et un référé de la Cour de cassation, ayant pour objet de faire déclarer le sens de l'article 62 du Code pénal;

Vu, 1° un arrêt de la cour d'assises du département de Zuyderzée, du 21 août 1812, rendu sur une déclaration du jury portant:

Sur la première question : « Oui, Jean Pasman est coupable de meurtre commis sur la personne de Myntie van Palmen, suivi de vol d'effets appartenant à ladite Myntie van Palmen, commis dans un lieu habité; »

Sur la deuxième question : « Oui, Clasina Pasman s'est rendue coupable, en enlevant, mettant en gage, vendant et recélant des effets provenant d'un vol commis par son père de la manière susdite, sachant que ce vol avait été commis après que Myntie van Palmen avait été tuée d'une manière violente par son père Jean Pasman susdit, en sa présence; »

Lequel arrêt, appliquant l'article 401 du Code pénal, condamne ladite Clasina Pasman, comme coupable de vol simple, à la peine correctionnelle de cinq ans d'emprisonnement;

2° Un premier arrêt de la Cour de cassation, du 29 octobre suivant, qui, pour fausse application de l'article 401 et pour violation de l'article 62 du Code pénal, casse l'arrêt de la cour d'assises du Zuyderzée, et renvoie l'affaire à la cour d'assises du département des Bouches-de-la-Meuse;

3° L'arrêt de cette dernière cour, du 12 février 1813, qui, d'après le même article 401 du Code pénal, condamne Clasina Pasman à la même peine de cinq ans d'emprisonnement, sur le motif que, de la déclaration du jury, il résultait uniquement que le vol dont Clasina Pasman avait été déclarée complice avait été commis après, et non pas à l'aide du meurtre effectué par son père : ledit arrêt attaqué par les mêmes moyens;

4° Un second arrêt de la Cour de cassation, du 12 avril 1813, rendu, sections réunies, sous la présidence du grand-juge, ministre de la justice, qui, par les mêmes motifs, casse celui de la cour d'assises des Bouches-de-la-Meuse, et renvoie l'affaire à la cour d'assises du département de la Dyle;

5° L'arrêt de cette cour du 19 août suivant, qui, comme les deux arrêts précédens desdites cours du Zuyderzée et des Bouches-de-la-Meuse, appliquant l'article 401 du Code pénal, ne condamne Clasina Pasman qu'a trois ans d'emprisonnement, sur le fondement qu'aux termes de l'article 62 du Code pénal, les recéleurs de choses enlevées, détournées ou obtenues à l'aide d'un crime ou d'un délit, ne peuvent jamais être considérés que comme complices d'un vol, d'abus de confiance ou d'escroquerie, et que, d'après la déclaration du jury, Clasina Pasman n'était coupable que d'un vol simple;

6° Le référé par lequel la cour de cassation, conformément à l'article 5 de la loi du 16 septembre 1807, demande au Gouvernement l'interprétation de l'art. 62 du Code pénal.

Vu les articles 59, 63, 304, 401 du Code pénal, et notamment l'article 62 dudit Code, ainsi conçu :

« Ceux qui sciemment auront recélé, en « tout ou en partie, des choses enlevées, dé- « tournées ou obtenues à l'aide d'un crime ou « d'un délit, seront aussi punis comme com- « plices de ce crime ou délit. »

Est d'avis,

Que, lorsqu'un vol a été commis à l'aide ou par suite d'un meurtre, les personnes qui ont recélé les effets volés, ayant connaissance que le vol a été précédé du crime de meurtre, doivent, aux termes de l'article 62 du Code pénal, être considérées comme complices de ce dernier crime (1).

---

22 DÉCEMBRE 1813. — Avis du Conseil-d'Etat. (Percepteurs.) *Voy.* 26 DÉCEMBRE 1813.

---

26 DÉCEMBRE 1813. — Décret relatif à l'envoi de sénateurs ou conseillers d'Etat dans les divisions militaires, en qualité de commissaires extraordinaires. (4, Bull. 546, n° 9977.)

Art. 1er. Il sera envoyé des sénateurs ou conseillers d'Etat dans les divisions militaires en qualité de nos commissaires extraordinaires. Ils seront accompagnés de maîtres de requêtes ou d'auditeurs.

---

(1) *Voy.* l'arrêt Lecouffe, 8 janvier 1824; Cass. S. 24, 1, 104.

2. Nos commissaires extraordinaires sont chargés d'accélérer :

1° Les levées de la conscription;

2° L'habillement, l'équipement et l'armement des troupes;

3° Le complètement et l'approvisionnement des places;

4° La rentrée des chevaux requis pour le service de l'armée;

5° La levée et l'organisation des gardes nationales, conformément à nos décrets.

Nosdits commissaires extraordinaires pourront étendre les dispositions desdits décrets aux villes et places qui n'y sont pas comprises.

3. Ceux de nosdits commissaires extraordinaires qui seront envoyés dans des pays que menacerait l'ennemi ordonneront des levées en masse et toutes autres mesures quelconques nécessaires à la défense du territoire, et commandées par le devoir de s'opposer aux progrès de l'ennemi.

Au surplus, il leur sera donné des instructions spéciales, à raison de la situation particulière des départemens où ils seront en mission.

4. Nos commissaires extraordinaires sont autorisés à ordonner toutes les mesures de haute police qu'exigeraient les circonstances et le maintien de l'ordre public.

5. Ils sont pareillement autorisés à former des commissions militaires, et à traduire devant elles, ou devant les cours spéciales, toutes personnes prévenues de favoriser l'ennemi, d'être d'intelligence avec lui ou d'attenter à la tranquillité publique.

6. Ils pourront faire des proclamations et prendre des arrêtés. Lesdits arrêtés seront obligatoires pour tous les citoyens.

Les autorités judiciaires, civiles et militaires, seront tenues de s'y conformer, et de les faire exécuter.

7. Nos commissaires extraordinaires correspondront avec nos ministres pour les objets relatifs à chaque ministère.

8. Ils jouiront, dans leurs qualités respectives, des honneurs qui leur sont attribués par nos réglemens.

9. Nos ministres sont chargés de l'exécution du présent décret.

---

26 DÉCEMBRE 1813. — Décret portant que les juifs de Paris sont compris dans l'exception portée par l'article 19 du décret du 17 mars 1808, sur la police des juifs. (4, Bull. 549, n° 10004.)

N....... sur le rapport de notre ministre de l'intérieur, expositif qu'immédiatement après la publication de notre décret du 17 mars 1808, sur la police des juifs, ceux de notre capitale se pourvurent à l'effet d'être compris dans l'exception portée en l'article 19 dudit décret; que, sur le rapport qui nous en fut fait et le témoignage favorable qui nous fut rendu de leur conduite, nous prîmes une décision qui leur accordait leur demande; que cette décision n'a point été insérée au Bulletin des Lois; mais qu'ayant été, dans le temps, notifiée à notre ministre des cultes, au préfet de la Seine et à celui de police, ainsi qu'à la communauté des juifs de la capitale, ceux-ci ont constamment joui de l'exemption qu'ils avaient obtenue;

Vu notre décision datée de Bayonne, le 26 avril 1808;

Considérant que cette décision, n'ayant pas été insérée au Bulletin des Lois, n'a point été publiée dans la forme accoutumée; que néanmoins, au moyen de diverses notifications qui en ont été faites et de la publicité qui en a été la suite, les juifs de notre capitale ont été généralement considérés comme étant placés dans l'exception dont il s'agit; qu'il en est résulté pour eux une possession, ou plutôt une continuation de possession d'autant plus respectable qu'elle est conforme au droit commun; qu'en refusant d'y avoir égard, on porterait atteinte aux transactions civiles et commerciales qui ont eu lieu sur la foi de son existence et de son maintien;

Notre Conseil-d'Etat entendu,

Nous avons décrété et décrétons ce qui suit :

Art. 1er. Les juifs de la capitale sont compris dans l'exception portée par l'article 19, titre III, du décret du 17 mars 1808.

2. N'entendons préjudicier en rien à la possession dont ils ont joui par suite de notre décision du 26 avril 1808.

3. Notre grand-juge, ministre de la justice, et notre ministre de l'intérieur, sont chargés de l'exécution du présent décret.

---

26 DÉCEMBRE 1813. — Avis du Conseil-d'Etat concernant les percepteurs à vie qui se trouveraient dans le cas d'être rappelés, d'après le sénatus-consulte sur la levée de trois cent mille conscrits. (4, Bull. 549, n° 10005.)

Le Conseil-d'Etat, qui, d'après le renvoi ordonné par sa majesté, a entendu le rapport de la section des finances sur celui du ministre de ce département, proposant de décider qu'un percepteur à vie qui se trouverait dans le cas d'être rappelé, d'après le sénatus-consulte du 15 novembre 1813, relatif à la levée des trois cent mille conscrits, doit être autorisé à faire admettre un préposé pour gérer sa place par *intérim*, et la reprendre lorsqu'il serait dans le cas de quitter le service militaire,

Est d'avis,

Que la proposition du ministre des finances doit être adoptée.

---

26 DÉCEMBRE 1813. — Décret qui permet l'admission des vins du crû de l'île d'Elbe, dans les ports de la Toscane, de la Ligurie et des Etats romains, en exemption des droits de douanes autres que ceux de balance. (4, Bull. 550, n° 10014.)

Art. 1er. A dater de la publication du présent décret, les vins provenant du crû de l'île d'Elbe seront admis dans les ports de la Toscane, de la Ligurie et des Etats romains, en exemption des droits de douane autres que ceux de balance.

2. Pour jouir de la franchise, les vins devront être accompagnés des certificats et expéditions prescrits par l'article 2 de notre décret du 20 septembre 1809.

---

26 DÉCEMBRE 1813. — Décret concernant le partage des cierges employés aux enterremens et aux services funèbres. (4, Bull. 550, n° 10015.)

Art. 1er. Dans toutes les paroisses de l'empire, les cierges qui, aux enterremens et services funèbres, seront portés par les membres du clergé, leur appartiendront : les autres cierges placés autour du corps et à l'autel, aux chapelles ou autres parties de l'église, appartiendront : savoir, une moitié à la fabrique, et l'autre moitié à ceux du clergé qui y ont droit; ce partage sera fait en raison du poids de la totalité des cierges.

2. Il n'est rien innové à l'égard des curés qui, à raison de leur dotation, sont chargés des frais du culte.

---

26 DÉCEMBRE 1813. — Décret portant réglement sur l'exercice de la profession de boulanger dans la ville de Lorient. (4, Bull. 549, n° 10006.)

Art. 1er. A l'avenir, nul ne pourra exercer, dans la ville de Lorient, département du Morbihan, la profession de boulanger, sans une permission spéciale du maire : elle ne sera accordée qu'à ceux qui seront de bonnes vie et mœurs, et qui justifieront avoir fait leur apprentissage et connaître les bons procédés de l'art.

Ceux qui exercent actuellement la profession de boulanger dans la ville de Lorient sont maintenus dans l'exercice de leur profession; mais ils devront se munir, à peine de déchéance, de la permission du maire, dans un mois, pour tout délai, à compter de la publication du présent décret.

2. Cette permission ne sera accordée que sous les conditions suivantes :

Chaque boulanger se soumettra à avoir constamment en réserve, dans son magasin, un approvisionnement de farine de première qualité.

Cet approvisionnement sera, savoir :

1° Pour les boulangers de première classe, de huit mille kilogrammes;

2° Pour les boulangers de deuxième classe, de six mille kilogrammes;

3° Pour les boulangers de troisième classe, de quatre mille kilogrammes.

3. La permission délivrée par le maire constatera la soumission souscrite par le boulanger pour la quotité de son approvisionnement de réserve, tant en farine de seigle qu'en farine de froment : elle énoncera le quartier dans lequel chaque boulanger devra exercer sa profession.

4. Le maire s'assurera, par lui-même ou par l'un de ses adjoints, si les boulangers ont constamment en magasin et en réserve la quantité de farine pour laquelle chacun d'eux aura fait sa soumission. Il en enverra, tous les mois, l'état certifié par lui au préfet.

5. Le maire réunira auprès de lui dix boulangers pris parmi ceux qui exercent leur profession depuis long-temps. Ces dix boulangers procéderont, en présence du maire, à la nomination d'un syndic et de trois adjoints. Le syndic et les adjoints seront renouvelés tous les ans au mois de janvier : ils pourront être réélus; mais, après un exercice de trois années, le syndic et les adjoints devront nécessairement être renouvelés.

6. Le syndic et les adjoints procéderont, en présence du maire, au classement des boulangers, conformément aux dispositions énoncées en l'article 2. Ils régleront pareillement le nombre de fournées auquel chaque boulanger devra être au moins journellement astreint, suivant les différentes saisons de l'année.

7. Le syndic et les adjoints seront chargés de la surveillance de l'approvisionnement de réserve des boulangers, et de constater la nature et la qualité des farines dudit approvisionnement, sans préjudice des autres mesures de surveillance qui devront être prises par le maire.

8. Aucun boulanger ne pourra quitter sa profession que six mois après la déclaration qu'il en devra faire au maire.

9. Nul boulanger ne pourra restreindre le nombre de ses fournées sans l'autorisation du maire.

10. Tout boulanger sera tenu de peser le pain, s'il en est requis par l'acheteur; il devra, à cet effet, avoir, dans le lieu le plus apparent de sa boutique, des balances et un assortiment de poids métriques dûment poinçonnés.

11. Tout boulanger qui quittera sa profession sans y être autorisé par le maire, ou qui sera définitivement interdit, perdra son approvisionnement de réserve, qui sera vendu à la halle, à la diligence du maire, et

le produit en sera versé à la caisse des hospices.

Dans le cas où le boulanger aurait fait disparaître son approvisionnement de réserve, et où l'interdiction absolue aurait été prononcée par le maire, il gardera prison jusqu'à ce qu'il l'ait représenté, ou qu'il en ait versé la valeur à la caisse des hospices.

12. Il est défendu, sous peine de confiscation, d'établir des regrats de pain en quelque lieu public que ce soit : en conséquence, les traiteurs, aubergistes, cabaretiers, et tous autres qui font métier de donner à manger, ne pourront, à peine de confiscation, tenir d'autre pain chez eux que celui nécessaire à leur propre consommation à celle de leurs hôtes.

13. Le fonds d'approvisionnement de réserve deviendra libre, sur une autorisation du maire, pour tout boulanger qui, en conformité de l'article 8, aura déclaré, six mois d'avance, vouloir quitter sa profession. La veuve et les héritiers du boulanger décédé pourront pareillement être autorisés à retirer leur approvisionnement.

14. Les boulangers et débitans forains, quoique étrangers à la boulangerie de Lorient, seront admis, concurremment avec les boulangers de la ville, à vendre ou faire vendre du pain sur les marchés et lieux publics qui seront désignés par le maire, en se conformant aux réglemens.

15. Le préfet du Morbihan, sur la proposition du maire et l'avis du sous-préfet et du commissaire général de police, pourra, avec l'autorisation de notre ministre des manufactures et du commerce, faire les réglemens locaux nécessaires pour l'exercice de la profession de boulanger, sur la nature, la qualité, la marque et le poids du pain en usage à Lorient, sur les boulangers et débitans forains et les boulangers de Lorient qui ont coutume d'approvisionner les marchés, et sur la fixation du prix des différentes espèces de pain.

16. En cas de contravention aux articles 2 et 9 du présent décret, il sera procédé contre les contrevenans par le maire, qui, suivant les circonstances, pourra prononcer, par voie administrative, une interdiction momentanée ou absolue de leur profession, sauf le recours au préfet et à notre ministre des manufactures et du commerce. Les autres contraventions à notre présent décret et aux réglemens locaux, dont il est fait mention en l'article précédent, seront poursuivies et réprimées par le tribunal de police municipale, qui pourra prononcer l'impression et l'affiche du jugement aux frais des contrevenans.

17. Les lois et réglemens antérieurs continueront à être exécutés en tout ce qui n'est pas contraire au présent décret.

18. Notre grand-juge, ministre de la justice, et notre ministre des manufactures et du commerce, sont chargés de l'exécution du présent décret, qui sera inséré au Bulletin des Lois.

---

26 DÉCEMBRE 1813. — Décrets qui autorisent l'acceptation de dons et legs faits aux pauvres et hospices de Verceil, Pézénas, Annonay, Woorburg, Marguerittes, Osnabruck, Gassino, Châtillon-sur-Seine; aux fabriques des églises paroissiales et succursales de Valvicières, Boissy-sous-Saint-Yon, Saint-Saturnin, Moncheaux, Job, Cisterna, et aux églises réformées d'Amsterdam. (4, Bull. 550, n°s 10024 à 10030; Bull. 551, n°s 10037 à 10040, et Bull. 553, n°s 10053 à 10057.)

---

26 DÉCEMBRE 1813. — Décret qui concède le droit d'exploitation dans une étendue déterminée : 1° des mines de houille situées à Charbe, La Haye et autres communes environnantes, aux dames de Choiseul-Meuse sœurs, et aux sieurs Commart frères; 2° des bois fossiles bitumineux et couches pyriteuses propres à la fabrication de l'alun et du vitriol, existans dans la commune de Friesdorff, au sieur Quinch et compagnie; 3° des mines de houille situées dans la commune de Minerve, au sieur Loux et au sieur Picott. (4, Bull. 550, n° 10031, et Bull. 553, n°s 10058 et 10059.)

---

26 DÉCEMBRE 1813. — Décret qui permet au sieur Lejeas de transférer le feu de forge à lui appartenant dans la commune de Courtivron, sous les halles de la forge qui lui appartient également dans la commune de Tarsul. (4, Bull. 551, n° 10041.)

---

30 DÉCEMBRE 1813. — Extrait de lettres-patentes portant autorisation au sieur Marthel-Tarin de se faire naturaliser en pays étranger. (4, Bull. 553, n° 10052.)

---

31 DÉCEMBRE 1813. — Décret qui ajourne le Corps-Législatif. (4, Bull. 548, n° 9990.)

N....... considérant que les députés de la troisième série du Corps-Législatif cessent d'avoir leurs pouvoirs aujourd'hui 31 décembre, et qu'ainsi le Corps-Législatif serait désormais incomplet;

Vu l'article 75 de nos constitutions du 4 août 1802;

Nous avons décrété et décrétons ce qui suit :

Art. 1er. Le Corps-Législatif est ajourné.

2. Notre ministre de l'intérieur nous proposera, sans délai, les mesures nécessaires pour la réunion des colléges électoraux des trois séries qui doivent renouveler leur liste.

3. Nos ministres sont chargés de l'exécution du présent décret.

---

2 JANVIER 1814. — Décret portant réglement sur le marché et entrepôt franc des vins et eaux-de-vie de Paris. (Mon. n° 4.)

Voy. décret du 5 DÉCEMBRE 1813.

N..... sur le rapport de notre ministre des manufactures et du commerce ;

Vu notre décret du 30 mars 1808, relatif à la création d'un marché et entrepôt franc pour les vins et eaux-de-vie dans notre bonne ville de Paris ;

Vu également nos décrets des 11 avril et 5 décembre 1813, et les observations de notre conseiller d'Etat directeur général des droits réunis, et du préfet de la Seine, et celles de notre ministre de l'intérieur ;

Notre Conseil-d'Etat entendu,

Nous avons décrété et décrétons ce qui suit :

TITRE Ier. De l'admission des vins et eaux-de-vie dans l'entrepôt.

Art. 1er. Les vins, eaux-de-vie et liqueurs de toute espèce, tant en cercles qu'en bouteilles, seront reçus au marché et entrepôt franc créé par décrets des 30 mars 1808 et 11 avril 1813.

Néanmoins ils ne pourront être admis en quantités moindres d'un hectolitre, pour les eaux-de-vie, esprits ou liqueurs, et de cinq hectolitres pour les vins, à moins que le propriétaire n'ait déjà des vins en entrepôt.

2. La durée de l'entrepôt est illimitée.

3. Les boissons destinées pour l'entrepôt et arrivant par eau seront déclarées au bureau de la patache d'arrivée, où elles subiront une première vérification. Les propriétaires ou conducteurs seront tenus de représenter en même temps les congés, acquits-à-caution ou passavans, aux termes de la loi, sans préjudice de la déclaration à faire au bureau des arrivages de la préfecture de police.

4. Le résultat de la vérification sera consigné sur une feuille extraite du registre des déclarations, et qui sera remise au propriétaire ou conducteur, avec les expéditions qu'il aura représentées.

Les boissons seront accompagnées par des employés jusqu'à leur arrivée à l'entrepôt, où la feuille de déclaration sera déchargée.

5. Les boissons arrivant par terre, et destinées pour l'entrepôt, subiront également, à la barrière d'entrée, une première vérification. Elles devront être rendues à leur destination dans le délai fixé par la feuille de déclaration, qui sera délivrée au propriétaire ou conducteur, comme pour les boissons arrivant par eau.

Le propriétaire sera tenu, en outre, de consigner tous les droits dus à l'entrée, ou d'en donner caution valable.

La consignation sera rendue ou la caution libérée sur la représentation du certificat d'arrivée des boissons à l'entrepôt dans le délai fixé sur la feuille de déclaration.

6. Si, dans les trois jours après l'expiration de ce délai, le propriétaire ou conducteur ne représente pas le certificat d'arrivée des boissons à l'entrepôt, ainsi qu'il est prescrit ci-dessus, la somme consignée ou cautionnée sera irrévocablement acquise à l'administration.

7. Les boissons arrivant, soit par terre, soit par eau, ne pourront stationner en aucun endroit, depuis la barrière, pendant leur trajet jusqu'à l'entrepôt. Il ne pourra non plus être fait, dans les pièces ou vases qui les contiendront, aucun remplissage ni changement quelconque, sauf les cas d'accidens ou force majeure, légalement constatés ou prouvés.

8. A leur arrivée à l'entrepôt, et avant d'y être admises, les boissons seront vérifiées définitivement, d'après les expéditions qui devront les accompagner. Si ces expéditions sont reconnues régulières, les boissons seront reçues à l'entrepôt, où elles seront inscrites sur un registre à souche à ce destiné. Une expédition détachée de la souche de ce registre sera remise à l'entrepositaire, dont elle énoncera les nom, prénoms, qualité, profession et demeure, ainsi que la quantité et l'espèce des boissons. La souche du registre sera signée par l'entrepositaire ou son fondé de pouvoir.

9. Immédiatement après la vérification définitive et l'inscription des eaux-de-vie, esprits ou liqueurs, sur le registre d'entrée, les pièces, caisses ou paniers seront numérotés. L'entrepositaire pourra aussi, s'il le juge convenable, apposer sur chacune de ces pièces, caisses ou paniers, sa marque particulière, mais sans pouvoir faire usage de feu.

10. Quant aux pièces, caisses ou paniers de vin, l'administration assignera à chaque entrepositaire un numéro spécial et commun à toute la partie entrée, qu'il sera tenu de faire mettre sur toutes ses pièces, caisses ou paniers, à mesure de leur introduction dans l'entrepôt.

11. Les entrepositaires seront admis à transférer la propriété de tout ou partie des boissons qu'ils possèdent dans l'établissement, pourvu que la quantité ainsi transférée ne soit pas moindre d'un hectolitre pour les eaux-de-vie, esprits et liqueurs, et de cinq hectolitres pour les vins.

12. Ces transferts seront constatés sur un registre à souche dont l'expédition sera remise à l'acheteur devenu entrepositaire. Celui-ci, ainsi que le vendeur, devront signer la souche de ce registre.

13. Les boissons, ainsi transférées, seront inscrites sous le nom du cessionnaire, et les

droits seront acquittés par le nouveau propriétaire, conformément à nos décrets des 11 avril et 5 décembre 1813.

TITRE II. De la surveillance et de la conservation des vins et eaux-de-vie dans l'entrepôt.

14. Le soin de la conservation des boissons entreposées est à la charge des entrepositaires. Ils pourront faire les opérations du remplage et celles usitées dans le commerce, pour en faciliter tant la conservation que la vente, en se conformant toutefois aux réglemens de police relatifs à la salubrité des boissons, et aux lois et réglemens qui concernent l'administration des droits réunis.

15. Les employés attachés à l'entrepôt sont expressément tenus de veiller à ce que les boissons n'y soient point altérées par des mixtions interdites par les réglemens de police.

Dans le cas où ils reconnaîtraient de semblables altérations, ils saisiront les boissons, et en dresseront leur procès-verbal, qui sera transmis au préfet de police, pour, sur l'avis de deux gourmets piqueurs de vins nommés, l'un par le propriétaire, l'autre par l'administration, et ensuite par tous autres vérificateurs, ou chimistes, s'il est jugé nécessaire d'en employer, être prononcé, envers les propriétaires, par les tribunaux, en cas de contestations, ce qu'il appartiendra, sans préjudice de la surveillance qu'exerceront, selon les lois et réglemens, les employés de la préfecture de police.

L'administration sera responsable des altérations ou avaries qui seront prouvées provenir de la faute de ses préposés.

16. Toutes les mesures et précautions convenables seront prises par l'administration chargée de l'octroi de Paris, pour le maintien du bon ordre dans l'entrepôt, ainsi que pour la sûreté de cet établissement, sans qu'elle puisse néanmoins, être responsable des pertes, coulages et avaries provenant, soit de la durée du séjour ou de la nature des marchandises, soit du défaut des futailles, vases ou caisses, ou du fait des entrepositaires, soit enfin des accidens de force majeure, dûment constatés.

17. La même administration prescrira dans l'entrepôt toutes les mesures relatives au service général, à la manutention des marchandises et à l'entretien et bonne tenue du local.

18. Le préfet de police exercera sa surveillance conformément aux lois et réglemens; à l'effet de quoi il déléguera le nombre d'agens nécessaires chargés d'intervenir, soit d'office, soit sur la réquisition de l'administration ou des particuliers, pour le maintien de la police et la répression des délits.

19. Le 1er octobre de chaque année, il sera fait un inventaire de toutes les boissons existantes dans l'entrepôt. S'il s'en trouve d'avariées et hors de vente, il en sera dressé procès-verbal. En cas de contestation entre l'administration et les propriétaires sur l'usage à faire desdites boissons, il y sera statué comme il est dit article 15.

20. Le compte des entrepositaires sera arrêté et réglé à l'époque déterminée ci-dessus. Il sera déchargé des quantités manquantes, sans préjudice toutefois des fraudes qui auraient été commises, que les employés de l'entrepôt auront le droit de constater et de poursuivre dans les formes établies.

TITRE III. De la sortie des vins et eaux-de-vie de l'entrepôt.

21. Les propriétaires ou leurs fondés de pouvoir reconnus pourront seuls demander la sortie de l'entrepôt des boissons à eux appartenant, en représentant l'expédition d'admission. Les droits dus seront acquittés avant la sortie de l'entrepôt. A cet effet, le jaugeage sera fait par les employés de la régie; et, en cas de contestation, le propriétaire pourra demander la vérification du jaugeage par les employés du mesurage public.

22. Lorsque les boissons seront destinées pour l'extérieur de Paris, elles seront accompagnées de congés ou d'acquits-à-caution, selon qu'il y aura lieu. Indépendamment de ces expéditions, il sera remis à l'entrepositaire une feuille d'exportation qui énoncera le délai dans lequel les boissons devront sortir de Paris. Les employés de la barrière certifieront sur cette feuille la sortie des boissons, après en avoir constaté l'identité.

23. L'exportation des boissons sortant de l'entrepôt ne pourra avoir lieu que par la rivière, ou par l'une des barrières de Passy, du Roule, de la Villette, du Trône, d'Enfer, d'Italie et de la Chapelle.

24. Les boissons exportées par eau seront accompagnées par les employés jusqu'à la sortie.

25. Les entrepositaires des vins et eaux-de-vie qui feront sortir par terre ces liquides pour les exporter seront tenus de consigner ou cautionner le droit d'entrée et d'octroi.

26. La consignation sera restituée ou la caution déchargée, en justifiant de la sortie par la barrière et dans le délai désigné sur l'expédition. A défaut de cette justification dans les trois jours, il y aura lieu à appliquer aux droits consignés ou cautionnés les dispositions de l'article 6 du présent réglement.

27. Les boissons entreposées ne pourront sortir de l'entrepôt en futaille en quantité inférieure à un hectolitre, et en bouteille dans une quantité au-dessous de vingt-cinq.

28. L'entrepositaire, ou son fondé de pouvoir, donnera décharge bonne et valable des boissons qu'il fera sortir, sur les registres de l'entrepôt dont il est parlé art. 8 et 12.

TITRE IV. Des tonneliers et ouvriers attachés à l'entrepôt.

29. Le service de l'entrepôt et du port Saint-Bernard sera fait par des ouvriers et hommes de peine attachés à l'entrepôt.

30. Ils seront divisés en trois classes ou compagnies :

1° Les tonneliers qui déchargent les bateaux, rangent les boissons dans l'entrepôt, remplissent les futailles, les réparent, et ont, en général, soin des boissons;

2° Les dérouleurs qui reçoivent les pièces à la sortie du bateau, et les mènent à l'entrepôt;

3° Les chargeurs et déchargeurs de boissons expédiées par terre.

31. Les tonneliers seront désignés par le préfet de police, sur une liste double qui sera présentée par les délégués du commerce des vins.

Ne pourront être portés sur cette liste que des individus ayant patente ou pourvus d'un livret du préfet de police.

Ils recevront une carte d'admission, qui sera soumise au *visa* de l'administration de l'entrepôt, où ils seront aussi enregistrés.

Ils seront porteurs d'une médaille de cuivre, qui portera ces mots : *Entrepôt des vins*, et de l'autre côté les armes de la ville.

32. La compagnie actuelle des dérouleurs continuera de subsister et de procéder au déroulage sur le port et dans l'entrepôt.

Quand il y aura des nominations à faire, il y sera procédé comme il est dit article 31.

33. Le salaire des tonneliers et ouvriers, ainsi que le prix des fournitures qu'ils pourront faire, seront fixés par un tarif que le préfet de police arrêtera, après avoir entendu les délégués du commerce des vins et eaux-de-vie. Ce tarif sera soumis à l'approbation de notre ministre des manufactures et du commerce.

34. Les compagnies des tonneliers et ouvriers seront responsables de tous dommages ou avaries provenant de la négligence ou du fait de l'un ou de plusieurs de leurs membres.

35. Si l'administration juge convenable de renvoyer un ouvrier, elle lui interdira l'entrée de l'entrepôt, et en préviendra le préfet de police, qui retirera la carte et la médaille à l'ouvrier.

Il sera pourvu à son remplacement suivant le mode déterminé ci-dessus.

36. Ces tonneliers seront formés en compagnies et brigades, selon les besoins du service, ainsi que le sont les dérouleurs.

37. Un réglement particulier déterminera le mode d'après lequel cette compagnie de tonneliers et ouvriers sera organisée.

38. Ce réglement sera fait par notre préfet de police, et présenté à l'approbation de notre ministre des manufactures et du commerce, après avoir pris l'avis de notre directeur général des droits réunis, et avoir entendu les délégués du commerce de vins entrepositaires.

TITRE V. Dispositions pour l'extérieur.

39. Les boissons expédiées à la destination de Paris ne pourront être conduites qu'à destination dans la ville où à l'entrepôt, et ne pourront être déposées en aucun lieu hors des barrières, conformément au décret du 3 février 1810.

40. Il n'est pas dérogé par le présent à notre décret du 3 février 1810, qui prohibe la vente en gros des eaux-de-vie, esprits ou liqueurs dans le rayon de trois myriamètres de Paris.

41. Les vins, eaux-de-vie, esprits ou liqueurs en passe-debout continueront à être soumis aux formalités prescrites par le réglement de l'octroi et par notre décret du 21 décembre 1808.

42. Toute contravention aux dispositions du présent décret sera punie de la confiscation des objets saisis, et de l'amende de cent francs au moins et de mille francs au plus. Les tribunaux pourront l'augmenter en cas de récidive.

---

3 JANVIER 1814. — Décrets qui nomment les sieurs Alban-de-Villeneuve préfet de Sambre-et-Meuse, et Flavigny préfet de la Haute-Saône. (4, Bull. 551, n° 10033.)

---

4 JANVIER 1814. — Décret relatif au jugement des déserteurs. (4, Bull. 550, n° 10012.)

Art. 1er. A l'avenir, tout déserteur sera traduit devant un conseil de guerre spécial, et jugé conformément aux lois répressives de la désertion.

2. Tout prévenu de désertion qui se représentera ou qui sera arrêté sera conduit au chef-lieu du département de son domicile ou à une portion de son corps, selon qu'il se trouvera plus proche de l'un ou de l'autre.

3. Le commandant supérieur du département du domicile de l'accusé, le général de brigade ou le commandant d'armes de la place où sera stationné le corps de l'accusé, convoquera un conseil de guerre spécial, conformément à l'arrêté du 19 vendémiaire an 12.

Néanmoins, à défaut d'officiers du grade requis par cet arrêté, le conseil de guerre spécial pourra être présidé par un officier ayant au moins rang de capitaine; et tout officier, pourvu qu'il ait le grade de sous-lieutenant, pourra y remplir les fonctions de juge ou de rapporteur.

4. La plainte sera portée, au chef-lieu du département, par le préfet, et ailleurs, par le chef du corps. Les documens déposés aux

archives de la préfecture ou à celles du corps seront mis sous les yeux du conseil de guerre spécial, qui pourra, s'il est suffisamment éclairé sur la culpabilité de l'accusé, se dispenser d'entendre les témoins éloignés.

5. L'officier qui aura reçu la plainte est autorisé, lorsque des circonstances particulières militeront en faveur d'un ou de plusieurs accusés, à refuser à leur égard l'autorisation d'informer, et se borner à leur infliger une peine de discipline.

6. Toutes les fois qu'il y aura eu un refus d'informer, il en sera rendu compte à notre directeur général de la conscription, qui approuvera ou improuvera ce refus, et, dans ce dernier cas, pourra ordonner la mise en jugement des accusés.

Aux armées actives, les généraux de division, et dans l'intérieur de l'empire, nos gouverneurs généraux et nos commissaires extraordinaires, exerceront la faculté accordée, par le présent article, à notre directeur général de la conscription.

7. Nos ministres sont chargés de l'exécution du présent décret.

---

5 JANVIER 1814. — Décret qui nomme le sieur de la Moussaye préfet du Léman, et le sieur Contades préfet du Puy-de-Dôme. (4, Bull. 551, n° 10034.)

---

6 JANVIER 1814. — Décret portant fixation de droits que le greffier du tribunal de commerce de Paris pourra percevoir à son profit. (4, Bull. 552, n° 10042.)

Art. 1er. Le greffier du tribunal de commerce de Paris est autorisé à percevoir à son profit, indépendamment des remises à lui accordées par la loi du 21 ventôse an 7, les droits ci-après, savoir :

Pour chaque jugement interloratoire et préparatoire, ceux de simples remises exceptés. 1f 00c

Pour chaque jugement expédié, et dont les qualités se rédigent dans le greffe. . . 2 00

2. Les procès-verbaux et actes concernant les faillites sont fixés de la manière suivante, savoir :

Procès-verbal contenant la prestation de serment des agens de la faillite. . . . 3 00

Procès-verbal contenant la liste de présentation pour la nomination des syndics provisoires. 3 00

Procès-verbal de reddition de compte des agens aux syndics provisoires. . . . 4 50

Procès-verbal relatif à la vérification et affirmation des créances, par chaque vérification et affirmation 1 00

Pour circulaire à chaque créancier. . . 0 20

Pour insertion dans les journaux. . . . 1 00

Les deux formalités ci-dessus ne pourront être remplies que par la voie du greffe.

Procès-verbal de clôture. 3 00

Procès-verbal d'assemblée pour passer un contrat d'union. 4 50

Procès-verbal de reddition de compte des syndics provisoires au failli. 4 50

Procès-verbal de reddition de compte des syndics provisoires aux syndics définitifs. 4 50

Procès-verbal des syndics définitifs à la masse des créanciers. 4 50

Procès-verbal d'assemblée des créanciers pour prendre une délibération quelconque non prévue par les articles précédens. 4 50

Enquêtes.

Pour chaque témoin. 2 00

Interrogatoires sur faits et articles.

Pour chaque interrogatoire. 3 00

Procès-verbal de compulsoire. 4 50

Rédaction des certificats délivrés par le greffe. 1 00

Pour l'inscription des rapports. 0 20

Pour l'insertion dans les tableaux de l'auditoire du tribunal de commerce, dans les cas déterminés par le Code, et dans les journaux, pour chacun. 0 50

3. Tous greffiers qui, sous quelque prétexte que ce soit, exigeraient d'autres droits que ceux établis par le présent décret, ou de plus fortes sommes que celles fixées par le tarif ci-dessus, seront poursuivis conformément à l'article 174 du Code pénal.

4. Notre grand-juge, ministre de la justice, et notre ministre des finances, sont chargés de l'exécution du présent décret.

---

6 JANVIER 1814. — Décret portant rejet d'un recours au Conseil-d'État contre un arrêté par lequel le préfet du département du Doubs a fixé la direction d'un chemin vicinal. (4, Bull. 552, n° 10043.)

N....... vu la requête qui nous a été présentée par le sieur Conthaud, en qualité de curateur de Jean-Nicolas Arbilleur, interdit, propriétaire dans la commune de la Chevillotte, pour qu'il nous plaise annuler, pour cause d'incompétence et d'excès de pouvoirs, et comme mal jugé au fond, un arrêté du préfet du département du Doubs, du 15 février 1813, qui décide : 1° que le chemin public de communication entre la commune de Saône et celle de Naizey, passera sur le territoire de la commune de la Chevillotte, dans la direction qui est tracée en jaune au plan du géomètre Arthaud, en date du 30 janvier 1808; 2° que le chemin qui passait sur les prés appartenant à la commune de Mamirolle sera rendu à l'agriculture; 3° que, si le nouveau chemin doit parcourir des propriétés particulières, cette commune sera tenue de dédommager les propriétaires, et que l'indemnité sera réglée conformément à la loi;

Vu le mémoire en défense de la commune de Mamirolle;

Vu trois précédens arrêtés du même préfet, en date des 21 octobre 1807, 10 juin et 16 novembre 1808;

Vu un jugement du tribunal de Beaune, du 22 août 1811, et un arrêt de la cour d'appel de Besançon, du 13 mai 1812, par lequel cette cour se déclare incompétente pour juger la contestation qui lui est soumise;

Vu l'arrêté attaqué, le plan dressé par le géomètre Arthaud, et remis à la préfecture le 30 janvier 1808, ensemble toutes les pièces produites par les parties;

Vu la loi du 9 ventose an 13, et notre décret du 16 octobre 1813, qui fixent les attributions de l'autorité administrative et de l'autorité judiciaire sur l'établissement des chemins vicinaux;

Considérant que le préfet du département du Doubs, par son arrêté du 15 février 1813, n'a fait que fixer la direction que doit suivre le chemin de communication entre la commune de Saône et celle de Naizey, sauf l'indemnité des propriétaires du terrain sur lequel le nouveau chemin est établi; que dès lors ce préfet s'est renfermé dans ses attributions, et qu'on ne peut lui reprocher aucun excès de pouvoirs;

Considérant, au fond, que, si le requérant croit avoir à se plaindre de la direction donnée au chemin en question, il doit d'abord porter sa réclamation devant notre ministre de l'intérieur, et ensuite à notre Conseil-d'Etat;

Que, si, au contraire, le requérant n'entend pas attaquer la direction donnée au chemin dont il s'agit, mais seulement prétendre qu'il est propriétaire de tout ou de partie du terrain que ce chemin doit parcourir, dans ce cas il doit porter sa réclamation devant l'autorité judiciaire;

Notre Conseil-d'Etat entendu,

Nous avons décrété et décrétons ce qui suit:

Art. 1er. La requête du sieur Conthaud, au nom qu'il agit, est rejetée, sauf à lui à se pourvoir, s'il s'y croit fondé, ou devant notre ministre de l'intérieur, s'il veut faire réformer l'arrêté du 15 février 1813, ou devant les tribunaux, s'il se borne à élever des questions de propriété.

2. Notre grand-juge, ministre de justice, et notre ministre de l'intérieur, sont chargés de l'exécution du présent décret.

---

6 JANVIER 1814. — Décret qui annule deux arrêtés de conflit pris par le préfet de l'Aveyron, à l'occasion d'une contestation déjà terminée par arrêt passé en force de chose jugée. (4, Bull. 552, n° 10044.)

Voy. l'arrêté du 13 BRUMAIRE an 10, et les notes.

N..... vu la requête du sieur Planard, tendant à ce qu'il nous plaise annuler deux arrêtés de conflit pris par le préfet du département de l'Aveyron, les 4 et 11 février 1813, à l'occasion d'une contestation sur laquelle il avait été prononcé par des jugement et arrêt du tribunal de Milhau et la cour d'appel de Montpellier, qui avaient acquis l'autorité de la chose jugée;

Vu lesdits jugement et arrêt des 28 mars 1806 et 18 janvier 1811, signifiés aux sieur et dame Enjalran, le 26 juin suivant:

Vu les arrêtés de conflit;

Vu la requête en réponse des sieur et dame Enjalran, tendant à ce qu'il soit fait défense au sieur Planard de donner suite aux jugement et arrêt par lui obtenus, sauf à se pourvoir devant l'autorité administrative ainsi qu'il s'avisera;

Vu le rapport de notre grand-juge, ministre de la justice, ensemble toutes les pièces respectivement produites dans cette affaire;

Considérant que, par notre décret du 15 janvier 1813, rendu sur un conflit élevé par le préfet du département des Vosges, il a été décidé que l'arrêté du 13 brumaire an 10, relatif aux conflits d'attributions, n'était pas applicable aux contestations terminées par des jugemens ou arrêts qui ont acquis l'autorité de la chose jugée;

Considérant, dans l'espèce, que l'arrêt de la cour d'appel de Montpellier, confirmatif du jugement du tribunal de première instance de Milhau, a été signifié à domicile, le 26 juin 1811; que trois mois après cette signification, le délai pour se pourvoir en cassation étant expiré, cet arrêt avait acquis l'autorité de la chose jugée; que, dès lors, le préfet de l'Aveyron n'était plus recevable à élever le conflit porté par ses arrêtés des 4 et 11 février 1813;

Notre Conseil-d'Etat entendu,

Nous avons décrété et décrétons ce qui suit:

Art. 1er. Les deux arrêtés de conflit pris par le préfet de l'Aveyron les 4 et 11 février 1813, sont annulés.

2. Notre grand-juge, ministre de la justice, et notre ministre de l'intérieur, sont chargés de l'exécution du présent décret.

---

6 JANVIER 1814. — Décret portant réformation de quelques erreurs dans le tableau des communes qui doivent former les arrondissemens

de quatre justices de paix du département de l'Aude. (4, Bull. 553, n° 10050.)

Art. 1er. Dans la nomenclature des communes composant le canton de Delpech, le nom de Mayreville est substitué à celui de Mezerville; dans le canton de Salles, le nom de Mezerville est substitué à celui de Mayreville.

2. Dans le canton d'Alaigne, le nom de Bellingard est ajouté à celui de Saint-Just; dans le canton de Quillau, le nom de Saint-Just et le Bezu est substitué à celui de Saint-Just et Bellingard.

3. Notre grand-juge, ministre de la justice, et notre ministre de l'intérieur, sont chargés de l'exécution du présent décret.

---

6 JANVIER 1814. — Décret portant réglement sur l'exercice de la profession de boulanger dans la ville de Nîmes. (4, Bull. 552, n° 10046.)

Art. 1er. A l'avenir, nul ne pourra exercer, dans notre bonne ville de Nîmes, la profession de boulanger, sans une permission spéciale du maire: elle ne sera accordée qu'à ceux qui seront de bonnes vie et mœurs, et qui justifieront avoir fait leur apprentissage et connaître les bons procédés de l'art.

Ceux qui exercent actuellement la profession de boulanger dans notre bonne ville de Nîmes sont maintenus dans l'exercice de leur profession; mais ils devront se munir, à peine de déchéance, de la permission du maire, dans un mois, pour tout délai, à compter de la publication du présent décret.

2. Cette permission ne sera accordée que sous les conditions suivantes:

Chaque boulanger se soumettra à avoir constamment dans son magasin un approvisionnement de farine de première qualité.

Cet approvisionnement sera, savoir:

De vingt sacs au moins, du poids de quinze myriagrammes, pour les boulangers de première classe;

De quinze sacs au moins, pour les boulangers de seconde classe,

Et de dix sacs au moins, pour les boulangers de troisième classe.

3. La permission délivrée par le maire constatera la soumission souscrite par le boulanger pour la quotité de son approvisionnement de réserve; elle énoncera le quartier dans lequel chaque boulanger devra exercer sa profession.

4. Le maire s'assurera, par lui-même ou par l'un de ses adjoints, si les boulangers ont constamment en réserve dans leur magasin la quantité de farine pour laquelle chacun d'eux aura fait sa soumission: il en enverra, tous les mois, l'état certifié par lui au préfet.

5. Le maire réunira auprès de lui douze boulangers, pris parmi ceux qui exercent leur profession depuis long-temps. Ces douze boulangers procéderont, en présence du maire, à la nomination d'un syndic et de trois adjoints. Le syndic et les adjoints seront renouvelés tous les ans au mois de janvier: ils pourront être réélus; mais, après un exercice de trois années, le syndic et les adjoints devront nécessairement être renouvelés.

6. Le syndic et les adjoints procéderont, en présence du maire, au classement des boulangers, conformément aux dispositions énoncées en l'article 2. Ils régleront pareillement le nombre de fournées auquel chaque boulanger devra être journellement astreint, suivant les différentes saisons de l'année.

7. Le syndic et les adjoints seront chargés de la surveillance de l'approvisionnement de réserve des boulangers, et de constater la nature et la qualité des farines dudit approvisionnement, sans préjudice des autres mesures de surveillance qui devront être prises par le maire.

8. Aucun boulanger ne pourra quitter sa profession que six mois après la déclaration qu'il en devra faire au maire.

9. Nul boulanger ne pourra restreindre le nombre de ses fournées sans l'autorisation du maire.

10. Tout boulanger sera tenu de peser le pain, s'il en est requis par l'acheteur; il devra à cet effet, avoir, dans le lieu le plus apparent de sa boutique, des balances et un assortiment de poids métriques dûment poinçonnés.

11. Tout boulanger qui quittera sa profession sans y être autorisé par le maire, ou qui sera définitivement interdit, perdra son approvisionnement de réserve, qui sera vendu à la halle, à la diligence du maire; et le produit en sera versé à la caisse des hospices. Dans le cas où le boulanger aurait fait disparaître son approvisionnement de réserve, et où l'interdiction absolue aurait été prononcée par le maire, il gardera prison jusqu'à ce qu'il l'ait représenté, ou qu'il en ait versé la valeur à la caisse des hospices.

12. Il est défendu, sous peine de confiscation, d'établir des regrats de pain, en quelque lieu public que ce soit: en conséquence, les traiteurs, aubergistes, cabaretiers, et tous autres qui font métier de donner à manger, ne pourront, à peine de confiscation, tenir d'autre pain chez eux que celui nécessaire à leur propre consommation et à celle de leurs hôtes.

13. Le fonds d'approvisionnement de réserve deviendra libre, sur une autorisation, du maire, pour tout boulanger qui, en conformité de l'article 8, aura déclaré, six mois d'avance, vouloir quitter sa profession. La veuve et les héritiers du boulanger décédé

pourront pareillement être autorisés par le maire à disposer du fonds d'approvisionnement de réserve.

14. Les boulangers et débitans forains, quoique étrangers à la boulangerie de Nîmes, seront admis, concurremment avec les boulangers de la ville, à vendre ou faire vendre du pain sur les marchés et lieux publics qui seront désignés par le maire, en se conformant aux réglemens.

15. Le préfet du département du Gard, sur la proposition du maire et l'avis du sous-préfet, pourra, avec l'autorisation de notre ministre des manufactures et du commerce, faire les réglemens locaux nécessaires pour l'exercice de la profession de boulanger, sur la nature, la qualité, la marque et le poids du pain en usage à Nîmes, sur les boulangers et débitans forains et les boulangers de Nîmes qui ont coutume d'approvisionner les marchés, et sur la fixation du prix des différentes espèces de pain.

16. En cas de contravention aux articles 2 et 9 du présent décret, il sera procédé, contre les contrevenans, par le maire, qui, suivant les circonstances, pourra prononcer, par voie administrative, une interdiction momentanée ou absolue de leur profession, sauf le recours au préfet et à notre ministre des manufactures et du commerce. Les autres contraventions au présent décret et aux réglemens locaux dont il est fait mention en l'article précédent seront poursuivies et réprimées par le tribunal de police municipale, qui pourra prononcer l'impression et l'affiche du jugement aux frais des contrevenans.

17. Les lois et réglemens antérieurs continueront à être exécutés en tout ce qui n'est pas contraire au présent décret.

18. Notre grand-juge, ministre de la justice, et notre ministre des manufactures et du commerce, sont chargés de l'exécution du présent décret, qui sera inséré au Bulletin des Lois.

---

6 JANVIER 1814. — Décret portant réglement sur l'exercice de la profession de boulanger dans la ville de Rochefort, département de la Charente-Inférieure. (4, Bull. 552, n° 10047.)

Art. 1er. A l'avenir, nul ne pourra exercer, dans la ville de Rochefort, département de la Charente-Inférieure, la profession de boulanger, sans une permission spéciale du maire : elle ne sera accordée qu'à ceux qui seront de bonnes vie et mœurs, et qui justifieront avoir fait leur apprentissage et connaître les bons procédés de l'art.

Ceux qui exercent actuellement la profession de boulanger dans la ville de Rochefort, sont maintenus dans l'exercice de leur profession; mais ils devront se munir, à peine de déchéance, de la permission du maire, dans un mois, pour tout délai, à compter de la publication du présent décret.

2. Cette permission ne sera accordée que sous les conditions suivantes :

Chaque boulanger se soumettra à avoir constamment en réserve, dans son magasin un approvisionnement de farine de première qualité.

Cet approvisionnement sera, savoir :

1° Pour les boulangers de première classe, de vingt sacs au moins, du poids de quinze myriagrammes;

2° Pour les boulangers de deuxième classe, de quinze sacs au moins, du même poids;

3° Pour les boulangers de troisième classe, de dix sacs au moins, du même poids.

3. La permission délivrée par le maire constatera la soumission souscrite par le boulanger pour la quotité de son approvisionnement de réserve : elle énoncera le quartier dans lequel chaque boulanger devra exercer sa profession.

4. Le maire s'assurera, par lui-même ou par l'un de ses adjoints, si les boulangers ont constamment en magasin et en réserve la quantité de farine pour laquelle chacun d'eux aura fait sa soumission : il en enverra, tous les mois, l'état certifié par lui au préfet.

5. Le maire réunira auprès de lui dix boulangers pris parmi ceux qui exercent leur profession depuis long-temps. Ces dix boulangers procéderont, en présence du maire, à la nomination d'un syndic et de trois adjoints. Le syndic et les adjoints seront renouvelés, tous les ans, au mois de janvier : ils pourront être réélus; mais, après un exercice de trois années, le syndic et les adjoints devront nécessairement être renouvelés.

6. Le syndic et les adjoints procéderont, en présence du maire, au classement des boulangers, conformément aux dispositions énoncées en l'art. 2. Ils régleront pareillement le nombre de fournées auquel chaque boulanger devra être au moins journellement astreint, suivant les différentes saisons de l'année.

7. Le syndic et les adjoints seront chargés de la surveillance de l'approvisionnement de réserve des boulangers, et de constater la nature et la qualité des farines dudit approvisionnement, sans préjudice des autres mesures de surveillance qui devront être prises par le maire.

8. Aucun boulanger ne pourra quitter sa profession que six mois après la déclaration qu'il en devra faire au maire.

9. Nul boulanger ne pourra restreindre le nombre de ses fournées sans l'autorisation du maire.

10. Tout boulanger sera tenu de peser le pain, s'il en est requis par l'acheteur : il devra, à cet effet, avoir dans le lieu le plus apparent de sa boutique, des balances et un

assortiment de poids métriques dûment poinçonnés.

11. Tout boulanger qui quittera sa profession sans y être autorisé par le maire, ou qui sera définitivement interdit, perdra son approvisionnement de réserve, qui sera vendu à la halle, à la diligence du maire; et le produit en sera versé dans la caisse des hospices.

Dans le cas où le boulanger aurait fait disparaître son approvisionnement de réserve, et où l'interdiction absolue aurait été prononcée par le maire, il gardera prison jusqu'à ce qu'il l'ait représenté ou qu'il en ait versé la valeur à la caisse des hospices.

12. Il est défendu, sous peine de confiscation, d'établir des regrats de pain en quelque lieu public que ce soit: en conséquence, les traiteurs, aubergistes, cabaretiers et tous autres qui font métier de donner à manger, ne pourront, à peine de confiscation, tenir d'autre pain chez eux que celui nécessaire à leur propre consommation et à celle de leurs hôtes.

13. Le fonds d'approvisionnement de réserve deviendra libre, sur une autorisation du maire, pour tout boulanger qui, en conformité de l'article 8, aura déclaré six mois d'avance, vouloir quitter sa profession. La veuve et les héritiers du boulanger décédé pourront pareillement être autorisés à retirer leur approvisionnement.

14. Les boulangers et débitans forains, quoique étrangers à la boulangerie de Rochefort, seront admis, concurremment avec les boulangers de la ville, à vendre ou faire vendre du pain sur les marchés et lieux publics qui seront désignés par le maire, en se conformant aux réglemens.

15. Le préfet de la Charente-Inférieure, sur la proposition du maire et l'avis du sous-préfet, pourra, avec l'autorisation de notre ministre des manufactures et du commerce, faire les réglemens locaux nécessaires pour l'exercice de la profession de boulanger, sur la nature, la qualité, la marque et le poids du pain en usage à Rochefort; sur les boulangers et débitans forains et les boulangers de Rochefort qui ont coutume d'approvisionner les marchés, et sur la fixation du prix des différentes espèces de pain.

16. En cas de contravention aux articles 2 et 9 du présent décret, il sera procédé, contre les contrevenans, par le maire, qui, suivant les circonstances, pourra prononcer, par voie administrative, une interdiction momentanée ou absolue de leur profession, sauf le recours au préfet et à notre ministre des manufactures et du commerce. Les autres contraventions à notre présent décret et aux réglemens locaux dont il est fait mention en l'article précédent, seront poursuivies et réprimées par le tribunal de police municipale, qui pourra prononcer l'impression et l'affiche du jugement aux frais des contrevenans.

17. Les lois et réglemens antérieurs continueront à être exécutés en tout ce qui n'est pas contraire au présent décret.

18. Notre grand-juge, ministre de la justice, et notre ministre des manufactures et du commerce sont chargés de l'exécution du présent décret, qui sera inséré au Bulletin des Lois.

---

6 JANVIER 1814. — Décret portant prorogation de délai pour certaines inscriptions hypothécaires à prendre par les anciens receveurs de la contribution foncière hollandaise et des polders, dans l'arrondissement de Zierickzée, département des Bouches-de-l'Escaut. (4, Bull. 552, n° 10045.)

---

6 JANVIER 1814. — Décrets qui autorisent l'acceptation de dons et legs faits à la commune de Bard, aux fabriques des églises de Saint-Sauveur, Chantilly, Saorgio, Mezy, Fontenay, Belleville-sur-Mer, Paris, Warcq, Montbazens, et aux pauvres et hospices de Guise, Vianne, Mons, Mirepoix, Beaune, Paray, Magnanville et Soindres. (4, Bull. 553, n°s 10060 et 10061, et Bull. 555, n°s 10073 à 10079, 10082 à 10091.)

---

6 JANVIER 1814. — Décrets qui établissent des foires à Perpignan et à Menigoute. (4, Bull. 555, n°s 10080 et 10081.)

---

8 JANVIER 1814. — Décret qui permet la sortie, pour l'Italie et pour la Suisse, des bois provenant des affouages du département du Simplon. (4, Bull. 553, n° 10051.)

Art. 1er. A dater de la publication du présent décret, la sortie des bois provenant des affouages du département du Simplon est permise pour l'Italie et pour la Suisse, sous les conditions ci-après.

2. Ces bois acquitteront, à la sortie, le droit de cinq pour cent de la valeur.

3. Les marchands seront tenus, sous peine de confiscation, de les faire sortir par les bureaux des douanes ci-dessous indiqués, savoir:

Les bois provenant de la commune du Simplon, et qui sont destinés pour l'Italie, par le bureau établi dans cette commune même; et les bois que les communes et habitans du département du Simplon voudront faire passer en Suisse, par les bureaux de Saint-Maurice et du Bouveret.

---

8 JANVIER 1814. — Décret qui met la garde nationale en activité. (Mon. n° 9.)

Voy. décret du 15 MARS 1814.

Art. 1er. La garde nationale de notre bonne ville de Paris est mise en activité.

2. L'Empereur la commande en chef.

3. L'état-major-général est composé:

D'un major-général, commandant en second,

De quatre aides-majors-généraux,

De quatre adjudans commandans,

Et de huit adjoints capitaines.

4. La garde nationale de Paris se compose d'une légion par arrondissement; chaque légion, de quatre bataillons, et chaque bataillon, de cinq compagnies, dont une de grenadiers et quatre de fusiliers.

Les quatre compagnies de grenadiers d'une légion forment un bataillon d'élite, qui porte le nom de *bataillon d'élite de* telle *légion*.

5. Chaque légion est commandée par un colonel et un adjudant-major. L'adjudant-major est choisi parmi les officiers en retraite.

Chaque bataillon est commandé par un chef de bataillon et par un adjudant.

6. Chaque compagnie est composée de la manière suivante : 1 capitaine, 1 lieutenant, 2 sous-lieutenans, 1 sergent-major, 4 sergens, 1 caporal-fourrier, 8 caporaux, 2 tambours, et 105 hommes. Total, 125 hommes.

7. Les généraux et les colonels prêteront serment entre nos mains.

Les officiers des autres grades prêteront serment entre les mains de notre cousin le vice-connétable.

8. Les officiers et sous-officiers sont tenus d'être habillés en uniforme des gardes nationales.

Les grenadiers sont tenus de s'armer, de s'habiller et de s'équiper à leurs frais.

9. Notre ministre de l'intérieur nous présentera la nomination des officiers.

10. Nul ne pourra se faire remplacer dans le service de la garde nationale, si ce n'est le père par le fils, le beau-père par le gendre, l'oncle par le neveu, et le frère par son frère.

---

8 JANVIER 1814. — Décret portant nomination des officiers d'état-major de la garde nationale de Paris. (Mon. n° 9.)

Art. 1er. Sont nommés :

Major-général, commandant en second, le maréchal duc de Conégliano;

Aides-majors-généraux, le général de division comte Hulin, le comte Bertrand, grand-maréchal, le comte Montesquiou, grand-chambellan, le comte de Montmorency;

Adjudans-commandans, le baron Laborde, adjudant-commandant de la place de Paris, le comte Albert de Brancas, le comte Germain, le sieur Tourton;

Adjoints-capitaines, le comte La Riboissière, le chevalier Adolphe de Maussion, les sieurs Montbreton fils, Collin fils jeune, Lecordier fils, Lemoine fils, Gardon fils, Mallet fils.

2. Sont nommés chefs de légions le comte de Gontaut père, le comte Regnault de Saint-Jean-d'Angely, le baron Hottinguer, le comte Jaubert, le sieur Dauberjon de Murinais, le sieur Defraguier, le sieur le Pileur de Brevannes, le sieur Richard le Noir, le sieur Devins de Gaville, le duc de Cadore, le comte de Choiseul-Praslin, le sieur Salleron.

---

8 JANVIER 1814. — Décret qui nomme le comte Rambuteau préfet du département de la Loire. (4, Bull. 551, n° 10035.)

---

8 JANVIER 1814. — Décrets qui établissent des foires à Chambave et à Harfleur. (4, Bull. 555, nos 10092 et 10093.)

---

9 JANVIER 1814. — Décret qui ordonne la formation des rôles pour la perception des contributions extraordinaires pour l'exercice de 1814. (4, Bull. 551, n° 10032.)

Voy. avis du Conseil-d'Etat du 29 JANVIER 1814.

Art. 1er. Le compte de l'administration des finances sera imprimé et rendu public par les voies ordinaires.

2. Notre ministre des finances fera, sans délai, dresser les rôles nécessaires pour la perception des contributions extraordinaires suivantes, pour l'exercice 1814 :

1° De cinquante centimes du principal de la contribution foncière;

2° Du doublement de la contribution personnelle et mobilière, tel qu'il a eu lieu pour 1813;

3° Du doublement de la contribution des portes et fenêtres;

Un centième en sus desdites contributions sera compris dans les rôles, pour les non-valeurs, décharges et modérations, et pour les frais de confection desdits rôles.

3. Les cinquante centimes et accessoires de la contribution foncière des biens ruraux sont, nonobstant toute stipulation contraire, par moitié, à la charge des propriétaires et à celle des fermiers à prix fixe, soit en argent, soit en denrées.

Quant aux colons, métayers et cultivateurs de biens ruraux à portion de fruits par partage avec les propriétaires, si, par leurs conventions, lesdits colons et métayers sont obligés au paiement de la contribution foncière ordinaire, ils supporteront la moitié des cinquante centimes, et l'autre moitié sera à la charge des propriétaires; si, au contraire, par les conventions, lesdits colons ne sont pas obligés au paiement de la contribution foncière ordinaire, les cinquante centimes seront à la charge des propriétaires.

Le paiement en sera fait en entier directement, comme pour la contribution foncière, par les fermiers, qui donneront pour comptant, dans le paiement du prix de leurs baux, la moitié des sommes qu'ils justifieront avoir payées pour l'acquit des cinquante centimes.

4. Le doublement de la contribution des portes et fenêtres est, nonobstant toute disposition contraire, par moitié, à la charge du propriétaire et des locataires : le paiement en sera fait en entier directement par le propriétaire, sauf son recours contre les locataires.

5. Les contributions extraordinaires établies par le présent décret étant spécialement affectées aux dépenses urgentes des services militaires, elles devront être acquittées en neuf termes, et à raison d'un neuvième par mois, à partir du mois de février prochain.

6. Les remises des percepteurs et celles des receveurs ne seront imposées que sur le pied, pour les percepteurs, du quart, et pour les receveurs, de moitié du taux fixé pour le recouvrement du principal.

7. Il ne pourra être rien ajouté, pendant l'année 1814, sous quelque prétexte que ce puisse être, aux centimes additionnels actuellement établis pour des dépenses départementales et municipales.

---

13 JANVIER 1814. — Décret qui nomme le baron Delaître préfet du département de Seine-et-Oise, les sieurs Rouillier-d'Orfeuille de celui d'Eure-et-Loire, Aubernon de l'Hérault, et Harmand, des Basses-Alpes. (4, Bull. 554, n° 10063.)

---

13 JANVIER 1814. — Décret portant proclamation de brevets d'invention délivrés pendant le quatrième trimestre de 1813, aux sieurs Desarnod, Berghofer, Didot, Derepas, Privat, Derives, Dupieu, Leistenschneider, Plane, Coutan, de Sabardin, Jecker frères, Cellier-Blumenthal, veuve Scrive et fils, Baldwin, Molé, Cazalet, Naudin, Saint-Amand, Agniris, Castan, Delaforge, Grebin et Fougerolles, Andrevv-Spooner, Jonthan-Ellis, Daudrez, Lalouet-Puissan et Sir-Henry. (4, Bull. 554, n° 10064.)

---

14 JANVIER 1814. — Décrets qui autorisent l'acceptation de dons et legs faits aux églises paroissiales et succursales de Liffré, St.-Genis; aux pauvres et hospices de Saint-Cyr-les-Vignes, Lacon-Attemenil, Pont-de-Metz, Donzenac, Valence, Pouilly-les-Fleurs, et au séminaire de Besançon. (4, Bull. 555, n° 10094; Bull. 556, n°s 10105 à 10110, et Bull. 557, n°s 10116, 10117 et 10119.)

---

14 JANVIER 1814. — Décrets qui autorisent l'érection en chapelles et annexes des églises de Berneval-le-Grand, Beval, la Frasse, la Chapelle-sur-Dun et Champange. (4, Bull. 555, n° 10095; Bull. 556, n° 10111, et Bull. 557, n°s 10120 et 10122.)

---

15 JANVIER 1814. — Décret relatif à la formation de régimens de volontaires composés des ouvriers des manufactures des villes et fabriques des 1re, 2e, 14e, 15e et 16e divisions militaires, qui se trouvent sans ouvrage. (4, Bull. 553, n° 10048.)

Art. 1er. Il sera formé des régimens de volontaires composés des ouvriers des manufactures de Paris, Rouen, Amiens, Alençon, Caen, Lille, Reims, Saint-Quentin, Louviers, Elbeuf, et autres villes et fabriques des 1re, 2e, 14e, 15e et 16e divisions militaires, qui se trouvent sans ouvrage.

2. Les volontaires qui se présenteront pour entrer dans lesdits corps contracteront l'engagement de servir jusqu'à ce que l'ennemi ait été chassé du territoire français.

Ils seront licenciés immédiatement après, et seront rendus aux fabriques d'où ils seront sortis.

3. A compter du jour de leur départ, les femmes et les enfans desdits volontaires recevront du Gouvernement un secours qui leur sera distribué par les mains des chefs des manufactures, fabriques ou ateliers auxquels ils appartiennent.

Ces secours ne pourront être moindres que ceux fixés par notre décret du 9 décembre dernier.

4. Ces volontaires formeront des régimens de tirailleurs et fusiliers qui seront à la suite de la jeune garde; ils seront habillés, nourris et soldés comme elle.

5. Ces volontaires seront dirigés sur Paris.

Chaque chef d'établissement formera l'état de ceux de ses ouvriers qui se seront présentés, et certifiera leur bonne conduite.

6. Au moment où les volontaires recevront leur feuille de route, le préfet enverra les états dont il est parlé à l'article précédent, au général Drouot aide-major général de la garde, chargé de l'organisation; lequel réunira, dans le même corps, les ouvriers des mêmes fabriques et du même lieu.

7. Les volontaires ouvriers de notre bonne ville de Paris formeront un ou plusieurs régimens.

---

15 JANVIER 1814. — Décret portant que, jusqu'au 1er janvier 1815, les prêts sur dépôt de marchandises pourront être faits par toute personne, avec entière liberté aux prêteurs et emprunteurs de déterminer la quotité de l'intérêt. (4, Bull. 553, n° 10049.)

Voy. décret du 18 JANVIER 1814.

Art. 1er. Les prêts sur dépôt de marchandises pourront, par exception à la disposition de la loi du 3 septembre 1807, qui a fixé l'intérêt en matière de commerce, à six pour cent par an, être faits jusqu'au 1er janvier 1815, par toute personne faisant ou non le commerce, avec entière liberté aux prêteurs et emprunteurs de déterminer la quotité de l'intérêt.

2. Les actes publics ou sous seing privé de prêts sur dépôt de marchandises, qui auront lieu en exécution de l'article 1er, ne seront, jusqu'à la même époque du 1er janvier 1815, assujétis qu'à un droit fixe de trois francs pour enregistrement.

---

17 JANVIER 1814.—Décret portant que l'adjudication faite au sieur Dehagre, dans le département de Jemmape, d'une portion de bien à lui vendue comme appartenant à la caisse d'amortissement, est annulée, pour cause d'erreur matérielle dans la désignation, et de défaut absolu de possession et de propriété de la pièce adjugée. (4, Bull. 555, n° 10065.)

N...... vu le rapport de notre ministre des finances tendant à ce qu'il nous plaise annuler un arrêté du conseil de préfecture du département de Jemmape, en date du 1er mai 1813, qui prononce que les biens vendus au sieur Dehagre, par procès-verbal du 2 octobre 1812, comme appartenant à la caisse d'amortissement et composant le n° 13 de l'affiche 448, sont ceux repris au sommier du receveur de Tournay n° 16, et portant le n° 767, sur la cession faite à ladite caisse;

Vu l'ordonnance de *soit communiqué* rendue par notre grand-juge, ministre de la justice, à laquelle les parties n'ont pas répondu dans les délais du réglement;

Vu les pièces jointes au rapport de notre ministre des finances, et spécialement le procès-verbal d'adjudication, les réclamations des diverses parties intéressées devant le préfet et le conseil de préfecture, et l'arrêté dudit conseil, qui établissent comme des faits constans et non contestés :

1° Que les biens appartenant à la caisse d'amortissement sont composés de quatre pièces situées aux terroirs de Saint-Léger et d'Evrégnies, définies chacune par des limites particulières, louées au sieur Jean Dillies, et provenant des religieux croisiers de Tournay; que lesdites pièces ne sont désignées par leur origine, leur situation, ni leurs limites véritables, ni dans l'expertise, ni dans l'affiche, ni dans l'adjudication, et n'ont pas été vendues en effet par le procès-verbal du 2 octobre 1812;

2° Que le bien estimé, affiché et adjugé au sieur Dehagre, n'est composé que d'une seule pièce de terre, sise au seul terroir de Saint-Léger, définie par des limites qui lui sont particulières, louée au sieur François Dillies, provenant de l'ancien béguinage et appartenant à l'ancienne fabrique de la Madeleine à Tournay : d'où il résulte que le bien réellement vendu n'appartenait point à la caisse d'amortissement, n'était pas détenu par ses fermiers, et différait des pièces qui lui appartiennent, par l'origine, la situation et les limites;

Vu les décrets relatifs au mode de vente des biens de la caisse d'amortissement ou intervenus dans les contestations relatives à la vente desdits biens, desquels il résulte que les adjudications sont faites et jugées dans les formes prescrites pour les biens nationaux, mais doivent être régies, à l'égard des tiers, par les règles du droit commun;

Considérant, dans l'espèce, que la vente faite par le procès-verbal du 2 octobre 1812 est nulle, soit par l'erreur matérielle de la désignation, soit par le défaut absolu de possession et de propriété de la pièce adjugée;

Que les quatre pièces de la caisse d'amortissement n'ont pas été vendues et ne peuvent l'être que dans les formes prescrites pour la vente des biens de ladite caisse; notre Conseil-d'Etat entendu, nous avons décrété et décrétons ce qui suit :

Art. 1er. L'arrêté du conseil de préfecture du département de Jemmape du 1er mai 1813, est annulé.

2. La vente faite au sieur Dehagre par le procès-verbal du 2 octobre 1812, est annulée, et les prix et loyaux-coûts lui seront remboursés par la caisse d'amortissement.

---

17 JANVIER 1814.—Décret portant rejet du pourvoi au Conseil-d'Etat, formé par des particuliers, éditeurs ou marchands de musique, contre des instructions données par le ministre des finances à la régie de l'enregistrement et des domaines, sur la manière de liquider le droit de timbre sur les papiers de musique. (4, Bull. 555, n° 10067.)

N...... vu la requête à nous présentée par les sieurs Siébert père, Pleyel, et autres éditeurs ou marchands de musique, pour qu'il nous plaise annuler deux actes de notre ministre des finances, en date des 7 avril et 7 juillet 1812, actes que les supplians qualifient de décisions, et dont l'objet est d'indiquer aux agens du domaine de quelle manière ils doivent exécuter les lois concernant le timbre des papiers de musique;

Vu les observations de notre ministre des finances en date des 17 novembre et 22 décembre 1812, qui tendent à établir que le pourvoi des supplians n'est pas recevable, par le motif,

Qu'aux termes de l'article 63 de la loi du 22 frimaire an 7, le ministre doit donner à la régie de l'enregistrement et des domaines la solution des difficultés relatives à la perception des impôts indirects;

Que c'est en exécution de cet article, qu'il a réglé, par les actes dont il s'agit, connus sous le nom de solutions, la manière de liquider le droit de timbre sur les papiers de musique;

Que ces actes ne sont évidemment, de leur nature, que des instructions adressées à la régie, « pour guider les préposés dans le mode « de perception, et pour fixer l'incertitude « de l'administration sur le sens dans lequel « elle doit défendre les dispositions de la loi « devant les tribunaux;

« Qu'il n'a jamais entendu que les opinions « qu'il lui transmettait ainsi dussent faire « règle absolue pour les redevables ni les enlever à leurs juges naturels; »

Qu'ainsi, si les supplians se croient lésés par les solutions dont il s'agit, « ils doivent « porter leurs réclamations devant les tribunaux ordinaires, qui seuls peuvent et doivent statuer selon leur conviction, et sans « prendre ces solutions pour guide; »

Qu'ainsi la jurisprudence des tribunaux, celle surtout de la Cour de cassation, sont unanimes sur ce point;

Considérant que ces observations sont fondées sur les principes de la matière, et qu'il en résulte évidemment que le pourvoi des supplians est non-recevable; notre Conseil-d'Etat entendu, nous avons décrété et décrétons ce qui suit:

La requête des sieurs Siébert père, Pleyel et consorts, est rejetée.

Sauf à eux, en cas de poursuite exercée en vertu des actes dont ils se plaignent, à se pourvoir devant les tribunaux, et y faire valoir leurs prétentions.

---

17 JANVIER 1814. — Décret portant prolongation de la durée de plusieurs brevets d'invention accordés aux sieurs Adam, Solimani, Bérard et Fournier, pour de nouveaux procédés de distillation. (4, Bull. 555, n° 10066.)

---

17 JANVIER 1814. — Décrets qui autorisent l'acceptation de dons et legs faits aux pauvres et hospices de Nice, Narbonne, Hambye, Chardogne, Merville, Genève, Port-Liberté, Chevillé, Clermont, Créans, Courtheson, Cucuron, Joigny, Narbonne, Villefranche, Krabbendyke, Tarascon, Novi, Montpellier, Traces, Toul, Ernée et Larchamp. (4, Bull. 557, n°s 10123 à 10145.)

---

18 JANVIER 1814. — Décret portant suspension, jusqu'au 1er janvier 1815, de la disposition de la loi du 3 septembre 1807, qui fixe l'intérêt de l'argent en matière civile et de commerce. (4, Bull. 554, n° 10062.)

Voy. décret du 15 JANVIER 1814.

La disposition de la loi du 3 septembre 1807, qui fixe l'intérêt de l'argent, en matière civile, à cinq pour cent, et, en matière de commerce, à six pour cent, sera suspendue, à compter de la publication du présent décret, jusqu'au 1er janvier 1815.

Les prêteurs et les emprunteurs auront, pendant cet espace de temps, la liberté de déterminer, par les contrats ou autres actes, la quotité de l'intérêt.

---

21 JANVIER 1814. — Décret relatif à la formation de six régimens de voltigeurs, et de six régimens de tirailleurs de la jeune garde. (Mon. n° 22.)

Art. 1er. Il sera formé six régimens de voltigeurs et six régimens de tirailleurs, sous les n°s 14, 15, 16, 17, 18 et 19 de voltigeurs, et 14, 15, 16, 17, 18 et 19 de tirailleurs de la jeune garde.

2. Ces douze régimens seront composés de volontaires âgés de plus de vingt ans et de moins de cinquante; on y admettra des jeunes gens de seize à vingt ans, s'ils ont la taille de cinq pieds et une forte constitution.

3. Ces volontaires contracteront l'engagement de servir jusqu'à ce que l'ennemi ait été chassé du territoire français.

4. Les chefs de manufactures et d'ateliers qui auraient des ouvriers sans travail, par suite des circonstances, pourront dresser l'état de ceux de leurs ouvriers qui veulent entrer dans ces corps, certifier leur bonne conduite et les adresser au maire de leur commune, au sous-préfet, ou au préfet, qui en feront passer la revue par des officiers, pour constater qu'ils ont les qualités requises, et les mettront sur-le-champ en route pour Paris.

Les volontaires pourront aussi s'adresser directement à leur maire, au sous-préfet, aux états-majors des divisions, aux états-majors des départemens, au commandant de gendarmerie ou au commandant de place, lesquels, après avoir constaté qu'ils ont les qualités requises, leur feront donner des ordres de route pour se rendre à Paris.

5. Il sera établi à Paris, au quartier Napoléon, un bureau d'enrôlement et de réception des volontaires; il en sera également établi un en permanence auprès de chaque mairie de Paris; ces bureaux, composés d'officiers de la garde, recevront les hommes qui se présenteront, et constateront leurs qualités, et les enverront pour être incorporés dans un de nos régimens de la jeune garde.

6. Les femmes et enfans des volontaires admis dans les régimens de jeune garde recevront les secours fixés par notre décret du 9 décembre dernier.

7. Tous les militaires qui, ayant déjà servi, auraient des pensions de réforme ou de retraite, et reprendraient du service dans ces

bataillons, conserveront la jouissance de leur pension; les autorités qui les admettront auront soin de constater que l'état de leurs blessures et leur santé leur permettent de reprendre du service actif.

---

22 JANVIER 1814.—Décret portant que la commune de Lasclottes, département du Tarn, est distraite du canton de Castelnau-de-Montmiral, et réunie au canton de Salvagnac, même département. (4, Bull. 556, n° 10101.)

---

22 JANVIER 1814.—Décrets qui autorisent l'acceptation de dons et legs faits aux pauvres et hospices de Châtillon-sur-Seine, Montpellier, Ypres, Gournay, Visaus, Niort, Aix; à la fabrique de l'église de Novillard, et au séminaire du Mans. (4, Bull. 557, n° 10146, et Bull. 558, nos 10151 à 10157.)

---

23 JANVIER 1814.—Avis du Conseil-d'Etat sur une question relative aux convocations pour les cérémonies publiques. (4, Bull. 555, n° 10069.)

Le Conseil-d'Etat, qui, d'après le renvoi ordonné par sa majesté, a entendu le rapport des sections réunies de législation et de l'intérieur sur celui du grand-juge, ministre de la justice, concernant la question de savoir si la convocation pour les cérémonies publiques doit être faite par le fonctionnaire auquel les ordres du Gouvernement ont été adressés et qui est chargé d'ordonner les mesures d'exécution, ou si ladite convocation doit être faite par le fonctionnaire auquel la préséance est due aux termes de l'article 1er du décret du 24 messidor an 12;

Vu également le rapport du ministre de l'intérieur, du 12 de ce mois;

Considérant que l'exécution des ordres du Gouvernement ne peut être confiée qu'aux agens qui les reçoivent;

Que le droit de préséance n'emporte point le droit de convocation;

Qu'il peut appartenir à un fonctionnaire résidant passagèrement dans le lieu de la cérémonie, et n'ayant ni la connaissance des individus à convoquer, ni les moyens d'effectuer la convocation; que l'usage généralement suivi confirme cette doctrine,

Est d'avis,

Que la convocation pour les cérémonies doit être faite, dans les départemens, par les préfets ou sous-préfets, ou les maires, quand les ordres sont adressés à l'autorité civile, en remplissant les formes prescrites par l'article 6 du décret du 24 messidor an 12, en se concertant avec le fonctionnaire le plus éminent en dignité, et non par le fonctionnaire qui doit jouir du droit de préséance dans la cérémonie ordonnée.

---

23 JANVIER 1814.—Décret qui fixe le mode d'exportation de la houille, des départemens de la Sarre et de la Moselle, à l'étranger. (4, Bull. 555, n° 10070.)

Art. 1er. A compter de ce jour, le droit payé par la houille exportée à l'étranger, des départemens de la Sarre et de la Moselle, sera uniforme: il est fixé, pour l'un et l'autre de ces départemens, à dix centimes par cinq cents kilogrammes de ce combustible.

2. Il n'est apporté aucun changement aux droits mis sur la houille exportée par des lieux autres que les départemens de la Sarre et de la Moselle; ces droits continueront à être les mêmes que par le passé.

---

23 JANVIER 1814.—Lettres-patentes qui confèrent à sa majesté l'impératrice et reine Marie-Louise, le titre de régente. (4, Bull. 556, n° 10097.)

Voy. sénatus-consulte du 5 FÉVRIER 1813.

N...... voulant donner à notre bien-aimée épouse l'impératrice et reine Marie-Louise des marques de la haute confiance que nous avons en elle, attendu que nous sommes dans l'intention d'aller incessamment nous mettre à la tête de nos armées pour délivrer notre territoire de la présence de nos ennemis, nous avons résolu de conférer, comme nous conférons par ces présentes, à notre bien-aimée épouse l'impératrice et reine, le titre de régente, pour en exercer les fonctions en conformité de nos intentions et de nos ordres, tels que nous les aurons fait transcrire sur le livre d'Etat; entendant qu'il soit donné connaissance aux princes grands-dignitaires et à nos ministres, desdits ordres et instructions, et qu'en aucun cas l'impératrice ne puisse s'écarter de leur teneur dans l'exercice des fonctions de régente. Voulons que l'impératrice régente préside en notre nom le Sénat, le Conseil-d'Etat, le conseil des ministres et le conseil privé, notamment pour l'examen des recours en grace, sur lesquels nous l'autorisons à prononcer, après avoir entendu les membres dudit conseil privé. Toutefois notre intention n'est point que, par suite de la présidence conférée à l'impératrice régente, elle puisse autoriser par sa signature la présentation d'aucun sénatus-consulte, ou proclamer aucune loi de l'Etat, nous référant, à cet égard, au contenu des ordres et instructions mentionnés ci-dessus.

---

23 JANVIER 1814.—Décret qui rétablit sur le tableau général des foires du département du Finistère, celle qui s'est tenue de temps immémorial à Landivisiau, les 15, 21 et 22 septembre de chaque année. (4, Bull. 558, n° 10158.)

---

23 JANVIER 1814. — Décret qui annule des opérations d'assemblées cantonales du département des Vosges. (4, Bull. 555, n° 10068.)

---

23 JANVIER 1814. — Décret relatif à la tenue des foires de Bar-sur-Ornain et de Mamers. (4, Bull. 558, nos 10159 et 10160.)

---

23 JANVIER 1814. — Décret qui autorise les administrateurs du bureau de bienfaisance de Luz, à répudier, en faveur des sieurs Jean et Nicolas Bourguine, le legs universel fait par la dame Bourguine, leur tante, aux pauvres de cette ville. (4, Bull. 558, n° 10161.)

---

23 JANVIER 1814. — Décrets qui autorisent l'acceptation de dons et legs faits aux fabriques des églises de l'Abbaye-aux-Bois de Paris, de Roggel; de l'église succursale d'Erdeven, et aux vrais pauvres de la ville de Nancy. (4, Bull. 558, nos 10162 à 10165.)

---

27 JANVIER 1814. — Avis du Conseil-d'Etat sur une question relative au protêt des lettres-de-change et billets à ordre, dans le cas d'invasion de l'ennemi et d'évènemens de guerre. (4, Bull. 555, n° 10071.)

Le Conseil-d'Etat, qui, sur le renvoi ordonné par sa majesté, a entendu le rapport fait au nom de la section de législation, sur celui du grand-juge, ministre de la justice, concernant la question de savoir si l'invasion de l'ennemi est un cas de force majeure qui doive faire relever le porteur de lettres-de-change de la déchéance prononcée par la loi du commerce, faute de protêt à l'échéance, et de dénonciation dans le délai prescrit;

Considérant, 1° que, lors de la discussion du Code de commerce au Conseil-d'Etat, l'opinion qui a prévalu sur cette question a été de ne point fixer de limites à l'application de l'exception tirée de la force majeure, et de laisser les tribunaux juges des cas et des circonstances qui devaient la faire admettre en matière de protêt;

2° Qu'il résulte de diverses décisions des tribunaux de commerce et des cours souveraines, notamment du jugement du tribunal de Gênes, intervenu dans la cause entre Oneto Hagerman et les frères Bodin; de l'arrêt de la cour impériale de Gênes du 28 avril 1809, et de celui de la Cour de cassation du 28 mars 1810, que l'exception de la force majeure, et particulièrement celle résultant des évènemens de la guerre, est reçue pour relever les porteurs d'effets de commerce, de la déchéance encourue à défaut de protêt à l'échéance, et de dénonciation dans les délais, et que l'application, selon les cas et les circonstances, est abandonnée à la prudence des juges;

Est d'avis,

Que l'exception tirée de la force majeure est applicable au cas de l'invasion de l'ennemi et des évènemens de guerre, pour relever le porteur de lettres-de-change et de billets à ordre de la déchéance prononcée par le Code de commerce, à défaut de protêt à l'échéance, et de dénonciation aux tireurs et endosseurs dans les délais, et que l'application, selon les cas et les circonstances, appartient à la prudence des juges.

---

28 JANVIER 1814. — Décret qui nomme le roi Joseph lieutenant général de l'Empereur. (4, Bull. 556, n° 10099.)

---

28 JANVIER 1814. — Décret qui nomme le duc de Cadore secrétaire de la régence. (4, Bull. 556, n° 10098.)

---

28 JANVIER 1814. — Avis du Conseil-d'Etat. (Impositions.) *Voy.* 29 JANVIER 1814.

---

29 JANVIER 1814. — Avis du Conseil-d'Etat sur la question de savoir si les trente centimes imposés extraordinairement en 1813 doivent être supportés par le propriétaire, ou bien par le fermier, lorsqu'il est chargé du paiement de la contribution foncière. (4, Bull. 556, n° 10100.)

Le Conseil-d'Etat, qui, d'après le renvoi ordonné par sa majesté, a entendu le rapport de la section des finances sur celui du ministre de ce département, tendant à faire décider, conformément à la disposition du décret du 9 janvier 1814, la question de savoir si les trente centimes imposés extraordinairement en 1813 doivent être supportés par le propriétaire, ou bien par le fermier, lorsqu'il est chargé du paiement de la contribution foncière,

Est d'avis,

Que l'article 3 du décret du 9 janvier 1814, relatif aux contributions extraordinaires de 1814, est applicable aux contributions extraordinaires de 1813, ordonnées par le décret du 11 novembre dernier, sans que cependant il y ait lieu de revenir sur les arrangemens qui auraient été faits de gré à gré, depuis le décret du 11 novembre dernier, ni sur les jugemens passés en force de chose jugée.

---

29 JANVIER 1814. — Décret portant réglement sur l'exercice de la profession de boulanger dans la ville de Perpignan, département des Pyrénées-Orientales. (4, Bull. 557, n° 10112.)

Art. 1er. A l'avenir, nul ne pourra exercer, dans la ville de Perpignan, département des Pyrénées-Orientales, la profession de boulanger sans une permission spéciale du maire :

elle ne sera accordée qu'à ceux qui seront de bonnes vie et mœurs, et qui justifieront avoir fait leur apprentissage et connaître les bons procédés de l'art.

Ceux qui exercent actuellement la profession de boulanger dans la ville de Perpignan sont maintenus dans l'exercice de leur profession; mais ils devront se munir, à peine de déchéance, de la permission du maire, dans un mois, pour tout délai, à compter de la publication du présent décret.

2. Cette permission ne sera accordée que sous les conditions suivantes :

Chaque boulanger se soumettra à avoir constamment en réserve dans son magasin un approvisionnement de farine de première qualité.

Cet approvisionnement sera, savoir :

De cinq mille kilogrammes pour les boulangers de première classe;

De quatre mille kilogrammes pour ceux de deuxième classe;

De trois mille kilogrammes pour ceux de troisième classe;

De quinze cents kilogrammes pour ceux de quatrième classe.

3. La permission délivrée par le maire constatera la soumission souscrite par le boulanger pour la quotité de son approvisionnement de réserve: elle énoncera le quartier dans lequel chaque boulanger devra exercer sa profession.

4. Le maire s'assurera par lui-même, ou par l'un de ses adjoints, si les boulangers ont constamment en magasin et en réserve la quantité de farine pour laquelle chacun d'eux aura fait sa soumission. Il en enverra, tous les mois, l'état certifié par lui au préfet.

5. Le maire réunira auprès de lui neuf boulangers pris parmi ceux qui exercent leur profession depuis long-temps. Ces neuf boulangers procéderont, en présence du maire, à la nomination d'un syndic et de deux adjoints. Le syndic et les adjoints seront renouvelés, tous les ans, au mois de janvier : ils pourront être réélus; mais, après un exercice de trois années, le syndic et les adjoints devront nécessairement être renouvelés.

6. Le syndic et les adjoints procéderont, en présence du maire, au classement des boulangers, conformément aux dispositions énoncées en l'article 2.

La quatrième classe se composera principalement des boulangers connus à Perpignan sous la dénomination de *fabricans et fabricantes de pain de ménage.*

Les syndic et adjoints régleront pareillement le nombre de fournées auquel chaque boulanger devra être au moins journellement astreint, suivant les différentes saisons de l'année.

7. Le syndic et les adjoints seront chargés de la surveillance de l'approvisionnement de réserve des boulangers, et de constater la nature et la qualité des farines dudit approvisionnement, sans préjudice des autres mesures de surveillance qui devront être prises par le maire.

8. Aucun boulanger ne pourra quitter sa profession que six mois après la déclaration qu'il en devra faire au maire.

9. Nul boulanger ne pourra restreindre le nombre de ses fournées sans l'autorisation du maire.

10. Tout boulanger sera tenu de peser le pain, s'il en est requis par l'acheteur : il devra, à cet effet, avoir, dans le lieu le plus apparent de sa boutique, des balances et un assortiment de poids métriques dûment poinçonnés.

11. Tout boulanger qui quittera sa profession sans y être autorisé par le maire, ou qui sera définitivement interdit, perdra son approvisionnement de réserve, qui sera vendu à la halle, à la diligence du maire, et le produit en sera versé à la caisse des hospices.

Dans le cas où le boulanger aurait fait disparaître son approvisionnement de réserve, et où l'interdiction absolue aurait été prononcée par le maire, il gardera prison jusqu'à ce qu'il l'ait représenté, ou qu'il en ait versé la valeur à la caisse des hospices.

12. Il est défendu, sous peine de confiscation, d'établir des regrats de pain en quelque lieu public que ce soit : en conséquence, les traiteurs, aubergistes, cabaretiers, et tous autres qui font métier de donner à manger, ne pourront, à peine de confiscation, tenir d'autre pain chez eux que celui nécessaire à leur propre consommation et à celle de leurs hôtes.

13. Le fonds d'approvisionnement de réserve deviendra libre, sur une autorisation du maire, pour tout boulanger qui, en conformité de l'article 8, aura quitté sa profession, après avoir fait au maire sa déclaration préalable et six mois d'avance, suivant les dispositions dudit article 8. La veuve et les héritiers du boulanger décédé pourront pareillement être autorisés à disposer de leur approvisionnement.

14. Les boulangers et débitans forains, quoique étrangers à la boulangerie de Perpignan, seront admis, concurremment avec les boulangers de la ville, à vendre ou faire vendre du pain sur les marchés et lieux publics qui seront désignés par le maire, en se conformant aux réglemens.

15. Le préfet du département des Pyrénées-Orientales, sur la proposition du maire et l'avis du commissaire général de police et du sous-préfet, pourra, avec l'autorisation de notre ministre des manufactures et du commerce, faire les réglemens locaux nécessaires pour l'exercice de la profession de boulanger, sur la nature, la qualité, la marque et le poids

du pain en usage à Perpignan, sur les boulangers et débitans forains et les boulangers de Perpignan qui ont coutume d'approvisionner les marchés, et sur la fixation du prix des différentes espèces de pain.

16. En cas de contravention aux articles 2 et 9 du présent décret, il sera procédé, contre les contrevenans, par le maire, qui, suivant les circonstances, pourra prononcer, par voie administrative, une interdiction momentanée ou absolue de leur profession, sauf le recours au préfet et à notre ministre des manufactures et du commerce. Les autres contraventions à notre présent décret et aux réglemens locaux dont il est fait mention en l'article précédent, seront poursuivies et réprimées par le tribunal de police municipale, qui pourra prononcer l'impression et l'affiche du jugement, aux frais des contrevenans.

17. Les lois et réglemens antérieurs continueront à être exécutés en tout ce qui n'est pas contraire au présent décret.

18. Notre grand-juge, ministre de la justice, et notre ministre des manufactures et du commerce, sont chargés de l'exécution du présent décret, qui sera inséré au Bulletin des Lois.

---

29 JANVIER 1814. — Décret portant réglement sur l'exercice de la profession de boulanger dans la ville de Grasse, département du Var. (4, Bull. 557, n° 10113.)

Art. 1er. A l'avenir, nul ne pourra exercer dans la ville de Grasse, département du Var, la profession de boulanger, sans une permission spéciale du maire : elle ne sera accordée qu'à ceux qui seront de bonnes vie et mœurs, et qui justifieront avoir fait leur apprentissage et connaître les bons procédés de l'art.

Ceux qui exercent actuellement la profession de boulanger dans la ville de Grasse sont maintenus dans l'exercice de leur profession; mais ils devront se munir, à peine de déchéance, de la permission du maire, dans un mois, pour tout délai, à compter de la publication du présent décret.

2. Cette permission ne sera accordée que sous les conditions suivantes :

Chaque boulanger se soumettra à avoir constamment en réserve, dans son magasin, un approvisionnement de farine de première qualité.

Cet approvisionnement sera, savoir :

1° Pour les boulangers de première classe, de quatre mille cinq cents kilogrammes;

2° Pour les boulangers de deuxième classe, de trois mille kilogrammes;

3° Pour les boulangers de troisième classe, de quinze cents kilogrammes;

3. La permission délivrée par le maire constatera la soumission souscrite par le boulanger pour la quotité de son approvisionnement de réserve : elle énoncera le quartier dans lequel chaque boulanger devra exercer sa profession.

4. Le maire s'assurera, par lui-même ou par l'un de ses adjoints, si les boulangers ont constamment en magasin et en réserve la quantité de farine pour laquelle chacun d'eux aura fait sa soumission : il en enverra, tous les mois, l'état par lui certifié au préfet.

5. Le maire réunira auprès de lui onze boulangers, pris parmi ceux qui exercent leur profession depuis long-temps. Ces onze boulangers procéderont, en présence du maire, à la nomination d'un syndic et de quatre adjoints. Le syndic et les adjoints seront renouvelés, tous les ans, au mois de janvier : ils pourront être réélus; mais, après un exercice de trois années, le syndic et les adjoints devront nécessairement être renouvelés.

6. Le syndic et les adjoints procéderont, en présence du maire, au classement des boulangers, conformément aux dispositions énoncées en l'article 2. Ils régleront pareillement le nombre de fournées auquel chaque boulanger devra être au moins journellement astreint, suivant les différentes saisons de l'année.

7. Le syndic et les adjoints seront chargés de la surveillance de l'approvisionnement de réserve des boulangers, et de constater la nature et la qualité des farines dudit approvisionnement, sans préjudice des autres mesures de surveillance qui devront être prises par le maire.

8. Aucun boulanger ne pourra quitter sa profession que six mois après la déclaration qu'il en devra faire au maire.

9. Nul boulanger ne pourra restreindre le nombre de ses fournées sans l'autorisation du maire.

10. Tout boulanger sera tenu de peser le pain, s'il en est requis par l'acheteur : il devra, à cet effet, avoir, dans le lieu le plus apparent de sa boutique, des balances et un assortiment de poids métriques dûment poinçonnés.

11. Tout boulanger qui quittera sa profession sans y être autorisé par le maire, ou qui sera définitivement interdit, perdra son approvisionnement de réserve, qui sera vendu au marché, à la diligence du maire; et le produit en sera versé à la caisse des hospices.

Dans le cas où le boulanger aurait fait disparaître son approvisionnement de réserve, et où l'interdiction absolue aurait été prononcée par le maire, il gardera prison jusqu'à ce qu'il l'ait représenté, ou qu'il en ait versé la valeur à la caisse des hospices.

12. Il est défendu, sous peine de confiscation, d'établir des regrats de pain en quelque lieu public que ce soit : en conséquence, les

traiteurs, aubergistes, cabaretiers, et tous autres qui font métier de donner à manger, ne pourront, à peine de confiscation, tenir d'autre pain chez eux que celui nécessaire à leur propre consommation et à celle de leurs hôtes.

13. Le fonds d'approvisionnement de réserve deviendra libre, sur une autorisation du maire, pour tout boulanger qui, en conformité de l'article 8, aura quitté sa profession après avoir fait au maire, six mois d'avance, la déclaration préalable exigée par ledit article 8. La veuve et les héritiers du boulanger décédé pourront pareillement être autorisés à disposer de leur approvisionnement.

14. Les boulangers et débitans forains, quoique étrangers à la boulangerie de Grasse, seront admis, concurremment avec les boulangers de la ville, à vendre ou faire vendre du pain sur les marchés et lieux publics qui seront désignés par le maire, en se conformant aux réglemens.

15. Le préfet du département du Var, sur la proposition du maire et l'avis du sous-préfet, pourra, avec l'autorisation de notre ministre des manufactures et du commerce, faire les réglemens locaux nécessaires pour l'exercice de la profession de boulanger, sur la nature, la qualité, la marque et le poids du pain en usage à Grasse, sur les boulangers et débitans forains et les boulangers de Grasse qui ont coutume d'approvisionner les marchés, et sur la fixation du prix des différentes espèces de pain.

16. En cas de contravention aux art. 2 et 9 du présent décret, il sera procédé, contre les contrevenans, par le maire, qui, suivant les circonstances, pourra prononcer, par voie administrative, une interdiction momentanée ou absolue de leur profession, sauf le recours au préfet et à notre ministre des manufactures et du commerce. Les autres contraventions à notre présent décret et aux réglemens locaux dont il est fait mention à l'article précédent seront poursuivies et réprimées par le tribunal de police municipale, qui pourra prononcer l'impression et l'affiche du jugement, aux frais des contrevenans.

17. Les lois et réglemens antérieurs continueront à être exécutés en tout ce qui n'est pas contraire au présent décret.

18. Notre grand-juge, ministre de la justice, et notre ministre des manufactures et du commerce, sont chargés de l'exécution du présent décret, qui sera inséré au Bulletin des Lois.

---

29 JANVIER 1814. — Décret qui ordonne le paiement d'une somme de trois mille neuf cent neuf francs pour pensions accordées à seize veuves de militaires. (4, Bull. 558, n° 10173.)

---

29 JANVIER 1814. — Décrets qui autorisent l'acceptation de dons et legs faits aux pauvres et hospices de Roanne, Lorris, Lignières, Remalard, Lyon et Auxerre. (4, Bull. 558, n°s 10166 à 10171.)

---

29 JANVIER 1814. — Décret qui permet au sieur Mongenet, maître de forges à Carema, et propriétaire de diverses usines à traiter le fer, dans les arrondissemens d'Aoste et d'Ivrée, de maintenir seulement en activité le haut fourneau à fondre le minerai de fer, situé commune de Carema, la forge située sur le torrent Eylé, commune de Pont-Saint-Martin, composée d'un feu d'affinerie de gueuse, d'une chaufferie et de deux marteaux, et la forge de même consistance située commune de Lilliannes. (4, Bull. 558, n° 10172.)

---

31 JANVIER 1814. — Décrets qui autorisent l'acceptation de legs faits à la fabrique de l'église succursale de Saint-Godard, commune de Rouen, et aux pauvres et hospices de Meung, Nîmes et Beaune. (4, Bull. 558, n°s 10174 à 10177.)

---

2 FÉVRIER 1814. — Décret qui autorise l'acceptation d'un legs fait aux pauvres de la commune de Saint-Dizier. (4, Bull 558, n° 10178.)

---

5 FÉVRIER 1814. — Décrets qui autorisent l'acceptation de dons et legs faits aux pauvres de Paris et de Drancy, et aux fabriques et églises de Greneteil, Savillan, Villeneuve d'Agen, Saint-Antoine-sous-Brecht et de l'Ile-Bouin. (4, Bull. 558, n°s 10179 à 10181; Bull. 559, n°s 10185 à 10188.)

---

8 FÉVRIER 1814. — Décret qui permet au sieur Jean-Nicolas Leroy, négociant à Amiens, d'ajouter à son nom celui de Dupré. (4, Bull. 557, n° 10114.)

---

8 FÉVRIER 1814. — Décret relatif à la tenue et à l'établissement des foires de Redon, Baulon, la Chapelle-Bonexic, Ercé-en-Lamée, Guipry, Lalleu-Saint-Jouin, Lanion, Saint-Malo-de-Phily, Plelan, Saint-Briac et Pertre. (4, Bull. 559, n° 10189.)

---

8 FÉVRIER 1814. — Décrets qui autorisent l'acceptation de dons et legs faits aux fabriques des églises d'Eupen et de Valréas. (4, Bull. 560, n°s 10195 à 10197.)

---

12 FÉVRIER 1814. — Décret portant que les extraits d'actes de société dont l'affiche est ordonnée par l'article 42 du Code de commerce seront, en outre, insérés dans les affiches judiciaires et les journaux de commerce. (4, Bull. 558, n° 10147.)

Voy. loi du 31 MARS 1833.

Art. 1er Indépendamment de l'affiche ordonnée par l'article 42 du Code de commerce, et dans le délai y mentionné et sous les mêmes peines, tout extrait d'acte de société conforme à l'article 43 du même Code sera inséré dans les affiches judiciaires et dans le journal du commerce du département de la Seine (1).

2. Pareille insertion aura lieu pour tous les changemens qui pourront être faits pendant la durée de la société, soit par la retraite d'un ou de plusieurs associés, soit par les nouvelles conventions qu'ils peuvent faire entre eux pendant la durée de l'association.

3. Les formalités prescrites par les articles 1 et 2 ci-dessus seront également observées dans les autres départemens, et les insertions faites dans les affiches judiciaires et les journaux de commerce du département où les tribunaux de commerce seront placés (2).

---

12 FÉVRIER 1814. — Décret portant réglement sur l'exercice de la profession de boulanger dans la ville d'Arles, département des Bouches-du-Rhône. (4, Bull. 558, n° 10148.)

Art. 1er. A l'avenir, nul ne pourra exercer, dans la ville d'Arles, département des Bouches-du-Rhône, la profession de boulanger, sans une permission spéciale du maire : elle ne sera accordée qu'à ceux qui seront de bonnes vie et mœurs, et qui justifieront avoir fait leur apprentissage et connaître les bons procédés de l'art.

Ceux qui exercent actuellement la profession de boulanger dans la ville d'Arles sont maintenus dans l'exercice de leur profession ; mais ils devront se munir, à peine de déchéance, de la permission du maire, dans un mois, pour tout délai, à compter de la publication du présent décret.

2. Cette permission ne sera accordée que sous les conditions suivantes :

Chaque boulanger se soumettra à avoir constamment en réserve, dans son magasin, un approvisionnement de farine de première qualité.

Cet approvisionnement sera, savoir :

1° Pour les boulangers de première classe, de trois mille kilogrammes ;

2° Pour les boulangers de deuxième classe, de deux mille kilogrammes ;

3° Pour les boulangers de troisième classe, de quinze cents kilogrammes.

3. La permission délivrée par le maire constatera la soumission souscrite par le boulanger pour la quotité de son approvisionnement de réserve : elle énoncera le quartier dans lequel chaque boulanger devra exercer sa profession.

4. Le maire s'assurera, par lui-même ou par l'un de ses adjoints, si les boulangers ont constamment en magasin et en réserve la quantité de farine pour laquelle chacun d'eux aura fait sa soumission. Il en enverra, tous les mois, l'état certifié par lui au préfet.

5. Le maire réunira auprès de lui dix boulangers pris parmi ceux qui exercent leur profession depuis long-temps. Ces dix boulangers procéderont, en présence du maire, à la nomination d'un syndic et de deux adjoints. Le syndic et les adjoints seront renouvelés, tous les ans, au mois de janvier : ils pourront être réélus ; mais, après un exercice de trois années, le syndic et les adjoints devront nécessairement être renouvelés.

6. Le syndic et les adjoints procéderont, en présence du maire, au classement des boulangers, conformément aux dispositions énoncées en l'article 2. Ils régleront pareillement le nombre de fournées auquel chaque

---

(1). La nullité d'un acte de société commerciale résultant du non-accomplissement des formalités de transcription et d'affiche de l'acte de société, conformément à l'article 42 du Code de commerce et au présent décret, est d'ordre public, et, comme telle, ne se couvre point par l'exécution volontaire donnée au contrat de société. Cette nullité peut être opposée même par l'un des associés à ses co-associés (9 décembre 1829, Nîmes ; S. 30, 2, 107 ; D. 30, 2, 221).

Les décrets impériaux qui n'ont point été attaqués par le Sénat, pour cause d'inconstitutionnalité, ont force de loi. Il en est ainsi même de ceux rendus en 1814 pendant la régence de Marie-Louise (9 décembre 1829, Nîmes ; S. 30, 2, 107 ; D. 30, 2, 221).

Décidé en sens contraire, que ce décret rendu par Marie-Louise, régente, n'a point force de loi, en ce qu'il excède les bornes du pouvoir exécutif délégué à Marie-Louise, et statue sur un objet du domaine de la puissance législative ; ce décret n'est donc point obligatoire.

Le principe (consacré par la jurisprudence) que les décrets rendus par l'Empereur sur des matières législatives sont réputés avoir force de loi, lorsqu'ils n'ont pas été annulés ou attaqués constitutionnellement pour excès de pouvoir, ne saurait être étendu aux décrets rendus par l'impératrice Marie-Louise, pendant sa régence, au-delà des termes des pouvoirs à elle délégués par les lettres-patentes qui lui conféraient la régence (13 mars 1832 ; Cass. S. 32, 1, 293 ; D. 32, 1, 13).

(2) L'inobservation de ces formalités dans les départemens n'emporte point nullité. Il n'en est pas comme de la disposition de l'article 1er, qui, en exigeant les mêmes formalités pour Paris, prononce formellement la peine de nullité (5 mai 1825, Colmar ; S. 26, 2, 186 ; D. 26, 2, 166).

Décidé en sens contraire, que ces formalités doivent être observées *à peine* de nullité dans les départemens, comme dans le département de la Seine (27 janvier 1830 ; Cass. S. 30, 1, 203 ; D. 30, 1, 95 ; S. 47, 75).

boulanger devra être au moins journellement astreint, suivant les différentes saisons de l'année.

7. Le syndic et les adjoints seront chargés de la surveillance de l'approvisionnement de réserve des boulangers, et de constater la nature et la qualité des farines dudit approvisionnement, sans préjudice des autres mesures de surveillance qui devront être prises par le maire.

8. Aucun boulanger ne pourra quitter sa profession que six mois après la déclaration qu'il en devra faire au maire.

9. Nul boulanger ne pourra restreindre le nombre de ses fournées sans l'autorisation du maire.

10. Tout boulanger sera tenu de peser le pain, s'il en est requis par l'acheteur : il devra, à cet effet, avoir, dans le lieu le plus apparent de sa boutique, des balances et un assortiment de poids métriques dûment poinçonnés.

11. Tout boulanger qui quittera sa profession sans y être autorisé par le maire, ou qui sera définitivement interdit, perdra son approvisionnement de réserve, qui sera vendu au marché, à la diligence du maire, et le produit en sera versé dans la caisse des hospices.

Dans le cas où le boulanger aurait fait disparaître son approvisionnement de réserve, et où l'interdiction absolue aurait été prononcée par le maire, il gardera prison jusqu'à ce qu'il l'ait représenté, ou qu'il en ait versé la valeur à la caisse des hospices.

12. Il est défendu, sous peine de confiscation, d'établir des regrats de pain en quelque lieu public que ce soit : en conséquence, les traiteurs, aubergistes, cabaretiers et tous autres qui font métier de donner à manger, ne pourront, à peine de confiscation, tenir d'autre pain chez eux que celui nécessaire à leur propre consommation et à celle de leurs hôtes.

13. Le fonds d'approvisionnement de réserve deviendra libre, sur une autorisation du maire, pour tout boulanger qui, en conformité de l'article 8, aura quitté sa profession, après avoir fait au maire, et six mois d'avance, la déclaration préalable prescrite par ledit article 8. La veuve et les héritiers du boulanger décédé pourront pareillement être autorisés à disposer de leur approvisionnement.

14. Les boulangers et débitans forains, quoique étrangers à la boulangerie d'Arles, seront admis, concurremment avec les boulangers de la ville, à vendre ou faire vendre du pain sur les marchés et lieux publics qui seront désignés par le maire, en se conformant aux réglemens.

15. Le préfet du département des Bouches-du-Rhône, sur la proposition du maire et l'avis du sous-préfet, pourra, avec l'autorisation de notre ministre des manufactures et du commerce, faire les réglemens locaux nécessaires pour l'exercice de la profession de boulanger, sur la nature, la qualité, la marque et le poids du pain en usage à Arles, sur les boulangers et débitans forains et les boulangers d'Arles qui ont coutume d'approvisionner les marchés, et sur la fixation du prix des différentes espèces de pain.

16. En cas de contravention aux articles 2 et 9 du présent décret, il sera procédé contre les contrevenans par le maire, qui, suivant les circonstances, pourra prononcer, par voie administrative, une interdiction momentanée ou absolue de leur profession, sauf le recours au préfet et à notre ministre des manufactures et du commerce. Les autres contraventions à notre présent décret et aux réglemens locaux dont il est fait mention en l'article précédent seront poursuivies et réprimées par le tribunal de police municipale, qui pourra prononcer l'impression et l'affiche du jugement aux frais des contrevenans.

17. Les lois et réglemens antérieurs continueront à être exécutés en tout ce qui n'est pas contraire au présent décret.

18. Notre grand-juge, ministre de la justice, et notre ministre des manufactures et du commerce, sont chargés de l'exécution du présent décret, qui sera inséré au Bulletin des Lois.

---

12 FÉVRIER 1814. — Décret portant réglement sur l'exercice de la profession de boulanger dans la ville de Tours, département d'Indre-et-Loire. (4, Bull. 558, n° 10149.)

Art. 1er. A l'avenir, nul ne pourra exercer, dans notre bonne ville de Tours, département d'Indre-et-Loire, la profession de boulanger, sans une permission spéciale du maire : elle ne sera accordée qu'à ceux qui seront de bonnes vie et mœurs, et qui justifieront avoir fait leur apprentissage et connaître les bons procédés de l'art.

Ceux qui exercent actuellement la profession de boulanger dans notre bonne ville de Tours sont maintenus dans l'exercice de leur profession; mais ils devront se munir, à peine de déchéance, de la permission du maire, dans un mois, pour tout délai, à compter de la publication du présent décret.

2. Cette permission ne sera accordée que sous les conditions suivantes :

Chaque boulanger se soumettra à avoir constamment en réserve, dans son magasin, un approvisionnement de farine de première qualité.

Cet approvisionnement sera, savoir :

1° Pour les boulangers de première classe, de quatre mille cinq cents kilogrammes;

2° Pour les boulangers de seconde classe, de trois mille kilogrammes;

3° Pour les boulangers de troisième classe, de quinze cents kilogrammes.

3. La permission délivrée par le maire constatera la soumission souscrite par le boulanger pour la quotité de son approvisionnement de réserve ; elle énoncera le quartier dans lequel chaque boulanger devra exercer sa profession.

4. Le maire s'assurera par lui-même, ou par l'un de ses adjoints, si les boulangers ont constamment en magasin et en réserve la quantité de farine pour laquelle chacun d'eux aura fait sa soumission. Il en enverra, tous les mois, l'état certifié par lui au préfet.

5. Le maire réunira auprès de lui dix boulangers, pris parmi ceux qui exercent leur profession depuis long-temps. Ces dix boulangers procéderont, en présence du maire, à la nomination d'un syndic et de deux adjoints.

Le syndic et les adjoints seront renouvelés, tous les ans, au mois de janvier ; ils pourront être réélus; mais, après un exercice de trois années, le syndic et les adjoints devront nécessairement être renouvelés.

6. Le syndic et les adjoints procéderont, en présence du maire, au classement des boulangers, conformément aux dispositions énoncées en l'article 2. Ils régleront pareillement le nombre de fournées auquel chaque boulanger devra être au moins journellement astreint, suivant les différentes saisons de l'année.

7. Le syndic et les adjoints seront chargés de la surveillance de l'approvisionnement de réserve des boulangers, et de constater la nature et la qualité des farines dudit approvisionnement, sans préjudice des autres mesures de surveillance qui devront être prises par le maire.

8. Aucun boulanger ne pourra quitter sa profession que six mois après la déclaration qu'il en devra faire au maire.

9. Nul boulanger ne pourra restreindre le nombre de ses fournées sans l'autorisation du maire.

10. Tout boulanger sera tenu de peser le pain, s'il en est requis par l'acheteur : il devra, à cet effet, avoir, dans le lieu le plus apparent de sa boutique, des balances et un assortiment de poids métriques dûment poinçonnés.

11. Tout boulanger qui quittera sa profession sans y être autorisé par le maire, ou qui sera définitivement interdit, perdra son approvisionnement de réserve, qui sera vendu à la halle, à la diligence du maire; et le produit en sera versé dans la caisse des hospices.

Dans le cas où le boulanger aurait fait disparaître son approvisionnement de réserve, et où l'interdiction absolue aurait été prononcée par le maire, il gardera prison jusqu'à ce qu'il l'ait représenté, ou qu'il en ait versé la valeur à la caisse des hospices.

12. Il est défendu, sous peine de confiscation, d'établir des regrats de pain en quelque lieu public que ce soit: en conséquence, les traiteurs, aubergistes, cabaretiers et tous autres qui font métier de donner à manger, ne pourront, à peine de confiscation, tenir d'autre pain chez eux que celui nécessaire à leur propre consommation et à celle de leurs hôtes.

13. Le fonds d'approvisionnement de réserve deviendra libre, sur une autorisation du maire, pour tout boulanger qui, en conformité de l'article 8, aura quitté sa profession après avoir fait au maire, et six mois d'avance, la déclaration préalable prescrite par ledit article 8. La veuve et les héritiers du boulanger décédé pourront pareillement être autorisés à disposer de leur approvisionnement.

14. Les boulangers et débitans forains, quoique étrangers à la boulangerie de Tours, seront admis, concurremment avec les boulangers de la ville, à vendre ou faire vendre du pain sur les marchés et lieux publics qui seront désignés par le maire, en se conformant aux réglemens.

15. Le préfet du département d'Indre-et-Loire, sur la proposition du maire et l'avis du sous-préfet, pourra, avec l'autorisation de notre ministre des manufactures et du commerce, faire les réglemens locaux nécessaires pour l'exercice de la profession de boulanger, sur la nature, la qualité, la marque et le poids du pain en usage à Tours, sur les boulangers et débitans forains et les boulangers de Tours qui ont coutume d'approvisionner les marchés, et sur la taxation du prix des différentes espèces de pain.

16. En cas de contravention aux articles 2 et 9 du présent décret, il sera procédé contre les contrevenans par le maire, qui, suivant les circonstances, pourra prononcer, par voie administrative, une interdiction momentanée ou absolue de leur profession, sauf le recours au préfet et à notre ministre des manufactures et du commerce. Les autres contraventions à notre présent décret et aux réglemens locaux dont il est fait mention en l'article précédent seront poursuivies et réprimées par le tribunal de police municipale, qui pourra prononcer l'impression et l'affiche du jugement, aux frais des contrevenans.

17. Les lois et réglemens antérieurs continueront à être exécutés en tout ce qui n'est pas contraire au présent décret.

18. Notre grand-juge, ministre de la justice, et notre ministre des manufactures et du commerce, sont chargés de l'exécution du présent décret, qui sera inséré au Bulletin des Lois.

---

12 FÉVRIER 1814. — Décrets qui autorisent l'acceptation de dons et legs faits aux fabriques des églises d'Aboncourt et de Hambach. (4, Bull. 560, n° 10198; et Bull. 561, n° 10200.)

12 FÉVRIER 1814. — Décret relatif à la tenue des foires de Vence. (4, Bull. 561, n° 10201.)

14 FÉVRIER 1814. — Décrets qui autorisent l'acceptation de legs faits aux pauvres et hospices de Lyon, Tours et Thisy. (4, Bulletin 561, n°s 10202 à 10204.)

21 FÉVRIER 1814. — Décret qui prononce sur le pourvoi au Conseil-d'Etat, formé par un ex-garde-magasin des vivres, contre une décision du ministre-directeur de l'administration de la guerre. (4, Bull. 559, n° 10184.)

N...... vu la requête du sieur Mœvus, ex-garde-magasin comptable du service des vivres à Wittemberg, tendant à ce qu'il nous plaise annuler une décision de notre ministre directeur de l'administration de la guerre, du 5 mai 1812, qui refuse de lui allouer une somme de douze cent soixante-neuf francs pour frais extraordinaires de portage, et le constitue en débet de vingt-quatre mille quatre cent soixante-dix-sept francs dix-huit centimes, pour déficit de quinze cent quatre-vingt-dix-huit sacs d'avoine dans un convoi de huit mille cinq, expédiés en novembre 1806, à l'adresse du requérant, par le sieur Bellanger, ex-inspecteur des vivres à Torgau;

Vu ladite décision;

Vu la réponse de notre ministre-directeur;

Vu la requête du sieur Drouin, ex-commissaire des guerres chargé du service de la place de Wittemberg, qui conclut à ce qu'il nous plaise le mettre hors de cause, et condamner le sieur Mœvus aux dépens;

Vu l'ordonnance de *soit communiqué* de notre grand-juge, ministre de la justice, à laquelle le sieur Bellanger n'a pas répondu dans les délais du réglement;

Vu toutes les pièces produites, et spécialement les lettres de voiture, procès-verbaux, bordereaux et autres pièces comptables;

Vu les lois et réglemens sur la comptabilité en matière et deniers du service des vivres;

Considérant, sur les douze cent soixante-neuf francs réclamés par le sieur Mœvus, pour frais extraordinaires de portage,

1° Qu'il ne produit point l'autorisation du commissaire des guerres, sans laquelle cette dépense ne pouvait avoir lieu à la charge de l'Etat;

2° Qu'il avait sous ses ordres un nombre d'ouvriers plus que suffisant pour tous les mouvemens extraordinaires de son service;

3° Que des notes mises de sa main au bordereau de son compte prouvent qu'il a été payé, par les magistrats de Wittemberg, diverses sommes pour frais extraordinaires de manutention;

Considérant, sur les vingt-quatre mille quatre cent soixante-dix-sept francs dix-huit centimes mis à la charge du sieur Mœvus pour le déficit de quinze cent quatre-vingt-dix sacs:

1° Que les expéditions se font de comptable à comptable; que c'est à l'expéditionnaire de faire constater et mettre à la charge de l'expéditeur ou des bateliers, les quantités qui manquent à l'arrivée; que le commissaire des guerres intervient comme administrateur, soit dans l'intérêt de l'Etat, soit dans l'intérêt commun des comptables, et ne peut devenir responsable et solidaire des pertes ou malversations que dans le cas de connivence;

2° Que, dans l'espèce, les lettres de voiture annoncent expressément l'envoi de huit mille cinq sacs;

Qu'à la vérité, le procès-verbal d'arrivée n'énonce qu'un total de six mille quatre cent quinze;

Mais que la comparaison de ces pièces et du chargement des divers bateaux prouve que la différence de quinze cent quatre-vingt-dix sacs ne résultait, à cette époque, que d'une erreur d'addition, et que le déficit réel n'a eu lieu que dans l'intervalle qui s'est écoulé entre la rédaction du procès-verbal d'arrivée et celui d'entrée en magasin, où l'on a profité de l'erreur matérielle commise dans le premier procès-verbal;

Que ces preuves sont fortifiées par la contexture même des procès-verbaux, dans lesquels le sieur Mœvus n'a fait remarquer, constater, ni mettre à la charge du sieur Bellanger ou des bateliers, le prétendu déficit de quinze cent quatre-vingt-dix sacs;

Qu'il ne résulte des pièces rien qui prouve que le commissaire des guerres ait été d'intelligence avec le comptable, et que l'erreur par lui commise au procès-verbal d'arrivée ait été volontaire;

Notre Conseil-d'Etat entendu,

Nous avons décrété et décrétons ce qui suit:

Art. 1er. La requête du sieur Mœvus est rejetée, et la décision de notre ministre directeur de l'administration de la guerre, du 5 mai 1812, sera exécutée selon sa forme et teneur.

2. Le sieur Drouin est mis hors de cause, conformément à ses conclusions.

21 FÉVRIER 1814. — Décret qui prononce sur le pourvoi au Conseil-d'Etat, formé par la société de charbonnage de la Hestre et de la Haine-Saint-Pierre, arrondissement de Charleroi,

département de Jemmape, contre quatre décrets du 6 octobre 1810, concernant les limites des concessions des quatre sociétés de Marimont, Sarelongchamp, de Houssu et de la Hestre. (4, Bull. 560, n° 10194.)

N...... vu les requêtes présentées par la société de charbonnage de la Hestre et de Haine-Saint-Pierre, arrondissement de Charleroi, département de Jemmape, représentée par le sieur Deschuytener, tendant à ce qu'il nous plaise les recevoir tiers-opposans aux quatre décrets du 6 octobre 1810, concernant les limites des concessions des quatre sociétés de Marimont, de Sarelongchamp, de Houssu et de la Hestre; en conséquence, rapporter lesdits décrets comme étant rendus sans que ladite société de la Hestre ait été entendue ni appelée; ce faisant, rétablir les supplians dans l'étendue des exploitations qu'ils possédaient avant lesdits décrets; ordonner que les limites des terrains appartenant à chaque société, seront fixées d'après son titre de concession, et conformément à la loi du 21 avril 1810; condamner la société de Marimont à rendre compte du produit des extractions qu'elle a faites sur les portions de terrain dont elle s'est emparée, et en des dommages-intérêts; condamner également la société de Sarelongchamp à rendre compte des produits qu'elle a retirés du bois de Boully et de sept bonniers de terrain en litige entre la société de Houssu et la société de la Hestre, après qu'il aura été statué sur la propriété desdits objets, et renvoyer à cet effet lesdites sociétés devant les tribunaux ordinaires;

Vu les requêtes en défenses produites par les sociétés de Marimont, de Sarelongchamp et de Houssu;

Vu les quatre décrets attaqués qui assigent les limites des concessions faites à chacune des quatre sociétés de Marimont, de Sarelongchamp, de Houssu et de la Hestre;

Vu les observations fournies par le directeur général des mines, qui propose le rapport de ces quatre décrets comme étant essentiellement corrélatifs et rendus sans que la société de la Hestre ait été entendue;

Vu toutes les autres pièces jointes au dossier;

Considérant que la société de la Hestre s'est régulièrement pourvue devant la commission du contentieux du Conseil-d'Etat, contre les quatre décrets du 6 octobre 1810, et que les fins de non-recevoir qu'on lui oppose ne sont pas fondées;

Considérant que, d'après les dispositions de l'art. 4 de la loi du 12 = 28 juillet 1791, et de l'art. 51 de la loi du 21 avril 1810, la société de la Hestre est devenue propriétaire incommutable de la mine de charbon qu'elle exploite dans l'arrondissement de Charleroi, et qui lui a été concédée par Jean-Louis de Carondelet, ci-devant seigneur de la Hestre, par acte du 12 janvier 1757;

Considérant qu'il a été porté atteinte aux droits et à la propriété de la société de la Hestre, en changeant les limites de sa concession pour faire passer une partie de son territoire dans les limites des concessions des sociétés de Marimont et de Sarelongchamp; que, si le ministre de l'intérieur a recommandé par ses instructions de fixer, le plus possible, par des lignes droites, les limites des concessions, il n'a pu et n'a entendu y assujétir que les terrains *à concéder*, et nullement les terrains *concédés*;

Considérant que les décrets du 6 octobre 1810 ont été rendus dans la persuasion où l'on était que toutes les parties intéressées avaient donné leur consentement aux changemens proposés; mais qu'il est aujourd'hui reconnu, soit par l'ingénieur qui a fait la limitation dont il s'agit, soit par le directeur général de l'administration des mines, que la société de la Hestre n'avait pas été entendue lors de cette limitation, et qu'elle s'est opérée sans sa participation; que dès lors les décrets attaqués doivent être rapportés;

Considérant que, d'après les articles 28 et 56 de la loi du 21 avril 1810, toutes les contestations qui s'élèvent sur la propriété ou la limitation des mines acquises par concession ou autrement, doivent être jugées par les tribunaux; qu'ainsi les parties n'ont qu'à se pourvoir devant l'autorité judiciaire, si elles sont divisées sur les limites de leurs concessions;

Notre Conseil-d'Etat entendu,

Nous avons décrété et décrétons ce qui suit :

Art. 1er. La société de la Hestre est reçue opposante aux quatre décrets du 6 octobre 1810, qui ont assigné de nouvelles limites tant à sa concession qu'à celles des sociétés de Marimont, de Sarelongchamp et de Houssu; en conséquence, les parties sont remises au même état où elles étaient avant lesdits décrets.

2. La société de la Hestre est réintégrée dans les portions de terrains dont elle a été dépossédée par l'effet des décrets du 6 octobre 1810.

3. La société de Marimont rendra compte à la société de la Hestre des extractions par elle indûment faites sur les parties de terrain dont il s'agit, sous la déduction néanmoins des frais d'exploitation, ainsi que des travaux et autres améliorations qui pourraient tourner au profit de la société de la Hestre; ces deux sociétés sont, à cet effet, renvoyées devant les tribunaux, pour la liquidation de ces objets.

4. Les sociétés de la Hestre, de Sarelongchamp et de Houssu, sont également ren-

voyées devant les tribunaux, pour être statué entre elles sur la propriété du bois de Boully et des sept bonniers de terrain qui étaient en litige avant les décrets du 6 octobre 1810.

---

21 FÉVRIER 1814. — Décret qui prescrit des mesures pour l'achèvement, l'entretien et la conservation des travaux de desséchement des marais des Flamands, situés dans la commune de Parempuyre, arrondissement de Bordeaux. (4, Bull. 563, n° 10228.)

Voy. loi du 16 SEPTEMBRE 1807.

TITRE Ier. Formation de la commission syndicale.

Art. 1er. Les propriétaires des marais des Flamands, situés dans la commune de Parempuyre, formeront une société appelée *Communauté des marais des Flamands.*

2. Les fonds situés dans l'intérieur des digues de ceinture, qui sont intéressés à la conversation des travaux de desséchement, et qui en profitent, seront compris dans la nouvelle communauté instituée par l'article précédent, et paieront une part contributive à raison de leur intérêt et en conformité des articles 33 et suivans de la loi du 16 septembre 1807, à moins que leurs propriétaires ne justifient par titres des droits qu'ils ont d'être exempts de cette contribution.

3. Cette communauté sera administrée par une commission syndicale composée de cinq membres nommés par le préfet et pris parmi les propriétaires les plus imposés à raison desdits marais.

4. Les membres de cette commission resteront cinq ans en place; cependant, pour la première fois, il en sortira un à la fin de l'année par la voie du sort, un à la fin de la seconde, et ainsi de suite, de manière qu'ils soient renouvelés annuellement par cinquième.

Ils seront rééligibles.

5. Un des cinq commissaires sera désigné par le préfet, pour remplir les fonctions de directeur de la commission. Il sera, en cette qualité, chargé de la surveillance générale des intérêts de la communauté, du dépôt des plans, registres et autres papiers relatifs à l'administration desdits marais.

Les membres de la commission ne pourront se faire représenter aux assemblées.

Il sera nommé par le préfet deux suppléans, qui les remplaceront en cas d'empêchement.

6. Le directeur convoquera et présidera l'assemblée de la commission; ses fonctions dureront trois ans; il pourra être réélu.

Il aura un adjoint nommé par le préfet; ses fonctions seront annuelles; il sera pris parmi les membres de la commission, il remplacera le directeur, en cas d'empêchement, et sera rééligible.

7. La commission syndicale est spécialement chargée:

1° De répartir entre les intéressés le montant des taxes reconnues nécessaires pour l'achèvement et l'entretien des travaux de desséchement;

2° D'examiner, modifier ou adopter les projets des travaux d'entretien;

3° De proposer leur mode d'exécution, soit par régie, soit par adjudication;

4° De passer les marchés ou les adjudications des travaux de cette nature;

5° De vérifier les comptes du percepteur;

6° De donner son avis sur tous les objets relatifs aux intérêts de la communauté, lorsqu'elle sera consultée par l'administration;

7° De présenter un expert chargé de procéder, contradictoirement avec celui nommé par les propriétaires des fonds compris dans l'intérieur des digues de ceinture, à la fixation de la portion contributive que devront supporter lesdits fonds, pour le paiement des travaux de desséchement ou de conservation, conformément à l'article 8 du titre II de la loi du 16 septembre 1807;

8° De présenter au préfet une liste double sur laquelle sera nommé le conducteur spécial, lorsqu'il y aura lieu.

8. La commission syndicale ne pourra délibérer qu'au nombre de quatre membres, y compris le directeur, qui, en cas de partage, aura voix prépondérante.

Les délibérations de la commission seront soumises à l'approbation du préfet, par l'intermédiaire du sous-préfet, qui donnera son avis.

9. La commission présentera un plan de révision des réglemens de la communauté, dans le sens et d'après les bases du présent décret.

Ce réglement sera mis en activité, après avoir été, sur l'avis du préfet et le rapport de notre ministre de l'intérieur, approuvé par nous en notre Conseil-d'Etat, comme réglement d'administration publique.

TITRE II. Des travaux d'entretien, de leur exécution, et de leur mode de paiement.

10. La commission syndicale dressera ou fera dresser, s'il y a lieu, les projets de travaux d'entretien, et elle proposera le mode de leur exécution par une délibération qui sera soumise à l'approbation du préfet.

11. L'exécution desdits travaux aura lieu sous la surveillance du directeur : la commission pourra lui adjoindre un commissaire, qui l'aidera dans cette surveillance.

12. Les travaux d'urgence pourront être exécutés sur-le-champ par l'ordre du directeur, qui sera tenu d'en rendre compte im-

médiatement au préfet et à la commission syndicale.

Le préfet pourra suspendre l'exécution des travaux, s'il le juge convenable, après avoir pris l'avis de l'ingénieur en chef et de la commission syndicale.

Les travaux d'urgence, exécutés conformément aux dispositions précédentes, seront payés sur les mandats du directeur, auxquels devront être jointes les feuilles d'attachement constatant l'état de la dépense résultant desdits travaux.

13. Les paiemens d'à-compte pour les travaux d'entretien seront faits en vertu des mandats du directeur, délivrés sur le certificat du commissaire qui lui aura été adjoint pour surveiller l'exécution des travaux.

Les paiemens définitifs s'effectueront sur les mandats du directeur, délivrés sur le certificat du même commissaire et le procès-verbal de la réception des travaux, laquelle aura lieu en présence du directeur et du commissaire adjoint.

14. Le préfet se fera rendre compte, tous les ans, de l'état d'entretien des marais.

Il fera faire les vérifications et reconnaissances nécessaires par un ingénieur des ponts-et-chaussées, aux frais des intéressés, et ordonnera, s'il y a lieu, les dispositions convenables pour assurer la conservation des travaux, après avoir entendu la commission syndicale.

TITRE III. Des travaux extraordinaires, de leur mode d'exécution, et de leur paiement.

15. Les projets des travaux extraordinaires seront rédigés par des hommes de l'art choisis par la commission, et acceptés par le préfet, sur l'avis de l'ingénieur en chef.

Ces travaux seront soumis à l'approbation de notre directeur général des ponts-et-chaussées, lorsqu'il s'agira de travaux neufs et autres que ceux de simple entretien et de conservation.

16. L'exécution des travaux aura lieu sous la surveillance du directeur, et d'un membre de la commission qu'elle nommera à cet effet; elle sera dirigée par le conducteur spécial, nommé conformément aux dispositions du § 8 de l'art. 7 du présent décret.

Les travaux seront, autant qu'il sera possible, adjugés d'après le mode adopté pour ceux des ponts-et-chaussées, en présence du directeur de la commission; ils pourront cependant être exécutés de toute autre manière, sur l'avis de la commission et de l'ingénieur en chef, approuvé par le préfet.

17. Les paiemens d'à-comptes seront faits en vertu des mandats du directeur de la commission, sur les certificats du conducteur, visés par le commissaire chargé de la surveillance des travaux.

18. Les paiemens définitifs auront lieu sur un procès-verbal d'un ingénieur des ponts-et-chaussées, constatant que les travaux ont été exécutés conformément aux projets approuvés, et sur le certificat délivré par le conducteur, visé par le directeur et par le commissaire chargé de la surveillance des travaux.

TITRE IV. COMPTABILITÉ. — De la rédaction des rôles, et de leur recouvrement.

19. Le recouvrement des taxes délibérées par la commission et approuvées par le préfet sera fait par le percepteur de la commune, s'il est nommé par la commission, ou par tout autre percepteur choisi par elle : cette nomination devra être autorisée par le préfet.

Le percepteur prêtera le serment voulu par la loi.

20. Le percepteur fournira un cautionnement en immeubles proportionnés au montant du rôle.

Il lui sera alloué une remise proposée par la commission et déterminée par le préfet.

21. Le percepteur, au moyen de cette remise, dressera les rôles sur les documens qui lui seront fournis par la commission, conformément au paragraphe 1er de l'article 7 du présent décret : les rôles seront visés par la commission et rendus exécutoires par le préfet.

La perception en sera faite dans l'année, savoir : le premier tiers, dans les quatre mois de la mise en recouvrement des rôles; le deuxième tiers, dans les quatre mois suivans; et le troisième tiers, dans les quatre mois après l'époque fixée pour le second paiement.

22. Le percepteur est responsable du défaut de paiement des taxes dans les délais fixés, à moins qu'il ne justifie des poursuites qu'il aura faites contre les contribuables en retard.

23. Les rôles seront recouvrables de la manière et avec les privilèges établis pour les contributions directes.

24. Le percepteur acquittera les mandats délivrés conformément aux articles 12, 13, 17 et 18 du présent décret. Il rendra compte annuellement, avant le 1er juin, des recettes et dépenses qu'il aura faites pendant l'année précédente : il ne lui sera pas tenu compte des paiemens irrégulièrement faits.

25. La commission vérifiera les comptes annuels du percepteur, les arrêtera provisoirement, et les soumettra au préfet, pour être définitivement approuvés par lui, s'il y a lieu, sur l'avis du sous-préfet.

26. Le directeur vérifiera, lorsqu'il le jugera nécessaire, la situation de la caisse du percepteur, qui sera tenu de lui communiquer toutes les pièces de sa comptabilité.

TITRE V. Dispositions générales.

27. Les contestations relatives au recouvrement des taxes, aux réclamations des individus imposés et à la confection des travaux, seront portées devant le conseil de préfecture, conformément aux dispositions des lois des 28 pluviose an 8 et 14 floréal an 11.

28. Tous les délits et toutes les contraventions seront constatés par les procès-verbaux dressés par le conducteur spécial ou par tous agens de police, en conformité des lois, et jugés par nos cours et tribunaux.

Le conducteur spécial prêtera le serment prescrit par la loi, devant le tribunal de première instance.

29. La moitié des amendes appartiendra à celui qui aura constaté la contravention ou le délit.

30. Dans le cas où il deviendrait nécessaire d'occuper quelques terrains pour l'établissement des canaux ou autres travaux de dessèchement, par suite des projets approuvés, les indemnités à accorder aux propriétaires seront fixées conformément aux dispositions de l'article 48 de la loi du 16 septembre 1807, et seront acquittées préalablement.

31. Les honoraires, frais de voyages et autres dépenses qui seront dus aux ingénieurs ou aux hommes de l'art chargés, conformément aux dispositions de l'article 15 du présent décret, de la rédaction des projets, seront payés par la communauté, d'après le réglement qui en sera fait, conformément aux dispositions de l'article 75 du décret du 7 fructidor an 12.

---

21 FÉVRIER 1814. — Décret portant réintégration du sieur Etienne-Gaspard Robert, né à Liége, dans sa qualité et ses droits de citoyen français. (4, Bull. 559, n° 10183.)

---

21 FÉVRIER 1814. — Décrets qui autorisent l'acceptation de dons et legs faits aux pauvres et hospices de Nonières, Lyon, Sauveterre, Burgaronne, Cologne, Arthieul, Hamme; et au séminaire du diocèse d'Agen. (4, Bull. 561, n° 10205; Bull. 562, n°s 10209 à 10212, 10214 et 10215.)

---

21 FÉVRIER 1814. — Décret relatif au rétablissement et à la tenue de deux foires à Sancoins. (4, Bull. 562, n° 10213.)

---

22 FÉVRIER 1814. — Déclaration du grand-juge, ministre de la justice, qui, en exécution des ordres de sa majesté l'Empereur et Roi, rappelle tous les Français étant au service du Roi de Naples. (4, Bull. 559, n° 10182.)

Nous comte Molé, grand-juge, ministre de la justice, officier de la Légion-d'Honneur et grand-cordon de l'ordre impérial de la Réunion;

Vu la lettre à nous adressée, le 17 février 1814, par M. le duc de Vicence, ministre des relations extérieure, et par laquelle il nous informe, d'après les ordres de sa majesté l'Empereur et Roi, que le Roi de Naples a déclaré la guerre à la France; et que l'intention de sa majesté impériale et royale est que nous rappelions, par une déclaration formelle et conforme aux lois existantes, tous les Français qui se trouvent au service civil ou militaire du Gouvernement napolitain;

Vu le titre II du décret du 6 avril 1809, et les art. 17 et 18 de celui du 26 août 1811,

Déclarons que tous les Français qui se trouvent, avec ou sans l'autorisation de sa majesté, au service de sa majesté le Roi de Naples, doivent rentrer sur le territoire de l'empire dans le délai de trois mois, à partir du 17 février 1814, et qu'ils sont tenus d'y justifier de leur retour dans les formes prescrites par les lois; faute de quoi, et après l'expiration de ce délai, les contrevenans seront dénoncés et poursuivis par les agens du ministère public, conformément aux dispositions du décret du 6 avril 1809.

---

24 FÉVRIER 1814. — Décret concernant les Français qui, à quelque titre que ce soit, ont accompagné les armées ennemies dans l'invasion du territoire de l'empire, et ceux qui auront porté les signes et les décorations de l'ancienne dynastie dans les lieux occupés par l'ennemi et pendant son séjour. (4, Bull. 560, n° 10190.)

Art. 1er. Il sera dressé une liste des Français qui, étant au service des puissances coalisées, ou qui, sous quelques autres titres que ce soit, ont accompagné les armées ennemies dans l'invasion du territoire de l'empire, depuis le 20 décembre 1813.

2. Les individus qui se trouveront compris sur ladite liste seront traduits, sans aucun délai et toutes affaires cessantes, devant nos cours et tribunaux, pour y être jugés, condamnés aux peines portées par les lois, et leurs biens être confisqués au profit du domaine de l'Etat, conformément aux lois existantes.

3. Tout Français qui aura porté les signes ou les décorations de l'ancienne dynastie dans les lieux occupés par l'ennemi et pendant son séjour, sera déclaré traître, et, comme tel, jugé par une commission militaire et condamné à mort; ses biens seront confisqués au profit du domaine de l'Etat.

---

24 FÉVRIER 1814. — Décret portant destitution du baron Cafarelli, préfet du département de l'Aube. (4, Bull. 560, n° 10191.)

---

24 FÉVRIER 1814. — Décret qui nomme le sieur Rœderer préfet du département de l'Aube. (4, Bull. 560, n° 10192.)

---

24 FÉVRIER 1814. — Décret portant que le sieur Haw, auditeur au Conseil-d'Etat, remplira provisoirement les fonctions de préfet du département de l'Aube. (4, Bull. 560, n° 10193.

---

25 FÉVRIER 1814. — Avis du Conseil-d'Etat. (Conseil de guerre spécial.) *Voy.* 1er MARS 1814.

---

26 FÉVRIER 1814. — Décret portant suspension de la masse d'habillement pendant 1814. (4, Bull. 561, n° 10199.)

Art. 1er. Le régime de la masse d'habillement sera suspendu pendant 1814.

2. Notre ministre directeur de l'administration de la guerre continuera à faire fournir une première mise complète en effets d'habillement, de coiffure et de grand équipement à chaque homme de recrue, ou considéré comme tel.

Il continuera à faire pourvoir à la première mise du petit équipement, au moyen des 40 francs par homme de recrue, qui doivent être payés à bureau ouvert, d'après nos décrets des 9 mars et 9 avril 1811.

3. Il fera également remplacer, pour les anciens soldats, les effets d'habillement, de coiffure et de grand équipement, qui, ayant atteint le terme de durée fixé par les réglemens, auront été reconnus par les inspecteurs et sous-inspecteurs aux revues, hors d'état de pouvoir rester en service.

4. Une masse d'entretien fixée à 4 fr. par homme et par an, pour les troupes à pied, et à 5 fr. pour les troupes à cheval et les bataillons du train d'artillerie, du génie et des équipages militaires, sera payée aux corps pour leur donner les moyens de pourvoir eux-mêmes aux frais d'emballage, de bureau et de réparation, ainsi qu'au traitement des maladies légères.

5. Le ministre pourra mettre à la disposition des dépôts un supplément à ladite masse, lorsque le petit nombre d'hommes dont ils auront été composés pendant le cours de l'année, ou lorsque des circonstances extraordinaire dûment certifiées par les inspecteurs et les sous-inspecteurs aux revues, auront mis ces dépôts dans l'impossibilité de faire face à toutes les dépenses auxquelles cette masse doit pourvoir en exécution de l'article précédent.

6. En cas de pertes en effets d'habillement, coiffure et grand équipement, occasionnées par des évènemens de guerre ou de force majeure, constatées et certifiées conformément aux décrets et réglemens en vigueur, notre ministre directeur est autorisé à pourvoir au remplacement des effets ainsi perdus; mais ces remplacemens n'auront lieu que pour les hommes présens aux drapeaux, et jusqu'à concurrence des besoins actuels et réels des corps, constatés par des revues de rigueur passées sur le terrain par des inspecteurs et sous-inspecteurs aux revues.

7. Il ne pourra être accordé de remplacemens anticipés en effets d'habillement, de coiffure et de grand équipement, que d'après notre autorisation préalable, et sur un rapport spécial qui nous fera connaître les causes qui ont rendu ces remplacemens indispensables.

8. Notre ministre directeur nous fera connaître à la fin de chaque année, et les supplémens à la masse d'entretien, et les indemnités pour des pertes extraordinaires, qu'il aura accordés pendant la durée de l'exercice, ainsi que les motifs qui l'auront déterminé, afin que nous puissions juger si l'ordre et l'intelligence ont régné dans l'administration militaire des corps qui auront participé auxdits supplémens et indemnités.

1er MARS 1814. — Avis du Conseil-d'Etat relatif à un jugement rendu par un conseil de guerre spécial qui avait pour président un capitaine au lieu d'un officier supérieur. (4, Bull. 562, n° 10206.)

Voy. décret du 19 VENDÉMIAIRE an 12, et avis du Conseil-d'Etat du 4 JUILLET 1813.

Le Conseil-d'Etat, qui, d'après le renvoi ordonné par sa majesté, a entendu le rapport de la section de la guerre sur celui du ministre de ce département, ayant pour objet de faire prononcer la nullité d'un jugement de condamnation rendu par un conseil de guerre spécial présidé par un capitaine et séant au Port-Louis;

Vu ledit jugement, en date du 11 janvier 1813, qui condamne à dix ans de boulet et à quinze cents francs d'amende le nommé Jean Bruher, fusilier au 36e régiment d'infanterie légère, comme prévenu de désertion récidivée à l'intérieur;

Vu les articles 17 et 42 de l'arrêté du Gouvernement, du 19 vendémiaire an 12, portant,

Le premier : « Le conseil de guerre spécial sera composé de sept membres, savoir : « un officier supérieur, etc. »

Le second : « Les jugemens de conseils « de guerre spéciaux ne seront sujets ni à « appel, ni à cassation, ni à révision, etc. »

Vu l'avis du Conseil-d'Etat approuvé par sa majesté le 4 juillet 1813, et inséré au Bulletin des Lois;

Considérant que le conseil de guerre spécial qui a rendu le jugement dont il s'agit n'a pas été légalement composé, puisqu'il a été présidé par un capitaine, au lieu de l'être par un officier supérieur;

Et par tous les motifs sur lesquels se fonde ledit avis du 4 juillet 1813,

Est d'avis,

Que le jugement ci-dessus-mentionné doit être considéré comme non avenu, et qu'il y a lieu, de la part de sa majesté, d'ordonner à son ministre de la guerre de faire assembler un conseil de guerre spécial, conformément à l'arrêté du 19 vendémiaire an 12, et d'y traduire le sieur Jean Bruher, fusilier au 36e régiment d'infanterie légère.

1er MARS 1814. — Décrets qui autorisent l'acceptation de dons et legs faits aux pauvres et hospices de Mons, Petitquevy, Berles-aux-Bois, Cours, Clermont, Boissy-sous-Saint-Yon, Revin, Camurac, Mas-Cabardès, Caraman, Auchel, Riverie et Saint-Maximim. (4, Bull. 562, nos 10216 à 10227.)

---

3 MARS 1814. — Extrait de lettres-patentes portant institution de majorats en faveur de MM. Amiot, Hallez, Magdelon-de-Fayolles de Mellet et Regnaud. (4, Bull. 564, n° 10232.)

---

5 MARS 1814. — Décret contenant des dispositions de défenses et de représailles contre l'ennemi. (4, Bull. 562, n° 10207.)

Art 1er. Tous les citoyens français sont non-seulement autorisés à courir aux armes, mais requis de le faire, de sonner le tocsin aussitôt qu'ils entendront le canon de nos troupes s'approcher d'eux, de se rassembler, de fouiller les bois, de couper les ponts, d'intercepter les routes, et de tomber sur les flancs et sur les derrières de l'ennemi.

2. Tout citoyen français pris par l'ennemi, et qui serait mis à mort, sera sur-le-champ vengé par la mort, en représaille, d'un prisonnier ennemi.

---

5 MARS 1814. — Décret relatif aux fonctionnaires publics et habitans qui refroidiraient l'élan patriotique du peuple, ou le dissuaderaient d'une légitime défense. (4, Bull. 562, n° 10208.)

N..... considérant que les peuples des villes et des campagnes, indignés des horreurs que commettent sur eux les ennemis, et spécialement les Russes et les Cosaques, courent aux armes par un juste sentiment de l'honneur national, pour arrêter des partis de l'ennemi, enlever ses convois et lui faire le plus de mal possible; mais que, dans plusieurs lieux, ils en ont été détournés par le maire ou par d'autres magistrats,

Nous avons décrété et décrétons ce qui suit:

Art. 1er. Tous les maires, fonctionnaires publics et habitans qui, au lieu d'exciter l'élan patriotique du peuple, le refroidissent, ou dissuadent les citoyens d'une légitime défense, seront considérés comme traîtres, et traités comme tels.

2. Nos ministres, etc.

---

5 MARS 1814. — Décret portant réglement sur la manière de pourvoir à l'achèvement et à l'entretien des travaux de desséchement du petit marais de Blaye, département de la Gironde. (4, Bull. 563, n° 10229.)

Voy. loi du 16 SEPTEMBRE 1807.

TITRE Ier. Formation d'une commission syndicale.

Art. 1er. Les propriétaires du petit marais de Blaye, département de la Gironde, limité comme il suit, savoir : au levant, par le canal de ceinture; au couchant, par la Gironde; au midi, par le canal de Bernus, et au nord, par celui de Saint-George, formeront une société appelée *Communauté du petit marais de Blaye.*

2. Les fonds intéressés à la conservation des travaux de desséchement, et qui en profitent, seront compris dans la nouvelle communauté instituée par l'article précédent, et paieront une part contributive à raison de leur intérêt et en conformité des articles 33 et suivans de la loi du 16 septembre 1807, à moins que leurs propriétaires ne justifient par titres des droits qu'ils ont à être exempts de cette contribution.

3. Cette communauté sera administrée par une commission syndicale composée de cinq membres nommés par le préfet, et pris parmi les propriétaires les plus imposés à raison desdits marais.

4. Les membres de la commission syndicale resteront cinq ans en place : cependant, pour la première fois, il en sortira, par la voie du sort, un à la fin de la première année, un à la fin de la seconde, et ainsi de suite, de manière qu'ils soient renouvelés par cinquième dans le cours de cinq années. Ils seront rééligibles.

5. Un des commissaires aura le titre de directeur, et sera nommé par le préfet.

Il sera chargé de la surveillance générale des intérêts de la communauté, du dépôt des plans, registres et autres papiers relatifs à l'administration du marais.

Il convoquera et présidera la commission;

ses fonctions durèront trois ans ; il sera rééligible.

Il aura un adjoint également nommé par le préfet ; dont les fonctions seront annuelles, et qui sera pris parmi les membres de la commission : il remplacera le directeur en cas d'empêchement, et sera indéfiniment rééligible.

6. La commission est spécialement chargée :

1° De répartir entre les intéressés le montant des taxes reconnues nécessaires à l'achèvement et à l'entretien des travaux de desséchement;

2° D'examiner, modifier ou adopter les projets des travaux d'entretien;

3° De proposer leur mode d'exécution, soit par régie, soit par adjudication ;

4° De passer les marchés et les adjudications des travaux de cette nature;

5° De présenter un expert chargé de procéder, contradictoirement avec celui qui sera nommé par les propriétaires dont les fonds feront, par suite du présent décret, partie du territoire du petit marais de Blaye, à la fixation de la portion contributive que devront supporter les dits fonds dans les travaux du desséchement et de conservation, conformément à l'article 8 du titre II de la loi du 16 septembre 1807 ;

6° De vérifier les comptes du percepteur ;

7° De donner son avis sur tous les objets relatifs aux intérêts de la communauté, lorsqu'elle sera consultée par l'administration ;

8° De présenter au préfet une liste double sur laquelle sera nommé un conducteur seulement, lorsqu'il y aura des travaux d'art à exécuter, et pour le temps que durera leur construction.

7. La commission ne pourra délibérer qu'au nombre de quatre membres, y compris le président, qui, en cas de partage, aura voix prépondérante.

Les délibérations de la commission seront soumises à l'homologation du préfet.

8. La commission présentera un plan de révision des réglemens de la communauté, dans le sens et d'après les bases du présent décret.

9. Ce réglement sera mis en activité, après avoir été, sur l'avis du préfet et le rapport de notre ministre de l'intérieur, approuvé par nous en notre Conseil-d'Etat, comme réglement d'administration publique.

TITRE II. Des travaux d'entretien, de leur exécution, et de leur mode de paiement.

10. La commission syndicale dressera ou fera dresser, s'il y a lieu, les projets de travaux d'entretien, et elle proposera le mode de leur exécution par une délibération qui sera soumise à l'approbation du préfet.

11. L'exécution desdits travaux aura lieu sous la surveillance du directeur : la commission pourra lui adjoindre un commissaire qui l'aidera dans cette surveillance.

12. Les travaux d'urgence pourront être exécutés sur-le-champ par l'ordre du directeur, qui sera tenu d'en rendre compte immédiatement au préfet et à la commission syndicale.

Le préfet pourra suspendre l'exécution des travaux, s'il le juge convenable, après avoir pris l'avis de l'ingénieur en chef et de la commission syndicale.

Les travaux d'urgence, exécutés conformément aux dispositions précédentes, seront payés sur les mandats du directeur, auxquels devront être jointes les feuilles d'attachement constatant l'état de la dépense résultant desdits travaux.

13. Le paiement d'à-comptes pour les travaux d'entretien seront faits en vertu des mandats du directeur, délivrés sur le certificat du commissaire qui lui aura été adjoint pour surveiller l'exécution des travaux.

Les paiemens définitifs s'effectueront sur les mandats du directeur, délivrés sur le certificat du même commissaire et le procès-verbal de la réception des travaux, laquelle aura lieu en présence du directeur et du commissaire adjoint.

14. Le préfet se fera rendre compte, tous les ans, de l'état d'entretien des marais.

Il fera faire les vérifications et reconnaissances nécessaires par un ingénieur des ponts-et-chaussées, aux frais des intéressés, et ordonnera, s'il y a lieu, les dispositions convenables pour assurer la conservation des travaux, après avoir entendu la commission syndicale.

TITRE III. Des travaux extraordinaires, de leur mode d'exécution et de leur paiement.

15. Les projets des travaux extraordinaires seront rédigés par des hommes de l'art choisis par la commission, et acceptés par le préfet, sur l'avis de l'ingénieur en chef.

Ces travaux seront soumis à l'approbation de notre directeur des ponts-et-chaussées, lorsqu'il s'agira de travaux neufs et autres que ceux de simple entretien et de conservation.

16. L'exécution des travaux aura lieu sous la surveillance du directeur et d'un membre de la commission qu'elle nommera à cet effet : elle sera dirigée par le conducteur spécial, nommé conformément aux dispositions du paragraphe 8 de l'article 6 du présent décret.

Les travaux seront, autant qu'il sera possible, adjugés d'après le mode adopté pour ceux des ponts-et-chaussées, en présence du directeur de la commission : ils pourront cependant être exécutés de toute autre manière, sur l'avis de la commission et de l'ingénieur en chef, approuvé par le préfet.

17. Les paiemens d'à-comptes seront faits en vertu des mandats du directeur de la commission, sur les certificats du conducteur, visés par le commissaire chargé de la surveillance des travaux.

18. Les paiemens définitifs auront lieu sur un procès-verbal d'un ingénieur des ponts-et-chaussées, constatant que les travaux ont été exécutés, conformément aux projets approuvés, et sur le certificat délivré par le conducteur, visé par le directeur et par le commissaire chargé de la surveillance des travaux.

TITRE IV. Comptabilité.

De la rédaction des rôles et de leur recouvrement.

19. Le recouvrement des taxes délibérées par la commission et approuvées par le préfet sera fait par le percepteur de la commune, s'il est nommé par la commission, ou par tel autre percepteur dont elle aura fait choix : cette nomination sera approuvée par le préfet.

Le percepteur prêtera le serment voulu par la loi.

20. Le percepteur fournira un cautionnement en immeubles proportionné au montant du rôle.

Il lui sera alloué une remise proposée par la commission et déterminée par le préfet.

21. Le percepteur, au moyen de cette remise, dressera les rôles d'après les documens qui lui seront fournis par la commission, conformément au paragraphe 1er de l'art. 6 du présent décret.

Les rôles seront visés par la commission, et rendus exécutoires par le préfet.

La perception sera faite dans l'année, savoir : le premier tiers, dans les quatre mois de la mise en recouvrement desdits rôles : le deuxième tiers, dans les quatre mois suivans; et le troisième tiers, quatre mois après l'époque fixée pour le second paiement.

22. Le percepteur est responsable du défaut de paiement des taxes dans les délais fixés, à moins qu'il ne justifie des poursuites qu'il aura faites contre les contribuables en retard.

23. Les rôles seront recouvrables de la même manière et avec les mêmes priviléges que les contributions directes.

24. Le percepteur sera tenu d'acquitter les mandats délivrés conformément aux articles 12, 13, 17 et 18 du présent réglement.

Il rendra compte annuellement, avant le 1er juin, des recettes et dépenses qu'il aura faites pendant l'année précédente : il ne lui sera pas tenu compte des paiemens irrégulièrement faits.

25. La commission, après avoir vérifié les comptes annuels, les arrêtera provisoirement, et les soumettra au préfet, par l'intermédiaire du sous-préfet, pour, sur son avis, être définitivement approuvés par lui, s'il y a lieu.

26. Le directeur vérifiera, lorsqu'il le jugera nécessaire, la situation de la caisse du percepteur, qui sera tenu de lui communiquer toutes les pièces de sa comptabilité.

TITRE V. Dispositions générales.

27. Les contestations relatives au recouvrement des rôles, aux réclamations des intéressés, à la confection des rôles, seront portées devant le conseil de préfecture, conformément aux dispositions des lois des 28 pluviose an 8 et 14 floréal an 11.

28. Tous les délits et toutes les contraventions seront constatés par les procès-verbaux dressés par le conducteur spécial ou par tous agens de police, en conformité des lois, et seront jugés par nos cours et tribunaux.

Le conducteur spécial prêtera le serment prescrit par la loi, devant le tribunal de première instance.

29. La moitié des amendes appartiendra à celui qui aura constaté la contravention ou le délit.

30. Dans le cas où il deviendrait nécessaire d'occuper ou d'acquérir quelques terrains pour l'établissement des canaux et autres travaux de desséchement, par suite des projets approuvés, les indemnités à accorder aux propriétaires sont fixées conformément aux dispositions de l'article 48 de la loi du 16 septembre 1807, et acquittées préalablement.

31. Les honoraires, frais de voyages et autres dépenses qui seront dus aux ingénieurs et hommes de l'art chargés, conformément aux dispositions de l'article 15 du présent décret, de la rédaction des projets, seront payés par la communauté des marais, d'après le réglement qui en sera fait conformément à l'art. 75 du décret du 7 fructidor an 12.

---

5 MARS 1814. — Décret qui ordonne la perception d'un droit de vingt-cinq francs sur chaque prestation de serment des avocats qui seront reçus à la cour impériale de Bordeaux. (4, Bull. 564, n° 10231.)

Voy. décret du 3 OCTOBRE 1811.

Art. 1er. Les dispositions de notre décret du 3 octobre 1811, qui ordonne la perception d'un droit de vingt-cinq francs sur chaque prestation de serment des avocats qui seront reçus à notre cour impériale de Paris, sont déclarés communes à l'ordre des avocats près notre cour impériale de Bordeaux, à compter de la publication de notre présent décret.

2. Nos ministres, etc.

5 MARS 1814. — Décret qui autorise une école gratuite pour les jeunes filles pauvres, tenue à Résière, département de l'Hérault, et l'acceptation d'une donation offerte à cette école. (4, Bull. 565, n° 10239.)

---

5 MARS 1814. — Décret portant réintégration du sieur Augustin-Théodore-Maurice Thibault de la Caste dans la qualité et les droits de citoyen français. (4, Bull. 565, n° 10240.)

---

5 MARS 1814. — Décret qui annule, pour cause d'incompétence, un arrêté du 23 juillet 1812, par lequel le conseil de préfecture du département de la Dordogne a envoyé la fabrique de l'église de Pluviers en possession des biens d'une ancienne fondation établie dans une chapelle du hameau de Piegut, réclamés par les sieurs et dames Devismes, héritiers de madame la Ramière. (4, Bull. 564, n° 10233.)

---

5 MARS 1814. — Décret qui approuve l'acceptation faite par le trésorier de la fabrique de l'église de Lhor, d'une pièce de terre offerte en donation à ladite fabrique par la dame Bordar, veuve du sieur Bedrain, aux conditions imposées. (4, Bull. 564, n° 10234.)

---

5 MARS 1814. — Décret portant qu'il n'y a pas lieu d'autoriser l'acceptation du legs fait par le sieur Mairet à la fabrique de l'église succursale du Theil, que pour la somme de cinq francs de rente au capital de cent francs. (4, Bull. 564, n° 10235.)

---

8 MARS 1814. — Décrets qui autorisent l'acceptation de dons et legs et fondations faits aux fabriques des églises de Rueyre, Saint-Anthelme, Laigle, et aux pauvres et hospices de Pamiers, Paris, Bayeux, Romans, Laigle, Effiat et Florence. (4, Bull. 564, n°s 10236 à 10238; et Bull. 565, n°s 10244 à 10249, et 10251.)

---

8 MARS 1814. — Décret qui rétablit à Matha les trois foires supprimées par le décret du 19 septembre 1806, et ordonne que les foires de cette commune, portées au nombre de douze, auront lieu le 2 de chacun des douze mois de l'année, à l'exception de la douzième, qui se tiendra à Marestay le 2 août. (4, Bull. 665, n° 10250.)

---

8 MARS 1814. — Décret qui distrait la commune de Montbert du canton de Saint-Philbert, et la réunit au canton d'Aigrefeuille. (4, Bull. 565, n° 10252.)

---

12 MARS 1814. — Décret qui distrait la commune de Corrobert, département de la Marne, du canton de Montmart, et la réunit au canton de Montmirail. (5, Bull. 6, n° 56.)

---

12 MARS 1814. — Décret qui autorise l'acceptation, 1° d'un capital de deux mille livres (dix-neuf cent soixante-quinze francs trente-un centimes), légué par la dame Golzart, veuve du sieur Louis Buirette, à l'établissement de charité de Sainte-Ménehould, département de la Marne; 2° d'un legs de douze cents francs fait par le sieur François Buirette au même établissement; et 3° d'une rente perpétuelle de deux cent cinquante-six francs, léguée par le même testateur à l'hospice de la même ville. (5, Bull. 6, n° 57.)

---

15 MARS 1814. — Décret qui fixe le mode de pourvoir au paiement des dépenses relatives à l'organisation et au service de la garde nationale sédentaire de Paris. (4, Bulletin 564, n° 10230.)

§ Ier. Dépenses de premier établissement.

Art. 1er. Notre bonne ville de Paris est autorisée à s'imposer extraordinairement sous la dénomination de *taxe de défense*, les sommes nécessaires pour acquiter les dépenses de premier établissement de la garde nationale sédentaire, et celle des ateliers de charité et autres nécessaires pour l'exécution des travaux extérieurs utiles à la défense de Paris.

2. L'imposition extraordinaire dont il s'agit sera basée sur le rôle de la contribution personnelle de l'année 1814.

3. Les taxes seront établies suivant les proportions ci-après:

1° Pour les cotes de 80 francs. . .	240f
2° Pour celles de 60.	180
3° Pour celles de 50.	150
4° Pour celles de 40	80
5° Pour celles de 30	45
6° Pour celles de 20	30
7° Pour celles de 10.	10
8° Pour celles de 5.	*néant.*

4. Néanmoins les citoyens qui font partie de la garde nationale sédentaire, et qui, étant portés au rôle de la contribution personnelle de 1814, se trouveront assujétis, en vertu de l'article précédent, à une taxe quelconque, ne paieront que les deux tiers de cette même taxe.

5. L'imposition extraordinaire autorisée par le présent décret sera perçue par quart chaque quinzaine; le premier quart payable d'avance, de manière que le recouvrement soit effectué le 1er mai: le tout sur un rôle particulier dressé par le directeur des contributions, et rendu exécutoire par le préfet de la Seine.

6. Le recouvrement s'en fera par les douze percepteurs de la ville de Paris, dans la forme et suivant les règles observées pour la perception des contributions directes.

7. Les sommes recouvrées seront versées tous les jours par les receveurs particuliers percepteurs, dans la caisse du receveur général du département, qui en tiendra un compte de dépôt, et qui en fera sans délai le reversement direct dans la caisse du receveur municipal de la ville de Paris.

8. Ceux des contribuables dont il est mention dans l'article 4 ci-dessus, qui voudront jouir de l'exception prononcée par cet article, seront tenus, s'ils sont sous-officiers et soldats ou fusiliers, de produire au percepteur des contributions un extrait du contrôle de la garde nationale, signé par le capitaine de leur compagnie, et visé par le maire de l'arrondissement.

Les officiers produiront simplement un extrait, certifié par eux, du décret de leur nomination, au bas duquel le maire de l'arrondissement attestera qu'ils n'ont point donné leur démission.

9. Les pièces mentionnées dans l'article précédent seront reçues par les percepteurs comme numéraire, et pour comptant, en paiement du tiers de la taxe des contribuables qui les auront fournies.

10. Il sera alloué au receveur général du département, ainsi qu'aux receveurs particuliers percepteurs, des taxations égales à celles qui leur sont accordées pour la perception des centimes extraordinaires de 1814.

11. Les réclamations qui pourraient être présentées à l'effet d'obtenir la réduction ou la modération des taxes réglées par l'article 3 seront instruites et jugées en même temps et de la même manière que celles relatives au principal de la contribution personnelle de 1814.

§ II. Dépenses ordinaires de service.

12. Les dépenses nécessitées par le service journalier de la garde nationale sédentaire seront imputées sur le budget ordinaire de la ville de Paris.

13. Provisoirement, le préfet de la Seine autorisera le paiement par avance desdites dépenses sur le fonds général de la caisse de la ville de Paris, avec l'approbation de notre ministre de l'intérieur, et sauf régularisation au budget de 1814.

§ III. Dispositions générales.

14. Celles des sommes provenant de l'imposition extraordinaire qui seront affectées à l'acquit des dépenses de premier établissement de la garde nationale, et celles provenant des prélèvemens à faire par avance ou définitivement sur les fonds de la ville de Paris pour les dépenses du service courant, seront versées, en vertu des mandats du préfet de la Seine, de la caisse du receveur municipal dans celle du quartier-maître général de la garde nationale, où elles seront employées suivant leur destination.

15. Le quartier-maître sera personnellement responsable des sommes versées dans sa caisse.

Il rendra compte de l'emploi desdites sommes au conseil municipal, qui débattra et arrêtera ce compte, ainsi qu'il est prescrit pour la comptabilité des dépenses ordinaires pour la ville de Paris.

16. Le compte du quartier-maître devra être appuyé de mandats et acquits, ainsi que de pièces justificatives de la dépense ; le tout dans la forme qui en sera arrêtée, sur la proposition du préfet de la Seine, par notre ministre de l'intérieur.

---

15 MARS 1814. — Décret qui accorde une indemnité, à titre de supplément de traitement, aux desservans que leur évêque aura chargés provisoirement du service de deux succursales. (4, Bull. 565, n° 10242.)

Art. 1er. Notre ministre des cultes est autorisé à ordonnancer, sur les crédits qui lui sont ouverts pour le traitement des curés et desservans de succursales, une indemnité de cent cinquante francs par an, et, à dater du 1er janvier 1814, en faveur de chaque desservant que son évêque aura chargé provisoirement du service de deux succursales, à défaut de desservant en exercice dans l'une d'elles, et de prêtres qui puissent y exercer le culte.

2. Cette indemnité, payée en supplément de traitement ordinaire, durera autant que le double exercice, et sera acquittée suivant les formes et les règles observées pour le traitement des desservans.

---

15 MARS 1814. — Décret qui nomme le sieur Guibéga préfet de la Corse, en remplacement du baron Arrighi, appelé à d'autres fonctions. (4, Bull. 565, n° 10241.)

---

15 MARS 1814. — Décret qui autorise l'acceptation de six chandeliers et de deux croix d'exposition, le tout en cuivre argenté, estimés onze cent quarante-cinq francs, offerts en donation par le sieur Dannet, à la fabrique de l'église de Saint-Malo, à Valogne, département de la Manche. (5, Bull. 6, n° 58.)

---

15 MARS 1814. — Décret qui autorise le trésorier de la fabrique de l'église de Saint-Père-en-Netz, département de la Loire-Inférieure, à accepter le legs fait à cette fabrique par le sieur le Duc, d'une rente annuelle de cent francs, réduite à cinquante francs, pendant la vie du père du testateur. (5, Bull. 6, n° 59.)

---

15 MARS 1814. — Décret qui autorise l'acceptation de trois hectares quatre-vingt-quinze ares soixante-dix centiares de terres en bruyères, estimés six cents francs, offerts en donation par le sieur Arcanger aux pauvres de Villedieu, département de Loir-et-Cher. (5, Bull. 6, n° 60.)

---

15 MARS 1814. — Décret qui autorise l'acceptation d'une donation de cinq cents francs faite par la dame Lorrain à l'hospice de Châlons, département de la Marne. (5, Bull. 6, n° 61.)

---

15 MARS 1814. — Décret qui autorise le bureau de bienfaisance de Chanzeaux, département de Maine-et-Loire, à accepter le legs fait aux pauvres de cette commune par le sieur Lespagnol de Rillé, de la moitié du produit de son mobilier, et à recevoir, pour tenir lieu de cette moitié, une reconnaissance de deux mille livres tournois, souscrite au profit de la dame Lespagnol de Rillé. (5, Bull. 6, n° 62.)

---

15 MARS 1814. — Décret qui autorise l'acceptation d'un legs de deux mille quatre cents florins de Liége (deux mille neuf cents dix-sept francs trente-sept centimes), fait par le sieur Veretien aux pauvres d'Eupen, département de l'Ourte. (5, Bull. 6, n° 63.)

---

15 MARS 1814. — Décret qui autorise la commission administrative des hospices de Mâcon, département de Saône-et-Loire, 1° à accepter le legs universel fait par le sieur Vaschier à l'hospice des malades de cette ville, et la proposition faite par la dame Couillaux, veuve du testateur; 2° à aliéner une maison dépendante de cette succession pour en employer le produit au paiement des sommes répétées par la dame veuve Vaschier, et auxquelles elle a droit par son contrat de mariage. (5, Bull. 6, n° 64.)

---

19 MARS 1814. — Décret portant réunion de la juridiction des prud'hommes-pêcheurs de Villefranche (Alpes-Maritimes) à celle de Nice. (4, Bull. 565, n° 10243.)

Art. 1er. La juridiction des prud'hommes-pêcheurs de Villefranche, département des Alpes-Maritimes, créée par l'arrêté du Gouvernement du 3 nivose an 10, est réuni à la juridiction de Nice, même département.

2. Les patrons, au nombre de quarante-quatre, qui composent la communauté de Villefranche, sont réunis à ceux de Nice, pour ne former, avec eux, qu'une seule et même communauté.

---

19 MARS 1814. — Décret qui autorise: 1° l'érection en annexe de la chapelle située au port de Binic, commune d'Etable, département des Côtes-du-Nord; 2° l'évêque de Saint-Brieuc à accepter la donation faite de cette chapelle par le sieur Denis, une rente de deux cent soixante-onze francs et divers objets et ustensiles d'église, évalués à six cent vingt francs, offerts par la demoiselle Guibert, et une autre rente de quarante-cinq francs, offerte par la dame Fichet, femme du sieur Pommelec. (5, Bull. 6, n° 65.)

---

19 MARS 1814. — Décret qui permet au sieur Turpin, maire de Saint-Julien-en-Born, François-Dubourg, maître de forges, et compagnie, demeurant à Vignac, d'établir, dans la commune de Castels, arrondissement de Dax, département des Landes, et sur une étendue de terrain à eux appartenant, situé sur les deux rives du grand ruisseau qui forme l'étang ou bassin de Léon, un haut-fourneau à fondre le minerai de fer, et deux autres fourneaux de forge. (5, Bull. 6, n° 66.)

---

19 MARS 1814. — Décret qui autorise l'acceptation d'un legs de trois mille francs fait par le sieur Barbot aux sœurs de l'hospice de Marçons, département de la Sarthe. (5, Bull. 6, n° 67.)

---

19 MARS 1814. — Décret qui autorise l'acceptation de deux legs faits par le sieur Ribard, le premier de quinze cents francs à l'hôpital général de Rouen, département de la Seine-Inférieure, et le second de douze cents francs à l'hôtel-dieu de la même ville. (5, Bull. 6, n° 68.)

---

19 MARS 1814. — Décret qui autorise l'acceptation de cinquante-quatre décalitres six litres de méteil, légués par la dame Chaptal, veuve du sieur Mortillet aux pauvres de Saint-Jean d'Octaveon, département de la Drôme. (5, Bull. 7, n° 77.)

---

19 MARS 1814. — Décret qui autorise l'acceptation d'une maison offerte par la demoiselle Pressard aux hospices de Quimperlé, département du Finistère. (5, Bull. 7, n° 78.)

---

19 MARS 1814. — Décret qui autorise l'acceptation d'un legs fait par le sieur le Mercier aux pauvres de Saint-Germain-Duval, département de la Sarthe, de trois distributions, chacune de vingt-quatre doubles décalitres de méteil en pain, et de cent trente-trois francs en argent, qui seront faites aux jours indiqués par le testateur. (5, Bull. 7, n° 79.)

---

22 MARS 1814. — Décret qui fixe la législation sur la propriété des halles, marchés et foires. (Recueil des ordonnances et réglemens de Louis XVIII, par M. Favard de l'Anglade.)

N....... sur le rapport de notre commission du contentieux;

Vu la circulaire de notre ministre de l'intérieur du 8 avril 1813, et l'arrêté pris en exécution d'icelle, par le préfet du département de l'Eure, le 19 du même mois, lequel arrêté porte : 1° que toutes perceptions des droits dans les halles, places, marchés et champs de foires, au profit des particuliers propriétaires de ces immeubles ou de leurs fermiers, cessera à compter de la publication dudit arrêté, et que cette perception sera continuée au nom et au profit des communes où ils sont situés, sauf à elles à tenir compte du prix de location ou de la vente desdits immeubles d'après l'estimation qui en sera faite contradictoirement; 2° qu'il est fait défenses aux propriétaires ou fermiers desdits immeubles de s'immiscer en rien dans la perception desdits droits;

Vu la requête qui nous a été présentée par le sieur Louis-Gervais Delamarre, propriétaire des halles du bourg de Vieil-Harcourt, tendant à ce qu'il nous plaise annuler, pour cause d'incompétence, la décision de notre ministre de l'intérieur contenue dans la circulaire; en conséquence, ordonner que l'arrêté pris en exécution, et pour se conformer à cette décision, par le préfet du département de l'Eure, sera considéré comme non avenu, ainsi que tout ce qui s'en est suivi;

Vu les observations de notre ministre en réponse au pourvoi du sieur Delamarre;

Vu l'article 19 de la loi du 15 = 28 mars 1790, notre décret du 6 décembre 1813, celui du 17 janvier 1814, et toutes les pièces jointes au dossier;

Considérant qu'aux termes de notre décret du 17 janvier 1814, on n'est pas admis à se pourvoir à la commission du contentieux contre les instructions ministérielles, mais que l'on peut attaquer les décisions administratives ou judiciaires qui en ont fait l'application, si ces décisions sont contraires à la loi ;

Considérant que la circulaire de notre ministre de l'intérieur est une simple instruction, et que dès lors le sieur Delamarre n'est pas recevable à l'attaquer; que la loi du 15 = 28 mars 1790, en supprimant le droit de hallage sans indemnité, a voulu que les bâtimens et halles continuassent d'appartenir aux propriétaires, qui sont cependant obligés de les louer ou de les vendre aux communes des lieux; que l'article 545 du Code veut aussi que nul ne puisse être dépouillé de sa propriété, même pour cause d'utilité publique, sans une juste et préalable indemnité; que dès lors, si l'administration est chargée de fixer le tarif des droits qui se perçoivent aujourd'hui dans les halles et marchés, elle ne peut pas, comme l'a fait le préfet du département de l'Eure, ordonner la perception de ces droits au profit des communes dans lesquelles ils sont établis, sans que les propriétaires des bâtimens affectés aux halles et marchés aient été préalablement désintéressés; que, s'il en était autrement, le propriétaire se trouverait dépossédé avant d'avoir reçu son indemnité, ce qui serait contraire aux dispositions de la loi du 15 = 28 mars 1790, et du Code;

Considérant, d'ailleurs, que, dans l'espèce, le préfet n'était pas compétent pour ordonner une pareille dépossession; qu'il devait se borner à prendre des mesures pour forcer les propriétaires des halles, soit à les vendre, soit à les louer, soit à provoquer un tarif des droits qu'ils pourraient percevoir; et que, si les parties n'étaient pas d'accord sur le mode d'estimation, elles devaient se pourvoir devant le conseil de préfecture, conformément à notre décret du 6 décembre 1813;

Notre Conseil-d'Etat entendu,

Nous avons décrété et décrétons ce qui suit:

L'arrêté du préfet du département de l'Eure, du 19 avril 1813, est annulé dans la disposition qui dépossède le sieur Delamare de sa halle, sans aucune indemnité préalable, sauf à la commune de Vieil-Haucourt à acheter ladite halle, ou à louer, et, si elle ne le fait pas, à exiger un tarif des droits qui pourront être perçus; le tout conformément à l'article 12 de notre décret du 9 décembre 1811.

---

22 MARS 1814. — Décret qui permet au sieur Anne-Nicolas-Joseph Renaud d'ajouter à son nom celui de Saint-Amour. (4, Bull. 566, n° 10254.)

---

22 MARS 1814. — Décret qui permet au sieur Jean André de prendre les noms d'Auguste Vémard. (5, Bull. 4, n° 45.)

---

22 MARS 1814. — Décret portant réglement sur la manière de pourvoir à l'achèvement et à l'entretien des travaux de desséchement de marais de la vallée de Scarpe, département du Pas-de-Calais. (5, Bull. 4, n° 46.)

---

22 MARS 1814. — Lettres-patentes portant collation du titre de baron à M. Charles-Bernard-Chapais de Marivaux, membre de la Légion-d'Honneur et conseiller en la cour de Rouen. (5, Bull. 4, n° 47.)

---

22 MARS 1814. — Décret qui établit à Lyon, département du Rhône, deux foires annuelles, tant pour la vente des laines superfines ou améliorées, que pour celle des autres laines quelconques, sans distinction d'espèce ni d'origine; lesquelles foires auront lieu les 1er juillet et 1er novembre de chaque année, et dureront chacune dix jours consécutifs. (5, Bull. 7, n° 83.)

---

22 MARS 1814. — Décret qui autorise l'acceptation d'un legs universel montant à neuf cent soixante-onze francs cinquante-sept centimes, fait par la dame de Sobré-Casas aux pauvres de Pithiviers, département du Loiret. (5, Bull. 7, n° 80.)

22 MARS 1814. — Décret qui autorise l'acceptation d'une rente perpétuelle de soixante francs sur l'Etat, faite par le sieur Quatresous-de-Lamotte à la fabrique de l'église de Saint-Denis de Paris, département de la Seine. (5, Bull. 7, n° 81.)

22 MARS 1814. — Décret qui autorise l'acceptation de différentes créances montant ensemble à douze cents francs, léguées par le sieur Sonnet à la fabrique de l'église de Breugnon, département de la Nièvre. (5, Bull. 7, n° 82.)

22 MARS 1814. — Décret qui autorise l'acceptation d'un legs de quatre cents francs, fait par le sieur Rourela-Lauzière à l'hôtel-dieu de Montauban, département de Tarn-et-Garonne. (5, Bull. 7, n° 85.)

22 MARS 1814. — Décret qui autorise l'acceptation du legs universel consistant en une maison et un jardin évalués deux mille quatre cents francs, fait par la dame Gendre, veuve du sieur Tardieu, à l'hôpital de la Grave de Toulouse, département de la Haute-Garonne. (5, Bull. 7, n° 84)

26 MARS 1814. — Décret qui prescrit des mesures d'exécution pour la levée des conscrits de 1815 dans les départemens occupés en totalité ou en partie par l'ennemi. (4, Bull. 566, n° 10253.)

Art. 1er. La levée de 1815 sera exécutée, soit pour l'ensemble des opérations, soit pour les opérations restant à faire, conformément aux dispositions ci-après, dans les départemens désignés au tableau qui est annexé au présent décret, et occupés en totalité ou en partie par l'ennemi.

2. A l'instant où le présent décret sera connu dans l'une des communes des départemens occupés par l'ennemi, le maire de cette commune, si la liste des jeunes gens qui appartiennent, par leur âge, à la classe de 1815, n'a pas encore été dressée, s'occupera de la formation de cette liste.

3. La classe de 1815 comprend les jeunes gens nés depuis et y compris le 1er janvier 1795 jusques et y compris 31 décembre de la même année.

4. La liste du maire contiendra les noms et prénoms de chaque conscrit, les noms, prénoms et domicile de ses père et mère, ainsi que les autres renseignemens prescrits par l'instruction générale sur la conscription.

5. Si, par suite des évènemens, les registres de l'état civil ne se trouvaient point à la disposition des maires, ils y suppléeront par les déclarations des notables de la commune, par les déclarations des familles et des conscrits eux-mêmes, enfin par toutes les enquêtes qu'ils jugeront nécessaires ; ils suppléeront aussi à la perte des réglemens sur la conscription, par l'expérience qu'ils peuvent avoir acquise en cette matière.

6. Lorsque la liste des conscrits de 1815 aura été arrêtée, le maire, qui, pour la levée de 1815, sera investi de tous les pouvoirs attribués par les réglemens sur la conscription aux conseils de recrutement, préfets et sous-préfets, procédera à l'examen des conscrits.

7. L'examen des conscrits par le maire aura pour objet de reconnaître ceux qui, d'après lesdits réglemens sur la conscription,

1° Seront, à défaut de taille, ou à raison d'infirmités ou de faible complexion, hors d'état de supporter les fatigues de la guerre;

2° Auront des droits à l'exception;

3° Auront droit à être placés à la fin du dépôt, et seront, en outre, les indispensables soutiens de leurs familles;

4° Ne seront dans aucun des cas spécifiés ci-dessus, et, pour ce motif, devront tous être appelés à marcher, sans qu'il soit besoin de procéder à un tirage entre eux.

8. Les décisions des maires seront définitives relativement aux conscrits appelés à marcher; pour les autres, elles seront soumises, aussitôt que les circonstances le permettront, à la ratification des conseils de recrutement.

En conséquence, les maires, sont autorisés, sans avoir à en référer, à statuer sur tous les cas, même sur ceux qui ne seraient pas prévus par les réglemens.

Ils annoteront toutes leurs décisions sur les listes de commune prescrites par les articles 2 et suivans du présent décret.

Ils annexeront à ces listes les pièces d'après lesquelles ils auront reconnu les droits des conscrits dispensés de marcher.

9. Les conscrits désignés pour marcher seront dirigés en un seul détachement, s'il est possible, sur la place fermée la plus voisine de leur commune; ils seront mis à la disposition du commandant de cette place, qui les incorporera dans les cadres sous ses ordres, et veillera à ce qu'ils soient habillés, armés et exercés.

10. Lorsqu'il ne se trouvera pas de cadre dans la place où les conscrits auront été conduits, le commandant de cette place les dirigera sur une autre place fermée, de manière à ce que, de place en place, les conscrits arrivent enfin dans la place fermée où les commandans auront connaissance qu'il existe des cadres.

11. Les maires et les commandans de place, avant de diriger les conscrits sur un point, s'assureront que les communications avec ce point ne sont pas interceptées.

Si les routes conduisant à la place fermée la plus voisine ne sont pas libres, les maires et les commandans de place choisiront, entre les directions praticables, celle qui permettra de faire parvenir sûrement les conscrits à la place fermée qui sera immédiatement le plus à proximité.

12. Les maires et les commandans de place chargeront de la conduite des détachemens les citoyens les plus dévoués, en choisissant, autant que possible, ceux qui auront servi.

Les conducteurs devront, suivant la force des détachemens, être du grade de caporal, de sergent ou de sous-lieutenant. Si ceux qui seront choisis n'ont point le grade nécessaire, les maires ou les commandans de place pourront le leur conférer pour le temps de la conduite.

Les détachemens de cinquante conscrits et au-dessus marcheront sous la conduite d'un sous-lieutenant, d'autant de sergens qu'il y aura de fois trente conscrits, et d'autant de caporaux qu'il y aura de fois quinze conscrits.

Les détachemens au-dessous de cinquante conscrits seront, d'après les bases ci-dessus spécifiées, conduits par des sergens et des caporaux, ou seulement par des caporaux.

Pendant l'aller et le retour, les officiers et sous-officiers auxquels les maires et les commandans de place auront confié la conduite des détachemens de conscrits, seront traités, pour la solde, le logement et la subsistance, comme les officiers et sous-officiers de recrutement, soit que le grade dont ils seront revêtus leur appartienne, soit qu'il leur ait été conféré pour le temps de la conduite.

13. Les maires et les commandans de place prendront, chacun dans l'arrondissement de leur commune ou de leur place, toutes les mesures que comporteront les circonstances, pour assurer, pendant la route, la subsistance et le logement des conscrits et de leurs conducteurs.

14. Les maires formeront, en deux expéditions, la liste nominative avec signalement des conscrits qu'ils mettront en route.

Ces deux expéditions seront confiées à l'un des sous-officiers conducteurs du détachement, qui sera chargé d'y annoter les mutations des conscrits pendant la route.

La première des deux expéditions sera remise, par le conducteur du détachement, au commandant de la première place fermée où parviendront les conscrits; le commandant en donnera récépissé sur la deuxième expédition de la liste, que le conducteur devra rapporter au maire.

Si l'incorporation des conscrits doit s'effectuer dans la place, la première expédition de la liste sera remise au chef du corps qui recevra les conscrits. Si l'incorporation ne doit pas avoir lieu dans la place, cette première expédition, avec une troisième expédition que fera faire le commandant de la place, sera remise à l'un des sous-officiers chargés de continuer la route. Cette troisième expédition, revêtue du récépissé du commandant de la deuxième place, devra être rapportée au commandant de la première place, et ainsi successivement, et de place en place, jusqu'à l'incorporation des conscrits.

15. Si, en raison du petit nombre des conscrits, ou de leurs bonnes dispositions, le maire ne juge point nécessaire de les faire accompagner par un sous-officier, il chargera l'un des conscrits des deux expéditions du contrôle dont l'usage est indiqué dans l'art. 14 ci-dessus; dans ce cas, le commandant de la première place fermée où parviendront les conscrits renverra au maire la deuxième expédition, revêtue de son récépissé, aussitôt qu'il en trouvera l'occasion. Au besoin, les commandans de place confieront aux conscrits marchant sans conducteur les expéditions dressées dans les places où l'incorporation n'aura pas lieu.

16. Si quelques conscrits sont déposés dans les hôpitaux de la route, les maires et les commandans de place prendront les mesures nécessaires pour les soins à leur donner, et pour qu'ils reçoivent, aussitôt après leur rétablissement, la direction convenable.

17. Aucun remplacement ne sera reçu par les maires.

Les conscrits qui voudront se faire remplacer devront se rendre jusqu'à la place fermée où l'incorporation devra avoir lieu; ils y conduiront les remplaçans qu'ils proposeront, et dont les maires vérifieront préalablement l'aptitude pour le service; ils présenteront ces remplaçans au conseil d'administration du corps pour lequel ils seront destinés. Le conseil, en suivant les dispositions de l'instruction générale sur la conscription, examinera si les remplaçans ont toutes les qualités requises pour faire un bon service. Dans ce cas, le conseil recevra les remplaçans, et renverra les remplacés dans leurs communes; il dressera l'acte de remplacement en double expédition, et les remettra au conscrit remplacé; celui-ci, de retour dans sa commune, déposera une de ces expéditions entre les mains du maire.

Le conscrit remplacé devra préalablement verser entre les mains du receveur des contributions, dans la place fermée où s'opérera le remplacement, une somme de cent francs. Le receveur lui en délivrera un récépissé, également en deux expéditions, au vu desquelles le conseil d'administration du corps dressera l'acte de remplacement. L'une des expéditions du récépissé des cent francs devra être remise, par le conscrit, au maire de sa commune, comme pièce justificative du remplacement.

18. Les conscrits seront, par les soins des maires, poursuivis comme réfractaires, s'ils ne se rendent pas à la première place fermée sur laquelle ils les auront dirigés. Lorsque les conscrits auront été reçus dans une première place, ils seront traités comme déserteurs, s'ils ne se rendent pas de cette place à celle où ils devront être incorporés.

19. Les maires feront également poursuivre comme réfractaires les conscrits qui, dans les délais qu'ils auront fixés, ne se rendront point aux appels, si d'ailleurs ces fonctionnaires reconnaissent, d'après les recherches qu'ils pourront ordonner, que ces conscrits sont en état de désobéissance.

Les maires dresseront une liste particulière de ceux de ces conscrits sur la désobéissance desquels il leur resterait quelque doute, et dont l'absence ne leur paraîtrait pas illégitime; ils suspendront provisoirement toutes poursuites contre ces conscrits.

20. Les fonctions attribuées aux maires par le présent décret seront remplies par les préfets et les sous-préfets pour les communes où séjourneront ces fonctionnaires. Si les préfets et sous-préfets peuvent correspondre avec les maires, ils leur donneront toutes les instructions qu'ils croiront propres à accélérer et à faciliter les opérations de la levée.

21. Les commandans de place profiteront des occasions les plus favorables pour faire connaître au directeur général de la conscription le nombre des conscrits incorporés.

22. Nos ministres sont chargés de l'exécution du présent décret.

FIN DU TOME DIX-HUITIÈME.

www.ingramcontent.com/pod-product-compliance
Lightning Source LLC
Chambersburg PA
CBHW060543220326
41599CB00022B/3592

* 9 7 8 2 0 1 1 9 2 0 2 2 5 *